Nueva gramática de la lengua española

MANUAL

REAL ACADEMIA ESPAÑOLA

Nueva gramática de la lengua española

MANUAL

ASOCIACIÓN DE ACADEMIAS
DE LA LENGUA ESPAÑOLA

© Real Academia Española, 2010
© Asociación de Academias de la Lengua Española, 2010
© Espasa Libros, S. L. U., 2010
De esta edición:
© Editorial Planeta, S. A., 2019
Espasa es un sello de Editorial Planeta, S. A.
Avda. Diagonal, 662-664
08034 Barcelona
www.planetadelibros.com

Primera edición: mayo, 2010
Quinta tirada: octubre, 2019

Diseño de cubierta: Joaquín Gallego

Preimpresión: Safekat, S. L.
Impresión: Unigraf, S. L.

ISBN: 978 -84-670-3281-9
Depósito legal: M. 14.372 -2010
Impreso en España – *Printed in Spain*

El papel utilizado para la impresión de este libro está calificado como papel ecológico y procede de bosques gestionados de manera sostenible.

Académico ponente

IGNACIO BOSQUE
Real Academia Española

Comisión Interacadémica

Presidente
VÍCTOR GARCÍA DE LA CONCHA
Director de la Real Academia Española
Presidente de la Asociación de Academias de la Lengua Española

Secretario
HUMBERTO LÓPEZ MORALES
Secretario general de la Asociación de Academias de la Lengua Española
Academia Puertorriqueña de la Lengua Española

Ponente
IGNACIO BOSQUE
Real Academia Española

Responsable de la sección de fonética y fonología
JOSÉ MANUEL BLECUA
Real Academia Española

Coordinador
GUILLERMO ROJO
Real Academia Española

Áreas lingüísticas

Chile
JOSÉ LUIS SAMANIEGO, coordinador
Academia Chilena de la Lengua

Río de la Plata
ALICIA MARÍA ZORRILLA, coordinadora
Academia Argentina de Letras
Carolina Escudero
Academia Nacional de Letras de Uruguay
Manuel E. B. Argüello ▪ Juan E. Aguiar ▪ Emina Naser de Natalizia
Academia Paraguaya de la Lengua Española

Área andina
RODOLFO CERRÓN-PALOMINO, coordinador
Academia Peruana de la Lengua
Carlos Coello ▪ Mario Frías Infante
Academia Boliviana de la Lengua
Susana Cordero de Espinosa
Academia Ecuatoriana de la Lengua

Responsables de la preparación básica del *Manual*

JULIO BORREGO NIETO
Miembro correspondiente de la Real Academia Española

ÁNGELA DI TULLIO
Miembro correspondiente de la Academia Argentina de Letras

Comisión de armonización de la *Nueva gramática* con otras obras académicas

Coordinador
Salvador Gutiérrez Ordóñez
Real Academia Española

Miembros

Olimpia Andrés
Eugenio Cascón Martín

Marta Cormenzana Díez
Elena Hernández Gómez

Equipo de revisión y edición

Coordinadora
Edita Gutiérrez Rodríguez

Colaboradores

Eugenio Cascón Martín
Antonio Fábregas Alfaro

Irene Gil Laforga
Manuel Pérez Fernández

M.ª Luisa Álvarez Rubio
Carlos Domínguez Cintas
Silvia Gumiel Molina
Carmen Lozano Andrés

Concepción Maldonado González
Silvia Páramo García
Cristina Sánchez López
Elena Zamora Gómez

Paloma Andrés Ferrer
Julia Fernández Fernández
Sheila Lucas Lastra
Claret Ramos Saralegui

Álvaro Recio Diego
M.ª Jesús Redondo Rodríguez
Carmela Tomé Cornejo

Con la participación de Emilio Bomant García, Elena Cianca Aguilar, Silvia Fernández Alonso, Emilio Gavilanes, Abraham Madroñal Durán, Eduardo Santos Moreno, Cruz Soberón García de Enterría, Consuelo Tovar Larrucea y Diego Varela Villafranca

Índice de materias y voces

Coordinadora
Ana Bravo Martín

Colaboradores

Juan Carlos Díaz Pérez
Juan Hernández Ortega
Jorge Rico Ródenas

Tábula gratulatoria

PATROCINIO

Caja Duero

COLABORACIONES

En distintas fases del proceso de elaboración de la *Nueva gramática* y de su *Manual* han prestado su apoyo numerosas instituciones y entidades, además de la **Fundación pro Real Academia Española,** entre las que deben destacarse:

Gobierno de España
Gobierno de la República de Colombia

Agencia Española de Cooperación Internacional para el Desarrollo (AECID)

Comunidad Autónoma de Madrid (España)
Junta de Castilla y León (España)
Gobernación de Antioquia (Colombia)
Alcaldía de Medellín (Colombia)

Fundación Instituto Castellano y Leonés de la Lengua

Universidad Complutense de Madrid
Universidad de León
Universidad de Salamanca
Universidad Nacional del Comahue (Neuquén, Argentina)

Biblioteca Virtual Miguel de Cervantes
Fundación Carolina

La Real Academia Española y la Asociación de Academias de la Lengua Española quieren expresar su más sincera gratitud a todas las personas e instituciones que, con su ayuda material, han hecho posible la versión *Manual* de la *Nueva gramática de la lengua española*

Índice de contenidos

Cuestiones generales

Morfología

Sintaxis

Clases de palabras y sus grupos sintácticos

12   El sustantivo y el grupo nominal

Las construcciones sintácticas fundamentales

41   Oraciones activas, pasivas, impersonales y medias

Apéndices

Prólogo

«*La Gramática* [...] *nos hace ver el maravilloso artificio de la lengua, enseñándonos de qué partes consta, sus nombres, definiciones, y oficios, y como se juntan y enlazan para formar el texido de la oracion*». Estas exactas palabras pertenecen al prólogo de la primera gramática académica, que apareció en 1771. En los casi dos siglos y medio transcurridos desde entonces, la Real Academia Española ha publicado numerosas ediciones de su *Gramática* en las que se ha esforzado en analizar este «maravilloso artificio», mejorando sus descripciones gramaticales, ampliando lo que merecía más atención y atendiendo a las aportaciones de otros gramáticos.

La última edición fue publicada en 1931. Reproducía la de 1920 y confirmaba el título de *Gramática de la lengua española*, que a partir de la edición de 1924 había sustituido al de *castellana*. La Guerra Civil, que estalló un lustro después, paralizó considerablemente los proyectos de la Academia Española. A pesar de ello, el gramatical nunca fue abandonado por completo y se retomó con mayor decisión a comienzos de los años sesenta, siendo director don Ramón Menéndez Pidal. Así, en el VI Congreso de la Asociación de Academias (Quito, 1972), pudo presentar la Española, de la que era ya director don Dámaso Alonso, el *Esbozo de una nueva gramática* con la advertencia de que se trataba de un mero anticipo provisional de lo que pronto sería su *Gramática de la lengua española*. Sobre él formularon numerosas sugerencias las Academias americanas, a las que, bajo la dirección académica de don Fernando Lázaro Carreter, se unieron nuevos materiales que permitían replantear el proyecto a finales del siglo XX.

En el XI Congreso de la Asociación (Puebla de los Ángeles, México, 1998) recibió la Academia Española el encargo formal de abordar de manera definitiva la nueva edición, tan esperada, con la especificación de que debía elaborarla conjuntamente y de forma consensuada con las veintidós Academias. Ello suponía un giro radical en el proceso, que correspondió impulsar y gestionar a lo largo de once años a don Víctor García de la Concha, como director de la Real Academia Española y presidente de la Asociación de Academias. Tras constituirse en cada Academia una Comisión especial de Gramática, fue designado ponente don Ignacio Bosque y, con posterioridad, se responsabilizó a don José Manuel Blecua de la sección de Fonética y Fonología. En el siguiente Congreso de la Asociación (Puerto Rico, 2002) fueron aprobadas las líneas fundamentales de la *Nueva gramática* propuestas por el ponente y se acordó crear una Comisión Interacadémica, como órgano superior de decisión, integrada por representantes de las diversas áreas lingüísticas.

La *Nueva gramática de la lengua española*, que este *Manual* compendia, es el resultado del ambicioso proyecto. No es solo una obra colectiva, resultado de la colaboración de muchos, sino también una obra colegiada, el último exponente de la política lingüística panhispánica que la Academia Española y sus veintiuna Academias hermanas vienen impulsando desde hace más de un decenio. Su texto básico fue aprobado por todas y cada una de ellas en la sesión de clausura del XIII Congreso de la Asociación, celebrado en Medellín (Colombia) el 24 de marzo de 2007. Al acto, que presidieron Sus Majestades los Reyes de España y el presidente de la República de Colombia, se unieron más de un centenar de rectores de universidades iberoamericanas y numerosos intelectuales y escritores que participarían de inmediato en el IV Congreso Internacional de la Lengua Española de Cartagena de Indias.

Conviene recordar que, a diferencia de otras lenguas europeas, el español carecía de una «gramática de referencia», en el sentido de una descripción exhaustiva del idioma basada en citas textuales, ya que el esforzado intento individual de don Salvador Fernández Ramírez, el único proyecto planteado para la nuestra en esa tradición, no pudo culminarse. Como contrapartida, la bibliografía gramatical sobre el español fue incrementándose en proporciones muy notables en la segunda mitad del siglo, y a su final multiplicaba ya por muchas centenas la que pudieron conocer los académicos que prepararon la edición de 1931.

Las gramáticas que se han publicado en los últimos treinta años sobre media docena de lenguas de larga tradición gramatical son obras extensas y pormenorizadas. Estas gramáticas modernas presentan análisis considerablemente más detallados que las gramáticas clásicas, y sintetizan además buena parte de la investigación reciente, en marcado contraste con el escaso número de monografías de las que pudieron servirse los autores clásicos. En esta línea se inscribe la *Nueva gramática,* que pretende conjugar tradición y novedad. Asume, por tanto, las mejores aportaciones de la tradición gramatical hispánica, y las completa con las procedentes de la bibliografía gramatical contemporánea.

La presente gramática académica ha debido tomar postura ante numerosas cuestiones normativas. Se parte aquí del principio de que la norma tiene hoy carácter policéntrico. La cohesión lingüística del español es compatible con el hecho de que la valoración social de algunas construcciones gramaticales pueda no coincidir en áreas lingüísticas diferentes. No es posible presentar el español de un país o de una comunidad como modelo panhispánico de nuestra lengua. Tiene por ello más sentido la opción que aquí se elige: describir de manera pormenorizada las numerosas estructuras que son compartidas por la mayor parte de los hispanohablantes, precisando su forma, su significado y su estimación social, y presentar separadamente las variantes de esta o aquella región de América o de España. Esta manera de proceder no pone en peligro la unidad del español, sino que contribuye a enriquecerla, ya que permite integrar la variación en las pautas que articulan un mismo sistema lingüístico.

La norma se presenta aquí como una variable de la descripción de las construcciones gramaticales: unas son comunes a todos los hispanohablantes, mientras que otras se documentan en una determinada comunidad o se limitan a una época. Pero, además, esas construcciones gozan de prestigio social o carecen de él. Los hablantes mismos consideran que unas construcciones gramaticales son propias del discurso formal y que otras están restringidas al habla coloquial; que corresponden a la lengua oral o a la escrita o que son comunes a ambas; que forman parte de la lengua general común o que, por el contrario, están limitadas a un tipo de discurso, el científico, el periodístico, el infantil, etc. Los acuerdos de la RAE y de la Asociación de Academias plasmados en esta obra se basan en la interpretación que estas instituciones hacen de todos esos factores. Sus recomendaciones se basan, por tanto, en la percepción que estas instituciones tienen de los juicios lingüísticos que los hablantes cultos llevan a cabo sobre la lengua, y de cuyos usos tienen conciencia.

Conviene advertir que, en tanto que el *Diccionario panhispánico de dudas* (*DPD*), consensuado igualmente por todas las Academias, pone mayor énfasis en la norma, la *Nueva gramática* acentúa los diversos factores pertinentes de la descripción. Son muy pocas las construcciones en cuya valoración normativa se percibe alguna diferencia al comparar las dos obras, aunque, lógicamente, son numerosas las que se estudian aquí más detalladamente.

Es imposible que una descripción gramatical analice con profundidad similar todos los tipos de variación que hoy se reconocen en la lengua española. Se ofrece en esta obra abundante documentación de la variación geográfica, pero no debe esperarse el grado de detalle que correspondería a un tratado de dialectología. En la variación social distinguen los especialistas entre la que caracteriza a los sociolectos (como lengua popular frente a lengua culta, variedades en función del sexo, de la profesión, etc.) y la relativa a los registros o estilos lingüísticos, como coloquial o formal, espontánea o cuidada. Aunque sea con distinto grado de atención, todos estos aspectos son aquí considerados en alguna medida.

Combina la *Nueva gramática de la lengua española* dos fuentes de datos: ejemplos construidos por sus redactores y ejemplos procedentes de textos. El corpus del que se han extraído estos datos, uno de los más extensos de cuantos se hayan utilizado en un estudio lingüístico sobre el español, procede de los corpus léxicos académicos: el CORDE (Corpus Diacrónico del Español), el CDH (Corpus del Diccionario Histórico), el CREA (Corpus de Referencia del Español Actual) y el CORPES (Corpus del Español del siglo XXI), junto con el viejo fichero de papel de la Academia y algunos otros repertorios. Los textos extraídos de estas fuentes corresponden a todas las épocas y a todos los países hispanohablantes, si bien son más numerosos, como es lógico, los procedentes del siglo XX. No se pretende reproducir con ellos una historia literaria y, de hecho, son proporcionalmente escasos los textos poéticos, dado que su lenguaje específico puede forzar las estructuras gramaticales.

Los autores de quienes se toman los ejemplos aducidos no son propuestos exactamente como modelos para ser imitados, según sostenía Nebrija en su *Gramática sobre el castellano* (1492): «*los poetas i otros autores por cuia semejança avemos de hablar*». En efecto, muchos de los que figuran en la nómina no han sido seleccionados tanto en función de un canon literario de excelencia, explícito o implícito, cuanto como representantes de las variedades del español que ha sido posible documentar y analizar. Por ello, junto a autores clásicos de ayer y de hoy y escritores de prestigio que ofrecen testimonios significativos de los usos de la lengua culta y de los registros formales, figuran otros contemporáneos en cuyas obras se documentan numerosas expresiones del español popular, algunas de las cuales no se consideran dignas de imitación.

La gramática académica ha sido y es considerada generalmente «gramática oficial». La *Nueva gramática* ha sido, además, consensuada y aprobada por las veintidós Academias que integran la Asociación, por lo que sus recomendaciones normativas cuentan con el respaldo de esta institución internacional, sustentada en la autoridad que los hispanohablantes le reconocen en lo relativo a la fijación de la norma. Como es obvio, estas consideraciones no pueden extenderse a los aspectos teóricos o doctrinales, abiertos siempre al debate entre especialistas.

Decía un ilustre gramático, Rodolfo Lenz, que «*la Gramática que se necesita para hablar es tan inconsciente, tan ignorada del que la aplica, como la lógica de Aristóteles o de santo Tomás puede ser ignorada de cualquier mortal que habla y piensa lógicamente*». La *Nueva gramática* académica y este *Manual* que la resume quieren contribuir a que los hispanohablantes reflexionen sobre su propia lengua, tomen conciencia de sus posibilidades expresivas, de las estructuras lingüísticas que la caracterizan y de la enorme riqueza patrimonial que suponen su unidad y su variedad. La *Nueva gramática* pretende ayudar, asimismo, a que los hablantes conserven este patrimonio, amplíen su dominio del idioma, y ensanchen con ello su propia cultura y su formación integral.

La construcción de la *Nueva gramática de la lengua española* y de su *Manual* ha sido posible gracias al denodado esfuerzo y la generosa colaboración de un gran número de personas e instituciones a lo largo de once años. La Real Academia Española y la Asociación de Academias de la Lengua Española dejan constancia de su gratitud a todas ellas. Manifiestan, al tiempo, el propósito de mejorar y actualizar de continuo esta obra con el objetivo supremo de servir a la unidad del español.

La Real Academia Española y la Asociación de Academias tenían previsto realizar la presentación de la *Nueva gramática* y de este *Manual* en el V Congreso Internacional de la Lengua Española que debía celebrarse en Valparaíso (Chile) en los primeros días de marzo de 2010. No lo hizo posible un terremoto que asoló algunas regiones y afectó gravemente a la vida nacional.

Queremos dejar aquí constancia, sin embargo, de nuestra voluntad de vincular de manera estrecha a América la realización del gran proyecto gramatical académico. A Medellín (Colombia) queda ligada para siempre la aprobación del texto básico; a Valparaíso (Chile), la proyección de la versión de referencia y de este *Manual*.

Características de este *Manual*

- La versión *manual* de la *Nueva gramática de la lengua española* contiene los mismos capítulos que la obra extensa, pero sus contenidos se han dispuesto de forma diferente por razones didácticas.

- Los capítulos se dividen en secciones, marcadas por un punto (por ejemplo, 8.3), que a su vez se dividen en subsecciones (por ejemplo, 8.3.2). Estas se dividen en párrafos o apartados, que se identifican con letras (por ejemplo, 8.3.2c). Poseen título propio tanto las secciones como las subsecciones.

- En la mayor parte de los casos se ha seguido, dentro de cada capítulo, el orden en que se presentan las cuestiones gramaticales en la versión extensa, pero en unos pocos se ha decidido alterarlo, atendiendo igualmente a consideraciones didácticas. Se ha procurado mantener en esta versión los conceptos analíticos desarrollados en la versión extensa, que se presentan aquí de manera más esquemática.

- Se ha procurado no omitir en la presente versión ningún aspecto de la información normativa que se proporciona en la versión de referencia, ya que se ha entendido que los aspectos normativos del análisis gramatical interesan a todos los hablantes, mientras que las cuestiones teóricas o doctrinales son objeto de atención por parte de un número menor de profesionales, y pueden ser investigadas y ampliadas en función de sus intereses particulares.

- Ha sido necesario reducir la nómina de textos citados manejada en la versión extensa, e ilustrar, en consecuencia algunos fenómenos con datos procedentes de obras distintas de las que los ilustran en aquella.

- Se han mantenido las clasificaciones y distinciones conceptuales introducidas en la versión de referencia, pero razones de espacio han obligado a integrar en el texto algunas de ellas, en lugar de presentarlas mediante gráficos, tablas, cuadros o esquemas.

Abreviaturas

A	adjetivo	irreg.	irregular
ADV	adverbio	it.	italiano
al.	alemán	lat.	latín
AM	morfema de aspecto y modo	lit.	literalmente
ant.	antiguo	masc.	masculino
Arg.	Argentina	Méx.	México
Bol.	Bolivia	N	nombre
cat.	catalán	Nic.	Nicaragua
cf.	cónfer	PN	morfema de persona y número
Col.	Colombia	P. Rico	Puerto Rico
compl.	complemento	Pan.	Panamá
conj.	conjugación	part.	participio
C. Rica	Costa Rica	pers.	persona
DD	discurso directo	pret.	pretérito
defect.	defectivo	R. Dom.	República Dominicana
DI	discurso indirecto	reg.	regular
EE. UU.	Estados Unidos	tb.	también
Ec.	Ecuador	T.C.	tabla de conjugación
esp.	español	TM	morfema de tiempo y modo
Esp.	España	Ur.	Uruguay
fem.	femenino	v.	véase
fr.	francés	V	verbo
gr.	griego	V1	verbo principal
Guat.	Guatemala	V2	verbo secundario
Hond.	Honduras	VT	vocal temática
impers.	impersonal	Ven.	Venezuela
ingl.	inglés	vulg.	vulgar

Signos

§	Indica sección, subsección o párrafo.
/	Separa las variantes de los morfemas y de otras unidades gramaticales, así como los miembros de las oposiciones léxicas. Se usa también para indicar cambio de verso y como signo de separación en los textos de autoría múltiple.
/ /	Se usan en las transcripciones fonológicas.
~	Señala las opciones alternantes, las variantes y la oposición dentro de ejemplos.
*	Marca de agramaticalidad. También se antepone a las voces supuestas o reconstruidas.
<, >	Indican la dirección de un proceso, sea sincrónico o diacrónico. También se emplean para marcar relaciones de jerarquía o de ámbito en la sintaxis.
+	Indica combinaciones o concatenaciones.
→	Marca las implicaciones o las inferencias.
Ø	Elemento gramatical tácito o nulo.
{ }	Encierran opciones alternantes dentro de los ejemplos.
[...]	Indican que se ha suprimido texto en una cita.
[]	Se usan para las transcripciones fonéticas y para las segmentaciones morfológicas y sintácticas. También encierran texto que añade precisiones o aclaraciones.
« »	Encierran esquemas o patrones.
→	En el índice de materias y voces remite a una entrada en la que se encuentra información importante directamente relacionada con la que se está consultando.
↘	En el índice de materias y voces apunta a entradas que ofrecen información relacionada con la que se está consultando.

Cuestiones generales

1 Partes de la gramática. Unidades fundamentales del análisis gramatical

1.1   La gramática y sus partes. Características generales de esta obra

1.1.1   Definición de gramática. Partes en que se divide

1.1.1a   En su sentido más estricto, la GRAMÁTICA estudia la estructura de las palabras, las formas en que estas se enlazan y los significados a los que tales combinaciones dan lugar. En este sentido, la gramática comprende la MORFOLOGÍA, que se ocupa de la estructura de las palabras, su constitución interna y sus variaciones, y la SINTAXIS, a la que corresponde el análisis de la manera en que se combinan y se disponen linealmente, así como el de los grupos que forman. La gramática es, pues, una disciplina combinatoria, centrada, fundamentalmente, en la constitución interna de los mensajes y en el sistema que permite crearlos e interpretarlos. No son partes de la gramática la SEMÁNTICA, que se ocupa de todo tipo de significados lingüísticos (no solo de los que corresponden a las expresiones sintácticas), y la PRAGMÁTICA, que analiza el uso que hacen los hablantes de los recursos idiomáticos. Aun así, las consideraciones pragmáticas se hacen necesarias en la descripción de numerosos aspectos de la gramática. En un sentido más amplio, la gramática comprende, además, el análisis de los sonidos del habla, que corresponde a la FONÉTICA, y el de su organización lingüística, que compete a la FONOLOGÍA.

1.1.1b   A cada parte de la gramática pertenecen varias UNIDADES SUSTANTIVAS (en el sentido de 'fundamentales' o 'esenciales') y diversas RELACIONES. La mayor parte de dichas unidades se componen de otras más pequeñas. Así, en la fonología los RASGOS DISTINTIVOS se agrupan en FONEMAS, que a su vez constituyen SÍLABAS. Los segmentos de la morfología son los MORFEMAS (como los de *des-orienta-ción*), que se agrupan en PALABRAS (*desorientación, orientación, desorientado*). A su vez, la PALABRA constituye la unidad máxima de la morfología y la unidad mínima de la sintaxis. Las palabras, pertenecientes a una determinada CATEGORÍA o CLASE en función de sus propiedades morfológicas y sintácticas, forman GRUPOS SINTÁCTICOS: *mi casa*, por ejemplo, es un grupo nominal y *beber leche*, uno verbal. La combinación de determinados grupos sintácticos da lugar a las ORACIONES, que relacionan un sujeto con un predicado. Las FUNCIONES SINTÁCTICAS, como sujeto, complemento directo, etc. (§ 1.6), son unidades relacionales: un sujeto lo es en relación con un cierto predicado. Así, el grupo nominal *mi casa* es el sujeto de la oración *Mi casa queda bastante lejos*, mientras que es el complemento directo de *El fuego destruyó mi casa*. Las relaciones sintácticas se expresan formalmente de diversas maneras: mediante la CONCORDANCIA (por ejemplo, la de número y persona entre sujeto y predicado), la SELECCIÓN (como la de determinadas preposiciones: *depender de alguien*) y la POSICIÓN (por ejemplo, la del complemento directo detrás del verbo).

1.1.2   Tipos de gramática. Características generales de esta obra

1.1.2a   Se llama GRAMÁTICA SINCRÓNICA la que estudia los fenómenos lingüísticos tal como se presentan en un momento determinado; la GRAMÁTICA HISTÓRICA o DIACRÓNICA se interesa por el modo en que evolucionan a lo largo de cierto período o de la historia de la lengua en su conjunto. Por otra parte, desde el punto de vista de los objetivos y fundamentos del análisis gramatical, se distinguen la GRAMÁTICA DESCRIPTIVA y la GRAMÁTICA NORMATIVA. La primera presenta las propiedades de las unidades gramaticales en cada uno de los niveles de análisis: fonética, fonología, morfología y sintaxis; la segunda establece los usos que se consideran ejemplares en la lengua culta de una comunidad, a menudo con el respaldo de alguna institución a la que se reconoce autoridad para fijarlos. Finalmente, suele denominarse GRAMÁTICA TEÓRICA la que se fundamenta en una determinada teoría gramatical, generalmente contemporánea.

1.1.2b   La presente gramática del español es sincrónica, aunque contiene numerosas referencias a la historia de la lengua, y está concebida como obra a la vez descriptiva y normativa. Presenta las variantes gramaticales que se consideran propias de la lengua estándar en el mundo hispanohablante, atendiendo preferentemente a los registros formales, pero reflejando también fenómenos característicos de la lengua coloquial. Procura ser sensible a la VARIACIÓN GEOGRÁFICA, a los NIVELES DE LENGUA (o SOCIOLECTOS) de los hablantes —es decir, a las variantes propias de ciertas capas sociales o de determinados grupos profesionales—, así como a los REGISTROS O ESTILOS lingüísticos que un mismo hablante puede manejar, esto es, a las variedades formal, coloquial, u otras que están determinadas por situaciones comunicativas específicas. Desde el punto de vista doctrinal o teórico, pretende combinar las mejores aportaciones de la tradición gramatical hispánica con algunos logros de la gramática contemporánea. En consonancia con este propósito, la TERMINOLOGÍA utilizada toma la tradicional como punto de partida, aunque incorpora varios conceptos analíticos no habituales en ella, pero extendidos en la investigación lingüística actual.

1.1.2c   Los datos que se manejan en esta obra proceden tanto de USOS ATESTI-GUADOS, sobre todo escritos pero también orales, como de la INTROSPECCIÓN del gramático o de los hablantes consultados por él. Los datos son valorados a partir de dos criterios distintos: su GRAMATICALIDAD y su CORRECCIÓN IDIOMÁTICA. La primera noción designa la medida en que cierta construcción se ajusta o no al sistema gramatical de la lengua en un momento determinado. Las CONSTRUCCIONES AGRA-MATICALES, que se marcan con un asterisco (*), son secuencias irregulares que infringen algún principio de dicho sistema. No están atestiguadas, y son rechazadas por los hablantes nativos a los que se les proponen. El gramático las construye como RECURSO HEURÍSTICO (es decir, de búsqueda o investigación) para delimitar las propiedades de las palabras y de las pautas sintácticas en las que aparecen. Por el contrario, la corrección idiomática representa un factor de valoración social. Permite distinguir las secuencias atestiguadas que se usan en la expresión cuidada de aquellas que carecen de prestigio y, en consecuencia, se recomienda evitar. En la presente obra se tiene en cuenta que las variantes morfológicas y sintácticas que se consideran correctas en una determinada comunidad pueden no coincidir por completo con las opciones favorecidas en otras. Se explicará a lo largo de esta gramática la naturaleza de la anomalía que caracterice las construcciones que se consideren incorrectas, pero no se marcarán esas secuencias con ningún signo tipográfico.

1.2   Unidades fónicas

1.2.1   La fonética y la fonología. Unidades segmentales

La FONÉTICA es la disciplina que analiza los mecanismos de la producción y de la percepción de los sonidos del habla. La FONOLOGÍA estudia la organización lingüística de los sonidos. No abarca todos los sonidos que el ser humano es capaz de articular, sino solo los que poseen valor distintivo o contrastivo en las lenguas. Así, la oposición entre *dato* y *dado* es fonológica en español porque la sustitución de un sonido por otro permite diferenciar significados: /t/ y /d/ son FONEMAS, unidades abstractas compuestas de elementos coexistentes denominados RASGOS DISTINTI-VOS (referidos a nociones como SONORIDAD, LUGAR DE ARTICULACIÓN y MODO DE ARTICULACIÓN). La oposición básica entre los sonidos de la cadena hablada se establece entre VOCALES y CONSONANTES. Las vocales son los sonidos más abiertos que permite la lengua, puesto que no presentan obstáculos a la salida del aire; las consonantes son los que se producen mediante una constricción o estrechamiento en el tracto vocal. La sílaba es el grupo mínimo de sonidos dotado normalmente de estructura interna en la cadena hablada.

1.2.2   La prosodia. Unidades suprasegmentales

Se llama PROSODIA la disciplina que estudia el conjunto de los elementos fónicos SUPRASEGMENTALES, es decir, aquellos que afectan a varios segmentos. El ACENTO es el grado de fuerza con el que se pronuncia una sílaba y el que la dota de prominencia con respecto a otras limítrofes. Se denomina ENTONACIÓN la LÍNEA O CURVA MELÓDICA con que se pronuncia un enunciado. En esta se reconoce una serie de formas recurrentes, llamadas PATRONES MELÓDICOS.

1.3   Unidades morfológicas

La MORFOLOGÍA es la parte de la gramática que se ocupa de la estructura de las palabras, las variantes que estas presentan y el papel gramatical que desempeña cada segmento en relación con los demás elementos que las componen. Se suele dividir en dos grandes ramas: la MORFOLOGÍA FLEXIVA y la MORFOLOGÍA LÉXICA, y según la perspectiva adoptada se distingue entre MORFOLOGÍA SINCRÓNICA y MORFOLOGÍA DIACRÓNICA.

1.3.1   Morfología flexiva

Estudia la MORFOLOGÍA FLEXIVA las variaciones de las palabras que implican cambios de contenido de naturaleza gramatical con consecuencias en las relaciones sintácticas, como en la concordancia (*Ellos trabajan*) o en la rección (*para ti*). El conjunto de estas variantes constituye la FLEXIÓN de la palabra o su PARADIGMA FLEXIVO.

1.3.1a   El NÚMERO en los sustantivos y los pronombres proporciona información cuantitativa sobre las entidades que se designan (*casas, ideas*), pero el de los determinantes (*los, esos*), el de los adjetivos (*altos, libres*) y el de los verbos (*Los pensamientos vuelan*) solo está presente por exigencias de la concordancia. El GÉNERO de los sustantivos y pronombres proporciona información significativa en algunos casos (*escritor / escritora*), pero no es propiamente informativo en otros muchos sustantivos (*cama, árbol*), y tampoco en los determinantes y adjetivos. La PERSONA es una propiedad de los pronombres personales (*yo, tú, vos...*) y de los posesivos (*mi, tu, nuestro...*), que también muestra el verbo en la concordancia (*Tú sueñas*).

1.3.1b   Diversas relaciones sintácticas se ponen de manifiesto en gran número de lenguas por la flexión de CASO, pero en español esta ha quedado reducida al paradigma de los pronombres personales. Así, el pronombre *yo* aparece en el caso RECTO O NOMINATIVO, que corresponde típicamente al sujeto; el pronombre *mí* (caso OBLICUO) está restringido a los contextos preposicionales: *detrás de mí, acordarse de mí, para mí*. Cuando es complemento directo, adopta la forma de ACUSATIVO *me*, y si es complemento indirecto aparece en la variante de DATIVO, que coincide con la de acusativo en el pronombre de primera persona del singular, pero no en otros: *Lo leí; Le entregué las llaves*.

1.3.1c   Es exclusiva de los verbos la flexión de tiempo, aspecto y modo. La flexión de TIEMPO constituye una información DEÍCTICA, en el sentido de que ubica una determinada situación con respecto al momento en que se emite el enunciado. El tiempo se relaciona de manera a veces intrincada con el ASPECTO, que es la categoría

—no deíctica— que expresa la estructura interna de las situaciones y diferencia, por ejemplo, la situación que se inicia (*empezar a estudiar*) de la que se repite (*seguir estudiando*). El MODO pone de manifiesto en la flexión verbal la actitud del hablante hacia la información que se enuncia, pero expresa también la dependencia formal de algunas oraciones subordinadas respecto de las clases de palabras que las seleccionan o de los entornos sintácticos en los que aparecen. Así, contrastes como *Estoy {seguro ~ *cansado} de que se comportan así*, frente a *Estoy {*seguro ~ cansado} de que se comporten así*, son consecuencia directa del significado de los adjetivos respectivos. Se distinguen en español los modos indicativo, subjuntivo e imperativo. El condicional se interpreta en la actualidad como una forma del indicativo.

1.3.2   Morfología léxica

1.3.2a   Llamada también FORMACIÓN DE PALABRAS, la MORFOLOGÍA LÉXICA estudia la estructura de las palabras y las pautas que permiten construirlas o derivarlas de otras. Se divide tradicionalmente en dos subdisciplinas: la DERIVACIÓN y la COMPOSICIÓN. En ambas se estudian procesos morfológicos que se aplican a ciertas voces denominadas BASES LÉXICAS. Las palabras derivadas se forman a partir de una base léxica por un proceso de afijación. Así, *dormitorio* se crea a partir de *dormir*, *sensatez* a partir de *sensato*, o *robustecer* a partir de *robusto*. En la composición se unen dos bases léxicas: *ceji-junto, saca-corchos*. Mientras que las voces flexionadas (*leo, leyendo, leeré*) constituyen VARIANTES de una misma unidad léxica (*leer*), las palabras derivadas (*lector, lectura*) constituyen voces diferentes. Así como el PARADIGMA FLEXIVO es la serie de las variantes flexivas de una palabra (*alto, alta, altos, altas*), el PARADIGMA DERIVATIVO o FAMILIA DE PALABRAS se obtiene con las voces derivadas de ella, como *altura, alteza, altivo, altivez, altamente, altitud*, o el verbo *enaltecer*, así como con las palabras compuestas que la contienen, como *altiplano, altibajo, altímetro*.

1.3.2b   Las voces derivadas constan de una RAÍZ y un AFIJO. La raíz aporta el significado léxico, y los afijos agregan informaciones de diverso tipo. Se reconocen tres procesos en la derivación: la SUFIJACIÓN, la PREFIJACIÓN y la PARASÍNTESIS. Así, la palabra *mar-ino* contiene un afijo pospuesto o SUFIJO. Este término se usa más en la morfología derivativa; en la flexiva se prefiere el nombre de DESINENCIA, sobre todo para los afijos flexivos del verbo. Estos segmentos aportan informaciones sobre el tiempo, el aspecto, el número, la persona o el modo. La VOCAL TEMÁTICA es un segmento flexivo sin repercusión semántica, pero que distingue las tres conjugaciones (*amar, temer, partir*). Los morfemas antepuestos a la base léxica se denominan PREFIJOS (*im-posible, re-educar*). El lugar de la prefijación dentro de la formación de palabras ha oscilado tradicionalmente. Mientras que en los estudios clásicos era más común ubicarla en la composición, en la actualidad se la sitúa de forma mayoritaria en la derivación.

1.3.2c   Tradicionalmente se ha denominado PARASÍNTESIS al procedimiento de formación de palabras que participa de la derivación y la composición. Son, pues, formas parasintéticas *centrocampista, cuentacorrentista* o *quinceañero*. Como la prefijación se asimilaba tradicionalmente a la composición, también se consideran parasintéticos los verbos que contienen un AFIJO DISCONTINUO, formado por prefijo y sufijo, como a-...-ar y en-...-ecer, entre los que se puede situar un adjetivo (*aclarar, atontar, engrandecer, entristecer*) o un sustantivo (*abotonar, amontonar, apoltronar*).

1.3.2d Junto a los sufijos y los prefijos, los INFIJOS e INTERFIJOS son los afijos mediales, que se agregan a la raíz o bien la separan del sufijo. El término *interfijo* se suele aplicar a los morfemas derivativos o flexivos sin significado que se intercalan entre la raíz y otro sufijo (*polv-ar-eda*, no **polveda; pon-g-o*, no **pono*), mientras que el término *infijo* se ha empleado, entre otros usos, para designar los morfemas que se insertan en la palabra y aportan algún significado, generalmente apreciativo (*Carl-it-os, arrib-ot-a*). Con el fin de simplificar la descripción, en esta obra se usará únicamente el término *interfijo* para designar los segmentos mediales a los que se ha hecho referencia, sean estos flexivos o derivativos.

1.3.2e Las informaciones flexivas y las derivativas presentan propiedades morfológicas muy distintas. Las flexivas no alteran la clase de palabras a la que pertenece la base, mientras que las derivativas lo hacen con frecuencia: *escritor, famoso, lavable*. No ocurre así, sin embargo, con la mayoría de los prefijos (*escribir > reescribir*), los sufijos apreciativos (*casa > casita*) y algunos otros afijos (*maíz > maizal*). Los afijos derivativos (*-idad*) preceden a los flexivos (*-es*), como en *[[[oportun]idad]es]* y, a diferencia de ellos, se asocian con numerosos significados, no siempre aislables o deslindables con facilidad, como el de 'agente' (*oxid-ante*), 'instrumento' (*destornilla-dor*), 'cualidad, calidad o condición' (*tranquil-idad*), 'lugar' (*lava-dero*), 'acción' (*negocia-ción*), 'tiempo' (*lact-ancia*), 'conjunto' (*chiquill-ería*), 'golpe' (*maz-azo*). No obstante, algunos afijos no aportan un significado reconocible, como sucede con *re-* en *recoger* o *-mento* en *campamento*.

1.3.2f Las variantes flexivas de las palabras están ausentes de los diccionarios. Por el contrario, aparece en ellos la mayor parte de las voces obtenidas por derivación y composición. Se exceptúan las formadas por los afijos derivativos que poseen mayor rendimiento, concepto que en morfología recibe el nombre de PRODUCTIVIDAD. Así, el *DRAE* opta en sus últimas ediciones por no incluir un gran número de adverbios terminados en *-mente* (como *decisivamente* o *abruptamente*), ni de adjetivos terminados en *-ble* (*instalable* o *solucionable*). Tampoco da cabida a la mayor parte de las voces formadas con sufijos apreciativos (como *arbolito* o *fiebrón*), salvo cuando están LEXICALIZADAS.

1.3.3 Morfología sincrónica y diacrónica

La formación de palabras está sujeta en español a múltiples irregularidades que, en su mayor parte, son resultado de factores históricos. Por esta razón en la MORFOLOGÍA SINCRÓNICA se suelen proponer ESTRUCTURAS MORFOLÓGICAS que se apartan de la ETIMOLOGÍA de la palabra y buscan apoyo en las relaciones que establecen intuitivamente los hablantes. Así, en el análisis sincrónico se considera que *conductor* es un derivado de *conducir*, pese a que en latín ya existía *conductor*. Se evitan, por otra parte, en el análisis sincrónico las BASES OPACAS, PERDIDAS O NO ACCESIBLES, de las que los hablantes no tienen conciencia. Por ejemplo, a partir de la base ya perdida *calura* procede históricamente el adjetivo *caluroso;* por analogía con este adjetivo, se suele explicar la *u* de *riguroso*. En la morfología sincrónica, sin embargo, se prefiere vincular ambos adjetivos con los sustantivos hoy existentes *calor* y *rigor*. La MORFOLOGÍA DIACRÓNICA, en cambio, se atiene estrictamente a la etimología. Una forma de evitar las bases opacas en la morfología sincrónica es postular VARIANTES ALTERNANTES (o ALOMORFOS), como *calur-~calor-* para explicar *caluroso*. A pesar de ello, ha de tenerse en cuenta que la transparencia de las palabras es variable. Casi todos los hispanohablantes relacionan *agruparse* con *grupo* o *apolillarse* con *polilla*; pero solo algunos vinculan *amilanarse* con *milano* o *agazaparse* con *gazapo* ('cría de conejo'). Si bien la orientación de esta obra es, fundamentalmente, sincrónica, en los capítulos de morfología léxica se introducen referencias frecuentes a los factores históricos que condicionan la formación de un gran número de voces.

1.3.4   **Relaciones entre las unidades morfológicas y las fonológicas**

No son escasos los fenómenos morfológicos que se solapan o traslapan parcialmente con los fonológicos en español. Se tratarán algunos en los apartados que siguen.

1.3.4a   Se llama SILABIFICACIÓN O SILABEO la segmentación de las palabras en sílabas. Este proceso suele ser sensible a la estructura morfológica del español. Así, el adjetivo *sublunar*, que contiene el prefijo *sub-*, se segmenta en la forma *sub.lu.nar*, y no en la forma **su.blu.nar* (los puntos separan sílabas), mientras que el adjetivo *sublime* —en el que no se reconoce ningún prefijo— se silabea en la forma *su.bli.me*, en lugar de **sub.li.me*. La SEGMENTACIÓN ORTOGRÁFICA sigue pautas similares.

1.3.4b   Como se señaló en el § 1.3.3, los segmentos morfológicos pueden poseer variantes alternantes: por ejemplo, las de la raíz de *tener* son *ten-/tien-/tuv-*, y las de la desinencia del imperfecto del indicativo, *-aba/-ía*. También las presentan algunos sufijos (*-ez/-eza; -ción/-ión; -al/-ar*) y prefijos (*in-/i-; con-/co-*). Dos variantes de una misma base se diferencian con frecuencia en las ALTERNANCIAS VOCÁLICAS que muestran. Las más sistemáticas en español son las que afectan a la DIPTONGACIÓN, en particular /e/~/ié/ (*cerrar~cierro; niebla>neblina; diente>dentista*) y /o/~/ué/ (*dormir~duermo; fuego>fogoso; pueblo>popular*). Entre las ALTERNANCIAS CONSONÁNTICAS figuran las siguientes: /k/~/s/ (/θ/ en gran parte de España): *sueco~Suecia, médico~medicina*; /g/~/s/ (o /θ/): *narigudo~nariz, mendigo~mendicidad*; /t/~/s/ (o /θ/): *inocente~inocencia, profeta~profecía*; /d/~/s/ (o /θ/): *privado~privacidad, delgado~adelgazar*; /g/~/x/: *filólogo~filología, conyugal~cónyuge*.

1.3.4c   Se denomina SUPLENCIA O SUPLECIÓN la sustitución de una base por otra de igual significado, y a menudo de su mismo origen. El fenómeno es muy habitual en las alternancias entre las BASES CULTAS, heredadas generalmente del latín, y las BASES PATRIMONIALES, propias del español. Son BASES SUPLETIVAS *acu-* (*acuoso*) para *agua*; *digit-* (*digital*) para *dedo; lact-* (*lactosa*) para *leche; fil-* (*filial*) para *hijo*, etc. En la flexión poseen raíces supletivas verbos como *ir* (*iré/fui/voy*) o *ser* (*seré/fuimos/eras*).

1.3.4d   Las alternancias en las bases o en los afijos se crean también con otros procesos. Entre ellos están la HAPLOLOGÍA o supresión de consonantes (a veces, también de sílabas) en las raíces de algunas palabras derivadas o compuestas, como en *Extremad-* > *extrem-* (*extremeño*); *novedad-* > *noved-* (*novedoso*); *navidad-* > *navid-* (*navideño*); y también el TRUNCAMIENTO o ACORTAMIENTO, propio sobre todo de la lengua coloquial: *Rafael* > *Rafa; bicicleta* > *bici; televisión* > *tele*. Con las ABREVIATURAS se representan las palabras por medio de una o varias de sus letras, como *cap.* (*capítulo*), *p.* (*página*), *ej.* (*ejemplo*), *C. P.* (*código postal*). Las SIGLAS están formadas por las letras iniciales de varias palabras (*ONG, FMI, OTAN*) y designan por lo general organizaciones, instituciones o corporaciones. Los ACRÓNIMOS son siglas con estructura silábica normal que se integran en la lengua como sustantivos, como *ovni*, de *o(bjeto) v(olante) n(o) i(dentificado)*, pero también como unidades léxicas que se forman mediante la unión de distintos segmentos de varias palabras, como *Mercosur* a partir de <u>Mer</u>cado <u>Co</u>mún del <u>Sur</u>.

1.3.5   Relaciones entre las unidades morfológicas y las sintácticas

1.3.5a   Las relaciones entre la morfología y la sintaxis conciernen tanto a la morfología flexiva como a la derivativa. Las informaciones flexivas tienen consecuencias sintácticas. Así, mediante la concordancia se reiteran ciertas propiedades gramaticales de las palabras en varios lugares de la cadena lingüística. Las propiedades sintácticas de las voces derivadas se HEREDAN muchas veces de las de sus bases. El sustantivo *producción*, por ejemplo, admite el complemento *de leche*, y el sustantivo *lector*, el complemento *de novelas*, en la misma medida en que los verbos *producir* y *leer* toman, respectivamente, los sustantivos *leche* y *novelas* como complementos directos. El origen de algunos afijos es sintáctico. El sufijo adverbial -*mente* (*lentamente*), que procede de un sustantivo latino, todavía conserva algunas de sus propiedades sintácticas. No se forman, en efecto, con otros sufijos, expresiones como *simple y llanamente* o *tan oportuna como elegantemente*, en las que el segmento -*mente* se omite —y se recupera contextualmente— en la coordinación copulativa y en la comparación de igualdad.

1.3.5b   Las PALABRAS GRÁFICAS pueden contener informaciones que corresponden a más de una CATEGORÍA SINTÁCTICA. Es lo que ocurre con las que constituyen CONTRACCIONES de varias categorías: *del* (*de* + *el*), *al* (*a* + *el*), *contigo* (*con* + *tú*). Así, la expresión *del libro* está formada por dos palabras, pero son tres las categorías que componen su estructura sintáctica (una preposición, un artículo y un sustantivo). En sentido inverso, las dos palabras de la expresión *a vuelapluma* conforman una sola pieza léxica, concretamente, una locución adverbial. Por otra parte, el comportamiento sintáctico de los PRONOMBRES ÁTONOS (*me, te, se*...) determina que formen una única palabra escrita cuando se posponen a gerundios, infinitivos e imperativos (*diciéndomelo, dársela, guárdatelos*), o más de una si van antepuestos: <u>Me lo</u> decía; <u>Se lo</u> daré.

1.4   Unidades sintácticas: las clases de palabras

1.4.1   Criterios de clasificación

1.4.1a   Las CLASES DE PALABRAS son los paradigmas (en el sentido de series o repertorios) que estas forman en función de sus propiedades combinatorias y de las informaciones morfológicas que aceptan. En la actualidad se suelen reconocer entre las clases sintácticas de palabras el artículo (*el, un*), el sustantivo (*aire, pruden-cia*), el adjetivo (*limpio, literario*), el pronombre (*tú, quien*), el verbo (*ser, hablar*), el adverbio (*lejos, abiertamente*), la preposición (*de, durante*), la conjunción (*y, aunque*) y la interjección (*eh, caramba*).

1.4.1b   Algunas clases o subclases de palabras aportan INFORMACIONES GRAMA-TICALES, es decir, significaciones abstractas determinadas por la gramática misma, como la referencia, la pluralidad o las marcas sintácticas de función. Así ocurre con los artículos, con los pronombres, y también con algunos adverbios (*allí, aquí, así...*), preposiciones (*a, de, con...*), conjunciones (*y, pero...*) y verbos (*ser, haber...*). En cambio, los sustantivos, los adjetivos y la mayor parte de los verbos y de los adverbios proporcionan INFORMACIONES LÉXICAS.

1.4.1c   Atendiendo a su CAPACIDAD FLEXIVA, las palabras se dividen en VARIA-BLES, las que admiten algún tipo de flexión, e INVARIABLES. Son variables los artícu-los, los adjetivos, los pronombres, los sustantivos y los verbos. Son invariables las preposiciones, las conjunciones, las interjecciones y los adverbios. Las particulari-dades morfológicas de algunas palabras dan lugar a numerosas subclases. Por ejem-plo, los sustantivos admiten flexión de número (*casa/casas*) y a veces de género (*muchacho/muchacha*), pero algunos sustantivos de persona (*pianista, turista*) no tienen variación de género, y otros nombres (*crisis, lunes*) no la tienen de número.

1.4.2   Clases transversales

Algunas de las propiedades que permiten clasificar las palabras en clases sintácticas constituyen RASGOS CRUZADOS, es decir, particularidades que acercan clases sintác-ticas pertenecientes a grupos distintos, y explican diversos aspectos de su funciona-miento y de su significación. De estas AGRUPACIONES TRANSVERSALES se hablará en los apartados siguientes.

1.4.2a   En la tradición gramatical hispánica los indefinidos y los numerales se analizaban como una clase de adjetivos, en tanto que modifican a los sustantivos (*alguna oportunidad, tres árboles, varios aciertos, todo cuerpo, sin duda alguna, ¿Cuántos gorriones viste?*), pero también como una clase de pronombres, en cuanto que pueden subsistir sin los sustantivos y desempeñar las mismas funciones sintác-ticas que ellos (*No me queda ninguna; Llegaron todos; Alguno habrá; ¿Cuántos viste?; He leído tres*). Entre los indefinidos, se suele reconocer un tercer grupo, el de los adverbios (*viajar poco, estudiar mucho un asunto*). Actualmente es de uso general en la lingüística contemporánea el concepto transversal de CUANTIFICADOR (§ 19.3.2), en el sentido de 'categoría gramatical que expresa cantidad, número o grado'. Los cuantificadores pueden ser elementos adverbiales (*La película no me gustó nada*), pronominales (*Hoy he preparado poco*, refiriéndose al café) o adjetivales (*Te quedan algunos días*). También los DEMOSTRATIVOS pertenecen a más de una clase gramati-cal: pueden ser adjetivales (*Quiero este libro*) y pronominales (*Quiero este*). Para evi-tar la duplicación de las clasificaciones de demostrativos, indefinidos y numerales, cabe postular elementos nulos o tácitos para los usos pronominales: *Quiero este Ø; este Ø de aquí; muchos Ø que no habían recibido la noticia; tres Ø de mi pueblo.*

1.4.2b   Los posesivos coinciden con los artículos y los demostrativos en cuanto que concuerdan con los nombres (*mis amigos, cosas suyas*) y ocupan a veces el lugar de aquellos, como en {*mi~esta~la*} *casa;* por otra parte, aportan informaciones características de los pronombres personales, como los rasgos de persona: *mío = de mí.* Los demostrativos y los posesivos constituyen, junto con los artículos, la clase transversal de los DETERMINANTES O DETERMINATIVOS. En un sentido amplio, la clase de *determinante* abarca también a los cuantificadores prenominales, puesto que también estos convierten al sustantivo en una expresión referencial y lo legitiman como argumento de un predicado.

1.4.2c   El cruce de propiedades gramaticales se produce también en las palabras relativas, interrogativas y exclamativas:

	PRONOMBRE	DETERMINANTE	ADVERBIO
relativos	*el libro que lees*	*cuyo libro*	*cuando quieras*
interrogativos	*¿Qué lees?*	*¿Qué libro lees?*	*¿Cómo estás?*
exclamativos	*¡Qué dices!*	*¡Qué cosas dices!*	*¡Cuánto trabajas!*

1.4.2d   Las expresiones *consecuentemente, consiguientemente, en consecuencia, entonces, por consiguiente, por ende, por lo tanto* y otras similares no se consideran hoy conjunciones, sino adverbios o locuciones adverbiales que actúan como CONEC-TORES en el discurso. Las conjunciones, los adverbios, etc. constituyen una CLASE SINTÁCTICA de palabras, mientras que los conectores pertenecen más propiamente a una CLASE DISCURSIVA, que puede estar formada por adverbios, preposiciones, conjunciones o por segmentos más complejos.

1.5   Unidades sintácticas: los grupos sintácticos

A partir de las unidades léxicas simples, la sintaxis puede articular unidades mayores llamadas GRUPOS, FRASES O SINTAGMAS, que constituyen EXPANSIONES O PROYECCIONES de su respectivo NÚCLEO ('categoría o clase de palabras central o fundamental en la constitución interna de un grupo sintáctico'). Se considera hoy que son estos grupos los que realmente desempeñan las funciones sintácticas, como se explica en el § 1.6.

1.5.1   Clases de grupos sintácticos. Constitución de los grupos

1.5.1a   Los GRUPOS NOMINALES se forman en torno a un sustantivo, como en *esa carta que me enviaron;* los GRUPOS ADJETIVALES expanden un adjetivo, como en *demasiado cansado de esperar;* los GRUPOS VERBALES se construyen en torno a un verbo: *No sabíamos nada.* Análogamente, los GRUPOS ADVERBIALES están constituidos en torno a un adverbio: *muy lejos de ti.* Menos reconocido como unidad sintáctica es el GRUPO PRONOMINAL (*quién de ustedes, aquellos de los que me están escuchando*), que se suele asimilar al grupo nominal en varias propiedades. Más polémico es el GRUPO PREPOSICIONAL, que se usa para designar unidades como *hacia el cielo* o *desde que te conozco.* La preposición (*hacia, desde*) no puede prescindir en ellas de su término (*el cielo, que te conozco*). En razón de esta limitación entienden algunos gramáticos del español que la preposición no puede ser el núcleo de estas unidades. Otros sostienen, por el contrario, que el criterio de la supresión no es determinante, como ponen de manifiesto los grupos verbales formados con verbos que no prescinden de su complemento directo (*preparar, dilucidar...*). Tampoco es unánimemente aceptado el llamado GRUPO CONJUNTIVO, formado por una conjunción y su término, como los subrayados en *No iremos el lunes, sino el martes; La gente como tú no atiende a razones o más lento que todos los demás.* El GRUPO INTERJECTIVO es el segmento que forman algunas interjecciones con su complemento, como en *¡Ay de los vencidos!; ¡Vaya con el muchachito!*

1.5.1b   Los grupos sintácticos son estructuras articuladas en torno a su núcleo, que admite diversos modificadores y complementos. Sin embargo, no es obligatorio que los lleven, por lo que pueden constar de una sola palabra, como en *Lo hará Alicia.* Los grupos sintácticos pueden contener otros de su misma clase: *esa carta que me enviaron* (grupo nominal contenido en otro), *demasiado cansado de esperar* (grupo adjetival contenido en otro), *muy lejos de ti* (grupo adverbial contenido en otro), *por entre los álamos* (grupo preposicional contenido en otro). Igualmente, el grupo verbal subrayado en *No sabíamos nada* está contenido en otro grupo verbal (*No sabíamos nada*). Nótese que en *demasiado cansado de esperar* el adverbio *demasiado* no modifica únicamente a *cansado,* sino al grupo adjetival que *cansado* forma con *de esperar*. Por otra parte, los grupos sintácticos pueden formar parte de otros distintos de los que les dan nombre; por ejemplo, los grupos nominales se insertan en los verbales o en los preposicionales: *esperar tiempos mejores, durante estos años.*

1.5.2   Grupos sintácticos lexicalizados y semilexicalizados

1.5.2a   El concepto de GRUPO SINTÁCTICO se suele usar en el sentido de GRUPO SINTÁCTICO LIBRE, es decir, creado mediante la combinación de categorías gramaticales de acuerdo con los principios de la sintaxis. Se reconoce también la estructura de un grupo sintáctico en las LOCUCIONES o grupos de palabras LEXICALIZADOS —es decir, ya formados y generalmente incluidos en los diccionarios— que constituyen una sola pieza léxica y ejercen la misma función sintáctica que la categoría que les da nombre. Así, la locución nominal *ojo de buey* designa cierta claraboya, y la locución verbal *tomar el pelo*, la acción de burlarse de alguien. El sentido de estos grupos no se obtiene COMPOSICIONALMENTE (es decir, combinando las voces que los constituyen), aunque algunos son relativamente transparentes: *de principio a fin, fuera de lugar, por fortuna.*

1.5.2b   Las locuciones conservan en distinta medida sus propiedades sintácticas, es decir, presentan diferentes GRADOS DE LEXICALIZACIÓN. Así, admiten posesivos en *ausencia de* y *a pesar de* (*en su ausencia* y *a su pesar*), pero los rechaza *a falta de* (**a su falta*). Asimismo, las locuciones verbales que contienen sustantivos pueden permitir o no que algún pronombre ocupe el lugar de estos. El que la sustitución *meter la pata > meterla* resulte más natural en el español europeo que en el americano da a entender que en este último se halla más avanzada la lexicalización. También se distinguen entre las locuciones aquellas que permiten INTERPOLAR elementos (como en *tomarle constantemente el pelo* o en *gracias en parte a los que*...) y las que no lo permiten: *a rajatabla, de armas tomar, siempre y cuando*.

1.5.2c   Suelen reconocerse los siguientes tipos de locuciones (los ejemplos que se proporcionan pueden estar restringidos solo a ciertas áreas): LOCUCIONES NOMI-NALES: *caballo* (o *caballito*) *de batalla, cabeza de turco, media naranja, pata de gallo, toma y daca;* LOCUCIONES ADJETIVAS: *corriente y moliente, de abrigo, de cuarta, de cuidado, de gala, de marras, de postín;* LOCUCIONES VERBALES: *hacer (buenas) migas, hacer las paces, irse de aprontes, meter la pata, poner el grito en el cielo, sentar (la) cabeza, tomar el pelo;* LOCUCIONES ADVERBIALES: *a carta cabal, a chaleco, a disgusto, a la carrera, a la fuerza, a medias, a veces, al tiro, de paso, en un santiamén, en vilo, por fortuna;* LOCUCIONES PREPOSICIONALES: *a falta de, a juicio de, a pesar de, al son de, con vistas a, frente a, fuera de, gracias a;* LOCUCIONES CONJUNTIVAS: *de manera que, ni bien, puesto que, si bien, ya que;* LOCUCIONES INTERJECTIVAS: *¡A ver!; ¡Ahí va!; ¡Desde luego!; ¡En fin!; ¡Ni modo!; ¡Ni hablar!*

1.5.2d   El concepto tradicional de 'locución' es de naturaleza funcional más que categorial. Así lo ponen de manifiesto los frecuentes cambios de grupo entre las locuciones adverbiales y adjetivales: las locuciones *en vivo, a bocajarro, en falso* y *en serio* son adverbiales en *retransmitir en vivo, disparar a bocajarro, jurar en falso* y *hablar en serio,* pero adjetivas en *retransmisión en vivo, disparo a bocajarro, juramento en falso* o *conversación en serio.* La mayor parte de las locuciones adverbiales muestran la estructura de un grupo preposicional, como se vio en los ejemplos del apartado anterior, pero son relativamente comunes los grupos nominales usados como locuciones adverbiales de sentido cuantitativo: *una enormidad, un potosí, una barbaridad,* etc.

1.5.2e   Se llaman CONSTRUCCIONES CON VERBO DE APOYO, LIGERO O LIVIANO los grupos verbales semilexicalizados constituidos por un verbo (sobre todo, *dar, tener, tomar, hacer* y *echar*) y un sustantivo abstracto que lo complementa: *dar un paseo, tener gana, tomar una decisión, hacer alusión, echar una carrera.* Muchos de estos grupos verbales tienen equivalentes aproximados con otros verbos, como en *dar un paseo ~ pasear; tomar una decisión ~ decidir.*

1.6   Unidades sintácticas: las funciones

1.6.1   Tipos de funciones. El concepto de predicado

1.6.1a   Las clases de palabras y los grupos sintácticos establecen RELACIONES, es decir, vínculos que permiten interpretar su aportación semántica al contenido de la oración o de otro grupo sintáctico. Las funciones dependen muy a menudo de la posición que las palabras ocupan, pero también de otras marcas o exponentes sintácticos. Así, la oración *Llegará el lunes* admite más de una interpretación según sea la relación que se establezca entre la expresión *el lunes* (un grupo nominal) y el verbo *llegará.* Si *el lunes* designa la entidad que se dice que va a llegar, será el sujeto de *llegará,* mientras que si la oración informa de que cierta persona o cosa no especificada ha de llegar ese día, será un complemento circunstancial. Así pues, 'sujeto' y 'complemento circunstancial' son FUNCIONES, en el sentido de RELACIONES DE DEPENDENCIA que nos permiten interpretar la manera en que se vinculan gramaticalmente ciertos segmentos con alguna categoría de la que dependen (un verbo en este *caso*).

1.6.1b   Suelen distinguirse tres clases de funciones: SINTÁCTICAS, SEMÁNTICAS e INFORMATIVAS. Las funciones sintácticas (como *sujeto*) se establecen a partir de marcas o índices formales, como la concordancia de número y persona, además de la posición sintáctica. Las funciones semánticas (como *agente*) especifican la interpretación semántica que debe darse a determinados segmentos en función del predicado del que dependen. Así pues, un sujeto puede ser agente (*Javier abrió la puerta*) o puede no serlo (*La losa pesaba media tonelada*). Las funciones del tercer tipo (como *foco*) hacen referencia a la PARTICIÓN INFORMATIVA de la oración (es decir, a la separación entre lo que se da por conocido y lo que se presenta como nuevo). La contribución de cada fragmento del mensaje depende en buena medida del discurso previo y de su papel en la articulación del texto, pero, a diferencia de los otros dos tipos de funciones, no está determinada por el significado de las piezas léxicas.

1.6.1c   El concepto de PREDICADO se usa tradicionalmente con dos sentidos. En el primero, tomado de la lógica, el predicado designa la expresión gramatical cuyo contenido se atribuye al referente del sujeto: el grupo verbal que se subraya en *El maestro explicaba la lección a los alumnos* es el predicado de esa oración, y el elemento variable que lo completa o satura es el sujeto: *el maestro*. En el segundo sentido, más restrictivo que el anterior, los predicados son categorías que designan estados, acciones, propiedades o procesos en los que intervienen uno o varios participantes. Así, el predicado de la oración mencionada es el verbo *explicaba*. Este verbo denota, por su significado, una acción que requiere la concurrencia de tres participantes: un agente, que lleva a cabo la acción (*el maestro*), una información que se expone (*la lección*) y un destinatario, al que esa acción se dirige (*los alumnos*). Estos participantes que intervienen en la noción predicativa se suelen denominar ARGUMENTOS. También se denominan ACTANTES, porque recuerdan los papeles que se atribuyen a los actores en las representaciones dramáticas. Se suele llamar ESTRUCTURA ARGUMENTAL de un predicado al conjunto (ordenado o no) de sus argumentos.

1.6.1d   En el segundo sentido de *predicado*, explicado en el § 1.6.1c, los predicados no son solo verbales. También los sustantivos, los adjetivos, los adverbios y las preposiciones pueden tener argumentos, es decir, constituyentes exigidos por su significado léxico. Con escasas excepciones, como los auxiliares, casi todos los verbos tienen estructura argumental. En cambio, solo un pequeño conjunto de las restantes categorías citadas exige semánticamente uno o más argumentos que completen su significado.

1.6.2   Funciones sintácticas y marcas de función

1.6.2a   Las funciones sintácticas representan las formas mediante las que se manifiestan las relaciones que expresan los argumentos. Cada función sintáctica se caracteriza por la presencia de diversas marcas o exponentes gramaticales, como la concordancia, la posición, la presencia de preposiciones y, a veces, la entonación. Las marcas de función son los índices formales que permiten reconocerlas. Así, en el caso del sujeto esa marca es la concordancia con el verbo (*Las nubes se levantan*), pero también la posición que ocupa. En efecto, los rasgos de tercera persona del singular se reconocen en los dos sustantivos que aparecen en las oraciones *La columna tapa el cartel* y *El cartel tapa la columna*. Sin embargo, el sujeto de la primera oración (pronunciada con entonación neutra) es *la columna* —y no *el cartel*— ya que es el que ocupa la posición apropiada para serlo. A los dos sentidos del término *predicado* expuestos en el § 1.6.1c corresponden también dos sentidos del término *sujeto*. En el primer sentido, *el maestro* es el sujeto en *El maestro explicaba la lección a los alumnos* y se opone al predicado subrayado, mientras que en el segundo sentido, lo es solo de *explicaba*, y se opone al complemento directo y al indirecto.

1.6.2b   El complemento directo representa otro argumento del verbo, que se manifiesta en español mediante la marca sintáctica de la posición, así como por la presencia de la preposición *a* ante los complementos de persona y otros que se les asimilan. Por otra parte, el complemento directo puede ser sustituido por un pronombre átono de acusativo (*Leyó el libro > Lo leyó*). El complemento indirecto es a veces argumental, como en *Dale el muñeco al niño* (donde es exigido por *dar*), pero no lo es siempre. Así, *lavar* no lo exige en función de su significado en *Voy a lavarle los pañales al niño*.

1.6.2c   El grupo sintáctico introducido por una preposición, como el subrayado en *para tu hermano*, recibe tradicionalmente el nombre de término (de preposición). Como se señaló en el § 1.6.1d, las preposiciones aceptan a veces complementos argumentales o asimilados a ellos, y se consideran, por tanto, predicados en el segundo sentido de este concepto. Así, el contenido de la preposición *durante* pide un complemento temporal, y *con tu ayuda* y *tener tu ayuda* se aproximan en alguna medida desde el punto de vista semántico. Otras veces, en cambio, la preposición no constituye un predicado, sino una marca de función, carente, por ello, de contenido léxico. Sucede así en los llamados complemento subjetivo (*la llegada de los veraneantes*) y complemento objetivo (*la traducción de la Eneida*). En el complemento de régimen el grupo preposicional está requerido por un verbo, un adjetivo o un sustantivo, como en *Dependía de sus caprichos; apto para el servicio; la salida de la ciudad* (cf. *Salió de la ciudad*).

1.6.2d   Los complementos argumentales introducen información exigida o pedida por el significado de los predicados, mientras que los adjuntos son modificadores no seleccionados. Son adjuntos los adjetivos calificativos, las oraciones de relativo, muchos modificadores preposicionales del nombre (como *la prensa de hoy*, pero no *la llegada del otoño*) o del adjetivo (*feliz por su matrimonio*). Los modificadores adjuntos de los verbos se denominan tradicionalmente complementos circunstanciales porque especifican las circunstancias (tiempo, lugar, compañía, instrumento, cantidad, modo, finalidad y causa) que acompañan a las acciones o a los procesos: *trabajar por las tardes, construir una casa en la playa, estudiar con alguien, escribir con pluma estilográfica, esforzarse enormemente, bailar con gracia, ahorrar para adquirir una vivienda mayor, viajar por placer*.

1.6.2e   Se seguirá aquí la tradición al incluir los ATRIBUTOS, una de cuyas variantes son los COMPLEMENTOS PREDICATIVOS, en el paradigma de las funciones sintácticas: *Hoy está tranquilo; No lo pongas nervioso*. Aun así, se ha señalado en no pocas ocasiones que se asimilan a los predicados, en lugar de a los argumentos, a diferencia de casi todas las demás funciones sintácticas.

1.6.3   Valencia de los predicados

1.6.3a   Los predicados se suelen clasificar por su VALENCIA, es decir, por el número de argumentos que exigen, así como por la forma sintáctica que estos presentan. Son AVALENTES los verbos sin argumentos, como los que designan fenómenos meteorológicos (*llover, nevar, amanecer*). Los predicados MONOVALENTES O PREDICADOS DE UN LUGAR son los que tienen un solo argumento, que se subraya en *El guarda duerme; Esta carretera es muy abrupta; el valor de la amistad.* Pueden ser verbales, adjetivales o nominales. Lo mismo ocurre con los predicados BIVALENTES (o DE DOS LUGARES), que exigen dos argumentos: *Ana decidió no acudir a la boda; un entrenador partidario de hacer jugar a toda la plantilla; la decisión de Ana de no acudir a la boda,* y con los TRIVALENTES (o DE TRES LUGARES): *El señor ministro entregó los premios ayer a los galardonados en una brillante ceremonia; el pago de los atrasos a los pensionistas por el Ministerio de Sanidad.*

1.6.3b   Un mismo argumento (función semántica) puede corresponder a funciones sintácticas distintas, tal como se ilustró en el § 1.6.1a, y también desempeñar la misma función pero manifestarse mediante categorías diferentes. Así, la REALIZACIÓN CATEGORIAL del complemento directo del verbo *pedir* puede ser nominal (*Pidió una cerveza*) u oracional (*Pidió que le sirvieran una cerveza*), pero la de *dar* (también trivalente) solo admite la primera opción. En ciertos contextos es posible que algunos argumentos queden IMPLÍCITOS. Así ocurre con el complemento directo en *Ya no me escribe*, frente a *Ya no me escribe cartas,* con el indirecto en *Pide lo que quieras,* frente a *Pídeme lo que quieras,* y con el de régimen en *No me convenció*, frente a *No me convenció de eso.*

1.7   Unidades sintácticas: la oración

1.7.1   Oraciones y enunciados

1.7.1a   Las ORACIONES son unidades mínimas de predicación, es decir, segmentos que ponen en relación un sujeto con un predicado (en el primero de los sentidos mencionados en el § 1.6.1c). Este puede ser verbal, como en *Los pájaros volaban bajo,* o no serlo, como en *¡Muy interesante el partido de ayer!* o en *Una vez en casa toda la familia...* (ORACIÓN ABSOLUTA). En español es posible omitir el sujeto de las formas personales del verbo, de manera que la información ausente se recupera (parcial o totalmente) a partir de la flexión verbal: *Yo canto ~ Canto; Nosotras llamaremos ~ Llamaremos.* Esta propiedad permite que los grupos verbales así constituidos puedan interpretarse a la vez como oraciones, como el segmento subrayado en *Dices que canto mal.*

1.7.1b   Las palabras, los grupos de palabras y las oraciones pueden constituir ENUNCIADOS por sí solos si se dan las condiciones contextuales y discursivas apropiadas. El enunciado no es, por tanto, una unidad necesariamente oracional, sino la unidad mínima de comunicación. Puede estar representado por una oración, pero también puede estar formado por muy diversas expresiones que, pese a no ser oracionales, expresan contenidos modales similares a los que las oraciones ponen de manifiesto. Así, constituyen enunciados similares la expresión ¡*Enhorabuena!*, que es una interjección, y la oración ¡*Te felicito!*

1.7.2   Clasificación de las oraciones

Tradicionalmente se dividen las oraciones en función de tres criterios: la ACTITUD DEL HABLANTE, la NATURALEZA DE SU PREDICADO y su DEPENDENCIA O INDEPENDENCIA respecto de otras unidades. En los apartados siguientes se considerarán por separado esos tres criterios.

1.7.2a   Se llama MODALIDAD a la expresión de la ACTITUD DEL HABLANTE (*modus*) en relación con el contenido de los mensajes (*dictum*). Se distinguen habitualmente dos tipos de modalidades: las de la ENUNCIACIÓN y las del ENUNCIADO. Las MODALIDADES DE LA ENUNCIACIÓN son las estructuras mediante las que se realizan los diferentes ACTOS DE HABLA o ACTOS VERBALES, tales como preguntar, ordenar, saludar, prometer, rechazar, etc. Es este criterio el que permite distinguir entre oraciones DECLARATIVAS (*Está lloviendo*), INTERROGATIVAS (¿*Qué hora es?*), EXCLAMATIVAS (¡*Qué coche te has comprado!*) e IMPERATIVAS O EXHORTATIVAS (*No te muevas de donde estás*). Las MODALIDADES DEL ENUNCIADO se manifiestan por medio de ciertos valores de la flexión verbal (en particular el subjuntivo) y de los verbos auxiliares (*poder, deber*, etc.). Algunos adverbios aportan informaciones modales relativas a la enunciación, es decir, al acto verbal mismo, como en *Francamente, no entiendo tus razones*, mientras que otros afectan al propio contenido del enunciado: *Posiblemente, las causas no se conocerán nunca.*

1.7.2b   Por la NATURALEZA DEL PREDICADO (es decir, atendiendo a ciertas propiedades del verbo con el que se construyen), las oraciones se dividen en TRANSITIVAS (*Los pájaros sobrevuelan los campos*), INTRANSITIVAS (*Su segundo hijo nació ayer*) y COPULATIVAS (*El día está fresco*).

1.7.2c   El tercer criterio es la DEPENDENCIA O INDEPENDENCIA sintáctica de las oraciones. Las ORACIONES SIMPLES no contienen otras que ocupen alguno de sus argumentos o modifiquen a alguno de sus componentes. Las ORACIONES SUBORDINADAS dependen de alguna otra categoría a la que complementan o modifican. La oración subordinada se halla INSERTA O INCRUSTADA en la principal, en lugar de concatenada a ella. Así, la oración principal en *Ella dijo* [*que no estaba de acuerdo*] no es el segmento *ella dijo* —que no constituye por sí solo ninguna oración, ya que está incompleto—, sino toda la secuencia que aparece en cursiva. El segmento situado entre corchetes constituye la oración subordinada, que se interpreta como una parte de la principal. Se denomina tradicionalmente ORACIÓN COMPUESTA la que contiene una o varias subordinadas de cualquiera de los tipos reconocidos.

1.7.3   Tipos de subordinadas

1.7.3a   Las oraciones subordinadas se dividen tradicionalmente en tres grupos:
SUSTANTIVAS (o ARGUMENTALES, porque, con escasas excepciones, son las únicas
que constituyen argumentos de algún predicado): *Mencionó que llegaría hoy; Prometo estudiarme la lección; Dime cómo te va;* ADJETIVAS o DE RELATIVO: *el color que te
gusta, las personas a las que me refiero, nada que decir;* ADVERBIALES o CIRCUNSTAN-
CIALES: *Aunque no te lo creas, me gusta la música que oyes; Si quieres, te espero; Este
autor escribe como a mí me gustaría escribir.*

1.7.3b   La distinción tradicional entre estas tres clases de subordinadas se apoya
en una equivalencia o correspondencia aproximada entre las categorías y las funciones. Así, las subordinadas sustantivas ejercen las funciones características de los
grupos nominales: *Mencionó {que llegaron ~ su llegada}.* Las adjetivas corresponden
a las oraciones de relativo con antecedente expreso, al que modifican a la manera de
los adjetivos, como en *el libro que estoy leyendo, la casa donde vivo, el autor cuyo texto pretendo identificar.* Las relativas con antecedente implícito no funcionan como
adjetivos, sino que se asimilan a los grupos nominales, adverbiales o preposicionales: *quien usted señale, lo que a ti tanto te gusta, cuando se ponga el sol,* etc. El término
oración subordinada de relativo alude a la forma en la que la oración está construida,
ya que una oración de relativo es, en efecto, la que contiene un relativo. Por el contrario, el término *subordinada adjetiva* alude a la función sintáctica que la oración
desempeña, similar a la de los adjetivos.

1.7.3c   El tercer grupo de oraciones subordinadas, las adverbiales o circunstanciales, es el más polémico de los tres, hasta el punto de que son raras las gramáticas
modernas que les dan cabida como unidades del análisis sintáctico. De hecho, el
paralelismo con los adverbios en los que se basa esa denominación es inexacto y
puede estar forzado, ya que no existen adverbios que puedan sustituir a las oraciones finales, concesivas, causales, etc. El problema no se resuelve sustituyendo el término *adverbial* por *circunstancial,* ya que las prótasis condicionales o concesivas no
son complementos circunstanciales, sino que participan en estructuras bimembres
(denominadas tradicionalmente *períodos*). Por otra parte, la clase de las subordinadas adverbiales da lugar a cruces, solapamientos o traslapes con otras clases de oraciones. Así, en *Este autor escribe como a mí me gustaría escribir,* la presencia del
adverbio relativo *como* asimila el segmento subrayado a las relativas sin antecedente
expreso (cf. *del modo como a mí me gustaría escribir*), a pesar de lo cual se considera
tradicionalmente una subordinada adverbial. En esta obra se empleará el término
subordinación adverbial cuando se desee recordar su contenido tradicional o abarcar
conjuntamente el grupo que corresponde a estas oraciones en la tradición gramatical hispánica. También se aplicará el término *subordinada adverbial* a las oraciones
subordinadas de gerundio, como en *Salió de la casa dando un portazo.*

Morfología

2 El género

2.1   Definición. Características fundamentales

2.1.1   El género de los sustantivos y la concordancia

2.1.1a   Es el género una propiedad gramatical de los sustantivos y de algunos pronombres que incide en la concordancia con los determinantes, los cuantificadores (a veces asimilados a ellos) y los adjetivos o los participios. Las categorías que manifiestan género gramatical reproducen los rasgos de género de los sustantivos o de los pronombres, como se observa en estos ejemplos:

> *la* [artículo femenino] *mesa* [sustantivo femenino] *pequeña* [adjetivo femenino]; *Ella* [pronombre femenino] *es muy simpática* [adjetivo femenino]; *este* [demostrativo masculino] *cuarto* [numeral masculino] *capítulo* [sustantivo masculino]; *Los* [artículo masculino] *libros* [sustantivo masculino] *eran suyos* [posesivo masculino].

2.1.1b   Los adjetivos concuerdan en género y número con el sustantivo, tanto si son modificadores (*ojos melancólicos, las tranquilas tardes sanjuaninas*) como si son atributos o predicativos (*Los invitados estaban callados; Lo creíamos tímido*), incluso cuando el sujeto está tácito: *Comieron callados; Era muy tímido* (§ 16.2.1g y 33.3.1d). Los rasgos de género y número de los adjetivos y de otros modificadores del sustantivo carecen de INTERPRETACIÓN SEMÁNTICA y constituyen únicamente MARCAS DE CONCORDANCIA.

2.1.1c   No existe discordancia de género en secuencias como *el alma dormida* o *el agua embalsada*. El artículo femenino presenta la variante *el,* que precede a los sustantivos que comienzan con /a/ tónica. En las mismas condiciones, también el artículo indeterminado *un* y los cuantificadores *algún* y *ningún* pueden combinarse con sustantivos femeninos: {*un ~ algún ~ ningún*} *arma*. Tal asimilación con el masculino se extiende a veces indebidamente a otros determinantes y adjetivos que preceden al sustantivo. Se trata de usos frecuentes pero incorrectos, que se recomienda evitar: *este hacha, ese acta, el otro ave, todo el hambre, poco agua, el* *primer área, el mismo arma, aquel aula,* en lugar de las variantes correctas *esta hacha, esa acta, la otra ave, toda el hambre, poca agua, la primera área, la misma arma, aquella aula.*

2.1.2   Clases de género. Su presencia en los sustantivos

2.1.2a   Atendiendo al género, los sustantivos se clasifican en MASCULINOS y FEMENINOS. Con muchos sustantivos que designan seres animados, el género sirve para diferenciar el sexo del referente (*gato/gata; niño/niña; presidente/presidenta; alcalde/alcaldesa*). En el resto de los casos, el género de los sustantivos es una propiedad gramatical inherente, sin conexión con el sexo. Su terminación no siempre pone de manifiesto el género que les corresponde: por ejemplo, *césped* y *pared* son, respectivamente, masculino y femenino, como indican los elementos subrayados en *el césped húmedo* y *la pared blanca.*

2.1.2b   Los sustantivos no tienen género NEUTRO en español. Solo lo tienen los demostrativos (*esto, eso, aquello*), los cuantificadores (*tanto, cuanto, mucho, poco*), el artículo *lo* y los pronombres personales *ello* y *lo* (§ 14.5.1a, 16.2.1f, 17.2.5 y 19.2.1). El género en que aparecen los adjetivos y otros modificadores de estos elementos neutros no se diferencia morfológicamente del masculino:

> Sé que hay en mí mucho bueno y mucho malo (Gómez Avellaneda, *Autobiografía*); Pues yo te digo que eso es imbécil y monstruoso (Baroja, *Aurora*); Todo ello era falso, como luego se demostró (Semprún, *Federico Sánchez*); Esto es solamente cierto para las guerras de conquista (Madero, *Sucesión*).

También son neutros los pronombres que se refieren a las oraciones: *—¿Dijo que llamaría? —No, no dijo eso; A dónde fueron a parar no lo supe* (Barnet, *Gallego*). Más que un tercer género del español equiparable a los otros dos, el neutro es el exponente de una clase gramatical de palabras que designan ciertas nociones abstractas (§ 14.5.3a).

2.1.2c   Los sustantivos en los que el género permite diferenciar el sexo de los seres designados (§ 2.1.2a) muestran varias posibilidades. Muchos añaden un sufijo a la raíz, como *duque/duquesa* o *poeta/poetisa.* Algunos, llamados HETERÓNIMOS, utilizan radicales diferentes, como *toro/vaca; yerno/nuera; caballo/yegua.* Los sustantivos COMUNES EN CUANTO AL GÉNERO no experimentan cambios en su forma, pero su género queda reflejado en los determinantes o los adjetivos que los acompañan: *el artista/la artista; el profesional/la profesional; el testigo/la testigo.*

2.1.2d   Los sustantivos AMBIGUOS EN CUANTO AL GÉNERO pueden usarse indistintamente como masculinos o femeninos para designar la misma entidad, generalmente inanimada: *el mar/la mar* o *el vodka/la vodka.* Son, por último, nombres EPICENOS los que se refieren a seres vivos de uno u otro sexo mediante un único género gramatical, sea este masculino —*el rinoceronte, el ombú, el personaje*— o femenino —*la lechuza, la palmera, la víctima*—.

2.1.3   Empleo genérico del masculino

2.1.3a   El masculino es en español el GÉNERO NO MARCADO, y el femenino, el MAR-CADO. En la designación de personas y animales, los sustantivos de género masculino se emplean para referirse a los individuos de ese sexo, pero también para designar a toda la especie, sin distinción de sexos, sea en singular o en plural. Así, están comprendidas las mujeres en *Un estudiante universitario tiene que esforzarse mucho hoy en día para trabajar y estudiar a la vez* o en *Los hombres prehistóricos se vestían con pieles de animales.* Se abarca asimismo a las osas en *El oso es un animal plantígrado* o *En los bosques quedan pocos osos.* Estos casos corresponden al USO GENÉRICO del masculino. Sin embargo, razones extralingüísticas o contextuales pueden dar a entender que se habla solo de varones, como en *el número de mexicanos que han sido ordenados sacerdotes en los últimos diez años,* o en *Los hombres solo dicen mentiras* (Delibes, *Ratas*).

2.1.3b   En el lenguaje político, administrativo y periodístico se percibe una tendencia a construir series coordinadas constituidas por sustantivos de persona que manifiesten los dos géneros: *los alumnos y las alumnas; a todos los chilenos y a todas las chilenas; tus hijos y tus hijas; Una masiva ovación de los diputados y las diputadas* [...] *cierra el presunto debate* (*País* [Esp.] 2/4/1999). El circunloquio es innecesario en estos casos, puesto que el empleo del género no marcado es suficientemente explícito para abarcar a los individuos de uno y otro sexo. Se prefiere, por lo tanto, *Los alumnos de esta clase se examinarán el jueves; Es una medida que beneficiará a todos los chilenos; ¿Cómo están tus hijos?* En cambio, la doble mención se interpreta como señal de cortesía en ciertos usos vocativos: *señoras y señores, amigas y amigos,* etc., acaso por extensión de la fórmula *damas y caballeros,* basada en una oposición heteronímica.

2.1.3c   Cuando no queda suficientemente claro que el masculino plural comprende por igual a los individuos de ambos sexos, son necesarios ciertos recursos para deshacer la posible ambigüedad: fórmulas desdobladas, como en *Los españoles y las españolas pueden servir en el Ejército,* pero también modificadores restrictivos del sustantivo (*empleados de ambos sexos*) o apostillas diversas (*empleados, tanto hombres como mujeres*).

2.1.3d   Los sustantivos en plural *padres* ('padre y madre'), *reyes* ('rey y reina'), *príncipes* ('príncipe y princesa') y otros que designan títulos nobiliarios o términos de parentesco pueden abarcar en su designación a los dos miembros de una pareja de varón y mujer.

2.1.4   Marcas de género

2.1.4a   El género se manifiesta en ocasiones en algunas MARCAS formales explícitas, como las terminaciones de los sustantivos (§ 2.1.2c) en casos como *hij-o, jef-a, juez-a, leon-a, abad-esa, sacerdot-isa, gall-ina.* Tales marcas han sido interpretadas como MORFEMAS DE GÉNERO, es decir, segmentos a los que corresponde la información morfológica relativa al sexo. Con otros sustantivos, en cambio, la terminación carece de contenido, por lo que resulta problemático identificarla como morfema. Tampoco parece acertado asociar la vocal -*o* a los sustantivos masculinos (*tiempo, huerto*) y -*a* a los femeninos (*casa, huerta*), puesto que existen sustantivos masculinos terminados en -*a* (*día*), femeninos terminados en -*o* (*mano*), y de uno u otro género terminados en -*e* (*héroe, serie*), en -*i* (*alhelí, hurí*), en -*u* (*ímpetu, tribu*) o en consonante (*árbol, canción*). Estas terminaciones de los sustantivos de GÉNERO INHERENTE no son, pues, depositarias de información genérica. Actualmente se analizan como MARCAS SEGMENTALES, DESINENCIALES O DE PALABRA, por su incidencia en ciertos procesos fonológicos y morfológicos, como la formación de derivados. Así, por ejemplo, se suprimen en *cas-a̲, libr-o̲, mont-e̲* o *Merced-es̲* para formar *cas-ona, libr-ote, mont-ec-ito* o *Merced-itas.*

2.1.4b   Existen, no obstante, ciertas correspondencias entre la terminación de los sustantivos y su género inherente. En efecto, la mayor parte de los sustantivos que acaban en -*a* son femeninos (*alegría, amapola, casa, silla*, etc.), y la mayoría de los que terminan en -*o* son masculinos (*cuaderno, fuego, odio, puerto*, etc.). Los acabados en consonante o en otras vocales pueden ser masculinos (*alhelí, amor, diente, espíritu, fénix, hábitat, reloj*) o femeninos (*flor, fuente, grey, hurí, perdiz, tribu, vocal*). Muchos sustantivos terminados en -*a* son masculinos, como *aroma* ('perfume', no 'flor del aromo'), *cisma, clima, día, dogma, mapa, problema, tema, trauma*; son femeninos varios de los acabados en -*o*, como *libido, mano, nao, seo*, así como los que provienen de acortamientos de palabras femeninas, como *disco* (de *discoteca*), *foto* (de *fotografía*), *moto* (de *motocicleta*), *polio* (de *poliomielitis*) o *quimio* (de *quimioterapia*).

2.1.4c   Las terminaciones -*o* y -*a* en los sustantivos no animados pueden marcar diferencias léxicas no ligadas al sexo, como la que se establece entre el árbol y su fruto o su flor (*almendro ~ almendra; camelio ~ camelia; cerezo ~ cereza; tilo ~ tila*), o bien distinciones relativas al tamaño o a la forma de las cosas: *bolso ~ bolsa; cántaro ~ cántara; cesto ~ cesta; huerto ~ huerta; jarro ~ jarra; río ~ ría*. Estos pares no forman paradigmas sistemáticos, lo que indica que tampoco en estos casos se trata de verdaderos morfemas.

2.1.4d   Entre los sustantivos que designan seres animados, la terminación en -*a* se corresponde en la mayoría de los casos con la denotación de una mujer o un animal hembra. Esta marca presenta a veces un incremento morfológico: -*esa* (*abadesa, alcaldesa, condesa, duquesa, tigresa, vampiresa*), -*isa* (*diaconisa, papisa, profetisa, sacerdotisa, poetisa*, aunque se usa también el femenino *poeta*), -*ina* (*gallina, heroína, jabalina, zarina*). Otros pares, formados sobre pautas menos productivas, son *rey / reina* y los femeninos terminados en -*triz*, como *emperatriz* o *actriz*, correspondientes a algunos masculinos en -*dor* o en -*tor*. Esta terminación aparece también en ciertos adjetivos, pero contraviene las reglas de concordancia usarla cuando el adjetivo modifica a sustantivos masculinos (*impulso motriz, taller automotriz*), por lo que en estos casos se recomiendan las variantes en -*or: impulso motor, taller automotor*.

2.2   Los sustantivos comunes en cuanto al género

2.2.1   Caracterización de los sustantivos comunes en cuanto al género

2.2.1a   Son COMUNES EN CUANTO AL GÉNERO los sustantivos de persona que designan tanto a hombres como a mujeres. Estos sustantivos no permiten distinguir el sexo de las entidades a que se refieren mediante el empleo de desinencias, sino solo a través de la concordancia con adjetivos y determinantes: *el cónyuge/la cónyuge; el pianista/la pianista; el testigo/la testigo.* Así pues, cabe decir *Su cónyuge está enfermo* y también *Su cónyuge está enferma; El testigo estaba irritado* o *La testigo estaba irritada.*

2.2.1b   Se comportan de manera similar los pronombres personales de primera y segunda persona del singular y todos los átonos, excepto *la* y *lo* y sus plurales, así como los interrogativos o exclamativos *quién/quiénes* y *cuál/cuáles,* los relativos *quien/quienes* y los indefinidos *alguien* y *nadie.* Así, el adjetivo concuerda en género con el pronombre, que carece de marca explícita, en *Te vi muy callado* (o *callada*); *Yo soy alto* (o *alta*); *Compruébelo usted misma* (o *mismo*); *Dime en esta tierra, ¿quién es la más bella?* (Delgado Senior, *Sub-América*); *Le sonó como una demostración de celos, indigna de alguien tan lista como su abuela* (Allende, *Ciudad*).

2.2.1c   Los llamados ADJETIVOS DE UNA TERMINACIÓN (§ 13.3.2c), como *audaz, azul, conforme, feliz, fiel, grande, precoz, salvaje, triste, verde* y otros muchos, representan en esa clase de palabras el equivalente de los sustantivos comunes en cuanto al género, por lo que se aplican a sustantivos masculinos y femeninos: *Esta mesa es grande~Este árbol es grande; hombres tristes~mujeres tristes.* Aunque no es posible deducir el género del sustantivo en expresiones como *grandes artistas* o *su brillante corresponsal,* se interpreta sin dificultad siempre que aparezca algún modificador con marca expresa de género, como en *las grandes artistas* o *su brillante corresponsal extranjera.*

2.2.1d   Los sustantivos AMBIGUOS EN CUANTO AL GÉNERO también manifiestan doble género, pero el cambio de uno a otro género no implica en ellos alteración de significado: *Lleva en sí una nostalgia más épica que lírica de lo que es el mar, la mar* (Umbral, *Leyenda*).

2.2.2   Clases morfológicas de los sustantivos comunes en cuanto al género

Entre los sustantivos que designan personas, suelen ser comunes en cuanto al género los siguientes:

A. MUCHOS ACABADOS EN –A: Entran en este grupo numerosos sustantivos, en gran parte de origen griego, que denotan profesiones, actividades o atributos de las personas: *astronauta, autodidacta* (aunque también es posible la alternancia *autodidacto/autodidacta*), *burócrata, cabecilla, centinela, demócrata, guardia, homicida, jerarca, políglota* (también *polígloto/políglota*), *psicópata, turista, vigía.* Expresan por lo general atributos negativos algunos sustantivos evaluativos que están restringidos geográficamente, como *grasa* (en la Argentina, 'persona vulgar o de mal gusto'); *hortera* (en España, 'persona vulgar u ordinaria que pretende ser elegante'); *pasota* ('persona indiferente ante cuestiones importantes', raro fuera de España); *pelma* ('persona pesada o molesta'). Un grupo numeroso de nombres comunes en cuanto al género terminados en -a se forman con el sufijo -ista: *artista, automovilista, dentista, pianista, taxista, violinista.* El sustantivo *modista* generó la forma —anómala morfológicamente, pero ya extendida— *modisto* (varón).

B. La mayoría de los terminados en -E: *conserje, cónyuge, detective, extraterrestre, hereje, intérprete, partícipe, pobre.* Pueden ser comunes *cacique, jefe, sastre,* aunque también se registran los femeninos *cacica, jefa, sastra.* Entre los terminados en -*e* forman grupo especial los que acaban en -NTE, que suelen proceder de participios latinos: *amante, cantante, cliente, delincuente, estudiante, gerente, informante, intendente, manifestante, narcotraficante, penitente, presidente, representante, traficante, viajante.* No obstante, varios de ellos toman el morfema femenino en muchos países, de modo que se dice también *la clienta, la intendenta, la presidenta,* entre otros casos.

C. La mayor parte de los que acaban en -I (tónica o átona) o en -Y: *ceutí, maniquí, marroquí, pelotari, yóquey.* También varios terminados en -O: *contralto, modelo* (en la interpretación en la que se designa a un profesional), *sabelotodo, soprano, testigo.*

D. Algunos que terminan en consonante: Son comunes casi todos los no agudos acabados en -R, -S, -T, como *mártir, prócer; lavacoches, papanatas, pelagatos, viejales; pívot.* También los agudos terminados en -AR o -ER, como *auxiliar, titular; bachiller, canciller, mercader,* así como los procedentes de adjetivos que terminan en -AL, como *comensal, corresponsal, heterosexual, homosexual, industrial, profesional.* Algunos de estos últimos están sujetos a moción genérica; es decir, añaden -*a* para el femenino: *colegial, español, zagal.* Últimamente empiezan a adquirirla *concejal, fiscal, bedel* y otros. Forman el femenino en -*a* los nombres agudos terminados en -*or,* como *director, doctor, lector;* en -*n: anfitrión, catalán, patrón;* en -*s: burgalés, feligrés, francés, marqués,* o en -*z: andaluz, aprendiz, capataz, rapaz.* Se exceptúan algunos comunes en cuanto al género, como *mandamás* y *portavoz,* y otros que solo se usan en masculino, como *capellán, chamán* o *deán.* La voz *juez* en común es cuanto al género en unos países (*el juez / la juez*), pero se desdobla en otros (*juez / jueza*).

2.2.3 Grupos semánticos de sustantivos comunes en cuanto al género: profesiones, títulos y actividades

En los apartados anteriores se ha comprobado que está sujeta a cierta variación la presencia de marcas de género en los sustantivos que denotan algunas profesiones o actividades desempeñadas por mujeres. Muchos de ellos eran comunes en cuanto al género, mientras que en algunos casos el femenino designaba antiguamente a la esposa del que ejercía un cargo o una profesión (*la coronela, la gobernadora, la jueza*). Sin embargo, estos sustantivos están hoy sujetos a moción genérica, ya que las mujeres ejercen estas actividades de forma habitual.

2.2.3a Muchos sustantivos de persona con masculino en -*o* que designan cargos, títulos, empleos, profesiones y actividades diversas presentan el femenino en -*a.* La lengua ha acogido femeninos como *abogada, arquitecta, bióloga, candidata, catedrática, diputada, física, ginecóloga, ingeniera, licenciada, matemática, ministra, música, odontóloga, torera.* No se rechazan los sustantivos femeninos de persona que coinciden con nombres de ciencias, artes o disciplinas, como *física, informática, matemática, música, política, práctica* (de un puerto), *química, técnica,* aun cuando puedan dar lugar a dos interpretaciones. En cambio, otros sustantivos como *bedela, edila, fiscala, jueza* o *médica* han recibido desigual aceptación en los países hispanohablantes.

2.2.3b   Se consideran comunes en cuanto al género los sustantivos que designan grados de la escala militar, cualquiera que sea su terminación: *el soldado / la soldado; un teniente / una teniente* (y lo mismo *cabo, sargento, comandante, coronel, general*). En diversos países se emplea *capitana* para designar el femenino de este grado militar, pero es más frecuente usarlo para hacer referencia a la mujer que dirige una nave o un equipo deportivo. Son también comunes los sustantivos que designan, metonímicamente, a la persona que ejerce el oficio de tocar un instrumento de música, como *el contrabajo / la contrabajo*.

2.2.3c   Las fórmulas de tratamiento (§ 16.2.1g) se asimilan a los sustantivos comunes en cuanto al género en lo relativo a la concordancia, independientemente de si los nombres sobre los que se forman son femeninos o masculinos. Así pues, *alteza* es un sustantivo femenino, pero la expresión *Su Alteza* admite, en la lengua actual, los dos géneros, según haga referencia a un hombre o a una mujer. Cabe decir lo mismo de otros tratamientos: *Su Excelencia ha sido muy {generoso ~ generosa} conmigo; Su Majestad era partidario de abandonar Marruecos a su suerte* (Mendoza, *Ciudad*); *¡Bien podemos quererle! ¡Su Ilustrísima es un santo y un sabio!* (Miró, *San Daniel*). Aun así, en los adjetivos que funcionan como modificadores no se suele aceptar la discordancia: *Su Excelencia {*reverendísimo ~ reverendísima}*.

2.2.4   Sustantivos comunes en cuanto al género procedentes de usos figurados

2.2.4a   Es frecuente que los sustantivos epicenos (§ 2.4) que designan animales lleven asociado algún estereotipo cuando se aplican a las personas. Este uso no afecta a sus rasgos de género, como cuando se dice de un hombre o de una mujer que es una hiena ('persona de muy malos instintos o muy cruel'), una hormiguita ('persona muy ahorradora') o una fiera ('persona cruel o violenta'). En consecuencia, pueden alternar *Este muchacho es un lince ~ Esta muchacha es un lince*, en el sentido de 'persona muy avispada', pero no es correcto *una lince*. Todos estos sustantivos presentan un USO ATRIBUTIVO, en el que admiten el artículo indeterminado denominado ENFÁTICO o PONDERATIVO (§ 15.2.3c).

2.2.4b   Sobre los usos anteriores se forman en la lengua coloquial nombres que también se aplican a las personas, pero que son comunes en cuanto al género. En este segundo uso metafórico experimentan una nueva alteración de significado que debe especificarse en cada caso particular. Así, el sustantivo femenino *rata* puede predicarse, sin cambiar de género, de un hombre o de una mujer en la lengua coloquial con el significado de 'persona despreciable' (primer uso metafórico: *El jefe es una rata*). A la vez, suele usarse como común en el de 'persona muy tacaña' (segundo uso metafórico: *El jefe es un rata ~ La jefa es una rata*). Asimismo, si se dice de alguien que es *un gallina*, se le atribuyen ciertas características estereotipadas de cobardía, como en *Y añadió que quien se acuesta temprano por haber trasnochado mucho es un gallina* (Nieva, *Señora*). En este sentido valorativo, por lo general depreciativo o peyorativo, estos nombres pueden aparecer también en la construcción apositiva que se forma con la preposición *de* (§ 12.7.5), como en *el rata de tu jefe, el gallina de* *mi hermano* o *No me extraña que Lucrecia dejara por él a <u>ese animal de Malcolm</u>* (Muñoz Molina, *Invierno*). Adquieren entonces rasgos adjetivales, como pone de manifiesto el uso de la forma apocopada *muy* en *Hubiera podido el <u>muy bestia de Juárez</u> arreglar su comercio* (Galdós, *Fortunata*) o en el <u>*muy gallina del alcalde*</u>. Este proceso se extiende a algunos sustantivos femeninos que no designan animales, como *bala, cabeza* o *cara*, lo que no obsta para que se diga de un hombre o de una mujer, respectivamente, que es *un bala perdida / una bala perdida* en el sentido de 'tarambana'; *un cabeza loca / una cabeza loca*, en el de 'persona de poco juicio'; *un caradura / una caradura* —también *un cara* o *una cara*—, en el de 'sinvergüenza, persona descarada'.

2.3   Los sustantivos ambiguos en cuanto al género

2.3.1   Restricciones en el uso de los sustantivos ambiguos

A diferencia de lo que ocurre con los nombres comunes en cuanto al género, son relativamente raros los sustantivos que, usados con un mismo sentido y en una misma construcción, pueden considerarse ambiguos para los hablantes de una misma comunidad lingüística en un período determinado. Esta importante diferencia entre las dos clases gramaticales refuerza la idea de que el género es para los hispanohablantes una propiedad gramatical inherente de cada sustantivo. Los sustantivos ambiguos poseen los dos géneros: *azúcar {moreno ~ morena}; mar {grueso ~ gruesa}*. Otros sustantivos ambiguos son *agravante, armazón, azumbre, interrogante, maratón, prez, pringue*. Entre los escasos sustantivos ambiguos que designan seres animados figura *ánade: ánades majestuosos ~ ánades majestuosas*.

2.3.1a   Se dan a menudo diferencias geográficas, de registro, de frecuencia o simplemente de uso entre las dos variantes: el sustantivo *calor* es masculino mayoritariamente, pero en algunas regiones también se emplea la forma femenina, que no pertenece al español estándar; en la lengua común *mar* es masculino (*el mar, mar bravío*), pero entre la gente de mar de varios países predomina el femenino. Este es también el género que muestra en expresiones como *en alta mar* o *hacerse a la mar*. Otras veces, la elección del género está en función del número. Así, *mar* en plural (*mares*) es siempre masculino. De forma parecida, el sustantivo *arte* se usa como femenino en plural: *las bellas artes, las artes marciales*, pero en singular se construye hoy casi siempre en masculino: *el arte español, un arte refinado, el arte dórico*.

2.3.1b   Muchos sustantivos ambiguos tienden a dejar de serlo. Aunque se registran excepciones en algunos países, es más frecuente emplear como masculinos *acné, anatema, aneurisma, contraluz, fueraborda, mimbre, reúma* o *reuma* y *vodka*. Prefieren el femenino *cochambre, dote, enzima* y *pelambre*. Este es el género que se recomienda también para *aguachirle, apócope, apoteosis, aula, comezón, hemorroide, índole, parálisis* y *porción*, aunque alguna vez se usen como masculinos; por el contrario, se usan casi siempre en masculino *aceite, alambre, apéndice, apocalipsis, arroz, avestruz, color, detonante, énfasis, fantasma, puente, tequila, vinagre* y *vislumbre*. Aunque se han registrado usos en femenino de estos sustantivos, se recomienda en todos ellos la variante en masculino. Se emplean ya solo como masculinos *apóstrofe* y *herpes*. En los que siguen siendo ambiguos, como *agravante, atenuante, condicionante, eximente, invariante* o *resultante,* la alternancia de género está limitada a ciertos contextos. Por ejemplo, el uso femenino de *eximente* suele circunscribirse al ámbito jurídico.

2.3.1c   Los factores que intervienen en la alternancia de género son otras veces geográficos. Así, el sustantivo *pijama* o *piyama* es masculino en muchos países, pero femenino en México, gran parte de Centroamérica, el Caribe y otras áreas: *Se ponían a cambiarle la pijama empapada de sudor* (Uslar Pietri, *Oficio*). De forma análoga, *pus* es mayoritariamente masculino, pero en Chile, México y algunos países centroamericanos alternan los dos géneros, incluso en la lengua formal, con predominio del femenino. También varía el género en *tanga* (masculino en el español europeo, pero femenino en buena parte de América) y *bikini* o *biquini* (femenino en casi toda el área rioplatense, pero masculino en la mayor parte de los demás países).

2.3.1d   No son, en cambio, ambiguos sino POLISÉMICOS los sustantivos en los que la diferencia de género se relaciona con dos interpretaciones que mantienen cierta relación semántica, como *el margen de la página* pero *la margen del río; el final del libro* pero *la final del campeonato; la doblez* ('hipocresía', 'malicia') y *el doblez de sus enaguas; el terminal del cable* y *la terminal de ómnibus; el editorial* ('artículo de fondo no firmado') y *la editorial* ('casa editora'). En otros casos, las diferencias en el género no corresponden a acepciones directamente relacionadas entre sí, como ocurre en *el capital~la capital; el clave~la clave; el cólera~la cólera; el coma~la coma; el corte~la corte; el cura~la cura; el frente~la frente; el pendiente~la pendiente,* por lo que a veces se consideran casos de homonimia.

2.4   Los sustantivos epicenos

2.4.1   Tipos de nombres epicenos

Como se explicó en el § 2.1.2d, se llaman tradicionalmente EPICENOS los sustantivos de un solo género que designan seres vivos (animales, plantas, personas), pero que no poseen ninguna marca formal que permita determinar su sexo.

2.4.1a   La mayoría de los sustantivos epicenos son nombres de animales: *búho, camaleón, cebra, culebra, hiena, hormiga, jirafa, lechuza, liebre, mosca, mosquito, perdiz, rata, sapo, tiburón, víbora,* etc. Entre los nombres de plantas están *acebo, datilera, espárrago, mamón, ombú, palmera, plátano, sauce.* Todos ellos pueden ser modificados por los términos *macho* y *hembra,* que especifican el sexo que corresponde a la entidad designada: *la avispa {macho~hembra}; el hipopótamo {macho~hembra}; el ombú {macho~hembra}.* Aunque el sustantivo *hembra* es femenino y el sustantivo *macho* es masculino, pueden combinarse con nombres del género opuesto, como en *un tiburón hembra* o *la ardilla macho* en construcciones apositivas (§ 12.7.4d). La concordancia está condicionada por el género del sustantivo que forma el grupo nominal, y no por el sexo de la entidad designada; se dice, por tanto, *El tiburón hembra es muy <u>peligroso</u>* y no **... es muy <u>peligrosa</u>.*

2.4.1b   Algunos nombres de persona son también epicenos. Con independencia del sexo de las personas designadas, son femeninos los sustantivos *víctima* y *criatura*, y masculinos *personaje*, *rehén* y *vástago*. Cuando es necesario especificar el sexo del referente, se prefiere emplear los términos *masculino* y *femenino* (*personajes femeninos*, *víctima masculina*), o bien *varón* o *mujer*, como en *el personaje varón de la comedia*, pero no **la víctima {macho ~ hembra}; **el personaje {macho ~ hembra}*. Estos sustantivos mantienen en los modificadores nominales y en las construcciones atributivas el género gramatical que les corresponde léxicamente, como en *una criatura muy {pequeña ~ *pequeño}* o en *La víctima del robo estaba sumamente {*nervioso ~ nerviosa}*.

2.4.2   Alternancias entre los epicenos y otras clases de nombres

La clase de los sustantivos epicenos es relativamente secundaria, ya que la información que este grupo aporta solo atañe de forma indirecta a la gramática. A menudo dan lugar a alternancias con otras clases, como se verá en los apartados que siguen.

2.4.2a   El sustantivo masculino *miembro* se usa como epiceno cuando designa la persona que se integra en un grupo o una comunidad. No obstante, empieza a ser utilizado también como común en cuanto al género: *Ella es el miembro más notable del equipo ~ Ella es la miembro más notable del equipo*. No se recomienda, en cambio, el femenino *miembra*. El sustantivo *rehén* está ampliamente documentado como epiceno (*Ella era el único rehén*), pero hoy predomina su empleo como común en cuanto al género (*el rehén / la rehén*). El sustantivo *bebé* es común en cuanto al género en muchos países americanos (*Es un bebé precioso ~ Es una bebé preciosa*), pero es epiceno en España (*Tuvieron una niña, un bebé precioso*). En el español americano es frecuente asimismo la variante con pronunciación llana *bebe / beba*. Los sustantivos *pariente* y *familiar* son comunes en cuanto al género en *Es pariente {mío ~ mía}; Son familiares {suyos ~ suyas}*, pero se emplean también como epicenos: *La consideran un pariente lejano; Ella es familiar mío*.

2.4.2b   No son epicenos los nombres masculinos de persona que se usan como términos no marcados de una oposición (§ 2.1.3), como en *Tiene dos hijos: un niño y una niña; Vendrán mis dos hermanos: Diego y Ana*. Tampoco lo son los sustantivos atributivos como *belleza*, *caos*, *desastre*, *encanto* o *maravilla* (§ 12.2.2b y 12.7.5d), ya que no designan seres animados, aunque puedan predicarse de ellos, como en *{Ella ~ Él} es un encanto* o en *{Este escritor ~ Esta escritora} es una maravilla*.

2.5   El género de los nombres que designan seres inanimados

Aunque no existen principios gramaticales firmes para determinar el género de los sustantivos que designan seres inanimados, pueden observarse algunas tendencias tanto formales como semánticas. En el § 2.1.4 se han dado algunas pautas relacionadas con la terminación de los nombres; en los apartados que siguen se añadirán otras, relativas a las clases léxicas a las que se adscriben.

2.5.1   Nombres propios no personales

2.5.1a   Aunque resulta difícil establecer generalizaciones abarcadoras para los nombres propios, el género suele depender del que posee el HIPERÓNIMO que les corresponde, esto es, el sustantivo de la clase a la que pertenecen. Así, se dice *un Mercedes* o *un Seat* porque se trata de coches, pero se usa *una Vespa* o *una Yamaha* porque se habla de motocicletas. Como *isla* es femenino, se dice *las Malvinas* o *las Canarias,* mientras que, por ser *monte* masculino, tenemos *el Aconcagua, los Alpes* o *los Pirineos.* Aun así, también existen nombres de montes femeninos, quizás por influencia del sustantivo *montaña,* como *la Campana* (Chile) o *la Carpintera* (Costa Rica). Los nombres de ríos, lagos, mares y océanos son masculinos: *el Amazonas, el Titicaca, el Cantábrico, el Pacífico.* Por la misma razón son femeninos los de las carreteras o rutas (*Circulaba por la nacional IV ~ Circulaba por la Panamericana*). Un proceso similar se reconoce en las siglas, en las que el género se toma del sustantivo que se interpreta como núcleo y que corresponde, por lo general, a la letra inicial, como en *el PRI* (donde *P* es *partido*), *la FIFA* (donde la primera *F* es *federación*), *la ONU* (con *O* de *organización*).

2.5.1b   En el caso de los nombres propios de ciudades y países, tienden a usarse como femeninos los que terminan en -*a* átona: *la Córdoba jesuítica; esa Colombia que tú no recuerdas; Barcelona estaba preciosa.* Cuando acaban en -*á* tónica, los nombres de países son masculinos (*Panamá, Canadá*), pero los de ciudades suelen ser femeninos (*la Bogotá actual*). Los acabados en otra vocal o en consonante concuerdan por lo general en masculino: *el Toledo de mis tiempos; mi Buenos Aires querido; Rioverde ya no es tan pequeño como crees,* aunque ambos géneros son a menudo posibles. También lo son cuando se combinan con el cuantificador *todo:* se dice *{Toda ~ Todo} Sevilla se oponía,* pero se prefiere hoy el uso de *Madrid* como masculino: *Reinaba, en todo Madrid, la atmósfera de los grandes cataclismos* (Carpentier, *Siglo*).

2.5.2   Nombres comunes no personales

Son masculinos los nombres de los días, los meses, los años y los siglos: *un lunes aciago, eneros lluviosos, el 98, el (siglo)* XV, como también los de los puntos cardinales, los vientos (*el siroco,* pero *la tramontana*), los números (*el cuatro*), los metales (*el cinc,* pero *la plata*), los idiomas (*el ruso*), los vinos (*el moscatel,* pero *la manzanilla*), los colores (*el azul*), las notas musicales (*el re*) y los nombres de moneda (*el dólar, el bolívar, el quetzal, el euro*), a menos que terminen en -*a* (*la peseta, la libra*). También son masculinos los infinitivos sustantivados (*su andar pausado*) y, en general, todas las unidades léxicas que se sustantivan por razones metalingüísticas, como *un quiero y no puedo; un sí reticente; el "que" sobrante en el texto; los pros y los contras.* Por su parte, son femeninos los nombres de las letras del alfabeto (*la eme*) y los de las horas (*las cuatro*).

3 El número

3.1   Caracterización. Manifestaciones gramaticales del número

3.1.1   Concepto de número

3.1.1a   El número es una propiedad gramatical característica de los sustantivos, los pronombres, los adjetivos, los determinantes (en el sentido amplio, que abarca los cuantificadores) y los verbos. Se presenta en dos formas: SINGULAR (*árbol, quien, grande, este, come*) y PLURAL (*árboles, quienes, grandes, estos, comen*). En el caso de los sustantivos y los pronombres, el número es INFORMATIVO, puesto que permite expresar si se designan uno o más seres; en el resto de los elementos con flexión de número, es una manifestación de la CONCORDANCIA. Así, todas las palabras que aparecen en la oración *Aquellos intentos resultaron vanos* poseen rasgos de plural, pero solo el sustantivo *intentos* indica efectivamente que se trata de más de un intento. Refleja este rasgo el verbo (*resultaron*), así como el atributo (*vanos*) y el determinante (*aquellos*). Si, en lugar del ejemplo que se acaba de proponer, se considera la variante *Aquellos resultaron vanos*, el elemento informativo sería el pronombre *aquellos*, o bien un núcleo nominal tácito (*aquellos Ø*) si se aceptan ese tipo de unidades en el análisis sintáctico. Véanse, para esta cuestión, los § 1.4.2a y 19.3.2b, d.

3.1.1b   Algunas palabras pertenecientes al sistema gramatical del español carecen de plural. Así ocurre con las que poseen género neutro: *ello, esto, eso, aquello, qué* (en *¿Qué quieres?*), *nada, lo* (en *lo bueno* y en *Pretendía asistir, pero no lo permitieron*), y también con algunos cuantificadores no neutros, como *alguien, nadie* o *cada*. Otros, en cambio, como *varios*, cambian notablemente de sentido usados en singular (*vario*). Existen, por otra parte, pronombres (*que, se*) que no presentan rasgos visibles de número ni de género. Con todo, se piensa que estas informaciones están presentes de forma abstracta en dichas palabras. En efecto, el sujeto de la oración subrayada en *las habitaciones que estaban vacías* es la forma *que*, de manera que dicho pronombre transmite el plural a *estaban* y a *vacías*. Para los nombres que se usan solo en singular o solo en plural, véase el § 3.3.

3.1.1c   La noción de PLURALIDAD puede expresarse a través del número, y también por otros procedimientos. Así, en *Llegaron ocho* la expresa el numeral, como indica la concordancia. Los sustantivos numerales se pluralizan, sin embargo, como otros nombres comunes (§ 21.2.3a); así, en *¡Cómo estaría de mal, que la última me la ganó con un par de ochos, Mico!* (Wolff, *Kindergarten*). Recogen también LÉXICAMENTE la idea de pluralidad los sustantivos COLECTIVOS, como en *El ejército se dispersó* (§ 12.3), y los NO CONTABLES (§ 12.2): *Acumulaba arena*. Pueden también denotar pluralidad, aunque se construyan en singular, los grupos nominales genéricos que informan acerca de clases o de tipos de seres (*El lobo es un animal carnívoro*), así como algunas construcciones de interpretación distributiva. A pesar de que aparece en singular la expresión que se subraya en *Cuando pasaba, los hombres se quitaban el sombrero y las mujeres lloraban* (Jodorowsky, *Pájaro*), no se hace referencia en este texto a un solo sombrero, sino a tantos como designe el grupo nominal *los hombres*.

3.1.1d   Con algunas excepciones, sobre todo la representada por los NOMBRES COMUNES EN CUANTO AL GÉNERO (§ 2.1.2c y 2.2), a cada sustantivo le corresponde un solo género, pero puede aparecer en los dos números. En efecto, el sustantivo *libro* es solo masculino, pero admite singular y plural. La mayor parte de las excepciones están constituidas por los PLURALIA TÁNTUM ('solo plurales') y los SINGULARIA TÁNTUM ('solo singulares'), que se analizarán en el § 3.3. Salvo en estos casos particulares, es posible afirmar que mientras que el género de los nombres está determinado por el propio sustantivo y constituye, por tanto, una especie de marca léxica, el número está incardinado más claramente en los procesos sintácticos del idioma, como lo muestra el hecho de que el hablante escoja con libertad entre el singular y el plural. En las secciones siguientes se analizará el plural como concepto morfológico.

3.1.2   Reglas generales para la formación del plural

Mientras que el singular no presenta marca específica alguna, el plural aparece marcado generalmente por los morfemas *-s* o *-es*. No obstante, muchas palabras se pluralizan sin marca alguna, por lo que solo se percibe su número a través de la concordancia. En los apartados que siguen se darán las reglas generales de formación de plural en español.

3.1.2a   Los nombres TERMINADOS EN VOCAL ÁTONA y en *-á, -é, -ó* tónicas hacen el plural en *-s: casas, calles, yanquis, libros, tribus, sofás, cafés, platós*. Añaden también *-s* las voces agudas terminadas en diptongo, como *bonsáis*. Las TERMINADAS EN *-í, -ú* TÓNICAS tienden a admitir las dos variantes de plural. Se dice, pues, *al(h)elíes* o *al(h) elís, bisturíes* o *bisturís, esquíes* o *esquís, jabalíes* o *jabalís, maniquíes* o *maniquís, rubíes* o *rubís; bambúes* o *bambús, gurúes* o *gurús, tabúes* o *tabús*. No obstante, se percibe cierta tendencia, variable según los países, a valorar como más cultas las variantes en *-es*, sobre todo con gentilicios y nombres de etnias: *ceutíes, guaraníes, israelíes, hindúes*. Como excepción se registran algunos términos, en su mayoría coloquiales o procedentes de otras lenguas, que forman su plural únicamente en *-ís: benjuís, cañís, gachís, gilís, pirulís, popurrís, recibís*. Deben evitarse las formas populares de los plurales *mamases, papases* (por *mamás, papás*), *cacahueses* o *cacahués* (por *cacahuates* o *cacahuetes*), *cafeses* (por *cafés*), *manises* (por *manís* o *maníes*), entre otros. Existe también fluctuación en el plural de algunos monosílabos acabados en vocal, cuya mayor parte lo forma en -*s: fes, pies* (no *pieses*), *pros, tés.* Los plurales recomendados para los nombres de las vocales son *aes, es, íes, oes, úes.* El de *cu* (nombre de la consonante *q*) es *cus,* aunque en algunos países americanos se prefiere *cúes;* el de *ka* (nombre de la letra *k*) es *kas,* no *kaes,* y el de *i griega* (*y*), *íes griegas.* Para *yo, no* y *sí* se recomiendan *yoes, noes* y *síes* respectivamente, aun cuando se han registrado otras variantes.

3.1.2b   Los nombres ACABADOS EN LAS CONSONANTES -*L*, -*N*, -*R*, -*D*, -*Z*, -*J* hacen el plural en -*es: cónsules, mieles, leones, caracteres* (con cambio de acento), *tutores, paredes, peces* (con paso de la *z* a *c* delante de *e*), *relojes.* Se comportan de manera especial los sustantivos esdrújulos acabados en consonante, que o bien desplazan el acento, como *especímenes, regímenes,* o bien permanecen invariables, según se observa en algunos términos filológicos de origen griego: *el asíndeton / los asíndeton; el polisíndeton / los polisíndeton.* No sigue esta regla *hipérbaton,* cuyo plural es *hipérbatos* (más recomendable que *hipérbatons* o *hiperbatones*).

3.1.2c   Los nombres TERMINADOS EN -*S*, -*X* que son agudos o monosílabos hacen también el plural en -*es* (*autobuses, compases, reveses, toses, boxes, faxes*), pero permanecen invariables los restantes: *las dosis, las síntesis, las tesis, los lunes, los tórax, los clímax, los bíceps, los fórceps.* Se añaden algunos acabados en -*as* que, aunque construidos sobre una forma plural, se emplean sin variación para singular y plural: *boceras* 'jactancioso(s)', *gilipollas* 'tonto(s)', *manitas* 'habilidoso(s)', *cercanías* 'tren(es) de cercanías'. Siguen la regla general y toman -*es* para el plural los nombres TERMINADOS EN -*Y: ayes, bueyes, convoyes, leyes, reyes,* con la excepción de algunos sustantivos no totalmente castellanizados: *jerséis* (o *yerseis*). El plural más frecuente de *guirigay* es *guirigáis,* pero se documenta también la otra opción: [...] *el cencerro, la hamaca y el ordeño, las guitarras, los potros y las hembras, lágrimas en velorios, guirigayes en las fiestas, y la cabalidad en todo* (Asturias, *Papa*).

3.1.2d   Los sustantivos acabados en otras consonantes añaden -*s* para formar el plural: *acimut / acimuts* o *azimut / azimuts; cenit / cenits* o *zenit / zenits; mamut / mamuts; tic / tics; tictac / tictacs; zigurat / zigurats.* La mayor parte son préstamos recientes de otras lenguas, por lo que se estudiarán en el § 3.2.5.

3.2   El plural de los compuestos, los nombres propios, las abreviaturas, las siglas y los préstamos

3.2.1   El plural de los compuestos

3.2.1a   En general, los compuestos que constituyen una sola palabra hacen el plural como si se tratara de palabras simples, lo que equivale a decir que se pluraliza solamente el segundo elemento. Así ocurre cuando se trata de compuestos de dos sustantivos: *bocacalles* (no *bocascalles*), *casatiendas* o *cumulonimbos.* Cuando los dos sustantivos se escriben separados pero constituyen una unidad léxica en la que el segundo elemento aporta información determinativa, solo se marca el plural en el primero: *años luz, buques escuela, cafés teatro, ciudades dormitorio, globos sonda, hombres rana, muebles bar, niños prodigio, operaciones retorno, peces espada, sofás cama.* Los sustantivos *macho* y *hembra* no se pluralizan tampoco cuando modifican a otro sustantivo: *las panteras macho, los avestruces hembra*. Sin embargo, son numerosos los casos en los que el segundo de los sustantivos puede usarse con valor adjetival, por lo que caben alternancias como *aviones espía ~ aviones espías; buques fantasma ~ buques fantasmas; discos pirata ~ discos piratas; empresas líder ~ empresas líderes; momentos clave ~ momentos claves; países satélite ~ países satélites; programas piloto ~ programas pilotos; situaciones límite ~ situaciones límites*. También con los sustantivos de color es frecuente la doble categorización del segundo segmento: como adjetivo (*camisas rosas, faldas malvas*) o como sustantivo (*camisas rosa, faldas malva*: § 13.4.1f).

3.2.1b Los compuestos formados por la agrupación de adjetivo y sustantivo que no muestran separación gráfica siguen la regla formulada en el apartado anterior, es decir, hacen el plural como palabras simples, tanto cuando el adjetivo aparece en segunda posición como cuando figura en primera: *aguafuertes, cañabravas, caraduras, cubalibres, tiovivos; buenaventuras, cortometrajes, purasangres, quintaesencias*. No se dice, pues, *carasduras* ni *tiosvivos*. También se pluraliza solo el segundo elemento en los compuestos formados por dos adjetivos, se escriban separados por guion o unidos en una sola palabra, como en *conversaciones árabe-israelíes, factores político-económicos, condiciones espacio-temporales diversas*; o en *Es la historia de una oposición con consecuencias político-económicas entre un pueblo minoritario y una mayoría* (*ABC* 4/6/1989); *Publicaban a poetas americanos e ingleses, a jóvenes narradores italianos, y, sobre todo, a autores hispanoamericanos* (Pitol, *Juegos*).

3.2.1c Aunque existen restricciones y casos particulares, los compuestos sintagmáticos de nombre y adjetivo suelen pluralizar sus dos segmentos: *boinas verdes* (y no *boina verdes*), *cabezas rapadas* (y no *cabeza rapadas*), *pieles rojas* (y no *piel rojas*). Alternan con frecuencia en el singular las dos soluciones gráficas: una palabra o dos, con la consiguiente repercusión en el plural: *arcoíris ~ arcos iris; bajorrelieves ~ bajos relieves; camposantos ~ campos santos; caraduras ~ caras duras; cubalibres ~ cubas libres; guardiaciviles ~ guardias civiles; Nochebuenas ~ Noches Buenas; padrenuestros ~ padres nuestros*. Aunque se recomienda la primera variante, ambas se documentan y se consideran correctas. He aquí algunos ejemplos:

> Se caracterizan por una técnica mixta, texturas ásperas y pastosas que forman una suerte de bajorrelieves (*Prensa* [Nic.] 5/12/1997); Estas extravagancias brillan más en los bajos relieves (Jovellanos, *Diarios*); Rueda, cuna de obispos, bachilleres, regidores y guardiaciviles, es villa de nombradía y muy principal (Berlanga, *Gaznápira*); María vio a los guardias civiles cargar de nuevo sus fusiles y disparar al aire (Aldecoa, *Fulgor*); Gritaba padrenuestros y avemarías en incansable letanía (Allende, *Casa*); Ella no terminaba aún de rezar sus padres nuestros y aves marías (Monteforte, *Desencontrados*).

Es más frecuente *mal humor* que *malhumor*. El plural correcto es *malos humores*, por lo que se recomienda evitar *malhumores*: *Si crees que la reunión puede disipar los malos humores, puedes convocarla* (Anson, *Don Juan*). El plural de *maltrato* es *maltratos*, mientras que el de *mal trato* (unidad sintáctica, no morfológica) es *malos tratos*. En España suele usarse *pavo real / pavos reales*, mientras que en América alterna esta forma con *pavorreal / pavorreales*: *Tejía primores de pasamanería y bordaba pavorreales en punto de cruz* (García Márquez, *Cien años*).

3.2.1d   Los compuestos de verbo y sustantivo se forman generalmente a partir de sustantivos en plural (*lavaplatos, sacacorchos*), que no se alteran cuando la forma se pluraliza: *lavaplatos pequeño* o *lavaplatos pequeños, el sacacorchos* o *los sacacorchos*. Cuando se forman a partir de un sustantivo singular, hacen el plural como ese sustantivo: *un rapapolvo/varios rapapolvos; un ganapán/unos ganapanes; un tragaluz/unos tragaluces*. Se registran ciertas vacilaciones a la hora de tomar como base el singular o el plural. El *DRAE* recoge, por ejemplo, los singulares *el guardabosque, el marcapaso* o *el pararrayo*, junto con *el guardabosques, el marcapasos, el pararrayos*.

3.2.1e   Los compuestos nominales formados sobre pautas distintas de las citadas suelen escribirse en una sola palabra, por lo que se ajustan a las reglas generales: *avemarías, bienvenidas, malentendidos* (no *malos entendidos*), *siemprevivas, duermevelas, tejemanejes, vaivenes*. Sucede esto incluso con los que proceden de grupos sintácticos complejos como *besalamanos, bienmesabes, correveidiles* (o *correvediles*), *hazmerreíres, parlaembaldes, pésames, quehaceres, siguemepollos* y *tentempiés*. Permanece, en cambio, invariable *vivalavirgen*, así como los acabados en *-todo: los curalotodo, los metomentodo, los pegalotodo, los sabelotodo, los sanalotodo*. Como se indica en el § 22.1.1b, son INTERNOS los plurales de *cualquiera* (*cualesquiera*; pero *unos cualquieras* en uso nominal) y *quienquiera* (*quienesquiera*). Se pluraliza, pues, el primer componente aunque no se separe gráficamente del segundo.

3.2.2   El plural de los nombres propios

3.2.2a   Se espera, en principio, que los nombres propios no tengan plural. Lo forman, sin embargo, cuando se asimilan (en mayor o menor medida) a los comunes (§ 12.5.2c). Siguen entonces las reglas de estos, como en *las celestinas, los donjuanes, las magdalenas, los quijotes*, o en *Nunca más volverá a haber en Nicaragua Adolfos Díaz, Emilianos Chamorro, José Marías Moncada, Anastasios Somoza en el poder* (Ramírez, *Alba*). Con los nombres compuestos, la pauta más común es la que muestra el ejemplo citado con *José María*, esto es, que solo se pluralice el segundo componente. Aun así, se documentan excepciones: *Pero así serán y han sido todas las doñas Marías Antonias del Universo* (Villalonga, *Bearn*). Las formas de tratamiento *santo, santa* y *doña* suelen recibir plural; quedan invariables, en cambio, *san, don, fray, sor*:

> Tuvo la audacia de privar de mi presencia a la negra imagen de las Santas Marías del Mar (Mujica Lainez, *Escarabajo*); Estaban los Pepes y las Pepas del Padul, los Josés y las Josefas de Dúrcal, los Don Josés y Doñas Josefas de Órgiva (Alarcón, *Alpujarra*); Lo que va de la poesía de Garcilaso a la de Góngora, eso va de la prosa de Valdés y de los dos fray Luises a la de Quevedo (Alatorre, *1001*).

Los nombres de los premios no varían cuando expresan su denominación oficial: *los premios Goya, la ceremonia de los Óscar*, pero sí lo hacen cuando designan un objeto material, o bien a la persona que los recibe: *los goyas del museo, los nobeles de literatura*.

3.2.2b   En el plural de los sustantivos que designan apellidos suelen alternar la forma invariable y la adición de -*s*, esta última más frecuente si se trata de dinastías: *Que yo sepa los Fierro, los Oriol, los Urquijo, tenían millones antes de la guerra* (Cabal, *Briones*); *No debí haber deshonrado la sangre de los Borbones* (Fuentes, *Región*). También predomina la forma con marca de plural si el que habla no desea hacer referencia a un conjunto de personas que comparten cierto apellido, sino (a menudo despectivamente) a varias que se asemejan en algo a una que sí lo lleva: *Pues ¿cómo me ha de doblegar del ayuno el padre Escobar, ni juntos todos los Escobares abogados con todos sus libros?* (Santa Cruz Espejo, *Luciano*). Por otras razones, tampoco toman -*s* los sustantivos que terminan en esta consonante o en -*z* (*los Borges, los Rodríguez, los Solís, los Vélez*), ni los que coinciden con nombres comunes o adjetivos (*los Castillo, los Leal, los León, los Mayor*).

3.2.2c   Los nombres de marcas se usan metonímicamente para referirse a los objetos que designan, con lo que se integran en parte en la clase de los nombres comunes. Si terminan en vocal, tienden a hacer el plural conforme a las normas habituales: *los Ibizas, los Toyotas, las Yamahas*. Si acaban en consonante, lo normal es usarlos con plural invariable, como en *Los Seat estaban alineados* (mejor que *Los Seats*). Lo mismo sucede con los nombres de centros comerciales: *los Zaras*, pero *los Champion*.

3.2.2d   Se emplean solo en plural los nombres propios de ciertas cordilleras (*los Alpes, los Andes, los Apeninos, los Pirineos*), archipiélagos (*las Antillas, las Azores, las Baleares, las Canarias, las Cíes, las Filipinas, las Galápagos*) y países (*Emiratos Árabes Unidos, Estados Unidos, Países Bajos*), así como el de algunas ciudades (*Aguascalientes, Buenos Aires, Ciempozuelos, Iquitos*). En el caso de las ciudades, la concordancia «sujeto – verbo» se hace en singular.

3.2.3   El plural de las abreviaturas, los acortamientos, las siglas y los acrónimos

3.2.3a   Las ABREVIATURAS creadas por apócope o truncamiento (es decir, las que proceden de palabras que han quedado reducidas a sus letras primeras) añaden -*s* como regla general: *arts., págs., vols.* Constituyen excepción *cent.* (*centavo* o *centésimo*) y *cént.* (*céntimo*), cuyo plural es *cts.* Cuando se originan por síncopa o contracción, las abreviaturas pueden terminar en vocal o en consonante, y en ambos casos se aplican las normas generales (*Excmos., Dres., Grales.*). Como excepción, el plural de *Ud.* o *Vd.* es *Uds.* o *Vds.* Las abreviaturas que se forman a partir de la letra inicial de una o de varias palabras manifiestan el plural duplicando estas, como *cuenta* (*c./cc.*), *nota* (*n./nn.*), *página* (*p./pp.*), *siglo* y *siguiente* (*s./ss.*) o *tomo* (*t./tt.*). También se usa la duplicación de letras para abreviar grupos en plural formados por «sustantivo + adjetivo» que se refieren a instituciones y organismos, como en *Bibliotecas Municipales* (*BB. MM.*), *Institutos Normales* (*II. NN.*), *Juegos Olímpicos* (*JJ. OO.*), *Relaciones Públicas* (*RR. PP.*), *Sociedades Anónimas* (*SS. AA.*), y, a veces, a países y personas: *Estados Unidos* (*EE. UU.*), *Autores varios* o *Varios autores* (*AA. VV.* o *VV. AA.*), *Reyes Magos* (*RR. MM.*).

3.2.3b   Similares en su formación a las abreviaturas son los símbolos alfabeti-
zables. Consisten en acortamientos que reducen la palabra a su letra o letras iniciales. Suelen restringirse a los lenguajes técnicos y científicos y tienen, por lo general,
carácter internacional. A diferencia de las abreviaturas, no llevan punto al final y su
plural es invariable: *cien kg, cinco cm, las kcal perdidas*. Los acortamientos son
voces truncadas, limitadas a menudo a los registros coloquiales, que se originan por
pérdida de las sílabas finales o, con menos frecuencia, iniciales. Siguen las reglas de
formación del plural que se aplican a otros sustantivos: *las bicis, los buses, los cines,
las depres*. Cuando funcionan como adjetivos, son a veces invariables: *¿Cómo se llama esa ciudad de las películas porno?* (García Hortelano, *Mary Tribune*); *Tenía la esperanza de que fuera de los que se quedaban a trabajar horas extra* (Silva, L., *Alquimista*).

3.2.3c   Las siglas se forman con las letras iniciales de un grupo sintáctico determinado (*ITV = Inspección Técnica de Vehículos*). Cuando se leen letra por letra se
llaman deletreadas. Su plural solo se pone de manifiesto en las palabras que acompañan a la sigla: se recomienda usar, por tanto, *las ONG*, en lugar de *las ONGs; algunas FM*, en lugar de *algunas FMs*, etc. Los sustantivos formados con siglas
silabeadas, como *APRA* (*Alianza Popular Revolucionaria Americana: á.pra*);
OTAN (*Organización del Tratado del Atlántico Norte: ó.tan* u *o.tán*); *OVNI* (*objeto
volante no identificado: óv.ni*); *PAN* (*Partido de Acción Nacional: pan*); *PYME* (*pequeña y mediana empresa: pí.me*), se denominan también acrónimos. En un sentido
más restringido, los acrónimos son, como se señala en el § 1.3.4d, palabras que se
construyen con más de una letra de alguno o algunos de sus componentes, por ejemplo, *ASALE: Asociación de Academias de la Lengua Española; CUDECOOP: Confe-
deración Uruguaya de Entidades Cooperativas; ECOPETROL: Empresa Colombiana de
Petróleos; INHNFA: Instituto Hondureño de la Niñez y la Familia; MERCOSUR:
Mercado Común del Sur; PÉMEX: Petróleos Mexicanos*. Son también acrónimos
apartotel u *ofimática* (*oficina + informática*). Las siglas silabeadas tienden a considerarse sustantivos, por lo que se integran más fácilmente que las deletreadas en el
sistema morfológico. Se ha llamado literalización al proceso de asimilarlas a esta
categoría, no solo mediante el silabeo, sino también a través del uso de letras mi-
núsculas. En este caso, siguen en su plural las reglas que se aplican a los demás sustantivos: *los ovnis, las pymes, los elepés*. Cuando se escriben con todas sus letras
mayúsculas, se comportan como las siglas deletreadas, y su plural suele ser invariable: *Con respecto a la presentación de los CD ROM, la congresista opina que es un muy
buen trabajo* (*Caretas* 18/4/2002).

3.2.4   El plural de los latinismos

3.2.4a   Quedan invariables en plural muchos de los latinismos que aparecen en el
DRAE y que acaban en *-s* (*ángelus, cactus, campus, estatus, lapsus, rictus, tifus*), en *-x*
(*códex*) o en *-r* (*imprimátur, páter*). No obstante, se observa que muchos se adaptan
progresivamente al castellano, sea de forma total o parcial. Así, son varios los terminados en *-r* que añaden *-es* (*magísteres, nomenclátores*), mientras que muchos de los
que acaban en *-us* han adoptado un singular en *-o* y un plural en *-os* (*auditorios, di-
plodocos, eucaliptos, foros, máximos, mínimos*). Los finalizados en *-t* (*accésit, déficit,
hábitat, superávit*) y en *-m* (*quórum, réquiem, ultimátum, vademécum*) siguen hoy la

regla general para palabras de estas terminaciones, consistente en añadir -s en plural (*accésits, déficits, hábitats, superávits, quórums, réquiems, ultimátums, vademécums*), a pesar de que ha sido habitual en la tradición mantenerlos invariables. Resultan muy frecuentes en el uso los casos de doble (o triple) solución, como *los páter* y *los páteres; los ítem, los ítemes* y *los ítems* (con preferencia por esta última variante); *los júniors* y *los júniores* (se aconseja la segunda opción, lo mismo que en *séniores*); *los accésit* y *los accésits* (se prefiere la segunda variante); *los eucaliptus* y *los euca-liptos*, etc. No adoptan morfema de plural las locuciones latinas que se han incor-porado al español, sea cual sea la terminación de sus componentes: *los álter ego, los casus belli, los coitus interruptus, los currículum vítae, los delírium trémens, los lapsus línguae, los peccata minuta, los pluralia tántum*, etc.

3.2.4b   Por influjo del inglés, se percibe cierta tendencia a usar en español algu-nos plurales latinos acabados en *-a*, como *córpora, currícula, data, media, memoran-da, referenda*, que no se recomiendan. Se prefieren en su lugar o bien los plurales invariables (*el corpus / los corpus*) o bien los correspondientes a las formas adapta-das en *-o: currículos, datos, medios, memorandos, referendos*.

3.2.4c   La expresión latina *sine qua non* se usa en castellano como locución adje-tiva invariable, restringida por lo general al sustantivo *condición: Esto es una condi-ción sine qua non para conseguir el trabajo*. El pronombre relativo latino *qua* es singular, por lo que resulta forzado construirlo con antecedentes plurales. Se prefiere por ello evitar la expresión *condiciones sine qua non* y acudir a algún equivalente castellano, como *condiciones necesarias*. Por motivos similares se usan solo en singu-lar la expresión *statu quo* y la palabra *quid: el quid de la cuestión*, en lugar de *los quid de la cuestión*.

3.2.5   El plural de los préstamos de otras lenguas

3.2.5a   La creciente internacionalización del léxico a la que hoy están expuestos los hablantes y el contacto lingüístico que se produce en muchos países entre el es-pañol y otros idiomas explican en buena medida la abundancia de préstamos, sobre todo del inglés. El proceso de ADAPTACIÓN MORFOLÓGICA de estos préstamos es gra-dual y está sujeto a considerable variación. No son raros en los textos los EXTRAN-JERISMOS CRUDOS, como *varios best-sellers, algunos flash-backs, las boutiques, los gourmets* o *dos lieder*, que mantienen el plural de la lengua a la que pertenecen.

3.2.5b   Las voces que han entrado ya en un proceso de adaptación comienzan a seguir las reglas de formación de plural que rigen para las palabras patrimoniales. Así ocurre con *atrezos, bafles, bidés, capós, espaguetis, guetos, interviús, pedigrís, ti-ques* (también se registran *tickets* y *tiquetes*), *yanquis* y tantas otras que, adaptadas con una terminación vocálica, añaden en el plural la *-s* de acuerdo con la pauta general en español. Por su parte, *gay / gais; jersey / jerséis* (también, en América, *yérsey / yer-seis); paipay* (o *paipái) / paipáis; póney / poneis* (o *poni / ponis); dandi / dandis; pan-ti / pantis* y algunas otras voces sustituyen la *-y* original, la mantengan o no en el singular, por un plural en *-is*. Otras como *body, brandy, rugby* o *sexy* conservan aún su forma originaria en singular y plural.

3.2.5c   Muchos de los nombres terminados en las consonantes -*N*, -*L*, -*R*, -*D*, -*J*, -*Z* se adaptan también a las reglas generales haciendo el plural en -*es: bluyines, cruasanes, chándales, vodeviles, búnkeres, córneres, escáneres, estores, láseres, pósteres, suéteres, yogures, efodes,* etc. Del mismo modo, los sustantivos no agudos acabados en -*s* o -*x* permanecen invariables en plural (*los toples, dos réflex, varios télex*), mientras que los agudos y monosílabos lo forman en -*es: estreses, fuagrases, boxes, faxes.* También añaden -*s* los terminados en otras consonantes: *airbags, argots, blocs, chefs, esnobs, fagots, fracs, maillots, ninots, robots, tuaregs, vivacs, webs,* etc. Se opta por el plural invariable en las formas esdrújulas, como *los cárdigan, los mánager, los trávelin.*

3.2.5d   Como la integración de muchos préstamos es un proceso aún no culminado, se registran numerosas vacilaciones en la formación de su plural. Junto a *chándales, córneres, escáneres, másteres* o *pósteres,* se usan también *chándals, córners, escáners, másters* o *pósters.* Sería deseable la regularización de estas voces, por lo que se recomienda la castellanización de su grafía, en los casos en que aún no se haya producido (*affaire, croissant, dossier, foie gras, foulard,* entre otras), y la formación de su plural en -*es,* en lugar de en -*s.* Se observa en los textos que muchas de estas voces presentan, por el momento, considerable variación. Así, existe la adaptación *güisqui/güisquis,* que es la opción recomendada, pero siguen siendo mayoritarias en el uso las formas originales *whisky* y *whiskey,* con sus plurales correspondientes. He aquí algunos ejemplos de estas formaciones:

> Toma con agua sus ocasionales güisquis (*Universal* [Ven.] 27/10/1996); Esa noche se tomó tres whiskys en vez de uno (Donoso, *Pájaro*); Alberto pedía a sus asociados, sobre todo, libros de su biblioteca, un termo, café, té, y un surtido de whiskis (Chavarría, *Rojo*).

El plural de *lord* es *lores,* y el de *sándwich, sándwiches.* Los plurales más frecuentes para *pin* y *fan* son los originales *pins* y *fans,* pero se recomienda su castellanización como *pines, fanes.* Alternan, según los países, *pívot/pívots* y *pivote/pivotes;* se recomienda adaptar *casette* y *diskette* como *casete/casetes* y *disquete/disquetes.* El plural de *test* es *tests,* pero también se documenta la forma invariable *los test.* A su vez, *club* hace su plural en las formas *clubs* o *clubes,* ambas consideradas correctas, mientras que *bistec/bistecs; boicot/boicots; coñac/coñacs* y *debut/debuts* se han impuesto en el uso a *bisté/bistés; boicó/boicós; coñá/coñás* y *debú/debús.* Tienen plural regular en español algunos nombres que proceden de voces plurales en su lengua de origen: *los espaguetis, los raviolis, los talibanes, los muyahidines.* También es regular el plural de los nombres de etnias: *los aimaras, los tuaregs.*

3.3   Preferencias léxicas o morfológicas por el singular o por el plural

3.3.1   Preferencias por el singular

Algunos nombres solo se usan en singular. Son los llamados SINGULARIA TÁNTUM: *canícula, caos, cariz, cenit, grima, oeste, salud, sed, tez, tino, zodíaco,* etc. El hecho de que los ejemplos mencionados no aparezcan en plural se debe a que la referencia a lo singular es parte esencial de su significado (de ahí el nombre de SINGULARES INHERENTES que también se les aplica), pero no existen en principio razones morfológicas que les impidan aparecer en plural si el contexto lo permite, como se ve en *Hablamos de la familia, del trabajo, de las saludes, del ocio* (Aub, *Gallina*); *Conservaban sus teces rosadas, sus labios rojos, sus peinadas cabelleras* (Mujica Lainez, *Escarabajo*). En algunos casos, como el de *relax* o *sed*, el rechazo del plural parece deberse a razones fonológicas. Muchos de los sustantivos que forman parte de locuciones verbales se asimilan también a los *singularia tántum*, puesto que en esos contextos carecen de plural: *agachar el lomo, dar asco, empinar el codo, llevar la batuta, montar a pelo, perder el tiempo, rascarse la barriga, tocar fondo*, entre otros muchos.

3.3.2 Preferencias por el plural

3.3.2a Más numerosos que los *singularia tántum* son los llamados PLURALIA TÁNTUM O PLURALES INHERENTES, es decir, los sustantivos que habitualmente se usan solo en plural: *adentros, albricias, anales, andas, andadas, andurriales, arras, comestibles, entendederas, exequias, expensas, facciones* [del rostro], *fauces, gárgaras, maitines, ojeras, zarandajas,* entre otros. Las causas de que se excluyan aquí los singulares son internas al sistema lingüístico, es decir, no se deducen de la naturaleza misma de los objetos denotados: la entidad designada por el singular *lágrima* es tan identificable físicamente como la que designa el singular *ojera*, pero esta última voz es mucho menos usada en singular que la anterior.

3.3.2b Los *pluralia tántum* pertenecen a ámbitos conceptuales muy variados: alimentos (*callos, comestibles, espaguetis, natillas, provisiones, vituallas, víveres*), objetos inespecíficos (*archiperres, bártulos, enseres, trastos, útiles*), cantidades de dinero (*dietas, emolumentos, finanzas, fondos, honorarios, medios*), manifestaciones de afecto o de cortesía (*arrumacos, cariños, maneras, mañas, modales, recuerdos*), designaciones del matrimonio (*desposorios, esponsales, nupcias*), ciertos rezos (*completas, laudes, maitines, vísperas*), acciones preparatorias o previas (*preliminares, preparativos, prolegómenos*), lugares imprecisos (*afueras, aledaños, alrededores, andurriales, proximidades*), fragmentos, restos o cosas menudas (*añicos, escombros, residuos, restos, trizas*), ciertas partes de algún organismo (*entrañas, fauces, sesos, tragaderas*). Alternan el singular y el plural en ciertas salutaciones y fórmulas de cortesía (*buenos días ~ buen día; feliz Navidad ~ felices Navidades*), pero predominan las que se usan casi exclusivamente en plural: *buenas tardes, buenas noches, felicidades, felicitaciones, felices Pascuas, gracias,* etc.

3.3.2c Los *pluralia tántum* pueden admitir algunas formas de cuantificación. Cabe decir, por ejemplo, *No tiene demasiadas entendederas; Faltan muchas provisiones*, pero carecen de sentido **Tiene varias entendederas* o **Faltan diez provisiones*. Del mismo modo, resultan más normales las exclamaciones contenidas en *Pero, ¡cuántas fatigas en estos sumados siete años! ¡Cuántos afanes, apuros y cansancios!* (Draghi, *Hachador*) que las preguntas correspondientes, por ejemplo, *¿Cuántos apuros pasaste?* Los significados expresados por estos nombres son, pues, cuantificables, pero no son enumerables, puesto que no es posible individualizar los elementos que componen los conjuntos así denotados. Estos plurales se acercan semánticamente a los nombres no contables o de materia (§ 12.2.1a).

3.3.2d   Comportamiento especial muestran los plurales de los NOMBRES DE OBJETOS DOBLES, en el sentido de 'constituidos por dos partes', como *alforjas, alicates, andas, bigotes, bragas, bridas, calzones, esposas, gafas* (o *lentes, anteojos*), *grillos, narices, pantalones, pinzas, prismáticos, riendas, tenazas, tijeras, tirantes.* Tales plurales admiten dos interpretaciones, ya que el grupo nominal en el que se incluyen puede designar un objeto o más de uno, como ocurre con *los pantalones que están sobre la cama.* No obstante, la ambigüedad desaparece si el contexto excluye la referencia a un solo objeto. Sucede así cuando estos sustantivos se construyen con ciertos cuantificadores (*varios pantalones, todos tus pantalones*), con los verbos que seleccionan grupos o conjuntos (*Amontoné los pantalones; Coleccionaba gafas*) o con predicaciones que aluden a seres interrelacionados (*Estos pantalones se parecen entre sí*).

3.3.2e   Diferentes de los nombres tratados en el apartado anterior son los DUALES, es decir, los plurales que designan objetos que se agrupan en pares formados por piezas o elementos independientes: *amígdalas, calcetines, guantes, hombros, medias, orejas, pendientes, piernas, rodillas, zapatos,* etc. La diferencia estriba en que en estos últimos el plural es siempre informativo. Se expresan, pues, sentidos diferentes con *una media* y *unas medias*, o con *un guante* y *unos guantes*. El plural de estas voces puede referirse tanto a los dos componentes de un par como a varios pares individualmente considerados, como en *Tus medias están sobre la cama* o en *Es el mueble donde guardo los zapatos.*

3.3.2f   Los plurales inherentes aparecen con mucha frecuencia formando parte de locuciones de diverso tipo. Entre las nominales (§ 12.6.2) pueden mencionarse *artes marciales, cuidados intensivos, frutos secos* o *ejercicios espirituales;* entre las adverbiales y adjetivas, cabe señalar *a carcajadas, a duras penas, a gatas, a grandes rasgos, a medias, a tiros, con cajas destempladas, con pelos y señales, de uvas a peras, en aprietos, en ayunas, en cuclillas, en cueros, en mantillas, en resumidas cuentas, por las dudas, por si las moscas;* entre las preposicionales pueden señalarse *a lomos de* o *con miras a,* y entre las verbales, muy numerosas, están *ajustar las cuentas, andarse con rodeos, andarse* o *irse por las ramas, atar cabos, caerse los anillos, calentar los cascos, cerrar filas, colgar los hábitos, dar calabazas, dar largas, echar a suertes, echar chispas, estar a las duras y a las maduras, guardar las apariencias, hablar por los codos, hacer ascos, hacer buenas migas, hacer las paces, hacer pucheros, ir de compras, lavarse las manos, no estar en sus cabales, no tener dos dedos de frente, pasar apuros, perder los papeles, ponerse las botas, rasgarse las vestiduras, reír las gracias, sacar de sus casillas, templar gaitas, ver las estrellas, volver a las andadas.*

3.3.2g   Algunos de los *pluralia tántum* no cuentan con la forma singular correspondiente cuando son empleados en determinadas locuciones (no se dice **reírse a carcajada* o **andarse con rodeo*), pero sí fuera de ellas (*soltar una carcajada, dar un rodeo*). Cuando existe el singular, pueden establecerse diferentes relaciones semánticas entre esta forma y la de plural. Así, la diferencia entre singular y plural es ESTILÍSTICA o ENFÁTICA en *aguas, asaduras, babas, barbas, bigotes, bodas, calostros, cielos, despojos, espaldas, funerales, greñas, infiernos, nieves, olimpiadas, sombras, sopas,* como se comprueba comparando *las aguas del río* con *el agua del río*, o *su ancha espalda* con *sus anchas espaldas*. La interpretación enfática queda restringida a ciertos contextos sintácticos. En efecto, el uso del plural *dudas* en *¿Será reconocida esa actitud por el lector? Tengo mis dudas* (*Universal* [Ven.] 17/4/1988) no implica necesariamente que las dudas a las que se alude sean más de una. El plural es aquí estilístico, pero no lo es en *varias dudas* o en *cuatro dudas*. De manera similar, el sustantivo *barbas* no constituye un plural estilístico en *todas las barbas que tenemos en nuestra tienda de disfraces*, pero sí pertenece a ese grupo en *Me abracé a Fernando y hundí la cara en sus barbas* (Díaz Martínez, *Piel*).

3.3.2h   En muchos casos, las connotaciones afectivas particulares han de describirse individualmente. Así, *pretensiones* sugiere ambición ilegítima, a diferencia de *pretensión*; *historias*, frente a *historia*, connota significados próximos a los de *chisme* o *enredo*; *tener relaciones* (con alguien) apunta preferentemente a las afectivas, las sexuales o las diplomáticas; *finales* y *comienzos* alternan con sus singulares respectivos solo cuando se refieren a períodos (se dice *a final de año ~ a finales de año*, pero solo *a final de página*); *deberes* añade al significado de *deber* 'obligación' el de 'tarea escolar', al menos en algunos países, etc. Existen otros plurales, en cambio, cuyo significado está alejado del que manifiesta el singular respectivo: *celos* ('sospecha, inquietud, temor de que la persona amada sea infiel'), frente al singular *celo* ('cuidado, esmero'); *sesos* ('masa de tejido cerebral'), frente a *seso* ('madurez, juicio').

3.3.2i   En el extremo opuesto se hallan las alternancias entre el plural y el singular que no tienen repercusiones significativas: *buenos días ~ buen día; felices Pascuas ~ feliz Pascua* (al menos en algún país, como Chile); *felices Navidades ~ feliz Navidad*:

> Buenos días, señor Eduardo (Quesada, *Banana*); Buen día, señor, ¿puedo ayudarle en algo? —preguntó con impensada coquetería (Bain, *Dolor*); Brindamos y dijimos: "Feliz Navidad" (Montero, M., *Capitán*); Aunque algunos se pregunten los motivos de esta perorata, a varias entidades culturales del país les puede resultar útil la reflexión. Felices Navidades (*ABC Cultural* 20/12/1996).

A este grupo cabe agregar las alternancias de número que se dan en varias locuciones que incluyen plurales inherentes: *a {pie ~ pies} juntillas; poner {la mano ~ las manos} en el fuego* (por alguien). Se registran otras con algunos de los nombres que designan objetos constituidos por partes (§ 3.3.2d). En efecto, aunque existen variaciones regionales, en muchos lugares se usan indistintamente para referirse a un solo objeto *alicate* y *alicates*, *braga* y *bragas*, *pantalón* y *pantalones*, *tenaza* y *tenazas*, *tijera* y *tijeras*, etc. En varios casos la diferencia entre singular y plural afecta tan solo al REGISTRO LINGÜÍSTICO, más formal o literario en *las aguas del río* que en *el agua del río*, o en *los funerales* que en *el funeral* (si se habla de un solo acto): *Mis tíos no obtuvieron el permiso para asistir al funeral* (Celorio, *Contraconquista*); *Obtuvo un premio —primero de unas horas, después de varios días— para asistir a los funerales por la muerte de su padre* (*Vanguardia* [Esp.] 2/1/1995).

3.3.2j   Se llama PLURAL MAYESTÁTICO al que muestran los pronombres personales y la flexión verbal si se refieren a un solo individuo, como cuando el Papa expresa en plural sus propias afirmaciones (*A Nos ha llegado la inquietud de...*), o cuando alguien se dirige al Rey (*Os recibimos...*) o a otras altas autoridades usando formas en plural. Se llama, en cambio, PLURAL DE MODESTIA el que se usa para atenuar lo categórico de juicios o apreciaciones expresadas en primera persona, como en *Pensamos que se trata de un método adecuado para este tipo de estudios,* cuando el emisor se refiere en realidad a su propio pensamiento. El plural de modestia es propio sobre todo de los textos científicos y de las exposiciones académicas.

4   La flexión verbal

4.1   Informaciones morfológicas de las formas verbales

4.1.1   Distinciones fundamentales

4.1.1a   En la morfología del verbo se distinguen dos elementos constitutivos: la RAÍZ (también RADICAL O BASE LÉXICA), que expresa su significado, y un conjunto de MORFEMAS FLEXIVOS que tienen dos funciones: establecer la concordancia de número y persona con el sujeto gramatical y expresar las nociones de 'modo', 'tiempo' y 'aspecto' que corresponden al evento. Así, la segunda persona del singular de *mirabas* en *Mirabas por la ventana* indica que la persona que realiza la acción es el destinatario del mensaje, y también que se trata de un único individuo; los rasgos de tiempo y aspecto ponen de manifiesto que la acción de *mirar* se realiza en el pasado y que se percibe como proceso en curso; y los de modo indicativo expresan que esa acción se enuncia, en lugar de presentarse subordinada a un entorno modal, irreal o virtual. El verbo es la única clase de palabras en español con flexión de tiempo, aspecto y modo.

4.1.1b   El conjunto de segmentos flexivos que el verbo manifiesta se llama DESINENCIA. Esta se puede presentar de forma unitaria, como en *mir-abas,* donde *mir-* constituye la raíz, que no se altera en los verbos regulares en todo el paradigma (*mir-é, mir-ó, mir-a,* etc.), y *-abas,* la desinencia. No obstante, es más frecuente presentar esta desdoblada en tres segmentos, que aparecen contiguos a la raíz: *mir-a-ba-s.* El primero (*-a-*) es la VOCAL TEMÁTICA (en adelante, VT); el segundo (*-ba-*) aporta TIEMPO —entendido en el sentido amplio, que abarca la noción de aspecto: § 23.1.3— y MODO (TM); el tercero (*-s*) designa la PERSONA y el NÚMERO (PN), y se denomina también MORFEMA DE CONCORDANCIA, o simplemente CONCORDANCIA. La vocal temática es aportada por el infinitivo y permite determinar las tres CONJUGACIONES que caracterizan la flexión verbal en español: la vocal -*a*- corresponde a la primera conjugación (*amar*); -*e*-, a la segunda (*temer*); e -*i*-, a la tercera (*partir*).

4.1.2   Problemas de segmentación

4.1.2a   Cada una de las informaciones morfológicas de la flexión verbal aparece representada en las formas verbales. Así, en *cantábamos* se obtiene la segmentación *cant*^{RAÍZ}-*á*^{VT}-*ba*^{TM}-*mos*^{PN}, que alterna con otra en la que se marca el TEMA, es decir, el constituyente formado por la raíz y la vocal temática: *[cant-á]*^{TEMA}-*ba*^{TM}-*mos*^{PN}. Es tradicional la falta de unanimidad entre los gramáticos en lo relativo a la segmentación de las formas verbales. En la mayor parte de los casos, la falta de acuerdo surge cuando no todas las informaciones flexivas tienen representación fonológica. Por ejemplo, cuando la raíz va seguida solo por una vocal, como en *cant-e*, algunos gramáticos entienden que esta constituye una AMALGAMA de los tres segmentos mencionados (por tanto, *cant*^{RAÍZ}-*e*^{VT-TM-PN}), pero otros prefieren postular segmentos nulos (como en *cant*^{RAÍZ}-*Ø*^{VT}-*e*^{TM-PN}), incluso tantos cuantos sean necesarios para representar toda la información morfológica y regularizar el paradigma: *cant*^{RAÍZ}-*Ø*^{VT}-*e*^{TM}-*Ø*^{PN}.

4.1.2b   Aunque ha sido cuestionada la legitimidad de estos elementos nulos, se ha justificado su existencia a través del conjunto del paradigma flexivo, en cuanto que representan opciones cubiertas por unidades morfológicas en los demás casos. Así, si se admite que el segmento TM está representado por -*e* en *cante*, el correspondiente al PN se impone a partir de la existencia de -*s*, -*mos*, -*is*, -*n*, mientras que la vocal temática habrá de ser un elemento nulo, igual que en *cant-Ø-e-mos* o en *cant-Ø-e-n*. Esta cuestión es hoy controvertida. En efecto, el recurso a los segmentos morfológicos nulos representa para unos autores una regularización artificial de los paradigmas, mientras que para otros pone de manifiesto que no todos los rasgos morfológicos han de corresponderse con rasgos fonológicos. A pesar de que el debate persiste en la actualidad, es hoy mayoritaria la segunda opción, por lo que se adoptará aquí.

4.1.3   Organización de los paradigmas verbales

4.1.3a   El infinitivo (capítulo 26), el gerundio (§ 27.1-4) y el participio (§ 27.5) son formas verbales que no admiten los segmentos PN (lo que se refleja en el nombre tradicional de FORMAS NO PERSONALES DEL VERBO) y TM. Con la raíz y la vocal temática se construye el tema de infinitivo (*ama-*, *teme-*, *parti-*), al que se agrega el morfema -*r*. La vocal temática no se altera en la formación de gerundios y participios de la primera conjugación (*am-a-ndo*, *am-a-do*), pero toma la forma del diptongo -*ie*- en los gerundios de la segunda y la tercera (*tem-ie-ndo*, *part-ie-ndo*). Los participios de la segunda se asimilan a los de la tercera en la vocal temática -*i*- (*tem-i-do*, *part-i-do*).

4.1.3b   Desde el punto de vista de su estructura léxica, las formas personales y las no personales pueden ser SIMPLES (*cantábamos*, *escribiendo*) y COMPUESTAS (*habíamos cantado*, *habiendo escrito*). Las formas compuestas se construyen con el verbo AUXILIAR *haber* y el participio del verbo correspondiente, que es el AUXILIADO o PRINCIPAL. El auxiliar *haber* aporta el valor retrospectivo y perfectivo, además de la información gramatical de TM y PN en todas las formas personales del verbo. El participio, en cambio, determina su estructura argumental (§ 1.6.1c), por tanto la naturaleza de su sujeto y de sus posibles complementos. Si bien estas formas poseen muchas propiedades comunes con las perífrasis verbales (§ 28.1.3g), se interpretan generalmente como unidades morfológicas. El participio que contienen es invariable en género y número, cualquiera que sea el sujeto (*Beatriz ha cantado muy bien; Los niños han cantado muy bien*) o el objeto directo: *Han cantado muy bien {la canción ~ las canciones}*.

4.1.3c   Las formas verbales se organizan en una serie de paradigmas cerrados, denominados TIEMPOS VERBALES, que se subordinan a los MODOS (§ 25.1.2c). Unos y otros serán designados con los términos usados en otras obras académicas:

MODO INDICATIVO
>   TIEMPOS SIMPLES: presente (CANTO), pretérito perfecto simple (CANTÉ), pretérito imperfecto (CANTABA), futuro simple (CANTARÉ), condicional simple (CANTARÍA).
>   TIEMPOS COMPUESTOS: pretérito perfecto compuesto (HE CANTADO), pretérito pluscuamperfecto (HABÍA CANTADO), pretérito anterior (HUBE CANTADO), futuro compuesto (HABRÉ CANTADO), condicional compuesto (HABRÍA CANTADO).

MODO SUBJUNTIVO
>   TIEMPOS SIMPLES: presente (CANTE), pretérito imperfecto (CANTARA o CANTASE), futuro simple (CANTARE).
>   TIEMPOS COMPUESTOS: pretérito perfecto compuesto (HAYA CANTADO), pretérito pluscuamperfecto (HUBIERA o HUBIESE CANTADO), futuro compuesto (HUBIERE CANTADO).

MODO IMPERATIVO
>   CANTA

4.2   Distribución de los morfemas flexivos

4.2.1   La vocal temática

4.2.1a   La vocal temática encabeza la desinencia, a la que, a diferencia de los demás segmentos, no aporta ningún significado. Este segmento está presente en la mayor parte de las formas verbales: *am-a-mos, tem-e-mos, part-i-mos; am-á-is, tem-é-is, part-í-s; am-a-d, tem-e-d, part-i-d; am-a-ré, tem-e-ré, part-i-ré*, pero en algunas puede ser nulo, como en *amo* o en *ames*, y en otras, estar representado por un diptongo: *tem-ie-ra-s, part-ie-se-s*.

4.2.1b   El tema verbal —es decir, el segmento constituido por la raíz y la vocal temática— sufre variaciones (diptongación, cambios de acento o de timbre) según la conjugación a la que pertenece el verbo, y también en función de los valores de los segmentos TM y PN. Estas variaciones permiten distinguir tres temas: de PRESENTE, de PRETÉRITO y de FUTURO. Cada uno de los temas reúne un conjunto de formas que coinciden en la secuencia «raíz + VT» y también en cierta posición del acento, aunque no siempre es la misma en todas las del grupo.

4.2.1c   En el TEMA DE PRESENTE comparten la misma forma de la vocal temática el presente de indicativo, el presente de subjuntivo y el imperativo: *ám-a-, tém-e-, párt-i-*, en aquellas formas del paradigma en las que el segmento VT aparece realizado fonológicamente (en las segmentaciones se marcará, cuando proceda, el acento prosódico con el acento ortográfico). Todas las formas manifiestan el acento en la última vocal de la raíz, salvo aquellas en las que se desplaza a la vocal inmediata siguiente, es decir, aquellas en las que el segmento PN contiene los morfemas *-mos* e *-is* (*am-ámos, am-áis*), el imperativo *am-ád*, y las formas voseantes *am-ás, am-á*.

4.2.1d   Las formas construidas a partir del TEMA DE PRETÉRITO —el perfecto simple, los imperfectos, el futuro de subjuntivo, el participio y el gerundio— obedecen a la pauta *am-á-, {tem- ~ part-}-i-/-ié-*. En la primera conjugación, el tema es *amá-*, con la VT *-á-*, excepto en *amé* y *amó*. En la segunda y la tercera conjugaciones, el segmento VT es un diptongo (*-ié-*) en todas las formas del subjuntivo (*temiera, partiera*), así como en la tercera del plural del pretérito perfecto simple (*temieron, partieron*), y en el gerundio: *temiendo, partiendo*. Presenta, en cambio, la forma *-i-* en tres formas del perfecto simple (*temiste, temimos, temisteis*), en el pretérito imperfecto (*partía*) y en el participio: *temido, partido*. En el TEMA DE FUTURO se agrupan el futuro de indicativo, el condicional y el infinitivo. Las formas de estos tiempos comparten un mismo tema: *ama-, teme-, parti-*, y el acento recae en ellas a la derecha de la vocal temática (salvo en el infinitivo): *am-a-ré-mos; tem-e-ré-is; part-i-ría-mos*.

4.2.2   Tiempo y modo

4.2.2a   En el tema de presente, el segmento TM es nulo (Ø) en el presente de indicativo (*cánt-a-Ø-n*) y también en el imperativo *cant-á-Ø-d*, salvo en la primera persona del singular del presente de indicativo, en la que es *-o*: *cánt-Ø-o-Ø*. En el presente de subjuntivo es *-e-* o *-é-* en la primera conjugación (*ám-Ø-e-n; am-Ø-é- mos*), y *-a-* o *-á-* en las otras dos: *tém-Ø-a-n, párt-Ø-a-s; tem-Ø-á-s, part-Ø-á-mos*.

4.2.2b   En el tema de pretérito, los paradigmas de VT, TM y PN son considerablemente regulares, salvo en el pretérito perfecto simple, cuya desinencia de TM presenta variación: *am-Ø-é-Ø, tem-Ø-í-Ø, part-Ø-í-Ø; am-á-ste-Ø, tem-í-ste-Ø, part-í-ste-Ø; am-Ø-ó-Ø, tem-Ø-ió-Ø, part-Ø-ió-Ø; am-á-Ø-mos, tem-í-Ø-mos, part-í-Ø-mos; am-á-ste-is, tem-í-ste-is, part-í-ste-is; am-á-ro-n, tem-ié-ro-n, part-ié-ro-n*. El segmento TM es sistemáticamente *-ba-* en el imperfecto de indicativo de la primera conjugación, pero presenta la forma *-a-* en las otras dos: *tem-í-a-s, part-í-a-n*. En las tres conjugaciones coinciden las dos variantes del imperfecto de subjuntivo (*-ra-* y *-se-*) y la forma del futuro de subjuntivo (*-re-*).

4.2.2c   El tema de futuro se reconoce en el futuro de indicativo (*amaré*) y en el condicional (*amaría*). Las formas de estos tiempos provienen de la gramaticalización de una perífrasis verbal formada por el infinitivo y el auxiliar *haber* (§ 23.7.1a y

23.8.1a). A pesar de que el origen del futuro y el condicional está en las perífrasis de obligación (*amar he, amar hía*), las segmentaciones más aceptadas en la actualidad son *am-a-ré-Ø* y *am-a-ría-Ø*, que distinguen la VT propia del infinitivo para cada conjugación, y los exponentes de TM *-re-* (futuro) y *-ría-* (condicional).

4.2.3   Persona y número

4.2.3a   El segmento PN reproduce en el verbo los rasgos de persona y número del sujeto. La primera persona hace referencia al hablante o a los hablantes, la segunda, al oyente o a los oyentes, y la tercera, a las personas o cosas de las que se habla (§ 16.2.1a). Los grupos nominales concuerdan con el verbo en tercera persona (*El sol sale por el este*), pero los que aparecen en plural y designan personas pueden hacerlo también en la primera y en la segunda, como en *Los padres no siempre sabemos lo que es bueno para los hijos* (§ 33.4.1c). El uso de ciertas fórmulas de tratamiento para aludir al oyente explica la concordancia en tercera persona: *vuestra merced > usted* (§ 33.4.1a). El valor etimológico plural de *vos* explica la concordancia con formas de segunda persona del plural o derivadas de ellas: *tenéis > tenés*.

4.2.3b   El segmento PN es regular en la primera y en la tercera personas del plural: *-mos* (*ama-mos, amába-mos*) y *-n* (*ama-n, amaría-n*), respectivamente. En cambio, en la primera y en la tercera personas del singular es nulo: *amo-Ø, amará-Ø*. El segmento PN correspondiente a la segunda persona forma un paradigma flexivo más complejo:

SEGUNDA PERSONA DEL SINGULAR	
CON TUTEO	*-s* en todos los tiempos (*ama-s; dormía-s; esperará-s*), salvo el pretérito perfecto simple (*amaste-Ø*) y el imperativo (*ama-Ø*).
CON VOSEO (español americano: § 4.3.2)	*-s* en el presente (*cantá-s*), excepto en algunas variedades, en las que es Ø (*cantái-Ø*); *-s* en el perfecto simple (*cantaste-s*) y Ø en el imperativo (*cantá-Ø*).
CON TRATAMIENTO DE *USTED*	Ø en todos los tiempos (*usted canta-Ø; usted cantaría-Ø*).
SEGUNDA PERSONA DEL PLURAL	
CON *USTEDES* (español americano, canario y andaluz occidental; variante de respeto en el resto del español europeo)	*-n* en todos los tiempos (*ustedes canta-n; ustedes tenía-n*).
CON *VOSOTROS* (variante de confianza en el español hablado en España, salvo en Andalucía occidental y en Canarias)	*-is* (*cantá-is; tenía-is*), pero *-d* en el imperativo: *ama-d*, siempre con VT tónica. Las mismas formas presenta el voseo reverencial del español europeo (§ 4.3.2a y 16.7.1h).

Desde los primeros textos se observa una tendencia marcada a extender la *-s* característica de la segunda persona del singular a los pretéritos perfectos simples (*dijistes, salistes, cantastes*). Estas variantes se consideran hoy incorrectas.

4.2.3c   La coincidencia en la opción Ø de la 1.ª y 3.ª personas del singular da lugar al SINCRETISMO de algunas formas: el imperfecto de indicativo (*yo amaba ~ él amaba*), el condicional (*yo partiría ~ él partiría*), el presente de subjuntivo (*yo tema ~ ella tema*), el imperfecto de subjuntivo (*yo amara ~ ella amara; yo temiese ~ él temiese*), y el futuro de subjuntivo (*yo partiere ~ ella partiere*). Factores sintácticos, semánticos y pragmáticos intervienen en la elección de la variante apropiada en estos casos; por ejemplo, el posesivo átono sugiere, aunque no garantiza, que la elección correcta es la primera persona en el siguiente texto: *Cuando era niña iba por Galarreta con mis padres* (*Diario Vasco* 23/1/2004).

4.2.3d   Las formas personales del verbo solo se emplean hoy con pronombres enclíticos en la lengua literaria (*Diose por enterado*), con la excepción del imperativo (*Decímelo; Guárdatelas*), en el que constituye la única opción en la lengua estándar. En estos contextos el morfema *-mos* pierde la *-s* ante el pronombre enclítico *-nos*: *Alegrémonos por lo sucedido*, pero no ante los demás pronombres: *Digámosle la verdad*. En los mismos contextos, la *s-* del pronombre enclítico *se* se funde con la de *-mos*: *digámoselo, repitámoselo*. La desinencia de la 2.ª persona del plural del imperativo en la variante *ama-d* pierde el segmento *-d* ante el pronombre enclítico *-os*: *amaos*.

4.2.3e   En el habla popular o rural de casi todos los países hispanohablantes se documenta el traslado de la desinencia de tercera persona de plural al pronombre enclítico: *márchesen* por *márchense*, como en *Ahora demen un abrazo* (Ascasubi, *Santos*). Se recomienda evitar estos usos, que están fuertemente estigmatizados. También lo están las formas verbales que repiten la desinencia de la tercera persona al final de estas mismas secuencias, como en *márchensen, cállensen; ¡Lárguenlon no más!* (Güiraldes, *Segundo*). Estos fenómenos muestran que los pronombres enclíticos se asimilan en alguna medida a los segmentos flexivos desde el punto de vista morfofonológico.

4.3   La conjugación regular

4.3.1   Características generales

4.3.1a   La conjugación regular del español, a la que pertenecen la mayor parte de los verbos, está formada por una serie de paradigmas de formas flexivas para los distintos tiempos y modos que se adjuntan a los temas de presente, pretérito y futuro del verbo. Corresponden a tres modelos, que se identifican tradicionalmente por el timbre de la vocal temática del infinitivo: *-ar* (VT = *-a-*, *amar*), *-er* (VT = *-e-*, *temer*) e *-ir* (VT = *-i-*, *partir*). La raíz permanece invariable en los tres paradigmas de la conjugación regular, con las diferencias relativas al acento ya mencionadas. Estos paradigmas regulares se presentan en las tablas de conjugación, en lo sucesivo T.C., n.º 1, 2 y 3.

4.3.1b   Los paradigmas flexivos de la segunda y la tercera conjugaciones son prácticamente idénticos en lo relativo al segmento TM. De este modo se reducen las diferencias fundamentales a la VT en la 1.ª y la 2.ª personas del plural del presente de indicativo (*tememos / partimos; teméis / partís*), del imperativo plural (*temed / partid*), así como en las formas del tema de futuro: infinitivo (*temer / partir*), futuro de indicativo (*temeré / partiré*) y condicional (*temería / partiría*). Por otra parte, en estas dos conjugaciones se observan algunas vacilaciones que no se registran en la primera. Así ocurre con la alternancia entre los infinitivos *converger ~ convergir*, ambos correctos aunque se prefiere el primero, mientras que en *diverger ~ divergir* el mayoritario (y único recomendable) es el segundo. En los pares *hender ~ hendir* y *cerner ~ cernir*, de idéntico significado, se usan hoy más las variantes en *-ir;* en *competer ~ competir* y en *reverter ~ revertir* las alternancias dan lugar a diferencias semánticas que explican los diccionarios.

4.3.1c   Aproximadamente el 90% de los verbos españoles pertenecen a la primera conjugación. Este es el paradigma que presenta una mayor proporción de verbos regulares, y el único modelo productivo, pues a él se ajustan casi todos los verbos que se crean mediante procesos de derivación (con los sufijos *-ar, -ear, -izar, -ificar*) y de parasíntesis (§ 8.2.3b). En cambio, es muy pequeño el conjunto de verbos regulares de la segunda y de la tercera conjugación.

4.3.2   Las variantes del voseo

4.3.2a   Se llama VOSEO el uso del pronombre *vos* como forma de tratamiento dirigida a un solo interlocutor, así como el empleo de las varias desinencias que reflejan los rasgos gramaticales de este pronombre en la flexión verbal. Estas variantes flexivas proceden históricamente de las correspondientes a la 2.ª persona del plural. El voseo desapareció casi por completo en el español europeo entre el siglo XVII y comienzos del XVIII, si bien persiste en el VOSEO REVERENCIAL que se dirige a muy altas autoridades en contextos sumamente formales (*Vos sabéis, Señor, que...*). En amplias regiones de América el voseo continúa siendo hoy un rasgo característico del español hablado para expresar trato de confianza (§ 16.7.2a).

4.3.2b   Para clasificar los tipos de voseo deben considerarse el uso del pronombre *vos* (VOSEO PRONOMINAL) y los morfemas de segunda persona del plural de la flexión verbal (VOSEO FLEXIVO). Combinando estas dos informaciones, se obtienen las tres maneras en las que que el voseo se manifiesta. En la primera coinciden el voseo pronominal y el flexivo (*vos tenéis, vos tenés, vos tenís*). En la segunda solo presenta voseo la flexión verbal (*tú tenés, tú tenís*), mientras que en la tercera solo lo tiene el pronombre (*vos tienes*).

4.3.2c   El voseo flexivo se caracteriza por formas verbales específicas en el presente de indicativo y en el de subjuntivo, en el pretérito perfecto simple y en el imperativo. Algunos países cuentan con formas de voseo para el futuro de indicativo. En el presente de indicativo se usa la forma monoptongada (*¿Qué pensás vos?*), sobre todo en las regiones rioplatense y centroamericana, aunque también se registra en algunas zonas de Colombia y del Ecuador. En el área chilena existen desinencias específicas para el voseo flexivo en todos los tiempos, con la excepción del imperativo, a menudo con aspiración de la *-s* final o con reducción de esa consonante. Así, para el presente de subjuntivo se emplean las formas *amí(s), temái(s), partái(s)*. Las dos últimas conservan el diptongo *-ái-*, pero en la primera *-éi-* se reduce a *-i-*, reducción que se produce también en el presente de indicativo de la 2.ª conjugación: *temís*. En *partís* no se produce monoptongación porque la forma original no tenía diptongo. Las formas diptongadas del presente de indicativo, *am-ái-(s)* para la primera conjugación y *tem-éi-(s)* para la segunda, se usan en algunas áreas del español americano, sobre todo, en la caribeña y la andina, pero también en el voseo reverencial, que mantiene las mismas desinencias que en el español europeo se emplean hoy con *vosotros*.

4.3.2d Se muestran a continuación las variantes morfológicas del tema de presente, agrupadas según la conjugación y en función de las alteraciones que presentan:

	Con diptongo	Sin diptongo	Reducción de -*d*
VOSEO VERBAL EN LOS TIEMPOS DEL TEMA DE PRESENTE			
PRESENTE DE INDICATIVO	*amái(s)*	*amás*	
	teméi(s)	*temés / temí(s)*	
		partí(s) / partés (restringido)	
PRESENTE DE SUBJUNTIVO	*améi(s)* (restringido)	*amés / amí(s)*	
	temái(s)	*temás*	
	partái(s)	*partás*	
IMPERATIVO			*amá*
			temé
			partí

4.3.2e El uso del voseo en las formas de subjuntivo no está tan extendido como el correspondiente a las de indicativo, salvo en la Sierra andina y en la región meridional de Centroamérica, donde se emplea la forma diptongada sin -*s* (*améi, temái, partái*). Las formas de voseo monoptongadas (*hablés, sepás, subás*) se usan en las áreas voseantes centroamericana y rioplatense (en la última, sobre todo en los imperativos negados: *No digás; No llamés; No me esperés*), pero a veces se sustituyen por las formas de tuteo: *Quiero que lo cantes*. Los imperativos del paradigma voseante acentúan la vocal final y pierden la terminación -*d*: *bailá, comé, partí, decí, salí, vení*. En el Uruguay, Chile y la Argentina se registran variantes tuteantes de los imperativos formadas con -*e* paragógica final, que se recomienda evitar: *¡Vamos, sale, te digo!* (Wolff, *Álamos*).

4.3.2f En el pretérito perfecto simple del paradigma voseante se emplea la segunda persona del plural sin diptongar (*partistes*), que suele ser reemplazada por la tuteante (*partiste*). En el habla popular (y a veces en el registro conversacional) de la región andina de Venezuela y Colombia se elide la -*s*- interior, como en *ama(s) tes > amates; temi(s)tes > temites; parti(s)tes > partites*. Solo en Chile se registra el voseo en el imperfecto de indicativo y del subjuntivo —*amabai(s), amarai(s)*— y en el condicional: *amaríai(s)*. En el futuro se mantiene el diptongo en unas variedades: *amarei(s)*, y se pierde en otras: *amarés*. Aun así, en buena parte de las áreas voseantes se emplean las formas del tuteo.

4.3.3 El acento en las formas verbales

4.3.3a El acento se manifiesta en el verbo, como es general en español, en una de sus tres últimas sílabas (se subraya la tónica): *can.tó, can.ta.ba, can.tá.ba.mos*. En este cómputo no se tienen en cuenta las formas verbales construidas con enclíticos, llamadas comúnmente SOBREESDRÚJULAS, como *adviértanselo, dígasemelo, propongámoselas,* etc. Las formas verbales son, por tanto, palabras AGUDAS u OXÍTONAS, que forman un paradigma reducido (*canté, cantó, cantaré, cantarás, cantará, cantaréis, cantarán*); LLANAS O PAROXÍTONAS, que constituyen la gran mayoría (*canto, cantaba, cante, cantara, cantando, cantado*), y ESDRÚJULAS O PROPAROXÍTONAS (*cantábamos, cantáramos, cantáremos*).

4.3.3b   A partir de la categoría morfológica del segmento en cuya sílaba se manifiesta el acento, se pueden distinguir tres grupos en la conjugación regular. El mayoritario está constituido por las formas verbales con acento en la VT (*cantaba, cantara, cantare, cantar, cantado, cantando, cantamos,* entre otras); las del segundo lo llevan en el primer segmento vocálico de TM (*canté, cantaré, cantaría, cantemos, cantéis*) y en las del tercero el acento recae en la última sílaba de la raíz (*canto, cante; preparo, prepare*). Las formas verbales del tema de presente mantienen el acento en la raíz si el segmento PN no es silábico. Cuando lo es, como en la primera y segunda personas del plural, el acento se desplaza a la primera sílaba adyacente a su derecha: *can.ta.mos, can.téis.* Este desplazamiento no tiene lugar en ciertas variantes del español rural o popular (tanto americano como europeo), en las que el acento se mantiene en la raíz en el presente de subjuntivo: *pásemos, cómamos, véngamos, vívamos, sálgamos.* Se recomienda evitarlas en todos los contextos.

4.3.3c   La acentuación de las formas verbales determina las alternancias correspondientes a los procesos de diptongación, como /e/ ~ /ié/ y /o/ ~ /ué/ en función de que la sílaba afectada sea átona o tónica. Se subrayan en las voces siguientes las vocales y los diptongos que participan en estas alternancias y se marca el acento de las sílabas tónicas, corresponda o no a una tilde: *cerrámos, cerrarémos,* pero *ciérro, ciérren; volvémos, volverémos,* pero *vuélvo, vuélvan.* Se dan asimismo alternancias triples entre /e/, /i/ y el diptongo /ié/ en *mentir ~ mintió ~ mienten* o en /o/ ~ /ué/ ~ /u/ en *dormir ~ duérma ~ durmamos.* Todas estas variantes se describen en el § 4.4.3.

4.4   Verbos irregulares (I). Definición y tipos

4.4.1   Tipos de irregularidades

4.4.1a   Son irregulares los verbos cuya conjugación no se ajusta a los paradigmas de *amar, temer, partir* (§ 4.3). No se considerarán irregularidades morfológicas las variantes ortográficas que obedecen a ciertas reglas de aplicación sistemática en la lengua, como en los pares *hice ~ hizo* (en lugar de **hize*); *sigo ~ sigue; dirigimos ~ dirijamos* o *saco ~ saque.* Por el contrario, en esta gramática se recogerán entre los modelos de verbos irregulares los verbos vocálicos, que se analizan en esta misma sección, ya que la posición que en ellos ocupa el acento no es predecible a partir de los principios generales descritos en el § 4.3.3 (*evacúo ~ evacuo*), o bien porque el segmento vocálico en el que termina su raíz sufre mutaciones en ciertos contextos (*leído ~ leyó; construido ~ construyó*).

4.4.1b   Las irregularidades en la flexión verbal se suelen agrupar en tres clases: VOCÁLICAS (§ 4.4.2 y 4.4.3), CONSONÁNTICAS (§ 4.5.1 y 4.5.2) y MIXTAS (§ 4.5.3). Las irregularidades vocálicas dan lugar a alternancias entre vocales (p<u>e</u>dir~p<u>i</u>do), o bien entre vocales y diptongos (ent<u>e</u>nder~ent<u>ie</u>ndo; c<u>o</u>ntar~c<u>ue</u>nto). Las irregularidades consonánticas conllevan la sustitución de una consonante por otra, como en hacer~haga. Las mixtas afectan tanto a una sustitución vocálica como a una consonántica (d<u>ec</u>ir~d<u>ig</u>o). Los llamados PRETÉRITOS FUERTES (hizo, quiso, supo, pudo) suelen asignarse a este último grupo (§ 4.6.1a). A estas tres clases básicas se añaden las irregularidades que son resultado de la existencia de RAÍCES SUPLETIVAS, es decir, de la presencia de dos o más raíces en formas distintas de un mismo verbo, como en ir > iré~voy; ser > somos~fuimos. Se consideran también irregulares los VERBOS DEFECTIVOS (§ 4.8), cuya irregularidad consiste en la ausencia de algunas formas del paradigma de su conjugación.

4.4.2 Verbos vocálicos

4.4.2a Se denominan VERBOS VOCÁLICOS los que poseen raíces terminadas en vocal, como actu-ar, aire-ar, anunci-ar, averigu-ar, ca-er, cre-er, desvi-ar, inco-ar, le-er, o-ír y sonre-ír. Estos verbos pueden contener diptongos en todas sus formas, como anunciar o averiguar, o solo en algunas, como enviar o actuar. Los primeros se denominan VERBOS VOCÁLICOS DE DIPTONGO FIJO O SISTEMÁTICO, y los segundos, VERBOS VOCÁLICOS DE DIPTONGO VARIABLE O DE ALTERNANCIA «DIPTONGO – HIATO». En toda la conjugación de los verbos de diptongo fijo, la raíz termina en una vocal que forma parte de un diptongo que no se deshace (anunci<u>o</u>, anunci<u>a</u>mos, anunci<u>e</u>n, etc.), por lo que se descartan formas como *anuncíen o *anuncías. Entre los numerosos verbos terminados en -iar, que se conjugan como anunciar (v. T.C., n.º 11) figuran los siguientes:

> acariciar, agobiar, agraviar, aliviar, apropiar, asfixiar, beneficiar, calumniar, cambiar, contagiar, copiar, desperdiciar, despreciar, elogiar, ensuciar, envidiar, expropiar, incendiar, injuriar, limpiar, negociar, obsequiar, odiar, pifiar, plagiar, premiar, pronunciar, rabiar, renunciar, rumiar, saciar, sitiar, sustanciar, terciar, testimoniar, vanagloriarse, viciar, vilipendiar.

Son escasos, en cambio, los terminados en -uar que siguen el modelo de averiguar (v. T.C., n.º 15), entre ellos aguar, apaciguar, atestiguar, menguar. Se dice, por tanto, apaciguas, no *apacigúas.

4.4.2b LOS VERBOS VOCÁLICOS DE DIPTONGO VARIABLE se dividen en varios grupos. El más numeroso es el de los verbos terminados en -iar y en -uar. En la pronunciación de la mayoría de los hablantes, los segmentos /i/ y /u/ forman parte en estos casos de un diptongo cuando no reciben el acento, como en des.via.ré.mos, ac.tua.ré.mos, pero aparecen en hiato cuando lo reciben en dicha vocal, como en des.ví.o, ac.tú.o. Sin embargo, se reconoce una diferencia geográfica en su silabeo. En México, en Centroamérica y en parte de las áreas caribeña y andina se prefieren generalmente las variantes con diptongo (des.viá.mos, ac.tuá.mos, ac.tuár), mientras que en las demás áreas hispanohablantes es más común el hiato (des.vi.á.mos, ac.tu.á.mos, ac.tu.ár). Pertenecen a este paradigma de verbos en -iar, que tienen como modelo el verbo enviar (v. T.C., n.º 32), los siguientes, entre otros:

aliar, amnistiar, ampliar, arriar, ataviar, autografiar, averiar, cariar, chirriar, confiar, contrariar, criar, desafiar, descarriar, desvariar, desviar, enfriar, espiar, extasiar(se), extraviar, fiar, fotografiar, guiar, liar, malcriar, piar, porfiar, reenviar, resfriar, rociar, vaciar, variar.

Entre los terminados en *-uar,* que se conjugan como *actuar* (v. T.C., n.º5), figuran estos:

acentuar, atenuar, conceptuar, consensuar, continuar, desvirtuar, devaluar, efectuar, evaluar, exceptuar, extenuar, habituar, individuar, insinuar, menstruar, perpetuar, puntuar, situar, usufructuar, valuar.

4.4.2c   Los verbos *agriar, expatriar, paliar* y *repatriar* oscilan entre el grupo de *anunciar* (con diptongo sistemático) y el de *enviar* (con diptongo variable en función del acento). Son, por tanto, igualmente correctas *La fruta se agria* y *La fruta se agría.* Una oscilación similar entre el diptongo sistemático (modelo *averiguar*) y el variable (modelo *actuar*) presentan los terminados en *-cuar: adecuar, evacuar, licuar* y *oblicuar.* Hoy se consideran formas correctas tanto *adecuo* y *evacuo* como *adecúo* y *evacúo.*

4.4.2d   Tienen diptongo no sistemático los verbos que terminan en *-u.ír* o *-uir.* Cuando sigue una consonante a la secuencia /ui/ átona, predomina el diptongo (*cons.trui.ré.mos*), pero es posible el hiato en las áreas lingüísticas que admiten este tipo de silabeo (§ 4.4.2b): *cons.tru.i.ré.mos.* El hiato es sistemático en el imperfecto (*cons.tru.í.an*), pero alterna con el diptongo, en función de las diferencias geográficas señaladas, en las demás formas en que el acento recae sobre la /i/: *cons.truí, cons.truí.mos; cons.tru.í, cons.tru.í.mos.* En el presente de indicativo y subjuntivo se produce la epéntesis de *-i-* (*construyo, construya*), pero en otras formas del paradigma se consonantiza la *-i-* de la VT (*construyera, construyendo*).

4.4.2e   El verbo *oír* (v. T.C., n.º 44) y sus derivados dan lugar a alternancias de silabeo similares, como en *oí.mos ~ o.í.mos,* pero cuando la secuencia /oi/ va seguida por una vocal distinta de *i,* se obtiene una /g/ epentética (*oigo,* no **oyo*), o bien una consonante palatal (*oyes,* no **oies*). Admiten igualmente las dos pautas diferentes de silabeo los numerosos verbos regulares terminados en *-ear,* como *ba.lan.ceár* o *ba.lan.ce.ár* y los pocos en *-oar* (*croar, incoar* y *loar*). Son, en cambio, irregulares los grupos de verbos vocálicos siguientes: los terminados en *-e.ér* (*creer, leer, poseer, proveer* y *sobreseer*), cuyo tema de pretérito termina en *-ey-* en algunas formas (*creyó, leyó, poseyó, sobreseyó*); los que terminan en *-o.ér: roer* (v. T.C., n.º 53) y *corroer,* que presentan tres variantes en la primera persona del singular del presente, sea de indicativo o de subjuntivo —la regular *roo* y *roa* y las irregulares *roigo* y *roiga, royo* y *roya,* infrecuentes actualmente—; así como los terminados en *-a.ér* (*caer:* § 4.5.1d) y en *-e.ír* (*reír, sonreír* o *freír:* § 4.4.3h).

4.4.2f   Se asimilan en parte a los dos grupos de verbos vocálicos los que contienen un diptongo en una POSICIÓN NO FINAL DE SU RAÍZ, como *bailar, causar, aislar* y *aunar,* en los que el diptongo aparece en la última sílaba de una raíz terminada en consonante: *bail-ar, caus-ar, aisl-ar* y *aun-ar.* Los dos primeros son VERBOS DE

DIPTONGO SISTEMÁTICO (*bailen, bailemos, causaba*), mientras que los dos últimos son VERBOS DE DIPTONGO VARIABLE: *a.ís.len, a.ú.nas;* pero *ais.lé.mos, au.na.ré.mos.* El diptongo de este segundo grupo se mantiene cuando la raíz es átona, pero se deshace en las formas de raíz tónica del tema de presente, en las que el acento se manifiesta en la segunda vocal, la más cerrada de la secuencia.

4.4.2g   Al primero de estos dos grupos, que es el más numeroso, pertenece la mayor parte de los que contienen en su raíz un diptongo creciente: *-ie-* (*adiestrar, agrietar, diezmar, inquietar*), *-ia-* (*afianzar, apiadar, entusiasmar, viajar*), *-ua-* (*aguantar, cuajar, disuadir, persuadir*), *-ue-* (*amueblar, deshuesar, frecuentar*) y *-io-*. La mayor parte de ellos son derivados de sustantivos formados con el sufijo *-ción* o su variante *-ión*, si bien existen otras pautas (*ambicionar, decepcionar, evolucionar, inspeccionar; apasionar, lesionar; endiosar, despiojar, maniobrar, violar*). Los diptongos mencionados se mantienen en toda la conjugación.

4.4.2h   Los verbos vocálicos formados con diptongo decreciente pueden pertenecer a los dos paradigmas descritos. Así, entre los que contienen *-au-* en la raíz corresponden al grupo de diptongo sistemático el verbo *aplaudir* (v. T.C., n.º 12): por tanto, *aplaudo*, no **aplaúdo*, así como un grupo nutrido de verbos de la primera conjugación que siguen el modelo de *causar* (v. T.C., n.º 20). Al de diptongo variable pertenecen *aunar* (v. T.C., n.º 14): *a.ú.nan ~ au.na.rán,* junto con *aullar, aupar, embaular* o *maullar.* También se distribuyen entre los dos grupos los verbos que contienen el diptongo *-ei-,* cuyo modelo es *peinar* (v. T.C., n.º 47), como *aceitar, afeitar, deleitar, reinar,* entre otros, y el diptongo *-ai-,* como *bailar* (v. T.C., n.º 16). Al grupo de diptongo variable corresponden *descafeinar* (v. T.C., n.º 28), que presenta contrastes como *des.ca.fei.na.rán ~ des.ca.fe.í.nen, aislar* (v. T.C., n.º 9), *prohibir* (v. T.C., n.º 51), *rehusar* (v. T.C., n.º 55) o *reunir* (v. T.C., n.º 56). Los diptongos *-ui-* (*arruinar, cuidar, descuidar* y *enjuiciar*) y *-iu-* (*enviudar* y *triunfar*) no son crecientes ni decrecientes. Los verbos que los contienen en su raíz son de diptongo sistemático.

4.4.3   Verbos con alternancia vocálica

4.4.3a   Se mencionan a continuación las alternancias que dan lugar a irregularidades vocálicas en la flexión verbal. La segunda variante de cada uno de los pares se elige en las raíces tónicas del tema de presente; se escoge otra variante en todos los demás casos:

> /e/ ~ /ié/: *acertar ~ acierto; entender ~ entiendo; discernir ~ discierno,* junto a *acertamos, entenderemos, discernía;*
>
> /o/ ~ /ué/: *contar ~ cuento; mover ~ muevo,* junto a *contaban, movemos;*
>
> /i/ ~ /ié/: *adquirir ~ adquiero,* junto a *adquirimos;*
>
> /u/ ~ /ué/: *jugar ~ juego,* junto a *jugamos;*
>
> /e/ ~ /i/: *pedir ~ pido,* junto a *pedimos.*

Las alternancias átonas /e/ ~ /i/, como en *sentir ~ sintió,* y /o/ ~ /u/, como en *dormir ~ durmió,* se presentan en las terceras personas del pretérito perfecto simple y en las formas correspondientes del tema de pretérito: *durmiera, durmiese, durmiere, durmiendo; sintiera, sintiese, sintiere, sintiendo.* Unas y otras afectan a la 1.ª y 2.ª personas del plural del presente de subjuntivo en los paradigmas que representan los verbos *servir, mentir* y *dormir*.

4.4.3b   Se produce la diptongación que muestra la alternancia /e/~/ié/ en todas las formas del singular y en la 3.ª persona del plural del presente de indicativo y de subjuntivo, así como en la 2.ª persona del singular del imperativo no voseante. Afecta a verbos de la primera conjugación, como *acertar* (v. T.C., n.º 4), *acrecentar, cegar, despertar, empezar, encomendar, ensangrentar, escarmentar, manifestar, mentar, merendar, recomendar, regar, restregar, reventar, tropezar*. Muchos de los verbos que pertenecen a este grupo poseen compuestos y derivados, o bien diversas variantes que se forman con su misma base, como *cerrar > encerrar, descerrar, entrecerrar; negar > denegar, renegar; pensar > repensar; plegar > desplegar, replegar*.

4.4.3c   Unos pocos verbos admiten las dos variantes (con diptongación y sin ella): *cimentar* (*yo cimento* o *yo cimiento*) o *emparentar* (*yo emparento* o *yo empariento*). No se recomienda, en cambio, el uso no diptongado, registrado en el habla popular de algunos países, de *apretar, estregar, fregar, mentar, nevar, plegar* y sus derivados, y *restregar,* como en *si le mentan a su mamá* (por *si le mientan a su mamá*) o en *Me apreta el zapato* (por *Me aprieta el zapato*). Se prefieren, por el contrario, las variantes no diptongadas de *invernar* e *hibernar,* y también de *templar* y *destemplar.* En el español chileno, rioplatense y andino, y a veces en el de otras áreas, se registra *errar* sin diptongar (v. T.C., n.º 34), como en *Si nuestras previsiones no erran* [...] (Borges, *Ficciones*), en alternancia con la variante diptongada *yerran,* general en las demás áreas hispanohablantes. Admiten dos variantes, con diferencias de significado según las acepciones, *atentar* (*atentan* 'cometen un atentado' ~ *atientan* 'tientan, palpan') y *aterrar* (*aterran* 'aterrorizan' ~ *atierran* 'abaten').

4.4.3d   El verbo *entender* (v. T.C., n.º 31) ilustra el paradigma de los que están sujetos a la alternancia /e/~/ié/ en la segunda conjugación (*entiendes ~ entenderás*), al que también pertenecen *tender* y otros verbos formados con la misma base, como *atender, distender, extender,* con la excepción de *pretender,* que hoy no diptonga (*yo pretendo,* no **yo pretiendo*). La misma alternancia se reconoce en los verbos *ascender, condescender, descender, encender, trascender,* así como en *defender, verter, reverter* (distinto de *revertir:* § 4.3.1b). En la 3.ª conjugación, la alternancia /e/~/ié/ se presenta únicamente en los verbos *cernir, concernir, discernir* (v. T.C., n.º 29) y *hendir.*

4.4.3e   La alternancia /o/~/ué/ también se da con los verbos de las tres conjugaciones: *contar ~ cuento* (v. T.C., n.º 25); *mover ~ muevo; dormir ~ duermo* (en el último caso se añaden otras irregularidades: § 4.4.3a). Pertenecen al paradigma de *contar* los verbos *acordar, almorzar, aprobar, atronar, avergonzar, colgar, contar, costar, degollar, denostar, descollar, desollar, encontrar, forzar, mostrar, poblar, probar, rodar, sonar, soñar, volar, volcar,* a los que se agregan muchos compuestos, derivados y variantes parasintéticas, como *comprobar, concordar, demostrar, desaprobar, descolgar, descontar, disonar, esforzarse, recordar, repoblar, resonar, sobrevolar.* Al modelo de *mover* (v. T.C., n.º 42), de la segunda conjugación, pertenecen los verbos terminados en *-oler* (*demoler, doler, moler*), *-olver* (*absolver, desenvolver, devolver, disolver, envolver, resolver, revolver, volver*), *-ocer* (*cocer, escocer*), *-orcer* (*torcer, contorcerse, destorcer*) y *-over* (*conmover, llover, promover*).

4.4.3f Algunos verbos poseen alternancia de diptongación /o/~/ué/ en el infinitivo, como *amoblar~amueblar; enclocar~encluecar; desosar~deshuesar*. Estas variantes se distinguen a menudo por su distribución geográfica. En otros casos la alternancia en la diptongación de las formas verbales depende de su etimología y de su significado. Así, diptonga *apostar* en el sentido de 'arriesgar' (*Apuesto mil pesos*), pero no en el de 'situar algo o situarse en cierta posición' (*se apostan*); *acostarse* ('echarse, tenderse': *se acuestan*)~*acostarse* ('acercarse a la costa': *se acostan*); *asolar* ('destruir, arrasar': *asuelan*, pero también *asolan*)~*asolar* ('secar los campos': *asolan*).

4.4.3g La variante diptongada de los pares /i/~/ié/ y /u/~/ué/ se obtiene en las formas del singular y en la 3.ª persona del plural del presente de indicativo y de subjuntivo, y en la 2.ª del singular del imperativo no voseante. La primera alternancia afecta solo a los verbos *adquirir* (v. T.C., n.º 7) e *inquirir* (*adquiero~adquirimos; inquieres~inquirirán*); la segunda, solo a las formas de raíz tónica del verbo *jugar* (v. T.C., n.º 39): *juegas~jugaban*.

4.4.3h El cierre vocálico /e/~/i/ se produce en las mismas formas tónicas de la alternancia anterior, como ilustran las formas irregulares del verbo *pedir* (v. T.C., n.º 46), así como los verbos terminados en *-edir* (*despedir, impedir, medir*), *-egir* (*corregir, elegir, regir*), *-eguir* (*conseguir, perseguir, seguir*), *-eñir* (*ceñir, reñir, teñir*) y otros: *competir, concebir, derretir, gemir, henchir, rendir, repetir, vestir*. Esta alternancia se extiende también a todos los verbos terminados en *-eír*, esto es, *desleír, engreírse, freír, reír* y *sonreír* (v. T.C., n.º 62): *río, ríen*, pero *reímos, reís*.

4.4.3i Algunos verbos están sometidos a más de una alternancia. Así, el verbo *sentir* (v. T.C., n.º 60) manifiesta la alternancia /e/~/ié/ (como en *sentimos~siento*), pero presenta, además, el cierre vocálico /e/~/i/ en el gerundio (*sintiendo*), en la 1.ª y 2.ª personas del plural del presente de subjuntivo (*sintamos, sintáis*), en dos formas del pretérito perfecto simple (*sintió, sintieron*) y en las formas relacionadas del subjuntivo (*sintiera, sintiese, sintiere*). Al mismo grupo pertenecen los verbos terminados en *-entir*, como *mentir > miente~mintió; -erir*, como *preferir > prefiero~prefirió*; y *-ertir*, como *advertir > advierto~advirtió*. En las mismas formas los verbos *dormir* (v. T.C., n.º 30) y *morir* están sujetos a la alternancia /o/~/ué/, así como al cierre /o/~/u/. Los verbos *poder* (v. T.C., n.º 48) y *querer* (v. T.C., n.º 54) también presentan alternancias de diptongación y cierre vocálico (*poder~puedo~pude; querer~quiero~quise*), además de otras anomalías: pretérito fuerte (*púde; quíse*: § 4.6.1a) y futuro y condicional irregulares (*podré, podría; querré, querría*: § 4.5.2).

4.5 Verbos irregulares (II). Verbos con irregularidades consonánticas

4.5.1 Fenómenos de epéntesis

4.5.1a En los verbos terminados en *-ecer* se produce la epéntesis de /k/ en la 1.ª persona del singular del presente de indicativo y en todo el subjuntivo, según el modelo del verbo *agradecer* (v. T.C., n.º 8): *agradezco, agradezcas*, etc. No pertenecen a este grupo los verbos *mecer* y *remecer* (*mezo*, no **mezco; remezo*, no **remezco*), pero sí muchos parasintéticos (§ 8.2.3b), como *anochecer, atardecer, enloquecer, enmohecer, ensombrecer.*

4.5.1b   La irregularidad descrita se extiende a *lucir* (v. T.C., n.º41) y a sus compuestos, y también a los verbos terminados en *-ducir,* que siguen el modelo de *conducir* (v. T.C., n.º 23), como *deducir, inducir, introducir, producir, reconducir, reducir, reproducir, seducir, traducir.* Estos últimos verbos tienen pretérito fuerte (*conduje, condujera:* § 4.6.1a).

4.5.1c   La epéntesis de /g/ en la 1.ª persona del singular del presente de indicativo y en todo el presente de subjuntivo, como en *salir~salgo; valer~valgamos,* afecta a una serie de verbos cuya raíz termina en -*l* (*salir:* v. T.C., n.º 59; *valer:* v. T.C., n.º 66), -*n* (*poner:* v. T.C., n.º 49; *tener:* v. T.C., n.º 64; *venir:* v. T.C., n.º 67), -*s* (*asir:* v. T.C., n.º 13) e -*i* (*oír:* v. T.C., n.º 44), así como a sus derivados. En el caso de los verbos *tener* y *venir,* esta irregularidad concurre con la variación vocálica /e/~/ié/ (§ 4.4.3): alternan así *tengo, tengas* con *tienes, tiene, tienen; vengo, vengamos* con *viene, vienes, vienen.* Estos verbos, y otros como *poner,* presentan, además, un pretérito perfecto simple fuerte (*puse, tuve, vine*); futuro y condicional irregulares (*pondré, tendré, vendré; pondría, tendría, vendría*) y apócope de la vocal temática en la forma singular del imperativo (*pon, ten, ven*).

4.5.1d   Los verbos vocálicos *caer* (v. T.C., n.º 19) y *traer* (v. T.C., n.º 65), así como sus respectivos derivados, presentan epéntesis de /ig/ en las formas tónicas del tema de presente: *caigo, contraigo, distraigas, recaiga.* El verbo *traer* tiene, además, pretérito fuerte: *traje, contrajese, distrajera, extrajere* (§ 4.6.1). La epéntesis de /ig/ afecta asimismo a una de las variantes de los verbos *raer* (*raigo, raiga*) y *roer* (*roigo; roigas:* § 4.4.2e).

4.5.2   Irregularidades que comprenden fenómenos de síncopa y epéntesis

Las irregularidades que afectan a las formas del tema de futuro —futuro imperfecto de indicativo y condicional— se caracterizan por la reducción de la VT, a veces con alguna alteración adicional. Así, en los verbos *caber, haber, poder, querer* y *saber* se pierde la VT y se silabea el resultado en un grupo consonántico: *sabré* (no **saberé*), *cabré, habré, querré, podré.* En los verbos *poner, salir, tener, valer, venir* y sus derivados, el grupo consonántico resultante de la pérdida de la vocal temática (**ponré, *salré*) se resolvió mediante la epéntesis de /d/: *pon.dré, sal.dré, ten.dré, val.dré, ven.dré.* Con *hacer* y *decir* se produce la reducción adicional del último segmento consonántico de la raíz: *ha.ré* (no **haceré*), *diré* (no **deciré*), este último también con cierre de la vocal de la raíz /e/ > /i/.

4.5.3   Concurrencia de irregularidades consonánticas y vocálicas

4.5.3a   La alternancia /s/~/θ/~/g/ afecta a la 1.ª persona del singular del presente de indicativo y a todo el presente de subjuntivo del verbo *hacer* (v. T.C., n.º 37) y del verbo *decir* (v. T.C., n.º 27). Se dice, pues, *hago, haga, hagas, hagamos,* pero *haces, hacemos, hacéis;* y *digo, diga, digas,* formas en las que se da, además, el cierre vocálico /e/~/i/. Este cierre se produce en todos los tiempos (*dije, dijimos, dirás, dirías*), salvo en los casos en los que la sílaba siguiente contiene /i/ tónica: *decimos, decían,* etc.

4.5.3b   Se observa la alternancia /as/~/aθ/~/eg/ en el caso de *placer* > *plega*. Esta forma, poco frecuente hoy, del presente de subjuntivo del verbo *placer* y sus derivados convive con *plazca,* variante más usada, en la que se produce epéntesis de /k/, como en los verbos en *-ecer* (§ 4.4.1a). El verbo *placer* y sus derivados son regulares en los demás tiempos y modos, si bien en el tema de perfecto las formas *plací, placiste, plació, placiera, placiese, placiere* alternan con las del pretérito fuerte (§ 4.6.1) *plugo, pluguiera, pluguiese, pluguiere.* El verbo *yacer* (v. T.C., n.º 69) y su derivado *subyacer* presentan tres variantes igualmente correctas en el tema de presente *yazco, yazgo* y *yago.*

4.5.3c   La alternancia /ab/~/ep/ afecta a *caber* (V. T.C., n.º 18), que se conjuga con la segunda variante en el presente de indicativo y subjuntivo (*quepo, quepa, quepas*). Afecta también a *saber* (V. T.C., n.º 58), que presenta dicha variante solo en el subjuntivo (*sepa, sepas*). Los verbos *caber* y *saber* presentan además pretérito fuerte (§ 4.6.1a, b) y formas irregulares de futuro y condicional (§ 4.5.2).

4.6   Verbos irregulares (III). Pretéritos fuertes y participios irregulares

4.6.1   Pretéritos fuertes

4.6.1a   Las formas de los PRETÉRITOS FUERTES que presentan algunos verbos se caracterizan por irregularidades vocálicas y consonánticas en el pretérito perfecto simple. Esos paradigmas, heredados del latín (con muy escasas excepciones, como *anduve* y *tuve*), se identifican por el hecho de que las formas correspondientes a la 1.ª y a la 3.ª persona del singular poseen acento en la raíz: *cupe, cupo; dije, dijo; tuve, tuvo.* Frente a ellos, los pretéritos regulares se han denominado tradicionalmente PRETÉRITOS DÉBILES porque presentan el acento en la desinencia (*tem-í*), no en la raíz. También son irregulares las desinencias *-o* de la 3.ª persona del singular (*quiso, pudo*) y *-e* de la 1.ª (*quise, pude*), ambas átonas. En las demás formas de estos pretéritos, el acento recae en la vocal temática, que es siempre *-i-* para la 2.ª persona del singular y la 1.ª y 2.ª del plural (*anduv-i-ste, anduv-i-mos, anduv-i-steis*), pero es *-ié-* para la 3.ª del plural (*anduvieron, hicieron, quisieron*). El diptongo se reduce a *-e-* en *conducir, decir, traer* y sus derivados: *condujeron, dijeron, trajeron, sustrajeron.* No obstante, en el habla popular y rural de algunas zonas se registran también las formas incorrectas *condujieras, dijieron, trajieron.*

4.6.1b   En muchos pretéritos fuertes, aunque no en todos, se altera la vocal de la raíz que recibe el acento. Tienen perfecto fuerte los siguientes verbos y sus derivados, que se ordenan de acuerdo con la vocal de la raíz:

VOCAL /a/: *traer* > *trajo,* pero *trujo* como variante de algunas áreas rurales.
VOCAL /i/: *decir* > *dijo; hacer* > *hizo; querer* > *quiso; venir* > *vino.*

VOCAL /u/: *andar > anduvo; caber > cupo; estar > estuvo; haber > hubo; placer > plugo; poder > pudo; poner > puso; saber > supo; tener > tuvo.*

El verbo *placer* es regular en el pretérito (*plací, placiste, plació*), pero presenta la variante fuerte *plugo* para la 3.ª persona del singular. Está limitada a registros muy formales y se usa a veces con intención arcaizante: *Le plugo elegir el departamento de los novios* (Miró, *Sigüenza*). Al grupo de pretéritos fuertes con vocal /u/ en la raíz cabe añadir los verbos terminados en *-ducir,* como *conduje, reduje, traduje,* etc. Estas formas se diferencian de las demás en que mantienen la *-u-* de su infinitivo.

4.6.1c   Los verbos *ir* (v. T.C., n.º 38) y *ser* (v. T.C., n.º 61) presentan idénticas formas de pretérito (*fui, fuiste, fue...*). Las de los verbos *dar* y *ver* son aparentemente similares en el pretérito (*di, diste, dio, ... dieron; vi, viste, vio, ... vieron*). Sin embargo, la raíz de *dar* (v. T.C., n.º 26) en todas sus formas es el fonema /d/ (*d-ar*), por lo que el acento se manifiesta en la primera vocal de las formas flexivas del tema de presente. Si bien *ver* (v. T.C., n.º 68) se asemeja a *dar* en el tema de pretérito por la reducción irregular de la /e/ radical, su raíz es *ve-*, por lo que se asemeja en su conjugación a verbos como *leer* o *creer*. Esta similitud se pone de manifiesto en las formas de 1.ª persona del singular del presente de indicativo y las del presente de subjuntivo, y también en formas anómalas como *preveemos* o *preveyeron*, atestiguadas en la lengua oral de muchos países, en lugar de las variantes preferidas *prevemos, previeron*.

4.6.2   Participios irregulares

4.6.2a   Los participios irregulares o FUERTES coinciden con los pretéritos análogos en ser formas heredadas del latín y en presentar el acento en la raíz. Constituyen un repertorio limitado, aunque las variantes se extienden a sus derivados: ABIERTO, de *abrir;* ABSUELTO, de *absolver;* CUBIERTO, de *cubrir;* DICHO, de *decir* (pero son regulares los participios de *bendecir* y *maldecir;* las formas *maldito* y *bendito* se usan casi siempre como adjetivos); ESCRITO, de *escribir* (con la terminación *-pto* en lugar de *-to* en los derivados *inscripto, circunscripto, descripto, prescripto,* que se emplean en el español hablado en la Argentina, el Uruguay y el Paraguay); HECHO, de *hacer* (pero *satisfecho* de *satisfacer*); MUERTO, de *morir;* PUESTO, de *poner;* ROTO, de *romper* (el participio regular *rompido* estaba muy extendido en la lengua medieval y en la clásica); VISTO, de *ver;* VUELTO, de *volver.*

4.6.2b   Los participios regulares de los verbos *elegir, freír, imprimir, prender* ('arrestar, detener'), *proveer* y algunos otros concurren a veces con los irregulares, aunque con notables diferencias en su extensión y en su uso. Los irregulares (*electo, frito, impreso, preso, provisto*) suelen ser más frecuentes que los regulares (*elegido, freído, imprimido, prendido, proveído*) como modificadores nominales (*un libro impreso en papel barato*) y como atributos o complementos predicativos (*El libro está impreso en papel barato*). En los tiempos compuestos se suelen imponer las formas regulares, pero se documentan alternancias, como las que se muestran a continuación:

En total se han <u>imprimido</u> 35 000 carteles (*Mundo* [Esp.] 11/11/1996); Habían <u>impreso</u> en su lugar billetes de a cien (García Márquez, *Amor*); Jamaica ha <u>proveído</u> a Cuba de muchas cosas (Ortiz, *Contrapunteo*); De haberse provisto Mrs. Dolly del galán imprescindible para la excursión, [...] (Mujica Lainez, *Escarabajo*); Se añade la manteca de cerdo en que se han freído los chorizos (Pardo Bazán, *Cocina*); Le he frito también un par de huevos (Olmo, *Pablo Iglesias*); Y no solo eso: has elegido al candidato (Mendoza,*Verdad*); El Congreso designado por él mismo lo había electo Presidente por siete años más (Nogales, *Memorias*); La Policía se había enterado, y los había prendido a los tres (Baroja, *Vuelta*); ¿Han preso a ese desgraciado? —interrumpió el viejo lleno de interés (Rizal, *Noli*).

4.6.2c   Existe considerable variación geográfica en estas preferencias. Alternan en muchos países *han freído* y *han frito*. En el español americano es algo más marcada que en el europeo la preferencia por *han impreso* en lugar de *han imprimido*. En casi todas las áreas hispanohablantes suele ser más frecuente *han elegido* que *han electo*, pero el participio irregular es común en América en las pasivas perifrásticas: *Días después, el general Tomás Martínez fue electo presidente de Nicaragua* (Prensa [Nic.] 31/12/2001). Es de uso general el adjetivo *preso* (poco usado ya como participio), que también se emplea en las pasivas, pero se prefiere el participio regular *prendido* en los tiempos compuestos. Los antiguos participios *abstracto* (de *abstraer*), *bienquisto* (de *bienquerer*) y *malquisto* (de *malquerer*), *concluso* (de *concluir*), *convicto* (de *convencer*), *espeso* (de *expender*), *incluso* (de *incluir;* también usado como adverbio, véase el § 40.4.4), *incurso* (de *incurrir*), *nato* (de *nacer*), *poseso* (de *poseer*), *sepulto* (de *sepultar*) han desaparecido o se emplean solo como adjetivos. No aparecen, por tanto, en los tiempos compuestos ni en las oraciones pasivas: *una investigación conclusa; *Han concluso la investigación; *La investigación fue conclusa ayer.*

4.7   Verbos irregulares (IV). Verbos de conjugación especial

4.7.1   El verbo *haber* y otros verbos de conjugación especial

4.7.1a   El verbo *haber* (v. T.C., n.º 36) se usa en los tiempos compuestos y en las perífrasis de necesidad o de obligación «*haber de* + infinitivo» y «*haber que* + infinitivo» (§ 28.2.2c, d). Se usa también como verbo terciopersonal en las construcciones impersonales (*Hay gente; Habrá fiestas*), aunque solo se emplea hoy la 3.ª persona del presente *ha* en fórmulas fijas como *No ha lugar; Años ha* y otras similares de sabor arcaizante. La semivocal final de la forma *hay* se considera una variante enclítica del adverbio demostrativo *y* ('allí'), que se ha vinculado con la de las formas *doy, estoy, soy* y *voy*. En el presente de indicativo aparecen variantes contractas en las formas del singular (*he, has, ha*), pero alternan la variante regular y la irregular en la 1.ª y la 2.ª personas del plural: *hemos ~ habemos; heis ~ habéis*. La variante regular *habemos* se usa en la lengua conversacional de muchos países hispanohablantes, a veces incluso entre personas cultas, pero no ha pasado a los registros formales: *—¿Cuántos mexicanos habemos aquí? Uno, dos... con usted ya somos cinco* (Fuentes, *Naranjo*). La variante irregular *heis,* muy extendida en la lengua antigua, se registra hasta el siglo XVII. Las formas del imperativo (*he, habe* y *habed*) son hoy arcaicas —la primera fosilizada en las fórmulas presentativas *He aquí; Henos ahora* o *Hete aquí*—. Este verbo posee pretérito fuerte (*hube, hubiera, hubiese*).

4.7.1b   Las formas de 1.ª persona del presente de indicativo de los verbos mo-
nosilábicos *dar, ir* y *ser* añaden a la raíz la semivocal /i/ (*doy, voy, soy*), que se
manifiesta también en el presente bisílabo *estoy*. El verbo *haber* presenta la
1.ª persona del singular del presente de indicativo con la variante reducida *he*.
Posiblemente por analogía con esta forma, se registra igualmente la forma *sé* en el
verbo *saber*, con cambio de la vocal radical. En el imperativo singular, los verbos
dar, decir, hacer, tener, poner, salir y *venir* presentan respectivamente las formas *da, di, haz, ten, pon, sal* y *ven*. Estas variantes se suelen conservar en sus derivados, pero el imperativo no voseante de algunos derivados de *decir* se construye
con la terminación regular *-dice* (*bendice, contradice, desdice, predice*). La antigua
forma monosilábica *diz*, que no se usó como imperativo, pervive hoy en el adverbio *dizque* ('al parecer, presuntamente'), más usado en ciertas áreas del español
americano: *Andrés no volvió a tocarme dizque para no lastimar al niño* (Mastretta,
Vida).

4.7.2   Raíces verbales supletivas

El concepto de SUPLENCIA o SUPLETIVISMO designa la alternancia de bases léxicas
distintas (por ejemplo, *hermano~fraternal*: § 1.3.4c). Un grupo reducido de verbos
presenta suplencia en su conjugación como herencia latina.

4.7.2a   En el verbo *ser* (v. T.C., n.º 61) cabe distinguir una serie de raíces alternantes, como *s-* en *soy, somos, sois / sos* (voseante), *son, sé* (imperativo) o *sido*, y
es- o *e-* en *es*. Sin embargo, la segmentación flexiva solo proporciona paradigmas
claramente reconocibles en el imperfecto, con raíz *er-* (*era, eras*...), así como en
las formas del tema de pretérito, con raíz *fu-*: *fui, fuiste; fueras, fueres*. Las formas
del tema de futuro se conjugan de manera regular a partir de la raíz *se-* del infinitivo.

4.7.2b   El verbo *ir* (v. T.C., n.º 38) presenta tres raíces. La raíz latina *i-* originaria
se ha conservado en todos los tiempos del tema de futuro: el infinitivo *ir*, el futuro
y el condicional (*iré, iría*); en las formas no personales del tema de pretérito: el
gerundio *yendo*, el participio *ido*, y en el imperfecto de indicativo *iba, ibas*. También
se ha conservado en el imperativo plural *id*. Las demás formas del tema de presente se
construyen con la raíz *v-*: el presente de subjuntivo (*vaya, vayas*...), que no es etimológico, sino analógico (*haya, hayas*...), y las formas de imperativo *ve* (*tú*) y *vayan*
(*ustedes*). Presentan la raíz *fu-* el resto de los tiempos del tema de pretérito: perfecto simple (*fui, fuiste, fue*), imperfecto de subjuntivo (*fuera* o *fuese*), futuro de subjuntivo (*fuere*). Las formas de imperativo del verbo pronominal *irse* son *vete* (*tú*),
váyanse (*ustedes*) e *idos* (*vosotros*). Esta última se limita al español europeo, pero en
la lengua oral es ampliamente mayoritaria la variante *iros*. El imperativo de *ir* carece de forma propia de voseo, aunque se registran las formas *i* e *ite* en los usos populares del noroeste argentino. En su lugar se usa el imperativo de *andar* (*andá*) o el
de *andarse* (*andate*). La forma *vayamos* de la 1.ª persona del plural del presente de
subjuntivo concurre con la etimológica *vamos*, idéntica a la de indicativo. La presencia del pronombre enclítico en ¡*Vámonos!* demuestra su integración en el imperativo (§ 42.2.1b).

4.7.2c   El verbo *estar* (v. T.C., n.º 35) muestra asimismo irregularidades en el tema y en la desinencia. Presenta raíz átona en toda la conjugación, salvo en las formas del pretérito fuerte *estuve, estuvo*. Las formas de imperativo del verbo pronominal *estarse* son *estate* (con variante *tate* en algunas regiones), *estense* y *estaos*: *Estate quieto ya, por favor* (Grandes, *Aires*). No se usa, en cambio, el imperativo del verbo *estar*. El verbo *dar* (v. T.C., n.º 26) pertenece a la primera conjugación, pero se conjuga con las terminaciones propias de la segunda y la tercera en las formas del tema de perfecto (*dio, dieron; diera, diese, diere*). Ambos verbos presentan asimismo la semivocal /i/ en la 1.ª persona del singular del presente de indicativo *estoy, doy* (§ 4.7.1b).

4.8   Verbos irregulares (V). Verbos defectivos

Se llaman DEFECTIVOS los verbos que presentan una conjugación incompleta, es decir, los que constituyen paradigmas que carecen de algunas formas flexivas.

4.8.1   Defectividad por motivos semánticos y sintácticos

Son defectivos por motivos sintácticos y semánticos los verbos referidos a fenómenos de la naturaleza (*amanecer, anochecer, llover, nevar*), si bien algunos de ellos poseen acepciones no impersonales, como en *Llueven chuzos de punta; Le llueven ofertas de trabajo; ¿Cómo amaneciste?* (§ 41.4.2b). No se suelen predicar tampoco de las personas los verbos terciopersonales *acaecer, acontecer, atañer, competer, concernir, holgar, obstar, ocurrir, urgir* y otros similares, sino de ciertos sucesos (*Ocurrió una catástrofe*) o de nociones proposicionales (*Ocurre que nadie le hace caso*). Los verbos *soler* y *acostumbrar* (el último, en uno de sus sentidos) se emplean en perífrasis de infinitivo de sentido imperfectivo (§ 28.3.1c, e). Por esta razón solo se conjugan en presente de indicativo (*acostumbro, suelo*), presente de subjuntivo (*acostumbre, suela*), pretérito imperfecto de indicativo (*acostumbraba, solía*) y pretérito perfecto compuesto (*he acostumbrado, he solido*). La anomalía de *solieron* y de *acostumbraron* (con el mismo sentido) se suele explicar como efecto del desajuste que se produce entre la imperfectividad de *soler* y *acostumbrar* y la perfectividad de esos tiempos.

4.8.2   Defectividad por motivos morfofonológicos

Son defectivos por razones morfofonológicas algunos verbos de la tercera conjugación: *arrecir, aterir, descolorir* o *embaír*, entre otros, que solo se usan en las formas flexivas que presentan la vocal temática *-i-*. En el área rioplatense se conjuga *garantir* en todos los tiempos y personas, pero es defectivo en las demás áreas. No se usa *balbucir* en la primera y tercera persona del singular del presente de indicativo ni en todo el presente de subjuntivo; las formas omitidas se sustituyen por las del verbo *balbucear*. El verbo *abolir*, considerado tradicionalmente defectivo, se usa actualmente en todas sus formas, pero con mayor frecuencia en las que presentan la vocal temática *-i-*, como *abolían* o *abolieron*.

4.8.3   Defectividad por motivos léxicos

Los participios *buido, colorido, despavorido* y *fallido* están totalmente adjetivados, ya que los verbos a los que pertenecen (*buir, colorir, despavorir* y *fallir*) han dejado de usarse. También es muy frecuente el uso adjetival de otros como *aguerrido, compungido, denegrido, desabrido, descolorido, desvaído, embaído, embebecido* y *empedernido*. Estas formas no han perdido enteramente su carácter participial, puesto que los respectivos verbos *aguerrir, compungir, denegrir, desabrir, descolorir, desvaír, embaír, embebecer* y *empedernir,* tienen vigencia, aunque sea escasa:

> La lectura de los libros caballerescos no <u>embebece</u> a cuerdos ni á locos (Montalvo, *Tratados*); Sebastián el tendero, que capitaneaba la partida, rompió los moldes y cuestionó frontalmente lo que a todos <u>compungía</u> (Ayerra, *Lucha*).

4.9   Modelos de conjugación

•   Los verbos regulares aparecen en tablas en las que se incluyen las formas pronominales correspondientes a las tres personas gramaticales, tanto de singular como de plural, de modo que se establece la correspondencia entre pronombres y formas verbales. Las tablas de los verbos irregulares se presentan en un formato simplificado en el que solo se incluyen los tiempos simples.

•   En los verbos regulares, la distinción entre personas del discurso y pronombres personales que se introduce en la parte izquierda de las tablas permite mostrar que las formas *usted* y *ustedes* designan la 2.ª persona, entendida como persona del discurso (§ 16.2.1a), y, sin embargo, inducen en el verbo rasgos de 3.ª persona, como se señala en el § 4.2.3a. Los pronombres *usted* y *él/ella,* por una parte, y *ustedes* y *ellos/ellas,* por otra, comparten recuadro en las tablas que siguen porque les corresponde la misma persona gramatical. La línea punteada de separación indica que mientras que *usted/ustedes* se asocia con la 2.ª persona del discurso, a las demás formas solo corresponde la 3.ª. Como en la descripción del imperativo no intervienen las terceras personas, no se ha considerado necesario introducir una distinción paralela.

•   Las formas del voseo que aparecen en todas las tablas son las correspondientes a la variedad más extendida (§ 4.3.2 y 16.7.2) y solamente se incorporan en los tiempos en que el voseo flexivo es de uso general. Cuando las formas del voseo y el tuteo coinciden, se incluye una sola voz.

•   Las notas al pie recogen diversas informaciones complementarias relativas a la parte de la tabla en la que se ubican los asteriscos.

1 AMAR

VERBO MODELO DE LA PRIMERA CONJUGACIÓN

TIEMPOS SIMPLES

FORMAS NO PERSONALES

Infinitivo	Participio	Gerundio
amar	amado	amando

Indicativo

NÚMERO	PERSONAS DEL DISCURSO	PRONOMBRES PERSONALES	Presente	Pret. imperfecto / Copretérito	Pret. perfecto simple / Pretérito
Singular	1.ª	yo	amo	amaba	amé
Singular	2.ª	tú / vos	amas / amás	amabas	amaste
Singular	2.ª	usted	ama	amaba	amó
Singular	3.ª	él, ella	ama	amaba	amó
Plural	1.ª	nosotros, -tras	amamos	amábamos	amamos
Plural	2.ª	vosotros, -tras	amáis	amabais	amasteis
Plural	2.ª	ustedes	aman	amaban	amaron
Plural	3.ª	ellos, ellas	aman	amaban	amaron

			Futuro simple / Futuro	Condicional simple / Pospretérito
Singular	1.ª	yo	amaré	amaría
Singular	2.ª	tú / vos	amarás	amarías
Singular	2.ª	usted	amará	amaría
Singular	3.ª	él, ella	amará	amaría
Plural	1.ª	nosotros, -tras	amaremos	amaríamos
Plural	2.ª	vosotros, -tras	amaréis	amaríais
Plural	2.ª	ustedes	amarán	amarían
Plural	3.ª	ellos, ellas	amarán	amarían

Subjuntivo

NÚMERO	PERSONAS DEL DISCURSO	PRONOMBRES PERSONALES	Presente	Pret. imperfecto / Pretérito	Futuro simple / Futuro
Singular	1.ª	yo	ame	amara o amase	amare
Singular	2.ª	tú / vos	ames	amaras o amases	amares
Singular	2.ª	usted	ame	amara o amase	amare
Singular	3.ª	él, ella	ame	amara o amase	amare
Plural	1.ª	nosotros, -tras	amemos	amáramos o amásemos	amáremos
Plural	2.ª	vosotros, -tras	améis	amarais o amaseis	amareis
Plural	2.ª	ustedes	amen	amaran o amasen	amaren
Plural	3.ª	ellos, ellas	amen	amaran o amasen	amaren

Imperativo

Singular	2.ª	tú / vos	ama / amá		Plural	2.ª	vosotros, -tras	amad
		usted	ame				ustedes	amen

TIEMPOS COMPUESTOS

FORMAS NO PERSONALES

Infinitivo	Participio	Gerundio
haber amado	–	habiendo amado

Indicativo

NÚMERO	PERSONAS DEL DISCURSO	PRONOMBRES PERSONALES	Pret. perfecto compuesto / Antepresente	Pret. pluscuamperfecto / Antecopretérito	Pret. anterior / Antepretérito
Singular	1.ª	yo	he amado	había amado	hube amado
	2.ª	tú / vos	has amado	habías amado	hubiste amado
		usted	ha amado	había amado	hubo amado
	3.ª	él, ella			
Plural	1.ª	nosotros, -tras	hemos amado	habíamos amado	hubimos amado
	2.ª	vosotros, -tras	habéis amado	habíais amado	hubisteis amado
		ustedes	han amado	habían amado	hubieron amado
	3.ª	ellos, ellas			

			Futuro compuesto / Antefuturo	Condicional compuesto / Antepospretérito
Singular	1.ª	yo	habré amado	habría amado
	2.ª	tú / vos	habrás amado	habrías amado
		usted	habrá amado	habría amado
	3.ª	él, ella		
Plural	1.ª	nosotros, -tras	habremos amado	habríamos amado
	2.ª	vosotros, -tras	habréis amado	habríais amado
		ustedes	habrán amado	habrían amado
	3.ª	ellos, ellas		

Subjuntivo

NÚMERO	PERSONAS DEL DISCURSO	PRONOMBRES PERSONALES	Presente	Pret. imperfecto / Pretérito	Futuro simple / Futuro
Singular	1.ª	yo	haya amado	hubiera o hubiese amado	hubiere amado
	2.ª	tú / vos	hayas amado	hubieras o hubieses amado	hubieres amado
		usted	haya amado	hubiera o hubiese amado	hubiere amado
	3.ª	él, ella			
Plural	1.ª	nosotros, -tras	hayamos amado	hubiéramos o hubiésemos amado	hubiéremos amado
	2.ª	vosotros, -tras	hayáis amado	hubierais o hubieseis amado	hubiereis amado
		ustedes	hayan amado	hubieran o hubiesen amado	hubieren amado
	3.ª	ellos, ellas			

2 TEMER

VERBO MODELO DE LA SEGUNDA CONJUGACIÓN

TIEMPOS SIMPLES

FORMAS NO PERSONALES

Infinitivo	Participio	Gerundio
temer	temido	temiendo

Indicativo

NÚMERO	PERSONAS DEL DISCURSO	PRONOMBRES PERSONALES	Presente	Pret. imperfecto / Copretérito	Pret. perfecto simple / Pretérito
Singular	1.ª	yo	temo	temía	temí
	2.ª	tú / vos	temes / temés	temías	temiste
		usted	teme	temía	temió
	3.ª	él, ella			
Plural	1.ª	nosotros, -tras	tememos	temíamos	temimos
	2.ª	vosotros, -tras	teméis	temíais	temisteis
		ustedes	temen	temían	temieron
	3.ª	ellos, ellas			

NÚMERO	PERSONAS DEL DISCURSO	PRONOMBRES PERSONALES	Futuro simple / Futuro	Condicional simple / Pospretérito
Singular	1.ª	yo	temeré	temería
	2.ª	tú / vos	temerás	temerías
		usted	temerá	temería
	3.ª	él, ella		
Plural	1.ª	nosotros, -tras	temeremos	temeríamos
	2.ª	vosotros, -tras	temeréis	temeríais
		ustedes	temerán	temerían
	3.ª	ellos, ellas		

Subjuntivo

NÚMERO	PERSONAS DEL DISCURSO	PRONOMBRES PERSONALES	Presente	Pret. imperfecto / Pretérito	Futuro simple / Futuro
Singular	1.ª	yo	tema	temiera o temiese	temiere
	2.ª	tú / vos	temas	temieras o temieses	temieres
		usted	tema	temiera o temiese	temiere
	3.ª	él, ella			
Plural	1.ª	nosotros, -tras	temamos	temiéramos o temiésemos	temiéremos
	2.ª	vosotros, -tras	temáis	temierais o temieseis	temiereis
		ustedes	teman	temieran o temiesen	temieren
	3.ª	ellos, ellas			

Imperativo

Singular	2.ª	tú / vos	teme / temé	Plural	2.ª	vosotros, -tras	temed
		usted	tema			ustedes	teman

TIEMPOS COMPUESTOS

FORMAS NO PERSONALES

Infinitivo	Participio	Gerundio
haber temido	—	habiendo temido

Indicativo

NÚMERO	PERSONAS DEL DISCURSO	PRONOMBRES PERSONALES	Pret. perfecto compuesto / Antepresente	Pret. pluscuamperfecto / Antecopretérito	Pret. anterior / Antepretérito
Singular	1.ª	yo	he temido	había temido	hube temido
Singular	2.ª	tú / vos	has temido	habías temido	hubiste temido
Singular	2.ª	usted	ha temido	había temido	hubo temido
Singular	3.ª	él, ella	ha temido	había temido	hubo temido
Plural	1.ª	nosotros, -tras	hemos temido	habíamos temido	hubimos temido
Plural	2.ª	vosotros, -tras	habéis temido	habíais temido	hubisteis temido
Plural	2.ª	ustedes	han temido	habían temido	hubieron temido
Plural	3.ª	ellos, ellas	han temido	habían temido	hubieron temido

NÚMERO	PERSONAS	PRONOMBRES	Futuro compuesto / Antefuturo	Condicional compuesto / Antepospretérito
Singular	1.ª	yo	habré temido	habría temido
Singular	2.ª	tú / vos	habrás temido	habrías temido
Singular	2.ª	usted	habrá temido	habría temido
Singular	3.ª	él, ella	habrá temido	habría temido
Plural	1.ª	nosotros, -tras	habremos temido	habríamos temido
Plural	2.ª	vosotros, -tras	habréis temido	habríais temido
Plural	2.ª	ustedes	habrán temido	habrían temido
Plural	3.ª	ellos, ellas	habrán temido	habrían temido

Subjuntivo

NÚMERO	PERSONAS DEL DISCURSO	PRONOMBRES PERSONALES	Presente	Pret. imperfecto / Pretérito	Futuro simple / Futuro
Singular	1.ª	yo	haya temido	hubiera o hubiese temido	hubiere temido
Singular	2.ª	tú / vos	hayas temido	hubieras o hubieses temido	hubieres temido
Singular	2.ª	usted	haya temido	hubiera o hubiese temido	hubiere temido
Singular	3.ª	él, ella	haya temido	hubiera o hubiese temido	hubiere temido
Plural	1.ª	nosotros, -tras	hayamos temido	hubiéramos o hubiésemos temido	hubiéremos temido
Plural	2.ª	vosotros, -tras	hayáis temido	hubierais o hubieseis temido	hubiereis temido
Plural	2.ª	ustedes	hayan temido	hubieran o hubiesen temido	hubieren temido
Plural	3.ª	ellos, ellas	hayan temido	hubieran o hubiesen temido	hubieren temido

3 PARTIR   VERBO MODELO DE LA TERCERA CONJUGACIÓN

TIEMPOS SIMPLES

FORMAS NO PERSONALES

Infinitivo	Participio	Gerundio
partir	partido	partiendo

Indicativo

NÚMERO	PERSONAS DEL DISCURSO	PRONOMBRES PERSONALES	Presente	Pret. imperfecto / Copretérito	Pret. perfecto simple / Pretérito
Singular	1.ª	yo	parto	partía	partí
	2.ª	tú / vos	partes / partís	partías	partiste
		usted	parte	partía	partió
	3.ª	él, ella			
Plural	1.ª	nosotros, -tras	partimos	partíamos	partimos
	2.ª	vosotros, -tras	partís	partíais	partisteis
		ustedes	parten	partían	partieron
	3.ª	ellos, ellas			

NÚMERO	PERSONAS	PRONOMBRES	Futuro simple / Futuro	Condicional simple / Pospretérito
Singular	1.ª	yo	partiré	partiría
	2.ª	tú / vos	partirás	partirías
		usted	partirá	partiría
	3.ª	él, ella		
Plural	1.ª	nosotros, -tras	partiremos	partiríamos
	2.ª	vosotros, -tras	partiréis	partiríais
		ustedes	partirán	partirían
	3.ª	ellos, ellas		

Subjuntivo

NÚMERO	PERSONAS DEL DISCURSO	PRONOMBRES PERSONALES	Presente	Pret. imperfecto / Pretérito	Futuro simple / Futuro
Singular	1.ª	yo	parta	partiera o partiese	partiere
	2.ª	tú / vos	partas	partieras o partieses	partieres
		usted	parta	partiera o partiese	partiere
	3.ª	él, ella			
Plural	1.ª	nosotros, -tras	partamos	partiéramos o partiésemos	partiéremos
	2.ª	vosotros, -tras	partáis	partierais o partieseis	partiereis
		ustedes	partan	partieran o partiesen	partieren
	3.ª	ellos, ellas			

Imperativo

Singular	2.ª	tú / vos	parte / partí		Plural	2.ª	vosotros, -tras	partid
		usted	parta				ustedes	partan

TIEMPOS COMPUESTOS

FORMAS NO PERSONALES

Infinitivo	Participio	Gerundio
haber partido	—	habiendo partido

Indicativo

NÚMERO	PERSONAS DEL DISCURSO	PRONOMBRES PERSONALES	Pret. perfecto compuesto / Antepresente	Pret. pluscuamperfecto / Antecopretérito	Pret. anterior / Antepretérito
Singular	1.ª	yo	he partido	había partido	hube partido
	2.ª	tú / vos	has partido	habías partido	hubiste partido
		usted	ha partido	había partido	hubo partido
	3.ª	él, ella			
Plural	1.ª	nosotros, -tras	hemos partido	habíamos partido	hubimos partido
	2.ª	vosotros, -tras	habéis partido	habíais partido	hubisteis partido
		ustedes	han partido	habían partido	hubieron partido
	3.ª	ellos, ellas			

			Futuro compuesto / Antefuturo	Condicional compuesto / Antepospretérito
Singular	1.ª	yo	habré partido	habría partido
	2.ª	tú / vos	habrás partido	habrías partido
		usted	habrá partido	habría partido
	3.ª	él, ella		
Plural	1.ª	nosotros, -tras	habremos partido	habríamos partido
	2.ª	vosotros, -tras	habréis partido	habríais partido
		ustedes	habrán partido	habrían partido
	3.ª	ellos, ellas		

Subjuntivo

NÚMERO	PERSONAS DEL DISCURSO	PRONOMBRES PERSONALES	Presente	Pret. imperfecto / Pretérito	Futuro simple / Futuro
Singular	1.ª	yo	haya partido	hubiera o hubiese partido	hubiere partido
	2.ª	tú / vos	hayas partido	hubieras o hubieses partido	hubieres partido
		usted	haya partido	hubiera o hubiese partido	hubiere partido
	3.ª	él, ella			
Plural	1.ª	nosotros, -tras	hayamos partido	hubiéramos o hubiésemos partido	hubiéremos partido
	2.ª	vosotros, -tras	hayáis partido	hubierais o hubieseis partido	hubiereis partido
		ustedes	hayan partido	hubieran o hubiesen partido	hubieren partido
	3.ª	ellos, ellas			

		Infinitivo	4 ACERTAR	5 ACTUAR	6 ADEUDAR	7 ADQUIRIR
FORMAS NO PERSONALES		Participio	acertado	actuado	adeudado	adquirido
		Gerundio	acertando	actuando	adeudando	adquiriendo
Indicativo		Presente	acierto aciertas / acertás acierta acertamos acertáis aciertan	actúo actúas / actuás actúa actuamos actuáis actúan	adeudo adeudas / adeudás adeuda adeudamos adeudáis adeudan	adquiero adquieres / adquirís adquiere adquirimos adquirís adquieren
		Pret. imperfecto / Copretérito	acertaba acertabas acertaba acertábamos acertabais acertaban	actuaba actuabas actuaba actuábamos actuabais actuaban	adeudaba adeudabas adeudaba adeudábamos adeudabais adeudaban	adquiría adquirías adquiría adquiríamos adquiríais adquirían
		Pret. perfecto simple / Pretérito	acerté acertaste acertó acertamos acertasteis acertaron	actué actuaste actuó actuamos actuasteis actuaron	adeudé adeudaste adeudó adeudamos adeudasteis adeudaron	adquirí adquiriste adquirió adquirimos adquiristeis adquirieron
		Futuro simple / Futuro	acertaré acertarás acertará acertaremos acertaréis acertarán	actuaré actuarás actuará actuaremos actuaréis actuarán	adeudaré adeudarás adeudará adeudaremos adeudaréis adeudarán	adquiriré adquirirás adquirirá adquiriremos adquiriréis adquirirán
		Condicional simple / Pospretérito	acertaría acertarías acertaría acertaríamos acertaríais acertarían	actuaría actuarías actuaría actuaríamos actuaríais actuarían	adeudaría adeudarías adeudaría adeudaríamos adeudaríais adeudarían	adquiriría adquirirías adquiriría adquiriríamos adquiriríais adquirirían
Subjuntivo		Presente	acierte aciertes acierte acertemos acertéis acierten	actúe actúes actúe actuemos actuéis actúen	adeude adeudes adeude adeudemos adeudéis adeuden	adquiera adquieras adquiera adquiramos adquiráis adquieran
		Pret. imperfecto / Pretérito	acertara o acertase acertaras o acertases acertara o acertase acertáramos o acertásemos acertarais o acertaseis acertaran o acertasen	actuara o actuase actuaras o actuases actuara o actuase actuáramos o actuásemos actuarais o actuaseis actuaran o actuasen	adeudara o adeudase adeudaras o adeudases adeudara o adeudase adeudáramos o adeudásemos adeudarais o adeudaseis adeudaran o adeudasen	adquiriera o adquiriese adquirieras o adquirieses adquiriera o adquiriese adquiriéramos o adquiriésemos adquirierais o adquirieseis adquirieran o adquiriesen
		Futuro simple / Futuro	acertare acertares acertare acertáremos acertareis acertaren	actuare actuares actuare actuáremos actuareis actuaren	adeudare adeudares adeudare adeudáremos adeudareis adeudaren	adquiriere adquirieres adquiriere adquiriéremos adquiriereis adquirieren
Imperativo			acierta / acertá acierte acertad acierten	actúa / actuá actúe actuad actúen	adeuda / adeudá adeude adeudad adeuden	adquiere / adquirí adquiera adquirid adquieran

FORMAS NO PERSONALES		Infinitivo	8 AGRADECER	9 AISLAR	10 ANDAR	11 ANUNCIAR
		Participio	agradecido	aislado	andado	anunciado
		Gerundio	agradeciendo	aislando	andando	anunciando
Indicativo		Presente	agradezco agradeces / agradecés agradece agradecemos agradecéis agradecen	aíslo aíslas / aislás aísla aislamos aisláis aíslan	ando andas / andás anda andamos andáis andan	anuncio anuncias / anunciás anuncia anunciamos anunciáis anuncian
		Pret. imperfecto / Copretérito	agradecía agradecías agradecía agradecíamos agradecíais agradecían	aislaba aislabas aislaba aislábamos aislabais aislaban	andaba andabas andaba andábamos andabais andaban	anunciaba anunciabas anunciaba anunciábamos anunciabais anunciaban
		Pret. perfecto simple / Pretérito	agradecí agradeciste agradeció agradecimos agradecisteis agradecieron	aislé aislaste aisló aislamos aislasteis aislaron	anduve anduviste anduvo anduvimos anduvisteis anduvieron	anuncié anunciaste anunció anunciamos anunciasteis anunciaron
		Futuro simple / Futuro	agradeceré agradecerás agradecerá agradeceremos agradeceréis agradecerán	aislaré aislarás aislará aislaremos aislaréis aislarán	andaré andarás andará andaremos andaréis andarán	anunciaré anunciarás anunciará anunciaremos anunciaréis anunciarán
		Condicional simple / Pospretérito	agradecería agradecerías agradecería agradeceríamos agradeceríais agradecerían	aislaría aislarías aislaría aislaríamos aislaríais aislarían	andaría andarías andaría andaríamos andaríais andarían	anunciaría anunciarías anunciaría anunciaríamos anunciaríais anunciarían
Subjuntivo		Presente	agradezca agradezcas agradezca agradezcamos agradezcáis agradezcan	aísle aísles aísle aislemos aisléis aíslen	ande andes ande andemos andéis anden	anuncie anuncies anuncie anunciemos anunciéis anuncien
		Pret. imperfecto / Pretérito	agradeciera o agradeciese agradecieras o agradecieses agradeciera o agradeciese agradeciéramos o agradeciésemos agradecierais o agradecieseis agradecieran o agradeciesen	aislara o aislase aislaras o aislases aislara o aislase aisláramos o aislásemos aislarais o aislaseis aislaran o aislasen	anduviera o anduviese anduvieras o anduvieses anduviera o anduviese anduviéramos o anduviésemos anduvierais o anduvieseis anduvieran o anduviesen	anunciara o anunciase anunciaras o anunciases anunciara o anunciase anunciáramos o anunciásemos anunciarais o anunciaseis anunciaran o anunciasen
		Futuro simple / Futuro	agradeciere agradecieres agradeciere agradeciéremos agradeciereis agradecieren	aislare aislares aislare aisláremos aislareis aislaren	anduviere anduvieres anduviere anduviéremos anduviereis anduvieren	anunciare anunciares anunciare anunciáremos anunciareis anunciaren
Imperativo			agradece / agradecé agradezca agradeced agradezcan	aísla / aislá aísle aislad aíslen	anda / andá ande andad anden	anuncia / anunciá anuncie anunciad anuncien

		Infinitivo	12 APLAUDIR	13 ASIR	14 AUNAR	15 AVERIGUAR
FORMAS NO PERSONALES		Participio	aplaudido	asido	aunado	averiguado
		Gerundio	aplaudiendo	asiendo	aunando	averiguando
Indicativo		Presente	aplaudo aplaudes / aplaudís aplaude aplaudimos aplaudís aplauden	asgo ases / asís ase asimos asís asen	aúno aúnas / aunás aúna aunamos aunáis aúnan	averiguo averiguas / averiguás averigua averiguamos averiguáis averiguan
		Pret. imperfecto / Copretérito	aplaudía aplaudías aplaudía aplaudíamos aplaudíais aplaudían	asía asías asía asíamos asíais asían	aunaba aunabas aunaba aunábamos aunabais aunaban	averiguaba averiguabas averiguaba averiguábamos averiguabais averiguaban
		Pret. perfecto simple / Pretérito	aplaudí aplaudiste aplaudió aplaudimos aplaudisteis aplaudieron	así asiste asió asimos asisteis asieron	auné aunaste aunó aunamos aunasteis aunaron	averigüé averiguaste averiguó averiguamos averiguasteis averiguaron
		Futuro simple / Futuro	aplaudiré aplaudirás aplaudirá aplaudiremos aplaudiréis aplaudirán	asiré asirás asirá asiremos asiréis asirán	aunaré aunarás aunará aunaremos aunaréis aunarán	averiguaré averiguarás averiguará averiguaremos averiguaréis averiguarán
		Condicional simple / Pospretérito	aplaudiría aplaudirías aplaudiría aplaudiríamos aplaudiríais aplaudirían	asiría asirías asiría asiríamos asiríais asirían	aunaría aunarías aunaría aunaríamos aunaríais aunarían	averiguaría averiguarías averiguaría averiguaríamos averiguaríais averiguarían
Subjuntivo		Presente	aplauda aplaudas aplauda aplaudamos aplaudáis aplaudan	asga asgas asga asgamos asgáis asgan	aúne aúnes aúne aunemos aunéis aúnen	averigüe averigües averigüe averigüemos averigüéis averigüen
		Pret. imperfecto / Pretérito	aplaudiera o aplaudiese aplaudieras o aplaudieses aplaudiera o aplaudiese aplaudiéramos o aplaudiésemos aplaudierais o aplaudieseis aplaudieran o aplaudiesen	asiera o asiese asieras o asieses asiera o asiese asiéramos o asiésemos asierais o asieseis asieran o asiesen	aunara o aunase aunaras o aunases aunara o aunase aunáramos o aunásemos aunarais o aunaseis aunaran o aunasen	averiguara o averiguase averiguaras o averiguases averiguara o averiguase averiguáramos o averiguásemos averiguarais o averiguaseis averiguaran o averiguasen
		Futuro simple / Futuro	aplaudiere aplaudieres aplaudiere aplaudiéremos aplaudiereis aplaudieren	asiere asieres asiere asiéremos asiereis asieren	aunare aunares aunare aunáremos aunareis aunaren	averiguare averiguares averiguare averiguáremos averiguareis averiguaren
	Imperativo		aplaude / aplaudí aplauda aplaudid aplaudan	ase / así asga asid asgan	aúna / auná aúne aunad aúnen	averigua / averiguá averigüe averiguad averigüen

		Infinitivo	16 BAILAR	17 BENDECIR	18 CABER	19 CAER
FORMAS NO PERSONALES		Participio	bailado	bendecido*	cabido	caído
		Gerundio	bailando	bendiciendo	cabiendo	cayendo
Indicativo		Presente	bailo / bailás bailas / bailás baila bailamos bailáis bailan	bendigo bendices / bendecís bendice bendecimos bendecís bendicen	quepo cabes / cabés cabe cabemos cabéis caben	caigo caes / caés cae caemos caéis caen
		Pret. imperfecto / Copretérito	bailaba bailabas bailaba bailábamos bailabais bailaban	bendecía bendecías bendecía bendecíamos bendecíais bendecían	cabía cabías cabía cabíamos cabíais cabían	caía caías caía caíamos caíais caían
		Pret. perfecto simple / Pretérito	bailé bailaste bailó bailamos bailasteis bailaron	bendije bendijiste bendijo bendijimos bendijisteis bendijeron	cupe cupiste cupo cupimos cupisteis cupieron	caí caíste cayó caimos caísteis cayeron
		Futuro simple / Futuro	bailaré bailarás bailará bailaremos bailaréis bailarán	bendeciré bendecirás bendecirá bendeciremos bendeciréis bendecirán	cabré cabrás cabrá cabremos cabréis cabrán	caeré caerás caerá caeremos caeréis caerán
		Condicional simple / Pospretérito	bailaría bailarías bailaría bailaríamos bailaríais bailarían	bendeciría bendecirías bendeciría bendeciríamos bendeciríais bendecirían	cabría cabrías cabría cabríamos cabríais cabrían	caería caerías caería caeríamos caeríais caerían
Subjuntivo		Presente	baile bailes baile bailemos bailéis bailen	bendiga bendigas bendiga bendigamos bendigáis bendigan	quepa quepas quepa quepamos quepáis quepan	caiga caigas caiga caigamos caigáis caigan
		Pret. imperfecto / Pretérito	bailara o bailase bailaras o bailases bailara o bailase bailáramos o bailásemos bailarais o bailaseis bailaran o bailasen	bendijera o bendijese bendijeras o bendijeses bendijera o bendijese bendijéramos o bendijésemos bendijerais o bendijeseis bendijeran o bendijesen	cupiera o cupiese cupieras o cupieses cupiera o cupiese cupiéramos o cupiésemos cupierais o cupieseis cupieran o cupiesen	cayera o cayese cayeras o cayeses cayera o cayese cayéramos o cayésemos cayerais o cayeseis cayeran o cayesen
		Futuro simple / Futuro	bailare bailares bailare bailáremos bailareis bailaren	bendijere bendijeres bendijere bendijéremos bendijereis bendijeren	cupiere cupieres cupiere cupiéremos cupiereis cupieren	cayere cayeres cayere cayéremos cayereis cayeren
Imperativo			baila / bailá baile bailad bailen	bendice / bendecí bendiga bendecid bendigan	cabe / cabé quepa cabed quepan	cae / caé caiga caed caigan

* También existe el participio irregular *bendito*, aunque su uso en los tiempos compuestos es residual (§ 4.6.2a).

		Infinitivo	20 CAUSAR	21 CEÑIR	22 COITAR	23 CONDUCIR
FORMAS NO PERSONALES		Participio	causado	ceñido	coitado	conducido
		Gerundio	causando	ciñendo	coitando	conduciendo
Indicativo		Presente	causo causas / causás causa causamos causáis causan	ciño ciñes / ceñís ciñe ceñimos ceñís ciñen	coito coitas / coitás coita coitamos coitáis coitan	conduzco conduces / conducís conduce conducimos conducís conducen
		Pret. imperfecto / Copretérito	causaba causabas causaba causábamos causabais causaban	ceñía ceñías ceñía ceñíamos ceñíais ceñían	coitaba coitabas coitaba coitábamos coitabais coitaban	conducía conducías conducía conducíamos conducíais conducían
		Pret. perfecto simple / Pretérito	causé causaste causó causamos causasteis causaron	ceñí ceñiste ciñó ceñimos ceñisteis ciñeron	coité coitaste coitó coitamos coitasteis coitaron	conduje condujiste condujo condujimos condujisteis condujeron
		Futuro simple / Futuro	causaré causarás causará causaremos causaréis causarán	ceñiré ceñirás ceñirá ceñiremos ceñiréis ceñirán	coitaré coitarás coitará coitaremos coitaréis coitarán	conduciré conducirás conducirá conduciremos conduciréis conducirán
		Condicional simple / Pospretérito	causaría causarías causaría causaríamos causaríais causarían	ceñiría ceñirías ceñiría ceñiríamos ceñiríais ceñirían	coitaría coitarías coitaría coitaríamos coitaríais coitarían	conduciría conducirías conduciría conduciríamos conduciríais conducirían
Subjuntivo		Presente	cause causes cause causemos causéis causen	ciña ciñas ciña ciñamos ciñáis ciñan	coite coites coite coitemos coitéis coiten	conduzca conduzcas conduzca conduzcamos conduzcáis conduzcan
		Pret. imperfecto / Pretérito	causara o causase causaras o causases causara o causase causáramos o causásemos causarais o causaseis causaran o causasen	ciñera o ciñese ciñeras o ciñeses ciñera o ciñese ciñéramos o ciñésemos ciñerais o ciñeseis ciñeran o ciñesen	coitara o coitase coitaras o coitases coitara o coitase coitáramos o coitásemos coitarais o coitaseis coitaran o coitasen	condujera o condujese condujeras o condujeses condujera o condujese condujéramos o condujésemos condujerais o condujeseis condujeran o condujesen
		Futuro simple / Futuro	causare causares causare causáremos causareis causaren	ciñere ciñeres ciñere ciñéremos ciñereis ciñeren	coitare coitares coitare coitáremos coitareis coitaren	condujere condujeres condujere condujéremos condujereis condujeren
Imperativo			causa / causá cause causad causen	ciñe / ceñí ciña ceñid ciñan	coita / coitá coite coitad coiten	conduce / conducí conduzca conducid conduzcan

			24 CONSTRUIR	25 CONTAR	26 DAR	27 DECIR
FORMAS NO PERSONALES		Infinitivo	24 CONSTRUIR	25 CONTAR	26 DAR	27 DECIR
		Participio	construido	contado	dado	dicho
		Gerundio	construyendo	contando	dando	diciendo
Indicativo		Presente	construyo construyes / construís construye construimos construís construyen	cuento cuentas / contás cuenta contamos contáis cuentan	doy das da damos dais dan	digo dices / decís dice decimos decís dicen
		Pret. imperfecto / Copretérito	construía construías construía construíamos construíais construían	contaba contabas contaba contábamos contabais contaban	daba dabas daba dábamos dabais daban	decía decías decía decíamos decíais decían
		Pret. perfecto simple / Pretérito	construí construiste construyó construimos construisteis construyeron	conté contaste contó contamos contasteis contaron	di diste dio dimos disteis dieron	dije dijiste dijo dijimos dijisteis dijeron
		Futuro simple / Futuro	construiré construirás construirá construiremos construiréis construirán	contaré contarás contará contaremos contaréis contarán	daré darás dará daremos daréis darán	diré dirás dirá diremos diréis dirán
		Condicional simple / Pospretérito	construiría construirías construiría construiríamos construiríais construirían	contaría contarías contaría contaríamos contaríais contarían	daría darías daría daríamos daríais darían	diría dirías diría diríamos diríais dirían
Subjuntivo		Presente	construya construyas construya construyamos construyáis construyan	cuente cuentes cuente contemos contéis cuenten	dé des dé demos deis den	diga digas diga digamos digáis digan
		Pret. imperfecto / Pretérito	construyera o construyese construyeras o construyeses construyera o construyese construyéramos o construyésemos construyerais o construyeseis construyeran o construyesen	contara o contase contaras o contases contara o contase contáramos o contásemos contarais o contaseis contaran o contasen	diera o diese dieras o dieses diera o diese diéramos o diésemos dierais o dieseis dieran o diesen	dijera o dijese dijeras o dijeses dijera o dijese dijéramos o dijésemos dijerais o dijeseis dijeran o dijesen
		Futuro simple / Futuro	construyere construyeres construyere construyéremos construyereis construyeren	contare contares contare contáremos contareis contaren	diere dieres diere diéremos diereis dieren	dijere dijeres dijere dijéremos dijereis dijeren
Imperativo			construye / construí construya construid construyan	cuenta / contá cuente contad cuenten	da dé dad den	di / decí diga decid digan

		28 DESCAFEINAR	29 DISCERNIR	30 DORMIR	31 ENTENDER
FORMAS NO PERSONALES	Infinitivo	28 DESCAFEINAR	29 DISCERNIR	30 DORMIR	31 ENTENDER
	Participio	descafeinado	discernido	dormido	entendido
	Gerundio	descafeinando	discerniendo	durmiendo	entendiendo
Indicativo	Presente	descafeíno descafeínas / descafeinás descafeína descafeinamos descafeináis descafeínan	discierno disciernes / discernís discierne discernimos discernís disciernen	duermo duermes / dormís duerme dormimos dormís duermen	entiendo entiendes / entendés entiende entendemos entendéis entienden
	Pret. imperfecto / Copretérito	descafeinaba descafeinabas descafeinaba descafeinábamos descafeinabais descafeinaban	discernía discernías discernía discerníamos discerníais discernían	dormía dormías dormía dormíamos dormíais dormían	entendía entendías entendía entendíamos entendíais entendían
	Pret. perfecto simple / Pretérito	descafeiné descafeinaste descafeinó descafeinamos descafeinasteis descafeinaron	discerní discerniste discernió discernimos discernisteis discernieron	dormí dormiste durmió dormimos dormisteis durmieron	entendí entendiste entendió entendimos entendisteis entendieron
	Futuro simple / Futuro	descafeinaré descafeinarás descafeinará descafeinaremos descafeinaréis descafeinarán	discerniré discernirás discernirá discerniremos discerniréis discernirán	dormiré dormirás dormirá dormiremos dormiréis dormirán	entenderé entenderás entenderá entenderemos entenderéis entenderán
	Condicional simple / Pospretérito	descafeinaría descafeinarías descafeinaría descafeinaríamos descafeinaríais descafeinarían	discerniría discernirías discerniría discerniríamos discerniríais discernirían	dormiría dormirías dormiría dormiríamos dormiríais dormirían	entendería entenderías entendería entenderíamos entenderíais entenderían
Subjuntivo	Presente	descafeíne descafeínes descafeíne descafeinemos descafeinéis descafeínen	discierna disciernas discierna discernamos discernáis disciernan	duerma duermas duerma durmamos durmáis duerman	entienda entiendas entienda entendamos entendáis entiendan
	Pret. imperfecto / Pretérito	descafeinara o descafeinase descafeinaras o descafeinases descafeinara o descafeinase descafeináramos o descafeinásemos descafeinarais o descafeinaseis descafeinaran o descafeinasen	discerniera o discerniese discernieras o discernieses discerniera o discerniese discerniéramos o discerniésemos discernierais o discernieseis discernieran o discerniesen	durmiera o durmiese durmieras o durmieses durmiera o durmiese durmiéramos o durmiésemos durmierais o durmieseis durmieran o durmiesen	entendiera o entendiese entendieras o entendieses entendiera o entendiese entendiéramos o entendiésemos entendierais o entendieseis entendieran o entendiesen
	Futuro simple / Futuro	descafeinare descafeinares descafeinare descafeináremos descafeinareis descafeinaren	discerniere discernieres discerniere discerniéremos discerniereis discernieren	durmiere durmieres durmiere durmiéremos durmiereis durmieren	entendiere entendieres entendiere entendiéremos entendiereis entendieren
Imperativo		descafeína / descafeiná descafeíne descafeinad descafeínen	discierne / discerní discierna discernid disciernan	duerme / dormí duerma dormid duerman	entiende / entendé entienda entended entiendan

FORMAS NO PERSONALES		Infinitivo	32 ENVIAR	33 ERGUIR	34 ERRAR**	35 ESTAR
		Participio	enviado	erguido	errado	estado
		Gerundio	enviando	irguiendo	errando	estando
Indicativo		Presente	envío envías / enviás envía enviamos enviáis envían	yergo* yergues / erguís* yergue* erguimos* erguís* yerguen *	yerro yerras / errás yerra erramos erráis yerran	estoy estás está estamos estáis están
		Pret. imperfecto / Copretérito	enviaba enviabas enviaba enviábamos enviabais enviaban	erguía erguías erguía erguíamos erguíais erguían	erraba errabas erraba errábamos errabais erraban	estaba estabas estaba estábamos estabais estaban
		Pret. perfecto simple / Pretérito	envié enviaste envió enviamos enviasteis enviaron	erguí erguiste irguió erguimos erguisteis irguieron	erré erraste erró erramos errasteis erraron	estuve estuviste estuvo estuvimos estuvisteis estuvieron
		Futuro simple / Futuro	enviaré enviarás enviará enviaremos enviaréis enviarán	erguiré erguirás erguirá erguiremos erguiréis erguirán	erraré errarás errará erraremos erraréis errarán	estaré estarás estará estaremos estaréis estarán
		Condicional simple / Pospretérito	enviaría enviarías enviaría enviaríamos enviaríais enviarían	erguiría erguirías erguiría erguiríamos erguiríais erguirían	erraría errarías erraría erraríamos erraríais errarían	estaría estarías estaría estaríamos estaríais estarían
Subjuntivo		Presente	envíe envíes envíe enviemos enviéis envíen	yerga* yergas* yerga* irgamos* irgáis* yergan*	yerre yerres yerre erremos erréis yerren	esté estés esté estemos estéis estén
		Pret. imperfecto / Pretérito	enviara o enviase enviaras o enviases enviara o enviase enviáramos o enviásemos enviarais o enviaseis enviaran o enviasen	irguiera o irguiese irguieras o irguieses irguiera o irguiese irguiéramos o irguiésemos irguierais o irguieseis irguieran o irguiesen	errara o errase erraras o errases errara o errase erráramos o errásemos errarais o erraseis erraran o errasen	estuviera o estuviese estuvieras o estuvieses estuviera o estuviese estuviéramos o estuviésemos estuvierais o estuvieseis estuvieran o estuviesen
		Futuro simple / Futuro	enviare enviares enviare enviáremos enviareis enviaren	irguiere irguieres irguiere irguiéremos irguiereis irguieren	errare errares errare erráremos errareis erraren	estuviere estuvieres estuviere estuviéremos estuviereis estuvieren
Imperativo			envía / enviá envíe enviad envíen	yergue* yerga* erguid* yergan*	yerra / errá yerre errad yerren	está esté estad estén

* Son poco usadas, pero correctas igualmente las formas *irgo* (en lugar de *yergo*), *irgues* (*yergues*), *irgue* (*yergue*), *irguen* (*yerguen*), para el presente de indicativo; *irga* (*yerga*), *irgas* (*yergas*), *irga* (*yerga*), *yergamos* (*irgamos*), *yergáis* (*irgáis*), *irgan* (*yergan*), para el presente de subjuntivo; e *irgue / erguí* (*yergue*), *irga* (*yerga*), *irgan* (*yergan*), para el imperativo.

** En el español de amplias zonas de América se documenta este verbo con paradigma plenamente regular (§ 4.4.3c).

		Infinitivo	36 HABER	37 HACER	38 IR	39 JUGAR
FORMAS NO PERSONALES		Participio	habido	hecho	ido	jugado
		Gerundio	habiendo	haciendo	yendo	jugando
Indicativo		Presente	he has ha (*impersonal:* hay) hemos habéis han	hago haces / hacés hace hacemos hacéis hacen	voy vas va vamos vais van	juego juegas / jugás juega jugamos jugáis juegan
		Pret. imperfecto / Copretérito	había habías había habíamos habíais habían	hacía hacías hacía hacíamos hacíais hacían	iba ibas iba íbamos ibais iban	jugaba jugabas jugaba jugábamos jugabais jugaban
		Pret. perfecto simple / Pretérito	hube hubiste hubo hubimos hubisteis hubieron	hice hiciste hizo hicimos hicisteis hicieron	fui fuiste fue fuimos fuisteis fueron	jugué jugaste jugó jugamos jugasteis jugaron
		Futuro simple / Futuro	habré habrás habrá habremos habréis habrán	haré harás hará haremos haréis harán	iré irás irá iremos iréis irán	jugaré jugarás jugará jugaremos jugaréis jugarán
		Condicional simple / Pospretérito	habría habrías habría habríamos habríais habrían	haría harías haría haríamos haríais harían	iría irías iría iríamos iríais irían	jugaría jugarías jugaría jugaríamos jugaríais jugarían
Subjuntivo		Presente	haya hayas haya hayamos hayáis hayan	haga hagas haga hagamos hagáis hagan	vaya vayas vaya vayamos vayáis vayan	juegue juegues juegue juguemos juguéis jueguen
		Pret. imperfecto / Pretérito	hubiera o hubiese hubieras o hubieses hubiera o hubiese hubiéramos o hubiésemos hubierais o hubieseis hubieran o hubiesen	hiciera o hiciese hicieras o hicieses hiciera o hiciese hiciéramos o hiciésemos hicierais o hicieseis hicieran o hiciesen	fuera o fuese fueras o fueses fuera o fuese fuéramos o fuésemos fuerais o fueseis fueran o fuesen	jugara o jugase jugaras o jugases jugara o jugase jugáramos o jugásemos jugarais o jugaseis jugaran o jugasen
		Futuro simple / Futuro	hubiere hubieres hubiere hubiéremos hubiereis hubieren	hiciere hicieres hiciere hiciéremos hiciereis hicieren	fuere fueres fuere fuéremos fuereis fueren	jugare jugares jugare jugáremos jugareis jugaren
Imperativo			he, habe* haya habed* hayan	haz / hacé haga haced hagan	ve** vaya id vayan	juega / jugá juegue jugad jueguen

* Las formas de imperativo de este verbo son arcaicas (§ 4.7.1a).

** No tiene forma propia de voseo; en su lugar se usa el imperativo de *andar: andá* (§ 4.7.2b).

		Infinitivo	40 LEER	41 LUCIR	42 MOVER	43 MULLIR
FORMAS NO PERSONALES		Participio	leído	lucido	movido	mullido
		Gerundio	leyendo	luciendo	moviendo	mullendo
Indicativo		Presente	leo lees / leés lee leemos leéis leen	luzco luces / lucís luce lucimos lucís lucen	muevo mueves / movés mueve movemos movéis mueven	mullo mulles / mullís mulle mullimos mullís mullen
		Pret. imperfecto / Copretérito	leía leías leía leíamos leíais leían	lucía lucías lucía lucíamos lucíais lucían	movía movías movía movíamos movíais movían	mullía mullías mullía mullíamos mullíais mullían
		Pret. perfecto simple / Pretérito	leí leíste leyó leímos leísteis leyeron	lucí luciste lució lucimos lucisteis lucieron	moví moviste movió movimos movisteis movieron	mullí mulliste mulló mullimos mullisteis mulleron
		Futuro simple / Futuro	leeré leerás leerá leeremos leeréis leerán	luciré lucirás lucirá luciremos luciréis lucirán	moveré moverás moverá moveremos moveréis moverán	mulliré mullirás mullirá mulliremos mulliréis mullirán
		Condicional simple / Pospretérito	leería leerías leería leeríamos leeríais leerían	luciría lucirías luciría luciríamos luciríais lucirían	movería moverías movería moveríamos moveríais moverían	mulliría mullirías mulliría mulliríamos mulliríais mullirían
Subjuntivo		Presente	lea leas lea leamos leáis lean	luzca luzcas luzca luzcamos luzcáis luzcan	mueva muevas mueva movamos mováis muevan	mulla mullas mulla mullamos mulláis mullan
		Pret. imperfecto / Pretérito	leyera o leyese leyeras o leyeses leyera o leyese leyéramos o leyésemos leyerais o leyeseis leyeran o leyesen	luciera o luciese lucieras o lucieses luciera o luciese luciéramos o luciésemos lucierais o lucieseis lucieran o luciesen	moviera o moviese movieras o movieses moviera o moviese moviéramos o moviésemos movierais o movieseis movieran o moviesen	mullera o mullese mulleras o mulleses mullera o mullese mulléramos o mullésemos mullerais o mulleseis mulleran o mullesen
		Futuro simple / Futuro	leyere leyeres leyere leyéremos leyereis leyeren	luciere lucieres luciere luciéremos luciereis lucieren	moviere movieres moviere moviéremos moviereis movieren	mullere mulleres mullere mulléremos mullereis mulleren
Imperativo			lee / leé lea leed lean	luce / lucí luzca lucid luzcan	mueve / mové mueva moved muevan	mulle / mullí mulla mullid mullan

		Infinitivo	44 OÍR	45 OLER	46 PEDIR	47 PEINAR
FORMAS NO PERSONALES		Participio	oído	olido	pedido	peinado
		Gerundio	oyendo	oliendo	pidiendo	peinando
Indicativo		Presente	oigo oyes / oís oye oímos oís oyen	huelo hueles / olés huele olemos oléis huelen	pido pides / pedís pide pedimos pedís piden	peino peinas / peinás peina peinamos peináis peinan
		Pret. imperfecto / Copretérito	oía oías oía oíamos oíais oían	olía olías olía olíamos olíais olían	pedía pedías pedía pedíamos pedíais pedían	peinaba peinabas peinaba peinábamos peinabais peinaban
		Pret. perfecto simple / Pretérito	oí oíste oyó oímos oísteis oyeron	olí oliste olió olimos olisteis olieron	pedí pediste pidió pedimos pedisteis pidieron	peiné peinaste peinó peinamos peinasteis peinaron
		Futuro simple / Futuro	oiré oirás oirá oiremos oiréis oirán	oleré olerás olerá oleremos olerćis olerán	pediré pedirás pedirá pediremos pediréis pedirán	peinaré peinarás peinará peinaremos peinaréis peinarán
		Condicional simple / Pospretérito	oiría oirías oiría oiríamos oiríais oirían	olería olerías olería oleríamos oleríais olerían	pediría pedirías pediría pediríamos pediríais pedirían	peinaría peinarías peinaría peinaríamos peinaríais peinarían
Subjuntivo		Presente	oiga oigas oiga oigamos oigáis oigan	huela huelas huela olamos oláis huelan	pida pidas pida pidamos pidáis pidan	peine peines peine peinemos peinéis peinen
		Pret. imperfecto / Pretérito	oyera u oyese oyeras u oyeses oyera u oyese oyéramos u oyésemos oyerais u oyeseis oyeran u oyesen	oliera u oliese olieras u olieses oliera u oliese oliéramos u oliésemos olierais u olieseis olieran u oliesen	pidiera o pidiese pidieras o pidieses pidiera o pidiese pidiéramos o pidiésemos pidierais o pidieseis pidieran o pidiesen	peinara o peinase peinaras o peinases peinara o peinase peináramos o peinásemos peinarais o peinaseis peinaran o peinasen
		Futuro simple / Futuro	oyere oyeres oyere oyéremos oyereis oyeren	oliere olieres oliere oliéremos oliereis olieren	pidiere pidieres pidiere pidiéremos pidiereis pidieren	peinare peinares peinare peináremos peinareis peinaren
Imperativo			oye / oí oiga oíd oigan	huele / olé huela oled huelan	pide / pedí pida pedid pidan	peina / peiná peine peinad peinen

		Infinitivo	48 PODER	49 PONER	50 PREDECIR	51 PROHIBIR
FORMAS NO PERSONALES		Participio	podido	puesto	predicho	prohibido
		Gerundio	pudiendo	poniendo	prediciendo	prohibiendo
Indicativo		Presente	puedo puedes / podés puede podemos podéis pueden	pongo pones / ponés pone ponemos ponéis ponen	predigo predices / predecís predice predecimos predecís predicen	prohíbo prohíbes / prohibís prohíbe prohibimos prohibís prohíben
		Pret. imperfecto / Copretérito	podía podías podía podíamos podíais podían	ponía ponías ponía poníamos poníais ponían	predecía predecías predecía predecíamos predecíais predecían	prohibía prohibías prohibía prohibíamos prohibíais prohibían
		Pret. perfecto simple / Pretérito	pude pudiste pudo pudimos pudisteis pudieron	puse pusiste puso pusimos pusisteis pusieron	predije predijiste predijo predijimos predijisteis predijeron	prohibí prohibiste prohibió prohibimos prohibisteis prohibieron
		Futuro simple / Futuro	podré podrás podrá podremos podréis podrán	pondré pondrás pondrá pondremos pondréis pondrán	predeciré o prediré predecirás o predirás predecirá o predirá predeciremos o prediremos predeciréis o prediréis predecirán o predirán	prohibiré prohibirás prohibirá prohibiremos prohibiréis prohibirán
		Condicional simple / Pospretérito	podría podrías podría podríamos podríais podrían	pondría pondrías pondría pondríamos pondríais pondrían	predeciría o prediría predecirías o predirías predeciría o prediría predeciríamos o prediríamos predeciríais o prediríais predecirían o predirían	prohibiría prohibirías prohibiría prohibiríamos prohibiríais prohibirían
Subjuntivo		Presente	pueda puedas pueda podamos podáis puedan	ponga pongas ponga pongamos pongáis pongan	prediga predigas prediga predigamos predigáis predigan	prohíba prohíbas prohíba prohibamos prohibáis prohíban
		Pret. imperfecto / Pretérito	pudiera o pudiese pudieras o pudieses pudiera o pudiese pudiéramos o pudiésemos pudierais o pudieseis pudieran o pudiesen	pusiera o pusiese pusieras o pusieses pusiera o pusiese pusiéramos o pusiésemos pusierais o pusieseis pusieran o pusiesen	predijera o predijese predijeras o predijeses predijera o predijese predijéramos o predijésemos predijerais o predijeseis predijeran o predijesen	prohibiera o prohibiese prohibieras o prohibieses prohibiera o prohibiese prohibiéramos o prohibiésemos prohibierais o prohibieseis prohibieran o prohibiesen
		Futuro simple / Futuro	pudiere pudieres pudiere pudiéremos pudiereis pudieren	pusiere pusieres pusiere pusiéremos pusiereis pusieren	predijere predijeres predijere predijéremos predijereis predijeren	prohibiere prohibieres prohibiere prohibiéremos prohibiereis prohibieren
Imperativo			puede / podé pueda poded puedan	pon / poné ponga poned pongan	predice / predecí prediga predecid predigan	prohíbe / prohibí prohíba prohibid prohíban

			52 PROHIJAR	53 PUDRIR / PODRIR*	54 QUERER	55 REHUSAR
FORMAS NO PERSONALES		Infinitivo	prohijar	pudrir / podrir	querer	rehusar
		Participio	prohijado	podrido	querido	rehusado
		Gerundio	prohijando	pudriendo	queriendo	rehusando
Indicativo		Presente	prohíjo prohíjas / prohijás prohíja prohijamos prohijáis prohíjan	pudro pudres / pudrís pudre pudrimos o podrimos pudrís o podrís pudren	quiero quieres / querés quiere queremos queréis quieren	rehúso rehúsas / rehusás rehúsa rehusamos rehusáis rehúsan
		Pret. imperfecto / Copretérito	prohijaba prohijabas prohijaba prohijábamos prohijabais prohijaban	pudría o podría pudrías o podrías pudría o podría pudríamos o podríamos pudríais o podríais pudrían o podrían	quería querías quería queríamos queríais querían	rehusaba rehusabas rehusaba rehusábamos rehusabais rehusaban
		Pret. perfecto simple / Pretérito	prohijé prohijaste prohijó prohijamos prohijasteis prohijaron	pudrí o podrí pudriste o podriste pudrió o podrió pudrimos o podrimos pudristeis o podristeis pudrieron o podrieron	quise quisiste quiso quisimos quisisteis quisieron	rehusé rehusaste rehusó rehusamos rehusasteis rehusaron
		Futuro simple / Futuro	prohijaré prohijarás prohijará prohijaremos prohijaréis prohijarán	pudriré o podriré pudrirás o podrirás pudrirá o podrirá pudriremos o podriremos pudriréis o podriréis pudrirán o podrirán	querré querrás querrá querremos querréis querrán	rehusaré rehusarás rehusará rehusaremos rehusaréis rehusarán
		Condicional simple / Pospretérito	prohijaría prohijarías prohijaría prohijaríamos prohijaríais prohijarían	pudriría o podriría pudrirías o podrirías pudriría o podriría pudriríamos o podriríamos pudriríais o podriríais pudrirían o podrirían	querría querrías querría querríamos querríais querrían	rehusaría rehusarías rehusaría rehusaríamos rehusaríais rehusarían
Subjuntivo		Presente	prohíje prohíjes prohíje prohijemos prohijéis prohíjen	pudra pudras pudra pudramos pudráis pudran	quiera quieras quiera queramos queráis quieran	rehúse rehúses rehúse rehusemos rehuséis rehúsen
		Pret. imperfecto / Pretérito	prohijara o prohijase prohijaras o prohijases prohijara o prohijase prohijáramos o prohijásemos prohijarais o prohijaseis prohijaran o prohijasen	pudriera o pudriese pudrieras o pudrieses pudriera o pudriese pudriéramos o pudriésemos pudrierais o pudrieseis pudrieran o pudriesen	quisiera o quisiese quisieras o quisieses quisiera o quisiese quisiéramos o quisiésemos quisierais o quisieseis quisieran o quisiesen	rehusara o rehusase rehusaras o rehusases rehusara o rehusase rehusáramos o rehusásemos rehusarais o rehusaseis rehusaran o rehusasen
		Futuro simple / Futuro	prohijare prohijares prohijare prohijáremos prohijareis prohijaren	pudriere pudrieres pudriere pudriéremos pudriereis pudrieren	quisiere quisieres quisiere quisiéremos quisiereis quisieren	rehusare rehusares rehusare rehusáremos rehusareis rehusaren
Imperativo			prohíja / prohijá prohíje prohijad prohíjen	pudre / pudrí o podrí pudra pudrid o podrid pudran	quiere / queré quiera quered quieran	rehúsa / rehusá rehúse rehusad rehúsen

* En español culto europeo predominan las formas en -*u*- en toda la conjugación, con la excepción del participio. En la norma culta americana también se prefieren las formas en -*u*-, pero se registran igualmente las variantes con -*o*-.

FORMAS NO PERSONALES	Infinitivo	56 REUNIR	57 ROER	58 SABER	59 SALIR
	Participio	reunido	roído	sabido	salido
	Gerundio	reuniendo	royendo	sabiendo	saliendo

Indicativo	Presente	reúno reúnes / reunís reúne reunimos reunís reúnen	roo *o* roigo *o* royo roes / roés roe roemos roéis roen	sé sabes / sabés sabe sabemos sabéis saben	salgo sales / salís sale salimos salís salen
	Pret. imperfecto / Copretérito	reunía reunías reunía reuníamos reuníais reunían	roía roías roía roíamos roíais roían	sabía sabías sabía sabíamos sabíais sabían	salía salías salía salíamos salíais salían
	Pret. perfecto simple / Pretérito	reuní reuniste reunió reunimos reunisteis reunieron	roí roíste royó roímos roísteis royeron	supe supiste supo supimos supisteis supieron	salí saliste salió salimos salisteis salieron
	Futuro simple / Futuro	reuniré reunirás reunirá reuniremos reuniréis reunirán	roeré roerás roerá roeremos roeréis roerán	sabré sabrás sabrá sabremos sabréis sabrán	saldré saldrás saldrá saldremos saldréis saldrán
	Condicional simple / Pospretérito	reuniría reunirías reuniría reuniríamos reuniríais reunirían	roería roerías roería roeríamos roeríais roerían	sabría sabrías sabría sabríamos sabríais sabrían	saldría saldrías saldría saldríamos saldríais saldrían

Subjuntivo	Presente	reúna reúnas reúna reunamos reunáis reúnan	roa *o* roiga *o* roya roas *o* roigas *o* royas roa *o* roiga *o* roya roamos *o* roigamos *o* royamos roáis *o* roigáis *o* royáis roan *o* roigan *o* royan	sepa sepas sepa sepamos sepáis sepan	salga salgas salga salgamos salgáis salgan
	Pret. imperfecto / Pretérito	reuniera *o* reuniese reunieras *o* reunieses reuniera *o* reuniese reuniéramos *o* reuniésemos reunierais *o* reunieseis reunieran *o* reuniesen	royera *o* royese royeras *o* royeses royera *o* royese royéramos *o* royésemos royerais *o* royeseis royeran *o* royesen	supiera *o* supiese supieras *o* supieses supiera *o* supiese supiéramos *o* supiésemos supierais *o* supieseis supieran *o* supiesen	saliera *o* saliese salieras *o* salieses saliera *o* saliese saliéramos *o* saliésemos salierais *o* salieseis salieran *o* saliesen
	Futuro simple / Futuro	reuniere reunieres reuniere reuniéremos reuniereis reunieren	royere royeres royere royéremos royereis royeren	supiere supieres supiere supiéremos supiereis supieren	saliere salieres saliere saliéremos saliereis salieren

Imperativo	reúne / reuní reúna reunid reúnan	roe / roé roa *o* roiga *o* roya roed roan *o* roigan *o* royan	sabe / sabé sepa sabed sepan	sal / salí salga salid salgan

		Infinitivo	60 SENTIR	61 SER	62 SONREÍR	63 TAÑER
FORMAS NO PERSONALES		Participio	sentido	sido	sonreído	tañido
		Gerundio	sintiendo	siendo	sonriendo	tañendo
Indicativo		Presente	siento sientes / sentís siente sentimos sentís sienten	soy eres / sos es somos sois son	sonrío sonríes / sonreís sonríe sonreímos sonreís sonríen	taño tañes / tañés tañe tañemos tañéis tañen
		Pret. imperfecto / Copretérito	sentía sentías sentía sentíamos sentíais sentían	era eras era éramos erais eran	sonreía sonreías sonreía sonreíamos sonreíais sonreían	tañía tañías tañía tañíamos tañíais tañían
		Pret. perfecto simple / Pretérito	sentí sentiste sintió sentimos sentisteis sintieron	fui fuiste fue fuimos fuisteis fueron	sonreí sonreíste sonrió sonreímos sonreísteis sonrieron	tañí tañiste tañó tañimos tañisteis tañeron
		Futuro simple / Futuro	sentiré sentirás sentirá sentiremos sentiréis sentirán	seré serás será seremos seréis serán	sonreiré sonreirás sonreirá sonreiremos sonreiréis sonreirán	tañeré tañerás tañerá tañeremos tañeréis tañerán
		Condicional simple / Pospretérito	sentiría sentirías sentiría sentiríamos sentiríais sentirían	sería serías sería seríamos seríais serían	sonreiría sonreirías sonreiría sonreiríamos sonreiríais sonreirían	tañería tañerías tañería tañeríamos tañeríais tañerían
Subjuntivo		Presente	sienta sientas sienta sintamos sintáis sientan	sea seas sea seamos seáis sean	sonría sonrías sonría sonriamos sonriáis sonrían	taña tañas taña tañamos tañáis tañan

		Pret. imperfecto / Pretérito	sintiera o
			   sintiese
			sintieras o
			   sintieses
			sintiera o
			   sintiese
			sintiéramos o
			   sintiésemos
			sintierais o
			   sintieseis
			sintieran o
			   sintiesen
				fuera o
				   fuese
				fueras o
				   fueses
				fuera o
				   fuese
				fuéramos o
				   fuésemos
				fuerais o
				   fueseis
				fueran o
				   fuesen
					sonriera o
					   sonriese
					sonrieras o
					   sonrieses
					sonriera o
					   sonriese
					sonriéramos o
					   sonriésemos
					sonrierais o
					   sonrieseis
					sonrieran o
					   sonriesen
						tañera o
						   tañese
						tañeras o
						   tañeses
						tañera o
						   tañese
						tañéramos o
						   tañésemos
						tañerais o
						   tañeseis
						tañeran o
						   tañesen

		Futuro simple / Futuro	sintiere sintieres sintiere sintiéremos sintiereis sintieren	fuere fueres fuere fuéremos fuereis fueren	sonriere sonrieres sonriere sonriéremos sonriereis sonrieren	tañere tañeres tañere tañéremos tañereis tañeren
Imperativo			siente / sentí sienta sentid sientan	sé sea sed sean	sonríe / sonreí sonría sonreíd sonrían	tañe / tañé taña tañed tañan

		Infinitivo	64 TENER	65 TRAER	66 VALER	67 VENIR
FORMAS NO PERSONALES		Participio	tenido	traído	valido	venido
		Gerundio	teniendo	trayendo	valiendo	viniendo
Indicativo		Presente	tengo tienes / tenés tiene tenemos tenéis tienen	traigo traes / traés trae traemos traéis traen	valgo vales / valés vale valemos valéis valen	vengo vienes / venís viene venimos venís vienen
		Pret. imperfecto / Copretérito	tenía tenías tenía teníamos teníais tenían	traía traías traía traíamos traíais traían	valía valías valía valíamos valíais valían	venía venías venía veníamos veníais venían
		Pret. perfecto simple / Pretérito	tuve tuviste tuvo tuvimos tuvisteis tuvieron	traje trajiste trajo trajimos trajisteis trajeron	valí valiste valió valimos valisteis valieron	vine viniste vino vinimos vinisteis vinieron
		Futuro simple / Futuro	tendré tendrás tendrá tendremos tendréis tendrán	traeré traerás traerá traeremos traeréis traerán	valdré valdrás valdrá valdremos valdréis valdrán	vendré vendrás vendrá vendremos vendréis vendrán
		Condicional simple / Pospretérito	tendría tendrías tendría tendríamos tendríais tendrían	traería traerías traería traeríamos traeríais traerían	valdría valdrías valdría valdríamos valdríais valdrían	vendría vendrías vendría vendríamos vendríais vendrían
Subjuntivo		Presente	tenga tengas tenga tengamos tengáis tengan	traiga traigas traiga traigamos traigáis traigan	valga valgas valga valgamos valgáis valgan	venga vengas venga vengamos vengáis vengan
		Pret. imperfecto / Pretérito	tuviera o tuviese tuvieras o tuvieses tuviera o tuviese tuviéramos o tuviésemos tuvierais o tuvieseis tuvieran o tuviesen	trajera o trajese trajeras o trajeses trajera o trajese trajéramos o trajésemos trajerais o trajeseis trajeran o trajesen	valiera o valiese valieras o valieses valiera o valiese valiéramos o valiésemos valierais o valieseis valieran o valiesen	viniera o viniese vinieras o vinieses viniera o viniese viniéramos o viniésemos vinierais o vinieseis vinieran o viniesen
		Futuro simple / Futuro	tuviere tuvieres tuviere tuviéremos tuviereis tuvieren	trajere trajeres trajere trajéremos trajereis trajeren	valiere valieres valiere valiéremos valiereis valieren	viniere vinieres viniere viniéremos viniereis vinieren
Imperativo			ten / tené tenga tened tengan	trae / traé traiga traed traigan	vale / valé valga valed valgan	ven / vení venga venid vengan

		Infinitivo	68 VER	69 YACER
FORMAS NO PERSONALES		Participio	visto	yacido
		Gerundio	viendo	yaciendo
Indicativo		Presente	veo ves ve vemos veis ven	yazco o yazgo o yago yaces / yacés yace yacemos yacéis yacen
		Pret. imperfecto / Copretérito	veía veías veía veíamos veíais veían	yacía yacías yacía yacíamos yacíais yacían
		Pret. perfecto simple / Pretérito	vi viste vio vimos visteis vieron	yací yaciste yació yacimos yacisteis yacieron
		Futuro simple / Futuro	veré verás verá veremos veréis verán	yaceré yacerás yacerá yaceremos yaceréis yacerán
		Condicional simple / Pospretérito	vería verías vería veríamos veríais verían	yacería yacerías yacería yaceríamos yaceríais yacerían
Subjuntivo		Presente	vea veas vea veamos veáis vean	yazca o yazga o yaga yazcas o yazgas o yagas yazca o yazga o yaga yazcamos o yazgamos o yagamos yazcáis o yazgáis o yagáis yazcan o yazgan o yagan

		Pret. imperfecto / Pretérito	viera o
			  viese
			vieras o
			  vieses
			viera o
			  viese
			viéramos o
			  viésemos
			vierais o
			  vieseis
			vieran o
			  viesen
				yaciera o
				  yaciese
				yacieras o
				  yacieses
				yaciera o
				  yaciese
				yaciéramos o
				  yaciésemos
				yacierais o
				  yacieseis
				yacieran o
				  yaciesen

		Futuro simple / Futuro	viere vieres viere viéremos viereis vieren	yaciere yacieres yaciere yaciéremos yaciereis yacieren
Imperativo			ve vea ved vean	yace o yaz / yacé yazca o yazga o yaga yaced yazcan o yazgan o yagan

4.10   Índice alfabético de verbos irregulares

Se incluyen en esta lista los verbos irregulares de uso más frecuente.

abastecer (*agradecer* [8])
abnegar (*acertar* [4])
aborrecer (*agradecer* [8])
abreviar (*anunciar* [11])
absolver (*mover* [42]; part. irreg. **absuelto**)
abstener (*tener* [64])
abstraer (*traer* [65])
acaecer (*agradecer* [8]; defect., § 4.8.1)
acariciar (*anunciar* [11])
aceitar (*peinar* [47])
acentuar (*actuar* [5])
acertar (verbo modelo [4])
acontecer (*agradecer* [8]; defect., § 4.8.1)
acopiar (*anunciar* [11])
acordar (*contar* [25])
acostar ('echar a dormir', *contar* [25])
acrecentar (*acertar* [4])
acrecer (*agradecer* [8])
actuar (verbo modelo [5])
acuciar (*anunciar* [11])
adecuar (*averiguar* [15] o *actuar* [5])
adeudar (verbo modelo [6])
adherir (*sentir* [60])
adolecer (*agradecer* [8])
adormecer (*agradecer* [8])
adquirir (verbo modelo [7])
aducir (*conducir* [23])
advertir (*sentir* [60])
afeitar (*peinar* [47])
afiliar (*anunciar* [11])
aflautar (*causar* [20])
afluir (*construir* [24])
agenciar (*anunciar* [11])
agobiar (*anunciar* [11])
agraciar (*anunciar* [11])
agradecer (verbo modelo [8])
agraviar (*anunciar* [11])
agriar (*enviar* [32] o *anunciar* [11])
aguar (*averiguar* [15])
ahijar (*aislar* [9])
ahumar (*aunar* [14])
aindiar (*aislar* [9] y *anunciar* [11])
airar (*aislar* [9])
aislar (verbo modelo [9])
ajusticiar (*anunciar* [11])
alentar (*acertar* [4])
aliar (*enviar* [32])

aliviar (*anunciar* [11])
almorzar (*contar* [25])
amainar (*bailar* [16])
amanecer (*agradecer* [8])
amenguar (*averiguar* [15])
amnistiar (*enviar* [32])
amoblar (*contar* [25])
amortecer (*agradecer* [8])
amortiguar (*averiguar* [15])
ampliar (*enviar* [32])
andar (verbo modelo [10])
anestesiar (*anunciar* [11])
angustiar (*anunciar* [11])
anochecer (*agradecer* [8])
ansiar (*enviar* [32])
anticuar (*actuar* [5])
anunciar (verbo modelo [11])
apacentar (*acertar* [4])
apaciguar (*averiguar* [15])
aparecer (*agradecer* [8])
apetecer (*agradecer* [8])
aplaudir (verbo modelo [12])
apostar ('hacer una apuesta', *contar* [25])
apreciar (*anunciar* [11])
apremiar (*anunciar* [11])
apretar (*acertar* [4])
aprobar (*contar* [25])
apropiar (*anunciar* [11])
argüir (*construir* [24])
arraigar (*bailar* [16])
arreciar (*anunciar* [11])
arrecir (defect., § 4.8.2)
arrendar (*acertar* [4])
arrepentirse (*sentir* [60])
arriar (*enviar* [32])
asalariar (*anunciar* [11])
ascender (*entender* [31])
asediar (*anunciar* [11])
asentar (*acertar* [4])
asentir (*sentir* [60])
aserrar (*acertar* [4])
asfixiar (*anunciar* [11])
asir (verbo modelo [13])
asociar (*anunciar* [11])
asolar ('arrasar', *contar* [25])
asonar ('hacer asonancia', *contar* [25])
atañer (*tañer* [63]; defect., § 4.8.1)
atardecer (*agradecer* [8])
ataviar (*enviar* [32])
atender (*entender* [31])
atener (*tener* [64])
atenuar (*actuar* [5])

aterir (defect., § 4.8.2)
aterrar ('echar por tierra', *acertar* [4])
atestiguar (*averiguar* [15])
atraer (*traer* [65])
atravesar (*acertar* [4])
atribuir (*construir* [24])
atrofiar (*anunciar* [11])
atronar (*contar* [25])
aullar (*aunar* [14])
aunar (verbo modelo [14])
aupar (*aunar* [14])
auspiciar (*anunciar* [11])
autografiar (*enviar* [32])
auxiliar (*anunciar* [11])
aventar (*acertar* [4])
avergonzar (*contar* [25])
averiar (*enviar* [32])
averiguar (verbo modelo [15])

bailar (verbo modelo [16])
balbucir (defect., § 4.8.2)
bendecir (verbo modelo [17])
beneficiar (*anunciar* [11])
bruñir (*mullir* [43])
bullir (*mullir* [43])

caber (verbo modelo [18])
caer (verbo modelo [19])
calentar (*acertar* [4])
caligrafiar (*enviar* [32])
calumniar (*anunciar* [11])
cambiar (*anunciar* [11])
carecer (*agradecer* [8])
cariar (*enviar* [32])
causar (verbo modelo [20])
cegar (*acertar* [4])
ceñir (verbo modelo [21])
cerner (*entender* [31])
cernir (*discernir* [29])
cerrar (*acertar* [4])
chirriar (*enviar* [32])
cimentar (*acertar* [4] o reg.)
cocer (*mover* [42])
codiciar (*anunciar* [11])
cohibir (*prohibir* [51])
coitar (verbo modelo [22])
colar ('pasar un líquido', *contar* [25])
colegiar (*anunciar* [11])
colegir (*pedir* [46])
colgar (*contar* [25])
columpiar (*anunciar* [11])
comenzar (*acertar* [4])

comerciar (*anunciar* [11])
compadecer (*agradecer* [8])
comparecer (*agradecer* [8])
compendiar (*anunciar* [11])
competer (defect., § 4.8.1)
competir (*pedir* [46])
complacer (*agradecer* [8])
componer (*poner* [49])
comprobar (*contar* [25])
concebir (*pedir* [46])
conceptuar (*actuar* [5])
concernir (*discernir* [29]; defect., § 4.8.1)
concertar (*acertar* [4])
concienciar (*anunciar* [11])
conciliar (*anunciar* [11])
concluir (*construir* [24])
concordar (*contar* [25])
condescender (*entender* [31])
conducir (verbo modelo [23])
conferir (*sentir* [60])
confesar (*acertar* [4])
confiar (*enviar* [32])
confluir (*construir* [24])
congeniar (*anunciar* [11])
congraciar (*anunciar* [11])
conmover (*mover* [42])
conocer (*agradecer* [8])
conseguir (*pedir* [46])
consensuar (*actuar* [5])
consentir (*sentir* [60])
consolar (*contar* [25])
constituir (*construir* [24])
constreñir (*ceñir* [21])
construir (verbo modelo [24])
contagiar (*anunciar* [11])
contar (verbo modelo [25])
contender (*entender* [31])
contener (*tener* [64])
continuar (*actuar* [5])
contradecir (*predecir* [50])
contraer (*traer* [65])
contrariar (*enviar* [32])
contribuir (*construir* [24])
controvertir (*sentir* [60])
convalecer (*agradecer* [8])
convenir (*venir* [67])
convertir (*sentir* [60])
copiar (*anunciar* [11])
corporeizar (*peinar* [47] o *descafeinar* [28])
corregir (*pedir* [46])
corroer (*roer* [57])
costar (*contar* [25])
crecer (*agradecer* [8])
creer (*leer* [40])
criar (*enviar* [32])
custodiar (*anunciar* [11])

dar (verbo modelo [26])
decaer (*caer* [19])
decir (verbo modelo [27])
deducir (*conducir* [23])
defender (*entender* [31])
defraudar (*causar* [20])
degollar (*contar* [25])
deleitar (*peinar* [47])
demoler (*mover* [42])
demostrar (*contar* [25])
denostar (*contar* [25])
dentar (*acertar* [4])
denunciar (*anunciar* [11])
derretir (*pedir* [46])
derruir (*construir* [24])
desafiar (*enviar* [32])
desahuciar (*anunciar* [11] o *causar* [20])
descafeinar (verbo modelo [28])
descarriar (*enviar* [32])
descender (*entender* [31])
descollar (*contar* [25])
desconcertar (*acertar* [4])
desdecir (*predecir* [50])
desfallecer (*agradecer* [8])
desgraciar (*anunciar* [11])
desherbar (*acertar* [4])
desleír (*sonreír* [62])
deslenguar (*averiguar* [15])
desmedirse (*pedir* [46])
desolar (*contar* [25])
desollar (*contar* [25])
desosar (*contar* [25])
despedir (*pedir* [46])
desperdiciar (*anunciar* [11])
despertar (*acertar* [4])
despreciar (*anunciar* [11])
desquiciar (*anunciar* [11])
desterrar (*acertar* [4])
destituir (*construir* [24])
destruir (*construir* [24])
desvaír (*construir* [24])
desvanecer (*agradecer* [8])
desvariar (*enviar* [32])
desviar (*enviar* [32])
desvirtuar (*actuar* [5])
detener (*tener* [64])
devaluar (*actuar* [5])
devolver (*mover* [42]; part. irreg. devuelto)
diferenciar (*anunciar* [11])
diferir (*sentir* [60])
digerir (*sentir* [60])
diligenciar (*anunciar* [11])
diluir (*construir* [24])
diluviar (*anunciar* [11])
discernir (verbo modelo [29])

disentir (*sentir* [60])
disminuir (*construir* [24])
disolver (*mover* [42]; part. irreg. disuelto)
distanciar (*anunciar* [11])
distender (*entender* [31])
distraer (*traer* [65])
distribuir (*construir* [24])
divertir (*sentir* [60])
divorciar (*anunciar* [11])
doler (*mover* [42])
domiciliar (*anunciar* [11])
dormir (verbo modelo [30])

efectuar (*actuar* [5])
elegir (*pedir* [46]; part. irreg. electo y reg. elegido)
elogiar (*anunciar* [11])
embaír (defect., § 4.8.2)
embaucar (*causar* [20])
embaular (*aunar* [14])
embellecer (*agradecer* [8])
embestir (*pedir* [46])
emblanquecer (*agradecer* [8])
embrutecer (*agradecer* [8])
emparentar (*acertar* [4] o reg.)
empedrar (*acertar* [4])
empequeñecer (*agradecer* [8])
empezar (*acertar* [4])
empobrecer (*agradecer* [8])
enaltecer (*agradecer* [8])
enardecer (*agradecer* [8])
encanecer (*agradecer* [8])
encauzar (*causar* [20])
encender (*entender* [31])
encerrar (*acertar* [4])
encomendar (*acertar* [4])
encomiar (*anunciar* [11])
encontrar (*contar* [25])
endeudarse (*adeudar* [6])
endurecer (*agradecer* [8])
enflaquecer (*agradecer* [8])
enfriar (*enviar* [32])
enfurecer (*agradecer* [8])
engrandecer (*agradecer* [8])
engreír (*sonreír* [62])
engrosar (*contar* [25] o reg.)
engullir (*mullir* [43])
enjaular (*causar* [20])
enjuiciar (*anunciar* [11])
enloquecer (*agradecer* [8])
enlucir (*lucir* [41])
enmendar (*acertar* [4])
enmohecer (*agradecer* [8])
enmudecer (*agradecer* [8])
enmugrecer (*agradecer* [8])

ennegrecer (*agradecer* [8])
ennoblecer (*agradecer* [8])
ennoviarse (*anunciar* [11])
enorgullecer (*agradecer* [8])
enraizar (*aislar* [9])
enranciar (*anunciar* [11])
enrarecer (*agradecer* [8])
enriquecer (*agradecer* [8])
enrocar (*contar* [25])
enrojecer (*agradecer* [8])
ensangrentar (*acertar* [4])
ensoberbecer (*agradecer* [8])
ensombrecer (*agradecer* [8])
ensordecer (*agradecer* [8])
ensuciar (*anunciar* [11])
entender (verbo modelo [31])
enternecer (*agradecer* [8])
enterrar (*acertar* [4])
entibiar (*anunciar* [11])
entorpecer (*agradecer* [8])
entretener (*tener* [64])
entristecer (*agradecer* [8])
entumecer (*agradecer* [8])
enturbiar (*anunciar* [11])
enunciar (*anunciar* [11])
envainar (*bailar* [16])
envanecer (*agradecer* [8])
envejecer (*agradecer* [8])
envestir (*pedir* [46])
enviar (verbo modelo [32])
envidiar (*anunciar* [11])
envolver (*mover* [42]; part. irreg. **envuelto**)
equivaler (*valer* [66])
erguir (verbo modelo [33])
errar (verbo modelo [34])
escabullir (*mullir* [43])
escanciar (*anunciar* [11])
escarmentar (*acertar* [4])
escarnecer (*agradecer* [8])
esclarecer (*agradecer* [8])
escocer (*mover* [42])
esforzar (*contar* [25])
espaciar (*anunciar* [11])
espiar (*enviar* [32])
esquiar (*enviar* [32])
establecer (*agradecer* [8])
estar (verbo modelo [35])
estatuir (*construir* [24])
estremecer (*agradecer* [8])
estreñir (*ceñir* [21])
estriar (*enviar* [32])
estudiar (*anunciar* [11])
europeizar (*descafeinar* [28])
evacuar (*averiguar* [15] y *actuar* [5])
evaluar (*actuar* [5])
evidenciar (*anunciar* [11])

exceptuar (*actuar* [5])
excluir (*construir* [24])
exfoliar (*anunciar* [11])
exiliar (*anunciar* [11])
expatriar (*anunciar* [11] o *enviar* [32])
expedir (*pedir* [46])
expiar (*enviar* [32])
expoliar (*anunciar* [11])
expropiar (*anunciar* [11])
extasiar(se) (*enviar* [5])
extender (*entender* [31])
extenuar (*actuar* [5])
extraer (*traer* [65])
extraviar (*enviar* [32])

fallecer (*agradecer* [8])
fastidiar (*anunciar* [11])
favorecer (*agradecer* [8])
fenecer (*agradecer* [8])
fiar (*enviar* [32])
financiar (*anunciar* [11])
florecer (*agradecer* [8])
fluctuar (*actuar* [5])
fluir (*construir* [24])
foliar (*anunciar* [11])
follar ('soplar con fuelle', *contar* [25])
fortalecer (*agradecer* [8])
forzar (*contar* [25])
fotografiar (*enviar* [32])
fraguar (*averiguar* [15])
fregar (*acertar* [4])
freír (*sonreír* [62]; part. irreg. **frito** y reg. **freído**)

gemir (*pedir* [46])
gloriar (*enviar* [32])
gobernar (*acertar* [4])
graduar (*actuar* [5])
gruñir (*mullir* [43])
guarecer (*agradecer* [8])
guarnecer (*agradecer* [8])
guiar (*enviar* [32])

haber (verbo modelo [36])
habituar (*actuar* [5])
hacendar (*acertar* [4])
hacer (verbo modelo [37])
hastiar (*enviar* [32])
heder (*entender* [31])
helar (*acertar* [4])
henchir (*pedir* [46])
hender (*entender* [31])
hendir (*discernir* [29])
herir (*sentir* [60])
herniarse (*anunciar* [11])
herrar (*acertar* [4])

hervir (*sentir* [60])
historiar (*anunciar* [11] o *enviar* [32])
holgar (*contar* [25])
hollar (*contar* [25])
homogeneizar (*peinar* [47])
huir (*construir* [24])
humedecer (*agradecer* [8])

imbuir (*construir* [24])
impedir (*pedir* [46])
incautar (*causar* [20])
incendiar (*anunciar* [11])
incensar (*acertar* [4])
incluir (*construir* [24])
incordiar (*anunciar* [11])
individuar (*actuar* [5])
inducir (*conducir* [23])
inferir (*sentir* [60])
influenciar (*anunciar* [11])
influir (*construir* [24])
ingeniar (*anunciar* [11])
ingerir (*sentir* [60])
iniciar (*anunciar* [11])
injerir (*sentir* [60])
injuriar (*anunciar* [11])
inmiscuir (*construir* [24])
inquirir (*adquirir* [7])
insidiar (*anunciar* [11])
insinuar (*actuar* [5])
instaurar (*causar* [20])
instituir (*construir* [24])
instruir (*construir* [24])
interferir (*sentir* [60])
introducir (*conducir* [23])
intuir (*construir* [24])
invertir (*sentir* [60])
investir (*pedir* [46])
ir (verbo modelo [38])
irradiar (*anunciar* [11])

jugar (verbo modelo [39])

languidecer (*agradecer* [8])
leer (verbo modelo [40])
liar (*enviar* [32])
licenciar (*anunciar* [11])
licuar (*averiguar* [15] o *actuar* [5])
lidiar (*anunciar* [11])
limpiar (*anunciar* [11])
lisiar (*anunciar* [11])
llover (*mover* [42])
lucir (verbo modelo [41])

maldecir (*bendecir* [17])
maliciar (*anunciar* [11])
manifestar (*acertar* [4])

mantener (*tener* [64])
matrimoniar (*anunciar* [11])
maullar (*aunar* [14])
mecanografiar (*enviar* [32])
mediar (*anunciar* [11])
medir (*pedir* [46])
melar (*acertar* [4])
menguar (*averiguar* [15])
menospreciar (*anunciar* [11])
menstruar (*actuar* [5])
mentar (*acertar* [4])
mentir (*sentir* [60])
merecer (*agradecer* [8])
merendar (*acertar* [4])
moler (*mover* [42])
morder (*mover* [42])
morir (*dormir* [30]; part. irreg.
   muerto)
mostrar (*contar* [25])
mover (verbo modelo [42])
mullir (verbo modelo [43])
muñir (*mullir* [43])

nacer (*agradecer* [8])
negar (*acertar* [4])
negociar (*anunciar* [11])
nerviar (*anunciar* [11])
nevar (*acertar* [4])
noticiar (*anunciar* [11])

obedecer (*agradecer* [8])
oblicuar (*actuar* [5]
   o *averiguar* [15])
obscurecer (*agradecer* [8])
obsequiar (*anunciar* [11])
obstar (defect., § 4.8.1)
obstruir (*construir* [24])
obtener (*tener* [64])
obviar (*anunciar* [11])
odiar (*anunciar* [11])
oficiar (*anunciar* [11])
ofrecer (*agradecer* [8])
oír (verbo modelo [44])
oler (verbo modelo [45])
oscurecer (*agradecer* [8])

pacer (*agradecer* [8])
padecer (*agradecer* [8])
paliar (*anunciar* [11]
   o *enviar* [32])
palidecer (*agradecer* [8])
parecer (*agradecer* [8])
parodiar (*anunciar* [11])
pausar (*causar* [20])
pautar (*causar* [20])
pedir (verbo modelo [46])
peinar (verbo modelo [47])
pensar (*acertar* [4])

perder (*entender* [31])
perecer (*agradecer* [8])
permanecer (*agradecer* [8])
perpetuar (*actuar* [5])
perseguir (*pedir* [46])
pertenecer (*agradecer* [8])
pervertir (*sentir* [60])
piar (*enviar* [32])
pifiar (*anunciar* [11])
placer (*agradecer* [8]; § 4.6.1b)
plagiar (*anunciar* [11])
plañir (*mullir* [43])
plegar (*acertar* [4])
poblar (*contar* [25])
poder (verbo modelo [48])
podrir (verbo modelo [53])
poner (verbo modelo [49])
porfiar (*enviar* [32])
poseer (*leer* [40])
potenciar (*anunciar* [11])
preciar (*anunciar* [11])
predecir (verbo modelo [50])
preferir (*sentir* [60])
preludiar (*anunciar* [11])
premiar (*anunciar* [11])
presagiar (*anunciar* [11])
presenciar (*anunciar* [11])
presentir (*sentir* [60])
presidiar (*anunciar* [11])
prestigiar (*anunciar* [11])
prevalecer (*agradecer* [8])
prevenir (*venir* [67])
prever (*ver* [68])
principiar (*anunciar* [11])
privilegiar (*anunciar* [11])
probar (*contar* [25])
producir (*conducir* [23])
proferir (*sentir* [60])
prohibir (verbo modelo [51])
prohijar (verbo modelo [52])
promediar (*anunciar* [11])
promover (*mover* [42])
pronunciar (*anunciar* [11])
propiciar (*anunciar* [11])
prostituir (*construir* [24])
proveer (*leer* [40]; part. irreg.
   provisto y reg. **proveído**)
pudrir (verbo modelo [53])
puntuar (*actuar* [5])

quebrar (*acertar* [4])
querer (verbo modelo [54])

rabiar (*anunciar* [11])
radiar (*anunciar* [11])
radiografiar (*enviar* [32])
recaudar (*causar* [20])
recluir (*construir* [24])

recomendar (*acertar* [4])
recordar (*contar* [25])
recostar (*contar* [25])
recrudecer (*agradecer* [8])
reducir (*conducir* [23])
referir (*sentir* [60])
reforzar (*contar* [25])
refugiar (*anunciar* [11])
regar (*acertar* [4])
regimentar (*acertar* [4] o reg.)
regir (*pedir* [46])
rehilar (*descafeinar* [28])
rehusar (verbo modelo [55])
reinar (*peinar* [47])
reír (*sonreír* [62])
rejuvenecer (*agradecer* [8])
remediar (*anunciar* [11])
remendar (*acertar* [4])
rendir (*pedir* [46])
renegar (*acertar* [4])
renovar (*contar* [25])
renunciar (*anunciar* [11])
reñir (*ceñir* [21])
repatriar (*anunciar* [11]
   o *enviar* [32])
repetir (*pedir* [46])
reprobar (*contar* [25])
repudiar (*anunciar* [11])
requebrar (*acertar* [4])
requerir (*sentir* [60])
resabiar (*anunciar* [11])
resentirse (*sentir* [60])
resfriar (*enviar* [32])
resollar (*contar* [25])
resolver (*mover* [42]; part.
   irreg. **resuelto**)
resonar (*contar* [25])
resplandecer (*agradecer* [8])
restaurar (*causar* [20])
restituir (*construir* [24])
restregar (*acertar* [4])
retribuir (*construir* [24])
reunir (verbo modelo [56])
reuntar (*rehusar* [55])
reventar (*acertar* [4])
reverenciar (*anunciar* [11])
ripiar (*anunciar* [11])
robustecer (*agradecer* [8])
rociar (*enviar* [32])
rodar (*contar* [25])
roer (verbo modelo [57])
rogar (*contar* [25])
rumiar (*anunciar* [11])

saber (verbo modelo [58])
saciar (*anunciar* [11])
sahumar (*aunar* [14])
salir (verbo modelo [59])

salmodiar (*anunciar* [11])
salpimentar (*acertar* [4])
santiguar (*averiguar* [15])
satisfacer (*hacer* [37]; impers.
   satisfaz o **satisface**; part.
   irreg. **satisfecho**)
seducir (*conducir* [23])
segar (*acertar* [4])
seguir (*pedir* [46])
sembrar (*acertar* [4])
sentar (*acertar* [4])
sentenciar (*anunciar* [11])
sentir (verbo modelo [60])
ser (verbo modelo [61])
seriar (*anunciar* [11])
serrar (*acertar* [4])
servir (*pedir* [46])
silenciar (*anunciar* [11])
sitiar (*anunciar* [11])
situar (*actuar* [5])
sobreseer (*leer* [40])
solar (*contar* [25])
soldar (*contar* [25])
soler (*mover* [42]; defect.,
   § 4.8.1)
soltar (*contar* [25])
sonar (*contar* [25])
sonreír (verbo modelo [62])
soñar (*contar* [25])
sosegar (*acertar* [4])

sostener (*tener* [64])
soterrar (*acertar* [4] o reg.)
subsidiar (*anunciar* [11])
sugerir (*sentir* [60])
suponer (*poner* [49])
sustanciar (*anunciar* [11])
sustituir (*construir* [24])
sustraer (*traer* [65])

tañer (verbo modelo [63])
tapiar (*anunciar* [11])
tatuar (*actuar* [5])
telegrafiar (*enviar* [32])
temblar (*acertar* [4])
templar (*acertar* [4] o reg.)
tender (*entender* [31])
tener (verbo modelo [64])
tentar (*acertar* [4])
teñir (*ceñir* [21])
terciar (*anunciar* [11])
testimoniar (*anunciar* [11])
torcer (*mover* [42])
tostar (*contar* [25])
traducir (*conducir* [23])
traer (verbo modelo [65])
tra(n)scender (*entender* [31])
tra(n)sferir (*sentir* [60])
trasegar (*acertar* [4])
trastrocar (*contar* [25])
travestir (*pedir* [46])

trocar (*contar* [25] o reg.)
tronar (*contar* [25])
tropezar (*acertar* [4])
tullir (*mullir* [43])

usufructuar (*actuar* [5])

vaciar (*enviar* [32])
valer (verbo modelo [66])
valuar (*actuar* [5])
vanagloriarse (*anunciar* [11])
variar (*enviar* [32])
vendimiar (*anunciar* [11])
venir (verbo modelo [67])
ver (verbo modelo [68])
verter (*entender* [31])
vestir (*pedir* [46])
viciar (*anunciar* [11])
vidriar (*anunciar* [11]
   o *enviar* [32])
vilipendiar (*anunciar* [11])
volar (*contar* [25])
volcar (*contar* [25])
volver (*mover* [42]; part. irreg.
   vuelto)

yacer (verbo modelo [69])

zaherir (*sentir* [60])
zambullir (*mullir* [43])

5   La derivación nominal (I). Nombres de acción y efecto

5.1   Los derivados nominales

5.1.1   Definición y tipos

Se llama DERIVACIÓN NOMINAL la que permite derivar sustantivos de otras categorías. Teniendo en cuenta la base de la que se obtienen, los derivados nominales se agrupan en tres apartados: los SUSTANTIVOS DEVERBALES (V > N) se forman a partir de verbos (*compra, dormitorio, juramento*); los DENOMINALES (N > N), a partir de nombres (*basurero, pelotazo, profesorado*); los DEADJETIVALES (A > N), a partir de adjetivos (*bobada, justicia, vejez*). Si se atiende, en cambio, al significado de la nominalización, se distinguen tradicionalmente los NOMBRES DE ACCIÓN, que designan la acción expresada por el verbo y a menudo también su efecto (*compra, traducción*), y los NOMBRES DE CUALIDAD (*amabilidad, belleza*), que expresan cualidades, estados y otras propiedades, inherentes o accidentales, de las personas o las cosas. Los primeros suelen ser sustantivos deverbales, y los segundos, deadjetivales. Se añaden a estos dos grandes grupos los NOMBRES DE AGENTE, INSTRUMENTO Y LUGAR, que pueden ser deverbales o denominales.

5.1.2   Consideraciones semánticas

Los grupos semánticos establecidos en el apartado anterior deben completarse con algunas precisiones:

5.1.2a   Ante todo, los paradigmas se extienden. Así, el de los NOMBRES DE CUALIDAD puede dar cabida también a los de condición o estatus (*ciudadanía*) y a los de empleo o actividad (*notariado, albañilería*), entre otros. Del mismo modo, la clase de los NOMBRES DE ACCIÓN se interpreta en sentido amplio, lo que permite extenderla, por ejemplo, a ciertos sustantivos derivados que poseen bases nominales. El marco general expuesto prevé tipos de derivados que lexicalizan determinados participantes en la noción designada por el verbo, como los de AGENTE, el INSTRUMENTO o el LUGAR, pero también pueden lexicalizarse otros como el

PACIENTE (*guisar > guisado*) o el DESTINATARIO (*prestar > prestatario*), lo que llevaría a ampliar el número de grupos.

5.1.2b   Por otra parte, los derivados pueden reinterpretarse y dar lugar a significados nuevos. Es muy conocida la relación entre las nociones de 'acción' y 'efecto', de la que luego se hablará, pero existen otras equiparables, como la reinterpretación de los nombres de cualidad para expresar dichos o hechos (*una osadía, una indecencia, varias estupideces, alguna lindeza*) e incluso cosas materiales (*una rareza, las novedades del mes, una curiosidad*), personas (*la autoridad, una joven belleza*) o eventos (*otra oportunidad*).

5.1.2c   Ocurre, además, que los límites entre los grupos semánticos se difuminan con frecuencia. En efecto, los nombres de lugar expresan frecuentemente grupo (*entrar en la cacharrería ~ entre toda la cacharrería*) y los de agente se interpretan a menudo como nombres de instrumento (*un lector de novelas policíacas ~ un lector óptico; un conductor de autobús ~ un conductor eléctrico*). Incluso los dos grandes grupos de derivados nominales (nombres de acción y nombres de cualidad) entran a veces en contacto. El sufijo *-ncia*, por ejemplo, se une a verbos para formar nombres de acción y de efecto. Sin embargo, algunos de estos sustantivos, como *elocuencia* o *inteligencia,* ya no se asocian en el español de nuestros días al verbo primitivo, sino a un adjetivo formado con el sufijo *-nte* (*elocuente, inteligente*).

5.1.3   Perspectivas sincrónica y diacrónica

En diversas partes de esta obra (§ 1.3.3, 7.1.2 y 8.1.2) se alude a las diferencias teóricas y metodológicas que existen entre las orientaciones diacrónica y sincrónica en la morfología derivativa. En la primera, las derivaciones morfológicas se atienen a la secuencia temporal de los testimonios que proporciona la historia de las palabras; la segunda se basa más bien en las conexiones entre forma y significado que se establecen en la conciencia lingüística de los hablantes. Unos pocos ejemplos ayudarán a recordar la diferencia entre ambas perspectivas. El sustantivo *sedición* puede analizarse como derivado en la morfología diacrónica, puesto que constituye la continuación en español del latín *seditĭo, -ōnis,* procedente a su vez de *itĭo, -ōnis* 'ida, partida'. Sin embargo, la perspectiva sincrónica no le asignaría ningún proceso de derivación, ya que los hablantes no lo perciben. Por otra parte, en la morfología sincrónica se asocia *leñador* con *leña,* aunque desde el punto de vista histórico proceda de un nombre de agente (*lignātor*) y no sea, por tanto, un derivado romance. Por último, el adjetivo *caluroso* presenta una *-u-* porque no procede históricamente de *calor,* sino del sustantivo desusado *calura.* En la morfología sincrónica, sin embargo, se prefiere evitar esta BASE OPACA y suponer la VARIANTE ALTERNANTE, SUPLETIVA O ALOMÓRFICA *calur-,* de la que derivaría el adjetivo. Aunque la perspectiva sincrónica no está exenta de polémicas y dificultades, algunas de las cuales se exponen en el § 1.3.3, es la que suelen ofrecer las gramáticas modernas de otras lenguas, y será también la adoptada en esta. No se omitirán, sin embargo, ciertos aspectos del análisis histórico cuando ayuden a comprender mejor los procesos morfológicos.

5.2   Nombres de acción y efecto

Los sustantivos de acción y efecto constituyen uno de los paradigmas más extensos y articulados de la morfología española. La mayor parte de ellos se definen mediante la paráfrasis 'acción y efecto de V' en los diccionarios. Así, el sustantivo *compra* designa la acción de comprar (*La compra me ocupó toda la mañana*), o bien el efecto de comprar (*La compra de hoy está sobre la mesa*). Estos conceptos no están exentos de dificultades. Por un lado, la misma distinción entre ambos no siempre es nítida, sobre todo cuando los efectos de las acciones son inmateriales; por otro, no siempre es preciso el uso que se hace del sustantivo *acción,* que con frecuencia se asimila a 'proceso', o bien a 'suceso' o 'evento'. No obstante, *acción* y *efecto* siguen siendo conceptos útiles, y la distinción entre ambos se puede seguir manteniendo en la mayor parte de los casos. En los apartados que siguen se exponen los principales sufijos en que tales conceptos se manifiestan.

5.2.1   El sufijo -*ción* y sus variantes

5.2.1a   El sufijo -*ción* da lugar a gran número de nombres de acción. De origen culto, coexiste con el patrimonial -*zón* (*quemazón*) y con las variantes -*ión* (*confesión*) y -*sión* (*inclusión*). Los derivados en -*ción* son femeninos y proceden de verbos de las tres conjugaciones, aunque los de la segunda constituyen el grupo menos numeroso. En los derivados actuales, el sufijo se adjunta al tema verbal, es decir, al formado por la raíz y la vocal temática, que en estos casos es la característica de los temas de participio: *consumar* > *consum-a-ción* (como en *consumado*); *demoler* > *demol-i-ción* (como en *demolido*); *consumir* > *consum-i-ción* (como en *consumido*).

5.2.1b   Los derivados en -*ción* muestran numerosas irregularidades, resultado de la confluencia entre las formas heredadas del latín o del español antiguo (muchas veces sin relación con verbos existentes en la actualidad) y las formaciones nuevas. Aquí solo se mencionarán las que ofrecen mayor número de ejemplos, con la advertencia de que en cada caso pueden existir excepciones. Las principales irregularidades afectan a derivados de verbos con las siguientes terminaciones:

-*cibir:* forman derivados en -*cepción* como *concepción, percepción, recepción.*

-*decir:* por lo general, forman derivados en -*dicción,* como en la propia voz *dicción* (< *decir*) o en *contradicción, predicción.*

-*ducir:* forman derivados en -*ducción,* como *conducción, deducción, producción, reducción, traducción.*

-*ecer:* muestran haplología sistemática. No se dice, pues, **aparecición,* sino *aparición.*

-*egir,* -*igir,* -*eger:* varios de ellos forman derivados en -*ección,* como en *elegir* > *elección.* A este grupo pertenecen *corrección, dirección, rección, protección.*

-*poner:* forman derivados en -*posición,* como *composición, disposición, exposición, imposición.*

-*scribir:* forman derivados en -*scripción,* como *descripción, inscripción, prescripción, transcripción.*

-*solver:* forman derivados en -*solución,* como en *absolución, disolución, resolución.*

-*sumir:* forman derivados en -*sunción,* como en *asunción, presunción, reasunción.* Se diferencian en su significado *consunción* y *consumición,* el último con mantenimiento de la vocal temática.

-*tar:* la mayor parte de ellos pierden la -*t-* y la vocal temática, como *sujetar* > *sujeción* o en *canción, concreción, edición, ejecución, objeción.* Muchos de los verbos terminados en -*ctar* forman derivados en -*cción* (*desinfección, infección, redacción*) o en -*xión* (*conectar* > *conexión*).

-*tener:* tampoco mantienen la vocal temática, de modo que se dice *detención* (no *deten-i-ción*), *abstención, contención, obtención, retención.*

-*traer:* forman derivados en -*tracción,* como en *traer* > *tracción* o en *abstracción, contracción, detracción, distracción, extracción, sustracción.*

-*uir:* son numerosos los derivados en -*ción* que pierden la vocal temática: *atribución, constitución, contribución, institución, prostitución, restitución, sustitución.* No se forman, pues, voces como *constitu-i-ción* o *atribu-i-ción,* aunque sí *intu-i-ción.* Los verbos que terminan en -*struir* suelen formar derivados en -*cción: construcción, destrucción, instrucción.*

-*venir:* cuando toman el sufijo -*ción,* forman derivados en -*vención,* sin vocal temática, como en *contravención, convención, intervención, prevención, reconvención.*

5.2.1c   En relación con las irregularidades anteriores es necesario advertir que muchas de ellas no lo son si se adopta un punto de vista histórico, desde el que los derivados se interpretan como cultismos que calcan formaciones latinas. Para el análisis de estas formas en la morfología sincrónica se necesita recurrir a BASES SUPLETIVAS o a procesos fonológicos diversos. Así, para la raíz *recib-,* de *recibir,* se postula la base supletiva *recep-,* que explica *recepción,* mientras que para *suscribir* > *suscripción* se piensa en el ENSORDECIMIENTO de la consonante final /b/ > /p/; para *conducir* > *conducción* en la VELARIZACIÓN y OCLUSIVIZACIÓN de /s/ ~ /θ/ > /k/; para *absorber* (> *absorción,* en lugar de *absorbción*) en la reducción de un grupo consonántico no articulable, etc.

5.2.1d   Como se ha señalado, el sufijo -*ción* presenta, además de la variante vernácula -*zón,* las variantes -*ión* (*rebelar* > *rebelión*) y -*sión* (*percutir* > *percusión*). La distinción entre las dos últimas no es inmediata. En efecto, la segmentación [*remis*][*ión*] tiene, frente a [*remi*][*sión*], la ventaja de que contiene una base léxica supletiva para el verbo *remitir* (*remis-*) que aparece en *remiso, remisible, remisivo,* etc. El mismo razonamiento se aplica a otros muchos casos similares. En cambio, el verbo *percutir* forma los derivados *percutido, percutible* o *percutor,* lo que hace pensar que la segmentación más adecuada de *percusión* es [*percu*][*sión*], con posible elisión de la -*t-* final de la base verbal para evitar una secuencia -*ts-* (*percutsión*), que el español tiende a rechazar. Cuando en el texto se habla de la terminación -*sión,* no se toma partido en esta cuestión.

5.2.1e   Con la variante -*sión* del sufijo -*ción* se forman nombres de acción o efecto, especialmente con verbos que muestran las terminaciones siguientes:

-*ceder:* forman, con algunas excepciones, derivados terminados en -*cesión: concesión, intercesión, sucesión.* El sustantivo *procesión* responde a esta pauta, pero es discutible que se vincule con el verbo *proceder* en la conciencia lingüística de los hablantes.

-*cluir: concluir* > *conclusión; ocluir* > *oclusión; recluir* > *reclusión.*

-dir: se forman en *-sión*, con pérdida de la sílaba *-di-*: *alusión* (< *aludir*), *decisión, incisión;* o del segmento *-ndi-*: *escisión* (< *escindir*), *rescisión, expansión, fusión, difusión, confusión, transfusión.*

-meter: como en *cometer* > *comisión*. Aparece la misma variante en *intromisión, sumisión.*

-mitir: *admitir* (> *admisión*), *dimisión, emisión, omisión, transmisión.*

-nder: forman normalmente derivados terminados en *-nsión*, como en *extender* (> *extensión*), *ascensión, comprensión, pretensión, propensión.*

-primir: forman derivados terminados en *-presión*, por tanto con alteración de la raíz, como en *comprimir* (> *compresión*), *depresión, impresión, opresión, represión, supresión.*

-ter, -tir: muestran la pauta *verter* > *versión; convertir* > *conversión.* A este grupo pertenecen *inversión, perversión, subversión.*

No todos los derivados siguen el modelo al que presuntamente pertenecen. Así, de *atender* se obtiene *atención* en lugar de **atensión;* de *rendir, rendición* en lugar de *rendisión o **rensión;* de *añadir, añadido* o *añadidura,* etc.

5.2.1f   Se obtienen derivados en *-ión* a partir de una serie de verbos terminados en *-sar*: *confesión, dispersión, expresión, expulsión, precisión, progresión, propulsión, revisión, supervisión.* La *-s-* pertenece a la base léxica. Algunos de ellos, como *confesión* y *progresión,* derivan históricamente de verbos latinos perdidos en español, pero la morfología sincrónica los liga a *confesar* y *progresar,* de creación posterior. Más irregular aún es la relación que puede establecerse sincrónicamente entre *ver* y *visión, prever* y *previsión, proveer* y *provisión.* Otros sustantivos terminados en *-ión,* que cabe derivar de verbos en el análisis sincrónico, son *rebelión* (< *rebelar*) y los formados a partir de *unir*: *unión, desunión, reunión.*

5.2.1g   Las variantes en *-ción, -sión* y *-ión* son de uso general en el español de hoy, aunque existen notables diferencias de extensión geográfica en los derivados que forman. Se usan en varios países americanos los sustantivos que se subrayan en los ejemplos siguientes:

> Siendo esta la primera vez que respondo en persona a una premiación, me da un gusto muy especial que sea en Italia en donde esto me ocurre (Monterroso, *Literatura*); Estará prohibida la portación de armas de fuego, a excepción de los miembros de la institución policial (*Salvador Hoy* 13/2/1997); [...] la única alternativa de sepultación para las familias más pobres de la ciudad de Temuco (*Mercurio* [Chile] 14/6/2007); La apuración que tienen en mi casa es lo que pueda suceder el día de mañana (Rulfo, *Llano*).

En otras ocasiones, los derivados están restringidos geográficamente porque también lo están los verbos de los que proceden. Así ocurre, por ejemplo, con *despistolizar* 'desarmar' y *despistolización,* con *postar* 'colocar postes' y *postación,* con *lotificar* 'preparar un terreno, urbanizarlo y dividirlo en lotes para construir' y *lotización,* etc.

5.2.1h   Muchos sustantivos derivados en *-ción* o sus variantes son nombres de acción, pero también de efecto, aunque esta última interpretación no se distinga fácilmente de la anterior cuando se habla de nociones inmateriales (recuérdese la introducción al § 5.2). La diferencia procede en casi todos los casos del entorno sintáctico. Así, *elección* es nombre de acción en *La elección es difícil*, pero es nombre de efecto o de resultado en *Esa fue mi elección*. Las paráfrasis con «*lo* + participio» ilustran en muchos casos la interpretación de efecto, como en *la recaudación* ('lo recaudado'), *la elección* ('lo elegido'). Algunos verbos reciben con igual naturalidad las dos interpretaciones en sus derivados. Así ocurre, por ejemplo, con los de CREACIÓN (*construcción, edificación, producción, traducción, urbanización*), con los de PENSAMIENTO y LENGUA (*acusación, confesión, contestación, declaración, explicación, narración*) o con los que designan la acción o el efecto de MOSTRAR algo o hacerlo patente (*demostración, exhibición, exposición, manifestación, presentación*). Los derivados de otros verbos, en cambio, suelen recibir una interpretación predominante, sea la de acción (*agresión, celebración, detención, ejecución, elaboración, ocupación, operación, reunión, revolución, votación*) o la de efecto (*alusión, compensación, recomendación*). Designan, en cambio, objetos materiales *condecoración* o *embarcación*, entre otros derivados.

5.2.1i   La variante patrimonial -*zón* da lugar a un buen número de derivados, aunque solo unos pocos se hallan extendidos en la lengua general. Se combina sobre todo con verbos de la primera conjugación. Este sufijo sigue siendo hoy relativamente productivo en el español americano, a diferencia de lo que sucede en el europeo, como atestiguan los sustantivos *estremezón* 'estremecimiento', *jalazón, matazón* 'matanza', *pedizón, quebrazón* 'estropicio, ruptura' o *remezón* 'sacudida'. Otros derivados en -*zón*, procedentes del latín o creados en español, son *cerrazón, echazón, podazón, quemazón, salazón, segazón*.

5.2.1j   Un grupo nutrido de derivados en -*zón* designa SENSACIONES DESAGRADABLES, sean físicas o emocionales: *hartazón, picazón, quemazón, rascazón* o *resquemazón*. Existe, por otra parte, cierta relación entre un grupo numeroso de derivados en -*zón* y los sustantivos que designan golpes o movimientos impetuosos terminados en -*ón* (como *empujón*), ya que las acciones o los procesos a los que hacen referencia los primeros se suelen caracterizar por ser intensos, extremos, convulsos o imprevistos. Así ocurre con *apretazón* ('presión, aprisionamiento'), *bebezón* ('borrachera'), *raspazón* ('recorte drástico, despido, escabechina'), y con los citados en el apartado anterior *estremezón, matazón, quebrazón* y *remezón*. En cambio, en otros como *arribazón* ('llegada, afluencia') o *echazón* ('echada, sobre todo por la borda de un buque') no se percibe tal sentido.

5.2.2   El sufijo -*miento*

5.2.2a   El sufijo -*miento* es, junto a -*ción*, uno de los más productivos del español. Ha dado lugar, por tanto, a un gran número de neologismos. Muchos son generales, pero algunos están reducidos a ciertas zonas: *abatatamiento, arratonamiento, desbielamiento, enchinamiento, profesamiento*, etc. Aparece sobre todo con bases verbales de la primera conjugación (*alumbramiento, alzamiento, casamiento*), aunque también se registran ejemplos de la segunda (*acogimiento, crecimiento, movimiento*) y de la tercera (*fingimiento, rendimiento, seguimiento*). Se adjunta al tema verbal, constituido por la raíz y la vocal temática que, como en el caso de -*ción* (§ 5.2.1a), es la del participio. Las irregularidades a las que da lugar este sufijo son mucho más escasas que las descritas para -*ción* y sus variantes. Ello se debe a que la mayor parte de las formaciones en -*miento* han sido creadas en diversos estadios del español, mientras que son mucho más numerosas las formaciones en -*ción* que entraron en español procedentes del latín.

5.2.2b   El sufijo -*miento* es especialmente productivo cuando se adjunta a verbos parasintéticos (§ 8.2.3b), como en *abaratamiento, ahorcamiento, emparejamiento, enajenamiento, engrandecimiento,* o a verbos terminados en -*ecer,* sean o no parasintéticos, como en *agradecimiento, padecimiento, recrudecimiento, rejuvenecimiento.* Los terminados en -*cionar* lo reciben muy fácilmente si a su vez están formados sobre sustantivos en -*ción* que no significan acción. Se obtienen así procesos como *estación > estacionar > estacionamiento; función > funcionar > funcionamiento* o *ración > racionar > racionamiento.* Si se trata de nombres de acción, no se suele formar el nuevo derivado (*revolución > revolucionar >*revolucionamiento*). Se han atestiguado, pero no se recomiendan, *explosionamiento, obstruccionamiento, recepcionamiento* o *supervisionamiento.*

5.2.2c   Al igual que en el caso de -*ción* (§ 5.2.1h), los nombres derivados mediante el sufijo -*miento* suelen expresar acción y efecto. Así sucede con *acompañamiento, casamiento, derrumbamiento, descubrimiento, enrojecimiento, libramiento, requerimiento, tratamiento* y muchos más. Unos cuantos, sin embargo, tienden a especializarse en la interpretación de acción. Están entre ellos *alabamiento, apuñalamiento, cuestionamiento, engrandecimiento, ensañamiento, envenenamiento,* etc. Son poco numerosos, en cambio, los derivados en los que se percibe el sentido de efecto pero no el de acción, como sucede en *acorchamiento* ('efecto de acorcharse') o en *abovedamiento* ('techo abovedado'). Aun así, la fuerte tendencia del español a asociar el sufijo -*miento* con las nociones de 'acción' y de 'proceso' ha hecho que estos mismos sustantivos se atestigüen en textos recientes con dicha interpretación, como en *La majestad del edificio demandaba el abovedamiento de los pórticos* (Gómez-Moreno, *Águilas*). Es frecuente, por otra parte, que la interpretación de efecto en muchos de estos sustantivos derivados desemboque en alguna otra, especialmente en la de ESTADO O SITUACIÓN (*abatimiento, abigarramiento, marginamiento*), ACTITUD O PROPIEDAD (*descreimiento, recogimiento, retraimiento*) e incluso LUGAR (*alojamiento, aparcamiento, yacimiento*) y GRUPO O CONJUNTO: *saneamiento* ('conjunto de elementos de higiene de un edificio o una comunidad'), *ordenamiento* ('conjunto de normas').

5.2.2d   Los sustantivos derivados mediante el sufijo -*miento* admiten complementos argumentales, al igual que los formados con -*ción* y sus variantes (§ 5.2.1). Así, los derivados de verbos intransitivos admiten un complemento preposicional que se corresponde con el sujeto del verbo de la base, como en *el funcionamiento de las instituciones.* Si el verbo tiene dos argumentos, que corresponden al sujeto y al objeto directo, pueden estar ambos presentes en el grupo nominal, como en *El nombramiento de los jueces por el pueblo indicaba estar en aquel estado* (Alcalá Galiano, *Lecciones*); *Aprovecharán el debate constitucional para hacer una declaración expresa de su acatamiento de la Monarquía* (*País* [Esp.] 5/7/1978). Con un gran número de verbos que pueden usarse como transitivos o como intransitivos pronominales (*apasionar* y *apasionarse, endeudar* y *endeudarse, mover* y *moverse,* etc.), el sufijo

-miento tiende a elegir solo la interpretación correspondiente al intransitivo. Así, *el endeudamiento de la familia* se asocia normalmente con *La familia se endeudó,* en lugar de con *Alguien endeudó a la familia.* Se analizan las consecuencias sintácticas de este hecho en el § 12.7.2c.

5.2.2e   El sufijo *-miento* posee la variante *-mento* que, al no ser productiva, no forma nuevas voces, por lo que las existentes no suelen asociarse con sus bases mediante pautas sistemáticas. En consecuencia, sustantivos como *aditamento, complemento, experimento, linimento, sacramento* o *sedimento* carecen de estructura morfológica desde el punto de vista sincrónico. Como en otros casos similares, las formas opacas en *-mento* pueden constituir las bases nominales de verbos derivados: *complementar, condimentar, experimentar, ornamentar, sacramentar, sedimentar,* etc.

5.2.3   El sufijo *-(a)je*

5.2.3a   Este sufijo aparece en un nutrido grupo de voces de origen galorrománico que penetran en el castellano desde los inicios de la Edad Media. Después se independizó y siguió formando derivados, de modo que un considerable número de vocablos de creación relativamente reciente lo presentan hoy. Están entre ellos *camuflaje, fichaje, patrullaje* o *reportaje,* mientras que otros, como *almacenaje, doblaje, drenaje* o *rodaje* son préstamos más antiguos. Es polémica la segmentación de los sustantivos que contienen este sufijo, puesto que solo se forman a partir de verbos de la primera conjugación. Unos autores los segmentan en la forma *abord-a-je* (y en tal caso *-a-* es vocal temática), y otros en la forma *abord-aje.* El que la terminación latina sea *-atĭcus* (fr. *-age*) parece favorecer la segunda opción.

5.2.3b   Muchos derivados en *-(a)je* se ajustan a la pauta 'acción y efecto de V', si bien el segundo de estos dos significados, como ocurre con otros sufijos de acción, no siempre es fácil de establecer. A esa serie pertenecen, en alguna de sus acepciones, los sustantivos *almacenaje, aterrizaje* o *aterraje* (también *alunizaje, amaraje, amarizaje* o *amerizaje*), *camuflaje, drenaje, embalaje, espionaje, fichaje, maquillaje, marcaje, pilotaje, reciclaje, tatuaje.* Al igual que sucede en otros casos, algunas de las formaciones son específicas de ciertas zonas o adquieren en ellas sentidos particulares. Es el caso de *beberaje, rastrillaje, salvataje, talaje,* entre otros muchos. La interpretación de resultado se obtiene más claramente en *arbitraje, blindaje, doblaje, encaje, fichaje, montaje, tatuaje,* así como en el antiguo *obraje* ('obra') o en el actual *helaje* (de *helar*), usado en Colombia: *En medio del helaje y la oscuridad de las 7 de la madrugada, los árboles se doblan y se enderezan en forma rítmica* (*Tiempo* [Col.] 10/4/1997). En muchos países americanos es habitual hablar del *tiraje* de un libro, es decir, del número de ejemplares tirados o impresos.

5.2.4   El sufijo *-dura*

5.2.4a   El sufijo *-dura* forma nombres de acción sobre bases verbales de las tres conjugaciones: *pod-a-dura, torc-e-dura, invest-i-dura.* Permanece en estos derivados la vocal temática de los infinitivos, con pocas irregularidades. Los derivados de participios, como *fritura* (< *frito*) o *rotura* (< *roto*), fuerzan a reconocer en el análisis sincrónico una variante *-ura* que no está relacionada con el sufijo que forma nombres de cualidad (*blanco* > *blancura:* § 6.1.2e). Cabría pensar también en una variante *-tura*, presente en *hilatura* 'arte de hilar', *abreviatura, apoyatura, cuadratura, probatura.* En cambio, la variante es *-ura* en *contractura* (< *contracto*), *escritura* (< *escrito*), *tintura* (< *tinto*), donde la *-t-* forma parte de la raíz, al igual que en *lectura* y *factura,* derivados en los que se suponen *lect-* y *fact-* como variantes supletivas de *leer* y *hacer.*

5.2.4b   Son muchos los nombres de acción formados por *-dura* y sus variantes. Entre ellos están *andadura, botadura, cuadratura, investidura, lamedura, lectura, moledura, rapadura, retorcedura* y *voladura.* Este proceso es sumamente productivo en algunas variedades del español americano, especialmente en las áreas caribeña y chilena. El siguiente texto, procedente de Chile, da idea de ello:

> Hay mingas ['grupos, cooperativas'] de <u>aserradura</u>, de <u>tiradura</u>, de <u>techadura</u>, de <u>cercadura</u>, de <u>sacadura</u> de papas, de <u>cosechadura</u> de trigo, de <u>levantadura</u> de tierras, etc. (Municipalidades Chiloé, *Comunas*).

El significado de efecto se percibe en *escocedura, hendidura, mordedura, picadura, quemadura, rozadura, soldadura, tachadura, torcedura* y otros muchos ejemplos. Predomina el sentido de instrumento, utensilio, recurso o medio para algo en *apoyatura, atadura, cerradura, empuñadura, envoltura, herradura, juntura, ligadura, vestidura.*

5.2.5   Los sufijos vocálicos *-a, -e, -o*

5.2.5a   Los sufijos átonos *-a* (*comprar* > *compra*), *-e* (*desfilar* > *desfile*), *-o* (*tirar* > *tiro*) dan lugar a un gran número de derivados deverbales. Infrecuentes en latín, crecieron rápidamente en español y su rendimiento es hoy algo mayor en el español americano que en el europeo. Los derivados en *-a* son femeninos; los que se forman en *-e* y en *-o* son masculinos. Estos sufijos parecen aplicarse sobre los TEMAS DE PRESENTE, puesto que muestran las mismas alternancias vocálicas: /e/ ~ /ié/ (*acertar* > *acierto; contender* > *contienda*), /o/ ~ /ué/ (*acordar* > *acuerdo; contar* > *cuenta*) o /e/ ~ /i/ (*reñir* > *riña*). Aunque poco numerosas, estas pautas ofrecen algunas irregularidades. Destacan entre ellas ciertas acentuaciones esdrújulas (*práctica, prórroga, réplica, súplica; cómputo, depósito, pronóstico*), frente a las llanas esperables. Cabe agregar algunas derivaciones que no se forman sobre temas de presente, como *ofender* > *ofensa* (no **ofenda*); *defender* > *defensa; permitir* > *permiso;* y también la necesidad de postular bases supletivas para formas como *deber* > *deuda; repeler* > *repulsa; transcurrir* > *transcurso* y pocas más.

5.2.5b   Los sufijos vocálicos se agregan sobre todo a los verbos de la primera conjugación, pero se documentan usos que corresponden a las demás para los tres sufijos: DERIVADOS EN *-A: caza, danza, lidia; contienda; bulla, riña;* DERIVADOS EN *-E: apunte, arranque, cierre; debe* (*el debe y el haber*); *combate, debate;* DERIVADOS EN *-O:*

abandono, arriendo, descuento; ascenso, socorro; consumo, recibo. No es posible predecir cuál es el sufijo vocálico apropiado que debe unirse a cada base verbal, pero se perciben algunas regularidades. Por ejemplo, los numerosos verbos terminados en *-ear* eligen *-o* (*parpadear* > *parpadeo*), mientras que los terminados en *-ecer, -izar* e *-ificar* suelen bloquear estas formaciones. Es habitual, por otra parte, que los derivados se extiendan a otros verbos que presentan las mismas terminaciones, como en *pliegue* (< *plegar*), *despliegue* y *repliegue; ascenso* (< *ascender*) y *descenso; plante* (< *plantar*) e *implante.*

5.2.5c   Muchos derivados en *-a, -e, -o* están restringidos sintácticamente. Unos pocos se usan más en plural (como en *las sobras de una comida, las vistas de una habitación,* este último raro fuera de España), a veces en el interior de alguna expresión idiomática: *a resultas* (de algo), *en ciernes, a marchas forzadas, a portes debidos* (solo en España), *hacer* (algo) *trizas, con miras* (a algo), *soltar amarras,* etc.

5.2.5d   Como ocurre con otros sufijos, muchas de las formaciones a que dan lugar los que en esta sección se estudian son privativas de ciertas zonas. Buen número de los derivados en *-e* son creaciones recientes propias sobre todo en la lengua juvenil y deportiva: *alucine, chute, corte, deschongue, desmadre, despeje, despelote, despipote, flipe, ligue, mate, pase, quite, rechace, refocile, regate, remate, saque, tranque, trinque, vacile,* etc. Muchos de los derivados en *-o* más usados en América proceden de verbos en *-ear.* He aquí algunos ejemplos:

> Ya me empieza a dar sueño tanto macaneo (Cortázar, *Rayuela*); Los opositores de micrófono y pescueceo más relevantes gritarán contra el gobierno (*Razón* [Ven.] 30/8/2009); Sentí su tasajeo en el vientre donde llevo a mi hijo (Aridjis, *Mil*); Muchas veces, luego de padecer el ruleteo, los enfermos vuelven al Pérez Carreño y les asisten por cortesía (*Universal* [Ven.] 26/6/1996).

5.2.5e   La mayor parte de los sustantivos derivados en *-a, -e, -o* denotan ACCIONES, pero un gran número de ellos admite también la interpretación de EFECTO, sea este material o no: *abono, corte, desahogo, despiste, deterioro, dibujo, mezcla, pesca, reforma.* Los sentidos particulares que puede adquirir la interpretación de efecto son variables. Así, una serie de estos derivados designan CANTIDADES ECONÓMICAS (*adelanto, ahorro, ajuste, anticipo, atraso, depósito, desgrave, deuda, entrega, importe, ingreso, paga,* etc.), SONIDOS o acciones que suelen comportarlos (*grito, hipo, lamento, lloro, rebuzno, relincho, sollozo, suspiro, susurro, trueno, aúllo* 'aullido', *maúllo* 'maullido', etc.), INSTRUMENTOS, MEDIOS O RECURSOS (*adorno, aparejo, aviso, barreno, cerca, cierre, empalme, enchufe, enganche, envase, remolque, soporte,* etc.), o bien sirven para CARACTERIZAR ACCIONES O SITUACIONES, como cuando se dice de algo o alguien que es *un espanto, un encanto* o *un disparate.*

5.2.5f   En muchos casos se registra más de un derivado para la misma base (*coste ~ costa ~ costo; embarco ~ embarque; pago ~ paga; recargo ~ recarga*), lo que corrobora la rentabilidad de estos sufijos. Es frecuente también que el nuevo derivado sea paralelo a otro ya existente de mayor cuerpo fónico, al que agrega algún matiz expresivo. Así, aunque exista *desparramamiento,* se forma *desparrame,* además del menos usado *desparramo: Y en qué desparramo ha acabado todo el clan* (Benedetti,

Primavera). A pesar de la existencia de *acelero* (nombre de cualidad) y de *aceleramiento* (nombre de proceso), se forma *acelere* ('rapidez, premura'), extendido en el habla coloquial de muchos países. Existen otros casos similares.

5.2.5g   La formación de sustantivos mediante los sufijos *-a, -e, -o* plantea el problema de la DIRECCIÓN DE LOS PROCESOS DERIVATIVOS, es decir, la cuestión de elegir entre la derivación de verbos a partir de sustantivos (*azote* > *azotar*) o la de sustantivos a partir de verbos (*azotar* > *azote*). La solución del problema depende de la perspectiva metodológica que se adopte, tal y como se expuso en el § 5.1.3. En efecto, si se adopta el CRITERIO HISTÓRICO, el proceso derivativo será *forrar* (mediados del s. XV) > *forro* (finales del s. XVI), pero de acuerdo con un CRITERIO FORMAL, en la morfología sincrónica se suele aceptar el proceso *forro* > *forrar*, análogo a *cepillo* > *cepillar*. Este proceso (N > V) da lugar a otros muchos derivados verbales a partir de sustantivos concretos que designan instrumentos: *abanicar, lijar, taladrar, remar*. Tal interpretación, por otra parte, encaja con el CRITERIO LEXICOGRÁFICO, puesto que los diccionarios definen *forrar* a partir de *forro* ('poner forro a algo'), en lugar de a la inversa. En la misma línea, derivaciones como *ahincar* > *ahínco; deportar* > *deporte; escotar* > *escote; fincar* > *finca; llagar* > *llaga; rasguñar* > *rasguño* son justificables con un criterio histórico, pero se evitan en el análisis sincrónico, puesto que los verbos que sirven de base no suelen estar presentes (en las acepciones pertinentes) en la conciencia lingüística de los hablantes.

5.2.5h   Relacionado con este problema está el que plantean sustantivos como *desliz, disfraz, don, perdón, retén, son, sostén*. El criterio histórico los considera derivados de los verbos correspondientes (es decir, *deslizar* > *desliz*), ya que estos se documentan con anterioridad. Tal opción está avalada por el criterio lexicográfico, que en estos casos define los sustantivos en función de los verbos (según el *DRAE, desliz* es la "acción y efecto de deslizar o deslizarse"). En la morfología sincrónica se suele recurrir a una de estas dos opciones: o bien supone la existencia en el español de hoy de un morfema derivativo nulo, vacío o tácito (Ø), como en *desliz(a)(r)* > *desliz-Ø; disfraz(a)(r)* > *disfraz-Ø*, etc., o bien se propone el orden N > V, según el cual los verbos se forman sobre los nombres, aunque este orden no coincida con el históricamente documentado.

5.2.6   Derivados participiales

5.2.6a   Se forman en español un gran número de sustantivos masculinos y femeninos cuya forma coincide con la de los participios. Estos derivados se obtienen más frecuentemente de participios regulares de las tres conjugaciones, como *asado, cercado; cocido, tejido; batido, añadido; llamada, nevada; caída, crecida; salida, subida*, pero no se excluyen los irregulares: *roto, vuelto; cubierto, dicho, escrito, frito, impreso; propuesta, vista, vuelta; cubierta*. En el caso de los sustantivos derivados de participios regulares, los sufijos son *-do* y *-da*, precedidos de la vocal temática: *-a-* en la primera conjugación (*llam-a-do*) e *-i-* en las otras dos (*crec-i-da, part-i-da*). No deben confundirse estos sufijos con *-ado* y *-ada*, que forman derivados a partir de bases nominales (§ 5.2.7a-c), como en *cuchillada* (< *cuchillo*), *gamberrada* (< *gamberro*), *naranjada* (< *naranja*), y en los que no se distingue vocal temática alguna; se segmenta, por tanto, *cuchill-ada*, no **cuchill-a-da*. Tampoco se distingue vocal temática en *pit-ido* (< *pitar*) o *ladr-ido* (< *ladrar*). Estos derivados verbales no son participiales.

5.2.6b   Los derivados participiales expresan acción en el sentido amplio que se indicó en la introducción al § 5.2, que incluye también actividades: *empapelado, tecleado, zapateado*. Son especialmente frecuentes los derivados femeninos formados a partir de verbos de MOVIMIENTO, sobre todo si este es brusco o repentino: *acometida, arrancada, caída, embestida*, etc. Los derivados participiales que expresan acción se unen con frecuencia a los verbos DE APOYO (como *dar, hacer, echar, tomar, pegar*) y expresan entonces acciones puntuales o delimitadas, y muy a menudo también breves y ocasionales. No equivalen, pues, *leer un texto* y *dar una leída a un texto*, *escapar* y *hacer una escapada*, *mirar* y *echar* (o *dar* o *pegar*) *una mirada*. En la mayor parte de los casos, estas construcciones son propias de los registros informales. Son más productivas en el español americano:

> Carlucho dio una <u>chupada</u> larga al matecito (Sábato, *Abaddón*); Pidió que se "pegue" una <u>revisada</u> a todo el cuerpo diplomático para tener consignado quién representa al país (*Salvador Hoy* 3/9/1996); Rafa permanecía sentado hasta que la orquesta tocara algún merengue o bolero para hacer el aguaje y dar su <u>bailadita</u> (*Nuevo Día* [P. Rico] 18/1/2010); [...] pretextando el catarro de Checo y la <u>conversada</u> con Lili hasta muy tarde (Mastretta, *Vida*).

5.2.6c   Son muchos los derivados participiales que significan 'efecto', sin duda debido al carácter perfectivo del participio. Aun así, como es normal en estos procesos, se pierde con frecuencia la relación con el sentido original del verbo. La mayor parte de los sustantivos que designan ALIMENTOS, BEBIDAS y DIVERSOS PREPARADOS CULINARIOS son derivados participiales, algunos de ellos parasintéticos. A ese extenso grupo pertenecen *asado, batido, cocido, combinado, embutido, empanado, emparedado, estofado, frito, granizado, gratinado, guisado, helado, licuado, montado, preparado, revuelto, salteado; bebida, comida, empanada, enchilada, enfrijolada, garrapiñada, granizada, tostada*, entre otros muchos de carácter local. Otros nombres participiales de efecto designan INFORMACIONES O CONTENIDOS VERBALES (*un comunicado, un cumplido, un enunciado, un desmentido, un trascendido*), INSTRUMENTOS O RECURSOS (*arado, certificado, visado, entrada*) e incluso CONJUNTOS, ya que *el alfombrado de una casa* puede aludir a las alfombras que la cubren.

5.2.6d   Las diferencias geográficas en estos derivados afectan no solo a las creaciones léxicas específicas de cada zona, sino también a la interpretación que reciben ciertos derivados de uso general. Así, muchos derivados participiales designan tanto acciones como efectos, pero no siempre en las mismas áreas. Por ejemplo, *bebida, pintada* o *cocido* se suelen aplicar solo a efectos, pero en algunas zonas expresan también acciones: *Se produce mediante el <u>cocido</u> de dos tipos de piedra caliza y barro* (*Nuevo Día* [P. Rico] 23/10/1997). Pueden, por otra parte, construirse de manera distinta: en España se dice *la traída del agua*, pero en varios países americanos se registran también *la traída de los dólares* o *la traída de los futbolistas*. Alternan en el español americano *llamada* y *llamado* en el sentido de 'acción y efecto de llamar', pero solo se usa el primero en el europeo. Para designar el dinero sobrante al realizar un pago se usa *el vuelto* en casi toda América, pero *la vuelta* en España, así como en Puerto Rico y otras zonas del área caribeña (*las vueltas,* en cambio, en Colombia). Se observa en algunos pares de este tipo que la variante participial en *-ado* tiende a designar la acción o el proceso que expresa el verbo (*lavado, planchado, lustrado, barrido*), mientras que la variante femenina se construye con un verbo de apoyo (*dar, pegar,* etc.) y singulariza el evento: *dar una {lavada, una planchadita, una lustrada, una barrida}.*

5.2.7   Los sufijos *-ada, -ado, -ido, -ón*

5.2.7a   Forman un grupo numeroso los derivados en *-ada* que designan GOLPES y otras acciones o movimientos similares. Constituye su base un nombre que suele expresar aquello con lo que se da el golpe, sea un objeto, como en *cuchillada, estocada, lanzada, pedrada, puñalada,* o una parte del cuerpo, como en *cabezada, cornada, manotada, patada, puñada, uñada.* Solo unos pocos se interpretan como 'golpe dado en un lugar', en lugar de como 'golpe dado con algo': *cachetada, culada, pescozada* o *pescoceada, trompada* (en casi toda América). Estos derivados se relacionan con los participiales que se refieren a movimientos impetuosos, como *arañada, empujada, picada, punzada* (§ 5.2.6b), y predomina en ellos el sentido de 'efecto' sobre el de 'acción'. Una variante de la interpretación de efecto es la de HERIDA. Así sucede, por ejemplo, en *cortada* 'herida por objeto cortante', *cuchillada, puñalada.* El concepto de 'golpe' adopta un sentido figurado en *alcaldada, cuartelada* o *fujimorada.*

5.2.7b   La interpretación de ACTO PROPIO DE ALGUIEN, con sentido negativo, es característico de los sustantivos en *-ada* derivados de nombres de persona (*canallada, gamberrada, quijotada*) y también de animal cuando se refieren a seres humanos (*gansada, burrada,* así como *cerdada* y sus múltiples sinónimos). Esta interpretación se da muy frecuentemente con los adjetivos sustantivados que admiten el llamado UN ENFÁTICO (§ 13.4.1d), como en *tonto* (*un tonto*) > *tontada; bobada* y *pendejada.* Tienen asimismo sentido negativo los derivados de ciertos gentilicios, como *una españolada, una mexicanada, una gringada, una boricuada* (de *boricua* 'puertorriqueño').

5.2.7c   A partir de nombres se forman una serie de derivados en *-ado* y *-ada* que expresan CONTENIDO o MEDIDA: *alcuzada, camionada, carretada, cestada, cubetada, cucharada, puñado, sartenada.* Varios de ellos adoptan un significado extendido: *un puñado de años, una carretada de insultos.*

5.2.7d   Con el sufijo *-ido* se crean derivados que designan RUIDOS o SONIDOS. Se forman a partir de verbos, casi todos de la primera conjugación: *aullido, balido, berrido, bramido, bufido, chasquido, chillido, garlido, graznido, hipido, ladrido, maullido, pitido, quejido, relinchido, ronquido, silbido, zumbido,* y muchos más, algunos de extensión restringida. Este sufijo ha dejado de ser productivo en España, pero en América aún da lugar a neologismos, como *llorido* o *toquido.* Desde el punto de vista del aspecto léxico, los verbos de los que se derivan estos sustantivos se consideran SEMELFACTIVOS (§ 23.2.1j), de modo que *ladrar,* por ejemplo, es compatible tanto con 'dar un ladrido' como con 'dar ladridos'.

5.2.7e El sufijo *-ón* forma sustantivos derivados de verbos, prácticamente todos de la primera conjugación. No debe confundirse con el sufijo aumentativo *-ón/-ona*, que se aplica generalmente a bases nominales, como en *espadón* y *casona* (§ 9.3.1). Los derivados de verbos en *-ón* suelen designar acciones impetuosas o repentinas: *agarrón, empujón, jalón, resbalón*. El sufijo *-ón* también se adjunta a nombres y forma derivados que denotan golpes dados con una parte del cuerpo o recibidos en ella, como *guantón, manotón, morrón* ('golpe en los morros'), *pechugón, pescozón*.

5.2.7f Los derivados en *-ón* están en relación estrecha con las formas en *-ado/-ada* y con los derivados participiales en *-do/-da*. En primer lugar, forman frecuentes dobletes con ellos, si bien se prefieren unas voces a otras según el área lingüística: *agarrón~agarrada; bofetón~bofetada; calentón~calentada; empujón~empujada; guantón~guantada; sacudón~sacudida*. En segundo lugar, las formas en *-ón* comparten con los derivados participiales su carácter puntual (§ 23.1.3b) y, en muchos casos, también la construcción con verbo de apoyo (§ 5.2.6b), como se observa en *llevarse un alegrón* y otros ejemplos similares.

5.2.8 El sufijo *-azo*

5.2.8a Este sufijo, sumamente productivo, forma sustantivos, casi siempre a partir de otros nombres, como en *cabezazo, cañonazo* o *martillazo*. Coincide en su forma con el apreciativo *-azo/-aza*, también de gran productividad, que con frecuencia se aplica a los mismos nombres. A pesar de ello, suele predominar una de las dos interpretaciones. Así, *zapatazo* suele entenderse como 'golpe dado con un zapato' y *cochazo* como 'coche grande y elegante', aunque nada impide interpretarlos a la inversa. En los casos en que concurren ambos sentidos, puede ayudar a distinguir entre ellos el cambio de género. Este resulta más normal con los nombres de golpe, de forma que el masculino *multazo*, procedente del femenino *multa*, se agrupa con ellos, en lugar de hacerlo con los aumentativos. La existencia de cierto número de sustantivos derivados terminados en *-etazo* (*lengüetazo, pistoletazo, puñetazo, silletazo, tijeretazo*) hace pensar que se agrega el interfijo *-et-* en estas voces (por tanto *pistol-et-azo*), pero también es posible integrar este segmento en el sufijo (*pis-tol-etazo*). Cualquiera de las dos segmentaciones supone un REANÁLISIS, ya que el segmento *-et-* formaba parte de la base léxica en la etimología de casi todos estos derivados. Así, *pistoletazo* procede de *pistolete* ('cierta arma de fuego') y *silletazo*, de *silleta* o de *sillete*.

5.2.8b Los sustantivos formados con este sufijo suelen denotar golpes o acciones bruscas, repentinas o sorpresivas, sea en sentido literal o en alguna de sus extensiones metafóricas. Los golpes a los que se alude pueden proceder de objetos físicos (*bastonazo, botellazo, cachiporrazo, cantazo, escobazo, garrotazo, ladrillazo, macanazo, martillazo, palmetazo, pepazo, quiñazo, rolazo, sartenazo, trancazo*) o de alguna parte del cuerpo (*cabezazo, codazo, manazo, puñetazo, rodillazo, testarazo*), aunque esta representa a veces el lugar donde se recibe el golpe: *cogotazo, frentazo: Lo empujaron de una patada en la espalda, haciéndolo darse un frentazo en el suelo* (Jodorowsky, *Pájaro*). Algunos derivados designan DISPAROS (*cañonazo, escopetazo, pistoletazo*) o aluden a la MUNICIÓN (*balazo, perdigonazo, plomazo*), con posibles extensiones al mundo del deporte: *balonazo, pelotazo, punterazo, zambombazo.*

5.2.8c   Los USOS FIGURADOS más próximos al sentido original son aquellos en los que los golpes no se dan literalmente con el objeto denotado por la base, es decir, la porra en *porrazo*, la plancha en *planchazo* o el mamey en *mameyazo*. Los golpes son con frecuencia ANÍMICOS, como cuando se habla de fracasos y otras situaciones de adversidad repentina o sobrevenida. Pueden tener esta interpretación *leñazo, petotazo, porrazo, tortazo, trastazo, trompazo*, así como otras más restringidas en su extensión: *guabanazo, mazazo, moronzazo, tequilazo, zapotazo*, etc. Se mantienen las connotaciones asociadas con 'golpe' (militar, publicitario, periodístico, etc.) en los derivados que designan PRONUNCIAMIENTOS. Se trata de acciones sonadas o sorpresivas de carácter público, unas veces autoritarias y otras reivindicativas. Son, en muchos casos, creaciones de vida efímera y circunscritas a áreas restringidas. He aquí algunos ejemplos:

> Alfonsín previó entonces que el "malvinazo" podía derivar en una tragedia para el país (*Hoy* [Chile] 28/12/1983); [...] los rumores para que se produzca en el país un "fujimorazo" (*Dedom* 31/1/1997); Dicen que va a haber otro cacerolazo, pero no quieren que me marche (*Razón* [Esp.] 15/1/2002); Cierto es que la histórica sucesión de cuartelazos y caudillos [...] (*País* [Esp.] 6/9/1996); Los estados del Sur están empeñados en una estrategia que apunta a dejar de vacunar en el más breve plazo posible (aunque el sogazo reciente los debe hacer dudar) (*País* [Ur.] 8/11/2001).

Otros derivados están más alejados del sentido primitivo, pero en ellos se mantiene el carácter PUNTUAL O INSTANTÁNEO de los golpes, ya se trate de sustantivos que designan INFORMACIONES (*bombazo* 'noticia espectacular e inesperada', *campanazo, cañonazo, pantallazo, tubazo* 'primicia informativa', 'llamada de teléfono', *pitazo* 'aviso, soplo'), SONIDOS (*bocinazo, campanazo, cañonazo, pitazo, silbatazo, timbrazo, trompetazo*) u otros sucesos (*chispazo, corrientazo* o *latigazo* 'sacudida eléctrica', *flechazo, fogonazo, vistazo*). Un gran número de derivados en *-azo* designan TRAGOS DE BEBIDA ALCOHÓLICA en varias áreas lingüísticas: *calazo, canelazo, chimiscolazo, farolazo, fogonazo, fotutazo, guaspirolazo, huacarazo* o *guaracazo, latigazo, lingotazo, mecatazo, mechazo, mielazo, riendazo, tapazo, tequilazo, trancazo, tutumazo*, etc.

5.2.9   Otros sufijos que forman nombres de acción y efecto

5.2.9a   El sufijo *-ncia* posee los alomorfos *-ncia* y *-nza*, aunque en el primero se ha propuesto alternativamente la segmentación *-ancia, -encia*, que incorpora al sufijo las vocales temáticas. Aplicado a bases adjetivas, forma nombres de cualidad, como *abundancia* y *decencia*, analizados en el capítulo siguiente (§ 6.1.3c), pero aplicado a bases verbales, da lugar a ciertos nombres de acción o efecto, aunque también de estado. Tales bases verbales pueden pertenecer a las tres conjugaciones en el caso de *-ncia: alternar > alternancia; tender > tendencia; persistir > persistencia*. Eligen este sufijo casi todos los derivados de los verbos terminados en *-ferir* como *diferencia, interferencia, preferencia, referencia, transferencia*, etc., y varios de los que acaban en *-ecer*, como *comparecencia, convalecencia*. El sufijo *-nza*, por su parte, solo forma derivados de la primera conjugación: *enseñanza, mudanza, tardanza, venganza*.

5.2.9b   No son numerosos los derivados mediante este sufijo en los que se perciba con nitidez la interpretación de acción, sea como única lectura (*labrar* > *labranza*), o en concurrencia con la de efecto (*advertencia, discrepancia, enseñanza, mudanza*). En otros se reconoce solo la de efecto (*ganancia, herencia*), y en otros alguna más alejada: ESTADO O SITUACIÓN (*existencia, holganza, pertenencia*), GRUPO (*asistencia, concurrencia, militancia*), PERSONA O CONJUNTO DE PERSONAS (*presidencia, vigilancia*), LUGAR (*procedencia, residencia*) o PERÍODO (*convalecencia, lactancia, regencia*).

5.2.9c   En muchas zonas de América y en las islas Canarias (España) se forman con el sufijo -*dera* sustantivos deverbales que designan acciones continuadas, intensas o repetidas. Así, *llovedera* designa la de llover cuando es persistente, y lo mismo ocurre con *barredera, bebedera, gritadera, platicadera, preguntadera, robadera, silbadera, vomitadera*, etc. En algunos casos además de la reiteración se destaca la intensidad: *mamadera* es 'fuerte borrachera' en parte de las áreas andina y rioplatense, y *gozadera* designa un goce intenso o continuado en buena parte de América.

5.2.9d   Se forman algunos nombres de acción y efecto con el sufijo -*ío* (con el que se constituyen asimismo otros de cualidad, de lugar y de grupo: § 6.4.1b): *amorío*, de base nominal; *monjío*, que designa, entre otros sentidos, el proceso de ingresar en el estado de monja; *regadío*, con base participial; *carguío* y *sembrío*, usados en algunos países americanos.

5.2.9e   Finalmente, unos pocos nombres de acción y efecto contienen los sufijos -*ato* (*alegato, asesinato, mandato*), -*ata* (*cabalgata, caminata*), -*azgo* (*hallazgo, hartazgo*), -*toria* (*convocatoria, requisitoria*) o -*torio* (*suplicatorio*). La mayor parte de los sustantivos derivados mediante estos sufijos expresan otros significados, por lo que se estudiarán en los § 6.1.5b, 6.2.2f, 6.2.5c y 6.3.

5.2.10   Alternancias entre sufijos

5.2.10a   Se documentan numerosos DOBLETES en los nombres de acción y efecto. Algunos autores entienden que solo constituyen verdaderas alternancias los dobletes que se registran dentro de una misma comunidad, sea con diferencia de significado o sin ella. En la tradición filológica se acepta, en cambio, una concepción más amplia que da cabida igualmente a las variantes que están separadas en el tiempo o en el espacio. Esta última es la interpretación que se elegirá aquí.

5.2.10b   Entre las alternancias más frecuentes están las que se mencionan a continuación:

-A ~ -E: *baila ~ baile; corta ~ corte; quita ~ quite; templa ~ temple.*

-A ~ -O: *conjura ~ conjuro; contrata ~ contrato; cría ~ crío; cuenta ~ cuento; denuncia ~ denuncio; grita ~ grito; marca ~ marco; paga ~ pago; recarga ~ recargo; resta ~ resto; traza ~ trazo.*

-E ~ -O: *desembarque ~ desembarco; espante ~ espanto; estanque ~ estanco; pliegue ~ pliego; rechace ~ rechazo; saque ~ saco.*

-A ~ -E ~ -O: *costa ~ coste ~ costo; derrama ~ derrame ~ derramo; descarga ~ descargue ~ descargo; pica ~ pique ~ pico; posa ~ pose ~ poso; rebaja ~ rebaje ~ rebajo; roza ~ roce ~ rozo.*

-MIENTO ~ sufijos vocálicos: *acaloramiento ~ acaloro; acoplamiento ~ acople; derrumbamiento ~ derrumbe; desparramamiento ~ desparrame; rendimiento ~ rinde.*

-CIÓN ~ sufijos vocálicos: *adulación ~ adulo; apreciación ~ aprecio; asociación ~ asocio; contestación ~ contesta o contesto; gobernación ~ gobierno; negociación ~ negocio.*

-CIÓN (o -IÓN) ~ -MIENTO: *aflicción ~ afligimiento; cocción ~ cocimiento; conversión ~ convertimiento; enajenación ~ enajenamiento; inducción ~ inducimiento; maduración ~ maduramiento; potenciación ~ potenciamiento; recepción ~ recibimiento; sublevación ~ sublevamiento.*

-DURA ~ -MIENTO (*cerradura ~ cerramiento*); -DURA ~ -AJE (*montadura ~ montaje*); -DURA ~ -ANZA (*andadura ~ andanza*).

Los sufijos participiales alternan a su vez con otros, entre ellos *-miento* (*embotellado ~ embotellamiento; llamado ~ llamada ~ llamamiento*); *-ción* (*cimentado ~ cimentación; fijado ~ fijación*); *-nza* (*mudada ~ mudanza*); *-dura* (*barnizado ~ barnizadura; zurcido ~ zurcidura*); *-aje* (*tirada ~ tiraje*); sufijos vocálicos (*envasado ~ envase; llegada ~ llegue; mudada ~ muda; pegada ~ pegue; regañada ~ regaño; tocada ~ toque*).

5.2.10c   Entre las variantes de cada doblete pueden no existir diferencias notables (*derrumbamiento ~ derrumbe*), pero es más frecuente que las haya, sean relativas a la extensión geográfica de los derivados (*denuncia ~ denuncio*) o a su significado. Estas últimas pueden aparecer más o menos aisladas (*cuenta ~ cuento; conjura ~ conjuro*) o formar serie. Es frecuente, por ejemplo, que en los derivados en *-miento* predomine el sentido de 'proceso en curso', mientras que en los formados con *-ción* se percibe más claramente la idea de 'acción o efecto': *agrupación ~ agrupamiento; congelación ~ congelamiento*. En otras parejas se registran diferencias que afectan a los argumentos implicados. Así, se suele restringir *derrame* a ciertos procesos fisiológicos sobrevenidos (*derrame cerebral, pleural, pericárdico, sinovial*), mientras que *derramamiento* se especializa en acciones causadas y se usa sobre todo con el sustantivo *sangre*.

6 La derivación nominal (II). Otros derivados

6.1	Nombres de cualidad, estado y condición
6.2	Nombres de persona, instrumento y lugar
6.3	Nombres de conjunto, lugar y tiempo

6.1 Nombres de cualidad, estado y condición

Bajo esta denominación general se acoge un buen número de derivados nominales que mantienen un fondo significativo común, si bien pueden alejarse más o menos de él en direcciones diversas, como ya se señaló en el capítulo anterior.

6.1.1 El sufijo -*dad* y sus variantes

6.1.1a El sufijo -*dad* es uno de los más productivos para obtener sustantivos de cualidad a partir de adjetivos, como en *malo > maldad*. Muchos de los derivados ya lo eran en latín (como sucede, por ejemplo, con *benignidad* o *dificultad*), pero de acuerdo con los presupuestos de la morfología sincrónica (§ 1.3.3) se consideran derivados en español, puesto que los hablantes los relacionan con los adjetivos correspondientes (*benigno* o *difícil* en estos ejemplos). Desde esta perspectiva, el sufijo -*dad* presenta cuatro variantes: -*edad* (*seco > sequedad*), -*idad* (*ameno > amenidad*), -*dad* (*malo > maldad*) y -*tad* (*leal > lealtad*).

6.1.1b La variante -*edad* no da lugar hoy a derivados nuevos. Forma parte de una serie de nombres formados sobre adjetivos bisílabos, como *brevedad, falsedad, novedad, obviedad, seriedad, soledad, terquedad, viudedad*, etc. La terminación típica de los adjetivos de más de dos sílabas que reciben este sufijo es -*io* / -*ia: arbitrariedad, contrariedad, notoriedad, obligatoriedad, precariedad*. Se prefieren *complementariedad* a *complementaridad, solidaridad* a *solidariedad* y *subsidiariedad* a *subsidiaridad*.

6.1.1c A diferencia de -*edad*, la variante -*idad* es productiva en el español actual. Con pocas excepciones, eligen -*idad* los adjetivos que terminan en -*uo*, como *asiduidad, continuidad* o *ingenuidad*. También se forman sobre adjetivos de otras terminaciones: -*al* (*actualidad, anormalidad, casualidad*); vocal tónica seguida de -*z* (*atrocidad, capacidad, sagacidad*); -*il* (*cerrilidad, debilidad, facilidad*); -*ar* (*escolaridad, familiaridad, regularidad*); -*ivo* (*actividad, colectividad, efectividad*); -*oso* (*fogosidad, luminosidad, viscosidad*); -*ico* (*comicidad, heroicidad, publicidad*). Los adjetivos que terminan en -*ble* forman derivados en -*bilidad*, como *amabilidad, estabilidad, legibilidad, sensibilidad, visibilidad* y muchísimos más. El sufijo -*idad* da lugar a menudo a series cuyo tercer miembro se asemeja en su significado al primero, como en *artificio* > *artificioso* > *artificiosidad; intención* > *intencional* > *intencionalidad; peligro* > *peligroso* > *peligrosidad*.

6.1.1d   Considerado el paradigma sincrónicamente, eligen -*dad* adjetivos como *bello* > *beldad; cruel* > *crueldad; malo* > *maldad; ruin* > *ruindad; vecino* > *vecindad*. Como otras muchas veces, la explicación histórica de estos vocablos puede alejarse del análisis sincrónico. Así, *beldad* procede del occitano *beltat*, a su vez derivado de *bel* ('bello') con adaptación a la terminación castellana -*dad*. La terminación -*tad*, que se reconoce en *leal* > *leal-tad*, solo se obtiene en una serie de voces que el análisis histórico interpreta como cultismos, y el sincrónico como resultado de introducir bases supletivas: *amigo* > *amistad; difícil* > *dificultad; libre* > *libertad*.

6.1.1e   Las irregularidades que la morfología sincrónica reconoce en los derivados con este sufijo son también habituales en otros: alternancias de diptongación (*huérfano* > *orfandad; nuevo* > *novedad*), ciertas variaciones consonánticas (*heroico* > *heroicidad; mendigo* > *mendicidad; privado* > *privacidad*), así como numerosos procesos de reducción vocálica o consonántica: *calami(tos)(o)* + -*idad* > *calamidad* (no **calamitosidad*); *gratui(t)(o)* + -*dad* > *gratuidad* (no **gratuitidad*); *humil(d)(e)* + -*dad* > *humildad* (no **humildidad*), etc. Se requieren, asimismo, ciertas bases léxicas supletivas: *credibil-* > *credibilidad* (no **creibilidad*); *fidel-* > *fidelidad* (no **fielidad*).

6.1.1f   Como se explica en el § 12.2.2b, los nombres de cualidad son sustantivos no contables que se reinterpretan a menudo como contables. En consecuencia, los derivados en -*dad* o sus variantes pueden hacer referencia a personas (*amistades, autoridades*), lugares (*localidades, profundidades*), rasgos característicos o peculiares (*particularidades, singularidades*), diversas cosas materiales (*antigüedades, propiedades*) y, sobre todo, a dichos o hechos, más frecuentemente si son negativos: *atrocidades, falsedades, necedades, verdades, vulgaridades*, etc. Por otra parte, los nombres en -*dad* pueden referirse más que a una cualidad al grado en que esta se manifiesta, como cuando se habla de la *formalidad* o la *profesionalidad* de alguien.

6.1.2   Los sufijos -*ez*, -*eza*, -*icia*, -*icie*, -*ura*, -*or*, -*era*

6.1.2a   Es polémico entre los morfólogos si -*ez* y -*eza* deben interpretarse como variantes de un solo sufijo o como dos sufijos relacionados pero diferentes. Se elegirá aquí la segunda opción. Estos sufijos proceden de dos étimos latinos distintos. Ambos forman nombres de cualidad a partir de adjetivos, pero mientras que el primero sigue siendo productivo en la lengua actual, el segundo ha dejado de serlo. Tampoco son hoy productivas sus respectivas variantes cultas -*icie* e -*icia*. Prácticamente todos los derivados en que aparecen, como *avaricia, justicia, calvicie, planicie*, son latinismos.

6.1.2b   Se ha observado que -*ez* se adjunta preferentemente a bases adjetivas de más de dos sílabas, como en *acidez, candidez, delgadez, rigidez, sencillez, timidez,* mientras que -*eza* se conserva aplicado sobre todo a bases bisílabas, como en *belleza, franqueza, limpieza, rudeza, tristeza*. La falta de productividad de este último hace que hoy se formen también neologismos en -*ez* a partir de adjetivos de dos sílabas (*chochez, memez, rojez*), y que muchos derivados antiguos en -*eza* hayan sido sustituidos por nombres con otros sufijos. No se usan hoy los sustantivos *clareza, derecheza, estrecheza* o *medianeza,* que han sido sustituidos por *claridad, derechura, estrechez* y *medianía.*

6.1.2c   Muchos de los nuevos derivados en -*ez* se caracterizan por expresar cualidades negativas, tanto en voces del español general (*idiotez, ordinariez, tozudez*), como en otras restringidas a ciertas áreas del español americano (*boludez, cojudez, patudez*). Los derivados en -*eza* suelen expresar por igual cualidades positivas (*franqueza, nobleza, pureza*) y negativas (*bajeza, torpeza, vileza*). Se ha observado, por otra parte, que en uno y otro caso tienden a especializarse en alguna de las acepciones del adjetivo del que proceden, preferentemente las figuradas. Así, *simpleza* tiende a elegir la acepción 'bobo, necio' de *simple,* mientras que *simplicidad* se forma sobre otra más general ('sencillo, no complejo'). Del mismo modo, *flaqueza* se centra en ciertos sentidos figurados de *flaco,* mientras que *flacura* se asocia con el sentido puramente físico de este adjetivo ('de pocas carnes').

6.1.2d   Comparten los sustantivos en -*eza* la facilidad de los derivados en -*ez* para usarse como nombres contables en la interpretación de 'dicho' o 'hecho':

> Lo único que les gusta es la bronca y decir ordinarieces (Cela, *Colmena*); Tenía que vengarse de las bajezas en que lo habían complicado (Bioy Casares, *Sueño*); La dejaba indiferente que la llamaran hechicera, satanista, corruptora de corrompidos, alienada y otras vilezas (Vargas Llosa, *Tía*).

Designan también los derivados en -*ez* otras cosas materiales de distinta naturaleza (*vejeces, exquisiteces*), así como etapas de la vida humana (*niñez, madurez, vejez*).

6.1.2e   El sufijo -*ura* forma un gran número de derivados de cualidad a partir de adjetivos (*amargura, blancura, dulzura, frescura, hermosura*). Se extiende ocasionalmente a los adverbios (*lejos* > *lejura*, usado en Colombia, Venezuela y algunos países andinos) y a los sustantivos (*diablo* > *diablura*). En cambio, como se señala en el § 5.2.4b, los formados sobre base verbal expresan acción o efecto (*soldadura, voladura*). Los nombres de cualidad en -*ura* suelen denotar propiedades físicas relativas al tamaño (*altura, anchura, flacura*), el tacto (*aspereza, finura*), la temperatura (*calentura, frescura*), la consistencia (*blandura*), el color (*blancura, grisura*), el sabor (*dulzura, sabrosura*), el aspecto (*buenamozura, feúra, hermosura*), así como a ciertos rasgos del carácter y el comportamiento (*bravura, cordura*). Varios de los derivados en -*ura* tuvieron en la lengua antigua un correlato con -*or* (*altor, agror*), el único sufijo que forma nombres de cualidad masculinos en español. Sin embargo, este sufijo no es productivo hoy y solo son de uso común *dulzor, espesor, grosor, verdor* y pocos más.

6.1.2f   El sufijo -*era* forma una serie reducida de nombres de cualidad que designan carencias y estados deficientes de las personas, generalmente físicas, pero a veces también anímicas: *borrachera, ceguera, flojera, manquera, ronquera, sordera, tontera.* Con la excepción de *ceguera, sordera* y *flojera* (que también significa 'negligencia'), son poco comunes los usos traslaticios de estos sustantivos: *La ceguera, la sordera y la tontería prescritas para aquel aprendizaje* [...] (Martín Gaite, *Usos*); *Estoy conforme, porque nadie cayó por una flojera mía* (Benedetti, *Primavera*).

6.1.3   Los sufijos *-ía, -ería, -ia, -ncia*

6.1.3a   El sufijo *-ía* forma en español un buen número de nombres de cualidad que derivan de bases adjetivales (*alegría, lejanía, valentía*) o nominales (*hombría, maestría*). En muchos de estos casos se habla de 'condición' más que de 'cualidad' (como en *ciudadanía* 'condición de ciudadano'), cuyo sentido puede extenderse para designar rangos, cargos, profesiones, empleos, titulaciones, instituciones o servicios: *secretaría* (en el sentido de 'cargo de secretario'), *caballería* (*la orden de caballería*), *artillería* (*el arma de artillería*), *abogacía, cancillería, canonjía, consultoría.* Se discute en la morfología sincrónica la relación entre pares como *filología – filólogo, melomanía – melómano, filantropía – filántropo* o *egolatría –ególatra.* Algunos autores se cuestionan la DIRECCIÓN de la derivación, esto es, si debe pensarse en procesos como *filología > filólogo* o bien en *filólogo > filología.* Otros optan por establecer una vinculación léxica entre las parejas sin que haya que pensar necesariamente en una base y un derivado (es decir, en un proceso morfológico).

6.1.3b   El sufijo *-ería* forma nombres de cualidad y condición, como *tontería* o *masonería,* pero también crea otros que designan establecimientos (*chocolatería*) o grupos (*chiquillería*), que se estudiarán en los § 6.3.1b, c. Muestra este sufijo cierta tendencia a adjuntarse a adjetivos y sustantivos terminados en «vocal tónica + -n», sobre todo cuando las bases léxicas denotan atributos peyorativos de las personas: *bobaliconería, cabezonería, fanfarronería, glotonería, haraganería, ramplonería, socarronería, truhanería.* Otras veces la connotación peyorativa no está en el sustantivo de la base y es el sufijo el que lo aporta: *gramatiquería, niñería, politiquería.*

6.1.3c   El sufijo *-ia,* que forma nombres de cualidad como *audacia, eficacia, falacia, infamia,* es particularmente productivo con los adjetivos terminados en *-nte.* De ellos proceden *abundancia, beligerancia, clarividencia, dependencia, elocuencia, ignorancia, militancia, negligencia, paciencia, relevancia, suficiencia, turgencia,* entre otros muchos. Los sustantivos terminados en *-ncia* ilustran el cruce entre dos paradigmas derivativos, el de los nombres de acción, de base verbal (*incidir > incidencia*), estudiados en el capítulo anterior (§ 5.2.9a, b), y el de los nombres de cualidad, de base adjetival (*abundante > abundancia*). Algunos derivados en *-ncia* acumulan ambas interpretaciones. Así, *adherencia* denota la acción o el efecto de adherirse a algo en *La estricta adherencia a determinadas normas y rituales* [...] (Rolla, *Familia*), pero es un nombre de cualidad en *Servía para darle adherencia a la tela* (Andahazi, *Secreto*). Los sustantivos derivados mediante el sufijo *-ia* denotan unas veces la noción de 'cualidad' o 'propiedad', pero otras expresan la de 'condición' (*militancia* 'condición de militante') o bien designan prácticas, profesiones, empleos y otros estados o situaciones análogos (*docencia* 'práctica o ejercicio del docente'; *comandancia* 'empleo de comandante').

6.1.3d   Como ocurre con otros sufijos que forman nombres de cualidad, los estudiados en esta subsección dan lugar a sustantivos que pueden interpretarse como contables, sobre todo en la acepción de 'dicho o hecho': *arrogancia, grosería, insolencia, majadería, truculencia, zalamería*. El sufijo *-ería* es particularmente productivo en este uso: *blandenguería, chulería, ñoñería, porquería*. Con tal interpretación se obtienen numerosas alternancias entre *-ería* y *-ada*, como *bobería ~ bobada* (también *bobera*); *cabezonería ~ cabezonada; fanfarronería ~ fanfarronada; guarrería ~ guarrada; tontería ~ tontada* (también *tontera*).

6.1.4   El sufijo *-ismo*

6.1.4a   El sufijo *-ismo* forma derivados de bases adjetivales (*fatal > fatalismo*), nominales (*revancha > revanchismo*) y verbales (*dirigir > dirigismo*), estas últimas muy poco frecuentes. La gran productividad de este sufijo, mayor en el español americano que en el europeo, permite que se formen sustantivos a partir de prefijos, pronombres y conjunciones nominalizados (*ultra > ultraísmo; la > laísmo; que > queísmo*) e incluso grupos nominales reducidos a sustantivos, como en los ejemplos siguientes: *De implementarse ese plan repetiríamos el viejo vicio del cortoplacismo* (Prensa [Nic.] 18/11/2003); *Contra las repetidas facilidades de un hoy ya casi anónimo versolibrismo suelto* [...] (Alberti, *Arboleda*).

6.1.4b   Un gran número de sustantivos en *-ismo* se derivan de adjetivos terminados en *-ico*, sea con reducción de *-ic-*, como en *cínico > cinismo* (no *cinicismo); cívico > civismo; periódico > periodismo*, o sin ella, como en *bélico > belicismo; laico > laicismo; romántico > romanticismo*. Es estrecha la relación entre los sustantivos en *-ismo* (*historicismo, protagonismo*) y los adjetivos o sustantivos en *-ista* (*historicista, protagonista*). No siempre es fácil decidir en la morfología sincrónica la dirección del proceso que ha de postularse, es decir, optar por *protagonista > protagonismo* o bien por *protagonismo > protagonista*. Otras terminaciones frecuentes en las bases de los nombres en *-ismo* son *-ivo* (*activismo, subjetivismo*), *-al* y *-ar* (*canibalismo, tribalismo, militarismo, vulgarismo*), así como el segmento *-io* (*gregarismo, sectarismo*).

6.1.4c   Un pequeño grupo de derivados en *-ismo* denota cualidad o condición, como en *analfabetismo* 'condición de analfabeto', *cosmopolitismo* 'cualidad de cosmopolita', *patriotismo* 'condición de patriota'. Forman el grupo más amplio los que designan doctrinas, teorías o ideologías: *ateísmo, budismo, capitalismo, empirismo, humanismo, idealismo, liberalismo, paganismo, racismo, socialismo*, etc. Esta particularidad hace que la base de la derivación sea a menudo el nombre propio de la persona que se asocia con las ideas, movimientos o actitudes que dan nombre al fenómeno: *darwinismo, kantismo, quijotismo, zapatismo*, etc. Los sustantivos en *-ismo* pueden denotar también estilos o géneros artísticos (*clasicismo, modernismo, realismo*), dolencias, hábitos o sus efectos (*raquitismo, reumatismo, tabaquismo*), actividades deportivas (*atletismo, motorismo, submarinismo*), prácticas o actitudes (*amiguismo, enchufismo, fatalismo*), afición a equipos (*americanismo < América de México; madridismo < Real Madrid*) e incluso hechos o actos (*un anacronismo*). Aplicado a gentilicios, forma sustantivos que denotan palabras o expresiones de determinado origen (*extranjerismo, italianismo, mayismo*), pero también apego, propensión o inclinación a un territorio: *18 años derrochando nicaraguanismo* [...] (*Nuevo Diario* [Nic.] 26/7/2003).

6.1.4d Pueden confluir en un mismo derivado en *-ismo* varios de los significados descritos. Así, *cretinismo* designa cierta enfermedad a la vez que la condición de cretino; *autoritarismo* se refiere a un régimen y a una forma de comportarse, etc. También es frecuente que este sufijo alterne con otros. Se da en algunos de estos casos cierta distribución de significados, como en *liberalismo, historicismo* e *inmovilismo*, que designan doctrinas, prácticas o tendencias intelectuales o políticas, frente a *liberalidad, historicidad* e *inmovilidad*, que nombran, respectivamente, las cualidades de liberal, histórico e inmóvil. Los derivados muestran otras veces significados parecidos, como *argentinismo* y *argentinidad, dualismo* y *dualidad*, etc.

6.1.5 Otros sufijos que forman nombres de cualidad, estado o condición

6.1.5a Casi todos los sustantivos de cualidad formados con *-itud* y *-dumbre* existían ya en latín, pero la morfología sincrónica los pone en relación con bases adjetivales o nominales españolas, como en *amplio > amplitud; completo > completitud* (preferible a *completud*); *esclavo > esclavitud; manso > mansedumbre; siervo > servidumbre.*

6.1.5b Los sufijos *-azgo, -ato* y *-ado* se añaden a bases nominales o adjetivales para dar lugar a nombres que designan estado, situación o condición, y especialmente el oficio, el estatus o la dignidad que corresponde a alguien, como en *ejercer el liderazgo, alcanzar el decanato, aspirar al rectorado* (*a la rectoría* en algunos países). Otros ejemplos son *almirantazgo, noviazgo, padrinazgo; anonimato, celibato, monacato; condado, obispado, profesorado.* Se documentan dobletes entre estos sufijos, unas veces con significado similar (*alguacilato ~ alguacilazgo; monacato ~ monacado; presbiterado ~ presbiterazgo ~ presbiterato*) y otras con diferencias en el contenido (*liderato ~ liderazgo*). Algunos de los derivados en *-azgo, -ato* y *-ado* pueden usarse para significar lugar (*arciprestazgo, decanato, condado*) o tiempo (*noviazgo, emirato, papado*).

6.1.5c Entre los sufijos que forman nombres de acción y efecto, estudiados en el capítulo anterior, unos pocos dan lugar también a sustantivos de cualidad en sentido amplio. Así ocurre con *-ción* y sus variantes: *atención, atracción, corrupción, cerrazón, depresión, extensión, imaginación, repulsión.* Asimismo, varios de los sustantivos que muestran el sufijo *-miento* denotan propiedades o estados, como *descreimiento, desmerecimiento, recogimiento, refinamiento.* En el análisis sincrónico se postulan bases verbales o adjetivales (a veces, participiales) para algunos de estos derivados en función del significado que expresan, como en el caso de *atrevimiento* (de *atrevido* o de *atreverse*), *confusión* (de *confuso* o de *confundir*), *moderación* (de *moderado* o de *moderar*), entre otros.

6.2 Nombres de persona, instrumento y lugar

6.2.1 El sufijo *-dor/-dora* y sus variantes

6.2.1a Se forman numerosos sustantivos a partir de verbos mediante el sufijo *-dor/-dora*. Muchos son también adjetivos, como en *una observadora ~ gente observadora; un trabajador ~ un hombre trabajador; la vendedora ~ la fiebre vendedora,* mientras que otros solo se suelen usar como nombres: *agricultora, enterrador, estibador, pescadora*. Para los femeninos en *-triz*, véase el § 2.1.4d.

6.2.1b   Los derivados regulares que se forman mediante el sufijo *-dor/-dora* mantienen la vocal temática: *-a-* en la primera conjugación, *-e-* en la segunda, *-i-* en la tercera (*apunt-a-dor, conten-e-dor, repart-i-dor*). Para las formaciones irregulares que no muestran la vocal temática, como *instructor* o *ascensor*, se han propuesto las variantes *-tor/-tora* y *-sor/-sora*, pero cabe también suponer una única variante *-or/-ora* que se une, en la morfología sincrónica, a una serie de bases supletivas en muchos casos paralelas a las de los derivados en *-ción* (§ 5.2.1c-e). Este análisis da lugar a la segmentación *[instruct] [or]*, en lugar de *[instruc] [tor]*.

6.2.1c   Entre los derivados formados con la variante citada *-or/-ora* procedentes de formas latinas están *confesor, editor, ejecutor* o *pintor*, además de otros muchos que muestran bases supletivas a las que se añade el sufijo: *agredir > agresor; ascender > ascensor; componer > compositor* (también se registra *componedor*); *difundir > difusor; extraer > extractor; intervenir > interventor; proteger > protector; recibir > receptor* (junto con *recibidor*); *reflejar > reflector; traducir > traductor*, etc. No todos los derivados de los verbos que presentan estas terminaciones son irregulares. No lo son, por ejemplo, *componedor* o *recibidor* (ya mencionados), o *decidor, exprimidor, extinguidor* (que alterna con *extintor*), *regidor*, entre otros muchos.

6.2.1d   Los pocos derivados en *-dor/-dora* a los que se supone en el análisis sincrónico una base nominal requieren la variante *-ador/-adora*. Así ocurre con *agu(a) + -ador > aguador*, y con *aviador, historiador, leñador, viñador*. La perspectiva diacrónica difiere de este análisis, puesto que los derivados citados proceden históricamente de bases verbales desaparecidas o bien son préstamos de otras lenguas romances.

6.2.1e   Casi todos los sustantivos de persona en *-dor/-dora* son nombres de agente. Así, el sustantivo *atracador* designa a un hombre que realiza la acción de atracar, y *jugadora* a una mujer que realiza la de jugar. No faltan, sin embargo, excepciones a este esquema: *consultor*, por ejemplo, no designa a la persona que consulta, sino a la que es consultada; *poseedor* y *admirador* hacen referencia a quienes se hallan en cierto estado, y *perdedor* o *sufridora* a quienes experimentan determinados procesos.

6.2.1f   Los sustantivos en *-dor/-dora* que designan personas se derivan tanto de verbos transitivos (*registrar > registrador*) como intransitivos (*correr > corredora*), preferiblemente de los llamados INTRANSITIVOS PUROS O INERGATIVOS (§ 41.3.1a): *conspirador, conversadora, corredor, jugador, nadadora, soñadora*. Tales derivados pueden expresar sintácticamente sus argumentos. Así, los elementos subrayados en *Le había ocultado, sostenido con dinero y ropas; era, en suma, su encubridor* (Zeno, *Charca*) y en *[...] insaciables agarradores de lo ajeno* (Roa Bastos, *Supremo*) representan, respectivamente, a la persona encubierta y la cosa agarrada. También pueden estar presentes los argumentos si el sustantivo se deriva de verbos intransitivos: *mis colaboradores* ('los que colaboran conmigo'); *los moradores del bosque* ('los que moran en él'). Los complementos argumentales pueden referirse tanto a individuos específicos (*mi perseguidor, el administrador de esta finca*), como a clases de seres (*lectora de novelas, atracador de bancos, cultivador de la novela histórica*).

6.2.1g　　Los nombres de persona terminados en -*dor*/-*dora* se pueden asimilar a los predicados CARACTERIZADORES O DE INDIVIDUO o bien a los EPISÓDICOS O DE ESTADIO (se explica esta división en el § 37.5.1c). Los primeros se pueden subdividir en los que expresan hábitos o costumbres (*conversadora, fumador, lectora*) o en profesiones, oficios u ocupaciones (*administrador, escritora, falsificador*). Se asimilan a los que expresan hábitos una serie de adjetivos en -*dor*/-*dora* que se sustantivan mediante el llamado *un* enfático (§ 15.2.3c) y adquieren interpretaciones atributivas. Así, el adjetivo *madrugador* (*Julio es muy madrugador*) se puede usar como sustantivo en *No me considero un madrugador,* y lo mismo sucede con los subrayados en los ejemplos siguientes:

> Es una embaucadora lista, y hace creer a muchos, mentira parece, que está inspirada por Dios (Galdós, *Episodios*); Salvado de milagro de los abusadores del colegio, entré al bachillerato (Cabrera Infante, *Habana*); Lucas Carrasco era uno de esos: un simulador, un seductor (Aguilar Camín, *Error*).

A diferencia de estos sustantivos, los nombres en -*dor*/-*dora* que expresan profesiones y actividades relacionadas no se construyen con el artículo indeterminado cuando se usan en funciones predicativas: *Se hizo {locutor ~ *un locutor}.* Véase también el § 15.6.2c.

6.2.1h　　Los sustantivos en -*dor*/-*dora* que se asimilan a los predicados EPISÓDICOS designan o identifican el agente de alguna acción particular, por lo que admiten paráfrasis con oraciones de relativo: *la fundadora de esta Orden ~ la que fundó esta Orden; el organizador del evento ~ el que organiza el evento; la ganadora del torneo ~ la que ganó el torneo.* La mayor parte de ellos aparecen con algún complemento argumental que designa el paciente de la acción (*el usurpador del trono, nuestra valedora, el inventor del pararrayos*) pero pueden omitirlo cuando se recupera del contexto precedente, como en *Los sitiadores minan la moral de la tropa con sus altavoces* (Cela, *San Camilo*). Algunos sustantivos en -*dor*/-*dora* pueden pertenecer, según el contexto, a los dos grupos que se han mencionado. Así, la expresión *nuestro protector* puede designar a la persona que habitualmente nos protege (con lo que se denota una propiedad estable o caracterizadora), pero también a la que nos protegió en cierto momento (estado episódico).

6.2.1i　　No es extraño que un gran número de sustantivos terminados en -*dor*/-*dora* designen instrumentos, dada la estrecha relación entre este concepto y el de 'agente' (§ 39.3.2b). La necesidad de denominar nuevos dispositivos, utensilios, aparatos y recursos favorece la rápida creación de estos nombres, así como su renovación, adaptación a las circunstancias, y también su variación geográfica. Casi todos se derivan de verbos transitivos que no son de estado (*aserradora, cargador, compresora, grabadora, impresora, lavadora, remolcador*), con pocas excepciones como *contenedor, tenedor* (derivados de verbos transitivos de estado), *navegador* (derivado de un verbo intransitivo). Muchos son adjetivos sustantivados que muestran los dos géneros, aunque lo normal es que se usen sin alternancia. Cuando esta se da, los sustantivos derivados se distribuyen unas veces en función de preferencias geográficas, mientras que otras designan utensilios diferentes. Entre tales dobletes están *aspirador – aspiradora; batidor – batidora; computador – computadora; elevador – elevadora; grabador – grabadora; secador – secadora; tostador – tostadora,* etc.

También es posible referirse a un mismo instrumento con sustantivos de base léxica diferente según las áreas lingüísticas. Así, el dispositivo que corta la corriente eléctrica se llama *apagador* en México y parte de Centroamérica, pero *interruptor* en casi todos los demás países. Se recurre a la alternancia *-dor* y *-dera* para designar instrumentos similares o muy próximos en pares como *agarrador~agarradera* (también *agarradero* en muchos países); *aparvador~aparvadera; aplanador~aplanadera; cobertor~cobertera; lanzador~lanzadera* ('cierto cohete', en los dos casos); *regador~regadera; tajador~tajadera*.

6.2.1j   La acción a la que se refieren los nombres de instrumento (*alargador, contador, sujetador*) suele aplicarse a un conjunto menor de cosas que la denotada por el verbo del que se derivan (*alargar, contar, sujetar*). Unos pocos sustantivos de este grupo denotan productos o sustancias (*bronceador, fijador, rebozador, reforzador*); otros pueden designar personas o bien instrumentos (*cargador, conductor, emisora, impresora, procesador*, etc.).

6.2.1k   Varios derivados en *-dor/-dora* aluden a nombres de lugar, si bien su número es mucho más escaso que el de los que hacen referencia a un instrumento. Entre ellos están *asador, cenador, comedor, corredor, desayunador* (en México, Chile y parte de Centroamérica), *distribuidor, mirador, parador, probador, recibidor, tocador, vestidor*. Algunos, como *asador* o *tocador*, son también nombres de instrumento.

6.2.2   Los sufijos *-dero/-dera, -ero/-era, -torio/-toria, -ario/-aria*

6.2.2a   El sufijo *-dero/-dera* permite formar nombres de agente (*panadero, tejedera*), de instrumento (*colgadero, regadera*) y de lugar (*fregadero, tostadero*), si bien ha ido decayendo a lo largo de la historia del español en todas sus interpretaciones. Los que expresan agente tienen base nominal, con la excepción de los que muestran la variante *-ndero: barrer > barrendero; curar > curandera; guisar > guisandero*.

6.2.2b   Son numerosos los sustantivos en *-dera*, formados sobre bases verbales o nominales, que designan instrumentos, recipientes o utensilios. Entre ellos están *abrazadera, alargadera, barredera, cargadera, ensaladera, espumadera, freidera* (menos usado que *freidora*), *heladera, mamadera, podadera, regadera, tapadera, vertedera*. En cambio, son muy escasos los derivados en *-dero*, como *colgadero* o *recogedero*, ya que en la lengua antigua no fue *-dero*, sino *-dor* el masculino más frecuente de *-dera*. La forma *-dero* aparece, sin embargo, en un buen número de derivados de verbos que designan lugares: *abrevadero, bebedero, comedero, matadero*. Destacan entre ellos los que proceden de verbos de movimiento, como *atracadero, bailadero, embarcadero, entradero* o *resbaladero*.

6.2.2c   El sufijo *-ero/-era* posee, desde el punto de vista sincrónico, diversas variantes: *-icero/-icera* (*carnicero; manicero*, de *maní*, menos usado que *manisero* e igualmente correcto); *-adero, -atero, -etero*, y sus respectivos femeninos (*aguadero* o *aguatero, cafetera, leñatero, panadero, peletero, viñatero*). Como ocurre con otros sufijos, son normales las alternancias de diptongación en la base: *portero, tendero*, frente a *hielero, huevero*.

6.2.2d   El sufijo *-ero/-era* da lugar a un gran número de nombres de oficios y ocupaciones. De hecho es, junto con *-dor/-dora* (§ 6.2.1g), el más productivo en este tipo de formaciones. El sustantivo que aparece en la base denota lo que la persona vende (*aceitunera, diarero* o *diariero, lechero*), fabrica, prepara y, a menudo, también vende (*abaniquero, canastera, cevichera*), caza (*alimañero, lobero*), cuida, protege o vigila (*alberquero, canchero, enfermera, portera*), busca u ofrece (*cauchero, pichinchera, trapera*), emplea como herramienta o instrumento (*bracero, croquera, gaitera, pistolero*), o como vehículo (*balsero, cochero*). El sustantivo que constituye la base designa asimismo muy frecuentemente aquello que se tiene por afición, como en *fandanguera, matero, milonguero, salsera*. Este último grupo se va extendiendo en la lengua coloquial actual, en la que se han creado *bloguero, chatero* ('aficionado al chat o a chatear'), *fotero* ('aficionado a la fotografía'), *futbolero, motero* (también *motequero* o *motoquero*), *roquero*. La base nominal puede aludir también al lugar en el que alguien se halla (*prisionero*) o en el que desarrolla su actividad (*aduanero, archivera, tendera*), así como al tiempo en el que esta se lleva a cabo, como *agostera, dominguero* (generalmente despectivo), *nochero*. Se acuñan a veces varios términos (por lo general, usados en áreas lingüísticas no coincidentes) para ocupaciones similares, como ocurre con *plomero* (más usado en el español americano) y *fontanero* (más empleado en el español europeo). El sustantivo corresponde otras veces a varios oficios, como en el caso de *bombero*.

6.2.2e   Designan instrumentos o utensilios *bolillero, candelero, minutero, rodillera, sombrero, tobillera* y otros muchos nombres, entre ellos los que se aplican a barcos: *carguero, petrolero, torpedero, velero*. Bastante más numerosos son los que aluden a recipientes o contendedores de algo. Esos sustantivos muestran muy a menudo el género contrario al de su base nominal. Así, del femenino *sal* se deriva el masculino *salero*, mientras que el masculino *pan* da lugar al femenino *panera*. Se ajustan a este patrón *botellero, cenicero, gallinero, huevera, jabonera, llavero, monedero, papelera, quesera, yogurtera*, entre otros muchos. A veces alternan los dos géneros: *azucarero ~ azucarera; billetero ~ billetera; sombrerero ~ sombrerera; zapatero ~ zapatera*.

6.2.2f   Con el sufijo *-torio/-toria*, variante culta de *-dero/-dera*, se crean nombres de lugar, casi todos a partir de verbos de la primera conjugación: *ambulatorio, conservatorio, crematorio, laboratorio, observatorio, reformatorio, sanatorio, velatorio*. En cambio, designan fundamentalmente personas los derivados mediante *-ario/-aria*, cultismo correspondiente a *-ero/-era* (*dimisionario, intermediario, millonario*), o su variante *-atario/-ataria* (o *-tario/-taria* si se considera la *a* como vocal temática): *arrendatario, dignatario, fedatario, mandatario, signatario*. Muchos de estos sustantivos —unos de base nominal y otros de base verbal— se aplican, como en latín, a los participantes en ciertas actuaciones de carácter jurídico. Pueden designar el agente (*signatario*) o bien la persona que tiene algo a su cargo (*bibliotecario, empresaria*), la que trabaja en cierto lugar (*bancario*) o está recluida en él (*presidiario*), la persona que dispone o disfruta de algo (*accionaria, becario*), o está a favor de algo (*faccionario, partidario*), entre otros significados. El sufijo *-ario* forma también nombres de lugar, muchas veces en relación con los de conjunto (§ 6.3.2a): *acuario, campanario, delfinario, herbolario, planetario*.

6.2.3   El sufijo -*ista*

6.2.3a   Los sustantivos formados con -*ista,* buena parte de los cuales se usan también como adjetivos, designan personas. Se trata de un sufijo muy productivo que forma derivados a partir de nombres comunes, pero también propios (*castrista, franquista, peronista*), e incluso sobre locuciones nominales (*cuenta corriente* > *cuentacorrentista; centro del campo* > *centrocampista*). También se registran formaciones en -*ista* a partir de otras combinaciones léxicas, como la locución *a corto plazo* y la expresión *mil euros,* que dan lugar a los derivados que se subrayan en los textos siguientes: *Los diferentes datos macroeconómicos que se vayan conociendo asumirán gran protagonismo, lo que debe ser aprovechado por los* cortoplacistas (*Economista* 13/3/2007); *Porque conforme va cumpliendo años, el* mileurista *se va cargando de amargura* (*País* [Esp.] 23/10/2005).

6.2.3b   Muchos derivados en -*ista* se asocian con bases léxicas en -*ismo* (§ 6.1.4b). No obstante, cabe pensar que entre las voces formadas con estos sufijos no ha de establecerse necesariamente una relación derivativa, sino una vinculación léxica no direccional, que se da también en otros pares como *filólogo* – *filología.* En todo caso, la derivación N-*ismo* > N-*ista* exige, si se acepta, la supresión del sufijo -*ismo,* como en *cub*(*ismo*) + -*ista* > *cubista,* supresión que también afecta a otros sufijos: *anarqu*(*ía*) + -*ista* > *anarquista; public*(*idad*) + -*ista* > *publicista.*

6.2.3c   Cuando existe relación entre los derivados en -*ismo* y en -*ista,* la interpretación más común de estos últimos es la de 'persona partidaria del N-*ismo*', como en *abolicionista, marxista, tomista.* La paráfrasis 'persona que practica el N-*ismo*' es apropiada para derivados de sustantivos que denotan deportes (*alpinista, ciclista, fondista*), profesiones (*socorrista, urbanista*), especialidades (*cervantista, hispanista, medievalista*), así como actitudes y hábitos (*absentista* o *ausentista, alarmista, tremendista*). Los derivados en -*ista* de sustantivos que no terminan en -*ismo* admiten más sentidos. Muchos se forman a partir de nombres que designan instrumentos musicales (*flautista, pianista, violinista*), vehículos (*maquinista, taxista, tractorista*), útiles de trabajo (*ascensorista* o *elevadorista, telefonista, trapecista*), la materia con la que se trabaja o se comercia (*ceramista, escayolista, marmolista*), la actividad que se practica (*artista, juerguista*), lo que se crea, ofrece o logra (*articulista, masajista, perfumista*), aquello de lo que se es partidario (*abortista*), lo que constituye el objeto de trabajo (*dentista, economista, lingüista*), el lugar en que se trabaja, estudia o reside (*almacenista, chabolista, liceísta*), entre otros sentidos. Muchas de estas formaciones en -*ista* conviven con otros derivados de la misma base y reciben una interpretación similar. Así, *ahorrista, alcoholista, conferencista, profesionista* alternan con *ahorrador, alcohólico, conferenciante, profesional,* aunque no necesariamente en los mismos países.

6.2.4   El sufijo -*nte*

6.2.4a   Un gran número de sustantivos en -*nte* designan personas (*cantante*), productos (*calmante*), instrumentos (*tirante, volante*) y lugares (*una pendiente, un* *saliente*), entre otras interpretaciones menos frecuentes. Con muy escasas excepciones (*comedia* > *comediante*), la mayoría procede de verbos de la primera conjugación. Forman asimismo un grupo nutrido los que constituyen nominalizaciones de adjetivos. Se usan, en efecto, como adjetivos y sustantivos *estimulante, precedente, residente*, etc.

6.2.4b   A diferencia de los que ocurre con los derivados en -*dor* (§ 6.2.1i), muchos de los verbos que dan origen a sustantivos en -*nte* son verbos de estado. Así sucede con los que constituyen la base de *creyente, ignorante, simpatizante* o *viviente*. Por otra parte, el que los antiguos participios de presente admitieran complemento directo ha dado lugar a numerosos compuestos N-A (§ 11.5.1a): *terrateniente, drogodependiente, lugarteniente, hispanoparlante, tarjetahabiente*: *De igual manera se extiende el estado de cuentas del tarjetahabiente* (*Nuevo Diario* [Nic.] 30/7/2003). Muchos derivados deverbales en -*nte* forman la base de otros en -*ncia* (§ 6.1.3c), como en *ignorar* > *ignorante* > *ignorancia*. El primer estadio de esta serie se pierde a menudo en la conciencia lingüística de los hablantes, para los que ya resultan opacas las bases verbales. Es lo que sucede con *adolescente* (lat. *adolescens, -entis*, part. de *adolescĕre* 'crecer') > *adolescencia; consciente* (lat. *conscĭens, -entis*, part. de *conscīre* 'saber bien') > *consciencia* o *contingente* (lat. *contingens, -entis*, part. act. de *contingĕre* 'suceder') > *contingencia*.

6.2.4c   Los grupos más numerosos de derivados en -*nte* son los que denotan personas y los que aluden a productos y sustancias. Los primeros se refieren a individuos que desempeñan determinados OFICIOS, OCUPACIONES o ACTIVIDADES de carácter profesional: *cantante, comerciante, dibujante, practicante, tratante* (*de ganado*), *viajante* (*de comercio*), *vigilante*, etc.), aunque no faltan los que se refieren a actividades circunstanciales o episódicas. Estos sustantivos designan al que realiza cierta acción o actuación, y también al que se halla en cierto estado en un momento particular (§ 6.2.1h): *concursante, firmante, manifestante, participante, votante*. Muchos son característicos del lenguaje jurídico: *condonante, declarante, demandante, querellante, reclamante, reincidente*, etc. Los adjetivos en -*nte* se sustantivan con facilidad para formar nombres de persona en la interpretación atributiva, característica del llamado *un* enfático (§ 15.2.3c y 37.3.1a): *una arrogante, un cargante, una diletante, un farsante, un intrigante*. Entre los sustantivos que designan PRODUCTOS y SUSTANCIAS, son mayoría los que se emplean como nombres contables, como *un calmante, un adelgazante* o en *Enumeraba los distintos pigmentos conocidos y la forma de obtenerlos, molerlos y asociarlos; mencionaba los solventes, diluyentes y aglutinantes* (Andahazi, *Secreto*). Algunos, sin embargo, son no contables: *Hay que echarle más picante a la comida; En el depósito falta carburante; Esta mancha se quita con disolvente*.

6.2.4d   Casi todos los nombres de persona formados con este sufijo son comunes en cuanto al género: *un cantante / una cantante; un dibujante / una dibujante*. En cambio, la mayoría de los nombres de instrumento y los que designan productos o sustancias son masculinos, como *calmante, colgante, estimulante, tirante*. Por su parte, los nombres de lugar en -*nte* pueden ser masculinos, femeninos o comunes en cuanto al género: *un restaurante, una pendiente, un* o *una saliente*.

6.2.5 **Otros sufijos que forman nombres de persona o instrumento. Sustantivación de adjetivos derivados**

6.2.5a Un gran número de participios se sustantivan en español para designar personas. Pueden proceder de verbos intransitivos (*un egresado, una emigrada, un enamorado, una licenciada en economía*) o transitivos (*un contratado, una empleada, una enviada especial, un inculpado, un proscrito*). Los más numerosos proceden de verbos transitivos. Estos derivados participiales suelen dar nombre al paciente, es decir, lexicalizan el complemento directo, como en *el acusado* ('la persona a la que acusan') o en *un invitado* ('la persona a la que invitan'). Varios sustantivos de este último grupo tienen correlatos en -*dor* / -*dora* que designan el agente: *asegurador ~ asegurado; empleador ~ empleado; secuestrador ~ secuestrado,* etc. Algunos participios sustantivados se pueden asociar a la vez con verbos transitivos e intransitivos: *exiliado* ('el que se exilia' o 'el que es exiliado'); *encargado* ('el que se encarga de algo' o 'el que ha sido encargado de ello'). Como ocurre con los derivados mediante otros sufijos, también estos muestran variación geográfica. Así, se emplea *envarado* en parte del área andina con el mismo significado que adquiere *enchufado* (de *enchufar* 'dar un puesto por amistad o influencia') o *acomodado* en otras áreas.

6.2.5b Muchos adjetivos derivados de nombres o verbos se usan también como nombres de persona o de instrumento (§ 13.4.1c). El proceso de sustantivación más productivo es el que tiene lugar a través del llamado *un* enfático, que afecta sobre todo a adjetivos terminados en -*ico* / -*ica* (*un fanático, una romántica, un rústico, un teórico, una utópica*) o en -*oso* / -*osa* (*una envidiosa, un mafioso*). Muchos adjetivos en -*ico* / -*ica* o en -*ivo* / -*iva* se sustantivan también como nombres de profesión (*una matemática, un mecánico, un músico, una química; un directivo, una ejecutiva*) o de instrumento o producto (*un elástico, un teleférico; un explosivo, un preservativo, una rotativa,* etc.: § 13.4.1). Entre los adjetivos en -*al* que se sustantivan como nombres de persona cabe señalar *congresal, criminal, intelectual, liberal*.

6.2.5c Se crean también sustantivos de persona a través de otros procesos derivativos. La terminación -*ndo* / -*nda*, homónima de la del gerundio, forma cultismos que mantienen el sentido etimológico de obligación: *alfabetizando* (en varias zonas de América, 'el que está en el proceso de alfabetización'), *doctorando, educando, examinando, graduando,* etc. El sufijo -*ón* / -*ona* da lugar a nombres de persona de sentido peyorativo (*adulón, chupón, criticón, faltona, fisgona, ligón*) y también a sustantivos que designan instrumentos (*fregona, punzón*). Forman derivados de uso generalmente restringido a ciertas áreas -*ica*, visible en *acusica, llorica, quejica,* todos de género común (*un llorica* / *una llorica*), e -*iche*, propio sobre todo de México y Centroamérica (*acusiche, habliche, metiche, pediche* o *pidiche* 'pedigüeño'). En la lengua juvenil de España se documentan algunas formaciones con los sufijos -*ota*, -*eta* y -*ata: pasota* (asociado con *pasar* 'desentenderse'), *drogata* o *drogota* 'drogadicto', *fumeta* o *fumata* 'fumador de droga', *sociata* 'socialista', *segurata* 'guardia de seguridad'. También los sufijos vocálicos, propios de los nombres de acción y efecto (§ 5.2.5), dan lugar a nombres de persona. Se forman con -*a, ayuda* (*de cámara*), *escucha, guía, recluta;* con el sufijo -*e, arrastre* ('amante' en algunos países), *enlace, ligue;* con -*o* / -*a, adivino* / *adivina; pillo* / *pilla; tuno* / *tuna.* Estos últimos muestran moción genérica, mientras que los que terminan en -*a* y en -*e* suelen ser comunes en cuanto al género (*un recluta/una recluta*) o epicenos (*un ligue,* sea hombre o mujer).

6.2.5d   Entre los nombres que designan seres animados se encuentran los que hacen referencia a crías o cachorros de animales, que se construyen con varios sufijos. Se forman con -*ezno* los sustantivos *gamezno, lobezno, osezno, pavezno, viborezno,* entre otros; con -*ato, ballenato, cervato, cigüeñato, jabato, lobato, yeguato;* con -*ino, anadino, ansarino* y *palomino;* con -*ón, anadón, ansarón, perdigón,* y con -*ucho, aguilucho.* Estos sustantivos suelen ser epicenos.

6.3   Nombres de conjunto, lugar y tiempo

Se describen en esta sección los sufijos que coinciden en designar las nociones de conjunto o grupo, lugar y —en número más reducido de casos— también tiempo. Los sufijos que aportan un significado colectivo o de grupo reciben tradicionalmente el nombre de sufijos de sentido abundancial. La mayor parte de ellos expresan también otras nociones, por lo que aparecen en secciones previas de este capítulo y del precedente.

6.3.1   Los sufijos -*ía, -ería, -erío, -ío*

6.3.1a   Del sufijo -*ía,* uno de los más activos para formar nombres de cualidad o condición (§ 6.1.3a), se obtiene la interpretación de grupo, como en *ciudadanía, cofradía, feligresía, jerarquía, marinería* o *policía.* Tienen sentido colectivo pero no aluden a personas *guardarropía, mercancía, repostería,* así como varios de los formados con las bases compositivas -*grafía* y -*logía* (§ 11.8.1): *bibliografía, discografía, simbología, terminología.* Existe, por otra parte, una tendencia general a interpretar los nombres de las disciplinas como agrupaciones de sus contenidos, lo que no se aplica únicamente a este sufijo. Así, *poesía* puede designar el conjunto de una obra poética, *mitología* el conjunto de los mitos y *arquitectura* el conjunto de los edificios. Se observa cierta tendencia a usar el nombre de la disciplina por el objeto que estudia, como en *climatología* por *clima* o *geografía* por *territorio: Recorrió en poco tiempo toda la geografía española.* No se aconseja esta extensión cuando pueda dar lugar a confusiones. Por otra parte, los nombres en -*ía* que expresan estatus o condición suelen ser compatibles con la interpretación de lugar. Así, *concejalía* alude al cargo de concejal y a la vez al lugar en que desarrolla su actividad. Lo mismo sucede con *abadía, alcaldía, notaría* o *tesorería.*

6.3.1b   Los nombres en -*ería* que designan conjuntos pueden ser no contables, como *lencería* o *palabrería,* pero predominan los contables: *una mantelería, dos cristalerías, varias estanterías.* Con frecuencia adquieren connotaciones irónicas, humorísticas o despectivas, sobre todo cuando se refieren a conjuntos de personas o animales (*chavalería, frailería, muchachería*), valor en el que alterna con formas en -*erío* (*mocerío, mosquerío, piberío, pobrerío, pulguerío*) o en -*ío* (*monjío, mujerío*). El uso del sufijo *-erío* con valor colectivo, a menudo festivo o jocoso, es especialmente frecuente en la lengua coloquial de muchos países americanos.

6.3.1c Además de designar conjuntos, el sufijo *-ería* es especialmente productivo en la formación de nombres de tiendas o establecimientos comerciales: *bollería, cevichería, hamburguesería, joyería, lechería, librería, panadería, relojería, zapatería.* Es polémica la cuestión de si el vínculo que casi todos estos nombres establecen con los terminados en *-ero*/*-era* (§ 6.2.2d) es LEXICOGRÁFICO o también MORFOLÓGICO. Si *carbonería, carnicería* y *peletería* proceden respectivamente de *carbonero, carnicero* y *peletero*, el sufijo que se aplica es *-ía*, pero si se derivan de *carbón, carne* y *piel*, el sufijo será *-ería*. La solución adoptada puede no ser uniforme, pues aunque en la conciencia lingüística de los hablantes suele pesar la relación entre *-ero* y *-ería*, existen derivados como *cervecería* o *dulcería*, asociados con *cerveza* y *dulce*, en lugar de con *cervecero* y *dulcero*.

6.3.2 Los sufijos *-ario, -era, -ero, -al, -ar, -eda, -edo*

6.3.2a La relación entre los conceptos de 'lugar' y 'conjunto' se extiende a los sufijos *-ario* (§ 6.2.2f) y a *-ero* y *-era* (§ 6.2.2c-e). Así, el sustantivo *vecindario* se aplica a un lugar, pero también a un conjunto de vecinos. Designan cosas materiales que se conciben como agrupaciones de otras *aulario, cuestionario, diccionario, epistolario, glosario, ideario, mobiliario, temario*, e igualmente *cancionero, cristalera, fichero, perchero, refranero, romancero.* Los sufijos *-ero* y *-era* forman además nombres de árboles o plantas: *albaricoquero, cocotero, limonero, melocotonero, morera, tomatera*, etc.

6.3.2b También los nombres creados con los sufijos *-ar* y *-al* pueden designar conjuntos, como *costillar, dineral, instrumental, historial, platal*, y lugares: *abrojal, basural, escorial, lodazal, pedregal* –sobre bases sustantivas–, y *fresquedal, humedal, secadal, secarral* y *sequedal* –sobre bases adjetivas–. El sentido abundancial de estos sufijos los hace apropiados para formar nombres que aluden a terrenos plantados o sembrados: *arrozal, cañaveral, lentejar, melonar, olivar*, usos que comparten con *-edo* y *-eda: alameda, arboleda, hayedo, robledo, rosaleda*, etc. En algunos casos es el propio nombre del árbol el que se forma con el sufijo *-al: moral, nogal, peral.*

6.3.3 Los sufijos *-iza, -ambre, -dura, -amen*

El sufijo *-iza* está presente en nombres que designan conjuntos de golpes (*cachetiza, golpiza, paliza, tranquiza, trompiza*) y a veces también lugares (*caballeriza, cabreriza, corraliza, porqueriza, vaqueriza*). Con los sufijos *-ambre, -dura* y *-amen* se ha formado una serie breve de nombres colectivos (como *corambre, pelambre; arboladura, armadura, dentadura; maderamen, pelamen, velamen*). El paradigma que forma *-amen* ha sido ampliado mediante creaciones recientes, unas veces humorísticas y otras vulgares: *La discreción de la noticia no nos cuenta la cantidad en que se ha tasado tan espectacular muslamen* (*ABC* 17/4/1982); [...] *todas las marcas, membretes, formatos y sellos que identifican el tinglado y papelamen administrativo de la Generalitat* (*País* [Esp.] 16/1/2005).

6.3.4	**Los sufijos vocálicos. Los sufijos -aje, -ado, -ada, -ción, -zón, -miento**

6.3.4a	Los sufijos vocálicos -a, -e, -o, muy productivos para formar nombres de acción y efecto (§ 5.2.5), aparecen en un buen número de sustantivos de lugar: *albergue, atajo, cobijo, consigna, consulta, cruce, ensanche, forja, paso, retiro, ronda*. Unos pocos se refieren a establecimientos: *abasto* 'tienda de comestibles', *estanco, venta*. Es asimismo reducido el paradigma de los nombres temporales derivados mediante estos sufijos: *prórroga* o *alargue*, que equivale a 'prórroga de un partido', *recreo, veraneo*. Ciertos nombres eventivos que designan tareas agrícolas se aplican igualmente a épocas del año: *cosecha, poda, siega, trilla*.

6.3.4b	Distinto del sufijo -*(a)je*, de base verbal, que se analiza en el § 5.2.3, es el sufijo -*aje* que aparece en *andamiaje, balconaje, ramaje*, y que permite derivar nombres (contables y también no contables, los más numerosos) a partir de otros sustantivos. Unos designan CANTIDADES, noción característica de los que proceden de sustantivos de medida (*kilometraje, octanaje, tonelaje, voltaje*); otros se refieren a GRUPOS DE ANIMALES (*bestiaje, borregaje, cabestraje, corderaje, vacaje*), o a GRUPOS DE PERSONAS, a menudo con cierta carga irónica o despectiva (*inquilinaje, padrinaje, paisanaje, peonaje*); algunos denotan otras clases de CONJUNTOS, sobre todo de utensilios, arreos o atavíos (*cordaje, correaje, cortinaje, herraje, plumaje, ropaje, vendaje*), aunque también de otras cosas (*andamiaje, balconaje, herbaje, oleaje, plantaje, ramaje*).

6.3.4c	Se forma un buen número de sustantivos denominales que designan grupos o conjuntos con los sufijos -*ado* y -*ada*. Algunos nombres de efecto formados con estos sufijos (§ 5.2.7) se pueden interpretar también como colectivos: *alcantarillado, cableado, empedrado, enrejado, entoldado, solado*. Poseen base nominal y denotan grupos humanos *alumnado, electorado, hinchada, profesorado, voluntariado*. Este uso es productivo y sigue dando lugar a nuevas formaciones: *Pero cualquier excusa era buena para que la* <u>turistada</u> *se divirtiera y restallase en ovaciones* (*País* [Esp.] 1/8/1988). Se refieren a grupos de animales (*borregada, borricada, gallada, perrada, vacada, yeguada*, etc.) y a cosas materiales constituidas por otras agrupadas (*arbolado, arcada, enramada, millonada, teclado* y otros). Muchos sustantivos derivados mediante -*ado* y -*ada* se refieren a lugares: *bajada, cercado, entrada, parada, vallado*. Por último, denotan períodos los deverbales *amanecida* o *atardecida, madrugada, velada* y los denominales *añada, invernada, otoñada, temporada*.

6.3.4d	Algunos nombres de efecto formados mediante los sufijos -*ción, -zón* y -*miento* pueden ser interpretados como conjuntos: *documentación, expedición, medicación, población, criazón* 'conjunto de criados'; *equipamiento, ordenamiento, saneamiento*. Con el mismo sentido colectivo se usan algunos derivados en -*mento* (*armamento, reglamento*) o -*menta* (*cornamenta, osamenta, vestimenta*). Los sufijos -*ción* y -*miento* también forman sustantivos que designan lugares: *bifurcación, elevación, recepción; alojamiento, aparcamiento, establecimiento*.

7 La derivación adjetival y adverbial

7.1 La derivación adjetival. Aspectos generales

7.1.1 Clases de adjetivos derivados

7.1.1a Los numerosos DERIVADOS ADJETIVALES del español proceden casi todos de sustantivos y verbos y, en menor medida, de palabras de otras categorías. Las pautas más productivas son las siguientes:

> N-*al*: *centro* > *central*; N-*ano* / -*ana*: *aldea* > *aldeano*; N-*ar*: *espectáculo* > *espectacular*; N-*ario* / -*aria*: *banco* > *bancario*; N-*ero* / -*era*: *aduana* > *aduanero*; N-*eño* / -*eña*: *ribera* > *ribereño*; N-*ico* / -*ica*: *metal* > *metálico*; N-*ista*: *vanguardia* > *vanguardista*; N-*ístico* / -*ística*: *museo* > *museístico*; N-*ivo* / -*iva*: *deporte* > *deportivo*; N-*izo* / -*iza*: *paja* > *pajizo*; N-*oso* / -*osa*: *aceite* > *aceitoso*.
>
> V-*ble*: *vender* > *vendible*; V-*dero* / -*dera*: *casar* > *casadero*; V-*dizo* / -*diza*: *huir* > *huidizo*; V-*dor* / -*dora*: *ensordecer* > *ensordecedor*; V-*nte*: *sorprender* > *sorprendente*; V-*oso* / -*osa*: *apestar* > *apestoso*; V-(*t*)*ivo* / -(*t*)*iva*: *decorar* > *decorativo*; V-(*t*)*orio* / -(*t*)*oria*: *definir* > *definitorio*.
>
> A-*ísimo* / -*ísima*: *caro* > *carísimo*; A-*oso* / -*osa*: *verde* > *verdoso*.

7.1.1b Se construyen también ocasionalmente los derivados adjetivales a partir de locuciones nominales, como *centrocampista* (de *centro del campo*), *medioambiental* o *tercermundista*. Con los adverbios *bien* y *mal* se forman compuestos como *biempensante, bienhablado, bienvenido, malcarado, malhechor, malpensado* y similares. Son formas parasintéticas porque no existen los verbos correspondientes (**bienvenir, *malcarar, *malpensar*). Estos y otros compuestos, como *bibliómano, germanófilo, plantígrado, rectilíneo, tusígeno*, etc., se analizan en el capítulo 11. Para simplificar la exposición se mencionarán solo en masculino o en femenino algunos derivados adjetivales que admiten moción de género, pero se presentarán desdoblados los sufijos correspondientes.

7.1.1c   Las interpretaciones semánticas fundamentales de los adjetivos derivados corresponden a las dos grandes clases de adjetivos: CALIFICATIVOS y RELACIONALES (§ 13.2.1). Los calificativos denotan 'semejanza' (*lechoso*), 'tendencia' (*asustadizo*), 'intensificación' (*grandísimo*), 'capacidad para llevar a cabo determinada acción o para recibirla' (*estimulante, lavable*), 'posesión, presencia o existencia' (*miedoso*) y otras nociones similares. Los adjetivos de relación se ajustan generalmente a la fórmula definitoria tradicional 'relativo o perteneciente a' (§ 13.5) —así, por ejemplo, *histórico* 'relativo o perteneciente a la historia'—, pero pueden adquirir otros sentidos específicos, como 'procedente de algún lugar' (*peruano*) o 'partidario o defensor de algo' (*marxista*).

7.1.1d   Muchos adjetivos relacionales (*infantil* en *enfermedad infantil*) pueden usarse también como calificativos (*reacción infantil*). A veces solo el contexto permite deducir cuál de las dos interpretaciones es la adecuada: *estilo cervantino*, 'el de Cervantes' (interpretación relacional) o 'el característico de las obras de Cervantes, sean o no de este autor' (interpretación calificativa). Sin embargo, ambos tipos de adjetivos se distinguen con frecuencia por los sufijos que presentan. Pares como *acuoso~acuático; lechoso~lácteo; musculoso~muscular* y otros semejantes muestran que los sufijos tienden a especializarse en una u otra interpretación. Los sufijos típicamente relacionales ayudan a establecer el vínculo semántico entre dos dominios. Así, en la expresión *mundo acuático* se establece una relación entre un determinado mundo y la materia *agua*; en cambio en *mundo acuoso*, el adjetivo calificativo expresa cierta propiedad del objeto al que se atribuye ('un mundo hecho de agua, semejante al agua o que contiene agua'). Una distinción parecida se percibe entre *fibra muscular* y *brazo musculoso*, y en otros muchos pares similares. En este capítulo se analizarán en secciones diferentes los sufijos derivativos característicos de los adjetivos calificativos (§ 7.2) y los de los adjetivos de relación (§ 7.3). Los sufijos que sirven para los dos tipos de adjetivos se examinarán en los § 7.4 y 7.5.

7.1.2   Sincronía y diacronía en la derivación adjetival

7.1.2a   Como en todo el ámbito de la morfología léxica (§ 1.3.2), también en la derivación adjetival se aparta a menudo el análisis sincrónico del diacrónico por razones tanto conceptuales como metodológicas. Mientras que el primero aspira a describir el sistema lingüístico actual, presente en la conciencia lingüística de los hablantes, el segundo tiene en cuenta los étimos de las voces derivadas, muchas veces no coincidentes con las formas reconocibles por el hablante. En razón de esa diferencia, numerosas ALTERNANCIAS MORFOFONOLÓGICAS que se postulan en la morfología sincrónica no son necesarias en la diacrónica. Así, la derivación del adjetivo *calamitoso* a partir del sustantivo *calamidad* requiere dos procesos en el análisis sincrónico: uno es la HAPLOLOGÍA (§ 1.3.4d), por la que se omite el segmento *-ad-* en *calamid(ad)oso;* el otro es el ENSORDECIMIENTO de la *-d-* para evitar **calamidoso*. Por el contario, en la morfología diacrónica no se han de suponer esos procesos, puesto que *calamitoso* se deriva históricamente del adjetivo latino *calamitōsus*.

7.1.2b   Por otra parte, no todo segmento morfológico situado entre la base y los morfemas de flexión es necesariamente un sufijo en el análisis sincrónico, puesto que puede corresponder a un antiguo sufijo, español o latino, que ha dejado de ser productivo. Por ejemplo, en *ágil, difícil, dócil, fértil, lábil, núbil* o *símil*, el segmento *-il* (distinto de *-il* tónico: § 7.5.1c), que procede del sufijo latino *-ĭlis*, no permite formar nuevos adjetivos, por lo que no se considera parte del sistema morfológico del español actual.

7.1.2c   En la morfología sincrónica se postula la existencia de VARIANTES ALTERNANTES O SUPLETIVAS para explicar irregularidades que en la gramática histórica se analizan como bases léxicas perdidas. Ejemplos de tales variantes son los segmentos subrayados en los siguientes adjetivos denominales: *capit-al* (para *cabeza*); *cív-ico* (para *ciudad*); *diaból-ico* (para *diablo*); *fratern-al* (para *hermano*); *later-al* (para *lado*); *lumb-ar* (para *lomo*); *polvor-iento* (para *polvo*).

7.1.3   Alternancias morfológicas. Otros aspectos morfofonológicos de la derivación adjetival

7.1.3a   Como en los demás procesos derivativos, los sufijos imponen su pauta acentual a la base léxica en la derivación adjetival. El acento de la raíz se mantiene, por tanto, solo si es compatible con esa pauta, como en *metálico* o *abúlico*, pero cambia cuando el sufijo lleva su propio acento (*achaque* > *achacoso*; *policía* > *policial*).

7.1.3b   La vocal final de la base léxica se suele mantener cuando es tónica (*Perú* > *peruano*; *café* > *cafetero*, con interfijo), pero se anula si es átona: *aren(a)* + *-oso* > *arenoso*; *pap(a)* + *-al* > *papal*. El mismo proceso afecta a los diptongos, en algunos casos aplicado solo a la segunda vocal (*geni(o)* > *genial*; *rabi(a)* > *rabioso*), pero extendido en otros a todo el diptongo: *bien(io)* > *bienal*; *estrateg(ia)* > *estratégico*. Las alternancias en la base debidas a la diptongación (/ié/, /ué/ en posiciones tónicas, frente a /e/, /o/ en posiciones átonas), que se examinan en el § 1.3.4b, se respetan en gran número de casos, por ejemplo en *hielo* > *helado*; *miel* > *meloso*; *tierra* > *terroso*; *viento* > *ventoso*, o en *escuela* > *escolar*; *fuego* > *fogoso*; *fuerza* > *forzoso*; *huevo* > *oval*, aunque existen excepciones como *fiebroso* (pero *febril*), *estruendoso, huesudo* o *suertudo*. Ambas soluciones alternan en *calentito* y *calientito, fiestero* y *festero, puertorriqueño* y *portorriqueño* (en el último par con preferencia por la primera variante). Cabe añadir la alternancia /en/ ~ /in/, que afecta a ciertos procesos del tipo N > A, como en *abdomen* > *abdominal*; *crimen* > *criminal*; *margen* > *marginal*; *origen* > *original*; *polen* > *polínico*; *virgen* > *virginal*; *volumen* > *voluminoso*.

7.1.3c   Son numerosas las alternancias consonánticas que se reconocen en la derivación adjetival. Entre otras, cabe destacar las siguientes:

ALTERNANCIA /s/ (/θ/en la mayor parte del español europeo) ~ /k/: *cerviz* > *cervical*; *voz* > *vocal*.

ALTERNANCIA /g/ ~ /k/: *agua* > *acuático*; *estómago* > *estomacal*.

ALTERNANCIA /g/ ~ /x/: *esófago* > *esofágico*; *mago* > *mágico*.

ALTERNANCIA /x/ ~ /g/: *cónyuge* > *conyugal*; *teología* > *teologal*.

ALTERNANCIA /t/ ~ /s/ o /θ/: *parte* > *parcial; torrente* > *torrencial.*

ALTERNANCIA /s/ o /θ/ ~ /t/: *caos* > *caótico; génesis* > *genético; acrobacia* > *acrobático; diplomacia* > *diplomático.*

7.2 Sufijos derivativos característicos de los adjetivos calificativos

7.2.1 El sufijo -*oso*/-*osa*

7.2.1a El sufijo -*oso*/-*osa* es uno de los más productivos entre los que forman adjetivos calificativos en el español contemporáneo. Se combina con bases léxicas de tres clases:

> BASE NOMINAL: *aceitoso, achacosa, airoso, amorosa, baboso, boscosa, cariñosa, espacioso, exitosa, furioso, generosa, giboso, mantecosa, mocoso, monstruosa, nuboso, ociosa, pecoso, perezosa, roñoso, rumbosa, seboso, valiosa, ventoso, vigorosa.*
>
> BASE VERBAL: *abundoso, acuciosa, apestoso, borrosa, caviloso, desdeñosa, empalagoso, gravosa, ostentoso, pegajosa, quejosa, rasposo, temerosa.*
>
> BASE ADJETIVAL: *grandioso, intelectualosa, rancioso, verdosa, voluntarioso.*

7.2.1b Presenta este sufijo algunas variantes: -*ajoso*/-*ajosa* (*quemajoso, pegajosa*); -*ioso*/-*iosa* (*laborioso, grandiosa*); -*uoso*/-*uosa* (*defectuoso, tempestuoso, afectuosa, respetuosa*). A su vez, algunos derivados en -*oso*/-*osa* ofrecen variantes en las bases léxicas (es decir, bases supletivas): como *sabr*- (de *sabor*) en *sabroso*, o *tenebr*- (base supletiva culta para *tiniebla*) en *tenebrosa*. Se explican algunas de ellas desde el análisis sincrónico por procesos de haplología (§ 1.3.4d y 7.1.2a), como *religioso*, a partir de *religi(on)-oso*; *infeccioso*, no **infeccionoso*; *amistosa*, no **amistadosa*; y en adjetivos de ámbito restringido como *bondoso, claridosa* o *habiloso.*

7.2.1c La paráfrasis que admiten con mayor naturalidad los adjetivos en -*oso*/-*osa* formados sobre una base nominal es 'que tiene N' (donde N representa el nombre del que se derivan): *ardorosa, arenoso, cuidadosa, envidioso, espumosa, miedoso, ojerosa, peligroso, piadosa, poderoso, rencorosa, seboso, talentosa*. Los diccionarios ofrecen a veces paráfrasis como 'que tiene N en abundancia' para algunos adjetivos de este grupo: *acuoso, baboso, caudalosa, rocosa*. La paráfrasis 'que tiene forma, tacto, consistencia o aspecto de N' es apropiada para adjetivos que expresan semejanza con las características de algo: *algodonoso, arcillosa, gelatinoso, mantecosa, sedoso*. Responden más bien a la interpretación 'que tiene tendencia a N' adjetivos como *belicoso, calurosa, chismoso, mentirosa* o *verdoso*. La paráfrasis 'que causa, produce, suscita o hace surgir N' agrupa asimismo un gran número de estos derivados, como *angustioso, asombrosa, bochornoso, borrascosa, calamitoso, calurosa, dudoso, embarazosa, enfadoso, enojosa, espantoso, estrepitosa, estruendoso, horrorosa, ruidoso*, etc.

7.2.1d Los adjetivos que responden a la pauta V-*oso* suelen admitir la paráfrasis 'que V': *apestoso, gastosa, picoso, resbalosa, silboso, suspirosa*. El mayor número de derivados en -*oso* corresponde a la base nominal, si bien no siempre resulta sencillo determinar en el análisis sincrónico el carácter nominal o verbal de la base. Así, *mentiroso* puede asociarse con *mentira* o con *mentir*, y algo semejante ocurre con *ansioso, contagiosa, costoso, dudosa, empalagoso, espantosa, estorboso, estudiosa, fatigoso, honrosa* o *lamentoso*. Varios de estos términos se emplean solo en ciertas áreas geográficas.

7.2.2   Los sufijos de grado extremo *-ísimo / -ísima, -érrimo / -érrima*

7.2.2a   Suelen analizarse con las construcciones superlativas los sufijos *-ísimo/-ísima* y *-érrimo/-érrima*. No obstante, como se explica en el § 45.5.1a, las palabras resultantes, llamadas SUPERLATIVOS ABSOLUTOS, no presentan en el español actual las propiedades que caracterizan sintácticamente a los demás superlativos, sino que se comportan como ADJETIVOS DE GRADO EXTREMO O ELATIVOS (§ 13.2.3).

7.2.2b   El sufijo *-ísimo/-ísima* aporta este significado de grado extremo a un gran número de adjetivos calificativos, como *bellísimo, contentísima, durísimo, gravísima, honestísimo, inteligentísima, larguísimo, lindísima, modestísimo, negrísima, oscurísimo* o *sencillísima*. También admiten este sufijo los adjetivos *mismo, primero* y *último*, unos pocos cuantificadores como *mucho, poco, cuanto* o *tanto*, y algunos adverbios como *temprano, tarde, pronto, despacio, deprisa* (cuyo derivado, *deprisísima*, mantiene la misma vocal final), *cerca* (> *cerquísima*, que también mantiene la vocal final), *lejos* (> *lejísimos* o *lejísimo* en algunas zonas). Lo rechazan, en cambio, muchos adjetivos cuando forman adverbios en *-mente*, con escasas excepciones: *brevísimamente, malísimamente, rarísimamente*. Un paradigma reducido de adjetivos en *-ísimo/-ísima* corresponde a tratamientos que se aplican a quienes ostentan determinados títulos y dignidades: *excelentísimo, ilustrísima, reverendísimo, serenísima*.

7.2.2c   Los derivados en *-ísimo/-ísima* presentan más alternancias de diptongación que las que se obtienen con otros sufijos. Aunque con predominio general de las formas diptongadas, alternan los pares siguientes:

> *ardentísimo ~ ardientísimo; bonísimo ~ buenísimo; calentísimo ~ calientísimo; certísimo ~ ciertísimo; destrísima ~ diestrísima; ferventísima ~ fervientísima; fortísima ~ fuertísima; grosísimo ~ gruesísimo; novísimo ~ nuevísimo; recentísimo ~ recientísimo; ternísima ~ tiernísima; valentísima ~ valientísima.*

Es variada la distribución geográfica y social de las distintas formas. Se suelen considerar populares o conversacionales *ciertísimo, fuertísimo* o *valentísima*, mientras que las variantes sin diptongación *ardentísimo, bonísimo* o *ferventísima* se sienten muy cultas.

7.2.2d   Eligen la variante *-císimo/-císima* muchos adjetivos terminados en *-n*, como *joven* (> *jovencísima*) o *bribón* (> *briboncísimo*), así como algunos terminados en *-dor* (*trabajador* > *trabajadorcísimo*, en alternancia con *trabajadorísimo*, que se considera menos recomendable) y en *-or* (*mayor* > *mayorcísima*). En cambio, en los adjetivos que terminan en /s/ (/θ/ en gran parte del español europeo), como *tenaz* o *eficaz*, o cuya base léxica termina en esa consonante (*dulc(e)* > *dulc-*), el sufijo no es *-císimo/-císima*, sino *-ísimo/-ísima*.

7.2.2e   Las bases supletivas son numerosas en estos derivados adjetivales. Son irregulares *sapientísimo* (de *sabio*), *antiquísima* (de *antigua*, frente a *antigüísima*, que no se recomienda), *frigidísimo* (de *frío*, menos usado que *friísimo*), *fidelísima* (de *fiel*, que alterna con *fielísima*) y *crudelísimo* (de *cruel*, menos usado que *cruelísimo*), los dos últimos más propios de la lengua culta. Los derivados en *-ísimo/-ísima* procedentes de adjetivos terminados en *-ble* (§ 7.4.3) presentan la variante *-bil-* en la base: *agradabilísimo, amabilísima, miserabilísimo, nobilísima, notabilísimo*.

7.2.2f   Suelen rechazar el sufijo *-ísimo/-ísima* los adjetivos terminados en *-ío*, como *sombrío* o *tardío* (aunque lo admite *frío: friísimo*), así como los terminados en *-uo*, si bien se documentan ocasionalmente *arduísimo* (de *arduo*), *ingenuísimo* (de *ingenuo*) o el no recomendable, *antigüísimo* (de *antiguo*). Resultan poco naturales también los derivados en *-ísimo/-ísima* de muchos adjetivos que poseen prefijos negativos (*anormal > anormalísimo; inapropiada > inapropiadísima; inútil > inutilísimo*), y de otros que ya han sufrido un proceso derivativo. Así sucede con los derivados de adjetivos en *-ble* pertenecientes al primero de los grupos citados en el § 7.4.3b, como **lavabilísimo* (frente a *amabilísimo*), y también con los formados sobre derivados en *-nte*: **insinuantísimo* (frente a *importantísimo*, cuya base no suele considerarse derivada en el análisis sincrónico). Por razones semánticas rechazan *-ísimo/-ísima* los adjetivos de relación (§ 13.2.2b), puesto que no denotan propiedades graduables, a menos que se reinterpreten como calificativos: *una canción popularísima, una costumbre mexicanísima, un monarca cristianísimo*: § 13.5.3d. Asimismo, los participios pasivos admiten el sufijo cuando han pasado a usarse como adjetivos (*afortunadísimo, celebradísima, pesadísimo, queridísima* o *refinadísimo*), pero también cuando adquieren usos casi atributivos dentro de perífrasis verbales, como en *Tenía preparadísimo el discurso*.

7.2.2g   Poseen significación expresiva los escasos sustantivos que admiten este sufijo: *campeonísimo, generalísimo* y otros que adquieren connotaciones burlescas, como *cuñadísimo, nietísima, vecinísimo*. El adjetivo *padrísimo*, con flexión de género, derivado del sustantivo *padre*, significa 'extraordinario' en las áreas mexicana y centroamericana: *Se hallaba en la parte vieja de la ciudad tomando cervezas con un grupo de gente padrísima* (Agustín, *Ciudades*).

7.2.2h   Eligen *-érrimo/-érrima* las bases supletivas de un buen número de adjetivos que contienen *r* en su última sílaba, como *acérrimo* (de *acre*), *aspérrima* (de *áspera*, menos usado que *asperísima*), *celebérrimo* (de *célebre*), *integérrimo* (de *íntegro*, junto a *integrísimo*), *libérrima* (de *libre*), *misérrimo* (de *mísero*), *nigérrima* (de *negro*, menos usado que *negrísima*), *paupérrimo* (de *pobre*, menos usado hoy que *pobrísimo*), *pulquérrimo* (de *pulcro*, de escaso uso, junto a *pulcrísimo*), *salubérrima* (de *salubre*).

7.2.3   Otros sufijos característicos de los adjetivos calificativos

7.2.3a   El sufijo *-ento/-enta* y su variante *-iento/-ienta* forman adjetivos que toman bases nominales y denotan la presencia en alguna persona o cosa de la noción designada por el sustantivo, a menudo con intensidad, extensión o abundancia, como en *polvorienta* ('llena o cubierta de polvo'). Algunos de estos adjetivos expresan la cualidad de tener, mostrar, sentir o manifestar dicha noción, como *hambriento* o *somnoliento*. Un grupo numeroso de ellos indican falta de limpieza, aseo o compostura en la persona o en la cosa, como en los siguientes derivados, muchos de extensión restringida:

> *angurriento* (de *angurria* 'voracidad'), *basurienta, ceniciento, granujiento* (de *granujo* 'grano'), *grasienta, gusaniento, harapienta, pelusienta* (usado en parte de las áreas andina y centroamericana), *pezuñento* (derivado de *pezuña*, usado en el Perú y otros países andinos), *piojento, pulguienta, sarniento* (también existe *sarnoso*), *trapienta*.

Se derivan de adjetivos *amarillento* ('que tiende al amarillo'), *avariento* y *flacuchento* (de *flaco*), este último usado en algunas áreas del español americano. Los adjetivos que contienen el segmento *-lento/-lenta* o *-liento/-lienta* son todos de origen latino: *corpulento, flatulento, fraudulenta, sanguinolenta, somnoliento* o *soñoliento, suculenta, truculento, virulenta*. Solo en algunos de ellos se percibe, desde el análisis sincrónico, la relación con su base nominal (*cuerpo, fraude, sangre, sueño*), por lo que no resulta claro que las demás voces de este grupo posean una estructura morfológica en el español actual.

7.2.3b   El sufijo *-udo/-uda* forma adjetivos que suelen aplicarse a personas o a animales que se destacan por el tamaño, el exceso, la desproporción o la malformación de alguna parte de su cuerpo. Véanse los siguientes ejemplos:

> *barbudo, bigotudo, cabelludo, cogotuda, dientuda, greñuda, hocicudo, huesuda, jetudo, juanetuda, lanudo, melenuda, mofletuda, morrudo, nalgudo, narigudo, orejudo, pantorrilludo, panzuda, patilludo, patudo, peluda, picudo, tripudo, trompudo, zancuda.*

También denotan exceso o abundancia, aunque en alguna otra magnitud, *confianzudo* ('que se toma excesiva confianza'), *cachazuda* (de *cachaza*) o *espinudo* ('espinoso, difícil', usado en Chile).

7.2.3c   Coincide el sufijo *-ón/-ona* con *-udo/-uda* en algunos de sus usos, aunque el primero se emplea más frecuentemente. Ambos alternan en pares como *barrigón ~ barrigudo; cabezón ~ cabezudo; panzón ~ panzudo*. El carácter despectivo que se asocia a este sufijo se reconoce en derivados de base verbal (V-*ón*), como *adulón, buscón, comilona, criticona, destrozón, dormilona* o *zumbón*, así como, a veces, en algunos adjetivos referidos a la edad de las personas, como *cuarentón, cincuentona* o *sesentón*, y también en derivados de ordinales, como *segundón* 'hijo segundo' y 'persona que ocupa un puesto de menor relevancia que otra'. Su empleo para la formación de aumentativos se describe en el § 9.3.1.

7.3   Sufijos derivativos característicos de los adjetivos de relación

7.3.1   Adjetivos gentilicios y derivados de antropónimos. Propiedades

7.3.1a   Los sustantivos que designan lugares pueden ser propios y comunes (§ 12.1.2a). Los primeros, llamados TOPÓNIMOS (§ 12.5.1b), dan lugar a los adjetivos

GENTILICIOS (*Nicaragua > nicaragüense*), que pueden ser también sustantivos. Estos adjetivos admiten la paráfrasis 'natural de N', pero también 'relativo o perteneciente a N', propia de los adjetivos de relación (*la política nicaragüense*). Entre los varios sufijos que forman estos adjetivos, los más comunes son los siguientes:

> *-aco / -aca: austríaco o austriaco; -ano / -ana: italiana; -ata: keniata; -eco / -eca: guatemalteco; -ego / -ega: manchega; -eno / -ena: chileno; -ense: bonaerense; -eño / -eña: limeña; -eo / -ea: europeo; -ero / -era: habanera; -és / -esa: cordobés; -eta: lisboeta; -i: iraní; -ín / -ina: mallorquina; -ino / -ina: granadino; -ita: israelita; -o / -a: rusa; -ol / -ola: español; -uno / -una: villavicenciuna.*

Los mismos sufijos suelen formar también adjetivos derivados de ANTROPÓNIMOS (§ 12.5.1a), sean estos nombres de pila (*Francisco > franciscano*), apellidos (*Cervantes > cervantino*) o sobrenombres (*Cid > cidiano*). Los apellidos derivados de nombres de pila, como *Fernández* (< *Fernán*), se llaman PATRONÍMICOS.

7.3.1b   No es posible prever el sufijo que se elige para formar el adjetivo gentilicio de cada nombre de lugar. Algunos topónimos reciben más de un adjetivo gentilicio, a veces usados en distintos contextos o en diferentes épocas (*brasilera* y *brasileña; salmantino, salamanquino* y *salmanticense*). A su vez, algunos sustantivos que designan ciudades o regiones del mismo nombre en países diferentes se distinguen por sufijos distintos:

> *guadalajareño* (de *Guadalajara,* España), frente a *guadalajarense* (de *Guadalajara,* México); *santafereña* (de *Santa Fe [de Bogotá],* Colombia), frente a *santafesina* (de *Santa Fe,* Argentina); de *Santiago* provienen *santiaguino* (de *Santiago [de Chile]*), *santiaguense* (de *Santiago [de los Caballeros],* República Dominicana), *santiagueño* (de *Santiago [del Estero],* Argentina), *santiaguero* (de *Santiago [de Cuba]*) y *santiagués* (de *Santiago [de Compostela],* España).

7.3.1c   Muchos adjetivos gentilicios se forman con bases supletivas, muy a menudo procedentes de antiguas denominaciones latinas o griegas, pero también de otro origen:

> *abulense* (de *Ávila,* España); *boricua, borincano, borinqueño* (de *Puerto Rico*); *lusitano* (de *Portugal*); *penquista* (de *Concepción,* Chile); *porteño* (de *Buenos Aires,* Argentina, o de *Valparaíso,* Chile); *regiomontano* (de *Monterrey,* México).

7.3.2   Sufijos característicos de adjetivos gentilicios y derivados de antropónimos

7.3.2a   El sufijo *-ano / -ana* se aplica a un gran número de gentilicios a partir de topónimos que designan ciudades, provincias, regiones, países o continentes:

> *africano, americana, araucano, astorgana, asturiano, australiana, bogotano, boliviana, castellano, colombiana, coreano, ecuatoriana, floridano, guineana, italiano, jamaicana, mexicano, montevideana, peruano, romana, temucano, toledana, troyano, zacatecana.*

Este mismo sufijo aparece también en muchos adjetivos no gentilicios derivados de nombres comunes de lugar, como *aldeano, ciudadana, hortelano, mundana, provinciano, serrana, urbano* o *villana* —algunos con usos calificativos y relacionales—, o bien en derivados de adverbios, como *cercano* o *lejana*. Se forman también con este sufijo adjetivos derivados de nombres propios de persona, sean de pila (*dominicano, gregoriana, virgiliano*) o apellidos (*copernicano, galileana, luterano*). El sufijo ofrece la variante *-iano/-iana* como en los gentilicios *bostoniano, ecuatoriana, sahariano*, y en derivados de nombres propios como *bolivariana, freudiano, lorquiana*, que no corresponde a los adjetivos en los que la vocal *-i-* pertenece a la base léxica, como *horaciano, murciano* o *veneciana*.

7.3.2b El sufijo *-ino/-ina* forma también un gran número de adjetivos gentilicios, como *andino, antofagastina, bilbaíno, fueguina, granadino, huancaína, neoyorquino, parisina, salmantino, sanjuanina* o *santafesina*, entre otros. Da lugar asimismo a adjetivos formados sobre antropónimos, como *carolino, cervantina, fernandino, gongorina, isabelino, paulina* o *vicentino*. Algunos de los adjetivos que se forman con este sufijo son calificativos y responden a la paráfrasis 'semejante a N o que posee las características de N', como *alabastrino, ambarina, coralino, cristalina* o *diamantino*. Otros son adjetivos de relación y admiten la paráfrasis, propia de estos, 'relativo o perteneciente a N', como *marino* o *matutina*, y también los formados sobre nombres de especies animales (*bovino, equina, felino, leonina, ovino, serpentina*). Varios de este último grupo admiten a veces usos calificativos, como en *agilidad felina*.

7.3.2c Forman asimismo un elevado número de adjetivos gentilicios los sufijos *-ense* (o su variante *-iense*), *-eño/-eña* y *-és/-esa*:

> ateniense, bonaerense, costarricense, lucense, morelense, nicaragüense, parisiense; angoleño, asunceña, caraqueño, hondureña, limeño, madrileña, panameño, puertorriqueña; aragonés, cordobesa, genovés, irlandesa, japonés, leonesa, libanés, tailandesa, tirolés.

Se forman igualmente con *-eño/-eña* y con *-és/-esa* algunos adjetivos derivados de nombres comunes de lugar, como *isleño, istmeño, lugareña, norteña, sureño, burgués* o *montés*, y otros procedentes de adverbios. Así, en diferentes países americanos, *arribeño* o *alteño* se aplican a la persona o la cosa que procede de las tierras altas, y *fuereño* o *afuereño* significan 'forastero'. Muestran bases léxicas supletivas *cingalés* (de Ceilán), *danés* (más usado que *dinamarqués*) y *finés* (que alterna con *finlandés*).

7.3.2d El sufijo *-eco/-eca*, que se asocia generalmente con el sufijo náhuatl *-ic* o *-tic*, se reconoce en muchos gentilicios mexicanos o centroamericanos, como *chiapaneco, chichimeca, cholulteco, cuzcatleca, guatemalteco, mazatleca, tamaulipeco, tepozteca, yucateco* o *zacateca*. Este sufijo se distingue de su homónimo *-eco/-eca*, de origen romance, que aparece en algunos adjetivos que designan defectos, como *chueco* 'patituerto' o *patuleco* 'con un defecto en los pies o en las manos'. Unos pocos adjetivos gentilicios se forman con el sufijo *-o/-a*, como *argentino, bosnia, chino, filipina, lituano, palestina, ruso* o *tucumana*. La terminación en *-o* se extiende a las bases léxicas del primer gentilicio en compuestos como *francocanadiense* o *italofrancés* (§ 11.4.2a). Son considerados tradicionalmente FORMACIONES REGRESIVAS los adjetivos y sustantivos *andaluz, alemán* o *inglés*, entre otros, que se asocian con *Andalucía, Alemania* e *Inglaterra* respectivamente. No obstante, entienden algunos morfólogos que el proceso morfológico se produce en la dirección opuesta, de forma que el gentilicio constituiría la base para formar el topónimo: *andaluz > Andalucía*.

7.3.3   Otros sufijos que forman adjetivos de relación

7.3.3a   Varios de los sufijos de este grupo forman derivados esdrújulos. Entre ellos figuran los siguientes, que comparten la terminación /iko/ – /ika/:

> -ICO / -ICA: *sílaba* (> *silábico*), *cilíndrico, mítica, napoleónico, patriótica, telefónico.*
>
> -ÁSTICO / -ÁSTICA: *orgía* (> *orgiástico*), *gimnástico.*
>
> -ÁTICO / -ÁTICA: *reuma* (> *reumático*), *temática, asmático, carismática, selvático.*
>
> -ÍFICO / -ÍFICA: *calor* (> *calorífico*), *científica, honorífico, beatífica.*
>
> -ÍSTICO / -ÍSTICA: *memoria* (> *memorístico*), *estilística, operístico, turística, urbanístico.*

7.3.3b   Los sufijos *-ar* y *-al* se combinan con bases nominales. La elección entre una y otra variante está en gran parte condicionada por un proceso de disimilación: se elige *-al* si la base contiene *r*, como en *astro* (> *astral*), *arbitral, bronquial, carnal, central, cerebral, comercial, contractual, craneal, departamental, hormonal, invernal, primaveral, procedimental, teatral, terrenal, tribal, universal* o *visceral*. Se elige en cambio *-ar* cuando la base contiene *l: alveolar, angular, capilar, ciliar, circular, ejemplar, escalar, familiar, globular, lanar, militar, molecular, muscular, ovular, polar, popular, pulmonar* o *solar*. Si la base incluye las dos consonantes, se tiene en cuenta la más cercana al sufijo, como en *larva > larval; sepulcro > sepulcral*. Cuando la base no contiene *l* ni *r*, suele elegirse *-al*, lo que muestra que es la opción más generalizada, como en *asnal, causal, conyugal, documental, estatal, estomacal, mundial, musical, naval, oval* o *penal*. Aparece incluso *-al* en algunos casos en que la base léxica contiene *l*, siempre que no sea el último fonema de la raíz, como en *colonial, filial, fluvial, global, legal* o *local*. Este sufijo posee las variantes *-ial* (*facial, mundial, parcial*) y *-ual* (*anual, manual, usual*).

7.3.3c   En los adjetivos derivados mediante *-al* o *-ar* son muy numerosas las bases supletivas de origen latino: *an-* para *año* en *anual; digit-* para *dedo* en *digital; estel-* para *estrella* en *estelar; fluv-* para *río* en *fluvial; leg-* para *ley* en *legal; mens-* para *mes* en *mensual* o *menstrual; ocul-* para *ojo* en *ocular; popul-* para *pueblo* en *popular*. En parte por influencia del inglés o del francés, el número de adjetivos derivados en *-al* ha crecido considerablemente en los últimos años, sobre todo en los ámbitos de la técnica, la ciencia, la economía y la publicidad. Son muestra de tal pujanza *delincuencial, experiencial, ficcional, fundacional, instrumental, observacional, ocupacional, promocional, situacional* o *vocacional*, entre otros muchos adjetivos. Algunos de los nuevos derivados alternan con adjetivos ya existentes (*opcional* con *optativo* o *potestativo; operacional* con *operativo; preferencial* con *preferente*) e incluso los desplazan en determinados contextos técnicos. Aun así, estos pares no resultan siempre equivalentes. Contrastan, por ejemplo, *emocional* 'relativo a las emociones' y *emotivo* 'que produce emoción'.

7.3.3d   Los adjetivos formados con el sufijo *-orio/-oria* (o sus variantes *-torio/-toria* y *-sorio/-soria*) casi siempre derivan de verbos de la primera conjugación: *clasificatorio, conciliatoria, condenatorio, declaratoria, indagatorio, inflamatoria, intimidatorio, obligatoria, respiratorio, vejatoria, violatorio*. Eligen la variante *-sorio/-soria* unos pocos verbos de la segunda y de la tercera conjugación (*suspensorio; disuasoria, divisorio, incisoria, persuasorio*). Entre los derivados de los pocos verbos de la tercera que eligen *-torio/-toria* están *definitorio, inhibitoria, inquisitorio, prohibitoria*. Algunos de los adjetivos en *-orio/-oria* pertenecen al lenguaje jurídico (*defraudatorio, derogatoria*). Se ha propuesto la pauta N-*orio* para unos pocos adjetivos, como *ilusoria* (< *ilusión*), *meritorio* (< *mérito*), *previsorio* (< *previsión*), *promisoria* (< *promesa*) o *provisorio* (< *provisión*).

7.3.3e   Frente a *-orio/-oria* el sufijo *-ario/-aria* tiende a formar adjetivos a partir de bases nominales, a menudo sustantivos que contienen el sufijo *-mento*, como en los cinco últimos ejemplos de abajo:

> *arancelario, bancaria, domiciliario, estatutaria, hipotecario, imaginaria, inflacionario, parasitaria, partidario, presupuestaria, protocolario, tributaria, universitario; alimentaria, complementario, parlamentaria, reglamentario, sacramentaria.*

Muchos adjetivos derivados mediante *-ario/-aria* presentan irregularidades morfológicas que requieren, como en el caso de otros sufijos cultos, de bases supletivas. Así ocurre en *consuetudinario* (de *costumbre*), *culinario* (de *cocina*), *gregario* (de *grey*), *legendaria* (de *leyenda*) o *portuaria* (de *puerto*). Los derivados en *-tario/-taria* de sustantivos en *-tad* o en *-dad* sufren una alteración en el final de su base, como en *voluntario* (de *voluntad*) o *comunitaria* (de *comunidad*). Algunos adjetivos de este grupo se derivan de adjetivos numerales, como *secundario* (de *segundo*) o *centenaria* (de *cien*).

7.3.3f   El sufijo *-ero/-era* forma adjetivos gentilicios (§ 7.3.1a), pero también otros adjetivos de relación, especialmente los derivados de sustantivos que designan materias o productos comerciales, industriales o agrícolas, como en *industria sedera, central lechera, puerto pesquero, exportación cafetera* o *producción algodonera*. Al mismo grupo corresponden otros como *aduanero, caminero, costera* u *hotelera*. Este sufijo se halla también en adjetivos calificativos de valor despectivo, como *embustero, faldero, populachera, traicionera*. Tales matices no se reconocen en sus bases nominales en *arrabalero, politiquero, teatrera* o *zarzuelera*. Son también calificativos algunos adjetivos que expresan afición por ciertas actividades, generalmente lúdicas o expansivas, como *futbolero, viajera, festero* o *fiestero* o *casera*. Funcionan como calificativos otros adjetivos, en principio de relación, cuando expresan gusto o afición por alimentos, como los que aparecen en *ser alguien muy {cafetera ~ cervecero ~ dulcera}*.

7.3.3g   El sufijo *-ista* forma una larga serie de adjetivos que, usados como sustantivos de persona, designan al que ejerce alguna profesión u oficio (*electricista*), al que sostiene alguna actitud o creencia (*machista*), al que practica ciertos hábitos (*laísta, yeísta*) o al que es defensor, impulsor o partidario de ideas, tendencias o movimientos (*cubista, estalinista, historicista, modernista, pacifista, vanguardista*).

Muchos derivados que reciben la interpretación general de '(persona) partidaria de' se relacionan con un sustantivo que responde al esquema N-*ismo*, más que con el nombre de su base. Así, *pacifista* se asocia morfológicamente con *pacifismo* de forma más clara que con *paz* (§ 6.2.3c). Como sucede con los gentilicios, muchos adjetivos en -*ista* modifican a sustantivos no personales. Reciben, además de las interpretaciones señaladas, la más característica de los adjetivos de relación ('relativo o perteneciente a'), como en *reforma clasicista, monasterio budista* o *medida inflacionista*.

7.3.3h   Los adjetivos derivados en -*ivo*/-*iva* tienen bases verbales (*decorar* > *decorativo*) o nominales (*deporte* > *deportivo*). Este sufijo está siempre precedido de las consonantes -*t*- o -*s*-. En algunas voces, como *abortivo, defensivo* o *impulsivo*, ambas derivaciones son posibles desde el punto de vista sincrónico, e incluso alternan las paráfrasis correspondientes: *mecanismo defensivo* 'de defensa' (con sustantivo), frente a *un libro ofensivo* 'que ofende' (con verbo). La -*t*- o la -*s*- pertenecen unas veces a la base (*deporte* > *deportivo*), pero no otras (*llamar* > *llamativo*). Se ajustan al esquema V-*a-tivo* muchos adjetivos derivados de verbos de la primera conjugación, como *administrativo, afirmativa, alternativo, calificativa, educativo, indicativa, llamativo, narrativa* o *pensativo*. Responden a las pautas V-*i-tivo*, V-*tivo* o V-*sivo* varios adjetivos formados sobre verbos de la tercera conjugación, como *competitivo, intuitiva; atributivo, contributiva; agresivo* o *permisiva*. Los verbos de la segunda, por su parte, suelen elegir las variantes en -*sitivo*/-*sitiva* cuando terminan en -*poner* (*compositivo, expositiva*), en -*ctivo*/-*ctiva* cuando acaban en -*traer* (*atractivo, contractiva*) o en -*sivo*/-*siva* si terminan en -*nder* (*comprensivo, defensiva*). Algunos adjetivos, como *auditivo, cualitativa, delictivo, dubitativa*, entre otros, requieren bases supletivas en el análisis sincrónico.

7.4   Sufijos de sentido activo y de sentido pasivo

Una serie de derivados adjetivales se caracterizan por tener un claro sentido activo o pasivo independientemente de su naturaleza calificativa o relacional. En los apartados que siguen se analizarán los principales sufijos que los forman.

7.4.1   El sufijo -*dor*/-*dora*

La mayor parte de los derivados que siguen la pauta N-*dor* / -*dora* son sustantivos: *aguador, aviador, leñador, viñador* (§ 6.2.1); en cambio suelen ser adjetivos los que responden al esquema V-*dor* / -*dora*, derivados de verbos de las tres conjugaciones:

> DE LA PRIMERA CONJUGACIÓN: *cegador, clasificadora, encantador, evocadora, madrugador, purificadora, revelador, voladora.*
>
> DE LA SEGUNDA CONJUGACIÓN: *acogedor, conmovedora, ensordecedor, estremecedora, perdedor, poseedora, rompedor.*
>
> DE LA TERCERA CONJUGACIÓN: *aturdidor, confundidora, consumidor, cumplidora, medidor.*

Se obtienen numerosas formas alternantes del sufijo, por ejemplo -*sitor*/-*sitora* para los verbos en -*poner* (*compositor, expositora, opositor*) o -*tor*/-*tora* para los verbos en -*ducir* y -*venir* (*conductor, introductora, productor; contraventor, interventora*). Como en los derivados en -*ción*, pueden suponerse raíces supletivas en lugar de alomorfos de los sufijos. Así, algunos morfólogos entienden que a *descriptor* corresponde en el análisis sincrónico la segmentación *descript-or* (con raíz compartida por *descript-ivo*), pero otros entienden que la segmentación *descrip-tor* permite la misma raíz que se obtiene en *descrip-ción*. Casi todos los derivados que se ajustan al esquema V-*dor* admiten la paráfrasis 'que V', con interpretación activa (*personal investigador* 'que investiga'), pero en algunos contextos resulta más natural la paráfrasis con sustantivos (*labor investigadora* 'relativa a la investigación').

7.4.2   El sufijo -*nte*

7.4.2a   Se forman en español un gran número de adjetivos derivados en -*nte* que mantienen la terminación de los antiguos participios de presente, aunque no siempre sus propiedades gramaticales. El sufijo presenta variantes en -*ante*, -*ente* y -*iente*:

> -ANTE: *abundante, agobiante, cambiante, demandante, distante, edificante, firmante, gratificante, intrigante, ocupante, picante, preocupante, sedante, tocante, variante*, todos a partir de verbos de la primera conjugación.
>
> -ENTE: *absorbente, convincente, decadente, emergente, excedente, precedente, procedente, sorprendente*, sobre verbos de la segunda conjugación; *coincidente, concurrente, exigente, reincidente, residente, urgente*, sobre verbos de la tercera.
>
> -IENTE: *complaciente, condescendiente, contendiente, correspondiente, creciente, dependiente, doliente, naciente, perteneciente*, a partir de verbos de la segunda conjugación; *combatiente, durmiente, escribiente, hiriente, maldiciente, proveniente, sirviente, sonriente*, sobre los de la tercera.

Como se ve, la terminación -*ante* es característica de la primera conjugación, pero es difícil prever la terminación -*ente* o -*iente* en los adjetivos derivados de verbos de la segunda y de la tercera. Existen casos de doble solución, como *ascendente* y *ascendiente, tendente* y *tendiente, adquirente* y *adquiriente*. Los adjetivos derivados en -*nte* se forman en el español actual sobre los temas verbales de pretérito, característicos del gerundio. Se dice, por tanto, *durmiente*, como *durmiendo*, no **dormiente; siguiente*, no **seguiente; sirviente*, no *serviente. Desde el análisis sincrónico se postulan bases alternantes por haplología (§ 1.3.4d) en la derivación de *carente* (frente al menos usado *careciente*), *obediente* (no *obedeciente) o *permanente* (no *permaneciente). En otros casos se perciben alternancias vocálicas (*convincente*, no *convencente) o consonánticas (*mendicante*, no *mendigante).

7.4.2b   El funcionamiento gramatical de los adjetivos en -*nte* no coincide por completo con el que corresponde a los antiguos participios de presente, que desaparecieron pronto en español. Tales formas mantenían en la lengua medieval propiedades estrictamente verbales. Admitían, por ejemplo, complemento directo, como en *Ya passava el agradable*/*mayo, mostrante las flores* (Santillana, *Triumphete*); [...] *que ella preste a ti las manos suyas trayentes lumbre* (Rodríguez Padrón, *Bursario*).

En cambio, los actuales adjetivos en *-nte* construyen con la preposición *de* el argumento que corresponde al complemento directo del verbo de origen, como en *ignorante de lo que ocurría* (frente a *ignorar lo que ocurría*) o en *amante de la paz* (frente a *amar la paz*). Aun así, conservan la preposición seleccionada por el complemento preposicional en *proveniente de otro lugar* (como *provenir de*), *equivalente a esa cantidad, carente de recursos, asistentes al acto, consistente en una jugosa suma.* El adjetivo *distante* mantiene en parte sus propiedades verbales en expresiones como *distante varios kilómetros de la ciudad.*

7.4.2c   Mientras que los derivados mediante el sufijo *-dor / -dora* suelen caracterizar a la persona o la cosa que participa activa o frecuentememte en alguna acción (*contaminador, estimuladora, vividor, voladora*), los derivados en *-nte* expresan alguna propiedad inherente o característica de algo o alguien (*contaminante, estimulante, viviente, volante*). Los dos tipos de derivados se adaptan mal, por otra parte, a la expresión de propiedades episódicas o circunstanciales, por lo que suelen construirse con el verbo *ser: ser {abundante ~ emocionante ~ ahorradora ~ emprendedor}.*

7.4.3   El sufijo *-ble*

7.4.3a   En su interpretación más productiva, el sufijo *-ble* tiene sentido pasivo y modal. Así, *traducible* admite la paráfrasis 'que puede ser traducido'. Estos adjetivos se construyen en español sobre temas de participio (§ 27.7.4c). El sufijo va precedido por la vocal *-a-* en los derivados de la primera conjugación (*transport-a-ble*) y por *-i-* en los de la segunda (*tem-i-ble*) y la tercera (*reduc-i-ble*). Las bases léxicas de los adjetivos en *-ble* presentan variantes supletivas en casos como *reducible ~ reductible; visible* (no **veíble*); *factible* (no **hacible*). Los derivados con bases alternantes pueden tener significados diferentes, como *legible* e *ilegible*, que se refieren a las condiciones materiales que permiten la lectura de algo (*una letra diminuta, casi ilegible*), frente a *leíble*, que admite interpretaciones más amplias. Abundan los adjetivos en *-ble* que contienen prefijos negativos (*in-V-ble*): *indudable, inmutable, inolvidable, insondable, invencible,* a menudo de uso más frecuente que las correspondientes formas no prefijadas.

7.4.3b   Se reconocen dos grupos morfológicos de adjetivos derivados en *-ble*:

A. Los que se consideran formas derivadas desde el punto de vista de la morfología sincrónica: *abarcable, atacable, atribuible, canjeable, comprensible, exigible, lavable, masticable, recuperable, reducible, sobornable, transportable, vendible, verificable.*

B. Los que no se consideran palabras derivadas en el análisis sincrónico, si bien sus étimos lo eran en latín: *afable, amable, amigable, considerable, entrañable, estable, flexible, formidable, impecable, implacable, miserable, probable, sensible, susceptible.*

Los adjetivos del segundo grupo no se sienten como derivados en el español actual, por lo que no admiten paráfrasis pasivas del tipo 'que puede ser + *participio*'. Así, *amable* no se interpreta como 'que puede ser amado', sino como un adjetivo simple. Sin embargo, algunos adjetivos del segundo grupo pasan ocasionalmente al primero, siempre que los verbos que corresponden a sus bases existan en el español actual. Por ejemplo, junto a *un viaje improbable* ('que seguramente no tendrá lugar', grupo segundo), se obtiene *una afirmación absolutamente improbable* ('imposible de probar', grupo primero). Asimismo, junto a *una altura considerable* ('significativa, de cierta importancia', grupo segundo), puede hablarse de *una oferta solo considerable en determinadas circunstancias* (es decir, 'sujeta a consideración', grupo primero).

7.4.3c   Los adjetivos del primer grupo presentan comportamientos sintácticos que los vinculan con el verbo transitivo de la base. Pueden, por ejemplo, ser modificados por adverbios en *-mente*. Contrastan así *fácilmente transportable* o *difícilmente evitable* con **fácilmente amable* (grupo segundo). Admiten también otros complementos circunstanciales, como los de lugar (*transportable en un vehículo adecuado*) y los de modo (*lavable con mucho cuidado*), además de complementos agentivos encabezados por la preposición *por*, sobre todo si son genéricos, como en *políticos corruptos sobornables por cualquiera que tenga algo sustancioso que ofrecer; un jeroglífico descifrable solo por expertos muy cualificados*, o en *Martí no era, como Heredia, Saco o Varona, o incluso la totalidad del proceso intelectual cubano, abarcable por un solo investigador* (Vitier, *Sol*). Solo estos adjetivos HEREDAN (§ 27.7.4c) ciertos complementos del verbo correspondiente a su base, como los de régimen preposicional en *extraíble del subsuelo* (como *extraer del subsuelo*), *canjeable por bonos, comparable a los demás, reproducible en otro formato, preferible a cualquier otro, visible desde la colina*.

7.4.3d   Los adjetivos del segundo grupo, en cambio, carecen de las propiedades sintácticas mencionadas en el apartado anterior porque no son formas derivadas en el análisis sincrónico. Estos adjetivos suelen admitir de manera natural la derivación de sustantivos (*afabilidad, amabilidad, flexibilidad, probabilidad, sensibilidad*), mientras que los del primer grupo lo hacen solo excepcionalmente (*la recuperabilidad de las pérdidas, la indestructibilidad de un material*). Por otra parte, los del primer grupo suelen rechazar el sufijo *-ísimo* (**traducibilísimo, *transportabilísimo*), mientras que los del segundo tienden a aceptarlo: *amabilísimo, notabilísimo* (§ 7.2.2f).

7.4.3e   La base verbal de un grupo pequeño de derivados en *-ble* corresponde a un verbo intransitivo, pronominal o no: *agradable* ('que agrada'), *durable* ('que dura'), *flotable* ('capaz de flotar'), *incansable* ('que no se cansa'), *inservible, irritable, perdurable, soluble, variable*. Aunque estos adjetivos no admiten paráfrasis con formas pasivas, a diferencia de los del grupo primero, se relacionan semánticamente con los verbos de su base en la morfología sincrónica, frente a los del grupo segundo. Especialmente escasos son los adjetivos en *-ble* asociados con verbos intransitivos que se construyen con complementos preposicionales, sean de régimen o no:

> *ciudades vivibles* ('en las que se puede vivir'); *una persona fiable* ('de la que es posible fiarse'); *cuestiones opinables* ('sobre las que puede opinarse'); *un río navegable* ('en el que puede navegarse'); *suelo edificable* ('sobre el que se puede edificar').

7.4.3f   A los adjetivos que siguen la pauta general V-*able* se suman en el español general unos pocos que se ajustan a la pauta N-*able* (*confortable, favorable, saludable*). En la lengua actual se extienden los adjetivos derivados en *-ble* con bases sustantivas que designan cargos, profesiones o dignidades (*alcaldable, papable, presidenciable*), con el sentido aproximado de 'candidato a N', 'que puede llegar a ser N' o 'posible N'.

7.4.4   Los sufijos *-dero/-dera* y *-dizo/-diza*

7.4.4a   También el sufijo *-dero/-dera* presenta sentido pasivo. Este sufijo está en retroceso en la lengua actual, que lo ha sustituido en muchos casos por *-ble*. Así, *factible* sustituye a *hacedero* ('que puede hacerse'), *pagable* a *pagadero* (*una cantidad pagadera en seis plazos*) y *vivible* a *vividero* ('donde se puede vivir').

7.4.4b   Aunque de productividad mucho más reducida que las formas en *-ble,* los adjetivos en *-dizo/-diza* pueden parafrasearse, como ellas, mediante verbos pronominales o a través de fórmulas que muestran el sentido pasivo que les suele corresponder: *arma arrojadiza* ('apta para ser arrojada'), *puente levadizo* ('que puede ser levantado'), *enamoradizo* ('que tiende a enamorarse'). Estos adjetivos se forman sobre temas de infinitivo, por lo que se distinguen en ellos las tres vocales temáticas: *resbal-a-dizo, mov-e-dizo, hu-i-dizo*. Se diferencian, pues, en este punto, de los adjetivos en *-ble*, que solo muestran dos temas participiales (*transportable, movible, traducible:* § 7.4.3a). Mientras que *-ble* expresa posibilidad o capacidad, el sufijo *-dizo* indica 'propensión o tendencia', y se combina especialmente con verbos pronominales que denotan cambio (*cambiadizo, mudadizo, tornadizo*) o movimiento (*corredizo, huidizo, rodadizo*). Ese significado básico característico de *-dizo* se reconoce también en los adjetivos derivados en *-izo/-iza* sobre bases nominales y adjetivales (§ 7.5.1d).

7.5   Otros sufijos adjetivales

Como los de la sección anterior, los adjetivos considerados en esta pueden ser relacionales o calificativos.

7.5.1   Los sufijos *-oide, -esco/-esca, -il, -izo/-iza, -uno/-una*

7.5.1a   En el lenguaje científico se usa el sufijo *-oide* combinado con bases nominales, para formar adjetivos que admiten paráfrasis como 'que se parece a N' (*esquizoide, humanoide, linfoide, zooide*) o 'de forma de N' (*esferoide, romboide, trapezoide*). Del lenguaje científico ha pasado a la lengua común en adjetivos calificativos de intención despectiva, como *fascistoide, infantiloide* o *sentimentaloide*.

7.5.1b   El sufijo *-esco/-esca,* de origen italiano, alterna los usos relacionales (*la poesía juglaresca* 'de los juglares') con los calificativos, propios especialmente de algunos adjetivos derivados de antropónimos (*cantinflesco, celestinesco, donjuanesco, goyesco, quevedesco, quijotesco*). Otros hacen referencia a lo artificioso o enredado (*versallesco* 'muy cortés y afectado', *libresca, novelesco, folletinesca, detectivesco, abogadesca*), o a lo que resulta fingido, extravagante o poco natural, como *caricaturesco, canallesca, carnavalesco, grotesca, rocambolesco* o *matonesca: Trabó amistad e intercambió confidencias con el par de caudillos de la caterva truhanesca e histriónica* (Mujica Lainez, *Escarabajo*).

7.5.1c El sufijo -*il* forma adjetivos calificativos y relacionales, sobre todo a partir de nombres de persona (*estudiantil, infantil, juvenil, muchachil, varonil*), pero a veces también con otras bases (*concejil, textil*). Algunos tienen connotación despectiva, como *borreguil, monjil* o *ratonil,* que puede estar presente en su misma base léxica: *caciquil, gansteril* o *servil.*

7.5.1d El sufijo -*izo* / -*iza* comparte con -*dizo* / -*diza* el significado básico de 'propensión o tendencia'. Los adjetivos que forma se construyen sobre bases nominales (N-*izo* / -*iza*), como *cobrizo* 'parecido al cobre en el color', *pajizo, calizo* o *antojadiza,* o bien adjetivales, como *rojizo* o *enfermiza.*

7.5.1e El sufijo -*uno* / -*una* alterna los usos calificativos con los relacionales. Los adjetivos que se ajustan a la primera interpretación suelen admitir la paráfrasis 'semejante a N' y tienden a ser despectivos: *aspecto caballuno* 'aspecto de caballo', *una mujer hombruna, moruno, frailuno.* Los que responden a la segunda suelen expresar la pertenencia a un grupo o una clase. Destacan entre ellos los derivados de nombres de animales (*cabruno, cebruno, conejuno, ovejuno, perruna, zorruna*), y algunos tienen acepciones como adjetivos calificativos.

7.5.2 Sufijos adjetivales de uso más restringido

Existen otros sufijos que forman adjetivos, pero son menos frecuentes y se usan en contextos más restringidos. Entre ellos figuran -*iego* / -*iega* (*mujeriego*); -*icio* / -*icia* (*alimenticia*); -́*eo* / -́*ea* (*arbóreo*); -*áceo* / -*ácea* (*gallinácea*) y -*áneo* / -*ánea* o -*íneo* / -*ínea* (*cutáneo, rectilínea*). Por otra parte, un buen número de participios se usan también como adjetivos en diversos contextos, como se señala en el § 27.7.4.

7.6 La derivación adverbial

7.6.1 El sufijo -*mente:* entre la derivación y la composición

De entre los elementos usados en latín para formar expresiones adverbiales, el que triunfó en las lenguas romances fue *mente,* ablativo de *mens, mentis,* que significaba 'mente, pensamiento' y también 'ánimo, intención'. A pesar de que -*mente* se suele considerar un sufijo con el significado 'de manera' (*lealmente* 'de manera leal'), mantiene algunas de las propiedades que tuvo como unidad léxica independiente, por lo que se asimila en parte a los elementos compositivos de la lengua actual. Así, la base léxica sobre la que -*mente* incide mantiene un acento secundario: *l*[è]*ntam*[é]*nte,* no **lentam*[é]*nte,* frente a *lentit*[ú]*d,* no **l*[è]*ntit*[ú]*d.* Por otra parte, cuando un adverbio en -*mente* está cuantificado (*muy lentamente*), el cuantificador se agrupa semánticamente con el adjetivo y deja fuera al segmento -*mente: muy lentamente* significa, en efecto, 'de manera muy lenta', en lugar de 'muy de manera lenta'. Por otra parte, es femenino el género de las bases a las que -*mente* se agrega, consecuencia natural del género del sustantivo *mente*: *tranquila-mente*. Por último, -*mente* tiende a elidirse en los grupos coordinados (*lisa-ø y llanamente*), así como en las comparaciones de igualdad y desigualdad: *Cumplió sus gustos tan torpe como públicamente, en menoscabo de la autoridad del rey* (Cervantes, *Persiles*); *Dijo que el Presidente ha ejercido un liderazgo que se ha reconocido más internacional que nacionalmente* (*Tiempo* [Col.] 2/1/1990).

7.6.2   Adjetivos que admiten el sufijo adverbial -*mente*

Se forma en español un gran número de adverbios en -*mente* derivados de adjetivos calificativos: *limpiamente, públicamente, ruidosamente, sensatamente*. Sin embargo, no todos los adjetivos calificativos lo admiten. Así, fuera del lenguaje poético, no suelen aceptarlos los adjetivos de color, a diferencia de los que expresan grados de luminosidad (*claramente, luminosamente, oscuramente*). Algunos de los que denotan tamaño, como *enorme, estrecho* o *largo*, solo los admiten en ciertos usos figurados (*largamente esperado, estrechamente unidos*). En general, los adjetivos que denotan estadios episódicos son menos proclives a formar adverbios en -*mente* que los que designan cualidades intrínsecas, propias o caracterizadoras de las personas o las cosas. Por esta razón no suelen dar lugar a estos adverbios adjetivos como *borracho, descalzo, enfermo, lleno, maduro* y otros muchos que admiten *estar*. Los adjetivos en -*ble* solo se combinan con -*mente* cuando pertenecen al segundo de los grupos mencionados en el § 7.4.3b: se dice *amablemente, sensiblemente*, pero no **alcanzablemente, *transportablemente*. También rechazan -*mente* los adjetivos que contienen sufijos de grado extremo (§ 7.2.2) y los participios pasivos (**aprobadamente, *traducidamente*), a menos que se interpreten como adjetivos calificativos: *acertadamente, cansadamente, continuadamente*. Los adjetivos relacionales solo suelen aceptar -*mente* cuando se usan como calificativos (*tratar a alguien diplomáticamente, escribir literariamente*), cuando equivalen a 'desde el punto de vista + adjetivo' (§ 30.8.2), como en *eléctricamente, parlamentariamente, técnicamente*, o cuando admiten otras interpretaciones cercanas: *alfabéticamente* 'en orden alfabético'; *paralelamente* 'con relación de paralelismo'; *químicamente* 'según los principios de la química'.

8 La derivación verbal

8.1 Introducción

8.1.1 Concepto de derivación verbal

Se entiende por DERIVACIÓN VERBAL la que permite formar nuevos verbos a partir de otras categorías, por lo general —aunque no exclusivamente— sustantivos y adjetivos: *batalla > batallar; claro > clarificar*. En este capítulo se usará un concepto amplio de derivación que incluye no solo los procedimientos de formación de palabras por medio de afijos simples (como en *almidon-ar*), sino también los que recurren simultáneamente a un prefijo y a un sufijo, procedimiento denominado PARASÍNTESIS (§ 1.3.2c). Así, para obtener *a-boton-ar* se añade a *botón* el afijo discontinuo *a-...-ar*.

8.1.2 Sincronía y diacronía en la derivación verbal

8.1.2a La derivación verbal, como la que corresponde a otras categorías, puede analizarse desde el punto de vista SINCRÓNICO o desde el DIACRÓNICO. Como se explica en los § 1.3.3, 5.1.3 y 7.1.1, mientras que en el diacrónico se tienen en cuenta la etimología y los procesos históricos que condicionan la evolución de las palabras, el análisis sincrónico se apoya fundamentalmente en la existencia de relaciones entre la base y el derivado que se suponen presentes en la conciencia lingüística de los hablantes. Desde la morfología sincrónica se considera, por ejemplo, que *remediar* deriva de *remedio*, como *obsequiar* de *obsequio;* mientras que desde el enfoque diacrónico se entiende que uno y otro son casos muy diferentes, puesto que *remediar* procede del verbo latino *remediāre*, y, en cambio, *obsequiar* se forma en español. Por otra parte, desde una perspectiva diacrónica, *clavetear* se segmenta en la forma *clavet-ear* porque parece proceder de *clavete,* mientras que desde un punto de vista sincrónico son aceptables las segmentaciones *clav-etear* y *clav-et-ear* (ambas obtenidas a partir de *clavar*). El resultado pertenece, pues, al mismo paradigma que *repicar* y *repiquetear.* Otra diferencia notable entre ambos enfoques afecta a la DIRECCIÓN del proceso derivativo. La morfología diacrónica se apoya en la datación de las voces examinadas. Este criterio apoya el orden *cuchichear* > *cuchicheo*, pero favorece la dirección inversa en *deseo* > *desear*. Desde el punto de vista de la morfología sincrónica es más importante tener en cuenta las pautas morfológicas que se reconocen en el español actual y la relación semántica percibida entre la base y el derivado, lo que no impediría que la dirección del proceso fuera la misma en ambos casos.

8.1.2b Se postulan a menudo en la morfología sincrónica BASES ALTERNANTES O ALOMÓRFICAS (§ 1.3.3) para explicar una parte de las irregularidades de los procesos derivativos, por ejemplo *naveg-* para *nave* en *naveg-ar; raig-* para *raíz* en *a-rraig-ar; cabalg-* para *caballo* en *cabalg-ar*. Es también habitual acudir a SUFIJOS ALTERNANTES, como las variantes *-etear* y *-otear* para recoger la relación semántica que parece existir entre *corretear* y *manotear*, si bien los segmentos *-et-* y *-ot-* pertenecen a la base desde el punto de vista histórico. Tales alternancias tienen a veces su origen en la convivencia de formas CULTAS, tomadas directamente del latín, con formas PATRIMONIALES que han experimentado la evolución habitual, como ocurre con *coagular ~ cuajar; fustigar ~ hostigar; liberar ~ librar; ondular ~ ondear*, o con el sufijo *-ble* y su variante culta *-bil-: estable* > *estabilizar; responsable* > *responsabilizar*, etc.

8.1.2c Como en otros tipos de derivación, en esta gramática se optará por la perspectiva sincrónica en el estudio de la derivación verbal, sin olvidar por ello los factores históricos que condicionan las irregularidades fundamentales.

8.2 Clases de verbos derivados

8.2.1 Clases de verbos desde el punto de vista de la categoría de su base

Atendiendo a la clase de palabras a la que corresponde su base, los verbos derivados se dividen en los siguientes grupos: verbos CON BASES SUSTANTIVAS o verbos DENOMINALES (*abotonar, almidonar*), verbos CON BASES ADJETIVALES o verbos DEADJETIVALES (*entristecer, limpiar*), verbos CON BASES VERBALES o verbos DEVERBALES (*canturrear, parlotear*) y verbos CON BASES ADVERBIALES o verbos DEADVERBIALES (*adelantar, alejar*). Existen también en la derivación verbal algunas BASES INTERJECTIVAS (*jalear* < *hala; pordiosear* < *por Dios*), e incluso algunos verbos derivados sobre BASES PRONOMINALES (*apocar, ningunear, tantear, tutear, vosear*) o sobre GRUPOS SINTÁCTICOS (*ensimismar* < *en sí mismo*).

8.2.2 Clases de verbos atendiendo a la unión entre raíz y afijo

Según este criterio, la derivación verbal puede ser INMEDIATA O MEDIATA. En la inmediata, la vocal temática se une directamente a la raíz. Si esta termina en vocal, la pierde: *alegr(e)-ar*. En la derivación verbal mediata, se intercala entre la raíz y el afijo derivativo un interfijo, como se ve en *palid(o)-ec-er*, o una vocal, como en *escas(o)-e-ar*. No obstante, estos elementos intercalados se suelen considerar parte del afijo derivativo, lo que da lugar a las segmentaciones *palid(o)-ecer, escas(o)-ear*. Esta pauta simplificadora es la que se adoptará aquí.

8.2.3   Clases de verbos atendiendo a la relación formal entre base y morfema

Atendiendo a las pautas morfológicas sobre las que se forman los verbos, cabe hablar de DERIVACIÓN POR SUFIJACIÓN y de DERIVACIÓN POR PARASÍNTESIS.

8.2.3a   Los esquemas fundamentales de la DERIVACIÓN POR SUFIJACIÓN se detallan en la lista que sigue. Como en otros capítulos, se usará A para identificar las bases adjetivales, ADV para las adverbiales y N para las nominales. Las pautas más productivas son las formadas por los afijos *-ar, -ear, -izar* e *-ificar:*

A-*ar* (*limpiar*)	N-*ar* (*almacenar*)	V-*etear* (*repiquetear*)
A-*ear* (*escasear*)	N-*ear* (*agujerear*)	V-*itar* (*dormitar*)
A-*ecer* (*palidecer*)	N-*ecer* (*favorecer*)	V-*otear* (*pisotear*)
A-*ificar* (*clarificar*)	N-*ificar* (*estratificar*)	
A-*itar* (*debilitar*)	N-*izar* (*cristalizar*)	
A-*izar* (*movilizar*)	N-*uar* (*conceptuar*)	ADV-*ar* (*adelantar*)

8.2.3b   Un grupo muy numeroso de verbos derivados presenta una estructura PARASINTÉTICA que consiste en la aplicación simultánea de un prefijo y un sufijo, como en *a-tont-ar, en-sombr-ecer.* En estos casos la base léxica no forma palabra con el sufijo (no existen **tontar* ni **sombrecer*) ni con el prefijo (tampoco existe el adjetivo **atonto* ni el sustantivo **ensombra*). En consecuencia, no son casos de parasíntesis, sino solo de prefijación (por lo que se estudian en el § 11.2.1d), *re-considerar,* ya que existe *considerar,* o *des-enterrar,* derivado de *enterrar.* Los esquemas parasintéticos fundamentales son los siguientes:

a-A-*ar* (*aclarar*)	*en*-A-*ar* (*ensuciar*)	*des*-N-*ar* (*descabezar*)
a-ADV-*ar* (*acercar*)	*en*-A-*ecer* (*entristecer*)	
a-N-*ar* (*abotonar*)	*en*-N-*ar* (*embotellar*)	*re*-N-*ar* (*reciclar*)
a-N-*ear* (*apedrear*)	*en*-N-*ear* (*enseñorear*)	*re*-A-*ar* (*refinar*)
a-N-*ecer* (*anochecer*)	*en*-N-*ecer* (*ensombrecer*)	*re*-A-*ecer* (*reblandecer*)
a-N-*izar* (*aterrizar*)	*en*-N-*izar* (*encolerizar*)	

La productividad de estos esquemas es muy diferente: baja en el caso de *re*-A-*ar* o *re*-N-*ar,* y muy alta en el de *en*-A-*ar, a*-A-*ar, en*-N-*ar* y *en*-A-*ecer.* Estas últimas son las pautas morfológicas que se examinarán con más detalle en otros apartados de este capítulo (§ 8.3.3, 8.3.4b y 8.4). Cabría añadir otras apenas productivas, como *a*-A-*ear* (a la que responde el venezolanismo *ahuevonear*) o *de*-N-*ear* (*deletrear*), así como algunas que lo fueron en épocas pasadas, pero han dejado de serlo hoy, como *a*-A-*ecer* (sobre la que se formaron los anticuados *ablandecer, atontecer*), *con*-A-*ar* (*contristar*) y *con*-A-*ecer* (*contristecer*).

8.2.3c   Tanto en la parasíntesis como en la sufijación se elimina la vocal final de la base: *a-llan(o)-ar; activ(o)-ar.* A veces también se pierde el segmento *-i-* si la base termina en *-io, -ia*: se forma *ensoberbecer,* no **ensoberbiecer; fantasear,* no **fantasiear.* El vocalismo en la derivación verbal no es muy diferente del que se observa en otros ámbitos de la formación de palabras. Así, algunos derivados mantienen el diptongo de la base (*aviejarse*, *adueñarse*), pero otros lo deshacen (*calentar*, *voltear*) o dan lugar a la alternancia /e/~/i/ entre base y derivado: *dictamen* > *dictaminar*; *margen* > *marginar*. A ello deben agregarse los cambios acentuales que suelen imponer los afijos, de modo que de la voz esdrújula *pálido* se pasa a la aguda *palidecer*.

8.3   Pautas morfológicas más productivas en la derivación verbal

8.3.1   Verbos derivados en *-ear*

Este sufijo es uno de los más activos en la derivación verbal en todas las variedades del español, particularmente en las americanas. Además de las palabras patrimoniales, lo han adoptado una serie de verbos derivados de sustantivos de otras lenguas, especialmente en el lenguaje del deporte (*batear*, *esprintar*, *golear*, *noquear*), en el de la informática (*chatear*, *escasear*, *formatear*) y en el de los medios de comunicación y reproducción (*zapear*, *faxear*). En el español hablado, sobre todo el americano, se convierte a menudo la terminación *-ear* en *-iar* (*alin*[i̯á]*r*, *canturr*[i̯á]*r*, *delin*[i̯á]*r*, *pel*[i̯á]*r*), pero a veces se pronuncia con una *e* breve. Este proceso no ha pasado a la lengua escrita y tampoco se ha integrado en los registros formales.

8.3.1a   Los verbos derivados en *-ear* más numerosos son los formados sobre un nombre (N-*ear*), aunque también abundan los que tienen por base un adjetivo (A-*ear*). Precisamente por su variedad y cantidad resulta difícil clasificarlos de manera exhaustiva. En los apartados que siguen se mencionan algunas tendencias generales que parecen percibirse. Ha de tenerse en cuenta, en cualquier caso, que los ejemplos que se aducirán tienen una extensión geográfica variable: algunos son comunes a todas las variedades del español, mientras que otros se usan en áreas restringidas.

8.3.1b   Destacan proporcionalmente aquellos verbos en cuyas paráfrasis es posible interpretar ATRIBUTIVAMENTE el sustantivo o el adjetivo de la base léxica. Se admiten de esta forma las paráfrasis 'actuar como un N o un A' o 'hacer de N o de A', como en *holgazanear*, 'actuar como un holgazán' o *capitanear*, 'hacer de capitán'. Muchos coinciden en designar comportamientos ociosos, molestos, inconvenientes o poco ejemplares, de acuerdo con el estereotipo que se asocia con los sustantivos correspondientes. Además de los citados *holgazanear* y *capitanear*, pertenecen a este grupo *caciquear*, *chochear*, *chulear*, *compadrear*, *coquetear*, *curiosear*, *golfear*, *pastorear*, *piratear*, *remolonear*, *tontear*, *vagabundear*, *vaguear*.

8.3.1c   Admiten una interpretación atributiva de naturaleza igualmente estereotípica los verbos formados sobre nombres de animales. Dicha interpretación se suele asociar al comportamiento que se les atribuye (a veces con transposiciones metafóricas), como puede apreciarse en *caracolear*, *cotorrear*, *culebrear*, *gallear*, *gatear*, *mariposear*, *pavonearse*, etc. Se registran otros verbos de uso más restringido, como *abejonear* 'susurrar' o *alacranear* 'hablar mal del prójimo': *Me veo* [...] *descendiendo del coche nupcial frente a una iglesia que no es la mía y ante una muchedumbre de gaznápiros que me alacranean* (Marechal, *Buenosayres*). Cabe añadir *buitrear* 'vomitar'; *cabrear(se)* 'enojar(se)', 'aburrirse', 'molestarse' o 'acobardarse'; *lagartear* 'tumbarse al sol', etc. Solo esporádicamente son transitivos los verbos de este grupo y los del apartado anterior. Además del citado *alacranear*, lo es *venadear* 'tender una emboscada': *Lo venadearon después de hacerlo salir con engaño* (Cáceres, *Humus*).

8.3.1d   Predominan igualmente los intransitivos en otros grupos de verbos derivados en A-*ear* y N-*ear*. Entre estos, algunos describen el proceso de surgir un color o el de mostrarlo las cosas, a veces de forma incipiente (*albear, amarillear, azulear, grisear, negrear, pardear, rojear, verdear*), mientras que otros denotan la manifestación de un defecto físico o fisiológico (*bizquear, cojear, gaguear, renquear, tartajear, tartamudear*). Siguen la pauta N-*ear* algunos de los llamados VERBOS DE EMISIÓN, como *babear, burbujear, centellear, gotear, humear, llamear*.

8.3.1e   Se derivan varios verbos en -*ear* de nombres que denotan partes del cuerpo de personas o animales (como *aleta, párpado, pestaña*, etc.). Muchos de ellos designan movimientos repetidos: *aletear* 'mover las alas o las aletas', *cabecear, palmear, parpadear, pestañear, pispilear* 'parpadear'; otros designan acciones que se relacionan metafóricamente con la denotada por la base: *lengüetear* (con la variante -*etear*) 'chismear o mentir con mala intención', *naricear* 'seguir un rastro con la nariz', *paladear*. No se derivan de nombres que designan partes del cuerpo, pero expresan movimiento repetido, *balancear, bandear, caminatear* 'caminar sin rumbo', *gambetear, hamaquear* 'llevar de un sitio a otro', *hojear, pedalear, regatear, zigzaguear*, entre otros. Denotan, en cambio, el movimiento realizado a lo largo de una línea, un curso o una superficie *bordear, contornear, costear, pespuntear, ribetear, vadear*.

8.3.1f   Son frecuentes los verbos en -*ear* que designan la acción de producir o poner de manifiesto lo que indica el nombre que constituye su base: *alardear, bromear* (que equivale aproximadamente a 'hacer bromas'), *fantasear, farolear, guerrear, sestear* (o *siestear*, como se prefiere en varios países de América), *solfear, trampear*, etc. Muchos están formados sobre interjecciones o bases onomatopéyicas: *arrear* (de *¡Arre!*), *bisbisear, cacarear, cuchichear, jalear* (de *¡Hala!*), *ronronear, sisear, tararear*. Expresan el ejercicio reiterado de una actividad que tiene relación con lo denotado por la base un buen número de verbos. La variación geográfica que se percibe en este grupo hereda la que presentan sus bases léxicas: *bolichear* (de *boliche* 'bar'; en otras zonas, *barear*), *cervecear, churrasquear, matear* 'tomar mate', *timbear* 'apostar en juegos de azar', *yerbear*, como en *Para colmo tenía ganas de matear y se le había acabado la yerba* (Cortázar, *Rayuela*).

8.3.1g   Como se ha explicado, la mayor parte de los verbos formados con -*ear* son intransitivos. Se registran, sin embargo, algunos transitivos. A este grupo pertenecen varios de los que designan acciones que desembocan en cambios de estado, como *blanquear* 'convertir en blanco', *falsear, redondear* y otros análogos. Se usa en el Perú *bambear* 'adulterar un producto o venderlo con falsa presentación', derivado del adjetivo *bamba* 'falso'. Son también transitivos, aunque admitan usos intransitivos, muchos de los verbos que se han dado en llamar INSTRUMENTALES porque el sustantivo del que se derivan se interpreta como el instrumento con el que se lleva a cabo la acción, como sucede en *baldear* 'regar o achicar con balde', *bombear* 'extraer con bomba' (como en *bombear el agua*), *cabecear* 'golpear con la cabeza'(*cabecear el* *balón), escanear* 'pasar por el escáner' o 'reproducir con escáner', *puntear* 'marcar algo usando puntos', *telefonear* 'llamar por teléfono o usando un teléfono', etc. Se asimilan parcialmente a los verbos instrumentales los derivados en N-*ear* formados a partir de sustantivos que designan golpes, armas, proyectiles y diversos movimientos bruscos o impulsivos. Varios de ellos admiten paráfrasis con los verbos *lanzar* o *dar*: *balacear* (de *balazo*, usado en muchos países americanos), *balear* (o *abalear*, de *bala*), *banderillear, bastonear, cañonear, chicotear* ('pegar con un chicote', en varias áreas americanas), *cocear, hachear, lacear* 'capturar con lazo', *patear* 'dar patadas', *saetear, torpedear, zapatear* 'golpear con un zapato'. Son igualmente transitivos la mayoría de los verbos en N-*ear* que designan la acción de fragmentar algo, como *trozar* (de *trozo*, usado en casi toda América, frente a *trocear*, preferido en España pero también registrado en América), *silabear* (de *sílaba*), *tajear* (de *tajo*, usado en varios países americanos), etc.

8.3.1h   La gran variación que presentan los verbos en -*ear* se acentúa por el hecho de que una misma base pueda ser explotada en direcciones semánticas diferentes según los lugares. Por ejemplo, *piratear* significa en Venezuela 'realizar una tarea de forma ineficiente', mientras que en la mayor parte de los demás países en que se usa alude a la realización de copias sin autorización. Cabe, además, la posibilidad de interpretar las bases, o el verbo mismo, de forma metafórica. Así, el significado de *brújula, arpón, sable* o *bronce* no es el literal en los usos más comunes de los verbos *brujulear* 'orientarse con habilidad' y 'moverse sin rumbo fijo', *arponear* 'zaherir', *sablear* 'sacar dinero' o *broncear(se)* 'tostarse al sol'.

8.3.1i   A la diversificación contribuye también la alternancia de verbos formados sobre la misma base pero con esquemas diferentes. Es frecuente que las parejas resultantes den lugar a significados parecidos, de forma que la diferencia radica en que una de las voces es antigua o tiene una distribución geográfica más restringida que la otra. Se presenta a continuación una muestra de estas alternancias. No se proporciona, en cambio, información sobre las áreas geográficas que corresponden a cada uso:

> ALTERNANCIA N-*ear* y N-*ar*: *agujerear ~ agujerar; barajear ~ barajar; centellear ~ centellar; chapurrear ~ chapurrar; forcejear ~ forcejar; moldear ~ moldar; parchear ~ parchar; rastrillear ~ rastrillar; sermonear ~ sermonar; veranear ~ veranar.*
>
> ALTERNANCIA N-*ear* (o A-*ear*) y *a*-N-*ear* (o *a*-A-*ear*), más restringida: *cornear ~ acornear; gafear ~ agafear; lancear ~ alancear; machetear ~ amachetear; malear ~ amalear; palear* ('acarrear con pala' en algunos países) *~ apalear; rodear ~ arrodear; solear ~ asolear; tenacear ~ atenacear.*
>
> ALTERNANCIA N-*ear* (o A-*ear*) y *a*-N-*ar* (o *a*-A-*ar*): *blandear ~ ablandar; carear ~ acarar; frailear ~ afrailar; martillear ~ amartillar; moldear ~ amoldar.*

No faltan ejemplos en los que los dos verbos de una pareja tienen significados distintos, tal como explican los diccionarios: *clarear ~ aclarar; costear ~ costar; humear ~ ahumar; pasear ~ pasar; plantear ~ plantar; sanear ~ sanar,* etc.

8.3.1j   Existen también verbos en -*ear* derivados de otros verbos. Los esquemas más productivos son V-*otear* (*bailotear, charlotear, fregotear, gimotear, pisotear*) y

V-*etear* (*clavetear, corretear, juguetear, repiquetear, toquetear*). Aunque es posible que el origen de algunos de estos verbos sea nominal, se suelen interpretar como derivados verbales desde la morfología sincrónica (recuérdese lo dicho en los § 8.1.2a, b), puesto que de forma más o menos regular añaden a los verbos con los que se relacionan matices expresivos, iterativos, y a veces también atenuativos (intrascendencia o falta de seriedad, constancia o propiedad). Los mismos valores se aprecian en otros verbos que responden a pautas menos productivas, como *besuquear, canturrear, lloriquear* (se usa también *llorisquear* en el Río de la Plata). La atenuación que se expresa en todos estos casos ha llevado a pensar a algunos gramáticos que este tipo de formas constituye un equivalente de la derivación apreciativa (particularmente la de diminutivos y la de despectivos) en el ámbito verbal.

8.3.2   Verbos derivados en -*ar:* formas no parasintéticas

8.3.2a   Los verbos derivados en -*ar* proceden de sustantivos (*peine > peinar*), adjetivos (*activo > activar*) y adverbios (*atrás > atrasar; encima > encimar*). Desde una perspectiva estrictamente sincrónica, los adjetivos, que dan lugar a verbos en A-*ar* transitivos de interpretación CAUSATIVA, forman el grupo más numeroso, como en *agriar* 'hacer que algo pase a estar agrio'. A este grupo pertenecen *alegrar, bajar, calentar, cegar, dispersar, domesticar, estrechar, hartar, igualar, legitimar, librar, llenar, precisar, sanar, secar, soltar, tensar, vaciar*, etc. Muchos de estos verbos tienen variantes intransitivas en -*arse* que designan el proceso que desemboca en los estados nombrados por los adjetivos de la base, como en *agriarse* 'ponerse o volverse agrio'. Admiten el uso intransitivo sin el morfema *se* los verbos *alternar, amargar* y *enfermar* (en alternancia con *enfermarse*).

8.3.2b   El esquema N-*ar* también es muy productivo en español. Varios de los verbos resultantes aceptan la interpretación ATRIBUTIVA del sustantivo que se mencionó en el § 8.3.1b. Son, pues, parafraseables por 'actuar como un N' o 'hacer de N' (*pontificar, complementar*). Más numerosos son los verbos que admiten una interpretación INSTRUMENTAL, en los que el sustantivo de la base se refiere a aquello que se usa como instrumento: *abanicar, anestesiar, cepillar, limar, peinar, remar, serrar* o *serruchar*. Otros reciben una interpretación CAUSATIVA (aproximadamente, 'causar, producir o llevar a cabo N'): *anexionar, bailar, coleccionar, decepcionar, emocionar, ilusionar, lesionar, presionar, sancionar*, etc. Podrían asimilarse a este grupo los que expresan la acción de fraccionar alguna cosa: *fragmentar, racionar, seccionar*. Los grupos anteriores recogen las principales tendencias semánticas, pero son posibles otros significados. Como sucedía con los verbos en -*ear*, también el contenido de los terminados en -*ar* es muchas veces resultado de interpretaciones metafóricas, como en *fusilar un texto* ('plagiarlo'), *peinar un terreno* ('rastrearlo'), etc.

8.3.2c   Está activo el proceso que consiste en formar verbos a partir de sustantivos deverbales. Ello da lugar a tríadas como *anexar > anexión > anexionar; expandir > expansión > expansionar; poner > posición > posicionar(se); revolver > revolución > revolucionar*, etc. En general, se desaconseja usar estos verbos cuando son sustituibles por los simples correspondientes, como *aperturar* si equivale a *abrir*, o *recepcionar* como simple variante de *recibir*. No obstante, estos derivados adquieren a veces significados técnicos o especializados, como *visionar* (cuando alude a la acción de ver una película de forma oficial o profesional) o *tensionar* (aplicado a las relaciones diplomáticas).

8.3.3   Verbos derivados en *-ar:* formas parasintéticas

8.3.3a   Las pautas *a*-A-*ar* y *a*-N-*ar* dan lugar a un gran número de formas parasintéticas en español, algunas ya existentes en latín y otras de creación romance. Muchas de ellas son de uso generalizado, pero otras presentan una extensión más restringida. Se ajustan al esquema *a*-A-*ar* (*barato* > *abaratar*), más vivo en el español americano que en el europeo, verbos como *ablandar, achicar, aclarar, afear, aflojar, agrandar, agravar, ahondar, alargar, allanar, anular, aproximar, asegurar, atontar.* Responden al esquema *a*-N-*ar* (*peste* > *apestar*) los verbos *abanderar, abarrotar, acaudillar, amadrinar, apadrinar, apayasar, avasallar, avecinar,* entre muchos otros. Este esquema ha dado lugar, además, a participios parasintéticos que se usan como adjetivos sin que ello presuponga la existencia del paradigma verbal correspondiente. Así, a los adjetivos *afrutado, anaranjado* y *atigrado* se asigna el esquema *a*-N-*ado* porque no suponen necesariamente la existencia de los verbos **afrutar(se), *anaranjar(se)* y **atigrar(se).*

8.3.3b   Como en otros casos, es compleja y múltiple la aportación de la base a la interpretación final del verbo, pero abundan aquellos que codifican de manera más o menos precisa los siguientes significados: 'causar el estado designado por el adjetivo' (*ablandar* 'poner blando', *ahondar* 'hacer hondo', etc.); 'dar forma de N' (*acampanar* 'dar forma de campana'); y, sobre todo, 'usar N como instrumento para algo' (*abotonar, acuchillar, amordazar, aserrar, atornillar*). Muchos de los verbos pertenecientes a los dos esquemas que aquí se tratan (*a*-A-*ar* y *a*-N-*ar*) ofrecen variantes intransitivas, casi siempre pronominales, que expresan el proceso de pasar al estado designado por el adjetivo o el nombre. Es el caso de *acortarse* 'hacerse (más) corto' frente a *acortar* 'hacer (más) corto', de *acobardarse* frente a *acobardar*, de *abarrotarse* frente a *abarrotar*, de *acalorarse* frente a *acalorar*, etc.

8.3.3c   También estos esquemas dan lugar a creaciones locales de uso restringido. Así, en el Río de la Plata y en algunas partes de España se usa *abicharse* 'llenarse de gusanos', frente al más extendido *agusanarse: La herida ya se le estaba agusanando, pero él seguía firme en su puesto* (Roa Bastos, *Hijo*). No faltan tampoco las interpretaciones metafóricas, como las de *achancharse* (de *chancho* 'cerdo'), que en el lenguaje popular de la Argentina significa 'perder potencia y agilidad un automóvil', 'abandonarse una persona y no rendir en el trabajo' o 'ponerse gordo'. Se documentan igualmente verbos con formas alternantes entre el esquema sufijal (*-ar*) y el parasintético (*a-...-ar*), unas veces con diferencias en el significado (*acondicionar* y *condicionar*), pero no otras (*ajuntar ~ juntar; amartillar ~ martillar; arrascar ~ rascar; arremangar ~ remangar*). No han pasado a la lengua formal algunos verbos de este grupo: *ajuntar, anublar, arrascar,* entre otros.

8.3.3d   Los esquemas *en*-A-*ar* y *en*-N-*ar* permiten formar verbos derivados que muestran una interpretación causativa análoga a la ya descrita en otros grupos. Así, *endulzar,* derivado de *dulce,* significa 'poner dulce', mientras que su variante prono-minal *endulzarse* significa 'ponerse dulce', es decir, pasar al estado o la propiedad designada por ese adjetivo. Responden al mismo proceso *encolerizar* y *encolerizarse,* que tienen base sustantiva, y también *emborrachar(se), embrujar(se), enamorar(se), encorvar(se), engalanar(se), ensanchar(se), ensuciar(se), entibiar(se), enturbiar(se)* y otros. Entre las muchas formaciones metafóricas que se registran en este amplio grupo de verbos puede mencionarse el verbo *encachimbarse* 'irritarse', usado en va-rios países centroamericanos: *La gente se encachimbó y comenzó la protestadera* (Flores, *Siguamonta*). Se trata de un derivado de *cachimba* 'cierta calabaza de forma alargada' y, por extensión, 'semblante adusto', 'expresión irritada del rostro'.

8.3.3e   Muchos de los verbos que se forman según el esquema *en-N-ar* muestran un componente locativo. En efecto, el sustantivo de su base puede designar un reci-piente o un contenedor. Sucede así con *embarcar, embotellar, empaquetar, encajo-nar, encarcelar, enclaustrar, enfundar, enjaular, enlatar, envalijar, envasar,* entre otros muchos. Así pues, *embotellar algo* no significa 'poner una botella en algún lugar', sino 'poner algo en una botella'. También en los verbos de este grupo se perciben interpretaciones metafóricas, como en *enfrascarse* (formado a partir de *frasco*) o en *encajar algo* ('meterlo en otra cosa, ajustarlo', en lugar de 'meterlo en una caja').

8.3.3f   En otros verbos, los sustantivos de la base no designan un lugar donde se coloca algo, sino la materia o la sustancia que se unta o adhiere a otra cosa, o bien un objeto que se superpone a ella. Así pues, *encalar algo* no es 'meterlo en cal', sino 'darle o echarle cal', además de 'cubrirlo con cal'. A este grupo pertenecen *embaldo-sar, embarrar, embrear, empapelar, empastar, empedrar, empolvar, encalar, encerar, enharinar, enjabonar, ensalivar* o *enyesar,* entre otros verbos.

8.3.3g   De menor rendimiento son otros esquemas parasintéticos, como *con-A-ar* (*condensar, confirmar*); *con-N-ar* (*configurar, conformar* y *congraciar*); *des-A-ar* (*des-bastar, desbravar*); *des-N-ar* (*desquiciar*); *entre-N-ar* (*entrecomar, entrecomillar*); *ex-A-ar* (*exaltar, expropiar*); *ex-N-ar* (*exclaustrar, exfoliar*); *pro-A-ar* (*prolon-gar*); *pro-N-ar* (*prohijar*); *re-N-ar* (*reciclar, recular*); *son-A-ar* (*sonrojar*); *tras-N-ar* (*trasnochar, trasvasar*).

8.3.4   Verbos derivados en *-ecer*

8.3.4a   Se registran en español muchos verbos formados mediante este sufijo. A incrementar su número contribuyó el que varios de los terminados en *-ir* en la lengua antigua fueran sustituidos por otros en *-mecer: agradecer* sustituyó a *gradir, embellecer* a *embellir, enriquecer* a *enriquir, escarnecer* a *escarnir, establecer* a *esta-blir, fallecer* a *fallir, guarnecer* a *guarnir, padecer* a *padir,* etc.

8.3.4b   Los verbos en *-ecer* formados sobre adjetivos se ajustan preferentemente a los esquemas *en-A-ecer* (*embellecer, empobrecer, endurecer, enloquecer, enmudecer, ennegrecer, ennoblecer, enriquecer, enrojecer, ensordecer, entorpecer, entristecer, envejecer*) y *A-ecer* (*humedecer, languidecer, oscurecer, palidecer, robustecer*). Se obser-va hoy cierta preferencia de los adjetivos bisílabos por el primer esquema, y de los trisílabos por el segundo. Por su parte, los verbos en -*ecer* de base sustantiva siguen sobre todo el esquema *en*-N-*ecer* (*encallecer, enmohecer, enmugrecer, enorgullecer, ensoberbecer, ensombrecer*) y, en menor medida, N-*ecer* (*dentecer* 'echar los dientes', *favorecer, florecer, fosforescer, frutecer* 'dar fruto'). El esquema *a*-N-*ecer* solo se reconoce en la actualidad en *anochecer* y *atardecer*.

8.3.5   Verbos derivados en -*izar*, -*ificar* y otros afijos

8.3.5a   La mayoría de los verbos en -*izar* se ajustan en el español actual a los esquemas A-*izar* y N-*izar*. Menos numerosos son los que responden a *a*-N-*izar* (*atemorizar, aterrizar, aterrorizar*) y todavía más escasos los que siguen la pauta *en*-N-*izar* (*encolerizar, enfervorizar*). El esquema A-*izar* es sumamente productivo para formar verbos sobre adjetivos gentilicios (*argentinizar, cubanizar, españolizar, hondureñizar, mexicanizar, panameñizar, venezolanizar*, etc.) y, en general, sobre adjetivos que terminan en -*l* y -*r*, muchos de ellos de relación (§ 13.5). A este grupo pertenecen los verbos *centralizar, exteriorizar, fiscalizar, globalizar, interiorizar, legalizar, militarizar, nacionalizar, oficializar, palatalizar, regularizar, secularizar*. Es asimismo nutrido el grupo de los verbos en -*izar* que se derivan de adjetivos terminados en vocal, como *agudizar, amenizar, eternizar, humanizar, profundizar, ridiculizar, solidarizar, urbanizar*.

8.3.5b   Muchos verbos españoles en N-*izar* se remontan a la lengua medieval (*bautizar, escandalizar, martirizar, organizar, profetizar, solemnizar, tiranizar, vocalizar*) o a la clásica (*agonizar, dogmatizar, evangelizar*). Otros muchos son posteriores: *animalizar, armonizar, carbonizar, miniaturizar, monopolizar, pulverizar, señalizar*. Un gran número de verbos de este grupo están restringidos a determinadas regiones del mundo hispánico, como *lotizar* (también *lotear* o *lotificar*) 'dividir un terreno en lotes para edificar sobre ellos', que se usa en algunas zonas de América: *Pero, en fin, era su huerto* [...] *Que lo alquilaran, que lo vendieran, que lo lotizaran, allá ellos* (Bryce Echenique, *Huerto*). El esquema ha servido también para españolizar extranjerismos: *amerizar* (fr. *mer* 'mar', más usado que *amarizar*), *pasteurizar* (que alterna con *pasterizar*), *computarizar* (preferible a *computerizar*), o *esponsorizar* (aunque se aconseja emplear *patrocinar* o *auspiciar* en su lugar).

8.3.5c   El español contemporáneo conoce un buen número de alternancias entre los derivados en -*ar* y los derivados en -*izar*. La distribución obedece a diversos factores. Cabe mencionar en primer lugar los geográficos, como ocurre con *concientizar*, habitual en América, a veces en alternancia con *concienciar*, que es la única forma conocida en el español europeo. Del mismo modo, en unos países se prefiere *liderar* (también *liderear*) o *empanizar*, y en otros *liderizar* o *empanar* (o bien *apanar*). Sucede otras veces que una de las dos formas está en vías de desaparición a favor de la otra, como en *enfermizar* (antiguo), frente a *enfermar* (de uso general), o en *caricaturar, confraternar, dialogizar, optimar* (todos de uso escaso), frente a *caricaturizar, confraternizar, dialogar, optimizar*. Una tercera posibilidad es que convivan las dos variantes y que presenten algunas diferencias de sentido o de construcción. Así, es posible *acaramelar un postre*, al igual que *caramelizarlo*, pero el primer verbo adquiere ciertos usos figurados (*acaramelarse una pareja*) que no posee el segundo.

Se suele distinguir también entre *aclimatarse alguien a un lugar* y *climatizar un espacio; liberar a una persona de una carga* y *liberalizar una actividad comercial; señalizar una carretera* (también *una infracción* o *una falta*, en el sentido en que lo usan los árbitros en el lenguaje deportivo) y *señalar una necesidad*. Se recomiendan, como norma general, las variantes en *-ar*, en lugar de las formas en *-izar*, cuando no se perciben entre ellas diferencias contextuales ni de contenido, como en las parejas *hibernar* e *hibernizar, legitimar* y *legitimizar*. Aun así, existen en este punto preferencias particulares que pueden variar de un país a otro.

8.3.5d   Los verbos en *-ificar* responden sobre todo a los esquemas A-*ificar* (*amplificar, clarificar, dignificar, dulcificar, falsificar, fortificar, intensificar, purificar, rarificar, santificar, simplificar, vivificar*) y N-*ificar* (*clasificar, cosificar, dosificar, escenificar, estratificar, gasificar, mitificar, momificar, osificar*). Este sufijo es prolongación culta del latino *-ificāre*, que dio lugar a una variante evolucionada *-iguar*, presente en *amortiguar, apaciguar, atestiguar, averiguar, santiguar*. Algunos de estos verbos ofrecen en la actualidad las dos variantes, aunque su significado puede no ser idéntico: *apaciguar ~ pacificar; atestiguar ~ testificar; averiguar ~ verificar*. Como en el caso de *-izar*, existen numerosos dobletes formados por un verbo en *-ificar* y otro que responde a un esquema diferente, pero la distribución de usos y significados suele ser irregular. Una de las pautas más repetidas es la que se percibe en *endulzar* y *dulcificar;* el segundo tiende a elegir complementos abstractos (*carácter, maneras, temperamento*), y el primero, concretos.

8.3.5e   La interpretación que predomina en los verbos en *-izar* e *-ificar* es la causativa, de modo que *humanizar* es 'hacer humano', *miniaturizar* 'convertir en miniatura', *intensificar* 'hacer intenso', *momificar* 'convertir en momia', etc. Sin embargo, la interpretación causativa solo parcialmente puede extenderse a verbos como *ejemplificar* o *dosificar*. En otros casos surgen interpretaciones distintas, como la atributiva en *protagonizar* o *rivalizar,* que no significan 'hacer protagonista' o 'hacer rival' sino más bien 'ser protagonista' o 'ser rival'.

8.3.5f   Cierto número de verbos en *-izar* y en *-ificar* presentan variantes cultas en sus bases, como se aprecia en *fratern-izar, vulcan-izar; damn-ificar, fruct-ificar, petr-ificar*. Asimismo, muchos de los verbos derivados de adjetivos en *-ble* mantienen en ellas la variante *-bil-*: *impermeable > impermeabilizar; potable > potabilizar; sensible > sensibilizar*. Por otra parte, varios de los verbos en *-izar* experimentan un proceso de haplología (§ 1.3.4d) que afecta especialmente a los adjetivos terminados en *-ico*. Así, a partir del adjetivo *automático* se forma *automatizar* (no *automaticizar*), de *dramático, dramatizar* (no *dramaticizar*), y de *político, politizar* (no *politicizar*). También abundan los ejemplos de esta reducción en los derivados de nombres terminados en *-ismo* e *-ista* (*erotismo > erotizar*, no *erotismizar; protagonista > protagonizar*, no *protagonistizar*), y sobre todo de los acabados en *-sis* (*análisis, diálisis, electrólisis, parálisis*), como en *analizar, dializar, electrolizar, paralizar*.

8.3.5g   El latín formó varios verbos en *-itāre* a partir de otros verbos, y a veces también de adjetivos. En el español actual se reconoce la raíz verbal en *dormitar* (< *dormir*), y la adjetival en *capacitar* (< *capaz*), *habilitar, inhabilitar, posibilitar* y pocos verbos más. De entre los verbos en *-uar*, algunos provienen directamente del latín (*acentuar, continuar, habituar*) y otros se formaron siguiendo el mismo esquema. En varios de ellos se perciben pautas semánticas sistemáticas que relacionan la base con el verbo derivado y que pueden llevar a considerar que *-uar* es un sufijo derivativo en el análisis sincrónico (por tanto, *acento > acentuar*). A este grupo pertenecen *acentuar, conceptuar, graduar, habituar, puntuar*. No se extiende, en cambio, tan claramente esa pauta a *actuar* o *efectuar*.

8.4 Aspectos históricos de los esquemas derivativos verbales

El inventario y la configuración de los verbos derivados han variado considerablemente a lo largo de la historia del español. A la vez que se han formado nuevos verbos, han ido desapareciendo otros, como *abajar* o *atristar* (esquema *a-A-ar*), *aposesionar* o *anivelar* (esquema *a-N-ar*), *enanchar* o *enfear* (esquema *en-A-ar*), *tallecer* o *plumecer* (esquema N-*ecer*), *ablandecer* o *arronquecer* (esquema *a-A-ecer*), etc. Varios de los perdidos tienen correlato en el español actual, pero ajustados a esquemas diferentes. Así, en lugar de *atristar, aflacar* se usan hoy *entristecer, enflaquecer;* en vez de *acortecer* se emplea *acortar*, y en lugar de *ajenar, enajenar*. Otros se han mantenido en ciertas zonas, a menudo con cambio de significado. No faltan casos en que se han perdido los esquemas mismos, como los citados (§ 8.2.3b) *a-A-ecer* (*ablandecer, atontecer*), *con-A-ar* (*contristar*) y *con-A-ecer* (*contristecer*). Se observan también variaciones en las pautas sintácticas. Por ejemplo, en la lengua antigua era frecuente que la misma base diera lugar a dos verbos distintos, uno en *a-A-ar* para usos transitivos como *atristar*, y otro con la pauta *en-A-ecer* no pronominal para usos intransitivos, como *entristecer: Entrestició et ovo muy gran pesar* (*Calila e Dimna*). La lengua moderna perdió muchos de los antiguos verbos en *a-A-ar* y adaptó algunos verbos en *-ecer* a los usos transitivos (*entristecer a alguien, enloquecer a alguien*). Otros quedaron como intransitivos (*envejecer, languidecer, palidecer*), en algunos casos convertidos en pronominales (*aridecerse, embravecerse, embrutecerse, empequeñecerse*) y a veces con alternancia entre las dos soluciones: *enflaquecer(se), enloquecer(se), ensordecer(se)*. Todas estas vicisitudes históricas pueden ayudar a entender la pervivencia de esquemas alternantes para un mismo verbo, en la misma área lingüística o en áreas diferentes, ya con un significado similar ya con significados distintos.

9   La derivación apreciativa

9.1   Caracterización

9.1.1   Los sufijos apreciativos: definición y clases

9.1.1a   Se llaman APRECIATIVOS los sufijos que se añaden para expresar la valoración afectiva que se hace de las personas o las cosas. Así, los sustantivos *amiguete, blancuzco, blandengue, casita, feúcho, fortunón, listillo, pelín, sombrerazo, tipejo* transmiten connotaciones subjetivas (atenuación, encarecimiento, cercanía, ponderación, cortesía, ironía o menosprecio, entre otras) ausentes en *amigo, blanco, blando, casa,* etc. Junto con tal valor connotativo, los sufijos apreciativos pueden expresar también alguna cualidad objetiva, generalmente un tamaño mayor (como en *manchón*) o menor (como en *jardincito*) que el designado por el referente de la base nominal. La derivación apreciativa se considerará aquí un proceso derivativo, en lugar de flexivo. Aun así, comparte con la flexión su carácter productivo y su regularidad, por lo que, salvo casos particulares de lexicalización, es excluida de los diccionarios (§ 9.1.4a). Su afinidad con la flexión se manifiesta también en que no altera la categoría de la base, como se explica en el § 9.1.2a, y en que los afijos apreciativos pueden seguir a otros sufijos en la derivación, como en *Lo que ya sabíamos; otra sublevacioncita militar* (Galdós, *Prohibido*). Por el contrario, estos afijos solo aparecen seguidos de los que denotan plural (*cas-ita-s*). Por otra parte, la sufijación apreciativa puede dar lugar a significados especiales de la base, propiedad que no aportan los sufijos flexivos. Las nociones semánticas que aportan los sufijos apreciativos tienen, además, carácter léxico, más que gramatical.

9.1.1b   Frente a lo que suele ocurrir con otros sufijos, es posible concatenar varios apreciativos con idéntico significado dentro de la misma voz, como en *chiqu-it-ito, chiqu-it-ico* o *chiqu-it-ín.* No hay, en cambio, concatenación de sufijos diminutivos en voces como *bicharraco.* Así, los segmentos subrayados en *bich-arr-aco, brav-uc-ón, son-iqu-ete, viv-ar-acho,* llamados INTERFIJOS, se insertan entre la raíz de una palabra y el afijo, y carecen de significado. Este proceso no es potestativo, puesto que no existen en la conciencia de los hablantes las supuestas formas intermedias **bicharro,* **bravuco,* etc.

9.1.1c   Se distinguen tradicionalmente tres clases de sufijos apreciativos: los DIMI-
NUTIVOS, como *-ito* o *-illo;* los AUMENTATIVOS, como *-ón* o *-azo,* y los DESPECTIVOS,
como *-ucho* o *-aco.* La clase de los sufijos despectivos se cruza a menudo con las
otras dos, puesto que algunas formaciones despectivas son a la vez diminutivas
(*caballerete, personajillo*) o aumentativas (*acentazo, narizota*).

9.1.2   Características de los sufijos apreciativos

9.1.2a   Los sufijos apreciativos no alteran la clase de palabras a la que pertenece
su base léxica. Así pues, *mesaza* es sustantivo, al igual que *mesa; blancuzco* es adjetivo, como *blanco,* y *despacito* es adverbio, como *despacio.* Por ello, no han sido considerados habitualmente apreciativos, pese a que pueden añadir matices expresivos
diversos, el sufijo *-ón* que aparece en derivados de verbos como *buscón* (de *buscar*),
mirón, respondón, saltón, o el sufijo *-oso,* presente en algunos adjetivos derivados
de sustantivos, como *baboso, izquierdoso, ruidoso.* Sí se asemeja, en cambio, a los
apreciativos este mismo sufijo cuando se une, sobre todo en el español americano, a
adjetivos para formar derivados de intención festiva, como *elegantoso, intelectua-
loso, modernoso.* También se asimilan parcialmente a los apreciativos los sufijos que,
añadidos a los adjetivos de color, indican tonos aproximados: *amarillento, grisáceo,
negruzco, rojizo, verdoso.* En cambio, pese a no implicar cambio de categoría y añadir
connotaciones expresivas, no se agrupan tradicionalmente con los apreciativos los
adjetivos en *-ísimo* (§ 7.2.2) ni los verbos frecuentativos, como *besuquear, canturrear*
o *lloriquear.*

9.1.2b   Algunos sufijos apreciativos pueden modificar el género de su base léxica. Así sucede en muchas de las formas en *-ón,* por ejemplo en *manchón, notición,
novelón* o *peliculón.* Con el sufijo *-ín,* por el contrario, la alteración de género se limita
a ejemplos lexicalizados: *calabacín, maletín, violín,* etc. El cambio de género no suele
darse con *-azo* (*cochazo, madraza*), a menos que no constituya un verdadero sufijo
apreciativo, como sucede en *flechazo* o *escobazo* (§ 5.2.8a).

9.1.2c   Los sufijos apreciativos reciben el acento de la palabra, por lo que esta se
convierte en aguda con *-ín* u *-ón* (*libro* > *librín; película* > *peliculón*) o en llana en el
resto de los casos (*animal* > *animalote; escándalo* > *escandalazo; médico* > *medicucho;
nariz* > *naricita*). Estos cambios acentuales dan lugar a alternancias en las voces que
contienen diptongos: *calentito* alterna con *calientito,* que se prefiere en varios países
de América; *buenazo* y *cuerpazo* mantienen el diptongo, pero lo pierden *bonachón* y
corpachón; hay diptongo en *viejito,* pero no en *vejete;* en *pueblito,* pero no en *poblacho.* En general, son escasos los pares que muestran en una misma comunidad alternancias de diptongación con los mismos sufijos apreciativos, pero no es extraño que
en unas áreas se prefiera la forma diptongada (*Manuelito, sinvergüenzón,* en amplias
zonas de América) y en otras la forma no diptongada (*Manolito, sinvergonzón*). De
todos modos, estas alternancias son mucho menos frecuentes con los apreciativos
que con otros sufijos.

9.1.2d   Las palabras que admiten apreciativos no muestran en su función sintáctica alteraciones notables si se las compara con las voces correspondientes no

derivadas. Aun así, se observa en los adjetivos apreciativos cierta tendencia a rechazar la posición antepuesta al nombre; se dice, en efecto, *un ligero desayuno*, pero *un desayuno ligerito*.

9.1.3 Restricciones en la aparición de los sufijos apreciativos

9.1.3a   No todas las palabras admiten por igual sufijos apreciativos. Mientras algunas pueden combinarse con varios (*chicuelo, chiquito, chiquitico, chiquillo, chiquitín, chiquete, chicote, chicazo*), otras no admiten con naturalidad ninguno. Estas diferencias pueden deberse a razones fonéticas, categoriales (en el sentido de relativas a la clase de palabras) o semánticas. Proporcionan un ejemplo de las primeras las voces acabadas en *-i* o en *-u* (*jabalí, menú, tribu*), las agudas en *-ó* (*rondó*) y en *-d* (*verdad, virtud*) que se resisten, por lo general, a recibir sufijos apreciativos. Aun así, se registra *verdadita* en Venezuela y en otros países del área caribeña (a veces en alternancia con *verdacita*), como en *Bueno, la verdad verdadita Niña Chita es un regalo mío personal* (Morón, *Gallo*).

9.1.3b   En cuanto a las restricciones ligadas a la categoría, admiten sobre todo sufijos apreciativos los sustantivos (*casita, libraco, muchachote*) y los adjetivos (*blanquito, grandote*). En menor medida los aceptan los adverbios (*despacito, rapidito, deprisita, arribote*), las formas de gerundio (*callandito, corriendito*), algunas interjecciones (*ojito, hasta lueguito*) y ciertos cuantificadores (*nadita, poquito, tantito o tantico, todito*). El español americano suele extender los diminutivos a adverbios e interjecciones que no los llevan en el europeo, como *acacito, adiosito, ahicito, ahorita, allacito, alrededorcito, antesito, apenitas, aquicito, chaucito, despuesito, detrasito, nomasito, suavecitamente*, así como a algunos demostrativos, posesivos y numerales (*estito, suyita, cuatrito*). He aquí algunos ejemplos:

> —Más *allacito*. —Lo mismo está. —Más *acacito*. —Lo mismo está (Icaza, *Huasipungo*);
> Seis años son larguísimos, sobre todo si tenés en cuenta que yo pude zafar, *apenitas* pero
> pude (Benedetti, *Primavera*); Y de *estito* que sobró, saca el gobierno otra parte para el
> servicio del seguro social (Viezzer, *Hablar*); Lo único cierto, amable lector, es que cada
> uno defiende lo *suyito* (*Tiempos* 22/10/2008).

9.1.3c   Por último, existen restricciones semánticas en la aparición de los sufijos apreciativos. Los adjetivos de relación (*aéreo, presidencial, pulmonar:* § 7.3 y 13.2.1c) no se combinan con estos sufijos. Entre los nombres, los aceptan preferentemente los contables, si bien los no contables no los rechazan en todos los casos: *mucha penita, bastante calorcito, más arrocito*. De hecho, cuando un sustantivo admite usos como no contable y como contable, son los segundos los que aparecen preferentemente con apreciativos. Contrastan, pues, *Aquí hay poca luz para leer* (uso no contable de *luz*, sin diminutivo) y *las lucecitas que se veían en el cielo* (uso de *luz* como nombre contable). Por otra parte, las interpretaciones más claramente físicas o materiales de los sustantivos muestran cierta tendencia a aceptar apreciativos con mayor naturalidad que las que apuntan a significados más abstractos: *¡Qué {tiempecito ~ tiempito ~ tiempucho} tenemos!* (tiempo atmosférico), frente a *¡Cuánto tiempo ha pasado!* (tiempo cronológico, sin diminutivo).

9.1.4 Transparencia y opacidad en la sufijación apreciativa

9.1.4a Las palabras que contienen sufijos apreciativos se dividen en dos grupos: las llamadas DE SIGNIFICADO TRANSPARENTE (o, simplemente, TRANSPARENTES), cuyo significado se deduce de la combinación de raíz y sufijo, como *casita, naricilla, hombrón, guapete,* y las OPACAS O LEXICALIZADAS, cuyo significado no se obtiene por este procedimiento. Solo a las voces de este último grupo da cabida el diccionario, puesto que, frente a las del grupo anterior, muestran un significado distinto del de su base. Forman parte, en consecuencia, del repertorio léxico del idioma. A este grupo pertenecen *centralita, cigarrillo, cinturón, cuadernillo, estribillo, flequillo, machote, manecilla, palacete, pañuelo* y otros muchos vocablos.

9.1.4b Los conceptos de transparencia y opacidad son, sin embargo, nociones graduales que en muchos casos dependen, además, de factores variables. Casi todos los hispanohablantes establecen algún vínculo entre *cigarrillo* y *cigarro,* entre *mesilla* o *mesita de noche* (*mesita de luz* en algunos países) y *mesa,* o entre *boquilla* y *boca.* No todos relacionan, en cambio, *horquilla* con *horca, estribillo* con *estribo,* o *flequillo* con *fleco.* La relación suele ser opaca cuando ha mediado alguna otra lengua (como el italiano en *casino* o el francés en *florete*) o cuando el sufijo apreciativo ya aparecía en latín, como sucede en *abeja, abuelo, lenteja, oreja, tobillo,* etc.

9.1.4c Es posible que con un mismo sufijo se formen derivados transparentes y opacos. Así, el primer miembro de los pares siguientes es transparente, mientras que el segundo es opaco: *paginilla~flequillo; Luisico~abanico; mujerona~bombona; reyezuelo~pañuelo; tontín~sillín; grandote~cascote.* En algunos casos existen dos o más derivados opacos formados a partir de la misma base (como *frailecito* 'juguete' y *frailecillo* 'pájaro'); otras veces un derivado puede admitir, según el contexto, una interpretación transparente y otra opaca: *monjita,* por ejemplo, puede ser un diminutivo de *monja* (interpretación transparente) o bien significar 'avecilla gris' (interpretación opaca). Por último, se puede aplicar un sufijo apreciativo a vocablos que contienen otro lexicalizado: *abaniquito, cabritito, flequillote.*

9.2 Los sufijos diminutivos

El diminutivo más extendido hoy es *-ito/-ita,* aunque en la lengua medieval y en la clásica predominaba *-illo/-illa.* Además de *-ito/-ita,* en España se usan los siguientes diminutivos, con preferencia por unos u otros según las zonas: *-ico/-ica, -uco/-uca, -ín/-ina, -ino/-ina, -iño/-iña, -ejo/-eja, -illo/-illa* y *-ete/-eta.* En América son menos frecuentes los diminutivos distintos de *-ito/-ita:* se usan *-ejo/-eja* en zonas de la Argentina y del español andino; *-ingo/-inga* en la parte oriental de Bolivia; *-ico/-ica,* sobre todo en el Caribe, con la variante *-itico/-itica: Yo te dije lo mismitico de siempre* (Cabrera Infante, *Tigres*).

9.2.1 Formación y segmentación de los diminutivos

9.2.1a Al igual que otros sufijos, los diminutivos se añaden a la base léxica tras suprimir la vocal final cuando es átona: *mes(a) + ita > mesita.* La vocal tónica suele mantenerse: *sofa-cito*. De acuerdo con ello, la segmentación de *gatito* será *gat-ito,* y la de *jefecito* es *jef-ecito*. Ello obliga a distinguir variantes contextuales de los sufijos, como se hará en el § 9.2.2a-c. Constituyen excepción formaciones como *Carlitos, lejitos, Mercedita(s), Osquítar,* para las que se han propuesto análisis basados en el concepto de interfijo (§ 1.3.2d) que no se seguirán en esta obra, como se explica en el § 9.2.2.

9.2.1b   Los diminutivos suelen terminar en *-o* o en *-a* en función del género de su base. Esta generalización se extiende a los llamados ADJETIVOS DE UNA TERMINACIÓN (§ 13.3.2b): *sabor suavecito, bebida fuertecita*. Solo si la base es un sustantivo masculino terminado en *-a* (*tema, problema*) o un femenino en *-o* (*moto, foto*) suele mantenerse esta vocal (*la motito, la fotito, el temita, el problemita*), aunque las soluciones varían según los sufijos (*un problemita* frente a *un problemín*), las palabras (no se usa *la fotita,* pero sí *la manita*) y las zonas. Así, *la manito* es forma muy extendida en América: *Le hago chau, chau con la manito hasta que el avión se pierda en el horizonte* (*Caretas* 22/9/2000), a veces en alternancia con *la manita* (única variante en España).

9.2.2   Variantes contextuales de los diminutivos

Como se vio en el § 9.2.1a, un mismo sufijo puede ofrecer variantes según la configuración de la base a la que se une. Así, *-ito* puede aparecer también como *-cito, -ecito* o, a veces, como *-ítar, -itos, -citos* (*azuquítar, Carlitos, Dolorcitas*). Por oposición a este análisis, algunos autores entienden que las voces mencionadas se derivan por interfijación (*Carl-os* + *-it-* > *Carlitos*), insertando *-it-* dentro de la raíz *Carlos*. En tal caso, serían excepción vocablos como *Merceditas* o *fuertecito,* pues se esperarían **Mercedites* (*Merced-es* + *-it-*) o **fuertecite*. En los apartados siguientes se describirán los contextos de aparición de las principales variantes de los sufijos diminutivos. Aunque la exposición se centrará en el sufijo *-ito/-ita* por ser el más universal, el resto de los diminutivos sigue de cerca los comportamientos de este.

9.2.2a   Palabras terminadas EN VOCAL ÁTONA. Cuando las vocales son *-a, -o,* la variante *-ito/-ita* es la más frecuente. Sin embargo, estas voces tienden a construirse en el español europeo con *-ecito/-ecita* cuando la palabra es bisílaba y la sílaba tónica contiene diptongos en *-ie-* (*hierbecita, tiernecito*) o *-ue-* (*jueguecito, nuevecita*). Se registran también en el español americano algunos derivados en *-ecito* de este tipo (a veces en alternancia con formas en *-ito: jueguecito ∼ jueguito, viejecito ∼ viejito*), como en *Un vientecito transparente lo aliviaba del olor a entierro que le había dejado encima el peso del cadáver* (Montero, M., *Trenza*). La terminación *-io/-ia* también produce alternancias entre ambas variantes sufijales, tanto en España como en América:

> Se iba a quedar tan *limpita* y tan linda (Madariaga, *Viva*); El astuto guerrerense ganó *limpiecitos* cuarenta millones de dólares de un golpe (Fuentes, *Cristóbal*).

Cuando la vocal final es *-e,* el diminutivo suele formarse en *-ito/-ita* si la palabra tiene más de dos sílabas y en *-ecito/-ecita* si es bisílaba. Así, de *padre* se deriva *padrecito* y de *madre, madrecita,* pero sobre *compadre* se forma *compadrito* y sobre *comadre, comadrita*.

9.2.2b   Palabras terminadas EN VOCAL TÓNICA. El diminutivo suele ser
-*cito*/-*cita*: *cafecito* (en alternancia con *cafetito, cafelito, cafeíto*), *tecito, sofacito,
papacito* (en alternancia, en algunas zonas, con *papaíto, papito*), *mamacita* (también
mamaíta, mamita), *ahicito, Josecito* (en algunas zonas, *Joseíto, Joselito, Josito*),
bebecito (también *bebito*), *manicito* (de *maní*), etc. Los diminutivos de *pie* son *piececito*
y *piecito*.

9.2.2c   Palabras terminadas EN CONSONANTE. Cuando son MONOSILÁBICAS
predomina -*ito*/-*ita* en los antropónimos: *Gilito, Juanito* (*Juancito* en algunas zonas), *Luisito, Pacita*. En el resto de las voces es frecuente que alternen -*cito*/-*cita* y
-*ecito*/-*ecita*: *barcito~barecito; florcita~florecita; mielcita~mielecita; solcito~so-
lecito; trencito~trenecito*. Aun así, son varias las palabras que presentan preferentemente una de las dos variantes: *lucecita, mesecito, pececito*. En general, en América
se detecta la preferencia por -*cito*/-*cita*, mientras que en España es más habitual la
elección de -*ecito*/-*ecita*. Las palabras NO MONOSILÁBICAS terminadas en -*n* o en -*r*
tienden a formar diminutivos en -*cito*/-*cita*: *amorcito, camioncito, guioncito, jo-
vencito, mujercita, pastorcito, regularcito, virgencita*, con la importante excepción de
señorito. Varios sustantivos y adverbios terminados en -*s* adoptan diminutivos en
-*itos*/-*itas* (*Carlitos, lejitos, Merceditas, paragüitas*) e incluso en -*citos*/-*citas*
(*Dolorcitas*). En el resto de las palabras no monosilábicas terminadas en consonante
es -*ito*/-*ita* la variante más habitual: *arbolito, Jesusito, mantelito, naricita, relojito,
tapicito, trebolito*.

9.2.3   Interpretaciones de los diminutivos

Como se señaló al comienzo del capítulo, los diminutivos expresan matices afectivos, lo que explica que apenas aparezcan en los discursos de contenido objetivo,
como la prosa científica, didáctica, jurídica o administrativa. Los matices que conno-
tan suelen ser positivos, pero a veces aparecen también de signo contrario. Así, la
expresión *este librito* puede sugerir modestia si la emplea el autor del libro, pero
menosprecio si la usa un crítico. La entonación suele resultar determinante para deslindar estas connotaciones. La valoración afectiva de los derivados se orienta a
menudo hacia el interlocutor, lo que justifica que los diminutivos —y los apreciativos
en general— sean de uso frecuente en la interacción con niños. Junto con los matices
afectivos, los diminutivos pueden expresar otras nociones. Destacan especialmente
las que se expondrán a continuación.

9.2.3a   TAMAÑO REDUCIDO. Tienen este significado sobre todo cuando se trata de
seres materiales: *casita, librito, papelito*. No se percibe redundancia cuando el sustantivo va acompañado de adjetivos con similar significado: *una casita pequeña, par-
tecillas menudas*. Con nombres de acciones y sucesos, el sufijo puede aportar
contenidos adjetivales como 'breve', 'de corta duración' (*paseíto, viajecito*), con la
posible excepción de las oraciones exclamativas: *"Uff, qué viajectio", la escuché decir*
(Quintero, E., *Danza*).

9.2.3b   ATENUACIÓN. Se ha llamado ATENUADOR O REBAJADOR al uso del diminutivo en los contextos en los que aminora la importancia de alguna persona o cosa,

como en el clásico *Leoncitos a mí* (Cervantes, *Quijote* II). La atenuación deriva en menosprecio en los ejemplos siguientes:

> Nunca lamentó haberlo ayudado cuando era solo un *abogadito* tramposo (Mastretta, *Vida*); Hoy lo enseñan en un periquete a cualquier chicuelo, cualquier *maestrilla* rural (Carrasquilla, *Marquesa*); El *mediquito* de las barbas negras las iba a pasar moradas si pretendía medirse con ella (Luca Tena, *Renglones*).

Asimismo, la atenuación puede servir para rebajar el efecto de palabras que se perciben como incómodas o inconvenientes (*braguitas, colita, culito*) o para disminuir el grado de la cualidad denotada por ciertos adjetivos: *rojito* 'un poco rojo', *modosita* 'algo modosa', *guapita* 'guapa con alguna reserva'. A la atenuación se une un matiz de ironía, benevolencia o complicidad con el sufijo *-ete*: *amiguete, golfete, mentirosete*.

9.2.3c   INTENSIFICACIÓN. Los diminutivos implican intensificación cuando se combinan con adjetivos, adverbios o locuciones adverbiales: *calentito* 'muy caliente', *grandecito* 'relativamente grande', *cerquita* 'muy cerca', *de mañanita* 'muy temprano'. Este contenido es compatible con la cuantificación expresa: *muy calentito, bastante grandecito*. En *ahicito, allacito, igualito, mismito* la intensificación se traduce en matices cercanos a los que expresan los adverbios *justamente* o *exactamente*. En amplias zonas de América se usa *ahorita* (o *ahoritita, ahoritica, ahoritiquita*) para expresar la cercanía de un evento pasado (*Llegó ahorita*) o futuro (*Voy a hacerlo ahorita*). Del mismo modo, *lueguito* significa 'ahora mismo' en *Si quieren honrarnos con su presencia tenemos que salir lueguito* (Cabada, *Agua*).

9.3   Los sufijos aumentativos

Los sufijos aumentativos unen al contenido afectivo propio de todos los sufijos apreciativos la idea de aumento o ponderación. Se mencionan aquí los más frecuentes.

9.3.1   El sufijo *-ón / -ona*

9.3.1a   Es aumentativo en *patadón, simplón*, donde intensifica la noción denotada por la base, pero no lo es en los nombres de persona que proceden de verbos (*abusona, criticón, dormilón*), como se señaló en el § 9.1.2a, en los que denotan golpe o movimiento brusco (*bajón, empujón, estirón*) ni en los adjetivos que designan carencia, como *rabón* 'sin rabo'. Tampoco se consideran propiamente aumentativos, aunque conservan algunas características de ese significado, las voces en *-ón / -ona* que están ya lexicalizadas y designan, por tanto, una noción distinta de la que corresponde a su base en lugar de la misma aumentada o ponderada: *almohadón, cinturón, colchón, jarrón, salón*. En algunos casos, el término lexicalizado designa incluso entidades de tamaño inferior, como ocurre con los nombres de las crías de ciertos animales (*anadón, ansarón, perdigón*) o con sustantivos como *callejón, ratón, tapón*, etc.

9.3.1b   La ponderación expresada por el aumentativo puede transmitir connotaciones positivas, como en *fortunón, memorión, notición, peliculón*, pero también despectivas, como en las voces que denotan partes del cuerpo más grandes de lo normal: *barrigón, cabezón, cejón, narizón, orejón, panzón, tripón,* a veces con variante femenina en *-a* (*cabezona, narizona*). Muchas de estas palabras también se aplican, como adjetivos o sustantivos, a las personas que destacan por la prominencia de la parte del cuerpo a la que se alude. En estos últimos casos, el sufijo *-ón/-ona* no es propiamente aumentativo, por lo que se estudia en el § 7.2.3c. Se suelen caracterizar como despectivos, aun cuando se usan en tono amable y familiar, los sustantivos y adjetivos que designan personas que han alcanzado determinada edad (*cuarentona, cincuentón*). Otras veces los resultados son neutros desde el punto de vista afectivo (*manchón, nubarrón, problemón*) o bien presentan valor ponderativo o despectivo según el contexto. Así, el sustantivo *novelón* puede aludir a una novela extraordinaria, pero también a una obra larga, compleja e intrincada. Como se señaló en el § 9.1.2b, en muchos de estos derivados el sufijo da lugar a un cambio de género: *película* [fem.] > *peliculón* [masc.].

9.3.1c   Los adjetivos que se construyen con *-ón/-ona* son más numerosos en ciertas zonas de América, pero muchos derivados son comunes a todas las variantes del español. Las voces resultantes reproducen, con alguna excepción, las valoraciones positivas o negativas que están presentes en su base adjetival, como en *alegrón, buenón, simpaticón,* por un lado, o en *flojón, pendejón, zoquetón,* por otro. Transmiten simplemente crítica amable, ironía o censura benevolente *coquetón, cursilón, grandona, simplona, tontón, torpona* o *tristón,* entre otros derivados similares. En general, cuando el adjetivo de la base no está orientado hacia alguna valoración particular, el derivado obtenido denota intensificación, y a menudo también abundancia o exceso. Así, predomina en *dulzón* la interpretación 'demasiado dulce', aunque también se usa con el sentido 'un poco dulce' en algunas variedades del español andino y del rioplatense.

9.3.2   El sufijo *-azo/-aza*

9.3.2a   Este sufijo apenas se une a adjetivos. Cuando sigue a bases nominales actúa como lo hace *-ón/-ona* sobre los adjetivos: intensifica, pues, los términos positivos (*exitazo, talentazo*) y también los negativos (*escandalazo, ladronazo*). Unido a bases que carecen de sentido estimativo puede recibir una interpretación estrictamente aumentativa (*torazo* 'toro muy grande'). Sin embargo, es más frecuente que la ponderación adquiera connotaciones elogiosas (*articulazo, artistaza, cochazo* o *carrazo, estilazo, golazo, gustazo, maridazo, notaza, ojazos, tipazo*), salvo cuando expresa exceso o desmesura; en tales casos predomina la connotación peyorativa: *acentazo, calorazo, dedazo, jefazo, manaza.* Con frecuencia es el contexto el que determina la pertinencia de una u otra interpretación. Es propia del español europeo la variante *-azas* que da lugar a sustantivos de persona (*bocazas, bragazas, manazas*), todos invariables en plural y con fuerte carga peyorativa: *Me hubiese gustado haberlo hecho con más habilidad. Soy un manazas, nunca lo negué* (Díez, *Oscurecer*).

9.3.2b   La vitalidad de este sufijo está sujeta a considerable variación. En México y Centroamérica, por ejemplo, se usa *manota, dedote,* mientras que en otras áreas se prefiere *manaza, dedazo.* Como se señaló anteriormente (§ 9.1.2b), este aumentativo no cambia el género de la base, lo que permite distinguirlo de los derivados en los que -*azo* expresa la idea de golpe. Los sustantivos resultantes en tales casos son siempre masculinos: *escoba* > *escobazo; flecha* > *flechazo.*

9.3.3   El sufijo -*ote* / -*ota*

Este sufijo se usa sobre todo con nombres y adjetivos aplicados a personas: *amigote, angelote, brutote, feote, grandota, muchachote, sosote, viciosote.* Se registran, no obstante, algunas formaciones lexicalizadas: *camarote, capote, islote, monigote, palabrota.* En México y Centroamérica se aplica con más frecuencia que en otras zonas a bases sustantivas que denotan cosas materiales: *arbolote, dedote, dientote, hamacota, sillota.* El sufijo -*ote* / -*ota* presenta la variante -*zote* / -*zota* en los contextos en que -*ito* / -*ita* toma la variante -*cito* / -*cita* (*camionzote, limonzote:* § 9.2.2). Puede añadirse asimismo a voces que ya lo contienen: *Era uno* [= 'un prendedor'] _grandotote, de los muchos que tenía_ (Hayen, *Calle*). Como en los sufijos analizados en los apartados anteriores, la interpretación afectiva se superpone a la de tamaño o cuantificación, e incluso puede decirse que lo hace en mayor medida que en esos otros casos. Suele suponer valoración despectiva, pero atenuada a menudo por matices de condescendencia o comprensión, entre generosa y burlesca, que no están presentes en los derivados en -*azo: Consideraba a Sanz un_ brutote _leal y útil hijo_ (*Mundo* [Esp.] 20/11/1995); *Era un chico algo pretencioso, pero muy honrado y_ sencillote _en el fondo* (Ganivet, *Trabajos*).

9.4   Los sufijos despectivos

Con el sufijo -*ucho* / -*ucha* se forman numerosos sustantivos despectivos (*animalucho, casucha, cuartucho, medicucho, novelucha*), así como adjetivos del mismo tono que denotan propiedades físicas de las personas o las cosas (*debilucho, feúcho, flacucha, flojucha, malucha, paliducho*). Forman también voces despectivas otros sufijos, como -*aco* / -*aca* (*libraco, pajarraca, tiparraco*); -*acho* / -*acha* (*amigacha, picacho, poblacho*); -*ajo* / -*aja* (*cintajo, pequeñaja, sombrajo*); -*astro* / -*astra* (*camastro, poetastro, politicastra*); -*ato* / -*ata* (*cegato, niñata, novata*); -*orrio* (*bodorrio, villorrio*); -*orro* / -*orra* (*calentorro, viejorra*); -*ute* (*franchute*). Más restringidos geográficamente están -*ales* (*frescales, rubiales, viejales*) y los que contienen el grupo -*ng-*: -*anga* (*fritanga*), -*ango* (*bullarango*), -*engo* (*berengo*). Se usan en el área rioplatense -*ún* (*fiacún, gilún, grasún*) y -*ola* (*festichola, gratarola*), ambos de origen italiano.

10 La prefijación

10.1 El concepto de prefijación. Sus límites

10.1.1 Prefijación y composición

10.1.1a La PREFIJACIÓN es un proceso morfológico por el que se antepone un morfema, llamado PREFIJO, a una palabra ya formada (*des-hecho, in-dependiente, pre-disponer*) o a un tema latino o griego (§ 11.8.2a), como en *a-morfo, in-erte, pró-fugo*. Además de por esta propiedad, estrictamente posicional, los prefijos se caracterizan por otros rasgos que los diferencian de los sufijos y que serán analizados en este capítulo.

10.1.1b En la gramática tradicional se interpretaban ciertos prefijos como PREPOSICIONES INSEPARABLES. Este criterio asimilaba la prefijación a la COMPOSICIÓN, que es el procedimiento morfológico por el que se integran dos o más formas independientes en una misma palabra (§ 1.3.2a y capítulo 11). Sin embargo, solo algunos prefijos cuentan con preposiciones homónimas (*ante-, bajo-, con-, de-, entre-, para-, sin-, sobre-*), e incluso estos se comportan de manera diferente como unidades morfológicas que como piezas sintácticas. En la gramática contemporánea se tiende a interpretar la prefijación como una forma de derivación.

10.1.1c No siempre resultan claras las diferencias entre la composición y la prefijación. Las bases léxicas grecolatinas que se suelen denominar ELEMENTOS COMPOSITIVOS poseen un estatuto intermedio entre las formas ligadas y las libres. Estas BASES COMPOSITIVAS CULTAS pueden constituir el primer componente de la palabra, y se asimilan en esto a los prefijos (*filocomunista, logopedia*), pero se diferencian de ellos en que también pueden aparecer al final de la palabra (*germanófilo, filólogo*) y en otras propiedades que se mencionan en el § 11.8.2. Por el contrario, es hoy mayoritario el análisis como prefijos de los constituyentes *ante-, mono-, semi-, sobre-* o *vice-*, que han sido considerados tradicionalmente como elementos compositivos. En estas cuestiones resulta relevante el peso que se dé a la etimología o a la estructura morfológica de los derivados.

10.1.1d La ETIMOLOGÍA de una voz traza su historia, independientemente de si la estructura que presenta está o no activa entre los esquemas morfológicos de la lengua. En cambio, la ESTRUCTURA MORFOLÓGICA de una palabra responde a pautas recurrentes que están vivas en el sistema morfológico. Su análisis requiere, en particular, que los componentes que participan en un compuesto o en un derivado sean unidades aislables y posean significado reconocible. De hecho, muchos prefijos heredados (como los latinos *ad-* en *admirar* u *ob-* en *obligar*) no se analizan como tales en español porque han dejado de ser identificables por los hispanohablantes. En este capítulo se presentarán las pautas de prefijación de mayor productividad en el español actual, que serán caracterizadas por su forma y por su significado.

10.1.2   Identificación de los prefijos

Se reconoce la estructura de las palabras derivadas con prefijos cuando el significado de estos es transparente y los paradigmas que forman tienen propiedades identificables. Algunos prefijos, como *anti-, auto-, contra-, des-, ex-, hiper-, in-, inter-, semi-, sub-, super-*, son sumamente productivos, por lo que los diccionarios no pueden registrar muchas de las formaciones a que dan lugar. No obstante, la existencia de un prefijo no depende necesariamente de su productividad. Así, se considera prefijo el componente negativo *sin-*, relacionado con la preposición *sin*, pese a que es SEMIPRODUCTIVO, en el sentido de que forma un grupo de sustantivos acotado: *sinfín, sinhueso, sinnúmero, sinrazón, sinsabor, sinsentido, sinsustancia, sinventura, sinvergüenza* y *sinvivir*. Véanse, sin embargo, los § 10.3.4b y § 10.8.3.

10.2   Clases de prefijos

Los prefijos pueden agruparse en función de los siguientes criterios:

A. La clase de palabras a la que se asimilan
B. Su dependencia o independencia formal
C. Su significado
D. Su relación con las propiedades sintácticas de los predicados

10.2.1   Clases de palabras a las que se asimilan los prefijos

De acuerdo con el criterio *A*, los prefijos se suelen clasificar en tres grupos: adjetivales, adverbiales y preposicionales. Son adjetivales los que aportan un significado similar al de los adjetivos, como los subrayados en *neogótico* 'gótico moderno', *minibar*

'bar pequeño' o *pseudociencia* 'falsa ciencia'. Como se señaló en el § 10.1.1c, cabe entender también que algunas de estas voces están formadas por bases compositivas cultas, en lugar de por prefijos. Son adverbiales los prefijos de *entreabrir* 'abrir a medias', *prefigurar* 'figurar anticipadamente' o *sobrecargar* 'cargar en exceso'; y preposicionales, los que aparecen en adjetivos como *subcutáneo* 'que está bajo la piel' y en verbos como *convivir* 'vivir con alguien o con algo'. Un mismo prefijo puede pertenecer a más de una de estas clases. Por ejemplo, *sobre-* se considera un prefijo adverbial en *sobreactuar* 'actuar exageradamente', adjetival en *sobredosis* 'dosis excesiva' y preposicional en *sobreedificar* 'construir sobre otra edificación'.

10.2.2 Dependencia o independencia formal de los prefijos

Atendiendo al criterio *B*, los prefijos se clasifican en INSEPARABLES (*inclasificable, antebrazo*) y SEPARABLES (también llamados AUTÓNOMOS, EXENTOS O NO LIGADOS): *ex primer ministro, manifestaciones anti-OTAN, comité pro derechos humanos*. En ciertos usos, algunos de estos prefijos se integran en la palabra sobre la que inciden: *antideportivo, proatlantistas* (§ 10.9).

10.2.3 Significado de los prefijos

Se han propuesto varias clasificaciones de prefijos en función del criterio *C*. Entre la larga relación de significados que los prefijos aportan destacan especialmente los siguientes:

> ESPACIALES: *ante-* (*antebrazo*), *circun-* (*circunferencia*), *endo-* (*endovenoso*), *entre-* (*entrepiso*), *exo-* (*exoesqueleto*), *extra-* (*extracorpóreo*), *infra-* (*infraescrito, infrahumano*), *inter-* (*interdental*), *intra-* (*intramuscular*), *peri-* (*pericardio*), *re-* (*rebotica*), *retro-* (*retrovisor*), *sobre-* (*sobrevolar*), *sub-* (*subcutáneo, subsuelo*), *super-* (*superponer*), *tras-* (*trastienda*);
>
> TEMPORALES *ante-* (*anteanoche*), *ex* (*ex ministro*), *pos(t)-* (*posmoderno*), *pre-* (*predemocrático*);
>
> ASPECTUALES: *re-* (*reintentar, reinterpretar, resituar*);
>
> CUANTIFICATIVOS: *bi-* (*bisexual*), *mono-* (*monoplaza*), *multi-* (*multitarea*), *pluri-* (*pluriempleado*);
>
> GRADATIVOS y ESCALARES: *archi-* (*archiconocido*), *cuasi-* (*cuasidelito*), *hiper-* (*hiperactivo*), *infra-* (*infravalorar*), *re-* (*rebuscar*), *semi-* (*semiculto*), *sobre-* (*sobrecargar*), *sub-* (*subteniente*), *super-* (*superatractivo*), *vice-* (*vicealmirante*);
>
> NEGATIVOS: *a-* (*acéfalo, amoral, anarquía, atemporal*), *des-* (*desenchufar, deshacer, desobedecer*), *dis-* (*disconforme*), *in-* (*imposible, ineficaz*);
>
> DE ORIENTACIÓN O DISPOSICIÓN: *anti-* (*antiaéreo*), *contra-* (*contrataque*), *pro-* (*pronuclear*).

10.2.4 Relación de los prefijos con las propiedades sintácticas de los predicados

El criterio *D* está, en alguna medida, subordinado al *C*. La mayor parte de los prefijos mencionados en el apartado precedente expresan nociones relativas a la localización espacial o temporal de las personas o las cosas, o bien significados cuantificativos u opositivos. Estos prefijos no afectan a la estructura argumental de los predicados. Por el contrario, los llamados PREFIJOS DE INCIDENCIA ARGUMENTAL (§ 10.6) tienen repercusión en ella, o en la relación que los predicados manifiestan con sus argumentos. Así, el prefijo *co-* en *cofundar* indica que la acción requiere la intervención de varios participantes: *El centro capaz de cofundar una alianza con la izquierda es el centro que resolverá la ambigüedad* (*Proceso* [Méx.] 2/2/1997). Pueden clasificarse estos prefijos en función de cuatro nociones semánticas: la REFLEXIVIDAD: *auto-* (*autocrítica* 'crítica a uno mismo'; *autoinculparse*); la RECIPROCIDAD O RELACIÓN MUTUA: *entre-* (*entrechocar* 'chocar entre sí dos cosas'), *inter-* (*interconectar*); la ASOCIACIÓN: *inter-* (*interestatal* 'que afecta a varios Estados'; *interplanetario*), *con-* (*convivir* 'vivir con otro u otros'; *coeditar*); y la CAUSACIÓN: *a-* (*acallar* 'hacer callar').

10.3   Propiedades de los prefijos

10.3.1   Propiedades fonológicas de los prefijos

10.3.1a   Cuando la última vocal del prefijo coincide con la primera de la raíz, es habitual que se pronuncien como una sola, lo que puede reflejarse en la escritura. Si bien es mayoritaria la tendencia a mantener las dos vocales (como en *antiimperialismo*), se acepta a veces la simplificación si la palabra se mantiene reconocible. Coexisten las dos variantes en *contraatacar~contratacar*. Es frecuente la alternancia cuando la vocal repetida es la *e*. Así, coexisten en el uso *reemplazar~remplazar; reestructurar~restructurar; sobreesfuerzo~sobresfuerzo*. No es posible la simplificación cuando el resultado conlleva identidad con otra palabra, como se observa en los casos de *reemitir* ('volver a emitir') y *remitir* ('enviar'), *reestablecerse* ('volver a establecerse') y *restablecerse* ('recuperarse de una enfermedad'), entre otros. Cuando coinciden la consonante final del prefijo y la inicial de la raíz, se suelen reducir: *transiberiano* (no **transsiberiano*), *malograr* (no **mallograr*). Se recomienda usar *pos-* como forma simplificada de *post-* ante consonante (*posmoderno*, en lugar de *postmoderno*). Se usa, en cambio, *post-* cuando la base comienza por *s-* (*postsocialismo*, frente a **possocialismo*).

10.3.1b   Algunos prefijos presentan VARIANTES ALTERNANTES. Así, *con-* alterna con *co-* si la raíz empieza por /l/ (*colateral*) o /r/ (*corresponsable*). No son variantes los prefijos que muestran cierto parecido formal, pero notables diferencias de significado, como el temporal *ante-* y el opositivo *anti-*, o *inter-* ('entre') e *intra-* ('en el interior de'). Por confusión se usa a veces *antidiluviano* (variante que se desaconseja) por *antediluviano*, e *interparlamentario* 'común a varios parlamentos' por *intraparlamentario* 'interno a un solo parlamento'. Las variantes alternantes pueden corresponder también a la base y dar lugar a significados diferentes, como en *bianual* ('que tiene lugar dos veces al año') y *bienal* ('que sucede cada bienio'), el segundo obtenido mediante sufijación a partir del sustantivo prefijado (*bienio* > *bienal*).

10.3.2   Propiedades morfológicas de los prefijos

10.3.2a   Mientras que cada sufijo suele adjuntarse siempre a bases de una misma clase de palabras o de otra próxima (por ejemplo, sustantivos y adjetivos), los prefijos admiten mayor variedad en este punto. Así, *super-* se combina con bases nominales, adjetivales y verbales (*supermodelo, superinteresante, superpoblar*). También lo hace su variante patrimonial *sobre-*, si bien es más frecuente con verbos (*sobrecargar, sobrentender, sobresalir*).

10.3.2b Los prefijos no suelen alterar la categoría gramatical de la base cuando forman una palabra derivada, propiedad que comparten con los sufijos apreciativos (§ 9.1.2a): *honesto* [adjetivo] > *deshonesto* [adjetivo]. Mantienen la categoría adjetiva de la base *inútil, subacuático* y *ultraelegante*, entre otros muchos; la nominal, *contraorden, neorromanticismo* y *entreplanta;* la verbal, *descoser, rehacer* y *sobrecargar*, y la adverbial, *anteayer* y *requetebién,* igualmente entre otros muchos derivados. Esta es la razón fundamental por la que los prefijos no se suelen clasificar por las categorías gramaticales a las que dan lugar (a diferencia de los sufijos: derivación nominal, adjetival, etc.), sino por los significados que expresan (§ 10.2.3). Se ha argumentado que cambian la categoría de su base ciertos prefijos, como *anti-, pro-, pre-, pos(t)-, mono-, multi-, bi-* o *tri-,* ya que combinados con algunos sustantivos dan lugar a derivados que pueden funcionar como modificadores de otro sustantivo, como en *declaraciones proaborto* (frente a **declaraciones aborto*), *seguro multirriesgo* (frente a *seguro riesgo). Otro análisis posible de este tipo de construcciones consiste en suponer que el prefijo facilita el uso predicativo del nombre, más que el cambio de categoría. La ausencia de concordancia en *declaraciones proaborto* o *productos multirriesgo,* en lugar de **productos multirriesgos,* es propia de las construcciones apositivas, no de los adjetivos.

10.3.2c   Es menos discutible el cambio de categoría en otros casos, como en *serpiente multicolor* (plural, *serpientes multicolores*) o en *monosílabo, bisílabo, polisílabo,* formados sobre *sílaba* (con modificación, además, de las MARCAS FLEXIVAS de la base). Menos frecuente es que la prefijación altere la regularidad o irregularidad de una forma verbal, como sucede con el imperativo de la segunda persona de singular del verbo *decir* en las variedades tuteantes. En efecto, la forma *di* (§ 4.7.1b) no se mantiene en los verbos derivados mediante prefijación: *predice* (no *predí), *desdice, contradice*.

10.3.2d   La segmentación binaria de las voces que contienen prefijos y sufijos da lugar a menudo a las denominadas PARADOJAS DE SEGMENTACIÓN O DE ENCORCHETADO. Así, si se segmenta el adjetivo *intramuscular* en la forma *intra-muscular,* se deriva correctamente un adjetivo de otro mediante un proceso de prefijación, pero se pierde la relación semántica que debería establecerse entre el prefijo *intra-* y el sustantivo *músculo.* Tampoco es enteramente adecuada la segmentación *intramuscul-ar* porque deriva un adjetivo de un sustantivo inexistente (*intramúsculo). A estas paradojas se han dado soluciones diversas (entre ellas la segmentación ternaria: *intra-muscul-ar*), en las que no se entrará aquí. Problemas similares caracterizan la estructura morfológica de los adjetivos *antediluviano, submarino, ultramontano* y otros muchos semejantes.

10.3.3   Propiedades sintácticas de los prefijos

Los prefijos presentan ciertas características más propias de las unidades sintácticas que de las morfológicas. En primer lugar, la RECURSIVIDAD, entendida como la posibilidad de reiterar una pauta formal en el interior de un mismo esquema gramatical, se da con algunos prefijos (y también con algunos derivados apreciativos: § 9.1.1b), aunque solo en expresiones ocasionales, como en *armas antianticarro, re-reelección* o *tataratataranieto*. En segundo lugar, la COORDINACIÓN parece aplicarse a los prefijos en expresiones como *actuaciones pre-* y *pos(t)democráticas* o *comercio intra-* y *extracomunitario*, si bien este análisis es discutido por quienes consideran que en esos grupos nominales se coordinan adjetivos y no prefijos. Responderían en tal caso al esquema *[intra-ø]* y *[extracomunitarios]*, con un núcleo nominal nulo en el primer adjetivo, correspondiente a *comunitarios*. Finalmente, la POSIBILIDAD DE INCIDENCIA sobre segmentos mayores que la palabra no es normal en los prefijos, pero se da en algunos de los llamados *separables*, como se verá en los apartados siguientes.

10.3.4   Prefijos separables. Sus propiedades gramaticales

10.3.4a   A pesar de que la separación gráfica de un segmento o su integración en la palabra responde, en principio, a convenciones ortográficas, en ciertos casos pone de manifiesto también sus propiedades gramaticales. Así, el prefijo locativo *ex-* de *excarcelar* o *excavar* se distingue del prefijo autónomo o separable homónimo, de significado temporal y cercano a la categoría de los adjetivos, que se reconoce en *Ex militante, ex periodista, ex esposa, ex casi todo, pero con ganas de vivir, busca un marido y un hijo. Intenciones serias* (Díaz, *Ayer*), y que puede incidir también sobre segmentos superiores a la palabra: *El ex jugador de Estudiantes y del seleccionado nacional* [...] (*Nación* [Arg.] 29/6/1992). Así, en el último ejemplo no se dice que cierta persona haya dejado de ser jugador, sino que ha dejado de jugar en determinados equipos. Ello indica que el marco de incidencia del prefijo no es solo el nombre *jugador* sino el grupo nominal completo. Este prefijo separable se registra en los textos unido a su base (*exministro*), seguido de un guion (*ex-ministro*) o separado por un espacio blanco (*ex ministro*). Se recomienda la escritura exenta en estos casos, y muy especialmente cuando la base es pluriverbal: *ex primer ministro, ex alto cargo, ex cabeza rapada, ex jefe de Estado*.

10.3.4b   Los prefijos *anti-* y *pro-* pueden también incidir sobre bases univerbales (*antiestatal, progubernamental*) o pluriverbales (*manifestaciones anti pena de muerte, comisión pro derechos humanos*). El hecho de que *anti-* alterne con la preposición *contra*, y *pro-* lo haga con la locución preposicional *a favor de* se ha aducido como argumento para considerarlos preposiciones en estos usos (§ 29.2.2b). No parece que se integren, sin embargo, en esa clase de palabras, ya que no preceden a grupos nominales con artículo: *manifestaciones {anti-OTAN ~ *anti la OTAN}*, y tampoco admiten grupos relativos, a diferencia de las preposiciones: *La pena de muerte es el injusto castigo {*anti ~ contra} el cual nos posicionamos*. Se prefiere mantener el guion cuando estos prefijos se añaden a siglas o a nombres propios, como en *vacuna anti-VIH* o en *declaraciones pro-Arafat*. También funciona como separable el prefijo *sin* en algunos de sus usos: *los sin techo, los sin papeles* (§ 10.8.3). Se asimila en gran medida a los prefijos separables la negación que precede inmediatamente a los sustantivos y a los grupos nominales en expresiones no contrastivas: *la no intervención, la no proliferación de armamento* (§ 10.8.3 y 48.2.2a).

10.3.4c Algunos usos de *medio* se asimilan gramaticalmente a los prefijos *semi-* o *entre-* (§ 10.7.2d): *medio despierto, medio oscura, medio mentira, medio enamorarse.* Su significado en tales casos es gradativo, como en *medio poeta* ('poeta a medias' más que 'la mitad de (un) poeta'). A favor de su naturaleza prefijal puede señalarse que *medio* puede introducirse entre auxiliar y participio en los tiempos compuestos, convirtiéndose entonces en átono: *Ella había medio dejado a Pedro Jordana y ahora salía con otro tipo* (Guelbenzu, *Río*). Puede también aparecer entre el pronombre y el verbo en secuencias formadas con verbos pronominales, posición de la que se excluye cualquier unidad no morfológica: *Se medio enamoró y ahora le está costando remontar* (*Periódico* [Esp.] 12/9/2008). Pierde, en cambio, su carácter prefijal, y se comporta como adverbio de grado, cuando precede al pronombre en estas mismas secuencias (*medio se enamoró*).

10.3.4d El prefijo *cuasi-* es productivo con los adjetivos relacionales (*cuasimedieval, cuasipolicial, cuasifeudal*); pero también ante algunos sustantivos: *la cuasi unanimidad del jurado.* A pesar de que en todos estos contextos, *cuasi* alterna con *casi* y expresa su mismo significado, predomina el uso de la primera forma como prefijo y de la segunda como adverbio. Aunque se documenta en el primer caso escrito con guion, como en *La situación se cuasi-controla con multas* (*Democracia* 3/4/2006), se recomienda la grafía unitaria en esos contextos: *se cuasicontrola.*

10.4 Prefijos de sentido locativo

Los prefijos de sentido locativo suelen adjuntarse a adjetivos relacionales (§ 13.5), raramente a calificativos. Esta restricción es consecuencia natural de que los adjetivos de relación se deriven de sustantivos, de forma que el prefijo indica la posición o la situación de algo considerada en relación con lo que el nombre designe: *intercostal, supranacional, subglotal, circunsolar, pericárdico.* Los prefijos locativos suelen admitir también otros significados, como el temporal (*antediluviano, posconstitucional, prenatal:* § 10.5) o el gradativo (*infravivienda, sobrealimentar, subnormal*).

10.4.1 Prefijos que indican posición delantera o trasera

10.4.1a El prefijo *ante-* posee un uso locativo en el que expresa 'posición delantera'. Con este valor se combina productivamente con sustantivos, como en *antecámara, antecocina, antesala; anteojos, antebrazo.* Los adjetivos y participios formados con *ante-* pueden adquirir sentido locativo o temporal y se pueden dividir en dos grupos: unos corresponden a la pauta «*anterior a lo* + adjetivo o participio» (*anteclásico* 'anterior a lo clásico', *antepenúltimo, antedicho*), mientras que otros se definen en función de los sustantivos de los que derivan (*antediluviano* 'anterior al diluvio', *antevocálico* 'anterior a una vocal': § 10.3.2d). Los prefijos *pre-* y *pos(t)-* registran usos locativos cuando se anteponen a adjetivos relacionales: *predorsal, premolar, prepalatal; postónico, posdental, posverbal.* Son más raros los que inciden sobre bases verbales, como *posponer,* también con interpretación temporal.

10.4.1b   El prefijo *tra(n)s-* denota 'posición trasera o retrasada' (*trasfondo, traspatio, trastienda*). Antepuesto a una serie de derivados adjetivales, muchos de ellos creados a partir de topónimos o de nombres comunes de lugar, equivale a 'al otro lado de' (*transandino* 'al otro lado de los Andes', *transatlántico, transiberiano*), por lo que puede adquirir valor direccional (*comercio transoceánico, periplo transpacífico*). Este último sentido está presente asimismo en numerosos verbos que denotan la acción de seguir cierta trayectoria, pero también la de cruzar un límite (*traspasar, trasplantar, trasportar, trasvolar*) o la de pasar a otra situación (*transfigurar, transformar, transliterar*).

10.4.1c   El prefijo *re-* denota 'posición trasera' en *rebotica* o *recámara*, y 'movimiento hacia atrás' en *reflujo*. Los mismos usos, locativo y direccional, admite el prefijo *retro-*. Denota 'posición trasera' en *retrocarga* 'carga que se efectúa por detrás', *retropropulsor* o *retroproyector;* y 'movimiento o dirección hacia atrás' en *retroactivo, retrógrado* y *retroceder,* el último con base verbal no transparente en español.

10.4.2   Prefijos que indican posición superior o inferior

10.4.2a   Denotan 'posición superior' el prefijo *sobre-* y su variante culta *super-*, que se combinan sobre todo con sustantivos (*sobrecama, superestructura*) y con verbos (*sobreimprimir, sobrevolar, superponer*). En algunos de estos verbos el proceso o estado designado alude a una situación más elevada o adelantada que otra, como *sobrepasar* o *sobresalir*. De esta interpretación figurada se deriva el sentido 'en exceso', que caracteriza a algunos verbos prefijados con *sobre-*, como *sobrecargar* o *sobreedificar* (§ 10.7.2a). También *supra-*, que se une a adjetivos relacionales, expresa la ubicación de algo en una posición más alta que la de otra cosa (*suprarrenal, suprasegmental*), o bien más extensa que ella (*supranacional*). Se obtienen también aquí las paradojas descritas en el § 10.3.2d.

10.4.2b   Denota 'posición inferior' el prefijo *sub-*, que se combina con adjetivos relacionales (*sublunar, submarino, subterráneo*) y, de manera mucho menos productiva, con bases verbales (*subyacer*) o sustantivas (*subconsciencia, subsuelo*). La variante patrimonial, *so-*, que ya no es productiva, dio lugar a algunos verbos, como *socavar, someter* y *soterrar*. La variante *son-* originó otros, como *sonreír* (lat. *subridēre*) y *sonsacar*. También denotan 'posición inferior' los prefijos *infra-* (*infraestructura, infrarrojo*) e *hipo-* (*hipodermis, hipocentro*).

10.4.3   Otros prefijos locativos

10.4.3a   Mediante el prefijo *entre-* se localiza un espacio, un lugar o un objeto material en cierta posición intermedia. La base alude unas veces a lo que sirve de límite o separación (las cejas en *entrecejo* 'espacio entre las cejas' o las líneas en *entrelínea*) y otras a la misma entidad que el derivado, como en *entrepiso* 'piso construido entre otros dos'. Cuando se combina con verbos, *entre-* indica que la acción se aplica a un conjunto de cosas o a algún componente de ese grupo: *entrelazar, entresacar, entrecortar*. El prefijo *inter-*, variante culta de *entre-*, se combina con adjetivos relacionales (*interarticular, intercelular; internacional*), con bases nominales (*interfaz, interlínea*) y con verbos (*intercalar, interponerse*).

10.4.3b   Mediante el prefijo *intra-* se hace referencia al espacio interior de la entidad denotada por la base. Este prefijo es muy productivo con adjetivos relacionales (*intracelular, intramuscular*). Por su parte, *extra-* y *exo-* aluden de diversas formas al espacio exterior a algo (*extracomunitario, extramarital, extramuros, extraordinario, extraviarse; exocéntrico, exosfera, exotérmico*). Adquiere sentido figurado ('ajeno, no perteneciente a algo') en *extracurricular* o en *extraoficial*. Se relaciona por su contenido con los dos últimos mencionados el prefijo inseparable *ex-* (distinto del separable homónimo: § 10.3.4a), que se reconoce en las formaciones parasintéticas *excarcelar* 'poner fuera de la cárcel', *exculpar* o *expatriar*.

10.4.3c   Ciertas voces formadas con el prefijo *contra-* nombran cosas o lugares por su posición opuesta o enfrentada a lo designado por la base nominal, como en *contraportada* o *contraluz*. En algunos derivados, el prefijo *anti-* aporta el mismo significado (*antifaz, antiparras*). El prefijo *ultra-* forma derivados que designan el espacio que excede cierto límite (*ultramar, ultratumba*) o bien, en un sentido metafórico, lo que sobrepasa las propiedades que corresponden a lo designado por el sustantivo de la base (*ultrasonido*). El espacio que rodea algo puede expresarse mediante el prefijo *circun-* (*circumpolar, circunnavegar, circunsolar, circunvalar*).

10.5   Prefijos de sentido temporal y aspectual

10.5.1   Prefijos de anterioridad y posterioridad

10.5.1a   Denota 'precedencia' el prefijo *ante-* combinado con bases adverbiales (*anteayer*), nominales (*anteproyecto*), participiales (*antedicho*), verbales (*antedatar*) y adjetivales (*antediluviano, antenupcial*). Lo hace asimismo el prefijo *pre-*, más productivo. En su sentido temporal, *pre-* forma nombres derivados que designan períodos, como en *precampaña electoral,* que alude al período que precede a la campaña electoral. Además de con nombres se combina con participios (*precocinado*), verbos (*predeterminar*) y adjetivos relacionales (*prebélico, precolombino, prematrimonial, preoperatorio*).

10.5.1b   El prefijo de posterioridad *pos(t)-* forma sustantivos que designan acciones y sucesos posteriores a otros (*posventa, poscontagio*), o bien un período que sigue a aquel en que tiene lugar lo designado por la base (*posgrado, posexpresionismo, posmodernismo*). También se combina con adjetivos relacionales (*posbélico, posoperatorio, poscolonial*). Con los derivados de antropónimos se admiten a menudo dos interpretaciones. Así, por ejemplo, la expresión *filosofía poskantiana* puede aludir a la realizada después de Kant, pero también a la marcada por la influencia de ese filósofo o condicionada por sus aportaciones. Es más raro que *pos(t)-* dé lugar a verbos, como en *posponer*.

10.5.2   Prefijos aspectuales

10.5.2a   No son comunes en español los prefijos que aportan información sobre el aspecto léxico (§ 23.2). Constituye una excepción el prefijo *re-* en su significado de repetición (iterativo), cuando modifica a predicados TÉLICOS O DELIMITADOS (§ 23.2.1b), como en *reactivar el consumo, readmitir a los despedidos, reanimar a los heridos*. El valor del prefijo es terminativo o perfectivo con los verbos que designan acciones que desembocan en cambios de estado, como *rematar, remeter* o *retocar*. Puede aportar asimismo un sentido intensivo, como en *refreír* ('freír en exceso', además de 'freír de nuevo').

10.5.2b Existe proximidad semántica entre el prefijo *re-* y expresiones adverbiales como *de nuevo, otra vez* o *nuevamente,* que pueden indicar la repetición de una acción previa o bien la restitución de un estado anterior. En efecto, tanto *reagrupar las tropas* como *agrupar de nuevo las tropas* pueden expresar que se realiza por segunda vez la acción de agruparlas (por tanto, que tuvo lugar un agrupamiento previo), pero también que se las devuelve o se las reintegra a su situación previa: la de hallarse en grupo. La segunda lectura, llamada RESTITUTIVA O REINTEGRATIVA, es frecuente con los verbos que indican cambios de estado o de lugar, o acciones que conducen a ellos. Un valor análogo presenta el prefijo *des-* (§ 10.8.2d).

10.6 Prefijos de incidencia argumental

Como se señaló en el § 10.2.4, se denominan así los prefijos que tienen repercusión en la estructura argumental de los predicados o en la relación que estos manifiestan con sus argumentos. Entre las nociones que pueden expresar destacan las que se exponen en los apartados que siguen.

10.6.1 Reflexividad

El prefijo *auto-* suele aportar un significado reflexivo a la base que modifica. Así, una *autocrítica* es una crítica hecha a uno mismo, y la *autodestrucción* es la destrucción propia. Unido a verbos pronominales que ya tienen valor reflexivo (en el sentido de que la acción que expresan revierte sobre el sujeto), este prefijo añade información enfática, y subraya que el referente del sujeto ejerce la acción por sí solo y sin ayuda, o que lo hace intencionadamente. Así, si se dice de alguien que *se autolesiona,* se entiende que lo hace con el ánimo consciente de hacerse daño, mientras que *se lesiona* puede interpretarse como acción involuntaria. Se extienden estas diferencias a *autoabastecerse, autoconvencerse, autoengañarse* y a otros verbos que se ejemplifican a continuación:

> Cualquier mozo con cara simpática, cualquier niña guapita que pasa por ahí, se autocalifica como actor o actriz (Pérez-Reverte, *Patente*); Pero no le convenía seguir por ese camino, autoacusándose de distracciones (Aira, *Misterios*); Las palabras con que Agueda se autorretrata recuperan la noción clásica de la angustia existencial (*Hoy* [Chile] 28/10/1996).

10.6.2 Reciprocidad

El prefijo *inter-* (o su variante patrimonial *entre-,* menos productiva) puede imponer un valor recíproco a los argumentos del verbo con el que se combina. Así, en [...] *extraños personajes que interactúan con cuantos viandantes salen a su paso* (*País* [Esp.] 14/1/2009), se dice que ciertos personajes y ciertos viandantes participan en alguna acción recíproca. Se forman con el prefijo *inter-* verbos transitivos (*intercomunicar, interconectar*) e intransitivos (*interactuar, interdepender*), pertenecientes todos a la clase de los verbos simétricos o de argumentos colectivos (§ 31.3.1d). El prefijo aporta información enfática en muchos de los contextos en los que su presencia no es imprescindible, como en *Se interrelacionan* (frente a *Se relacionan*) o en *Se entrecruzan algunos mensajes* (frente a *Se cruzan algunos mensajes*). Al contrario que el prefijo *auto-* (*autocontrol*), el prefijo *inter-* no se suele combinar, en su interpretación recíproca, con nombres eventivos no deverbales (**intercontrol*). Es, en cambio, muy productiva la pauta «*inter-* + adjetivo relacional», como en *interdepartamental, interindividual, interinsular, internacional, interoceánico* o *interuniversitario*, entre otros muchos (§ 10.3.2d).

10.6.3   Asociación

10.6.3a   El prefijo *inter-* impone un requisito de pluralidad a los adjetivos denominales a los que se antepone. Resultan naturales combinaciones como *colaboración interuniversitaria* porque la colaboración es una relación entre varias personas, pero son extrañas otras como *profesor interuniversitario*, en las que no puede cumplirse el requisito citado. Aun así, el prefijo se antepone también a adjetivos y a sustantivos que no designan relaciones, pero sí los espacios en los que estas tienen lugar, como en *ámbito interreligioso* o *centro interracial*. De forma análoga, el grupo nominal *programa interuniversitario* designa el compartido por varias universidades, al igual que *pasaporte internacional* se refiere al que es válido en varias naciones. Una condición similar impone el prefijo *intra-*, que forma adjetivos relacionales a partir de sustantivos que designan cosas compuestas por diversos elementos. Así, mientras que el diálogo interuniversitario es el que tiene lugar entre universidades, el diálogo intrauniversitario es el que se realiza en el interior de la universidad, por tanto entre los elementos que la componen. Se obtienen significados similares en grupos nominales como *turismo intranacional, conflicto intrafamiliar* o *movilidad laboral intraeuropea*.

10.6.3b   El prefijo *co-* (o sus variantes *con-* y *com-*) da lugar, al igual que *inter-*, a predicados colectivos o simétricos como *Coeditó el texto con ella* o *Carlos y Pedro coproducirán una película*. En los casos en que, junto con la forma prefijada, aparece un grupo preposicional que expresa 'acción o situación conjunta' (*Coeditó el texto con ella*), se produce una forma de redundancia (*co-V... con*) que aporta énfasis, por lo que no es rechazada por el sistema gramatical. Cuando el prefijo *co-* se combina con sustantivos, expresa que la noción denotada por la base es compartida por otros individuos. Se forman así nombres de acción o de evento (*coproducción, codirección*), pero también de persona (*coautor, codeudor, codirector*). Se usa asimismo este prefijo en sustantivos que denotan vínculos de parentesco o de amistad, entre otras relaciones familiares o sociales: *consuegro, compadre, conciudadano*.

10.7   Prefijos cuantificativos, gradativos y escalares

Los prefijos cuantificativos se asocian con la noción de cantidad o número y los escalares, con la de escala, orden o jerarquía. Los prefijos gradativos expresan la noción de grado. Suelen distinguirse de los primeros a pesar de que, en sentido estricto, la gradación constituye una forma de cuantificación (§ 19.1.1c).

10.7.1   Prefijos cuantificativos

10.7.1a   Estos prefijos alteran a veces la categoría de la base con la que se combinan, como en *color* [sustantivo] > *multicolor* [adjetivo] (*serpiente multicolor*), o en *monosílabo, bisílabo* y otros adjetivos (§ 10.3.2c). Algunos prefijos de este grupo tienen correspondencia con adjetivos y adverbios cuantificadores de valor indeterminado; otros, en cambio, aportan el significado de los numerales.

10.7.1b   Equivalen a cuantificadores de valor indeterminado los prefijos *multi-* y *pluri-*, que corresponden a *muchos* y *varios*, respectivamente. Ambos son productivos con adjetivos relacionales (*multifocal, multinacional, multirracial; pluricelular, pluridimensional, pluridisciplinar, plurinacional*), así como con otros asimilados a ellos que se forman sobre bases nominales, como los que aparecen en las expresiones *vestidos multicolores* y *diccionarios plurilingües*. Equivale al cuantificador *varios* el prefijo *poli-*, que se combina frecuentemente con adjetivos y sustantivos formados sobre bases griegas: *polifonía, polígloto, polisemia, politeísmo*. No obstante, ha dado lugar a nuevos derivados, como *polideportivo* 'relativo a varios deportes'.

10.7.1c   Son varios los prefijos que aportan un valor próximo al de los numerales cardinales. A *uno* equivalen *mono-* (*monóculo, monógamo, monólogo*) y *uni-*, que forma adjetivos de relación (*unicolor, unidireccional, unilateral*). Con el numeral *dos* se corresponden los prefijos *bi-* y sus variantes *bis-* y *biz-* (*biangular, bisnieto, biznieto*), y *di-* (*dimorfo, ditransitivo*). Con *tres*, el prefijo *tri-* (*triángulo, trifase, tripartito*), y con *cuatro*, los prefijos *cuatri-* o *cuadr(i)-* (*cuatrimotor, cuadrilátero, cuadrangular*) y *tetra-* (*tetralogía, tetravalente*). Los prefijos equivalentes a *cinco, seis, siete, ocho* y *nueve* son, respectivamente, *penta-* (*pentagrama*), *hexa-* (*hexaedro*), *hepta-* (*heptasílabo*), *octo-* (*octópodo*) y *enea-* (*eneágono*). El prefijo *deca-* corresponde al numeral *diez* (*decálogo*); *endeca-*, a *once* (*endecasílabo*), y *dodeca-*, a *doce* (*dodecaedro*). Los prefijos correspondientes a los cardinales superiores a *doce* no son habituales en la lengua general. Se han formado *trillizo, cuatrillizo, quintillizo, sextillizo, septillizo* y *octillizo* a partir de *mellizo*, pese a que el segmento *-llizo* no sea propiamente una base léxica del español. Los prefijos llamados multiplicativos denotan potencias de diez: *deca-* expresa la multiplicación por diez (*decámetro*); *hecto-*, por cien (*hectolitro*); *kilo-*, por mil (*kilogramo*); *mega-*, por un millón (*megahercio*); *giga-*, por mil millones; y *tera-*, por un billón. Los prefijos fraccionarios son *deci-* (*decímetro*), que denota la décima parte de una unidad; *centi-* (*centigramo*), la centésima; *mili-* (*mililitro*), la milésima; *micro-* (*micrómetro*), la millonésima, y *nano-* (*nanosegundo*), la milmillonésima parte. Son también fraccionarios, equivalentes a 'medio', *semi-* (*semicírculo, semirrecta*) y *hemi-* (*hemisferio, hemistiquio*).

10.7.2   Prefijos gradativos y escalares

10.7.2a   Los prefijos gradativos miden o evalúan el grado con el que se manifiesta una propiedad o ponderan la intensidad con la que tiene lugar una acción o un evento. Pueden asimilarse a ellos los que establecen jerarquías o niveles en el interior de diversas escalas, que reciben a veces el nombre de ESCALARES. La prefijación gradativa y escalar se aproxima a la locativa, puesto que las escalas se interpretan como jerarquías dispuestas verticalmente. Así, el prefijo *super-*, variante culta de *sobre-*, es locativo en *superestructura* o *superponer*, pero gradativo con adjetivos (*superblando, superbonito, supertonto*), con adverbios (*superbién, superlento*) y con ciertos sustantivos (*superpotencia, supercoche*). Marca también relevancia, preeminencia o realce en *superagente, superjuez, supermercado* o *superministro*, y en otros derivados similares en los que puede percibirse intención irónica. Puede expresar igualmente exceso, a veces en alternancia con *sobre-* (*superabundancia∼sobreabundancia, superpoblación∼sobrepoblación*), que muestra este mismo significado con bases verbales (*sobreactuar, sobrealimentar, sobrecargar*), adjetivales (*sobrehumano, sobrenatural*) y nominales (*sobredosis, sobrepeso, sobreprecio*).

10.7.2b El prefijo *re-* alterna con *requete-* y *rete-* en varias áreas lingüísticas. Expresa intensificación cuando se adjunta a algunos adjetivos y participios adjetivales (*reseco, rebueno, redicho*), así como a buen número de verbos (*rebuscar, refregar, recocer*). En el español juvenil del área rioplatense y, con menor intensidad, de la chilena, este prefijo ha adquirido una extensión léxica inusual en otras áreas. Se forman, en efecto, con él adjetivos como *regrande, redivertido* o *reloco*, adverbios como *relejos* y verbos como *regustar* ('gustar muchísimo').

10.7.2c El prefijo *ultra-* expresa grado máximo en combinación con adjetivos calificativos y relacionales (*ultraligero, ultracivilizado*). Estas formaciones son muy frecuentes con bases adjetivales relativas a quien profesa creencias (*ultracatólico*), o a quien es partidario de adscripciones políticas o de pensamiento (*ultraconservador, ultraliberal*) y otras actitudes que el hablante considera extremas. Este prefijo puede denotar también exceso. En general, los límites entre el grado elevado y el exceso no siempre son nítidos, especialmente cuando *ultra-* se antepone a bases nominales: *ultracorrección, ultraderecha, ultraviolencia*, etc. También intensifica el grado con el que se manifiesta una propiedad el prefijo *archi-*, que se combina con adjetivos calificativos o con participios en uso adjetival: *archiconocido, archidivertido, archifamoso*.

10.7.2d El prefijo *semi-* puede denotar el grado medio de una propiedad –interpretación gradativa–, como en *semidormido, semiinconsciente, seminuevo, semitransparente*, pero también una propiedad cercana a otra que no se alcanza completamente –interpretación aproximativa–, como en *semianalfabeto* o *semiautomático*. El prefijo comparte esta segunda interpretación con *casi*, con la locución adverbial *a medias* y con el prefijo separable *medio* (§ 10.3.4c). Así pues, en *Yo estaba medio muerto sobre el sollao* (Galdós, *Episodios*) no se gradúa la propiedad de 'estar muerto', sino que se denota un estado próximo a la muerte. Los adjetivos formados con el prefijo *semi-* pueden ser calificativos (*semifrío, semiseco*) o relacionales (*semiprofesional, semiautomático*). Entre los calificativos abundan los que denotan estados transitorios o episódicos, como *semiborracho, semidesnudo* o *semivacío*, así como los formados con bases participiales (*semiabierto, semidrogado*). Como en otros casos, la segmentación morfológica contribuye a determinar el significado de los derivados. Constrastan, en efecto, *semi-profesional* y *semicircul-ar*. En el primer caso, *semi-* admite la paráfrasis 'no del todo' (interpretación gradativa) e incide sobre una base adjetival;

en el segundo significa 'medio', incide sobre una base nominal (*círculo*) y constituye un prefijo cuantificativo (§ 10.7.1c). El prefijo *entre-* también expresa grado medio antepuesto a algunos verbos (*entreabrir, entrecerrar, entrever* o *entredormirse*) y a adjetivos (*entrecano, entreclaro*).

10.7.2e   El prefijo *hiper-* denota exceso, sea en la intensidad con que sucede algo (*hiperactividad*) o en la cantidad o el grado que se atribuye a una propiedad (*hipervitaminosis*). Por el contrario, expresan insuficiencia el prefijo *infra-*, que se combina con sustantivos (*infrasalario, infravivienda*), verbos (*infrautilizar, infravalorar*) y adjetivos (*infrahumano*); y el prefijo *hipo-*, bien en combinación con adjetivos (*hipoalérgico, hipocalórico*), bien con sustantivos (*hipoglucemia, hipotermia*). Sin embargo, el prefijo más productivo entre los que expresan este significado es *sub-*. Antepuesto a ciertos verbos, contribuye a que denoten acciones que se dan en un nivel inferior al deseable o al esperable, como en *subdesarrollar, subestimar* o *subemplear*. Expresa también la falta de las condiciones necesarias para que algo pertenezca a la clase de entidades denotada por la base nominal a la que se antepone, como en *subempleo, subcultura* o *submundo*.

10.7.2f   El prefijo *sub-* no solo expresa gradación, sino que permite formar sustantivos que designan rangos o niveles en una jerarquía que se consideran subordinados a otros. Varios de ellos designan cargos o puestos (*subcomandante, subcomisario, subdirector*) o niveles relativos a la organización interna de las instituciones (*subsecretaría, subsede*) o, en general, de una clasificación o una taxonomía (*subespecie, suborden*). El valor de subordinación se manifiesta también con adjetivos relacionales (*subatómico, subprofesional*) y, de otra forma, con verbos como *subarrendar* o *subdividir*, que denotan acciones realizadas de manera subsidiaria o dependiente de alguna anterior ('arrendar lo previamente arrendado', 'dividir lo ya dividido'). También designa rangos o niveles en una jerarquía el prefijo *vice-* (*vicecónsul, vicegerente, vicetesorero*) y su variante *vi-* (*virrey*).

10.8   Prefijos negativos

Expresan negación los prefijos cuyos derivados denotan la propiedad contraria a otra (*inaccesible, desleal, anormal*), la ausencia de una acción, entidad o propiedad (*impago, analfabeto, sinvergüenza, no intervención*) o la inversión de una acción o una situación previa (*deshacer, desordenar*). Es poco productivo el prefijo *dis-* (*discapacitado, disconforme, discontinuo, disgusto, dispar, disparejo*), pero son sumamente productivos *in-* y *des-*.

10.8.1   El prefijo *in-*

10.8.1a   El prefijo *in-* presenta las variantes *i-*, ante bases que comienzan por /l/ y /r/ (*ilícito, irreal, irresponsable*), e *im-*, delante de /b/ y /p/ (*imbatible, impensable*). Este prefijo forma numerosos adjetivos que constituyen las voces antónimas de las bases correspondientes, como *imposible, impropio, impuro, inactivo, incapaz, incrédulo, indigno, indócil, inoportuno, inútil* o *inválido*. Se aplica, en cambio, solo a algunos verbos (*incomunicar, incumplir, insubordinar*) y a unos pocos sustantivos (*inacción, impiedad*). Es frecuente derivar verbos de adjetivos que contienen el prefijo *in-*, como en *intranquilo* > *intranquilizar*. A este grupo pertenecen los verbos *impacientar, importunar, incomodar, inmortalizar, inquietar* o *inutilizar*, entre otros. También se forman algunos nombres a partir de adjetivos prefijados, como *incapacidad* (*incapaz* > *incapacidad*), *indignidad* o *inquietud*. Como antes, la segmentación determina en buena medida la interpretación semántica que corresponde a estas formas: *inutil-izar* 'hacer inútil' o 'convertir en inútil'; *indign-idad* 'cualidad de indigno'.

10.8.1b   Los adjetivos que admiten el prefijo *in-* se combinan con *ser* en las oraciones copulativas (*posible* > *imposible*). Los que se combinan con *estar* suelen rechazarlo (*absorto, borracho, contento, descalzo, estupefacto, seco*, etc.), con alguna excepción, como *inconsciente* 'privado de sentido'. Tampoco es habitual obtener derivados en *in-* a partir de adjetivos relacionales (**inatómico, *ineconómico*). Las excepciones, como *inconstitucional, incivil* o *irreligioso*, son solo aparentes, ya que se interpretan en su lectura calificativa (§ 13.5.3).

10.8.1c   Los adjetivos prefijados con *in-* no se forman siempre sobre sus correspondientes antónimos. Así, el prefijo aparece ya incorporado en algunos cultismos derivados del latín, como en *impecable, impertérrito, incógnito, incólume, inefable, inescrutable* e *inextricable*, y en adjetivos derivados de participios latinos, como *ileso, inconcluso, indefenso, inédito, infecto, insepulto, intacto* o *intonso*. Presentan bases nominales supletivas otros adjetivos de origen latino, como *imberbe, impune, incoloro, inconsútil, indoloro, inerme, inerte* e *informe*.

10.8.1d   Son frecuentes los derivados de adjetivos en *-ble* que presentan a la vez el prefijo *in-*, como *indestructible, insospechable, insustituible* e *intachable* (§ 7.4.3a). En la segmentación más común de estos derivados se agrega el prefijo al adjetivo: *[in-[traducible]]*. No obstante, una serie limitada de adjetivos formados con los mismos constituyentes (*in-V-ble*) admiten dos segmentaciones, correspondientes a dos significados distintos. Así, el adjetivo *incomunicable* puede segmentarse en la forma anterior, es decir, *[in-[comunica-ble]]*, que corresponde al significado 'que no puede ser comunicado, inefable'; pero también es posible *[[in-comunica]-ble]*, que da lugar al significado 'que puede ser incomunicado' (hablando, por ejemplo, de presos o de cuartos en una vivienda).

10.8.2   El prefijo *des-*

10.8.2a   Con este prefijo se crean numerosos nombres derivados que denotan acciones, situaciones o propiedades opuestas a las expresadas por sus bases nominales, como *desacuerdo, desdicha, deshonor, despropósito* o *desvergüenza*. En otros sustantivos, el prefijo se interpreta con sentido privativo: *desaseo, desempleo, desmesura, desobediencia, desorden*. El prefijo *des-* se combina también con bases adjetivales vinculadas a los participios (*desafecto, descompuesto, descontento, desprevenido, desusado*), pero solo se aplica a unos pocos adjetivos que carecen de tal vinculación, como *desaprensivo, descortés, deshonesto, desigual, desleal, desobediente* o *desparejo*. Los esquemas parasintéticos *des-N-ado* y *des-A-ado* dan lugar a muchos derivados adjetivales: *desalmado, desbravado, descarado, desganado, despiadado*.

10.8.2b Se distinguen cuatro interpretaciones de *des-* en los derivados verbales:

1) Ausencia (*desconocer algo* 'no conocerlo');
2) Cese, cancelación o anulación (*deshabitar un lugar* 'dejar de habitarlo');
3) Acción contraria (*descoser un vestido* 'desprenderle las puntadas');
4) Acción inadecuada (*desinformar a la gente* 'informarla mal').

Las interpretaciones más productivas son la *1* y especialmente la *3*, llamada a veces *reversiva*.

10.8.2c Los verbos del grupo *1* (*desagradar, desaprovechar, desconfiar, desconocer, descreer, desmerecer, desobedecer, desoír*) no siempre denotan la mera ausencia de cierta acción, sino que a veces expresan actuaciones intencionadas, como *desobedecer*. Asimismo, *desagradar* y *no agradar* no son totalmente equivalentes, como lo muestra la secuencia *No me agrada. Más aún, me desagrada*. Esta oración es plenamente informativa porque el verbo formado con prefijo negativo ocupa una posición más alta (en alguna escala gradativa) que la que corresponde a la variante con el adverbio *no*. Algunos derivados presentan rasgos de más de uno de los grupos. Así, *descuidar* 'dejar de cuidar' (grupo *2*) puede asimilarse parcialmente al grupo *1* con el sentido 'no cuidar'. Asimismo, *desocupar* (también correspondiente a *2*) podría asimilarse a los verbos del grupo *3*.

10.8.2d La interpretación reversiva del prefijo *des-* es propia del grupo *3* y presupone la existencia de la acción previa expresada por la base, a diferencia del valor de contrariedad (grupo *1*), que no conlleva tal presuposición. Es posible, en efecto, desconfiar de alguien en quien nunca se confió, pero solo puede desenchufarse algo que fue previamente enchufado. En su interpretación reversiva, el prefijo *des-* incide sobre verbos que indican acciones o procesos de cambio de estado o de posición, como *desabrigar, desabrochar, desclavar, descoser, desenterrar, despintar* o *destapar,* entre otros muchos. Con frecuencia se obtiene más claramente la interpretación adecuada recurriendo a estructuras parasintéticas. Así, *desaguar un embalse* no es realizar la acción contraria a la de aguarlo (interpretación correspondiente a *des-aguar*), sino más bien quitarle el agua (por tanto *des-N-ar: des-agua-ar*). A este esquema responden también *desacreditar(se), descorazonar(se), desequilibrar(se), desganar(se), deshabituar(se), deshonrar(se), desilusionar(se)* y otros muchos verbos. Ha de tenerse en cuenta, por otra parte, que las pautas de los grupos *2* y *3* están estrechamente relacionadas: las dos suponen un componente previo, si bien en el caso de *3* es una acción y en el de *2*, una situación. Así, la acción de desnacionalizar (grupo *2*) no exige en quien la recibe la condición de haber sido nacionalizado antes, sino solo la de poseer cierta nacionalidad.

10.8.3 El prefijo *a-* y los prefijos negativos separables

El prefijo *a-* posee la variante alternante *an-* ante vocal. Unido a determinados adjetivos calificativos (*anormal*) y a una serie extensa de adjetivos relacionales (*acrítico, apolítico, aséptico, atípico*) expresa el concepto contrario al de la base. Es frecuente asimismo *a-* como prefijo privativo tanto en adjetivos (*acéfalo, afónico, analfabeto, anónimo, átono*) como en sustantivos (*afasia, anarquía, anemia, anomia, anorexia*). Tiene también valor privativo el prefijo separable *sin-,* homófono de la preposición *sin*, que se combina con bases sustantivas para designar clases de personas (*los sin techo, los sin ley, los sin patria, un sinvergüenza*, el último con el prefijo integrado). En su variante de prefijo inseparable, *sin-* forma un número restringido de sustantivos de otro tipo: *sinrazón, sinsentido, sinsabor* (§ 10.1.2). También expresa 'ausencia' el prefijo separable *no* antepuesto a bases nominales deverbales (*no agresión, no intervención*) y deadjetivales (*no responsabilidad*). Se analiza en el § 48.2.2a.

10.9   Prefijos opositivos y de actitud favorable

Es menos nutrido el grupo de prefijos españoles que indican la actitud que se muestra ante algo (*anticapitalismo, prodictatorial*) o la finalidad con la que se realiza una acción o a la que se destina alguna cosa (*contraargumentar, contrarrevolución*). Expresan oposición a algo o a alguien los prefijos *anti-* y *contra-*, y denota actitud favorable *pro-*. Tanto *anti-* como *pro-* pueden usarse como prefijos separables en ciertos contextos (§ 10.3.4b). El prefijo *anti-* se une a bases nominales (*antiaborto, antiácido, antivirus*) y a adjetivos relacionales (*antialérgico, antiacadémico, anticlerical*). Se obtienen dos interpretaciones en los sustantivos *antifascista, antimaterialista, antimonárquico, antirrepublicano, antisurrealista* y otros muchos similares según se opte por la paráfrasis 'opuesto a lo + adjetivo' (*antimaterialista* 'opuesto a lo materialista') o bien 'opuesto al N-*ismo*' (*antimaterialista* 'opuesto al materialismo'). La pauta *anti-*N ha permitido crear adjetivos (o bien sustantivos en aposición) con ciertos nombres abstractos (*fiscal anticorrupción, reglas antisubsidio*) o con bases nominales que designan lo que se pretende prevenir o evitar (*chaleco antibalas, crema antiarrugas, faros antiniebla*). La misma interpretación se obtiene con bases adjetivas (*antiaéreo, antiatómico, antigripal, antirrábico*), muchas de ellas terminadas en *-nte: anticoagulante, anticongelante, antideslizante*.

10.10   Prefijos adjetivales

Los prefijos adjetivales aportan un significado similar al de los adjetivos, en general menos abstracto que el de los prefijos descritos en las secciones precedentes. De hecho, aunque algunos pueden analizarse también como elementos compositivos, cabe considerarlos prefijos si se les asigna un estatuto especial dentro de esta categoría. Corresponden a esta clase los prefijos siguientes: *neo-*, que significa 'nuevo, moderno' y que se reconoce sobre todo en formaciones con los sufijos *-ismo, -ista* (*neoclasicismo, neocolonialismo; neoclasicista, neocolonialista*); *paleo-*, que indica que la entidad expresada en el sustantivo al que antecede se manifiesta en su faceta o su modalidad más antigua o más temprana (*paleocristianismo, paleolítico*); *para-*, que expresa que la noción denotada por la base no ha de ser tomada en su sentido estricto, ya que sus propiedades no se cumplen o no se satisfacen completamente (*paraciencia, paramilitar*); *pseudo-* (escrito *seudo-* en *seudónimo* y *seudópodo*), que precede a numerosos adjetivos (*pseudoartístico, pseudocientífico*) y sustantivos (*pseudoactivista, pseudoprogresismo*) y hace referencia a variantes o versiones falsas, fraudulentas o fingidas de la noción denotada por la base; *homo-* y *hetero-*, que expresan respectivamente la igualdad o la diferencia que se establece entre dos entidades en relación con alguna propiedad particular: *homófono* 'de igual sonido', *homogéneo* 'de características iguales', *homónimo* 'de nombre igual', *heteróclito* 'de diferente declinación', *heterónimo* 'de nombre diferente'.

11 La composición

11.1 El concepto de composición

11.1.1 Las palabras compuestas. Sus límites con las estructuras no compositivas

11.1.1a Se llama COMPOSICIÓN el proceso morfológico por el que dos o más palabras forman conjuntamente una PALABRA COMPUESTA O COMPUESTO, como en *lava + ropas > lavarropas* o en *verde + blanco > verdiblanco*. Para evitar las numerosas dificultades que presenta el concepto de 'palabra' (§ 1.3.5b), algunos autores prefieren definir el compuesto como aquella forma que contiene más de una raíz en su interior. Son, pues, compuestos las voces *altoaragonés, limpiacristales, sabelotodo, sacapuntas* y *hombre lobo*, en la última de las cuales no se integran gráficamente los dos componentes.

11.1.1b Son controvertidos los límites entre las palabras compuestas y otras estructuras gramaticales, como las voces prefijadas (§ 10.1.1), las locuciones (§ 1.5.2a-d) y las construcciones en aposición (§ 12.7.4). En los estudios de morfología sincrónica no se suelen considerar compuestos las combinaciones de adverbios, preposiciones y conjunciones, como *abajo, adonde, asimismo, aunque, conque, debajo, detrás; demás, nomás, porque,* pues no se reconoce en ellos la independencia gramatical de los segmentos que proporciona su etimología (§ 1.3.3). Tampoco son compuestos, sino grupos preposicionales, las voces *conmigo, contigo* y *consigo,* ya que, aunque estén integrados en una sola palabra, ejercen las funciones sintácticas propias de tales grupos y se pueden coordinar con otros análogos (*No quiere ir con él ni conmigo*). Se suelen considerar, en cambio, formas compuestas (y se reconoce claramente su estructura interna) los relativos inespecíficos (§ 22.6.1) *cualquiera, cualesquiera, quienquiera, quienesquiera, dondequiera, comoquiera* y *cuandoquiera.*

11.1.2 Clases de compuestos

11.1.2a   Se suelen distinguir tres tipos fundamentales de compuestos: los COM-
PUESTOS PROPIOS O UNIVERBALES, los COMPUESTOS SINTAGMÁTICOS y los COMPUES-
TOS SINTÁCTICOS. Los componentes de los primeros se integran en una única
palabra ortográfica y, por lo general, en un único grupo tónico: *agridulce, drogodependiente, maniatar, maxilofacial, rojinegro, sabelotodo, sacapuntas, sopicaldo*. Cuando uno de los dos segmentos, casi siempre el primero, está acortado, se obtienen
los llamados COMPUESTOS ACRONÍMICOS, como en *cantante + autor > cantautor*
(§ 1.3.4d). Los compuestos univerbales no llevan tilde en el primer segmento, de
modo que se escribe *acidorresistente*, en lugar de *ácidorresistente*. Los compuestos del segundo tipo se forman yuxtaponiendo palabras que mantienen su propia
independencia gráfica y acentual, unas veces separadas con guion intermedio
(*árabe-israelí, político-económico, teórico-práctico*) y otras sin él (*cabeza rapada,
casa biblioteca, cocina comedor, problema clave, tren bala, villa miseria*). El tercer
grupo es polémico. Aunque ha sido defendido por algunos autores, las expresiones que corresponderían a este parecen constituir unidades de la FRASEOLOGÍA
más que propiamente de la MORFOLOGÍA. Así pues, piezas léxicas como *caballo* (o
caballito) *de batalla* ('asunto recurrente'), *media naranja* ('persona que se compe-
netra bien con otra afectivamente'), *mesa redonda* ('debate') u *ojo de buey* ('claraboya') se considerarán aquí LOCUCIONES NOMINALES (§ 12.6.2) en lugar de
compuestos sintácticos.

11.1.2b   Se usará, por simple convención, la fórmula X+X para los compuestos
sintagmáticos, como N+N (*decreto ley*) o A+A (*italiano-canadiense*). En cambio, para
los compuestos propios se empleará el esquema X-X, como V-N (*lavarropas*), N-N
(*casacuna*), A-A (*sordomudo*), con la variante X-*i*-X cuando se construyen con vocal
de enlace: N-*i*-A (*cejijunto*), A-*i*-A (*blanquiverde*), N-*i*-N (*carricoche*).

11.1.2c   En función de la relación gramatical que se establece entre sus segmentos constitutivos, los compuestos se clasifican en COORDINATIVOS y SUBORDINATIVOS.
Los COORDINATIVOS manifiestan una relación asimilable a la coordinación sintáctica entre sus componentes, como *agridulce, carricoche, verdinegro, angloamericano,
claroscuro*. Los SUBORDINATIVOS ponen de manifiesto la relación de subordinación
entre un núcleo y algún complemento o modificador: *bocacalle, maldecir, matamoscas, patituerto*. Entre estos, los llamados ATRIBUTIVOS contienen un adjetivo (*purasangre, camposanto*) que aporta alguna característica de la entidad designada por el
nombre.

11.1.2d   Los compuestos se clasifican también en ENDOCÉNTRICOS (compuestos
con núcleo) y EXOCÉNTRICOS (compuestos sin núcleo). El núcleo caracteriza formal
y semánticamente el conjunto: *anglohablante, casacuna, hierbabuena, patilargo*. Así,
un anglohablante es un tipo de hablante y la hierbabuena es un tipo de hierba, mientras
que *patilargo* denota una propiedad, la de 'ser largo en relación con las extremida-
des', por lo que su núcleo es *largo*. En los compuestos EXOCÉNTRICOS, en cambio, las
propiedades gramaticales y semánticas no vienen impuestas por ninguno de sus
constituyentes. Así, *piel roja* no designa ni un tipo de piel ni una variedad del color
rojo, sino cierto individuo.

11.1.3   Diferencias entre compuestos univerbales, compuestos sintagmáticos y locuciones

Si bien se reconocen como unidades distintas la palabra y el grupo sintáctico, los gramáticos no están hoy enteramente de acuerdo en cuanto al número de unidades intermedias que han de postularse entre ambas. Para distinguir clases de compuestos y diferenciar estos de otras unidades gramaticales complejas, se suelen emplear los siguientes criterios:

1. Prosodia
2. Flexión
3. Composicionalidad
4. Productividad
5. Expansión y recursividad

11.1.3a   El criterio *1* permite separar los compuestos univerbales, que poseen un solo acento fonético (*hispanoárabe, maxilofacial*), de los sintagmáticos, que poseen dos (*español-árabe, maxilar-facial*), aun cuando el primer segmento de estos últimos tiende a perder su acento si el grado de cohesión de la palabra aumenta.

11.1.3b   El criterio *2* se usa tradicionalmente como pauta delimitadora de las piezas léxicas. Así, *sordo y mudo* es un grupo sintáctico formado por dos adjetivos que pueden pluralizarse, mientras que el compuesto *sordomudo* presenta un único plural: *sordomudos*. La mayor parte de los compuestos sintagmáticos pluralizan uno solo de sus componentes: *casas cuartel, componentes físico-químicos*. Sin embargo, existe doble opción en casos como *asuntos clave ~ asuntos claves; copias pirata ~ copias piratas* y otros similares, como se vio en el § 3.2.1a. La primera variante se interpreta como palabra compuesta; en la segunda se entiende más bien que los dos segmentos forman un grupo sintáctico (tanto si se interpreta *clave* como adjetivo, como si la estructura se considera apositiva). Muestran también doble plural los compuestos sintagmáticos COORDINATIVOS (*droguerías perfumerías, relojes despertadores, reyes filósofos*), semejantes en esto a las locuciones nominales que contienen adjetivos: *llaves inglesas, medias naranjas* (referido a personas). Más polémica resulta la naturaleza de expresiones como *cabeza cuadrada, lengua larga* o *relaciones públicas*. Por la presencia de concordancia sistemática (*un cabeza cuadrada > unos cabezas cuadradas*) parecen asimilarse a las locuciones nominales, pero coinciden con los compuestos sintagmáticos exocéntricos (como el citado *piel roja:* § 11.1.2d) en que son comunes en cuanto al género (§ 2.1.2c y 2.2). Se dice, en efecto, {*un ~ una*} *cabeza cuadrada* según la persona de la que se hable sea varón o mujer. En cambio, las locuciones nominales poseen de modo característico género masculino o femenino.

11.1.3c   Por COMPOSICIONALIDAD (criterio *3*) se entiende la posibilidad de interpretar las unidades complejas a partir de la información aportada por las simples, así como en función de los principios combinatorios que las integran. Las unidades máximamente TRANSPARENTES son las sintácticas; las más OPACAS son las locuciones. Los compuestos sintagmáticos suelen ser transparentes (*decreto ley, relación madre-hija*), si bien algunos solo lo son parcialmente (*hombre rana, tren bala*). Por otra parte, la transparencia de los compuestos no parece depender de su estructura morfológica. Así, aunque la estructura morfológica de *cariancho, pelirrojo, peliagudo* y *alicaído* sea idéntica, los dos últimos adjetivos son poco transparentes: *peliagudo* puede aplicarse, en efecto, a sustantivos como *problema* o *asunto* (entre otras voces en cuyos referentes no se reconoce la presencia de vellosidad alguna), y *alicaído* puede predicarse de seres no alados.

11.1.3d El criterio 4 está relacionado con el anterior. La PRODUCTIVIDAD es el rendimiento que ofrece una pauta gramatical, en el sentido del conjunto de elementos a los que puede dar lugar. La productividad máxima corresponde a las unidades sintácticas, de manera que no es posible construir la lista de los grupos nominales o verbales que pueden formarse en español. También son muy productivos ciertos esquemas morfológicos, como V-N. De hecho, no todos los diccionarios del español recogen los sustantivos *limpiacristales, limpiametales, limpiapisos, limpiasuelos* y *limpiavidrios*. Cabe decir lo mismo del esquema A-*i*-A, que da lugar a los compuestos *blanquiverde, verdiazul* o *verdiblanco*. Estos paradigmas compositivos son, como se ve, relativamente ABIERTOS. Presentan productividad mínima, en cambio, las locuciones nominales. Así, *cabo suelto* ('circunstancia pendiente imprevista') se diferencia claramente en este sentido del grupo nominal *cabo desatado*, construido libremente con una pauta sintáctica.

11.1.3e El criterio 5 (EXPANSIÓN Y RECURSIVIDAD) separa tradicionalmente la morfología de la sintaxis. La posibilidad de expandir uno solo de los componentes de una construcción o la de repetir linealmente una pauta caracteriza de modo general la sintaxis. No obstante, presentan recursividad débil ciertas estructuras morfológicas en las que la base de una palabra compuesta es a su vez un compuesto, como sucede en *limpiaparabrisas* (también *lavalimpiaparabrisas*), *sursuroeste, guardaportalápices*, así como en ciertos compuestos ternarios: *convenio hispanoangloamericano, coproducción franco-italo-alemana*.

11.2 Estructura interna de los compuestos

11.2.1 Aspectos morfológicos y sintácticos

11.2.1a En tanto son unidades morfológicas, las palabras compuestas no aceptan la presencia de modificadores que afecten a uno solo de sus componentes. La lengua rechaza, pues, la posibilidad de insertar un determinante en el espacio marcado en *lava_platos*, un numeral en *afila_lápices*, un adverbio de grado en *peli_rrojo*, o uno de tiempo o de modo en *lava_rropas*. También se rechazan los procesos internos de derivación que afecten a uno solo de sus miembros. Así, en *cortauñitas* o *abrelatitas*, el diminutivo afecta al compuesto, no al segundo componente (§ 11.2.1c). Son escasos los compuestos sintagmáticos de doble sustantivo que admiten el morfema apreciativo, casi siempre en el primer miembro: *cabecita loca, viajecito relámpago*.

11.2.1b Los pronombres no forman parte de los compuestos, con escasas excepciones que no se ajustan propiamente a pautas morfológicas estables (*metomentodo, nomeolvides, sabelotodo*). En estos casos, los pronombres carecen de antecedente. Tampoco se suelen coordinar las bases léxicas de los compuestos. Aunque no se forman, en efecto, compuestos como *lavaplatos y tazas,* en el área rioplatense es común la expresión *lava y secarropas* con el sentido de *lavarropas y secarropas.* Admiten ocasionalmente coordinación aquellos compuestos sintagmáticos que están más próximos a las estructuras sintácticas apositivas: *Es un momento <u>clave</u> y <u>excitante</u> en el sector (País* [Esp.] 10/11/1997).

11.2.1c   No son palabras compuestas, sino derivadas, las que se obtienen mediante algún procedimiento derivativo aplicado a una palabra compuesta. El orden «COMPOSICIÓN > DERIVACIÓN» se reconoce en *bonaerense, malhumorar, maniobrar, puertorriqueño* o *sacapuntitas.* El afijo que contienen no se aplica, en efecto, al segundo componente del compuesto, sino a todo él, como en *malhumor-ar,* no **mal-humorar* o *sacapunt-itas,* no **saca-puntitas* ni **saca-punt-itas,* aunque sí *[saca-punt-][itas]* (se marcan con corchetes los dos segmentos de la palabra derivada). El proceso contrario, «DERIVACIÓN > COMPOSICIÓN», permite formar una palabra compuesta a partir de una derivada, como *cazabombardero, francoestadounidense* o *hispanohablante.* Todas estas voces ponen de manifiesto la necesidad de segmentar los compuestos y los derivados con estructura compleja de manera sucesiva o jerarquizada, en lugar de hacerlo linealmente.

11.2.1d   La forma híbrida de composición y derivación (§ 1.3.2c y 8.2.3b) llamada tradicionalmente PARASÍNTESIS se reconoce cuando no existen por sí solas ni la palabra derivada ni la compuesta, como en *mileurista* (no existe el compuesto **mileuro* ni el derivado **eurista*), *pordiosero, quinceañero, ropavejero* o *sietemesino.* Sin embargo, no suelen reconocerse en estas palabras tres componentes paralelos (*mil-, eur-* e *-ista; por-, dios-* y *-ero*), sino solo dos (*mileur-ista, pordios-ero*), al igual que en las estructuras morfológicas examinadas en el apartado anterior. Dado que la prefijación se asimilaba tradicionalmente a la composición (§ 1.3.2b), existe un concepto más amplio de parasíntesis según el cual se suelen considerar parasintéticos los verbos que contienen un AFIJO DISCONTINUO, formado por prefijo y sufijo, como *<u>a</u>clar<u>ar</u>* o *<u>en</u>tristec<u>er</u>.*

11.2.1e   La mayor parte de los compuestos N+N del español (y en general de las lenguas romances) presentan el núcleo a la izquierda. Así, una *ciudad dormitorio* es un tipo de ciudad cuyas propiedades se asemejan en algo a las que podría tener un dormitorio, o que recibe el uso que se da a este. En cambio, tienen el núcleo a la derecha algunos compuestos N-N, como *radiodifusión,* que designa cierta forma de difusión, no un tipo de radio; N-A (*drogodependiente*); o A-N (*mediacaña*). También presentan el núcleo a la derecha muchos compuestos de origen griego o latino, heredados por el español, como *manumitir* ('liberar al esclavo', lit. 'soltar de la mano'), *tergiversar* (formado sobre *tergum* 'espalda' y *versāre* 'volver', 'girar') o *manuscrito* ('escrito a mano'). Aun así, estas unidades no suelen segmentarse en la morfología sincrónica.

11.2.1f   Los segmentos de un compuesto aparecen a veces unidos por un elemento de ENLACE. Se usa la vocal *-i-* en los compuestos coordinativos formados con las pautas N-*i*-N (*ajiaceite*), V-*i*-V (*subibaja*) y A-*i*-A (*agridulce*), pero también en algunos subordinativos, como N-*i*-V (*perniquebrar*). En los compuestos formados por elementos grecolatinos (§ 11.8), el elemento de enlace suele ser *-o-* para los términos de origen griego (*cartógrafo, dermatólogo*) e *-i-* para los de origen latino (*apicultor, fratricida*).

11.2.2   Aspectos fonológicos

11.2.2a   Como se señaló en el § 11.1.3a, los compuestos propios o univerbales constan generalmente de un solo acento principal, como en *boquiabierto*, formado sobre *boca* y *abierto*, ambos llanos, y en *decimoséptimo*, construido sobre *décimo* y *séptimo*, ambos esdrújulos (el subrayado indica la sílaba tónica). Los compuestos sintagmáticos no anulan, por el contrario, el acento de los componentes que los integran: *ciudad jardín*, *retrato robot*, *sofá cama*. Un gran número de palabras compuestas contienen dos acentos, uno PRIMARIO y otro SECUNDARIO; las derivadas, por el contrario, muestran uno solo. Así, el acento de *español* desaparece en *españolidad*, puesto que el sufijo *-idad* impone su propia pauta acentual, pero pasa a ser secundario en el compuesto sintagmático *español-árabe*, en el que el acento primario recae en la primera sílaba de *árabe*. Este rasgo ha sido destacado por los autores que analizan como compuestos los adverbios en *-mente* (§ 7.6.1), ya que *radicalmente* posee un acento primario y uno secundario: *radicalmente*.

11.2.2b   Otros fenómenos indican que los dos segmentos mantienen parcialmente su independencia fonológica en los compuestos univerbales o propios. En el § 14.2.2 se explica que los sustantivos femeninos que comienzan por una vocal /a/ tónica se combinan con la variante *el* del artículo definido femenino (*el agua*). Esta pauta se mantiene en los compuestos *aguachirle, aguamarina, aguamiel, aguanieve, avefría* o *avemaría* (por tanto, *el aguachirle, el aguamarina*, etc.), a pesar de que el acento no recae en ellos sobre la *a-*. Asimismo, el diptongo se mantiene en la base verbal de los compuestos cuyo primer constituyente muestra alternancia (/o/~/ué/ o /e/~/ié/: § 4.4.3), a pesar de que no posee el acento principal: V-N (*cuentacuentos, vierteaguas*) y V-V (*duermevela*). El mismo fenómeno se produce en ocasiones con los compuestos del tipo N-N (*huecograbado*), N-A (*hierbabuena*) y N-*i*-A (*cuellicorto, piernitendido*).

11.2.2c   Los compuestos nominales en los que se yuxtaponen dos vocales mantienen ambas (*cortaúñas, mondaoídos, portaestandarte, quitaesmalte, vengainjurias*), aunque tienden a fundirse cuando son idénticas (*aguardiente, drogadicto, paraguas*). No se conserva la vocal final del primer segmento de los compuestos ante la vocal de enlace *-i-*: *pelicorto, verdinegro* (no **verdeinegro*), salvo en *quitaipón* y *vaivén*.

11.2.2d   El primer miembro de los compuestos N-*i*-A (§ 11.5.2) tiende a ser bisílabo y forma unidad con el elemento de enlace: *cabizbajo* (con variante supletiva, frente a *cabeciduro*), *lengüicorto, manirroto, patitieso, pechisacado, peliagudo*. La misma tendencia hacia la pauta bisílaba se da en los dos adjetivos de los compuestos A-*i*-A (*blanquiazul, verdinegro*) y en el esquema V-N (*catavinos, montacargas, sacacorchos*), si bien se registran algunos compuestos con verbos trisílabos: *escurreplatos, espantapájaros*.

11.3   Compuestos de doble sustantivo

11.3.1   Compuestos N-*i*-N, N-N y N+N no atributivos

Una larga serie de compuestos propios combina dos sustantivos, sea con vocal de enlace (N-*i*-N: *carricoche, coliflor, sopicaldo*) o sin ella (N-N: *telaraña*). Los que presentan la vocal de enlace suelen ser coordinativos, y los que no la llevan, subordinativos. La mayor parte de estos últimos presenta el núcleo a la izquierda (*bocacalle,* 'boca de la calle', *telaraña,* 'tela de araña'), complementado por el segundo elemento. Muestran el núcleo a la derecha compuestos como *autocine* y *cineclub,* que designan, respectivamente, cierto tipo de cine y de club. También lo presentan otras formaciones cuyo núcleo es un sustantivo deverbal. Su primer segmento corresponde a su complemento o modificador, como en *drogodependencia, narcotráfico, radiotransmisor, televidente, vasoconstrictor* y otros semejantes. Así, *radiotransmisor* designa un transmisor de radio; *drogodependencia* significa 'dependencia de la droga', etc. El plural de los compuestos propios se forma sobre el segundo segmento, sea el núcleo (*madrepatrias*) o no (*telarañas*), como en una palabra simple. En cambio, los compuestos sintagmáticos flexionan su núcleo, pero suelen mantener invariable el otro segmento: *ciudades dormitorio, coches cama, créditos vivienda* (§ 3.2.1 y 11.1.3b).

11.3.2   Compuestos N+N atributivos

11.3.2a   El segundo constituyente de estos compuestos aporta alguna propiedad particular de la entidad designada por el núcleo, a menudo la forma o la apariencia (*corbata mariposa, pantalones campana, pez espada*), el origen (*bebé probeta, lengua madre*) o la función que ejerce algo (*buque escuela, casa cuna, ciudad dormitorio, hombre orquesta, reloj despertador*). También es productiva esta pauta cuando el primer sustantivo designa un color y el segundo uno de sus matices, como en *azul cielo, blanco hueso, negro azabache, rojo cereza, verde manzana.*

11.3.2b   Se forman muchos compuestos atributivos con sustantivos que se interpretan como exponentes de ciertas cualidades prototípicas: *clave* ('básico o fundamental'), *cumbre* ('prominente o muy destacado'), *estrella* ('muy famoso o exitoso'), *fantasma* ('irreal, falso o inexistente'), *límite* ('final, extremo'), *modelo* ('ejemplar, modélico'), *piloto* ('que sirve de muestra, ejemplo o experimento'), *pirata* ('fraudulento'), *puente* ('que sirve de enlace entre dos cosas'), *relámpago* ('muy rápido o muy breve, y generalmente imprevisto'). Se ejemplifican a continuación algunos de estos compuestos sintagmáticos:

> El problema de la diversidad de versiones no es gratuito o prescindible; implica un <u>problema clave</u> (Garciadiego, *Rudos*); La opción, vivida en una u otra forma, es la <u>situación límite</u> radical de la existencia humana (Rosales, *Cervantes*); Porque gracias a San Marcos no fui un <u>alumno modelo</u>, ni un <u>hijo modelo</u> ni un <u>abogado modelo</u>, Ambrosio (Vargas Llosa, *Conversación*); Otra novedad es que desde mayo lanzarán como <u>experiencia piloto</u> unos nuevos parquímetros para uso de transporte de carga y descarga (*Clarín* 2/4/2001); Se le metió en la cabeza al cura hacer un <u>examen relámpago</u> (Vallejo, F., *Fuego*).

11.4   Compuestos de doble adjetivo

11.4.1   Compuestos A-*i*-A

Se forman en español compuestos adjetivales combinando dos adjetivos, sea con vocal de enlace (*agridulce*) o sin ella (*sociocultural, sordomudo*). La pauta más productiva entre los primeros es la que combina dos adjetivos de color: *albiceleste, aurinegro, blanquiazul, rojinegro*. Estos compuestos no suelen designar colores intermedios, sino superpuestos de manera contigua o en patrones alternantes. Por el contrario, los compuestos coordinativos *agridulce, anchicorto, tontiloco*, etc., suelen referirse a cierta propiedad resultante de mezclar o combinar otras dos.

11.4.2 Compuestos A-A y A+A

11.4.2a Son muy productivas la pautas A-A y A+A con adjetivos relacionales que aluden a la conjunción de los dos ámbitos a los que se hace referencia (*audiovisual, físico-químico, político-económico*). Destacan los formados con adjetivos gentilicios (*hispanoárabe, franco-británica, luso-brasileño*). A menudo se obtienen con los mismos adjetivos pares de compuestos, uno univerbal (*maxilofacial*) y otro sintagmático (*maxilar-facial*). Muchos de los univerbales se forman suprimiendo la terminación del primer adjetivo y agregando una -*o*- como vocal de enlace (*afroamericano, bucofaríngeo, espaciotemporal, verbonominal*); agregando -*o*-, sin reducción alguna (*alemanoespañol, catalanoparlante*); o bien usando una forma SUPLETIVA (§ 1.3.4c): *anglo-, cardio-, galaico-, germano-, hispano-, luso-*, etc.

11.4.2b En general, el compuesto univerbal (*dentoalveolar*) se prefiere al sintagmático (*dental-alveolar*). Se recomienda usar el guion cuando el primero de los adjetivos conserva íntegra su terminación (*árabe-israelí, lingüístico-literario, químico-físico, teórico-práctico*) o cuando cada uno de los miembros del compuesto mantiene su denotación independiente. Se distinguen así *las contiendas hispano-americanas, el diálogo hebreo-musulmán, una cumbre franco-canadiense*, de *la literatura hispanoamericana, la cultura hebreomusulmana, el humor francocanadiense*. Se escriben sin guion estos últimos porque el significado del compuesto se interpreta como resultado de la fusión de las dos nociones que designan sus constituyentes.

11.4.2c Como se ha visto, los compuestos del tipo A-A suelen ser coordinativos y, por lo general, relacionales. No es frecuente que los adjetivos calificativos se yuxtapongan para formar compuestos adjetivales coordinativos y sin vocal de enlace, como *sordomudo*, salvo en ciertos adjetivos de color (*blancoamarillento, negroparduzco*). A diferencia de los compuestos a los que se aludió en el § 11.4.1, el tono designado por estos últimos denota mezcla de colores: *blancoamarillento* ('cierto tono intermedio entre el blanco y el amarillento').

11.5 Compuestos de nombre y adjetivo

Son nominales algunos compuestos, propios y sintagmáticos, formados mediante la combinación de nombres y adjetivos, como *medialuna* (A-N), *camposanto* (N-A) o *casco(s) azul(es)* (N+A). Otros son, en cambio, adjetivales, como *radioeléctrico* (N-A) o *cuellilargo* (N-*i*-A).

11.5.1 Compuestos nominales y adjetivales N-A, A-N y N+A

11.5.1a La relación gramatical que caracteriza la mayor parte de los compuestos del tipo N-A suele ser ATRIBUTIVA, ya que el adjetivo designa una propiedad de nombre que constituye el núcleo de la construcción, como en *aguamarina, aguardiente, camposanto, caradura, hierbabuena, malvarrosa, mandoble, montepío, Nochebuena*. Con el adjetivo en la primera posición (A-N) se crean *altavoz, buenandanza, buenaventura, extremaunción, malformación, malhumor, malnutrición, medialuna, medianoche, purasangre* o *vanagloria*, entre otros. Se distinguen por su grafía *agua fuerte* ('disolución de ácido nítrico') y *aguafuerte* ('estampa'). Se prefiere *guardiamarina* a *guardia marina* como nombre que designa a una persona. También se prefiere la grafía *guardiacivil* para designar un individuo (*un guardiacivil*) —aunque se admite *guardia civil*—, y *Guardia Civil* para referirse a la institución. Se obtienen asimismo derivados adjetivales a partir de compuestos del tipo A-N, como *grancanario* (de *Gran Canaria*) o *altoaragonés* (de *Alto Aragón*), entre otros.

11.5.1b Presenta el núcleo a la derecha una serie reducida de compuestos N-A (y, a veces, N-N), en muchos de los cuales se da una relación argumental entre sustantivo y adjetivo: *acidorresistente* ('resistente al ácido'), *catalanohablante* ('hablante del catalán'), *drogadicto* ('adicto a las drogas'), *drogodependiente* ('dependiente de las drogas'), *radioaficionado* ('aficionado a la radio'), *vasodilatador* ('dilatador de los vasos'). Se relacionan léxicamente con ellos varios compuestos N-N formados a partir de las mismas bases (§ 11.3.1): *drogadicto – drogadicción; narcotraficante – narcotráfico*.

11.5.1c Muchos compuestos de tipo N+A designan individuos. El sustantivo que los encabeza se refiere a una parte o un componente del cuerpo en *cabeza rapada, cara bonita, piel roja, piernas largas* o *pies planos*, pero a prendas de vestir o aditamentos diversos en *camisa negra* o *casco(s) azul(es)*, que también son nombres de persona. El género y el número de estos compuestos es independiente del que corresponde al sustantivo que los encabeza, como se ve en *los camisas negras italianos, una relaciones públicas excelente, unos cabezas calientes*. Se comportan, pues, como nombres comunes en cuanto al género, lo que favorece su interpretación como compuestos en lugar de como locuciones nominales (recuérdese el § 11.1.3b).

11.5.2 Adjetivos compuestos según la pauta N-*i*-A

11.5.2a La pauta N-*i*-A es la más productiva del español entre todas las que dan lugar a compuestos de sustantivo y adjetivo. A ella pertenecen *barbilampiño, bracicorto, cariacontecido, narilargo, ojizarco, pernilargo* y otros muchos compuestos, casi todos adjetivos que se predican mayoritariamente de nombres de personas o animales. Se asimilan a este grupo el adjetivo *cabizbajo* y los que alternan entre la presencia y ausencia del segmento de enlace -*i*-, como *alablanco ~ aliblanco; cuelloalbo ~ cuellialbo; picoabierto ~ piquiabierto*. El adjetivo (a veces participio) presenta en ellos los rasgos morfológicos del grupo nominal del que se predica el compuesto, en lugar de los del sustantivo contenido en este. Así pues, *roto* en *manirroto* no concuerda en género con el sustantivo *mano*. He aquí otros ejemplos similares:

> Era como si una hecatombe selectiva hubiera eliminado de la faz de la tierra [...] a todos los rostros cabizbajos y cejijuntos antes indígenas de estos parajes (Donoso, *Casa*); Nosotros, boquiabiertos, habíamos escuchado todo el relato de Cristina (Gurrea, *Cuentos*); Su rostro barbilampiño y su tez sonrosada no revelaban, [...] la menor muestra de cansancio (Mendoza, *Verdad*).

11.5.2b   Los adjetivos compuestos N-*i*-A se suelen considerar endocéntricos con núcleo a la derecha. Aun así, algunos autores los han analizado como exocéntricos porque el adjetivo designa solo indirectamente en ellos cierta particularidad de la persona o el animal al que se atribuye la propiedad que denotan. Una persona pelirroja no es, en efecto, 'una persona roja', sino 'una persona de pelo rojo' o bien 'roja de pelo o en lo relativo al pelo'. La mayor parte de estos compuestos contienen sustantivos que se refieren a partes del cuerpo de las personas y de los animales: *alicaído, barbilampiño, boquiabierto, cabizbajo, carirredondo, cejijunto, cuellicorto, lengüilargo, manirroto, ojizarco, patizambo, pelilargo*. En cuanto al segmento adjetivo, son frecuentes los que designan carencias o defectos: *cojo, hueco, ralo, tuerto, zambo*, etc.

11.6   Compuestos de verbo y nombre

El esquema V-N es el más productivo de entre los que dan lugar a compuestos propios en todo el sistema morfológico del español. Se forman de acuerdo con esta pauta gran número de compuestos nominales que designan agentes o instrumentos, entre otras nociones, menos sistemáticas, que se mencionarán seguidamente.

11.6.1   Estructura morfológica de los compuestos V-N

Es polémica la cuestión de si estos compuestos tienen o no núcleo. Se asimilan a los endocéntricos en que son altamente productivos y en que poseen, en su mayoría, un significado transparente. Sin embargo, los compuestos V-N son sustantivos, pero se forman a partir de verbos. Su significado es parcialmente predecible en función del de sus componentes. Así, el sustantivo *salvamanteles* no designa un tipo de mantel, ni tampoco la acción designada por el verbo *salvar,* sino un instrumento particular cuya función se relaciona con dicho verbo. Como en los compuestos exocéntricos, su género y su número son independientes de los que presenta el sustantivo que contienen. Así, aunque *botas* sea un nombre en plural, el compuesto *limpiabotas* puede ser interpretado como plural o singular. Igualmente, aunque *voz* sea un sustantivo femenino, *portavoz* se usa tanto en masculino como en femenino. Los compuestos V-N manifiestan la vocal temática idéntica a la del presente de indicativo: *lavarropas, rompeolas, abrebotellas*. Los pocos compuestos de base imperativa no pertenecen a la clase V-N (*hazmerreír, tentetieso:* § 11.7.2c).

11.6.2   Características léxicas de los compuestos V-N

11.6.2a   La mayor parte de los compuestos verbonominales se construye con verbos transitivos de acción, como *cortar* (*cortapuros*), *guardar* (*guardacoches*), *pintar* (*pintalabios*), o bien con verbos que pueden funcionar como intransitivos o como transitivos (*hierveleches, rompeolas*). La pauta más productiva es la que presenta en el segundo componente el sustantivo que corresponde al objeto directo del verbo transitivo: *aparcacoches, giradiscos, pasatiempo, quitaesmalte, soplamocos* ('cierto golpe') o *tapabocas*. Unos pocos compuestos verbonominales se forman con sustantivos que se interpretan como complementos de régimen. Así, los sustantivos *barros, brisa* y *polvo(s)* no designan en *guardabarros* (también *salvabarros* y *guardafango* en algunos países), *guardabrisa* y *guardapolvo(s)* aquello que se guarda o se protege, sino aquello de lo que se protege alguna cosa. Son muy escasos los compuestos que, como *vuelapié* o *vuelapluma*, contienen sustantivos que podrían interpretarse como sujetos de los verbos correspondientes.

11.6.2b   El sustantivo que constituye el segundo elemento del compuesto V-N aparece en plural si es contable (*afilalápices*), aunque se registran algunas excepciones, como *girasol, portaestandarte* o *portafusil*. Admiten las dos formas, usados en singular, *chupamedia(s), cortafuego(s), cubrecabeza(s), guardabarrera(s), guardabosque(s), marcapaso(s), matarrata(s), portaequipaje(s), taparrabo(s)*. Si el segundo miembro del compuesto es un sustantivo no contable, es habitual que aparezca en singular, como en *cortacorriente, portaleña, quitaesmalte, tragaluz*. Alternan *guardafango ~ guardafangos; guardarropa ~ guardarropas; pasapuré ~ pasapurés*. En unos pocos compuestos, el singular y el plural expresan significados distintos, como en *buscapié* ('pretexto') ~ *buscapiés* ('cohete') o *catavino* ('vaso') ~ *catavinos* ('persona').

11.6.2c   La mayor parte de los compuestos verbonominales designan utensilios, dispositivos, instrumentos y prendas de vestir. Las bases verbales más frecuentes se refieren a formas habituales de proteger, manipular o ejercer alguna acción sobre los animales o las cosas: *cazamariposas, cubrecama, cuentagotas, guardapolvo, lanzallamas, lavafrutas, limpiacristales, matamoscas, portalámparas, quitamanchas, sacacorchos, salvavidas, taparrabos*. Designan individuos *aparcacoches* (en España), *ganapán, lustrabotas* (o *limpiabotas*), *portaestandarte, portavoz* o *recogepelotas*, además de varios formados sobre la base *guarda-*, como *guardabosques, guardacoches, guardagujas*. Muchos designan despectivamente a las personas, como *aguafiestas, buscapleitos, buscavidas, matasanos, metepatas, pelagatos, picapleitos, pintamonas, vendepatria(s)*. Unos pocos designan acciones y procesos (*besamanos*, como en *El besamanos tuvo lugar en palacio*) y, en particular ciertos golpes (*soplamocos, tapaboca*). Se refieren a juegos *andarraya, correcalles, pasapalabra* y algunos más.

11.7   Otras pautas de composición menos productivas

11.7.1   Compuestos con numerales y adverbios

11.7.1a   Contienen numerales algunos compuestos, como *ciempiés* ('cierto miriápodo'), *milflores* ('cierta rosa en el área centroamericana'), *milhojas* ('cierto pastel'), *sietecolores* ('cierto pájaro'). Entre los propios del lenguaje científico, proceden del griego *díptero* ('de dos alas'), *monodáctilo* ('con un solo dedo'), *pentámero* ('de cinco partes'), *tetrápodo* ('de cuatro pies'), etc. Tienen origen latino *bípedo* ('de dos pies'), *cuadrúpedo* ('con cuatro pies'), *trébol* ('de tres hojas'), *triángulo* ('de tres ángulos'), etc. Se discute si los numerales que forman parte de estas voces con formantes gre-colatinos son prefijos o elementos compositivos.

11.7.1b   Se forman algunos compuestos con adverbios (o adjetivos en uso adverbial) como primer constituyente. Carecen de elemento de enlace *siempretieso* ('cierto muñeco') y *siempreviva* ('cierta flor'), mientras que lo muestran *altisonante, clarividente* o *grandilocuente*. Son algo más numerosas las formaciones ADV-A con los adverbios *bien* y *mal*: *biempensante, bienaventurado, bienhablado, bienintencionado, malcarado, malhadado, malmandado, malnacido, maloliente, malsano, malsonante,* todas ellas consideradas habitualmente parasintéticas. Corresponden a la pauta ADV-V voces como *bienquerer, bienvivir, malacostumbrar, malcasar, malcomer, malcriar, maldecir, maleducar, malentender, malgastar, malherir, malinterpretar, maltratar, malvender, malvivir,* entre otras. El primer componente no muestra diferencias sustanciales con los adverbios correspondientes: *Me interpretaron mal~Me malinterpretaron,* por lo que estos términos se consideran compuestos, en lugar de prefijados. He aquí ejemplos de su uso en los textos:

> Tantos años de Estado represor nos han malacostumbrado (*Vanguardia* [Esp.] 22/11/1994); Se malvive señor, se malvive. Todo para los ricos y nada para los pobres (Betanzos, *Diosdado*); No aspiraba a recordar que ella era una esclava, pero temía que Velma malinterpretara su actitud (Satué, *Desierto*); Para maltratarle le dice requiebros (Zabaleta, *Día*).

11.7.2   Compuestos con las pautas V-*i*-V, V-V, N-V. Otros grupos lexicalizados

11.7.2a   La pauta V-*i*-V se limita a *quitaipón, subeibaja* y pocas formaciones más. El compuesto *còrreveidile* ('persona chismosa') se forma a partir de la coordinación de tres imperativos, el último con pronombre enclítico. No tienen vocal de enlace (V-V) *alzapón, tejemaneje,* algunos compuestos de verbos de significado contrario, como *duermevela,* y otros que duplican el mismo verbo, como *bullebulle* ('persona inquieta'), *matamata* ('cierta tortuga'), *pegapega* ('planta del género aster'), *picapica* ('cierto polvo que produce comezón'), *quemaquema* ('cierta escolopendra'), así como *pillapilla, tocatoca* o *pasapasa* (juegos infantiles).

11.7.2b   A la pauta N-V corresponden *vasodilatar, alicortar* ('cortar las alas'), *maniatar, perniquebrar* (los tres últimos con elemento de enlace y relacionados con los compuestos adjetivales N-*i*-A: § 11.5.2). En *manuscribir* y *fotograbar* el sustantivo no se corresponde con el objeto directo, pauta más frecuente, sino que denota el instrumento con el que se realiza la acción.

11.7.2c   Se lexicaliza un grupo verbal que suele contener pronombres, artículos, preposiciones y otros elementos en *acabose, besalamano, bienmesabe, curalotodo, hazmerreír, metomentodo, pésame, sabelotodo, tentempié, tentetieso*. Algunos de estos compuestos designan personas a partir de atributos que las caracterizan (*hazmerreír, sabelotodo*). No se forman con verbo inicial otros compuestos de estructura morfológica no sistemática, como *enhorabuena, nomeolvides, parabién* o *quehacer*.

11.8 La composición neoclásica

11.8.1 Bases compositivas cultas. Definición

Se forma un gran número de compuestos nominales y adjetivales con diversas voces o raíces de origen latino y griego, llamadas BASES COMPOSITIVAS CULTAS. Las siguientes ejemplifican una parte de ese extenso paradigma:

> -algia 'dolor'; biblio- 'libro'; -cida 'que mata'; clepto- 'robar'; cosmo- o -cosmo 'universo'; -cracia 'poder'; cromo- o -cromo 'color'; crono- o -crono 'tiempo'; -ʹdromo 'estadio'; etno- 'raza'; -fobo 'que siente repulsión'; fono- o -ʹfono 'sonido'; -forme 'en forma de'; foto- o -foto 'luz'; gastro- 'estómago'; geno- o -ʹgeno 'engendrador'; geo- o -geo 'tierra'; grafo- o -ʹgrafo 'que escribe o describe'; -grama 'escrito'; hagio- 'santo'; logo- o -ʹlogo 'experto'; neuro- 'nervio'; -teca 'lugar en que se guarda algo'; xeno- o -xeno 'extranjero'; xilo- o -xilo 'madera'.

11.8.2 Naturaleza de las bases compositivas cultas

11.8.2a Algunas unidades léxicas grecolatinas, como *homo-*, constituyen siempre el primer componente de la palabra y se asimilan, por su comportamiento formal, a los prefijos (§ 10.1.1c). Es especial, en cambio, el estatuto morfológico de otras voces del mismo origen, ya que se considera que son exponente de una unidad morfológica distinta, llamada generalmente ELEMENTO COMPOSITIVO O TEMA NEOCLÁSICO, que se halla a medio camino entre un afijo y una forma libre. Muchas de estas unidades ocupan la posición inicial de la palabra, pero no se asimilan a los prefijos porque pueden dar lugar a nuevas voces en combinación con un afijo, como en *crón-ico, étn-ico, hídr-ico.* Han sido llamadas *cuasiprefijos, pseudoprefijos* y *falsos prefijos.* Por otra parte, los segmentos *-algia, -arca* o *-ʹfugo,* entre otros que aparecen siempre en segunda posición, también pueden formar palabras en combinación con diversos prefijos y sufijos: *an-alg-ésico, an-arqu-ista, pró-fugo,* etc. Los elementos compositivos se pueden unir a voces patrimoniales españolas, como en *argentinófilo, bolígrafo, fotocomposición, geoestacionario, mensáfono, musicólogo* y otras muchas. Algunas de ellas, como *cine* (o *cinema*), *cromo, euro, foto, moto,* se usan como sustantivos.

11.8.2b Mientras que los afijos aparecen en posición inicial o en posición final de la palabra, muchas bases compositivas cultas ocupan una u otra en diversos compuestos. Así, *filo* aparece a la izquierda en *filoamericano* y a la derecha en *cinéfilo.* Existen incluso palabras formadas por los mismos elementos compositivos en orden distinto y con significado no coincidente: *filólogo ~ logófilo; fonograma ~ gramófono; logotipo ~ tipólogo,* entre otras.

11.8.2c La relación que mantienen los temas neoclásicos con la unidad sobre la que inciden suele ser argumental. Así, una *geóloga* es una 'experta en las ciencias de la tierra', un *fotófobo* es 'alguien que teme la luz' y un *dipsómano* (del gr. *dípsa* 'sed') es un 'adicto al alcohol'. Estas relaciones, por las que un segmento actúa como complemento argumental del núcleo, se establecen típicamente en el interior de los compuestos, pero no son frecuentes entre una base y los afijos que la acompañan.

Sintaxis

Sintaxis

Clases de palabras
y sus grupos sintácticos

12 El sustantivo y el grupo nominal

12.1 El sustantivo y sus clases

12.1.1 Caracterización del sustantivo

Desde una perspectiva morfológica, el NOMBRE O SUSTANTIVO se caracteriza por admitir género y número, así como por participar en varios procesos de derivación y composición. Desde el punto de vista sintáctico, el sustantivo forma grupos nominales (§ 1.5.1a y 12.6), a los que corresponden diversas funciones sintácticas (sujeto, complemento directo, término de preposición, etc.). Los sustantivos denotan entidades, materiales o inmateriales, de toda naturaleza y condición: personas, animales, cosas reales o imaginarias, grupos, materias, acciones, cualidades, sucesos. Esta diversidad de nociones permite agruparlos en varias clases gramaticales. Se analizan brevemente las principales en las páginas siguientes.

12.1.2 Clases principales de sustantivos

12.1.2a Los sustantivos se dividen tradicionalmente en comunes y propios. El NOMBRE COMÚN O APELATIVO se aplica a todos los individuos de una clase. Se caracteriza, en efecto, por clasificar o categorizar las personas, los animales o las cosas según ciertos rasgos comunes que los distinguen. Estos nombres pueden participar en relaciones léxicas de hiperonimia, hiponimia, sinonimia y antonimia, y son traducibles a otros idiomas. Sin embargo, solo adquieren referencia cuando se integran en un grupo nominal. Así, no es el sustantivo subrayado en *La mesa estaba limpia* el que designa cierta mesa, sino el grupo nominal *la mesa* en su conjunto. Frente al nombre común, el NOMBRE PROPIO identifica un ser entre los demás sin informar de sus rasgos o sus propiedades constitutivas. Estos sustantivos no expresan qué son las personas o las cosas (como hacen los nombres comunes: *mujer, montaña, país*), sino cómo se llaman individualmente esas entidades (*Paula, Everest, Colombia*). Gozan, pues, por sí mismos de capacidad referidora. Los nombres propios no participan en relaciones léxicas (sinonimia, antonimia, etc.) y, aunque establecen correspondencia con los nombres similares de otras lenguas, no tienen propiamente traducción. Los nombres comunes se dividen tradicionalmente de acuerdo con las siguientes agrupaciones: CONTABLES – NO CONTABLES; INDIVIDUALES – COLECTIVOS; ABSTRACTOS – CONCRETOS.

12.1.2b   Los nombres CONTABLES (también llamados DISCONTINUOS y DISCRETOS) aluden a entidades que se pueden contar o enumerar (*un libro, tres planetas, cuatro formas de proceder*), mientras que los NO CONTABLES (también denominados INCONTABLES, CONTINUOS, DE MATERIA, DE MASA y MEDIBLES) designan magnitudes que se interpretan como sustancias o materias (*un poco de café, demasiada testarudez, mucho tiempo*). Aunque lo contable no es en realidad el nombre, sino las entidades que denota, el término *nombre contable* constituye una convención aceptada. Está, además, bien fundamentada, puesto que los nombres son contables no solo por la naturaleza de lo que designan, sino en función de su comportamiento gramatical. Así, el sustantivo *información* es contable en español (*dos informaciones*), pero no en inglés (**two informations*).

12.1.2c   Los sustantivos llamados INDIVIDUALES denotan personas, animales o cosas que concebimos como entidades únicas (*profesor, oveja, barco*); los nombres COLECTIVOS pueden designar, construidos en singular, conjuntos de personas o cosas similares (*profesorado, rebaño, flota*). No siempre es fácil determinar qué realidades constituyen gramaticalmente un conjunto de entidades y cuáles no. Se considera hoy necesario, por consiguiente, abordar el concepto de 'nombre colectivo' en términos propiamente gramaticales, es decir, en función de su comportamiento en ciertos contextos sintácticos.

12.1.2d   Tradicionalmente se han clasificado también los sustantivos en ABSTRACTOS y CONCRETOS. Los primeros designan cuanto no es material, es decir, acciones, procesos y cualidades que atribuimos a los seres pensándolos como entidades independientes de ellos (*belleza, maniqueísmo, reproducción, suciedad*). Los segundos hacen referencia, por el contrario, a esos mismos seres a los que se atribuyen tales acciones o propiedades. Las caracterizaciones clásicas que se hacen de esta clasificación no se suelen apoyar en propiedades lingüísticas, lo que las convierte en escurridizas. Parece, pues, más útil que estudiar los nombres abstractos en su conjunto, aislar aquellos que se caracterizan por algunas propiedades morfológicas, sintácticas y semánticas objetivas, como los nombres de acción o los de cualidad.

12.1.2e   A las distinciones tradicionales mencionadas suelen añadirse hoy otras. Los sustantivos llamados ARGUMENTALES son los que tienen argumentos, es decir, los que se construyen con modificadores o complementos que designan participantes pedidos en razón de su propio significado (§ 1.6.1d). Tiene argumentos, por ejemplo, el sustantivo *amigo* (en tanto su significado no se concibe si no hay dos participantes entre los que se establece la relación de amistad), pero no *mesa*. Se llaman SUSTANTIVOS EVENTIVOS (también NOMBRES DE EVENTO O DE SUCESO) los que, como *accidente, batalla, cacería, reunión*, pueden ser sujetos del predicado *tener lugar* (*La batalla de Waterloo tuvo lugar en Bélgica*) o términos de la preposición *durante* (*durante la cacería*), y se ubican temporal o espacialmente con el verbo *ser: La reunión es a las cinco en mi despacho*. Los NOMBRES CUANTIFICATIVOS O CUANTITATIVOS forman grupos nominales que ejercen la función de los cuantificadores: *una brizna de hierba, un grano de algodón; un litro de leche, dos kilos de pan; un grupo de muchachos, un racimo de uvas*. Se distinguen en ellos varios subgrupos que se analizarán en el § 12.4.1. Los sustantivos *clase, especie, tipo, variedad* y otros semejantes, llamados CLASIFICATIVOS O NOMBRES DE CLASE, poseen puntos en común con los anteriores, como se verá en el § 12.4.3.

12.2 Sustantivos contables y no contables

12.2.1 Sus propiedades gramaticales

12.2.1a Como se explicó en la sección precedente, los sustantivos CONTABLES designan conceptos susceptibles de ser computados o enumerados. En consecuencia, pueden usarse en plural con modificadores diversos: determinantes definidos (*las casas, mis amigos, estas familias*), numerales cardinales (*tres mesas, cuatro palabras*), indefinidos (*muchos viajes, varias actitudes, bastantes contratiempos, cuántas manzanas*), e incluso sin modificador alguno (*Faltan detalles*). En cambio, los nombres NO CONTABLES, que designan magnitudes que se interpretan como sustancias, son cuantificables, pero no enumerables. No se construyen, por tanto, en plural, sino en singular y pueden ir acompañados de los indefinidos *mucho, poco, bastante, demasiado, harto, tanto, cuanto* (o *cuánto*), etc. y sus variantes de género, como en *mucho pan, poca alegría, harta paciencia, demasiada arena, tanto esfuerzo, cuánta agua*. Rechazan, en cambio, los numerales, el adjetivo *medio* (se dice *la mitad de la arena*, no *media arena) y ciertos indefinidos, como *varios, diversos* o *determinados*. Nótese que los sustantivos *alegría, paciencia* y *esfuerzo* poseen significación abstracta, pero se comportan gramaticalmente como *agua, arena* o *pan* y, por tanto, como no contables. Se asimilan también en buena medida a los no contables los *pluralia tántum* (*agujetas, apuros, celos, cimientos, comestibles*: § 3.3.2). Aunque se usan casi siempre en plural, no aportan información de pluralidad, por lo que no designan entidades enumerables. Así, el sustantivo *agujetas*, que aparece en *Me volví trabajosamente porque algo parecido a las agujetas, unas agujetas espantosas, me paralizaban de cintura para abajo* (Grandes, *Edades*) admite los cuantificadores *pocas* o *muchas*, pero no otros como *varias* o *cinco*.

12.2.1b Los nombres no contables en singular alternan con los contables en plural en ciertas funciones sintácticas, fundamentalmente la de objeto directo y la de sujeto en posición pospuesta. Las dos clases de sustantivos se oponen conjuntamente a la de los contables en singular, que suelen rechazarse en tales entornos:

> *Compraré pan* [no contable en singular] ~ *Compraré libros* [contable en plural] ~ *Compraré libro [contable en singular].
>
> *Hay público* [no contable en singular] *en la sala* ~ *Hay periodistas* [contable en plural] *en la sala* ~ *Hay periodista [contable en singular] *en la sala*.

No abunda el talento [no contable en singular] ~ *No abundan las oportunidades* [contable en plural] ~ **No abunda la oportunidad* [contable en singular].

Salía agua [no contable en singular] ~ *Salían alumnos* [contable en plural] ~ **Salía alumno* [contable en singular].

Los contables en singular se admiten, sin embargo, en la interpretación de tipo o clase con el verbo *abundar: No abunda la perdiz roja.*

12.2.1c   El paralelismo entre los sustantivos contables en plural y los no contables en singular ha sido atribuido a que muchos de los nombres no contables constituyen una suerte de PLURALES LÉXICOS, en el sentido de que denotan conjuntos de partículas (*trigo, arena*) o bien de individuos (*público, gente*). A esta misma razón se atribuye el que la preposición *entre*, que se construye con términos en que está presente la idea de pluralidad (§ 29.4.2c), acepte sustantivos continuos en singular, como se ve en los ejemplos siguientes:

En un ángulo del patio y entre el humo sofocante, el Manteca cocía elotes (Azuela, *Abajo*); [...] sin ver la culebra que estaba entre la yerba (Alemán, *Guzmán* II); La ropa de ella, arrancada a jirones, aparecía por el suelo, entre la inmundicia (Sábato, *Héroes*).

También los verbos que seleccionan argumentos colectivos —como en *reunir un ejército*— satisfacen la idea de pluralidad con nombres no contables: *Voy amontonando basura en el patio* (Donoso, *Pájaro*); *La saliva se acumula debajo de la lengua* (Morón, *Gallo*).

12.2.1d   Unos pocos adjetivos se construyen de forma característica con nombres no contables. Así ocurre con *abundante,* cuya presencia ha sido interpretada como el diagnóstico más seguro del carácter no contable de un sustantivo. Lo admiten, en efecto, *aceite, agua, arena, armamento, bibliografía, cabellera, caza, correspondencia, dinero, fruta, ganado, información, licor, lluvia, munición, pasto, pelo, sangre* y muchos más. No obstante, el adjetivo es rechazado por algunos de ellos, sobre todo con los de carácter abstracto, y puede aparecer, en cambio, con algunos sustantivos que no son continuos, como *cena, desayuno, merienda, refrigerio,* etc.: [...] *el sustancioso y abundante almuerzo* (Navarro Villoslada, *Urraca*); *Fue una cena abundante que apenas probé* (Leguina, *Nombre*). También el adjetivo *copioso* tiende a combinarse con nombres continuos, pero de forma aún más laxa que *abundante.*

12.2.2   Clases semánticas de nombres no contables. Cambios de categoría

12.2.2a   Un buen número de los nombres no contables designan sustancias o materias (*aire, comida, sangre*), cualidades o propiedades (*altura, inteligencia, pereza*) y sensaciones o sentimientos (*amor, entusiasmo, rabia*). Aunque se completen con otros grupos, estas clasificaciones suelen resultar insatisfactorias, no solo porque son continuos tanto los nombres concretos como los abstractos, sino sobre todo porque la distinción «contable – no contable» tiene carácter INTRAGRAMATICAL, de modo que son numerosos los sustantivos que se comportan gramaticalmente como contables en unos idiomas, pero como no contables en otros. A ello se añade que un mismo nombre puede tener acepciones distintas, unas no contables (*un vestido con mucho escote*) y otras contables (*un vestido con un gran escote*). Por otra parte, el español posee una notable capacidad para usar los mismos nombres de las dos formas, generalmente con cambio de significado, como se muestra a continuación.

12.2.2b La interpretación más común de los sustantivos no contables usados como contables es la de CLASE o TIPO (*Existen más de cincuenta aceites para los motores de combustión,* es decir, 'tipos de aceite'), pero también es muy frecuente la INDIVIDUALIZADORA: esta se obtiene cuando una materia designada por un nombre no contable (*corcho, cristal, papel*) es dividida en fragmentos designados por nombres contables: *un corcho, dos cristales, varios papeles.* Un proceso similar es el que permite que los nombres de alimentos sean continuos (*Comí paella, pavo, tomate*), a diferencia de los que designan los animales de los que proceden (*un pavo*) o la forma en que se presentan los platos (*una paella*). Ciertos nombres abstractos no contables (*cobardía, estupidez, locura*) pasan a designar, usados como contables, un dicho o un hecho (*una cobardía, una estupidez, una locura*) o incluso un objeto material (*coleccionar antigüedades*). Menos habitual es usar como contables los sustantivos no contables para designar personas, como en *una belleza* (también *preciosidad* o *preciosura*), *dos encantos* ('dos personas encantadoras'), *una eminencia* ('una persona eminente'), *dos celebridades* ('dos personas célebres') e incluso *una simpatía* 'persona simpática' en Chile y en la Argentina, o 'novio o novia' en este último país: *Y las madres de las chicas se justificaban con las vecinas diciendo: es una "simpatía" de la nena, pero no hay nada serio todavía* (Landriscina, *Galpón*).

12.2.2c El paso de los nombres contables a los no contables es mucho menos frecuente que el contrario. Da lugar a un cambio de sentido de tipo CUALITATIVO en *Me parece que es mucho auto para ti,* pero es más habitual el CUANTITATIVO, como en *Aquí en Homestead hay demasiado hombre soltero y muy poca mujer* (*Nuevo Herald* 5/5/1997). Ambas interpretaciones suelen comportar ciertos efectos expresivos, a menudo irónicos. Aun así, en algunas zonas de Chile y de los países andinos la interpretación cuantitativa es particularmente frecuente y no conlleva tales efectos: *Vino harta muchacha* ('Vinieron muchas muchachas'); *En la fiesta te cruzabas con puro borracho* ('... con muchos borrachos').

12.3 Sustantivos colectivos

12.3.1 Características y clases

12.3.1a Los nombres colectivos designan en singular conjuntos homogéneos de personas, animales o cosas, como en *familia, rebaño, mobiliario*. Forman un subgrupo de los contables, si bien existen unos pocos sustantivos que pueden interpretarse como colectivos o bien como no contables, entre ellos *familia, público* y *séquito*. Como ya se indicó en el § 12.1.2c, el que un nombre sea considerado colectivo no depende de las propiedades físicas de su referente, sino estrictamente de su comportamiento gramatical. Así, tanto *gente* como *rebaño* designan agrupaciones de individuos, pero es posible decir de un rebaño que es *numeroso,* mientras que la expresión *gente numerosa* resulta menos natural. Por otra parte, el tamaño del que se habla en *un rebaño grande* se aplica al rebaño en su conjunto, no a los elementos que lo constituyen, al contrario de lo que sucede en *gente grande*. A pesar de que *rebaño* se interpreta como nombre colectivo, y *gente* como no contable, se usa este último como contable en algunos países americanos: *Alrededor de la tina, en la que podían caber cinco gentes, había muchas plantas* (Mastretta, *Vida*).

12.3.1b   Los colectivos se han dividido tradicionalmente en DETERMINADOS e INDETERMINADOS. Los determinados son aquellos que llevan en su significado la naturaleza de sus componentes: así, una *orquesta* está formada por músicos y una *yeguada* por yeguas; en los indeterminados, en cambio, no es posible conocer ese dato si no se especifica: así ocurre con *docena, millar, par, montón, puñado, serie* y otros nombres similares que forman construcciones pseudopartitivas (*una docena de huevos, un montón de estiércol:* § 19.6.2). Más que nombres colectivos, estos últimos sustantivos se suelen considerar en la actualidad un tipo particular de nombres cuantificativos (*montón* comparte, en efecto, más propiedades gramaticales con *varios* o con *muchos* que con *orquesta* o *yeguada*), por lo que se estudiarán en el § 12.4.1. Desde el punto de vista de su forma, los colectivos se dividen en dos grupos: los LÉXICOS, que no poseen estructura morfológica (*familia, manada, rebaño*), y los MORFOLÓGICOS, que se forman con los denominados SUFIJOS DE SENTIDO ABUNDANCIAL: *trompetería, chiquillería, muestrario, arboleda, yeguada, alumnado, pedregal, peonaje* y otros (§ 6.3).

12.3.1c   Algunos nombres no contables se usan como colectivos con un sentido metonímico. Así, *loza, porcelana* o *plata* son nombres de materia en *hecho de loza, tazas de porcelana, labrado en plata,* pero se asimilan en cierta medida a los nombres colectivos cuando designan un conjunto de piezas fabricadas con ese material, como en *Limpiaba diariamente la plata; He juntado toda la porcelana en el armario.* Se usa también en singular *la cuerda* o *el metal* con el sentido de 'el conjunto de instrumentos musicales de cuerda o de metal', o *la cera* por 'el conjunto de las velas'. Se crean frecuentemente en la lengua actual grupos nominales semilexicalizados de interpretación colectiva a partir de sustantivos que no pertenecen a esa clase. Es el caso de *mundo* en *mundo intelectual,* de *opinión* en *opinión pública* o de *ámbito, claustro, sector* en alguna de sus acepciones.

12.3.2   Repercusiones sintácticas del carácter colectivo de los nombres

12.3.2a   La noción de pluralidad, que los colectivos expresan léxicamente, tiene diversas repercusiones sintácticas. La primera atañe a la concordancia verbal. Esta debe hacerse en singular si el colectivo es singular, pero registran a menudo concordancias en plural, como en *Toda la familia iban de vacaciones* o en los ejemplos siguientes:

> La multitud, hombres y mujeres, exaltados y confiados, cantaron antes de la batalla ese himno al Señor (*ABC* 21/6/1986); Ojalá toda tu familia aprendamos a honrarte y recordarte como te lo mereces (*Prensa* [Nic.] 25/7/2002); Le pareció que toda aquella gente eran intrusos (Landero, *Juegos*); El colectivo de profesores [...] llevarán a cabo, el próximo fin de semana, un encierro como medida de protesta (*Canarias* 11/12/2000).

Esta discordancia de número, que se recomienda evitar, suele estar desencadenada por diversos factores, ilustrados en los ejemplos anteriores: los incisos aclaratorios en el primero; la inclusión del hablante en la referencia de *familia* en el segundo; el predicado copulativo, junto con la presencia de *toda*, en el tercero, y el cruce, en el cuarto, de esta estructura con construcciones pseudopartitivas como *Un grupo de profesores llevarán a cabo un encierro,* en las que la concordancia en plural no es incorrecta (§ 33.4.3a, b).

12.3.2b Son frecuentes en la lengua coloquial, y no resultan necesariamente anómalas, las discordancias de número entre un colectivo singular y un pronombre personal o el sujeto tácito de un verbo, como en *La pareja siempre había tomado mal el que no los aceptaran en el barrio.* La noción de pluralidad presente en el nombre colectivo le permite igualmente funcionar como sujeto en oraciones reflexivas y recíprocas (*La familia se odia* puede significar, en efecto, que cada miembro se odia a sí mismo y también que odia a los demás), pero no desencadena la concordancia de número: **La familia se odia a sí mismos.* Se recomienda evitar el uso de relativos en plural (*quienes, los cuales*) con un antecedente colectivo en singular, como en *Se recurrió al jurado del concurso, quienes no se comportaron de forma profesional.*

12.3.2c El adjetivo *numeroso* se aplica a una pluralidad de individuos, por lo que tiende a rechazar los sustantivos en singular que no sean colectivos. Se convierte así en uno de los indicios más firmes para detectarlos. Modifica, en efecto, a una larga serie de sustantivos que designan grupos, sobre todo de personas (*audiencia, banda, comitiva, delegación, escolta, familia, generación, harén, orquesta, plantilla, representación, séquito, tribu*), aunque también de cosas (*documentación, flota, mobiliario, obra, oferta*). El adjetivo *nutrido* se combina igualmente con colectivos (*nutrido contingente, nutrido reparto*), pero no rechaza ciertos nombres que no lo son, como *tráfico* o *programa*.

12.3.2d Ciertos predicados COLECTIVOS (llamados a veces también SIMÉTRICOS: § 31.3.1d) seleccionan argumentos que expresen la noción de 'grupo'. Pueden hacerlo mediante un plural (*reunir a los alumnos*), mediante un grupo nominal coordinado (*reunir a Antonio y Clara*) y también mediante un sustantivo colectivo, como se ve en los ejemplos siguientes:

> Quise hacer un gobierno de hombres puros, sin darme cuenta de que ningún país cuenta con suficientes hombres puros como para formar un gobierno (Vázquez-Figueroa, *Tuareg*); Toda la familia se congrega frente al oratorio (Carrasquilla, *Tiempos*); No vuelvas por aquí en un tiempo; el grupo se disuelve provisionalmente —dijo Pablo (Mendoza, *Ciudad*).

No todos los predicados simétricos tienen, sin embargo, la misma capacidad para combinarse con nombres colectivos. Tienden a rechazarlos, en efecto, los formados con verbos copulativos. Junto a *Manuel y Luisa son parecidos* (en el sentido de 'Se parecen entre sí'), no se admite *La pareja es parecida* en esta misma interpretación.

12.3.2e En el § 12.2.1c se vio que los requisitos exigidos por la preposición *entre* pueden ser satisfechos por un sustantivo no contable. Se extiende esta propiedad a los colectivos: *Don Carlos se fue metiendo, con paso seguro, por entre el gentío* (Uslar Pietri, *Visita*); *Cotizaban al alza entre la población masculina* (Prada, *Animales*). Se extienden asimismo a los nombres colectivos las restricciones impuestas al sujeto por *unánimemente* y otros adverbios y locuciones adverbiales (*conjuntamente, de común acuerdo, masivamente,* etc.), como en {**El director ~ La dirección} aprobó la iniciativa unánimemente.*

12.4 Sustantivos cuantificativos y clasificativos

12.4.1 Los sustantivos cuantificativos. Clasificación. Sus propiedades gramaticales

12.4.1a Los sustantivos subrayados en *un montón de arena, un litro de agua, un centenar de invitados* son SUSTANTIVOS CUANTIFICATIVOS, y se caracterizan por admitir como complemento un grupo nominal sin determinante (*arena, agua, invitados*) al que cuantifican, es decir, por formar construcciones pseudopartitivas (§ 19.6.2). Pueden clasificarse en tres grupos:

1. Sustantivos ACOTADORES O PARCELADORES (*una brizna de hierba*)
2. Sustantivos DE MEDIDA (*un kilo de papas*)
3. Sustantivos DE GRUPO (*un montón de regalos*)

Los sustantivos acotadores indican la cantidad de una materia o una sustancia, pero también de ciertas nociones abstractas: *un gajo de naranja, una rebanada de pan, un ápice de sensatez.* Los sustantivos del segundo grupo expresan medidas convencionalmente establecidas: *un litro de agua, tres grados de temperatura, dos horas de espera, un kilo de papas.* Los sustantivos de grupo cuantifican conjuntos de individuos o de entes abstractos individualizados: *un grupo de amigos, dos fajos de billetes, una serie de disparates.* Los acotadores llevan como complementos nombres continuos en singular; los de grupo, discontinuos en plural y los de medida, ambos tipos de nombres: *un montón de {regalos ~ estiércol}.* Las tres clases admiten que se elida el sustantivo cuantificado, de forma que su contenido se recupera del contexto precedente: *Solo tomé una copa* (*de vino, de coñac,* etc.); *Me voy a llevar dos kilos* (*de papas, de lentejas,* etc.); *Se reunió con un pequeño grupo* (*de amigos, de conspiradores,* etc.).

12.4.1b Mientras que unos nombres cuantificativos suelen serlo en todos los contextos en los que se usan, otros pertenecen a esta clase solo en alguna de sus acepciones. Son cuantificativos siempre o casi siempre *litro, montón, pizca, porción, rebanada* o *trozo,* pero pueden serlo en función del contexto *alud, barbaridad, disparate, hoja,* así como los que designan recipientes o contenedores: *botella, copa, plato, taza, vaso,* etc. En efecto, *copa* es un sustantivo cuantificativo en *beber una copa de coñac,* pero no lo es en *romper una copa de coñac.* Algunos nombres cuantificativos pueden pertenecer a más de un grupo de los tres señalados: *porción,* por ejemplo, puede ser sustantivo parcelador (*una porción de manteca*) o de grupo: *Hay también una porción de sucesos que podemos imaginar o deducir de ciertos indicios* (Dolina, Ángel); en cambio, *rodaja* es únicamente acotador o parcelador (*una rodaja de plátano ~ *una rodaja de plátanos*).

12.4.1c   Con los nombres cuantificativos (*brizna, kilo, montón*), se crean GRUPOS NOMINALES CUANTIFICATIVOS (*una brizna, dos kilos, un montón*). La sintaxis de estos grupos presenta muchos puntos en común con la de los cuantificadores *un poco (de)* o *algo (de)*. Así, al igual que el cuantificador *un poco*, los nombres cuantificativos suelen estar encabezados por el indefinido *un/una* (*una pizca de ~ un poco de*). Por otra parte, los acotadores y los de medida apenas pueden ser modificados por adjetivos restrictivos. Los primeros aceptan los de tamaño (*Se comió un plato grande de pasta*); los segundos solo admiten los que dan lugar a nuevas unidades de medida: *un dólar canadiense, un metro cúbico*.

12.4.2   Los sustantivos cuantificativos. Aspectos léxicos y semánticos

12.4.2a   Una serie de sustantivos acotadores y de grupo sirven de comodines para entidades muy variadas. Es el caso de *pedazo, porción, trozo, cacho* (propio de la lengua coloquial o popular de muchos países); *cantidad, conjunto, grupo, infinidad, manotón* (en el Caribe continental), *mogollón* (propio del registro coloquial de algunos países), *montón, multitud, serie, sinfín, sinnúmero*. No están especializados tampoco los sustantivos numerales: *decena, docena, centenar, millar*, etc. Otros, en cambio, se aplican solo a determinados tipos de materias o sustancias. Así sucede, por ejemplo, con los acotadores *brizna* (*de hierba, de polvo, de paja*); *copo* (*de nieve, de avena*); *diente* (*de ajo*); *filete* (*de carne, de pescado*); *gajo* (*de limón, de naranja*); *grano* (*de maíz, de trigo, de café, de uva, de polen*); *lapso* (*de tiempo*); *lingote* (*de oro*); *mendrugo* (*de pan*); *rodaja* (*de carne, de pescado, de tomate*); *terrón* (*de azúcar, de sal*); *tramo* (*de carretera, de camino*). Entre los nombres de grupo que restringen más notablemente sus complementos cabe mencionar los que denotan conjuntos de animales como *banco* (*de peces*); *bandada* (*de pájaros*); *enjambre* (*de abejas, de avispas*); *piara* (*de cerdos*); *recua* (*de mulas*); *yunta* (*de bueyes*), etc. Los nombres de medida son específicos de la magnitud que se mide (*kilo* para peso, *litro* para capacidad, *hora* para tiempo, etc.), aunque algunos son apropiados en más de una: los *grados* miden la temperatura, la humedad, etc., los *metros*, la longitud, la altura, la distancia, el espesor, etc.

12.4.2b   Los sustantivos cuantificativos difieren también en la cantidad que expresan. Conllevan la idea de pequeñez o importancia escasa *ápice, atisbo, átomo, brizna* o *pizca* entre otros muchos; indican lo contrario *barbaridad, carrada* (sobre todo en el área rioplatense), *chorro, disparate, enormidad, infinidad, mogollón, mollejero* (sobre todo en el Caribe continental), *montón, panda, pila, ponchada, porrada, porrón, toco, troja* o *vagón*, entre otros muchos. Desde otro punto de vista, *barniz, mano, capa* o *pátina* se aplican cuando lo que se cuantifica está superpuesto y se considera ligero o superficial (como en *un barniz de respetabilidad*); *acceso, arranque, arrebato, ataque, chorro*, así como *alud, cascada, oleada, tromba, tumulto*, entre otros, aportan la idea de que el conjunto cuantificado sobreviene repentinamente o de forma impetuosa. Unos inducen la valoración positiva de lo cuantificado (*plantel*) y otros la negativa (*hatajo, manga, panda, pandilla*). Algunos sugieren que los elementos del grupo al que se alude están entrelazados y desordenados (*batiburrillo, enredijo, entrevero, revoltijo*), o bien que aparecen ceñidos por algo (*atado, atadillo, fajo, hato, haz, ramo*) o concatenados (*cadena, catálogo, ristra, serie, sucesión*).

12.4.2c   Los sustantivos acotadores están sujetos a considerable variación dialectal. Así, en algunos países se usa *feta* (*una feta de jamón, de queso*) para nombrar lo que otros designan con *lasca, lonja* o *loncha*. Se emplea *buche* con nombres de líquidos en casi todas las áreas hispanohablantes, pero con frecuencia mayor en el español americano que en el europeo: *Siento que un buche de cerveza me anega lentamente el estómago y empieza a subirme hacia el pecho* (Montero, M., *Capitán*). Está, en cambio, más restringido *hamaca* (*una hamaca de carne, de yuca*). Los mismos sustantivos se emplean a veces, según los países, para materias distintas. Así, se usa en casi todas las áreas hispanohablantes *una rebanada de pan,* pero en muchos países son también naturales expresiones como *una rebanada de fruta, de salmón, de sandía* o *de cebolla*: *Empezaron por tomar objetos muy simples pero orgánicos —un frijol, una rebanada de cebolla* [...]*—* (Fuentes, *Cristóbal*). Existen otros muchos casos de variación similares a estos.

12.4.3   Sustantivos clasificativos

LOS SUSTANTIVOS CLASIFICATIVOS (también llamados DE CLASE y CUALIFICATIVOS), como *clase, especie, suerte, tipo* o *variedad,* poseen varios puntos en común con los cuantificativos, pero también se diferencian de ellos en algunos rasgos.

12.4.3a   Al igual que los nombres cuantificativos, los clasificativos aparecen de ordinario en estructuras pseudopartitivas, es decir, toman un grupo preposicional introducido por la preposición *de* seguido de un nombre o grupo nominal sin determinante: *La mayoría de la gente se deja cautivar por* esa clase de mentiras (Alegría, C., *Detén*); *En el fondo divisé* una suerte de torre*, coronada por una cúpula* (Borges, *Libro*). Sin embargo, a diferencia de los nombres cuantificativos, algunos cualificativos aceptan también sustantivos contables en singular, lo que da lugar a contrastes como *un tipo de niño ~ *un grupo de niño.*

12.4.3b   Los nombres cuantificativos y los clasificativos se parecen en que ambos ofrecen vacilaciones de concordancia cuando funcionan como sujeto (§ 33.4.3c): *Un numeroso grupo de manifestantes {recorrió ~ recorrieron} las principales avenidas de la capital; Esa clase de personas no me {interesa ~ interesan} nada.* Se parecen igualmente en que forman grupos nominales indefinidos, y en que no son ellos propiamente, sino sus complementos, los seleccionados por un predicado en las construcciones pseudopartitivas. La relación semántica entre el verbo *comprar* y el sustantivo *novela* que se obtiene en el grupo verbal *comprar novelas* permanece en *comprar una especie de novela* y en *comprar un grupo de novelas,* ya que en uno y otro caso se compran novelas, no especies ni grupos.

12.5   Los nombres propios

12.5.1   Clases de nombres propios

12.5.1a   Los nombres propios de persona se llaman ANTROPÓNIMOS (*Clara, Luis*). Los nombres de animales (llamados ZOÓNIMOS) pueden ser también propios (*Babieca, Micifuz, Pegaso*). Son asimismo nombres propios los que designan las divinidades y figuras religiosas (*Alá, Apolo, Buda, Cristo, Dios*), así como los seres mitológicos, legendarios o fantásticos (*Hércules, Papá Noel, Pulgarcito*). Entre los antropónimos se suelen distinguir los NOMBRES DE PILA, los APELLIDOS y los SOBRENOMBRES. Constituyen un tipo especial de nombres de pila los HIPOCORÍSTICOS. Se trata de formas abreviadas que se usan en la lengua familiar como designaciones afectivas: *Lola, Lupe, Nacho, Paco, Pepe, Pili, Tere*. Muchos apellidos son en español NOMBRES PATRONÍMICOS, es decir, derivados morfológicos de los nombres de pila: *Fernández*, de *Fernando; Martínez*, de *Martín; Pérez*, de *Pero*. Entre los sobrenombres están los SEUDÓNIMOS, nombres que emplean los autores o artistas para ocultar el propio: *Azorín, el Brocense, Cantinflas;* los APODOS O MOTES, que son designaciones irónicas, descalificadoras o cariñosas: *la Beba, el Bizco, la Chata, el Negro* —o, en plural, más propio de España, *la Ojos, la Pecas, el Piernas*—; y los ALIAS, que se emplean como nombre artístico o profesional (*la Chunga, el Cordobés*), pero también como apodo, con intención no necesariamente descalificadora, entre individuos que viven al margen de la ley.

12.5.1b Los nombres propios de lugar se denominan TOPÓNIMOS. Designan continentes (*América*), países (*Costa Rica*), estados (*Jalisco*), provincias (*Entre Ríos*), departamentos (*Florida*), ciudades (*Santiago*), pueblos (*Casupá*), calles (*Corrientes*), barrios (*Chacarita*), montañas o picos (*Aconcagua*), volcanes (*Chimborazo*), cabos (*San Lucas*), islas (*Menorca*), istmos (*Panamá*), etc. Se emplean muy a menudo en construcciones apositivas (§ 12.7.4), con la preposición *de* (*la ciudad de Buenos Aires, la isla de Jamaica*) o sin ella (*la calle Zamora*). Forman un grupo particular de topónimos los HIDRÓNIMOS, es decir, los nombres propios que designan ríos (*Lempa*), canales (*Yucatán*), arroyos (*Miguelete*), mares (*Negro*), océanos (*Atlántico*), etc. También se construyen frecuentemente en aposición: *el río Duero, el mar Mediterráneo, el océano Atlántico,* si bien pueden dejar implícito el nombre común: *el Duero*.

12.5.1c Se ajustan en mayor o menor medida a las características de los nombres propios (§ 12.5.2) los que denotan festividades o conmemoraciones (*la Ascensión, el Ramadán*); astros (*Ganímedes, Marte, Orión*); representaciones alegóricas (*la Muerte*); títulos de obras (*Simón Bocanegra*); fundaciones (*Lolita Rubial*); órdenes religiosas (*Santa Clara*); empresas (*El Mercurio de Antofagasta*); clubes (*Club Deportivo Istmeño*); corporaciones (*Real Academia Española*), y otras muchas asociaciones, agrupaciones o instituciones de diversa naturaleza.

12.5.2 Características gramaticales de los nombres propios

En el § 12.1.2a se explicó que el nombre propio carece de significado, pero posee, en cambio, valor DENOMINATIVO: nombra a los individuos particulares y los diferencia de otros de su misma especie. Esta caracterización semántica se corresponde con una serie de propiedades sintácticas, aunque no todas se manifiestan con igual claridad en todos los nombres asimilables a los propios.

12.5.2a Dado que los nombres propios incorporan la noción de 'unicidad', se construyen prototípicamente sin artículo. Coinciden en ello con los pronombres personales, que también la incorporan: *No me gusta {Antonia ~ usted ~ *jefe}*. Este criterio no permite discriminar nítidamente los nombres propios de los comunes, pero constituye un instrumento útil. De acuerdo con él, los nombres de los meses se comportan como propios, aunque no se escriban con mayúscula: *No me gusta febrero; Ya llegó agosto.* Lo contrario sucede con los nombres que designan disciplinas: *Me gusta la Astronomía.* Los de las estaciones y los días de la semana se parecen más a estos últimos que a los de los meses: *No me gustan los lunes; Ya llegó el verano.* Los nombres de pila no suelen llevar artículo, si bien este aparece en la lengua popular de muchos países: *la Juana, el Ramón.* Tampoco aparecen precedidos de otros determinantes, a menos que tengan valor afectivo y no discriminativo, como en *—¡Cobarde será tu Inés! —saltó Nadine, dejándome turulato—* (Bryce Echenique, *Martín Romaña*); *¡Qué tipo, Dios mío, este Ezequiel Mosácula!* (Aparicio, *Retratos*).

12.5.2b   Algunos topónimos se usan siempre con artículo determinado porque está incorporado a ellos: *El Cairo, La Habana, La Haya, La Mancha, El Paso, El Salvador.* Se dice, por tanto, *Viajaré a El Salvador* (no *a Salvador*). En todos estos casos el artículo ha de escribirse en mayúscula. En cambio, con otros topónimos el artículo es potestativo: no se suprime cuando se usa en nombres oficiales, como *República del Perú* o *República Oriental del Uruguay,* pero puede omitirse en otros muchos contextos: *(el) Perú, (el) Paraguay, (el) Uruguay, (la) Argentina, (la) China, (la) India.* Se registran, pues, alternancias como *viajar al Perú ~ viajar a Perú.* En estos casos el artículo se escribe con minúscula y permite intercalar adjetivos entre él y el nombre, lo que revela que no está sintácticamente integrado. Puede compararse, por ejemplo, *el actual Uruguay* con *la populosa Haya.* Los nombres de los montes y de los ríos se comportan como *el Uruguay,* en lugar de como *La Haya: Gracias a su privilegiada situación, en medio de los imponentes Alpes, Liechtenstein cuenta con numerosas estampas bucólicas* (*Vanguardia* [Méx.] 28/11/2007).

12.5.2c   Es también característico de los nombres propios el no admitir complementos restrictivos: *Ana inteligente, *Oslo frío, *París de hoy.* Sí pueden llevar, en cambio, epítetos: *la astuta Sofía, el casto Manuel.* Repárese en que aparecen complementos restrictivos en los textos siguientes:

> [...] un abogado que no se conforma con el Buenos Aires forense o musical o hípico, y avanza todo lo que puede por otros zaguanes (Cortázar, *Reunión*); Y no solo es llamativo el caso de Pessoa, sino, además, que hablemos de un Picasso azul, un Picasso rosa, un Picasso cubista, un Picasso clásico (*ABC Cultural* 30/12/2002); De la correspondencia con este último, sale un Borges distinto a la imagen que se tiene de él (*Mundo* [Esp.] 3/3/1996).

En estos textos no se hace referencia a la existencia de varios Buenos Aires, varios Picassos y varios Borges, sino más bien de varias facetas suyas. Se trata, en efecto, de nombres propios que pasan a usarse como comunes, lo cual induce la presencia del artículo. El uso en plural de nombres propios de persona los asimila igualmente a los nombres comunes, como en *los Alfonsos de su extensa familia.*

12.5.2d   Constituyen también nombres propios que pasan a usarse como comunes los que designan marcas (*una Ducatti, un Rólex, una coca-cola*), premios (*Recibió un óscar, un césar, dos goyas*) u obras de arte, sobre todo pictóricas, identificadas por el nombre de su autor: *Recuerdo que en esa casa había un Picasso de los más hermosos que he visto* (Neruda, *Confieso*). Otros nombres comunes creados a partir de primitivos nombres propios se refieren a ARQUETIPOS HUMANOS: *una celestina* ('alcahueta'); *un donjuán* ('seductor'); *una magdalena* ('mujer penitente o visiblemente arrepentida'); *un nerón* ('hombre muy cruel'). Sí suelen, en cambio, asimilarse a los nombres propios los que resultan de procesos de ANTONOMASIA consistentes en usar un nombre común que, en un determinado entorno cultural, se entiende aplicado a un solo individuo: *el Filósofo* por Aristóteles, *el Profeta* por Mahoma, *la Virgen* por María, *la Voz* por Frank Sinatra, etc. También se comportan como propios los nombres comunes usados metalingüísticamente. Puede compararse, por ejemplo, *Rosa tiene espinas con *"Rosa" tiene cuatro letras*.

12.6 El grupo nominal

12.6.1 Componentes del grupo nominal

12.6.1a Los grupos nominales se construyen en torno a un sustantivo. Pueden ser muy simples, como los constituidos por un solo nombre (*Me gusta mayo; Entra aire; Llamó Marta*) o mucho más complejos, como el subrayado en *Se introdujo entre los surcos de la lenta y pesada muchedumbre que bajaba por la calle en aquel momento, atraída por la tragedia* (Somoza, *Caverna*). La complejidad de los grupos nominales se debe a los diversos elementos que pueden incidir sobre el sustantivo: artículos y otros determinantes (*Te llamó el jefe; No me gusta este autor; Algunas fechas no eran correctas*), adjetivos y participios (*Entra aire frío; Espero noticias recientes; Retiró los billetes reservados*), sustantivos o grupos nominales (*el doctor García*), complementos preposicionales de muy diverso tipo (*lazos de colores, ladrones sin escrúpulos, viaje al Polo Norte, la idea de que vengas*), así como oraciones de relativo (*cosas que faltan; el gato, que seguía allí*).

12.6.1b Los componentes del grupo nominal inciden sobre el sustantivo que funciona como núcleo de forma escalonada o jerarquizada, es decir, subordinados unos a otros. Así, en *las viejas novelas románticas de librería de ocasión,* el artículo incide sobre todo el grupo restante; el adjetivo *viejas* lo hace sobre *novelas románticas de librería de ocasión,* y *de librería de ocasión,* sobre *novelas románticas.* A su vez, *novela* y *librería* llevan sus propios modificadores, respectivamente *románticas* y *de ocasión*. Los corchetes pueden marcar estas relaciones sucesivas de subordinación en *las [viejas [[novelas románticas] [de [librería [de ocasión]]]]]*. A estos recursos se añaden los que permite la coordinación de segmentos, como en *dos o tres días; ojos negros, grandes y profundos; cosas que faltan y que se necesitan,* etc.

12.6.1c Pueden ser especificativos o explicativos varios de los modificadores del núcleo en el grupo nominal, en particular los sustantivos en aposición, los adjetivos, algunos grupos preposicionales, los participios y las oraciones de relativo. Los primeros restringen la extensión del grupo nominal, de modo que la expresión *los filósofos racionalistas* denota un conjunto más reducido de individuos que *los filósofos;* los modificadores explicativos son incisos que ayudan a identificar la referencia o proporcionan otro tipo de informaciones complementarias o aclaratorias, como en *Sé por qué me contaba lo de su amigo, el senador* (Serrano, M., *Vida*); *Los búlgaros, cansados y con una motivación relativa, deberán reponer fuerzas* (*Mundo* [Esp.]

16/7/1994); *¡Bendito sea Dios!, que ha prolongado la vida de los míos un año más* (Sawa, *Iluminaciones*).

12.6.2   Locuciones nominales

12.6.2a   Es necesario distinguir los grupos nominales de las LOCUCIONES NOMINALES. En la oración *Compré una mesa redonda* aparece un grupo nominal cuyo núcleo es *mesa;* en cambio, en *Convoqué una mesa redonda,* el grupo nominal está formado por el artículo *un* y una locución nominal (*mesa redonda* 'cierta reunión'). Como se explica en el § 1.5.2a, las locuciones nominales constituyen una sola PIEZA LÉXICA porque su significado no se obtiene COMPOSICIONALMENTE, es decir, combinando sus elementos constituyentes. Como es esperable, el grupo adjetival *muy animada* que aparece en *Convoqué una mesa redonda muy animada* incide sobre la locución en su conjunto. Por otra parte, las locuciones nominales que contienen la expresión «*de* + grupo nominal definido» no admiten la sustitución de este segmento por un posesivo: *la edad del pavo* > **su edad; el amo del cotarro* > **su amo,* lo que confirma que estos modificadores no son propiamente grupos preposicionales.

12.6.2b   La noción de 'composicionalidad' que caracteriza a las locuciones es gradual. No siempre es fácil determinar, en efecto, si una combinación está lo suficientemente gramaticalizada para ser considerada locución o, por el contrario, constituye un grupo nominal. Este último parece ser el caso de *puerta blindada* o *lucha interior,* a pesar de que tienen entrada en el *DRAE.* Se reconoce generalmente que son borrosos los límites entre las locuciones y los compuestos. Aunque se ha aducido que las locuciones son sensibles a las relaciones de concordancia (*un cabo suelto* > *varios cabos sueltos,* frente a *un sordomudo, varios sordomudos*), este no es un criterio infalible, como se muestra en el § 11.1.3b. También es variable el grado de transparencia de las locuciones nominales. Así, *un diente de leche* designa un diente, pero un *diente de león* es una planta.

12.6.2c   Las locuciones nominales corresponden a diversas pautas sintácticas: «SUSTANTIVO + ADJETIVO» (*aguas menores, cama redonda, chivo expiatorio, gramática parda, habas contadas, llave inglesa, manga ancha, pez gordo, sentido común*); «ADJETIVO + SUSTANTIVO» (*malas artes, media naranja*); «SUSTANTIVO + de + SUSTANTIVO O GRUPO NOMINAL» (*boca de lobo, cajón de sastre, fin de semana, hombre de paja, juego de niños, orden del día, pájaro de cuenta, sala de espera, talón de Aquiles*); «DETERMINANTE + SUSTANTIVO + de + NOMBRE PROPIO O GRUPO NOMINAL» (*el amo del cotarro, el chocolate del loro, el lucero del alba, el rigor de las desdichas, la cuenta de la vieja, la ley del embudo, la purga de Benito*); FÓRMULAS COORDINADAS: *alfa y omega, cara y cruz* (también *cara o cruz*), *carros y carretas, dimes y diretes, tira y afloja, toma y daca.*

12.7   Los complementos del nombre

Sobre el sustantivo núcleo del grupo nominal pueden incidir varios tipos de modificadores y complementos. Ante el nombre pueden aparecer determinantes y adjetivos, mientras que siguen al sustantivo grupos adjetivales, nominales o preposicionales, además de oraciones de relativo. La mayor parte de estos elementos se analizan en capítulos independientes de esta gramática. Sobre las posiciones relativas que ocupan se harán varias consideraciones en el § 12.8. En esta sección se examinarán únicamente los complementos preposicionales del sustantivo. Estos grupos preposicionales pueden ser ARGUMENTOS O ADJUNTOS. Como se explica en el § 1.6.2d, los primeros denotan participantes pedidos por el propio significado del sustantivo, a diferencia de los segundos.

12.7.1 Los complementos argumentales del nombre: sustantivos que los admiten

Son tres, fundamentalmente, las clases de sustantivos que se construyen con complementos argumentales: las nominalizaciones, los sustantivos con complementos de régimen y los nombres de significado relacional.

12.7.1a Las NOMINALIZACIONES son sustantivos derivados de verbos o adjetivos que heredan ciertas propiedades sintácticas de la base, entre ellas algunos de sus argumentos. Así, el complemento subrayado en *el traslado de los restos mortales del finado* representa un argumento de *traslado,* heredado del verbo *trasladar,* que constituye su base. Se desarrollarán algunos aspectos de la sintaxis de las nominalizaciones en el § 12.7.2.

12.7.1b Un buen número de sustantivos introducen complementos en función de las preposiciones que rigen. Son los COMPLEMENTOS DE RÉGIMEN, que se analizan en el capítulo 36. Allí se explica que los sustantivos que rigen cada preposición pueden clasificarse en varios grupos semánticos, aunque de fronteras no totalmente precisas. Por ejemplo, entre los que rigen *a* están los que expresan emociones o sensaciones dirigidas contra algo o alguien (*el odio a los demás, el miedo a fracasar*); gestos igualmente dirigidos o expresiones que los manifiestan (*un saludo a todos, recuerdos a tía Enriqueta*); resultados de actuaciones que se realizan en honor a una persona o una cosa (*monumento a la Constitución, oda a la libertad*), etc. Algunos de ellos son a la vez nominalizaciones, cuyo complemento se construye con una preposición heredada unas veces de su base verbal, como en *{contribuir ~ contribución} a la causa,* pero no otras, como en *asalto a las murallas* frente a *asaltar las murallas.*

12.7.1c Llevan también complementos argumentales una serie de nombres que expresan SIGNIFICADOS RELACIONALES, es decir, nociones que afectan por fuerza a algo o a alguien o que revierten necesariamente en otra persona o cosa. Así, no puede concebirse la noción expresada por *sobrino* sin pensar en otra persona con la que se establece este parentesco. La expresión *de Arturo* se considera, por tanto, un complemento argumental en *el sobrino de Arturo,* pero no en *el caballo de Arturo.* Son argumentales los sustantivos de parentesco (*nuera, padre, sobrino*) y de representación (*cuadro, dibujo, estatua, foto*), así como los que designan relaciones sociales (*amigo, colega, compañero*), nociones relativas al ámbito de actuación o de responsabilidad de alguien (*jefe, ministro, portero*), relaciones «parte – todo» (*ático, brazo, final, lado, orilla, suplemento, umbral*), propiedades de personas o cosas (*altura, contenido, contorno, edad, extensión, forma, fuerza, medida, peso, precio*) y relaciones de subordinación o dependencia (*criado, dueño, propietario*). Algunos de estos sustantivos son a la vez nominalizaciones (*director, supervisor, blancura*).

12.7.2 Los complementos argumentales en las nominalizaciones

12.7.2a Como se explicó en el § 12.7.1a, el término NOMINALIZACIÓN se aplica generalmente a los sustantivos derivados de una forma no nominal, que se caracterizan por que pueden manifestar sintácticamente, con ciertas restricciones, argumentos que corresponden a sus bases léxicas. Así, en *Trazaba un cuadro* [...] *de lo que había sido nuestra administración de la isla en los años cuarenta y cincuenta* (Edwards, *Whisky*), el posesivo *nuestra* y el grupo preposicional *de la isla* representan, respectivamente, el agente y el paciente de *administración*, funciones semánticas que el sustantivo hereda de su base *administrar*. El otro grupo subrayado, *en los años cuarenta y cincuenta*, es un adjunto, lo que pone de manifiesto que estos también pueden ser heredados. Cabe decir lo mismo de algunos predicativos, que resultan apropiados en las nominalizaciones: *la aparición de Elena completamente desnuda* (predicativo de *Elena*), *la utilización del viento como fuente de energía* (predicativo de *el viento*).

12.7.2b Las nominalizaciones se pueden dividir en cinco grupos: 1) DE ACCIÓN; 2) DE EFECTO O RESULTADO; 3) DE CUALIDAD; 4) DE AGENTE y 5) DE ESTADO. Se ejemplifican algunas NOMINALIZACIONES DE ACCIÓN en los textos siguientes (se marcan con trazo discontinuo sus complementos argumentales):

> Su trasposición a un idioma que ignora las palabras compuestas tiene que agravar su inhabilidad (Borges, *Historia*); [...] la fácil sustitución de una pieza por otra (Goytisolo, *Diario*); [...] mi aproximación a la pintura y al dibujo (*ABC Cultural* 27/9/1996).

12.7.2c En las nominalizaciones de acción (grupo *1*) puede producirse ambigüedad entre los complementos subjetivos y los objetivos. Así, en *la valoración de los candidatos*, el grupo nominal *los candidatos* puede representar a los que valoran algo (COMPLEMENTO SUBJETIVO) o a los que son valorados (COMPLEMENTO OBJETIVO). La ambigüedad puede depender, por otro lado, de si el nombre de acción se deriva de un verbo transitivo o de su correspondiente intransitivo. Así, puede usarse la expresión *la conclusión de los trabajos* para expresar que ciertos trabajos concluyeron (interpretación intransitiva), pero también que fueron concluidos por alguien (interpretación transitiva). Del mismo modo, *el hundimiento del petrolero* corresponde a 'El petrolero se hundió o se hundirá', pero también a 'Alguien hundió o hundirá el petrolero'. El sustantivo *hundimiento* se asocia de modo natural con un verbo transitivo (*hundir*), además de con uno intransitivo (*hundirse*), pero la mayor parte de los derivados en -*miento* prefieren la segunda opción. Así, *calentamiento* se asocia con *calentarse* (*calentamiento del globo* 'El globo se calienta'), raramente con *calentar*; *endeudamiento* con *endeudarse*, raramente con *endeudar*; *movimiento* con *moverse*, no con *mover*; *apasionamiento* con *apasionarse*, no con *apasionar*, etc.

12.7.2d   Los argumentos del nombre pueden estar o no presentes en la interpretación de acción, ya que los sustantivos, al igual que los verbos, pueden poseer ARGU-
MENTOS IMPLÍCITOS O SOBRENTENDIDOS, como ponen de manifiesto los ejemplos
siguientes:

> La reunión tuvo lugar en un amplio salón del hotel más lujoso del balneario (Benedetti,
> *Porvenir*); Debo repetir que el encuentro con Cayetana fue totalmente casual y no estaba
> combinado de antemano (Larreta, *Volavérunt*); Planean una invasión a gran escala
> (*ABC* 9/5/1997).

12.7.2e   Muchas nominalizaciones de acción pueden interpretarse también en el
sentido de efecto, como explican los diccionarios. Así ocurre, por ejemplo, con *recaudación*, que designa la acción de recaudar en *durante la recaudación,* pero la cantidad recaudada (el efecto) en *Entregaron la recaudación;* o con *compra,* que denota
acción en *Hizo la compra rápidamente* y efecto en *Dejó la compra en la mesa.* Las
nominalizaciones de efecto aceptan mejor el plural que las de acción, de modo que
las recaudaciones y *las compras* tienden a entenderse como resultados más que como
sucesos.

12.7.2f   Las nominalizaciones de efecto (grupo 2 en el § 12.7.2b) son compatibles
con el argumento agente (*Llevaba en la cartera la dimisión de Álvaro*), pero este no
se expresa en ellas mediante *por* o *por parte de* (también *por su parte*), a diferencia
de las nominalizaciones de acción. La presencia del complemento que designa al
paciente favorece casi siempre la interpretación de acción en lugar de la de efecto,
de modo que *la compra de la mercancía* y *la construcción del edificio* aluden a las
acciones de comprar y construir, respectivamente (no a lo comprado y lo construido). Constituyen excepciones los nombres de efecto que expresan representaciones,
interpretaciones o descripciones de ciertos actos, como *filmación, representación,
reproducción, traducción: Ella condescendió a explicarle que era la exacta reproducción
de un diseño de Leonardo da Vinci* (Mujica Lainez, *Bomarzo*).

12.7.2g   Las NOMINALIZACIONES DE CUALIDAD (grupo 3 en el § 12.7.2b) son sustantivos derivados de adjetivos, por lo que denotan propiedades. Los seres a los que
estas se atribuyen constituyen sus argumentos: *la aspereza del corcho, la sordera del
abuelo.* Pueden, además, aparecer con otros complementos heredados del adjetivo
de la base, como los subrayados en *la amabilidad del anfitrión con sus invitados, su
fidelidad a la causa,* o en *Lo que ella veía claro es que tenía que ser ella, no yo, quien
preguntara a Ranz, no tanto en la seguridad de que a ella le contaría cuanto de que a
mí no lo haría* (Marías, J., *Corazón*). Aunque no constituye una pauta frecuente, algunos nombres de cualidad pueden ser también nombres de acción. En efecto, *limpieza*
es nombre de cualidad en *Que también el Alma aprueba / la limpieza de su fe* (Lope
Vega, *Peregrino*), pero nombre de acción en *Hace mucho tiempo que debimos hacer la
limpieza* (Gironella, *Millón*).

12.7.2h   Las NOMINALIZACIONES DE AGENTE (grupo 4 en el § 12.7.2b) se forman
con sustantivos derivados de verbos. Se construyen normalmente con complementos que corresponden al objeto directo del verbo (complementos objetivos) introducidos por *de,* como los subrayados con trazo discontinuo en los ejemplos siguientes:

La muerte del desequilibrado acuchillador de don Sebastián Bergua, y violador de doña Margarita y de la artista, fue [...] (Vargas Llosa, *Tía*); Los tripulantes de un vapor que había fondeado en la isla estaban despellejados (Bioy Casares, *Invención*); Era Victoria, la sigilosa vengadora de Rubén Fornaris (Cabrera Infante, *Habana*).

No obstante, se mantienen también los argumentos heredados de los verbos correspondientes cuando están encabezados por otras preposiciones, como en *un aspirante a becario, una investigadora en Psicología Clínica*. Es frecuente que el complemento objetivo sea sustituido por un posesivo: *el comprador de la finca > su comprador; nuestros lectores; tu defensora; sus torturadores*. No aparece el agente en esta pauta porque está incorporado semánticamente en el sustantivo.

12.7.2i   Se forman con mayor facilidad las nominalizaciones de agente si los complementos nominales son genéricos, se construyen sin artículo y se asimilan a los adjetivos de relación, como en *el cantor de tangos, una vendedora de diarios, la tejedora de sueños, un conocedor de vinos* (sería extraño ... *de este vino*), *la escritora de cuentos* (más común que ... *de este cuento*), *un visitador de enfermos* o en [...] *un triste soplador de vidrios* (García Márquez, *Otoño*). Los nombres de instrumento muestran asimismo la propiedad que se acaba de describir: *una trituradora de residuos, un buen conductor de electricidad*.

12.7.2j   Las NOMINALIZACIONES DE ESTADO (grupo 5 en el § 12.7.2b) se diferencian de las de cualidad en que las primeras tienen bases verbales, mientras que las segundas las poseen adjetivales. Entre las de estado destacan las que aluden a sensaciones, impresiones, emociones, actitudes y diversos estados de conciencia. Se subrayan los complementos que constituyen sus argumentos con trazo discontinuo:

Los animaba una motivación más alta: el deseo de que sus hijos crecieran con la certeza de que la familia es la base de todo bien (Donoso, *Casa*); Sin embargo, la creencia en la capacidad de la ciencia para "el perfeccionamiento de la especie humana", así como para servir de modelo en la reorganización social de la sociedad, ha sufrido profundos altibajos desde el Setecientos (Sánchez Ron, *Ciencia*); Me atormentaba el recuerdo de todo aquello (Semprún, *Federico Sánchez*).

La preposición que lleva el complemento del sustantivo puede no ser admitida por el verbo de origen, y viceversa. Contrastan, en efecto, *su gusto por la buena mesa* con **Le gusta por la buena mesa*, y *Se admira de todo* con **su admiración de todo*.

12.7.3   Modificadores no argumentales del nombre: los adjuntos

Los adjuntos son modificadores del sustantivo no pedidos por el significado de este. Desde el punto de vista categorial, pueden ser adjetivos (*decisión acertada*), grupos preposicionales (*tarta de chocolate*), grupos nominales (*su aparición el martes pasado*) y oraciones de relativo (*el resultado que esperamos*). Se describirán aquí únicamente los preposicionales, ya que los demás tienen su lugar en otros capítulos. Desde el punto de vista semántico, los adjuntos pueden pertenecer a los grupos que se especificarán en los apartados que siguen. Aun así, la gramática no puede ir muchas veces más allá de señalar una RELACIÓN ABIERTA entre dos nombres, que el contexto actualiza en cada caso particular.

12.7.3a   Los ADJUNTOS DE LUGAR y DE TIEMPO suelen ir encabezados por la preposición *de: la gente de aquí, la tienda de la esquina, un amigo de la infancia, la excursión de ayer*. Se prefiere *el cartel de ese muro* o *la tienda de debajo de mi casa* a *el cartel en ese muro* o *la tienda bajo mi casa* (construcciones comunes en inglés y en otras lenguas germánicas). Las nominalizaciones de acción y otros sustantivos que denotan eventos están libres de la restricción que se menciona, como en *Su llegada en los primeros días de abril* o en *Él es quien* [...] *los apresa y remite para su venta en este país* (Villaverde, *Cecilia Valdés*). Otros complementos locativos o temporales no encabezados por *de* pueden tener explicaciones diversas. Así, la expresión subrayada en *Tanta gente en la calle la aturdía* es un predicativo de *tanta gente;* el adjunto subrayado en *La gente aquí lo veneraba* (Barnet, *Gallego*) se justifica porque contrae relaciones con el predicado principal. La construcción con superlativo o con ordinal también facilita la presencia de otras preposiciones, como en *el mejor defensa {en la actualidad ~ en todo el continente}* o en *Está tratando de lograr su primer título desde 1994* (*Américas* 29/3/1997).

12.7.3b   Los adjuntos DE CANTIDAD pueden ser temporales (*excursión de dos días*), locativos (*viaje de doscientos kilómetros*) o de otro tipo: *Anabelle parió un niño arrugadito y pelón, de tres kilos de peso* (Alberto, *Eternidad*). Expresan PERTENENCIA o POSESIÓN otros muchos adjuntos: *el lugar en la fila de Marta, la casa de Ana*. Las preposiciones *con* y *sin* introducen muchos de los complementos que suele admitir el verbo *tener: gente {con ~ que tiene} doble personalidad; personas {sin ~ que no tienen} problemas*.

12.7.3c   Son muy numerosos los complementos preposicionales de interpretación CLASIFICATIVA. Se asimilan a los adjetivos y pueden alternar con ellos, como en *pasta {de dientes ~ dentífrica}; libros {de niños ~ infantiles}; barco {de vela ~ velero}*. Algunos poseen límites difusos con las locuciones nominales, en el sentido de que, por un lado, son expresiones acuñadas de uso frecuente pero, por otro, presentan cierto grado de composicionalidad. Los adjuntos de interpretación clasificativa suelen construirse con sustantivos sin determinante y expresan nociones diversas: precio o valor (*zapatos de cien dólares*); finalidad, uso o destino (*pasta de dientes, cuchillo de cocina, caña de pescar, filtro para café*); elemento que permite el funcionamiento de algo (*molino de viento, barco de vela, motor de explosión, locomotora de vapor*); materia o contenido (*traje de seda, pastel de manzana, cuentos de terror*); accesorio o elemento complementario (*un vestido con lunares, un señor con pipa*), entre otras nociones similares.

12.7.3d   Se forman adjuntos de interpretación CALIFICATIVA o EVALUATIVA con un gran número de nombres abstractos, especialmente de cualidad: *personas de cierta edad, cosas de escasa importancia, argumentos de poco peso, novela de escaso mérito*. En muchos de los casos en que estos sustantivos se construyen sin modificadores adjetivales se interpreta que la propiedad que expresan se predica en un grado elevado: *personas de edad, cosas de importancia, argumentos de peso, novela de mérito*.

**12.7.4   Modificadores no argumentales del nombre: la aposición.
Aposiciones especificativas**

Las APOSICIONES O CONSTRUCCIONES APOSITIVAS son secuencias en las que el modificador de un sustantivo es otro sustantivo o un grupo nominal. Las aposiciones se clasifican en especificativas (que responden a la pauta «A B»: *mi amigo Arturo*) y explicativas (con la estructura «A, B»: *mi amigo, Arturo*).

12.7.4a   Las APOSICIONES ESPECIFICATIVAS pueden adoptar dos formas distintas: la unión directa de un nombre con otro nombre o un grupo nominal (*la ópera Fidelio*), y la unión mediante la preposición *de* (pauta «A *de* B»), unas veces obligatoria, como en *el problema de la droga,* y otras opcional, como en *la calle (de) Alcalá*. A pesar de que se suelen denominar *especificativas,* este término no les corresponde en el mismo sentido en que se aplica a una oración de relativo (*la gente que espera*) o incluso a un adjetivo (*la gente corriente*). La diferencia radica en que las aposiciones especificativas no suelen acotar o restringir la denotación del sustantivo, sino que identifican la referencia del sustantivo sobre el que inciden. Así, las aposiciones subrayadas en *el número cuatro* o *el problema de la droga* señalan, respectivamente, cómo se llama cierto número o cuál es el problema al que se hace referencia. Responden también al esquema «A *de* B» construcciones de sentido enfático como *el tonto de Carlitos* o *una maravilla de película,* que se estudiarán en el § 12.7.5.

12.7.4b   En un buen número de aposiciones especificativas de las que se ajustan a la pauta «A B», A es un nombre común y B un nombre propio que lo identifica: *la película Cabaret, el hotel Imperio, la torre Eiffel, el asunto Dreyfus, el planeta Saturno, el novelista Cervantes.* Nótese que este último grupo nominal se distingue de *el Cervantes novelista,* donde el nombre propio se usa como común (§ 12.5.2c).

12.7.4c   Entre los nombres comunes que se identifican mediante la aposición de un nombre propio (con frecuencia neutralizado en parte con los comunes: § 12.5.2d), figuran los términos que permiten establecer clasificaciones o agrupaciones, sobre todo los genéricos *clase, estilo, tipo, marca, variedad,* como en *motores de la clase EFF3, muebles de estilo Luis XV, naranjas del tipo "clementina".* También reciben a menudo con nombres propios en aposición los comunes que denotan parentesco o ciertas relaciones sociales (*mi amigo Arturo, nuestro compadre Florián, el tío Paco*), así como tratamiento o dignidad (*la señora Ana, el rey Alfonso*). Los que designan símbolos, signos y otros elementos de naturaleza denominativa van seguidos de sustantivos (asimilables a los propios: § 12.5.2d) en aposiciones de carácter metalingüístico: *la letra* m, *el número* 7, *la fórmula* SO_4H_2, *el término* global, *el verbo* comer, *el título* Cien años de soledad.

12.7.4d   El término A en la pauta «A B» puede ser igualmente un nombre propio. Le sigue otro propio en el caso de los apellidos (*Ana Martínez García*) o los sobrenombres y apodos (*Alfonso el Sabio, Santa María la Mayor, Pedro el Muecas*), pero puede ser también común, como en *Madrid capital,* o un numeral, como en *Alfonso XII* (ordinal leído como cardinal). Son posibles igualmente las aposiciones con pronombres personales: —*Bueno, con ustedes las mujeres, uno nunca sabe* (Wolff, *Álamos*); *Es lo que vosotros los europeos llamáis vivir en sociedad* (Fernández Lizardi, *Periquillo*), y también las formadas por nombres comunes (solos o formando grupo nominal): *la reina madre, el rey profeta, una tortuga macho.* Las construcciones apositivas permiten cierto grado de recursividad o subordinación sucesiva, como se ve en *tu madrina la señora doña Ana Martínez García* o en *su primo el emperador Darío I el Grande.*

12.7.4e Numerosas aposiciones especificativas se ajustan a LA PAUTA «A *de* B», donde la preposición no es opcional: *el problema de la droga, el mes de enero, la ciudad de Córdoba.* En este esquema se establece una relación de atribución entre A y B: 'La droga es un problema'; 'Enero es un mes'; 'Córdoba es una ciudad'. El segmento B puede ser también una subordinada con verbo en infinitivo (*la moda de no casarse*) o con verbo en forma personal (§ 43.2.4), cuando el sustantivo A puede predicarse de una proposición:

> Le quedó la sospecha de que algo extraño había ocurrido (Pacheco, *Batallas*); Difundía la tesis de que la historia era "un caos de sucesos fortuitos" (Rojas, R., *Tumbas*); [...] la tristeza de que las cosas no hubieran tenido un origen distinto (Onetti, *Novia*).

El análisis de las subordinadas apositivas presenta algunas dificultades que se abordan en otro lugar (§ 43.2.4f). Las aposiciones nominales del tipo «A *de* B» son admitidas por un gran número de sustantivos. Los grupos nominales que forman son generalmente definidos (*el arte de la fotografía, el deporte del fútbol, la virtud de la esperanza*), pero pueden ser indefinidos si B no lleva determinante (*un rumor de golpe de Estado*).

12.7.4f El esquema apositivo «A *de* B» es característico de los nombres de ciudades (*la ciudad de México*), calles, plazas, barrios y accidentes geográficos, alternando con variantes sin *de: la calle (de) Alcalá, la plaza (de) San Marcos, el cabo (de) San Vicente, el monte (de) San Antón.* Existe, sin embargo, gran variabilidad en esta alternancia, dependiendo de los países, de las ciudades e incluso de los casos individuales.

12.7.4g La alternancia «A B» ~ «A *de* B» se extiende a algunos nombres temporales, en especial al sustantivo *año* (*el año 1923* ~ *el año de 1923*). No se aplica a *mes* (*el mes de mayo*) ni a *día* (*el día lunes*). La alternancia se da en este último entre la construcción «A B» (*el día martes*) y la no apositiva (*el martes*). La primera se registra en muchos países americanos, a menudo en alternancia con la segunda, que es la única conocida en España:

> Era el mismo joven que me había llevado víveres el día sábado en la mañana (Edwards, *Anfitrión*); El rumor general que corrió en Lima es que el día martes Tudela renunció a Torre Tagle (*Caretas* 17/7/1997); Cuida, pues, de tener tu baúl listo para el jueves (Matto, *Aves*).

Con el significado de 'hoy', conviven *el día de hoy*, de extensión general, y *hoy día*, usado sobre todo en las áreas andina, rioplatense y chilena. En ciertos empleos metalingüísticos cabe también la alternancia entre los esquemas «A B» y «A *de* B», como se ve en los ejemplos siguientes: *Hay conceptos que algunos denominan "ocasionales". Así el concepto "aquí", el concepto "yo", el concepto "este"* (Ortega Gasset, *Historia*); *Pienso que es de ahí de donde Brecht tomó el concepto de distanciamiento* (Piglia, *Respiración*). Las marcas de uso metalingüístico (las comillas, en este caso) son más habituales en el primero.

12.7.5   Aposiciones de sentido enfático

Responden al esquema «A *de* B» tres construcciones distintas, todas atributivas y de sentido enfático, que se identificarán aquí con ejemplos representativos: 1) *el asno de Sancho;* 2) *una maravilla de película;* 3) *un prodigio de vitalidad.*

12.7.5a   El primer tipo de construcción, *el asno de Sancho,* admite una interpretación no apositiva, sino posesiva ('Sancho tiene un asno'), que no interesa aquí. En la interpretación apositiva, en la que se predica de Sancho el ser un asno, la expresión entera es definida: *{el~*un} asno de Sancho; {el~*un} tonto de tu amigo.* Es posible el demostrativo en lugar del artículo definido: *Ese bestia de Pérez lo va a despedazar* (Aguinis, *Cruz*). No se omite el determinante en esta construcción, pero sí en la variante de ella que caracteriza enunciados exclamativos, como en *¡Pobre de él!; ¡Dichosos de ustedes!,* y otros similares que se mencionan en el § 42.4.1.

12.7.5b   El segmento A (*asno,* en *el asno de Sancho*) se predica de B (*Sancho*) y es un sustantivo o adjetivo valorativo que expresa propiedades extremas. Coinciden con los que permiten formar atributos enfáticos encabezados por el artículo indefinido *un/una,* como en *el pelma de Luis~Luis es un pelma* o en *la pesada de la vecina~La vecina es una pesada* (§ 15.2.3c y 37.3.1a). En la mayor parte de los usos, estos términos aportan valoraciones negativas, hasta el punto de que los de contenido positivo suelen perderlo al integrarse en la construcción: *el inocente de su marido, la lista de Ana, el gracioso de tu jefe.* Muchos son nombres de animales (*burro, cabra, lagarta, pavo, víbora, zorro*) y no escasean tampoco los habilitados por sufijos apreciativos. Así, resultan raros con el sentido que aquí interesa *el político del secretario provincial* y *la madre de Angustias,* a diferencia de *el politicastro del secretario provincial, la madraza de Angustias.* El segmento A no se elide tras el artículo (**el tonto de Luis y el de Carlos*), a diferencia de lo que sería de esperar si fuera el núcleo sintáctico de la construcción.

12.7.5c   El segmento B designa personas y está representado por un grupo nominal definido o un nombre propio, como en *el ingenuo de {mi novio~Luis}.* Aunque los grupos nominales indefinidos admitan la interpretación específica, se rechazan construcciones como **el ingenuo de un novio que yo tuve* por carecer de un determinante definido. El segmento B constituye el argumento del predicado A y su referente es el mismo de la expresión entera (es decir, *el cerdo de tu tío* alude a la misma persona que *tu tío*). A y B concuerdan en género y número (*el tonto de tu vecino/la tonta de tu vecina/los tontos de tus vecinos/las tontas de tus vecinas*), salvo que A no altere el género en función del sexo del referente, como en *el bombón de tu prima* (cf. *Tu prima es un bombón*). No se admite la sustitución de B por un posesivo (*el tonto de Luis > *su tonto*), aunque sí puede elidirse cuando se interpreta a partir del discurso precedente: *Ese Moisés tiene marcha, sabe lo que se quiere el muy cachondo* (Berlanga, *Gaznápira*).

12.7.5d   La segunda de las tres construcciones introducidas es la representada por la secuencia *una maravilla de película.* En esta pauta, A se predica de B e indica una propiedad extrema, al igual que el primer tipo. No obstante, la propiedad que aporta A puede ser ahora negativa (*un desastre de excursión*) o positiva (*un encanto de* *chica*); en segundo lugar, A casi nunca es un adjetivo, aunque se documenta alguna excepción: —*Cómo es posible que tengas a un imbécil de ayudante, primo* —estalló Pascual (Vargas Llosa, *Tía*). El paradigma que predomina en A es el de los sustantivos llamados CUALITATIVOS O DE CUALIDAD: *un encanto, una maravilla, un horror*, etc. En tercer lugar, B puede no aludir a una persona, y no concuerda en género con A: *una maravilla de paisaje, un cielo de persona*. Los elementos exteriores al grupo nominal que remiten a la expresión entera presentan el género y el número de B: *No solo fue un asco de excursión, sino que encima me salió {*caro ~ cara}; El cielo de muchacha que tienen ustedes por {*hijo ~ hija}*. En cuarto lugar, B es, en esta pauta, un nombre común sin determinante: *un encanto de {marido ~ *Arturo ~ *un marido ~ *ese marido}*. El determinante de la expresión entera suele ser indefinido y pueden aparecer en esta construcción determinantes exclamativos: *Hoy día la máquina de hacer cigarrillos es una maravilla de precisión* (Ortiz, *Contrapunteo*); *Qué maravilla de mujer* (Ayerra, *Lucha*).

12.7.5e   Ilustra el tercer tipo de construcción la secuencia *un prodigio de vitalidad*. Este tipo de grupo nominal apositivo está relacionado con el anterior, pero se diferencia de él en que la relación de predicación entre B y A es solo indirecta en la pauta que ahora se examina. Así, la oración *Carmen es un encanto de chica* (tipo 2) implica 'Carmen es una chica', pero *Víctor es un prodigio de vitalidad* (tipo 3) no implica 'Víctor es una vitalidad'. Tampoco se dice en este ejemplo que la vitalidad sea un prodigio, sino que Víctor es un prodigio por su vitalidad o que es de una vitalidad prodigiosa. Se forma una variante de esta construcción con sustantivos que designan el punto más alto de alguna escala implícita, como en *el súmmum de la elegancia, el colmo del mal gusto*, o [...] *el no va más de la eficiencia* (*Tiempos* 18/9/2000).

12.7.6   Aposiciones explicativas

Las aposiciones explicativas corresponden a la pauta «A, B»: *Polifemo, horror de aquella sierra,* [...] (Góngora, *Polifemo*); *Pero a él le gustaba más la Puri, la de las cabras, la de las rodillas fuertes y la camisa sucia* (Montero, *Amado*). El segmento B representa en esta variedad un grupo nominal parentético (en el sentido de 'situado en un inciso') que agrega alguna precisión o algún comentario al contenido de A, otro grupo nominal. Se suele realizar una pequeña pausa entre los dos miembros de la aposición, que por lo general se representa con una coma.

12.7.6a   Las aposiciones explicativas pueden ser definidas, como en *No he dejado de ser aquel que apartaba el sitio a María, la costurera, en el saliente de la bolería* (Chávez, *Batallador*), o indefinidas, como en *Julio César, animosísimo, prudentísimo y valentísimo capitán, fue notado de ambicioso* (Cervantes, *Quijote* II). Las definidas precisan la referencia del término sobre el que inciden, de modo paralelo a como lo harían en las oraciones copulativas correspondientes ('María era la costurera'). Las indefinidas añaden, en cambio, propiedades que se le atribuyen, también como en las oraciones copulativas ('Julio César era un capitán animosísimo...'). Las aposiciones indefinidas se solían construir sin determinante en la lengua clásica. En la actual, se observa cierta alternancia entre el artículo indefinido y la ausencia de artículo: *Soñaba con estudiar, (una) aspiración que se vio frenada por su falta de medios.*

12.7.6b Las aposiciones explicativas exigen CONTIGÜIDAD entre ambos segmentos. Así pues, junto a *Ámsterdam, capital de Holanda, es una ciudad cosmopolita,* no se forma la variante **Ámsterdam es una ciudad cosmopolita, capital de Holanda.* Este hecho constituye un argumento a favor de excluir de las aposiciones explicativas segmentos como el subrayado en *Ella sabe hacerse querer..., la muy traviesa* (Buero, *Caimán*), que se asimilan a los complementos predicativos. Por lo demás, existen menos restricciones sintácticas en las aposiciones explicativas que en las específicativas. No es necesario que muestren concordancia con su antecedente: *Le pegaba pataditas, y le dejaba la mano, nardo cándido, en aquella bocaza rosa* (Jiménez, *Platero*), que puede estar constituido por un grupo nominal complejo (*la ópera que escuché ayer, Fidelio*), e incluso no estar representado como una pieza léxica: *Dejó la mochila en el suelo y, a pesar del asco, tuvo que sentarse en el excusado para quitarse las botas, tarea* [= 'quitarse las botas'] *nada fácil en ese espacio reducido* (Allende, *Ciudad*).

12.7.6c El segmento B suele mostrar rasgos no habituales en los grupos nominales que desempeñan otras funciones. Así, puede aparecer precedido de adverbios como *quizá* u *hoy* y seguido de apostillas o coletillas expresivas y generalmente encarecedoras, como *donde {los ~ las} haya:*

> Me hicieron conocer a Rosemarie Scharbach, quizá la persona que más influyó en mí (Leguina, *Nombre*); Han depuesto las armas, siguiendo el ejemplo del Movimiento 19 de Abril (M-19), hoy partido político (*Proceso* [Méx.] 13/10/1996); [...] una serie sobre los felinos, animal misterioso y enigmático donde los haya (*ABC Cultural* 18/10/1996).

12.7.6d Son tradicionalmente polémicos los límites entre las aposiciones explicativas y otras construcciones. Suelen considerarse aposiciones explicativas las introducidas por grupos nominales que repiten un sustantivo de la oración anterior sobre el que se hace una puntualización: *Y me daba rabia, una rabia atroz* (Chacel, *Barrio*). No son, en cambio, propiamente aposiciones explicativas los grupos nominales parentéticos que se usan para rectificar el contenido de alguna expresión nominal previa, atenuarlo o restringir su extensión, puesto que la misma construcción es posible con grupos no nominales. Lo mismo cabe decir de los incisos introducidos por *o sea, es decir, esto es:*

> Era la zona inmediatamente debajo de la axila, más bien la parte trasera pero sin llegar a ser su espalda (Cabrera Infante, *Habana*); El conservatismo reaccionó en algunos departamentos, concretamente en Boyacá y los Santanderes y resultó el enfrentamiento político (Alape, *Paz*); ¿Con quién he tenido el gusto, quiero decir disgusto, de conversar? (Vila-Matas, *Suicidios*); Así que imaginate si habrá sido buena noticia para mí saber que, después de seis años, la otra, o sea la única, la castigada, la leal, estaba libre (Benedetti, *Primavera*).

12.8 Posición relativa de los modificadores del sustantivo

Se estudia en otros capítulos la posición sintáctica de los demostrativos (§ 17.3.3), los cuantificadores (§ 19.3.2d y 19.5) y los adjetivos (§ 13.6). En esta sección se esbozarán algunas tendencias relativas a la posición que ocupan los demás complementos y modificadores. En el orden relativo que muestran influyen factores fonológicos y factores sintácticos.

12.8.1   Factores fonológicos

El más importante de los factores fonológicos afecta al CUERPO FÓNICO de los segmentos implicados, es decir, a su extensión. En efecto, el adjetivo *considerable* puede ocupar tres posiciones en la siguiente alternancia: *un considerable aumento del gasto público* ~ *un aumento considerable del gasto público* ~ *un aumento del gasto público considerable*. No obstante, la tercera opción deja de ser viable si el complemento *del gasto público* se alarga, como en **un aumento [del gasto público comprometido por la Administración] considerable*. Cabe pensar que este factor es el responsable de que las oraciones de relativo especificativas tiendan a colocarse en la periferia del grupo nominal.

12.8.2   Factores sintácticos

Son más complejos que los anteriores, no solo por su número, sino también por las interrelaciones que se dan entre ellos, en algunas de las cuales intervienen a su vez los fonológicos. Solo se mencionan aquí algunas de las tendencias más marcadas.

12.8.2a   Los determinantes y cuantificadores se anteponen a todo el grupo nominal. Pueden ir delante del núcleo ciertos adjetivos, que se estudian en el § 13.6. No se anteponen, en cambio, los grupos preposicionales. Los adjetivos posnominales suelen intercalarse entre el núcleo y los complementos argumentales: *su fe ciega en la victoria, la llegada imprevista de su hijo, el canto monótono de la cigarra*. No obstante, esta tendencia puede romperse por razones fonológicas o léxicas. Cabe atribuir a razones fonológicas (en concreto, al número de sílabas del grupo adjetival) el que resulte más natural *los [viajes al extranjero] [demasiado precipitados]* que *los [viajes al extranjero] [precipitados]*. A razones léxicas —en particular a la naturaleza modal del adjetivo *razonable*— se debe la gramaticalidad de secuencias como *una interpretación de los datos razonable*, por oposición a la de **el canto de la cigarra monótono*. Los adjetivos de naturaleza modal proporcionan predicados (*razonable, discutible, criticable*...) que evalúan el argumento al que corresponden (*una interpretación de los datos*): 'Es razonable que los datos se interpreten de ese modo'.

12.8.2b   La agramaticalidad de **el canto de la cigarra monótono* desaparece si se suprime el artículo del complemento: *el canto de cigarra monótono*. Ello se debe a que *de cigarra* se asimila en tal caso a un adjetivo de relación. A la misma pauta corresponden *el coche de carreras de Alonso* o *Esa era la casa de verano de Lorenzo Marcenaro* (Galeano, *Bocas*). Los grupos preposicionales que se asimilan a los adjetivos de relación (§ 13.5) se anteponen, pues, fácilmente a los demás complementos y modificadores, incluidos los adjetivos calificativos. Existe, por otra parte, una marcada tendencia a que los grupos preposicionales de interpretación posesiva sigan a los demás adjuntos del nombre, como en *el coche de dos puertas de tu amigo* (que se prefiere a *el coche de tu amigo de dos puertas*) o *la casa de la playa de la tía Rosa*.

12.8.2c   En las nominalizaciones de acción suele rechazarse la expresión simultánea del agente y del paciente si ambos van introducidos por la preposición *de,* como en *la aceptación [de los hechos] [del acusado].* La gramaticalidad de las secuencias así construidas mejora si el agente se antepone al paciente (*la aceptación del acusado de los hechos*) y, sobre todo, si la preposición que lo encabeza es *por* en lugar de *de: la aceptación de los hechos por el acusado.* Si la nominalización es de efecto, la expresión de agente y paciente mediante la preposición *de* (en los casos en que la aparición del paciente es posible: § 12.7.2f) no está sujeta a tantas restricciones: *Es conveniente leer las descripciones de París de Víctor Hugo; Las fotografías del desierto de Arizona de Ansel Adams son espléndidas.*

13 El adjetivo y el grupo adjetival

13.1 Definición y características generales

13.1.1 Concepto de adjetivo. Su dependencia del sustantivo

13.1.1a El ADJETIVO es una clase de palabras que modifica al sustantivo o se predica de él aportándole muy variados significados. En un gran número de casos, el adjetivo denota propiedades o cualidades, como en los ejemplos siguientes: *las calles estrechas, las personas discretas, flores rojas, una dura experiencia, un hambre atroz,* y *Estaba malhumorado; Huyó despavorida; Eres desconcertante.* Con frecuencia, sin embargo, los conceptos de 'propiedad' y 'cualidad' se entienden en un sentido más amplio, como puede observarse en *determinados productos, su actual novia, una mera coincidencia, en mi propia casa, la segunda oportunidad, numerosos accidentes, dos visitas semanales, el presunto autor del plagio, trucos de ingeniería financiera, la política pesquera comunitaria, la ingeniera industrial.* En estos ejemplos, los adjetivos subrayados aluden a la manera particular en que son mencionadas las entidades, al número que forma el conjunto de estas, a la actitud del hablante hacia ellas o a su relación con cierto ámbito, entre otras nociones. Este sentido amplio es el que se adoptará en el presente capítulo.

13.1.1b La tradición gramatical grecolatina fundaba la definición de las clases de palabras en categorías semánticas de base ontológica. Así, los sustantivos denotaban 'sustancias', mientras que los adjetivos aportaban los 'accidentes' que precisaban o modificaban esas sustancias. Esta caracterización se traducía gramaticalmente en la capacidad del sustantivo de "subsistir" sin el adjetivo, así como en el carácter dependiente de este último, que se refleja en su etimología: *adiectīvum* significaba en latín 'adjunto, vecino, arrimado'. En la tradición gramatical hispánica se consideró el adjetivo como un tipo de nombre, de forma que el *nombre adjetivo* (hoy *adjetivo*) se oponía al *nombre sustantivo*.

13.1.2 Caracterización del adjetivo en sentido laxo y en sentido restrictivo

13.1.2a El término *adjetivo* se suele usar en un sentido laxo y en otro restrictivo. El primer sentido, más frecuente en los estudios tradicionales, privilegia los dos criterios formales que caracterizan a esta clase de palabras: la CONCORDANCIA con el sustantivo y su función como MODIFICADOR de este. Tal sentido abarcador del adjetivo da cabida a todos los elementos subrayados en la relación siguiente:

> *esa calle estrecha, algunos árboles frondosos, sus mismos tres presuntos cómplices italianos, muchos músicos entusiastas, mis antiguos compañeros, nuevo triple empate, demasiadas falsas promesas, ciertas personas discretas, cuya segunda intención.*

Entre las voces subrayadas se distinguen tradicionalmente dos clases: la de los ADJETIVOS CALIFICATIVOS, que designan cualidades (*estrecha, frondosos, entusiastas, discretas*) y la de los ADJETIVOS DETERMINATIVOS, que introducen el grupo nominal (§ 1.4.2b y 12.7) y delimitan su denotación especificando a cuántas y cuáles de las entidades designadas por el nombre hace referencia el hablante (*esa, sus, mis, cuya, algunos, muchos, demasiadas, ciertas*). El sentido restrictivo del término *adjetivo* excluye los determinativos, que pasan a formar las clases de los DETERMINANTES y de los CUANTIFICADORES.

13.1.2b Constituyen los adjetivos determinativos elementos GRAMATICALES que forman CLASES CERRADAS, mientras que los adjetivos calificativos son elementos LÉXICOS (en el sentido de que poseen contenidos que corresponde dilucidar a los diccionarios, más que a las gramáticas) y forman CLASES ABIERTAS. También son unidades léxicas otros adjetivos que no son calificativos —aunque tampoco determinativos—, como *constitucional* y *químico,* que pertenecen a la clase de los llamados *relacionales* (§ 13.2.1c), o como *presunto* y *supuesto,* que poseen características modales y no se integran en una serie abierta.

13.1.2c La clase tradicional de los adjetivos determinativos abarca los demostrativos (*este, esas, aquellos*), los posesivos (*mi, tus, nuestros*), los indefinidos (*algunos, ciertas, ninguno*) y los numerales (*uno, cuatro, setecientas*), así como algunas palabras exclamativas (como *qué* en *¡Qué calor!*), interrogativas (*¿Qué color?*) y relativas (*cuyo*). Se suele hablar de USOS ADJETIVOS de estas expresiones (*Ya llegó ese amigo tuyo; No vino ninguna paciente; Solo quiero algunos discos*) para distinguirlos de sus USOS PRONOMINALES O SUSTANTIVOS (*Ya llegó ese; No vino ninguna; Solo quiero algunos, no todos*). Aunque los llamados *adjetivos determinativos* se estudian en otras partes de esta obra, en el § 13.4.3 se analizarán los adjetivos *varios, cierto, otro, mismo* y *propio,* entre otros que presentan a la vez propiedades características de los determinantes, los cuantificadores y los pronombres.

13.1.3   La predicación mediante el adjetivo y sus manifestaciones sintácticas

Entre el sustantivo y el adjetivo se establece una relación de PREDICACIÓN. Esta se manifiesta sintácticamente como MODIFICACIÓN (*la actriz rubia*) o como ATRIBUCIÓN (*La actriz era rubia*).

13.1.3a   Los adjetivos son modificadores de los sustantivos comunes (*guayabas maduras, el pobre caballero, piadosas visiones alegóricas, un simple empleado*), de los infinitivos sustantivados (*su andar cansino*: § 26.2.1a) y de algunos pronombres, como los indefinidos: *Nada bueno sacarás de ello; No hay mucho interesante que contar* o en *Al mirarse en el espejo, sorprendió algo nuevo en su mirada, algo débil, inseguro* (Torrente Ballester, *Gozos*). Son rechazados por los pronombres personales (**nosotros altos, *tú guapo, *ella profesional*) y por los nombres propios, que se asimilan a ellos, aunque estos últimos aceptan los llamados EPÍTETOS (§ 13.2.1b). Tampoco son admitidos por los pronombres interrogativos, con la excepción de algunos adjetivos comparativos (*¿Quién mejor para este trabajo?*). Sin embargo, en algunas variedades del español andino es posible *¿Qué interesante dijo?* además de *¿Qué dijo de interesante?*, que es la forma preferida en las restantes áreas.

13.1.3b   El adjetivo modificador no es requerido, en principio, por el núcleo nominal sobre el que incide. Por esta razón puede ser omitido generalmente sin alterar la gramaticalidad de la construcción. Sin embargo, no siempre puede suprimirse. No es posible hacerlo, por ejemplo, en los grupos nominales en los que un artículo indefinido introduce un sustantivo no contable: *Tenía una sed insaciable; Se despertó con un hambre atroz*, salvo si la entonación es suspensiva (*Tenía una sed…*). Tampoco se omite en los que contienen sustantivos de significado muy general, como los subrayados a continuación:

> *Apareció en el momento menos oportuno; Lo dijo de manera contundente; Un tropiezo lo puso en una situación poco brillante; Hay la cantidad suficiente.*

No se omiten tampoco los adjetivos —tanto modificadores como predicativos— en las construcciones que expresan posesión inalienable, como en *un hombre de pelo rubio, mujeres de ojos grandes, quedarse con las manos vacías*, o en *Tiene los ojos azules; Conservaba el cutis lozano*, estas dos últimas con complemento predicativo obligatorio.

13.1.3c   Los adjetivos ejercen la función de ATRIBUTO (capítulos 37 y 38) cuando la relación predicativa que caracteriza su modo de significar se establece a través de un verbo copulativo (*La maestra estaba cansada; Eso me parece obvio; Es incómodo esperar; Es lamentable que se haya enojado por eso*) o no copulativo: *El gato dormía tranquilo sobre sus piernas; Las vi cansadas; Consideramos imprescindible revisar el dictamen*. En el segundo caso, el atributo suele denominarse COMPLEMENTO PREDICATIVO. También contienen atributos algunas oraciones no copulativas, como las absolutas: *Una vez sola en su habitación, abrió la carta*, y las atributivas bimembres sin verbo, como *Bienaventurados los limpios de corazón*. Estas construcciones se analizan en el § 38.6.

13.2   Clases fundamentales de adjetivos

13.2.1   Adjetivos restrictivos y adjetivos no restrictivos

13.2.1a   Los modificadores adjetivos pueden RESTRINGIR la extensión del sustantivo, como en *gatos negros, día claro*, pero también pueden DESTACAR, PONDERAR o EVALUAR un rasgo de su significado, como en *misteriosos gatos, claro día*, lo que da lugar a los llamados EPÍTETOS, que se analizan en el apartado siguiente. El grupo nominal *gatos negros* tiene una extensión más reducida que la del sustantivo: denota, en efecto, un subconjunto de la extensión de *gatos*, puesto que quedan excluidos de esta los gatos que no son negros. El papel de *negros* en este ejemplo es, por tanto, el de un adjetivo RESTRICTIVO. En cambio, en *los misteriosos gatos*, el adjetivo *misteriosos* es un modificador no restrictivo que se aplica a todas las entidades designadas por el sustantivo *gatos* destacando o ponderando la propiedad de 'ser misteriosos' como rasgo inherente de la clase de los gatos o bien, en virtud del artículo, de algún grupo caracterizado en el discurso precedente.

13.2.1b   La distinción entre adjetivos RESTRICTIVOS (llamados también ESPECIFI-CATIVOS) y NO RESTRICTIVOS está estrechamente relacionada con la POSICIÓN que ocupa el adjetivo en el grupo nominal: el adjetivo restrictivo suele aparecer en posición posnominal y el no restrictivo, en la prenominal, aunque existen excepciones. Ciertos adjetivos son INHERENTEMENTE RESTRICTIVOS (es decir, restrictivos en función de sus propiedades léxicas), como *portátil* en *lámpara portátil*, *civil* en *guerra civil* o *focal* en *distancia focal*. Otros adjetivos son restrictivos en unos contextos (*los campos verdes*), pero no en otros (*los verdes campos*). Entre los adjetivos calificativos no restrictivos, los epítetos destacan una propiedad inherente, prototípica o al menos característica, según el hablante, del sustantivo modificado. Aparecen generalmente antepuestos: *blancos dientes, claro día, mansas ovejas, misteriosos gatos, suntuosos palacios, verde hierba*, pero se registran también casos de posposición: *manjares exquisitos, rosas fragantes*. Se extiende a veces la noción de 'epíteto' a ciertos lugares comunes de naturaleza léxica, llamados COLOCACIONES O SOLIDARIDADES LÉXICAS, como *acalorado debate, aplastante mayoría, duro revés, fe inquebrantable, ostensible avance*. Tampoco son restrictivos, sino explicativos (§ 12.6.1c), los adjetivos que aparecen en las construcciones parentéticas como la subrayada en *Miss Amy, insegura sobre cómo atacar a la nueva empleada, imaginó por un momento que podía rebajarse a una indignidad* (Fuentes, *Frontera*).

13.2.1c   Algunos modificadores restrictivos son adjetivos CALIFICATIVOS: *calle estrecha, café caliente, profesores entusiastas*, pero muchos son RELACIONALES O DE RELACIÓN. Los primeros denotan cualidades; los segundos manifiestan cierta relación particular entre las propiedades del sustantivo modificado y las correspondientes a la BASE NOMINAL de la que el adjetivo se deriva (como *económico < economía*) o con la que se asocia léxicamente (*agrario – campo*). Vinculan asimismo estos adjetivos las dos nociones nominales que ponen en contacto, como la de 'cargo' y la de 'municipio' en la expresión *cargo municipal*. También son restrictivos los adjetivos llamados DESCRIPTIVOS, como los subrayados en *puente colgante, rasgo distintivo, línea recta* (frente al uso calificativo de *recto* en *proceder recto*), *piedras preciosas* (frente a *flores preciosas*) o *vino blanco* (frente a *pared blanca*). A diferencia de los calificativos, grupo al que corresponden en muchos análisis tradicionales, no indican exactamente cualidades de los sustantivos (la preciosidad en las piedras, la blancura en el vino, etc.), sino que asignan sus referentes a clases más o menos objetivas en función de ciertas propiedades que los distinguen de otros. La información clasificativa que aportan es semejante a la de los adjetivos relacionales, pero se distinguen de ellos en que no suelen derivar de sustantivos.

13.2.2 Adjetivos graduables y no graduables

Una forma de cuantificación es la gradación (§ 19.1.1c). Así, la expresión *muy interesante* expresa un grado elevado de la propiedad 'interesante'. En virtud de esta característica, los adjetivos se dividen en GRADUABLES y NO GRADUABLES.

13.2.2a Admiten los adjetivos graduables adverbios de grado (*muy, poco, bastante, harto, qué*, etc.) y pueden formar parte de construcciones comparativas o de superlativo. La gradación se obtiene también con recursos morfológicos, como la AFIJACIÓN AFECTIVA (*pequeñito, calentico, grandecito, ingenuote, pobretón, buenazo, bonachón, delicaducha:* § 9.1.1), y sintácticos, como la reduplicación léxica, a menudo reforzada por la entonación enfática: *¡Eso sí, me voy a mercar uno con la trompeta grande, grande!* (Asturias, *Papa*). En opinión de algunos gramáticos, pero no de otros, la gradación en los adjetivos de forma y color expresa la mayor o menor APROXIMACIÓN del adjetivo a cierto prototipo de la propiedad clasificada, como en *bastante redondo* ('bastante aproximado a la forma típica del círculo o de la esfera').

13.2.2b Los adjetivos de tipo clasificativo (descriptivos y de relación: § 13.2.1c) rechazan los adverbios cuantificativos (**puente bastante colgante, *análisis muy clínicos*). No obstante, aceptan comparativos cuando expresan ADECUACIÓN O IDONEIDAD, en el sentido de la justeza con la que se aplica a algo determinada característica. La construcción comparativa *más... que...* admite, por esta razón, paráfrasis con *más propiamente... que...,* como en *¿Hay algo de verdad en eso de que el desarrollo y la escalada económica es un hecho mundial, más biológico que político ni administrativo?* (Pemán, *Almuerzos*) o en [...] *buscando hacer un negocio más político que financiero* (*Nacional* 1/4/1997). Los grupos adjetivales *más biológico* y *más político* significan aquí 'más propiamente biológico' y 'más propiamente político', respectivamente. Lo que se compara, por tanto, no son las propiedades en sí, sino la medida en que cada una de ellas se adapta a cierto prototipo. Sobre el uso de *político* como adjetivo calificativo (por tanto, no como adjetivo de relación) en la expresión *muy político*, véase el § 13.5.3d.

13.2.2c Los adverbios *completamente, enteramente, totalmente, absolutamente* y similares, usados en combinaciones como *totalmente constitucional* o *absolutamente legal,* no son gradativos en sentido estricto, sino que, al igual que los descritos en el párrafo anterior, expresan también a veces la adecuación o la justeza con la que se aplica una propiedad (como en *totalmente constitucional* 'totalmente acorde con la Constitución'). Pueden introducir, además, formas de cuantificación relativas a la extensión de alguno de los participantes. En efecto, la oración *El edificio de* *apartamentos está absolutamente vendido* no informa de que cada apartamento está vendido 'en un grado máximo', lo que sería absurdo, sino que significa aproximadamente 'Todo el edificio de apartamentos está vendido'. Tales adverbios están implícitos en el significado de algunos adjetivos graduables (llamados a veces ABSO-LUTOS). Así, *seco* se interpreta, fuera de contexto, como 'completamente seco'; *puro* se entiende como 'enteramente puro', y *limpio* sugiere 'limpio del todo'. Tal interpretación es característica, aunque no exclusiva, de muchos de los adjetivos denominados *perfectivos* o *resultativos,* como *borracho, despierto, maduro, vacío,* que denotan estados que se alcanzan o en los que se desemboca como consecuencia de algún proceso (§ 13.2.5).

13.2.2d   Los adjetivos que admiten potestativamente el adverbio *completamente* y otras expresiones afines se caracterizan, pues, por asociarse con cierto LÍMITE. El contraste que se percibe en pares como *Es completamente {inculto ~ *culto}* muestra, por otra parte, que existe relación entre las nociones de 'límite' y de 'valor absoluto'. En efecto, muchos adjetivos con prefijo negativo, como *desconocido, imposible, inapropiado, incapaz, ineficaz, inhumano, injusto, inútil, involuntario,* etc., admiten con naturalidad estos adverbios, pero no suelen hacerlo sus variantes sin prefijo. Se obtienen asimismo los significados que aportan los adverbios *totalmente, absolutamente, por completo,* etc., con una serie de adjetivos que, aunque no contienen prefijos negativos, denotan ESTADOS CARENCIALES, como *bobo, ciego, idiota, tonto,* etc. Parece, pues, que las carencias o las ausencias se interpretan por defecto como propiedades absolutas, lo que se observa en contrastes como *su total {incultura ~ *cultura}* o *El asunto {carece por completo de solución ~ *tiene por completo solución}.*

13.2.2e   Con los adverbios *casi* o *prácticamente* no se gradúan propiedades, sino que se denota la proximidad entre propiedades cercanas. Contrastan, pues, marcadamente *casi infinito* o *casi ilegal* con *muy infinito* y *muy ilegal.* La gramaticalidad de las primeras y la anomalía de las segundas ponen de manifiesto que tiene sentido concebir propiedades próximas a la infinitud y la ilegalidad en alguna jerarquía de propiedades, aunque no estén sujetas a grados.

13.2.3   Los adjetivos de grado extremo

La mayor parte de los adjetivos calificativos son graduables, a menos que expresen el grado extremo de alguna propiedad. Estos ADJETIVOS DE GRADO EXTREMO se suelen denominar ELATIVOS. En la gramática tradicional se han llamado también SU-PERLATIVOS ABSOLUTOS.

13.2.3a   Los prefijos de grado extremo (*re-, requete-, super-, hiper-, mega-* o *ultra-:* § 10.7.2) y los sufijos que expresan esa misma noción (*-ísimo* o *-érrimo*) forman los llamados ELATIVOS MORFOLÓGICOS. Por oposición a los elativos morfológicos, se llama comúnmente ELATIVOS LÉXICOS a los adjetivos de grado extremo que no manifiestan esta propiedad en su estructura morfológica, es decir, a los que denotan tales significados en función de su propia naturaleza léxica. A este grupo pertenecen los adjetivos siguientes:

> *abominable, atroz, brutal, colosal, delicioso, enorme, espantoso, espléndido, excelente, excelso, eximio, exquisito, extraordinario, fabuloso, fundamental, gélido, helado, horroroso, increíble, ínfimo, inmaculado, inmenso, insignificante, magnífico, maravilloso, máximo, mínimo, minúsculo, monstruoso, perverso, precioso, sensacional, supremo, terrible, tórrido, tremendo.*

También expresan el grado máximo de alguna propiedad ciertos adjetivos RESTRINGIDOS LÉXICAMENTE, que podrían agruparse con las colocaciones o solidaridades léxicas de que se habló en el § 13.2.1b:

> *calor sofocante, condiciones leoninas, craso error, cuestión capital, deseo ferviente, diferencia abismal, error garrafal, fe ciega, frío polar, hambre canina, ignorancia supina, miedo cerval, momento crucial, negativa rotunda, odio visceral, pingües beneficios, precio astronómico.*

Algunos de ellos proceden de adjetivos relacionales, como *hambre canina* ('propia de perro'), *miedo cerval* ('propio de un ciervo'), *odio visceral* ('que se siente en las vísceras'), etc.

13.2.3b   En general, los adjetivos elativos tienden a rechazar los adverbios de grado, lo que se explica porque esa combinación daría lugar a expresiones redundantes o contradictorias: si *excelente* equivale, aproximadamente, a 'muy bueno', la combinación *muy excelente es redundante y *poco excelente, contradictoria. Sin embargo, los adjetivos de grado extremo muestran cierta tendencia a perder su valor elativo para denotar cualidades evaluables en grados diversos, por lo que pueden hacerse compatibles con los adverbios comparativos, como en *tan colosal como..., menos delicioso que...*, o admitir construcciones superlativas: *el más terrible pronóstico, el más abominable ogro, el más mínimo esfuerzo.*

13.2.3c   Muchos adjetivos elativos, entre ellos los que rechazan los adverbios de grado *muy, poco* o *bastante*, admiten, sin embargo, el adverbio exclamativo *qué*, como en estos ejemplos:

> Desde que comenzara a trabajar en el mar venía oyendo hablar —¡qué magnífica fonética!— del "azote del mundo" (Novás, *Negrero*); ¡Qué espléndido verso en el que reconocemos nuestra propensión al lugar común, felizmente subvertida! (Celorio, *Contra-conquista*); Qué maravillosa ocupación entrar en un café y pedir azúcar, otra vez azúcar (Cortázar, *Cronopios*).

Así pues, la expresión *qué maravilloso* resulta natural para todos los hispanohablantes, mientras que la mayoría percibe como redundante *muy maravilloso*. El significado de *¡Qué magnífico comediante!* es análogo al de *¡Qué comediante tan magnífico!* La variante *¡Qué comediante magnífico!*, ampliamente documentada en la literatura, solo resulta hoy natural para algunos hablantes.

13.2.4   Adjetivos intersectivos y no intersectivos

13.2.4a   El significado de grupos nominales como *un abogado alto, un vecino simpático, dos mesas cuadradas* o *las manzanas rojas* se obtiene por INTERSECCIÓN entre los conjuntos designados: al decir de alguien que es *un abogado alto,* se manifiesta que es abogado y que es, además, una persona alta. Estos adjetivos se llaman INTERSEC-TIVOS. No se obtiene, en cambio, tal intersección en *Es un abogado excelente,* ya que esta oración no informa de que cierto individuo es abogado y que además es una persona excelente, sino más bien de que es 'excelente como abogado'. Con el adjetivo se manifiesta, pues, en qué medida se acerca el referente al prototipo de la clase a la que pertenece (la de los abogados en el ejemplo propuesto). Los adjetivos de este grupo se denominan NO INTERSECTIVOS, INTENSIONALES O SUBSECTIVOS.

13.2.4b   Muchos adjetivos subsectivos suelen expresar formas de evaluación relativas a cierta actividad o función, como en *un espléndido director de orquesta* (que se asocia a *dirigir espléndidamente*), *un árbitro mediocre, un buen cuchillo.* Otros adjetivos de este grupo hacen referencia a alguna dimensión física que supone una norma implícita, establecida con criterios extralingüísticos: *una galaxia pequeña, un río ancho, un edificio alto.* Un proceso semántico relativamente similar requieren los complementos introducidos por la preposición *para* en oraciones como *Maneja muy bien para no tener experiencia,* que se analizan en el § 47.7.2g.

13.2.4c   Un subgrupo de los adjetivos subsectivos, llamados a veces SINCATEGO-REMÁTICOS, se interpretan en función de algún verbo no expreso proporcionado por el contexto y por ciertos rasgos léxicos del sustantivo. Están entre ellos los adjetivos que expresan facilidad y dificultad. Así, *un libro difícil* se entiende 'de leer', 'de escribir', 'de vender', 'de distribuir', pero *una decisión difícil* será 'de tomar', y *un problema difícil,* 'de resolver'. Forman otro subgrupo de adjetivos subsectivos los que tienen SENTIDO ADVERBIAL, sean temporales (*actual, futuro, presente*) o modales (*probable, seguro, supuesto, presunto*). Así, en *el actual ministro de Economía* el adjetivo *actual* no presenta una cualidad de cierto ministro (frente a, por ejemplo, *La noticia es actual*), sino que ubica temporalmente su condición de tal (por tanto, 'que lo es actualmente', en lugar de 'que es actual'). Los grupos nominales *el presunto culpable* y *la probable ganadora* dan lugar a paráfrasis similares: 'el que presuntamente es o fue culpable', 'la que probablemente fue, es o será ganadora'.

13.2.5   Adjetivos de nivel individual y adjetivos episódicos

Entre los ADJETIVOS DE NIVEL INDIVIDUAL, llamados también INHERENTES, CARAC-TERIZADORES O IMPERFECTIVOS en varios sistemas terminológicos, están *astuto, capaz, cortés, lavable, misterioso, posible, potable, quiteño* o *rectangular.* Estos adjetivos atribuyen a las entidades designadas por el sustantivo ciertos rasgos inherentes, estables o consustanciales a ellas. Por el contrario, los adjetivos llamados EPISÓDICOS, DE ESTADIO O PERFECTIVOS (como *contento, desnudo, enfermo, limpio, seco*) se refieren a estados accidentales, por lo general resultantes de algún cambio.

13.2.5a   La oposición entre ambos tipos de adjetivos se manifiesta en español fundamentalmente a través de la cópula: los caracterizadores se construyen con *ser* y los episódicos con *estar.* No obstante, numerosos adjetivos se combinan con uno u otro verbo (§ 37.5.7f). Así, en *Es {nervioso~tranquilo~alegre}* se habla del carácter o el temperamento de alguien y en *Está {nervioso~tranquilo~alegre}* se describe algún estado circunstancial en el que alguien se halla.

13.2.5b   Los adjetivos episódicos ocupan normalmente la posición posnominal (*casa limpia, copas llenas, fruta madura, gente contenta*), y son los que habitualmente funcionan como complementos predicativos no obligatorios, como en *Llegaron {maltrechos~sucios~desnudos}*. Algunos coinciden con participios (*abierto, cansado, encantado, enojado*) y otros, con formas que antiguamente estuvieron vinculadas con verbos (*despierto, enfermo, fijo, junto, maduro, seco*). Coinciden asimismo con los participios pasivos en que pueden ser predicados de las construcciones absolutas: *{Vacía~Vaciada} la cisterna, se procedió a su reparación* (§ 38.6.1), y en que pueden ser negados con «*sin* + infinitivo»: *ropa {secada~seca~sin secar}*. Como expresan procesos que ocurren o se desarrollan en el tiempo, suelen admitir adjuntos ASPEC-TUALES: *una vez lleno, ya maduro, al fin solos*. También pueden ser modificados por los adverbios *totalmente* o *completamente* (§ 13.2.2c), que denotan límite o expresan el resultado último de algún proceso.

13.3   Propiedades morfológicas del adjetivo y sus repercusiones sintácticas

13.3.1   Rasgos flexivos del adjetivo

Concuerda el adjetivo en género y número con el sustantivo sobre el que incide o del que se predica, independientemente de su función sintáctica: *Sus ojos melancólicos y profundos se entrecerraban; Añoraba las tranquilas tardes soleadas sanjuaninas; La tarde estaba soleada; Comieron callados; Se sabía agraciada*. Como no existe flexión propia del GÉNERO NEUTRO en español, la concordancia en neutro es indistinguible de la concordancia en masculino (§ 2.1.2b): *{Esto~Este} es necesario; Es preciso emplear protección solar; Era obvio que su ambición le servía de impulso* (Mujica Lainez, *Escarabajo*).

13.3.1a   La flexión del adjetivo se limita a reproducir los rasgos de género y número del sustantivo. Así, el plural del adjetivo *altas* en *paredes altas* constituye una marca de concordancia, mientras que el de *altas* y *altos* en *altas médicas* o *altos en el camino* tiene contenido semántico, puesto que se trata de sustantivos. En estos últimos casos el plural es, por tanto, INFORMATIVO. Aun así, el plural condiciona en el primer caso la interpretación de ciertos adjetivos de acuerdo con el tipo de sustantivo (contable o no contable) del que se predican. Se oponen de esta manera *abundante pelo* ('nutrido, copioso') y *abundantes lágrimas* ('muchas, numerosas'); *un constante temor* ('un estado persistente') y *sus constantes rezongos* ('eventos reiterados').

13.3.1b   Los adjetivos calificativos coordinados concuerdan necesariamente con el sustantivo: se dice *dos novelas largas* o *dos novelas cortas*, pero no **dos novelas larga y corta*. No obstante, dos adjetivos de relación o dos ordinales en singular coordinados pueden aportar conjuntamente rasgos de plural, con los que el sustantivo concuerda, como en *las políticas agraria y pesquera del gobierno, mis abuelas paterna y materna, los capítulos primero y segundo* (§ 31.3.3e).

13.3.2   Clasificación de los adjetivos por su flexión

Desde el punto de vista flexivo, los adjetivos del español se dividen en tres grupos:

A. Adjetivos de dos terminaciones

B. Adjetivos de una terminación

C. Adjetivos invariables

13.3.2a   Los adjetivos del grupo *A* tienen flexión de género y número: *oso par-do/osa parda/osos pardos/osas pardas*. La flexión de género femenino aparece marcada en este grupo casi exclusivamente por el sufijo *-a* (*alta, guapa, cordobesa, española*), pero en los adjetivos acabados en *-or* alternan a menudo las variantes en *-ora* y en *-iz*, como en *fuerza {motora~motriz}; planta {automotora~automotriz}; máquina {locomotora~locomotriz}*. Se recomienda evitar el uso del adjetivo femenino en *impulso motriz* y *taller automotriz*, puesto que *impulso* y *taller* son masculinos (*impulso motor, taller automotor*).

13.3.2b   Al igual que los determinantes, los adjetivos de dos terminaciones cumplen una función diacrítica al poner de manifiesto el género y el número de los sustantivos (sean comunes o propios) y los pronombres que carecen de marcas explícitas, como en *lunes {negro~negros}; crisis {violenta~violentas}; estudiantes {destacados~destacadas}; el testigo decisivo~la testigo decisiva; el gracioso René~la graciosa René; los legendarios Grimm; las misteriosas Gentilleschi;* o en *Anda usted algo {despistado~despistada}; Nos vieron {juntos~juntas}; Contestó muy {seguro~segura}*. El adjetivo atributivo puede variar en género y número en las oraciones impersonales de sujeto genérico, como en *Hay que ser más {generoso~generosa~generosos~generosas}*. En las impersonales con *se* solo se acepta el número singular, pero son posibles tanto el masculino como el femenino: *Cuando se es nulo lo mejor es estarse quieto y no andar embrollando el mundo con inútiles pantomimas* (Chávez, *Batallador*); *Además, siempre queda la esperanza cuando se está enamorada* (Giménez Bartlett, *Serpientes*).

13.3.2c   Los adjetivos del grupo *B* tienen flexión de número pero no de género, como en *posible {candidato~candidata}; posibles {candidatos~candidatas}*. Este grupo está formado por los adjetivos terminados en *-i, -í, -a, -ú* (*cursi, baladí, tunecí, marroquí, ácrata, agrícola, azteca, belga, hipócrita, hindú, zulú*), por muchos de los terminados en *-e* (*bilingüe, culpable, inerme, leve, triste, verde*) y muchos, aunque no todos, de los que terminan en las consonantes *-z, -r, -l, -s* (*audaz, feliz, inferior, polar, fundamental, útil, cortés*).

13.3.2d   Pertenecen al grupo *C* los adjetivos INVARIABLES, como los no agudos terminados en *-s: isósceles* y *gratis;* los formados sobre la pauta *anti*-N o *contra*-N: *antiarrugas, antitabaco, contraincendio(s)*, y los plurales inherentes asimilables a los adjetivos, como *contreras, finolis, frescales, guaperas, manitas, rubiales, vivales*. Tampoco varían ciertos préstamos que se usan como adjetivos (*unisex* o *gagá*) ni los adjetivos que se obtienen por procesos de acortamiento, como en *músicas tecno*, aunque algunos de estos últimos oscilan: *un poco {depre~depres}; películas {porno~pornos}* (§ 3.2.3b).

13.3.3   Adjetivos apocopados

13.3.3a   Delante de un sustantivo singular pierden la vocal final las formas masculinas *bueno* y *malo* (*buen comienzo, mal pronóstico*) y los numerales ordinales *primero* y *tercero*, a los que se asimila el adjetivo *postrero* (§ 21.3.1c): *primer actor, tercer capítulo, postrer homenaje*. El adjetivo *grande* se apocopa en *gran* ante sustantivos singulares de los dos géneros: *un gran hombre*~*una gran mujer*, incluso cuando se interpone otro adjetivo: *un gran primer plano, el gran último acto de esta ópera*. No se apocopa, sin embargo, en las construcciones superlativas, en las exclamativas con *cuán* ni en la coordinación con otro adjetivo:

> ¡De cuán grande felizidad gozan! (Valdés, J., *Comentario*); Permitió que lo enterraran, pero no de cualquier modo, sino con los honores reservados al más grande benefactor de Macondo (García Márquez, *Cien años*); [...] el grande pero abúlico rey Moctezuma (Fuentes, *Naranjo*).

13.3.3b   El adjetivo *santo* no sufre apócope cuando modifica a nombres comunes o se integra en locuciones nominales: *todo el santo día, el Santo Padre, el Santo Oficio*. En cambio, pierde su última sílaba ante nombre propio de persona que no empiece por *to-* o *do-*: *san José, san Sebastián, san Pablo, santo Tomás, santo Domingo*. Cabe pensar que en tales casos forma parte de un paradigma de fórmulas nominales apositivas átonas junto con *don, fray* o *sor,* por lo que ha sido puesta en duda su condición de adjetivo.

13.3.4   Clasificación de los adjetivos por su estructura morfológica

Atendiendo a su estructura morfológica, los adjetivos pueden ser SIMPLES (*atroz*), DERIVADOS (*ruidoso*) o COMPUESTOS (*agridulce*). Se dedica a los del segundo tipo el capítulo 7 y parte del 10; los del tercer grupo se estudian en el § 11.4. La distinción entre adjetivos calificativos y adjetivos de relación, que se introdujo en el § 13.2.1c, tiene consecuencias en la formación de voces derivadas. Así, solo los calificativos suelen admitir PREFIJOS GRADATIVOS (§ 10.7.2), es decir, prefijos que indican el grado alto de la propiedad que se predica: *archi-* (*archiconocido*), *extra-* (*extrafino*), *hiper-* (*hiperactivo*), *re-* (*relimpio*), *recontra-* (*recontraparecidas*), *requete-* (*requetebueno*), *super-* (*superelegante*), *ultra-* (*ultraconservador*). Se asimilan a este patrón varios prefijos que se corresponden con ciertos cuantificadores universales (*omnívoro, panhispánico*) y con algunos indefinidos (*multifacético, polifónico, políglota, plurilingüe*), sin ser propiamente prefijos numerales.

13.4   El adjetivo y otras clases de palabras

13.4.1   Adjetivo y sustantivo

Los adjetivos y los sustantivos suelen desempeñar funciones sintácticas distintas, aunque comparten algunas, como la de atributo: *Eso es dorado*~*Eso es oro; Resultó sorprendente*~*Resultó una sorpresa; No lo cree digno de su confianza; Lo cree un sueño.* Difieren también en la forma de significar. No obstante, la frontera entre ambas clases de palabras ha sido siempre fluida, por lo que los trasvases entre ellas son habituales.

13.4.1a Los adjetivos que aparecen en estructuras en las que se elide algún sustantivo forman parte de grupos nominales, pero no alteran su condición de adjetivos, ya que funcionan como modificadores de un sustantivo elíptico. Es, pues, nominal, no adjetival, el grupo sintáctico subrayado en *la gente conformista y la emprendedora*. Se entiende generalmente que se elide un sustantivo en estas construcciones (*gente* en el último ejemplo), en las condiciones que se analizan en el § 14.4. Por el contrario, los procesos de SUSTANTIVACIÓN se caracterizan por alterar la categoría gramatical de los adjetivos, de forma que pasan a ser propiamente sustantivos: *Entraron unos jóvenes barbudos; El mentiroso compulsivo requiere tratamiento psiquiátrico; Necesitamos un protector solar.*

13.4.1b La elipsis del núcleo nominal es un proceso SINTÁCTICO, mientras que la sustantivación es un proceso LÉXICO que se suele registrar en los diccionarios. Así, cuando el grupo nominal *el colombiano* procede de una elipsis nominal, posee propiedades anafóricas, como en *De todos los tipos de café, me quedo con el colombiano,* donde se recupera el núcleo nominal *café,* o en *De los escritores que has mencionado, prefiero el colombiano,* donde el sustantivo elidido es *escritor.* En cambio, el nombre recategorizado a partir de un adjetivo no requiere un contexto previo y, por lo general, se interpreta referido a personas, como en *Para el colombiano, es una verdadera dicha sacar pasaporte (Tiempo* [Col.] 11/1/1987). El artículo indefinido marca morfológicamente la diferencia entre la interpretación nominal (*un impermeable*) y la adjetival (*uno impermeable*). El mismo contraste se produce entre las variantes apocopadas de *cualquier, algún, ningún,* que preceden a los sustantivos, y las formas plenas *cualquiera, alguno, ninguno,* que son modificadas por adjetivos. Por otra parte, los adjetivos plenamente sustantivados pueden ir modificados por adjetivos (*un auténtico cubano*), mientras que los que siguen siendo adjetivos reciben adverbios (*uno auténticamente cubano*).

13.4.1c En los CONTEXTOS GENÉRICOS se forman, casi sin restricciones, sustantivos de persona mediante procesos de sustantivación. Uno de los recursos más empleados en esta recategorización es el PLURAL, como en *Esto no es cosa ni para tacaños ni para cobardes* (Uslar Pietri, *Oficio*). El proceso se ve favorecido por la coordinación de adjetivos de significados opuestos (*buenos y malos, sabios e ignorantes, vencedores y vencidos*), que a menudo designa la totalidad de un conjunto de individuos. La presencia del artículo, tanto en plural como en singular, puede también dar lugar a la sustantivación de un adjetivo y otorgarle carácter genérico, como en *los felices, los débiles, los audaces,* o en el ejemplo mencionado en el § 13.4.1a *El mentiroso compulsivo requiere tratamiento psiquiátrico.* El proceso está más restringido en ENTORNOS NO GENÉRICOS. Se dice, en efecto, *una rubia,* pero no (en ausencia de anáfora) *una elegante.* La sustantivación convierte en clases —y, por tanto, en sustantivos que designan grupos— propiedades o cualidades que tienen cierta RELEVANCIA SOCIAL, como las relativas a los siguientes aspectos de los individuos:

> EDAD: *un adolescente, un viejo;* SALUD: *un alérgico, una depresiva;* CARACTERÍSTICAS FÍSICAS: *un ciego, una morena;* PROCEDENCIA GEOGRÁFICA: *un extranjero, una inmigrante;*

CARÁCTER O PERSONALIDAD: *un informal, una santa;* FORMACIÓN O CULTURA: *un autodidacto, una universitaria;* PROFESIÓN U OCUPACIÓN: *un anestesista, una empleada.*

Cabe agregar los adjetivos sustantivados que pertenecen a grupos caracterizados por su comportamiento (*un alcohólico, una guerrillera, un pretendiente*) o por su pertenencia a otras categorías, también de carácter social (*una aristócrata, un liberal, un pobre*). El proceso de sustantivación es mucho más frecuente cuando el adjetivo designa propiedades negativas, como defectos, enfermedades o carencias: *adicto, calvo, ciego, discapacitado, fumador, jorobado, manco, paralítico, tartamudo, tuberculoso, tuerto.* Se dice, pues, *un enfermo,* pero no **un sano; un ilegal,* pero no **un legal; un informal,* y no **un formal.* Existen, no obstante, excepciones, como *un valiente, un santo, un sabio.*

13.4.1d   Cuando funcionan como atributos, los adjetivos valorativos pueden ir precedidos por el artículo indefinido *un/una.* Esta forma de sustantivación mediante el llamado UN ENFÁTICO es característica de las construcciones atributivas. Así pues, la expresión *un aristócrata* no posee exactamente el mismo significado en *Había un aristócrata entre los invitados* que en *Él era un aristócrata.* En el segundo caso, *aristócrata* es un SUSTANTIVO CUALIFICATIVO. El grupo nominal en el que aparece se usa para adscribir el sujeto a un paradigma que se caracteriza por una serie de propiedades, casi siempre expresa o veladamente negativas, que no están presentes necesariamente en la construcción no sustantivada (*Él era aristócrata*). Se retoma esta cuestión en el § 37.3.1a.

13.4.1e   A partir de adjetivos pueden formarse también NOMBRES NO PERSONALES, sobre todo en el proceso de creación terminológica aplicado a productos de la tecnología o las ciencias y las artes. Se obtienen así muchos sustantivos que designan máquinas y herramientas, vehículos, prendas y complementos, sustancias o productos, publicaciones, expresiones lingüísticas, etc.:

> *antitranspirante, aperitivo, asado, atractivo, automóvil, batido, calificativo, colador, coordinadora, curva, dentífrico, despertador, diagonal, diario, diminutivo, final, frío, frito, helado, impermeable, imponderable, infinito, licuado, mundial, parecido, pendiente, periódico, plenaria, prismáticos, recta, semanario, sinónimo, somnífero, submarino, tapado, ventilador.*

13.4.1f   LOS ADJETIVOS DE COLOR presentan usos sustantivos (*Ese cuadro tiene demasiado rojo; Le vendría bien una pincelada de blanco*) y también usos adjetivos: *camisas rojas, banderas amarillas.* Pueden designar colores algunos sustantivos que se refieren a materias u objetos físicos, como flores, frutos o piedras preciosas, además de otras sustancias que presentan un color prototípico. En estos casos alternan el uso adjetival, concordante (*una amplia gama de tonos naranjas, las sombras violetas de las buganvillas, los pétalos lilas*) con los usos nominales en aposición, sin concordancia (*deslumbrantes colores naranja, las nubes malva, sus camisas salmón, tonos mostaza*). Son posibles expresiones más complejas: *pañuelos blanco mate intenso, camisas gris perla brillante.*

13.4.1g   Los dos componentes de los grupos nominales pueden ser sustantivos o adjetivos en secuencias como *un diplomático extranjero, una vieja luchadora.* Aun así, en tales combinaciones se suele preferir la interpretación «sustantivo + adjetivo» a la interpretación «adjetivo + sustantivo», lo que da lugar a contrastes como *un sabio* [sust.] *inglés* [adj.]~*un inglés* [sust.] *sabio* [adj.]. Se obtienen de esta forma pares como *un joven barbudo*~*un barbudo joven*; *un paciente amigo*~*un amigo paciente*, etc. Con todo, la gramática no rechaza la pauta «adjetivo + sustantivo» en algunos de estos casos si el adjetivo puede ocupar la posición prenominal: es ambigua, en efecto, la secuencia *un experto matemático*, pero no lo es *un matemático experto*.

13.4.1h Los procesos de recategorización entre adjetivos y sustantivos se producen en las dos direcciones. Además de los ADJETIVOS SUSTANTIVADOS, que se acaban de examinar, se reconocen también SUSTANTIVOS ADJETIVADOS, es decir, nombres que han pasado a la clase de los adjetivos, con el significado y las funciones sintácticas que los caracterizan, como en *muy señora, poco hombre, muy gaucho, un gesto muy torero*. El valor ponderativo que tienen estas expresiones predicativas deriva de alguna propiedad culturalmente relevante que caracteriza a ciertos grupos de personas. En el registro coloquial se usan como adjetivos, en contextos restringidos, sustantivos como los subrayados en *Guárdate tu cochino dinero ¿Has tenido alguna vez un sueño, en tu perra vida?* (Edwards, *Anfitrión*); *Pero el Petit Cabrón, siempre eficaz en tierra, no tenía del mar ni zorra idea* (Pérez-Reverte, *Trafalgar*) —este último propio del español europeo—, o en *una fiesta padrísima* (en México y parte de Centroamérica). Algunos pueden adquirir significados diferentes según las áreas, como *ponerse mosca* ('alerta' en las áreas caribeña y andina), *estar pato* ('sin dinero' en Chile); *estar maleta* ('en baja forma física', en buena parte del español americano).

13.4.2   Adjetivo y adverbio

13.4.2a Es muy estrecha la relación entre los adjetivos y los adverbios. Los adjetivos constituyen la base a partir de la cual se forman los adverbios en *-mente*. Ambas clases de palabras pueden ser elementos predicativos (§ 37.2), como en *Estás {estupenda*~*estupendamente}; Te veo {muy guapa*~*muy bien}*, o funcionar como modificadores: los adjetivos, del sustantivo (*lectura rápida*), y los adverbios, del verbo (*leer rápidamente*). Los adverbios *bien* y *así* se asimilan a los adjetivos en expresiones como *una familia bien* o *mujeres así*.

13.4.2b Los denominados ADVERBIOS ADJETIVALES O ADVERBIOS CORTOS (§ 30.2) alternan a menudo con las correspondientes formas en *-mente*, como en *llegar {rápido*~*rápidamente}; hablar {claro*~*claramente}; hilar {fino*~*finamente}; agradecer {infinito*~*infinitamente}*. Se duda, en cambio, que sean adverbios las expresiones subrayadas en *¿Usted qué bebe: tinto o blanco?; Solo come salado; Ahora ya solo toca clásico; Siempre votó socialista*, que parecen formar grupos nominales con elipsis del nombre (*vino, comida, música, opción*) e inmovilización del adjetivo en masculino o en neutro. Aun así, oraciones como *Hay que comer sano* pueden corresponder a esta estructura, pero también al uso adverbial de *sano* (*Hay que comer sanamente*).

13.4.2c LOS ADJETIVOS DE SENTIDO ADVERBIAL (§ 13.2.4c) son parafraseables con adverbios en *-mente* y a veces alternan con ellos. Los adjetivos de naturaleza modal (como *posible, probable, seguro, necesario, verdadero, auténtico*) pueden alternar con adverbios en pares como *el {presunto~presuntamente} perjudicado*. Se extienden estas alternancias a otros de naturaleza temporal, especialmente si los sustantivos denotan cargos, puestos, funciones, títulos y otras situaciones asimilables que se ubican temporalmente, como en *el {actual~actualmente} director del museo*. Son también temporales, pero indican frecuencia, algunos adjetivos de sentido distributivo, como *diario* (*Recibe diez peticiones diarias*), *mensual* (*el abono mensual*), *semanal* (*una visita semanal*), *bienal* ('que dura dos años' o 'que se repite cada bienio'), así como los de sentido multiplicativo *bianual* ('que ocurre dos veces al año') y *bimensual* ('que ocurre dos veces al mes'), que no deben confundirse con los anteriores ni usarse en su lugar. La interpretación distributiva de los primeros (§ 20.1.3e) se percibe en expresiones como *El médico atiende a diez pacientes diarios* ('cada día, por cada período de un día') o en *dos visitas semanales* ('cada semana').

13.4.2d   También admiten a menudo paráfrasis con adverbios los adjetivos *bueno, escaso, exacto, justo* y *largo* cuando modifican, pospuestos al sustantivo, a alguna expresión cuantificativa, como en *Mide tres metros escasos~Mide escasamente tres metros* ('apenas tres metros'); *Duró cuatro minutos exactos~Duró exactamente cuatro minutos; Tiene cincuenta años largos* (o *pasados*), que indica que se supera esa edad (§ 21.2.4b).

13.4.2e   Como los adverbios correspondientes, los adjetivos *mero, solo* y *único* focalizan dentro de cierta escala un representante de la noción expresada por el sustantivo modificado, al tiempo que excluyen a los otros miembros posibles. Ello da lugar a equivalencias aproximadas entre pares como *la mera falta de dinero~meramente la falta de dinero; su sola presencia~solo su presencia; esa única visita~únicamente esa visita*. El adjetivo *mero* indica que el sustantivo focalizado, a menudo abstracto, se interpreta como el elemento más bajo de alguna escala (*un mero error tipográfico*), o bien presupone, al igual que *simple*, la expectativa de un valor más alto (*Perseguía ideales más nobles que la mera satisfacción del placer*). En México y Centroamérica se usa *mero* como adjetivo determinativo, con el significado de 'mismo, preciso, exacto', como en *Aquí nos esperará —me dice la de las manos tibias—, pero no en la mera orilla* (Boullosa, *Duerme*), y también con el de 'auténtico, puro, genuino': *Esa es la mera verdad*.

13.4.2f   La llamada ADJETIVACIÓN DEL ADVERBIO es la tendencia, propia del habla informal de muchos países americanos, a usar concordados ciertos adverbios cuantificativos: *Estoy media cansada; Los invitados se retiraron bastantes mareados; Lo dijo de pura entrometida; Los artículos son iguales de difíciles; Las dos últimas páginas inclusives*. En todos estos casos se recomiendan las variantes sin flexionar: *medio cansada, bastante mareados*, etc.

13.4.3   Adjetivo, cuantificador, determinante y pronombre

En virtud de un proceso de GRAMATICALIZACIÓN, algunos adjetivos han adquirido propiedades sintácticas y semánticas propias de los cuantificadores (*cuantioso, diferente, distinto, incontable, numeroso, nutrido, vario*), de los determinantes (*cierto, dicho, determinado, semejante, tamaño*) o de los pronombres (*cuatro, idéntico, igual, mismo, primero, propio*). No pierden totalmente en esos procesos su vinculación con los adjetivos, aunque sí parte de su significado original.

13.4.3a   Están próximos a los cuantificadores los llamados ADJETIVOS CUANTIFICATIVOS, usados en plural. Se ha integrado plenamente en ese grupo el adjetivo *vario* en plural. En efecto, *varios/varias* capacita a un grupo nominal preverbal para ejercer la función de sujeto (*Varios candidatos no se presentaron*), admite construcciones partitivas, incluso con relativos (*varios de ellos, varios de los cuales*), tiene usos pronominales (*Profesores, se presentaron varios*); es compatible con nombres de medida (*varios kilómetros*) y con adjetivos (*varios muy interesantes*), y rechaza otros cuantificadores: **muchas varias ocasiones*. Los adjetivos *diferentes, diversos* o *distintos* expresan falta de identidad, que es también el sentido primitivo de *varios*. Al igual que esta voz, pueden denotar cantidad cuando se usan antepuestos. Conservan, sin embargo, en mayor medida que *varios*, sus propiedades adjetivales y comparten, por tanto, menos características con los cuantificadores. La lengua rechaza, en efecto, secuencias como **diferentes de ellos; *Profesores, se presentaron diferentes;* o **Estaba a diferentes kilómetros*. Cuando *diferentes* alterna con *varios* o *muchos* (valor cuantificativo) no se combina con ellos (**Lo dijo en muchas diferentes ocasiones*), pero cuando se usa como adjetivo calificativo, puede hacerlo sin que se perciba contradicción: *Lo dijo en muchas ocasiones diferentes*. También poseen propiedades cuantificativas los adjetivos *copioso, cuantioso, incontable, innumerable, múltiple, multitudinario, numeroso, nutrido* y otros adjetivos similares.

13.4.3b   Los adjetivos que se parecen a los determinantes contribuyen a establecer la referencia de los grupos nominales. Algunos están más cerca de los demostrativos, y otros de los indefinidos. Cuando se usa antepuesto y sin artículo, el participio *dicho* se asimila a los demostrativos: *La doctrina islámica del Califato exigía dicha unidad* (Aguinis, *Cruz*), propiedad que se extiende a *semejante*, que tiene, al igual que *tal*, valor anafórico: *Andalucía, España entera, está llena a su vez de semejantes decires* (Ayala, *Cabeza*). El adjetivo cuantificativo *tamaño* conserva el valor intensivo del grupo adjetival latino *tam magnus* y admite igualmente paráfrasis con demostrativos: *tamaña humillación~una humillación como esa*.

13.4.3c   Los adjetivos *igual, determinado* y *cierto* se integran en la clase de los determinantes cuando introducen un grupo nominal. Pueden construirse sin artículo, como los anteriores, lo que es indicio de que no se usan propiamente como adjetivos. Tanto *determinado* como *cierto* (en algunos de sus usos) permiten al hablante dejar velada o encubierta la identidad del referente del sustantivo, aun cuando la conozca: *Estas cosas se hacen sencillas y comprensibles a determinada edad* (Delibes, *Camino*). En su uso como cuantificador existencial indefinido, *cierto* alterna con *algún*, como en *Ella lo seguía a {alguna~cierta} distancia*, y a veces con *un* (como en *{un~cierto} profesor*). No obstante, a diferencia de este, solo admite la interpretación específica. Es lógico, por ello, que rechace el subjuntivo en las oraciones de relativo (§ 25.4.1a, b), como en *{un~*cierto} libro que te resulte útil*. Sin embargo, *determinado* y *cierto* mantienen en parte sus propiedades adjetivales cuando siguen a *un: Lo que pasa es que nos han acostumbrado a* un cierto *tipo de comportamiento* (Belli, *Mujer*).

13.4.3d   La palabra *otro* (y variantes) presenta propiedades cruzadas que la asimilan tanto a los adjetivos como a los determinantes y los cuantificadores. Al igual que los determinantes, permite construir sujetos preverbales, como en *Otro problema importantísimo es averiguar cómo se producen tales rayos* (Echegaray, *Ciencia*). Acepta asimismo complementos partitivos (*otro de los asuntos que hemos de ver*), característica propia de los cuantificativos, y también se emplea como pronombre (*Tengo otro*). Se acerca más a los adjetivos, en cuanto que puede ir precedido de determinante (*los otros invitados*), aunque no del artículo indefinido (al menos en el español general contemporáneo, en el que se rechaza la combinación *un otro*). Puede funcionar también como atributo: *El problema es otro*. Se distinguen fundamentalmente dos valores de *otro:* la interpretación llamada DE ALTERIDAD y la denominada ADITIVA. Así, en *Jacinta compró otra novela* puede querer decirse 'una distinta de la antes mencionada' (valor de alteridad), o bien 'una más' (valor de adición). El adjetivo *demás* se aproxima a *otro* en cuanto que denota también alteridad, pero se diferencia de él en varios rasgos, entre otros, en que raramente se usa como determinante en el español general, va siempre precedido del artículo definido o de un posesivo y carece de flexión.

13.4.3e   El adjetivo *mismo* no se asimila a los determinantes, sino que habitualmente los requiere. En el uso llamado IDENTIFICATIVO se asigna algún rasgo común a un conjunto de entidades o de partes entre las que se establece una relación asimilable a la comparación de igualdad: *Vive en el mismo barrio que tú; Este texto y aquel otro son del mismo autor; Los dos tienen el mismo jefe; Todo el sofá tiene el mismo color*. En su empleo como marcador ENFÁTICO, admite paráfrasis con expresiones como *justamente, precisamente* o el adjetivo *propio: La misma naturaleza del asunto obliga a ser prudente*, pero también mediante expresiones asociadas con informaciones ESCALARES, como *hasta, incluso, en persona, nada menos que*. Así, la expresión subrayada en *Pero entonces nos dimos cuenta de que no tenía zapatos. Y la misma señora Rosario se encargó de que yo tuviese unos zapatos* (Zamora Vicente, *Traque*) se interpreta aproximadamente en el sentido de 'ella personalmente' o 'ella precisamente, en lugar de otra persona por delegación'. En este uso es frecuente que *mismo* se posponga a los pronombres personales (*yo mismo*) y que suela adquirir valor discriminativo, como en *Él mismo me lo dijo* ('él, no otro'). Otro empleo diferente es aquel en el que *mismo* MODIFICA A LOS PRONOMBRES REFLEXIVOS (§ 16.2.2), como en *a sí mismo*, o a los pronombres personales que adquieren valor reflexivo gracias a él: *Lo quiere para ella (misma)*. En el llamado USO EJEMPLIFICATIVO, *mismo* expresa la falta de preferencia en relación con lo que se propone o se sugiere, y admite como paráfrasis aproximadas 'sin más consideraciones', 'sin ir más lejos', 'sin pensar más' o 'por ejemplo', como en la respuesta *Mañana mismo* a la pregunta *¿Cuándo podríamos empezar?* En México y en varios países centroamericanos se reconoce un uso EXPLETIVO de *mismo*, que no ha pasado a la lengua culta, en oraciones de relativo explicativas en las que se omite el artículo determinado: *Esta línea les brinda educación elemental, proporcionándole un criterio cognoscitivo, más amplio y definido, mismo que deberá aplicar correctamente en la vida diaria* (*Proceso* [Méx.] 26/1/1997).

13.4.3f   El adjetivo *propio* posee significados plenamente adjetivos, como 'característico' (*Estas cosas no son propias de ella*) y 'adecuado' (*ropa propia para el verano*), pero también otros sentidos muy próximos a los que se han explicado en el caso de *mismo*: el anafórico, el enfático y el reflexivo. La interpretación anafórica, mucho más restringida que en *mismo*, se obtiene en el grupo verbal *hacer lo propio*, que alterna con *hacer lo mismo*, y también en expresiones análogas formadas con otros verbos, como *suceder* u *ocurrir*. El sentido enfático de *propio* es similar al de *mismo*, con el que alterna a menudo: *Lo verás con tus propios ojos; Yo no vivo en la propia Córdoba* ('en la capital, en el núcleo urbano') o en *La propia mañana del día miércoles 24 horas antes de su muerte, me lo ratificó en mi escritorio* (*Universal* [Ven.] 30/6/1996) ('precisamente esa mañana'). En su interpretación reflexiva, *propio* alterna con *su* en contextos muy restringidos, en los que el posesivo también tiene ese valor: *por {propia~su} iniciativa; en {defensa propia~su defensa}*. Como reflexivo, puede alternar igualmente con *de uno*, cuyo antecedente puede identificarse o no con el que habla en secuencias como *Las {costumbres propias~costumbres de uno} deben ser respetadas.*

13.5   Los adjetivos de relación

13.5.1   Caracterización y vinculaciones con otras clases de adjetivos y adverbios

13.5.1a   Los ADJETIVOS DE RELACIÓN O RELACIONALES constituyen una clase de modificadores restrictivos que se derivan de bases nominales o se asocian semánticamente con ellas. Estos adjetivos establecen cierta conexión con un determinado ÁMBITO O DOMINIO representado por el sustantivo del que se derivan, como sugiere la fórmula lexicográfica 'perteneciente o relativo a'. Así, el adjetivo *telefónico* en la expresión *línea telefónica* establece una relación entre el sustantivo *línea* y el ámbito de la telefonía (por oposición a otras líneas, como las eléctricas o las aéreas). Los adjetivos de relación no suelen organizarse en oposiciones antónimas, sino, en todo caso, en grupos formados por otros adjetivos del mismo tipo y caracterizados en función de la naturaleza semántica de los dominios a los que se ha hecho referencia. Tampoco son graduables ni tienen complementos.

13.5.1b   Los adjetivos relacionales están a menudo RESTRINGIDOS LÉXICAMENTE. El mismo adjetivo puede adquirir significados distintos según el sustantivo al que se una. Así, *aéreo* en la expresión *medio aéreo* se refiere al aire mismo (por oposición a *medio terrestre* o *medio acuático*), mientras que en *transporte aéreo* alude a cierto transporte que se realiza a través del aire. Por otra parte, no siempre existe un adjetivo de relación que sustituya al grupo preposicional introducido por *de,* como ocurre en *mueble de hierro* (frente a *mueble de metal~mueble metálico*), ya que el adjetivo *férreo* no se usa en ese contexto, aunque sí en *línea férrea.*

13.5.1c   Como los adjetivos relacionales no expresan propiedades o cualidades, a diferencia de los calificativos, no se usan como atributos de las oraciones copulativas. Se exceptúan los que se emplean con interpretación CONTRASTIVA, como *político* en *El problema es político* (es decir, *no económico ni sociológico*). Esta lectura se obtiene también en las respuestas a la pregunta *¿Qué tipo de...?,* formulada con intención aclaratoria, como en *¿Qué tipo de encuentro era? —Pues era religioso, creo.*

13.5.1d   Los adjetivos DESCRIPTIVOS coinciden con los relacionales en su carácter clasificativo, como se explicó en el § 13.2.1c, pero se diferencian por su naturaleza morfológica, ya que no suelen derivar de sustantivos ni se asocian semánticamente con ellos. Suelen proporcionar denominaciones o clasificaciones de entidades, y muchos de ellos derivan de verbos, como en *rosal trepador, puente colgante.*

13.5.1e   Se incluyen en los adjetivos de relación los llamados GENTILICIOS, formados a partir de los nombres propios de lugar o TOPÓNIMOS (§ 12.5.1b) y que suelen corresponder a la fórmula 'natural, procedente u originario de': *estudiante panameño, literatura cubana, industria mexicana, producción chilena.* También los que tienen como base nombres propios de persona o ANTROPÓNIMOS, que se denominan PATRONÍMICOS (§ 7.3.1a): *la novela galdosiana* ('de Benito Pérez Galdós'); *el sueño bolivariano* ('de Simón Bolívar'); *las paradojas borgianas* ('de Jorge Luis Borges'). Estos dejan de ser relacionales cuando se interpretan en sentido prototípico: *las ironías borgianas* ('típicas de Borges') *de ese amigo tuyo.*

13.5.1f   A partir de adjetivos relacionales que aluden a materias o disciplinas se crean los llamados ADVERBIOS DE PUNTO DE VISTA (§ 30.8.2) Modifican a los adjetivos, como en *matemáticamente imposible, lógicamente impecable,* pero también a toda una oración, como en *Arquitectónicamente, el edificio es una obra maestra.*

13.5.2   Clases de adjetivos de relación

Atendiendo a su relación semántica con el sustantivo sobre el que inciden, algunos gramáticos dividen en dos grupos los adjetivos relacionales: los ARGUMENTALES o TEMÁTICOS, que introducen algún participante en la situación designada por el sustantivo núcleo, y los CLASIFICATIVOS, que se ajustan más que los anteriores a la paráfrasis tradicional 'relativo o perteneciente a'.

13.5.2a   Son ARGUMENTALES *papal* en *la visita papal,* que equivale a 'la visita del Papa', y *presidencial* en *decisión presidencial,* donde se alude a cierta decisión de un presidente. El significado que expresan algunos de estos adjetivos puede corresponder a varios participantes en la situación que se menciona: el agente (*viaje presidencial*), el que experimenta algo (*el gusto mexicano por el chile*); el paciente (*producción láctea*), pero también a las entidades designadas por los complementos de posesión o procedencia (*bula papal*). No se relacionan con argumentos, sino con adjuntos o circunstantes, los adjetivos que tienen significado locativo, como *aéreo* ('en el aire' o 'desde el aire') o *casero* ('hecho en casa'), los de medio o instrumento, como *telefónico* ('a través del teléfono') o *manual* ('hecho con las manos'), y los de causa o finalidad, como *bélico* o *didáctico.*

13.5.2b   Mucho más numerosos son los adjetivos que se interpretan como CLASIFICATIVOS: *bebida alcohólica, campaña publicitaria, palacio veraniego, investigador científico, vegetación tropical, problemas cardíacos.* Adjetivos como *universitario* o *electoral* son ambiguos entre la interpretación clasificativa ('relativo a la universidad' y 'relativo a las elecciones'), presente en *estudios universitarios* y *proceso electoral,* y una INTERPRETACIÓN ATRIBUTIVA. Se obtiene esta última en *el problema universitario* cuando esta expresión alude al hecho de que la universidad sea un problema, en lugar de a cierto problema relacionado con la universidad. La interpretación atributiva es característica de los denominados NOMBRES DE CUALIDAD (§ 12.2.2a y 12.7.2g): *problema, desastre, misterio*, etc.

13.5.3   Adjetivos de relación y adjetivos calificativos

13.5.3a   Muchos adjetivos pueden usarse como relacionales o como calificativos en contextos diferentes:

> *cartelera teatral~gesto teatral; planta industrial~cantidades industriales; método cartesiano~claridad cartesiana; derechos humanos~gesto humano; tumbas faraónicas~gastos faraónicos; dioses olímpicos~olímpica indiferencia.*

El sentido primitivo es casi siempre el relacional. La interpretación calificativa es derivada y se obtiene de algún rasgo prototípico extraído del primer sentido: por ejemplo, 'la monumentalidad' en el caso de *faraónico;* 'el efectismo' en el de *teatral;* 'la altanería o la altivez' en el de *olímpico*, etc.

13.5.3b   Aunque con numerosas excepciones, ciertos afijos, como -*oso, -uno*, son característicos de la interpretación calificativa de los adjetivos, mientras que -*al, -ar, cro, ´ico* suelen preferir la relacional:

CALIFICATIVO	RELACIONAL
acuoso (*un medio acuoso*)	acuático (*plantas acuáticas*)
musculoso (*brazos musculosos*)	muscular (*dolor muscular*)
sedoso (*piel sedosa*)	sedero (*industria sedera*)
caballuno (*cara caballuna*)	caballar (*cría caballar*)
arenoso (*manzana arenosa*)	arenero (*banco arenero*)
carnoso (*labios carnosos*)	carnal (*pariente carnal*)

De un mismo sustantivo pueden derivar varios adjetivos, que se agrupan en una de estas dos clases. Así, de *tierra* proceden los calificativos *terroso* y *térreo*, pero también los relacionales *terrestre, terreno, terrero, terráqueo, terrícola* y *terrenal*. Es posible asimismo que un adjetivo derivado admita ambos usos (*alimenticio, educativo, humano*) y que otro se especialice en el relacional (*alimentario, educacional, humanitario*).

13.5.3c   Muchos grupos nominales son ambiguos entre ambas interpretaciones: *música popular, modificación legal, lenguaje poético*, etc. Así, el adjetivo *legal* es relacional en *modificación legal* cuando esta expresión se interpreta como 'modificación de la ley', pero es calificativo cuando significa 'modificación que está acorde con la ley'. El sufijo -*idad* suele recoger la interpretación calificativa: *la legalidad de la modificación* (§ 6.1.1c), por lo que no es esperable que los sustantivos con él formados se deriven de adjetivos relacionales.

13.5.3d   Como se señaló en el § 13.2.2b, los adjetivos relacionales no admiten cuantificación. Pueden, sin embargo, convertirse en calificativos, y en tal uso aceptan adverbios de grado (*muy político, bastante diplomático*), además del sufijo -*ísimo* (*legalísimo*). Pueden, además, anteponerse al sustantivo, con un sentido similar al que expresa el adverbio *típicamente*. Incluso se registran en este uso combinados con el verbo copulativo *estar*, que los adjetivos relacionales rechazan:

> ¡Qué lisonjero os escucho!, /muy parabólico estáis (Calderón, *Médico*); Ese planteo me parece demasiado apocalíptico (Bucay, *Recuentos*); [...] según la mexicanísima costumbre de comer queso antes de cenar (Fuentes, *Cristóbal*); Naturalmente este detalle refleja también su olímpico desprecio a la taquilla como fuente de prostitución (Boadella, *Memorias*).

13.6 Posición del adjetivo en el grupo nominal

13.6.1 Factores que influyen en la posición del adjetivo

A diferencia de muchas lenguas en las que el adjetivo ocupa una posición fija en el grupo nominal, la posición del adjetivo en él es variable en español. Se examinarán resumidamente a continuación los principales factores que la condicionan.

13.6.1a CLASE DE LOS ADJETIVOS. La posición posnominal es la NO MARCADA, ya que es la más natural en la mayor parte de los registros y con varias clases de adjetivos. Ocupan la posición posnominal los adjetivos RESTRICTIVOS, sean calificativos, relacionales o descriptivos; en la antepuesta suelen ubicarse los no restrictivos, sean epítetos o adverbiales (§ 13.4.2c), así como los que se asimilan a los determinantes y cuantificadores (§ 13.4.3). Los explicativos ocupan la posición posnominal, al igual que el inciso en el que se insertan. Los adjetivos pospuestos pueden intercalarse entre el nombre y su complemento, como en *dos ramos bellísimos de rosas amarillas, su fe ciega en la victoria, la llegada imprevista de su hijo*. Estas construcciones se analizan en el § 12.8.2a.

13.6.1b ESTRUCTURA DEL GRUPO ADJETIVAL. Se pueden anteponer al sustantivo los grupos adjetivales formados por un adjetivo con un modificador de grado (*su muy digno discípulo, tan respetables personas*) o por adjetivos coordinados (*un cómodo y lujoso coche*), pero no se anteponen los que se construyen con complemento: **un fácil de arreglar problema, *un fácil problema de arreglar, *su suave piel al tacto*. Se registran algunas excepciones, como *el primer entrenador en ganar tres veces el campeonato*, donde el ordinal *primer(o)* se asimila a los superlativos (§ 45.5.2d). En general, los grupos adjetivales formados con superlativos y comparativos pueden fragmentarse, como en *Nadie en la Europa de agosto de 1914 tenía la sensación de que se había desatado la más terrible guerra que conocieron los tiempos en el continente* (*Vanguardia* [Esp.] 21/5/1994).

13.6.1c INTERPRETACIÓN ESPECÍFICA O INESPECÍFICA DEL GRUPO NOMINAL. Los adjetivos calificativos posnominales son compatibles con ambas interpretaciones. Así, en *Todos los estudiantes de la clase habían leído una novela famosa* son posibles tanto la lectura multiplicativa ('una cada uno', interpretación inespecífica) como la que hace referencia a una única novela, común para todos (interpretación específica).

Esta última, de ámbito mayor, es la única posible en la variante con el adjetivo antepuesto (... *habían leído una famosa novela*). También es la única que se admite en las expresiones nominales indefinidas que contienen adjetivos elativos (§ 13.2.3), aparezcan antepuestos o pospuestos: *un día maravilloso, una interesantísima película, un libro espléndido*.

13.6.2   Alternancias relativas a la posición del adjetivo

Solo suelen admitir variación en el orden los adjetivos graduables (*árboles frondosos~frondosos árboles*), algunos adjetivos numerales (*el cuarto capítulo~el capítulo cuarto*) y varios que pueden adquirir sentido adverbial, como se vio en el § 13.2.4c (*el ganador seguro~el seguro ganador; un problema falso~un falso problema; un conflicto nuevo~un nuevo conflicto*). La alternancia de posición puede ir acompañada de diferencias semánticas, y a menudo también de un cambio de categoría.

13.6.2a Cambios en el significado del adjetivo. Los adjetivos de fuerte contenido descriptivo, sobre todo físico o material, se resisten a la anteposición (*uñas postizas, obra apócrifa, saludo matutino*). Aun así, se anteponen con facilidad algunos de los que admiten sentidos figurados, puesto que pueden interpretarse evaluativamente. Tal comportamiento está en la base de alternancias como las siguientes:

> *nubarrones negros* ('oscuros')~*negros nubarrones* ('ominosos'); *hombre grande* ('corpulento')~*gran hombre* ('de gran relevancia'); *personaje alto* ('de elevada estatura')~*alto personaje* ('importante'); *delincuente vulgar* ('grosero')~*vulgar delincuente* ('común'); *país pobre* ('de escasos recursos')~*pobre país* ('desdichado').

Los adjetivos que poseen inherentemente sentido valorativo o afectivo se anteponen o posponen con igual naturalidad: *espesos nubarrones~nubarrones espesos; un entrañable amigo~un amigo entrañable; un importante cargo~un cargo importante*. Lo mismo sucede con los elativos: *un inolvidable concierto~un concierto inolvidable*. Se anteponen muchos adjetivos calificativos con forma participial, como en *su atormentada existencia, la esperada reforma, nuestro recordado benefactor,* pero no se anteponen los participios que se interpretan como derivados verbales (*el dinero recibido~*el recibido dinero*).

13.6.2b Recategorización de los adjetivos relacionales (posnominales) como calificativos (prenominales). Este proceso depende en buena medida de la naturaleza del sustantivo modificado, como se pone de manifiesto en estos pares:

> *una obra dramática~un dramático final; un acto político~una poco política respuesta; un poeta trágico~su trágico destino; una sanción económica~una muy económica solución.*

Constituyen un caso particular de este proceso de recategorización los adjetivos gentilicios que acompañan a ciertos nombres propios, puesto que pueden usarse como epítetos en posición antepuesta: *la (muy) madrileña calle de Alcalá, la (muy) porteña avenida Corrientes.*

13.6.2c ALTERNANCIA entre la lectura RESTRICTIVA (en posición posnominal) y la de sentido ADVERBIAL (en la prenominal). Se da en muchos de los adjetivos llamados intersectivos (§ 13.2.4):

> *un amigo viejo* ('anciano')~*un viejo amigo* ('que lo es desde hace tiempo'); *una respuesta falsa* ('no ajustada a la verdad')~*una falsa respuesta* ('que lo es falsamente'); *un negocio simple* ('no complejo')~*un simple negocio* ('que no es otra cosa, que lo es simplemente'); *un testimonio verdadero* ('veraz, cierto')~*un verdadero testimonio* ('que lo es verdaderamente').

13.6.2d ALTERNANCIA entre adjetivos de interpretación CALIFICATIVA (posición posnominal) y con valor de DETERMINANTE O CUANTIFICADOR (prenominal). Ilustran esta alternancia los pares siguientes:

> *esperanza cierta* ('segura')~*cierta esperanza* ('alguna'); *improperios semejantes* ('similares')~*semejantes improperios* ('tales'); *expresiones dichas* ('proferidas')~*dichas expresiones* ('esas'); *acepciones diferentes* ('no iguales')~*diferentes acepciones* ('varias'); *familias numerosas* ('de muchos miembros')~*numerosas familias* ('muchas'); *cuestiones determinadas* ('establecidas')~*determinadas cuestiones* ('algunas').

13.6.2e VALOR IRÓNICO de algunos adjetivos antepuestos. Un grupo reducido de adjetivos, entre los que están *bonito, bueno, lindo, menudo* y *valiente*, se caracterizan por ocupar la posición prenominal en contextos exclamativos, en los que se asimilan a los adjetivos de grado extremo o elativos. En tales contextos, dichos adjetivos pueden adquirir un efecto irónico. Reciben, por tanto, un sentido marcadamente distinto, incluso opuesto, al que expresan literalmente: *¡En {bonito~lindo} lío te has metido!; ¡Menudo problema tenemos!; ¡Valiente amigo te has echado!* (§ 45.4.1c). Pueden adquirir efectos irónicos similares los adjetivos antepuestos *bendito, dichoso* o *famoso,* entre otros, en contextos no necesariamente exclamativos. Contrastan así *tu dichoso programa de televisión* ('enfadoso, molesto') y *un día dichoso* ('feliz, placentero').

13.6.3   Concurrencia de varios adjetivos

Cuando en un grupo nominal aparecen dos o más adjetivos, estos se presentan en tres tipos de combinaciones:

A. PRECEDEN AL SUSTANTIVO: *su primera gran obra, un raro sexto sentido;*

B. SIGUEN AL SUSTANTIVO: *un apoyo popular unánime, una mesa negra rectangular;*

C. UNO O MÁS SE ANTEPONEN Y LOS DEMÁS SE POSPONEN: *la primera gran novela policiaca norteamericana, nuestros posibles futuros socios comerciales extranjeros.*

Los adjetivos separados de un sustantivo por otro adjetivo no inciden directamente sobre el nombre en ninguna de estas pautas, sino sobre el segmento formado por el sustantivo y el adjetivo adyacente: *una [novedosa [campaña publicitaria]]; el [[apoyo popular] unánime]; un [raro [sexto sentido]].* Se exceptúan las construcciones en las que los adjetivos calificativos se acumulan, coordinados o yuxtapuestos, como se explica en los párrafos que siguen y en el § 31.3.3e.

13.6.3a   El tipo *A* es el más restrictivo de los tres. En general, no se anteponen al sustantivo dos o más adjetivos valorativos, pero pueden aparecer coordinados o yuxtapuestos delante de él: [...] *un increíblemente repulsivo, amoratado, colorado, inesperado ser* (Pombo, *Metro*). Son muy frecuentes las combinaciones de los adjetivos calificativos con los que se asimilan a los determinantes (recuérdese el § 13.4.3): *su otra sonada victoria, dichos injuriosos comentarios, el mismo fatal desenlace,* y con los que aportan un sentido adverbial de naturaleza temporal o modal, como en *el indiscutible brillante vencedor*. Estos últimos también pueden combinarse entre sí en posición prenominal, como en *mi probable futuro yerno*.

13.6.3b   En el tipo *B*, los adjetivos relacionales preceden siempre a los calificativos, como en *deterioro ambiental grave* (no **deterioro grave ambiental*), *ballenas blancas fascinantes, normas administrativas controvertidas*. Los adjetivos relacionales se pueden acumular siguiendo la jerarquía «clasificativo – argumental» (§ 13.5.2): *doctrina filosófica kantiana, política migratoria europea, ataque aéreo japonés*. Entre los argumentales, los relativos al paciente preceden a los que expresan el agente, como en *producción ganadera argentina* o en *retratos femeninos lorquianos*. Los clasificativos se ordenan en una jerarquía de sucesiva subespecificación, de forma que ocupan posiciones más cercanas al sustantivo los que aportan significados de mayor comprensión denotativa: *máquina fotográfica digital japonesa, trastornos artríticos degenerativos menopáusicos, maniobras militares estratégicas defensivas británicas*. Admiten alternancia de orden entre ambas nociones los adjetivos de forma y color: *mesa rectangular negra~mesa negra rectangular*. Los adjetivos temporales de sentido distributivo no se suelen posponer a los clasificativos (*revista científica trimestral~*revista trimestral científica*), pero se observan algunas alternancias en estos paradigmas, como en *vuelos semanales regulares~vuelos regulares semanales*. Por regla general, el cambio de orden tiene consecuencias significativas cuando es admisible. Así, en *arquitectura francesa medieval* se clasifica cronológicamente la arquitectura francesa, mientras que en *arquitectura medieval francesa* se clasifica por países la arquitectura medieval.

13.6.3c   En el tipo *C* deben satisfacerse las condiciones que corresponden a los grupos *A* y *B*, como en *la pujante producción ganadera argentina, las sorprendentes máquinas fotográficas digitales japonesas* o *el más que excesivo consumo alimenticio veraniego*.

13.7   El grupo adjetival. Su estructura. Modificadores y complementos del adjetivo

13.7.1   Estructura del grupo adjetival. Los modificadores

13.7.1a   Los adjetivos forman grupos sintácticos denominados GRUPOS ADJETIVALES. Los elementos que inciden sobre el adjetivo para formarlos se suelen dividir en dos clases: MODIFICADORES y COMPLEMENTOS. Los primeros son generalmente cuantificadores de grado y otros adverbios que se les asimilan. Tales elementos INTENSIFICADORES determinan la medida o el alcance que se atribuye a la propiedad denotada por el adjetivo. Ocupan casi siempre la posición inicial del grupo adjetival: _muy_ ingenuo, _poco_ confiable, _demasiado_ astuto, _sumamente_ ingenuo, _asombrosamente_ sagaz. El adverbio _bien_ es un cuantificador de grado, cercano a _muy_ o _bastante_, como en _El programa de hoy es {bien~muy~bastante} interesante_, pero de carácter enfático y restringido a contextos afirmativos: _La diferencia no es {muy~*bien} clara_. Menos frecuentes son los modificadores pospuestos: _simpático de veras, travieso en extremo, asombroso al máximo, divertido hasta decir basta_. Los modificadores del adjetivo pueden ser construcciones comparativas de estructura sintáctica compleja (§ 45.2.2b), como en _casi tan difícil como ciertas operaciones algebraicas_, en algunas de las cuales el cuantificador puede quedar implícito: _duro como una roca_.

13.7.1b   Se asimilan a los intensificadores algunos adverbios en -_mente_ que ocupan su lugar. Se distinguen aquí dos grupos, en correspondencia con la diferencia que existe entre _muy_ y _mucho_. Al primero pertenecen los adverbios que se combinan con adjetivos en grado positivo. Tales adjetivos expresan una medida, alta o baja, en alguna escala valorativa (_altamente probable, discretamente efectivo, medianamente entretenido, suficientemente seguro, sumamente beneficioso, tremendamente difícil_). Pertenecen a este grupo de forma característica los adverbios que denotan totalidad o completitud: _absolutamente discreto, definitivamente resuelto, plenamente satisfecho, rematadamente inepto, totalmente lleno_. Los del segundo grupo pueden ir seguidos con mayor facilidad por los grupos adjetivales comparativos. En esas construcciones se aproximan en su sintaxis al adverbio _mucho_ (_mucho más alto~*mucho alto_). Se forman así grupos adjetivales como _incomparablemente más joven, progresivamente más pequeño, proporcionalmente más largo, sensiblemente más práctico_ o _sustancialmente mejor_.

13.7.1c   A diferencia de los adverbios considerados hasta aquí, no modifican únicamente a adjetivos graduables los llamados ADVERBIOS DE PUNTO DE VISTA (§ 30.8.2): _expresiones políticamente correctas, países lingüísticamente heterogéneos_. Tampoco modifican necesariamente a adjetivos graduables los adverbios DE MODALIDAD (§ 30.8.3d), en cuanto que la afirmación que aportan puede extenderse al enunciado en su conjunto: _funcionarios indudablemente preparados, calles lamentablemente demasiado estrechas_. De igual modo, no modifican solo a este tipo de adjetivos los adverbios DE FOCO (§ 40.4): _un riesgo específicamente económico, razones meramente administrativas, medidas solo aplicables en caso de extrema necesidad_. En este último ejemplo se focaliza el grupo preposicional que sigue al adjetivo.

13.7.2   Los complementos del adjetivo

Los COMPLEMENTOS DEL ADJETIVO son grupos preposicionales. Cuando se elige la preposición en función del significado del adjetivo, se consideran complementos de régimen:

> [...] tan afín _a su espíritu perricholista_ (Vargas Llosa, _Tía_); harto _del traje y la corbata_ (Millás, _Desorden_); no contento _con mirar a través de los espejuelos oscuros_ [...] (Cabrera Infante, _Habana_); Ojos ávidos _de lágrimas_ hirviendo / Labios ávidos _de mayores lamentos_ (Huidobro, _Altazor_).

No se consideran, en cambio, complementos de régimen los que dependen de adjetivos derivados de verbos transitivos (*amante, deseoso, estudioso, merecedor, representativo, temeroso,* entre otros), como en *merecedor de un premio, representativo de la situación actual, temeroso de Dios.* Suele entenderse que la preposición *de* (llamada a veces MARCA DE FUNCIÓN) es en estos casos un recurso gramatical que identifica en el complemento del adjetivo cierto argumento del verbo correspondiente, al igual que sucede en otros procesos derivativos: *leer el diario* > *lectura del diario.*

13.7.2a   Los complementos del adjetivo pueden ser ARGUMENTALES (*oriundo de Cali, próximo a la estación, capáz de decirlo*) o ADJUNTOS (*muy feliz durante unos meses, lleno hasta la mitad, torcido por la punta*). Ambos pueden aparecer conjuntamente en el mismo grupo adjetival, como en *la persona más próxima a mí en el vagón, poco digno de ser imitado por su extrema grosería, absolutamente fiel a sus principios hasta su muerte.* La división entre complementos ARGUMENTALES y ADJUNTOS está en función del significado del adjetivo sobre el que inciden tales modificadores. La distinción no coincide enteramente con la que se establece entre los complementos OBLIGATORIOS y los FACULTATIVOS, ya que un complemento argumental (y, por tanto, necesario en términos conceptuales) puede quedar tácito en determinados contextos, como en *No es apto para el trabajo~No es apto; Es un texto parecido al otro~Es un texto parecido.* No prescinden generalmente de su complemento los adjetivos *oriundo, proclive, propenso* o *rayano,* entre otros muchos. Tampoco suelen hacerlo otros que se derivan de verbos que HEREDAN el complemento que corresponde a su base verbal (*atentatorio, imbuido, tocante*). La preposición que introducen suele coincidir con la que selecciona el verbo, como en *dividir por cinco~divisible por cinco* o *atribuir algo a las prisas~atribuible a las prisas.* Como se acaba de explicar, un complemento argumental puede no aparecer expreso. La información omitida que aportan los complementos facultativos se recupera de diferentes maneras. Unas veces se recurre a complementos genéricos, como en *Es una persona muy amable* (se entiende 'con la gente en general') o en *Está siempre dispuesto* (se entiende 'a lo que se le pida'); otras veces el complemento omitido se recupera con recursos deícticos, como en *Ella vive en el piso contiguo* (se entiende 'a este'); o bien con procedimientos anafóricos, como en *Esta solución me parece preferible* (se entiende 'a la mencionada anteriormente').

13.7.2b   Se consideran también obligatorios los complementos preposicionales cuya omisión altera el significado del conjunto, como en *una persona digna de ser castigada* ('merecedora'), frente a *una persona digna* ('íntegra, cabal, honesta'). Asimismo, el adjetivo *capaz* recibe interpretación positiva en *un estudiante muy capaz* ('apto, capacitado'), pero su valoración es neutra cuando lleva complemento: *capaz de decir cualquier tontería* ('que puede decirla'). La relación entre la presencia y ausencia de complemento y la elección del verbo copulativo, como en *Es algo ansioso~Está ansioso de verla~*Es ansioso de verla,* se analiza en el § 37.5.3h.

13.7.2c   Si se atiende al término de la preposición, los complementos preposicionales de los adjetivos pueden construirse con un grupo nominal (*seguro de su victoria*) o con una oración sustantiva de verbo en forma personal (*seguro de que vencería*) o de infinitivo (*seguro de vencer*). Abundan los adjetivos que suelen limitar sus complementos a la pauta «preposición + grupo nominal», como *amable, contemporáneo,* *fiel, limítrofe, sincero, típico: Velázquez fue contemporáneo de Zurbarán; Guatemala es uno de los países limítrofes de* (también *con*) *México; Es sincero con todos.* Unos pocos adjetivos admiten en su complemento oraciones interrogativas indirectas: *Yo no tengo marido ni hijos que respetar, ni creo en un Dios preocupado por quién se acuesta con quién* (Beneke, *Funeral*). La selección de un complemento nominal u oracional puede alterar ligeramente el significado, como en *harto de comida ~ harto de protestar;* o en *Es poco amigo* ('partidario') *de prestar sus libros; Cada cual es muy dueño* ('libre') *de hacer lo que le plazca.*

13.7.2d Las oraciones de infinitivo carecen de tiempo verbal y a menudo de sujeto léxico, pero esta información se suele recuperar a partir de los elementos expresos en la oración principal, así como del contenido léxico del adjetivo al que la oración de infinitivo complementa (§ 26.3 y 26.4.1). El sujeto del infinitivo coincide muy a menudo en estas construcciones con el de la oración principal: *Él dijo que se sentía feliz de estar de nuevo con ella* (Casares, *Dios*). La correferencia no es tan estricta, en cambio, otras veces. Así, el que expresa su parecer en *No soy partidario de cambiar al entrenador* no es la persona responsable de realizar (o de dejar de hacer) cierto cambio. Resultan, pues, naturales en estos casos paráfrasis que evitan la correferencia de sujetos: 'de que se cambie, de que alguien cambie'.

13.8 Locuciones adjetivas

Las LOCUCIONES ADJETIVAS O ADJETIVALES son grupos lexicalizados que se asimilan a los adjetivos en su funcionamiento sintáctico. Muchas de ellas poseen la estructura de los grupos preposicionales y pueden ser, a su vez, locuciones adverbiales, por lo que se dan alternancias como *juramento en falso ~ jurar en falso; retransmisión en vivo ~ retransmitir en vivo; vestido de gala ~ vestir de gala.* Un gran número de locuciones adjetivas se ajustan al esquema «preposición + sustantivo o grupo nominal» y se construyen con varias preposiciones: *una camisa a rayas, una falda a cuadros, un viaje de ensueño, un barquito de morondanga, un rival de fuste, una mujer de cuidado, reloj de pared, información de primera mano, brazos en jarras.* Son asimismo numerosas las que se construyen con «*como* + sustantivo o grupo nominal»: *verdades como puños, una mentira como una catedral, un triunfo como la copa de un pino.* Entre los esquemas coordinados que dan lugar a locuciones adjetivas destacan sobre todo los que muestran dos adjetivos en coordinación copulativa, como *contante y sonante* ('pronto, efectivo, corriente', referido al dinero), *corriente y moliente* ('llano, común'; también *común y corriente* o *común y silvestre,* el último aplicado casi siempre a las personas), *sano y salvo* ('sin lesión, enfermedad ni peligro'), *mondo y lirondo* ('limpio, sin añadidura'). También pueden coordinarse términos de preposición en las locuciones adjetivas: *sin oficio ni beneficio* ('ocioso, desocupado'), *de rompe y rasga* ('de ánimo resuelto'), *de mírame y no me toques* ('delicado, frágil').

14 El artículo (I). Clases de artículos. Usos del artículo determinado

14.1   Definición, clases y propiedades del artículo

14.1.1   Definición. Clases de artículos

14.1.1a   Como el resto de los determinantes —demostrativos, posesivos prenominales y cuantificadores nominales—, el ARTÍCULO es una clase de palabras de naturaleza gramatical que permite delimitar la denotación del grupo nominal del que forma parte, así como informar de su referencia. En efecto, el artículo especifica si lo designado por ese segmento constituye o no información consabida. Así, al decir *Hoy he recibido una carta*, el hablante supone que su interlocutor no tiene noticia previa de cierta carta, por lo que introduce el grupo nominal que la designa con el ARTÍCULO INDETERMINADO O INDEFINIDO. Este artículo se llama también DE PRIMERA MENCIÓN, ya que se usa para presentar entidades nuevas en el discurso (§ 15.2.1). Por el contrario, en *Hoy he recibido la carta*, el grupo nominal está introducido por el ARTÍCULO DETERMINADO O DEFINIDO. Se expresa de este modo que la carta de la que se habla se supone identificable por el oyente. Sin embargo, tal suposición podría no ajustarse a la realidad. Es probable que el interlocutor lo haga notar en su réplica, como se ilustra en el siguiente texto: *—A ver, la carta. —¿Qué carta? —La carta del párroco de su iglesia que certifique que es usted católico, apostólico y romano* (Leguineche, *Camino*). Los mecanismos que determinan el carácter identificable de un grupo nominal se estudiarán en el § 14.3.

14.1.1b   El latín clásico carecía de artículos. La presencia generalizada del artículo en las lenguas románicas se debe a varios procesos de gramaticalización que, en el caso del artículo determinado, afectaron al demostrativo *ille/illa/illud*. Esta es la misma forma que dio origen en español al pronombre personal de tercera persona y, con la adición de un refuerzo deíctico, también al demostrativo *aquel*. La evolución del demostrativo al artículo implica el debilitamiento fonético y la pérdida del valor deíctico originario de aquel. Las formas resultantes de este proceso son idóneas para designar seres que no están presentes en el contexto enunciativo, como muestra el contraste entre *Hoy he recibido la carta* y *Hoy he recibido esta carta*. A su vez, el artículo indeterminado, procedente del numeral *unus/una/unum*, perdió la noción numérica propia de este, la CARDINALIDAD (§ 15.1.4a). Como consecuencia, se desarrollaron formas de plural en el paradigma (*unos/unas*), independientes ya de la información numeral originaria. Aparte de la información flexiva que contienen sus desinencias, las dos clases de artículos solo aportan rasgos de DEFINITUD O INDEFINITUD. Se expresa así la posibilidad o la imposibilidad de individualizar lo designado por el artículo y presentarlo como previamente conocido por el oyente. Para algunos gramáticos, el artículo indeterminado no es un verdadero artículo, sino un cuantificador indefinido o numeral. Se analiza brevemente esta controversia en el § 15.1.2.

14.1.1c Los conceptos de DEFINITUD e INDEFINITUD se distinguen de los de ESPECIFICIDAD O INESPECIFIDAD, vinculados a la referencia concreta del grupo nominal. En efecto, el grupo nominal subrayado en *Todavía no ha nacido la persona que pueda hacerla feliz* está encabezado por el artículo determinado *la,* pero no alude a una persona en particular, sino a un individuo hipotético que ha de cumplir ciertas condiciones. De manera análoga, el sujeto de la oración *El ganador obtendrá un auto como premio* podría designar a una persona inexistente. Estos grupos nominales son DEFINIDOS porque denotan entidades identificables y únicas, pero a la vez son INESPECÍFICOS porque no aluden a seres particulares. En cambio, en *Tengo un vecino muy molesto* el grupo subrayado encabezado por el artículo *un* es INDEFINIDO, pero a la vez ESPECÍFICO, puesto que se refiere a un individuo particular.

14.1.1d Además de la oposición que se establece entre las dos clases de artículo, se produce un segundo contraste entre los grupos nominales que poseen artículo y los que carecen de él o de cualquier otro determinante. Por ejemplo, el complemento directo en la oración *Hoy he recibido carta* (o *carta de mi hijo*) es un GRUPO NOMINAL SIN DETERMINANTE (también llamado ESCUETO). La distribución sintáctica de tales grupos está severamente restringida tanto en su forma como en su significado, según se explica en el § 15.6.

14.1.2 Propiedades fundamentales del artículo

14.1.2a Precede el artículo a los demás componentes del grupo nominal al que pertenece. El artículo determinado se antepone también a los cuantificadores, como en *los* {*tres~pocos~varios*} *libros que ha leído,* con la excepción de *todo:* {*todos los~*los todos*} *libros que ha leído.* El artículo indeterminado está muy restringido en su combinación con los cuantificadores (*unos pocos libros~*unos varios libros*), lo que se interpreta generalmente como señal de que puede pertenecer a la misma subclase de cuantificadores que *alguno* o *varios*. Véase el § 20.4.1e.

14.1.2b El artículo indeterminado puede ser tónico, pero el determinado tiene naturaleza ÁTONA. Es, además, un elemento CLÍTICO (en el sentido de átono y apoyado morfofonológicamente en otra palabra), puesto que forma GRUPO ACENTUAL con la primera palabra tónica que lo sigue. A diferencia del demostrativo, el artículo definido no puede ser el único representante del grupo nominal. Se dice, pues, *Estos son mejores; Los de Marta son mejores,* pero no **Los son mejores.* El artículo puede aparecer, sin embargo, en GRUPOS NOMINALES CON NOMBRE (O GRUPO NOMINAL) ELÍPTICO (§ 14.4). Resultaría natural afirmar, por ejemplo, *Prefiero la de Eusebio,* si estamos evaluando propuestas. Aunque carece de ACENTO LÉXICO, el artículo determinado puede recibir ACENTO CONTRASTIVO, como en *Raleigh es EL cigarro* (anuncio mexicano); *La Paceña es LA cerveza* (anuncio boliviano), es decir, 'el cigarro o la cerveza por excelencia'. El acento contrastivo posee, en consecuencia, carácter enfático, ya que indica unicidad, prototipicidad o antonomasia, y a menudo adquiere valor ponderativo.

14.1.2c   En la tradición gramatical, el artículo determinado ha sido concebido a veces como un mero ÍNDICE que anuncia el género y el número del sustantivo. Es cierto que, cuando no los manifiesta un adjetivo o un sustantivo, este artículo es el único miembro del grupo nominal que aporta tal información (por ejemplo en *las de la clase, los que te dijimos, las estudiantes inteligentes*). No obstante, el género y el número del grupo nominal están presentes en el sustantivo, además de en muchos adjetivos, como en *las novelas románticas.* Aportan asimismo esta información otros determinantes o cuantificadores: *algunas estudiantes inteligentes, aquellas de la clase, esas que te traje.*

14.1.2d   Otra función que se le ha atribuido al artículo determinado es la de actuar como elemento NOMINALIZADOR O SUSTANTIVADOR en los grupos nominales que carecen de sustantivo explícito (*el nuevo, la de tu hermana, los que me prestaste, lo discutible*). Sin embargo, el papel nominalizador que se atribuye al artículo podría extenderse a otros determinantes y cuantificadores, como en *Compró {algunas románticas ~ aquellas que le recomendaste ~ tres excelentes}.* Por otra parte, los adjetivos construidos en plural pueden formar grupos nominales sin artículo, como en *depender de irresponsables* o *culpar a inocentes.* Estos hechos ponen en tela de juicio que el artículo sea propiamente un elemento nominalizador.

14.2   Formas de los artículos

14.2.1   El paradigma de los artículos

Las formas del artículo son las siguientes:

ARTÍCULO DETERMINADO	ARTÍCULO INDETERMINADO
En singular:	En singular:
Masculino: *el* (*el libro*)	Masculino: *un* (*un libro*)
Femenino: *la* (*la mesa*)	Femenino: *una* (*una mesa*)
el (*el águila*)	*un* (*un águila*)
Neutro: *lo* (*lo bueno*)	
En plural:	En plural:
Masculino: *los* (*los libros*)	Masculino: *unos* (*unos libros*)
Femenino: *las* (*las mesas*)	Femenino: *unas* (*unas mesas*)

14.2.2 Alternancia de formas en el artículo femenino

14.2.2a El femenino singular presenta dos VARIANTES (o ALOMORFOS): una, de distribución muy reducida, coincide fonológicamente con el masculino singular (*el*, *un*) y solo se usa ante sustantivos femeninos cuyo primer fonema es una /a/ tónica (en la escritura *a-* o *ha-*, lleven tilde o no): *el agua, un alma , un área, el habla, un hacha, un hada;* la otra es la variante no marcada, que se emplea en todos los demás contextos: *la mesa, una casa.*

14.2.2b Las variantes femeninas *el* y *un* proceden de la fusión fonética de la vocal final de la antigua forma *ela* y el artículo *una* con la primera vocal de los sustantivos que comienzan por /a/ tónica (*ela alma > el alma; ela hada > el hada; una águila > un águila*). Estas formas van seguidas inmediatamente por el sustantivo, no por un adjetivo u otro elemento interpuesto. No se dice, por tanto, **el alta cima, *el alta sociedad* ni **un agria respuesta,* sino *la alta cima, la alta sociedad, una agria respuesta.* Es correcto, en cambio, *el alta médica,* porque en este caso *alta* es sustantivo. A su vez, la elipsis del núcleo nominal no da lugar a la aparición de la variante *el* en estos casos: se dice, en efecto, *El ansia de placeres es tan perjudicial como la de dinero,* y no *... tan perjudicial como el de dinero.*

14.2.2c La regla de la alternancia entre las dos variantes del artículo femenino, descrita en el apartado anterior, está limitada por las siguientes excepciones:

A. PALABRAS QUE NOMBRAN LAS LETRAS DEL ABECEDARIO LATINO, posiblemente porque se sobrentiende el sustantivo *letra: la a, la hache, una hache aspirada, una a velar.*

B. NOMBRES DE PERSONA Y APELLIDOS QUE DESIGNAN MUJERES, en los contextos en que pueden ir precedidos de artículo: *la Ana de la que te hablé; No hay que olvidar que es una Álvarez.*

C. NOMBRES PROPIOS DE EMPRESAS Y COMPAÑÍAS COMERCIALES: *la Alfa Romeo* (*el Alfa Romeo* es un vehículo), así como SIGLAS y ACRÓNIMOS cuando el femenino es el género del sustantivo que constituye el núcleo del grupo nominal: *la ALFAL* (*Asociación de Lingüística y Filología de la América Latina*); *la AFI* (*Agencia Federal de Investigación,* México); *la AM* (*banda radiofónica de amplitud modulada*).

D. SUSTANTIVOS COMUNES EN CUANTO AL GÉNERO que empiezan por /a/ tónica: diferencian el sexo del individuo designado mediante el artículo, sea determinado o indeterminado (*el árabe, un ácrata; la árabe, una ácrata*). Si el femenino tiene forma propia, el artículo es *el* (o *un*): *el ama de casa.* Sin embargo, en algunos femeninos de creación reciente, referentes a nombres de profesiones, domina la tendencia a emplear *la* (o *una*) en lugar de *el* (o *un*), que sería lo esperable. Es el caso de *la árbitra,* que se prefiere a *el árbitra,* quizá por influencia del antiguo uso *la árbitro.*

14.2.2d Se producen vacilaciones entre las dos variantes en los siguientes casos:

A. Con el ARTÍCULO INDETERMINADO (*un alma~una alma*), si bien en la actualidad se prefiere la variante *un* en la lengua formal.

B. En los TOPÓNIMOS se suele optar por la variante *el* (o *un*) con los nombres de continentes (*el África negra, un Asia islámica*). El uso mayoritario se inclina por *la* (o *una*) en los de países, regiones y ciudades: *La Haya, la Ática, una Austria diferente*. No obstante, en los textos literarios aparecen testimonios de la alternancia: *La Rusia, la Prusia, el Austria, la Inglaterra y la Francia atendían a esa cuestión* (Mármol, *Amalia*); *No puede pensar, sin inquietud y sin sobresalto, en la posibilidad de que resurja* [...] *una Austria poderosa* (Mariátegui, *Artículos*).

C. En los SUSTANTIVOS DERIVADOS y COMPUESTOS donde la /a/ tónica originaria deja de serlo porque el acento se traslada, como sucede en *alita, agüita, aguachirle, aguamiel, aguanieve, avemaría*. En estos casos, no obstante, se recomiendan *la alita, la agüita*, etc. La variante con *el* ha influido en el cambio de género de *aguacal, aguamanos, aguardiente*, ya considerados masculinos por el *DRAE*.

Sobre la incorrección que supone extender las formas masculinas a otros determinantes y a los adjetivos, como en *este hacha, aquel aula, el otro ave*, véase el § 2.1.1c.

14.2.3   Las formas contractas *al, del*

Las FORMAS CONTRACTAS O AMALGAMADAS *al* y *del*, llamadas también CONGLOMERADOS (§ 1.3.5b), resultan de la combinación del artículo *el* (masculino o femenino) con las preposiciones *a* y *de*, con la correspondiente fusión de las vocales en contacto: *el ascenso al puerto, la salida del concierto, la entrada al aula, el vuelo del águila*. Se evita la contracción en los siguientes casos:

A. CON NOMBRES PROPIOS O TÍTULOS DE OBRAS, cuando el artículo es parte integrante de la expresión denominativa: *la soledad de El Escorial, la pintura de El Greco, una página de* El Camino *de Delibes*. Se admite, en cambio, más fácilmente la amalgama de artículo y preposición con los topónimos (*viaje al Río de la Plata, la provincia del Chaco*), siempre que el artículo no esté integrado en su denominación oficial (*la población actual de El Salvador*, sin contracción).

B. CUANDO SE INTERPONE UN SIGNO DE PUNTUACIÓN, como comillas o paréntesis, entre preposición y artículo: *El viejo refrán de "El hombre y el oso cuanto más feo más hermoso" ha perdido validez; Cada uno de los corredores dijo a (el director del GP) Charlie (Whiting) que tendrían problemas* (*Mundo* [Esp.] 17/2/2003).

C. CUANDO CONCURREN DOS CONTRACCIONES IDÉNTICAS SEGUIDAS. Se atestiguan, en efecto, estas contracciones, como en *Vino un coche a recogerme de parte del del bigotito* (Quiñones, F., *Hortensia*); *El sentimiento de mi padre no fue ni un miligramo del del señor Téllez* (Chacel, *Barrio*); *La sentencia del del bar resulta inapelable* (Llamazares, *Río*). Aunque la contracción respeta aquí la estructura sintáctica, se recomienda evitarla por razones de eufonía y recuperar el sustantivo omitido: *... del sentimiento del señor Téllez, la sentencia del señor del bar*, etc. También se considera correcto separar los dos componentes de una de las contracciones: *Tasan el valor de la mercadotecnia por encima de el del marco institucional* (*Excélsior* 1/11/1996).

14.3   Usos del artículo determinado

14.3.1   La información consabida y el concepto de unicidad

14.3.1a   Los grupos nominales que llevan artículo determinado son DEFINIDOS, puesto que denotan entidades que el hablante supone identificables en un contexto a partir del contenido léxico del sustantivo y de la información que comparte con su interlocutor, denominada INFORMACIÓN CONSABIDA (§ 14.1.1a-c). Alude esta información al complejo sistema de conocimientos enciclopédicos, contextuales y situacionales, así como de inferencias que se pueden deducir a partir de la información disponible. Aunque, en sentido estricto, dicha información no es siempre compartida por el receptor, el artículo determinado indica que el emisor la presenta como tal.

14.3.1b   La entidad o el conjunto de entidades designadas por un grupo nominal definido se suponen identificables para el oyente porque en el dominio discursivo relevante no hay otros posibles candidatos que respondan a la misma descripción. Por ejemplo, el uso de la expresión *la boda del sábado* no implica que el sábado al que se alude se celebre una sola boda, pero sí que solo una es pertinente en el contexto en que tiene lugar la conversación. Esta CONDICIÓN DE UNICIDAD se cumple, pues, en un cierto ámbito, denominado comúnmente DOMINIO DE DEFINITUD. Los grupos nominales que designan seres únicos en su especie se introducen en el discurso mediante determinantes definidos porque su identificación está garantizada, como en *El sol saldrá mañana a las 6.24*. No obstante, la mayoría de los grupos nominales definidos cumplen el requisito de unicidad en un dominio de definitud restringido, que se ha de determinar situacional o contextualmente. Así, se diría *Esto es un carburador* si la pieza que se desea identificar estuviera situada en el estante de un almacén de piezas de recambio de automóvil, pero sería más normal decir *Este es el carburador* al señalar tal pieza dentro del motor de un vehículo.

14.3.1c   En ocasiones, el vínculo adecuado con el dominio de definitud lo proporciona alguno de los complementos del grupo nominal, como los que se subrayan en los siguientes ejemplos: *A la catedral de Málaga se la conoce popularmente como "la manquita" porque solo tiene una torre* (*Mundo* [Esp.] 20/4/1996); *Estábamos en la terraza que da al jardín sobre la avenida Alvear y las caniches de la Señora no dejaban de ladrar* (Posse, *Pasión*). Por otra parte, se establece una suerte de concordancia semántica entre el artículo determinado y modificadores nominales restrictivos como *de siempre, habitual, acostumbrada o que es de suponer*. Se dice *Se le dio el recibimiento de siempre*, y no **... un recibimiento de siempre*, porque en la variante con artículo indeterminado se percibe contradicción al presentar como conocido el recibimiento del que se habla. Por el contrario, los adjetivos ELATIVOS O DE GRADO EXTREMO, como *magnífico, espléndido, terrible*, etc., favorecen el artículo indefinido: *Recibió {*la ~ una} magnífica acogida*.

14.3.2   Usos deíctico, anafórico y endofórico del artículo determinado

14.3.2a   El dominio de definitud se suele interpretar por defecto, es decir, suponiendo que se corresponde con la situación en que se emite el enunciado. Este es el USO DEÍCTICO (señalador) del artículo determinado. Así, en la oración *Cierra las* *ventanas, por favor, que entra mucho ruido*, resulta natural entender que las ventanas que deben cerrarse son las más inmediatas a los dos interlocutores, no las de toda la casa. De manera similar, es normal emplear la expresión *el presidente de los Estados Unidos* en el sentido de 'el actual presidente de los Estados Unidos'. Se darán más detalles sobre el uso deíctico del artículo en el § 14.3.3.

14.3.2b   Los usos más frecuentes del artículo determinado son los ANAFÓRICOS. La denotación del grupo nominal definido se identifica en ellos por su vinculación con un elemento previo del discurso. Así, el que ha informado a su interlocutor con la expresión *Hoy he recibido una carta* podrá hacer en el discurso subsiguiente sucesivas menciones del objeto recibido, bien a través de grupos nominales definidos que contengan el mismo sustantivo (*la carta, la carta a la que me refiero, la carta de marras, la susodicha carta, esa carta*), bien mediante SINÓNIMOS, HIPÓNIMOS O HIPERÓNIMOS suyos (*el mensaje, la misiva, el documento*, etc.). Entre estas expresiones (*la carta a la que me refiero, el mensaje*) y su asociado (*una carta*) se da en todos estos casos una relación de CORREFERENCIA, ya que ambos designan el mismo ser. Esta relación se denomina ANÁFORA DIRECTA.

14.3.2c   La relación anafórica del grupo nominal definido con su asociado es muchas veces INDIRECTA. Así, en la secuencia *En el buzón había una carta perfumada. El remite se leía con claridad: Florence Clement. Pauline rasgó el sobre y leyó las líneas que llenaban la tarjeta* (Puértolas, *Burdeos*), las expresiones *el remite, el sobre, las líneas, la tarjeta* pueden construirse como definidas porque sus contenidos, aunque no totalmente coincidentes, están relacionados con el designado por la expresión *una carta perfumada*, introducida con anterioridad. Este elemento asociado, no correferente con el grupo nominal definido, suele llamarse PUNTO DE ANCLAJE O ANCLA. El tipo de vínculo que se crea de ese modo se denomina ANÁFORA ASOCIATIVA. Esta se obtiene muy a menudo de ámbitos en los que el artículo determinado se antepone al nombre de una parte, un fragmento o un componente de la entidad que constituye el ancla (como en *una carta... el remite*). Es, pues, posible utilizar el artículo definido en expresiones como *el tejado*, si se ha hablado antes de *una casa*. Esta relación «parte – todo» se denomina habitualmente MERONIMIA. La vinculación entre las relaciones meronímicas y el artículo se analizará en los § 14.3.4 y 14.3.5.

14.3.2d   Los USOS ENDOFÓRICOS del artículo determinado son aquellos en los que algún modificador o complemento interno al grupo nominal aporta la información necesaria para que este pueda emplearse como definido en su primera mención (§ 14.3.1c). Así pues, en *Y entonces Olga le dio la carta*, la identificación de la carta habrá de realizarse en el discurso previo (USO ANAFÓRICO); en cambio, en *Y entonces Olga le dio la carta que había estado escribiendo durante toda la mañana*, la oración de relativo contiene la información necesaria para realizar la identificación (USO ENDOFÓRICO).

14.3.3   Usos deícticos del artículo determinado

Aunque el artículo definido ha perdido gran parte de la capacidad de señalamiento deíctico propia del demostrativo del que proviene (§ 14.1.1b), en determinados contextos se emplea en su primera mención para designar una entidad próxima a alguno de los interlocutores, sea en el espacio o en el tiempo, como se señaló en el § 14.3.2a. El USO DEÍCTICO ESPACIAL del artículo es frecuente en los mensajes que se dan en carteles o letreros: *Prohibido bajar del tren en marcha; Pulse el timbre*, así como en algunas expresiones de naturaleza directiva dirigidas al interlocutor: *Pregúntale al policía; No cruces el semáforo en rojo; ¡Cuidado con el charco!; ¿Puedes acercarme el libro?*, que a veces van acompañadas de un gesto. También se da este uso en enunciados declarativos, como en *Estoy pensando en quitar el cuadro; Se ha fundido la bombilla*. El USO DEÍCTICO TEMPORAL del artículo determinado se manifiesta en los casos en que acompaña a algunas UNIDADES DE CALENDARIO formando grupos nominales que designan momentos o intervalos en la línea del tiempo, como se verá en los apartados siguientes.

14.3.3a Los NOMBRES DE LOS DÍAS DE LA SEMANA requieren en español el artículo determinado para fijar su denotación, pero su interpretación depende del tiempo verbal de la oración. Así, la presencia de un verbo en futuro o en presente, como en *{Llegará~Llega} el lunes*, indica que el grupo nominal *el lunes* (*el día lunes* en algunas áreas del español americano) se interpreta como 'el próximo lunes'; en cambio, con un verbo en pasado, como *El cartero vino el lunes,* se entiende 'el pasado lunes'. Cuando el verbo de la oración aparece en un TIEMPO SECUNDARIO, el cómputo puede realizarse en función del momento de la enunciación (ANCLAJE DEÍCTICO) o de aquel que sirve de punto de referencia al tiempo verbal correspondiente (ANCLAJE ANAFÓRICO). Por ejemplo, en *Ayer me dijo que el cartero había llegado el lunes* puede interpretarse 'el lunes pasado', es decir, el anterior al momento en que se está hablando, pero también puede entenderse 'el lunes anterior a algún otro momento del pasado', concretamente el punto con respecto al cual se ancla el pluscuamperfecto (§ 23.9.1).

14.3.3b No llevan artículo los nombres de los días de la semana cuando preceden a la fecha en los encabezamientos de las cartas, en las portadas de los medios de comunicación y en los calendarios (*Martes, 12 de octubre de 2004*). Tampoco si aparecen en aposición a un adverbio deíctico (*Ayer, viernes 2 de enero, ...*), o si el día de la semana se identifica por medio de una oración atributiva, como en *Ya estamos a sábado* (*Ya estamos sábado* en el Perú); *Hoy es jueves*. En cambio, cuando la designación del día de la semana sitúa un suceso en el interior de un texto, aparece encabezada por el artículo: *El lunes 31 de diciembre de 1887, los habitantes de Lima gozaron de un espectáculo nuevo* (Palma, *Tradiciones* V).

14.3.3c Los NOMBRES DE LOS DÍAS DEL MES se expresan mediante numerales, frecuentemente en aposición al sustantivo *día*. Se comportan, respecto del artículo, como los nombres de los días de la semana. Al igual que ellos, se interpretan en función del tiempo verbal de la oración si no existe otra referencia anafórica en el discurso: *Llegaron el once de mayo* (pasado); *Llegarán el once de mayo* (próximo); *Llegan el (día) quince; El concurso ha sido el (día) {uno~primero} de julio*. Si existe tal referencia, se interpretan en función de ella: *Llegaron a Medellín a principios de 1990 y el día 15 de enero ya habían encontrado casa*.

14.3.3d Los grupos nominales que designan los MESES DEL AÑO se asimilan en su sintaxis a los nombres propios. Se construyen generalmente sin artículo: *Me encanta* *{octubre ~ *el octubre}*, pero aceptan el artículo cuando se desea distinguir un mes de los demás del mismo nombre: *Recuerdo perfectamente el octubre de 1995; Recibimos la carta el pasado marzo*. La estructura apositiva con el sustantivo *mes* exige la presencia del artículo y la preposición *de* entre los dos nombres: *el mes de agosto*. Los NOMBRES DE LAS ESTACIONES se combinan opcionalmente con el artículo cuando van encabezados por preposición: *Sucedió en (la) primavera*.

14.3.3e   A diferencia de las demás unidades temporales examinadas, los NOMBRES DE LOS AÑOS no se interpretan ni deíctica ni anafóricamente, ya que expresan un intervalo temporal no recurrente que no necesita anclarse en ninguna otra entidad ni remitir al momento del enunciado. Hoy se prefiere la construcción sin artículo cuando los nombres de los años están precedidos de preposición y tienen función localizadora (*en 1913, desde 1912, durante 1915, para 1918, por 1929*). Se extiende esta pauta a la datación de cartas y documentos: *Lima, 4 de agosto de 1997*. Si no tienen función localizadora, vacila el uso del artículo: *(El) 1998 fue un buen año; Dejemos (el) 1951 a un lado; Fueron cinco años sumamente complicados en la vida de monsieur Ponty, o sea que el 1972 lo sorprendió sin que hubiese podido hacer nada nuevo por los andaluces de Jaén* (Bryce Echenique, *Magdalena*).

14.3.3f   La presencia del artículo es obligada cuando la referencia al año se hace por sus dos últimas cifras (*Stroessner cayó en el 89*), o bien cuando aparece en aposición (con o sin *de*) con el sustantivo *año: el año (de) 1975; Me paso casi todo el año 1969 en Isla Negra* (Neruda, *Confieso*). Predomina el artículo —salvo en las fechas de documentos, en los que no suele añadirse— si se habla de un año comprendido entre el 1 y el 1100, así como si se trata del año 2000 o de los posteriores: [...] *de la batalla de las Termópilas junto con 300 hombres para resistir a los persas en el 480 a. C.* (*País* [Ur.] 8/11/2001).

14.3.3g   Las unidades que indican SEGMENTOS TEMPORALES SUPERIORES AL AÑO se usan precedidas del artículo con el esquema apositivo correspondiente, unas veces con la preposición *de* (*la década de 1980, la centuria de 1900*), y otras sin ella (*el siglo XXI*). En el caso de *milenio* solo son posibles los ordinales, siempre con artículo: se dice, en efecto, *el segundo milenio*, en lugar de **el milenio dos*. El uso del artículo con los sustantivos que designan horas se explica en el § 21.2.5a.

14.3.4   El artículo determinado y las construcciones partitivas

Como se explicó en el § 14.3.2c, uno de los esquemas prototípicos de la ANÁFORA ASOCIATIVA es aquel en que se expresa una relación meronímica, de modo que el grupo nominal definido se refiere a una parte o un componente de la entidad designada por la expresión de anclaje con la que se vincula. Son dos las relaciones meronímicas aquí pertinentes: las CONSTRUCCIONES PARTITIVAS, que se analizan en esta sección, y las que indican PERTENENCIA, que se estudiarán en el § 14.3.5.

14.3.4a   Permiten las CONSTRUCCIONES PARTITIVAS designar una entidad o un subconjunto de entidades ('la parte') extrayéndolas de un conjunto más amplio que las incluye ('el todo'), como en *tres de mis estudiantes, la mayoría de los cuadros, el* *diez por ciento de los edificios, alguno de ellos* (§ 19.6.1). El grupo nominal que expresa el todo (*mis estudiantes* en el primer ejemplo), llamado COMPLEMENTO PARTITIVO o CODA PARTITIVA, aparece precedido de la preposición *de* y es siempre definido, puesto que designa la totalidad de los seres que corresponden a un determinado dominio: *la mayoría de {los ~ *unos} directores de cine.* Esta última característica diferencia las construcciones partitivas de las PSEUDOPARTITIVAS, como *una ristra de problemas* o *un montón de avisos* (§ 19.6.2). El grupo nominal que aparece en la coda de estas últimas no es definido, ya que no se refiere propiamente a un conjunto de entidades. No se da, pues, en ellas, una relación propiamente partitiva, ni por tanto meronímica.

14.3.4b Los grupos nominales SUPERLATIVOS, o SUPERLATIVOS RELATIVOS (§ 45.5.1) designan entidades a las que se les atribuye el grado máximo de una propiedad dentro de cierto grupo: *el mejor estudiante del curso, la película más truculenta que jamás se haya filmado.* Constituyen un tipo particular de construcción partitiva. Así, en la oración *Han premiado al estudiante más aplicado de la escuela,* el COMPLEMENTO PARTITIVO o CODA es *de la escuela,* que proporciona el dominio en el que debe ser inscrito *el estudiante,* y constituye, por tanto, su ANCLA (§ 14.3.2c). La coda es definida, como en las construcciones partitivas, cuando denota la clase de seres de la que se extraen ciertos ejemplares, como en *la mejor novela de las que ha escrito últimamente.* Puede ser, en cambio, indefinida cuando expresa el dominio en el que se circunscribe la entidad de la que se habla, como en *el profesor más joven de {la ~ una ~ cierta} universidad americana.* Cuando se omite el complemento partitivo, se interpreta por defecto algún dominio obtenido por inferencia discursiva: *el actor más famoso* ('del país, del mundo, de la compañía cinematográfica', etc.).

14.3.5 El artículo determinado con valor de posesivo. La relación de pertenencia

14.3.5a Los referentes de los grupos nominales que designan partes del cuerpo, acciones corporales o sus efectos, así como y ciertas capacidades o facultades mantienen con los seres de los que forman parte una relación de POSESIÓN INALIENABLE (es decir, no enajenable: § 18.3.3a). Tales elementos se expresan habitualmente en español por medio del artículo determinado, en lugar del correspondiente posesivo prenominal: *Apretaba los labios; Se le nublaba la vista; Había perdido la ilusión.* El objeto de que se habla suele ser único en el dominio correspondiente, como la cabeza en *Me duele la cabeza,* pero a veces se usa el artículo definido singular incluso cuando el referente no es único, como en *Se dio un golpe en el brazo* (donde no se habla necesariamente de un manco); *Levantó la mano para pedir la palabra; Lo operaron del riñón; El furgón lleva abollado el parachoques.* El valor de posesión inalienable se mantiene en algunas expresiones de sentido traslaticio, como *No arriesgues el pellejo* ('No arriesgues la vida'); *Perdió la cabeza* ('Perdió el juicio'); *Le hervía la sangre* ('Se acaloraba').

14.3.5b Corresponde el llamado USO POSESIVO DEL ARTÍCULO DETERMINADO, que se acaba de mencionar, a un caso particular de las construcciones MERONÍMICAS

(§ 15.2.2a), ya que entre el poseedor y lo poseído se da una relación de pertenencia o de inclusión. Así, en *Marta levantó la mano*, el sujeto, *Marta,* se interpreta como ANCLA de *la mano* (en ciertos análisis como ANTECEDENTE), puesto que esa expresión ha de asignarse a un individuo para poder ser interpretada. El poseedor suele ser designado por el sujeto (como en el ejemplo anterior o en *Carlota se torció el pie*), el complemento indirecto (*Le duele la cabeza*) y, más esporádicamente, el complemento directo: *Besó a su madre en la frente.* El uso posesivo del artículo se extiende a veces a entidades enajenables que pertenecen a la llamada ESFERA PERSONAL, en el sentido del conjunto de seres con los que es habitual relacionarse o que es normal poseer. Ello los convierte en únicos dentro de ese dominio. No se excluye en este uso la referencia a personas: *Se nos quemó la casa; Se me descompuso el reloj; Entregó el examen al profesor; Puso a trabajar al hijo en la empresa.*

14.3.5c   Los grupos nominales en plural con artículo usado como posesivo no se interpretan DISTRIBUTIVAMENTE en las construcciones de posesión inalienable. Se dice *A mis amigas les duele la cabeza*, en lugar de **A mis amigas les duelen las cabezas.* Por la misma razón, en *Les salió un sarpullido en las manos* se entiende 'a cada uno en ambas manos', no 'a cada uno en una mano'. En cambio, cuando la posesión es alienable (y no se designa una parte del poseedor), se admiten el singular o el plural sin que varíe el sentido: *Les revisaron el pasaporte ~ Les revisaron los pasaportes; Abróchense el cinturón ~ Abróchense los cinturones.* Esta equivalencia se deshace cuando se habla de varias cosas poseídas por una sola persona. Así, *Les revisaron a todos las maletas* se diferencia de *Les revisaron a todos la maleta* en que en el primer caso puede hablarse de una o varias maletas por persona, mientras que en el segundo se quiere expresar que cada persona tiene una sola maleta.

14.4   Elipsis y anáfora en los grupos nominales introducidos por determinantes

14.4.1   El artículo en los grupos nominales con nombre elíptico

14.4.1a   Puede formar parte el artículo de GRUPOS NOMINALES CON NOMBRE ELÍPTICO. El sustantivo de su núcleo no está fonéticamente expreso, pero el determinante o el cuantificador permite recuperar su contenido a través de varias de relaciones:

A. RELACIÓN ANAFÓRICA con algún antecedente: *La séptima sinfonía de Beethoven me gusta más que la octava,* donde en el segundo término de la comparación se sobrentiende el sustantivo *sinfonía.*

B. RELACIÓN CATAFÓRICA (la *catáfora* es el vínculo que permite anticipar el significado de una parte del discurso que sigue a continuación). Esta relación solo es posible si el grupo nominal elíptico es definido y se trata de una construcción atributiva: *Tengo a los de Mendoza por vinos excelentes; La del azúcar es una de las industrias más intervenidas, protegidas y reguladas* (Ortiz, *Contrapunteo*).

C. INTERPRETACIÓN DEÍCTICA. Se obtiene cuando el contexto situacional, junto con los rasgos flexivos del artículo, permite determinar la clase de la entidad a la que se alude, como en *Que pase el primero* (en referencia a enfermos, candidatos, etc.), o en *El que acabas de hojear es magnífico* (en alusión a un libro sin que se haya mencionado previamente la palabra *libro*).

D. RELACIÓN ENDOFÓRICA en la CONSTRUCCIÓN PARTITIVA (§ 14.3.4a). Se da cuando se evita la repetición del sustantivo, como en *una de las mejores novelas de ese escritor* (es decir, 'una novela de las mejores novelas'), de forma que el antecedente funciona como coda. También se omite el sustantivo invirtiendo el orden, como en *una novela de las mejores de este escritor*, con relación anafórica.

E. INTERPRETACIÓN DE PERSONA en construcciones en las que no se requiere un antecedente explícito. Así, en *Los que han escrito eso no saben de lo que hablan* se alude a personas no necesariamente mencionadas previamente. Por el contrario, en *Las que le han pasado últimamente no tienen explicación* es necesaria la presencia de un antecedente (probablemente *cosas*) en el discurso previo.

14.4.1b   Tal como sucede con las construcciones elípticas en general, el análisis de los grupos nominales con sustantivo tácito es polémico. En efecto, muchos autores entienden que, en expresiones como *el helado de fresa y el de limón*, hay elipsis del sustantivo *helado*, por lo que *el* se comporta como artículo. Otros, en cambio, evitan hablar de elipsis en estos casos, y prefieren entender que el elemento subrayado se acerca en su funcionamiento sintáctico a un pronombre (como el francés *celui*). La primera opción es hoy mayoritaria, aunque no exclusiva. La polémica afecta, en cualquier caso, a otros determinantes, como se explica en el § 14.4.2a.

14.4.2   Condiciones para la omisión del sustantivo

14.4.2a   La elipsis del sustantivo no es exclusiva de los grupos nominales encabezados por el artículo determinado, sino que es también posible con otros determinantes (así como con los cuantificadores, que pueden asimilarse a los primeros). Se da, por ejemplo, con los demostrativos, como en *Me refiero a estos*, y con los indefinidos: *Prefiero uno dulce; Algunos no conocen todavía la noticia; Ahora, cuéntame una de piratas* (Fuentes, *Región*), donde se sobrentiende *historia* o *película*. La alternancia *un~uno* en estos casos es paralela a la de *algún~alguno*, que se retoma en el capítulo siguiente. Los posesivos prenominales, por su parte, son sustituidos por las correspondientes formas tónicas posnominales. Se dice, en efecto, *tu libro de filosofía y el mío de historia*, en lugar de **tu libro de filosofía y mi de historia*. El determinante *cierto* no encabeza grupos nominales con sustantivos tácitos (**cierta noche de junio y cierta de julio*), ya que introduce referentes discursivos nuevos. Tampoco aceptan esta construcción el numeral distributivo *sendos*, el cuantificador *todo* en singular en su uso distributivo (**toda persona que viva en este edificio o toda que trabaje en él*) o el cuantificador invariable *cada*. Así pues, en lugar de **cada estudiante de la Universidad y cada del Liceo*, se dice *cada estudiante de la Universidad y cada uno del Liceo*.

14.4.2b   Los grupos nominales con sustantivo tácito admiten los mismos modificadores y complementos que los de núcleo sustantivo explícito: grupos adjetivales (*la música moderna y la clásica*), oraciones de relativo (*el libro que lees tú y el que leo* *yo*) o grupos preposicionales (*un tren a París y otro a Barcelona*). La preposición característica de las construcciones con grupo preposicional y sustantivo elidido es *de*: *el tren de París y el de Milán* (pero no **el tren hacia París y el hacia Milán*). Se documentan algunos casos con las preposiciones *con* y *sin*: [...] *una y otra historia, la con tufo y la sin él* (Donoso, *Casa*), así como ciertas expresiones lexicalizadas, como *los sin tierra*.

14.4.2c El determinante de los grupos nominales con sustantivo tácito aporta los rasgos necesarios para remitir al sustantivo antecedente: *los poemas de Cernuda y los de Aleixandre*. En ciertos contextos, sin embargo, pueden presentarse grupos nominales con sustantivo tácito y sin determinante cuyo único elemento expreso sea algún complemento especificativo de aquel, como en *Unos días tenemos helado de fresa y otros tenemos de limón* (se sobrentiende 'helado'), o en *Hay brocas de hierro, pero no quedan de acero* (se sobrentiende 'brocas').

14.4.2d Los rasgos morfológicos del grupo nominal con núcleo tácito no siempre coinciden con los del antecedente. La información de número puede divergir, como en *Su última actuación* [singular] *ha sido mucho mejor que las* [plural] *anteriores,* a diferencia de la de género: **La hija de Mercedes no conoce al de Julia* (por *La hija de Mercedes no conoce al hijo de Julia*). Suelen interpretarse estas diferencias como señal de que la información que aporta el número está integrada en la sintaxis del español más claramente que la relativa al género.

14.5   El artículo neutro *lo*

14.5.1   Interpretación semántica

14.5.1a Al igual que los pronombres personales (*ello, lo*), los demostrativos (*esto, eso, aquello*) y los indefinidos (*algo, nada*), el artículo definido presenta una única forma NEUTRA (*lo*). A diferencia de las demás variantes del artículo determinado, la forma *lo* no presenta variación de número. Tampoco se combina con sustantivos, ya que no existen en español los nombres neutros.

14.5.1b El artículo neutro forma dos clases de construcciones que muestran diferencias sintácticas y semánticas considerables. Conviene, en efecto, distinguir dos tipos de *lo*: el que se ha llamado REFERENCIAL O INDIVIDUATIVO (en el sentido de que selecciona un *elemento individual* al que se hace referencia) y el llamado CUANTIFICATIVO O ENFÁTICO. El primero encabeza grupos nominales que expresan entidades no animadas definidas, como las que se subrayan en *Veo que te gusta lo bueno; Lo que quiero es un vaso de vino* (§ 40.5.2a); *Cada hombre, en suma, sabe que tiene que escoger entre lo justo y lo injusto* (Vitier, *Sol*). El segundo tipo de *lo* (LO ENFÁTICO) se suele interpretar como un cuantificador de grado de adjetivos o adverbios. Aparece seguido de una subordinada introducida por la forma *que* (véase el § 42.4.5a para su interpretación gramatical), como en *¡Lo raro que es este hombre!; Estaba asombrada de lo fácil que resultaba el trabajo,* o en *¿Te das cuenta de lo bien que suena la música y de lo brillantes que son las baldosas?* (Martín Gaite, *Nubosidad*). Véase también el § 42.4.5j.

14.5.1c El LO REFERENCIAL encabeza un grupo sintáctico de carácter pronominal en las construcciones «*lo* + adjetivo» e impone el género neutro a las expresiones con las que puede concordar. Por el contrario, el *lo* enfático es un cuantificador que mantiene el género del adjetivo sobre el que incide, lo que da lugar a contrastes de concordancia opuestos, como son los siguientes:

> *lo {extraño ~ *extraña} de la situación; lo {*extraño ~ extraña} que era la situación; lo {ab-surdo ~ *absurdas} de sus ocurrencias; lo {*absurdo ~ absurdas} que resultaban sus ocurrencias.*

Como el género neutro no es apropiado para hacer referencia a las personas, las expresiones definidas denotadas por el *lo* referencial son siempre inanimadas, como se pone de manifiesto en el contraste entre *el alto* y *lo alto*. El primero de estos grupos podría designar un objeto material o un lugar, además de una persona, pero el segundo se refiere a una parte de una cosa (como en *lo alto de la montaña*, 'la parte superior de esta'). Esta interpretación del artículo neutro es compatible en las nociones abstractas, como en *lo mejor de Luis*, 'su cualidad más destacada'. En los apartados que siguen se analizarán algunas propiedades del *lo* referencial. Las del enfático se estudian en el § 42.4.5, en lugar de en el presente capítulo, puesto que este valor de *lo* representa un caso particular entre los usos enfáticos del artículo característicos de las oraciones exclamativas.

14.5.2 *Lo referencial*

14.5.2a El *lo* referencial admite tres variantes:

> 1. ABSOLUTA: *No le gusta lo salado.*
> 2. RELATIVA O PARTITIVA: *Lo difícil del curso es el comienzo.*
> 3. ATRIBUTIVA CUANTIFICADA: *Lo difícil del curso lo hizo abandonar.*

Como se ve, en *1* no es necesario complemento preposicional alguno, a diferencia de *2* y *3*. El ejemplo propuesto en *1* significa aproximadamente 'No le gustan las cosas saladas'. También pertenecen a *1* las relativas semilibres (§ 44.1.2d) encabezadas por *lo,* como en *No me gusta lo que haces.* En *2* se obtiene una estructura análoga a la partitiva, ya que se denota una relación meronímica (§ 14.3.2c) o de «parte – todo». Una posible paráfrasis del ejemplo que ilustra *2* sería, por consiguiente, 'La parte difícil de este curso es el comienzo'. En las interpretaciones *1* y *2*, el artículo neutro puede ir precedido del cuantificador universal *todo: Todo lo que nos queda por hacer es fácil; Todo lo engorroso del trabajo se te olvida,* o por un adverbio de foco (§ 40.4): *Está en venta únicamente lo expuesto* (es decir, 'las cosas expuestas'). Frente a las interpretaciones anteriores, en *3* se denota una propiedad extrema cuantificada, lo que permite la paráfrasis aproximada 'La extrema dificultad de este curso lo hizo abandonar'. Son ejemplos de *3* los siguientes:

> No pensó en otra cosa que en lo intrépido de su determinación y en lo leal de la de Ambrosio (Caballero Bonald, *Pájaros*); Ha demostrado lo imposible y lo inútil de tales esfuerzos (*Excélsior* 14/9/2001); El hecho de que arremetiera precisamente contra los que

asistían a sus obras y las aplaudían hace patente lo absurdo de su forma de proceder (Boadella, *Memorias*).

Un mismo grupo nominal (*lo divertido del asunto*) puede admitir la interpretación relativa o partitiva (*Lo divertido del asunto fue solo el comienzo*, que admite la paráfrasis 'La parte divertida del asunto...'), o bien la atributiva cuantificada (*Lo divertido del asunto la llevó a escribir una crónica para el periódico*, equivalente a 'Lo enormemente divertido del asunto...' o 'El hecho de que fuera tan divertido aquel asunto...').

14.5.2b Las construcciones con *lo* referencial no se refieren a seres animados, como se ha explicado, pero pueden denotar un considerable abanico de entidades: cosas materiales (*lo que has comprado*), entidades abstractas (*Hay que hacer lo correcto*), lugares (*desde lo alto del rascacielos*), acontecimientos (*lo sucedido ayer*), contenidos proposicionales (*lo afirmado por el presidente en la reunión*), ideas, pensamientos o iniciativas: *Y no se crea que lo de esconder los fusiles en los bosques es una ficción poética* (Sarmiento, *Facundo*), etc. Cuando el artículo neutro se combina con un adjetivo o un participio, la realidad designada puede ser de naturaleza concreta, como se ha visto (*Me gusta lo salado*, equivalente a 'las cosas saladas'), pero también puede hacer referencia a entidades abstractas: *Y lo caprichoso, lo inicuo, es que se las tomó conmigo, que hasta entonces nada tenía que ver con el asunto* (Mujica Lainez, *Escarabajo*). Otras veces se indica indirectamente una CANTIDAD, como en *Él no había conseguido ganar ni siquiera lo imprescindible para vivir con desahogo* (Mendoza, *Ciudad*); *Al menos Amoptis es eficaz y solo roba lo normal en un administrador* (Sampedro, *Sirena*). En muchas de estas construcciones se elide una subordinada sustantiva, de forma que el adjetivo se predica de una entidad proposicional. Así, en el último ejemplo, *Solo roba lo normal* admite la paráfrasis 'Solo roba lo que es normal robar'.

14.5.2c Los grupos nominales neutros de carácter superlativo aparecen con frecuencia en grupos preposicionales encabezados por la preposición *de*, tanto si son predicados (*Esa chica es de lo más raro que he visto*) como si son modificadores atributivos del sustantivo (*una chica de lo más raro que he visto*). La diferencia entre las codas con superlativos neutros y las que no los contienen se percibe comparando *una película de las más divertidas que he visto últimamente*, con *una película de lo más divertido que he visto últimamente*: la primera alude solo a objetos de la misma especie, en este caso películas, como muestra la concordancia de género entre la coda y el sustantivo modificado; la segunda coda designa un conjunto de entidades de todo tipo —no solo de películas— que se caracterizan por cumplir la propiedad extrema señalada por el superlativo.

14.5.2d Vacila a veces la concordancia del adjetivo en las construcciones superlativas encabezadas por *lo*. El patrón predominante en la lengua escrita es el que presenta la marca de masculino singular, como en los ejemplos siguientes:

> Me parece comprender que para mi nueva condición de ganadero, una casa es de lo más superfluo (Saer, *Ocasión*); Su conducta no ha sido de lo más bonito, que digamos (Cambaceres, *Música*); Las enfermas eran de lo más caído y miserable (Baroja, *Árbol*); Los testimonios fueron de lo más contradictorio (Pitol, *Juegos*).

Así pues, *contradictorio* aparece en singular en el último ejemplo porque concuerda con *lo,* no con *testimonios.* Frente a este esquema de CONCORDANCIA INTERNA, se atestigua un segundo modelo de CONCORDANCIA EXTERNA del adjetivo, en el que la relación se establece con el sustantivo del que se predica la cualidad. En efecto, en *Las respuestas de estos últimos han sido de lo más variadas* (*ABC* 10/7/1988), el adjetivo *variadas* no concuerda con *lo* sino con *respuestas.* En *Empecé a notar cosas* de lo más *extrañas en mi habitación* (Bryce Echenique, *Martín Romaña*) se observa esta misma concordancia en relación con el género. En esta segunda variante *de lo más* se interpreta como una locución adverbial de grado que modifica a los adjetivos *variadas* y *extrañas.*

14.5.3   *Lo* en contextos anafóricos

14.5.3a   Los grupos nominales neutros están imposibilitados, en virtud de su género, para mantener relaciones directas de correferencia con antecedentes nominales. En cambio, la naturaleza abstracta de su designación los convierte en adecuados para asociarse anafóricamente a contenidos de valor proposicional expresados anteriormente en el discurso. Grupos neutros como *lo anterior, lo cual, lo dicho, lo mismo* y *lo propio* remiten, por tanto, a diversos antecedentes discursivos, como en *Lo anterior lo dijo la directora del centro de asistencia* (*Prensa* [Nic.] 3/5/1997). Algunos de estos grupos se combinan con el verbo *hacer* para remitir anafóricamente a predicados que aparecen en el discurso precedente:

> En caso de aparecer nuevamente la enfermedad, tu padre se opondrá a vuestro matrimonio, y tendría yo que hacer lo mismo (Isaacs, *María*); Le gritó al grumete que se asiera con fuerza a las cuerdas de protección y él hizo lo propio con la mano izquierda mientras reforzaba la sujeción del remo apretándolo bajo la axila (Guelbenzu, *Río*).

Los grupos nominales neutros pueden establecer relación de anáfora asociativa (§ 14.3.2c) con algún elemento del discurso, como se ve en los ejemplos siguientes. En el primero se vincula *lo alto* con *la escalera;* en el segundo se interpreta *lo profundo* por referencia a *las inhóspitas instalaciones:*

> Los dos, sin hacer caso de mí, se dirigieron hacia la escalera y empezaron a subir. Catalina apareció en lo alto y bajó unos escalones para recibir a Durán (Larreta, *Volavérunt*); Mientras trataba de acomodarse en las inhóspitas instalaciones, surgieron de lo profundo unas enormes garras (Dolina, *Ángel*).

14.5.3b   En las llamadas COPULATIVAS ENFÁTICAS (§ 40.5), el relativo neutro puede aludir a cualquier expresión referencial que no designe una persona. Así, en la oración *Con lo que firmó el documento fue con una pluma,* el relativo neutro representa cualquier objeto que se pueda usar para firmar. El foco de la construcción desvela la clase a la que pertenece tal objeto (en este caso, a la de las plumas). En cambio, si el relativo no es neutro, como en *Con esta pluma fue con la que firmó el documento,* el artículo contenido en la relativa (*la*) concuerda en género y número con el grupo nominal que aparece en el foco (*la pluma*).

14.5.4 Otros usos de *lo*

14.5.4a En el habla espontánea y coloquial de muchas zonas, sobre todo americanas, se emplea la secuencia *lo de* ante nombres propios de persona en expresiones
que denotan lugar. En su origen aludían a posesiones rurales, pero actualmente suelen usarse para señalar la casa o la residencia de la persona indicada, o bien el lugar
que ocupa en un determinado momento. También designan bares, restaurantes y
otros establecimientos comerciales. Con el mismo contenido de localización se ha
extendido esta pauta a los nombres comunes que designan personas:

> —Vamos a lo de Nostra o largamos. —A Nostra —le contesté (Onetti, *Viento*); Al llegar a
> lo de Garay López, Bianco baja de un salto del caballo, jadeante y sudoroso (Saer, *Oca-
> sión*); Fue a buscarla a lo del médico y se enteró de que ella no había ido más (Puig, *Beso*).

Alternan a veces estas formas de denominación con las que se construyen con el
adverbio relativo *donde*, todavía vivas en el español de muchos países: *Tienes que ir
donde el zapatero* (Alegría, *Mundo*).

14.5.4b El artículo *lo* forma parte de un gran número de expresiones lexicalizadas
o semilexicalizadas. Están entre ellas *lo {mío ~ tuyo ~ suyo}*, como en *Sufre lo suyo*
(aproximadamente, 'Sufre mucho'), y también *a lo sumo, de lo contrario, por {lo ~ el}
contrario, por lo menos, a lo mejor, por lo pronto, en todo lo alto* y otras similares que
suelen explicar los diccionarios. *Lo antes posible* no es propiamente una expresión
lexicalizada, ya que alterna con *lo más {pronto ~ cerca ~ temprano ~ lejos} posible*, entre otras variantes, como se explica en el § 45.5.1b. Las series *lo primero, lo segundo, lo
tercero* se usan como marcadores del discurso que ordenan la información que se va
introduciendo, en lo que se acercan a *en primer lugar, en segundo lugar,* etc. (§ 30.9.2e).
Las locuciones adverbiales que contienen el artículo *lo* se describen en el § 30.10.2d.

15 El artículo (II). El artículo indeterminado. Genericidad y especificidad. La ausencia de artículo

En el capítulo anterior se han presentado las formas del artículo indeterminado (*un, una* para el singular y *unos, unas* para el plural), así como las condiciones de uso de la variante femenina *un* (§ 14.2.2). También se ha introducido de manera general la oposición básica que se establece entre el artículo determinado y el indeterminado. De acuerdo con lo allí visto, se distingue *Hoy he recibido una carta* de *Hoy he recibido la carta*. En la primera oración el hablante supone que el oyente no está en condiciones de identificar la carta en cuestión, ya que no es la única posible en ese contexto. En este capítulo se analizará con más detalle el artículo indefinido *un/una*, así como los grupos nominales escuetos o sin determinante, con los que a veces alterna.

15.1   Relaciones entre el artículo indefinido y otros elementos afines

En los apartados que siguen se estudiará primero la oposición entre el artículo y el pronombre indefinido *uno* y se analizará luego la que existe entre el artículo y el numeral.

15.1.1   El artículo *un/una* y el pronombre indefinido *uno/una*

El artículo indefinido *un/una* se ha distinguido tradicionalmente del pronombre indefinido *uno/una*. Así, en una secuencia como *¿Quieres un lápiz o ya tienes uno?*

el artículo *un* introduce el grupo nominal e informa sobre algunas de sus propiedades referenciales, mientras que *uno* es una unidad pronominal que toma su referencia de todo el grupo *un lápiz* y desempeña sus mismas funciones sintácticas. Artículo y pronombre tienen naturaleza INDEFINIDA, pero se distinguen en su categoría sintáctica. Entienden, sin embargo, algunos autores que las dos unidades pertenecen a la misma clase de palabras, la de los determinantes: [*un lápiz*] ~ [*uno* Ø], con la diferencia añadida de que el núcleo nominal tácito evita la duplicidad categorial. La distinción MORFOFONOLÓGICA entre *un* y *uno* opone también los miembros de los pares *algún* ~ *alguno*; *ningún* ~ *ninguno*; *cualquier* ~ *cualquiera*. Aunque ambos análisis cuentan con argumentos a favor y en contra, se adoptará aquí la postura tradicional, según la cual *un* es un artículo y *uno* un pronombre. Se aceptará, a la vez, la idea —defendida en la tradición gramatical académica— de que el artículo indefinido *un* constituye una forma apocopada del pronombre indefinido *uno*.

15.1.2   La alternancia *un / uno*

La distinción entre artículo y pronombre indefinido permite explicar adecuadamente algunas alternancias que se basan en la oposición entre adjetivo y sustantivo.

15.1.2a   Muchos adjetivos que denotan propiedades caracterizadoras de clases de personas o cosas se han recategorizado como sustantivos, de manera que pueden funcionar como miembros de una u otra categoría según los contextos (§ 13.4.1). Así, *viejo* es adjetivo en *un libro viejo, aquella vieja idea, ropa muy vieja* o en *lo viejo que lo encontré*; pero es sustantivo en *Los viejos nos enseñan con su experiencia* (es decir, 'las personas viejas') o en *cosas de viejos*. Pertenecen al mismo grupo *enemigo, extranjero, médico, portátil, sospechoso, vecino*, etc. En su acepción sustantiva, estas palabras admiten el artículo indefinido. El artículo *un* no incide, en cambio, sobre adjetivos: *Pensaba poner un disco nuevo, pero acabé poniendo* {*un ~ uno} *viejo*. Estos adjetivos pueden modificar, no obstante, al pronombre indefinido *uno*, al igual que a otros pronombres: *alguno mejor, cuántos felices, ninguno simpático*. La alternancia es rechazada por los adjetivos que carecen de usos sustantivos: **un feliz, *un difícil, *un interesante, *un inteligente*, etc. El mismo contraste se registra en los términos que designan colores:

> Tenía el pelo negro, de un negro definitivo (Aleixandre, *Encuentros*) (uso sustantivo); Los perros cazadores, dos amarillos y uno blanco, los tres muy orejones y un tanto paticortos, devoran a lengüetazo limpio, con la fatiga de la faena, el caldo (Carrasquilla, *Tiempos*) (uso adjetivo).

15.1.2b   El artículo indefinido femenino *una* no se distingue formalmente del pronombre, lo que da lugar a que pueda darse ambigüedad en las palabras que admiten tanto usos sustantivos como adjetivos. Así, la voz *pequeña* puede ser sustantivo o adjetivo, según el contexto, en la expresión *una pequeña*. Si es sustantivo, *una* será artículo y el grupo nominal designará una niña, pero si *pequeña* es adjetivo, *una* será pronombre y habrá que buscar un antecedente apropiado en el contexto inmediato, como en *¿Quieres una botella grande o una pequeña?*

15.1.3 Propiedades sintácticas del artículo indefinido y del pronombre *uno*

Se caracteriza el artículo indefinido por algunas propiedades sintácticas que lo diferencian tanto del artículo determinado como del pronombre indefinido *uno*. Se describen las fundamentales a continuación.

15.1.3a El artículo indefinido no admite subordinadas relativas, como en {*el ~ uno ~ *un*} *que tú me diste,* ni tampoco sustantivas: {*El ~ *Uno ~ *Un*} *que tú hagas esas cosas me molesta.* Rechaza también los grupos preposicionales (**un sin azúcar*) y las construcciones partitivas (§ 19.6.1), como muestra el contraste entre **un de ellos* (con artículo indefinido) y *uno de ellos* (con pronombre indefinido).

15.1.3b No existe un artículo indeterminado neutro paralelo al artículo determinado neutro *lo* (§ 14.5), pero sí un pronombre indefinido neutro que se usa en construcciones lexicalizadas como *ser todo uno* (*Salir a la calle y mancharme fue todo uno*), y en la correlación opositiva *uno... otro...,* en la que cada miembro anticipa una oración: *Uno es ser católico y otro es comerse los santos.* Actualmente se prefiere en estos usos la correlación *una cosa... otra (cosa)...,* como en *Una cosa es escribir como poeta y otra como historiador* (Roa Bastos, *Vigilia*). Cuando los pronombres no son neutros en la correlación *uno... otro...,* tienen interpretación anafórica y remiten a entidades identificables en el contexto. Este es el único caso en el que el pronombre indefinido *uno* puede ir precedido de artículo determinado, como en *Se limitan a decirse: "Buenos días", al llegar y al marchar: sin desabrimiento, sin orgullo. El uno, con la humildad del santo, el otro, con la del pecador* (Torrente Ballester, *Saga*).

15.1.3c El artículo indeterminado no constituye por sí solo un grupo nominal. Se dice *de [uno] a [otro lado]* o bien *de [un lado] a [otro],* pero se rechaza **de [un] a [otro lado],* así como **Ha llegado un (de Beatriz),* refiriéndose a algún objeto ya mencionado. El pronombre *uno,* por su parte, puede usarse como pronombre independiente, pero únicamente en singular. Así, a la pregunta *¿Cuántos alumnos había en el patio?* puede responderse con *Uno,* con *Algunos* o con *Unos cuantos,* pero no con *Unos.* Tampoco se obtienen sustituciones como *Llegaron unos cazadores* > **Llegaron unos.*

15.1.4 Relaciones entre el artículo indefinido y el numeral

Algunos estudiosos han defendido que *un* no es propiamente artículo (frente a *el*) ni cuantificador indefinido (a diferencia de *algún*), sino un cuantificador numeral. Se impone esta interpretación en los contextos en que contrasta con otro numeral o entra en correlación con él, como en *Me dio un sobre, no dos,* y también cuando los adjetivos *solo* o *único* aparecen entre *un* y el sustantivo: *Había una sola niña en el aula.* Sin embargo, la naturaleza indefinida de *un* es compatible en otras ocasiones con su interpretación como numeral, como se explica a continuación. En otros contextos, examinados en los § 15.1.4b-d, *un/uno* no puede considerarse numeral.

15.1.4a Las formas singulares del artículo indeterminado han conservado la CARDINALIDAD (en el sentido de la propiedad de denotar cierta magnitud numérica) que correspondía al numeral latino del cual proceden (§ 14.1.1b). A partir de este valor originario, han desarrollado el rasgo de INDETERMINACIÓN característico de su función como artículo de primera mención. La fluctuación entre ambos sentidos se pone de manifiesto en contrastes como *Estos documentos no caben en un cajón* (valor numérico) y *Estos documentos estaban en un cajón* (valor de indeterminación). Así pues, en el primer caso se dice que son necesarios varios cajones, mientras que en el segundo se hace referencia a cierto cajón no especificado.

15.1.4b   Rechazan por lo general la interpretación semántica que corresponde a los numerales los contextos presentativos, en los que *un* se utiliza para introducir un nuevo referente en el discurso (§ 15.2.1). Así, la oración *Has tenido una buena idea* no informa exactamente sobre el número de buenas ideas que alguien ha tenido, ni *Tengo un terrible resfriado*, sobre el número de resfriados de alguna persona. También resultan incompatibles con la interpretación numeral del artículo indefinido los sustantivos no contables, sean concretos o abstractos: *Trajo una arena muy fina* (es decir, 'un tipo de arena'; *Nos sirvieron un café exquisito; Tiene una paciencia de santo; Me entró un hambre atroz* (§ 15.2.3a).

15.1.4c   Las formas plurales *unos/unas* no admiten la interpretación numeral. En cuanto que no pertenecen a la serie *dos, tres, cuatro...*, carecen de la capacidad para remitir a la interpretación estricta de cardinalidad. No obstante, estas formas pueden expresar una cuantificación imprecisa, tanto en las combinaciones *unos pocos, unas cuantas* (*En el aula había unas {pocas~cuantas} niñas*) como cuando modifican a un numeral cardinal: *Asistieron al acto unas doscientas personas; Esperó unos diez minutos y se marchó*. Este uso es compatible con otras maneras de indicar aproximación, como el adverbio subrayado en *La trinchera que yo he marcado tiene aproximadamente unos cien metros de largo* (Barea, *Forja*). El uso APROXIMATIVO de *unos/unas* es el único átono de esta unidad. Puede manifestarse con él un valor por defecto o por exceso, de modo que la expresión *unos veinte* puede usarse adecuadamente para denotar tanto diecinueve entidades como veintiuna, pero resulta inadecuado para referirse a una cantidad exacta, como en **Se ausentaron de la reunión exactamente unos veinte delegados* (en lugar de ... *exactamente veinte delegados* o de ... *unos veinte delegados aproximadamente*).

15.1.4d   El artículo *un/una* se acerca a los cuantificadores indefinidos *algún/alguna* (§ 20.2.2f, g) en los contextos modales, como el imperativo: *Dame {una~alguna} pista*, o el condicional: *si sabes de {un~algún} trabajo*. La cercanía desaparece en otro tipo de contextos, en los que a menudo se prefiere el artículo: *Has tenido {una~*alguna} buena idea; Desde aquí hay {una~*alguna} magnífica vista*. El artículo indefinido puede alternar con los indefinidos negativos bajo el ámbito de la negación, como en *No he leído {un~ningún} libro en todo el verano* (§ 48.4.2c).

15.2   Valores semánticos y pragmáticos del artículo indefinido

15.2.1   Artículo indefinido y primera mención

Ya se ha señalado que el artículo indeterminado se usa normalmente para indicar que lo designado por el grupo nominal no es identificable por el oyente. De este valor general se derivan algunas restricciones. Así, no se emplea este artículo en la relación ANAFÓRICA DIRECTA (§ 14.3.2b) con un antecedente, ya que en tal clase de asociación el oyente está en condiciones de identificar un referente ya mencionado. Por la misma razón, tampoco suele emplearse el artículo indefinido en los grupos nominales que denotan entidades únicas en su clase. Resulta muy extraña, en efecto, la oración *Saludé a una madre de Luis*, puesto que implica que Luis tiene más de una madre. Aun así, si el referente único se supone no identificable por el oyente, puede usarse el artículo indeterminado, como en —*¿Qué estás leyendo, hijo?* —*A un escritor que se llama Carlos Monsiváis* (Giardinelli, *Oficio*).

15.2.2   El artículo indefinido y la anáfora asociativa

15.2.2a   El artículo indefinido es compatible con la ANÁFORA ASOCIATIVA (§ 14.3.2c) cuando la parte que se extrae del todo —introducido en el contexto anterior— no cumple con el requisito de unicidad contextual característico del artículo determinado. Así, en la oración *A este auto le falla una bujía*, el grupo nominal indefinido *una bujía* no introduce exactamente un elemento nuevo en el discurso, sino que se vincula con *este auto* (el ANCLA, en el sentido que se dio a esta expresión en el § 14.3.2c) a través de una relación de MERONIMIA. Sin embargo, el hecho de que los autos suelan contener más de una bujía legitima la presencia del artículo indefinido. El mismo contraste puede darse en la relación de POSESIÓN INALIENABLE, como entre *Lo han operado de la nariz* y *Lo han operado de un oído*, en referencia a una parte del cuerpo que no es única.

15.2.2b   Admite otras variantes la interpretación de los grupos nominales indefinidos a través de la anáfora asociativa. El grupo nominal que encabeza el artículo indeterminado en el texto siguiente se relaciona con su ancla (marcada con trazo discontinuo) mediante una relación de cuasisinonimia, pero constituye a la vez una expresión genérica que adscribe la persona o cosa de la que se habla a un TIPO particular: *El animal es grande y las garras deben de medir unos cinco centímetros. Un bicho así, por muy hambreado que esté, no deja de ser vigoroso* (Sepúlveda, *Viejo*). No se da, en cambio, vinculación anafórica cuando uno de los dos grupos nominales implicados funciona como predicado, como sucede en los ejemplos siguientes. El primer grupo nominal subrayado es atributo; el segundo forma una aposición:

> Un carrero es un hombre fuerte, decidido, que sabe tratar, fumar y negociar (Fraile, *Cuentos*); Anita, que estaba en la oscuridad, sintió fuego en las mejillas y por la primera vez, desde que le trataba, vio en el Magistral un hombre, un hombre hermoso, fuerte (Clarín, *Regenta*).

15.2.2c   Los grupos nominales indefinidos pueden encabezar las CONSTRUCCIONES PARTITIVAS (*un estudiante de los matriculados en el curso, uno de los estudiantes matriculados en el curso*) y también las PSEUDOPARTITIVAS (*un grupo de médicos, una docena de abogados*) que se analizan en el § 19.6. En cambio, son incompatibles con los GRUPOS NOMINALES SUPERLATIVOS (§ 45.5.1a), cuya denotación demanda la condición de unicidad descrita en el § 14.3.1: {*el ~ *un*} *mejor estudiante de los que están matriculados*.

15.2.3   Usos evaluativos y enfáticos de las expresiones indefinidas

15.2.3a   Cuando un grupo nominal indefinido es modificado por un complemento cualitativo, este tiende a interpretarse como REMA o APORTE de la oración, es decir, como información nueva (§ 40.1): *Fue una decisión* lamentable. Por esta razón, la omisión de tal elemento puede producir una secuencia incompleta o poco informativa, como *Fue una decisión*. La presencia del artículo indeterminado en los contextos descritos está inducida por el adjetivo evaluativo. De hecho, se ha observado que estos adjetivos son a menudo incompatibles con el artículo determinado. Resultan naturales secuencias como *un libro interesantísimo* o *un camino sumamente largo*, pero extrañas o muy forzadas —si no inviables— otras como *el libro interesantísimo* o *el camino sumamente largo*. La necesidad del adjetivo suele percibirse más claramente con los sustantivos abstractos y no contables (§ 12.2) a los que modifican adjetivos calificativos que expresan un valor extremo, como en *Tenía un hambre* horrible. En general, los modificadores de naturaleza EVALUATIVA o PONDERATIVA no suelen ser apropiados para caracterizar la referencia de las personas o las cosas, es decir, para elegirlas entre otras posibles o seleccionar subconjuntos de ellas.

15.2.3b   Los modificadores cualitativos de los grupos nominales introducidos por *un* pueden omitirse y ser sustituidos por una entonación suspendida o de semianticadencia, que a menudo reflejan los puntos suspensivos: *¡Pregunta usted unas cosas...!* (Sampedro, *Sonrisa*); *Convendrá usted conmigo que el chico es algo especial, un pelín farsante, y con un carácter...* (Marsé, *Rabos*); *En cambio mamá fue siempre una mujer tan guapa. Tenía un cutis...* (Vázquez, Á., *Juanita Narboni*). En estos casos, el grupo nominal expresa la ponderación que el hablante hace de cierta propiedad no manifiesta, con lo que se obtienen las interpretaciones características de las construcciones consecutivas (§ 45.6.2a).

15.2.3c   Algunos gramáticos denominan CONSTRUCCIONES DE *UN* ENFÁTICO a los grupos nominales que incluyen estas formas de valoración. Así, *¡Pregunta usted unas cosas...!* se relaciona con las oraciones exclamativas (*¡Qué cosas pregunta usted!*) y con las construcciones de artículo determinado enfático (*¡Las cosas que pregunta usted!*). Cuando el modificador ponderativo aparece explícito, estas construcciones presentan un patrón de ENTONACIÓN BIMEMBRE, con una rama tensiva (*Pregunta unas cosas...*) y otra distensiva similar a la de las construcciones consecutivas: *Porque tú eras de un insistente que tiraba de espaldas* (Gala, *Invitados*); *Ese manantial es de un agua que corta, de tan fina y tan fría* (Díez, *Fuente*), es decir 'tal agua que...' o 'un agua tal que...'. Por su contenido predicativo, la construcción de *un* enfático suele funcionar como atributo, y a veces queda reducida a un grupo nominal de significación estimativa o valorativa, sin el modificador ni la inflexión entonacional antes mencionada:

> O este es un idiota incurable o es un genio (Quesada, *Banana*); En algún momento logra ser Goya, pero generalmente es un desastre (Sábato, *Héroes*); ¿Y qué hacemos acá parados como unos estúpidos? (Gorodischer, *Jubeas*).

15.2.3d   Los grupos nominales indefinidos pueden concurrir como atributos sin recibir interpretación enfática. Su carácter predominantemente cualitativo los hace poco adecuados en estos casos para identificar individuos, a menos que se incluya algún modificador que añada rasgos a la descripción. Se dice, por tanto, *Luis es un bonaerense que conocí el año pasado,* pero no *Luis es un bonaerense.* En la misma línea, nótese que con *Pablo es un profesor de Madrid* se identifica a Pablo; con *Es profesor de matemáticas* es incluido en una clase, y con *Es un excelente profesor* se hace un juicio valorativo sobre él. Se retoman estas cuestiones en los § 37.2.2b y 37.3.1.

15.3   Grupos nominales definidos e indefinidos en contextos presentativos o existenciales

Los nuevos referentes que el artículo indeterminado aporta al discurso son introducidos a menudo por verbos PRESENTATIVOS. Estos predicados expresan EXISTENCIA, a veces combinada con la idea de LOCALIZACIÓN. Su sujeto o complemento directo es habitualmente un grupo nominal indeterminado. El verbo *haber* constituye el ejemplo más genuino de esta clase de predicados cuando aparece en construcciones impersonales, como en *Hubo un apagón en el pueblo.* Otros verbos que pueden desempeñar una función discursiva similar son *existir* (*En su planteamiento existe un problema previo*), *ocurrir* (*Acaba de ocurrir un accidente en la autovía*) y *tener* (*Todavía tenemos un asunto pendiente*), así como otros que introducen situaciones hipotéticas, como en <u>*Imaginemos*</u> *un móvil que se desplaza a 60 km/h.*

15.3.1   Construcciones con HABER IMPERSONAL

15.3.1a   Admiten estas construcciones dos variantes, una locativa y otra adscriptiva. En la primera, la noción de 'presentación' se combina con la de 'localización', a veces implícita, como en *¿Hay alguien?*, donde el argumento locativo se interpreta deícticamente: *¿Hay alguien ahí?*, o en *Hay novedades,* donde se recupera a través del contexto o la situación.

15.3.1b   En la variante ADSCRIPTIVA se atribuye al argumento una propiedad relevante que permite caracterizarlo o clasificarlo entre otros, como en los siguientes ejemplos: *Había un tren que salía a las cinco de la tarde y que llegaba en un par de horas a Madrid* (Puértolas, *Noche*); *Hay un cuento cuartelero muy gracioso, en el que el coronel de un regimiento da la orden a su ayudante de que prepare a la tropa* (Pinillos, *Psicología*). Se obtiene una variante de esta construcción en ausencia de artículo (§ 15.3.2), como en *Hay aspectos de mi personalidad que se me escapan* (Mujica Lainez, *Escarabajo*). En estos casos se establece una relación predicativa entre el núcleo del objeto directo y su complemento. De hecho, este se mantiene a veces cuando se pronominaliza el objeto directo, lo que permite asimilar la construcción a las de complemento predicativo: *Entre los escritores del día* <u>*los hay*</u> *puros, ricos, elegantes, y esta es gran fortuna* (Montalvo, *Tratados*); *Hay mucho juez corrupto e incompetente, pero también* <u>*los hay*</u> *honestos y capaces* (*Universal* [Ven.] 1/9/1996). El valor clasificador se reconoce también en el esquema fijado que se forma repitiendo un sustantivo en los dos miembros de una coordinación («*hay* + sustantivo + *y* + sustantivo»), aunque la clasificación solo se establezca implícitamente: *Hay vinos y vinos* ('Hay vinos de una clase y vinos de otra').

15.3.2   El efecto de definitud

Como ocurre con los verbos presentativos en general, el verbo *haber* impersonal suele imponer a su complemento limitaciones relativas a su naturaleza indefinida. En efecto, el complemento directo puede estar encabezado por un determinante indefinido o puede carecer de él (*Había {un reloj~relojes} por todas partes*), pero —con las excepciones que luego se examinarán— no admite el artículo determinado: *Hubo {un~*el} apagón en el pueblo; Había {una~alguna~*la} carta en el buzón; Hay {ideas suyas~*las ideas suyas} con las que no comulgo en absoluto*. Esta restricción se considera una manifestación del llamado EFECTO DE DEFINITUD. Por el contrario, el verbo *estar,* que también permite ubicar personas o cosas, se combina con argumentos definidos (*El libro está sobre la mesa*). Las construcciones partitivas encabezadas por indefinidos resultan naturales con *estar* (*Uno de los libros está sobre la mesa*), pero no con *haber* (**Hay uno de los libros en la mesa*). El grupo nominal definido incluido en el partitivo permite al grupo encabezado por *uno* anclar su referencia, lo que le impide aparecer en contextos presentativos. A pesar de ello, el complemento directo del verbo *haber* puede ser definido en ciertos contextos. Se mencionan los fundamentales a continuación.

15.3.2a   Los pronombres personales átonos de tercera persona (*lo / la / los / las*) son definidos. Estos pronombres se admiten como complementos del verbo *haber*. Así, es posible responder a la pregunta *¿Hay entradas para la próxima sesión?* con *No hay,* pero también con *No las hay*.

15.3.2b   Aparecen encabezados por artículos definidos ciertos grupos nominales de valor CUANTITATIVO, más que propiamente referencial, como en *Había el doble de concurrentes; En ese cuaderno hay la información suficiente para que podáis prever los golpes que se están preparando* (Savater, *Caronte*); *No hubo el más leve tono de tristeza en su voz* (Muñoz Molina, *Jinete*). En este último ejemplo el SUPERLATIVO CUAN-TIFICATIVO (§ 45.5.1) aparece en un contexto negativo y equivale a *ninguno*.

15.3.2c   Tampoco manifiestan el efecto de definitud los usos ENDOFÓRICOS del artículo determinado (§ 14.3.2d), en los que el nombre es modificado por complementos que expresan repetición, hábito o costumbre, o bien designan clases de entidades que se presentan como arquetípicas, como en *En sus palabras había el típico desprecio de quien no tolera la discrepancia,* o en *Hubo el lógico malestar, pero al final no pasó nada* (Mendoza, *Ciudad*). Tienen asimismo valor endofórico los sustantivos abstractos que llevan complementos oracionales: *Hay el peligro de que Isabel note el cambio* (Chacel, *Barrio*); *Si a nosotros nos dan los fondos necesarios, hay la seguridad de que la administración de justicia va a mejorar* (*Expreso* [Ec.] 4/10/2002).

15.3.2d   Se admiten también expresiones definidas en el complemento de *haber* si estas aparecen en SERIES COORDINADAS en las que se presentan varias clases de personas o cosas características de alguna situación: *Hay los que comen peces crudos y solo beben agua de mar, y hay los que aúllan como perros en vez de articular palabras* (Reyes, *Última*).

15.4 Uso genérico del artículo. La genericidad y la relación «artículo – pronombre»

Los GRUPOS NOMINALES GENÉRICOS no designan individuos particulares, sino que denotan la generalidad de los miembros, reales o virtuales, de una clase o una especie, como en *La gaviota se alimenta de peces; Las gaviotas se alimentan de peces; Una gaviota se alimenta de peces; Uno se alimenta de lo que encuentra*. La interpretación GENÉRICA de un grupo nominal requiere que el predicado exprese una característica atribuible a la clase entera. No se obtiene, en consecuencia, la interpretación genérica en *Una gaviota se posó en mi ventana*. Las oraciones genéricas suelen exigir tiempos verbales IMPERFECTIVOS (§ 23.1.3c). Sin embargo, algunas oraciones con sujetos genéricos contienen tiempos perfectivos, como *El dinosaurio se extinguió en el Cretácico,* donde se hace referencia a un acontecimiento delimitado temporalmente que afectó a toda la especie de los dinosaurios.

15.4.1 Grupos nominales genéricos introducidos por el artículo determinado

El ARTÍCULO DETERMINADO introduce grupos nominales genéricos en singular o en plural, que en algunos casos alternan.

15.4.1a Cuando estos grupos se construyen en singular, denotan la clase o la especie entera a la que se hace referencia, que se presenta así como un TIPO o un PROTOTIPO, es decir, como una entidad única. El artículo mantiene, pues, el valor de unicidad que le es característico en *El mexicano medio habla con voz más bien mesurada* (Fuentes, *Esto*), a pesar de que esta oración no habla de un individuo particular. Lo mismo sucede en los ejemplos siguientes:

> *El cuadrado tiene cuatro lados perpendiculares de igual longitud; El perro es el mejor amigo del hombre; Vuelve a estar de moda el bolero; El avión ha acortado las distancias.*

15.4.1b Los grupos nominales genéricos con artículo determinado en plural denotan la clase a la que pertenecen ciertos seres a partir de la referencia a los miembros que la componen:

> *Los docentes hicieron huelga ayer; Las imágenes de desastres inundan los programas informativos; Las flores son decorativas; Los cuadros de Picasso están en los mejores museos; Los políticos se rodean de asesores.*

A diferencia de las construcciones encabezadas por *todos* o *todas,* estos grupos nominales genéricos no incluyen necesariamente a todos los miembros de la clase a la que se alude, ya que pueden referirse a una muestra representativa de ella. Así, la oración *Los docentes hicieron huelga ayer* no implica por fuerza que todos los docentes tomaran parte en cierta huelga.

15.4.1c El singular y el plural con valor genérico no siempre son intercambiables. Alternan en número, y sin alteración apreciable de significado, los grupos nominales que se combinan con los predicados que denotan propiedades CARACTERIZADORAS, es decir, consustanciales, características, estables o definitorias (§ 37.3.1), como *La naranja es rica en vitamina C* ~ *Las naranjas son ricas en vitamina C*, o *El inglés es un excelente marino* ~ *Los ingleses son excelentes marinos*. Una alternancia similar presentan los predicados que expresan el surgimiento o la desaparición del conjunto de individuos que forman una clase: *El mastodonte se extinguió hace 50 000 años* ~ *Los mastodontes se extinguieron hace 50 000 años*. En cambio, con los predicados relacionados con la creación de la clase designada (*inventar*, *descubrir*, etc.) tiende a elegirse el singular: *Bell inventó el teléfono; El descubrimiento del átomo revolucionó la física*. No suele aparecer el singular genérico cuando la oración refleja propiedades contingentes, accesorias o episódicas. Contrastan así *El docente solo va a la huelga en caso extremo* (que puede referirse a todos los docentes) y *El docente hizo huelga ayer*, que alude a uno solo. Se registran, no obstante, algunas excepciones limitadas a ciertas clases de predicados, como *El hombre de Neandertal emigró hacia el sur*.

15.4.2   Grupos nominales genéricos introducidos por el artículo indeterminado

También pueden recibir interpretación genérica algunos grupos nominales en singular con artículo indeterminado, como en *Un libro siempre ayuda a pasar una tarde*, que equivale prácticamente a *{Cualquier* ~ *Todo} libro ayuda a pasar cualquier tarde*. Sin embargo, están más restringidos que los introducidos por artículo determinado porque solo estos últimos pueden denotar características atribuibles a la clase como conjunto. No resultan, en efecto, naturales secuencias como **Una langosta constituye una plaga en algunos países*. Los grupos nominales indefinidos pueden expresar, por el contrario, propiedades de alguna clase relativas a valores medios (*Una familia mexicana tiene más de dos hijos como promedio*), así como propiedades virtuales que el hablante considera que deberían darse en el prototipo que se describe. Así, en *Un docente se preocupa de sus alumnos* se pone de manifiesto una obligación ética de los docentes, mientras que *Los docentes se preocupan de sus alumnos* se interpreta más bien como una generalización sobre el comportamiento real de los docentes. Tal valor modal se hace explícito ocasionalmente, por ejemplo mediante unidades como las subrayadas en *Un individuo en sus cabales no hace eso* o en *Un asesino como Dios manda siempre deja algún indicio de su crimen* (Millás, *Mujeres*).

15.4.3   Usos genéricos del pronombre indefinido *uno/una*

El pronombre indefinido *uno/una* presenta empleos genéricos que aluden en principio a cualquier individuo. Esta forma aparece con predicados que expresan vivencias, ideas o sentimientos del hablante que se suponen extrapolables a los demás:

> Cuando uno está al tanto de una pena, la flor del ingenio sobrebrota de ese mismo estiércol (Landero, *Juegos*); Una se imagina lo peor (Aguilar Camín, *Error*); Lo menos que se pide es que la reciban a una cuando llega (Díez, *Fuente*).

La interpretación genérica de *uno/una* requiere un tiempo verbal imperfectivo:
Cuando lo nombran a uno para un cargo de responsabilidad... Por otro lado, la duplicación de los pronombres átonos correspondientes al complemento directo o indirecto
solo es compatible con la interpretación genérica (*Si lo acusan a uno, se defiende*),
mientras que su ausencia solo da lugar a la construcción partitiva introducida por el
numeral *uno* (*Si acusan a uno* [= 'uno de ellos'], *se defiende*). Como es lógico, no se
obtiene la interpretación genérica en los usos pronominales de *uno* y *una* referidos
exclusivamente al hablante:

> Uno es sensible a ciertas cosas, qué demonios (Cortázar, *Rayuela*); Todo eso es fama que
> le ponen a uno, señor cura (Rivas, M., *Compañía*); Ay, Dios, no está una para esos sustos
> (Fuentes, *Cristóbal*).

15.5   Especificidad e inespecificidad de los grupos nominales

Para interpretar los grupos nominales y explicar la distribución de los determinantes se
ha de acudir no solo a la oposición entre DEFINITUD e INDEFINITUD, sino también a la
que opone los argumentos ESPECÍFICOS a los INESPECÍFICOS. Como se vio en el capítulo precedente, un grupo nominal es específico cuando hace referencia a un ser particular,
al menos para el emisor. Así, el sujeto de la oración *El ganador del Premio Nobel de Literatura de 1982 es colombiano* tiene un referente concreto, el escritor Gabriel García
Márquez. En cambio, en *El concursante ganador obtendrá un viaje al Caribe,* el grupo
nominal sujeto es inespecífico, ya que en el momento de emitir el enunciado no es
posible asociar a tal descripción definida un referente particular, que podría no existir.

15.5.1   La especificidad y su relación con la definitud y la genericidad

15.5.1a   La especificidad es un fenómeno relativamente independiente de la definitud. Esta última concierne a la información que el hablante atribuye al oyente,
mientras que la primera depende en gran parte del conocimiento del hablante y del
modo en que este lo presenta. En general, los grupos nominales definidos tienden a
ser específicos, pero en algunos contextos pueden recibir interpretación inespecífica, como se vio anteriormente (*El concursante ganador obtendrá un viaje al Caribe*).
Los grupos nominales indefinidos admiten una u otra interpretación según los contextos. Por ejemplo, la oración *Su hija quiere comprarse un apartamento en la costa*
admite dos interpretaciones, según el grupo nominal *un apartamento* se interprete
como específico (uno concreto, ya seleccionado) o como inespecífico (uno todavía no
elegido, imaginado o inexistente). Los GRUPOS NOMINALES ESCUETOS O SIN DETER-
MINANTE (§ 15.6) reciben siempre interpretación inespecífica. Así, en *Escribe sus
novelas con un bolígrafo* el grupo nominal *un bolígrafo* puede recibir lectura específica o inespecífica, según remita a un bolígrafo particular o a uno cualquiera. En
cambio, en *Escribe sus novelas con bolígrafo,* el sustantivo *bolígrafo* no hace referencia a cierto ejemplar concreto de la clase mencionada.

15.5.1b   La GENERICIDAD se suele considerar una variante particular de la INESPE-
CIFICIDAD. Para algunos gramáticos esta es la razón por la que los grupos nominales

escuetos, que designan tipos o clases, son inespecíficos. Algo similar ocurre con los cuantificadores universales distributivos (§ 20.1.2 y 20.1.3), que designan toda la clase de elementos por medio del singular (*Cada estudiante tiene su forma de estudiar; Todo problema tiene solución*), así como con los RELATIVOS INDEFINIDOS (*Quienquiera que diga eso miente*). Admiten incluso usos inespecíficos los pronombres personales cuando se interpretan como genéricos, como ocurre con *tú* o con la flexión verbal de segunda persona cuando adquieren el sentido de *uno* o de *cualquiera* (§ 16.2.1k): *En este trabajo, si tú no te ayudas a ti mismo, no esperes que te ayuden los demás; Cuando tienes una oportunidad, no debes desperdiciarla.*

15.5.2   Factores internos que determinan la (in)especificidad

La interpretación específica o inespecífica del grupo nominal depende de dos clases de factores: los correspondientes a su propia CONFIGURACIÓN INTERNA y los que tienen que ver con el ENTORNO SINTÁCTICO en el que están insertos. Entre los primeros destaca sobre todo la naturaleza del DETERMINANTE, así como su posible ausencia. Entre los segundos sobresalen los INDUCTORES MODALES que legitiman la interpretación inespecífica de los grupos nominales. Los factores relativos a la configuración interna permiten distinguir tres tipos de grupos nominales: A) los intrínsecamente inespecíficos; B) los que tienden a interpretarse como específicos; C) los que admiten ambas interpretaciones.

15.5.2a   Son intrínsecamente inespecíficos (tipo *A*) los grupos nominales que reciben interpretación genérica, como los mencionados en el § 15.5.1b: *Ese clima es propio de un país tropical; Cualquier buen amigo te hubiera ayudado; Todo medicamento tiene contraindicaciones.* También lo son los que contienen un TÉRMINO DE POLARIDAD NEGATIVA (§ 48.6), como los subrayados en *No vino ningún policía; ¿No has oído a nadie que pidiera socorro?; No recibió llamada alguna.* La misma interpretación reciben los grupos nominales modificados por una oración relativa especificativa con verbo en subjuntivo (§ 24.4.1), como muestra el contraste entre *Contrataremos al aspirante que {sabe~sepa} más idiomas.* En la variante con *sabe* se obtiene la interpretación específica del grupo nominal, ya que se remite a un individuo determinado. En la variante con *sepa* se obtiene la interpretación inespecífica, ya que en el momento en que se pronuncia el enunciado no se ha establecido todavía la identidad de tal individuo. La misma oposición se observa en las relativas libres (§ 44.1.2c, d). Se elige el subjuntivo en *Quien te {haya~ha} dicho eso miente* cuando el hablante desconoce la identidad del referente. Por el contrario, el modo indicativo es compatible con las dos interpretaciones (§ 25.4).

15.5.2b   Tienden a interpretarse como específicos (tipo *B*) los grupos nominales modificados por el determinante *cierto* o por los adjetivos *concreto, específico, particular,* etc., como en *una cierta cantidad* (en alternancia con *cierta cantidad*), *un tema concreto, una propuesta específica.* Por otra parte, la presencia de complementos que recorten la extensión del grupo nominal favorece la interpretación específica. Así, en *Quiere visitar a un vecino portugués muy amable* se hace referencia al deseo de visitar a una persona en concreto. Inducen también esta interpretación los adjetivos calificativos de grado extremo, llamados ELATIVOS (§ 13.2.3), pues denotan propiedades extremas que se atribuyen a individuos particulares (*Se rumorea que pasará a presentar un programa informativo famosísimo*). La favorecen asimismo los adjetivos que aparecen en posición prenominal (§ 13.6.1c): ... *un importante programa informativo de esa cadena*. Los COMPLEMENTOS DIRECTOS PREPOSICIONALES suelen asociarse a la interpretación específica aplicada a ciertos individuos (*Buscaban a un médico*). No lo hacen, sin embargo, de manera sistemática, como muestran los grupos nominales inespecíficos siguientes: *No quiere a nadie; Busca a una persona que sepa de contabilidad; Tienes que contratar a profesionales* (§ 34.3.2b).

15.5.2c   Son ambiguos entre ambas interpretaciones (tipo *C*) los SUPERLATIVOS (§ 45.5.2b), que admiten una lectura INDIVIDUAL O REFERENCIAL, como en *la montaña más alta (de la Tierra)* en referencia al Everest (interpretación específica), o una ATRIBUTIVA (llamada también COMPARATIVA), de naturaleza inespecífica, como cuando en un concurso se ofrece el premio al que escale "la montaña más alta" (es decir, una montaña más alta que las que escalen los demás concursantes). Se obtiene una ambigüedad similar entre la interpretación referencial y la atributiva en los grupos nominales definidos que designan cargos, funciones o roles sociales: *el Secretario General de la ONU, el portero del equipo local, el vecino del cuarto piso.*

15.5.2d   Los grupos nominales encabezados por el artículo indeterminado (*una película*) o por numerales (*tres libros*) pueden ser ambiguos entre la interpretación individual o referencial, que se refiere a seres específicos pero no identificables por el oyente, y la interpretación CARDINAL, que señala solo el número de elementos de una cierta clase sin referirse a individuos particulares. Ambas interpretaciones son posibles en *Todos los estudiantes de la clase han leído dos novelas* (§ 19.7.1a). En la lectura referencial, *dos novelas* alude a dos obras literarias concretas, las mismas para todos los estudiantes. En cambio, en la interpretación cardinal no importa si las dos novelas leídas por cada estudiante son las mismas o no. Esta segunda interpretación queda fijada por algunos elementos que focalizan al cuantificador, como los subrayados en las siguientes oraciones: *Asistieron unas veinte personas al acto; Faltan {aproximadamente ~ únicamente ~ solo} diez exámenes por calificar; Hay una sola persona en el patio.*

15.5.3   Factores externos que determinan la (in)especificidad

Los inductores modales, muy a menudo de naturaleza prospectiva, pueden dejar en suspenso la existencia del referente de un grupo nominal situado bajo su influencia, como en *Necesitaba un nuevo programa informático* (en alusión a una entidad que puede existir o no) frente a *Había criticado un nuevo programa informático* (en alusión a una entidad efectivamente existente). Los entornos modales favorecen la aparición del modo subjuntivo en las oraciones de relativo, como se explica en el § 25.4.2, pero también la interpretación inespecífica de los grupos nominales, contengan o no relativas. Entre ellos están los que se mencionan en los apartados siguientes.

15.5.3a   La MODALIDAD ORACIONAL NO ASERTIVA, en la que se incluyen diversos tiempos y modos verbales, como el futuro (*Alquilaremos un apartamento que esté junto a las pistas de esquí*), el subjuntivo con valor de futuro de las subordinadas temporales (*Cuando tengas un problema, avísame*), el condicional (*Dijo que tendría preparado un borrador del documento*), las construcciones condicionales (*si recibes una carta suya*), el modo imperativo (*Tome una silla y siéntese, por favor*) y las oraciones interrogativas (*¿Tienes un bolígrafo?*).

15.5.3b Ciertos predicados, llamados a menudo INTENSIONALES, crean entornos modales en función de sus propiedades léxicas. Son los que sitúan el contenido de la subordinada en un mundo virtual o hipotético que deja en suspenso la identificación de las entidades que forman parte de la predicación. A este grupo pertenecen los PREDICADOS DE MODALIDAD, como *poder, deber, tener que, ser preciso, ser necesario, ser probable*, que expresan probabilidad, posibilidad, capacidad, obligación, necesidad o permiso. También corresponden a él los predicados de VOLUNTAD e INFLUENCIA, como *buscar, inducir, necesitar, obligar, pedir, querer, recomendar, sugerir* y otros similares, que expresan deseos o propósitos cuya consecución se ubica en un momento posterior al señalado por el predicado. Sus argumentos indefinidos no se refieren necesariamente a un ejemplar concreto, sino a un miembro cualquiera de la clase a la que pertenecen. Una interpretación similar reciben los grupos nominales indefinidos que aparecen dentro de oraciones subordinadas finales. He aquí ejemplos de todos estos elementos:

> Tiene que haber una solución (Cortázar, *Rayuela*); Bashur y yo buscábamos un carguero para transportar una mercancía poco convencional (Mutis, *Maqroll*); Me recomendó que visitase a un doctor, y mejor si era médico después que amigo (Alegre, *Locus*); El único secreto para que un negocio funcione es generar confianza (Caso, *Peso*).

15.5.3c Funcionan como inductores de inespecificidad los verbos que incorporan la noción de NEGACIÓN, DUDA u OPOSICIÓN entre sus rasgos léxicos, así como los grupos preposicionales encabezados por la preposición *sin*:

> Negó haber escrito un panfleto difamatorio contra su jefe; Se negó a que lo visitara un médico; Llegó a la meta sin una gota de sudor; Sigue sin escribir una línea; Se oponía a presentar una denuncia ante el juez; Duda de que vaya a conseguir una recompensa por su acción.

15.6 La ausencia del artículo: los grupos nominales sin determinante

15.6.1 Constitución e interpretación semántica de los grupos nominales escuetos

Se denominan GRUPOS NOMINALES ESCUETOS O SIN DETERMINANTE los que tienen por núcleo un sustantivo común que no lleva determinante o cuantificador a su izquierda, como en *No tiene amigos* o en *Son médicos*. Estas construcciones presentan severas restricciones sintácticas, tanto en lo que se refiere a su constitución interna como a las posiciones que pueden ocupar. En cuanto a sus propiedades referenciales, reciben interpretación inespecífica. Suele considerarse que, al igual que los grupos nominales genéricos (§ 15.4), designan TIPOS O CLASES de entidades. Aparecen a menudo, asimismo, en predicados que describen situaciones estereotipadas o prototípicas, como se verá en las páginas siguientes.

15.6.1a　　No son propiamente grupos nominales escuetos, a pesar de carecer de determinantes, los que reciben una interpretación definida y específica, como los nombres propios o los pronombres personales. Tampoco lo son los sustantivos comunes que, en uso metalingüístico, designan el nombre de una palabra: *Incertidumbre se escribe con* r *de Rusia* (Mundo [Esp.] 1/7/1996). Los grupos nominales escuetos pueden tener por núcleo sustantivos no contables en singular o contables en plural. Los sustantivos contables en singular están más restringidos en esta pauta. En efecto, se dice *Corrían niños por la playa; Corría agua por la acequia* o *Compró {madera ~ muebles}*, pero no **Corría niño por la playa* o **Compró mueble*. No obstante, los sustantivos contables sin determinante y en singular son comunes en ciertas locuciones (*no tener corazón, no pegar ojo:* § 15.6.3), así como en expresiones que apuntan a estereotipos sociales relativos a propiedades características de personas o cosas: *Siempre lleva abrigo; Usa sombrero; Tiene perro; El edificio tiene antena colectiva*. Si resultan extrañas oraciones como *Tiene serpiente* o *El edificio tiene grieta en la fachada* es porque los predicados que contienen no designan hábitos ni características comunes o esperables en las personas o cosas a las que se refieren sus sujetos.

15.6.1b　　Los sustantivos o grupos nominales escuetos pueden construirse con adjetivos prenominales (*Allí había destacados artistas*) y adverbios focales (§ 30.1.2c y 40.4): *Escribe únicamente novelas; ¿Habla solo inglés o también alemán?* En posición posnominal aceptan los cuantificadores *alguno* y *ninguno*, con los que forman términos de polaridad negativa (*No había nube alguna en el cielo; No tenía prisa ninguna:* § 48.4.2b), así como diferentes tipos de modificadores especificativos: *No tiene amigos {íntimos ~ de confianza ~ que lo puedan acoger}*, además de modificadores posesivos y demostrativos pospuestos (§ 17.3.3): *En ese grupo hay alumnos míos; De repente, rompió a llorar, reacción esta que nadie esperaba*.

15.6.1c　　Como se ha explicado, suele considerarse que los grupos escuetos (al menos los formados por nombres contables) no designan grupos de individuos, sino tipos, es decir, representantes de una clase de personas o de entidades. No son equivalentes, en efecto, las dos variantes que se muestran en *No se puede dejar ese asunto en manos de {irresponsables ~ unos irresponsables}*. En la primera se alude a cierto perfil de individuo, por lo que la oración podría emitirse para rechazar la propuesta de un único candidato. En la segunda, por el contrario, se hace referencia a un conjunto de personas. Esta propiedad permite a los nombres escuetos recibir los modificadores pospuestos *así, como ese* y otros similares, que facilitan a su vez la aparición del grupo escueto en contextos sintácticos de los que normalmente están excluidos, como el de sujeto preverbal (§ 15.6.2a): *Individuos así no merecen ningún aprecio*.

15.6.1d　　Como los grupos nominales genéricos, los escuetos se caracterizan por la indistinción numérica. Podría usarse, en efecto, el plural *novelas* en *Ahora se dedica a escribir novelas* para caracterizar a una persona que ha escrito una sola novela. Tampoco resultaría extraño emplear la expresión en singular subrayada en *Siempre usa pluma estilográfica* (recuérdese el § 15.5.1a) para hablar de quien usa varias plumas estilográficas. Con los plurales inherentes (§ 3.3.2d) alternan plural y singular para referirse a un ejemplar único: *Hoy lleva {pantalones ~ pantalón}*, pero en ciertos contextos se impone la interpretación plural: *En ese armario hay pantalones* (varias prendas) ~ *En ese armario hay unos pantalones* (una sola prenda).

15.6.1e   Debido a su naturaleza NO DELIMITADA, los grupos nominales escuetos no están capacitados para remitir a la totalidad o a la generalidad de los miembros de la clase denotada. Si se dice *Se pasó el día reparando y probando coches* se entiende, en efecto, que los coches probados y los reparados pueden no haber sido los mismos; si se dijera, en cambio, ... *reparando y probando unos coches* se obtendría la interpretación contraria. También en función de su naturaleza no delimitada, los grupos nominales escuetos se rechazan con los predicados que expresan un límite natural (**Leyó informes en dos horas*). Son admitidos, en cambio, por los que designan actividades que carecen de tal límite (*Leyó informes durante dos horas*: § 23.2). Por la misma razón, los predicados escuetos son característicos de las oraciones que expresan propiedades estables de los individuos, como en *Colecciona monedas; Habla ruso; Compraba apartamentos*.

15.6.1f   Los grupos nominales escuetos están restringidos también por la CLASE LÉXICA del verbo con el que se construyen. Suelen mostrar mayor resistencia a admitirlos los predicados de estado que los de acción: *Entraban trenes en la estación ~ *Estaban trenes en la estación*. Los verbos de afección los rechazan sistemáticamente: **No le gustan animales; *Adora música clásica; *Me duelen muelas*.

15.6.2   Funciones sintácticas que desempeñan los grupos nominales escuetos

Los grupos nominales escuetos se pueden agrupar por su posición sintáctica en la oración y también por la función sintáctica que desempeñan. Se examinan brevemente estos dos factores en los apartados que siguen.

15.6.2a   SUJETO PREVERBAL. Esta es la posición más resistente a los grupos nominales escuetos (no se dice, en efecto, **Turistas llegaron a la ciudad*). Aun así, la admiten en algunos casos:

A. Cuando toda la información que transmite la oración es remática (§ 40.3), como en el encabezamiento de las noticias y en el lenguaje telegráfico de los titulares de prensa: *Alcalde desobedece una sentencia* (*ABC* 18/4/1787); *Pánico causa falsa alarma de maremoto* (*Mercurio* [Chile] 18/1/2005).

B. Cuando el sujeto preverbal es un foco contrastivo (§ 40.3.2), como en *Agua le falta a este país* (Viñas, *Lisandro*), o en las construcciones relativas de relieve: *Ignorancia es lo que son tus leyes* (Martín Recuerda, *Engañao*).

C. Cuando contienen los modificadores *así* o *como ese* (*Gente como esa no merece consideración*). También cuando el sujeto constituye una enumeración de conjuntos inespecíficos, muchas veces coordinados: *Choferes y ladrones compartían la misma cabina* (*Nación* [Arg.] 3/7/1992).

D. En el lenguaje formular de refranes, sentencias, máximas o proverbios. Estos grupos nominales posee interpretación genérica y designan generalmente arquetipos (§ 15.6.1e): *Flores contentan, pero no alimentan; Secreto entre tres ya no lo es; Boca amarga no escupe miel.*

15.6.2b   SUJETO POSVERBAL. Los grupos nominales escuetos aparecen de sujetos posverbales sobre todo con predicados que se construyen con sujetos no agentivos, como los de las pasivas (*Aquí se reparan relojes; Han sido avistadas ballenas a cien millas*) o con verbos INACUSATIVOS (§ 41.3), a menudo en oraciones presentativas (*Llegaron turistas*), o en las que informan que algo acaece o sobreviene (*Ocurrieron accidentes*). Son raros, en cambio, con los verbos INTRANSITIVOS PUROS (§ 41.3.1a), salvo en las construcciones que expresan localización: *Por todas partes estallaban geranios* (Díaz, *Neruda*); *Como patas de araña gigante saltaban chorros de agua barrosa por sobre las rocas* (Jodorowsky, *Pájaro*). Tampoco son frecuentes los grupos nominales escuetos construidos como sujetos pospuestos a VERBOS TRANSITIVOS. Aun así, la tematización del complemento directo favorece su aparición: *Muchas de esas historias las han escrito compatriotas vuestros* (Vallejo-Nágera, *Yo*).

15.6.2c   Los grupos nominales escuetos pueden ejercer también la función de ATRIBUTO (*Luis es médico; Está de gerente*) en todas sus variedades, entre ellas la de COMPLEMENTO PREDICATIVO (*Aquí a la alcachofa la llaman alcaucil*); aparecen también en las APOSICIONES EXPLICATIVAS (*Estambul, ciudad maravillosa*). Son particularmente frecuentes en estos casos los sustantivos que denotan profesiones, cargos o funciones: *Es maestro; Aspira a ministro; Con él de portero, mejorarán los resultados; Fue coronado rey en 1775.*

15.6.2d   Los grupos nominales escuetos desempeñan otras funciones sintácticas, sean oracionales o nominales. Pueden ser COMPLEMENTOS DIRECTOS, como en *Sentía un pinchazo en el costado cada vez que aspiraba aire* (Azúa, *Diario*), COMPLEMENTOS DE RÉGIMEN (*Se trataba de niños que iban a la escuela*) y, más raramente, COMPLEMENTOS INDIRECTOS, con más frecuencia en expresiones coordinadas, que aportan en sí mismas información determinativa: *Yo explicaré el asunto a niños, mozos, hombres y viejos* (Mujica Lainez, *Escarabajo*). En el COMPLEMENTO LOCATIVO estos grupos se asocian a la naturaleza estereotipada de cierta actividad (*asistir a clase, ir a misa*) o de cierta situación del sujeto (*estar en prisión*). Algunos nombres comunes que designan partes o dependencias de una institución los admiten, aunque sujetos a variación geográfica, como en *La solicitud se recoge en Rectorado; Entregué la llave en Conserjería.* Cuando falta el artículo, los complementos locativos o los de instrumento no introducen un referente discursivo, sino que se suelen interpretar como COMPLEMENTOS DE MANERA: *ir en coche, jugar en campo contrario, reunirse en comisión, comer con cuchillo y tenedor, dibujar a pluma, escribir a mano.*

15.6.2e   Como COMPLEMENTOS DEL NOMBRE, los grupos nominales escuetos constituyen modificadores análogos a los adjetivos. En efecto, en *una mesa de despacho* se aporta cierto rasgo que permite caracterizar determinada mesa. En cambio, en *una mesa del despacho* se mencionan dos entidades —una mesa y un despacho— y se establece cierta relación locativa entre ellas. Los grupos nominales escuetos forman también en estos casos expresiones idiomáticas o semiidiomáticas (§ 12.6.2b, c), como en *profesor de universidad, capital de provincia, equipo de música, casa de campo, manual de instrucciones,* muchos de ellos conmutables por adjetivos relacionales: *profesor universitario, capital provincial, equipo musical.*

15.6.3 Otros contextos. Locuciones verbales con grupos nominales escuetos

La designación de tipo o clase característica de los grupos nominales escuetos favorece su integración con el verbo para dar lugar a predicados que se refieren a prototipos muy diversos. Tal como se ha explicado, pueden estar relacionados con el atuendo (*llevar falda, usar sombrero, dejarse bigote*) y los deseos o las necesidades (*buscar socio, necesitar permiso, querer bistec*), pero también con ciertas actividades regladas (*adjuntar informe, hacer copia*) y otros aspectos socialmente fijados. Con mucha frecuencia tal integración da como resultado la formación de LOCUCIONES VERBALES, como en *dar fin* (a algo), *hacer blanco, tener agallas* (para algo), *poner coto* (a algo), *pedir cuentas* (a alguien), *pasar* o *virar (la) página, cantar victoria, sacar con cuchara* ('obtener información con mucho esfuerzo'), y otras muchas similares (§ 34.7.2). Al igual que en otros casos, estas locuciones muestran considerable variación geográfica. Así, alternan, según los países, *dar, pasar, colar, vender* y *meter* en la locución «V + *gato por liebre*». Para hacer referencia a la situación de inactividad de los jugadores suplentes de un equipo, se usan *comer banco, hacer banco, chupar banquillo* o *calentar banco,* entre otras variantes. Los ejemplos de estas formas de variación podrían multiplicarse.

16 El pronombre personal. La correferencia. Las formas de tratamiento

16.1   Los pronombres personales: caracterización

Los pronombres personales se denominan así porque presentan rasgos gramaticales de PERSONA. Esta propiedad solo es compartida en el sistema pronominal del español por los posesivos, considerados con frecuencia una variante de los pronombres personales. Los rasgos de persona se expresan también en la flexión verbal, lo que repercute en la concordancia. Los pronombres personales se caracterizan asimismo por designar a los participantes en el discurso. Esta propiedad reduce considerablemente su contenido léxico y los convierte además en categorías DEÍCTICAS (§ 17.1). La forma que adoptan es diferente según se refieran al hablante (*yo*), al oyente (*tú*) o a ninguno de los dos (*él, ella*). Son, además, elementos DEFINIDOS, propiedad que comparten con los artículos determinados y con los nombres propios. La relación que mantienen con estos últimos es muy estrecha (sobre todo los pronombres de primera y segunda persona), ya que ni unos ni otros son sustitutos de otras expresiones, sino que designan de modo unívoco a su referente. También se asemejan a los nombres propios en su resistencia a recibir modificadores restrictivos.

16.2   Formas de los pronombres personales

Las formas de los pronombres personales son las siguientes:

PERSONA GRAMATICAL / CASO		PRIMERA PERSONA	SEGUNDA PERSONA	TERCERA PERSONA
NOMINATIVO O RECTO	singular	yo: *Yo no lo sabía.*	tú: *Tú no estabas allí.* vos: *Vos tenés la culpa.*	él: *Él no ha venido todavía.* ella: *Ella está aquí hace rato.* ello: *Si ello fuera cierto...*
	plural	nosotros: *Nosotros llegamos antes.* nosotras: *Nosotras estábamos allí.*	vosotros: *Vosotros siempre tenéis razón.* vosotras: *Vosotras iréis juntas.*	ellos: *Ellos son así.* ellas: *Ellas son diferentes.*
ACUSATIVO	singular	me: *No me entienden.*	te: *Te querré siempre.*	lo: *Eso no lo necesito.* la: *Trae la carpeta y dámela.* se: *Aquel hombre se veía perdido.*
	plural	nos: *Nos colocaron separados.*	os: *Os ayudaremos.*	los: *A esos ni los nombres.* las: *Esas notas ya las he leído.* se: *Ambos se miraron.*
DATIVO	singular	me: *Me duelen las muelas.*	te: *Te contaré un cuento.*	le: *Le presté mi bicicleta.* se: *Se lo conté todo a mi amigo.*
	plural	nos: *Nos van a arreglar la casa.*	os: *Os daremos trabajo.*	les: *Les ofrezco mi casa.* se: *Se la suelo ofrecer a mis parientes.*
PREPOSICIONAL U OBLICUO	singular	mí: *No te olvides de mí.* conmigo: *Vendrás conmigo.*	ti: *Lo compré para ti.* vos: *Quiero hablar con vos.* contigo: *Iré contigo.*	él: *Confiaba en él.* ella: *Corrió feliz hacia ella.* ello: *Pensaré en ello.* sí: *Piensa demasiado en sí mismo.* consigo: *Lleva los papeles consigo.*
	plural	nosotros: *Vivió entre nosotros.* nosotras: *No te vayas sin nosotras.*	vosotros: *Esperaremos por vosotros.* vosotras: *No me iré sin vosotras.*	ellos: *La cometa planeaba ondulante sobre ellos.* ellas: *Caminaba tras ellas.* sí: *No dan más de sí.* consigo: *Algunos hablan consigo mismos.*

Las columnas de este cuadro representan la PERSONA GRAMATICAL. Las filas representan, en cambio, las variantes de los pronombres que se establecen en función del CASO, es decir, de la forma en que se reflejan en su morfología las funciones sintácticas que desempeñan. Respecto de las formas recogidas (y en particular el hecho de que algunas se repitan en varias casillas) son pertinentes las precisiones que se formulan en los apartados que siguen. Son incorrectas en español, y no se recogen en el cuadro, las variantes *losotros* por *nosotros, los* por *nos* como pronombre átono (es decir, ¿*Los vamos de aquí?* por ¿*Nos vamos de aquí?*), así como el arcaísmo *vos* y las formas *sos* y *sus* por *os,* como en *Ya vos lo dije* o ¡*Sus vais a enterar!*

16.2.1 Precisiones relativas a la persona, el caso, el género, el número y la tonicidad

16.2.1a   La expresión *persona gramatical* tiene dos interpretaciones. Puede aludir a las personas del discurso, en el sentido de los participantes en el acto verbal: el que habla (PRIMERA PERSONA), aquel a quien se habla (SEGUNDA PERSONA) y aquel o aquello de lo que se habla (TERCERA PERSONA). En un segundo sentido, el término *persona* puede referirse a los RASGOS DE LA FLEXIÓN VERBAL correspondientes al sujeto. Así, se dice que *cantamos* es un verbo en primera persona, mientras que *canta* o *llueve* están conjugados en tercera. Lo normal es que la persona gramatical, en el segundo de los sentidos, coincida con la persona del discurso (primer sentido), como en *yo cant-o, ellas bail-an,* pero no siempre sucede así. El pronombre *usted* representa la muestra más notable de esta divergencia, puesto que corresponde a la segunda persona del discurso, en tanto designa al interlocutor, pero concuerda en tercera persona con la flexión verbal (*Usted lo sabe*). Ello se debe a que *usted* procede del grupo nominal *vuestra merced,* y tiene, por tanto, origen sustantivo. Los grupos nominales concuerdan, en efecto, con el verbo en tercera persona: *Los álamos bordeaban el paseo.* También adoptan las formas de tercera persona los pronombres de acusativo y de dativo que corresponden a *usted/ustedes,* como en *No le conviene a usted* o *A ustedes no las vieron allí.* Lo hacen asimismo con los pronombres en caso oblicuo, como en *Usted lo quiere todo para sí.* Lo dicho se aplica a otras formas de tratamiento, como *su excelencia, su ilustrísima, su señoría, su alteza,* etc. Se considera incorrecta la concordancia del pronombre *usted/ustedes* con la segunda persona del verbo. Se registra esta concordancia, como en *Ustedes vais,* en el occidente de Andalucía (España). También se recomienda evitar expresiones como *Dime usted,* documentada en zonas rurales de México y el Perú, además de en el occidente de España.

16.2.1b   Concuerdan también en tercera persona las fórmulas nominales que, con propósitos diversos (cortesía, respeto, modestia, ironía), se emplean para aludir al interlocutor o al hablante. Así, se refieren al interlocutor las expresiones subrayadas en los textos siguientes:

> Sepa el buen Antonio que yo le quiero mucho (Cervantes, *Persiles*); —¿Desea el señor diputado por Pisco hacer uso de la palabra? (Corrales, *Crónicas*); —¿Acaso mi General tomó parte activa en la noche aciaga? (Rivera, *Vorágine*); —¿Desea desayunar el señor? —me preguntó un camarero. —Sí, por favor (Mendoza, *Verdad*); ¿Qué le pasa a mi niño? No llores (Arrabal, *Cementerio*).

Aluden, en cambio, al hablante otras fórmulas que presentan igualmente la concordancia en tercera persona: *el que suscribe, el abajo firmante, servidor / servidora,* hoy en
retroceso; *menda* (también *mi menda* y *mi menda lerenda,* todas ellas características de
los registros más informales del español europeo, pero cada vez menos usadas); *este
cura, el hijo de mi madre,* propias de la lengua coloquial, etc. También el indefinido
uno / una, normalmente de interpretación genérica (§ 15.4.3 y 16.2.2b), se emplea
coloquialmente para designar al que habla. He aquí algunos ejemplos de estos usos:

> Sigue, para el abajo firmante, cada día más lleno de gracias y más dispensador de alegrías
> (Salinas, *Correspondencia*); Ninguno de los trescientos pasajeros disfruta de los abe-
> jorros a reacción como este servidor (Benedetti, *Primavera*); Ya sabes que una es muy
> emprendedora y no se arredra por nada (Díez, *Fuente*).

16.2.1c Las formas *conmigo, contigo, consigo* se asimilan tradicionalmente a los
pronombres personales. No lo son, sin embargo, en sentido estricto, ya que contienen
en la misma palabra la preposición *con,* lo que las asemeja a los grupos preposicionales. Estas formas conglomeradas se coordinan con otros grupos preposicionales (*No
sé si irme contigo o con él*) e incluso pueden coordinarse entre sí los dos términos de
la preposición, como en *Te quiero tanto, Andrés, que estoy dispuesta a dormir contigo
y tu pareja sensacional* (Chávez, *Batallador*).

16.2.1d Se explicó en el § 1.3.1b que los pronombres personales mantienen distinciones de caso. Este criterio permite discriminar los cuatro grupos que aparecen en la
tabla. Respecto de ellos deben hacerse dos advertencias. La primera es que varios
pronombres coinciden en su forma cuando aparecen en nominativo y cuando presentan el caso preposicional. Son *nosotros, nosotras, vosotros, vosotras, vos, usted, ustedes, él, ella, ello, ellos* y *ellas.* La segunda es que las formas *me, te, se, nos, os* son
comunes para el acusativo (*Ella te lava*) y para el dativo (*Ella te lava la ropa*); en cambio *lo, la, los, las* son propias solo del acusativo, y *le, les,* únicamente del dativo. No
obstante, el español actual muestra a este respecto una considerable variación, que se
estudia en el § 16.5.

16.2.1e Las formas en nominativo pueden ejercer la función de sujeto: *Yo tengo
mucho que decir* (Usigli, *Gesticulador*), pero también aparecer en contextos no oracionales, por ejemplo el pie de una fotografía. Las formas de dativo funcionan típicamente como complementos indirectos y las de acusativo como complementos
directos. El pronombre *lo* (pero no *la, los, las*) puede también ser atributo: *Fue una
persona influyente, pero ya no lo es.* Los pronombres en caso oblicuo solo aparecen
precedidos de preposición, como en *de mí, sin ti, para sí.* Como se acaba de recordar,
las formas *conmigo, contigo, consigo* llevan la preposición *con* incorporada (§ 16.2.1c).
La aparición de las variantes de nominativo tras *entre* (*entre tú y yo* y no **entre ti y
mí*) pone de manifiesto que el caso preposicional de los pronombres no se extiende
(en la lengua actual) al grupo coordinado que constituyen: **para ti y mí.* No hay,
pues, coordinación de pronombres, sino de grupos preposicionales, en *para ti y para
mí.* Se considera incorrecto —y se recomienda evitar— el uso de las formas de nominativo tras otras preposiciones, como en *¡Pobre de yo!; Decímelo a yo, mijito; No se
quiso venir con yo,* y otras secuencias similares documentadas en las hablas rurales
de ciertas zonas, tanto de América como de España.

16.2.1f   En cuanto al GÉNERO, tienen formas distintas para masculino y femenino *nosotros/nosotras, vosotros/vosotras, él/ella, ellos/ellas, lo/la, los/las*. Solo el pronombre *ello* muestra una forma específica para el neutro. Su antecedente más característico es una oración: *Dice que crearán nuevas industrias y que se beneficiarán con ello miles de personas; Yo quisiera poder amarle sin que me obligase a ello ninguna consideración* (Castro, R., *Flavio*). Sin embargo, también admite como antecedente nombres abstractos, a menudo deverbales, que se interpretan como eventos o se refieren a situaciones o estados de cosas que es habitual representar mediante oraciones: *Tú sueñas con el casamiento, no haces más que hablar de ello* (Altamirano, *Zarco*). Se usa asimismo *ello*, generalmente acompañado de *todo*, para hacer referencia a nombres concretos de cosa que aparecen en agrupaciones: *Lo celebramos en un restaurante, a la sombra de un granado, con cordero asado, ensalada, avellanas y almendras, todo ello regado con cerveza* (Leguineche, *Camino*). Puede hacerla también a indefinidos: *—Si algo ocurriera, ello sería público* (*Hoy* [Chile] 1/12/1997]), además de a informaciones mencionadas de otra manera en el discurso anterior: *A ello se refiere el autor en este mismo artículo*. El pronombre *ello* se acerca en estos usos al demostrativo neutro *eso*, más utilizado en la lengua actual, especialmente en la no literaria. No obstante, ni siquiera en los registros que comparten son totalmente intercambiables, pues, entre otras diferencias, *ello* no admite construcciones enfáticas paralelas a *Eso es lo que dijo*, y tampoco funciona como complemento directo: *Dijo {eso ~ *ello}*. Se exceptúa el español popular de algunas regiones del área andina.

16.2.1g   Los pronombres *yo, tú, vos, usted, ustedes, me, te, nos, os, les, mí, ti, conmigo, contigo* pueden ser masculinos o femeninos, pero ello no se manifiesta en su forma, idéntica para los dos géneros, sino en la concordancia: *tú sola; Yo no soy tan alta; Te engañas a ti mismo; Dichoso de mí; ¿Está usted loca?* Estos pronombres se asimilan en este rasgo a los nombres comunes en cuanto al género, como *turista, testigo, comensal* (§ 2.2). De la misma forma se comportan en la lengua actual las expresiones de tratamiento que se equiparan a *usted*, como *su excelencia, su señoría*. En la lengua antigua concordaban en femenino, pero en la actual lo hacen en masculino cuando designan varones: *Dicen que Su Excelencia está loco* (Galdós, *Episodios*). Por su parte, los pronombres *le, se, sí, consigo*, también invariables en su forma, pueden tener antecedentes masculinos y femeninos, como los anteriores, pero también neutros: *A eso no le doy yo ninguna importancia; Que no la escucharas traerá consigo algunos problemas previsibles; Lo que te dijo se refuta a sí mismo*. Por último, el pronombre *lo* puede ser masculino (*Llamó el cartero, pero yo no lo oí*) o neutro: *Tú crees que va a llover mañana, pero yo no lo creo; Eso lo veremos*.

16.2.1h   Respecto del NÚMERO GRAMATICAL, algunos pronombres presentan siempre número singular (*yo, me, mí, tú, te, ti, usted, él, ella, ello, lo, le, la, conmigo, contigo*), otros siempre plural (*nosotros, nosotras, nos, vosotros, vosotras, os, ustedes, ellos, ellas, les, las, los*), mientras que algunos (*se, sí, consigo*) no muestran distinción a este respecto y se emplean en uno u otro número en función del contexto. Son plurales, por ejemplo, en *Se consideran a sí mismos afortunados, pero no las tienen todas consigo*. La forma *vos* concuerda en singular cuando se usa en zonas voseantes como tratamiento de confianza (*Vos sabés lo que digo*), pero manifiesta concordancia de plural como tratamiento de respeto (*Si vos, señor, estáis de acuerdo*).

16.2.1i   Como en el caso de la persona (§ 16.2.1a), puede no haber coincidencia entre el número GRAMATICAL y el DESIGNATIVO. En efecto, un pronombre que por su forma y su concordancia presenta rasgos de plural puede designar a un solo individuo. Así ocurre, por ejemplo, con *nos* por *yo* en boca del papa u otra alta autoridad, en el uso, hoy arcaizante y muy restringido, llamado PLURAL MAYESTÁTICO. Mantiene vigencia, en cambio, el PLURAL DE MODESTIA, que designa igualmente a un solo individuo. También se llama DE AUTOR porque lo emplean con frecuencia los autores de las obras escritas cuando se refieren a sí mismos con el pronombre *nosotros* y la forma átona *nos*, como en *Lo que nosotros nos planteamos en este libro es si...* En uno de sus valores, el pronombre *vos* muestra también esta discordancia en el español actual cuando se usa para dirigirse a un solo interlocutor (§ 16.7.1h y 16.7.2).

16.2.1j   La forma *nosotros* (y sus variantes tónicas y átonas, así como la flexión verbal de primera persona de plural) incluye al que habla junto con otras personas, entre las cuales puede estar o no el interlocutor. La referencia de las demás personas incluidas por *nosotros* es imprecisa y depende de factores discursivos: una pareja, todos los miembros de una comunidad, de un país, de un continente, del planeta, etc. Ello da pie a los usos llamados GENÉRICOS, en los que la forma de plural adquiere un sentido cercano al de 'cualquiera, la gente en general', o al que se manifiesta en las pasivas reflejas o en las impersonales. Así, *En esta figura vemos que...* equivale aproximadamente a *En esta figura se ve que...*, y *cuando paseamos por la playa en una tarde de verano* a *cuando uno pasea por la playa en una tarde de verano*. Suele denominarse PLURAL SOCIATIVO O ASOCIATIVO el que usa el hablante cuando se dirige a un solo interlocutor, generalmente por razones de cortesía o afectividad, como si él mismo también estuviera implicado en la situación que se menciona: *Se acercaba un hombre pequeño, ¿cómo vamos?, ¿cómo vamos? ¿Qué tal se encuentra usted?* (García-Badell, *Funeral*).

16.2.1k   Las formas *vosotros, vosotras* y *ustedes* se refieren a dos o más personas, entre las que está el interlocutor, pero no el hablante. No suelen tener estas formas un valor genérico semejante al característico de las de primera persona, aunque sí pueden tenerlo las correspondientes del singular, como en *Si tú no te preocupas por ti mismo en esta sociedad, nadie se va a preocupar* (es decir, 'Si uno no se preocupa de uno mismo...'). También son susceptibles de esta interpretación las formas verbales de tercera persona de plural, como en *Dicen que va a mejorar la economía*, pero no se extiende a los pronombres correspondientes, de modo que *Ellos dicen que va a nevar* alude a individuos particulares.

16.2.1l   Por lo que respecta al ACENTO, los pronombres personales *me, te, se, le, lo, la, nos, os, les, los, las* son ÁTONOS; los demás son tónicos. Mientras que los pronombres átonos pueden referirse a seres muy diversos, en los tónicos está mucho más restringida la posibilidad de aludir a entidades inanimadas. Así, de una mujer podría decirse *Ella es muy divertida*, pero difícilmente se usaría la forma *ella* para designar una novela o una película. La restricción queda notablemente atenuada si el pronombre sigue a una preposición, de modo que la expresión *con él bajo el brazo* puede aplicarse a un informe, a un paraguas y a muchos otros objetos. Los pronombres personales tónicos duplicados no se suelen referir, sin embargo, a las cosas, pese a llevar preposición: *Leí la noticia > La leí ~ *La leí a ella*. Se volverá sobre los pronombres átonos en el § 16.4, y sobre los duplicados en el § 16.6.

16.2.2   Los pronombres reflexivos

16.2.2a   LOS REFLEXIVOS son pronombres personales que re
te en su propia oración, aunque puede situarse de manera n
entornos, como se señala en el § 16.2.2c. Así, en *Yo me conozc*
es reflexivo porque hace referencia a la misma persona qu
(*yo*), que es su ANTECEDENTE. En el cuadro que sigue se exponen las
de los pronombres personales. En la segunda columna figuran las formas átonas, y en
la tercera, las tónicas precedidas de preposición. Los pronombre *sí, se* (en este uso) y
consigo son INHERENTEMENTE REFLEXIVOS. Los demás pueden ser o no reflexivos en
función del contexto sintáctico, por lo que no están marcados morfológicamente en
esa interpretación. Así, puede decirse *Lo guardaste para ti* (*ti* es aquí reflexivo), pero
también *Lo guardé para ti* (donde *ti* no es reflexivo). En cambio, el contraste *Lo
{*guardé~guardó} para sí* muestra que *sí* solo admite la interpretación reflexiva, y
que su antecedente es aquí el sujeto de *guardó*. Adquieren, de manera análoga, la interpretación reflexiva los pronombres subrayados en *Yo me cuido mucho* o *Tu hijo es
un egoísta y quiere todos los juguetes para él*, pero no la adquieren los marcados en
Elvira te cuida mucho o *Compraste varios juguetes para él*. Se asimilan a los reflexivos
los pronombres que aparecen con los verbos pronominales (*me arrepiento, te adentras,
se digna, nos referimos...*), aunque no desempeñen ninguna función sintáctica.

PRONOMBRES PERSONALES EN NOMINATIVO	REFLEXIVOS ÁTONOS	REFLEXIVOS CON PREPOSICIÓN	EJEMPLOS
yo	me	mí ~ conmigo	*Me lo guardo para mí.* *Lo llevo conmigo.*
tú (vos)	te	ti (vos) ~ contigo	*Te lo guardas para ti* (*Te lo guardás para vos*). *Llévalo contigo* (*Llevalo con vos*).
usted	se	sí ~ usted ~ consigo	*Se lo guarda para {usted ~ sí}.* *¿Lo lleva usted consigo?*
él / ella / ello	se	sí ~ él, ella ~ consigo	*Se lo guarda para {sí ~ él / ella}.* *Lo llevaba consigo.*
nosotros, -tras	nos	nosotros / nosotras	*Nos lo guardamos para nosotros / nosotras.*
vosotros, -tras	os	vosotros / vosotras	*Os lo guardáis para vosotros / vosotras.*
ustedes	se	sí ~ ustedes ~ consigo	*Se lo guardan para {ustedes ~ sí}.* *¿Lo llevan ustedes consigo?*
ellos, ellas	se	sí ~ ellos, ellas ~ consigo	*Se lo guardan para {sí ~ ellos / ellas}.* *Lo llevaban consigo.*

16.2.2b   Como se muestra en el cuadro anterior, el reflexivo concuerda con su
antecedente en persona, número y género, siempre que lo puedan manifestar. Sin
embargo, se registran a veces correspondencias como *vosotros ~ se* o *nosotros ~ se*.
A estas discordancias obedece la anomalía de las secuencias incorrectas *¿Ya se vais?*
(por *¿Ya os vais?*); *No se la llevéis* (por *No os la llevéis*); *si os calláis ustedes* por (*si se
callan ustedes*), propias del habla popular de algunas zonas de España, y también
otras como *cuando se juntemos allá* (por *cuando nos juntemos allá*), documentadas en
el habla rural de algunas áreas americanas. Pertenecen, en cambio, a la lengua conversacional o al habla espontánea otras discordancias similares que se recomienda

...lmente evitar, como *No doy más de sí* (por *No doy más de mí*); *Tardaste unos minutos en volver en sí* (por ... *en ti*) o *Yo estaba totalmente fuera de sí* (por ... *fuera de mí*). Véase también el § 18.3.2c. La CONCORDANCIA PARCIAL de un reflexivo con su antecedente da lugar a oraciones agramaticales como **Nos compré los billetes* o **Me traemos suerte,* en las que el reflexivo y su antecedente (el sujeto de la oración) comparten los rasgos de persona, pero no los de número.

16.2.2c   El antecedente del pronombre reflexivo suele ser el sujeto de su propia oración, pero no siempre lo es. Así, los pronombres reflexivos contenidos en los complementos predicativos del complemento directo pueden tener a este por antecedente, como sucede en *Yo lo veía muy confiado y seguro de sí* o en *La habíamos considerado siempre más consecuente consigo misma.* Sucede lo propio en ciertas oraciones construidas con verbos de tres argumentos como *Si lo comparas consigo mismo.* Por otra parte, las oraciones no son los únicos entornos en los que se reconocen relaciones de reflexividad. En efecto, los posesivos o los complementos del nombre pueden ser antecedentes de los reflexivos dentro de los grupos nominales, como en *su excesiva preocupación por sí misma* o en *la creciente animadversión del poeta hacia sí mismo.*

16.2.2d   El antecedente de los reflexivos puede quedar tácito. A veces lo identifica la flexión verbal, como en *No se cuidan nada,* pero no existe marca formal alguna del antecedente cuando es el sujeto tácito de los infinitivos o los gerundios, como en *Luisa necesita estar a solas consigo misma* o en *No se soluciona nada culpándose a sí mismo.* Los reflexivos con antecedente tácito pueden también aparecer dentro de un grupo nominal, como en *La excesiva confianza en sí mismo es un rasgo de orgullo.*

16.2.2e   La concordancia que se da entre un reflexivo y su antecedente puede afectar a los ragos de persona. Así, el pronombre *uno/una* se asimila a veces a los pronombres personales, lo que le permite funcionar en contextos de reflexividad, pero su carácter inespecífico requiere un antecedente de las mismas características, como el sujeto tácito del infinitivo en *Hay que ser condescendiente con uno mismo,* el pronombre *se* de las impersonales reflejas (*Si se está satisfecho con uno mismo,* ...) o de las pasivas reflejas (*Cuando se releen los viejos escritos de uno mismo*). En la lengua poco cuidada se omite a veces la concordancia en 3.ª persona y se construyen oraciones como *Lo peor que se puede hacer es quejarnos,* que se recomienda sustituir por *Lo peor que uno puede hacer es quejarse* (se subrayan los pronombres que concuerdan). Se observa que crece la discordancia en las construcciones formadas con «*haber que* + infinitivo», como en *Habría que irnos ya* (por *Habría que irse ya*). La primera variante está algo más extendida en el español americano que en el europeo, aunque se registra en ambos, y se valora de forma desigual según los países.

16.2.2f   Los pronombres que, sin ser inherentemente reflexivos, admiten interpretación reflexiva (§ 16.2.2a) requieren la concordancia adecuada con su antecedente, pero también condiciones contextuales favorables. Algunas, de tipo léxico, pueden estar ligadas a las preposiciones. La interpretación reflexiva se acepta, en efecto, con más naturalidad en *Siempre habla de él* o en *Está muy seguro de él* que en *Siempre sueña con él* o en *Está muy contento con él.* La presencia del adjetivo *mismo* (y sus variantes de género y número) unido al pronombre induce la interpretación reflexiva incluso en contextos poco favorables. Así, *Está muy contento con él mismo* puede alternar con *Está muy contento consigo mismo*, pero la segunda opción es la más frecuente en la lengua escrita.

16.2.2g El adjetivo *mismo* no está presente solo en aquellos contextos en que es necesario marcar la reflexividad, sino también en otros en que esta resulta obvia, como *Está muy contento {consigo~consigo mismo}* o en *Lo que guardas dentro de {ti~ti mismo}*. Aunque en estos casos parece un modificador redundante de carácter enfático, no siempre se puede eliminar. Es necesario, en efecto, en las construcciones reflexivas de doblado o duplicación pronominal (analizadas en el § 16.6), es decir, en aquellas en las que un pronombre tónico reproduce los rasgos de un pronombre átono en la misma oración. Se dice, por tanto, *Solo se perjudica a sí mismo* o *Se regaló un viaje a sí misma*, en lugar de **Se perjudica a sí* y **Se regaló un viaje a sí*. Resulta poco natural suprimir el adjetivo *mismo* con un gran número de complementos de régimen, sean verbales (*Solo se preocupa por sí mismo*), adjetivales (*Son idénticos a sí mismos*) o nominales (*Su preocupación por sí misma*). No se hace, en cambio, tan indispensable con otros, como en *Te falta confianza en {ti~ti mismo}; Solo piensas en {ti~ti misma}* o en *Yo no era dueño de {mí~mí mismo}*.

16.2.3　Los pronombres recíprocos. Su relación con los reflexivos

16.2.3a Los pronombres recíprocos pueden considerarse un subgrupo de los reflexivos (y, por tanto, de los personales), pero su significado es más complejo. En efecto, la oración reflexiva *Ella se cuida* designa una situación en que la persona que cuida es a la vez la persona cuidada. La oración de significado recíproco *Ellos se cuidan unos a otros* describe, en cambio, una situación en que cada uno de los individuos actúa sobre los demás y a la vez recibe de ellos esa misma acción. Las relaciones de reciprocidad pueden ser NO ESTRICTAS. Así sucede cuando los pronombres no comparten plenamente su referencia con sus antecedentes, como en *Las hojas de los árboles se tocaban* (donde no se dice que cada hoja toque a todas las demás) o *Las muñecas rusas suelen estar unas dentro de otras*.

16.2.3b Los pronombres recíprocos pueden ser tónicos o átonos. Son ÁTONOS los plurales *nos, os* y *se*, que funcionan como complementos directos (*Nos abrazamos llorando*) o indirectos (*Se dijeron de todo*). Los tres admiten otros valores, entre ellos el reflexivo, pero se deshacen los casos de ambigüedad recurriendo a los pronombres tónicos: *Nos echábamos la culpa a nosotros mismos* (valor reflexivo) ~ *Nos echábamos la culpa unos a otros* (valor recíproco). Por lo demás, son numerosas las coincidencias de funcionamiento entre reflexivos y recíprocos. Estos últimos requieren también un antecedente dentro de su propia oración, que puede quedar tácito (*Necesitaban verse unos a otros*) o adquirir valor genérico: *Hay que ayudarse más los unos a los otros*. A diferencia de los reflexivos, sin embargo, el antecedente de los recíprocos es una expresión en plural o una secuencia formada por coordinación: *Marina e Isabel se entienden bien la una con la otra; Los estudiantes de este curso os entendéis bien los unos con los otros*. En ciertos casos, el antecedente del pronombre *se* puede ser un sustantivo colectivo: *Esta familia se odia* (en el sentido de 'Sus miembros se odian unos a otros').

16.2.3c   Los pronombres recíprocos TÓNICOS aparecen en grupos preposicionales que se construyen de dos formas:

1. Con la preposición *entre* y un pronombre personal con rasgos de plural (explícitos o implícitos): *entre sí, entre nosotros/nosotras, entre vosotros/vosotras, entre ustedes, entre ellos/ellas*: *Quizás a través de mí/van departiendo entre sí/dos almas llenas de amor* (Nervo, *Serenidad*); *Si queréis, os apañáis entre vosotros, yo no quiero saber nada* (Grandes, *Edades*).

2. Con los indefinidos *uno* y *otro* (o sus variantes de género y número) separados por preposición, de acuerdo con el esquema «*(el) uno* + preposición + *(el) otro*» (*el uno al otro, las unas con las otras*, etc.): *El uno contra el otro se arremeten* (Mena, *Homero*); *Por detrás de las espaldas dicen horrores los unos de los otros* (Jodorowsky, *Danza*).

El antecedente prototípico de estas expresiones es el sujeto de la oración, pero, como en otros casos, son también posibles los antecedentes que no desempeñan esa función. Ejerce, en efecto, el papel de antecedente el complemento directo en *mezclar las dos sustancias entre sí* o en *separar a los contrincantes unos de otros*. En la pauta *1*, el pronombre recíproco y su antecedente concuerdan en número y persona. No se dice, por tanto, **Nos ayudamos entre sí* (puesto que *nos* y *sí* presentan rasgos de persona diferentes), sino *Nos ayudamos entre nosotros*. Como los pronombres *uno* y *otro* tienen rasgos de tercera persona, la concordancia del reflexivo y su antecedente que corresponde a la pauta *2* afecta solo a los de género y número: *Las trabajadoras nos ayudamos las unas a las otras*.

16.2.3d   *Uno* y *otro* aparecen en el mismo número en la pauta *2*, lo que excluye expresiones como **el uno a los otros* o **los unos con el otro*. También suele mantenerse la uniformidad de género (en masculino), aunque uno de los dos coordinados sea un grupo nominal en femenino, como en *El hombre y la mujer se apartaban de golpe el uno del otro, como si les hubiera dado una corriente eléctrica* (Muñoz Molina, *Sefarad*). Aun así, se registran excepciones en la lengua literaria: *Se persiguen el uno a la otra* (Santiago, *Sueño*); *Nos quedamos los dos sin saber qué hacer el uno con la otra* (Cabrera Infante, *Habana*). El artículo puede aparecer o no en estas expresiones. No está presente, por ejemplo, en *Ambas disposiciones de ánimo no pueden estar separadas una de otra por un océano o una cordillera* (Unamuno, *Sentimiento*), donde podría haberse dicho ... *la una de la otra*. La presencia o ausencia de determinante ante uno de los pronombres condiciona su aparición o su ausencia ante el otro: **... una de la otra, ... *la una de otra*, etc.

16.2.3e   Las construcciones recíprocas con *uno* y *otro* se comportan como los grupos preposicionales. Así, responden a preguntas que exigen estos grupos (*¿De quién hablan? —De Juan ~ El uno del otro*) y se coordinan con otros grupos preposicionales: *Es difícil saber si hablan de su trabajo o el uno del otro*. Por otra parte, pueden desempeñar la función de complemento de régimen (*Se ríen unas de otras*) y duplican a los pronombres átonos de complemento directo (*Nos miramos unos a otros*) e indirecto (*Se daban besos unos a otros*). Asimismo, pueden actuar como complementos de un adjetivo o de un adverbio:

No puede ser librado dél sino por la mano de otro caballero, puesto que estén d̲i̲s̲t̲a̲n̲t̲e̲s̲ e̲l̲ ̲u̲n̲o̲ ̲d̲e̲l̲ ̲o̲t̲r̲o̲ dos o tres mil leguas, y aun más (Cervantes, *Quijote* II); Ambos podríamos sernos útiles e̲l̲ ̲u̲n̲o̲ ̲a̲l̲ ̲o̲t̲r̲o̲ (Poniatowska, *Diego*); Se sentaron muy c̲e̲r̲c̲a̲ ̲u̲n̲o̲ ̲d̲e̲l̲ ̲o̲t̲r̲o̲ (Volpi, *Klingsor*); Las sillas estaban u̲n̲a̲s̲ e̲n̲c̲i̲m̲a̲ ̲d̲e̲ ̲o̲t̲r̲a̲s̲ y algunas sobre la mesa (Pérez Ayala, *Troteras*).

El adverbio puede anteceder al grupo preposicional, como en el ejemplo de Volpi (*cerca uno del otro*) o quedar en medio de él, como en el de Pérez de Ayala (*unas encima de otras*). Más raro es que los pronombres recíprocos tónicos complementen a un nombre, aunque no falten ejemplos ocasionales en los textos: *Le parece bien la idea de ayudar a una pareja a tener hijos múltiples que sean r̲é̲p̲l̲i̲c̲a̲s̲ ̲e̲x̲a̲c̲t̲a̲s̲ ̲e̲l̲ ̲u̲n̲o̲ ̲d̲e̲l̲ otro* (*Nuevo Herald* 9/3/1997).

16.2.3f   La oración no es recíproca cuando entre *uno* y *otro* no se interpone una preposición, sino una conjunción, como en *No podía contestar n̲i̲ al uno n̲i̲ a la otra; Critican t̲a̲n̲t̲o̲ a los unos c̲o̲m̲o̲ a las otras*. Tampoco cuando los pronombres desempeñan funciones distintas en la oración: *Los unos* [sujeto] *increpaban a los otros* [complemento directo]. No puede negarse que también en este caso se expresan relaciones mutuas, pero se manifiestan por procedimientos sintácticos distintos de los que caracterizan las estructuras recíprocas.

16.3   Pronombres personales y relaciones de correferencia

16.3.1   Relaciones anafóricas y catafóricas

16.3.1a   Los pronombres personales intervienen en relaciones de CORREFEREN-CIA, en el sentido de que se refieren a entidades mencionadas en el discurso: *Me pidió la carta y s̲e̲ l̲a̲ di*. Sin embargo, los pronombres personales de primera y segunda persona son especiales en lo relativo a esta propiedad, ya que no remiten propiamente a un antecedente, sino que designan DEÍCTICAMENTE (§ 17.1) a uno de los participantes en el discurso (*Y̲o̲ estaba sentado y t̲ú̲ me mirabas*). Por esta razón han sido llamados también NOMBRES PERSONALES. Debe tenerse en cuenta, no obstante, que el que las relaciones de correferencia sean particularmente visibles en los pronombres no significa que sean exclusivas de ellos. En efecto, pueden manifestarlas también varios grupos nominales: *A̲r̲i̲s̲t̲ó̲t̲e̲l̲e̲s̲ y Platón son los más grandes filósofos del mundo antiguo, pero la influencia d̲e̲l̲ ̲E̲s̲t̲a̲g̲i̲r̲i̲t̲a̲* [= 'Aristóteles'] *ha sido mayor; Vinieron a la excursión Luis, Rodrigo y J̲u̲l̲i̲o̲, pero e̲s̲t̲e̲ ̲ú̲l̲t̲i̲m̲o̲ no sabía nadar; A veces invitaban a̲ ̲a̲l̲g̲u̲n̲a̲s̲ ̲n̲i̲ñ̲a̲s̲ ̲d̲i̲s̲t̲i̲n̲g̲u̲i̲d̲a̲s̲ ̲d̲e̲l̲ ̲b̲a̲r̲r̲i̲o̲, pero l̲a̲s̲ ̲m̲u̲y̲ ̲p̲r̲e̲s̲u̲m̲i̲d̲a̲s̲ siempre hallaban pretexto para no presentarse* (Dolina, *Ángel*); *G̲o̲n̲z̲a̲l̲i̲t̲o̲ ̲y̲ ̲P̲e̲l̲é̲, con ayuda a ratos de María, se habían pasado la tarde decorándolo. L̲a̲ ̲p̲a̲r̲e̲j̲a̲ se sentó con los demás* (Pombo, *Metro*).

16.3.1b   El orden en que se establece habitualmente la correferencia es el que muestran los ejemplos que se acaban de proponer; es decir, primero aparece el ANTECEDENTE y luego, el pronombre o la expresión nominal que recoge su referencia. Se habla en tal caso de construcciones ANAFÓRICAS. Menos frecuentes son las CATA-FÓRICAS, que presentan el orden inverso: aparece primero el pronombre y después el CONSECUENTE O SUBSECUENTE, como en *Las compañeras de trabajo que más la trataron hablaban muy bien de Teresa.* Es usual en estas últimas construcciones que el pronombre aparezca en oraciones subordinadas, sobre todo adjetivas, como la anterior, pero también adverbiales, como en *Aunque él diga que no es posmoderno* [...] *Rodrigo Roco parece un joven revolucionario de los años sesenta* (*Caras* 23/6/1999). Se registran asimismo los usos catafóricos con los grupos preposicionales situados en posición de tópico: *Ya en su celda, mi hermana me ordenó sentar* (Fernández Santos, *Extramuros*). Tanto el antecedente como el consecuente suelen ser un grupo nominal, pero pueden ser también un grupo verbal, como en *El que desee fumar, puede hacerlo,* e incluso una oración. Así, el consecuente del pronombre *lo* en *¿Por qué no intentas, si tu instrucción te lo permite, ser la secretaria de tu esposo?* (Martín Gaite, *Usos*) es el que proporciona la paráfrasis oracional 'Que seas la secretaria de tu esposo'.

16.3.1c Los elementos correferentes suelen concordar en sus rasgos morfológicos, pero los grupos nominales construidos con demostrativos, indefinidos o artículos con sustantivos tácitos pueden variar en número: *De todas tus novelas, solo me gusta esta; Tienes muchos discos de jazz, así que podrías prestarme alguno; Los hermanos de Marta y el de Luis.* La concordancia de género se mantiene, sin embargo, en estos casos: *El hermano de Marta y {el ~ *la} de Luis.* Es frecuente, por otra parte, que los pronombres y sus antecedentes no concuerden en los rasgos de DEFINITUD. Así, en *Cuando tiene una idea la repite una y otra vez,* el pronombre definido *la* es correferente con el grupo indefinido *una idea.* Es asimismo frecuente que un pronombre tenga por antecedente un grupo nominal que designa un conjunto de individuos, y que no se refiera a ese conjunto como tal grupo de individuos, sino a cada uno de sus miembros. Así, la expresión *su hijo* no designa a un individuo particular en la interpretación más natural de la oración *Todos los padres querían que su hijo fuera premiado,* sino al hijo que a cada padre le corresponde. En estos casos, los pronombres personales se comportan como VARIABLES VINCULADAS O LIGADAS con los antecedentes de los que dependen DISTRIBUTIVAMENTE.

16.3.2   Relaciones de correferencia con identidad no estricta

La correferencia supone, como se ha explicado, una relación de identidad entre el referente de un pronombre (o una expresión nominal) y su antecedente o consecuente. Sin embargo, esta identidad no siempre es ESTRICTA. Uno de los casos más característicos de IDENTIDAD NO ESTRICTA es el que pone de manifiesto la oposición «TIPO – EJEMPLAR». En efecto, si alguien dice *Este es un coche excelente; mi hermana está pensando en comprárselo,* probablemente no esté aludiendo al vehículo que señala, sino al modelo (es decir, al tipo o la clase) que representa. Una segunda forma de identidad no estricta es la que se suele denominar IMPRECISA. Así, quien dice *Ana entregó ayer su trabajo de física, pero yo no lo entregaré hasta mañana* no se refiere al trabajo de física de Ana, sino al suyo propio. Ello exige un proceso de RECONSTRUCCIÓN por el que se crea una entidad paralela a la que se ha presentado, pero no idéntica a ella. Adverbios como *también, tampoco* o grupos pronominales como *lo mismo* dan lugar a menudo a estructuras en que se produce esta forma de identidad.

16.4   Los pronombres átonos: naturaleza y posición

16.4.1   Pronombres proclíticos y enclíticos

16.4.1a   En el § 16.2.1l se vio que los pronombres personales pueden ser TÓNICOS o ÁTONOS. Como se recordará, son átonos *me, te, se, le, les, la, las, lo, los, nos, os,* y tónicos los restantes. Al carecer de acento, los pronombres átonos se apoyan fonéticamente en el verbo contiguo, por lo que se llaman también PRONOMBRES CLÍTICOS. Son ENCLÍTICOS los que siguen al verbo (*leerlo, dándosela*), y PROCLÍTICOS los que lo preceden (*lo leí; se la dieron*).

16.4.1b   El apoyo formal que necesitan los pronombres átonos por parte del verbo al que se adjuntan los asimila en alguna medida a los afijos. La asimilación no puede ser total porque las posiciones que ocupan los pronombres átonos no son análogas a las que permiten los afijos, y también porque estos no desempeñan funciones sintácticas. Aun así, dichos pronombres no se comportan enteramente como PALABRAS independientes. Se acercan más al funcionamiento de estas los proclíticos que los enclíticos. Los primeros se escriben separados del verbo, y dan lugar a estructuras en las que se coordinan dos verbos que comparten el mismo pronombre, lo que es indicio de cierta libertad sintáctica:

> Mientras ellos se abrazan y consuelan, el viejo acuna en sus brazos a Brunettino muy lejos del dormitorio conyugal (Sampedro, *Sonrisa*); Le seducía y mareaba el incienso de la adulación (Clarín, *Regenta*); Es quizá como el barco que se desorienta y pierde, y destrozado por las iras del piélago, ya no vuelve más (Rodó, *Motivos*).

Los enclíticos, en cambio, forman una sola palabra gráfica con el verbo y no admiten la coordinación descrita. No se dice, pues, **para leer y resumirlo,* sino *para leerlo y resumirlo.*

16.4.2   Posición de los pronombres átonos en relación con el verbo

16.4.2a   Los pronombres átonos aparecen enclíticos (es decir, pospuestos al verbo), cuando se adjuntan a los infinitivos (*comprarlo*), los gerundios (*comprándolo*) y los imperativos afirmativos (*cómpralo tú, compralo vos*). La colocación es la misma con las formas de imperativo afirmativo que coinciden con las de subjuntivo (*cómprelo usted*). Están fuertemente desprestigiadas secuencias como *Me lo explique usted* (por *Explíquemelo usted*); *Se sienten ustedes; Se callen todos,* que se registran en la lengua popular de España. Los pronombres átonos se anteponen al resto de las formas personales del verbo en el español general de hoy: *le contestó, las vio, se fue, no se lo digas.* La distribución de formas proclíticas y enclíticas fue distinta en otras etapas de la lengua. Aún se usan ocasionalmente en la lengua escrita, y a veces en los registros más formales de la expresión oral, verbos conjugados con pronombres enclíticos, aunque suelen percibirse como arcaizantes: *¿Qué quedará del pundonor familiar? Los vestigios, contestole Capitolina a Farnesia* (Fuentes, *Cristóbal*); *Al cabo mi hermana motilona ofreciole unos cuantos higos* (Fernández Santos, *Extramuros*).

16.4.2b   Los pronombres átonos se combinan entre sí y forman a menudo GRUPOS
o CONGLOMERADOS (*se lo, me las, te los, se me la,* etc.). Estos grupos se colocan antepuestos o pospuestos al verbo en las mismas condiciones que cuando aparece un
solo pronombre (§ 16.4.2a): *Se lo daré; Traigo esto para dárselo; Dáselo; No se lo des.*
El orden de los pronombres en el interior de estos conglomerados es estricto. Obedece a las siguientes condiciones:

A. La forma *se,* en cualquiera de sus valores gramaticales, precede a los demás pronombres átonos del grupo.

B. Los demás pronombres se agrupan de acuerdo con la escala 2.ª > 1.ª > 3.ª. Es decir,
los pronombres de segunda persona preceden a los de primera, y estos a los de tercera.

C. Los pronombres de dativo preceden a los de acusativo, salvo que ninguno de los
dos distinga morfológicamente estos casos.

D. Los pronombres átonos reflexivos preceden a los no reflexivos. A estos efectos se
consideran también reflexivos los que caracterizan a los verbos pronominales.

E. En presencia de los pronombres de acusativo, los de dativo adquieren la forma
invariable *se* si ambos presentan rasgos de tercera persona.

Las condiciones están ordenadas jerárquicamente, de modo que cada una de ellas
tiene preferencia sobre las siguientes. De acuerdo con *A,* se rechazan en la lengua
culta secuencias como *Me se cayó* por *Se me cayó; Te se va a derretir el helado* por *Se
te va a derretir el helado,* que a veces se oyen en el habla popular, aunque no en todos
los países. Los conglomerados de tres pronombres átonos son más frecuentes en el
español americano (especialmente en el de México y Centroamérica) que en el europeo. Repárese en que expresiones como *Se me lo llevaron* respetan *A* y *B,* puesto que *se* es
el primer pronombre, de acuerdo con *A,* y *me* (1.ª persona) precede a *lo* (3.ª persona),
de acuerdo con *B.*

16.4.2c   La condición *C* explica combinaciones como *Te* [dativo] *lo* [enviaron]. Es
posible decir, al presentar o recomendar una persona a otra (hablando de una mujer),
Me [dativo] *la* [acusativo] *recomendaron encarecidamente.* Cuando los dos pronombres poseen rasgos de primera o segunda persona, que no distinguen entre acusativo y
dativo, suele evitarse la concurrencia de dos formas átonas: *Te presentaron a mí.* No
obstante, en las escasos usos en que aparecen, se prefiere la interpretación de la primera
como acusativo, como en *Te me llevarán* o en *Los maitines inaugurales te me devolvieron*
('te devolvieron a mí') *regalo de Dios, que cuida de los inocentes* (Egido, *Corazón*).

16.4.2d   La condición *D* introduce otro rasgo: la reflexividad. La secuencia *te me*
es posible en *Te me acercaste* ('Te acercaste a mí') porque *te* es aquí reflexivo. No es
posible, en cambio, **Te me acerqué* ('Me acerqué a ti') porque el pronombre *te* no
es reflexivo en esta oración. De acuerdo con *C* y *D* se distinguen *Te le acercas* ('Te
acercas a él'), formado con el verbo pronominal *acercarse,* y *Te lo acercas* ('Lo acercas a ti'), formado con el verbo transitivo *acercar.*

16.4.2e   La condición *E* es necesaria para prever *Se lo dije,* en lugar de **Le lo dije.*
En el § 35.2.1b se vuelve sobre este proceso (*le > se*), muy temprano en la historia del

español. El hecho de que el pronombre *se* que sustituye a *le / les* no haga explícitos los rasgos de número ayuda a entender que en la lengua oral se pase a menudo esa marca al pronombre acusativo que lo sigue, especialmente si es neutro: *Se los dije* por *Se lo dije* ('a ellos', 'a ellas' o 'a ustedes'). Sobre estas construcciones, frecuentes en muchos países americanos, véase el § 35.2.1c.

16.4.3   Posición de los pronombres átonos en estructuras complejas

16.4.3a   En las PERÍFRASIS VERBALES, los infinitivos y los gerundios que las forman pueden construirse también con pronombres átonos. Así ocurre, por ejemplo, en *Debo hacerlo; Estoy esperándote; Tengo que decírselo; Sigo pensándomelo*. Como las perífrasis equivalen a un núcleo verbal, aunque complejo (§ 28.1.1.), admiten que los pronombres precedan al auxiliar sin variación perceptible en el significado: *Lo debo hacer; Te estoy esperando; Se lo tengo que decir; Me lo sigo pensando*. Son escasas las perífrasis en las que se rechaza o se restringe la anteposición. Están entre ellas las que contienen verbos pronominales (*Se puso a escribirlo*, no **Se lo puso a escribir*) o las impersonales con *haber* (*Hay que terminarlo pronto*). Se recomienda evitar la variante *Lo hay que terminar pronto,* que se registra en ciertas variedades del norte y el centro de España. Se consideran también incorrectas las construcciones, propias de la lengua descuidada, en las que el mismo pronombre aparece a la vez como enclítico y como proclítico: **se debe respetarse cualquier opinión; *se lo tengo que decírselo*.

16.4.3b   Las perífrasis verbales pueden encadenarse, de modo que el infinitivo o el gerundio de la primera es a la vez auxiliar de la segunda, como en *No voy a poder leerlo* o en *Estaba empezando a hacerlo* (§ 28.2.1d). En estos casos el pronombre puede aparecer pospuesto a la última forma, como en los ejemplos anteriores, a la intermedia (*No voy a poderlo leer*), o bien anteponerse a la primera (*No lo voy a poder leer*). He aquí ejemplos de dos de las posibilidades: *Si el año que viene o el otro... va a tener que entregármelo, me lo entrega hoy y se gana los intereses* (Sánchez, F., *Gringa*); *Es demasiado, no lo voy a poder soportar* (Martín Gaite, *Nubosidad*). Serían igualmente posibles las variantes *Va a tenérmelo que entregar ~ Me lo va a tener que entregar,* en el primero, y *No voy a poderlo soportar ~ No voy a poder soportarlo,* en el segundo.

16.4.3c   El infinitivo que acompaña a otros verbos no constituye perífrasis con ellos, sino que forma parte de una subordinada sustantiva. Aun así, la unión es lo suficientemente estrecha como para que se extiendan a estas construcciones las alternancias descritas en los apartados anteriores. Dichas alternancias se ven favorecidas por la interpretación prospectiva del infinitivo. Se da esta, por ejemplo, en *No se lo pienso preguntar* (donde expresa posterioridad), pero no en *Lo creí tener arreglado* —secuencia menos natural que *Creí tenerlo arreglado*—, con infinitivo que denota simultaneidad. El infinitivo de perfecto suele dificultar la anteposición (*Espero haberlas resuelto,* no *Las espero haber resuelto,* raramente documentada). También la impiden las subordinadas de sujeto (*Conviene decírselo > *Se conviene decir*), así como la presencia de ciertos elementos interpuestos, como la negación (*Desea no verla más > *La desea no ver más*). Los gerundios permiten adelantar los pronombres cuando forman perífrasis, no en caso contrario. Se dice, en efecto, *Salió haciendo* *eses* > *Salió haciéndolas,* pero no **Las salió haciendo.* Resulta normal, en cambio, *Siguió haciéndolas* > *Las siguió haciendo,* con la perífrasis «*seguir* + gerundio».

16.4.3d Los grupos de pronombres átonos no se separan cuando se anteponen. Es normal, en efecto, la anteposición del grupo *selo* que se muestra en *Debes decír[selo]* > *[Se lo] debes decir,* pero la proclisis no afecta únicamente a una parte del conglomerado: **Le debes decirlo; *Me suele traerlo.* Nótese que oraciones como *Le enseñó a decirlo; Me hizo devolverlo; Te oí cantarla,* en las que los dos pronombres átonos aparecen separados, no son semejantes a las anteriores, ya que cada uno de los pronombres complementa a un verbo distinto. Ello no impide, sin embargo, que el pronombre que complementa al primer verbo (casi siempre un predicado de causación, influencia o percepción) forme un conglomerado antepuesto junto con el pronombre que modifica al verbo subordinado: *Se lo enseñó a decir, Me lo hizo devolver, Te la oí cantar.* Los conglomerados así formados están sujetos a las condiciones mencionadas en el § 16.4.2b. Así, en *Se le enseñó a decirlo* no podría anteponerse el pronombre *lo.* La secuencia resultante **Se le lo enseñó a decir* infringe la condición *E,* en virtud de la cual *le* debería pasar a *se,* mientras que **Se lo le enseñó a decir* incumple la condición *C,* ya que el acusativo no precede al dativo.

16.4.3e A pesar de ser numerosas, se ha observado que las condiciones del § 16.4.2b no son enteramente suficientes en las construcciones complejas. Para evitar procesos como *Se obligó (a sí mismo) a decírselo* > **Se se lo obligó a decir,* es necesario agregar una condición que impida las secuencias de dos pronombres átonos idénticos, aun cuando aporten informaciones gramaticales diferentes. Para evitar procesos como *Me hizo devolvérselo* > **Se me lo hizo devolver,* es preciso excluir las secuencias de dos pronombres átonos que posean el mismo caso, sea cual sea el verbo al que modifiquen. De esta forma, en el ejemplo propuesto no podría interpretarse *me* como acusativo, porque *lo* ya presenta este caso.

16.4.3f Algunos verbos de influencia presentan una RESTRICCIÓN DE ANIMACIDAD, ya que admiten la anteposición de pronombres átonos de acusativo cuando se refieren a cosas, pero la rechazan cuando designan personas. Así, resulta natural la anteposición en *No le permitieron comprarla* > *No se la permitieron comprar; Me obligaron a escribirlo* > *Me lo obligaron a escribir,* donde *la* y *lo* se refieren a cosas. Son agramaticales, en cambio, **No me la permitieron saludar; *Me lo obligaron a contratar,* oraciones en las que los acusativos se refieren a personas. De hecho, si lo contratado es un seguro, en lugar de un individuo, la última oración pasaría a ser aceptable.

16.4.3g La anteposición de los pronombres átonos es UNIDIRECCIONAL, es decir, los pronombres que inciden sobre el verbo subordinado pueden pasar a la oración principal, pero no a la inversa. Así, junto a *Me permitió comprarla* > *Me la permitió comprar* (anteposición de *la*), no es posible *Me permitió comprarla* > *Permitió comprármela* (posposición de *me*). La última oración posee, en efecto, un significado distinto del que manifiesta la que muestra el pronombre *me* como complemento de *permitir.* El carácter unidireccional del movimiento explica también que el *se* impersonal (§ 41.5.2), que se antepone al verbo y se vincula con un sujeto implícito de carácter inespecífico, no suela posponerse a los infinitivos en las perífrasis. Se prefiere, en efecto, *No se puede fumar en esta sección* a *No puede fumarse en esta sección*. Como el *se* de las pasivas reflejas no presenta tal vinculación con el sujeto, tolera mejor la posposición: *Todos los componentes de este tipo deben tenerse en cuenta en el diagnóstico* (Alape, *Paz*).

16.4.3h El conglomerado que forman los pronombres átonos se mantiene en los procesos de anteposición: *Quiero decírselo > Se lo quiero decir*. El que crean los pronombres que complementan a verbos distintos, por anteposición de uno de ellos, es igualmente un segmento morfofonológico que no se deshace si se dan otras anteposiciones. Así, es posible el proceso *Quisiera oírte cantarlo > Quisiera oírtelo cantar > Te lo quisiera oír cantar,* pero se rechazan otros como *Quisiera oírtelo cantar > *Te quisiera oírlo cantar,* donde se ha deshecho indebidamente el conglomerado *telo* una vez constituido.

16.5   Variación formal en los pronombres átonos de tercera persona: leísmo, laísmo y loísmo

Como se vio en el § 16.2.1d, las formas átonas *me, te, se, nos, os* son comunes al acusativo y al dativo. La distinción entre ambos casos se daba en latín, pero solo se mantuvo en las formas de tercera persona, que presentan *lo, la, los, las* para el acusativo y *le, les* para el dativo. No obstante, comenzó ya en latín, y prosigue en romance, la tendencia a la confusión también entre estas formas. Se denomina LEÍSMO al uso de las formas de dativo *le, les* en lugar de las de acusativo, como en *Le mataron; Les contrataron*. El LAÍSMO consiste en emplear las formas femeninas de acusativo por las de dativo (*La dije que esperara*), mientras que en el LOÍSMO son las formas masculinas de acusativo las que sustituyen a las de dativo (*Los dije que no se movieran de aquí*). Repárese en que los tres fenómenos afectan a la forma de los pronombres, no a su función, de modo que el pronombre *la,* por ejemplo, ejerce la función de objeto indirecto en *La duelen las muelas*.

16.5.1   El leísmo

16.5.1a   Suelen distinguirse tres tipos de leísmo:

A. LEÍSMO DE PERSONA MASCULINO: uso del pronombre *le* como acusativo con sustantivos masculinos de persona: *A Mario le premiaron en el colegio.*

B. LEÍSMO DE PERSONA FEMENINO: uso del pronombre *le* como acusativo con sustantivos femeninos de persona: *A Laura le premiaron en el colegio.*

C. LEÍSMO DE COSA: uso del pronombre *le* como acusativo con sustantivos de cosa: *Te devuelvo el libro porque ya le he leído.*

Una variante de los tipos *A* y *B* es el llamado LEÍSMO DE CORTESÍA, que consiste en limitar el leísmo a los usos en que *le* concuerda con la forma *usted,* como en *Le saludo atentamente; Le atenderé muy gustosamente*. Esta forma de leísmo se ha atestiguado en hablantes que no practican otras formas de leísmo. En los apartados que siguen no se analizará el origen del leísmo ni se intentará tampoco explicar las razones de la distribución histórica, geográfica o social de cada uno de los tipos de leísmo descritos, sino que se caracterizará someramente su naturaleza gramatical, así como la valoración social que recibe.

16.5.1b   El leísmo de persona masculino (tipo *A*) es el más frecuente, tanto en el español antiguo como en el moderno. Aparece profusamente en los textos medievales y clásicos, y era incluso la forma recomendada por la Real Academia Española hasta la cuarta edición de su gramática (1796). Mientras que en plural es menos frecuente, y no se recomienda, puede documentarse en singular en un gran número de escritores prestigiosos y no se considera incorrecto. Es considerablemente más frecuente en los textos españoles que en los americanos, pero no está ausente de estos últimos, como muestran los ejemplos siguientes:

> Le ayudó a levantarse y el muchacho le miró casi airado (Núñez, E., *Insurgente*); Nosotros aislamos al hombre del Universo, él le liga totalmente, le hace solidario (Vallejo, *Trilce*); Pero también deseamos que se conozca por qué sus hijos le admirábamos (*Hoy* 25/1/1983); Y así le vimos de nuevo con el capote y la franela, en lances artísticos y pases emotivos (*Nacional* 19/1/1997).

16.5.1c   El leísmo de persona femenino (tipo *B*) está mucho menos extendido, carece de prestigio y se considera incorrecto. Era hasta hace poco relativamente frecuente en el norte de España, y aparece también de manera ocasional en los textos de escritores vascos: *Mi madre iba, pero iba a hurtadillas, sin decírmelo, y se ponía detrás de la columna, donde yo no le viera* (Unamuno, *Tula*). Se considera asimismo incorrecto el leísmo de cosa (tipo *C*), tanto en singular, más frecuente (*El cuadro aún no le he colgado*), como en plural (*Los cuadros aún no les he colgado*).

16.5.1d   La valoración del leísmo está en función de las ALTERNANCIAS ENTRE DATIVO Y ACUSATIVO. En efecto, unos hablantes construyen ciertos verbos (notablemente, *ayudar, creer, escuchar* y *obedecer,* pero no solo estos) con objeto directo, mientras que otros lo hacen con objeto indirecto. Los primeros perciben como leístas expresiones como *ayudarles* o *creerles,* que resultan naturales para los segundos. Las diferencias a las que dan lugar estos verbos, algunos de los cuales ya admitían dativo en latín, suelen estar sujetas a variación geográfica. Por ejemplo, en la mayor parte de los países americanos se construye *creer* con complemento indirecto de persona (*creer a María* > *creerle*), pero con complemento directo de cosa (*creer una historia* > *creerla*): *¿O sea que tú le crees a la vieja? —le preguntó Paloma—. ¿Tú sí le crees?* (Bayly, *Días*). Se rechazan en esos países, por consiguiente, oraciones como *María no fue creída* (que resulta natural en España), pero son normales otras como *Las ideas de María no fueron creídas*. Se atestiguan en muchas áreas hispanohablantes alternancias como *A mi hermana solo {le ~ la} obedecen cuando se enoja* o *A ella no {le ~ la} pude escuchar*. Las alternancias entre complementos de persona e indirectos de cosa tienen otras consecuencias sintácticas. De hecho, cuando se construyen con complemento de persona, algunos de estos verbos no muestran en el español general ciertas propiedades características de los verbos transitivos. Suelen rechazar las pasivas reflejas: *No se obedecen {muchas leyes ~ *muchos jueces}*, así como las construcciones con infinitivos de interpretación pasiva (§ 26.3.2). Resultan, en efecto, mucho más naturales *leyes imposibles de obedecer, afirmaciones difíciles de creer* que *madres imposibles de obedecer, personas difíciles de creer*.

16.5.1e   Favorece la alternancia del dativo con el acusativo la presencia de un complemento predicativo del objeto directo. El uso del dativo con el verbo *llamar* seguido de complemento predicativo predominó en la lengua clásica y se extendió a los complementos de cosa, incluso femeninos: *¡Qué diabro, a la bodega/le llaman cantina acá!* (Torres Naharro, *Tinellaria*). En el español actual (sin excluir el de América, en el que es infrecuente el leísmo), sigue siendo común el dativo en estas construcciones. No es, pues, censurable su uso en las siguientes secuencias: *Dos minutos después, dejada la estación de este nombre, se enfrenta a la Casa del Altillo, como le llaman los caminantes* (Obligado, *Tradiciones*); *Les llaman "graffitis", señor* (Leñero, *Noche*). La influencia de un complemento predicativo nominal se percibe también con otros verbos que, siendo transitivos, se registran construidos con dativo cuando el predicativo está presente:

> Le tenían por prudente, discreto y maduro (Roa Bastos, *Vigilia*); Se tuvo que enfrentar, de visita por un barrio protestante del Este de Belfast, a un grupo de unionistas encolerizados que le tacharon de traidor (*País* [Col.] 14/10/1997); Cuando Ramfis tenía cuatro años de edad, le nombré coronel del Ejército (Vázquez Montalbán, *Galíndez*).

Pueden considerarse predicativos los infinitivos que se construyen con verbos de percepción o causación (§ 26.5.1), por lo que favorecen también el dativo: *No le habéis oído llorar* (Pineda, *Diálogos*); *Miraron hacia el salón y le vieron atravesar en dirección a la biblioteca* (Mendoza, *Verdad*). Como en otros casos, el leísmo de tipo *A* es aquí menos frecuente en plural (*Les nombraron alcaldes*) y también lo es el de tipo *B*, que, como se señaló, carece de prestigio (*A María le nombraron delegada provincial*).

16.5.1f   Las construcciones impersonales con *se* favorecen igualmente el uso del dativo, hoy mayoritario en este contexto en el mundo hispánico. No obstante, resulta menos habitual con el femenino, salvo en México y Centroamérica. Está más restringida su extensión con nombres de cosa. He aquí algunos ejemplos de estas pautas:

> Y sobre todo se le ve deseoso de encontrar ayuda y colaboración (Uslar Pietri, *Oficio*); Su viuda —si es que aún vivía— y sus hijos habían desaparecido durante la guerra, y no se les pudo avisar de aquella pérdida (Caso, *Peso*); A sus 66 años, María Estela Martínez —se le conoció públicamente como "Isabelita Perón"— compareció por primera vez ante la justicia (*Proceso* [Méx.] 9/2/1997); A Bello, por cierto, se le vincula por su trabajo en inteligencia con el asesor Vladimiro Montesinos (*Caretas* 10/4/1997).

16.5.1g   Los verbos *aburrir, agradar, cansar, divertir, fascinar, impresionar, molestar, preocupar* y otros análogos designan procesos que afectan al ánimo y se interpretan como reacciones emotivas. Pueden construirse con dativo o acusativo, a veces con repercusiones en el significado. En efecto, se percibe cierta tendencia a usar el acusativo cuando el pronombre se refiere a un paciente sobre el que se ejerce alguna acción, voluntaria o no, como en *Siento molestarla, señora* (Marsé, *Rabos*); *Mario se* *dispuso a maniobrar sus barras para impresionarla con la destreza de sus muñecas* (Skármeta, *Cartero*). Se incrementa proporcionalmente el uso del dativo (aunque alternando de manera visible con el acusativo en gran parte de América) cuando no es una persona, sino una causa externa, la que provoca que alguien experimente la sensación o la reacción de que se habla. Son habituales en este caso los sujetos formados por nombres de acción y subordinadas sustantivas:

> Debe de ser que le afectó el soroche (Bayly, *Días*); Le molestaba tener que dialogar con un mocoso de igual a igual (Mendoza, *Ciudad*); Le alegraba ver que ya se encontraba repuesta (Dou, *Luna*).

16.5.1h Los verbos de influencia, como *animar, autorizar, convencer, forzar, incitar, obligar,* etc., se construyen con un complemento directo y uno preposicional (*La invitaron a una cena; Lo animaron a asistir al baile*). Muestran también la alternancia «dativo ~ acusativo», sobre todo con pronombres en masculino. A estos verbos se asimilan los causativos *hacer* y *dejar* (§ 26.5.1e). Se reproducen a continuación algunos textos que muestran esta alternancia:

> A empujones, lo obligaron a arrodillarse y, de inmediato, lo encapucharon (García, A., *Mundo*); Sus preocupaciones sobre los asuntos eternos y definitivos le obligan a la justicia y a la bondad (Arrom, *Certidumbre*); Allí lo convencería de que fuese pronto a Golfito, donde lo aguardaban con desesperación (Aguilera Malta, *Pelota*); Hasta que un alto empleado de la Compañía que iba en el tren no se acercó al maquinista a convencerle de que tenía presión, no salimos (Azaña, *Carta*); Juan Pérez los dejó discutir, acalorarse, justificarse (Donoso, *Casa*); Las autoridades fronterizas no les dejaban pasar hacia México (Chavarría, *Rojo*).

Se percibe también la alternancia «dativo ~ acusativo» con *atender* y *telefonear*.

16.5.2   El laísmo y el loísmo

16.5.2a Como se ha explicado, el LAÍSMO es el uso de las formas femeninas de acusativo por las de dativo. Puede ser, como el leísmo, DE PERSONA (*La dije la verdad*) o DE COSA (*No te puedes poner esta camisa porque tengo que pegarla un par de botones*). El segundo es algo menos frecuente que el primero.

16.5.2b El laísmo alcanzó cierta difusión en los siglos XVII y XVIII, incluso entre escritores notables. En la actualidad pervive en ciertas regiones de España (parte de Castilla, así como Cantabria y Madrid). No se extendió por Andalucía y Canarias ni pasó al español americano. Las construcciones laístas atestiguadas en zonas andinas se han atribuido a ciertas dificultades en el aprendizaje del español por parte de hablantes de quechua y aimara. Se recomienda evitar en todos los contextos tanto el laísmo de persona como el de cosa.

16.5.2c El laísmo es especialmente frecuente con los verbos que pueden construirse bien con un complemento indirecto de persona, bien con este complemento más un complemento directo de cosa: *Ábrele a Ana ~ Ábrele la puerta a Ana; No le* *escribe a su novia* ~ *No le escribe cartas a su novia; A mi mujer le robaron* ~ *A mi mujer le robaron la cartera.* El cruce entre las dos estructuras puede producir secuencias con laísmo: *Ábrela a Ana; No la escribe a su novia; A mi mujer la robaron,* si bien en algunas áreas este uso de *robar* se considera transitivo. Favorece también los usos laístas el paso de un verbo transitivo simple a una construcción con verbo de apoyo (§ 1.5.2e), especialmente las formadas con *dar* y *hacer.* Así, en la oración laísta *La di un beso* puede influir la posible contaminación con *La besé.*

16.5.2d   Cuando son las formas masculinas de acusativo las que se usan en lugar del dativo se habla de LOÍSMO. El fenómeno es paralelo al laísmo, de modo que puede ser de persona (*No lo dieron tiempo a reaccionar*) o de cosa (*El asunto es como es y no hay que darlo más vueltas*). En la actualidad se registran en ciertas zonas de Castilla (en España), y en hablantes andinos de quechua o aimara que han aprendido el español como segunda lengua. Aunque se atestiguan usos loístas en escritores clásicos de prestigio, el loísmo no penetró en la lengua literaria, a diferencia de lo que ocurrió con el leísmo y, en menor medida, con el laísmo. Está fuertemente desprestigiado, por lo que se recomienda evitarlo en todos los niveles de la lengua.

16.6   Pronombres átonos en la duplicación de complementos

El español permite la DUPLICACIÓN O DOBLADO del complemento directo y del indirecto mediante pronombres átonos, como en *Le preguntaré al profesor; La van a elegir a ella,* en que *le* y *el profesor* por un lado, y *la* y *a ella* por otro, se refieren al mismo individuo y desempeñan la misma función sintáctica (§ 34.2.2 y 35.2.3). El complemento doblado mediante el pronombre átono es un grupo preposicional formado por la preposición *a* más un pronombre personal tónico (DUPLICACIÓN PRONOMINAL) o un grupo nominal (DUPLICACIÓN NOMINAL).

16.6.1   La duplicación pronominal

16.6.1a   Los dos pronombres personales implicados en la duplicación pronominal concuerdan en sus rasgos morfológicos: *Las eligieron a ellas; Nos eligieron a nosotros.* Cuando se coordinan dos grupos preposicionales, el pronombre átono aparece en plural: *Nos vieron a ti y a mí.* Como se señala en el § 35.2.3h, el doblado de un objeto indirecto plural mediante la forma singular *le* (*Le digo a ustedes...*) se atestigua ocasionalmente, incluso entre personas cultas. Se aconseja evitar esta discordancia en los registros formales.

16.6.1b   Es obligada en el español actual la duplicación del complemento directo o el indirecto cuando estos complementos están representados por pronombres personales tónicos precedidos de la preposición *a.* Las opciones posibles son, por tanto, *La vieron* (sin doblado) o *La vieron a ella* (con doblado), pero no **Vieron a ella; Te quieren* o *Te quieren a ti,* pero no **Quieren a ti; Me lo permitieron* o *Me permitieron eso a mí,* pero no **Permitieron eso a mí.* No son equivalentes estas opciones desde el punto de vista informativo, ya que el pronombre subrayado en *La vieron a ella; Te quieren a ti* o *Me permitieron eso a mí* contiene información FOCAL (§ 40.3).

16.6.1c   Constituyen una excepción aparente a la regla anterior los verbos que seleccionan complementos indirectos de dirección (§ 35.3.2a). Estos verbos pueden construirse solo con los pronombres tónicos, como en *Se acercó a mí; Se aproximó a nosotros; Se abrazó a ella*, o solo con los átonos: *Se me acercó; Se nos aproximó; Se le abrazó*. Cabe pensar, sin embargo, que las primeras variantes pueden interpretarse como complementos de régimen, de manera similar a como lo es *a él* en *Me presentaron a él*.

16.6.1d   Debido a su origen nominal, el pronombre *usted* (§ 16.2.1a) admite con frecuencia la variante sin duplicación, sobre todo en los registros formales. Los textos modernos ilustran este comportamiento, como en *Lo que me impulsó a dedicarme a fondo a esa investigación fue salvar a ustedes* (Luca Tena, *Renglones*), donde no se diría, sin embargo, **... salvar a ti*. Los textos de los dos últimos siglos muestran esta pauta en proporción mayor. No se duplican los complementos de los participios, ya que estas formas verbales no admiten en el español actual pronombres átonos. Contrastan, por tanto, *La ofensa que nos hicieron a nosotros* (con duplicación necesaria) con *La ofensa hecha a nosotros* (sin ella).

16.6.1e   Los pronombres no personales se comportan como los nombres a efectos de la duplicación. Así pues, no se da esta en *No vieron a nadie; Admiten a cualquiera; ¿A quién vieron?* El pronombre *uno* se asimila unas veces a los personales (*cosas que le dan a uno vergüenza*), y entonces la duplicación es obligatoria (**cosas que dan a uno vergüenza*), pero se comporta otras como un pronombre cuantificativo, y en ese caso no se da la duplicación, o bien no es obligatoria: *Te acercas a los empleados y eliges a uno; (Le) comuniqué la noticia a uno*. Los grupos nominales que contienen numerales admiten la duplicación en el español general cuando son definidos (*Los vi a los cinco*), pero la rechazan si son indefinidos (*Los vi a cinco).

16.6.1f   Aun sin ser personal, el pronombre *todo* exige aparentemente duplicación en la mayor parte de sus usos como complemento directo e indirecto, y también como atributo. En efecto, suele ser más frecuente *Ella lo es todo para él* que *Ella es todo para él*; *Las leí todas de un tirón* que *Leí todas de un tirón*. Se trata, sin embargo, de un caso de FALSO DOBLADO. El cuantificador *todo* (en cualquiera de sus variantes morfológicas) es el único pronombre capaz de incidir sobre grupos nominales definidos o sobre los pronombres que los sustituyen, como en *Leí todas las novelas; Leí todas ellas*. El pronombre átono de las construcciones de doblado correspondientes no duplica al cuantificador *todo*, sino que sustituye a ese grupo nominal definido o a ese otro pronombre: *Las leí todas*. Si en lugar de sustituirlo lo duplicara, se esperarían oraciones como **Las leí todas las novelas*, que resultan anómalas.

16.6.2   La duplicación nominal

La duplicación nominal está más restringida que la pronominal. En la primera el pronombre dobla un grupo formado por la preposición *a* seguida de un grupo nominal, como en *Se lo dije a Juan* o en *A Lucía la vieron salir*. Los pronombres no personales se asimilan a los grupos nominales en las construcciones de duplicación (*Eso lo sabe cualquiera*).

16.6.2a   Se da la duplicación en las CONSTRUCCIONES DISLOCADAS. Estas construcciones son DE TÓPICO INICIAL, es decir, el grupo preposicional aporta en ellas información temática antepuesta al verbo (§ 40.2.3): *El periódico lo compra mi hijo; A Laura le robaron el bolso*. Estas secuencias se forman igualmente con duplicación pronominal. Se diferencian de las demás construcciones de doblado en que no presentan los dos segmentos en la misma oración, ya que los tópicos iniciales ocupan una posición extraoracional. Repárese en que *ella* y *la* no comparten oración en *Y a ella ¿quién la controla?* Los pronombres relativos no dan lugar a estructuras de duplicación: *Leyes que es importante respetar* (sobre las variantes con pronombre, como *leyes que es importante respetarlas*, llamadas REASUNTIVAS, véase el § 44.5.1).

16.6.2b   Cuando el grupo preposicional está pospuesto al verbo, la duplicación es muy frecuente con los complementos indirectos (*No le dijeron la verdad a su madre; No le dieron importancia al asunto*), e incluso resulta obligatoria con algunos predicados: *{*Duele~Le duele} el pie a Felipe*. La duplicación de complementos directos nominales pospuestos al verbo es, en cambio, rara en el español general. No se suele decir, en efecto, *Ayer lo leí el libro* ni *Tengo que llamarla a Isabel,* salvo que preceda a *el libro* o *a Isabel* un ligero descenso tonal acompañado de una pequeña pausa. En tal caso esos grupos constituyen un TÓPICO FINAL (§ 40.2.2), marcado en la escritura mediante una coma: *Ayer lo leí, el libro; Tengo que llamarla, a Isabel*.

16.6.2c   La duplicación del complemento directo nominal en posición posverbal es frecuente en el español conversacional de algunas áreas americanas, sobre todo del Río de la Plata: *Esta noche lo invité a Simón Jichlinski en el Crocodile* (Borges, *Libro*); *Lo saludamos hoy y lo abrazamos a Malraux en este umbral de su nueva existencia* (Ocampo, V., *Testimonios*). Esta duplicación no es contrastiva (cf., en cambio, *Te quieren a ti*, donde lo es necesariamente) y suele darse con los grupos nominales definidos. Son poco frecuentes, en efecto, oraciones como *No lo vi a nadie; Lo voy a leer un libro; ¿A quién la viste?* En el área rioplatense se registran también complementos directos de cosa doblados y con la preposición *a*: *Los puso sobre la mesa a los libros; Las dejé a las papas hirviendo*.

16.7   Las formas de tratamiento

16.7.1   Características generales

16.7.1a   Se llaman FORMAS DE TRATAMIENTO las variantes pronominales que se eligen para dirigirse a alguien en función de la relación social que existe entre el emisor y el receptor (*tú, usted, vos, os, le, te,* etc.). Se incluyen también entre ellas los grupos nominales usados para dirigirse a algún destinatario, tanto cuando constituyen fórmulas genéricas del trato cortés (*don Francisco, señor Martínez*) como cuando se eligen en función de la posición del destinatario en alguna jerarquía (*Su Majestad, Vuestra Ilustrísima, Su Señoría, Su Eminencia, Su Santidad*).

16.7.1b   En el uso de los tratamientos intervienen circunstancias sociales y situacionales de tipo diverso que pueden variar dependiendo de áreas geográficas y comunidades particulares. Los factores que condicionan su elección se pueden agrupar en torno a dos polos que podrían denominarse TRATO DE CONFIANZA O DE FAMILIARIDAD y TRATO DE RESPETO. Hay que advertir, no obstante, que la distribución de los tratamientos es más compleja de lo que estos rótulos sugieren, ya que la confianza ha de interpretarse a veces como la simple voluntad de acercamiento, y el respeto como el deseo de mantener cierta distancia.

16.7.1c Se habla de TRATAMIENTO SIMÉTRICO O RECÍPROCO cuando los dos interlocutores se dispensan el mismo, y de TRATAMIENTO ASIMÉTRICO en caso contrario. Por otra parte, el tratamiento es ESTABLE O PERMANENTE cuando una persona lo usa para dirigirse a otra en cualquier situación, y es VARIABLE O CIRCUNSTANCIAL cuando puede cambiar en función de esta. Por ejemplo, es normal que los espectadores de las competiciones deportivas usen en el estadio el trato de familiaridad (*tú* o *vos*) con el árbitro aun cuando no lo conocen personalmente, y empleen en cambio la forma *usted* si hablan con esa misma persona en otras circunstancias.

16.7.1d Se percibe en el español contemporáneo un notable desarrollo del tratamiento de familiaridad. El incremento comenzó en la primera mitad del siglo XX, pero que se ha extendido de forma más notoria en los últimos treinta o cuarenta años. El uso creciente de las formas de familiaridad constituye un signo de cercanía, de igualdad, asumida o presupuesta, y de solidaridad, favorecido tanto por el auge de los movimientos políticos igualitarios como por la estimación que se concede hoy al hecho mismo de ser joven. El uso extendido de *tú* y *vos* en la publicidad refleja bien esta escala de valores. El trato general con desconocidos adultos sigue siendo el de *usted,* con variaciones que están en función de las áreas geográficas, pero también de la edad del que lo dispensa.

16.7.1e Es habitual en el español actual el trato de *tú* (o de *vos,* según las zonas) entre parientes cercanos, si bien aún persiste en el español americano (y, en menor medida, también en el europeo) el trato de *usted* dirigido a los padres, a los abuelos o a los padres políticos. Es frecuente asimismo utilizar el tratamiento de confianza entre compañeros y colegas, a diferencia de lo que era normal en el siglo XIX y parte del XX. Algunas situaciones potenciales de conflicto se deben a que el tratamiento de confianza o de familiaridad puede connotar ausencia de respeto. Así, se ha extendido en algunos países americanos, y también en España, el abandono de la forma *usted* por parte del personal sanitario para dirigirse a sus pacientes en los hospitales, sea cual sea su edad, lo cual no siempre es bien aceptado por los destinatarios. De la misma forma, el trato de *tú* o de *vos* en las relaciones entre el alumno y el profesor se está extendiendo en todos los niveles de la enseñanza (no siempre con el beneplácito previo del profesor) en el español europeo, aunque restringido a menudo por variables como la edad o el respeto. Es poco frecuente en el español americano, pero avanza en algunas áreas. El tuteo puede considerarse ofensivo cuando se usa para dirigirse a un dependiente o a un camarero adulto al que no se conoce, o a un cliente adulto igualmente desconocido.

16.7.1f También el uso del *usted* puede hacer sentir incómodo al interlocutor si, en lugar de como forma de respeto, se interpreta como medio para marcar distancia o como señal de que se le considera persona de edad. Al igual que en ciertas zonas es mayor la proporción del tuteo (por ejemplo, en el País Vasco, en España), hay otras en que resulta llamativa la frecuencia del *usted,* que se extiende a un número amplio de contextos, incluidos los de intimidad (por ejemplo, el trato entre cónyuges y enamorados). Así ocurre, por ejemplo, en algunos países centroamericanos, pero también en áreas de Colombia, Venezuela, Chile y la Argentina.

16.7.1g   En varios países americanos convive el voseo con el trato de *tú* y de *usted* como tercera forma de dirigirse al interlocutor, lo que hace aún más compleja la distribución de los tratamientos. Se ha considerado que *tú* constituye en estos usos un GRADO INTERMEDIO entre *vos* (forma no marcada para el trato de confianza) y *usted* (forma de respeto). Otros autores entienden que se trata más bien de DOS SISTEMAS que conviven: el LOCAL (*usted/vos*) y el GENERAL (*usted/tú*). En cualquier caso, el uso de los tres pronombres, allí donde existen, está sometido a condiciones variables y sutiles relativas a la intimidad o la formalidad de la situación, las intenciones del hablante, su edad e incluso el sexo de los interlocutores.

16.7.1h   El pronombre *vos* se utilizaba en español medieval para dirigirse a varias personas o a una sola. En este último caso constituía una forma del trato de respeto, más tarde sustituida por *vuestra merced* > *usted*. Tal uso REVERENCIAL de *vos* pervive hoy en España, aunque en regresión, para referirse al rey y a altas personalidades. Es raro en América, si bien se documenta ocasionalmente en casi todos los países en contextos solemnes. Constituye el tratamiento más respetuoso concebible. El pronombre *vos* aparece en los casos rectos y oblicuos (*Vos decidís; Es para vos*) y extiende la concordancia al verbo (*cantáis/tenéis/salís*), a los pronombres átonos y a los posesivos (*Si vos dais vuestro consentimiento, os informaremos de todo*). Se diferencia en esto del voseo americano (§ 16.7.2) y de las formas de tratamiento que proceden de grupos nominales (§ 16.7.1j).

16.7.1i   El pronombre *vos* dirigido a varias personas acabó siendo sustituido por *vosotros/vosotras*, hoy constituido en el tratamiento de confianza que corresponde en plural al trato de *tú*. No se consolidó, sin embargo, *vosotros* en América ni en algunas zonas de España (la mayor parte de Canarias y Andalucía occidental), donde se usa *ustedes* en el trato de confianza y en el de respeto. La pérdida de uso de *vosotros* llevó consigo la de *os* y la de *vuestro/vuestra*.

16.7.1j   Es un rasgo común de las lenguas romances el usar grupos nominales construidos con posesivos en lugar de pronombres de segunda persona para dirigirse al interlocutor. De los muchos sustantivos que tuvieron este uso, hoy perviven como formas de tratamiento *alteza, eminencia, excelencia, majestad, santidad, señoría* o *reverencia*, entre otros. Estos sustantivos pueden ir precedidos del posesivo *vuestro/vuestra* (*vuestra alteza, vuestra excelencia*) o bien de *su* (*su alteza, su excelencia*), opción más frecuente. En uno y otro caso, la concordancia se hace en singular: *Vuestra majestad dio su consentimiento*. Es lógico que el comportamiento sintáctico de estos grupos nominales coincida con el del pronombre *usted*, ya que esta forma procede también de un grupo nominal, como se ha recordado (*vuestra merced*). *Usted* fue sustituyendo a *vos* en el trato de respeto a través de un proceso que comenzó en el XIV y se prolongó a lo largo de tres siglos. Algunos de los tratamientos mencionados conocen también formas abreviadas, como *vuecencia* para *vuestra excelencia*, o *usía* para *su señoría*. Es habitual en muchos países dirigirse a un militar con el posesivo *mi* seguido de su rango: *mi sargento, mi general*.

16.7.1k En el español general actual se antepone *don* / *doña* al nombre de pila (y a veces también a los diminutivos e hipocorísticos: *doña Manolita, don Paco*) como forma de designación respetuosa o cortés: *don Francisco, doña María*. En muchos países americanos se usa asimismo *doña* (pero no *don*) como apelativo autónomo en contextos informales: *¿Cómo le va, doña?* Constituyen formas de tratamiento dirigidas a los religiosos *fray* / *sor, hermano* / *hermana, padre* / *madre*, todos ellos considerados gramaticalmente, al igual que *don*, sustantivos en aposición. A diferencia de *don* / *doña*, los tratamientos *señor* / *señora* admiten el plural y llevan artículo cuando no se usan como vocativos. En algunos países pueden llevarlo también en este caso, como en *¿Cómo está la señora Amelia* [dirigiéndose a ella], *que hace tiempo que no viene por aquí?* El tratamiento *señor* / *señora* puede preceder al apellido —*(el) señor García*— y también al nombre de pila —*(el) señor Francisco*—, aunque este último contexto no es común a todos los países ni a todos los sectores sociales. La oposición *señora* / *señorita* se utilizó tradicionalmente para distinguir a las mujeres casadas de las solteras. Aunque este uso no ha desaparecido por completo, el término *señorita* se aplica hoy con preferencia a las mujeres jóvenes, o bien, independientemente de su edad, a las que ejercen determinadas profesiones, por ejemplo la de telefonista.

16.7.1l Los sustantivos que designan títulos, cargos y oficios se pueden usar en español como apelativos en el trato personal, además de como títulos oficiales: *alcalde, director, doctor, ingeniero, licenciado, maestro, ministro, presidente, rector*. El uso de estos apelativos puede ser compatible hoy en la conversación con el tratamiento de confianza (*¿Estás de acuerdo, presidente?*), pero se requieren las formas verbales correspondientes al trato de respeto cuando se construyen con *señor* / *señora* (*¿Está usted de acuerdo, señor presidente?*).

16.7.2 El voseo

16.7.2a Se llama VOSEO al uso del pronombre *vos* como forma de tratamiento dirigida a un solo interlocutor, así como al empleo de las varias desinencias que reflejan los rasgos gramaticales de este pronombre en la flexión verbal. El voseo como tratamiento de confianza es propio de ciertas áreas del español americano, y se diferencia del REVERENCIAL, examinado en el § 16.7.1h, tanto desde el punto de vista sociolingüístico como desde el gramatical. Corresponde, en efecto, al mayor grado de familiaridad, y ocupa, por consiguiente, el polo opuesto al voseo reverencial. Desde el punto de vista gramatical, concuerda con reflexivos átonos y posesivos en singular, como en *Vos no te cuidás* o en *si vos leés una carta tuya* (frente a *Si vos leéis una carta vuestra*, en el voseo reverencial). En los casos oblicuos no es raro encontrar las alternancias *con vos ~ contigo; para vos ~ para ti*. Por lo que respecta a la concordancia con el verbo, existen estas tres modalidades:

> VOSEO FLEXIVO (antiguas desinencias de plural):
> 1. Pronominal (con el pronombre *vos*): *vos tenéis, vos tenés, vos tenís*.
> 2. No pronominal (con el pronombre *tú*): *tú tenés, tú tenís*.
> VOSEO NO FLEXIVO (desinencias correspondientes a *tú*):
> 3. Pronominal (con el pronombre *vos*): *vos tienes*.

La menos común de las tres es la última. Las variantes desinenciales del voseo flexivo se exponen en los § 4.3.2c-g.

16.7.2b   Aunque el voseo no reverencial se documenta, en mayor o menor medida, en casi todos los países de América (con la posible excepción del área antillana), en algunos, como México, es residual, y en los demás no siempre se extiende a todas las regiones, además de presentar condiciones de uso notablemente dispares. Se ha observado que las áreas americanas menos voseantes coinciden en parte con las regiones en las que se instalaron los virreinatos (México, Lima), las universidades (Santo Domingo) y en general con las zonas que experimentaron mayor florecimiento cultural o mantuvieron mayor contacto con la metrópoli (Venezuela, entre otras). Su extensión actual no es estable, pues está en expansión en unas zonas y en regresión en otras, según los valores a que se asocie.

16.7.2c   Más compleja e inestable aún es la situación sociolingüística del voseo. De haber estado sujeto a una fuerte presión normativa y haber sido combatido por la enseñanza, ha pasado a ser, en algunas áreas, la forma general del trato de confianza. Así ocurre en la Argentina, el Uruguay, Costa Rica, Nicaragua, la región de Antioquia (Colombia), la de Zulia (Venezuela) o la de Esmeraldas (Ecuador). Sin embargo en otras, como El Salvador, no excede el ámbito de la lengua familiar y carece de prestigio fuera de ella. En otras, como Panamá, es eminentemente rural y su empleo resta prestigio social. La estimación que reciben las variedades del voseo puede ser también dispar en las áreas en las que se usa. Así, el voseo flexivo no pronominal ha estado tradicionalmente más desprestigiado en Chile que en el Uruguay, mientras que este país rechaza más que la Argentina o que los países centroamericanos el voseo en subjuntivo. Por otra parte, en algunas zonas de la Argentina en que alternan tuteo y voseo flexivos en los imperativos negativos, se prefiere el primero si la petición es cortés (*No me esperes*), y se elige preferentemente el segundo si se trata de una orden (*No me esperés*), un consejo o un pedido de otro tipo (*No te preocupés*).

17 Los demostrativos

17.1   Los demostrativos como expresiones deícticas

Los DEMOSTRATIVOS son determinantes, pronombres o adverbios que identifican a algo o a alguien por la distancia a la que se encuentra en relación con el hablante o el oyente. Así, con la expresión *este caballo* el hablante se refiere a algún ejemplar de este animal que está situado más cerca de él que los designados, en el mismo contexto, con *ese caballo* o *aquel caballo*. Los demostrativos constituyen los representantes más característicos del paradigma de las CATEGORÍAS DEÍCTICAS.

17.1.1   Concepto de deixis

La DEIXIS es la propiedad que poseen muchas expresiones gramaticales para expresar significados que dependen de la posición que ocupen en el espacio o en el tiempo el hablante y el oyente. Si alguien usa la expresión *lo que está a mi derecha*, gira después ciento ochenta grados y repite esas mismas palabras, se estará refiriendo en cada ocasión a algo distinto. Ello es consecuencia de que el posesivo *mi* y el sustantivo *derecha* tienen propiedades deícticas. Cuentan también con un componente deíctico en su significado los pronombres personales (capítulo 16), los morfemas verbales de tiempo y persona (capítulos 4, 23 y 24), ciertos verbos de movimiento como *ir, venir, traer* o *llevar,* así como otros grupos sintácticos que se estudiarán en este mismo capítulo.

17.1.2   Tipos de deixis

17.1.2a   Se llama DEIXIS OSTENSIVA, *AD OCULOS* o SENSIBLE la que se obtiene por simple mostración, es decir, por la presencia física de lo que se señala en el contexto extralingüístico, unas veces con acompañamiento de un gesto, como en *"Me gusta ese broche", le dijo, señalando unas piedras que llevaba prendidas a su chaqueta la doctora* (*Nuevo Herald* 25/6/1997), pero otras muchas sin él, como en el ejemplo *lo que está a mi derecha* mencionado en el apartado anterior. Además del uso ostensivo, los elementos deícticos, y en particular los demostrativos, pueden identificar su referente en el discurso inmediato. Este tipo de mención se suele llamar REFERENCIA FÓRICA, y puede ser ANAFÓRICA O CATAFÓRICA. En el primer caso, el demostrativo apunta a un elemento situado antes en el discurso, al que se denomina ANTECEDENTE: *No explicó nada a su compañero. Este, por su parte, tampoco le habló, ni trató de disuadirlo o detenerlo* (Aguilera Malta, *Pelota*); en el segundo, anticipa un CONSE-CUENTE situado tras él: *No hablaron un largo rato y luego el ministro dijo esto: —No sé si me entienda usted, señor, y francamente ya no me importa* (Fuentes, *Cristóbal*). Se habla a veces de DEIXIS TEXTUAL cuando se hace referencia al texto mismo concebido como un espacio físico, como en *El lector verá cuán cerca está ese pensamiento del de San Agustín, citado más arriba* (Alonso, D., *Poesía*).

17.1.2b   Por la información semántica que encierra, la deixis corresponde a uno de los cinco tipos siguientes: personal, temporal, locativa, cuantitativa y modal. Presentan DEIXIS PERSONAL los elementos que se refieren a los participantes en el acto de la enunciación, en concreto los pronombres personales, los posesivos y la flexión verbal de persona. La deixis personal se organiza en función de una distinción tripartita: la primera persona hace referencia al hablante, la segunda persona caracteriza al oyente, mientras que la tercera persona alude a las personas o cosas distintas de uno y otro.

17.1.2c   La DEIXIS TEMPORAL permite localizar —directa o indirectamente— los acontecimientos en relación con el momento en que se habla. Se manifiesta, por ejemplo, en los morfemas temporales del verbo, de modo que *llegaste* en *Llegaste tarde* indica que la acción de llegar tuvo lugar antes del momento de la enunciación. La deixis de tiempo se ordena sobre el eje «presente – pasado – futuro» y afecta también a adverbios como *entonces* u *hoy* (§ 17.4.3c, d), a adjetivos como *pasado* (*el verano pasado*), *reciente* (*los sucesos recientes*), *entrante, nuevo, presente, moderno, actual, último, anterior, posterior* y *contemporáneo,* entre otros. También abarca las expresiones referenciales construidas con los nombres de los días de la semana y de los meses del año. Así, el grupo nominal *el lunes* en *El lunes voy a llegar tarde* designa el lunes siguiente al día en el que se pronuncian esas palabras. Se miden siempre desde el momento de la enunciación (y, por tanto, son también deícticas) las expresiones construidas con la locución *dentro de* o con el adjetivo *próximo,* mientras que las formadas con *al cabo de* o con *siguiente* toman como referencia otro punto introducido en el discurso.

17.1.2d   La DEIXIS LOCATIVA es la propia de los demostrativos (*este, ahí, allá,* etc.), objeto de este capítulo, pero pueden manifestarla del mismo modo ciertos adjetivos con valor espacial, como *norteño, occidental, oriental, superior, inferior,* etc., y también algunos adverbios, locuciones adverbiales y grupos preposicionales: *adelante, a la izquierda, un poco más arriba,* etc. Algunas de estas unidades muestran asimismo usos no deícticos. Así, mientras que el adjetivo *superior* no presenta valor deíctico en *Ella era muy superior a él,* lo tiene, en cambio, en *Mi oficina está en el piso superior* (es decir, 'superior a aquel en el que estoy ahora'). Los sustantivos y adjetivos *extranjero, forastero* y *nativo* se interpretan a menudo deícticamente. La referencia de la expresión nominal *los ciudadanos extranjeros* puede ser distinta, en consecuencia, dependiendo de que la oración se emplee en Bogotá, en Buenos Aires o en Lima. Los verbos *ir, venir, llevar* y *traer* también aportan información deíctica. En efecto, en la mayor parte de las áreas hispanohablantes *ir* y *llevar* se refieren a movimientos que parten del punto en que se ubica el hablante, mientras que con *venir* y *traer* se producen en dirección a él. No resultarían, por tanto, naturales expresiones como *Mañana vendré a tu casa* si se está hablando por teléfono. Este requisito deíctico no se manifiesta, sin embargo, en algunas áreas lingüísticas (tanto del español americano como del europeo), como revelan los textos siguientes; —*¡El noticiero de las cinco!* —*grito de pronto el monstruo, mirando su reloj*—. *¡Ya <u>vengo</u>, ya <u>vengo</u>, bajo a escucharlo y subo!* (Bryce Echenique, *Martín Romaña*); *Espéreme. Ya <u>vengo</u>* (Uslar Pietri, *Lanzas*).

17.1.2e Muestra la DEIXIS CUANTITATIVA el cuantificador *tanto* en ejemplos como *No quiero <u>tanto</u>, por favor*, donde hace referencia a cierta cantidad de algo que se muestra o se percibe (deixis ostensiva), al igual que cuando indica algo que ha sido mencionado anteriormente (deixis anafórica). Se observa este segundo uso en *A ella le gustaba <u>mucho</u> el brócoli, pero a mí no me gustaba <u>tanto</u>* (es decir 'hasta ese punto' o 'en ese grado'). Finalmente, la DEIXIS DE MODO O MANERA es propia del adverbio *así*, que se puede parafrasear con un demostrativo: 'de este modo' (§ 17.4.3e).

17.2   Caracterización de los demostrativos

17.2.1   Formas de los demostrativos

17.2.1a   Los demostrativos son palabras tónicas. Sus formas actuales se exponen a continuación:

1. Demostrativos con flexión

MASCULINO SINGULAR	FEMENINO SINGULAR	NEUTRO	MASCULINO PLURAL	FEMENINO PLURAL
este	esta	esto	estos	estas
ese	esa	eso	esos	esas
aquel	aquella	aquello	aquellos	aquellas
tanto	tanta	tanto	tantos	tantas
tal	tal	tal	tales	tales

2. Demostrativos sin flexión: *aquí, ahí, allí, acá, allá; así; ahora, entonces, ayer, hoy, mañana; tanto (tan)*.

17.2.1b   Como puede observarse, todos los demostrativos presentan formas especiales para el neutro, salvo *tanto* y *tal*. Por otra parte, solo *tanto* muestra una forma apocopada, que aparece ante adjetivos y adverbios, como en *No hace falta que le pegues tan fuerte a la pelota*. Cabría añadir a las formas flexionadas el participio *dicho / dicha / dichos / dichas* cuando se comporta como un determinante (§ 17.2.4c). Como se explica en el § 2.1.1c, debe evitarse el uso de los demostrativos masculinos ante sustantivos femeninos que empiezan por /a/ tónica (*este aula, ese águila, aquel agua*) y emplear en su lugar las femeninas (*esta aula, esa águila, aquella agua*).

17.2.2	**Clases sintácticas a las que pertenecen los demostrativos**

17.2.2a	Los demostrativos sin flexión son adverbios de tiempo (*entonces, hoy, ayer, mañana*), de lugar (*aquí, ahí, allí, acá, allá*) o de modo o manera (*así*). El adverbio *tanto* (*No sabía que fumaras tanto*) puede denotar tiempo o intensidad en función de diversos factores (§ 30.5.2e), en lo que coincide con *mucho*. Presenta la variante apocopada *tan* ante adjetivos y adverbios (*tan feliz, tan mal*).

17.2.2b	La clase de los demostrativos dotados de flexión está sujeta a polémica. Las formas neutras (*esto, eso, aquello, tanto, tal*) son pronombres y carecen de plural, pero se discute el estatuto de las restantes. Cuando acompañan a un nombre, como en *este libro, aquella idea* o *ese aire*, los demostrativos son determinantes, puesto que convierten al sustantivo en una expresión referencial y lo habilitan para funcionar como sujeto. Los adjetivos carecen de esta propiedad, como pone de manifiesto el contraste {*Este niño* ~ *Niño travieso} *llora sin parar*. Hay controversia, sin embargo, sobre si en secuencias como *No quiero cualquier bicicleta; quiero esa* el demostrativo es un pronombre o se trata, por el contrario, de un determinante que incide sobre un elemento nulo o tácito cuyo contenido (en este caso 'bicicleta') se recupera del contexto: ... *quiero esa Ø*. El problema afecta también a otros determinantes y cuantificadores, como se explica en los § 1.4, 14.1.2d, 15.1.1, 19.3.2 y 21.2.2a. Se elegirá aquí la opción que acepta el núcleo tácito, pero se hará constar que el otro análisis hace predicciones equivalentes en un gran número de casos.

17.2.3	**Significado de los demostrativos**

17.2.3a	Los demostrativos permiten realizar divisiones en el espacio (o, más exactamente, en la distancia) que separa el hablante del referente. Las divisiones establecidas son unas veces ternarias (*este* ~ *ese* ~ *aquel; aquí* ~ *ahí* ~ *allí*) y otras binarias (*acá* ~ *allá; ahora* ~ *entonces*). Es marcada, sin embargo, la tendencia que se percibe a reducir las series ternarias a binarias. En la interpretación clásica, los demostrativos *este* (y sus variantes de género y número) y *aquí* denotan proximidad con el hablante; *ese* (y sus variantes) y *ahí* denotan proximidad con el oyente, y *aquel* (y sus variantes) y *allí* expresan lejanía respecto de ambos. Algunos análisis actuales postulan, en cambio, una oposición entre *este,* que denota cercanía al hablante, y *aquel,* que indica lejanía. El demostrativo *ese* sería el elemento no marcado que puede tomar ambos valores y que se usa en situaciones en las que la relación de proximidad no es relevante. En algunos países americanos se reducen las series ternarias a las binarias de otra manera: el demostrativo *aquel* queda reservado para los usos literarios o para la deixis evocadora a la que se hace referencia en el § 17.2.3d, de forma que la deixis ostensiva se lleva a efecto con los demostrativos *este* y *ese* (y sus variantes morfológicas). Se diría, pues, en esas variedades *Mira* (o *Mirá*) *esa casita en lo alto del cerro* en lugar de ... *aquella casita*. Es característica del español americano la expresión *en ese entonces,* que muestra esta misma tendencia: *Sonreía poco en ese entonces* (Serrano, M., *Vida*). Alterna en el español americano con *en aquel entonces,* que es la única variante conocida en el europeo. Sobre la pareja *acá* ~ *allá,* véase el § 17.4.2b.

17.2.3b   La distancia que se establece a través de las distinciones léxicas marcadas por los demostrativos es un concepto subjetivo más que real. En efecto, la expresión *esos montes* puede emplearse cuando la distancia física es de varios kilómetros, del mismo modo que cabe referirse con *aquellos libros* a los situados a unos pocos metros. La diferencia entre *esto que acabo de decir* y *eso que acabo de decir* radica, en el mismo sentido, en la proximidad relativa que el hablante quiera establecer con sus palabras anteriores, no necesariamente en el tiempo real que haya transcurrido desde que las emitió. De manera análoga, si alguien muestra un rasguño en su brazo a otra persona, esta puede decirle *¿Cómo te has hecho ese arañazo?* (*te hiciste* en algunas variedades), y también *¿Cómo te has hecho este arañazo?* No hay que buscar necesariamente la diferencia entre estas dos variantes en la distancia que medie entre el rasguño y nuestros ojos, sino más bien en el grado de implicación, solidaridad o empatía que de manera indirecta se quiera transmitir.

17.2.3c   El demostrativo *este* expresa distancia temporal mínima, sea prospectiva o retrospectiva. Con *Este jueves {estaré ~ estuve} muy ocupada* se alude al jueves, futuro o pasado, más cercano al momento en que se habla, y con *Este verano dejaré que el sol me ponga morena* (Peri Rossi, *Solitario*), al verano próximo. El demostrativo *aquel* tiende a especializarse, en cambio, en las referencias retrospectivas. La expresión *aquel jueves* se refiere, en efecto, a un jueves ya pasado, no a uno que está por venir.

17.2.3d   Comparten *ese* y *aquel* el uso temporal que ha sido denominado EVOCADOR o ALUSIVO. Constituye este valor del demostrativo una manifestación de la llamada DEIXIS EN AUSENCIA, puesto que permite señalar a personas o cosas que no están presentes sin que hayan sido mencionadas en el discurso previo, como en *esos días en los que no quisiéramos levantarnos*, en *aquellos años de la infancia* o en *Esas camarinas blanquiverdes, con su semilla negrita transparentándose, tan redonditas, tan perfectitas, tan riquísimas de su sabor acidoso, esas preciosas camarinas de la playa* que *solo se crían en Moguer* (Jiménez, *Platero*). Aunque las entidades que se mencionan no estén físicamente presentes, lo están en cierto ámbito de nociones compartidas por el hablante y sus interlocutores. Los usos evocadores son raros con el demostrativo *este*. Sin embargo, se emplea en ciertos contextos en los que se sugiere cercanía afectiva, como en *Hay magia en la combinación de estos chiquillos que comenzaron juntos a los 20 años* (*Hoy* [Chile] 28/12/1983), donde solo el tono afectuoso explica la presencia del demostrativo *estos*, referido aquí a los Beatles y, por tanto, a un tiempo lejano.

17.2.3e   También por su contenido, pero desde otro punto de vista, los demostrativos se dividen en definidos, cuantificativos y cualitativos. Son DEFINIDOS *este, ese, aquel* y sus variantes. Es CUANTIFICATIVO *tanto* (y sus variantes), que, tal como se vio, admite usos ostensivos, como en *Hay que estar borrachísimo para aguantar a Peña tanto tiempo* (Mastretta, *Vida*), y también anafóricos, como el de *Hoy me demoré media hora. Mañana no me demoraré tanto* ('todo ese tiempo'). Es CUALITATIVO *tal / tales*, que alterna a menudo con grupos nominales indefinidos, como en *tal error ~ un error así*. Esta propiedad le permite aparecer en contextos en los que no son posibles grupos definidos: *No había {*el ~ *ese ~ tal} sombrero*. Véanse, en relación con estas cuestiones, los § 15.3.2 y 17.2.6b.

17.2.4   Los demostrativos en el texto

17.2.4a   Los determinantes y pronombres demostrativos muestran los usos fóricos de los que se habló en el § 17.1.2a y que se ilustran en los textos que siguen. El demostrativo remite en el primero de ellos a un nombre ya mencionado (relación anafórica), mientras que en los dos últimos se alude a informaciones que se mencionan después (relación catafórica):

> Familiares y amigos del imputado se mostraron recelosos a hablar con periodistas que cubrían la remisión de este (*Salvador Hoy* 15/11/2000); Tampoco digamos esto: si España se levanta, se levantará erguida y majestuosa (Montalvo, *Tratados*); Esta fue su respuesta: "Lógicamente, le he manifestado a él mis inquietudes. No podría llegar a tomar una decisión, sin plantearle mis pensamientos previamente" (*Nación* [C. Rica] 6/10/2000).

Se suele establecer una correlación entre *aquel* y *este* cuando los demostrativos se refieren a dos grupos nominales que han aparecido previamente en el texto. Así, *aquel* se vincula al más lejano y *este* al más cercano: *Alperso el Rojo, y Galbarin el Zarco* [...] *Aquel nacido en Persia, este en Arabia* (Balbuena, *Bernardo*).

17.2.4b   La relación que se establece entre el antecedente y el demostrativo puede ser de correferencia estricta, pero también son posibles vínculos más laxos, como la llamada ANÁFORA DE SENTIDO (§ 14.3.2c), que se obtiene asimismo con el artículo definido. En efecto, en el texto siguiente no sirve de antecedente al demostrativo *tal* la palabra *familiaridad*, que no se ha mencionado, sino cierta acción que se interpreta como gesto de familiaridad: *Como mucho era el calor, pidió permiso para ponerse en mangas de camisa, ante el asombro de los demás, desconcertados por verlo penetrar con tal familiaridad* (Carpentier, *Siglo*). El antecedente puede obtenerse también a través de relaciones de HIPONIMIA (*Han contratado a un nuevo defensa central. Este jugador...*) y de otras semejantes.

17.2.4c   El determinante *dicho* posee flexión de género y número (*dicho / dicha / dichos / dichas*). Su origen es el participio homónimo y su significado está próximo al que ofrece la paráfrasis 'el mencionado'. Como consecuencia natural de ambos, se diferencia de otros demostrativos en que no admite más uso que el anafórico. En efecto, *dicho árbol* se refiere necesariamente a un árbol mencionado en el discurso previo, mientras que *este árbol* puede también emplearse de manera ostensiva, es decir, para señalar físicamente un árbol. Los participios *citado, mencionado, referido* y otros semejantes pueden alternar con *dicho* en algunos contextos, pero no son determinantes y, por tanto, no se usan sin artículo: *Procedieron a talar {dicho ~ el mencionado} árbol*. Tiene también uso anafórico la expresión *el mismo*, que posee variación de género y número (§ 13.4.3e). Se recomienda, sin embargo, no abusar de ella: *Zavala insistió en lo difícil que resulta hoy demostrar la naturaleza ilegal de una importación y de ubicar a los responsables de la misma* (*Blanco y Negro* 4/1/1998).

17.2.4d   El demostrativo más habitual en las relaciones catafóricas es *este* (o sus variantes de género y número). La oración que contiene el consecuente del demostrativo aparece inmediatamente después en el texto: *Puso fin a sus meditaciones con* *esta frase: "No hay peligro inmediato, y lo que fuere sonará"* (Insúa, *Negro*). Estas relaciones son frecuentes en los contextos de cita, y también en ciertas construcciones atributivas, como *La de Mateo era una familia extraña* o *Tampoco aquella fue una época que yo recuerde con amargura* (Chávez, *Batallador*).

17.2.5   Los demostrativos neutros

17.2.5a   Los demostrativos neutros *esto, eso* y *aquello* se comportan como los demás demostrativos, pero presentan algunas características especiales. Así, carecen de variación numérica y son siempre pronominales, aunque admitan modificadores: *Disculpe, ¿qué es eso que silba?* (Millás, *Desorden*); *¿Usted sabe para quién es todo esto que he reunido?* (Uslar Pietri, *Oficio*). Para los neutros *tanto* y *tal*, véase el § 17.2.6.

17.2.5b   El referente de los demostrativos neutros en la deixis ostensiva es una entidad inanimada que no se desea nombrar o cuyo nombre se desconoce. No se suelen usar estos demostrativos para hacer referencia a los animales, y es ofensivo emplearlos para aludir a las personas (*Esto es el nuevo equipo de fútbol*), aunque no necesariamente en ciertos contextos atributivos: *El nuevo director era eso, un experto en mercadotecnia,* o en *Esto es un equipo y todos estamos metidos en el mismo ajo* (*Diario Vasco* 19/12/2000). Se emplean también los demostrativos neutros en referencia a contenidos proposicionales, como en *Eso no te lo consiento* (en alusión a lo que acaba de decir alguien) o en los ejemplos siguientes: *Por poco que le pida al cine, esto no le resultará suficiente* (*ABC* 8/6/1989); *No hay libertad más que en la cúspide y por eso los que queremos ser libres luchamos por subir* (Savater, *Caronte*).

17.2.5c   El demostrativo *aquello* alterna con el artículo determinado cuando se usa seguido de una oración de relativo y expresa solo definitud, sin señalamiento por proximidad o lejanía: *Haré {aquello ~ lo} que sea necesario.* En la lengua antigua se daba la misma equivalencia con adjetivos calificativos, como se ve en *Nunca tuuo cosa mas de lo que trahia a cuestas vestido, aquello pobre y grossero* (Sigüenza, *San Jerónimo*), pero la alternancia con el artículo ha desaparecido hoy en estos contextos.

17.2.5d   En los § 12.7.4e y 43.2.4e se mencionan las estructuras apositivas de complemento oracional, como *el rumor de que van a subir los combustibles.* Como se explica en esos apartados, lo característico de esas expresiones es que el complemento oracional se interpreta en ellas como sujeto de predicación: 'Que van a subir los combustibles es un rumor'. Tales estructuras pueden construirse con artículos o demostrativos neutros, como se ve en *{Lo ~ Eso} de que van a subir los combustibles es solo un rumor* o en *¡Quién sabe, después de todo, si esto de la fidelidad conyugal será también una preocupación!* (Clarín, *Pipá*). El neutro añade en tales ejemplos la idea de que se habla de algo ya mencionado o debatido, o de un asunto presente en el universo del discurso.

17.2.6   *Tal* y *tanto* como demostrativos

17.2.6a   Como se ve en el cuadro del § 17.2.1a, el determinante cualitativo *tal* presenta la variante plural *tales,* pero carece de distinción de género: *tal requisito* [masculino] ~ *tal condición* [femenino]. El neutro *tal,* de gran vitalidad en la lengua clásica, se suele sustituir hoy por *eso* o por *tal cosa:*

> No tienen razón los que tal piensan, ni menos los que tal dizen (Guevara, *Reloj*); ¿Quién dijera tal después de merced tan subida? (Santa Teresa, *Moradas*); —¿Luego es cierto?; —No he dicho tal (Mármol, *Amalia*).

Aunque *tal* se considera adjetivo en algunos análisis tradicionales, coincide con los artículos y con los demás demostrativos en que permite que los sustantivos sin complementos ni modificadores se usen como sujetos: *Tal personaje nunca será bien recibido aquí.* Son hoy raros los usos de *tal* como pronombre no neutro (o como determinante ante núcleo nominal tácito, según la segunda interpretación del § 17.2.2b), lo que da lugar a contrastes como *Cometió un error* y *{este ~ *tal} la llevó a la ruina.* No obstante, en la lengua literaria se documenta a veces el uso pronominal de *tal* en oraciones copulativas: *Todos estos hechos se enderezan hacia un mismo fin: el mundo unido por Roma. Tal es la razón misma de la historia* (Fuentes, *Naranjo*).

17.2.6b   No todos los usos de *tal* son demostrativos, sino solo aquellos en los que alterna con *este* o *ese.* Su valor demostrativo suele ser siempre anafórico. Aun así, se registra también en la deixis ostensiva, como cuando alguien señala un cartel electoral y dice: *Es increíble que tal personaje se haya presentado a las elecciones.* La expresión *tal personaje* significa 'un personaje como este'. Contiene, pues, la información que aporta el demostrativo *este* y la conjunción comparativa *como,* pero también el artículo *un,* lo que explica el carácter indefinido de *tal.* Como consecuencia de su naturaleza indefinida, el demostrativo *tal* no da lugar al llamado *efecto de definitud* (§ 15.3.2) y puede construirse con *haber,* sobre todo en contextos negativos: *El aficionado solo concurre al estadio cuando está seguro que su equipo será ganador* y *con la Selección no había tal certeza, por lo bisoño de su proyecto* (*Hora* 30/4/1997).

17.2.6c   *Tal* no tiene valor demostrativo en las construcciones consecutivas, en las que actúa como cuantificador ponderativo: *Tenía tal sueño que me quedé dormido al instante* (§ 45.6.1). Se asimila a los adjetivos cuando aparece precedido de un determinante: *¿Has pensado en lo que pueden valer los tales tapices?* (Mutis, *Maqroll*); *Contasen del visorey cosas que, por cierto, no era justo decirse en un tal varón* (Cieza, *Guerras*). También se asimila a los adjetivos seguido de un nombre propio. En tal uso suele comportar connotaciones despectivas, como en *Lo único importante, que no podés perder de vista, es hacerte amigo de ella y hoy mismo, o mañana, o pasado, sacarle información sobre el tal Alberto* (Chavarría, *Rojo*).

17.2.6d   Se observó en las páginas precedentes que el demostrativo *tanto* admite la deixis ostensiva, como en *No sabía que fumaras tanto,* dicho ante una persona que ha fumado varios cigarrillos seguidos, o en *No sabía que cantaras tan bien,* dirigido a quien acaba de cantar. Posee, además, valor anafórico, como en *Luis trabajó toda la tarde, pero Ana no trabajó tanto.* En estos ejemplos, *tanto* (o su forma apocopada *tan*) se usa como adverbio. Puede construirse también como determinante (*tanto esfuerzo*) y como pronombre (*Yo no necesito tanto*).

17.2.6e   Usado como demostrativo, *tanto* admite paráfrasis con *este* o *ese*, al igual que *tal*, y no pierde enteramente sus propiedades como expresión comparativa. En efecto, el adverbio *tanto* que aparece en la oración *A ella le gusta mucho, pero a mí no me gusta tanto* admite la paráfrasis 'en ese grado', pero también otras como 'en un grado similar a aquel en que le gusta a ella'. Dicha idea no está presente, en cambio, cuando *tanto* no es demostrativo, en particular cuando se usa como cuantificador en las oraciones consecutivas: *Tenía tanto sueño que me quedé dormido al instante* o *¡Tenía tanto sueño...!*, con entonación suspensiva. Favorecen el uso de *tanto* como demostrativo los contextos negativos (*Nunca lo vi tan gracioso*), los interrogativos (*¿Quién hace tanto ruido?*) y los factivos (*Siento que estés tan cansada*, frente a **Creo que estás tan cansada:* § 25.3.2).

17.3   Los demostrativos *este, ese, aquel* y el artículo definido

17.3.1   Semejanzas y diferencias en su función referencial

17.3.1a   El papel de los determinantes definidos (demostrativos, artículo definido y posesivo prenominal) consiste en facilitar la identificación unívoca del referente del grupo nominal en un determinado contexto (§ 14.1.1a). Ahora bien, los determinantes demostrativos se valen únicamente de la deixis, de modo que aluden a referentes mencionados en el contexto lingüístico (deixis fórica) o presentes en la situación comunicativa (deixis ostensiva). El artículo conserva parte de las propiedades deícticas, incluso ostensivas, que tenía el demostrativo del que procede históricamente (§ 14.1.1b), pero exige, además, que el referente al que alude sea conocido o familiar.

17.3.1b   Los modificadores descriptivos incluidos en los grupos nominales con artículo definido contribuyen poderosamente a identificar el referente de estos. Con los demostrativos, por el contrario, dicha función es menos importante, puesto que el propio demostrativo asegura la identificación. Algunos autores entienden incluso que los modificadores descriptivos de los demostrativos son APOSITIVOS o EXPLICATIVOS, de modo que *Este rojo*, como respuesta a la pregunta *¿Qué lápiz quieres?*, equivaldría aproximadamente a *Este, que es rojo*. Los adjetivos valorativos posnominales no son elementos restrictivos, por lo que resultan más naturales con los demostrativos (*Ese invento maravilloso cambió mi vida*), que con el artículo (*El invento maravilloso cambió mi vida*).

17.3.1c   El artículo permite identificar referentes mediante la llamada ANÁFORA ASOCIATIVA (§ 14.3.2c), como en [...] *un viejo piso tercero interior donde había un millón de cosas que hacer, reformar el baño, cambiar la cocina, agrandar las ventanas* (Grandes, *Aires*). El artículo indica aquí que el baño, la cocina y las ventanas quedan identificados en tanto pertenecen a un piso que ha sido mencionado. Con los demostrativos no es posible este tipo de vínculo, por lo que no podrían sustituir a los artículos en los segmentos subrayados.

17.3.1d   En el § 14.3.1b se explica que la presencia del artículo determinado en expresiones como *el rey, el sol, la capital* o *el ayuntamiento*, usadas en primera mención, se debe a que existen informaciones compartidas que permiten identificar el referente de estas expresiones de manera unívoca dentro de la comunidad particular a la que se apliquen. La identificación que lleva a cabo el demostrativo no hace uso, en cambio, de estos supuestos compartidos: *este rey* es el mencionado o el señalado, no el que todo el mundo conoce. En el español puertorriqueño, así como en algunas variedades del español juvenil peruano, se percibe cierta tendencia a usar grupos nominales como *este hombre* o *esta muchacha* en primera mención, especialmente en las narraciones: *Iba por San Justo y ¡de repente! este hombre se me acerca* (es decir, '... se me acerca un hombre').

17.3.1e   Los grupos nominales con artículo definido pueden tener lecturas inespecíficas (§ 15.5.1a). Así, el subrayado en *El equipo que solicite al jugador deberá presentar una oferta alentadora* (*Salvador Hoy* 19/6/1996), construido con una oración subordinada de relativo en subjuntivo, no se refiere a un equipo concreto, sino a cualquiera que solicite al jugador que se menciona. Estas interpretaciones inespecíficas no son posibles con los demostrativos, con la excepción de *aquel*. Este demostrativo puede introducir relativas en indicativo y subjuntivo sin expresar distancia física. Denota, por tanto, en esos casos, contenidos similares a los del artículo: *Ten mucho cuidado con aquellas tentaciones que puedan distraerte de tus obligaciones* (*Nuevo Herald* 30/6/1997). Si la relativa no está presente (*Ten cuidado con aquellas tentaciones*), el demostrativo recupera su lectura deíctica y proporciona, en consecuencia, la interpretación específica del grupo nominal.

17.3.1f   Los grupos nominales encabezados por demostrativos pueden referirse a entidades individuales particulares, como en *Me han regalado este pez* (INTERPRETACIÓN DE EJEMPLAR), pero también a tipos o especies, como en —*Arsenio, ¿cómo se llama este pez?* (Cabrera Infante, *Tigres*). En el último ejemplo se pregunta, en efecto, por la denominación de cierta clase de pez (INTERPRETACIÓN DE TIPO). Los demostrativos no adquieren la interpretación genérica característica del artículo determinado. No se usaría, en consecuencia, un demostrativo en lugar del artículo *el* en *El pez es un animal desconfiado*. Tampoco son compatibles los demostrativos con las lecturas ENFÁTICAS O CUANTIFICADAS, como la característica del artículo en ciertos grupos nominales formados con oraciones de relativo. Así, *No quiero ni pensar el dinero que se habrá gastado* es semejante en su significado a *No quiero ni pensar cuánto dinero se habrá gastado*. Este tipo de construcciones carece, pues, de correlato con demostrativos (**No quiero ni pensar ese dinero que se habrá gastado*), como no lo tienen tampoco las superlativas: *{el ~ *este} alumno más inteligente*.

17.3.1g   Ante los nombres propios, los demostrativos pueden ejercer una función discriminativa, como en *El líder del Parlamento* [...] *dijo que "la carta es inaceptable, porque la comparación entre esta Alemania y la fascista de Hitler es escandalosa"* (*Clarín* 11/1/1997). También pueden introducir una mención anafórica, como en *Nos abrió una mujer bajita que se llamaba Antonia, y esta Antonia, que saludó a mamá muy efusivamente, le insistió para que entrara y se quedara un rato* (Montero, M., *Capitán*), además de añadir un valor enfático o afectivo, pero no propiamente discriminativo: —*Vaya, vaya, este Juanito* —*decía Estupiñá levantándose para marcharse*—, *hoy tiene ganas de comedia* (Galdós, *Fortunata*). Por el contrario, el artículo solo desempeña la primera de las funciones, la discriminativa. Aun así, el nombre debe aparecer seguido en estos casos de un modificador especificativo (*la Córdoba de su infancia*) y se reinterpreta como nombre común, tal como se vio en el § 15.5.2c.

17.3.2   Semejanzas y diferencias en su combinatoria con otras unidades

17.3.2a   En posición prenominal, las combinaciones de los determinantes definidos (artículo, demostrativos, posesivos) entre sí no son posibles (*la esta casa) o bien lo son en el registro literario, a veces arcaizante (*esta su casa*). En cambio, los tres determinantes mencionados pueden ir precedidos del cuantificador *todo* y seguidos del indefinido *otro*, de numerales cardinales y ordinales o de cuantificadores evaluativos (§ 19.3.3b):

> Desprecian a los otros y hacen <u>todo aquello</u> a que les convida su apetito (Abril, *Ética*); Estaría en sus ojos (como antes había estado en los de <u>esa otra mujer)</u> (García-Badell, *Funeral*); Últimamente, la Florida no ha brillado por ninguna de <u>estas dos cosas</u> (*Américas* 17/4/1997); A la distancia que media entre el latín *situla* o el griego *thermos* y los árabes *açetl, altarmuz*, se ha añadido la deformación que lleva a <u>estos últimos</u> hasta los españoles *acetre, altramuz* (Lapesa, *Lengua*); ¿Realmente podía suponer la existencia de Klingsor a partir de <u>estas pocas alusiones?</u> (Volpi, *Klingsor*).

Por otra parte, tanto el artículo definido como los demostrativos pueden ir seguidos de grupos preposicionales cuando preceden a un nombre elíptico: *el Ø de tu izquierda ~ este Ø de tu izquierda*. Sin embargo, en el caso de los artículos, los grupos preposicionales se construyen de forma característica con la preposición *de,* mientras que los demostrativos y los cuantificadores admiten más fácilmente otras preposiciones: *¿Quién es <u>ese en el espejo, con el cuerpo esqueleto y la cara calavera?</u>* (Aridjis, *Moctezuma*).

17.3.2b   Junto con la oración de relativo, el demostrativo señala a uno o varios individuos tomados de un conjunto en expresiones como *aquel de ustedes que se atreva* o *aquellos de los soldados que fueron capaces de resistir.* En buena parte de América, esta construcción alterna con la paralela con el artículo, como se ve en *el de ustedes que se atreva, los de los soldados que fueron capaces de resistir,* o en *El de ustedes que sea lo suficientemente fuerte entre los humanos, que traiga al ser humano perfecto y se ponga frente a mí* (*Ciudadano* 26/1/1997). Se explica en el § 22.3.2a que ya no se usan en el español actual las relativas semilibres (§ 44.4.2 y 44.4.3) construidas con grupos preposicionales relativos. Así pues, de las tres opciones siguientes, solo las dos últimas son hoy comunes: *{el ~ ese ~ aquel} del que te hablé.*

17.3.3   Su posición en el grupo nominal

17.3.3a   Mientras que el artículo solo aparece delante del nombre, los demostrativos pueden posponerse si precede al sustantivo un artículo definido, como en *los muchachos esos;* no así en los demás casos: **{unos ~ varios ~ dos} muchachos esos.* Aunque es menos frecuente, también se documenta el posesivo en esa pauta: *Si*

alguno se te escapa, como tu amigo ese el de la mamacita que se murió, ya te caerá otro
(Fuentes, *Región*). El artículo o el posesivo son en estas construcciones los elementos que permiten la identificación del referente, mientras que el demostrativo aporta tan solo información de carácter localizador. Más que un determinante pospuesto, el demostrativo en posición posnominal constituye un segmento en aposición análogo en cierta medida a un nombre propio (como en *mi amigo Justo*) o a los adverbios posnominales de otras lenguas (ingl. *this man here*). Tal estatuto explica el que no admita sustantivos tácitos. Frente a *la gente de aquí* > *la Ø de aquí*, o *las mesas azules* > *las Ø azules*, no se obtiene *la gente esta* > **la Ø esta*.

17.3.3b   Los demostrativos posnominales suelen ser enfáticos. Expresan a menudo distancia, ironía, menosprecio y otras connotaciones similares, sobre todo *ese* y *este* referidos a personas, pero también a cosas, como en el último ejemplo del grupo siguiente:

> Nada que venga de la familia esa —dijo Martina mirando a Pío Cid con mejores ojos— me satisface a mí (Ganivet, *Trabajos*); Pues como verá es un zaforas el Fernando Malón este, siempre dispuesto a mandar, no se fíe, hay que echarle a la calle (García-Badell, *Funeral*); Ya sé que Esther estaba de tu parte y los de la tertulia esa de mis pecados, ídem de lienzo (Delibes, *Mario*).

Tales connotaciones no están presentes, sin embargo, en el uso llamado *evocador* (§ 17.2.3d), como en *los años aquellos*. Es más raro, pero no imposible, que estén ausentes de los contextos de deixis ostensiva: *¿Quiere la bata esta? Se va a enfriar* (Martín Gaite, *Fragmentos*).

17.3.3c   El demostrativo convive con frecuencia con otros complementos pospuestos. El orden en que se disponen varía en función de la relación semántica que establezca el complemento con el núcleo del grupo nominal. Así, los adjetivos relacionales y los grupos preposicionales asimilados a ellos se colocan delante del demostrativo: *¿Se acuerda, compañero Rodríguez, del cuchillo cocinero ese, que un día por casualidad se me cayó en la mesa cuando usted estaba almorzando?* (Skármeta, *Cartero*); *Por un acaso en la carta de testamento esa ¿no aparece algún otro criado?* (Riaza, *Palacio*). La disposición también está en función de la naturaleza categorial del complemento, de su longitud o del número de modificadores que contenga el grupo nominal. Por ejemplo, las oraciones de relativo y los complementos preposicionales formados con sustantivas se posponen al demostrativo, como en los ejemplos siguientes:

> Ella no se irá; barbotó el tipo aquel a quien ya comenzaba a odiar (Chávez, *Batallador*); Maximiliano volvió a sentirse atormentado por la idea aquella de que su querida se iba a volver mística (Galdós, *Fortunata*).

Cabe decir lo mismo de los grupos adjetivales: *A todos los de mi familia, que los han matado ustedes con las bombas esas tan gordas* [...] (Arrabal, *Arquitecto*). En cambio, los adjetivos calificativos sin modificadores pueden anteponerse a los demostrativos, como en *¡Candela, no sabes el efecto que me está haciendo el licor mágico este...!* (Alonso Millán, *Raya*).

17.4   Los adverbios demostrativos

17.4.1   Características de los adverbios demostrativos

17.4.1a   Los adverbios demostrativos coinciden con los pronombres y los determinantes de la misma clase en su naturaleza deíctica. Se interpretan, por tanto, en relación con el momento o el lugar de la enunciación, o bien en relación con otro punto que se mide desde estos. Pueden pertenecer a varios grupos:

> DE LUGAR: *aquí, ahí, allí, acá, allá*. También *acullá, aquende* y *allende*, de escaso empleo en la lengua actual.
>
> DE TIEMPO: *ahora, hoy, ayer, mañana, anteayer, anteanoche, anoche, entonces* y la locución *pasado mañana*. Se asimilan en parte a ellos los poco usados *antaño* y *hogaño*.
>
> DE CANTIDAD O GRADO: *así, tanto*.
>
> DE MANERA: *así*.

Las locuciones *antes de anoche* y *antes de ayer* alternan con *antenoche* (usada en muchos países americanos) o *anteanoche*, y *anteayer* (también *antier*, usada sobre todo en México y Centroamérica). No se consideran correctas, en cambio, las respectivas variantes *antinoche* o *antianoche*, *antiyer* o *antiayer*.

17.4.1b   Los adverbios demostrativos son expresiones referenciales que identifican lugares, modos, puntos temporales o intervalos por referencia a otros. En consecuencia, muestran propiedades pronominales que se ponen de manifiesto en varios comportamientos. En primer lugar, pueden usarse como términos de preposición (*desde anoche, para hoy, hasta entonces, de aquí*) o de comparación: *Sonreía igual que entonces* (Bolaño, *2666*). Se exceptúa el adverbio demostrativo *así*. En segundo lugar, se emplean para responder a preguntas que solicitan la identificación relativa a un lugar, un instante, un período o un modo de ser o actuar: *—¿Cuándo regresará? —Mañana*. En tercer lugar, pueden focalizarse en las construcciones copulativas de relieve (§ 40.5), como en *Allí es donde la conocí*, mediante adverbios de precisión (*exactamente aquí, precisamente ahora, justamente entonces*) o con el modificador *mismo* (*allí mismo, anoche mismo, ahora mismo, allá mismo*). Por último, los demostrativos locativos pueden ser argumentales o cuasiargumentales, como muestran las alternancias *{Este ~ Aquí} es un buen lugar; Como {este texto ~ aquí} dice...* (§ 33.1.2f y 41.4.4b). Se obtienen igualmente alternancias entre grupos nominales y adverbios demostrativos en pares como *Viene de {la ciudad ~ allí}* o en *cerca de {la sierra ~ allí}*. En el § 30.1.2c se explica que los adverbios de lugar o de tiempo llamados a veces IDENTIFICATIVOS o REFERENCIALES (*delante/detrás; encima/debajo; antes/después*, etc.) comparten con los demostrativos algunas de estas propiedades.

17.4.1c   Como ocurre con los demostrativos en general (§ 17.2.3b), la localización espacial o temporal que expresan los adverbios de esta clase suele ser imprecisa y se deduce del contexto. El adverbio *aquí* puede designar el punto exacto que ocupa quien habla (por oposición a uno situado a mayor distancia), pero también un espacio más amplio, como una ciudad, una región, un país, un continente o todo el planeta. De forma análoga, el adverbio *ahora* puede denotar el momento exacto en que se habla (*Ahora me estoy levantando de la silla*), pero también el tiempo en el que se está o la época en la que se desarrollan ciertos acontecimientos: *Ahora tenemos más esperanzas de superar esa situación que hace tres años* (*País* [Esp.] 5/3/1980). Como los demás demostrativos, se usan en la deixis ostensiva (como cuando se señala un lugar al decir *el árbol que estaba allí:* § 17.1.2a), o bien en la anafórica, es decir, haciendo remisión a algo mencionado: *Vivió unos años en París y ahí la conoció.*

17.4.2   Adverbios demostrativos de lugar

17.4.2a   Los adverbios demostrativos de lugar se distribuyen en dos series: *aquí, ahí, allí* y *acá, allá, acullá*. Estas series tienden a ser ASIMÉTRICAS porque la forma *acullá* ha caído en desuso, y también porque *allá* no corresponde exactamente a un adverbio de la otra serie, sino que se opone tanto a *ahí* como a *allí*. Estos últimos pueden intercambiarse, a su vez, en la conciencia lingüística de muchos hablantes. Entre las dos series existen varias diferencias, que se mencionan en el apartado siguiente. A ellas hay que añadir la de extensión geográfica, ya que el uso de *acá* y *allá* está mucho más extendido en el español americano que en el europeo.

17.4.2b   La oposición básica entre las dos series radica en la cuantificación de grado, que admite con naturalidad la segunda (*más allá, un poco más acá*), pero que la primera tiende a rechazar. En efecto, se dice *tan allá*, no *tan allí*. Se registran testimonios de *más aquí* y *más allí*, pero no siempre resultan naturales para todos los hablantes: *Y podéis, además, bailar más aquí, al claror, y no aborregaros todos allí, que parece que os vais a sobar* (Aldecoa, *Fulgor*); *Sería que nadie quería ya líos de más allí en la ciudad, nada que estropeara el cambio* (Collyer, *Pájaros*). La diferencia en la cuantificación se ha interpretado como consecuencia de la forma de designar de cada una: *acá* y *allá* aluden a espacios concebidos como áreas o zonas, mientras que los adverbios de la otra serie designan más bien puntos o localizaciones específicas. Aunque las dos series pueden expresar dirección, como en *Voy hacia {allí ~ allá}*, los adverbios *acá* y *allá* son mucho más frecuentes en este uso, como en *Vente para acá; Si nos movemos para allá, hay más sitio*. Las expresiones «*allá* por + grupo nominal» y *allá lejos*, frente a *aquí cerca, allí mismo*, indican localización aproximada de algo, sea temporal o espacial.

17.4.2c   El adverbio *ahí* está desemantizado en algunos usos lexicalizados, propios de muchos países americanos. Así, es expletivo o cuasiexpletivo en *Ahí nos vemos* (fórmula usual de despedida en México y parte de Centroamérica); *Ahí me llamás cuando llegués; Ahí te busco; Ahí te das cuenta de lo que pasa; Ahí me pongo de acuerdo con él*. Asimismo, se emplea *por ahí* como expresión semilexicalizada para designar el lugar impreciso en el que está algo o alguien, o la zona por la que se mueve: *Los años que lleva por ahí rodando nadie los contó* (Díez, *Fantasmas*), así como para indicar que un cálculo o una estimación es aproximada: *Muchas cornadas que antes eran mortales de necesidad ahora se curan en quince días o por ahí* (Díaz-Cañabate, *Paseíllo*). En gran parte de América puede adquirir un significado próximo a 'tal vez, a lo mejor', como en *Por ahí se enojó* o *Por ahí se encuentra con ella y se anima a hablarle*. En todas estas construcciones es habitual que *ahí* se pronuncie como diptongo: /ái/.

17.4.2d   No ha pasado a la lengua culta el uso de los adverbios demostrativos de lugar como término de la preposición *en,* que se registra en algunas zonas de las áreas centroamericana, caribeña y andina: *La maquila no quiere irse de Honduras porque en aquí le saca mucho mayor provecho* (*Tribuna* [Hond.] 18/6/1997). Pertenecen al español general las construcciones en las que los adverbios demostrativos preceden a los adverbios locativos *delante, detrás, encima, debajo, cerca, lejos,* como en *ahí delante, aquí encima, allá lejos.* Las combinaciones se registran asimismo con los de la segunda serie de adverbios de lugar descritos en el § 30.4.1a. Las construcciones así formadas se aproximan a las apositivas, y son posibles por la naturaleza referencial de los adverbios locativos (recuérdese el § 17.4.1b). Los adverbios demostrativos de lugar admiten asimismo modificadores explicativos: *aquí en el apartamento.*

17.4.3   Adverbios demostrativos de tiempo. Otros adverbios demostrativos

17.4.3a   Son análogos a *aquí* y *acá* los adverbios *ahora* ('en este momento', 'en este tiempo'), *hoy* ('en el presente día', 'en este tiempo') y el poco usado *hogaño* ('en esta época', 'en estos tiempos'). También *antaño, antes* y *antiguamente* tienen puntos en común con los demostrativos.

17.4.3b   Los adverbios *anteayer, anteanoche* (y sus variantes: § 17.4.1a) y *pasado mañana* son más complejos porque se refieren a intervalos de veinticuatro horas medidos en relación con *ayer, anoche* y *mañana,* respectivamente. Con la subordinada relativa lexicalizada *que viene* (sin variación de tiempo o de número en el verbo) se forman grupos nominales temporales computados desde el momento del habla: *la semana que viene, el año que viene.* En cambio, en los grupos nominales y preposicionales formados con el adjetivo *siguiente* o con el determinante *otro* el significado no se computa desde el momento del habla, sino desde algún otro establecido en relación con él, a menudo especificado en el discurso: *Me eché en la cama boca arriba a pensar en ella* [...]. *A la mañana siguiente llamé a Regina* (Aguilar Camín, *Adriano*); *Quedamos en vernos pronto. Me dio vergüenza decirle que deseaba verla al otro día* (Sábato, *Túnel*). En la mayor parte de las áreas americanas, *los otros días* se usa con el sentido de 'hace unos días, hace pocos días' como en *Los otros días fue la amabilidad en persona* (Bioy Casares, *Diario*).

17.4.3c   El adverbio *entonces* se refiere anafóricamente a períodos o puntos temporales ya mencionados, pero a veces también sobrentendidos, como en *Nosotros, pobres ilusos —porque solo ilusos éramos entonces—, habíamos llegado hasta ese sitio cargados con la endeble experiencia de nuestros libros* (Guzmán, *Águila*). La locución *por entonces* significa 'en aquella época, en aquel tiempo' (recuérdese el § 17.2.3a en relación con la variante *en ese entonces*). También se usa *entonces* para hacer referencia a las prótasis condicionales (§ 47.1.2c), o con el significado de 'en tal caso' o 'dada esa situación', como en *Dame las llaves, entonces* (Aguilar Camín, *Error*) o en *¿Qué hacer, entonces?* (Arlt, *Juguete*). Cabe también a veces la paráfrasis 'por tanto', 'puesto que ello es así' (§ 30.9.2e), como en *—El tren sale a las dos. —Entonces, tienes que apresurarte.* Por su parte, el adverbio *ahora* hace referencia al tiempo presente, pero también puede referirse a un momento posterior, como en *Espera, ahora vengo* (Martín Gaite, *Fragmentos*). La posterioridad inmediata se expresa con frecuencia mediante *ahorita* en el español americano y *ahora mismo* en el europeo, aunque ambas expresiones se registran igualmente usadas con un significado puntual: 'en este mismo momento'.

17.4.3d Al igual que los locativos (§ 17.4.2d), los adverbios demostrativos temporales admiten modificadores explicativos (*ahora en invierno, ayer jueves*). Las oraciones de relativo que se admiten en esta pauta (*Hoy que es fiesta*) son igualmente explicativas. Se atribuye esta interpretación al hecho de que no es posible restringir la referencia de esas expresiones deícticas, lo que las asimila en alguna medida a los nombres propios. Parece contradecir este análisis el que *ayer, hoy* y *mañana* admitan modificadores introducidos por las preposiciones *por, en* y *a* (las dos últimas, sobre todo, en el español americano): *ayer {por ~ en ~ a} la tarde; hoy {por ~ en ~ a} la noche; mañana {por ~ en ~ a} la mañana*. No obstante, el papel del complemento *en la noche* en *hoy en la noche* no es exactamente el de restringir la referencia de *hoy* ('en este día', 'en el día en que hablo'), sino más bien el de agregar información que permita hacer más precisa su designación, aproximadamente como en *Vive en Buenos Aires, en Palermo*. En algunos países americanos, así como en el español coloquial europeo, se construyen también estos modificadores en yuxtaposición (*ayer tarde, ayer noche, ayer mañana, mañana noche*). Con la pauta «*de {hoy ~ mañana} en* + grupo nominal temporal cuantificativo» se forman expresiones con las que se establece un plazo o un margen temporal futuro, como en *Oí decir que de hoy en dos días partirían los soldados fieles a Urdska* (Matute, *Gudú*).

17.4.3e El adverbio *así* puede indicar cantidad o grado (*así de alto*), pero expresa manera construido como atributo (*¿Te gusta así el café?*) o en función de adjunto: *Ella sabrá por qué lo escribe así* (Vázquez Rial, *Enigma*). A diferencia de otros demostrativos, no admite modificadores restrictivos: **así mal* (frente a *así, mal*) o **así despacio* (frente a *así, despacio*). Como aquellos, puede sin embargo interpretarse ostensivamente (*Lo puse así*), o bien de manera anafórica (*Iba demasiado deprisa. Yo no podría trabajar así*) o catafórica, como en *Sucedió así: la mujer ansiosa adelantó un pie y metió la pata* (Cabrera Infante, *Delito*). Se asimila a los adjetivos cuando se construye con grupos nominales indefinidos o genéricos (*un trabajo así, los hombres así*), a las interjecciones (*Así te pudras:* § 36.6.2a), y a las conjunciones subordinantes en la combinación *así que* (§ 31.11). Para los usos adverbiales de *tanto* y *tal* véase el § 17.2.6.

18 Los posesivos

18.1 Características fundamentales, inventario y clasificación de los posesivos

18.1.1 Características fundamentales de los posesivos

Se llaman POSESIVOS los determinantes y adjetivos que expresan posesión o pertenencia, como *mi, tu, su, mío, tuyo, suyo*. Estas expresiones equivalen con frecuencia a grupos preposicionales introducidos por la preposición *de*. Pueden, además, coordinarse con ellos (*tuyos o de él*) o sustituirlos: *El perrito era de mi hija > El perrito era suyo*. Los posesivos comparten con los pronombres personales el rasgo de persona; de hecho, la forma equivalente a *mi* o a *mío* es en muchas lenguas el genitivo del pronombre *yo*. También se parecen a los pronombres personales en su carácter deíctico (§ 17.1.1). Así, los posesivos *mi* y *mío* hacen referencia al que habla; *tu, tuyo* y, en el trato de cortesía, *su, suyo* y sus variantes morfológicas, al que escucha; los de tercera persona, *su, suyo*, se refieren a personas, animales o cosas distintas del hablante y del oyente. Igualmente de forma paralela a como sucede con los pronombres personales, los posesivos pueden ser argumentos, en este caso del sustantivo al que modifican. En efecto, tanto el complemento subrayado en el grupo nominal *la construcción de la casa,* como el posesivo *su* en *su construcción* (en una de las interpretaciones de esta secuencia) denotan aquello que es construido (§ 18.3.1a). Las coincidencias con los pronombres han llevado a veces a asimilarlos a esa clase gramatical. Sin embargo, es polémica la naturaleza categorial de los posesivos, ya que otras de sus propiedades, que se analizarán en este capítulo, se asemejan más a las de los adjetivos.

18.1.2 Clasificación de los posesivos

Se exponen a continuación los criterios fundamentales que permiten clasificar gramaticalmente los posesivos.

18.1.2a   POSICIÓN EN EL GRUPO NOMINAL. Los posesivos pueden ser PRENOMINALES o POSNOMINALES. Las formas prenominales monosilábicas (*mi, tu, su* y sus plurales), casi siempre átonas, constituyen variantes apocopadas de las correspondientes formas posnominales plenas (*mío, tuyo, suyo* y sus variantes de género y número), que son tónicas. Las formas bisilábicas *nuestro/nuestra, vuestro/vuestra* y sus plurales pueden aparecer en posición prenominal, y en tal caso son átonas (*nuestro hijo*), o bien en posición posnominal, en la que son tónicas: *el hijo nuestro*. El relativo posesivo *cuyo*, siempre antepuesto y átono, se analiza en el § 22.4.1.

18.1.2b   PERSONA DESIGNADA. Como se explicó en el § 18.1.1, los posesivos, a diferencia de los artículos o los demostrativos, poseen rasgos de persona, que coinciden con los del poseedor al que se refieren. Así, pueden clasificarse en posesivos de primera (*mi, mío, nuestro...*), segunda (*tu, tuyo, vuestro...*) y tercera persona (*su, suyo, cuyo...*), con sus variantes de género y número. Las formas *su* o *suyo* (y sus variantes) pertenecen al paradigma de la tercera persona, pero también al de la segunda del discurso cuando corresponden a *usted, ustedes*: *con el permiso de usted* > *con su permiso* (frente a con *el permiso de él* > *con su permiso*). La interpretación de *su/suyo* que corresponde a la segunda persona del discurso es la predominante en el español americano. Para las otras, que atañen a la tercera persona, se prefiere emplear *de él, de ella, de ellos, de ellas*: *No pudiera asegurártelo, aunque he sido un buen lector de él* (Ramírez, *Alba*); *El Ministro añadió que la situación de ella será resuelta en un plazo de ocho a quince días* (*Nación* [C. Rica] 7/1/1997).

18.1.2c   GÉNERO. En español, los posesivos concuerdan en género y número con el sustantivo que designa la cosa poseída, en lugar de hacerlo con el nombre que designa al poseedor: *nuestro trabajo, vuestros deseos, esta amiga tuya*. Todos los posesivos posnominales presentan variación de género y número. Los prenominales *mi, tu, su* y sus plurales no poseen rasgos exclusivos de género, por lo que son compatibles con sustantivos masculinos o femeninos: *mis libros, mi casa, tu trabajo, tus obras, su domicilio, sus actitudes*. Los demás posesivos prenominales presentan variación de género: *nuestro/nuestra; vuestro/vuestra; cuyo/cuya*.

18.1.2d   NÚMERO MORFOLÓGICO. Los posesivos del español manifiestan dos tipos de información numérica. La primera es el número morfológico: todos presentan una variante singular y otra plural, en concordancia con el sustantivo al que acompañan. La segunda es el número de poseedores.

18.1.2e   NÚMERO DE POSEEDORES. Los posesivos manifiestan léxicamente su capacidad de hacer referencia a un solo poseedor o a varios. Designan un solo poseedor *mi* y *mío, tu* y *tuyo* y sus variantes; se refieren a varios poseedores *nuestro* y *vuestro* y sus variantes. No distinguen el número de poseedores *su, suyo* y *cuyo* (en todos los casos, con sus variantes flexivas). Así, *nuestra casa* es un grupo nominal con rasgos de singular en el que el adjetivo *nuestra* hace referencia a varios poseedores; en cambio, *su* en *su casa* puede designar tanto uno como varios poseedores.

18.1.2f   La existencia de posesivos que resultan compatibles con sustantivos masculinos y femeninos, o con singulares y plurales, produce algunas situaciones de ambigüedad que pueden ocasionar anfibologías. Así, los posesivos *su* y *suyo* presentan seis significados posibles: 'de él', 'de ella', 'de ellos', 'de ellas', 'de usted' y 'de ustedes'.

Fuera de contexto no es posible saber, en principio, cuál resultará adecuado, pero el sentido se esclarece casi siempre en función de la información que aportan el discurso o el entorno inmediato. Los rasgos de número que se requieren pueden obtenerse de la concordancia con predicativos o con complementos nominales, como en *A mí solo me han pedido que garantice su llegada sano y salvo* (Rojas, C., *Hidalgo*), donde el predicativo *sano y salvo* indica que a *su* corresponde el género masculino y el número singular. Excepcionalmente, el posesivo *nuestro* (con sus variantes de género y número) puede aludir a un solo individuo. Es lo que sucede en el plural de modestia y el plural mayestático (§ 16.2.1i), como en *En estos tiempos de la perestroika, no pretenderemos imponerles nuestra humilde opinión sobre el particular* (Vega, A. L., *Crónicas*) o en *E Nos el Papa quinto vicensimo viendo que los nuestros antecesores hicieron bien* [...] *damos y otorgamos una septima de perdon* (*Relaciones*).

18.1.2g En el siguiente cuadro se resumen los rasgos gramaticales de los posesivos descritos en los apartados precedentes. Cabe precisar, en primer término, que la segunda persona de los pronombres *su, sus, suyo, suya, suyos* y *suyas* corresponde aquí solo a la variante de respeto (*usted, ustedes*), por tanto a la segunda persona del discurso. En segundo lugar, *nuestro* y sus variantes pueden referirse a un poseedor en la interpretación de plural mayestático y de modestia, como se señaló arriba.

	PRENOMINAL	POSNOMINAL	PERSONA	GÉNERO	NÚMERO MORFOLÓGICO	NÚMERO DE POSEEDORES
mi	sí	no	1.ª	masculino, femenino	singular	uno
mío	no	sí	1.ª	masculino	singular	uno
mía	no	sí	1.ª	femenino	singular	uno
mis	sí	no	1.ª	masculino, femenino	plural	uno
míos	no	sí	1.ª	masculino	plural	uno
mías	no	sí	1.ª	femenino	plural	uno
nuestro	sí	sí	1.ª	masculino	singular	varios
nuestra	sí	sí	1.ª	femenino	singular	varios
nuestros	sí	sí	1.ª	masculino	plural	varios
nuestras	sí	sí	1.ª	femenino	plural	varios
tu	sí	no	2.ª	masculino, femenino	singular	uno
tuyo	no	sí	2.ª	masculino	singular	uno
tuya	no	sí	2.ª	femenino	singular	uno
tus	sí	no	2.ª	masculino, femenino	plural	uno
tuyos	no	sí	2.ª	masculino	plural	uno
tuyas	no	sí	2.ª	femenino	plural	uno
vuestro	sí	sí	2.ª	masculino	singular	varios
vuestra	sí	sí	2.ª	femenino	singular	varios
vuestros	sí	sí	2.ª	masculino	plural	varios
vuestras	sí	sí	2.ª	femenino	plural	varios

	PRENOMINAL	POSNOMINAL	PERSONA	GÉNERO	NÚMERO MORFOLÓGICO	NÚMERO DE POSEEDORES
su	sí	no	2.ª, 3.ª	masculino, femenino	singular	uno o varios
suyo	no	sí	2.ª, 3.ª	masculino	singular	uno o varios
suya	no	sí	2.ª, 3.ª	femenino	singular	uno o varios
sus	sí	no	2.ª, 3.ª	masculino, femenino	plural	uno o varios
suyos	no	sí	2.ª, 3.ª	masculino	plural	uno o varios
suyas	no	sí	2.ª, 3.ª	femenino	plural	uno o varios
cuyo	sí	no	3.ª	masculino	singular	uno o varios
cuya	sí	no	3.ª	femenino	singular	uno o varios
cuyos	sí	no	3.ª	masculino	plural	uno o varios
cuyas	sí	no	3.ª	femenino	plural	uno o varios

18.2   Funcionamiento gramatical de los posesivos

18.2.1   Posesivos prenominales

18.2.1a   Los posesivos prenominales cumplen simultáneamente dos funciones: son, por un lado, complementos del nombre, análogos a los que se introducen con la preposición *de* (de hecho, alternan *la casa de Ana ~ su casa*); por otro, determinantes definidos. Como tales determinantes, permiten a un nombre común en singular aparecer como sujeto antepuesto al verbo, a diferencia de los adjetivos (*Su amigo vino ayer ~ *Buen amigo vino ayer*). En cambio, los posesivos posnominales, que se asimilan tradicionalmente a los adjetivos, solo ejercen la primera de estas funciones. Nótese que el grupo nominal *mi marido y amigo suyo* presenta un solo determinante (*mi*) y denota un único individuo, que es a la vez marido de una persona y amigo de otra. Por el contrario, en *mi marido y su amigo* aparecen dos determinantes (*mi* y *su*), de forma que la expresión coordinada se refiere a dos personas.

18.2.1b   La posición que los posesivos prenominales ocupan en el español general moderno es la de los determinantes (entendiendo el término en un sentido amplio, que incluye los cuantificadores). Ambas clases de palabras están, pues, en distribución complementaria: se dice actualmente *{el ~ este ~ mi ~ algún} libro*, pero no **el mi perro*, **un mi coche*, **algún su amigo* o **ningún su problema*. En la lengua antigua, en cambio, el posesivo podía aparecer precedido por los artículos definido e indefinido, como hoy en catalán, italiano o portugués: *Mas yo uençuda tiendo los mis reales braços a los tos ynoios* (Alfonso X, *General Estoria* II); *Sabido esto por el dicho Diego Velázquez, despachó luego a un su procurador a la isla Española* (Cortés, *Cartas*). También podía seguir a numerales cardinales (*dos sus sobrinos*) y a cuantificadores (*alguna su casa*). Demostrativo y posesivo pueden concurrir hoy en expresiones de carácter formal, normalmente en el lenguaje escrito: *El conocimiento de lo nuestro es factor básico para emprender las transformaciones en esta nuestra Honduras que tanto las necesita* (*Prensa* [Hond.] 5/10/2000); *De alguna manera esta mi visión pesimista lastimosamente se ha confirmado* (*Tiempos* 19/9/2000). En algunas partes de México, en varios países centroamericanos, en el Paraguay, en algunas regiones andinas y en las hablas noroccidentales de la Península Ibérica, alternan *un su amigo, un amigo suyo* y *su amigo* (solo con grupos nominales indefinidos). En las regiones de España a las que se alude se documentan todavía combinaciones de artículo determinado y posesivo prenominal (*la su casa*).

18.2.1c   Los posesivos prenominales son definidos. El significado de *mi hijo* corresponde a *el hijo mío,* no a *un hijo mío.* Esta propiedad les permite aparecer en construcciones partitivas (*algunos de sus libros:* § 19.6.1) y superlativas (*mi corbata más original*), así como tras el cuantificador universal *todo* (*todos sus amigos*). Por la misma razón, los grupos nominales introducidos por posesivos no se combinan con el predicado impersonal *haber,* cuyo complemento es casi siempre indefinido (§ 15.3.2): **Había sus herramientas en el jardín.* Comparten estas características con los determinantes definidos, pero, a diferencia de estos, los posesivos no admiten elipsis (**mi casa de la montaña y mi de la playa*). Se explica así que en el grupo nominal *mi pequeña* solo cabe interpretar *pequeña* como sustantivo ('niña'). En algunas áreas hispanohablantes (entre otras, la europea y parte de la caribeña), los posesivos prenominales son incompatibles con las oraciones de relativo especificativas, de modo que se rechazan grupos nominales como *su prima que vive en Buenos Aires* (sin pausa ante *que*). En amplias zonas del español americano no se percibe, en cambio, tal incompatibilidad.

18.2.2   Posesivos posnominales. Contrastes con los prenominales

18.2.2a   Los posesivos posnominales se asimilan a los adjetivos en varias propiedades. En efecto, son compatibles con determinantes prenominales, sean definidos o indefinidos: *{el ~ este ~ un ~ algún} amigo suyo.* Pueden coordinarse entre sí, a diferencia de los posesivos prenominales: se dice *libros tuyos y míos,* pero no **tus y mis libros.* Se pueden construir con un sustantivo tácito, siempre que los preceda un determinante: *la chaqueta tuya y la mía.* Pueden ser atributos en las oraciones copulativas, como en *La frase es suya, no mía* (Ruiz Zafón, *Sombra*), o complementos predicativos: *En Gran Bretaña, donde estuvo exiliado, lo consideran suyo* (*Vanguardia* [Esp.] 28/4/1995). Admiten también adverbios de grado en la interpretación de 'característico, propio' (*Hizo un gesto muy suyo*). Aunque, como los prenominales, carecen de formas neutras, pueden combinarse con determinantes neutros: *lo nuestro, esto tuyo, algo vuestro.* En contraste con los posesivos prenominales (§ 18.2.1c), son compatibles con las oraciones de relativo, sean especificativas (*esa prima suya que vive en Buenos Aires*) o no. También se pueden sustantivar, como en *los tuyos* ('tus partidarios, adeptos, familiares').

18.2.2b   En los grupos nominales encabezados por demostrativos, los posesivos pospuestos no se emplean solo con valor contrastivo, sino también con valor afectivo, como en *este hijo nuestro* o en *aquel amigo tuyo.* Pueden colocarse tras algunos modificadores, por ejemplo tras los adjetivos relacionales (*el clima cultural nuestro*), pero suelen preceder a modificadores más complejos sintácticamente, como los grupos preposicionales o las oraciones de relativo: *Así logró [...] descubrir al pintor modernista Segundo Almanzor de la Rocha; gracias a una vecina mía de Granada* (Prensa [Nic.] 20/5/1997); *Me lo ha dado Raimundo, un amigo vuestro que está en el salón*

(Martín Gaite, *Nubosidad*). Pueden preceder o seguir a los adjetivos calificativos, de modo que, en *Entonces, extrañado por ese comportamiento irracional mío me preguntó si me gustaban las mujeres* (Vallejo, F., *Virgen*), hubiera sido igualmente posible decir *ese comportamiento mío irracional*.

18.2.2c Las dos series de posesivos, antepuestos y pospuestos, se diferencian también en las expresiones vocativas e interjectivas, así como en algunas fórmulas de tratamiento. El posesivo se suele posponer al sustantivo en los grupos nominales usados como vocativos: *hijo mío, amigo mío, cariño mío*, aunque se registran casos de alternancia: *mi cielo ~ cielo mío, mi vida ~ vida mía*. Está sumamente extendida en el español americano la anteposición del posesivo en ciertas expresiones vocativas usadas afectivamente, como en *Mis hijos, ¿qué están haciendo ustedes?*, o en la forma *mijito* (a veces escrito *m'hijito*) y su variante femenina *mijita* (o *m'hijita*). En las expresiones interjectivas, el posesivo antepuesto alterna por lo general con el pospuesto: *¡Mi madre! ~ ¡Madre mía!* Por su parte, las fórmulas de tratamiento contienen a menudo posesivos prenominales: *mi general, mi coronel, mi capitán; Su Ilustrísima, Sus Majestades, Su Excelencia; vuestra merced, Vuestra Majestad*. Son escasas, en cambio, las que contienen un posesivo posnominal, como la fórmula *muy señor mío*, que se usa en ciertos encabezamientos.

18.2.2d Los posesivos posnominales alternan con los prenominales en algunas locuciones preposicionales y adverbiales que manifiestan distintos grados de lexicalización: *a expensas suyas ~ a sus expensas; a gusto mío ~ a mi gusto; a instancia suya ~ a su instancia; a la vera suya ~ a su vera; alrededor suyo ~ a su alrededor; de parte tuya ~ de tu parte; en contra suya ~ en su contra; en torno tuyo ~ en tu torno*.

18.2.3 Alternancia de los posesivos posnominales con los grupos preposicionales introducidos por *de*

18.2.3a Los posesivos posnominales de tercera persona alternan con grupos preposicionales formados por la preposición *de* y un pronombre personal (*la respuesta de ellos ~ la respuesta suya; un primo de él ~ un primo suyo*), y también se coordinan con ellos (*un amigo de ustedes y mío*). En el español americano es frecuente asimismo la alternancia en la primera persona del plural, como se aprecia en *Pensé enviarle a la madre de Inés una foto de nosotros en el templo* (Bryce Echenique, *Martín Romaña*) y en *En este momento la situación nuestra es muy difícil* (*País* [Col.] 5/11/1997), con preferencia por la primera construcción. Con la excepción de las islas Canarias, solo se emplea en España la segunda opción. Aun así, son más comunes en muchos de estos casos los posesivos prenominales (*nuestra relación con mis padres*) que los posnominales (*la relación nuestra con mis padres*).

18.2.3b Se suelen denominar CONSTRUCCIONES DE POSESIVO DOBLADO O DUPLICADO las que repiten la información correspondiente al poseedor dentro del grupo nominal. Presentan dos variantes: una, con posesivo átono y «*de* + grupo nominal» en posición posnominal: *su casa de usted, su hermano de mi papá*; otra, con posesivo átono y posesivo tónico: *mi marido mío*. La primera —que se registra hoy sobre todo en el español popular de parte de México, Centroamérica y el área andina— solo se da cuando el posesivo se refiere a personas. Resulta especialmente frecuente con los nombres de parentesco y de partes del cuerpo, así como con otros complementos igualmente argumentales: *Ahí he perdido como ocho familias, aparte de mi papá, mi mamá, su hermano de mi papá, su hermana de mi mamá, y mis primitos también* (*Agenciaperú* 8/1/2003). Esta construcción se documenta en la lengua popular de España, sobre todo con la segunda persona en el tratamiento de respeto: —*No aprecia mucho a su marido de usted* (Marsé, *Rabos*). La segunda variante (*mi marido mío*) es mucho menos común. Se registra en México y en algunos países centroamericanos. Al igual que la anterior, no ha pasado a la lengua culta. El posesivo que se interpreta semánticamente como tal es el tónico, de forma que el primero viene a ser un sustituto del artículo.

18.2.3c El uso de los posesivos tónicos se extiende a secuencias formadas con algunos adverbios de lugar que seleccionan complementos con *de*, como *cerca, delante, detrás, encima* o *enfrente* (§ 30.4.2b). Las tres pautas que se obtienen en esas secuencias son las siguientes:

A. «adverbio + [*de* + pronombre personal]»: *delante de ella.*
B. «adverbio + posesivo tónico masculino»: *delante suyo.*
C. «adverbio + posesivo tónico femenino»: *delante suya.*

La variante que se considera preferible es la *A*, que pertenece a la lengua común en todas las áreas lingüísticas: *No pudo ver que delante de ella había una loza rota en el suelo* (Beltrán, R., *Corte*); *Una voz rasposa rompió el aire encima de nosotros* (Laforet, *Nada*). Como se ve, en esta construcción no se usan los adjetivos posesivos, sino los pronombres personales. La opción *B,* propia de la lengua coloquial, es percibida como construcción no recomendable por un gran número de hablantes cultos. Sin embargo, se ha ido extendiendo a otros registros, en diferente medida según las zonas hispanohablantes:

> Nos parece oír gritos, tan cerca nuestro que miramos hasta debajo de las sillas de paja de la veranda (Cortázar, *Bestiario*); Muy cerca nuestro, jóvenes de la falange Kateab y tropas livianas palestinas luchan encarnizadamente por una mesa (Fontanarrosa, *Nada*); ¿Qué razones te da para venir a bailar delante tuyo con tan poca ropa? (Benedetti, *Tregua*); Miré sin esperanza a un anaquel casi vacío detrás mío (Cabrera Infante, *Vidas*); [...] "propio de un rey": el que toma decisiones sin que nadie por encima suyo le dé órdenes (Savater, *Ética*).

La variante *C* es mucho menos frecuente que la *B* en los textos, y está más desprestigiada: *Ya sabes que no soporto que nadie llore delante mía* (Vázquez, Á., *Juanita Narboní*); *Lola lo dejó pasar y entornó la puerta detrás suya* (Caballero Bonald, *Días*).

18.3 Aspectos semánticos de los posesivos

18.3.1 Interpretación semántica de las relaciones de posesión

18.3.1a La relación de posesión se interpreta contextualmente de muy diversas maneras, casi tantas como admiten los complementos del nombre introducidos por la preposición *de* (§ 12.7) o, a veces, el verbo *tener*. Se puede entender en el sentido estricto del término *posesión*, como en *la billetera de Javier > su billetera,* pero también en los de pertenencia, inclusión o atribución (*la cumbre de la montaña > su cumbre; mi equipo, tu belleza*), así como en el de parentesco u otras relaciones sociales (*su primo, mis amigos, nuestro vecino*). El posesivo puede expresar también relaciones circunstanciales de proximidad o uso ocasional para las que no existen construcciones equivalentes con *tener: Hasta las cuatro no sale tu ómnibus; Su butaca está en la fila diez.* Tampoco existen correlatos con *tener* de las construcciones en las que el posesivo representa un argumento de un sustantivo deverbal, sea en la interpretación DE AGENTE, propia del COMPLEMENTO SUBJETIVO (§ 12.7.2c) (*la traducción de Luis > su traducción; mi decisión, una creación suya*), sea en la DE PACIENTE, que corresponde al COMPLEMENTO OBJETIVO, como en *la traducción del libro > su traducción.* A veces se produce ambigüedad entre ambas interpretaciones, como en *el desembarco de las tropas > su desembarco,* donde puede entenderse que las tropas desembarcaron, o que fueron desembarcadas, o que desembarcaron algo. Si el paciente se manifiesta como un posesivo, el complemento agentivo aparece introducido por la preposición *por: la descripción de la pampa {de ~ por} Sarmiento > su descripción {*de ~ por} Sarmiento.*

18.3.1b   Los llamados NOMBRES DE REPRESENTACIÓN (§ 12.7.1c y 27.2.1g) se construyen con posesivos y con grupos preposicionales encabezados por la preposición *de.* Cuando el posesivo es un elemento no argumental, suele aludir al dueño de lo designado (*mis fotos* 'las que poseo'); si es argumental puede referirse al agente, en el sentido de la persona que obtiene la imagen (*mis fotos* 'las que he tomado'), o a lo representado en ella (*mis fotos* 'aquellas en las que aparezco'). Cuando concurren el posesivo prenominal y el grupo preposicional, la jerarquía que se aplica es «poseedor o dueño > agente > objeto representado», de forma que el posesivo prenominal aparece más a la izquierda en ella que el grupo preposicional. En efecto, si el posesivo alude al poseedor, el grupo preposicional podrá denotar tanto el agente (*su retrato de Picasso* 'su retrato, hecho por Picasso') como la entidad representada (*su retrato de Carlos IV* 'su retrato, en el que aparece Carlos IV'), mientras que si el posesivo se refiere al agente, el grupo preposicional denota lo representado: *el retrato de Carlos IV de Goya > su retrato de Carlos IV* 'el retrato hecho por Goya en el que aparece Carlos IV'.

18.3.2   El antecedente de los posesivos

18.3.2a   Los grupos nominales formados con posesivos antepuestos (como *su casa*) son expresiones referenciales, como ya se explicó. Los posesivos de primera y segunda persona tienen referentes no ambiguos (el hablante y el oyente), pero los de tercera persona requieren un antecedente en el discurso inmediato. Por ejemplo, la interpretación natural de *su* en la oración *Marta llevó a su hijo al colegio* toma a Marta como antecedente. En otros contextos puede serlo el pronombre genérico *uno,* como en *Cuando uno piensa en su trabajo...,* pero no el pronombre *se* de las impersonales reflejas (§ 41.5) también genérico. Así pues, la oración *Cuando se piensa en su trabajo...* no significa 'Cuando uno piensa en su propio trabajo', sino 'Cuando se piensa en el trabajo de otra persona'.

18.3.2b Los posesivos de tercera persona pueden ser o no reflexivos. En efecto, el auto del que se habla en *Antonio trajo su auto* puede ser o no el de Antonio. Si lo es, el posesivo *su* tendrá a *Antonio* como antecedente y se interpretará como REFLEXIVO; si no lo es, el antecedente será algún grupo nominal presentado en el discurso previo. La correferencia es obligada, sin embargo, en los llamados POSE-SIVOS ENFÁTICOS, como en *En todo caso la expresión tiene su gracia* (Marías, J., *Corazón*). Los posesivos enfáticos se usan a menudo en la descripción de situaciones habituales, características o esperables, como las descritas en *Se levantaba temprano, se preparaba su desayuno, salía a dar su paseo y se compraba su periódico*. Añaden a su significación propia otras informaciones, como encarecimiento (*ya tiene sus cincuenta años*), cálculo aproximativo (*tendría sus cincuenta años*) y diversos matices afectivos. Los posesivos enfáticos no son contrastivos. Así, en la secuencia *Los ingleses se tomaron su revancha sin saberlo* (*Mundo* [Esp.] 1/7/1996) no se trata de distinguir la revancha de los ingleses de la revancha de otros. Esta propiedad permite que alternen con frecuencia con los artículos determinados, aun cuando estos no aporten los matices expresivos que caracterizan a aquellos.

18.3.2c Son reflexivos los posesivos, tónicos o átonos, contenidos en un buen número de modismos. Estos posesivos poseen variantes de persona que alternan en función de sus antecedentes, como en *Esta casa le costó lo suyo* ~ *Esta casa me costó lo mío; Tú siempre haces de las tuyas; Si hay un poco de suerte, nos saldremos con la nuestra* (Calvo Sotelo, *Muchachita*); *Ella iba a lo suyo* (*yo nunca supe ir a lo mío*) (Posse, *Pasión*). Se registran en la lengua descuidada variantes no concordadas de estas construcciones, generalmente a favor de las formas de tercera persona, como en *Esta casa te habrá costado lo suyo* (por ... *lo tuyo*); *Yo siempre hago de las tuyas* (por ... *las mías*) y similares. En cambio, la locución *de suyo* (como en *Esta situación es de suyo muy complicada*) equivale a 'de por sí', y no admite variación de persona ni de número.

18.3.2d Lo mismo que los pronombres personales (§ 16.3.1c), los posesivos pueden tener un referente único, como en los casos analizados hasta aquí, o bien pueden interpretarse distributivamente como VARIABLES LIGADAS o vinculadas. Esta diferencia se percibe de modo claro al contrastar *Marta tiene su teoría* (donde *su* equivale a 'la de ella, la de Marta') con *Aquí todo el mundo tiene su teoría* (Cortázar, *Glenda*), donde se habla de tantas teorías como individuos denota la expresión *todo el mundo*. Esta segunda interpretación es compatible con la paráfrasis *cada uno la suya*; de hecho, el cuantificador *cada* suele dar lugar a la lectura distributiva (§ 20.1.3e): *Pero cada uno tiene su estilo* (Benedetti, *Primavera*). En cambio, esta interpretación no es obligada con el cuantificador *todo*. Así, en *Todos tienen su estilo* puede querer decirse que cada uno tiene el suyo propio o que todos poseen el de alguien supuestamente mencionado antes. Cuando se obtiene la interpretación distributiva, pueden alternar el singular y el plural sin que el significado se altere, como en *Todos los pasajeros llevaban {su maleta ~ sus maletas}*. Pese a su carácter definido, los posesivos prenominales aceptan en esta interpretación antecedentes indefinidos, como en *Nadie confía en su vecino* ('el vecino propio') o en *En el instante mismo en que alguien se muere su cuerpo se transforma en algo misteriosamente distinto* (Sábato, *Abaddón*).

18.3.3 Alternancias de presencia y ausencia de posesivos

18.3.3a El artículo definido se utiliza en español para expresar posesión en contextos en los que en otras lenguas aparece un posesivo (§ 14.3.5): *Agachó la cabeza.* Estas construcciones se denominan de POSESIÓN INALIENABLE porque lo poseído no se puede enajenar. Los sustantivos precedidos por el artículo designan en estas secuencias partes del cuerpo (*cabeza, cara, mano, ojos, pies*) o bien ciertas facultades y capacidades (*ánimo, ilusión, memoria, mirada*). Así en *La muchacha había perdido la ilusión por los estudios* (donde *la* alterna con *su*) no se dice expresamente a quién pertenece la ilusión de la que se habla, pero se entiende que se trata del referente del sujeto (*la muchacha*). También admiten el artículo posesivo los nombres que designan objetos de la esfera personal que en sentido estricto no son inalienables: *casa, coche, pantalones, paraguas, reloj.* Además de las propiedades léxicas de los sustantivos, favorecen esta construcción ciertos tipos de verbos. En efecto, el artículo con valor posesivo se presenta con los verbos que denotan movimientos característicos del cuerpo, como en *abrir la boca, cerrar los ojos, ladear la cabeza, levantar la mano,* y también *enseñar las piernas, meter el pie* u *ocultar el rostro,* aun cuando nada impide mover la mano de otra persona o ladear su cabeza. Con otros verbos, en cambio, se pierde la interpretación de posesión inalienable. Así, es improbable que *la mano* en *Miró la mano* se refiera a la de la persona denotada por el sujeto tácito, salvo que se añada un dativo simpatético (*Se miró la mano*). En caso contrario, se hace necesario el posesivo (*Miró su mano*).

18.3.3b También incide en el uso del artículo por el posesivo la función sintáctica del antecedente. Este puede ser el sujeto si el artículo con valor de posesivo encabeza el grupo nominal del complemento directo (*Berta levantó la mano*), o bien un dativo átono si el grupo nominal con artículo ejerce la función de sujeto (*Le duele la mano*) o complemento directo (*Le curaron la herida*). Como se ve, la lengua española prefiere el artículo al posesivo en la mayor parte de los casos mencionados: *Levantó la mano,* en lugar de ... *su mano; Me duele la cabeza,* en vez de ... *mi cabeza; Se miró la mano,* y no ... *su mano.* Sin embargo, se registran en México y Centroamérica variantes de estas construcciones con posesivos que duplican el complemento indirecto, como en *Se le llenaron sus ojos de lágrimas.* Por otra parte, si el sustantivo está modificado por algún adjetivo calificativo, el posesivo sigue siendo posible, y aun preferible: *Abrió sus grandes ojos; Movía su pesada cabeza a uno y otro lado; Su pierna dolorida le impedía caminar.* La alternancia de artículo y posesivo es libre con muchos verbos transitivos y objetos directos abstractos, aunque se percibe mayor intención enfática en la variante con posesivo: *Pagó con {su ~ la} vida; Sacrifican {su ~ el} futuro; Recobrará {sus ~ las} fuerzas; Lo conservo en {mi ~ la} memoria.*

18.3.3c En la lengua coloquial se omiten a menudo los posesivos con algunos sustantivos de relación (*amigo, colega, compañero, pariente, vecino*) precedidos de un artículo indefinido. Es habitual que sea un pronombre dativo el que proporciona la referencia del posesivo omitido. Así, en *Me lo advirtió un vecino* se entiende 'mío', mientras que en *Se lo advirtió un vecino,* se entiende 'suyo'. Otras veces es el sujeto el que proporciona dicha referencia, como en *Marta fue a visitar a un pariente* (es decir, 'a un pariente suyo') o en *Escribí el trabajo con la colaboración de un colega* (se entiende 'mío'). En determinados contextos se emplean sin posesivos los sustantivos *papá* y *mamá,* como en *Mamá dice que vayas.* En algunas áreas lingüísticas suele asociarse hoy esta omisión con el habla rural en el caso de *padre* y *madre,* así como en el de *abuelo* y *abuela:*

> ¡Si viviera padre, moriría del disgusto! (Clarín, *Regenta*); Madre parecía muy contenta aquella mañana (Fernández Cubas, *Altillos*); Abuela no sé qué dice (Giardinelli, *Oficio*).

Los contextos en que estos usos son posibles varían de unos países a otros, pero suelen ser más frecuentes en el trato familiar directo.

18.3.3d   El adjetivo *propio* enfatiza la significación del posesivo (*Se ocupa de su propia empresa*), pero se usa también sin él para denotar pertenencia o posesión. Se emplea con este valor en grupos nominales como el subrayado en *No siempre va a dormir uno con la mujer propia* (García-Badell, *Funeral*). Si el contexto es genérico, equivale a *de uno: Las injusticias nacen siempre de la culpa de otros y nunca de las propias responsabilidades* (Casares, *Dios*). Se emplea también *propio* (antepuesto o pospuesto), en alternancia con el posesivo y sin artículo, en pares lexicalizados o semilexicalizados como *Lo mató en {su defensa ~ defensa propia}; Trabaja por {su cuenta ~ cuenta propia}; Lo digo por {mi experiencia ~ experiencia propia}.* Para otros significados de *propio,* véase el § 13.4.3f.

19 Los cuantificadores (I). Sus clases. Propiedades fundamentales de las expresiones cuantificativas

19.1 Caracterización

19.1.1 Cuantificación y tipos de nociones cuantificadas

CUANTIFICAR es expresar la medida de algo, sea numéricamente (como en *tres flores, dos propuestas*) o con otra forma de estimación (*mucho trabajo, bastantes ventajas, dormir poco, más viajes que nunca*). Las nociones cuantificadas pueden ser, fundamentalmente, de tres tipos: INDIVIDUOS O ENTIDADES INDIVIDUALES, MATERIAS O SUSTANCIAS, y GRADOS en los que se mide una propiedad o tiene lugar un estado de cosas.

19.1.1a En el primer caso, los INDIVIDUOS cuantificados son designados por sustantivos CONTABLES (§ 12.1.2b y 12.2): *dos lámparas, muchos niños, pocas virtudes, varios estímulos, cuatro veces*. En muchos de estos ejemplos es posible asignar un VALOR DE CARDINALIDAD a la operación de cuantificar, es decir, asignar un número que especifique la cantidad de entidades cuantificadas.

19.1.1b En el segundo tipo de cuantificación, la noción cuantificada es una MATERIA o una SUSTANCIA, como en *mucha arena, poco viento* y otras expresiones formadas con sustantivos NO CONTABLES (§ 12.1.2b y 12.2) con las que no se realiza una estimación numérica. A estos nombres de materia se asimila un grupo numeroso de sustantivos abstractos, tal como se explica en los § 12.1.2d y 12.2, como los que aparecen en *bastante odio, poco entusiasmo, tanta belleza*.

19.1.1c   En el tercer tipo se cuantifica el GRADO en que se manifiesta una propiedad (*Tu hermano está muy alto; bastante lejos de su casa, más hacia el norte*) o tiene lugar un proceso. En este segundo caso pueden emplearse los cuantificadores para expresar la magnitud que representa el estado final de un proceso (*El azúcar se ha encarecido algo*), la intensidad con la que tiene lugar (*Me interesó bastante; Lo dudo mucho*), la frecuencia con la que se realiza (*Venía poco a la facultad*), entre otras nociones. Los cuantificadores de grado suelen ser expresiones adverbiales (*Me gusta mucho; tan interesante, más abajo, muy de su gusto, bastante hacia el norte:* § 30.3), pero también grupos nominales (§ 19.1.1a), como en *Era dos veces más alto; La temperatura ha subido cinco grados; El azúcar se ha encarecido algunos pesos.*

19.1.2   Cuantificadores y restrictores

En las expresiones cuantificativas se distinguen un OPERADOR y un RESTRICTOR. El operador coincide con el CUANTIFICADOR, mientras que el RESTRICTOR introduce la noción cuantificada. En la expresión *muchos cuartetos de Haydn,* el operador es *muchos* y el restrictor, *cuartetos de Haydn.*

19.1.2a   El restrictor no siempre aparece junto al cuantificador. De hecho, cuando este admite el uso llamado PRONOMINAL (§ 19.3.2b), es habitual que aquel se obtenga del discurso previo si ha sido mencionado, como en *Buscaba caramelos, pero quedaban pocos* [= 'caramelos']. Si no ha sido mencionado, es habitual que se refiera a personas, como en *Algunos* [= 'algunas personas'] *no se recuperan nunca de este tipo de operaciones; Hay que tratar a cada uno según sus méritos; Mal de muchos, consuelo de tontos;* o en *ninguna como Luisa.*

19.1.2b   Algunos cuantificadores incorporan el restrictor a su significado léxico. Es lo que ocurre con *alguien* y *nadie,* que cuantifican siempre personas (equivalen a 'alguna persona' y 'ninguna persona', respectivamente), y con *algo* y *nada,* que solo se aplican a cosas. El cuantificador *siempre* representa el contenido que corresponde a *en todo momento* o *en toda situación,* por lo que incorpora en su significado el operador *todo* y un restrictor de naturaleza temporal, además de la información sintáctica que aporta la preposición *en.* Lo mismo ocurre con *nunca* (que incorpora el valor de *ninguno:* 'en ningún momento, en ninguna situación'), *dondequiera* ('en todo lugar') y otros semejantes.

19.2   Los cuantificadores del español

19.2.1   Principales cuantificadores

Es difícil proporcionar una relación exhaustiva de los cuantificadores del español, puesto que, como se verá, se trata de una clase transversal (§ 1.4.2), de límites a veces borrosos, muy heterogénea y sujeta a variaciones geográficas. El cuadro que sigue recoge los cuantificadores fundamentales, así como sus principales características morfológicas. Todos ellos son cuantificadores nominales, en el sentido de que funcionan como pronombres o adjetivos. No obstante, algunos presentan variantes adverbiales.

MASCULINO SINGULAR	FEMENINO SINGULAR	NEUTRO	MASCULINO PLURAL	FEMENINO PLURAL	VARIANTE APOCOPADA
todo	toda	todo	todos	todas	–
–	–	–	ambos	ambas	–
cada	cada	–	–	–	–
cada uno	cada una	–	–	–	–
alguno	alguna	–	algunos	algunas	algún
ninguno	ninguna	–	ningunos *(restringido)*	ningunas *(restringido)*	ningún
alguien	alguien	–	–	–	–
nadie	nadie	–	–	–	–
–	–	algo	–	–	–
–	–	nada	–	–	–
–	–	–	varios	varias	–
cualquiera	cualquiera	–	cualesquiera	cualesquiera	cual(es)quier
cuánto	cuánta	cuánto	cuántos	cuántas	cuán
cuanto	cuanta	cuanto	cuantos	cuantas	cuan
tanto	tanta	tanto	tantos	tantas	tan
mucho	mucha	mucho	muchos	muchas	muy
poco	poca	poco	pocos	pocas	–
bastante	bastante	bastante	bastantes	bastantes	–
demasiado	demasiada	demasiado	demasiados	demasiadas	–
más	más	más	más	más	–
menos	menos	menos	menos	menos	–

19.2.2   Otros cuantificadores

A los cuantificadores que recoge el cuadro pueden añadirse los que se describen a continuación:

19.2.2a   El cuantificador *harto,* propio de los registros elevados en el español general, como en *La situación era harto anormal* (Borges, *Libro*), y que forma parte de la lengua estándar de varios países americanos. Incide sobre adjetivos (*harto curiosa*), sustantivos contables (*Tiene hartos hijos*) o no contables (*Gana harta plata*), adverbios (*Está harto mal*) y, en algunas zonas, también sobre verbos: *Les soban las caras a los santos con una vejiga mojada para que relumbren harto* (Carrasquilla, *Tiempos*).

19.2.2b   Los cuantificadores que se forman por la combinación de algunos de los incluidos en el cuadro con el artículo indefinido, o bien con otros cuantificadores. Es el caso de *un poco* (cuantificador nominal y adverbial), de las expresiones pronominales y adjetivas *unos pocos* y *unos cuantos* y sus variantes en femenino, de *algún(o) que otro,* con sus variantes en femenino y en plural, y de la expresión adverbial *un tanto.*

19.2.2c   Los NUMERALES (estudiados en el capítulo 21). Entre ellos, son los CARDI-NALES (*diez, once mil*) los que se ajustan de manera prototípica a las propiedades de los cuantificadores. No obstante, también son cuantificadores los FRACCIONARIOS (*medio, la mayoría, la mayor parte, tres quintos*, etc.), los DISTRIBUTIVOS (*sen-dos / sendas*) y los MULTIPLICATIVOS (*el doble, el triple*...).

19.2.2d   Los adverbios *siempre* y *nunca*. Cabe agregar un elevado número de expresiones, examinadas en el § 19.4, que se asimilan en buena medida a la clase de los cuantificadores.

19.3   Clases de cuantificadores

19.3.1   Diferencias morfológicas entre ellos

19.3.1a   Como puede observarse en el cuadro anterior, las propiedades morfológicas de los cuantificadores no son homogéneas. Varios de ellos (como *cuánto, todo* o *mucho*) poseen flexión de género y número y admiten usos neutros, como en *Tienes mucho de lo que avergonzarte; Todo le gusta; ¿Cuánto se necesita para ser feliz?* Algunos, como *cualquiera,* presentan flexión de número, pero no de género; otros, como *ambos,* la poseen de género, pero no de número. El plural de *cualquiera* es *cualesquiera,* infrecuente fuera de los registros formales: *Aun pareciendo inofensivos vistos de cerca, aquellos tipos escondían sus intenciones, cualesquiera que fuesen* (Marsé, *Embrujo*). El plural de *ninguno* se usaba en el español medieval y en el clásico: *Con ningunas medicinas pudo ser curada* (Granada, *Epistolario*), pero es raro en el español actual, con la excepción de ciertos plurales no informativos (§ 3.3.2) en la lengua conversacional: *No tengo ningunas ganas de irme.* También se emplea *ningunos / ningunas* como negación de *unos / unas* en contextos enfáticos, igualmente en el coloquio: *Tus amigos son unos tontos ~ Tus amigos no son ningunos tontos* (junto a ... *unos tontos*).

19.3.1b   Ofrecen una forma única, sin variantes formales, los cuantificadores *cada, más, menos, algo, nada, alguien, nadie,* si bien su comportamiento morfológico no es uniforme. En efecto, *cada, más* y *menos* pueden acompañar a sustantivos masculinos o femeninos en singular, y *más* y *menos* también inciden sobre plurales, pero la concordancia no se refleja en su forma, que se mantiene invariable: *Cada cosa es distinta; Había más productos baratos que caros.* Por su parte, los neutros *algo* y *nada* tienen género inherente y fuerzan, como las demás formas neutras, la concordancia en masculino singular: *Nada humano me es ajeno; Dame algo más barato.* Con *alguien* y *nadie* predomina en los textos la concordancia en masculino, pero se documentan también las combinaciones con femenino, que se consideran igualmente correctas:

> Le sonó como una demostración de celos, indigna de <u>alguien tan lista</u> como su abuela (Allende, *Ciudad*); Hay que hacer que no haya <u>nadie más bella</u> que ellas (Wolff, *Álamos*); Esta mujer, de nombre Sorbst, era sabida, en efecto, como <u>alguien dotada</u> de una provocativa virilidad (Panero, *Lugar*).

Son invariables los cuantificadores adverbiales. No obstante, en diversas zonas (y con frecuencia más alta en el español americano que en el europeo), el cuantificador adverbial *medio* muestra concordancia con el adjetivo al que acompaña: *Es media tonta~Son medios tontos*. Por cuanto los adverbios son formas no flexionadas, se recomienda en estos casos la variante no concordada: *Es medio tonta, Son medio tontos*. Sobre el uso de *todo* en construcciones como *Estaba toda manchada*, véase el § 20.1.2h.

19.3.1c Las VARIANTES APOCOPADAS *muy, tan, cuan* y *cuán* aparecen ante adjetivos (*muy listo, tan alto, cuan largo era, cuán cierto*) y adverbios (*muy bien, tan aprisa, cuan arduamente puede, cuán lejos*). Se eligen las formas no apocopadas en los grupos adjetivales o adverbiales que forman comparativas de desigualdad (*mucho más alto, mucho menos temprano, tanto peor, cuanto más grande, cuánto mejor*), así como en las combinaciones con los adverbios *antes* y *después*, que tienen valor comparativo: *mucho antes* (aproximadamente equivalente a 'mucho más pronto'), *mucho después*. La forma *cuán* es hoy más usada en el español americano que en el europeo, en el que se restringe a los registros más formales, sobre todo literarios.

19.3.1d Los cuantificadores masculinos *alguno, ninguno* adoptan las formas apocopadas *algún, ningún* cuando aparecen delante de los nombres a los que modifican. Las formas femeninas no se apocopan, salvo si preceden inmediatamente a sustantivos que empiezan por /a/ tónica (*algún arma*). En tales casos se prefieren en la lengua actual las variantes apocopadas, pero no se consideran incorrectas las formas sin apocopar (*alguna arma*):

> No le faltaría a alguna gente deseos de que los sudafricanos lanzaran <u>algún arma nuclear</u> (*Granma Internacional* 11/1996); ¡Y si muero, <u>ningún alma</u> tendrá piedad de mí! (Savater, *Ética*); Su labor empezaba más atrás, podía consistir en la creación de la necesidad de ese documento en <u>alguna área</u> a la que él tuviera acceso indirecto (Gopegui, *Real*); Ponen tan baja la mirada que <u>ninguna alma</u> distinguida se puede contentar con lo que ofrecen (Maeztu, *Quijote*).

La apócope de las formas femeninas que comienzan por /a/ tónica (*algún arma, ningún águila*) no se produce si se interpone alguna palabra entre el cuantificador y el sustantivo: *{Ninguna~*Ningún} posible arma homicida*.

19.3.1e El cuantificador *cualquiera* se apocopa delante de sustantivos masculinos y femeninos: *cualquier día, cualquier persona*. La forma no apocopada se considera hoy incorrecta con sustantivos masculinos. Ante los femeninos (*cualquiera posibilidad*) se siente hoy arcaica en el español europeo. Es algo más frecuente en los textos literarios americanos, aun cuando presenta en ellos una frecuencia mucho más baja que la variante no apocopada (*cualquier posibilidad*):

> No se hable más de eso y cuente con un amigo para <u>cualquiera emergencia</u> (Gallegos, *Canaima*); Buscaba solo en el favor de las mujeres, de <u>cualquiera mujer</u> (Cambaceres, *Rumbo*); La hoguera ardía normalmente, como <u>cualquiera hoguera</u> de buena leña (Carpentier, *Reino*).

Cuenta también con variante apocopada «*alguno que otro* + sustantivo»: *algún que otro trabajo, algún que otro profesor*. Ambas variantes se consideran correctas, pero no alternan en todas las áreas. Para las formas apocopadas *primer, tercer, postrer, cien*, véase el § 21.3.1c.

19.3.2   Clases de cuantificadores en función de su categoría gramatical

19.3.2a   Los cuantificadores pertenecen a diversas CLASES GRAMATICALES de palabras: algunos son siempre pronombres, como *cada uno, alguien, nadie* y los neutros; otros, siempre adjetivos (en el sentido amplio del término: § 1.4.2) o determinantes, como *cada, sendos*. El resto de los que figuran en el cuadro del § 19.2.1 (y algunos otros, como los numerales cardinales) pueden ser pronombres, como en *con la aprobación de todos; Muchos dirán que te equivocas; Convencerás a algunos; Ponme cuatro*, o adjetivos: *todos los presentes, muchos días, algunos libros, cuatro manzanas*. Por su parte, son adverbios los subrayados en *Es muy interesante; Siempre se retrasa; Me gusta más que a ti*. Algunos cuantificadores, como *mucho, poco, bastante, demasiado, más, menos, cuánto, cuanto* y *tanto*, pueden admitir esos tres usos. Así, *mucho* es pronombre en *¿Falta poco tiempo o mucho?*, adjetivo en *Falta mucho tiempo* y adverbio en *Duerme mucho*.

19.3.2b   Los cuantificadores que pueden tener usos adjetivos y pronominales han recibido más de un análisis cuando se emplean como pronombres, como en los ejemplos del apartado anterior: *Muchos dirán que te equivocas; Ponme cuatro*. Para unos gramáticos se trata de adjetivos que inciden sobre núcleos no expresos o tácitos cuya referencia se recupera del discurso precedente (*Ponme cuatro Ø*). Otros autores evitan postular estas unidades y prefieren duplicar la clasificación, de forma que *cuatro, ambos* o *muchos* se usarían como pronombres en unos contextos y como adjetivos o como determinantes en otros. En la primera opción, los grupos nominales obtenidos se asimilan en buena medida a los que se construyen sin sustantivo nuclear expreso, como *la amarilla, el de Inés, los que llegaron ayer* (§ 14.4, 44.1.2d y 44.4.2).

19.3.2c   Algunos cuantificadores comparten con los adjetivos la posibilidad de usarse como atributos de las oraciones copulativas (*Las hermanas eran cuatro; Sus personalidades son varias; Mis objeciones son pocas; Los fallos descubiertos eran demasiados*), admitir adverbios de grado (*muy poco*), e incluso coordinarse con adjetivos calificativos (*muchas y apasionantes novedades*). La asimilación, al menos parcial, de varios de los cuantificadores a los adjetivos no siempre los hace incompatibles con otros adjetivos, como se comprueba en secuencias como *cuatro buenas razones* o en *He escuchado las* Variaciones Goldberg *tocadas por varios prestigiosos pianistas pero nunca, nunca como anoche* (Shand, *Antón*).

19.3.2d   Existen, como se ha adelantado, relaciones estrechas entre la clase de los cuantificadores que inciden sobre nombres y la de los determinantes. En efecto, unos y otros habilitan a los nombres comunes para aparecer como sujetos preverbales. Así, la irregularidad de *Gente llegó tarde desaparece tanto en *La gente llegó tarde*, con artículo determinado, como en *Mucha gente llegó tarde*, con cuantificador. Determinantes y cuantificadores ocupan posiciones en el extremo izquierdo del grupo nominal, aunque cuando se combinan entre sí, los determinantes preceden a los cuantificadores: *las cuatro hermanas, mis muchos defectos.* Como ocurre con el artículo y los demostrativos, también los cuantificadores pueden formar grupos en los que se asimilan a los pronombres o en los que pueden postularse núcleos tácitos (§ 19.3.2b): *varias del otro grupo, muchos que hoy no están con nosotros, algunas de ellas,* construcciones similares a *los de Marta, estos de aquí.* Entre los gramáticos actuales es frecuente usar en sentido amplio el concepto de 'determinante', de forma que pueda darse cabida entre ellos a los cuantificadores adjetivales.

19.3.2e   Se caracterizan los cuantificadores por su especial sensibilidad a la categoría del número, con repercusiones notables en el significado (*mucho interés ~ muchos intereses*: § 3.3 y 12.2). Los determinantes se combinan con toda clase de sustantivos, y aparecen en singular o en plural con diferencias semánticas que solo pueden imputarse al número gramatical. Los cuantificadores, en cambio, muestran restricciones vinculadas con el concepto de 'número'. Como se señaló en los § 19.3.1a, b, algunos solo poseen singular (*cada*), otros, solo plural (*ambos, sendos*). Los hay, asimismo, que presentan una forma singular y otra plural (*algún* o *alguno / algunos*), pero se comportan de modo diferente en uno y otro caso, como se explica en los § 20.2.2c-f. Por otra parte, algunos cuantificadores, como *mucho, poco, bastante* y *demasiado,* se combinan con sustantivos contables solo en plural (*bastantes libros, muchas ideas*) y con sustantivos no contables solo en singular (*bastante paciencia, mucha arena*). Otros, en especial los numerales cardinales, pueden ir precedidos de adjetivos (como en *sus espléndidos cinco nuevos poemas*), propiedad que no se extiende a los determinantes. Los gramáticos que optan por emplear el concepto de 'determinante' en un sentido amplio, para que abarque también a los cuantificadores, aducen que algunos determinantes (entendidos en el sentido estricto) se combinan entre sí en ciertas variedades del español (*un mi amigo, el su sombrero, esta su casa*).

19.3.3   Clases de cuantificadores en función de su naturaleza semántica

En la actualidad se acepta generalmente una división de base semántica entre dos grupos de cuantificadores: los llamados FUERTES (también UNIVERSALES y a veces DEFINIDOS) y los llamados DÉBILES (o INDEFINIDOS).

19.3.3a   Son FUERTES los cuantificadores *todo, cada (uno)* y *ambos.* Estos cuantificadores comparten con los determinantes definidos una importante propiedad semántica: los grupos sintácticos que forman se aplican a la totalidad de las entidades a las que se refiere el sustantivo. Por el contrario, la predicación que introducen los débiles (como *algún, mucho, varios, poco* o los numerales, entre otros) no se aplica más que a una parte de ese conjunto. Así pues, no son contradictorias oraciones como *Algunas acertaron y algunas fallaron* (donde se alude a grupos diferentes de personas) u otras como *Muchos de estos empleados son casados, pero algunos son solteros.* Sería, en cambio, contradictoria, aplicada al mismo conjunto de individuos, la oración *Cada uno de estos empleados es casado, pero algunos son solteros.* Por otra parte, los cuantificadores débiles pueden formar grupos nominales que resultan naturales como complementos del verbo *haber,* contexto en el que se rechazan tanto los cuantificadores fuertes como los determinantes definidos (§ 15.3.2). Contrasta, pues, la aceptabilidad de *Hay varios niños en el patio* o *No había nada de dinero en la caja* con la inaceptabilidad de **Hay ambos niños en el patio* o **Había todo el dinero en la caja*. El artículo indeterminado *un(o) / un(a)* se asimila en parte a los cuantificadores débiles y, como ellos, puede aparecer en este tipo de contexto: *Hay una forma de solucionarlo*.

19.3.3b   Dentro de los CUANTIFICADORES DÉBILES pueden distinguirse varias subclases. Así, los cuantificadores EXISTENCIALES (*alguno, ninguno, algo, nada, alguien, nadie*) expresan la existencia o inexistencia de la persona o cosa de la que se habla; los NUMERALES CARDINALES (*dos, veinte, ciento cuarenta y seis*) expresan cómputos establecidos en función de la serie de los números naturales; los EVALUATIVOS (*mucho, poco, un poco, un tanto, bastante, demasiado, unos cuantos*) introducen una medida imprecisa, superior a la unidad e inferior a la totalidad, establecida en función de una norma o una expectativa. A ellos se asimilan el relativo *cuanto* y el interrogativo *cuánto*. Son también débiles los cuantificadores COMPARATIVOS (*más, menos, tanto*), que establecen relaciones cuantificativas de superioridad, inferioridad o igualdad entre dos nociones (§ 45.2.2). El cuantificador *cualquiera* (llamado DE INDISTINCIÓN O DE ELECCIÓN LIBRE) se adscribe a los débiles. Aun así, la interpretación existencial que muestra en algunos contextos (*Pregúntale a cualquiera* viene a significar 'Pregúntale a alguien, sea el que fuere') alterna en otros contextos con propiedades e interpretaciones que parecen corresponder a los cuantificadores fuertes: *Cualquier persona tiene derecho a la vida* equivale, en efecto, aproximadamente, a *Todas las personas tienen derecho a la vida*.

19.4   Palabras y expresiones parcialmente asimilables a los cuantificadores

19.4.1   Adjetivos y adverbios

19.4.1a   Ciertos adjetivos se asimilan parcialmente a los cuantificadores, entre ellos, *total* y *nulo*. El primero puede alternar, en efecto, con *todo,* como en *con {total ~ toda} nitidez,* pero muestra un comportamiento distinto en otras posiciones sintácticas. Se dice, por ejemplo, *La nitidez es total,* en lugar de *La nitidez es toda.* Por su parte, el adjetivo *nulo* expresa en algunos de sus usos contenidos semejantes a los de *ninguno,* aunque también con notables diferencias en su sintaxis (*No tiene ningún interés ~ El interés que tiene es nulo*). Mayor similitud sintáctica con *ningún, cualquiera* y otros indefinidos ofrecen las expresiones *el menor, el mayor, el más mínimo,* etc. en ejemplos como *No tiene {ningún ~ el menor ~ el más mínimo} interés; si le haces {cualquier ~ la menor ~ la más mínima} advertencia.* Son asimismo numerosos los adjetivos que se asimilan en alguna medida a los cuantificadores evaluativos. Cabe citar entre ellos *abundante, escaso, numeroso, nutrido, reiterado, repetido, suficiente, sumo, variado,* aunque —como antes— esta asimilación está restringida a algunos de sus usos. Las formas *cierto* y *otro* muestran también puntos en común con los cuantificadores, a la vez que con los artículos. Se estudian en el § 13.4.3.

19.4.1b   El adverbio *siempre* equivale aproximadamente a 'todas las veces, en todas las ocasiones', por lo que se considera un cuantificador universal o fuerte. Suelen asimilarse, en cambio, a los débiles otros adverbios y locuciones adverbiales de frecuencia (§ 30.5.1 y 30.5.3), como *a menudo, a veces, continuamente, en ciertas circunstancias, de vez en cuando, en ocasiones, esporádicamente, hasta la saciedad, reiteradamente, repetidamente, una y otra vez*, etc. Sobre la naturaleza parcialmente cuantificativa de otros adverbios (*abundantemente, extraordinariamente, tremendamente, sumamente*, etc.), véase el § 30.3.1c. Expresan también cuantificación una serie de locuciones adverbiales, de extensión geográfica no siempre homogénea, que se ajustan a la pauta «preposición + sustantivo». Suelen especializarse en la combinación con determinados verbos, sustantivos o adjetivos: *llover a cántaros, trabajar a destajo, ganar dinero a paladas* (o *a espuertas*), *reír a mandíbula batiente* (o *a mandíbula llena*), *loco de remate, un susto de muerte*, etc.

19.4.2   Expresiones nominales

19.4.2a   Se forman grupos nominales cuantificativos con los sustantivos que constituyen UNIDADES DE MEDIDA, como en *algunos metros, bastantes gramos, dos grados, muchos años, varios litros*. Estas unidades se establecen en función de las magnitudes que se calculan o se computan: altura, longitud, peso, precio, temperatura, tiempo, etc. Las propiedades fundamentales de esos grupos nominales se analizan en los § 12.4.1 y 12.4.2. Se construyen como complementos verbales (*Mide dos metros*) o bien como modificadores en las expresiones que en los § 30.5.2d y 45.2.2 se llaman GRUPOS DIFE-RENCIALES: *cinco años más joven, diez metros más arriba, mil pesos más caro*. Al igual que las locuciones adverbiales mencionadas en el § 19.4.1b, existen locuciones nominales cuantificativas que se combinan preferentemente con ciertos predicados: *durar una eternidad* o *un santiamén, valer un potosí* o *un perú, ganar un dineral, un platal* o *una fortuna, costar un ojo de la cara* o *Dios y ayuda* (o *Dios y su ayuda*), etc.

19.4.2b   Se usan para hacer estimaciones imprecisas una serie de sustantivos cuantificativos que forman las construcciones denominadas PSEUDOPARTITIVAS (§ 19.6.2d), como *una barbaridad de años, una enormidad de casos, un sinfín de errores, una pila de libros, un montón de veces, una sarta de disparates, un rosario de trámites, una serie de imponderables* o *una punta de años*, algunas restringidas a ciertas zonas. Se extiende esta pauta a construcciones en que los sustantivos del complemento pseudo-partitivo expresan nociones abstractas: *un ápice de honradez, un asomo de esperanza, un golpe de suerte, un torrente de creatividad, un resquicio de duda* (§ 12.1.2d).

19.5   Combinaciones de los cuantificadores con otras clases de palabras

19.5.1   Combinaciones con los determinantes

19.5.1a   Tanto el artículo determinado como los demostrativos y posesivos pueden preceder a los NUMERALES: *¿Quiénes son esas dos alegres caricaturas?* (Marechal, *Buenosayres*); *En la pared lucen, en sus tres marcos dorados iguales, una reproducción en alpaca de la sagrada cena* (Cela, *Colmena*). Se combinan, igualmente, con los cuantificadores EVALUATIVOS: *Huí del campamento, con los pocos soldados* *que me eran fieles* (Borges, *Aleph*); *Comenzaron a sacarle provecho a* sus pocos *recursos* (*Nacional* 18/4/1997), y también con los COMPARATIVOS: sus *más de cien años*. Estas secuencias están restringidas, sin embargo, en función de las propiedades particulares de algunos cuantificadores, pero también del tipo de determinante. Así, los determinantes que no son demostrativos pueden preceder a los cuantificadores débiles (*los* muchos *problemas,* sus pocos *recursos,* los *varios* intentos), pero los demostrativos presentan mayor dificultad en esta pauta.

19.5.1b   Los cuantificadores UNIVERSALES, los EXISTENCIALES y los DE INDISTINCIÓN no aparecen tras los determinantes definidos (**estos todos, *el cada libro, *los algunos, *este nadie, *estos cualesquiera*). Se exceptúa el indefinido existencial *ninguno*, que a veces lleva determinante en la lengua literaria cuando se combina con sustantivos no contables, generalmente abstractos, o bien en la fórmula «*el poco o ningún* + sustantivo»:

> También es pecado grave el poco o ningún cuidado que puse en el manejo de mi hacienda (Galdós, *Episodios*); No era raro que el vino y la ninguna educación le propinasen una respuesta de palos (Ayala, *Cabeza*); [...] la observación que hace Asensio sobre el ningún aprecio que del paralelismo hicieron los tardíos cancioneros (Menéndez Pidal, *Poesía*).

19.5.1c   El artículo indefinido no es compatible con el cuantificador *todo* para expresar conjuntos de personas o cosas, ya que la mención de todos los miembros de una clase solo es compatible con la de los determinantes definidos: *todos {los ~ *unos} niños*. El cuantificador *todo* puede, en cambio, concurrir con el artículo indefinido en singular en las construcciones de valor ponderativo, como *La avería eléctrica afectó a todo un barrio*, a las que se alude en el § 20.1.2g. Por otra parte, la compatibilidad del artículo indefinido con los cuantificadores débiles o indefinidos es limitada, ya que estos incluyen en su denotación el contenido de aquel.

19.5.2   Combinaciones con los adjetivos, los adverbios de grado y la negación

19.5.2a   Son pocos los cuantificadores que admiten adjetivos antepuestos. Los que lo hacen más sistemáticamente son los numerales, y, aun así, con restricciones. Los adjetivos más comunes en esta pauta son los de grado extremo (*estos espléndidos cinco poemas*), además de *habitual* (que expresa frecuencia), *largo, bueno* y *escaso*. Estos últimos aportan información cuantificativa expresada a menudo por adverbios, como en *los escasos tres días* ['los tres días escasamente'] *que se demoró* o en los siguientes ejemplos:

> A sus habituales dos inquietudes estacionales [...] se han sumado otras dos (*Caretas* 18/12/1997); Luego suspiró estremecido y empleó sus buenos cinco minutos en limpiarse las lágrimas (Guelbenzu, *Río*); Don Angelito no sería temible a sus largos setenta años (Vázquez Montalbán, *Galíndez*).

19.5.2b   La capacidad de admitir gradación introduce una separación aún más radical entre los cuantificadores, puesto que solo la admiten de modo general *poco* (*muy pocos, bastante poco, tan poco*), los comparativos (*mucho más, algo menos*) y los cuantificadores que aparecen en algunas expresiones de valor especial como *un poco demasiado, muy mucho, mucho muy*, esta última propia sobre todo de la lengua coloquial de México.

19.5.2c   Casi todos los cuantificadores admiten negación en los contextos contrastivos (*no algunos, sino todos; no bastantes, sino muchos*), pero fuera de ellos lo hacen solo algunos: *mucho* (*No mucha gente estaría dispuesta*), *poco* (*causa de no pocos sinsabores*), *demasiado* (*en no demasiado tiempo*) y los comparativos *más* y *menos* (*no más alto que una puerta*), con algunas restricciones.

19.6   Los cuantificadores en las estructuras partitivas y pseudopartitivas

19.6.1   Los cuantificadores en las estructuras partitivas

Las construcciones PARTITIVAS están formadas por un cuantificador al que se asocia un grupo nominal definido introducido por la preposición *de*, que se denomina COMPLEMENTO PARTITIVO O CODA PARTITIVA, como en *muchas de sus ideas, la mayor parte de los portugueses, un kilo de estas papas*.

19.6.1a   La coda partitiva denota en estas construcciones la totalidad de un conjunto dado, del que se selecciona la parte señalada por el cuantificador. Por ejemplo, del conjunto denotado por la expresión *esos huevos* se eligen doce en la construcción partitiva *doce de esos huevos*. El grupo nominal de la coda es siempre definido (*la mayor parte de {los ~ *unos} portugueses*). Su núcleo suele aparecer en plural, pero se registran también en esa posición sustantivos colectivos o no contables en singular; es decir, sustantivos que expresan léxicamente la noción de 'pluralidad', como en *El dos por ciento de la población no sabe quién es el Presidente de la República* (Serrano, M., *Vida*); *Oyendo semejante novedad, acudieron hacia ella mucha de la gente que en la plaza habitaba* (Timoneda, *Patrañuelo*). Se rechazan en esta pauta los grupos nominales encabezados por los cuantificadores fuertes, aunque sean definidos: **muchos de todos los estudiantes*. Si el cuantificador presenta variación de género, este viene determinado por el sustantivo que aparece en la coda, como en *muy pocas de las iniciativas presentadas*. No se da necesariamente en estas construcciones la concordancia de número: *alguno de los presentes*.

19.6.1b   Aunque cabe la posibilidad de formar construcciones partitivas con el cuantificador universal *cada* (*cada uno de esos dibujos*) y con el sustantivo cuantificativo *totalidad* (*la totalidad de las asignaturas*), son los cuantificadores DÉBILES O INDEFINIDOS (§ 19.3.3b) —numerales, evaluativos, de indistinción y existenciales— los que con mayor frecuencia las constituyen. En efecto, se forman construcciones partitivas con CUANTIFICADORES NUMERALES de diverso tipo (§ 21.1.1): cardinales (*dos de ellos*), ordinales (*el segundo de los corredores*) y fraccionarios (*el veinte por ciento de los encuestados, la mitad de los presentes, la mayor parte de los estudios*). También con el comparativo *más*, equivalente aquí a 'mayor parte', precedido del artículo determinado, que concuerda con el sustantivo de la coda: *Las más de las veces dedicaba mis ocios a la caza* (Cela, *Pascual Duarte*).

19.6.1c   Se construyen también con complemento partitivo los cuantificadores EVALUATIVOS (*muchos de nosotros, bastantes de las oportunidades que tuvo, pocos de sus amigos, unos cuantos de los más jóvenes, ¿cuántas de ustedes?*) y el DE INDISTINCIÓN *cualquiera* (*cualquiera de nosotros*). El cuantificador evaluativo *demasiado* resulta forzado en esta construcción, aunque se documenta a veces: *Casi dos años después del inicio de la guerra, demasiados de sus habitantes están convencidos de que tarde o temprano les va a tocar* (*Vanguardia* [Esp.] 13/2/1994). Por su parte, *bastante* acepta el complemento partitivo cuando designa una parte amplia de un conjunto, como en *Un autobús cargado de ancianos cayó de un puente y bastantes de los heridos murieron* (*País* [Esp.] 10/3/1979). Resulta menos natural, en cambio, cuando significa 'un número suficiente (de)', como en *Tengo bastantes de estos sellos como para completar la colección*. Las construcciones partitivas admiten el interrogativo *cuánto* y sus variantes (*cuánto de este dinero, cuántas de ustedes*), y también otros interrogativos, como *cuál / cuáles* (*cuál de los anteriores, cuáles de estos papeles*) y *quién / quiénes* (*¿Quiénes de ustedes aceptarían este trabajo?*), que, aunque no son propiamente cuantificadores, comparten algunas propiedades con ellos.

19.6.1d   Los cuantificadores EXISTENCIALES tampoco están ausentes de las construcciones partitivas (*algunos de los geranios, ninguna de las invitadas*), si bien *alguien* y *nadie* tienden a rechazarlas. Como norma general, se prefiere, pues, *alguno de ellos* a *alguien de ellos*, o *ninguno de los visitantes* a *nadie de los visitantes*. Con todo, la segunda variante se registra también en los textos, con frecuencia cada vez menor:

> Y no me queda duda: alguien de los que están aquí las ha de tener (Galdós, *Episodios*); Nadie de los nuestros estuvo libre de culpa en este tristísimo negocio (Menéndez Pelayo, *Heterodoxos*); Nadie de los que aquí ha congregado el fervor en este oficio nocturno entiende nada de lo que dice el sacerdote (Carpentier, *Pasos*); Wolverine es el personaje principal en la película, y a nadie de los que conocen la historieta les sorprenderá tal elección (*Tiempos* 18/9/2000).

Son distintos de los complementos partitivos anteriores, pese a su aparente similitud, los COMPLEMENTOS DE UBICACIÓN Y PROCEDENCIA, que forman parte de estructuras no partitivas: *Esto no podía yo decirlo a nadie de esta casa, y a él menos* (Galdós, *Fortunata*); *Alguien de la comitiva insinuó que se les abasteciera* (Asturias, *Papa*). A diferencia de los propiamente partitivos, estos complementos no designan necesariamente grupos, y pueden ser indefinidos: *alguien de algún partido nacionalista*.

19.6.1e   Se forman asimismo construcciones partitivas con muchos sustantivos cuantificativos (§ 12.4.1 y 12.4.2) que expresan cómputos, entre otras nociones: *conjunto, fracción, grupo, parte, serie*, etc., como en *el conjunto de sus obras, un grupo de los afectados, una parte de los beneficios*. También se integran en esta clase los nombres cuantificativos de medida (§ 19.4.2a): *diez litros de este vino*.

19.6.1f   La construcción partitiva produce en los cuantificadores débiles el efecto de hacerlos incompatibles con el verbo *haber* y, por tanto, asimilarlos en alguna medida a los fuertes (§ 19.3.3a). Contrastan, pues, marcadamente *Hay algunas personas en el parque* y **Hay algunas de las personas en el parque*. La irregularidad desaparece, sin embargo, cuando *haber* se construye con complemento predicativo: *Había algunos de ellos muy valiosos.*

19.6.1g   Se suele llamar INTERPRETACIÓN PARTITIVA ENCUBIERTA O PRESUPOSI-CIONAL de los cuantificadores indefinidos la que adquieren los grupos nominales encabezados por dichos cuantificadores (*muchos asistentes, tres libros, algunas casas*) cuando aceptan paráfrasis con complementos partitivos expresos. Se trata de equivalencias como *Protestaron {muchos estudiantes de cuarto curso ~ muchos de los estudiantes de cuarto curso}.* Esta interpretación se denomina a veces *presuposicional* porque en ella se da por supuesta la existencia de cierto conjunto caracterizado previamente o proporcionado por el discurso anterior (en el ejemplo propuesto, el de los estudiantes de cuarto curso). En la interpretación NO PARTITIVA O NO PRESU-POSICIONAL no se obtiene la equivalencia mencionada. Así, no son sinónimas las oraciones *Acuden a la playa muchos turistas* (interpretación no presuposicional) y *Acuden a la playa muchos de los turistas* (lectura presuposicional).

19.6.1h   Las construcciones partitivas formadas con sustantivos fraccionarios o cuantificativos, como *la mayoría, la mayor parte, la mitad, el veinte por ciento, las tres cuartas partes,* ofrecen dos posibilidades en la concordancia cuando funcionan como sujeto (§ 33.4.4a): *La mayor parte de los parlamentarios {apoyó ~ apoyaron} el proyecto.* La segunda opción es la más frecuente en la lengua hablada. En las oraciones copulativas, la concordancia en singular resulta mucho más forzada. No alterna, pues, *eran mexicanos* con *era mexicana* en *Cerca de la mitad de los trabajadores de la acerera eran mexicanos* (Fuentes, *Frontera*).

19.6.1i   No son verdaderas construcciones partitivas las formadas con sustantivos fraccionarios cuando se hace referencia a algún fragmento o a algún segmento de una entidad contable, como en *Le dejaron en herencia las tres cuartas partes de un negocio de su abuelo.* En consecuencia, la expresión cuantificativa (*las tres cuartas partes*) no concuerda con el grupo nominal de la coda (*un negocio de su abuelo*). Se recomienda evitar expresiones como *Casi ha transcurrido las dos terceras partes del curso,* y usar en su lugar la variante en la que el verbo concuerda con el sustantivo *partes: Casi han transcurrido las dos terceras partes del curso.*

19.6.2   **Los cuantificadores en las estructuras pseudopartitivas**

19.6.2a   Las construcciones pseudopartitivas se ajustan a la estructura general «expresión cuantificativa + de + grupo nominal escueto». La expresión cuantificativa puede ser un *sustantivo* (o un grupo nominal) *cuantificativo* (§ 12.4.1), como en *un centenar de libros, un grupo de turistas, montones de cartas, gran cantidad de gente,* o bien un cuantificador indefinido, como en *algo de pan, un poco de agua.* El segundo elemento, o coda pseudopartitiva, está constituido por un grupo nominal escueto (es decir, sin determinantes ni cuantificadores: § 15.6), y, por tanto, no definido, como en *un montón de harina, cientos de manifestantes, una docena de huevos.* Esta propiedad produce una clara diferencia de significado entre partitivas y pseudopartitivas. En efecto, *una docena de huevos* o *un montón de harina* (construcciones pseudopartitivas) expresan un significado similar al de *doce huevos* o *mucha harina*; en cambio, en *una docena de estos huevos* o *un montón de esa harina* (construcciones partitivas) se alude a un conjunto de huevos o de harina del que se toma un subconjunto (*una docena* o *un montón*). La coda pseudopartitiva se forma con sustantivos no contables en singular (*algo de aire*) o con contables en plural (*cientos de personas*), y se antepone a la oración con mucha mayor dificultad que en las construcciones partitivas. Así, resultan naturales secuencias como *De las soluciones propuestas, ninguna es convincente*, pero muy forzadas —o por completo anómalas— otras como **De harina, algo se había derramado por el piso.*

19.6.2b   La preposición *de* que encabeza la coda de las construcciones pseudopartitivas no se integra en un grupo sintáctico con el cuantificador. La segmentación *[un poco] [de pan]* se suele considerar más adecuada que *[un poco de] [pan]*. La primera, en efecto, explica mejor la coordinación de complementos (*un poco de pan y de vino*), su elipsis (*Solo queda un poco Ø*) y la presencia de modificadores tras el cuantificador: *un poco más de pan.*

19.6.2c   Forman construcciones pseudopartitivas los pronombres neutros *algo* (*Necesito algo de tiempo*) y *nada* (*No trajo nada de harina*), el cuantificador *un poco* (*Tened un poco de calma*) y la expresión *un tanto*: *Se colocan los huevos en una orza y se cubren con una lechada de un tanto de cal por diez de agua* (Esquivel, *Agua*). No las forman, en cambio, los cuantificadores comparativos, salvo en concurrencia con ciertas frases de medida: *Has de beber {un poco más ~ *más} de leche*. La primera opción es paralela a *dos litros menos de agua, tres libras más de clavos*, etc. (§ 45.2.2d).

19.6.2d   Forman asimismo construcciones pseudopartitivas los grupos nominales encabezados por los sustantivos *cantidad* (*gran cantidad de gente*), *número* (*escaso número de participantes*), *cifra* (*la elevada cifra de detenidos*) y otros semejantes. También se construyen con NUMERALES CARDINALES COLECTIVOS (§ 21.2.4): *cientos de manifestantes, decenas de veces, miles de voces*, así como con un gran número de sustantivos capaces de expresar medida o cantidad:

> varios *litros* de agua, veinte *hectáreas* de trigo, un *grupo* de personas, una *sarta* de disparates, un *montón* de mentiras, un *cúmulo* de despropósitos, un *sinfín* de oportunidades, una *barbaridad* de papeles, una *copa* de vino, la *tira* de gente, la *mar* de amigos,

pero también acotación de materias o sustancias, además de numerosas nociones abstractas: *un soplo de aire, una rebanada de pan, un ataque de risa, un trozo* (o *un cacho*) *de pastel, un ápice de interés, una ráfaga de inspiración* (recuérdense los § 12.4.1 y 12.4.2). Se recomienda evitar expresiones (aparentemente pseudopartitivas) como *la mayoría de ciudadanos, la mayor parte de ideas*, y usar en su lugar las variantes con complemento partitivo: *la mayoría de los ciudadanos, la mayor parte de las ideas.*

19.6.2e   Cuando las construcciones pseudopartitivas funcionan como sujeto, se mantiene la doble posibilidad de concordancia con el verbo de la expresión cuantificativa, descrita para las construcciones partitivas en el § 19.6.1h: *Un grupo de estudiantes {ha ~ han} presentado algunas sugerencias*. En la primera opción concuerdan en singular *ha* y *grupo;* en la segunda lo hacen en plural *han* y *estudiantes.* La alternancia desaparece cuando el sustantivo inicial se interpreta como núcleo nominal, en lugar de como nombre cuantificativo. Aunque en la lengua descuidada se registra ocasionalmente el plural en pares como *Este grupo de estudiantes {presentó ~ presentaron} algunas sugerencias,* se recomienda evitarlo, puesto que la construcción no es pseudopartitiva.

19.6.2f En la lengua culta del español general contemporáneo no concuerdan el cuantificador *poco* y el sustantivo que expresa la noción cuantificada en la construcción pseudopartitiva «*un poco de* + sustantivo». Se dice, pues, tanto *un poco de vino* como *un poco de leche* (no *una poca de leche*). Tampoco es propia de la lengua general culta la construcción «*unos pocos de* + sustantivo masculino plural» (*unos pocos de problemas*) o su variante femenina «*unas pocas de* + sustantivo femenino plural» (*unas pocas de veces*). En el español antiguo se daban todas estas formas de concordancia, que hoy han pervivido en algunas zonas, tanto de España como de América:

> También tuvo unas pocas de sofocaciones a cuenta de eso (Quiñones, F., *Hortensia*); Iba echando los bofes, y habría dado el oro y el moro por una poca de agua (Palma, *Tradiciones* VIII); Tal vez se acordó de lo que había cenado: unos pocos de frijoles con unas tortillas bien tiesas (Loaeza, *Mujeres*).

Se recomienda evitar estos usos en los registros formales. Es, por otra parte, propio solo de la lengua popular suprimir la preposición, tanto en estas construcciones (*una poca tila, un poco tila*), como en las pseudopartitivas formadas con los sustantivos a los que se aludió en el § 19.6.2d (*un cacho pan*). En cambio, *unos cuantos* rechaza la preposición: *unos cuantos palillos.*

19.6.2g No se recomienda el uso de *un poco de* con un nombre en plural, como en *un poco de ideas, un poco de antecedentes, un poco de noticias.* En el español popular de algunos países (entre ellos, los del Caribe continental y algunos centroamericanos), esta construcción adquiere un significado peculiar, puesto que equivale a 'muchos': *un poco de problemas* ('muchos problemas'), *con la ayuda de un poco de amigos* ('con la ayuda de muchos amigos'). Si el complemento aparece en singular, la expresión resulta ambigua en boca de esos hablantes, de modo que *un poco de comida* puede significar 'mucha comida', pero también recibir el mismo significado que posee en la lengua general. Para evitar la ambigüedad, se emplean en estas áreas cuantificadores no ambiguos: *un pocote* o *un pocotón* ('mucho'); *un poquito, un pelo* ('un poco').

19.6.2h Se forman expresiones pseudopartitivas con *de todo* y *de nada,* especialmente cuando aparecen como complementos de *haber* y de otros verbos existenciales que denotan carencia o suficiencia, tales como *quedar, faltar* o *sobrar:*

> Había de todo en aquel cine (Ramírez, *Baile*); Y qué cena nos dio, de sueño, que sobró de todo, hasta langosta y caviar (Delibes, *Mario*); Al Alcalde nunca le iba a faltar de nada (Berlanga, *Gaznápira*).

En este uso, las expresiones *de todo* y *de nada* suelen hacer referencia a un conjunto de cosas que se interpreta como consabido. Así, el que entra en un departamento y quiere expresar que está completamente vacío podría decir *Aquí no hay nada*. Si dijera *Aquí no hay de nada,* aludiría a la ausencia total de enseres, alimentos, utensilios u otros elementos que serían de esperar en ese lugar. Pese a estar introducidos por una preposición, estas expresiones se comportan como grupos nominales y, como tales, pueden desempeñar las funciones de sujeto (*Ha sucedido de todo*) o complemento directo (*Luis sabe de todo*). Se rechazan, en cambio, como términos de preposición: **Intentó abrir la lata con de todo; *Da mucha importancia a de todo; *No pienses en de nada.*

19.7   El ámbito de los cuantificadores

19.7.1   Interacciones entre cuantificadores

19.7.1a   Un cuantificador puede caer bajo la influencia o el ÁMBITO de otro cuantificador. Se producen entonces INTERACCIONES que repercuten en la interpretación de la secuencia. Así, la oración *Al final del año, todos los estudiantes habían leído una obra de Galdós* puede interpretarse de dos maneras: si se quiere decir que existe cierta obra de Galdós que todos los estudiantes habían leído, el cuantificador *todos* caerá bajo el alcance de *una,* que tendrá así un ÁMBITO AMPLIO O MAYOR (abreviadamente, *una > todos*). En este caso la expresión cuantificada *una obra de Galdós* se interpreta como ESPECÍFICA, INDIVIDUAL O REFERENCIAL: 'una en particular, la misma para todos'. La segunda interpretación, más natural en este contexto, supone que todos los estudiantes han leído alguna obra de Galdós, que puede ser distinta para cada uno. Se dice entonces que *una* tiene ÁMBITO ESTRECHO O MENOR, de modo que cae bajo el alcance de *todos* (*todos > una*), por lo que la interpretación obtenida es INESPECÍFICA. Aunque se obtiene en muchos casos, la relación entre (in)especificidad y ámbito no es unívoca. Se ha observado que resultan naturales oraciones como *Todos habían leído una obra de Galdós, aunque no sé cuál,* en las que se menciona una entidad particular, a la vez que desconocida para el que habla.

19.7.1b   Las expresiones cuantificadas que reciben ámbito menor pueden estar sujetas a una INTERPRETACIÓN MULTIPLICATIVA, inducida por el cuantificador que tiene ámbito amplio. Así, en *Cada hora se recibía un aviso* se habla de tantos avisos como períodos de una hora, y en *Todas nuestras habitaciones tienen un televisor,* de tantos televisores como habitaciones. La naturaleza semántica del predicado puede bloquear la lectura de ámbito menor. Así, los predicados que introducen argumentos colectivos imponen a estos la interpretación de grupo, como se explica en el § 31.3.1d. En *Todos los vecinos se reunían en una plaza* no se habla, pues, de tantas reuniones como vecinos (*todos > una*), sino de una sola reunión en la que se congregan todos (*una > todos*).

19.7.2   Interacciones de los cuantificadores con otras expresiones portadoras de ámbito

No solo las expresiones cuantificativas son portadoras de ámbito. Lo son también los elementos, denominados generalmente OPERADORES, que se caracterizan por su capacidad para alterar o suspender la referencia de las expresiones nominales. A este paradigma pertenecen la negación (§ 48.1.1b), la interrogación (§ 42.3) o los verbos modales (§ 28.2). En consecuencia, cuando estas expresiones concurren con grupos cuantificativos, pueden producirse interacciones entre el ámbito del operador y el del cuantificador. Por ejemplo, si se interpreta el orden *no > un* en *No leyó un libro en esos días*, se entenderá 'No leyó ningún libro', pero si se interpreta el orden *un > no*, se entenderá 'No leyó cierto libro'. Se obtienen efectos similares con el resto de los operadores mencionados.

20 Los cuantificadores (II). Características gramaticales de los principales cuantificadores

En el capítulo anterior se estudiaron las propiedades generales de los cuantificadores y su clasificación. En este se analizarán las características sintácticas y semánticas de sus diversos grupos. En el § 20.1 se describirán los llamados FUERTES, UNIVERSALES o DEFINIDOS, y en los § 20.2-4 se examinarán los DÉBILES O INDEFINIDOS.

20.1   Los cuantificadores fuertes

20.1.1   El cuantificador *todo* en contextos definidos

20.1.1a   El cuantificador *todo* (o sus variantes *toda / todos / todas,* a las que se agrega el neutro *todo*) puede encabezar grupos definidos introducidos por un artículo determinado (*todo el tiempo*), un posesivo (*todos sus amigos*) o un demostrativo (*todos estos asuntos*). En ciertos usos literarios se pospone, en cambio, al grupo nominal definido, como en *Se mineralizan al volverse, evaporada toda su sustancia viva, su alma toda por el sol implacable de una verdad tan pronto perdida cuanto ganada* (Cerezales, *Escaleras*). El cuantificador *todo* concuerda en género y número con el grupo que introduce: *todo el libro, toda esa agua, todas sus pretensiones.* El hecho de que el sustantivo comience por /a/ tónica no altera la concordancia. Se recomienda evitar expresiones como *todo el agua, todo el hambre,* y emplear en su lugar las formas correctas *toda el agua, toda el hambre.*

20.1.1b   Los determinantes definidos no comparten grupo sintáctico con el cuantificador *todo* que los precede. Así pues, la segmentación sintáctica que corresponde a *todos los informes,* es [*todos*] [*los informes*], en lugar de [*todos los*] [*informes*]. El grupo nominal puede sustituirse por un pronombre definido en estos casos, sea tónico (*todos los informes > todos ellos*) o átono (*Leí todos los informes > Los leí todos*).

20.1.1c   El cuantificador *todo* puede asimismo preceder a los nombres propios cuyo referente implique extensión o duración. Son característicos de este contexto los nombres propios de lugar, como en *toda Europa, todo Chile, toda la Alcarria* o en *Le confío al único amigo que me queda en toda América del Sur* (Saer, *Ocasión*). En el §. 12.5.2a se explica que los nombres de los meses del año se escriben con minúscula, pero presentan propiedades gramaticales características de los nombres propios: *El asunto me llevó todo junio*. Por su parte, los nombres propios de persona precedidos del cuantificador *todo* se suelen reinterpretar como nombres comunes: *Todo Carlos bautizado va a la guerra sin remedio* (Nieva, *Carroza*), pero pueden mantener su condición de propios en alguna interpretación particular. Por ejemplo, con los nombres de autores se alude metonímicamente al conjunto de su obra, o bien a su estilo y personalidad: *Todo Ben Guzmán* (título de un libro de Emilio García Gómez); *No es extraño que la crítica, unánimemente, se refiera a* Madera de boj *como a una obra en la que está todo Cela* (*Alfa y Omega* 24/1/2002).

20.1.1d   *Todo* puede preceder también a los pronombres personales, como en *toda tú*, que admite paráfrasis aproximadas con 'la totalidad de tu persona o de tu ser'. La expresión *todo ello* suele hacer referencia a un conjunto de cosas mencionadas en el discurso previo. Por último, cuando *todos* precede a un pronombre personal en plural, se abarca el conjunto de los individuos a los que se hace referencia. He aquí algunos ejemplos de *todo* con pronombres:

> Bastará una palabra mía para que ella desencadene una tormenta en la que perecerán todos ustedes ahogados por sus propios designios (Donoso, *Casa*); Todo tú eres un fulgor (Chamorro, E., *Cruz*); En su intento de dar razón de todo ello, Pavlov hubo de echar mano de unos supuestos procesos de irradiación y concentración (Pinillos, *Psicología*).

20.1.1e   El pronombre neutro *todo* adopta la forma del masculino singular: *Todo ha terminado entre nosotros*. Esta forma da lugar asimismo a un buen número de locuciones adverbiales que se emplean como conectores discursivos: *ante todo, después de todo, sobre todo, a pesar de todo,* la última solo parcialmente lexicalizada.

20.1.1f   Cuando se construye en plural, el pronombre *todo* adquiere, al igual que otros cuantificadores (§ 19.1.2a), dos valores. En el primero, *todos* se usa (en masculino) con el significado de 'todas las personas', como en *Imagínate que todos actuaran como lo haces tú* (Dorfman, *Muerte*). En el segundo valor, el pronombre *todos/todas* concuerda con algún grupo nominal introducido en el discurso previo, que constituye su antecedente: *El hombre, que a todos los animales domina, que de todos se vale, que se alimenta con los más nobles ¿temblará ante un indigno roedor como tú?* (Galdós, *Episodios*); *Su cocina parecía una vitrina de aparatos domésticos y los usaba todos* (Allende, *Eva*). El singular *todo/toda,* en cambio, carece del primer valor y no suele aparecer en los contextos en los que ha de recuperarse su antecedente. No se dice, por ejemplo, hablando de cierta ciudad, **En toda hay una sola farmacia,* sino *En toda ella hay una sola farmacia*.

20.1.2   El cuantificador *todo* en contextos no definidos

En contextos no definidos, *todo* suele preceder a un sustantivo común en singular (que no queda tácito) sin la presencia de determinantes (abreviadamente, «*todo* + sustantivo»): *todo reptil, toda petición.* Se obtienen significados diferentes cuando sigue a *todo* un grupo nominal construido con el artículo indefinido (*todo un hombre, toda una señora*) y cuando va seguido de un adjetivo o un participio (*todo roto*). Se describen brevemente estas construcciones en los apartados que siguen.

20.1.2a   Cuando el sustantivo es contable, la construcción «*todo* + sustantivo» aparece en contextos de valor genérico:

> Todo instante de felicidad no es sino la confirmación de que tenemos un pasado (Umbral, *Mortal*); Todo texto estará sujeto, antes de publicarse, a la revisión y rectificaciones del Jefe de Redacción del periódico (Castellanos, R., *Eterno*).

En consecuencia, resulta mucho menos natural con tiempos perfectivos (como en *Castigaron todo delito* o *Todo candidato presentó la semana pasada su documentación por triplicado*) que con imperfectivos: *Castigaremos* (o *Hemos de castigar*) *todo delito; Todo candidato deberá presentar la documentación por triplicado.*

20.1.2b   Existe una estrecha relación entre los contextos sintácticos en los que se admite «*todo* + sustantivo» y los que aceptan los indefinidos *cualquiera, quienquiera* y otros cuantificadores llamados DE INDISTINCIÓN (§ 20.3). En efecto, podría usarse *cualquier* en lugar de *todo* en ejemplos como *El artista creador tiene* [...] *esa segunda vista que el amor ferviente del objeto presta para todo linaje de conocimiento* (Rodó, *Motivos*) o *No hablaría el lunes con Álvaro, sino el jueves: en la pequeña cena que suele coronar toda reunión del Club de Escritores* (Borges, *Aleph*). No obstante, las condiciones de aparición de «*todo* + sustantivo» son más restrictivas que las del indefinido. Así, *todo* no sustituye a *cualquiera* cuando se habla de una entidad individual, pero inespecífica, como en *Si te pone cualquier pretexto* o en *Dale cualquier excusa.*

20.1.2c   Los sustantivos no contables concretos que siguen a *todo* se reinterpretan como contables. De este modo, en *Toda madera presenta imperfecciones* se entiende 'todo tipo o especie de madera'. No suelen adquirir, en cambio, tal reinterpretación muchos sustantivos no contables abstractos, en particular los que denotan afectos, sentimientos y cualidades. Con estas construcciones se expresa que la propiedad en cuestión se manifiesta en el grado más alto posible. Muchas de ellas van precedidas de la preposición *con*, como en los ejemplos siguientes:

> Pretende con toda seriedad que recibas a su señor en tu santuario (Valera, *Juanita*); Góngora siguió con toda humildad el parecer de su sabio amigo (Alonso, D., *Poesía*); Tomasito entró de repente con toda naturalidad en el zaguán de una casa y el chofer y yo lo seguimos de cerca (Mutis, *Maqroll*).

20.1.2d   La construcción «*todo* + sustantivo» forma parte de un buen número de expresiones lexicalizadas y semilexicalizadas. Destacan especialmente las que se ajustan a la pauta «*todo* + {*género, tipo, clase, forma, suerte, variedad...*} + *de*», seguida de un sustantivo contable en plural (*todo tipo de libros*) o de uno no contable en singular (*toda forma de amor*). Son asimismo muy numerosas las locuciones adverbiales que se ajustan al esquema «preposición + *todo* + sustantivo». Entre otras muchas, cabe señalar las siguientes, algunas de ellas privativas de ciertos países:

> *a toda costa, a toda leche, a toda marcha, a toda prueba, a toda trácala, a toda vela, a toda velocidad, a toda voz, a todo galope, a todo gas, a todo trance, a todo tren, a todo trote, a todo vapor, con toda seguridad, contra todo pronóstico, de toda índole, de todo punto...*

Se forman con infinitivos algunas locuciones similares: *a todo correr, a todo meter, a todo sonar, a todo dar,* la última muy común en varios países americanos: *Es una mujer a todo dar* (Monteforte, *Desencontrados*).

20.1.2e   Presentan diverso grado de lexicalización las locuciones en las que *todo* se combina con nombres en plural: *a todas horas, de todas clases, de todas formas, de todas maneras, de todos modos, en todas direcciones, en todas partes.* Este esquema era mucho más productivo en la lengua antigua. Se registran hoy en el español americano las locuciones *de todas categorías, de todos colores, de todos tamaños, de todos tipos,* entre otras similares, con desigual distribución geográfica y social.

20.1.2f   El USO ATRIBUTIVO de «*todo* + sustantivo», de gran productividad, aparece semilexicalizado en algunos casos: *Ese hombre que era todo corazón* [...] (Ayerra, *Lucha*); *El mísero traje del Pituso era todo agujeros* (Galdós, *Fortunata*). Se expresa en estas construcciones ponderativas que la cualidad asociada con el sustantivo (la bondad con el corazón, por ejemplo) se aplica integralmente al ser del que se habla, o bien que este se presenta convertido en tal entidad, como en el ejemplo de Galdós. En esta construcción *todo* puede concordar en género con el grupo nominal a cuyo referente se atribuye la cualidad, como en *María era toda corazón,* pero también permanecer invariable, como en *María era todo corazón; Eres todo nervios.*

20.1.2g   Es también ponderativa la construcción en la que *todo* precede a un grupo nominal indefinido encabezado por el artículo indeterminado: *La obra fue todo un éxito; Está hecha toda una intelectual.* El cuantificador subraya en este uso que una persona o cosa presenta todas las condiciones necesarias para ser lo que se le atribuye (un éxito, una intelectual). En otros casos, *todo* se refiere al conjunto total de los miembros, las partes o los componentes de una entidad, como en *La avería afectó a todo un barrio* (construcción no atributiva). Las paráfrasis de *todo un / una...* con *nada menos que...* resultan a menudo adecuadas en estos usos, aunque sin sinonimia absoluta: *Pues hacerle un hijo a todo un rey es algo que no consiguió ni el propio Júpiter* (Moix, *Sueño*).

20.1.2h   Cuando *todo* precede a adjetivos o participios (*El vestido estaba todo sucio; La muchacha iba toda asustada*), se asimila por su significado a los adverbios *por completo* o *completamente: La muchacha iba completamente asustada.* Aunque este valor de *todo* guarda alguna relación con el que corresponde al llamado *uso flotante* de los cuantificadores (§ 20.1.5), es polémico si ha de asimilarse o no a él. En efecto, la oración *La muchacha iba toda asustada* no equivale a *Toda la muchacha iba asustada,* mientras que *Los invitados llegaron todos ayer* (con cuantificación flotante) es equivalente a *Todos los invitados llegaron ayer.* La construcción en lo que *todo* incide sobre un adjetivo o un participio es polémica por razones sintácticas: si *todo* es aquí adjetivo, no se esperaría que modificara a otro adjetivo o a un participio; si es adverbio, no se explica la concordancia. Se registran, en efecto, variantes no concordadas en el español americano (*La muchacha iba todo asustada*). Entienden algunos autores que la paradoja deja de existir si se interpreta esta pauta como una variante de la construcción flotante, lo que estaría apoyado por la posibilidad de introducir un pronombre con el que concuerda el adjetivo, como en *La muchacha iba toda ella asustada*.

20.1.3   El cuantificador *cada*

20.1.3a   El cuantificador *cada*, que es invariable (§ 19.2.1 y 19.3.1b), precede de manera inmediata a sustantivos contables sin determinante y en singular: *cada día, cada silla, cada idea*. También precede a grupos sintácticos formados con numerales cardinales (*cada tres días, cada dos partidos*), con los indefinidos *poco* o *nada*, como en *Cada poco se paraban a tomar aliento* (Asturias, *Presidente*), y —más raramente— con *muchos, varios* u otros cuantificadores. No se usa *cada* como pronombre (o, si se prefiere, con sustantivo tácito) en el español general de hoy. Las formas *cada uno / cada una, cada quien, cada cual* y *cada quisque* forman un paradigma reducido de cuantificadores complejos, que se describen en los § 20.1.3f, g.

20.1.3b   En la expresión «*cada* + sustantivo» (*cada grano, cada libro*), el cuantificador *cada* se refiere de manera individualizada a los componentes de cierta clase de entidades, casi siempre extrayéndolos de un conjunto mayor. Tal conjunto puede aparecer expresamente delimitado (*cada grano de arena de esta playa, cada libro que uno lee*), o deducirse del contexto o de la situación. Como consecuencia de ello, la construcción admite complementos partitivos expresos (*cada libro de estos, cada uno de estos libros*) o tácitos: *Mira estos libros; cada uno (de ellos) tiene su propio valor*.

20.1.3c   El cuantificador *cada* tiene capacidad para referirse a todos los miembros de un conjunto, aunque aluda a ellos de manera particularizada. Se considera, por tanto, un cuantificador universal, al igual que *todo*. Existen, sin embargo, varias diferencias entre ambos cuantificadores. Así, únicamente *cada* admite los complementos partitivos (compárese *cada uno de ellos* con **todos de ellos*) mientras que *todo*, pero no *cada*, puede construirse con grupos nominales definidos, como se vio en las páginas precedentes. Por otra parte, los grupos nominales indefinidos pueden estar o no abarcados en el ámbito de *todos*, pero lo están en el de *cada*. Así, el grupo subrayado en *Todos los estudiantes habían viajado a un lugar de Sudamérica* puede entenderse como 'un lugar cualquiera, quizás tantos lugares como estudiantes' (interpretación distributiva o de ámbito menor), pero también como 'un lugar en particular, el mismo lugar para todos' (interpretación específica o de ámbito mayor: § 19.7). Si se hubiera dicho, en cambio, *Cada estudiante había viajado a un lugar de Sudamérica*, solo se habría obtenido la primera interpretación.

20.1.3d   El cuantificador *cada* puede aparecer en construcciones DISTRIBUTIVAS, como se acaba de comprobar, pero también en otras NO DISTRIBUTIVAS. En estas últimas alude a la totalidad de algún conjunto de personas o cosas, como en *Volvió a repasar cada una de las escenas en que ella estaba presente* (Sábato, *Héroes*); *Son mujeres piadosas que van a misa cada día* (Sender, *Nancy*). En estos casos el grupo de *cada* no suele construirse como sujeto preverbal, por lo que se sienten forzadas oraciones como *Cada tren se retrasó; Cada lámpara del salón estaba apagada*.

20.1.3e   En las construcciones distributivas, mucho más frecuentes, *cada* entra en relación con otra expresión que contiene algún pronombre (normalmente personal o posesivo, pero también interrogativo o relativo) o un cuantificador indefinido. Se crea entonces un EFECTO MULTIPLICATIVO (§ 19.7.1b). Así, en *Cada padre llevaba un regalo* se entiende que hay tantos regalos como padres. En los ejemplos siguientes se subrayan con trazo discontinuo los elementos cuantificativos o pronominales que permiten establecer el efecto multiplicativo del que se habla:

> Es cosa natural defender cada uno su vida (Cervantes, *Persiles*); Cada pensamiento es una locura y cada expresión, una arrogancia (Isla, *Fray Gerundio*); Pero ahora cada cambio de brisa se llevaba varios alejandrinos (Carpentier, *Reino*); ¡Cada año más vieja, más achacosa, más abandonada y desesperada! (Yáñez, *Filo*).

Incluso el artículo definido puede legitimar el uso distributivo de *cada,* como en *Convinieron en reunirse después de terminada la misión que cada cual debía cumplir* (Zeno, *Charca*), donde *la misión* no designa una misión única, pese a aparecer en singular.

20.1.3f   Constituyen cuantificadores complejos de tipo pronominal *cada uno, cada cual, cada quien* y *cada quisque* (o *cada quisqui*), este último propio solo de la lengua coloquial de algunos países. Se usan en contextos generalizadores, además de distributivos, con el sentido de 'cada persona':

> Cada uno tenía su pequeña propiedad (Gómez Serna, *Automoribundia*); Repartían las porciones con estricta justicia, a cada quien según su necesidad (Allende, *Casa*); Allí adentro cada cual hace lo que quiere (Pavlovsky, *Galíndez*); Él, como cada quisque, tenía sus predilectos (Montalvo, *Tratados*).

20.1.3g   Suele pensarse hoy que *cada uno* es también un cuantificador complejo, análogo a *cada cual* y distinto de «*cada* + numeral cardinal», que admite complementos partitivos: *cada uno de los presentes, cada una de las sillas.* Repárese en que *uno/una* no alterna con los demás numerales en esta pauta: *Repasé cada {uno ~ *tres} de estos ejercicios.* La doble concordancia a la que dan lugar las construcciones partitivas con *cada,* como en *Cada uno de ellos {dice ~ dicen} una cosa diferente,* se analiza en el § 33.4.4d.

20.1.3h   Se pueden formar con *cada* grupos complejos de significación distributiva, como en *dos veces cada semana, cien pesos cada libro, dos gotas cada comida.* Estas expresiones representan un solo segmento sintáctico, pero constan de dos miembros: el primero es un grupo cuantificativo, mientras que el segundo constituye un grupo nominal distributivo. El grupo sintáctico complejo puede no formarse aun cuando en la oración se presenten sintácticamente sus componentes. Se obtiene, por ejemplo, en *Un régimen común de riego es cinco minutos cada seis horas* (Escohotado, *Cáñamo*), donde se subraya el atributo, pero no se obtiene en *La novela es la última que ha publicado Rómulo Gallegos, [...] para que la leamos aquí en voz alta, un capítulo o dos capítulos cada domingo* (Morón, *Gallo*) si *un capítulo o dos capítulos* es objeto directo, y *cada domingo* un complemento circunstancial.

20.1.4   El cuantificador *ambos*

20.1.4a   La forma *ambos* posee flexión de género (*ambos/ambas*), pero carece de variante en singular. Admite un uso adjetival o cuasiadjetival (*transcribir ambos textos*) y otro pronominal (*transcribir ambos*). Solo se combina con sustantivos contables. En tanto es un cuantificador universal, designa la totalidad de un conjunto que contiene dos elementos. Equivale, pues, a *los dos*, pero admite también en muchos contextos la paráfrasis *cada uno de los dos*. El cuantificador *ambos* constituye una pieza léxica, mientras que *los dos* es una expresión sintáctica. Así, pueden seguir a *los dos* ciertos modificadores restrictivos que solo afectan al numeral (*los dos únicos, los dos que he escrito, los dos de Antofagasta*). Al estar el numeral integrado léxicamente en *ambos*, es esperable que el cuantificador rechace los modificadores en la interpretación pertinente: {*Los dos ~ *Ambos*} *únicos que se encontraron*.

20.1.4b   Raras veces encabeza *ambos* una construcción partitiva, pero se registra ocasionalmente en las codas (§ 19.6.1), como en *Ninguno de ambos libros llegó a ser autobiografiado por el poeta* (Skármeta, *Cartero*). Aun así, es más frecuente en el uso actual sustituirlo por *los dos/las dos* en estos contextos.

20.1.5   La cuantificación flotante

20.1.5a   El cuantificador *todos* forma parte del sujeto en *Todos los invitados se fueron ayer*, pero puede también aparecer separado de su grupo sintáctico, como en *Los invitados se fueron todos ayer* (o ... *se fueron ayer todos*). Estos cuantificadores, situados en diversas posiciones posverbales, se suelen denominar CUANTIFICADORES FLOTANTES, y forman parte de las estructuras llamadas DE CUANTIFICACIÓN FLOTANTE. El cuantificador, que tiene en ellas uso pronominal, es correferente con su ANTECEDENTE, es decir, con el grupo nominal del que se predica (*los invitados*), y concuerda con él. En opinión de algunos gramáticos se asimilan a los complementos predicativos (§. 38.4).

20.1.5b   Los cuantificadores flotantes coinciden con los llamados *fuertes* en el § 19.3.3a, es decir, con las expresiones cuantificativas definidas que rechazan los verbos existenciales, especialmente *haber*: **Hay todos; *Había cada uno; *Sobre este asunto, hay ambas posturas*. Pueden ser flotantes, por consiguiente, *todo, cada uno, cada cual, ambos* y la construcción cuantificativa «artículo determinado + numeral cardinal» (*los tres, las veinte*). Cabría asimilar a este paradigma *la mayor parte, la mayoría, en su mayoría* y *en su mayor parte*. Estas expresiones no tienen sentido universal, pero tampoco son compatibles con *haber*. Se ilustran seguidamente las estructuras de cuantificación flotante con varios de los cuantificadores mencionados:

> Las sillas estaban <u>todas</u> ocupadas y nos sentamos en la hierba (Montero, M., *Capitán*); Suben <u>los dos</u> sin decir una palabra (Puig, *Beso*); Don Adolfo y doña Carlota poseían <u>ambos</u> tierras en Puno (Vargas Llosa, *Tía*); Las dos amigas se quedaron en silencio, sumida <u>cada una</u> en sus propias reflexiones (Belli, *Mujer*); Tenía algunas haciendas, pocas, <u>la mayor parte</u> procedentes de bienes nacionales (Clarín, *Regenta*); Estos intentos de interpretación se publicaron <u>en su mayoría</u> en las páginas de *La Prensa* (Maeztu, *Quijote*).

Los demás cuantificadores no son flotantes. La lengua rechaza, por tanto, construcciones como *Los jugadores estaban muchos desanimados* o *Los capítulos del libro contienen varios un pequeño resumen*. Estas construcciones no son imposibles si el cuantificador aparece en un inciso (*Los jugadores estaban, muchos, desanimados*), pero los incisos no constituyen propiamente estructuras de cuantificación flotante.

20.1.5c   Al igual que los complementos predicativos, los cuantificadores flotantes comparten oración con su antecedente. Este suele desempeñar la función de sujeto, como en el ejemplo *Los invitados se fueron todos ayer* o en *Sus dos hijos habían decidido estudiar cada uno en un lugar diferente,* donde el antecedente del cuantificador flotante *cada uno* es el sujeto tácito del infinitivo *estudiar*. Los complementos directos o indirectos no suelen aceptar cuantificadores flotantes dentro de su misma oración (*Entregó los informes a tiempo todos; *Pidió ayuda a sus padres a ambos*), excepto si estos complementos aparecen bajo la forma de un pronombre átono, como en *Teresa les dio un billete a cada uno* (Jodorowsky, *Pájaro*); *Nos espera a los dos.* Las estructuras así formadas no son del todo idénticas a las de pronombre duplicado (§ 16.6). En efecto, en la oración *A Manolín y a mí nos dieron a cada uno un polvorón que estaba rancio y espachurrado* (Mendicutti, *Fuego*), el pronombre *nos* reproduce el grupo *A Manolín y a mí,* mientras que el cuantificador flotante *a cada uno* se agrega como un segmento sintáctico diferente de la construcción de doblado ya formada. Las alternancias del tipo *Ella hacía todo ~ Ella lo hacía todo* se analizan en el § 16.6.1f.

20.2   Cuantificadores débiles o indefinidos: los cuantificadores existenciales

20.2.1   Clases de cuantificadores existenciales

20.2.1a   Los cuantificadores EXISTENCIALES son *alguien, algo, alguno, nadie, nada* y *ninguno.* Sus variantes de género y número se señalan en los § 19.2.1 y 19.3.1a, b. Se aplica a estos cuantificadores el término *existencial* porque aluden a la existencia o inexistencia de una persona o cosa que cumple ciertas propiedades expresadas en la oración.

20.2.1b   Los cuantificadores existenciales pueden agruparse desde varios puntos de vista. Unos son POSITIVOS (*alguien, algo, alguno*) y otros NEGATIVOS (*nadie, nada, ninguno*); unos se refieren a PERSONAS (*alguien, nadie*) y otros a COSAS (se incluyen aquí las entidades abstractas o no materiales: *algo, nada*). Algunos admiten estos dos últimos usos (*ninguno, alguno*). Por otra parte, ciertos cuantificadores existenciales son siempre PRONOMBRES (*alguien, nadie*), otros son siempre ADJETIVOS (*algún, ningún*) y algunos pueden ser PRONOMBRES Y ADJETIVOS en contextos diferentes (*alguno, ninguno* y sus variantes morfológicas) o bien PRONOMBRES Y ADVERBIOS (*algo, nada*). Son ejemplos de esta doble función los subrayados en *Se menciona en algunas revistas* (adjetivo) ~ *De esas revistas, solo he visto algunas* (pronombre); *Yo ya no tengo nada* (pronombre) ~ *Ese tipo de cine no me gusta nada* (adverbio). Recuérdese que algunos gramáticos no consideran pronombres a los cuantificadores que pueden incidir sobre núcleos nulos, por tanto *De esas revistas, solo he visto algunas Ø* (adjetivo).

20.2.2   Características de los cuantificadores existenciales

20.2.2a   Los cuantificadores existenciales pronominales pueden ser modificados por adjetivos o grupos adjetivales (*No conozco a nadie capaz de tararear una fuga de Bach*), oraciones de relativo (*Me lo dijo alguien que sabe mucho de eso*) o grupos preposicionales (*Necesitamos algo con más consistencia*). *Algo* y *nada* pueden funcionar como adverbios modificando a adjetivos (*Estaba algo cansada*), a adverbios (*Era algo tarde*) y a verbos (*La película no le gustó nada*). No deben confundirse las construcciones en las que *algo* y *nada* son pronombres sobre los que incide un adjetivo (*Hizo algo raro; No te pedimos nada difícil*) con aquellas en las que son adverbios que modifican al adjetivo: *Es un muchacho algo raro; Esto no es nada difícil.*

20.2.2b   Pueden expresar un determinado grado de una cualidad los pronombres *nada* y *algo* ante adjetivo, unas veces seguidos de preposición (*Ese hombre tiene algo de raro*, 'Es un poco raro') y otras sin ella (*Ese hombre tiene algo raro*). Ambas construcciones son características de los verbos de locación (como *haber*) y posesión (como *tener*), pero también se documentan con otros que admiten predicativos de objeto directo, como *ver* o *hallar: En sí no tiene nada de inesperado, nada de exótico, nada de sorprendente* (Mutis, *Maqroll*); *No hay nada (de) raro en su proceder; No veo nada (de) malo en ello.* También se documenta en grupos preposicionales encabezados por *con: Marañón es una gran figura, la otra gran figura de la España actual, con algo de imponente en la eficacia de todos sus gastos* (Gómez Serna, *Automoribundia*). Se registran algunas alternancias de adjetivo y sustantivo sin determinante en esta pauta, como en *No hay en ello nada {de interés ~ de interesante}*. La presencia de la preposición *de* resulta más frecuente en los textos que su ausencia, y es casi obligada con ciertos adjetivos, como en *No tenía nada de particular*. El adjetivo que modifica al pronombre neutro concuerda con él en las dos variantes: *actitudes que no tienen nada (de) meritorio*, pero en la que presenta la preposición también puede concordar con el grupo nominal del que se predica la propiedad que se menciona: *actitudes que no tienen nada de meritorias.*

20.2.2c   El indefinido *alguno* posee variantes de género y número: *alguno/alguna/algunos/algunas,* además de la forma apocopada *algún* (§ 19.2.1 y 19.3.1d). Con sustantivos contables expresa la existencia de un número no elevado (o cuya mención no es pertinente en determinado fragmento del discurso) de personas o cosas: *Vendió algunos libros; Siente algunas molestias; He leído alguna novela.* Con sustantivos no contables puede indicar también una cantidad reducida de algo: *Nos quedaba algún dinero; El viento soplaba con alguna fuerza.* Aun así, en este uso son más frecuentes las construcciones pseudopartitivas encabezadas por *algo* o *un poco: Nos quedaba un poco de dinero; El viento soplaba con algo de fuerza.*

20.2.2d *Alguno* puede adquirir una interpretación NO PARTITIVA, en la que la entidad cuantificada no se presenta como parte de un conjunto implícito o explícito (§ 19.6.1f, g), pero admite también una interpretación PARTITIVA, sea expresa o encubierta. Se obtiene la interpretación no partitiva en *Habían surgido algunas dificultades* o *Llegaron algunas críticas,* mientras que la partitiva aparece en *Dicen que sus novelas son muy buenas. Yo he leído algunas (de ellas); A algunos profesores no les llegó la convocatoria.* Las construcciones partitivas tienden a rechazarse con sustantivos no contables (**alguno del dinero que me mandaron*).

20.2.2e   El cuantificador *alguno* se combina fácilmente con los sustantivos contables en plural, pero presenta restricciones con los construidos en singular. En este último caso suele aparecer en entornos NO FACTUALES, es decir, en contextos que no describen sucesos efectivamente acaecidos o estados de cosas presentes, reales o verificadas. Entre tales contextos están los que aluden al FUTURO (*Encontraré algún amigo que nos ayude; Pensé en visitar a algún nefrólogo; Iré cuando reciba alguna oferta*), las prótasis de las ORACIONES CONDICIONALES (*Si encuentras algún error, avísame*), los que expresan hechos HABITUALES O REPETIDOS (*En verano siempre hace algún viaje*), los que contienen VERBOS O ADVERBIOS MODALES (*Puedes hacer algún viaje; Algún regalo tenía que hacerle; Seguramente tiene algún problema*) y los enunciados IMPERATIVOS e INTERROGATIVOS (*Enciende alguna lámpara; ¿Has vendido algún libro en todo este tiempo?*). No obstante, es posible usar «*alguno* + sustantivo contable en singular» en contextos factuales cuando adquiere el sentido que tiene *alguno que otro* (o la variante *uno que otro*, de uso común en algunos países americanos): *Alguna novela negra sí que he leído; Lo enojó algún comentario que le hicieron.*

20.2.2f   Existe una relación estrecha entre los artículos indeterminados y los cuantificadores indefinidos (§ 15.1.4c, d), pero también claras diferencias entre ellos. El indefinido *alguno* suele recibir una interpretación INESPECÍFICA, a la que añade la de INDIFERENCIACIÓN NUMÉRICA, próxima a 'al menos un(o)'. En cambio, la interpretación de *un(o)* puede ser específica o inespecífica, y además resulta numéricamente precisa. Así, en la primera opción de *Los periodistas le formularon {una ~ alguna} pregunta más,* se entiende que hubo solo una pregunta adicional, mientras que en la segunda se supone que pudieron ser varias. Sobre la diferencia entre el uso de *un/una* como artículo indefinido y como numeral, véase el § 15.1.4.

20.2.2g   Las formas de plural del artículo indeterminado *unos/unas* tampoco se comportan como los cuantificadores, ya que no denotan propiamente una cantidad, sea vaga o precisa. Su función más característica es realizar la primera mención del referente que se introduce. A diferencia de casi todos los cuantificadores indefinidos, tienden a rechazarse como pronombres si no van acompañadas de modificadores. Contrastan, pues, **Los problemas son unos; *Profesores, asistieron unos; *Si necesitas muebles, te voy a enseñar unos,* etc. con los ejemplos siguientes, todos con modificador:

> Haremos música de tambores. Hay unos que suenan como truenos (Sastre, *Revelaciones*); Esta casa era de unos que se fueron a vivir a Francia (Fuentes, *Artemio*); Aquí hay unas razones económicas y unas deportivas (*Mundo* [Esp.] 28/7/1995).

La referencia a plurales inherentes o a nombres de objetos dobles favorece asimismo el uso pronominal de *unos/unas* (§ 19.2.1 y 19.3.1a), como en *En cuanto a los pantalones, hace tiempo que no compro unos.* El uso pronominal aparece también en correlación con *otros/otras: Y porque la tierra, como dicho es, era rica, sucedieron diversos capitanes, unos más crueles que otros* (Casas, *Destrucción*). Estas formas en plural no suelen introducir construcciones partitivas (**unas de esas personas, *unos de ellos*), pero en el español americano se documentan ocasionalmente con codas superlativas: *Consiguió unos de los mejores registros de la temporada* (*Nación* [C. Rica] 2/11/2000).

20.3   Cuantificadores débiles o indefinidos: los cuantificadores de indistinción

Los cuantificadores DE INDISTINCIÓN, llamados también DE ELECCIÓN LIBRE, aportan el sentido que proporcionan paráfrasis como 'arbitrario', 'elegido al azar', 'uno entre otros, sea el que fuere'. El más característico es *cualquiera,* aunque no es el único.

20.3.1   El cuantificador *cualquiera*

20.3.1a   El indefinido *cualquiera* presenta la variante *cualquier* en los contextos especificados en el § 19.3.1e. El plural *cualesquiera,* restringido en la lengua actual a los registros formales (§ 19.3.1a), también aparece a veces como *cualesquier,* si bien se recomienda la variante sin apocopar: *cualesquiera materiales.* No debe confundirse el cuantificador con el sustantivo *cualquiera:* {*un/una*} *cualquiera,* cuyo plural es *cualquieras.* Para el análisis de *cualquiera* cuando forma parte del paradigma de los relativos indefinidos, como en *cualquiera que sea capaz de ir,* véase el § 22.6.1a.

20.3.1b   Como cuantificador, *cualquiera* se combina sobre todo con sustantivos contables: *cualquier posibilidad, cualquier trabajo, cualquier idea.* Resultan, en efecto, muy forzadas expresiones como *cualquier respeto* o *cualquier honestidad* (con nombres no contables), a menos que se hallen en un contexto en el que puedan interpretarse con naturalidad como nombres contables. Por otra parte, *cualquiera* puede encabezar construcciones partitivas, sean explícitas (*cualquiera de las razones enumeradas, cualquiera de esos traductores, cualquiera de ellas*) o implícitas: *Le pregunté qué libro podía llevarme y me contestó que cualquiera* (es decir, 'cualquiera de ellos'). Cuando no puede recuperarse un nombre común que restrinja el dominio de cuantificación en el contexto, *cualquiera* se interpreta como 'cualquier persona': *Esto lo puede hacer cualquiera.*

20.3.1c   *Cualquiera* es un cuantificador indefinido que tiene valor existencial, pero puede adquirir sentidos universales en determinados contextos. Así, *Pregúntale a cualquiera* no significa 'Pregúntale a todos', sino (aproximadamente) 'Pregúntale a alguien, sea el que fuere' (lectura existencial). En cambio, *Cualquier ciudadano tiene derecho a elegir* se acerca por su sentido a *Todo ciudadano tiene derecho a elegir* (lectura universal). La posición del cuantificador es uno de los factores que determinan su interpretación. Cuando aparece pospuesto a una expresión nominal indefinida, adquiere sentido existencial, como en los ejemplos que siguen:

> Aquella tarde, una cualquiera de su última semana en Antioquía, su pesadilla habitual a cuenta de Cesarión se vio interrumpida por una de sus damas (Moix, *Sueño*); Te miró y vio un hombre cualquiera, no vio al diablo (Larreta, *Volavérunt*); Se limitó a preguntar al centinela, como si fuera el portero de una casa cualquiera (Zúñiga, J. E., *Noviembre*).

En estos casos el grupo nominal puede ir introducido por *un(o)* (*un día cualquiera*), *otro* (*otro día cualquiera*) o por un numeral cardinal (*dos días cualesquiera*). Se rechazan en esta pauta los indefinidos evaluativos (**varios milicianos cualesquiera,* *muchas mercancías cualesquiera*), acaso porque la cuantificación imprecisa que estos aportan ya incluye la idea de indistinción. También es incompatible *cualquiera* con la ausencia de determinante (**libros cualesquiera*), así como con los determinantes definidos: {*unos ~ *mis ~ *los ~ *estos*} *libros cualesquiera*. El uso pospuesto de *cualquiera* adquiere a veces una connotación DEPRECIATIVA, como en *La carta de ajuste, en la pantalla, se complementaba con la música ramplona de una zarzuela cualquiera* (Azancot, *Amores*).

20.3.1d   Antepuesto al sustantivo (*cualquier pensamiento*), *cualquier* admite las dos interpretaciones expuestas en el apartado anterior. Muestra una marcada resistencia a aparecer en contextos FACTUALES en los que se habla de sucesos efectivamente acaecidos. Este cuantificador aparece de forma característica en CONTEXTOS MODALIZADOS. Los entornos apropiados para *cualquiera* son similares a los que se describieron en el § 20.2.2e para *alguno*: los de sentido prospectivo en general (*Aparecerá en cualquier momento; Haría cualquier cosa por ella; Léete cualquier libro de estos; cuando te dé cualquier consejo; antes de decir cualquier insensatez*), la prótasis de las oraciones condicionales (*si surge cualquier problema*), los auxiliares modales (*Puede ocurrir en cualquier momento*) y los contextos habituales y genéricos (*Aparecía por allí con cualquier pretexto; Cualquier niño de diez años sabe manejar una computadora*). También puede aparecer con predicados que indiquen negación, oposición o exención. A este paradigma corresponden los verbos *prohibir* (como en *Nos prohibió cualquier comentario*), *evitar* o *abstenerse;* los adjetivos *ajeno* o *libre* (*libre de cualquier sospecha*), y las locuciones *al margen de* o *fuera de*. La expresión *cualquier cantidad,* que se emplea en el habla coloquial de casi todos los países americanos con el sentido de 'mucho, en muy elevado número o grado', no está sujeta a las restricciones anteriores: *En un pasado no muy lejano, Suárez hizo <u>cualquier cantidad</u> de porquerías y nadie le dijo nada* (Benedetti, *Tregua*); *Él me los ponía a la luz y nos reíamos <u>cualquier cantidad</u>* (Caras 1/9/1997).

20.3.2   Los superlativos de indistinción

Los grupos nominales superlativos pueden asimilarse a los indefinidos de indistinción:

> No pudieran enmendar <u>la más mínima circunstancia</u> ni un átomo de la perfecta naturaleza (Gracián, *Criticón* I); Hasta allí llegaban <u>los menores ruidos</u> del campo (Arguedas, *Raza*); Penetran <u>los menores intersticios</u> (Roa Bastos, *Supremo*).

En dicha interpretación aparecen en los entornos modales descritos en los § 20.2.2e y 20.3.1d. En efecto, la expresión subrayada en *Puede resolver <u>el crucigrama más complicado,</u>* inscrita en un contexto modal, alude a cualquier crucigrama, sea cual sea su grado de complejidad. Si se dijera, en cambio, *Resolvió ayer <u>el crucigrama más complicado</u>* (que contiene la misma expresión nominal, pero en ausencia de entorno modal), se designaría cierto crucigrama particular. Contrastan de modo similar *Rechazaba las mejores ofertas* y *Aceptó las mejores ofertas*. Los superlativos de indistinción hacen referencia al extremo menos probable de una escala valorativa (*el menor ruido* en *percibir el menor ruido; la mejor oferta* en *rechazar la mejor oferta*) y sugieren que, si tal extremo se da o se verifica, se darán también las situaciones no extremas que pueden concebirse en esa escala (percibir otros ruidos, rechazar otras ofertas).

20.4   Cuantificadores débiles o indefinidos: los cuantificadores evaluativos

20.4.1   Caracterización de la clase y miembros que la componen

20.4.1a   Los CUANTIFICADORES EVALUATIVOS se caracterizan por expresar una cantidad interpretándola como inferior o superior a una norma o una expectativa (*poca agua, mucho público*), pero también en relación con cierta finalidad: *demasiada luz* ('para algo'). Se trata, pues, de una cuantificación relativa y, por tanto, el margen de variación es muy amplio en términos absolutos. Así pues, no puede establecerse con criterios gramaticales la cantidad de público necesaria para que la oración *Había mucho público* resulte apropiada (piénsese en un partido de fútbol, un concierto de cámara, una librería, etc.).

20.4.1b   Los cuantificadores evaluativos más comunes son *mucho, poco, bastante, demasiado,* cuyas propiedades morfológicas se describen en el § 19.3.1, a los que cabe añadir *harto* y sus variantes en algunas áreas del español americano (§ 19.2.2a). Se asimilan indirectamente a este grupo el relativo *cuanto* y el interrogativo *cuánto.*

20.4.1c   El cuantificador *tanto* no es propiamente evaluativo, pero se comporta como otros miembros de este paradigma en ciertos contextos. Se usa en las comparativas para indicar que la cantidad que se expresa coincide con otra que se toma como referencia: *Asistieron tantos alumnos como profesores* (§ 45.3.1). No obstante, puede indicar también que la magnitud en cuestión es lo suficientemente relevante como para producir alguna consecuencia: *Asistieron tantos vecinos que no alcanzaban las sillas para todos* (§ 45.6). Cuando se suprime la subordinada consecutiva, la oración (que se pronuncia con entonación suspensiva y con elevación de la intensidad en la sílaba *tan-*) expresa la ponderación de cierta cantidad interpretada como superior a una norma implícita (*¡Tenía tantas preocupaciones...!; ¡Nos ha dado tantos dolores de cabeza...!*), y en este sentido *tanto* se asimila en su significación a los cuantificadores evaluativos (§. 45.6.2). Sobre otros usos de *tanto,* véanse los § 17.2.6d, e.

20.4.1d   Los adjetivos *vario, diferente, diverso* y *distinto* se usan como cuantificadores construidos en plural. Así, en la oración *En diferentes ocasiones toca Cervantes el tema de la Edad Dorada* (Rosales, *Cervantes*) no se quiere decir exactamente que las ocasiones de las que se habla fueran disímiles, sino que eran numerosas. Esta interpretación contrasta, pues, con la que se observa en *Estamos ante problemas diferentes,* donde se expresa que existe desemejanza entre ciertos problemas. Se analizan los dos sentidos que poseen estos adjetivos en los § 13.4.3a y 13.6.2d.

20.4.1e   Algunos cuantificadores indefinidos resultan de la combinación de dos o más unidades léxicas. Es el caso de *un poco, un tanto,* que son invariables, y también de *unos pocos* y de *unos cuantos,* el último con variante en femenino, pero no en singular. Las mismas propiedades morfológicas posee la variante *algunos pocos,* más frecuente en el español americano que en el europeo, y también *algunos cuantos,* característica de ciertas áreas del primero:

> Ahora yo me vuelvo a mi Buenos Aires, a que los sucesos me aconsejen la conducta que yo y <u>algunos pocos</u> amigos debemos seguir en ellos (Mármol, *Amalia*); Salieron a recibirlo Antonio Pérez, el conde de Orgaz, el duque del Infantado y <u>algunos pocos</u> amigos íntimos (Uslar Pietri, *Visita*); Desnudo y muerto de hambre sufrí <u>algunos cuantos</u> meses más de prisión (Fernández Lizardi, *Periquillo*).

En México y el área centroamericana se emplea la locución adverbial *un tanto cuanto,* vigente en España hasta el siglo XIX.

20.4.1f Constituyen cuantificadores evaluativos complejos una serie de construcciones semilexicalizadas que apuntan a valores extremos: *no sé cuántos, Dios sabe cuántos, quién sabe cuántos, ni te imaginas cuánto,* etc., como en *Desde que supe que mi nombre se mencionaba (y se mencionó <u>no sé cuántas</u> veces) como candidato, decidí no volver a Suecia* (Neruda, *Confieso*); *Tendría por delante <u>Dios sabe cuántos</u> años de vida* (Cela, *Pascual Duarte*). Pese a su apariencia, no es posible asignar a estas oraciones la estructura de una interrogativa indirecta (§ 43.3.1). Así, el complemento directo de *tener por delante* en el último ejemplo citado es el grupo nominal *Dios sabe cuántos años de vida,* dentro del cual el cuantificador complejo *Dios sabe cuántos* incide sobre *años de vida.*

20.4.2 Su funcionamiento sintáctico

20.4.2a Los cuantificadores evaluativos pueden asimilarse a los pronombres (*Vinieron muchos,* si bien, como se señala en el § 19.3.2b, cabe también considerarlos adjetivos si se supone un nombre tácito), a los adverbios (*una zanja demasiado profunda, bastante lejos, salir mucho*) o a los adjetivos (*bastantes veces, muchos éxitos*). La categoría a la que pertenece en cada caso el cuantificador determina las relaciones de concordancia. Así, los adverbios carecen de flexión, como en *Son situaciones <u>bastante</u> penosas* (se registra la variante *bastantes penosas,* que se considera incorrecta y se recomienda evitar). Son cuantificadores adjetivales los subrayados en *<u>muchos</u> más años, <u>mucha</u> más frecuencia,* por lo que concuerdan con el núcleo sustantivo (*años, frecuencia*). No se da, en cambio, la concordancia en *Son bastante más caros* o *Es mucho más alta* porque *bastante* y *mucho* modifican aquí a grupos adjetivales, y son, por consiguiente, adverbios.

20.4.2b La interpretación semántica de los cuantificadores evaluativos que funcionan como pronombres puede ser ANAFÓRICA O NO ANAFÓRICA. En el primer caso se recupera del contexto previo, como en *Los animales intentaron escapar, y <u>bastantes</u> lo consiguieron; No me hables de mala suerte, que ya he tenido <u>demasiada</u>.* En el uso no anafórico, los cuantificadores reciben interpretación personal (*Muchos piensan que esta no es la política adecuada*), con la excepción de los neutros. Estos últimos carecen siempre de usos anafóricos: *Nos dio <u>mucho</u> a todos; No dijo <u>demasiado</u> en su conferencia; Hizo <u>poco</u> por ellos cuando tuvo ocasión.*

20.4.2c Los cuantificadores pronominales neutros se acercan en muchos contextos a los usos adverbiales. De hecho, no existe completo acuerdo entre los gramáticos acerca de si son pronombres o adverbios las formas subrayadas en *Lee poco; Comió mucho; Ha bebido bastante; Pides demasiado*, todas con verbos transitivos. A favor de que sean adverbios se ha aducido que pueden parafrasearse con expresiones adverbiales como *abundantemente, en exceso*, etc., o que se rechazan como término de ciertas preposiciones que sí admiten otros pronombres: *Pensó en {algo ~ *mucho}; Se interesa por {todo ~ *bastante}*. A favor de que sean pronombres está el que alternen con grupos nominales como *pocas cosas* o *poca cantidad*, o el que admitan complementos con *de* (*Leo poco de ese tipo de literatura; Comió mucho de todo lo que había*).

20.4.2d Con unos pocos verbos, entre los que están *haber, existir, tener, hallar, encontrar* o *ver*, se usan los cuantificadores neutros con complementos en los que la preposición *de* introduce un nombre o un grupo nominal sin determinante, como en *Y dejaba el libro sobre la mesilla de noche, y con delicia que tenía mucho de voluptuosidad, se entretenía en imaginar que pasaban los días* (Clarín, *Regenta*). La preposición puede introducir también adjetivos o grupos adjetivales, como en *Había [...] mucho de grotesco en la simulación que no terminaba de borrar en cada uno de los gestos* (Armas Marcelo, *Madrid*). En ambos casos se expresa cierto grado de una cualidad. Los existenciales *algo* y *nada* admiten construcciones parecidas (§ 20.2.2b).

20.4.2e Cuando actúan como adjetivos, los cuantificadores evaluativos se combinan con sustantivos no contables en singular (*mucho amor, poca comida, demasiada envidia*) o con sustantivos contables en plural (*muchas dificultades, pocas monedas, bastantes amigas*). Los segundos pasan ocasionalmente al primer grupo, más frecuentemente en la lengua coloquial, casi siempre con connotaciones expresivas, como en *Hay mucho policía por los alrededores* o en *¿Y tú que has visto tanto tipo raro por qué te preocupa el calato?* (Vargas Llosa, *Tía*). Estos grupos nominales expresan pluralidad. Junto a esta interpretación CUANTITATIVA, se obtiene otras veces la CUALITATIVA O PONDERATIVA, como en *Es mucha mujer para ti* (Cabrera Infante, *Habana*); —*Es que ha sido mucho hombre* (Sampedro, *Sonrisa*). Véase también el § 12.2.2c.

20.4.2f En sus usos adjetivos, los cuantificadores *mucho, poco, harto* son compatibles con los determinantes definidos (*su mucha belleza, los hartos recursos que manejaba, estas pocas monedas*), si bien los demostrativos presentan algunas restricciones en esta pauta. El cuantificador *tanto* también puede formar parte de grupos definidos: *Y esto lo digo, además, para que se vea un ejemplo típico de las tantas equivocaciones y fallas que cometí en la investigación* (Sábato, *Héroes*); *Desgraciadamente el torbellino de su agitada vida llegó a su fin en uno de sus tantos viajes* (*Expreso* [Perú] 15/4/1992). Por su parte, *demasiado* y *bastante* aparecen más raramente en contextos definidos, al menos en el español de hoy. Aun así, se documenten de forma ocasional: *La he visto dormir ya algunas noches, pero no las bastantes para reconocerla en su sueño* (Marías, J., *Corazón*); *El árbol del amor romántico exigía también una poda para que cayeran las demasiadas magnolias falsas zurcidas a sus ramas* (Ortega Gasset, *Rebelión*).

20.4.3   Su interpretación semántica

20.4.3a   El significado de los cuantificadores evaluativos puede estudiarse desde varios puntos de vista. Atendiendo a su posición ESCALAR, puede entenderse que los cuantificadores evaluativos están ordenados en una jerarquía: *(un) poco > bastante > mucho > demasiado* (aun cuando *demasiado* implica exceso, por tanto más que grado máximo). Se dan, no obstante, procesos de neutralización entre algunos de ellos. Así, *mucho* tiende a ocupar el lugar de *demasiado* en ciertos contextos, como en *Como era muy caro, no lo compré; Son muchos estudiantes para un aula tan pequeña*. En el español coloquial de algunos países americanos (especialmente México y algunos centroamericanos y caribeños) sucede también lo contrario, ya que en esas variedades no es inusual emplear *demasiado* por *mucho* en secuencias como *La quiero demasiado*.

20.4.3b   En la jerarquía señalada interfieren, por otra parte, matices distintos de los puramente cuantitativos. Así, el cuantificador *bastante* puede ser interpretado de dos formas posibles (§ 20.4.1a), al igual que otros cuantificadores evaluativos: con respecto a una finalidad o con respecto a una norma. En el primer caso indica que la cantidad, el grado o el número a que se alude son suficientes para llevar algo a término: *Hay bastantes piedras para hacer la pared*. Cuando se interpreta en relación con una norma, expresa que la magnitud denotada es estimable: *Me gustó bastante; Hoy hace bastante frío*. Ambas lecturas pueden extenderse a otros cuantificadores, en especial a *mucho* y a *demasiado*. Contrastan, pues, *Hace mucho frío; Trabajas demasiado* (evaluación relativa a una norma) con *Hace mucho frío para salir a dar un paseo; Eres demasiado joven para manejar un auto* (evaluación relativa a una finalidad).

20.4.3c   El cuantificador *poco* se caracteriza por su peculiar ORIENTACIÓN NEGATIVA, ya que presenta la cantidad evaluada como insuficiente o inferior a la esperable de acuerdo con alguna expectativa: *Trajo poca comida; Obtuvo pocos puntos; Te esforzaste poco*. En este sentido, *poco* se opone tanto a *demasiado* como a *un poco*. Se diferencia de *demasiado* en que este último denota exceso (noción opuesta a la de insuficiencia): *Trajo demasiada comida; Obtuvo demasiados puntos; Te esforzaste demasiado*. El cuantificador *un poco* está orientado en sentido opuesto a *poco*. Así, en *Trabajó un poco* se alude a cierta cantidad de trabajo que se considera pequeña. En cambio, en *Trabajó poco* se dice que cierta cantidad de trabajo, pequeña o grande, fue insuficiente. Estos cuantificadores evaluativos suelen acompañar a adjetivos y adverbios de signo distinto: positivos los modificados por *poco* (y entonces se convierten en negativos) y negativos los que siguen a *un poco* (y entonces se atenúa esa orientación negativa). Es esperable, en consecuencia, que resulte extraño el segundo miembro de cada una de las parejas que siguen:

> *Es poco inteligente ~ Es un poco inteligente; Me parece poco atractivo ~ Me parece un poco atractivo; Lo dijo poco elegantemente ~ Lo dijo un poco elegantemente; Es un poco antipático ~ Es poco antipático; Me tiene ya un poco harta ~ Me tiene ya poco harta; Lo hizo un poco atolondradamente ~ Lo hizo poco atolondradamente.*

Estos cuantificadores pueden orientar en sentidos opuestos los adjetivos y adverbios valorativamente neutros. Se observa esta propiedad en contrastes como *poco deprisa* (que sugiere el deseo o la conveniencia de mayor celeridad) ~ *un poco deprisa* (que da a entender lo contrario); *poco azul* ~ *un poco azul,* etc. La orientación negativa de *poco* explica que pueda actuar como INDUCTOR NEGATIVO (§ 48.5.2c) y, por tanto, legitimar la presencia de expresiones sintácticas que suelen requerir una negación, como la subrayada en *Pocas personas están dispuestas a mover un dedo para ayudarla.*

20.4.3d El cuantificador *tanto* admite variación de género y número: *tanto / tantas / tantos / tantas.* Los grupos cuantificativos que introduce denotan una cantidad elevada que se presenta como consabida: *Así que, ¡oh Sancho!, entre las tantas calumnias de buenos, bien pueden pasar las mías* (Cervantes, *Quijote* II). Esta propiedad explica la alternancia entre *tantos* y *los muchos* en las codas partitivas, como en *José Arcadio Buendía, muerto de risa, consideró que se trataba de una de tantas dolencias inventadas por la superstición de los indígenas* (García Márquez, *Cien años*). La combinación *un tanto* (y también *un tanto cuanto,* más restringida geográficamente: § 20.4.1e) constituye una locución adverbial con sentido cercano al de *un poco: Era mística, muy elevada en sus pensamientos y un tanto cuanto asceta* (Valera, *Juanita*); *En la cuantificación de las medidas de lo que él llamaba la belleza clásica, el hombre era un tanto disparatado y obsesivo* (Díez, *Fuente*).

20.4.3e La cantidad imprecisa denotada por *unos cuantos* puede ser considerable en unos contextos, como en *En cuanto a maravillas inertes, he visto unas cuantas* (Chamorro, E., *Cruz*), pero reducida en otros: *Visto más de cerca y con ayuda de una linterna, resultaba innegable, aquí y allá, la presencia de unas cuantas canas* (Goytisolo, *Estela*). En el caso de *unos pocos,* es más rara, pero no imposible, la primera interpretación. Designan también cantidad imprecisa, pero siempre elevada, las estructuras del tipo de *Dios sabe cuántos,* mencionadas en el § 20.4.1f.

20.4.3f La estructura informativa influye en la interpretación semántica de algunos cuantificadores evaluativos. Cabe observar, en efecto, que las dos secuencias siguientes reciben una interpretación diferente: *En la década de los ochenta, muchos ingleses veraneaban en la Costa Brava* ~ *En la década de los ochenta veraneaban en la Costa Brava muchos ingleses.* En la primera se compara el número de ingleses que veraneaban en la Costa Brava en la década de los ochenta con el número total de ingleses; en la segunda se compara el número de ingleses que veraneaban en la Costa Brava en ese período con el número total de veraneantes en ese lugar y en esa época. En cada una de las oraciones es, por tanto, distinta la llamada BASE DE LA PROPORCIÓN, es decir, el conjunto total en el que se inscribe el grupo señalado por el cuantificador, lo que repercute en la interpretación semántica de la oración.

21 Los numerales

21.1   Caracterización

21.1.1   Definición y clases

Aunque los numerales no constituyen una clase gramatical unitaria, todos establecen algún cómputo basado en el sistema de los números naturales. Los NUMERALES CARDINALES, como *diez, veintitrés, cincuenta,* proporcionan la medida numérica (llamada generalmente CARDINALIDAD) de un conjunto de entidades; los ORDINALES, como *primero, quinto, duodécimo,* expresan el lugar que ocupa una determinada unidad en una serie; los FRACCIONARIOS, como *onceavo* o *centésima (parte),* se refieren a partes o fracciones de una unidad segmentable; por último, los MULTIPLICATIVOS, como *doble* o *triple,* denotan la multiplicación de una cantidad por un número. Una misma unidad puede pertenecer, según su uso, a grupos diferentes de numerales. Así, *veintitrés* es cardinal en *Había veintitrés alumnos,* pero ordinal en *el piso veintitrés;* a su vez, *vigésima* es ordinal en *la vigésima vez,* pero fraccionario en *la vigésima parte; cuarto* es ordinal en *el cuarto día,* pero es sustantivo fraccionario en *un cuarto de kilo.*

21.1.2   Naturaleza de los numerales

Desde el punto de vista semántico, no todos los numerales son CUANTIFICADORES. Los cardinales lo son plenamente, en cuanto que proporcionan el número de unidades de un conjunto y admiten construcciones partitivas, como en *Solo contestó cinco de los mensajes recibidos.* En cambio, no es propiamente un cuantificador el adjetivo ordinal subrayado en *el tercer día de la semana,* ya que no denota un conjunto de días, sino el orden que ocupa uno de ellos. Los nombres de los números naturales, como *cinco* en *El cinco es mi número de la suerte* (§ 21.2.3a), no son tampoco cuantificadores. Desde el punto de vista sintáctico, los numerales admiten usos como sustantivos, pronombres, adjetivos y, más raramente, también como adverbios (§ 21.3.2e).

21.2   Numerales cardinales

21.2.1   Formas de los numerales cardinales

21.2.1a   La formación de los cardinales adopta distintas soluciones. Poseen formas no segmentables en otras más simples los comprendidos entre el *cero* y el *quince*, ambos incluidos, así como *cien(to)*, *quinientos*, *mil*, *millón* y *millardo* ('mil millones'). Entre los INFERIORES A CIEN, los múltiplos de *diez* muestran la terminación *-nta* (*treinta*, *cincuenta*, *noventa*), con la excepción de *veinte*; los restantes se forman por coordinación. Del 16 al 29 se escriben en una sola palabra, en la que la conjunción adopta la forma *-i-*: *dieciséis* (no *diez y seis*), *diecinueve* (no *diez y nueve*). Se pierde en estas formaciones la *-e* de *veinte*: *veinticuatro* (no *veinte y cuatro*). Del 30 al 99, los numerales se escriben en palabras distintas unidas por la conjunción *y*: *treinta y uno*, *cuarenta y cinco*, aunque a veces se documentan formas como *treintaiuno* o *cuarentaicinco*. Se recomienda evitar en la lengua escrita las variantes sin *-a-*, como *treinticuatro* (por *treinta y cuatro*). Estas variantes son frecuentes en la lengua oral, pero están desprestigiadas.

21.2.1b   Los numerales cardinales SUPERIORES A CIEN se forman por yuxtaposición. Si el número inferior precede al superior, multiplica (*doscientos* = 2 × 100; *veinte mil* = 20 × 1000), mientras que en el orden inverso, suma (*novecientos dos* = 900 + 2; *mil veinte* = 1000 + 20). Cuando 100 precede a otro cardinal en esta última pauta, adopta la forma *ciento*: se dice *ciento tres*, pero *mil cien*. Se usa asimismo la forma apocopada *cien* siempre que, yendo en primer lugar, sea multiplicativo (*cien mil*). Los cardinales que designan las centenas (*cien*, *doscientos*, *trescientos*...) constituyen una sola palabra aun cuando se reconocen dos componentes en ellos: *dos-cientos*, *cuatro-cientos*. Se exceptúan *cien* y el hoy no segmentable *quinientos*. Se usa *un ciento* como sustantivo (§ 21.2.4c), pero no *un cien*. Al número 700 corresponde el numeral *setecientos* (no *sietecientos*), y a 900 corresponde *novecientos*. Existen numerosos testimonios de la variante *nuevecientos*, hoy poco prestigiosa, que se recomienda evitar.

21.2.1c   En los MILLARES se usa el numeral *mil* como multiplicando, pero, a diferencia de lo que ocurre con las centenas, es invariable y se escribe como palabra autónoma: *dos mil soldados*, *veintitrés mil estudiantes*, *ciento veinte mil manifestantes*. El multiplicador que precede a *mil* puede ser cualquier número inferior. En España se exceptúa el numeral *un(o)*. En gran parte de América es relativamente frecuente la expresión *un mil*, usada en lugar de *mil*, en cheques y en documentos bancarios, jurídicos y financieros. Se documenta ampliamente este uso en la lengua periodística:

> Y les pagamos por ello un mil trece millones de dólares (*Excélsior* 23/9/1996); Hasta octubre de 2003, Nicaragua había importado bienes por el orden de los un mil 510 millones 632 mil dólares (*Nuevo Diario* [Nic.] 26/12/2004); En la Partida 0.9.5 gravó con un mil colones al mes el funcionamiento de las máquinas traganíqueles (*Salvador Hoy* 19/2/1997).

21.2.2   Usos adjetivos y pronominales de los numerales cardinales

21.2.2a   Los numerales cardinales tienen usos adjetivos y pronominales. Así, el numeral es adjetivo en *tres cartas* o *doscientas personas*, pero pronombre en *Esperaba* *muchas cartas, y solo llegaron tres*. Cabe, sin embargo, un análisis alternativo, que consiste en suponer que sigue siendo adjetivo y que modifica a un sustantivo tácito: *... solo llegaron tres Ø* (= *cartas*) (§ 14.4.2a y 19.3.2b). En los usos pronominales, los numerales cardinales pueden ir acompañados a su vez de adjetivos: *En el segundo rellano hay cuatro puertas: dos laterales y dos centrales* (Buero, *Escalera*).

21.2.2b Muestran concordancia los adjetivos y pronombres numerales que tienen flexión de género, es decir, *un(o)* y sus derivados (*una casa, veintiuna veces*), y los que indican las centenas, salvo *cien*: *trescientas personas, trescientas veinticuatro personas, diez mil trescientos veinticuatro árboles*. Al igual que el artículo (§ 14.2.1 y 15.1.1), el numeral masculino *uno* adopta la variante *un* en los usos adjetivos: *veintiún árboles, cuatrocientos un habitantes*. La forma adecuada en los usos no adjetivos es *uno*, por lo que se recomienda evitar expresiones como *el cuarenta y un por ciento de la población*. El femenino *una* puede adoptar la variante *un* ante /a/ tónica en las condiciones descritas para el artículo (§ 14.2.2), de modo que hay alternancia, por ejemplo, en *ciento {un ~ una} hadas* o *trescientas {un ~ una} armas*. También la hay en los numerales compuestos en los que *una* precede a *mil*: son igualmente correctas *veintiuna mil páginas* y *veintiún mil páginas*. Fuera de estos casos, la única forma femenina de *un(o)* es *una*. Son, pues, expresiones correctas *veintiuna páginas* o *doscientas cuarenta y una toneladas*, pero no *veintiún páginas* o *doscientas cuarenta y un toneladas*.

21.2.2c Los numerales cardinales superiores a la unidad se construyen siempre con sustantivos en plural cuando se usan como adjetivos y pronombres (§ 21.2.3). Lo mismo sucede con el numeral *cero*: *cinco deseos, cero grados*. Se consideran incorrectas, por tanto, construcciones como *doscientos un soldado*, y se recomienda en su lugar la variante con el sustantivo en plural: *doscientos un soldados*.

21.2.2d Los adjetivos numerales cardinales se combinan con sustantivos contables y se colocan delante del nombre. Cuando se usan en posición posnominal se asimilan a los ordinales. Así, en el ejemplo *Cada vez que yo cantaba el número que llevábamos, ella me respondía con un San Antonio, si era la vuelta diecisiete* (San Antonio el 17 de enero), *o con una Santa Inés, si era la vuelta veintiuna* (Palou, *Carne*), las expresiones subrayadas equivalen respectivamente a 'la vuelta decimoséptima' y a 'la vuelta vigésima primera'. Como se ve, el sustantivo aparece en singular en este uso, pero mantiene la concordancia de género si el numeral la permite: *Usted las ve en la representación doscientas o trescientas* (Fernán Gómez, *Viaje*). Si tal concordancia no se produce, como ocurre en *la página trescientos*, el cardinal no tiene interpretación ordinal, sino que se comporta como un sustantivo en aposición (§ 21.2.3b).

21.2.2e Los grupos nominales en los que los cardinales modifican a un nombre pueden introducir sujetos preverbales (*Dos hombres discutían acaloradamente*) y son compatibles con los determinantes: *las dos mesas, tus tres pantalones de verano, esos cuatro horribles edificios*. Se exceptúa el numeral *uno*, que rechaza los determinantes: no se dice **el un libro, *mi un libro*. En las construcciones distributivas *el uno... el otro...*, *uno* se comporta como los indefinidos. Los numerales cardinales pueden funcionar también como atributos (*Los amotinados eran veinte; Los puntos cardinales son cuatro*) y usarse con artículo en la llamada CUANTIFICACIÓN FLOTANTE, en la que se asimilan a los complementos predicativos (§ 20.1.5): *Los invitados eligieron los tres el mismo plato.*

21.2.3 Los sustantivos numerales cardinales

21.2.3a Los numerales cardinales proporcionan los nombres de los números naturales. Se usan, pues, para nombrar cifras o guarismos, como en *Salió varias veces el treinta y tres; cuatro cincos seguidos; Este siete parece un cuatro* (donde *cuatro* es sustantivo numeral). Se trata de sustantivos que nombran, pero no cuantifican, por lo que pueden considerarse numerales de modo indirecto. Tienen todos género masculino y, a diferencia de lo que muestran los usos como cuantificadores (§ 21.2.2c), presentan flexión de número: *un seis ~ varios seises; el diez ~ los dieces.* En el mismo sentido, el plural *cienes* alude a varias cifras cien (*los tres cienes escritos en esta página*), pero su uso es incorrecto si equivale al sustantivo *cientos* (§ 21.2.4c), como en *varios cienes de manifestantes.* Los sustantivos numerales se asimilan a los nombres comunes y, como tales, admiten adjetivos calificativos: *un cinco pequeño y casi ilegible.* No obstante, en algunos contextos matemáticos se comportan más bien como nombres propios, dado que no llevan artículo ni otros modificadores: *Dos más dos son cuatro; Nueve no es múltiplo de cuatro.*

21.2.3b Son sustantivos en aposición los numerales cardinales que se posponen al nombre y no concuerdan con él, aunque tengan variantes de género. Así, *veintiuno* (masculino) no concuerda con *planta* (femenino) en *¿Qué hacías tú en aquel ascensor camino de la planta veintiuno con una corona de laurel en la coronilla?* (*ABC* 11/3/1987). A diferencia de lo que ocurre con los usos adjetivales (§ 21.2.2d), en estas estructuras apositivas no se obtiene necesariamente la interpretación ordinal, de modo que la expresión *la habitación trescientos cuatro,* aplicada a un hotel, no supone la existencia de tal número de habitaciones. Son igualmente sustantivos los números que designan los años (*Los hechos ocurrieron en 1970; 1982 fue un año muy malo*) y las horas del día (*las tres de la tarde*). Se estudiarán estos últimos en el § 21.2.5.

21.2.4 Los sustantivos numerales colectivos o de grupo

21.2.4a Los llamados SUSTANTIVOS NUMERALES COLECTIVOS, como los subrayados en *una docena de huevos, una veintena de preguntas, un millón de habitantes,* son también nombres, pero, a diferencia de los estudiados en los apartados anteriores, forman expresiones cuantificativas. Varios de ellos se crean con la terminación -*ena* (*decena, veintena, treintena, cuarentena, cincuentena, centena*); otros se construyen con -*ar* (*centenar, millar*), y algunos acaban en -*ón* (*millón, billón, trillón* y *cuatrillón*). Para designar la cantidad de mil millones se ha aceptado recientemente el sustantivo *millardo,* procedente del francés. No es, pues, correcto usar con este sentido el nombre *billón,* que en español significa 'un millón de millones'.

21.2.4b Los numerales colectivos van introducidos por un cuantificador o un determinante, que concuerda con ellos en género y número: *un millón doscientas mil casas, cuatro millones ochocientos veinte mil censados, varias docenas de espectadores,* *las decenas de veces que te lo he dicho.* Forman construcciones partitivas (*un centenar de las preguntas enviadas, un millón de estos folletos:* § 19.6.1) y pseudopartitivas (*tres docenas de botellas, un par de zapatos:* § 19.6.2). Admiten adjetivos, casi siempre relativos a la completitud o incompletitud de la cantidad designada (*justo, exacto, aproximado, largo, corto*): *Le costó un millón justo; Del medio centenar largo de desgraciados que a proa se ocupa de la maniobra* [...] (Pérez-Reverte, *Trafalgar*).

21.2.4c *Mil* y *cien* pertenecen a los adjetivos o pronombres cardinales estudiados en el § 21.2.2, pero se asimilan en parte a los numerales colectivos cuando *mil* equivale a *millar,* y *cien* (bajo la forma *ciento*) a *centenar: muchos miles de pesos, varios cientos de personas.* Como se ve en los ejemplos, ambos pueden aparecer en estructuras pseudopartitivas, en lo que coinciden con los demás numerales colectivos. No obstante, a diferencia de ellos, se combinan mal con el singular y con los cardinales. Así, no se dice **un mil de botellas* y, en general, se prefieren *dos millares de cartas* y *un centenar de botellas* a *dos miles de cartas* y *un ciento de botellas.* Usados como adjetivos, *mil* y *ciento* aparecen en singular y no admiten construcciones pseudopartitivas, a diferencia de sus correlatos nominales: compárese *mil pesos, cien euros* (cuantificadores adjetivos) con *miles de pesos, cientos de euros* (numerales colectivos). Cambian estos numerales de significado cuando se construyen con el artículo indefinido según se usen como sustantivos o como adjetivos. En *unas mil* (o *unas cien*) *libras* (uso adjetivo), *unas* significa 'aproximadamente' y concuerda con el núcleo *libras;* en *unos miles* (o *cientos*) *de libras* (uso como numerales colectivos), *unos* significa 'varios, unos pocos' y concuerda en género con *miles,* no con *libras.* Se recomienda evitar la construcción *unas miles de libras* y también otras como *las miles de veces que te lo he dicho.*

21.2.4d *Millón, billón, trillón* y *cuatrillón* se diferencian de otros numerales colectivos en que pueden formar cardinales complejos por yuxtaposición, de acuerdo con el proceso visto en el § 21.2.1b: *un millón cien mil personas, dos millones cuarenta y dos mil quetzales.* Como son sustantivos, no inciden directamente sobre los nombres a los que cuantifican. En consecuencia, no son admisibles construcciones como **millón habitantes* ni **dos millones quetzales.* Por esa misma razón, *unos* no tiene, cuando precede a estos sustantivos, valor aproximativo, sino que equivale a *varios,* como en *unos millones de euros.*

21.2.4e Algunos sustantivos numerales colectivos se especializan léxicamente, como *decenio* 'período de diez años' o *lustro* 'período de cinco años'. Estos sustantivos no admiten complementos pseudopartitivos que expresen la unidad cuantificada, lo que da a entender que no funcionan como cuantificadores. Se dice, en efecto, *una docena de huevos* o *un millón de habitantes,* pero no **un lustro de años.* Están también especializados, aunque tengan más de una acepción, *cuarentena, quincena, década, centuria, dúo, quinteto, cuarteta* y otros muchos.

21.2.4f Los sustantivos numerales colectivos expresan, por lo general, una cantidad exacta, pero en algunos usos pueden denotar cantidad aproximada, habitualmente alta e incluso exagerada. He aquí algunos ejemplos:

> Esto le sirvió de rosario el tiempo que allí estuvo, donde rezó un millón de avemarías (Cervantes, *Quijote* I); ¿No sabéis que ahora mismo podría mandar a docenas de legiones

de ángeles y sus compañeros me librarían de las manos de los hombres? (Benítez, *Caballo*); Arribaron ayer a suelo patrio los campeones juveniles del X Campeonato Centroamericano de Baloncesto Sub-20, quienes fueron recibidos por decenas de familiares, dirigentes y periodistas deportivos (*Siglo* 19/5/1997).

También los cardinales no sustantivos pueden emplearse con valores semejantes, sobre todo en la lengua coloquial: *Repitámonos una y mil veces que el dolor compadecido purifica y, abandonado, deprava* (Arenal, *Visitador*); *¡Cien veces me has contado tus amoríos en La Martinica!* (O'Donnell, *Vincent*). El margen para la variación es grande en estos casos: *Te lo he dicho {cuarenta~cien~doscientas~quinientas~mil} veces.* En el mismo registro coloquial se usan a menudo cardinales ficticios, variables según las zonas, para designar, normalmente con intención humorística, un número elevado de personas o cosas: *tropecientos, quichicientos, chiquicientos, chorrocientos, sepetecientos, cuchucientos,* etc.

21.2.5 Uso de los números para identificar las horas

21.2.5a Para identificar las horas se usan los nombres de los números (que son sustantivos) precedidos por el artículo determinado. Este es singular en *la una* y sus fracciones (*la una y cuarto*) y plural en las demás designaciones horarias, incluido el cero: *las cero horas* 'las 12:00 p.m.'. La pregunta sobre la hora se forma en singular: *¿Qué hora es?*, aunque también se registra el plural en la lengua coloquial: *¿Qué horas son?*

21.2.5b Son dos, fundamentalmente, las estructuras gramaticales que se usan para identificar la hora en el mundo hispánico. La primera se emplea en contextos institucionales, administrativos y técnicos, y no con la misma extensión en todos los países. Consiste en designar mediante un número del cero al veintitrés cada una de las horas del día:

> La campaña durará desde mañana lunes hasta el próximo domingo, con horario de 10 a 14 horas y de 16 a 20 horas (*País* [Esp.] 12/2/1980); Elisa llegó a la estación de Atocha, en el Talgo 200, a las 13 horas y 17 minutos del lunes 26 de marzo (Gala, *Invitados*); Eran las ocho y cuarenta y cuatro minutos (Borges, *Ficciones*).

Para indicar los minutos, alternan en este sistema la expresión yuxtapuesta (*a las tres veinte,* restringida a algunos países) y la coordinada (*a las tres y veinte*), así como la presencia y la ausencia de los sustantivos *horas* y *minutos: a las tres horas veinte, a las tres horas y veinte minutos, a las tres horas y veinte.*

21.2.5c En la otra estructura se utilizan solo los numerales del uno al doce y, a fin de evitar la ambigüedad, es frecuente añadir un complemento con *de* referido a la parte del día. Estos complementos son variables en función de países y costumbres, pero gozan de preferencia los subrayados en *las nueve de la mañana, las dos de la tarde, las diez de la noche, las tres de la madrugada* (o *de la mañana*). A las referencias indicadas cabe añadir *del mediodía,* que en el español americano suele concebirse como un punto coincidente con las doce, y en el europeo como un intervalo de límites difusos: *Establecieron una cita para encontrarnos a las dos del mediodía* (García Morales, *Lógica*); *A la una del mediodía, Jano se sumergía en las azuladas aguas de la piscina* (Colinas, *Año*). En la lengua escrita, la especificación de la parte del día se hace a veces recurriendo a la expresión *a. m.* si es antes de mediodía (*las 10 a. m. = las diez de la mañana*) o a *p. m.* si es después (*las 10 p. m. = las diez de la noche*).

21.2.5d En este último sistema, las fracciones que exceden de la hora se añaden mediante la conjunción *y*: *las once y veinticinco de la mañana, las dos y diez*. Se considera incorrecta la variante con la preposición *sobre*: *veinticinco sobre las once*. Las fracciones de quince minutos pueden expresarse en números arábigos, pero lo normal es que se recurra a las palabras *cuarto* y *media* (*las nueve y cuarto, las siete y media*). Cuando la fracción supera la media hora, la mención se hace habitualmente aludiendo a los minutos que faltan para la hora siguiente: *{un cuarto ~ al cuarto ~ cuarto} para las siete* (variante preferida en la mayor parte de los países americanos) o *las siete menos cuarto* (variante más usada en España). Las fracciones de cuartos de hora no se usan en el sistema de numeración de cero a veintitrés.

21.2.5e Cuando se expresa la hora mediante números arábigos, las fracciones se indican en minutos del 0 al 59 en ambos sistemas. Para separar en la lengua escrita las horas de los minutos (y, en su caso, de los segundos), se puede optar entre los dos puntos y el punto, pero se desaconseja la coma. Así, a *las nueve y cuarto* corresponden las opciones *las 9:15, las 9.15* y, con los correspondientes símbolos, *las 9:15 h, las 9.15 h* o *las 9 h 15 min*.

21.2.6 Numerales cardinales y construcciones distributivas

21.2.6a Los numerales cardinales se usan a menudo en fórmulas que expresan distribución, como cuando se dice *dos para mí y dos para ti*, o cuando se describe una serie de sucesos consecutivos con expresiones como *dos pastillas al levantarse, dos después de almorzar y dos al acostarse*, en ambos casos con repetición del numeral. Posee también sentido distributivo la fórmula «*de* + numeral cardinal + *en* + numeral cardinal». Con ella se alude a agrupaciones de seres que forman parte de una serie. Así, en *Los alumnos fueron entrando de tres en tres*, se dice que realizó cada entrada un grupo de tres alumnos. Existe también la variante «numeral cardinal + *a* + numeral cardinal»: *Se comía las uvas dos a dos*.

21.2.6b La combinación «*cada* + sustantivo singular» une el valor cardinal al distributivo. El cuantificador *cada* incide sobre sustantivos en singular: *cada {libro ~ *libros}* (véase el § 20.1.3 para otras propiedades gramaticales de esta voz). La expresión *cada libro* equivale, en efecto, a *cada uno de los libros*, con un numeral que aparecía de manera explícita en la lengua antigua: [...] *todo aquello que es necesario y conviene a cada un estado* (León, *Casada*). El valor cardinal del grupo nominal hace que *cada* solo se combine con sustantivos contables (*cada libro, cada suceso*) o recategorizados como contables. En *Cada vino tiene un aroma especial* se entiende 'cada tipo de vino'.

21.2.6c El grupo sintáctico «*cada* + numeral cardinal» aparece en dos construcciones diferentes. En la primera de ellas, de interpretación PROPORCIONAL, representa el ámbito o el dominio del que se extrae un número menor. El grupo nominal así formado equivale a un numeral fraccionario. *Uno de cada tres electores* equivale, en efecto, a *un tercio de los electores,* y *dos de cada cinco plazas vacantes,* a *dos quintos de las plazas vacantes.* En la segunda construcción, «*cada* + numeral» (o «*cada* + sustantivo», con *uno* implícito: § 21.2.6b) forma expresiones de valor adverbial que producen un EFECTO MULTIPLICATIVO sobre otro componente cuantificado de la oración: *Cada dos horas se produce un accidente; Cada dos horas pasan {cinco ~ varios} ómnibus por esta parada; Cada hora aparece tres veces.* Dicho efecto se obtiene también con cuantificadores indefinidos, como en *Cada pocos minutos pasa un tren.*

21.2.6d *Sendos / sendas* es un cuantificador distributivo parafraseable por 'uno a cada uno' *Les dio sendos lirios* alude a *tantos lirios como personas.* Se usa siempre en posición prenominal y toma su referencia de alguna expresión plural que constituye su ANTECEDENTE o su CONSECUENTE. Tal expresión suele contener un numeral, que puede ser o no el cardinal *dos,* o bien una expresión plural como la que se recupera a partir de la flexión verbal en el último ejemplo del bloque siguiente (se subraya con trazo discontinuo el antecedente o el consecuente):

> Maquinará dos o tres golpes de Estado en sendos países sudamericanos (Salinas, *Correspondencia*); Mató a Billy Clanton y a Tom McLaury de sendos tiros en el pecho (Cela, *Cristo*); Francovig debió exigirse ante sendos disparos de Raffaelli y de Godoy (*Clarín* 21/12/1987); Les avisó que en una semana recibirían por correo sendas cajas con sus chequeras personalizadas (Agustín, *Ciudades*).

Hoy en día la forma *sendos* se documenta casi exclusivamente en la lengua escrita y en los registros más formales de la oral. Además, tiende a ser utilizada sobre todo cuando se trata de conjuntos de dos elementos, aunque tal restricción no se justifica ni etimológica ni gramaticalmente. Como *sendos* significa 'uno cada uno', es erróneo atribuirle el valor de *ambos* o de *los dos,* como en *La selección ganó por dos a cero, y Armando marcó sendos goles* (donde corresponde decir *ambos goles* o *los dos goles*). No se recomienda usarlo con el sentido de 'fuertes', 'muy grandes', con el que se emplea a veces en algunos países, como se observa en *Valenteee... Zaragozaaa... padreee... Dentro de su nombre oyó sendos golpazos en la puerta* (Vega, A. H., *Marcelina*).

21.3 Numerales ordinales

21.3.1 Concepto y formas

Los NUMERALES ORDINALES expresan el lugar que ocupa un elemento en una serie o en una jerarquía: *el libro segundo del Apocalipsis; Es mi primer trabajo; El tercero se llevará como premio un viaje para dos personas.* Aunque se analizan a veces como cuantificadores, solo lo son indirectamente, ya que no indican cantidad ni habilitan al sustantivo para aparecer en posiciones que no admiten grupos nominales sin determinante, como la de sujeto (§ 15.6.2a, b). En efecto, mientras que cabe decir *{Varios ~ Tres} intentos resultaron fallidos,* resulta agramatical **Primeros intentos resultaron fallidos.* Todos tienen variantes femeninas y plurales. Se analizarán sus formas en los apartados siguientes.

21.3.1a   Cuando se escriben con cifras, los ordinales se distinguen con la letra *o* volada para el masculino (1.º, 22.º) y con la letra *a* volada para el femenino (1.ª, 22.ª). Del 1.º al 10.º tienen formas simples: *primero, segundo, tercero, cuarto, quinto, sexto, séptimo, octavo, noveno* (que presenta, en usos esporádicos y especializados, la variante *nono*) y *décimo.* Para las decenas se usa la terminación *-gésimo: vigésimo* (20.º), *trigésimo* (30.º), *cuadragésimo* (40.º), *quincuagésimo* (50.º), *sexagésimo* (60.º), *septuagésimo* (70.º), *octogésimo* (80.º), *nonagésimo* (90.º). En las centenas la terminación es *-centésimo* o *-gentésimo: centésimo* (100.º), *ducentésimo* (200.º), *tricentésimo* (300.º), *cuadringentésimo* (400.º), *quingentésimo* (500.º), *sexcentésimo* (600.º), *septingentésimo* (700.º), *octingentésimo* (800.º), *noningentésimo* (900.º), todos ellos de escaso uso, con la excepción de *centésimo.* Los ordinales correspondientes a *mil, diez mil, cien mil* y *un millón* son, respectivamente, *milésimo, diezmilésimo, cienmilésimo* y *millonésimo.*

21.3.1b   El resto de los ordinales se obtiene por yuxtaposición de las formas simples, que mantienen su separación en la escritura. Así, el ordinal correspondiente a 145.º es *centésimo cuadragésimo quinto.* No obstante, las palabras que forman los ordinales comprendidos entre el 13.º y el 29.º pueden escribirse juntas o separadas: *decimotercero* o *décimo tercero; decimoctavo* (con una sola *o,* al igual que *vigesimoctavo*) o *décimo octavo; vigesimonoveno* o *vigésimo noveno.* Para 11.º y 12.º las formas compuestas *decimoprimero, decimosegundo* (o *décimo primero, décimo segundo*), en otro tiempo rechazadas, conviven hoy con las etimológicas *undécimo* y *duodécimo.* Se asimilan a los numerales ordinales los adjetivos *último, postrero* y *único,* así como *enésimo,* usado para expresar que algún suceso se ha repetido en numerosas ocasiones: *El enésimo estallido de cólera popular había desalojado al Joker del poder* (Martínez, *Cantor*).

21.3.1c   Las formas masculinas *primero, tercero* y *postrero* adoptan en el español actual las variantes apocopadas *primer, tercer* y *postrer* cuando aparecen delante del nombre, como en *el primer día del año, el tercer episodio* o en *Olga hizo un postrer intento de mostrarse indiferente* (Collyer, *Habitante*). Lo mismo ocurre en los ordinales compuestos de los que *primero* y *tercero* forman parte: *decimoprimer día, vigesimotercer capítulo.* Las abreviaturas correspondientes a las formas apocopadas son 1.ᵉʳ, 3.ᵉʳ, 23.ᵉʳ, etc. La variante apocopada alterna con la no apocopada cuando sigue otro adjetivo coordinado, sea ordinal o no. Ambas opciones se consideran correctas:

> El primero y segundo volumen de la edición de Schlechta comprenden todas las obras publicadas por Nietzsche (Lledó, *Días*); Tercer y último aviso. Se despiden hasta dentro de unos días (Marsé, *Montse*); No es imposible que después de este primer y engañoso contacto, el lector acceda al centro del poema (Paz, *Arco*).

Aunque aún se registra la variante apocopada de las formas femeninas, hoy se considera arcaísmo, por lo que resulta preferible la no apocopada: *la primera vez, la primera aplicación.*

21.3.1d   Es incorrecto usar los numerales fraccionarios con el valor de los ordinales. No debe decirse, pues, *la onceava vez que lo intentó* o *la veintitresava edición del* *festival*. En cambio, se considera integrado en la lengua general, como se señaló en el § 21.2.2d, el uso de los cardinales con el valor de los ordinales. En este caso, aparecen generalmente en posición posnominal (*la planta diez del edificio, la fila tres, la página cien*), aunque se anteponen con sustantivos que designan sucesos cíclicos: *Este año se cumple el 25 aniversario de la muerte de Miguel Hernández* (Lledó, *Días*). La alternancia entre el cardinal y el ordinal es libre en ciertos casos, como cuando se designan siglos del I al X; así, se dice *siglo tercero* o *siglo tres*. A partir del X solo se emplea el cardinal: *siglo once, siglo veinte*. En cuanto a los días del mes, se elige el cardinal (*el día doce*) salvo para el 1, en que alternan *el primero de julio* (preferido en América) con *el uno de julio* (preferido en España).

21.3.1e Los números romanos se leen como ordinales hasta el IX inclusive aplicados a los nombres de reyes y papas: *Fernando VI* (*sexto*); *Pío IX* (*noveno* o *nono*); *Enrique VIII* (*octavo*), aunque también en otros usos. A partir del X se leen generalmente como cardinales: *Juan XXIII* (*veintitrés*); *Luis XV* (*quince*); *Benedicto XVI* (*dieciséis*). Para el X se dice *décimo* en América, pero existe alternancia en España, como en *Alfonso X* (*diez* o *décimo*). No se escribe letra volada con los números romanos, por lo que se considera incorrecto *Napoleón III°*.

21.3.2 Sintaxis de los numerales ordinales

21.3.2a Los ordinales suelen aparecer en grupos nominales definidos: *el tercer día, aquellos primeros pasos, mi segunda votación*. No rechazan, sin embargo, los indefinidos, que sugieren la existencia de una serie abierta, como en *una tercera oportunidad, en un primer momento* o *un segundo intento*. Son compatibles con los cardinales. En tal caso son posibles las dos ordenaciones (*los dos primeros años, los primeros dos años*), aunque es más frecuente la secuencia «cardinal + ordinal»: *Escapé milagrosamente después de las dos primeras descargas* (Cercas, *Soldados*); *Durante los tres primeros meses, Dionisio se ocupó en contradecir ampliamente mis fantasías* (Panero, *Lugar*).

21.3.2b La sintaxis de los ordinales se asimila a la de los adjetivos calificativos con más claridad que a la de los cardinales. Es posible, por ejemplo, que los ordinales se pospongan al sustantivo, mientras que los cardinales, si lo son propiamente, aparecen siempre antepuestos (§ 21.2.2d). Los ordinales también se comportan como adjetivos en expresiones como *mi primer sueldo* o *Ella llegó segunda a la meta* (en algunas zonas se añade la preposición *de* en este uso: *Ella llegó de segunda a la meta*). Concuerdan, además, en género y número con el sustantivo al que califican: *sus primeros pasos, la segunda parte*. Cuando los dos componentes de los ordinales compuestos se escriben separados, concuerdan ambos; cuando se escriben juntos, el primer componente no concuerda: *vigésima segunda edición* alterna, pues, con *vigesimosegunda edición* y *Quedaron décimos terceros*, con *Quedaron decimoterceros*.

21.3.2c Como en el caso de los cardinales (§ 21.2.2a), muchos gramáticos consideran que en oraciones como *Ya que no hiciste el primer trabajo, haz al menos el segundo*, el ordinal que se subraya sigue siendo adjetivo, de forma que modifica a un núcleo nominal tácito. Otros entienden, en cambio, que es pronombre. Aunque los dos análisis pueden aceptarse, el primero, que evita la duplicación de categorías, presenta dificultades ante secuencias como *La noche estaba llena de gente; Hubo sin duda un tercer hombre, como hubo un cuarto y un primero* (Dolina, Ángel), puesto que si en las expresiones subrayadas se postularan sustantivos tácitos, se diría *uno cuarto y uno primero*, de forma similar a como se dice *Si te gusta el té, tómate uno bien frío*.

21.3.2d   Los numerales ordinales se usan como sustantivos en algunas construcciones. Así sucede con los que se refieren a las marchas o velocidades de los automóviles (*No metas tan pronto la tercera*), a los niveles de escolaridad (*alumnos de primero*), a carreteras o avenidas, y a otras muchas nociones, variables según los países. Mientras que en gran parte de América se emplean numerales cardinales para designar los canales de televisión (*el cuatro, el seis*), en España se usan sustantivos ordinales que se refieren al sustantivo *cadena* (*la primera, la sexta*). En España son también ordinales los sustantivos que designan las plantas de un edificio: *En uno de los segundos exteriores vivía Feliciana, y Fortunata en un tercero interior* (Galdós, *Fortunata*). En secuencias como *Los últimos serán los primeros; Que pase el segundo* o *Siempre eres el último de la clase*, se entiende que se hace referencia a contenidos recuperables por el contexto o la situación (§ 14.4), lo que permite pensar en usos pronominales o en núcleos tácitos, más que en un proceso de sustantivación plena.

21.3.2e   El ordinal *primero* puede funcionar como adverbio. Así sucede en *Marta llegó primero*, frente a *Marta llegó primera*, donde es adjetivo. Los demás ordinales no suelen usarse como adverbios internos al predicado (**Marta llegó segundo*), pero se emplean como adverbios de ámbito oracional para encabezar los elementos de una enumeración: *Te podrán decir, primero, de qué vas a morir y, segundo, cuándo vas a morir* (Fuentes, *Diana*). *Primeramente* es el único adverbio ordinal de uso general en la lengua actual: *Primeramente, las golondrinas constatan que el pueblo no prospera, pero que siempre es bello* (Ambrogi, *Trópico*). Los adverbios *últimamente* y *únicamente* no se consideran ordinales.

21.4   Numerales fraccionarios y multiplicativos

21.4.1   Los numerales fraccionarios

Los numerales FRACCIONARIOS, llamados también PARTITIVOS, expresan la fracción o la parte de un elemento o de un conjunto de ellos. Designan, pues, entidades contables: *una mitad, dos tercios, tres cuartos*. Pueden ser adjetivos, como en *la octava parte del pastel*, o sustantivos, como en *un octavo del pastel*. Se describen sus formas en los apartados siguientes.

21.4.1a   El fraccionario *medio/media* se emplea como adjetivo con sustantivos contables (*medio país, media ración*) y admite también usos pronominales, como en *un kilo de costillas y medio de chuletas*. Alterna con el sustantivo *mitad* (*medio país ~ la mitad del país*), aunque con nombres no contables se utiliza solamente este último (se dice, pues, *la mitad de la arena* en lugar de *media arena*). Los restantes

ADJETIVOS FRACCIONARIOS modifican al sustantivo *parte*. Para las fracciones comprendidas entre ¹/₂ y ¹/₁₀ coinciden con los ordinales respectivos (*la tercera parte, tres quintas partes, una décima parte*), y lo mismo ocurre en *centésima parte, milésima parte, millonésima parte*. A partir de ¹/₁₁ se construyen con la terminación *-ava*, que se añade a los cardinales correspondientes formando una sola palabra: *onceava (parte), doceava (parte), treintaidosava (parte)*, etc. Algunas de estas formas alternan en el uso partitivo con las de los ordinales: *onceava parte ~ undécima parte; doceava parte ~ duodécima parte; veinteava parte ~ vigésima parte; treintava parte ~ trigésima parte*. No se considera, en cambio, correcto, como se señala en el § 21.3.1d, usar los partitivos por ordinales (*la onceava vez* por *la undécima vez*).

21.4.1b   Los SUSTANTIVOS NUMERALES FRACCIONARIOS que corresponden a las fracciones ¹/₂ y ¹/₃ son, respectivamente, *mitad* y *tercio: la mitad de los libros, un tercio de los asistentes*. Para las fracciones comprendidas entre ¹/₄ y ¹/₁₀ se usan los ordinales masculinos, como en *un cuarto de la suma total, dos quintos del barril de vino* o en *Entraremos en el siglo XXI con solo un quinto de la población mundial sin penuria* (Posse, *Pasión*).

21.4.1c   Se asimilan a los sustantivos fraccionarios las expresiones complejas que designan porcentajes. Se forman con un numeral cardinal y el complemento *por ciento* (*el veinte por ciento de los alumnos, el diez por ciento de los libros publicados*), más recomendable que la variante *por cien*, rara fuera de España salvo en la expresión *el cien por cien*, que se emplea en casi todas las áreas lingüísticas con el sentido de 'la totalidad'. Con este mismo significado se usan también *el ciento por ciento* y *el cien por ciento*. Son expresiones fraccionarias, aunque no se correspondan con ningún elemento de la serie de los números naturales, los sustantivos *mayoría* (*la mayoría de los asistentes*) y *resto* (*el resto de los candidatos*), así como la expresión nominal *mayor parte* (*la mayor parte del petróleo*). Son de uso general los sustantivos fraccionarios femeninos *décima, centésima* o *milésima*, como en *una milésima de milímetro*, o en *Gradualmente, en décimas de segundo,* [...] *sus ojos descubrían las cosas que aquella tarde vio alrededor del cuadro* (Muñoz Molina, *Invierno*), pero en ciertas áreas de América alternan estas formas femeninas con las masculinas: *Las mujeres tienen los poros abiertos como ventositas y una temperatura siete décimos más elevada que la normal* (Girondo, *Poemas*). La centésima parte de la unidad monetaria se llama, según los países, *centésimo, céntimo* o *centavo*.

21.4.1d   Los numerales fraccionarios se combinan con el artículo indefinido (*una tercera parte de las cartas, un tercio de los asistentes*), con el definido (*la tercera parte del total, la mitad de la población*), con otros determinantes (*esta quinta parte de la obra, nuestra mitad de la herencia*), con los numerales cardinales (*tres cuartas partes, dos tercios*), con los ordinales (*las dos primeras* [ordinal] *quintas* [fraccionario] *partes*) y con modificadores pospuestos (*la octava parte de la población, un veinte por ciento de las denuncias*). En los apartados que siguen se exponen algunas restricciones a esta combinatoria.

21.4.1e   El adjetivo *medio* rechaza el artículo indefinido: se dice (*el*) *medio kilo de carne*, pero no **un medio kilo de carne*. Los demás lo admiten en singular, pero en plural adquieren sentido aproximativo (§ 21.2.4c), como en *Unas tres cuartas partes*

de los senadores votaron en contra. Con artículo definido, los sustantivos fraccionarios *tercio, quinto, octavo,* etc., son de difícil interpretación, a menos que se especifique el todo del que se extrae la parte. Así, para interpretar expresiones como *el
tercio de la población* es necesario un complemento que precise la referencia del
segmento que se acota, como en *el tercio de la población al que me refería.* Ese anclaje contextual no se requiere, sin embargo, en *la mitad, la tercera parte* o *el veinte por
ciento de la población.*

21.4.1f   Los numerales fraccionarios forman construcciones partitivas. No forman, en cambio, construcciones pseudopartitivas, dado que las partes que designan
corresponden a algún todo delimitado: *la octava parte de la población, la mitad del
alumnado, el veinte por ciento de las denuncias.* Se exceptúan las construcciones en
las que se comparan cantidades (*Se ha presentado un veinte por ciento menos de
denuncias que el año pasado*) y los numerales fraccionarios con los que se forman grupos nominales de medida (§ 19.4.2a), como en *un cuarto de litro de vino.* De acuerdo
con ello, se recomienda la construcción *la mayoría* o *la mayor parte de los alumnos*
en lugar de la variante, aparentemente pseudopartitiva, *la mayoría* o *la mayor parte
de alumnos,* a pesar de la tendencia que hoy se percibe a prescindir del artículo en las
expresiones fraccionarias partitivas.

21.4.2   Los numerales multiplicativos

21.4.2a   Se llaman MULTIPLICATIVOS los numerales que expresan los resultados
obtenidos de una multiplicación. Los más usados son los que indican la multiplicación por 2 (*doble*), 3 (*triple*), 4 (*cuádruple,* que alterna con *cuadruple* en algunos países), 5 (*quíntuple*) y 6 (*séxtuple*). Existen también variantes en *-plo,* menos usadas en
la actualidad: *duplo, triplo, cuádruplo, quíntuplo, séxtuplo.* Aunque varios de los restantes numerales multiplicativos pueden tener formas propias (como *séptuple, óctu-
ple, céntuplo*), es normal emplear en su lugar fórmulas analíticas construidas con el
sustantivo *veces* y el cuantificador *más,* como en *siete veces más, veinte veces más.*
Las expresiones analíticas alternan con las formas sintéticas cuando estas existen: *el
doble ~ dos veces más; el quíntuple ~ cinco veces más,* etc. Las formas *doble, triple,* etc.,
pueden ser sustantivos (*el doble*) o adjetivos (*una ración doble*).

21.4.2b   Los numerales multiplicativos dan lugar a construcciones comparativas
(§ 45.2.2c). El complemento puede estar expreso, como en *Tienen el doble de posibilidades que sus padres y el triple que sus abuelos de sufrir depresiones en algún
momento de sus vidas* (*Vanguardia* [Esp.] 1/7/1994), o recuperarse a partir del contexto: *Tienen el doble de posibilidades.* Los grupos nominales definidos que contienen
numerales multiplicativos se usan también como complementos circunstanciales:
Hoy me cansé el triple.

21.4.2c   Cuando tienen carácter sustantivo, los multiplicativos son cuantificadores, pero los adjetivos solo lo son indirectamente. La interpretación cuantificativa
de estos últimos depende en parte de la configuración que tenga la entidad a la que se
refiere el sustantivo modificado por ellos. Así, es posible en *Algunos tiburones tienen
una doble fila de dientes* (es decir, tienen dos filas de dientes); en *Hakim, profeta del*

Jorasán, usó un cuádruple velo de seda blanca para no cegar a los hombres (Borges, *Historia*), o sea, cuatro velos de seda blanca, pero también un solo velo con cuatro pliegues, o en *el quíntuple asesinato del despacho laboralista de la calle Atocha* (*País* [Esp.] 5/6/1980), donde se habla de *cinco asesinatos*. Otras veces, sin embargo, los adjetivos multiplicativos aluden más bien a la propiedad de estar algo compuesto de varias partes (como en *el triple salto mortal*, donde no se alude a tres saltos) o la de destinarse a cierto número de personas (*una habitación doble*), entre otros usos similares.

22 Relativos, interrogativos y exclamativos. Sus grupos sintácticos

22.1   Características fundamentales de relativos, interrogativos y exclamativos

22.1.1   Presentación y clasificación

Los relativos, interrogativos y exclamativos se analizan conjuntamente en las gramáticas porque presentan rasgos léxicos y morfológicos muy similares, pero también porque en las oraciones a las que dan lugar se hace referencia a una incógnita (o VARIABLE LÓGICA) que corresponde al argumento, al adjunto de algún predicado o bien a un atributo. Así, con el interrogativo *qué* se solicita del interlocutor que identifique el valor de la variable que corresponde al complemento directo de *lees* en la pregunta *¿Qué lees?* En la variante exclamativa *¡Qué lees!* aparece la misma variable, pero en este caso se expresa la sorpresa del hablante al identificar su referencia. Por su parte, el relativo *que* en *el libro que lees* también introduce una variable, cuyo valor aporta el antecedente (en este caso *libro*) del que carecen los interrogativos y los exclamativos. Estas palabras no siempre inciden directamente sobre el verbo como argumentos o adjuntos, ya que algunas son determinantes o adverbios que modifican a otras expresiones, como en *qué ideas, cuyo precio, cuánta insensatez, cuán veloz, qué bien*. Los relativos, interrogativos y exclamativos pueden clasificarse en función de varios criterios, que se expondrán en los apartados siguientes.

22.1.1a   Desde el PUNTO DE VISTA PROSÓDICO, los relativos se distinguen por ser voces átonas, mientras que los interrogativos y exclamativos son palabras tónicas, tanto en las oraciones directas como en las correspondientes indirectas. Se obtienen contrastes como *¿Cuándo vienes?* ~ *cuando vienes; ¡Cómo me gusta!* ~ *como me gusta.* Es tónico, sin embargo, el relativo *cual* (§ 22.3.3a). También lo es *quien* en *cada quien* o en *quien más quien menos,* pero en estas expresiones no es propiamente relativo, sino indefinido (§ 22.3.1c). Los relativos que se construyen en las relativas libres o sin antecedente expreso (§ 44.4.1) con los verbos *tener* y *haber* (*No tiene dónde caerse muerto; No tengo quien me ayude; No hay quien pueda con él:* § 22.3.1c) pueden ser tónicos o átonos. Los tónicos se tildan, pero los átonos pueden dejarse sin tilde. En el Río de la Plata es tónico, pero no lleva acento gráfico, el relativo *el que* en secuencias como [...] *declaraciones según las que no había ninguna evidencia de que Irán fuese responsable* (*Página* 23/7/2002).

22.1.1b   Desde el PUNTO DE VISTA MORFOLÓGICO, las palabras que se analizan en este capítulo se dividen en FLEXIONADAS y NO FLEXIONADAS. Entre las primeras, algunas tienen FLEXIÓN DE NÚMERO, como los relativos *quien/quienes, cual/cuales* y los interrogativo-exclamativos correspondientes: *quién/quiénes, cuál/cuáles,* así como los relativos inespecíficos *quienquiera/quienesquiera* y *cualquiera/cualesquiera.* El determinante posesivo *cuyo* y los cuantificadores *cuanto* y *cuánto* poseen FLEXIÓN DE GÉNERO y NÚMERO. Pertenecen al GÉNERO NEUTRO los pronombres interrogativo-exclamativos *qué* (*¿Qué quieres?; ¡Qué dices!*) y *cuánto* (*¿Cuánto aprendiste?; ¡Cuánto sabes!*), además del relativo *cuanto* en oraciones como *cuanto quieras* (en el sentido de 'cuantas cosas quieras'). Carecen de flexión el relativo *que* (*cosas que se dicen*), el interrogativo-exclamativo *qué* (*¿Qué calle conviene tomar?; ¡Qué bien canta!*) y los adverbios relativos o interrogativos (*donde, adonde, cuando, como, dónde, adónde, cuándo, cómo*). Cuando los pronombres relativos, interrogativos y exclamativos no manifiestan sus rasgos morfológicos, estos pueden estar presentes de forma encubierta, como muestra la concordancia del sujeto con el atributo en oraciones como *Quien esté decidida a dar el paso tiene mi apoyo* o en *¿Quiénes de ustedes quedaron contentas?*

22.1.1c   Desde el PUNTO DE VISTA SINTÁCTICO, las palabras analizadas admiten otras agrupaciones. Algunas representan —por sí solas o con preposición— un argumento o un adjunto, como los pronombres del grupo *1* del cuadro que sigue o los adverbios del grupo *2;* otras voces inciden sobre un sustantivo (grupos *3, 4* y *5*) o sobre un adjetivo o un adverbio (grupo *6*) (§ 1.4.2c).

CLASES SINTÁCTICAS	RELATIVOS	INTERROGATIVOS O EXCLAMATIVOS
1. Pronombres	*quien, que, cuanto,* «artículo + *cual* o *que*»	*quién, qué, cuánto, cuál,* ant. *cúyo*
2. Adverbios modificadores del grupo verbal	*cuando, como, donde, adonde, cuanto*	*cuándo, cómo, dónde, adónde, cuánto*
3. Determinantes (I)	«artículo + *cual*»	*qué, cuál*
4. Determinantes (II)	*cuyo*	ant. *cúyo*
5. Cuantificadores del grupo nominal	*cuanto*	*cuánto*
6. Cuantificadores del grupo adjetival y adverbial	*cuan, cuanto*	*cuán, cuánto, qué*

He aquí algunos ejemplos de los grupos mencionados:

> GRUPO 1: *quien lo sepa, cuanto diga, la casa en la que vive, dicho lo cual; No sé con cuál quedarme; Preguntóle Amadís cúyo era el castillo* (Rodríguez Montalvo, *Amadís*).
>
> GRUPO 2: *cuando llegues; ¿Dónde murió?; ¡Cuánto te gusta fumar!; El avión no aterrizó donde debía.*
>
> GRUPO 3: *qué libro, cuál opción;* [...] *la cual fama, por mucho que dure, en fin se ha de acabar con el mesmo mundo* (Cervantes, *Quijote* II).
>
> GRUPO 4: *en cuyo interior; Tu dulce habla ¿en cúya oreja suena?* (Garcilaso, *Poesías*).
>
> GRUPO 5: *cuanto capricho se le antojara; ¿Cuántas novelas suyas has leído?*
>
> GRUPO 6: *tendido cuan largo era, cuanto más cerca estés; ¡Cuán difícil resulta!; ¿Cuánto más piensas dormir?; ¡Qué lejos estás!*

22.1.1d Desde el PUNTO DE VISTA SEMÁNTICO, los relativos, interrogativos y exclamativos pueden hacer referencia a personas (*quien, quién*), cosas (*lo que, qué*), lugares (*donde, dónde*), maneras (*como, cómo*), tiempos (*cuando, cuándo*) y cantidades o grados (*cuanto, cuánto*). Algunas de estas voces tienen también usos NO LITERALES, como en *de donde se deduce que...*, ya que *donde* no denota aquí exactamente un lugar.

22.1.1e Las palabras relativas, interrogativas y exclamativas forman grupos sintácticos. Así, los segmentos *de cuyo nombre, a cuantos vecinos, detrás de los cuales* o *un hermano del cual* son GRUPOS RELATIVOS (§ 22.2.1) que aparecen siempre en posición inicial y desempeñan diversas funciones. Los GRUPOS INTERROGATIVOS y EXCLAMATIVOS (§ 22.2.2) ocupan igualmente la posición inicial de la oración, como en *¿Qué regalo elegirías tú?; ¡Qué regalo tan original has elegido!* Sin embargo, los primeros pueden no anteponerse en las INTERROGATIVAS DE ECO O CONFIRMATIVAS (§ 42.3.4b), que no tienen correlatos exclamativos: *¿Y tú elegirías qué regalo?; ¿Te vas de viaje adónde?*, frente a **¡Te vas de viaje adónde!* Como en otros casos (§ 1.5.1b), el concepto de grupo se extiende a las secuencias constituidas por un solo pronombre o adverbio: *Quien antes termine...; ¿Cómo lo conseguiste?; ¡Cuánto me gusta!*

22.1.1f Los relativos, interrogativos y exclamativos que funcionan como argumentos o adjuntos en una subordinada sustantiva pueden desplazarse fuera de su oración. Así, la expresión subrayada es objeto directo de *leyera* en las tres oraciones siguientes: *Me resultó muy interesante el libro que me recomendó tu hermana que leyera; ¿Qué libro me recomendó tu hermana que leyera?; ¡Qué interesante libro me recomendó tu hermana que leyera!* No obstante, aparece situada fuera de la oración en la que ejerce su función sintáctica, concretamente al frente de la inmediatamente superior, cuyo verbo es *recomendó*. En estos casos se dice que el complemento directo aparece DESPLAZADO (también ELEVADO O PROMOCIONADO) a una posición situada al comienzo de la oración principal. Se desplaza también el complemento directo en *Vio muchas noches junto al fuego deseando la compañía de una mujer a la cual pudiera besar* (Esquivel, *Agua*), mientras que en *He venido a Salamanca para apoderarme de ella y restituirla a su familia, empresa en la cual espero que me ayudarás* (Galdós, *Episodios*) el elemento desplazado es un adjunto.

22.1.2   Diferencias en el funcionamiento de relativos, interrogativos y exclamativos

22.1.2a   Los relativos se diferencian de los interrogativos y exclamativos en que tienen antecedente. Este puede ser EXPRESO, como en *La persona que venga me encontrará aquí,* o TÁCITO, como en *Quien venga me encontrará aquí,* que contiene la misma información. Los relativos que incorporan semánticamente su antecedente poseen dos componentes gramaticales, uno NOMINAL y otro RELATIVO. Se distinguen en las paráfrasis que siguen con los respectivos subrayados: *quien* 'la persona que'; *donde* 'el lugar en que'; *cuando* 'el tiempo en que'; *cuanto* 'la cantidad o el grado (en) que'. Todos encabezan RELATIVAS LIBRES (§ 44.4.1) o sin antecedente expreso. Un subgrupo de estas, las relativas SEMILIBRES (§ 44.4.2), son introducidas por el artículo determinado más el relativo *que,* como en *el que llame, las que elijamos, lo que le gusta.*

22.1.2b   Las oraciones que forman los relativos suelen ejercer la función de modificadores del sustantivo antecedente, a la manera de los adjetivos, como en *la novela que estoy leyendo.* Como las relativas libres contienen su antecedente, se asimilan a los grupos nominales (*quien lo quiera ~ la persona que lo quiera*) y, a veces, a los preposicionales (*donde vayas ~ al lugar al que vayas; cuando era estudiante ~ en el tiempo en que era estudiante*). Las interrogativas y las exclamativas directas son oraciones independientes (*¿Qué estás leyendo?*), pero las indirectas son subordinadas sustantivas (*No sé qué estás leyendo*) y, por tanto, segmentos ARGUMENTALES. Se suelen considerar también interrogativas o exclamativas indirectas, en lugar de grupos nominales, secuencias como las subrayadas en *Tú no sabes la noche que he pasado, de lo peor* (Vázquez, Á., *Juanita Narboni*) y en *No te imaginas el cambiazo que estás dando* (Aguilera Malta, *Pelota*). Nótese que si los segmentos subrayados fueran grupos nominales, no podría explicarse el que no se puedan suprimir los fragmentos *que he pasado* y *que estás dando.* Sobre la relación entre las interrogativas indirectas y estos supuestos grupos nominales, véanse los § 42.16 y 43.3.1k.

22.1.2c   Las relativas permiten la elisión de una parte del grupo verbal. Así, en *Haré lo que pueda hacer* puede suprimirse el infinitivo *hacer,* con lo que se obtiene *Haré lo que pueda.* El relativo que encabeza la construcción pertenece al predicado elidido *hacer.* El segmento elidido puede ser también una oración con verbo conjugado, como en *Se ha de hacer lo que digo* (Aridjis, *Moctezuma*), donde se elide *que se haga* (en una de las interpretaciones de esta oración). Las subordinadas interrogativas y exclamativas no permiten este tipo de elisión. Así, frente a *Me preguntó qué podría hacer,* no es posible **Me preguntó qué podría.*

22.1.2d   En las INTERROGATIVAS INDIRECTAS TRUNCADAS (§ 43.3.1e) los grupos sintácticos interrogativos pueden ocupar la posición final de una oración: *... pero nunca supo quién; ... aunque ignoraba con qué intención.* Estos grupos pueden usarse asimismo como unidades INDEPENDIENTES, en el sentido de 'externas a la oración': *¿Empezar?... ¡Ah sí... ¿a qué hora?* (Santander, *Corrido*). Tales formas de elisión se dan en las relativas formadas con *tener* y *haber: Quiere irse de viaje y no tiene con quien* (§ 22.3.1c).

22.1.2e   A diferencia de los relativos, los interrogativos aceptan TÉRMINOS DE POLARIDAD NEGATIVA (§ 42.3.5a y 48.1.3a) en preguntas retóricas como *¿Cuándo te dije* *yo nada de eso?* (frente a **cuando yo te dije nada de eso*). La distinción entre interrogativas totales (*¿Vendrá o no?*) y parciales (*¿Cuándo vendrá?*), que se explica en los § 42.3.2 y 42.3.3 no tiene correlato en las relativas. Esa asimetría se debe a que la conjunción subordinante *si*, que caracteriza las interrogativas indirectas, posee varias propiedades en común con los adverbios interrogativos, notablemente la de alternar con ellos en oraciones como *No sé {cuándo ~ cómo ~ si} ir*. Tampoco tienen correlatos relativos ni exclamativos las INTERROGATIVAS MÚLTIPLES, en las que dos o más grupos interrogativos ocupan varias posiciones sintácticas en una misma oración, como *¿A quién corresponde qué asiento?*; *Recuérdame, por favor, qué le dijo quién a quién.*

22.1.2f   Los pronombres y adverbios relativos (o sus grupos sintácticos) pueden aparecer en oraciones de sujeto preverbal, como en *lo que Carmen dijo*. En cambio, los interrogativos y exclamativos situados al comienzo de la oración imponen la inversión del sujeto: **¿Qué Carmen dijo? ~ ¿Qué dijo Carmen?*; **¡Qué cosas la gente dice! ~ ¡Qué cosas dice la gente!* Se exceptúa de esta generalización el español hablado en buena parte del área caribeña (sobre todo en las Antillas), especialmente en las oraciones con sujetos pronominales, como se explica en los § 42.3.3c.

22.1.2g   Algunos pronombres relativos parecen funcionar en ciertos contextos como preposiciones, especialmente *donde* en oraciones como *Cree que estoy donde Juan Tomás Díaz* (Vargas Llosa, *Fiesta*) o en *Yo qué saco con ir donde su papá o donde la suegra* (*Caras* 14/4/1997), y *cuando* en *Cuando la guerra, tenía doce años* (Mastretta, *Vida*). Algunos autores entienden que no se modifica su naturaleza adverbial en estas secuencias, lo que requiere diversos procesos de elipsis. Los interrogativos y exclamativos carecen de usos similares.

22.2   Grupos sintácticos relativos, interrogativos y exclamativos

22.2.1   Grupos sintácticos relativos

Como se señaló en el § 22.1.1e, las subordinadas de relativo, a menudo introducidas únicamente por un relativo (*el libro que estoy leyendo*), presentan este encajado en un segmento mayor, que se denomina GRUPO SINTÁCTICO RELATIVO o, simplemente, GRUPO RELATIVO. Los grupos relativos pertenecen a varias clases sintácticas, como se verá a continuación.

22.2.1a   Los GRUPOS PREPOSICIONALES RELATIVOS están encabezados por una preposición o una locución preposicional, como los subrayados en los siguientes ejemplos, en los que se encierra entre corchetes la subordinada relativa:

> Fue la primera mujer de verdad [con la que tuve una relación] (Cabrera Infante, *Habana*); Nadie recordaba su origen ni la razón [por la cual llevaba ese nombre] (Allende, *Casa*); Coinciden en señalar al año 1925 como el hito cronológico [a partir del cual es posible hablar de una vanguardia] (Calvo Serraller, *Paisajes*); Se desarrolla una larga conversación, [en el curso de la cual el visitante narra casi completa la historia de su vida] (Puig, *Boquitas*).

Los grupos preposicionales relativos ejercen varias funciones sintácticas. Así, pueden ser complemento de régimen de un verbo (subrayado con trazo discontinuo): *Descubre las tres sucesivas perspectivas a que se refieren las famosas interrogaciones que antes recordé* (Laín Entralgo, *Espera*) o de otra clase de palabras, por ejemplo un sustantivo, como en *Había ocurrido en Besarabia, su tierra natal, de la que tenía vagos recuerdos infantiles* (Marechal, *Buenosayres*). Pueden ejercer asimismo la función de complemento circunstancial: *Es la única persona ante quien baja la cabeza José Francisco Ardavín* (Gallegos, *Canaima*). Los grupos encabezados por la preposición *a* que ejercen las funciones de objeto directo o indirecto no son propiamente grupos sintácticos preposicionales, ya que alternan con grupos nominales y la preposición que contienen no está seleccionada léxicamente en ellos. En efecto, en *un herido al que transportar,* el verbo no selecciona la preposición *a,* a diferencia de *recurrir* en *alguien a quien recurrir.*

22.2.1b Los grupos adverbiales relativos se forman anteponiendo un adverbio y su complemento preposicional, que contiene el relativo, como en *Estábamos cogidos de las manos, sentados en el viejo muelle, debajo del cual el agua glauca y oscura chapoteaba musicalmente* (Rubén Darío, *Azul*) o en *Preside estos núcleos un patio, alrededor del cual se desarrollan las diversas estancias* (Chueca Goitia, *Arquitectura*).

22.2.1c Los grupos nominales relativos aparecen casi siempre en las oraciones explicativas y se forman adelantando un grupo nominal que contiene un relativo en el complemento del nombre: *Agustín, un hermano del cual vino a verme,* ... Estos grupos nominales suelen estar encabezados por determinantes indefinidos o cuantificadores. También son posibles con los sustantivos y numerales que forman construcciones partitivas: *En torno a la mesa se sentaban unas treinta personas, la mitad de las cuales parecían obreros y la otra mitad directivos* (Mendoza, *Verdad*); *[...] y de espacios de encuentro para sus vecinos, un 12% de los cuales son inmigrantes* (*País* [Esp.] 14/7/2000). Se forman igualmente grupos nominales relativos con el determinante posesivo *cuyo* (§ 22.4.1).

22.2.1d En los grupos relativos de participio o de gerundio la subordinada se construye con el relativo complejo *lo cual,* que concuerda en género neutro con su antecedente oracional: *Y así, procuraba y pugnaba por desenlazarle. Viendo lo cual Sancho Panza, se puso en pie, y, arremetiendo a su amo, se abrazó con él a brazo partido* (Cervantes, *Quijote* II); *El perro giró nuevamente alrededor, resopló en un intersticio, y, para honor de la raza, rascó un instante el bloque ardiente. Hecho lo cual regresó con paso perezoso* (Quiroga, H., *Amor*). El relativo *lo cual* se asemeja en estas construcciones a un demostrativo (*Hecho esto, regresó con paso perezoso; Viendo esto, se puso en pie*).

22.2.2 Grupos sintácticos interrogativos y exclamativos

22.2.2a Los pronombres y adverbios interrogativos y exclamativos forman, como los relativos, grupos interrogativos y exclamativos. No obstante, los interrogativos —pero no los relativos— admiten modificadores, como en *quién más, cuándo concretamente, dónde en particular.* Algunos llevan complementos partitivos (*quién* *de ellos, cuál de ustedes, cuánto de este pan*) y pueden ser modificados por una serie de sustantivos de naturaleza enfática (*quién diablos, dónde narices, cómo demonios:* § 42.3.5b). Por otra parte, los grupos sintácticos formados por algunos interrogativos y exclamativos contienen oraciones de relativo, que pueden aparecer inmediatamente tras ellos (*¿Cuántos que tú recuerdes asistieron a la reunión?*) o no (*¿Qué razón te dio que fuera tan importante?*).

22.2.2b   Los determinantes interrogativos y exclamativos (*qué casa, qué alegría, cuál libro*) no tienen correspondencia con los relativos. Se exceptúa el uso, ya infrecuente, de *cual* que ilustra el ejemplo de Cervantes reproducido en el § 22.1.1c. A diferencia de los relativos, los interrogativos y los grupos sintácticos que forman pueden coordinarse con facilidad: *Diremos cómo y por qué le pusieron este nombre* (Inca Garcilaso, *Comentarios*).

22.3   Particularidades de los pronombres relativos, interrogativos y exclamativos

En la sección precedente se analizaron las estructuras que pueden presentar los grupos sintácticos que forman los relativos, interrogativos y exclamativos. En esta sección y en las siguientes se examinarán las propiedades particulares de cada una de estas unidades.

22.3.1   El relativo *quien* y el interrogativo-exclamativo *quién*

22.3.1a   En la lengua actual, el relativo *quien* se refiere a las personas, pero también a ciertas cosas personificadas. Dicho proceso de PERSONIFICACIÓN afecta a menudo a grupos nominales que designan instituciones y otras agrupaciones de individuos, como en *Propusieron la compra del proyecto a la empresa nipona, quien aceptó de buena gana* (*País* [Esp.] 2/9/2004) o en *Se trata de una entidad asesora del Ministerio, de quien depende y a quien propondrá medidas y rendirá cuentas* (*País* [Ur.] 4/10/2001). Aun así, en los registros formales tiende a evitarse el pronombre *quien* en estos casos, y es más frecuente elegir *que*, o bien *el que/la que* o *el cual/la cual*. Se recomienda, pues, *que aceptó de buena gana* en el primer ejemplo, y *del que depende* (y *al que propondrá*) en el segundo. La relación sintáctica entre *quien* y un sustantivo no personal es más habitual en los textos —y también menos marcada— si se produce en una PERÍFRASIS DE RELATIVO O CONSTRUCCIÓN DE RELIEVE (§ 40.5). En estas construcciones la subordinada no forma segmento sintáctico con la palabra relativa, como en *El canal será quien dicte la pauta de la programación, no los anunciantes* (*Universal* [Ven.] 6/11/1996) o en *Y es el mar quien ganará la partida al final* (Roa Bastos, *Vigilia*), donde se atribuyen al mar atributos o capacidades superiores. Es frecuente asimismo el uso personificado de los nombres de ciertos animales: *Se había sentado en su antiguo sitio del sofá, tras sacudir enérgicamente el almohadón reluciente de pelillos y de siestas del gato, quien por cierto había desaparecido* (Pombo, *Héroe*).

22.3.1b   El pronombre *quien* puede ejercer diversas funciones sintácticas, como la de complemento directo (*la mujer a quien ama*), indirecto (*el pariente lejano a quien* *donó toda su fortuna*) o término de preposición en los complementos de régimen y en los adjuntos (*el abogado en quien confiaba; el amigo con quien paseaba*). Rechaza, en cambio, la de sujeto en las relativas especificativas: *el escritor {*quien~que} trató largamente esa cuestión*, pero no en las explicativas: *El escritor, {quien~que} trató largamente esa cuestión, declaró que...* La irregularidad de *quien* en el primer caso se suele atribuir a la coincidencia de los rasgos del relativo y los de su antecedente —concretamente, el de persona y el de número— en una posición contigua dentro del mismo grupo sintáctico. El pronombre relativo *quien* alterna con «artículo determinado + *que*» tanto cuando encabeza una relativa libre, como en *Esto es para {el que~quien} lo quiera*, como cuando pertenece a relativas con antecedente externo a ellas. En este caso también alterna con la pauta «artículo determinado + *cual*»: *gente de {quien~la que~la cual} no puede uno fiarse*, según se explica en el § 44.2.3.

22.3.1c   No se da la alternancia mencionada en el apartado anterior con *el que / la que* o *el cual / la cual* si la oración que contiene *quien* depende de *haber, tener* y unos pocos verbos más:

> Estos tales cautivos tienen muy dificultosa su libertad, que, como son del común y no tienen amo particular, no hay con quien tratar su rescate (Cervantes, *Quijote* I); ¿No sería obra de cordura dejarla aquí en el Cuzco, bien celada en un convento, ya que ni amigos ni parientes tienes a quien confiársela? (Sanchis, *Aguirre*); Desde diciembre pasado, madres del estado Vargas no tienen con quien dejar a sus hijos cuando salen a trabajar (*Nacional* 26/7/2000).

En tales casos *quien* se considera un relativo indefinido (§ 22.1.1a), en cuanto que lo es el antecedente implícito que contiene. Así, *No hay quien te entienda* equivale, en efecto, a 'No hay una persona que te entienda'. La alternancia de *quien* con *el que, el cual* y sus variantes puede darse, no obstante, si el antecedente está expreso y es un grupo nominal, como en *No había en toda la ciudad una persona con {quien~la que} hablar*. Si bien las oraciones que encabeza *quien* en estos casos no son interrogativas indirectas, el pronombre es a menudo tónico cuando se construye con infinitivo, como se explica en el § 22.1.1a, y puede llevar acento gráfico. Contrastan, pues, *No tenemos con quién conversar* (Serrano, M., *Vida*), con relativo tónico, y *Vos os casaréis con Silvia, o habrá quien sepa pediros cuenta de vuestros engaños* (Benavente, *Intereses*), con relativo átono.

22.3.1d   El relativo *quien*, así como el interrogativo y exclamativo *quién*, poseen flexión de número (*quienes, quiénes*). Este plural se extendió en una época tardía, por lo que a veces se registra todavía el singular para referencias plurales: *Quién son los que os acompañan* (Cruz, *Castañeras*). Se recomienda evitar *quien* y *quién* en los usos concordados en plural, es decir, en la interpretación que corresponde a *quienes* y *quiénes*.

22.3.1e   El pronombre interrogativo y exclamativo *quién* introduce la variable correspondiente a una persona, tanto en oraciones interrogativas o exclamativas directas (*¿Quién era?; ¡A quién se le ocurre!*) como indirectas (*Depende de quién fuera; Mira quién fue a hablar*). Al igual que sucede con algunos pronombres indefinidos (§ 19.3.1b), *quién* admite los dos géneros, como el relativo *quien: ¿Quién estaría* *{dispuesto~dispuesta} a ir?; quien más {contento~contenta} estaba.* En México, y también en Guatemala, El Salvador y otros países centroamericanos se registra el uso de *quién* como pronombre indefinido equivalente a *nadie: Murió llorando porque nos dejaba sin quién en el mundo* (Asturias, *Presidente*).

22.3.1f   Seguido de imperfecto o pluscuamperfecto de subjuntivo, el pronombre *quién* encabeza oraciones optativas (§ 42.2.4e) en las que el que habla se suele lamentar de no hallarse (o no haberse hallado) en la situación que el predicado verbal denota. Alternan en estas construcciones el valor exclamativo de *quién* y el uso interrogativo propio de las preguntas retóricas: *Alma mía: ¡quién pudiera / Vestirte de enredadera!* (Ibarbourou, *Raíz*); *¿Quién hubiera podido prever este golpe, de manos de Zelmar?* (Acevedo, *Brenda*).

22.3.2   El relativo *que* y el interrogativo-exclamativo *qué*

22.3.2a   El pronombre *que* es el relativo de uso más general en español, lo que se debe a que carece de flexión y no contiene rasgos léxicos que restrinjan sus posibles antecedentes. Tal defectividad le impide encabezar relativas sin antecedente expreso si no va precedido del artículo determinado, puesto que este es el que aporta la información que permite reconocer al antecedente: *{La~*Ø} que llamó me dijo que...* Cuando encabezan relativas semilibres, los dos componentes de la combinación «artículo determinado + *que*» tienen cierta independencia. Según unos análisis, el antecedente del relativo queda tácito en estos casos (*el Ø que antes termine el examen*); según otros, estaría representado por el propio artículo (*el que antes termine, lo que quieras comprar*), que adquiere así valor pronominal. En una y otra interpretación, el artículo determinado mantiene sus propiedades referenciales. Se discute el carácter sintáctico o léxico de la combinación «artículo determinado + *que*» cuando el antecedente está expreso, como en *aquello de lo que hablan*. En estos casos el artículo y el relativo forman los llamados RELATIVOS COMPLEJOS (también COMPUESTOS) *el que, la que, lo que, los que* y *las que* (§ 44.1.3).

22.3.2b   La forma *lo que* no solo hace referencia a entidades (*Esto es lo que le gusta*), sino también a cantidades, como en *Usted conviene conmigo en que estas joyas valen la mitad de lo que vale el collar* (Silva, *Sobremesa*). El USO CUANTITATIVO de *lo que*, que comparte con el demostrativo *esto* (*Vale esto~Vale mucho*), se ve favorecido en los contextos exclamativos como *Ustedes pueden imaginarse lo que significa para un venezolano un sitio donde se respeta el conocimiento y la sabiduría* (*Universal* [Ven.] 1/9/1996), donde *lo que* equivale a 'lo mucho que'. El relativo *lo que* forma parte de algunas expresiones lexicalizadas o semilexicalizadas, con el sentido de 'cualquier cosa', como *lo que haga falta, lo que venga, lo que sea: Dale lo que sea y que se vaya* (Mendizábal, *Cumpleaños*).

22.3.2c   El pronombre *qué* posee gran número de usos. Se emplea como pronombre interrogativo o exclamativo referido a cosas, como en *¿Qué quieres?*, y como determinante en *¿Qué regalo quieres?* o *¡Qué gozo para su alma aquel abrazo de su Jeromín querido!* (Coloma, *Jeromín*). Atendiendo al conjunto de personas o cosas al que afecta la incógnita que introduce, el interrogativo *qué* admite dos interpretaciones.

En la INTERPRETACIÓN NO RESTRINGIDA induce la selección de una entidad que no ha de ser tomada de un conjunto previo: *¿Qué dice aquí?*; *¿Qué ciudad elegirías para vivir?* En la INTERPRETACIÓN PARTITIVA ENCUBIERTA O DISCRIMINATIVA se realiza implícitamente dicha selección a partir de un conjunto aportado por el discurso inmediato o mencionado de forma expresa, como en *Tengo que elegir un color de estos, pero aún no he decidido qué color*. La entidad identificada puede ser una clase entre varias (interpretación CUALITATIVA). Así, *¿Qué (o cuál) cerveza te gusta más?* significa '¿Qué tipo de cerveza te gusta más?'. Usado como determinante con interpretación discriminativa, *qué* puede alternar con *cuál*: —[...] *Me pareció que decía que se iba a la costa —¿A la costa? ¿A qué costa?* (Savater, *Caronte*); —*No te apures tanto, dinos qué pasó en la Cámara. —¿Cuál Cámara?* (Ibargüengoitia, *Relámpagos*). En esta posición se va imponiendo *qué* a *cuál* en las áreas rioplatense y europea, no tan claramente en las demás. No se produce la alternancia entre *qué* y *cuál* si ambos se usan como pronombres, puesto que *cuál* alude a un conjunto implícito (*Aún no he decidido cuál compraré*), mientras que *qué* no lo hace necesariamente (*Aún no he decidido qué compraré*).

22.3.2d　El interrogativo *qué* recibe una interpretación CUANTITATIVA (semejante a la de *cuánto*) con ciertos nombres no contables que designan nociones mensurables: *¿{Qué ~ cuánta} profundidad tiene la fosa?* o *¿{Qué ~ cuánta} temperatura ha de alcanzar la mezcla?* También la adquiere con los verbos de medida *costar, valer, pesar*, etc., sobre todo en la lengua coloquial: *Desde los seis o siete años fueron preguntas usuales en ella: —¿Esto qué vale? ¿Esto qué cuesta? Esto será muy caro* (Aub, *Calle*).

22.3.2e　El valor cuantitativo no es ajeno al *qué* exclamativo usado como determinante: *¡Dios, y qué fuerza hubimos de hacer todos para reducirlo!* (Cela, *Colmena*). Son únicamente exclamativos los grupos sintácticos construidos con el adverbio *qué* como cuantificador de adjetivos o de otros adverbios. Se dice, por tanto, *¡Qué difícil es!* o *¡Qué despacio va!*, pero no **¿Qué difícil es?* o **¿Qué despacio va?* También son siempre exclamativos los grupos nominales que se forman con *qué de* y un sustantivo contable en plural o uno no contable en singular: *Qué de flores, qué de colorines, todos los jardines de la ciudad se han volcado esta noche en el Teatro Cervantes* (Vázquez, Á., *Juanita Narboní*). Lo son igualmente los grupos sintácticos encabezados por el determinante *qué* en los que un sustantivo aparece modificado por grupos adjetivales introducidos por *más* o *tan* (*¡Qué cofre más artístico!*; *¡Qué pena tan grande!*). Estos cuantificadores quedan a veces tácitos: *¡Qué mundo malo!* (Arcipreste Hita, *Buen Amor*); *¡Qué broma estúpida!* (Gambaro, *Malasangre*).

22.3.3　El relativo *cual* y el interrogativo-exclamativo *cuál*

22.3.3a　El relativo *cual* solamente se usa integrado en los relativos complejos (§ 44.1.3c): *el cual / la cual / lo cual / los cuales / las cuales*. Este relativo alude necesariamente a un antecedente discursivo previo, por lo que está incapacitado para encabezar relativas sin antecedente expreso: *{Quien ~ el que ~ *el cual} es feliz no necesita nada*. Al igual que *quien*, el relativo *cual* está también excluido de las relativas especificativas si no lleva preposición: *el escritor {*quien ~ *el cual ~ que} trate esa cuestión; el texto {*el cual mencionaron ~ del cual hablaron}*. La restricción no afecta a las relativas explicativas: *Me trajo de regalo dos copas de oro, las cuales, según los* *estudiosos, habían pertenecido a los emperadores de Bizancio* (Mujica Lainez, *Bomarzo*); *Se había concentrado en la expresión ausente de Mario, el cual parecía dedicarle su perplejidad al infinito* (Skármeta, *Cartero*). En el registro coloquial del español europeo se documenta a veces la fórmula relativa reforzada *lo cual que* en construcciones paratácticas que expresan consecuencia o continuidad lógica: *Esto no lo arregla Mónica Ridruejo ni Salambó que le cortase la cabeza a Fernando Delgado. Lo cual que se la han cortado* (*Mundo* [Esp.] 30/9/1996). Estas fórmulas poseen muy escaso prestigio, por lo que no se recomiendan.

22.3.3b   El interrogativo *cuál* se usa como determinante y como pronombre, aunque en el primer caso compite en desventaja con *qué* en algunos países (§ 22.3.2c). Como pronombres, en cambio, *cuál* y *cuáles* son de uso general en el español de hoy: *Por el momento no es esencial fijar cuál o cuáles fueran las pronunciaciones de la c en América* (Alonso, A., *Estudios*). A diferencia de *qué*, el interrogativo *cuál* admite complementos partitivos (*cuál de ellos, cuál de las propuestas*, frente a **qué de esas montañas*). Se emplea *cuál* para pedir que se precise la referencia de alguna expresión nominal introducida en el discurso precedente: *¿Qué había dicho? ¿Florencio? ¿De cuál Florencio hablaba?* (Rulfo, *Pedro Páramo*), o bien para solicitar información acerca del elemento o los elementos que deben seleccionarse de algún conjunto, a veces expreso: *¿Cuál de estas corbatas te vas a poner?*, pero otras tácito: *¿Cuál fue la causa de semejante viraje?* (Posse, *Pasión*). Se ha perdido en gran medida el uso de *cuál* en los contextos exclamativos, aunque pervive en ciertas fórmulas semilexicalizadas: *Cuál no sería mi sorpresa al encontrarla en la cocina* (Bioy Casares, *Trama*).

22.4   El determinante posesivo relativo *cuyo* y los cuantificadores *cuanto* y *cuánto*

Los relativos *cuyo* y *cuanto* se denominan tradicionalmente ADJETIVOS RELATIVOS porque inciden sobre los sustantivos a la manera de los adjetivos (en el sentido amplio del término: § 1.4.2a); *cuyo* es un determinante posesivo (*el cuadro cuya venta se acordó*) y *cuanto* es un cuantificador (*la más perspicaz de cuantas estudiantes tuvo*). Este último admite también usos pronominales y adverbiales (§ 22.4.2a).

22.4.1   El relativo *cuyo* y el interrogativo *cúyo*

22.4.1a   Al igual que los demás determinantes flexionados, *cuyo* concuerda con el sustantivo sobre el que incide, que designa la entidad poseída, pero no con su antecedente, que designa el poseedor: *El fiscal alza ante el Tribunal el libro cuyos pliegos se doblan entre sí cargados de rasgos apretados y menudos* (Fernández Santos, *Extramuros*); *¿Qué hacer con esa plata, a cuyo breve radio de alcance, por lo demás, estaba limitado todo su poder adquisitivo en el lapso de un mes?* (Aira, *Varamo*). Como los demás posesivos, el relativo *cuyo* no concuerda en plural con los sustantivos coordinados, sino en singular con el más próximo: *{cuya ~ *cuyas} perspicacia e inteligencia*.

22.4.1b   Los posesivos están muy próximos a los pronombres personales (§ 18.1.1) por cuanto realizan un tipo de designación muy similar y presentan, como ellos, rasgos de persona. El relativo posesivo *cuyo* posee rasgos de tercera persona, al igual que *su*, como en *Ella, cuya única preocupación es el bienestar de sus hijos...* Solo excepcionalmente se registra como antecedente de *cuyo* un pronombre de segunda persona: *Tú, cuyos delitos y traiciones / causan este dolor, das parabienes / de su misma maldad a los sayones* (Quevedo, *Poesías*). El relativo *cuyo* puede integrarse en grupos nominales definidos o indefinidos, como en *{la ~ una} novela cuya traducción al ruso fue publicada recientemente*, pero el grupo que forma (*cuya traducción al ruso* en el ejemplo anterior) es siempre definido. La relación que mantiene *cuyo* con el predicado de la subordinada es indirecta, ya que no es ni argumento ni adjunto de aquel, sino un modificador adnominal. Como se explica en el § 18.3.1a, el complemento genitivo de un nombre puede representar diversas relaciones semánticas. Así, la entidad denotada por el relativo *cuyo* en el grupo nominal *cuyo retrato* puede interpretarse de tres formas: como el argumento de *retrato* que designa la persona o cosa retratada (genitivo objetivo), como el agente o autor del retrato (genitivo subjetivo) o como el dueño del retrato (poseedor).

22.4.1c   Los posesivos alternan con grupos nominales definidos: *su casa ~ la casa de ella*. Del mismo modo, *cuyo* puede alternar con *del cual, de la cual*, etc. (o, más esporádicamente, con *del que, de la que...*) en casos como *un estanque {en el centro del cual ~ en cuyo centro} había un surtidor*. Los resultados obtenidos son gramaticales en ambos casos, pero se suele preferir estilísticamente la opción con *cuyo*, especialmente si la relativa es especificativa. Cuando se combina con los sustantivos *caso, causa, efecto, fin, motivo, objeto* y otros similares, *cuyo* está próximo a los demostrativos: *en cuyo caso ~ y en ese caso; por cuya causa ~ y por tal causa*, etc. Aun así, se consideran preferibles las variantes que contienen demostrativos (*ese, tal*).

22.4.1d   El relativo *cuyo* no se usa en los registros informales. De hecho, ha desaparecido de la lengua oral de muchas variedades del español, y en ciertos países también de la periodística. Se consideran incorrectos algunos de los sustitutos más comunes de *cuyo* en los registros informales, en particular la secuencia que forman *que* y *su*, sea a distancia, como en *Mi cuñada, que se le murió su marido, mi hermano,* [...] (CREA oral, España), o bien en contigüidad, como en *Había un francés que su lengua materna era el* patois (Cifuentes, *Esmeralda*).

22.4.1e   El posesivo interrogativo *cúyo,* hoy desaparecido, presentaba un uso pronominal, como en *Allí el juez empezó por preguntarle cúyo era ese tesoro* (Palma, *Tradiciones* V), y un uso como determinante: *Emperador. ¿Cúya hija es, si sabéis?* (Gil Vicente, *Duardos*).

22.4.2   El relativo *cuanto* y el interrogativo-exclamativo *cuánto*

22.4.2a   El relativo *cuanto,* poco frecuente en la lengua oral, coincide con los cuantificadores *mucho* o *poco* en que se construye como modificador nominal (*cuantas ocasiones haya*), como pronombre (*cuantas haya*) y también como adverbio (*cuanto viva*). Se usa sobre todo en cuatro construcciones, pero solo es propiamente relativo en tres de ellas. En la primera, se combina con el cuantificador *todo*, como en *La evolución es todo cuanto existe* (Cardenal, *Pluriverso*), donde el pronombre *cuanto* equivale a *lo que* y *todo* puede suprimirse sin alterar el significado. Se obtienen equivalencias similares si el relativo *cuanto* se usa como adverbio o determinante: *cuanto dure ~ todo lo que dure; cuantos operarios ~ todos los operarios que*. En estas combinaciones *todo(s)* no es el antecedente del relativo, sino un cuantificador adjunto a la relativa libre. En la segunda construcción, llamada CORRELATIVA, *cuanto* tiene por antecedente a *tanto* (o sus variantes flexivas), como en *Te concederán tanto cuanto pidas*, donde podría omitirse asimismo *tanto*, o en *Lo repetiré tantas cuantas veces sea interrogada acerca de ello* (*ABC Cultural* 6/12/1991), donde *tantas* significa 'tantas veces'. En su tercera interpretación, *cuanto* aparece en la CONSTRUCCIÓN COMPARATIVA PROPORCIONAL (§ 45.4.1). En esta estructura se indica que se da cierta proporción entre el incremento o la disminución de la magnitud que expresan los miembros de una correlación: *Cuanto más la conozco, menos me gusta. Cuanto más* es aquí un grupo adverbial relativo que modifica a *conozco*, igual que *mucho más* en *Lo conozco mucho más. Cuanto* no es, en cambio, pronombre relativo cuando encabeza el segundo término de ciertos grupos coordinados copulativamente, como en: *Puede garantizar una justa decisión sobre los intereses en litigio, tanto por sus cualidades humanas cuanto por las derivadas de la propia institución* (*Voz Galicia* 30/10/1991) o en *[...] unas medicinas tan necesarias cuanto imposibles de pagar* (*Universal* [Ven.] 21/1/1997). Esta pauta se analiza en el § 31.3.2d.

22.4.2b   El interrogativo-exclamativo *cuánto* se usa en sus formas flexionadas como adjetivo cuantificativo (*cuántas veces, cuántos papeles, cuánto tiempo, cuánta plata*) o como pronombre, tanto si se refiere a personas: *¡Oh muerte, muerte, a cuántos privas de agradable compañía, a cuántos desconsuela tu enojosa visitación!* (Rojas, *Celestina*), como si alude a otras realidades. Como otros cuantificadores, puede usarse en construcciones anafóricas (*muchos pesos, pero no sé exactamente cuántos*) o bien catafóricas: *Ponte a pensar cuántos son cuatrocientos pesos juntos* (García Márquez, *Coronel*); *No sé cuántos de estos materiales se podrán aprovechar*. Como puede observarse en el último ejemplo, *cuánto* se parece a *mucho, poco* y otros cuantificadores indefinidos en que admite la construcción partitiva. Se construye también, al igual que *mucho* y *poco*, con complemento adjetival: *¿Cuánto de aprovechable puede haber en estos materiales?* Cuando es adverbio, *cuánto* incide sobre el verbo como complemento adjunto, como en *¿Cuánto duermes cada día?; ¡Cuánto le gustaba que lo sacaran a pasear!*, pero también como argumento, como en *¿Cuánto cuesta un paquete de cigarrillos?* o en *¿De qué sirve, a qué puede conducir, cuánto puede durar?* (Mallea, *Bahía*). También puede ser modificador de grupos adjetivales o adverbiales comparativos: *cuánto menos inútil, cuánto más hábilmente*.

22.4.2c   La forma apocopada *cuán* se usa ante adjetivos o adverbios. Los grupos sintácticos así formados pueden ser exclamativos o interrogativos. Los primeros se usan en los registros elevados de todas las variedades geográficas del español: *¡Cuán grande amor huyó en exiguo tiempo!* (Guelbenzu, *Río*); *Había advertido cuán poco conocía del mundo* (Pitol, *Juegos*), aunque hoy es más común usar *qué* en su lugar: *¡Qué distinta te veo!; ¡Qué lejos vive!; ¡Qué suavemente se desliza!* Las interrogativas con *cuán* son menos frecuentes en el español europeo que en el americano, al menos las directas. En su lugar se usa *cómo de* en España, en parte del área rioplatense, en Bolivia, Cuba y El Salvador, entre otros países: *—No, es más pequeño que yo. —¿Cómo de pequeño?* (Fraile, *Cuentos*); *Entrarnos en son de crítica, sin más,* *por los campos ya agostados del Renacimiento clásico, difícilmente haría imaginar cómo de fértiles eran ha cuatro siglos* (Gómez-Moreno, *Águilas*). Los interrogativos no tienen, en estos contextos, variantes con el adverbio *qué* (*¿Qué lejos vive?*), salvo en la construcción «*qué tan* + adjetivo o adverbio» (*qué tan alto, qué tan lejos*), que se describe a continuación.

22.4.2d La combinación del interrogativo-exclamativo *qué* y el cuantificador comparativo *tanto* se extiende a casi todos los países americanos: *¿Qué tanto saben ellos de nosotros?*; *¡Qué tanto le tienen que revisar a un inocente cura!* (Bain, *Dolor*). A la misma pauta pertenecen «*qué tanto* + sustantivo» y «*qué tan* + adjetivo o adverbio»: *¿Qué tanto apuro tienen?*; *Cuando hacen alpargates de algún calzón viejo, ¡qué tan bobos y brutos serán!* (Carrasquilla, *Tiempos*); *Desde el primer momento, supe que llegaría lejos. Eso sí, nunca imaginé qué tan lejos* (Vargas Llosa, *Fiesta*).

22.4.2e La combinación *qué tal* es análoga en su estructura a *qué tan(to)*, aunque no en su significado. Construido con grupos nominales, el demostrativo *tal* se puede usar como determinante: *¿Y qué tal chica es?* (Fernán Gómez, *Bicicletas*), que significa '¿Y qué clase de chica es?' (interpretación CUALITATIVA O DE TIPO). Se usa asimismo *qué tal* como fórmula de saludo similar a *¿Cómo estás?* o *¿Cómo están?*, y también como expresión atributiva equivalente a *qué ocurriría* o a *qué te parece*, seguida de prótasis condicionales: *Y ahora que ya somos iguales y ninguno es igualado ¿qué tal si decimos salud?* (Castellanos, R., *Eterno*). En gran parte del Perú, pero también en otras zonas del área andina, es común la pauta «*qué tal* + sustantivo» con el sentido que corresponde a *vaya* en las restantes áreas, como en *¡Qué tal casa!* o *¡Qué tal escándalo!*, como en *También el fragor de una cierta indignación ciudadana. Qué tal escándalo* (*Caretas* 17/4/1997).

22.5   Los adverbios relativos, interrogativos y exclamativos

22.5.1   ¿Adverbios relativos o conjunciones?

Las subordinadas encabezadas por los relativos *donde, adonde, cuando* y *como* (y a veces *cuanto* en sus usos adverbiales: § 22.4.2a) han planteado tradicionalmente problemas de delimitación entre la subordinación adjetiva y la adverbial. Esta última se considera actualmente una noción muy problemática, como se hace notar en los § 1.7.3b, c.

22.5.1a Cuando tales construcciones cuentan con un antecedente explícito, es clara la condición adjetiva de las correspondientes subordinadas (en el sentido amplio de *adjetivo* como 'modificador restrictivo'): *Le indicó que debía rodear sucesivamente el lugar donde el hombre dormía, con tierra* (Merino, *Orilla*); *Tampoco es posible poner de acuerdo a los distintos colaboradores acerca de la manera como ha de conducirse esta labor común* (Marías, *Historia*). En caso contrario, la tradición gramatical ha tendido a considerar que la correspondiente oración es una subordinada adverbial —locativa, temporal o modal—, sobre todo si la subordinada precede a la oración principal o aparece separada de ella por alguna inflexión entonativa. Así, en oraciones como *Cuando sonó el teléfono, se despertó*, se clasifica *cuando* como conjunción temporal en algunas gramáticas tradicionales. No se suele adoptar hoy este análisis, ya que su contenido es el que corresponde a un adverbio relativo: 'en el momento en que'. Por otra parte, las conjunciones subordinantes no ejercen funciones sintácticas respecto de los predicados, pero *cuando* se considera complemento circunstancial de *sonó* en *cuando sonó el teléfono.* Predomina hoy la idea de que, si no tienen antecedente expreso, estos adverbios forman relativas libres que incorporan el significado de un antecedente que denota tiempo, lugar o modo. Ello no impide que puedan desempeñar el papel de conjunción subordinante en otros contextos, como en *Cuando tú lo dices, será verdad,* donde alternan *cuando* y *si.*

22.5.1b   Las relativas libres adverbiales son habitualmente modificadores adjuntos de un verbo, pero pueden serlo también en el interior de un grupo nominal, como en *la aparición del señor Presidente cuando nadie lo esperaba,* e incluso constituir términos de preposición, al igual que los grupos nominales: *hasta donde puedas, para cuando lo necesites, por como lo dijiste,* etc. Los adverbios relativos manifiestan en todos esos casos sus dos propiedades fundamentales: tienen antecedente (aunque sea tácito) y desempeñan funciones sintácticas respecto de un predicado. A los adverbios relativos mencionados se añaden las variantes inespecíficas *dondequiera, adondequiera, cuandoquiera* y *comoquiera,* que se analizarán en el § 22.6.

22.5.2   Los relativos *donde* y *adonde* y los interrogativos-exclamativos *dónde* y *adónde*

22.5.2a   *Donde* y *adonde* son los únicos adverbios relativos de lugar que ha conservado la lengua culta. El español antiguo usó también los adverbios *do* y *onde,* pero esta última voz, así como *ande* (< *a* + *onde*), es hoy una variante desprestigiada que se recomienda evitar. Con antecedente expreso, *donde* puede encabezar relativas especificativas, como en *Se acercó a un lugar donde había varias bobinas de película* (Aguilera Malta, *Pelota*), y también relativas explicativas, como en *En los suburbios, donde la ciudad sale allá afuera, [...] se desplomó en un montón de basura y se quedó dormido* (Asturias, *Presidente*). Tanto en unas como en otras *donde* alterna con *en el que* o *en el cual,* con sus variantes de género y número.

22.5.2b   Los antecedentes de *donde* suelen expresar entidades susceptibles de ser localizadas espacialmente. Sin embargo, se interpretan figuradamente como nombres de lugar algunos sustantivos no locativos: *Lo último que me propuse hacer fue un relato de brujas, de brujas verdaderas, donde su víctima, la protagonista, de alguna manera se inspiraba en nuestra Billie Upward* (Pitol, *Juegos*). Se observa un notable incremento de las construcciones en las que *donde* se usa con antecedente no locativo en la lengua periodística de algunos países americanos. Se recomienda evitar expresiones como *proyectos donde* (por *en los que*) *se requiere alta capacitación, decisiones políticas donde* (por *en las que*) *había que reflexionar mucho más, los especímenes donde* (por *en los que*) *tuvo éxito el experimento,* etc.

22.5.2c   Como se señaló en el § 22.5.1b, las relativas libres introducidas por el relativo *donde* pueden también ser términos de preposición, como en *Desde donde vivo se ve el mar; Sus propiedades llegan hasta donde alcanza la vista; Está muy cerca de* *donde yo trabajaba.* Deben distinguirse estos casos de aquellos en que el término de la preposición es solo el adverbio: *Hay un cuartito que comunica con el salón de actos, desde donde se oye todo divinamente* (Pérez Ayala, *Belarmino*). A pesar de ser redundante, la combinación *en donde* se considera correcta en los contextos en los que se expresa ubicación: *Soy un hombre poco amigo de meterme en donde no me llaman* (Cela, *Colmena*). Cuando denota el término de una trayectoria, *donde* se construye sin auxilio de preposición, como en *donde voy*, en alternancia con *adonde voy* y con *a donde voy*: *Este, el que acababa de llegar adonde yo estaba, ni siquiera contestó a la cortesía de mi saludo* (Bryce Echenique, *Martín Romaña*); *Yo tenía entendido que a cualquier lugar del mundo a donde llegara se tendrían noticias de la catástrofe* (García Márquez, *Náufrago*). Se considera una pauta arcaica, no justificable sintácticamente en la lengua actual, el uso de *adonde* para expresar ubicación, como en *Siguieron la costa del Poniente abajo, y llegaron al puerto que llamaron del Retrete adonde estaba la ciudad* (Morón, *Historia*). Asimismo, se recomienda evitar *adonde* si la preposición forma parte de una locución, como en *frente adonde*, en lugar de la opción correcta *frente a donde*. Cuando indica el origen de una trayectoria, el adverbio relativo *donde* requiere en el español actual el auxilio de una preposición: *No se movió de donde estaba* (Martín Recuerda, *Arrecogías*).

22.5.2d El adverbio interrogativo-exclamativo *dónde* significa 'en qué lugar', como en *¿Dónde estás?*, que alterna con *¿En dónde estás?* Al igual que su equivalente relativo, puede ser término de las preposiciones *a, de, desde, hacia, hasta, para, por*: *¿Desde dónde me llamas?*; *¿Por dónde pasa el tren?* La preposición *a* y el adverbio *dónde* dan lugar a las formas *adónde* y *a dónde*, ambas igualmente correctas, para indicar dirección o destino. Se registra también *dónde*, con omisión de la preposición *a*, usado en esta misma interpretación. Alternan, pues, *¿Dónde vas?*, *¿Adónde vas?* y *¿A dónde vas?* El adverbio *adónde* es característico de los verbos de movimiento, pero se emplea también con otros que tienen argumentos de DESTINO, como en *¿Crees que, si supiera cómo, no lo habría llamado? Pero ¿adónde?* (Gala, *Durmientes*). Deben evitarse las combinaciones redundantes en las que el adverbio *adónde* aparece precedido de otra preposición que indique dirección o destino, como *¿Hacia adónde nos dirigimos?*, en lugar de *¿Hacia dónde nos dirigimos?*

22.5.3 El relativo *cuando* y el interrogativo-exclamativo *cuándo*

22.5.3a El adverbio relativo *cuando* es el conector temporal más empleado en el español actual. Usado como adjunto, introduce una oración que sitúa temporalmente el evento o el estado de cosas denotado por la cláusula principal. Equivale aproximadamente a 'en el tiempo o en el momento en que' (donde *que* es un pronombre relativo), como en *Su esposa se desesperaba cuando lo veía maltratándose los dedos* (Bayly, *Días*).

22.5.3b El adverbio *cuando* encabeza relativas libres en su uso más frecuente. Se emplea mucho menos con antecedente expreso, como en *Yo aún recuerdo aquel tiempo cuando había capellán en el Palacio* (Valle-Inclán, *Sonata*). Se prefieren hoy en estos casos las variantes con grupos preposicionales relativos formados con pronombres, como en *Al verle acercarse a ella, se retiró atemorizada al portal,* *precisamente en el instante en que bajaba Cleto de su casa* (Pereda, *Sotileza*) o en [...] *atribuían a una época de esplendor en la que el sabio sacerdote Quetzalcóatl había sido supremo guía espiritual* (León-Portilla, *Pensamiento*). No obstante, en las relativas explicativas es habitual el uso de *cuando* con antecedente, a menudo un adverbio pronominal: *Su padre y ella se entendían bien entonces, cuando estaban en el campo, hasta que empezaron a tener dinero y se vinieron todos juntos a vivir* (Martín Gaite, *Visillos*); *Ni mucho menos podrá extrañar que ahora, cuando las masas triunfan, triunfe la violencia* (Ortega Gasset, *Rebelión*).

22.5.3c   Son escurridizos los límites entre las relativas explicativas con *cuando* y antecedente explícito y las relativas libres en aposición, sobre todo en los incisos en los que se aclara la referencia de una expresión temporal. Favorece la interpretación apositiva la posibilidad de permutar los miembros de la construcción, como en el ejemplo *En 1966, cuando tenía dieciocho años, se fue a Barcelona para seguir trabajando* (*ABC Cultural* 20/12/1999), que podría cambiarse por *Cuando tenía dieciocho años, en 1966, ...* También es indicio de que la construcción es apositiva el que puedan interpolarse las expresiones *o sea* o *es decir*, como en *En mi época, es decir, cuando yo tenía dieciocho años* [...] (Aub, *Gallina*). Ambas pruebas dan resultados negativos en *Un día, cuando pasó por la calle blanca aquel mal viento negro, no vi ya al niño en su puerta* (Jiménez, *Platero*), donde *cuando* introduce una relativa explicativa.

22.5.3d   Además de la función de adjunto temporal, que es la más característica de las relativas libres encabezadas por *cuando*, estas construcciones pueden ser términos de preposición: *para cuando le apetezca, recuerdos de cuando éramos jóvenes, hasta cuando quieras*. A esta misma pauta corresponden las secuencias siguientes: [...] *con cortinas de tela para cuando llovía o arreciaba el frío* (Barnet, *Gallego*) o *El mujerío llena la sala para rezar el rosario y para conversar hasta cuando se apague la luz del velero* (Morón, *Gallo*). La alternancia de *que* y *cuando* tras la preposición *hasta*, y sobre todo *desde*, como en *desde {que~cuando} la vi*, es habitual en la literatura clásica. Es hoy característica del español colombiano, pero también se registra en Venezuela, así como en México y en algunos países centroamericanos: *Lo supe desde cuando le vi afeitándose* (García Márquez, *Hora*); *Todo marchó bien hasta cuando comenzaron los problemas raciales* (Mutis, *Maqroll*). En las demás áreas predomina el uso de *que* por *cuando* en esta pauta.

22.5.3e   El significado temporal de *cuando* es compatible con la interpretación condicional cuando se establecen generalizaciones. Así, en *Cuando hace frío hay que prender la calefacción* se habla del momento en que debe prenderse la calefacción, pero también de la conveniencia de hacerlo si se da cierta situación. La interpretación temporal deja paso a la causal en casos como *Cuando se levantó y se fue, es que no le gustaba la película*, o a la concesiva (con la paráfrasis 'siendo así que') en *¿Cómo se puede hablar del honor, cuando lo que predomina es un desnudo oportunismo?* (Lorandi, *Ley*). En estos casos se considera que *cuando* no mantiene su valor adverbial y que se interpreta como conjunción.

22.5.3f   El adverbio interrogativo-exclamativo *cuándo* es análogo en muchos aspectos a su equivalente relativo *cuando*, pero se diferencia de él por sus mayores posibilidades de combinación con los tiempos verbales: *cuándo* se puede construir con futuro (*¿Cuándo llegará?*), mientras que *cuando* rechaza este tiempo verbal en la lengua actual (**cuando llegará*) con las excepciones a las que se refiere el § 23.7.1c. Asimismo, a diferencia de *cuando*, es compatible con el pretérito perfecto compuesto en referencia a sucesos puntuales: *¿Cuándo ha muerto?* ~ **cuando ha muerto*. El adverbio *cuándo* puede formar grupos preposicionales interrogativos con las preposiciones *de, desde, hasta* y *para*, como en *¿De cuándo es este artículo?; ¿Hasta cuándo hemos de soportarlo?* o en *Para cuándo, preguntaba ella, para cuándo* (Galeano, *Bocas*).

22.5.4   El relativo *como* y el interrogativo-exclamativo *cómo*

22.5.4a   El adverbio relativo *como* puede encabezar tanto subordinadas relativas con antecedente expreso como relativas libres. Las primeras se construyen con los sustantivos *forma, manera* y *modo: Tratábase de la forma como debíamos demandar la hospitalidad* (Rivera, *Vorágine*). En estos casos *como* alterna con los grupos relativos preposicionales *en el que, en la que*, o sus variantes sin artículo. Puede construirse asimismo con los antecedentes adverbiales *así, tal* e *igual*, el último en ciertas áreas del español americano: *Igual como ella lo había hecho con su madre en tiempos de la mudez, llevaba ahora a Blanca a ver a los pobres* (Allende, *Casa*). Como en las demás relativas libres, las que forma *cuando* incorporan su antecedente, en cualquiera de las funciones que desempeñen: la de adjunto, como en *El anarquismo ha muerto como muere la semilla* (Mendoza, *Verdad*); la de atributo, como en *Si el dichoso Partido sirviese para algo no estaríamos como estamos* (Chacón, *Voz*), o la de complemento predicativo, como en *El accidente me dejó como me ven* (Díez, *Fuente*).

22.5.4b   Es frecuente que el constituyente encabezado por *como* no contenga un predicado verbal explícito: *Las columnas se seleccionan como las filas; Como a todo general en trance difícil, a éste se le paralizó la digestión* (Sarduy, *Cantantes*). En estos casos resultan polémicos los límites entre el adverbio relativo y la conjunción comparativa. Si es posible reponer el verbo, como en *Habló como* [habla] *un hombre de estado*, se suele interpretar como relativo. Otras veces no es posible, en cambio, reponer el verbo: *Me encanta la gente {como tú ~ *como eres tú}*. En tales casos se suele entender que *como* es una conjunción comparativa (§ 45.3.1e). *Como* se asimila, por otra parte, a las preposiciones en algunas construcciones predicativas en las que alterna con *de*, como en *Esta banqueta se usa {como ~ de} mesa* o en *Juega {como ~ de} delantero*, e igualmente cuando equivale a *en calidad de, en condición de, en tanto que* o *a modo de*, como en *Lo recibiremos como amigo; Se saludaron como compañeros*.

22.5.4c   El adverbio relativo *como* puede ir seguido de la conjunción condicional *si: Me ha bastado ingresar en esta ilustre sala, para sentirme extraño, como si no estuviera en mi país* (Ribeyro, *Santiago*); *Quiere jugar conmigo, como si yo fuese un piano* (Unamuno, *Niebla*). El contenido de la subordinada es aquí hipotético, generalmente contrafáctico (en el sentido de 'contrario a los hechos'), por lo que el verbo de la subordinada se conjuga en subjuntivo. *Como* se considera conjunción causal en *Como tenía tiempo, me fui a dar un paseo* (§ 46.4.2b, c), y condicional en *Como no se vayan, los matan* (§ 47.5.1a).

22.5.4d   El antecedente de *como* en ciertas relativas puede ser adverbial, pero también oracional. En efecto, en *¿Estás llena de rencor y de odio, como dijo la tía Adelina?* (Vargas Llosa, *Fiesta*) puede entenderse que el antecedente de *como* es la oración subrayada —y en tal caso, la oración que encabeza *como* es una relativa explicativa con antecedente oracional—, o bien que el antecedente es el adverbio omitido *tal: ..., tal como dijo la tía Adelina*. Favorece esta segunda lectura, en la que el adverbio *como* encabeza una relativa libre, la posibilidad de anteponer la relativa: *Como dijo la tía Adelina, estás llena de rencor y de odio*. Estas oraciones se caracterizan por el hecho de que admiten opcionalmente el pronombre átono *lo: como ella dice ~ como ella lo dice; —Y mientras tanto, no pensar en cosas serias; divertirse, alborotar, como manda el señor Quintanar* (Clarín, *Regenta*); *Los ayunos habían de ser con aflicciones corporales, como lo manda Dios en el Deuteronomio* (Medina, *Chile*). La aparición del pronombre personal clítico es característica del español americano.

22.5.4e   Con verbos de lengua, como *decir, afirmar, asegurar, sostener,* la construcción descrita aporta, en las oraciones declarativas, significados vinculados con la llamada EVIDENCIALIDAD, noción que designa el compromiso personal del hablante con la veracidad de la información transmitida o con la fuente de la que procede. Así pues, quien enuncia la secuencia *Como dijo el profesor, las consecuencias del cambio climático serán considerables,* añade su conformidad personal a la información emitida por el profesor, mientras que tal compromiso resulta mucho menos patente en *Según dijo el profesor...,* y no se pone de manifiesto, por el contrario, en *El profesor dijo que las consecuencias del cambio climático serán considerables.*

22.5.4f   El adverbio interrogativo-exclamativo *cómo* admite varias interpretaciones. En la lectura DE MANERA, introduce oraciones interrogativas directas o indirectas en las que se solicita la satisfacción de esa incógnita, como en *Aún no han averiguado cómo ocurrió el accidente*. En las oraciones exclamativas correspondientes, el hablante manifiesta su sorpresa, su disgusto o su admiración por la manera de ser o de actuar a la que se hace referencia: *¡Cómo habla la naturaleza al corazón del hombre!* (Fernán Caballero, *Gaviota*). Con verbos de percepción, como *ver, oír* o *escuchar,* el adverbio *cómo* y la conjunción *como* dan lugar a dos interpretaciones diferentes, aunque no siempre deslindables en todos los casos. En *Ya verás como consigue ganar,* la conjunción *como* (con pronunciación átona y sin tilde) introduce una subordinada sustantiva declarativa en la que se alude a cierto hecho que se da por seguro, mientras que en *Ya verás cómo consigue ganar,* el adverbio *cómo* (tónico y con tilde) introduce una interrogativa indirecta en la que se hace referencia a la manera particular de obtener cierto triunfo. No se distinguen con igual nitidez estas dos interpretaciones en todos los casos. De hecho, se admiten las dos opciones que aparecen en *Ya verás {cómo ~ como} llegamos tarde,* o en *Observen cómo [o como] la Comisión Europea abrió ayer una investigación sobre dos regímenes de ayudas aprobados el pasado año* (*Canarias* 2/2/2001).

22.5.4g   Ciertos complementos adverbiales de manera son compatibles con la interpretación causal (*Lo sé de buena fuente*), que también muestra a veces *cómo: —Según veo, te gusta demasiado lo que de ella se destila. —¿Cómo lo sabes?*

—*Por tu nariz colorada* —dijo Ardid (Matute, *Gudú*). Se obtiene esta interpretación en muchas oraciones negativas. Así, en el texto siguiente se pregunta la razón por la que alguien no hizo algo, y no la manera en que dejó de hacerlo: *Si Links era Klingsor, ¿cómo no impidió la muerte de su amante?* (Volpi, *Klingsor*). La interpretación se extiende a ciertas interrogativas no negativas, en especial si el que habla manifiesta no entender alguna situación o desconocer las causas que conducen a ella: *¿Cómo se le atolondra pensar que un nonato viejo como usted puede entrar de nuevo en el vientre de su madre y nacer?* (Roa Bastos, *Contravida*); *Eres un niño ¿cómo piensas en morir?* (Arrabal, *Arquitecto*). Esta lectura es particularmente frecuente cuando la pregunta introducida por *cómo* constituye la apódosis de un período condicional: *¿Cómo dices que te interesa si no le prestas la menor atención?; Si Dios no existe, ¿cómo será posible semejante milagro?* (Gironella, *Millón*).

22.5.4h   Usado como adverbio exclamativo, *cómo* puede adquirir una interpretación CUANTITATIVA, muy cercana a la de *cuánto*. El que exclama *¡Qué manera de llover!* o *¡Cómo llueve!* muestra su sorpresa por la intensidad o la fuerza de la lluvia (es decir, por el modo en que esta se precipita), pero también por la cantidad de lluvia que cae. Tal como se observa en el § 42.4.3c, esta interpretación no se suele obtener en las oraciones interrogativas, a menos que sean preguntas retóricas. Así, *cómo* no equivale a *cuánto* en *¿Cómo te gusta el café?*, con interrogativa directa, ni tampoco en la indirecta *No sé cómo le gusta el café*. No obstante, admite la alternancia entre *cómo* y *cuánto* y, por tanto, la interpretación cuantitativa, la expresión interrogativa *a cómo*, con predicados como *costar, vender, salir,* etc., cuyos complementos denotan precio: *Trataba* [...] *de preguntar para qué servía esto y aquello y lo de más allá, y cuánto costaba y a cómo se vendía* (Pardo Bazán, *Pazos*).

22.5.5   El interrogativo *por qué*

Es polémico el análisis sintáctico del interrogativo *por qué*. Ha sido considerado grupo preposicional por algunos gramáticos, pero es para otros una locución adverbial, es decir, una unidad léxica semejante al ingl. *why,* al. *warum,* etc. Entre los argumentos que se aducen para la segunda opción está el que las interrogativas directas negativas construidas con *por qué* pueden tener un significado especial del que carecen los grupos preposicionales *por qué razón* o *por qué motivo.* Pueden transmitir, en efecto, una sugerencia o invitación a actuar, como se ve en *¿Por qué no salimos a pasear a los jardines? Hace un día glorioso* (Marías, J., *Corazón*). Esta interpretación, característica de las oraciones construidas en presente de indicativo, es la única que se obtiene en las interrogativas de infinitivo: —*¿Por qué no dejar eso a los políticos?* —insistía ella (Mallea, *Bahía*). Con los demás tiempos verbales la lectura obtenida es la causal. El interrogativo *por qué* no cuenta hoy con correlato relativo. Se documenta con este valor la forma *porque* o *por que* en la lengua medieval, en la clásica y aun en textos posteriores (pero no actuales) con los sustantivos *motivo* y *razón: Éstas son algunas de las razones por que son fechos los libros de la ley e del derecho e de castigos e constunbres e de otras çiençias* (Arcipreste Hita, *Buen Amor*); *Declaréle el pensamiento que había tenido y el motivo porque le había abandonado* (Isla, *Fray Gerundio*).

22.6   Los relativos inespecíficos

22.6.1   Su estructura interna. Otras características

22.6.1a   Los relativos inespecíficos son cuantificadores indefinidos modificados por oraciones de relativo especificativas. Se trata de palabras compuestas formadas por un relativo y el segmento *-quiera,* que es compartido por elementos no relativos, como el adverbio *siquiera* (§ 47.7.1c). Son relativos inespecíficos (pronominales o adverbiales) *quienquiera, comoquiera, dondequiera* (con su variante arcaizante *doquiera*), *adondequiera* y *cuandoquiera.* El indefinido *cualquiera,* que se estudia en el § 20.3.1, se integra en este paradigma cuando es antecedente de una relativa especificativa, como en *cualquiera que desee venir,* pero puede usarse también sin relativa, a diferencia de los demás miembros de este grupo: *Eso lo sabe {cualquiera ~ *quienquiera}.* A continuación se ejemplifican algunos relativos inespecíficos:

> Quienquiera que fuese, quizás ya estaba en la habitación (Mendicutti, *Palomo*); Pero si el vocablo no tenía más que dos sílabas, comoquiera que fuese o larga o breve la penúltima, esto es, la primera, caía en ella el acento (Luzán, *Poética*); Había decidido seguirla adondequiera que fuese sin despegarme de ella un solo segundo (Volpi, *Klingsor*).

22.6.1b   La forma verbal *-quiera,* que corresponde al presente de subjuntivo del verbo *querer,* está gramaticalizada. No admite, por tanto, flexión de número y carece de otros rasgos verbales, a diferencia de lo que sucede cuando *quiera* se usa como verbo pleno. Así pues, el segmento *donde quiera* en *Que vaya donde quiera* constituye una relativa libre cuyo verbo es *quiera.* Admite un sujeto explícito (*Que vaya donde su mamá quiera*) o un infinitivo (*Que vaya donde quiera ir*), así como flexión en plural (*Que vayan donde quieran*). En cambio, el relativo inespecífico *dondequiera* en *Triunfará dondequiera que vaya* rechaza la interpolación del sujeto entre *donde* y *quiera,* la construcción con infinitivo (**Triunfará dondequiera ir que vaya*) y la variación de número en *-quiera* (**dondequieran*). El segmento compositivo *-quiera* no se escribe hoy separado en estos relativos compuestos. La ortografía actual prescribe, pues, *dondequiera que viva* (en lugar de *donde quiera que viva,* variante incorrecta) o *cuandoquiera que la encuentre* (no *cuando quiera que la encuentre*). Por el contrario, las combinaciones *cuando quiera, como quiera* o *donde quiera* son naturales si no forman relativos inespecíficos: *cuando (ella) quiera, que la encuentre.*

22.6.1c   El relativo inespecífico *comoquiera* se usa hoy en dos construcciones. En la primera, *comoquiera que* admite una paráfrasis similar a la de los demás relativos inespecíficos: 'sea cual sea la forma en que'. En estos casos, se construye con subjuntivo: *Comoquiera que sea, es lo cierto que estas psicosis funcionales no pueden ser planteadas en sus aspectos etiológicos* (Castilla, *Psiquiatría 2*). En el otro uso, *comoquiera que* constituye una locución conjuntiva causal (§ 46.4.2b). En este caso, admite los dos modos verbales, pero es más frecuente el indicativo:

> Comoquiera que la iglesia del convento estaba completamente desmantelada, los soldados que ocupaban el resto del edificio habían creído que las puertas le eran ya poco menos que inútiles (Bécquer, *Leyendas*); Comoquiera que las puertas fuesen todas de la mayor seguridad, no se creía prudente establecer centinelas demasiado inmediatas (Larra, *Doncel*).

22.6.2   Su funcionamiento sintáctico

22.6.2a   Los grupos sintácticos constituidos por relativos inespecíficos suelen denotar personas o cosas no identificadas, lo que justifica que se construyan con subjuntivo. Los relativos inespecíficos se interpretan como TÉRMINOS DE ELECCIÓN LIBRE (§ 20.3), por lo que, como los demás miembros de esta clase, poseen interpretación existencial o universal en función del contexto. Así, para satisfacer la orden que contiene la expresión *Pregúntaselo a cualquiera que veas,* basta con formular la pregunta a un solo individuo (interpretación existencial); en cambio, en *Cualquiera que se apunte en la lista obtendrá un regalo,* la obtención del regalo no se atribuye a cierta persona indeterminada, sino a todo aquel que realice cierta acción (interpretación universal).

22.6.2b   Resulta problemático determinar la estructura sintáctica de los grupos nominales encabezados por relativos inespecíficos. En principio, sería esperable que la estructura «relativo inespecífico + subordinada especificativa» diera lugar a un grupo nominal cuyo núcleo es el relativo compuesto. Sin embargo, hay varios indicios de que, al menos en ciertos contextos, la estructura de estas construcciones está más próxima a la de una relativa libre encabezada por una unidad compleja formada por el compuesto (*quienquiera, dondequiera*...) y el relativo (*que*). En primer lugar, la subordinada que modifica al relativo inespecífico no se puede omitir, como se ve en *A través de un tragaluz en forma de tronera desde el que se domina la calle, identifico a quienquiera que se encuentre ante la entrada de casa* (Goytisolo, *Estela*). En segundo lugar, dicha relativa no puede ser preposicional (**quienquiera con que vayas*), sino que la preposición aparece precediendo al relativo compuesto, como en *Que te vaya bien, dondequiera que vayas, con quienquiera que estés* (Cabrera Infante, *Habana*), o en *¡A cualquiera que se le diga!* (Vázquez, Á., *Juanita Narboni*).

23 El verbo (I). Tiempo y aspecto. El aspecto léxico. Los tiempos del modo indicativo

23.1 Concepto de tiempo verbal. Clasificación de los tiempos verbales. El aspecto verbal

23.1.1 Concepto de tiempo verbal. Tiempos verbales del español

23.1.1a La flexión verbal expresa en español NÚMERO y PERSONA (capítulos 16 y 33), MODO (capítulo 25), y también TIEMPO y ASPECTO. El TIEMPO verbal es la categoría gramatical que permite localizar los sucesos en relación con el momento en que se habla. Coincide con los demostrativos en ser una categoría DEÍCTICA (§ 17.1.1-2), y con los grupos nominales definidos en ser REFERENCIAL. Requiere, pues, del hablante que identifique un determinado referente, en este caso un intervalo temporal. Las oraciones *El tren salió puntualmente* y *El tren saldrá puntualmente* no informan del momento preciso de la salida, pero sí de que esta tuvo lugar en un punto temporal que es anterior y posterior, respectivamente, al momento en que se emite el enunciado. A su vez, la oración *El tren entra lentamente en la estación* expresa, entre otras lecturas posibles, la simultaneidad de la situación denotada con el momento del habla. Las nociones de 'anterioridad', 'posterioridad' y 'simultaneidad' ponen de manifiesto la naturaleza RELACIONAL del tiempo lingüístico por cuanto reflejan que los tiempos verbales se ANCLAN u

ORIENTAN en relación con otros puntos temporales. Expresan asimismo tiempo ciertos grupos adverbiales, preposicionales e incluso nominales. Se trata de los adjuntos temporales, que se examinan en el § 24.2.

23.1.1b   Se llaman TIEMPOS VERBALES las formas de la conjugación que gramaticalizan las informaciones temporales. Cada tiempo verbal constituye un PARADIGMA FLEXIVO (§ 1.3.1). La terminología académica de los tiempos del español se muestra en el cuadro que aparece a continuación. El imperativo (§ 4.1.3c y 42.2.1) no se incluye en esta relación porque no da lugar a oposiciones temporales. Como es habitual, se usará el verbo *cantar* a modo de comodín para identificar fácilmente los tiempos verbales:

TIEMPOS VERBALES				
	Tiempos simples		**Tiempos compuestos**	
MODO INDICATIVO	presente	CANTO	pretérito perfecto compuesto	HE CANTADO
	pretérito perfecto simple	CANTÉ	pretérito anterior	HUBE CANTADO
	pretérito imperfecto	CANTABA	pretérito pluscuamperfecto	HABÍA CANTADO
	futuro simple	CANTARÉ	futuro compuesto	HABRÉ CANTADO
	condicional simple	CANTARÍA	condicional compuesto	HABRÍA CANTADO
MODO SUBJUNTIVO	presente	CANTE	pretérito perfecto compuesto	HAYA CANTADO
	pretérito imperfecto	CANTARA o CANTASE	pretérito pluscuamperfecto	HUBIERA o HUBIESE CANTADO
	futuro simple	CANTARE	futuro compuesto	HUBIERE CANTADO

23.1.1c   El significado de los tiempos verbales puede obtenerse a partir del concurso de tres puntos temporales de extensión variable. El primero es el PUNTO DEL HABLA (también DE LA ENUNCIACIÓN). Este es el punto respecto del cual se orientan —directa o indirectamente— los sucesos, por lo que es el que más claramente pone de manifiesto la naturaleza deíctica del tiempo verbal. El PUNTO DEL EVENTO es el punto en que tiene lugar el suceso o el intervalo que ocupa la situación. Corresponde solo a la parte del tiempo total de la situación designada que se enfoca. Así, el tiempo del evento correspondiente a *estaba* en *María estaba ayer en Lima* es únicamente el período designado por el adverbio *ayer,* aunque la duración total de la estancia pueda ser mayor y prolongarse hasta el presente. Finalmente, el PUNTO DE REFERENCIA es relevante para la localización de los sucesos en la línea temporal. Nótese que la expresión subrayada en *Juan ya se había marchado cuando yo llegué* no designa el momento de marcharse Juan, sino cierto instante posterior al mismo. Muchos gramáticos piensan hoy que este tercer punto solo es necesario con determinados tiempos verbales, en particular los compuestos.

23.1.2   Clasificación de los tiempos verbales

23.1.2a   Los tiempos verbales se clasifican tradicionalmente de acuerdo con los tres criterios siguientes: su estructura morfológica, que permite distinguir entre tiempos SIMPLES y COMPUESTOS; su anclaje temporal, que los divide en tiempos ABSOLUTOS y RELATIVOS, por un lado, y tiempos de la ESFERA TEMPORAL DEL PRESENTE O DEL PASADO, por otro; y, finalmente, sus características aspectuales, que dan lugar a la diferenciación entre tiempos PERFECTIVOS y tiempos IMPERFECTIVOS (§ 23.1.3c, d).

23.1.2b   La primera división, que opone los tiempos simples a los compuestos, da lugar a la clasificación que muestra el cuadro siguiente:

Tiempos simples		Tiempos compuestos	
MODO INDICATIVO	MODO SUBJUNTIVO	MODO INDICATIVO	MODO SUBJUNTIVO
presente	presente	pretérito perfecto compuesto	pretérito perfecto compuesto
pretérito imperfecto	pretérito imperfecto	pretérito pluscuamperfecto	pretérito pluscuamperfecto
pretérito perfecto simple		pretérito anterior	
futuro simple	futuro simple	futuro compuesto	futuro compuesto
condicional simple		condicional compuesto	

Los TIEMPOS COMPUESTOS de cada verbo están formados por el auxiliar *haber* y el participio correspondiente del verbo principal o auxiliado, que no muestra rasgos flexivos. Se señala en los § 28.1.3f, g que existe cierta independencia sintáctica entre el auxiliar *haber* y el participio. Esta circunstancia, sin embargo, no es suficiente para asimilar los tiempos compuestos a las perífrasis verbales y separarlos de los tiempos simples. Del significado RESULTATIVO de la perífrasis latina de la que proceden los tiempos compuestos (*Habeo litteras scriptas* 'Tengo escritas (las) cartas') se abstrajo el valor aspectual de PERFECTIVIDAD (§ 23.1.3c), que un proceso de gramaticalización ulterior convirtió en ANTERIORIDAD (§ 23.4.1a).

23.1.2c   La distinción entre tiempos absolutos y relativos es controvertida. Los tiempos ABSOLUTOS se orientan directamente desde el momento de la enunciación, como *llegó* en *El paquete llegó hace dos días* (§ 23.1.1c); los tiempos RELATIVOS se orientan respecto de un punto de la línea temporal, el cual funciona en consecuencia como punto de referencia o DE ANCLAJE distinto del momento de la enunciación. Así, en *La prensa informó el día doce de que el paquete había llegado hacía dos días*, el tiempo de *informó* actúa como punto de anclaje de *había llegado*. La distinción entre tiempos absolutos y relativos coincide solo en parte con la clasificación en simples y compuestos. Son tiempos absolutos el presente, el pretérito perfecto simple y el futuro. Son tiempos relativos HABÍA CANTADO, HE CANTADO y HABRÉ CANTADO, que indican anterioridad con respecto al punto de referencia; CANTABA, que indica simultaneidad, si bien no en todos los análisis (§ 23.6), y también CANTARÍA y HABRÍA CANTADO, que expresan posterioridad. Se llama ESFERA TEMPORAL al conjunto de tiempos que comparten una determinada división de la línea temporal. Las esferas temporales se caracterizan por denotar cierto intervalo de longitud indeterminada que excluye o incluye el momento de la enunciación. En español se distinguen la ESFERA DEL PRESENTE, que contiene las formas CANTO, CANTARÉ y HABRÉ CANTADO, y la ESFERA DEL PASADO, que integra los restantes tiempos, con la excepción de HE CANTADO, que oscila entre ambas. Se vuelve sobre esta noción en el § 24.3.2.

23.1.3   El aspecto verbal. Sus clases. El aspecto morfológico

23.1.3a   El ASPECTO verbal informa de la estructura interna de los sucesos. Nos permite saber si surgen, se terminan o se repiten, pero también si se perciben en su integridad o se muestran únicamente en un punto de su desarrollo (por tanto, inacabados). El aspecto verbal afecta, pues, al TIEMPO INTERNO de la situación, y no a su vínculo (directo o indirecto) con el momento del habla. En razón de esta propiedad, se ha descrito también como un recurso gramatical que permite ENFOCAR O FOCALIZAR ciertos componentes de las situaciones, a la vez que ocultar u omitir otros. Así, lo que diferencia a las oraciones *Arturo lee el periódico* y *Arturo está leyendo el periódico* no es el tiempo (presente en los dos casos), sino el aspecto, pues solo la primera puede presentar el acto de la lectura como un suceso repetido. Es muy controvertida la cuestión de en qué medida la categoría de 'aspecto' está presente en la lengua española. En esta gramática se considerará que desempeña un papel importante, pero se postularán menos distinciones aspectuales que en otros análisis.

23.1.3b   Atendiendo a la forma en que se manifiesta, el aspecto verbal se divide tradicionalmente en tres grupos: aspecto léxico o modo de acción, aspecto sintáctico o perifrástico y aspecto morfológico o desinencial. El ASPECTO LÉXICO, también llamado MODO DE ACCIÓN, CUALIDAD DE LA ACCIÓN y ACCIONALIDAD, se obtiene de la significación del predicado. Así, mientras que *Luis llegó a Caracas* denota una situación puntual, *Luis vivió en Caracas* alude a una situación durativa, en tanto en cuanto ocupa cierta extensión temporal. La oposición PUNTUAL / DURATIVO es aspectual y se deduce del significado de los verbos *llegar* y *vivir*. El aspecto léxico y sus variedades se estudiarán en el § 23.2. El ASPECTO SINTÁCTICO O PERIFRÁSTICO corresponde a las perífrasis verbales, sobre todo a las llamadas DE FASE O FASALES (§ 28.1.4c y 28.3.2), aunque también a las TEMPOASPECTUALES (§ 28.3.1), las ESCALARES (§ 28.3.3) y las de gerundio (§ 28.4.2).

23.1.3c   El aspecto MORFOLÓGICO se expresa a través de las desinencias verbales. Es el que se tiene en cuenta en la tradición gramatical para dividir los tiempos en PERFECTOS e IMPERFECTOS, si bien en la actualidad es más frecuente hablar de TIEMPOS PERFECTIVOS y TIEMPOS IMPERFECTIVOS. El aspecto PERFECTIVO (también AORISTO para algunos autores) focaliza las situaciones en su conjunto, de principio a fin, y las presenta como completas o acabadas, como en *Vimos la película*. Se exceptúa la variedad denominada INCOATIVA O INGRESIVA, que focaliza solo el inicio de la situación, como en *Vimos la película a las nueve* ('Empezamos a verla a esa hora'). Expresan aspecto perfectivo CANTÉ, HABÍA CANTADO y HABRÉ CANTADO. Las formas imperfectivas CANTO y CANTABA presentan la acción en su transcurso, sin referencia a su inicio o a su fin, como en *Arturo leía una novela,* por oposición a *Arturo leyó una* *novela.* CANTARÉ y CANTARÍA pueden ser tiempos perfectivos en unos contextos (*El próximo número de nuestra revista saldrá el 17 de julio*) e imperfectivos en otros (*Todos viviremos mejor*). Junto al aspecto imperfectivo y el perfectivo, distinguen algunos autores el llamado ASPECTO PERFECTO, que otros consideran una variedad del perfectivo. El aspecto perfecto alude a cierto estado de cosas que resulta de un proceso previo. Así, *El director ya se ha marchado* (*... ya se marchó* en ciertas áreas) implica 'El director ya no está aquí', de forma que el ya no estar aquí el director es el estado resultante de la acción previa de marcharse. El llamado ASPECTO PROSPECTIVO es el característico de la perífrasis «*ir a* + infinitivo».

23.1.3d   Suelen distinguirse tres modalidades del aspecto imperfectivo: progresiva, iterativa o cíclica y continua. La variedad PROGRESIVA enfoca un punto o un intervalo del desarrollo de la acción, como en *Recuerdo que yo te miraba.* Ello da lugar a las alternancias CANTO~ESTOY CANTANDO, CANTABA~ESTABA CANTANDO, que se examinarán en los § 23.3.1a y 23.6.3b. Con la variedad llamada ITERATIVA o CÍCLICA se hace referencia a una serie abierta de situaciones que se repiten a lo largo de cierto intervalo, como en *Maite se {levanta~levantaba} muy temprano,* donde se entiende 'diariamente', 'a menudo'. Repárese en que *se levantaba* no alterna aquí con *se estaba levantando.* La interpretación iterativa de los sucesos se puede obtener con recursos distintos de la morfología verbal. Así, si se omite la locución adverbial de frecuencia subrayada en *Revivió con frecuencia la escena del columpio* (Landero, *Juegos*), se obtiene la lectura de evento único.

23.1.3e   La variedad del aspecto imperfectivo llamada CONTINUA se caracteriza por focalizar cierta situación que se da o persiste a lo largo de cierto intervalo, como en *Cuando era pequeña, llevaba el pelo corto,* No se expresa, por consiguiente, proceso alguno (ni, en consecuencia, evento en progresión), ni tampoco se repite un evento o un estado de cosas. El aspecto continuo se extiende también al pretérito perfecto compuesto (§ 23.4.2f, g), ya que *Así ha sido hasta ahora* (Rulfo, *Pedro Páramo*) se interpreta como 'Así sigue siendo' en la mayor parte de los países americanos.

23.1.3f   Aunque pudiera parecer que el aspecto léxico y el morfológico codifican las mismas nociones ('duratividad', 'límite') y que, por consiguiente, no es necesario diferenciar el uno del otro, a lo largo de este capítulo y del siguiente se mostrará que gramaticalmente tiene mayor importancia la forma en que determinada noción aspectual se manifiesta que la caracterización que en términos únicamente semánticos se pueda hacer de ella. Se comprobará asimismo que el aspecto morfológico tiene capacidad para alterar las características gramaticales del aspecto léxico.

23.2   El aspecto léxico o modo de acción

23.2.1   Clases de situaciones y de propiedades

23.2.1a   Atendiendo a su aspecto léxico (también *modo de acción* o *cualidad de la acción*), los verbos —y, por extensión, los predicados— se suelen agrupar en una de las siguientes cuatro clases:

1. ACTIVIDADES: *vender libros, llorar, llover, manejar un auto, trabajar.*
2. REALIZACIONES O EFECTUACIONES: *comer un platillo, construir un dique, leer el diario, recitar un poema.*
3. CONSECUCIONES O LOGROS: *alcanzar la cima, caerse, llegar, perder las llaves.*
4. ESTADOS: *creer en alguien, merecer un premio, residir en un lugar, saber algo, ser alto, tener plata.*

Es habitual dividir los últimos en ESTADOS PERMANENTES (*derivar del latín, ser alto*), que se asimilan a las propiedades, y ESTADOS EPISÓDICOS O TRANSITORIOS (*estar enfermo, figurar a la cabeza*). Esta clasificación contiene PIEZAS LÉXICAS (*llover, llegar*) y GRUPOS SINTÁCTICOS (*comer un platillo, vender libros*). Los nombres que designan estos cuatro grupos se interpretan de la forma (relativamente técnica) en que se definen en la gramática de los modos de acción, y no en el sentido habitual con el que se caracterizan esas palabras en los diccionarios. Así pues, *llover*, por ejemplo, se incluye entre los predicados de actividad, aunque no exista un referente que pueda llevar a cabo la acción de llover; y *perder las llaves* se considera un predicado de consecución o logro, a pesar de que no se logre nada cuando tal situación tiene lugar.

23.2.1b   Los cuatro tipos de predicados presentados se suelen caracterizar en función de tres rasgos:

	duración	delimitación	dinamismo
1. ACTIVIDADES	sí	no	sí
2. REALIZACIONES O EFECTUACIONES	sí	sí	sí
3. CONSECUCIONES O LOGROS	no	sí	sí
4. ESTADOS	sí	no	no

Como se ve, los predicados de los tipos *1, 2* y *4* poseen DURACIÓN. Este es un rasgo léxico que se distingue de la IMPERFECTIVIDAD, rasgo propio del aspecto morfológico (§ 23.1.3c, d). La duración caracteriza aquellas situaciones que están sujetas a un desarrollo en el tiempo, o que simplemente lo ocupan: *sonreír* o *nevar* (actividades), *recitar un poema* (realización), *estar enfermo* (estado). No poseen duración los predicados del tipo *3*, que designan eventos PUNTUALES: *caerse, ganar la carrera.* El segundo rasgo pertinente es la DELIMITACIÓN (llamada más habitualmente TELICIDAD, del gr. *télos* 'fin'), que presenta valores positivos en los tipos *2* y *3*. Permite agrupar los predicados en función de si las situaciones que designan poseen o no un final o un límite natural o intrínseco. Así, el proceso de leer un libro (realización) finaliza en el momento en el que se llega a su final, de forma similar a como el proceso de entrar en una sala (logro) concluye cuando se ingresa en ella. En los dos casos se trata, pues, de predicados internamente DELIMITADOS O TÉLICOS (también DESINENTES en la tradición gramatical española).

23.2.1c   Son predicados NO DELIMITADOS O ATÉLICOS *manejar un auto* o *trabajar* (actividades), así como *caber en un bolsillo* o *ser rubio* (estados). En uno y otro caso se denotan situaciones sin límite natural. Ello no significa que no puedan estar sujetos a una acotación temporal (como es obvio, no se puede manejar un auto de manera indefinida), sino que tal límite no está determinado por su significado. Los límites que las situaciones atélicas admiten son EXTERNOS, de modo que coinciden con la extensión temporal que ocupa la situación. Existen diversos recursos sintácticos para introducir tales límites externos, por ejemplo los grupos preposicionales de sentido temporal: *bailar {durante dos horas ~ entre las tres y las cinco ~ hasta las siete}*. Como las actividades y los estados coinciden en aceptar la duración y rechazar la telicidad o delimitación, suele decirse que los opone otro rasgo, llamado DINAMISMO. Este rasgo permite mostrar la noción de desarrollo o de progreso de cierta situación que sigue un curso en las primeras (*trabajar*), y su ausencia en los segundos (*merecer*). Los predicados de actividad pueden denotar movimiento (*correr, jugar al fútbol, empujar un carro*) o no expresarlo (*pensar, dormir, oír la radio*). Algunos predicados (*vivir, habitar, dormir*) pueden pertenecer a la clase de las actividades o a la de los estados. Así, *vivir* hace referencia a acciones en *vivir intensamente la vida* o en *saber vivir*, pero denota un estado (aproximadamente, 'estar vivo') en *Los mosquitos viven pocos años*.

23.2.1d   Los complementos preposicionales y adverbiales son sensibles a los rasgos de duración y telicidad. La presencia del rasgo de duración, junto con la ausencia de delimitación, explica que los predicados de actividad sean compatibles con los grupos preposicionales «*{durante ~ por}* + grupo cuantificativo temporal», a diferencia de los de consecución. Así, resultan naturales *El técnico trabajó durante una hora en la cancha* (*País* [Ur.] 4/10/2001); *En la corte española bregué por 7 años* (Roa Bastos, *Vigilia*), pero la lengua rechaza *Llegó durante dos horas, con verbo de consecución. Se exceptúan aquellos supuestos en los que se obtiene la interpretación denominada DE ESTADO RESULTANTE (§ 28.5.2a y ss.). Así, en [...] *lo que paralizó por varias horas la ciudad capital* (*Universal* [Ven.] 6/4/1999) *paralizó* equivale a 'dejó paralizada'.

23.2.1e   Los predicados de realización dejan en suspenso el componente télico al ser modificados por los grupos preposicionales encabezados por *durante,* lo que da lugar a la llamada INTERPRETACIÓN DE ACCIÓN INCONCLUSA. Así, la oración *Leyó el diario durante media hora* implica 'No terminó de leer el diario'. Aun así, muchos hablantes prefieren emplear en estos casos «*estar* + gerundio», ya que inhibe más claramente el componente télico: *Estuvo leyendo el diario durante media hora.* Como *durante* se comporta la perífrasis «*llevar* + gerundio + grupo nominal temporal cuantitativo»: *Llevamos meses dándole vueltas a esa cuestión; Llevo toda la mañana escribiendo esta carta* (§ 28.4.3a).

23.2.1f   El grupo preposicional «*en* + grupo cuantificativo temporal» se combina con predicados télicos (realizaciones y logros), aunque se obtienen interpretaciones diferentes según modifique a unos u otros. Con las realizaciones, el intervalo temporal denotado es ocupado por el suceso mismo, como en *Leyó el periódico en media hora;* con los logros, el intervalo es anterior al suceso, como en *Murió en unas pocas semanas* (es decir, 'después de transcurridas unas pocas semanas'). La construcción «*tomarle* o *llevarle* (a alguien) + grupo nominal temporal cuantitativo» muestra el mismo comportamiento: *Le tomó media hora leer el periódico; A Rosa le llevó dos horas convencer a María Laura* (Cortázar, *Fuegos*). Los predicados de actividad rechazan este complemento (*Te busqué en varias semanas), excepto que adquieran un límite convencional, como en *En solo dos horas manejó* ['consiguió manejar'] *la compleja máquina.* No se recomienda el uso de la preposición *en* con el sentido de 'dentro de', como en *Te recogeremos en dos horas.*

23.2.1g   Las perífrasis «*dejar de* + infinitivo», «*parar de* + infinitivo» y «*cesar de* + infinitivo» requieren predicados durativos y no delimitados, por lo que se combinan preferentemente con actividades, como en *¡Para ya de quejarte!; Ha dejado de llover* (§ 28.3.2e). No rechazan los predicados de realización, pero dan lugar a la interpretación de acción inconclusa (§ 23.2.1e): *Dejó de leer el periódico porque lo interrumpieron*, excepto si los predicados de realización se reinterpretan como predicados de actividad (*Dejó de leer el periódico cuando perdió visión*). Como es de esperar, las perífrasis mencionadas rechazan los predicados de consecución, a menos que estos puedan reinterpretarse como predicados de actividad en algún contexto. Así, la oración *Dejó de perder las llaves* tiene sentido porque alude al cese de cierto hábito.

23.2.1h   Las perífrasis «*terminar de* + infinitivo» y «*acabar de* + infinitivo» son sensibles a los rasgos de duración y delimitación, por lo que admiten predicados de realización (*Terminó de leer el periódico*) y también de actividad si pueden reinterpretarse como los primeros, como en *Cuando terminaron de hablar* (es decir 'de hablar de ello'). La presencia de límite en los predicados de realización y consecución explica que acepten las construcciones «*demorar(se) en* + infinitivo» o «*tardar en* + infinitivo», aunque con ciertos cambios en el significado (§ 28.3.2g); *Tardó tres meses en encontrar las llaves; Era la persona que he visto demorarse más tiempo en tomarse un café negro* (Cabrera Infante, *Habana*). Se ha defendido que complementos como *de un tirón, de un jalón, de una vez, poco a poco, por completo* o *indefinidamente* (§ 30.6.2a) pueden reproducir en la sintaxis este componente télico: *leer la novela de un tirón, gastarse la herencia {de una vez ~ poco a poco}.*

23.2.1i   Pueden ser télicos o atélicos los llamados VERBOS DE CAMBIO GRADUAL o DE CONSECUCIÓN GRADUAL (*adelgazar, aprender, empeorar, envejecer*). Se caracterizan por denotar procesos que van en aumento o en incremento. Así, *adelgazar* es un predicado delimitado o télico en *Adelgazó en un año*, pero no lo es en *Adelgazó durante un año*. Forman un grupo nutrido los verbos de acción que poseen usos como verbos de estado (casi siempre permanente): *Los abetos se levantaban majestuosos a lo largo de la alameda; La carretera cruza el país de este a oeste*. Se asimilan a las actividades, por el contrario, los predicados de estado que denotan comportamientos (*ser amable, ser bueno, ser tacaño*).

23.2.1j   No encajan propiamente en ninguno de los cuatro grupos mencionados en el § 23.2.1a los predicados denominados SEMELFACTIVOS (*bostezar, chillar, golpear, saltar, tocar el timbre, toser*) ni los FRECUENTATIVOS (*frecuentar, hojear, picotear, repiquetear*). Los primeros designan situaciones que tienen lugar con una sola acción o un solo movimiento (lat. *semel* 'una vez'). Estos verbos no encajan claramente en el grupo de los de consecución porque no admiten con facilidad los complementos introducidos por la preposición *en* (*en un minuto*). Los verbos frecuentativos describen una acción que es inherentemente iterativa.

23.2.2   Naturaleza composicional del aspecto léxico

23.2.2a   El significado del verbo puede determinar por sí solo el aspecto léxico del grupo verbal que con él se construye (§ 23.2.1a) o bien puede representar uno solo de los factores que intervienen en la determinación del mismo, que se obtiene así de forma COMPOSICIONAL. El verbo *llegar* ilustra la primera situación en *Llegó el verano*; los predicados de realización representan en cambio la segunda, dado que no existen verbos caracterizados inherentemente como realizaciones (con la posible excepción de los predicados de cambio gradual: § 23.2.1i). En efecto, el rasgo télico (o de delimitación) de los predicados de realización es aportado por algún complemento, que para ello debe aparecer determinado, como en *Él escribió la carta para tranquilizar a Pepita* (Chacón, *Voz*), o bien cuantificado, como en *escribir {unas ~ pocas ~ tres ~ varias} cartas*. El complemento directo ejerce, pues, un papel DELIMITADOR O ACOTADOR. Esta aportación del complemento directo al aspecto léxico del predicado explica asimismo contrastes como *nadar* (actividad) ~ *nadar tres millas* (realización). A diferencia de otros predicados de realización (*leer el diario*), se habla aquí de distancia recorrida, lo que impide reinterpretar la realización como actividad: **nadar tres millas durante una hora*. El complemento directo definido no interviene en la determinación del aspecto léxico en los predicados *ver la televisión, oír la radio* o *empujar el carrito de la compra*, ya que denotan objetos NO AFECTADOS por la acción que el verbo expresa.

23.2.2b   Inversamente, se obtienen predicados de actividad cuando el complemento nominal (sea sujeto u objeto directo) no está delimitado. No aportan, en efecto, delimitación los grupos nominales en plural construidos sin determinante (§ 14.1.1d), como en *La madre de doña Paquita dio en escribir cartas y más cartas* (Moratín, *Sí*), y tampoco lo hacen los grupos nominales formados por un nombre NO CONTABLE en singular (*comer tarta*). Se explican así contrastes como *Escribió {la carta ~ *cartas} en cinco minutos; comer {*tarta ~ una tarta} en cinco minutos*. Repárese en que *en cinco minutos*, en *Era capaz de escribir cartas en cinco minutos*, especifica la duración de cada uno de los sucesos que componen una serie, y no la de la serie en su totalidad, que queda abierta.

23.2.2c   Los predicados de consecución y logro dan lugar a predicados atélicos con los nombres no contables en singular o contables en plural, en ambos casos sin determinante. Se obtienen así contrastes como *Llegó {gente ~ *Luis} a la exposición durante una hora* o *Llegaron {invitados ~ *estos invitados} durante varias horas*. No obstante, los grupos nominales definidos no dan lugar necesariamente a oraciones agramaticales en estos casos (*Los soldados habían muerto en el frente durante meses*) porque se entiende que los conjuntos que los forman denotan tipos de individuos a los que se aplica sucesivamente la noción expresada por el predicado.

23.2.2d   También los adverbios y locuciones adverbiales de frecuencia (*todos los días, generalmente, los lunes...*: § 30.5.3) crean predicados que designan situaciones reiteradas y, por tanto, no delimitadas (§ 23.1.3d, 23.6.3a). Así pues, la irregularidad de **Llegó durante tres meses* desaparece en *Durante tres meses, llegó tarde todos los días*. El rasgo léxico de pluralidad o multiplicidad aporta, pues, tanto en los casos descritos en el § 23.2.2c como en los de este apartado el componente de duración y de ausencia de límite interno que *durante* requiere (§ 23.2.1d).

23.2.2e   Los complementos espaciales introducidos por la preposición *hasta* introducen igualmente un límite interno en las actividades, que pasan a interpretarse como realizaciones: *Nadó hasta la orilla {*durante~en} media hora*. De entre los verbos modales destaca especialmente *poder* por su capacidad de convertir los predicados télicos en atélicos, lo que explica contrastes como **Usted se inscribió para esta prueba durante diez días* (agramatical si se descarta la lectura iterativa) y *Usted se pudo inscribir para esta prueba durante diez días* (donde *poder inscribirse* designa la propiedad de estar habilitado para algo). Se obtiene un contraste similar en *Afirmó {*conseguir~poder conseguir} el trabajo*.

23.2.2f   El llamado SE ASPECTUAL, variante de los tradicionales DATIVOS ÉTICO y DE INTERÉS (§ 35.4.2 y 41.7.2b) crea predicados verbales próximos a los construidos con verbos pronominales: *aprender(se) la lección, beber(se), comer(se), fumar(se), gastar(se), leer(se) Guerra y paz*. Solo se combina con predicados télicos: *El muchacho se comió {*manzanas~todas las manzanas}*. Algunos verbos pronominales de movimiento que se interpretan como predicados de consecución (*irse, marcharse, salirse*) dan lugar a contrastes similares: *Se salió {el agua~*agua} de la bañera* (frente a la variante no pronominal *Salió agua de la bañera*).

23.3   El presente (CANTO)

23.3.1   Caracterización deíctica. Presentes generalizadores

23.3.1a   El presente expresa la coincidencia de la situación designada con el momento del habla. La coincidencia puede ser exacta si el predicado tiene naturaleza puntual, como en *El delantero sale al terreno de juego* o en *Te lo prometo; Se prohíbe fumar* (con un verbo realizativo: § 42.1.1d-g). Este uso suele denominarse PRESENTE PUNTUAL (también ACTUAL O MOMENTÁNEO). Lo habitual, sin embargo, es que el momento de la enunciación resulte incluido en cierto intervalo de duración indeterminada que ocupa la situación a que refiere el predicado en presente. Si la situación está en curso, el presente adquiere valor PROGRESIVO, lo que da lugar a la alternancia entre las formas CANTO y ESTOY CANTANDO. Así pues, en *Estate quieto, Carlos, no seas bruto; me haces daño* (Fernán Gómez, *Viaje*), la oración con el presente subrayado equivale a *... me estás haciendo daño*.

23.3.1b   Si la situación es estativa, el presente se interpreta como CONTINUO (también ACTUAL, AMPLIADO O EXTENDIDO): *La miseria proviene de estas modas malditas que traen ahora trastornados a los pueblos* (Galdós, *Episodios*), donde *ahora* equivale a 'en estos tiempos, últimamente'. El empleo de «*estar* + gerundio» permite enfatizar la perentoriedad de lo que se expresa, como en *La puerta {necesita~está necesitando} una mano de pintura*, pero también la intensidad de lo que se experimenta: *Te {hace falta~está haciendo falta} ejercicio* (§ 28.4.2b).

23.3.1c   El llamado PRESENTE GENÉRICO O GENERALIZADOR permite hacer referencia a propiedades o estados característicos de personas, cosas o situaciones (*Esta especie de plantas no necesita mucha agua*). Se han establecido muchas variedades de este uso del presente. Las más características son las siguientes (no siempre deslindables con facilidad):

1. PRESENTE HABITUAL O CÍCLICO: *Normalmente madruga mucho; Cuando nieva, suspenden las clases; Si nieva, suspenden las clases.*
2. PRESENTE CARACTERIZADOR O DESCRIPTIVO: *La ventana da a un patio casi negro* (Cortázar, *Reunión*); *Caracas es la capital de Venezuela; Siempre es amable con todos; Detesto el ruido; Las golondrinas vuelan bajo.*
3. PRESENTE GNÓMICO: *Dos y dos son cuatro; La Tierra gira alrededor del Sol; A quien madruga Dios le ayuda.*

En *1* se describen acciones repetidas; en *2* se habla de situaciones estables que permiten caracterizar personas o cosas, y en *3* se alude a generalizaciones o valores universales. Una variante de *3* es el uso del presente que se reconoce en los enunciados con VALOR NORMATIVO, como en *Las plantas no se {riegan ~ deben regar} cuando les da el sol; Cuando el agua empieza a hervir, se {baja ~ tiene que bajar} el fuego* (en una receta de cocina).

23.3.2   Presentes retrospectivos y prospectivos. Otros usos del presente

23.3.2a   En los usos retrospectivos del presente se describen hechos pretéritos. El PRESENTE HISTÓRICO es característico de las biografías y descripciones historiográficas, como en *Colón zarpa de Palos el 3 de agosto de 1492.* Esta oración podría continuarse con *... No descubrirá América hasta el 12 de octubre de ese mismo año,* donde el futuro se ancla respecto del presente de *zarpa,* no en el momento del habla. Se ha llamado PRESENTE DE HECHOS REPRESENTADOS al propio de los titulares de prensa y los pies de foto (*El presidente saluda a los ganadores del torneo*). Se ha denominado ANALÍTICO el presente que se usa para introducir el contenido de una aseveración que el hablante suscribe implícitamente o que entiende que posee actualidad (*Platón afirma que...*). El PRESENTE NARRATIVO es compatible con los eventos referidos en pasado, cuya secuencia puede romper, como en *Estaba yo dándole a la radio cuando hete aquí que entre las ondas se me cuela una música* (*País* [Esp.] 1/8/1985).

23.3.2b   Se usan los términos PRESENTE DE SUCESOS RECIENTES y PRESENTE DE PASADO INMEDIATO para hacer referencia al presente que describe hechos pasados cercanos al momento del habla, como en *Mi hija me explica en su carta que...; El delantero lanza un tiro a la escuadra* (en una crónica deportiva), así como al resultado inmediato de estos, como en *Aquí te traigo estos bombones* (también *te traje* o *te he traído,* según los países), donde las acciones de *traer* y *entregar* se producen a la vez. El adverbio de fase *todavía* (§ 24.2.1d y 30.6.3) favorece la neutralización del presente y el pasado: *El tren no {llega ~ llegó ~ ha llegado} todavía.*

23.3.2c   El PRESENTE PROSPECTIVO O PRESENTE PRO FUTURO se caracteriza por aludir a hechos posteriores al momento de la enunciación, en particular a sucesos previstos o planificados, como en *Nosotros —dijo— nos quedamos este verano en Vetusta* (Clarín, *Regenta*), pero también a las amenazas (*Me las pagas*). El llamado PRESENTE DE MANDATO O PRESENTE DEÓNTICO aparece en declaraciones que se interpretan como órdenes o peticiones (*Tú te callas; Vos salís; Usted se va*). Los valores del presente en las prótasis de las condicionales se examinan en el § 47.4.

23.4   El pretérito perfecto compuesto (HE CANTADO)

23.4.1   Caracterización deíctica. Distribución geográfica de los usos de HE CANTADO

23.4.1a HE CANTADO es un ANTEPRESENTE en la terminología de Andrés Bello. Este término expresa la ANTERIORIDAD de la situación denotada con respecto a un punto de referencia situado en el PRESENTE, lo que lo caracteriza como tiempo relativo. Así pues, en la llamada INTERPRETACIÓN DE ANTEPRESENTE, HE CANTADO se usa para hacer referencia a ciertas situaciones pretéritas, sean puntuales o durativas. Estas situaciones tienen lugar en un intervalo que se abre en un punto inespecífico del pasado y se prolonga hasta el momento de la enunciación y lo incluye (propiedad que recoge también la denominación *ahora extendido*: § 23.3.1a, b). Como consecuencia, las situaciones son evaluadas o medidas desde el momento del habla.

23.4.1b El pretérito perfecto compuesto admite además una segunda interpretación, la llamada INTERPRETACIÓN PERFECTIVA O DE AORISTO, como en *Ha muerto hace dos meses* (uso característico del español boliviano, pero presente también en otras variedades), donde *ha muerto* adquiere el significado que corresponde a *murió*. La interpretación de antepresente de HE CANTADO se registra en la zona central y meridional del español europeo, en el costeño peruano, en el andino boliviano y colombiano, en el noroeste de la Argentina (desde Tucumán hasta la frontera con Bolivia), en la región central de este país (especialmente en el noroeste de Córdoba) y, con mayores restricciones, también en Cuba y otras zonas del área antillana. En México, muchos de los países centroamericanos y varios de los del área caribeña, entre los que está Venezuela, el perfecto simple (CANTÉ) se usa para referirse a acciones acabadas en el pasado, como en *Hoy estuvo más tranquilo* (*Excélsior* 21/1/1997), mientras que el pretérito perfecto compuesto se reserva para referirse a acciones o situaciones que continúan, o siguen ABIERTAS, en el presente: *Siempre he vivido aquí* ('Sigo viviendo aquí'); *María no ha llegado* (es decir, 'Se espera que llegue'). En Chile, en gran parte de la Argentina (con las excepciones reseñadas arriba) y, en España, en el noroeste y las Islas Canarias, CANTÉ sustituye a HE CANTADO en este uso, y a veces también en las demás interpretaciones.

23.4.2   La relevancia actual de los hechos pretéritos

23.4.2a La relación entre HE CANTADO y CANTO se sigue de la propia estructura sintáctica de HE CANTADO: «*ha* [presente del verbo *haber*] + participio pasado», así como del propio significado del pretérito perfecto compuesto, que el término *antepresente* refleja con exactitud. Esta relación se manifiesta en varios fenómenos. Se da, en efecto, cierta COMPATIBILIDAD O CONCORDANCIA DE RASGOS DEÍCTICOS entre el tiempo del auxiliar y algunos demostrativos y adjetivos. Así, *este* en *En este año hemos avanzado mucho*, no alterna con *ese* o *aquel*, ni los adjetivos *presente* (*En el presente curso han aprobado todo*) o *actual* (*En la actual coyuntura, la empresa ha decidido vender*) admiten con facilidad el ser sustituidos por *pasado* o *anterior*.

23.4.2b   El pretérito perfecto compuesto comparte con CANTO la posibilidad de referirse a hechos futuros en la llamada INTERPRETACIÓN PROSPECTIVA (§ 23.3.2c), que con HE CANTADO es resultativa: *Mañana a estas horas, ya han terminado ustedes.* En las áreas en las que se prefiere CANTÉ para sucesos inscritos en el pasado inmediato, esta opción se extiende a dicha forma: *Mañana a estas horas, ya terminaron ustedes.* El perfecto comparte asimismo con el presente la posibilidad de denotar situaciones reiteradas, como en *Siempre que han podido nos han fastidiado* (Mendoza, *Ciudad*). También puede aludir a situaciones genéricas en construcciones en las que alterna libremente con CANTO. Estos contextos son característicos de las oraciones condicionales y de las relativas especificativas: *Un profesor universitario puede jubilarse si {ha cumplido ~ cumple} los sesenta años; Un profesional que {es ~ ha sido} contratado con un sueldo bajo...* Las formas HE CANTADO y CANTO alternan también en algunas oraciones temporales, como en *Se espuma otra vez y cuando ha alcanzado el grado de cocimiento llamado de bola [...]* (Esquivel, *Agua*).

23.4.2c   La llamada PRESUPOSICIÓN EXISTENCIAL, característica de CANTO, se extiende a HE CANTADO. Así pues, las oraciones *Luis ha estado en Lima* y *El museo ha sido muy visitado* implican, respectivamente, 'Luis está vivo' y 'El museo sigue en activo o no ha sido cerrado', al igual que *Luis es médico* implica 'Luis sigue con vida' o 'Luis no ha muerto'. La presuposición existencial puede quedar cancelada en las oraciones atributivas cuando se describe alguna propiedad del sujeto que se considera vigente en la actualidad, como en *Iglesias manifestó que Carlos Gardel ha sido el mejor intérprete de tangos* (*Universal* [Ven.] 15/4/1997). Esta oración, que es gramatical, contrasta marcadamente con *Einstein ha visitado España en 1923*, que resultaría anómala emitida en un año distinto de 1923 (con la posible excepción del español boliviano).

23.4.2d   El llamado PERFECTO DE EXPERIENCIA O EXPERIENCIAL se usa para expresar que cierto suceso ha tenido lugar una o más veces en un período, de duración variable, que puede no indicarse, o bien ser expresado mediante alguno de los siguientes recursos, entre otros: *últimamente, en estos tiempos, en estos días,* etc.; las fórmulas «*a lo largo de* + grupo nominal cuantitativo temporal», «*en lo que va de* + sustantivos temporales en singular», «*en {más ~ menos} de* + grupo nominal cuantitativo temporal» o «*{desde ~ hasta}* + adverbio o grupo nominal de sentido temporal»: *He hablado con él tres veces {en el último mes ~ en lo que va de semana ~ desde enero}.*

23.4.2e   Este intervalo puede identificarse también con la extensión total de la vida o la existencia de los participantes en la situación designada, como en *Ese es el cumplido más raro que me han hecho nunca* (Ruiz Zafón, *Sombra*), donde *nunca* equivale a 'en mi vida'. Se omite el modificador temporal 'en (toda) tu vida' en *Pocas veces te has sentido más feliz* (Fuentes, *Artemio*). Las locuciones adverbiales *alguna vez, en alguna ocasión* se sobrentienden en las oraciones que describen un único suceso, sea o no único: *He subido al Aconcagua; He traicionado a aquellos que me quieren y que me han dado su fe* (Rulfo, *Pedro Páramo*). Estas locuciones ayudan a determinar la interpretación de experiencia.

23.4.2f   El llamado PERFECTO COMPUESTO CONTINUO (O DE ASPECTO CONTINUO: § 23.1.3e) hace referencia a una situación pasada, expresada generalmente mediante predicados atélicos, que se prolonga hasta el presente y sigue abierta, en el sentido explicado en el § 23.4.1b: *Conozco todas sus tretas. Las han empleado durante un siglo* *contra nosotros* (Fuentes, *Naranjo*). Los adverbios de fase *todavía* y *aún* (§ 30.6.3) dan lugar a la interpretación de aspecto continuo con predicados negados: *¿Todavía no hemos empezado y ya aparecieron los enemigos?* (Martínez, *Evita*). El perfecto continuo se obtiene también con predicados télicos en contextos negativos, como en *Maite no ha llegado* (*todavía*). Con el perfecto experiencial comparte muchos modificadores temporales que pueden acotar el lapso temporal: *Ahí lo pusieron [...], y ahí ha estado desde entonces* (García Márquez, *Cien años*).

23.4.2g   La interpretación del perfecto que se denomina ABIERTA en el apartado anterior y en el § 23.4.1b está sujeta a variación geográfica. De este modo, la oración *Así ha sido hasta ahora* (Rulfo, *Pedro Páramo*) da lugar a las dos inferencias posibles: 'Sigue siendo así' (interpretación abierta, de perfecto continuo o de antepresente continuo) y 'Ya ha dejado de ser así' (interpretación de antepresente no continuo). Se admiten ambas inferencias con igual naturalidad en el español europeo (con la excepción del hablado en Canarias y en el noroeste de la Península Ibérica), en las Antillas, el área andina (sobre todo Bolivia y el Perú) y el noroeste de la Argentina, mientras que se favorece marcadamente la interpretación de antepresente continuo en las demás áreas hispanohablantes, especialmente en México y en Centroamérica.

23.4.3   El perfecto de hechos recientes. Otros usos

23.4.3a   El PERFECTO DE HECHOS RECIENTES O DE PASADO INMEDIATO, como el de *Lo he visto hace un momento,* se denomina así porque —en las variedades geográficas que poseen este uso— permite hacer referencia a acciones que se localizan en un ámbito temporal que incluye el momento del habla. Este período puede ser, por tanto, el día de hoy, la semana o el año actuales, pero difícilmente la semana anterior a aquella en que se habla: *El paquete ha llegado esta mañana; Este verano he visitado a mi familia; Hoy Rosi me ha preguntado una cosa curiosa* (Atxaga, *Obabakoak*). En ausencia de un modificador temporal que localice el estado de cosas designado, se entenderá que este ha transcurrido dentro del día en el que se incluye el momento del habla, a menos que el contexto comunicativo permita entender que se trata de un intervalo mayor, pero siempre próximo. El perfecto de hechos recientes se usa en buena parte del español europeo, en el español costeño peruano y en las demás áreas lingüísticas mencionadas en el § 23.4.1b. En estas áreas es muy probable que oraciones como *He comido con Luis* (sin más contexto) o *Me he roto una pierna* aludan a sucesos recientes, quizá inmediatos. En México, así como en gran parte de Centroamérica y del área rioplatense, entre otras, estos sucesos se interpretan como HECHOS DE EXPERIENCIA (§ 23.4.2d), por tanto como sucesos experimentados en alguna ocasión. Los adjuntos temporales que designan sucesos localizados en una jornada se entienden referidos al día en que se está hablando en los usos de HE CANTADO que ahora se analizan, como en *La sesión ha empezado a las ocho* (es decir, 'a las ocho de hoy'); *Me ha llamado hace unas horas* (esto es, 'hace unas horas en el día de hoy').

23.4.3b   Se llama comúnmente PERFECTO DE NOTICIAS RECIENTES al uso que se hace de HE CANTADO en la primera mención de sucesos inmediatos, muchas veces seguida de pretéritos perfectos simples (CANTÉ) en la explicación de su desarrollo. Es característico de los textos periodísticos y permite que la noticia se pueda vincular con el momento del habla: *Un palestino ha resultado herido grave tras recibir dos pu-ñaladas* [...] *Agresor y víctima se enzarzaron en una discusión que acabó con el apuña-lamiento del palestino* (CREA oral, España).

23.4.3c   Se suele llamar PERFECTO RESULTATIVO al que permite inferir como ac-tual el estado resultante de la acción denotada por HE CANTADO, como en *El jarrón se ha roto* (que implica 'El jarrón está roto'); *Me han decepcionado ustedes* (que implica 'Estoy decepcionado'), o *¿Viste que los precios han bajado?* (que implica 'Los precios están bajos'). Puesto que se refiere a un proceso cuyos resultados se constatan en el momento del habla, se ha denominado también PERFECTO EVIDENCIAL O DE HECHOS CONSTATADOS.

23.5   El pretérito perfecto simple (CANTÉ)

23.5.1   Caracterización deíctica. Restricciones relativas al modo de acción

23.5.1a   El pretérito perfecto simple localiza una situación en un punto de la línea temporal que es anterior al momento del habla. Con CANTÉ las situaciones se pre-sentan completas o acabadas. Debe, pues, suponerse que se alcanzan los límites ini-cial y final del evento con los predicados internamente delimitados. Así pues, la oración *Arturo leyó* Guerra y paz *el mes pasado* expresa —frente a la variante con *leía*— que la lectura de la novela se completó. Igualmente, en *Pese a la oscuridad, al-canzó la puerta* (Sepúlveda, L., *Viejo*), con un predicado de consecución o logro, se interpreta que se llegó a la puerta que se menciona.

23.5.1b   CANTÉ es también compatible con los predicados atélicos (*Empujé el carro; Duró dos horas; Trabajaron incansablemente; Fue aviador; Escribieron cartas*), aunque con ciertas restricciones (§ 23.5.1e y ss.). El grupo preposicional «*durante* + grupo cuantificativo nominal» inhibe o cancela el componente delimitado de los predicados de realización y de logro, que se reinterpretan así como predicados até-licos. No se concluye, pues, ninguna lectura en *Arturo leyó* Guerra y paz *durante tres horas*. La perfectividad de CANTÉ explica también que el pretérito perfecto simple no haga referencia a acciones repetidas (*Me lo pidió* sugiere 'Me lo pidió una vez') a no ser que un complemento de frecuencia aporte dicho significado: *Después de ese breve encuentro, se vieron todos los días* (Ocampo, *Cornelia*); *Me lo pidió incontables veces durante estos años* (Bain, *Dolor*).

23.5.1c   Algunos adjuntos temporales de localización pueden inducir con CANTÉ una INTERPRETACIÓN INCOATIVA (también llamada INGRESIVA O INCEPTIVA), de forma que en *Escribió la carta a las ocho* o *Vimos la película a las diez* se indica el momento en que alguien empieza a escribir cierta carta o a ver cierta película. Estas oraciones no fuerzan, pues, la suposición de que las acciones de las que se habla fueron mo-mentáneas. Si se dijera, en cambio, *Escribió la carta el mes pasado,* el adjunto temporal denotaría el intervalo en el interior del cual tiene lugar la acción.

23.5.1d   La interpretación ANTICIPATIVA de CANTÉ es propia de la lengua conver-sacional, se da con predicados télicos y se utiliza para hacer referencia a situaciones no acaecidas pero inminentes, como en *Ya lo agarraron* (es decir, 'Lo van a agarrar ahora mismo'). La sucesión de pretéritos perfectos simples posee naturaleza ICÓNICA, es decir, reproduce el orden en que estos tienen lugar. El efecto obtenido permite dar agilidad y viveza a las narraciones: *Miró después a un lado y a otro. Se colocó junto a ellos, observó sus maletas, se quitó el sombrero y dijo* [...] (Chacón, *Voz*). La coordinación de pretéritos perfectos simples puede sugerir un vínculo causal: *Se cayó y se rompió la cadera ~ Se rompió la cadera y se cayó.*

23.5.1e   Las actividades y los predicados de estado que denotan situaciones no permanentes (§ 23.2.1a) en pretérito perfecto simple están externamente delimitados. Expresan esta delimitación externa los complementos subrayados con trazo discontinuo:

> Solo trabajó durante dos semanas (Hayen, *Calle*); La venerable madre Teresa Gallifa Palmarola vivió en Barcelona durante la segunda mitad del siglo XIX (Roncagliolo, *Jet Lag*); Y nos estuvimos hasta la hora de comer en el despacho (Pombo, *Metro*).

Los predicados de estado permanente denotan propiedades que, en tanto en cuanto son caracterizadoras o estables, carecen de límites externos. Rechazan, pues, el aspecto perfectivo y, por consiguiente, el pretérito perfecto simple. Se prefiere, pues, marcadamente *era* a *fue* en *Clara {fue ~ era} de extracción humilde*, y *decía* a *dijo* en *El letrero lo {dijo ~ decía} bien claro.*

23.5.1f   En estos casos existen, sin embargo, varios recursos que permiten aportar la delimitación que requiere el aspecto perfectivo. Así, se ha observado que *saber* y *conocer* pueden alterar su interpretación usados en este tiempo verbal. El primero significa 'enterarse de algo, adquirir el conocimiento', como en *Se supo, eso sí, que la Universidad entera* [...] (Bryce Echenique, *Magdalena*) y el segundo 'entrar en contacto con alguien', como en *Quiero conocer cómo se conocieron mi papi y tú* (Fuentes, *Cristóbal*).

23.5.1g   La mayor parte de los predicados de estado admiten, en las circunstancias apropiadas, una delimitación temporal PARCIAL O CONVENCIONAL (por tanto, externa), análoga a la que muestran los predicados de actividad (§ 23.5.1e). Ello hace posible que se interpreten como predicados de estado transitorio. Así pues, las oraciones *Fue rubio; Fue francés* o *La vía del tren corrió paralela a la carretera* resultan admisibles en la medida en que nuestro conocimiento del mundo nos informa de que las propiedades que se mencionan están sujetas a cambios circunstanciales. En los tres casos se podría añadir un adjunto temporal que fijara la extensión temporal de esas propiedades: *Fue rubio {hasta los quince años ~ durante toda su infancia}.*

23.5.1h   La delimitación que requiere el pretérito perfecto simple puede ser también EXISTENCIAL. Esta forma de delimitación se da únicamente con los predicados de estado. Los límites son entonces los de la existencia del referente del sujeto de la predicación. Así, en la oración *Luis fue abogado,* se expresa la idea de que el intervalo ocupado por la propiedad de ser abogado coincide con los límites de la vida de Luis. Análogamente, en este *Ese río dio al mar, como es costumbre* (Benítez Reyes, *Luna*), no se dice que cierto río dé ahora a otro lugar porque se haya desviado su curso (delimitación parcial o convencional), sino que ha dejado de existir (delimitación existencial). La delimitación existencial no suele hacerse expresa en un gran número de casos porque se considera redundante (como en *María fue abogada a lo largo de su vida*).

23.5.1i   Con los verbos de medida (*costar, medir, pesar*), el pretérito perfecto simple admite una interpretación RESULTATIVA, en el sentido de que para interpretarlos se precisa suponer cierta acción previa. Así, la oración *El niño pesó tres kilos* informa del resultado de pesar a cierto niño, más que de una propiedad que ese niño tuviera alguna vez.

23.5.2   La oposición CANTÉ / HE CANTADO

23.5.2a   El término *simple* en la denominación de CANTÉ recoge información morfológica, pero también temporal por cuanto remite a la oposición entre tiempo absoluto y tiempo relativo (§ 23.1.2c). Del hecho de que CANTÉ sea un tiempo absoluto y HE CANTADO un tiempo relativo se siguen buena parte de los hechos que afectan al empleo de esos tiempos, ya que el vínculo que el pretérito perfecto posee con el presente (analizado en los § 23.4.1a y 23.4.2) determina que solo con HE CANTADO las situaciones pretéritas se muestren como parte de un intervalo que contiene el momento de la enunciación. En CANTÉ, por el contrario, no se establece ninguna conexión entre la acción que se menciona y el presente.

23.5.2b   La forma CANTÉ admite empleos que pueden abarcar también los característicos de HE CANTADO en muchos países americanos. En esas áreas lingüísticas son posibles, en efecto, las dos opciones que se muestran en tales contrastes: *Mi hijo {sacó ~ ha sacado} sobresaliente en Matemáticas alguna vez* (perfecto de experiencia); *Es la mejor novela que {publicó ~ ha publicado} hasta ahora* (perfecto continuo); *Se {convirtió ~ ha convertido} en un punto de referencia para nuestros jóvenes* (perfecto resultativo); *¡Cómo {creció ~ ha crecido} este muchacho!* (perfecto de hechos recientes o evidencial). Existen, sin embargo, algunos casos particulares. Así, en el área rioplatense alternan las dos opciones de *Marta no {ha llegado ~ llegó} todavía* (perfecto continuo), mientras que en las demás áreas se elige casi siempre la primera.

23.6   El pretérito imperfecto (CANTABA)

23.6.1   Información deíctica e información aspectual

23.6.1a   Es controvertida tradicionalmente la cuestión de si es pertinente o no la información aspectual en la caracterización del imperfecto (CANTABA). Se entenderá aquí que el significado del pretérito imperfecto se compone de un rasgo temporal, pues expresa tiempo pasado, y también de uno aspectual, dado que posee aspecto imperfecto (§ 23.1.3c, d). Como el imperfecto es un tiempo relativo (§ 23.1.2c), la información temporal que denota es referencial o anafórica.

23.6.1b   CANTABA comparte con CANTÉ y HE CANTADO su significado temporal: los tres se refieren a una situación anterior al momento del habla. Al igual que CANTÉ y a diferencia de HE CANTADO (§ 23.5.2), CANTABA sitúa los hechos pretéritos sin relación con el momento del habla. Se opone, en cambio, a CANTÉ y HE CANTADO —con la cautela que debe observarse respecto de la interpretación de antepresente continuo (§ 23.4.2f)— en que es un tiempo verbal imperfectivo; es decir, presenta las situaciones en su curso, enfocando su desarrollo interno sin aludir a su comienzo ni a su final. Aun así, ha de tenerse en cuenta que la interpretación que recibe el pretérito imperfecto está en función del aspecto léxico del predicado con el que se construye. En efecto, no hay desarrollo interno en *El libro costaba tres euros* (con verbo de estado), ni en *en el momento en el que yo recibía la noticia* (con predicado de consecución o logro), pero sí lo hay en *El alpinista alcanzaba la cumbre,* con verbo de consecución, o en *El mayordomo bajaba las escaleras,* con un predicado de realización.

23.6.1c   Coinciden CANTABA y HE CANTADO en su condición de tiempo relativo. Ambos requieren, en efecto, que se vincule su denotación temporal con otra situación, que en el caso de CANTABA es una situación pasada, y en el de HE CANTADO coincide con el presente. En efecto, en *Volvió a verlo al caer la tarde, Carlitos jugaba con su tren eléctrico y Flora canturreaba bagualas en la planta baja* (Cortázar, *Glenda*), coinciden (o poseen algún segmento en común) el tiempo de jugar Carlitos y el de canturrear Flora con aquel en el que alguien no especificado vuelve a ver a una persona o una cosa. Si se omite la oración con el pretérito perfecto simple, la que presenta el imperfecto resultará incompleta y será necesario buscar en el contexto previo un referente temporal alternativo que permite anclar referencialmente las situaciones de jugar Carlitos y canturrear Flora.

23.6.1d   La condición de tiempo relativo explica, en opinión de muchos gramáticos, la naturaleza ANAFÓRICA O REFERENCIAL de CANTABA. El término COPRETÉRITO, es decir, 'pretérito coexistente con otro', que caracteriza al imperfecto en la terminología de Andrés Bello recoge con exactitud la interpretación de tiempo anafórico (y, por consiguiente, incompleto). Por razones análogas, el imperfecto ha sido también descrito como un PRESENTE DEL PASADO. La noción de 'coexistencia' o 'simultaneidad' debe entenderse, en todo caso, en el sentido amplio de 'superposición, traslape o solapamiento', y no solo en el de 'coincidencia en toda la extensión temporal'.

23.6.2   Desarrollos de la noción de 'copretérito'. Usos modales de CANTABA

23.6.2a   Los llamados USOS MODALES DEL IMPERFECTO constituyen una manifestación del estrecho vínculo que existe entre las situaciones pretéritas y las irreales. Algunos desarrollos de la noción de 'copretérito' o de 'pretérito referencialmente dependiente' permiten establecer una estrecha conexión entre el significado de CANTABA y los valores modales que puede expresar. El pretérito imperfecto puede anclarse, en efecto, en un DOMINIO o un MARCO. Entre los términos que caracterizan esta noción en diversos sistemas terminológicos están los de *escenario, espacio mental paralelo* y *plano inactual.* Todos ellos comparten la idea de que el significado del imperfecto en cierto número de casos supone un ALEJAMIENTO o DISTANCIAMIENTO del plano actual. El marco o dominio al que se hace referencia puede ser EVOCADO por el hablante aunque no esté verbalizado. Así, no es sencillo determinar el intervalo temporal respecto del cual se ancla *tenía* en *Luis tenía los ojos azules*: al tratarse de una oración que contiene un predicado de estado permanente (es decir, un predicado que no está sujeto a más delimitación temporal que la existencial: § 23.5.1e, f), el marco corresponderá a la existencia referente del sujeto, que ha de ser evocada por el interlocutor, en lugar de a un período particular. Los usos modales que se examinan seguidamente se pueden explicar, por tanto, a partir de la noción tradicional de 'copretérito' concebida en el sentido amplio, de forma que permita incluir marcos o escenarios alejados del plano actual, que el hablante puede evocar.

23.6.2b Se ha llamado IMPERFECTO ONÍRICO O DE FIGURACIÓN al que se usa en las oraciones en las que se describen hechos soñados o imaginados. En los ejemplos siguientes se subrayan con trazo discontinuo los recursos gramaticales a través de los cuales se puede introducir el escenario o el espacio mental al que se alude en el apartado precedente:

> Helena soñó que cocinaba en una olla que tenía el fondo roto (Galeano, *Bocas*); Era curioso: en mi sueño sentía menos horror que en la realidad (Benedetti, *Tregua*); Anoche tuve un sueño. Volvía muy tarde a mi casa. No había otra luz que la de la luna, y un silencio de muerte (Merino, *Orilla*).

El imperfecto propio de las narraciones y cuentos se asimila también al imperfecto de figuración: *La pobre vieja le fue contando, como para calmarlo, que había una vez un mozo que perdió a sus padres* (Draghi, *Noches*), al igual que el llamado IMPERFECTO LÚDICO: *Tú hazte cuenta que vamos los dos en una barca. Oye, —¡qué, divertido! Tú eras el que iba remando; la mar estaba muy revuelta, muy revuelta* (Sánchez Ferlosio, *Jarama*); *Me cantaba al oído hasta que me obligaba a jugar a que éramos artistas* (Bain, *Dolor*).

23.6.2c Con el llamado IMPERFECTO DE CORTESÍA se introducen situaciones que se interpretan en presente, pero que se enmarcan en un escenario supuesto o ficticio para alejarlas retóricamente de la realidad y atenuar así lo que en ellas se afirma o se demanda: *Venía a pedirte un consejo; Le quería pedir el favor de que me guardara mi revólver* (Alape, *Paz*). Comprende también este uso los enunciados en los que se solicitan disculpas (*Me quería excusar por...*) o se hacen sugerencias (*¿No podíamos salir un poco antes?*). Con *querer* y *desear*, así como con *poder*, el imperfecto de cortesía alterna con el condicional simple: *Le {quería ~ querría} pedir un favor; ¿No {podíamos ~ podríamos} salir un poco antes?*

23.6.2d El llamado IMPERFECTO CITATIVO O DE CITA permite al hablante eludir la responsabilidad directa por sus palabras y presentarlas como información emitida por otros, con lo que se logra, de nuevo, evitar la rudeza que se asocia con el presente. Así pues, la oración *¿Tú jugabas al fútbol, no es cierto?* significa aproximadamente (en la interpretación pertinente aquí) '¿Es cierta la información (conocida, oída, etc.) según la cual tú juegas al fútbol?'. Asimismo, el que pregunta *¿Cómo te llamabas?* no solicita necesariamente el antiguo nombre de su interlocutor. El uso citativo del pretérito imperfecto se ve favorecido por el ámbito amplio de la negación (§ 48.4.2a) en las preguntas negativas. También lo favorecen los predicados que introducen el discurso directo, como en *¿No decías que hoy me lo contarías todo?* (Regàs, *Azul*), que equivale aproximadamente a '¿No es cierto que decías que...?'.

23.6.2e   El pretérito imperfecto llamado PROSPECTIVO es característico de los sucesos anunciados, planificados o previstos: *En principio, mi avión salía mañana a las 23.50; ¿A qué hora empezaba la película de esta noche?* La situación pretérita respecto de la cual se evalúa como posterior el suceso anunciado puede no hacerse expresa, pero constituye un plan de actuación, por tanto un marco o un escenario en el sentido explicado en los apartados precedentes. El suceso planificado puede ser anterior o posterior al momento del habla, como en *Mi avión salía {ayer ~ mañana}*, pero el marco referencial es pasado en ambos casos.

23.6.2f   Así como el presente puede tener valores prospectivos en alternancia con el futuro (§ 23.3.2c), CANTABA puede alternar con CANTARÍA en este uso. En los ejemplos siguientes podría, por tanto, usarse *irías* por *ibas* y *echarían* por *echaban*: *Llamé a tu oficina y me dijeron que hoy no ibas* (Benedetti, *Primavera*); *Ya creí que nos echaban el multazo* (Sánchez Ferlosio, *Jarama*). Debido a su naturaleza imperfectiva, el pretérito imperfecto tampoco informa aquí acerca de si los sucesos se verifican o no, lo que hace plenamente significativas oraciones como *Mi avión salía mañana, pero me lo tienen que confirmar*. El imperfecto de sentido prospectivo se utiliza a menudo para designar HECHOS FRUSTRADOS. Aun así, esta información constituye una inferencia, por lo que suele expresarse explícitamente: *Mi hermano llegaba {ayer ~ hoy ~ mañana}, pero algunos problemas de salud le han obligado a posponer el viaje.*

23.6.2g   La alternancia de CANTABA y CANTARÍA es característica de la apódosis de las oraciones condicionales, de acuerdo con las pautas «*Si* TUVIERA, {DABA ~ DARÍA}», como en *Derecho me iba al río, si no os viera* (León, *Nombres*), y «*Si* HUBIERA TENIDO, {DABA ~ DARÍA}», como en *Si nos hubieran dicho que llegaban esta tarde, hubiéramos preparado unas flores para recibirla* (Barea, *Forja*). Se obtiene también con la conjunción condicional *como*: *Como se retrasara un día más, no la {admitían ~ admitirían}*, así como en las oraciones introducidas por alguna de las expresiones siguientes: *con gusto, gustoso, de buena gana, de buen grado, de mil amores, yo que {tú ~ vos ~ usted}, yo en {tu ~ su} lugar*, etc., como en *De buen gusto me {iba ~ iría} ahora de vacaciones; Yo en tu lugar, me lo {pensaba ~ pensaría}*.

23.6.2h   A las expresiones que se acaban de enumerar cabe agregar las pautas «*Por mucho que* TUVIERA, *no* {DABA ~ DARÍA}»; «*Con tal de que* TUVIERA, {DABA ~ DARÍA}», o «*De* TENER, {DABA ~ DARÍA}», como en *De poder hacerlo, me {iba ~ iría} con ustedes*. A este mismo paradigma pertenece el gerundio de interpretación condicional (§ 27.3.2b, c): *Bajando un poco el precio, seguro que {vendías ~ venderías} sin problema tu apartamento*. La fórmula «*Si* TENÍA, DABA» se puede usar con sentido contrafáctico (§ 47.4.2), además de en la interpretación iterativa o habitual (§ 23.6.3a): *Si se enteraban los demás, yo estaba perdido.*

23.6.3   Relevancia del modo de acción. La oposición CANTÉ / CANTABA

23.6.3a   Como se vio en los apartados precedentes, CANTABA es un tiempo aspectualmente imperfectivo, por lo que es admitido por predicados atélicos (*Julián trabajaba de camarero; Su madre estaba enferma*). A los predicados de consecución o logro no les otorga la duración interna de la que carecen, sino que, para cumplir con el requisito de ausencia de delimitación que CANTABA requiere, reciben otras interpretaciones, como la llamada CÍCLICA, ITERATIVA o HABITUAL, común a otros predicados télicos: *Todos los días {se acostaba temprano~se comía una manzana}*. Se designan igualmente situaciones cíclicas a través de las construcciones que se ejemplifican en las siguientes oraciones:

> El médico entraba y salía; Si alguno intentaba romper la armonía impuesta, se le organizaba un consejo de honor (Boadella, *Memorias*); La niebla surgía de la laguna y del río Ocros todas las mañanas (Alegría, *Mundo*); [...] en la ventana del comedor donde de niño desayunaba con su madre (Asturias, *Presidente*).

23.6.3b En la llamada INTERPRETACIÓN NARRATIVA del imperfecto se presenta un hecho acaecido de naturaleza puntual, generalmente como desenlace de otras acciones introducidas secuencialmente: *Apretujó mi mano con su mano sudorosa y a los dos días moría* (Gómez Serna, *Automoribundia*). Con el IMPERFECTO DE CONATO, característico asimismo de los predicados télicos, se expresa lo inminente de alguna acción télica situada en el pasado, de cuyo resultado no se informa, como en *{Salía~Iba a salir} cuando de pronto sonó el teléfono,* con el llamado *cuando* INVERSO (§ 24.2.2e). El IMPERFECTO PROGRESIVO presenta la situación en su desarrollo, focalizando un único punto del mismo, como en *Tom y los dos mecánicos llegaban a bordo en aquel momento* (Regàs, *Azul*), por lo que admite con igual facilidad que el de conato el *cuando* inverso: *Se dirigía firmemente hacia la silla de los chales, cuando de pronto escuchó los aplausos* (Bryce Echenique, *Julius*).

23.6.3c En razón también de sus propiedades aspectuales, y en contraste asimismo con el pretérito simple, el imperfecto rechaza los complementos temporales de delimitación, salvo si se hace referencia a una situación cíclica: *Luis estudiaba durante tres horas todos los días; Los sábados bailaban hasta el amanecer*. En la mayor parte de los casos se admite CANTABA y se rechaza CANTÉ en las perífrasis «*soler* + infinitivo» (§ 28.3.1c) y «*llevar* + gerundio» (§ 28.4.3a); con los predicados *parecer* y *dar la impresión de algo,* ambos sin complemento indirecto expreso o tácito; con el grupo verbal *tener {pinta~aspecto} de algo;* con las locuciones adverbiales *por momentos, por días, por meses,* así como con las partículas *conforme* y *según: Conforme pasaban las semanas.* Los verbos modales admiten las dos formas, pero con cambios notables de significado (§ 28.2.1e, f).

23.7 El futuro simple (CANTARÉ)

23.7.1 El futuro sintético: CANTARÉ

23.7.1a El futuro es un tiempo absoluto: localiza una situación en un momento posterior al momento de enunciación, como en *Julio llamará antes de coger el avión* (Gala, *Invitados*). Se formó por aglutinación de los dos componentes de la perífrasis obligativa romance «infinitivo + *haber*»: *Sacar he fuerzas de mi flaqueza* (Fernández Oviedo, *Indias*); *Et fazervos he algunos enxiemplos por que lo entendedes mejor* (Juan Manuel, *Lucanor*). El FUTURO SINTÉTICO (CANTARÉ) se opone al FUTURO ANALÍTICO, que expresan las perífrasis verbales, sobre todo en el español americano (*voy a cantar, he de cantar*, etc.). Se estudian en el § 28.2.2c.

23.7.1b Con el futuro no se expresan únicamente sucesos venideros. La segunda persona contribuye a que los enunciados que lo contienen se puedan interpretar como órdenes, como en *Se lo devolverás; No matarás*, o como peticiones o solicitudes: *Estas notas, Manolo, escritas por mí, que no estoy fuerte en ortografía, las pondrá usted en limpio* (Galdós, *Episodios*). También pueden interpretarse como recomendaciones (*Un calmante te sentará bien*), como amenazas (*No te librarás*) o como advertencias (*Te harás daño*). Con la primera persona los enunciados expresan más claramente promesas o compromisos: *Llegaremos; Se lo diré*. La tercera persona es frecuente en las instrucciones: *El trabajador avisará en caso de avería* (es decir, 'deberá avisar'). La construcción «imperativo + *y* + futuro» se interpreta como los períodos condicionales: *Pórtate bien y te daré un premio*; es decir, 'Si te portas bien, te daré un premio'. Si la conjunción es disyuntiva, se puede interpretar una negación en la prótasis: *Sujétate o te caerás* ('Si no te sujetas, te caerás').

23.7.1c En función del contenido que se exprese, el futuro puede alternar con el presente: *La ropa se {guardará ~ guarda} en el cajón; {Te diré ~ Te digo} que...*; con el condicional: *¿{Tendrá ~ Tendría} usted la amabilidad de levantarse un momento?*, o con un verbo modal: *Le {pediré ~ tengo que pedir} que...; Le {confesaré ~ debo confesar} que...* La pauta «cuando TENDRÁ», que se rechaza hoy en la mayor parte de las construcciones (*Saldremos cuando llegará Juan), se registra en las de relieve: *Es ahora cuando habrá que completar el triunfo* (Uslar Pietri, *Visita*), y también en las relativas temporales apositivas: *Vamos a seguirlo hasta mañana al mediodía, cuando llegaremos a un desvío que desciende hasta el río* (Mutis, *Maqroll*). Están semilexicalizadas las fórmulas que se crean con los verbos *ver* (*Tú verás*), *saber* (*Tú sabrás*), *decir* (*Tú dirás*) y sus variantes con *vos, usted, vosotros* y *ustedes*.

23.7.2 El futuro de conjetura

23.7.2a Se llama FUTURO DE CONJETURA, FUTURO DE PROBABILIDAD o FUTURO EPISTÉMICO el que introduce alguna suposición del hablante relativa al presente. Las paráfrasis que admite se forman con adverbios de probabilidad o de duda, en ambos casos con un verbo en presente. Admite también paráfrasis con verbos modales. Todo ello pone de manifiesto su significado modal, a la vez que su valor temporal. En efecto, *Serán las ocho* significa aproximadamente (en uno de sus sentidos) 'Probablemente son las ocho' o 'Deben de ser las ocho'. De manera análoga, *Su Merced tendrá frío* (Donoso, *Casa*) equivale a 'Probablemente, su Merced tiene frío'. El futuro de conjetura es característico de los predicados atélicos (es decir, estados y actividades: § 23.1.3, 23.2.2b): *Luis trabajará ahora en la empresa de su padre; En este momento leerá el periódico*. Los adverbios temporales permiten determinar si el futuro expresa o no conjetura: *{Ahora ~ Mañana} estará en las Bahamas*.

23.7.2b Reciben también la interpretación de conjetura los futuros de las oraciones siguientes: *Le parecerá una tontería, pero aquello me salvó de morir* (ABC 20/11/1983), es decir, 'Aunque le pueda parecer una tontería...'; *¿Dónde estará* ['puede estar'] *Marta?; ¿Qué {diablos ~ rayos ~ demonios} querrá* ['puede querer'] *ahora?; ¿Estará* ['está tal vez'] *loco?; ¿Qué sabrá* ['puede saber'] *usted, hombre?; Si será torpe que se volvió a caer,* es decir, 'Tan torpe es que se volvió a caer', que admite variantes con una curva tonal ascendente en sustitución del complemento consecutivo (§ 45.6.2a).

23.7.2c   Aunque sea redundante, no es, sin embargo, censurable la concurrencia del futuro de conjetura con otras expresiones que significan probabilidad, como los adverbios de probabilidad o los verbos que denotan suposición o percepción mental:

> Seguramente estará como nosotros (Gándara, *Distancia*); Ya sabe —le dije— que nunca llevo reloj, pero supongo que serán las siete (Vila-Matas, *Suicidios*); Me imagino que estará muy ocupado con el viaje del Presidente a Cajamarca (Vargas Llosa, *Conversación*).

Muy cercanos a los últimos están los que expresan constatación o verificación, como en *Comprendo que estará usted molesto.*

23.7.2d   La perífrasis «*ir a* + infinitivo» admite la interpretación de conjetura, más frecuentemente en el español americano: *Bueno, y esa hermana nuestra, ¿irá a bajar algún día?* (Wolff, *Kindergarten*); *¡No irá a creer, señor Almirante, que yo* [...] (Roa Bastos, *Vigilia*). La perífrasis aporta en estos casos el contenido temporal prospectivo, mientras que la flexión de futuro proporciona la noción de 'incertidumbre' o de 'duda'. Sobre la perífrasis «*ir a* + infinitivo» en la interpretación de conjetura, véase el § 28.3.1b.

23.8   El condicional simple (CANTARÍA)

23.8.1   Caracterización deíctica. Relaciones con CANTARÉ. El condicional de conjetura

23.8.1a   El condicional simple designa una situación posterior a otra pretérita, por lo que ha sido caracterizado como un "futuro del pasado" (POSPRETÉRITO en el sistema de Andrés Bello). Es, pues, un tiempo relativo y presenta puntos de contacto tanto con el futuro como con el pretérito imperfecto. Los vínculos con CANTABA se examinarán en el § 23.8.2. Comparte su etimología con CANTARÉ, pues se forma sobre la misma perífrasis romance («infinitivo + *haber*»: amar + hía > amaría), y por tanto el significado de posterioridad. Se diferencian fundamentalmente CANTARÉ y CANTARÍA en que el segundo lleva implícita la idea de que existen ciertas circunstancias que dificultan el cumplimiento o la verificación del contenido de la oración, como en *En 2012 cumpliría 60 años.*

23.8.1b   Al igual que CANTARÉ, la forma CANTARÍA es incompatible con las prótasis condicionales en el español general. No obstante, en algunas variedades del español conversacional de Chile, las áreas rioplatense y andina, el sur de Colombia y el norte de España se registran usos de *si llovería pronto* por *si lloviera pronto.* Esta pauta no se ha integrado en la lengua culta, por lo que se recomienda evitarla. No debe confundirse este uso con la INTERPRETACIÓN DE CITA, en la que se admite la conjunción *si* en las prótasis condicionales: —*Me gustaría decírselo, pero no me atrevo a hacerlo.* —*Pues si te* *gustaría decírselo, debes llamarla.* Se recomienda igualmente evitar el uso, documentado en algunas de las áreas lingüísticas recién mencionadas, de CANTARÍA por CANTARA en las construcciones finales y en las oraciones temporales. Se aconseja, por tanto, evitar el condicional en secuencias como *para que sería más cómodo* o *Se lo diría cuando tendría ocasión,* y usar en su lugar las formas correctas *para que fuese más cómodo* o *... cuando tuviera ocasión.*

23.8.1c   La pauta «cuando TENDRÍA» es correcta en los mismos supuestos en que lo es su equivalente con futuro (§ 23.7.1c), es decir, en las construcciones de relieve (*Sería entonces cuando lograría sus mayores éxitos*) y en las relativas temporales apositivas: *Por este tiempo se esperaba su visita para dentro de quince días, cuando celebraría la fiesta del patrón del pueblo* (Cáceres, *Humus*). La construcción «aunque + condicional» es incorrecta en las prótasis concesivas en correlación con otro condicional: *Aunque {*tendría~tuviera} la plata, no te la prestaría,* pero es gramatical con significado adversativo: [...] *aunque también sería más exacto decir que él creía que se había mantenido alejada* (Sábato, *Héroes*).

23.8.1d   El CONDICIONAL DE CONJETURA (también llamado DE PROBABILIDAD y EPISTÉMICO) se diferencia del futuro del mismo tipo (§ 23.7.2) en que se refiere al pasado en lugar de al presente. Admite paráfrasis similares con el verbo en pretérito imperfecto. Así, *Serían las diez* equivale a 'Probablemente eran las diez', y *Tendría entonces treinta años* a 'Podía tener entonces treinta años'. Como el futuro de conjetura, el condicional equivalente puede aparecer en las oraciones adversativas de interpretación concesiva: *Muy bondadoso sería, pero bien podía ser absolutamente imaginario* (Collyer, *Pájaros*). También se usa en combinación con un adverbio de probabilidad, como en *Seguramente estaría cansado,* subordinado a un verbo de suposición: *Me imaginé que tendría las manos con un cigarrillo del que no se tragaría el humo* (Marías, J., *Corazón*), así como en las oraciones exclamativas de sentido consecutivo encabezadas por *si* y pronunciadas con entonación suspendida: *Si estaría cansado que se durmió haciendo el examen.*

23.8.1e   El condicional de conjetura, pero no el futuro, admite paráfrasis con el verbo *poder* en su interpretación epistémica o impersonal (§ 28.2.2f): *No recuerdo cuánto me {costaría~pudo costar}; Pero ¡quién me mandaría* ['pudo mandar'] *a mí salir de casa!* (Mendizábal, *Cumpleaños*). Este uso de *cantaría* está próximo al futuro compuesto de conjetura (§ 23.9.3a), así como al condicional compuesto (§ 23.9.3c): *¡Quién me {mandaría~habrá mandado~habría mandado~pudo mandar} salir de casa!* No existe, en cambio, la perífrasis «iría a + infinitivo», ya que a la alternancia *Cuando llegó, {serían~eran} aproximadamente las cuatro de la tarde* no corresponde propiamente la variante *iban a ser.* Cabe entender esta asimetría como la consecuencia natural de que «ir a + infinitivo» se considere un futuro analítico.

23.8.1f   Se consideran variantes del condicional de conjetura el llamado CONDICIONAL DE RUMOR, propio del lenguaje periodístico: *La nota daba a entender que el presidente estaría dispuesto a negociar,* es decir, 'seguramente estaba'. El condicional denominado DE ATENUACIÓN, que se emplea en alternancia con el presente: *{Convendría~Conviene} salir pronto,* es decir, 'seguramente conviene'. El CONDICIONAL DE MODESTIA O DE CORTESÍA, paralelo al imperfecto de este mismo nombre (§ 23.6.2c), con el que alterna, además de con el presente en algunas ocasiones: {*Desearía~Deseaba~Deseo*} *hablar con el doctor.*

23.8.2 Relaciones entre CANTARÍA y CANTABA

23.8.2a La relación entre CANTARÍA y CANTABA es estrecha. Desde el punto de vista morfológico, el primer tiempo se forma con el pretérito imperfecto del verbo *haber;* desde el semántico, los dos son tiempos relativos del pasado. En cuanto tiempo relativo, CANTARÍA requiere que el estado de cosas que se sitúa temporalmente se vincule, de forma expresa o tácita, con situaciones NO ACTUALES, sean pretéritas (*Me dijo que vendría*) o hipotéticas, es decir, consideradas posibles: *Me encantaría viajar a la Patagonia.* Desde el punto de vista temporal, la situación que se localiza respecto del momento de la enunciación queda indeterminada, por lo que puede ser anterior, posterior o simultánea: *Hace un mes dijo que llamaría* {*ayer~mañana~hoy*}.

23.8.2b CANTARÍA alterna con el imperfecto de interpretación prospectiva (§ 23.6.2e) en estos mismos contextos: *Me prometió que me* {*llamaría~llamaba*} *ayer.* Como CANTABA, admite el uso NARRATIVO (§ 23.6.3b), llamado también FACTUAL, y presenta las mismas propiedades que el imperfecto narrativo, por lo que alterna con CANTÉ: *Dos días después* {*moriría~murió*}. La situación hipotética requerida se puede expresar, entre otras maneras, mediante construcciones de significado condicional (*Si pudiera ayudarte, lo haría; Yo, en tu caso, no lo dudaría*), así como mediante oraciones copulativas: *Mejor sería que te afeitaras la barba; Lo extraño sería que aprobara.* En *Yo viviría feliz aquí* el contexto irreal se debe sobrentender: 'si pudiera, si fuera posible', etc. El condicional alterna con el pretérito imperfecto de subjuntivo en las perífrasis modales: {*Deberías~Debieras*} *prestar más atención;* {*Podría~Pudiera*} *interpretarse mal,* y en otros casos en los que el subjuntivo no está inducido. Contrastan, pues, *Me parece que* {*debieras~deberías*} *prestar más atención* y *No me sorprende que* {*pudiera~*podría*} *abarcar tanto.*

23.9 Tiempos compuestos no orientados directamente desde el momento del habla

23.9.1 El pretérito pluscuamperfecto (HABÍA CANTADO)

23.9.1a El pretérito pluscuamperfecto es un tiempo pasado aspectualmente perfectivo. Designa, pues, una situación anterior al momento del habla, además de concluida. La propiedad de ser un tiempo relativo se manifiesta en que expresa anterioridad respecto de alguna situación, igualmente pasada, que puede mencionarse o no. En los dos ejemplos que siguen se subraya con trazo discontinuo la situación que se toma como punto de orientación, de manera que el levantarse es anterior a la visión en la primera oración, y en la segunda la anterioridad de la apertura de las ventanas se mide respecto del acto de entrar: *Yo te vi allí. Te habías levantado* (Bolaño, *2666*); *Caminé entre las coronas y entré en la sala. Alguien había abierto las ventanas para que se ventilara el lugar* (Ibargüengoitia, *Crímenes*). Sin embargo, no siempre es sencillo localizar el tiempo del pasado que se toma como punto de referencia. Es difícil hacerlo, por ejemplo, cuando la oración que contiene HABÍA CANTADO aparece en posición de INICIO ABSOLUTO de texto: *Los hechos habían sucedido de manera tan rápida como inesperada.* En ausencia de este punto de anclaje, el hablante evoca un escenario mental, dentro del cual suceden los hechos pretéritos que supuestamente se van a narrar.

23.9.1b   El significado que expresan HABÍA CANTADO y otros tiempos compuestos de este grupo se caracteriza por la forma en que se interpretan los adjuntos temporales que admiten. Estos pueden designar el punto en que se localiza el evento, como en *Dijo que había salido a las cinco* (donde la salida tiene lugar a las cinco), o bien cierto punto posterior a este, como en *Dijo que a las cinco ya había salido.* Se examinan estas cuestiones en los § 24.2.1d, e.

23.9.1c   HABÍA CANTADO puede alternar con HE CANTADO si se entiende 'antes de ahora' en el primer caso y 'hasta ahora' en el segundo: *Nunca me {había ~ he} sentido tan agasajada.* La alternancia será con CANTÉ si es la única forma disponible (§ 23.4.1b): *Nunca me lo {había planteado ~ planteé}.* Como HABÍA CANTADO mantiene las propiedades aspectuales del imperfecto, admite la llamada interpretación CÍCLICA, ITERATIVA O HABITUAL (§ 23.1.3d y 23.6.3a): *A esa hora, los viernes Eugenio había salido del trabajo.* Admite asimismo la interpretación DE CORTESÍA, en la que alterna con HE CANTADO: *Disculpe, me había parecido que la conocía,* entre otras. Al igual que HE CANTADO (§ 23.4.3c), presenta en algunos países un uso EVIDENCIAL, como en *Había sido tarde* (por *Ya era tarde*).

23.9.2   El pretérito anterior (HUBE CANTADO)

23.9.2a   HUBE CANTADO denota una situación pasada y anterior a otra igualmente pretérita, como se muestra en *Algunos invitados se marcharon cuando hubo terminado la cena.* La salida de los invitados es precedida aquí por la terminación de la cena. Su empleo está restringido hoy a los registros más cuidados de la lengua escrita. En la lengua medieval presentaba la misma distribución que en la actual, pero se podía también emplear con el valor de un pretérito perfecto simple, de modo que en [...] *de todo conducho bien los ovo bastidos* (*Cid*), *los ovo bastidos* equivale a *los abasteció.* Este uso, que se registra ocasionalmente en textos contemporáneos (y algo más en el español europeo que en el americano), posee cierto grado de redundancia, puesto que la anterioridad se marca doblemente, mediante *haber* y la desinencia del pretérito.

23.9.2b   HUBE CANTADO se combina únicamente con verbos télicos y aparece introducido por alguna de las siguientes expresiones adverbiales y conjuntivas, siempre en alternancia con CANTÉ: *apenas, así que, cuando, después (de) que, en cuanto, enseguida que, luego que, nada más, no bien, no más, tan pronto como* y *una vez (que).* A este paradigma se puede añadir *hasta que,* como en *No nos despedimos hasta que Carpentier hubo terminado de contar su historia* (Celorio, *Contraconquista*), y en la lengua clásica, también *ya que,* que admitía la interpretación 'una vez que': *Y ya que lo hubieron comido todo* [...] (Quevedo, *Buscón*). Se ha defendido que la noción de 'inmediatez' representa el significado de las partículas que suelen introducir esta forma verbal (*apenas, no bien,* etc.) más que un rasgo de su propio significado.

23.9.3 El futuro compuesto (HABRÉ CANTADO) y el condicional compuesto (HABRÍA CANTADO)

23.9.3a HABRÉ CANTADO y HABRÍA CANTADO son tiempos paralelos. HABRÉ CANTADO es un ANTEFUTURO en la terminología de Andrés Bello, ya que denota una acción FUTURA respecto del momento del habla, pero ANTERIOR a otra igualmente futura. Así, en *Cuando el invierno llegue, habremos recogido toda la cosecha,* se dice que la llegada del invierno será posterior a la recolección de la cosecha, que es una acción futura, pero anterior a la llegada del invierno. HABRÉ CANTADO se rechaza en las apódosis condicionales si la prótasis introduce una situación prospectiva: *Si tengo tiempo, {asistiré~*habré asistido}.* Se admite, no obstante, si la situación futura denotada por HABRÉ CANTADO puede interpretarse como simultánea (o inmediatamente posterior) a la que denota la prótasis condicional: *Si me equivoco, habré hecho un completo ridículo* (Volpi, *Klingsor*). La interpretación de futuro de conjetura (§ 23.7.2) se extiende al futuro compuesto: *Habrá* ['Probablemente ha'] *estado enfermo y por eso no ha venido estos días.*

23.9.3b HABRÍA CANTADO es un ANTEPOSPRETÉRITO en la terminología de Andrés Bello, ya que denota un tiempo ANTERIOR a un condicional, es decir, a un POSPRETÉRITO (§ 23.8.1a). Así, en *Afirmaron que cuando llegara el invierno habrían recogido la cosecha,* se dice que la recogida de la cosecha es anterior a la llegada del invierno, la cual, a su vez, es posterior a la afirmación.

23.9.3c Los contextos en los que se usa HABRÍA CANTADO son paralelos a los que caracterizan a CANTARÍA (§ 23.8.2b), especialmente la apódosis de las oraciones condicionales irreales: *De no haberlo hecho, ni Capablanca ni yo habríamos sido campeones de ajedrez del mundo* (Cabrera Infante, *Vidas*); *Ya ves, si no es por eso, no habría sabido dónde encontrarme* (Ribera, *Sangre*). También los valores contextuales que adquiere son paralelos a los de esta otra forma verbal: el de CONJETURA, como en *Y dijo entre sí que tales dos locos como amo y mozo no se habrían* ['seguramente no se habían'] *visto en el mundo* (Cervantes, *Quijote* II); *Ojalá Lucrecia no fallara al otro día, pensó, habría* ['seguramente había'] *tenido algún contratiempo* (Belli, *Mujer*); el de RUMOR: *Un periódico daba cuenta ayer de una operación en la que habrían* ['probablemente habían'] *muerto...,* y el de CORTESÍA, este último más frecuente en el español americano: *Habría querido hablar con usted un momentito.* En la interpretación de cortesía se neutralizan numerosos tiempos verbales: *{Quiero~He querido~Quería~Habría querido~Quisiera~Hubiera querido} hablar con usted un momentito.* HABRÍA CANTADO alterna con HUBIERA CANTADO en la mayor parte de los contextos, como en *Yo lo {habría~hubiera} hecho de otro modo,* si bien se ha observado que en el español americano es más común la segunda opción que la primera.

24 El verbo (II). Tiempo y aspecto. Los tiempos del modo subjuntivo. Interpretaciones de los adjuntos temporales. La concordancia de tiempos

24.1   Los tiempos del modo subjuntivo

24.1.1   Características generales. El presente (CANTE) y el pretérito perfecto compuesto (HAYA CANTADO)

24.1.1a   El español establece menos distinciones temporales en el modo subjuntivo que en el indicativo. Así, los nueve tiempos del modo indicativo (capítulo 23) se reducen a cuatro en el modo subjuntivo en virtud de otros tantos procesos de neutralización. El primero es CANTO – CANTARÉ > CANTE y muestra la neutralización de un presente y un futuro. El segundo es HE CANTADO – HABRÉ CANTADO > HAYA CANTADO. Afecta, por tanto, a los tiempos compuestos paralelos a los tiempos simples anteriores, ya que —como se señala en el § 23.4.2— HE CANTADO puede funcionar sintácticamente como *presente perfecto*, a pesar de que se lo clasifica tradicionalmente entre los pretéritos. La tercera neutralización es CANTÉ – CANTABA – CANTARÍA > CANTARA O CANTASE. Se aplica, pues, a dos pretéritos y al condicional (*pospretérito* en la terminología de Andrés Bello). La cuarta y última neutralización es HABÍA CANTADO – HABRÍA CANTADO > {HUBIERA ~ HUBIESE} CANTADO. Como puede verse, este proceso afecta a algunos pretéritos de anterioridad: *ante(co)pretérito* y *antepospretérito* en el sistema de Andrés Bello. En el cuadro siguiente se muestran, de manera más resumida, las diferentes correspondencias entre las formas temporales del modo indicativo y las del modo subjuntivo. Se presentan los tiempos en oraciones subordinadas para facilitar la correspondencia de las formas indicativas con las subjuntivas.

INDICATIVO		SUBJUNTIVO	
presente	Creo que Arturo viene	presente	No creo que Arturo venga
futuro simple	Creo que Arturo vendrá		
pretérito perfecto compuesto	Creo que Arturo ha venido	pretérito perfecto compuesto	No creo que Arturo haya venido
futuro compuesto	Creo que Arturo habrá venido		
pretérito perfecto simple	Creí que Arturo llegó	pretérito imperfecto	No creí que Arturo {llegara ~ llegase}
pretérito imperfecto	Creí que Arturo llegaba		
condicional	Creí que Arturo llegaría		
pretérito pluscuamperfecto	Creí que Arturo había llegado	pretérito pluscuamperfecto	No creí que Arturo {hubiera ~ hubiese} llegado
condicional compuesto	Creí que Arturo habría llegado		

Todos los tiempos del subjuntivo pueden expresar acciones futuras en algunas de sus interpretaciones. Los usos del subjuntivo independiente o no regido (*Que te vaya bien; Sea quien sea; Venga o no:* § 25.1.2a, 25.2.1, 42.2.4b-d y 47.7.3a) no tienen correspondencia directa con ninguna forma del modo indicativo, pero son igualmente prospectivos.

24.1.1b   El PRESENTE DE SUBJUNTIVO (CANTE) abarca tanto el presente como el futuro. El que dice *Espero que digas la verdad* puede referirse a una situación actual ('que la estés diciendo ahora') o a una venidera ('que lo hagas en el futuro'). La elección entre la interpretación ACTUAL y la PROSPECTIVA puede estar determinada léxicamente por el predicado de la oración principal, como sucede en *Es imprescindible que digas la verdad,* donde *digas* se refiere al futuro. Los verbos factivos (§ 25.3.2) en futuro, no así en presente, admiten las dos interpretaciones. Así pues, en *No le molestará que duerma en el despacho, espero* (Soriano, *León*) se puede entender 'que esté durmiendo ahora', pero también 'que vaya a dormir'. Los complementos temporales de localización (§ 24.2.1) seleccionan una u otra en función de su propio significado: *No creo que esté aquí {en este momento ~ mañana}.*

24.1.1c   El presente de subjuntivo CANTE es aspectualmente imperfectivo, al igual que lo es CANTO (§ 23.3), por lo que está sujeto a las interpretaciones que induce este rasgo aspectual (progresiva, cíclica, etc.). La doble interpretación de HAYA CANTADO es paralela a la variante correspondiente del modo indicativo (HE CANTADO ~ HABRÉ CANTADO). Así, la oración *No creo que haya estado bien* constituye la negación de *Creo que ha estado bien,* de forma que HAYA CANTADO equivale en ella a HE CANTADO. Esta INTERPRETACIÓN RETROSPECTIVA está asimismo presente en *Extraño nos parece que hayamos podido construir alguna vez nuestras casas, chozas y apriscos* (Lledó, *Días*). Ilustran la INTERPRETACIÓN PROSPECTIVA las oraciones *No* *creo que haya terminado el próximo lunes* o *Añadió que espera que en un futuro próximo Irán haya resuelto el problema de los rehenes* (*País* [Esp.] 17/12/1980), en las que se ha subrayado con trazo discontinuo el complemento temporal que la induce.

24.1.1d   En la interpretación prospectiva, tanto CANTE como HAYA CANTADO alternan con las variantes respectivas del modo indicativo, es decir, CANTARÉ y HABRÉ CANTADO, con los cambios de significado correspondientes, en las construcciones que se describen en los § 25.3.4, 25.4 y 25.5.1d: *la situación que {vean ~ verán} al llegar; aunque lo {sepan ~ sabrán}; No sé si te {guste ~ gustará} este platillo* o bien, con el pretérito perfecto: *La casa que {hayan visto ~ habrán visto} cuando lleguemos...* Estos contextos de alternancia se oponen a los CONTEXTOS DE SUSTITUCIÓN, en los que se rechazan las formas CANTARÉ y HABRÉ CANTADO, al menos en la lengua actual: *Te llamaré cuando lo {sepa ~ *sabré}; en caso de que {regrese ~ *regresará}; en caso de que {hayan llamado ~ *habrán llamado}.* Se emplea también CANTE en los imperativos de entonación interrogativa, como *¿Mande?* o *¿Diga?*

24.1.1e   La tabla presentada en el § 24.1.1a contiene cuatro tiempos del subjuntivo. En algunas variantes del español popular andino (y, en menor medida, del rioplatense) se neutralizan la primera y la tercera (con tiempos simples) y también la segunda y la cuarta (con tiempos compuestos). En estas variantes son comunes secuencias como *No llovió. Yo quería que llueva* (por ... *que lloviera*), y también las correspondientes con los tiempos compuestos: *Yo quería que haya llovido* (por ... *que hubiera llovido*). Estos usos no han pasado a los registros formales.

24.1.2   El pretérito imperfecto (CANTARA O CANTASE) y el pretérito pluscuamperfecto (HUBIERA O HUBIESE CANTADO)

24.1.2a   El pretérito imperfecto posee dos formas: CANTARA y CANTASE. Es el tiempo más complejo del modo subjuntivo, tanto por los contextos sintácticos en los que se usa como por la variedad de los significados que expresa. La variante en *-ra* (CANTARA) procede del pluscuamperfecto de indicativo latino (*amavĕram* 'había amado'), mientras que la variante en *-se* (CANTASE) deriva del pluscuamperfecto de subjuntivo (*amavissem* 'hubiera amado'), forma que sustituyó a su vez al pretérito imperfecto de subjuntivo originario *amārem*. En el español americano se ha observado una preferencia marcada por CANTARA, pero las formas en *-se* se registran también ampliamente en la lengua escrita: *¿Debía hacer algo para que se retirase?* (Aguilera Malta, *Pelota*); *Durante todo el tiempo que estuviesen allí, todos se llamarían por números* (Belli, *Mujer*). En el español europeo la alternancia es hoy prácticamente libre.

24.1.2b   Son escasos los contextos sintácticos que excluyen una de las dos formas en favor de la otra. Así, no alterna CANTARA con CANTASE cuando lo hace con CANTARÍA. Es el caso del verbo *poder: {Podría ~ Pudiera ~ *Pudiese} ser como dices,* y también de otros verbos modales: *querer, deber, parecer: Esta es una película que no {querría ~ quisiera ~ *quisiese} perderme.* Fuera de estos contextos, la alternancia CANTARA ~ CANTARÍA es rara: *Me parece que te {vendría ~ *viniera} bien descansar un poco.* La pauta «*si* TUVIERA, DIERA» es característica de la lengua clásica —en la que

CANTARA adquiere el valor de CANTARÍA—, y hoy persiste en la lengua popular de Venezuela, la República Dominicana y, con pujanza algo menor, también en la de Cuba y Puerto Rico, además de en Costa Rica, Honduras y otros países centroamericanos: *Me comprara un carro si tuviera dinero* (§ 47.4). La forma *vieras*, ya lexicalizada, es de uso común en muchos países americanos: *¡Vieras cómo canta la muchachita!*

24.1.2c   Las formas CANTARA y CANTASE corresponden hoy a tres tiempos del indicativo: CANTÉ, CANTABA y CANTARÍA. En efecto, *No creí que {llegara ~ llegase}* es, según la tabla del § 24.1.1a, la negación de *Creí que llegó*, de *Creí que llegaba*, y también de *Creí que llegaría*. Los predicados atélicos favorecen, cuando CANTARA equivale a CANTARÍA, la interpretación de simultaneidad entre las dos situaciones. Así, en *Nunca pensé que fuese tan grande* (Landero, *Juegos*), el pensar se incluye dentro del intervalo designado por el predicado *ser tan grande*.

24.1.2d   Comparten CANTARA y CANTASE con CANTARÍA la propiedad de no especificar la relación temporal entre la situación que se designa y el momento de la enunciación (§ 23.8.2a), de manera que la situación puede ser anterior, simultánea o posterior al acto del habla: *Le pedí hace semanas que me enviara la documentación {hoy ~ anteayer ~ pasado mañana}*. Una diferencia notable, por otra parte, entre *No creí que Arturo llegara a tiempo* y *No creo que Arturo llegara a tiempo* es el hecho de que solo la primera oración implica 'Arturo llegó a tiempo'. En el primer caso, el pretérito imperfecto *llegara* corresponde al condicional (*Creí que llegaría*). En el segundo, *llegara* es la forma de subjuntivo que induce la negación anticipada (§ 48.7.3), de forma que lo que se niega en *No creo que llegara a tiempo* no es exactamente una creencia, sino más bien el suceso pasado de llegar alguien a tiempo.

24.1.2e   El uso de CANTARA por HABÍA CANTADO es etimológico, como se ha explicado en el § 24.1.2a. Esta es la interpretación que predomina en los textos medievales, de manera que en el ejemplo *El rey que oyó bien lo que dixera su nieto, no le plugo d'ello* (Silva, F., *Lisuarte*), *dixera* significa 'había dicho'. El empleo de CANTARA por HABÍA CANTADO es hoy frecuente en la lengua literaria —y más aún en la periodística y la ensayística— de casi todos los países hispanohablantes. Se suele entender que CANTARA pertenece aquí propiamente al paradigma del indicativo. Los textos que siguen ilustran este uso en oraciones de relativo:

> Había contado con el éxito de operaciones bien preparadas, y con las posiciones que adquirieran sus hijos (Galdós, *León Roch*); La oscuridad y el silencio producían en su ánimo una congoja, una tristeza, parecida a la que sintiera ese mismo día por la siesta (Casaccia, *Babosa*).

Esta equivalencia no se da en las subordinadas sustantivas, por lo que *convenciera* no equivale a *había convencido* en *Me dijo que la convenciera*, salvo en algunas variantes del español hablado en el noroeste de la Península Ibérica. El uso de CANTARA por HABÍA CANTADO está relacionado, por otra parte, con los contextos temáticos (§ 40.1), de manera que en *Yo no creo lo que dijo Cereijo, el que fuera ministro de Economía y organizador de la Fundación Eva Perón* (Posse, *Pasión*) la forma *fuera* favorece la interpretación en la que se presenta como conocida del interlocutor la condición de ministro de Economía de Cereijo. El uso de CANTARA por CANTÉ es, como el de CANTARA por HABÍA CANTADO, propio del lenguaje periodístico: *el discurso que pronunciara* ['pronunció'] *ayer el candidato.*

24.1.2f   El PRETÉRITO PLUSCUAMPERFECTO DE SUBJUNTIVO (HUBIERA O HUBIESE CANTADO) neutraliza dos tiempos del indicativo: el pretérito pluscuamperfecto y el condicional compuesto. Así pues, tanto a la oración *Creí que Arturo había llegado*, cuya subordinada denota una situación pasada, como a *Creí que Arturo habría llegado*, cuya subordinada expresa una situación irreal, les corresponde la variante negativa *No creí que Arturo {hubiera ~ hubiese} llegado*. Para diferenciar estos dos usos de HUBIERA O HUBIESE CANTADO, es útil acudir a la distinción entre SUBJUNTIVO INDUCIDO (también PROPIO O CANÓNICO) y NO INDUCIDO (también IMPROPIO O INDICATIVO ENCUBIERTO), que se retoma en el § 25.2. En el primer caso HUBIERA O HUBIESE CANTADO no alterna con HABRÍA CANTADO y solo aparece si es seleccionado o inducido por algún elemento gramatical: *Lamentó que a su jefe no le {hubiera ~ *habría} gustado el trabajo; Me sentí feliz de que hubiera ocurrido algo tan grave que hiciera pasar inadvertida mi ausencia* (Vargas Llosa, *Tía*), en ambos casos con predicados factivos (§ 25.3.2).

24.1.2g   Como subjuntivo no inducido, HUBIERA O HUBIESE CANTADO admite libremente la alternancia con HABRÍA CANTADO, como en *Me {habría ~ hubiera} gustado trabajar con él*. Si bien la preferencia de HUBIERA por HABRÍA es mayor en el español americano que en el europeo, se admiten ambas formas en uno y otro. Por otra parte, HUBIERA CANTADO posee ciertas propiedades modales de las que carece CANTARA. Así, CANTARA es la única forma verbal excluida en la serie *Arturo {pediría ~ habría pedido ~ hubiera pedido ~ pudiera pedir ~ debiera pedir ~ quisiera pedir ~ *pidiera} un aumento de sueldo*. HUBIERA CANTADO alterna con varias formas de contenido modal en *¡{Hubieras ~ Haber} esperado un poco más!* (§ 42.2.1g) o en *Le hubieras* ['deberías haberle'] *visto cómo abrazó a un jorobadito* (Aguilera Malta, *Pelota*). La alternancia que se muestra en *Si la canción llega a tener éxito, {hubiera sido ~ fuera} una gran sorpresa* se registra en las áreas mencionadas en el § 24.1.2b.

24.1.3   El futuro simple (CANTARE) y el compuesto (HUBIERE CANTADO)

24.1.3a   El FUTURO SIMPLE DE SUBJUNTIVO (CANTARE) procede del latín, aunque su etimología es hoy discutida. Se ejemplifica su uso en la lengua antigua y clásica a continuación:

> Si lo que digo fiziéredes saldredes de cativo (*Cid*); Quien otra cosa me dijere, yo me mataré con él (*Lazarillo*); Si por ventura vierdes aquel que yo más quiero / decilde que adolezco, peno y muero (San Juan de la Cruz, *Cántico*).

CANTARE comenzó a perder su vitalidad a partir del siglo XIV. Hoy ha caído en desuso en la lengua oral de todas las áreas lingüísticas y ha sido reemplazado por CANTARA, pero también por CANTE. Se registra, en cambio, como rasgo arcaizante, en textos jurídicos y administrativos: *Quedarán prohibidas las prácticas de precios que tuvieren por objeto asegurar a determinados usuarios una posición privilegiada*

(García Enterría / Tizzano / Alonso, *Código*). Quedan asimismo restos del futuro de subjuntivo en fórmulas rituales (*Si así no lo hiciereis, Dios y la patria os lo demanden*), en algunos refranes (*Adonde fueres, haz lo que vieres*) y en otras expresiones fijas (*o lo que fuere*), así como en muchas fórmulas reduplicadas de sentido concesivo (§ 47.7.3a): *sea cual fuere*.

24.1.3b El FUTURO COMPUESTO DE SUBJUNTIVO (HUBIERE CANTADO) expresa una situación contingente anterior a otra que es posterior a algún punto de referencia. Estos rasgos coinciden con los de HUBIERA CANTADO, que es la forma por la que se sustituye mayoritariamente en la lengua actual. Con HUBIERE CANTADO se describen situaciones pasadas (*En el improbable caso de que hubiere acudido...*) o futuras (*Si en el plazo de diez días no se hubiere presentado alegación alguna...*), que se consideran hipotéticas. El futuro compuesto de subjuntivo presenta la misma distribución que CANTARE. Se limita principalmente a los textos jurídicos (*para recuperar la fianza que se hubiere depositado*), pero también se registra ocasionalmente —asimismo con intención arcaizante— en textos literarios o ensayísticos.

24.2   Tiempo, aspecto y adjuntos de localización temporal

24.2.1   Los adverbios de localización y el tiempo verbal. Localización directa y localización de fase

24.2.1a LOS ADVERBIOS DE LOCALIZACIÓN, que junto con los de duración y los de frecuencia constituyen el grupo de los adverbios de tiempo (§ 30.5), especifican el momento o el período en que tiene lugar un determinado estado de cosas. Entre los intervalos denotados por el evento y por el adjunto temporal se puede establecer una relación de COINCIDENCIA O SIMULTANEIDAD, como en *Llegó a la oficina a las ocho en punto* o en *Durante sus años de estudiante, Arturo vivía muy despreocupadamente*. En el primer caso coinciden dos puntos temporales, y en el segundo dos períodos. La relación puede ser también de INCLUSIÓN, como en *Habló con Luis el martes*, donde el intervalo que ocupa el evento se incluye en el designado por el grupo nominal adjunto. Ilustran el caso opuesto las oraciones {*A las cuatro de la tarde ~ En ese preciso instante*} *la niña estaba estudiando*, donde es el adjunto temporal el que se incluye en el proceso denotado por *estaba estudiando*. Sobre la interpretación INGRESIVA O INCEPTIVA, que se obtiene en *Ayer comimos a las tres* ('Empezamos a comer'), con predicado télico, o en *Bini lloró cuando le conté esta historia* (Chavarría, *Rojo*), con predicado atélico, véanse los § 23.1.3c y 23.5.1c.

24.2.1b Los adjuntos temporales de los verbos *citar, convocar, esperar, quedar* y solo unos pocos más poseen la capacidad de asociarse con eventos posteriores a los que estos predicados designan. Así, el complemento circunstancial que se subraya en *Citó a Clara en su despacho el martes* puede designar el día en el que se fija la cita, pero también aquel en el que ha de tener lugar. Se comportan de modo similar ciertos complementos predicativos de contenido prospectivo: *El director quiere el informe a las nueve*. El grupo preposicional «*para* + grupo nominal temporal» fuerza la lectura prospectiva y deshace la posible ambigüedad: *Lo quiero para el jueves; Consiguieron un automóvil para las ocho de la noche* (Bryce Echenique, *Magdalena*).

Con «*para* + grupo nominal temporal cuantitativo» se denotan plazos previstos, pero no efectivos: *Se fue para quince días, pero se quedó tres meses.*

24.2.1c   Si se atiende a la manera en que se orientan deícticamente, los adjuntos temporales de localización se pueden agrupar en estas tres clases:

1. Adjuntos temporales orientados en relación con el momento del habla (ANCLAJE DEÍCTICO).
2. Adjuntos temporales orientados en relación con un punto temporal que no sea el momento del habla (ANCLAJE ANAFÓRICO).
3. Adjuntos temporales orientados en relación con cualquier punto temporal (ANCLAJE VARIABLE).

Pertenecen al grupo *1 ayer, el próximo verano,* «*hace* + grupo nominal cuantificativo» (*hace dos lunes, hace mucho tiempo*) o «*dentro de* + grupo nominal cuantificativo» (*dentro de un rato, dentro de tres años*). Pertenecen al grupo *2* expresiones como *al día siguiente, dos semanas antes, al cabo de tres meses, la víspera* o «*hacía* + grupo nominal cuantificativo» (*hacía dos meses, hacía varios años*), y también las formadas con la pauta «*a* + artículo determinado + grupo nominal temporal» (*a las dos horas*). Todas ellas se orientan respecto de un punto de la línea temporal diferente del momento de la enunciación. Así pues, en la primera opción (no en la segunda) del par *Llegará {dentro de tres días ~ a los tres días}* se habla de tres días que han de transcurrir desde el momento del habla. Si se da el contexto adecuado, pertenecen al grupo *3* «*en el plazo de* + grupo nominal cuantificativo» y *recientemente*, ya que los períodos que denotan ambas expresiones se pueden medir a partir del momento del habla, como en *Llegará en el plazo de dos días,* pero también de otro punto temporal: *Solo pudo establecerse que la joven había llegado recientemente del extranjero* (Pérez-Reverte, *Maestro*).

24.2.1d   Los adjuntos temporales de localización admiten dos interpretaciones semánticas: la de LOCALIZACIÓN TEMPORAL DIRECTA O DE SIMULTANEIDAD y la IN-DIRECTA O DE FASE. En la elección de una u otra influye el que el predicado aparezca o no en un tiempo compuesto. En efecto, la oración *El rehén había muerto a las cuatro y media* tiene dos sentidos. En uno de ellos, el segmento subrayado designa la hora en que se produjo cierta muerte. Se localiza, por consiguiente, un determinado suceso (interpretación de localización temporal directa o de simultaneidad). En el segundo sentido, la oración equivale a *El rehén ya había muerto a las cuatro y media,* y de forma que el modificador *a las cuatro y media* no denota la hora de la muerte, que no se especifica, sino cierto punto temporal posterior a ella (localización indirecta). La localización indirecta se llama también DE FASE porque está en función de los llamados ADVERBIOS DE FASE *ya* y *todavía* (§ 30.6.3), así denominados porque evocan un intervalo temporal (un estadio o una fase) que puede ser anterior (*todavía*) o posterior (*ya*) a la situación expresada por el predicado verbal al que modifican. La situación obtenida en la localización de fase se interpreta como resultado de la acción que se menciona.

24.2.1e   Los adjuntos temporales que aparecen en la interpretación de localización indirecta se interpretan bajo el ámbito de los adverbios de fase y denotan un punto indeterminado situado en el interior del intervalo que estos adverbios crean o evocan. Los adverbios de fase pueden omitirse y quedar sobrentendidos, como se vio en el ejemplo propuesto en el párrafo anterior, o en *El cinco de enero, las tropas habían tomado la ciudad,* que admite igualmente las dos interpretaciones. Su presencia, sin embargo, es más frecuente que su ausencia. Se admite a menudo la preposición *para* en la interpretación de fase, como en *para esa hora, para entonces: Para entonces, la amistad entre la princesa y el poeta estaba ya hondamente consolidada* (Valente, *Palabras*). Los complementos cuantitativos pueden dar lugar a un EFECTO ACUMULATIVO en la interpretación indirecta o de fase, como en *A fines de enero la banda había robado (ya) cuatro bancos.*

24.2.1f   La interpretación de fase es característica de los tiempos compuestos, pero se da también con otros: *A las cinco de la mañana, el sol (ya) {está ~ estaba} sobre el horizonte.* La rechazan sistemáticamente HUBE CANTADO (§ 23.9.2), en virtud de su condición de tiempo aspectualmente perfectivo, y CANTÉ (§ 23.5), excepto en las áreas en las que adquiere los valores de HE CANTADO (§ 23.4.1b). HE CANTADO (§ 23.4) solo admite en estos casos la interpretación de localización directa o de simultaneidad. Así, la expresión subrayada en *A las cuatro se ha marchado el director* designa únicamente el momento en que el director se marcha. No obstante, la interpretación de fase es compatible con la lectura HABITUAL O CÍCLICA de HE CANTADO: *Todos los días a las cuatro el director ya se ha marchado.*

24.2.2   Construcciones temporales con el adverbio *cuando*

24.2.2a   Las relaciones temporales en las que interviene el adverbio relativo *cuando* son fundamentalmente dos: la que se establece entre *cuando* y el predicado de su propia oración y la que existe entre la relativa y el predicado de la oración principal. Dentro de su propia oración, *cuando,* que significa aproximadamente '(en) el momento en que', especifica el punto temporal o el período en el que se localiza algo. Se construye con predicados que admiten la localización temporal y rechaza, como cabe esperar, los de estado permanente (§ 23.2.1), como *ser de extracción humilde, derivar del francés antiguo.* Con el presente, *cuando* da lugar a la interpretación iterativa o habitual (*cuando te veo, cuando tienes frío*) o bien a la genérica: *cuando {alguien ~ la gente ~ uno ~ *Juan} se muere.* Se exceptúan las relativas explicativas (*ahora, cuando estoy aquí hablando ante ustedes*) y las construcciones de relieve (*Ahora es cuando está contenta*), que también permiten la aparición del futuro y del condicional (§ 23.7.1c y 23.8.1c). La interpretación iterativa o habitual se extiende a HE CANTADO (*Cuando ha podido ayudarme, siempre lo ha hecho*) y a HABÍA CANTADO: *Celina tenía esa voz cuando había bebido* (Cortázar, *Bestiario*).

24.2.2b   La presencia de HABÍA CANTADO en las construcciones con *cuando* está sujeta a variación dialectal. Se admite de forma general en la interpretación de fase, analizada en los apartados precedentes (§ 24.2.1d-f), como en *Cuando habían cubierto la mitad de ese terreno, los faros del auto detenido se apagaron* (Vargas Llosa, *Fiesta*) o en *Le miraron al pasar el autobús y siguieron mirándole cuando ya había pasado* (Torrente Ballester, *Gozos*), este último ejemplo con el adverbio de fase explícito. La interpretación de localización directa, como en *Cuando le había dicho el nombre no logró entendérselo* (Uslar Pietri, *Visita*), es característica de la lengua literaria y se registra en las áreas andina y rioplatense, así como, ocasionalmente, en México, Centroamérica y el área caribeña.

24.2.2c La relación entre las situaciones denotadas por la relativa sin antecedente encabezada por *cuando* y la oración principal puede ser de anterioridad, de posterioridad, de simultaneidad y de inclusión. Existe SIMULTANEIDAD entre dos sucesos puntuales en *Cuando salió, escuchó un gran estruendo,* y entre dos situaciones en *Cuando trabajaba en La Paz, vivía con unos amigos* o en *Cuando se movía entre el mostrador y la mesa arrastraba la pierna con cierta elegancia* (Soriano, *León*). Si uno de los dos predicados denota un suceso y el otro una situación, se incluye el intervalo temporal menos extenso en el más extenso, como en *Cuando llegamos, estaba hablando por teléfono; Cuando estaba hablando por teléfono, llegamos.*

24.2.2d En la interpretación de POSTERIORIDAD, característica de los predicados télicos, la situación denotada por la oración principal es posterior a la designada por la relativa de *cuando.* Así, *Nos iremos cuando llegues* equivale a 'Nos iremos después de que llegues', y en *Cuando he visto estampado mi nombre con letras de molde en esta hojilla volandera, me ha invadido un placer ensimismado* (Prada, *Animales*), la sensación que se describe es posterior a la vista del nombre. En la interpretación de ANTE-RIORIDAD, el evento designado en la oración principal es anterior a aquel al que hace referencia la oración de *cuando,* como en *Cuando llegó, la película ya había empezado.* Se extienden estas dos interpretaciones a «*al* + infinitivo»: *Al llegar tú, nos fuimos; Al llegar al cine, la película ya había empezado.*

24.2.2e Las relativas encabezadas por el denominado *cuando* INVERSO (a imitación del *cum inversum* latino) introducen un suceso puntual que interrumpe un proceso en desarrollo o una acción que va a iniciarse, a la vez que se presenta esta como repentina o inesperada. En los ejemplos que siguen se subraya con trazo continuo el verbo que designa la situación cuyo desarrollo se interrumpe y con trazo discontinuo el que expresa el suceso que induce esta interpretación: *Salía de su casa cuando oyó una fuerte explosión; Se dirigía firmemente hacia la silla de los chales, cuando de pronto escuchó los aplausos* (Bryce Echenique, *Julius*). Las oraciones de *cuando* inverso suelen estar precedidas por una leve pausa, además de por un ascenso —poco marcado, pero perceptible— de la curva tonal en ese mismo punto. No se sustituyen por adverbios, sean interrogativos o no. La oración *Iba a aspirarlo, cuando salté hacia ella* (Larreta, *Volavérunt*) no constituye, en efecto, una respuesta adecuada a la pregunta *¿Cuándo iba a aspirarlo?* Estas propiedades muestran que las relativas de *cuando* inverso no forman parte del grupo verbal. La presencia o la ausencia de pausa y ascenso de la curva tonal, marcados con "(,)", permiten distinguir los dos sentidos posibles que se reconocen en *Estaba leyendo (,) cuando sonó el teléfono.* El término tradicional *inverso* refleja gráficamente el hecho de que en estas construcciones se invierte la interpretación de las funciones informativas, ya que la información nueva es aportada por la relativa que *cuando* encabeza.

24.2.3   Construcciones temporales con el verbo *hacer:* la construcción adverbial

24.2.3a El verbo impersonal *hacer* admite dos construcciones en las que expresa alguna medida temporal: la que se llamará CONSTRUCCIÓN ADVERBIAL, como en *Se casó hace dos años,* y la que se denominará CONSTRUCCIÓN ORACIONAL: *Hace dos años que se casó.* El verbo *hacer* es impersonal en ambas construcciones, por lo que se recomienda evitar la concordancia en plural. Las opciones consideradas correctas son, por tanto, *Nos visitó hace* (en lugar de *hacen*) *tres semanas; Hace* (en lugar de *Hacen*) *tres meses de su visita.*

24.2.3b   La CONSTRUCCIÓN ADVERBIAL se ajusta a la pauta «*hacer* + grupo nominal cuantificativo temporal» (*Llamó hace unas semanas*), y también a «*hacer* + pronombre cuantitativo»: *Se había casado hacía {no mucho ~ nada}.* El grupo nominal funciona como complemento directo de *hacer* y admite modificadores evaluativos, como en *Sé yo que no deja de ir hace la friolera de unos cuarenta años a su partida de billar* (Larra, *Fígaro*), y también de aproximación: *Esta tarde, hará cosa de una hora u hora y media* [...] (Ruiz Zafón, *Sombra*). Más controvertido resulta analizar el papel sintáctico de *hacer* en esta construcción. Su condición de forma verbal parece asegurada, dado que admite la negación (*Lo conocí no hace un mes*), aparece flexionado en todos los tiempos de la conjugación y puede ser modificado por adjuntos temporales: *Se murió ayer hizo un mes; Se casó el próximo jueves hará un año.* El verbo *hacer* y su complemento directo forman en conjunto una expresión referencial que localiza temporalmente cierto suceso. Como otros modificadores de localización puntual (*a las tres, mañana*), se interroga mediante el adverbio de localización *cuándo*, en lugar de con el adverbio cuantitativo *cuánto:* —¿*Cuándo ocurrió?* —*Hace dos horas.* Por su naturaleza referencial puede aparecer como término de las preposiciones *desde, hasta, para* y *de.* La preposición *desde* se omite a veces en esta pauta: *Me encontré con un tipo que no veía hacía siglos* (Vargas Llosa, *Conversación*). Solo modifica a predicados télicos, con las excepciones a las que se refiere el § 29.4.3g.

24.2.3c   A diferencia de otros adjuntos temporales de localización, el punto de la línea temporal denotado por la construcción adverbial con *hacer* se determina indirectamente. En efecto, el grupo nominal que complementa a *hacer*, denota un período, de forma que se ha de contar retrospectivamente para establecer sus límites. El inicio del cómputo retrospectivo coincide con el punto designado por *hacer*, mientras que el correspondiente al verbo principal designa su final. Así, en *El último tren pasó hace media hora*, con el verbo *hacer* en presente, se cuenta o se calcula retrospectivamente media hora desde el momento de la enunciación, de manera que el final del período designado coincide con el punto de la línea temporal denotado por *pasó.* De igual forma, en *El libro se había publicado hacía tres meses*, el punto temporal en el que se publica el libro se localiza contando retrospectivamente tres meses desde el punto designado por *había publicado.* La orientación retrospectiva de esta construcción resulta explícita en las variantes con el adverbio *antes.* De este modo, *Cuando me llamó, yo lo había terminado hacía dos horas* ofrece la misma información temporal que *Lo había terminado dos horas antes (de que me llamara).*

24.2.4   Construcciones temporales con el verbo *hacer:* la construcción oracional

24.2.4a   En la construcción oracional (*Hace dos días que llegó*) el verbo *hacer*, igualmente impersonal, es el verbo principal de una oración independiente, y su significado está próximo al de *transcurrir* o *cumplirse.* Su naturaleza verbal explica que pueda ser modificado por adjuntos temporales: *Hoy hace dos días que llegó; Mañana hará un año de su boda.* El grupo nominal temporal (*dos días*, en este ejemplo), es, como en la construcción adverbial, el complemento directo de *hacer*, pero ahora tiene significado cuantitativo, por lo que se interroga con *cuánto*, como en *¿Cuánto hace que viste a Emilia?*, y no con *cuándo*, a diferencia de lo que ocurría con aquella (§ 24.2.3b).

24.2.4b Con la construcción oracional se denota un intervalo. Se señala su inicio como el punto a partir del cual se realiza el cómputo temporal característico de las construcciones con *hacer* (§ 24.2.3c). Este punto inicial del cómputo es designado por el tercer componente de la construcción. Se puede identificar a través de alguna de las pautas siguientes: el grupo preposicional «*de* + grupo nominal», como en *Hace dos años de su muerte;* el grupo preposicional «*desde* + grupo nominal u oración subordinada», como en *Hace dos años desde su muerte ~ desde que murió;* una oración subordinada: *Hace dos años que murió.*

24.2.4c El grupo nominal de la primera de estas tres pautas —más común que la segunda— contiene un sustantivo eventivo: *... de su muerte, ... de la batalla, ... de la última final ganada*. La variante oracional de la segunda pauta no se extiende, en cambio, a la primera, al menos en la lengua actual: **Hace dos años de que murió.* Cuando aparece una forma verbal atélica en la oración subordinada, se elige la tercera variante (*Hace años que vive en Buenos Aires*) en lugar de la segunda. Resultan forzadas, en efecto, oraciones como *Hace años desde que vive en Buenos Aires,* que solo se documentan de manera ocasional. A pesar de esta asimetría, el verbo de la subordinada denota en los dos casos el origen del cómputo temporal. Así, la forma *vivo* en *Recién hará cinco años que vivo de lo que escribo* (*Mundo* [Esp.] 8/8/1996) designa el punto en el que alguien comienza a vivir de cierta forma. Las construcciones con «*que* + predicado atélico» denotan, pues, un intervalo, pero a la vez identifican su inicio. De hecho, admiten paráfrasis con «*llevar* + gerundio» («*tener* + gerundio» en algunos países): *Solo llevo trabajando aquí dos semanas.*

24.2.4d En la lengua antigua se usaba con mucha frecuencia *haber* en lugar de *hacer,* tanto en la construcción adverbial como en la oracional: *Todas las correcciones* [...] *ha mucho tiempo que las hice antes que ninguno* (Herrera, *Comentarios*). Este uso se documenta en el español actual, restringido temporalmente al presente, sobre todo en ciertas fórmulas corteses y en el registro literario. Así, en el área antillana, México, parte de Centroamérica y España, no son raras expresiones como las subrayadas en *Mucho tiempo ha que no nos vemos; Me dijo un alba de la primavera / Yo florecí en tu corazón sombrío / Ha muchos años, caminante viejo* (Machado, *Soledades*); *Ha cuarenta años que me he ocupado en no dormir* (Leñero, *Noche*). Es también impersonal la construcción «*ir para* + grupo nominal», como en *Pobrecita, no debería hablar así, que va para cuatro años que se murió* (Grandes, *Aires*).

24.3 La concordancia de tiempos

24.3.1 Características fundamentales de la concordancia de tiempos. Predicados restrictivos y no restrictivos

24.3.1a Se llama tradicionalmente CONCORDANCIA TEMPORAL (lat. *consecutĭo tempŏrum*) a la correspondencia que se establece entre dos formas verbales, una de las cuales (en adelante, V1) aparece en una oración principal, y la otra (en adelante, V2), en una oración subordinada. Esta relación de dependencia temporal es característica, en efecto, de las oraciones subordinadas, puesto que los tiempos absolutos orientan sus relaciones respecto del momento del habla, como se explicó en el capítulo precedente. En efecto, el verbo *fue* se orienta en relación con el momento de la enunciación en *Pedro fue al cine el miércoles*, donde *el miércoles* designa el miércoles anterior al día en que se habla. Ese mismo verbo se orienta, en cambio, en relación con *contarán* en *Sus amigos contarán* [V1] *el domingo que Pedro fue* (*ha ido* en algunos países) [V2] *al cine el miércoles*. Así pues, el miércoles del que ahora se habla no es el anterior al momento en que esas palabras se pronuncian, sino el miércoles anterior al domingo. Este hecho pone de manifiesto que los contextos de subordinación INHIBEN o DEJAN EN SUSPENSO el rasgo más característico de los tiempos simples: su vínculo deíctico con el momento del habla. Así pues, el predicado de la oración principal (*contarán*, en este ejemplo) pasa a inducir o a imponer sus propias coordenadas temporales en todos estos contextos.

24.3.1b   Aunque la concordancia de tiempos está estrechamente ligada con la traslación del discurso directo al indirecto (§ 43.4), constituye un fenómeno de mayor alcance que este, pues se da también en contextos en los que no existe correspondencia entre ambos tipos de discurso, como en *Rosa creyó que podía irse para regresar al juicio* (*Nuevo Día* [P. Rico] 23/10/1997), que contrasta con **Rosa creyó: "Podré irme para regresar al juicio"*. La traslación del discurso directo al indirecto requiere que determinados adverbios orientados deícticamente se reorienten para evitar correspondencias inadecuadas, como en *Dijo que llegaría ayer* < **Dijo: "Llegaré ayer"*. Se analizan estas correspondencias en el § 43.4.2.

24.3.1c   Las dependencias que caracterizan la concordancia de tiempos se dividen tradicionalmente en tres tipos: relaciones de ANTERIORIDAD, de POSTERIORIDAD y de SIMULTANEIDAD, en función de si V2 es anterior, posterior o simultáneo a V1. Buena parte de estas dependencias se deducen de los respectivos significados de cada uno de los tiempos verbales, de manera que el pretérito perfecto simple expresará anterioridad respecto del verbo principal, tanto si este aparece en una forma del pasado, como en *El director nos comunicó que el proyecto se entregó a tiempo,* como si está en futuro. Así, en *Seguramente me comunicará el día {diez ~ *tres} que dejó el apartamento el día cinco,* se excluye la variante con el grupo nominal *el día tres* porque la sintaxis de esta construcción hace imposible que la salida del apartamento sea posterior a su comunicación (siempre que se trate del mismo mes).

24.3.1d   Ya en las sintaxis latinas se observa que algunas propiedades semánticas de V1 determinan de forma esencial la dependencia temporal de V2. En función de este criterio, los predicados verbales pueden ser RESTRICTIVOS o NO RESTRICTIVOS (§ 24.3.1g). Los predicados restrictivos orientan la interpretación temporal de sus complementos, a diferencia de los no restrictivos. Los primeros pueden ser de ORIENTACIÓN PROSPECTIVA, RETROSPECTIVA y SIMULTÁNEA. La clase de los predicados de ORIENTACIÓN PROSPECTIVA está formada por los siguientes grupos de predicados, entre otros:

PREDICADOS DE INFLUENCIA: *aconsejar, amenazar (con), animar (a), obligar (a), ordenar, pedir, permitir, prohibir, prometer, proponer, recomendar*, etc.

PREDICADOS DE VOLUNTAD O VOLICIÓN: *desear, evitar, necesitar, querer, ser preferible*, etc.

PREDICADOS DE PREDICCIÓN: *adivinar, predecir, profetizar*, etc.

PREDICADOS DE RESOLUCIÓN O DETERMINACIÓN: *abstenerse (de), arriesgarse (a), atreverse (a), decidirse (a), exponerse (a), negarse (a)*, etc.

PREDICADOS MODALES: *convenir, ser inevitable, ser perentorio, ser urgente*, etc.

V2 se caracteriza, con algunas excepciones, por denotar situaciones posteriores a las expresadas por V1 cuando V1 es un predicado que pertenece a una de estas clases. Se obtienen así los contrastes siguientes: *Te arriesgas a que te {despidan ~ *hayan despedido}; Te sugiero que {escojas ~ *hayas escogido} el verde*. Sin embargo, los deseos, las necesidades o las expectativas pueden hacer referencia a situaciones actuales, pero también pretéritas. Así, los verbos de voluntad se caracterizan por admitir con más facilidad que otros los complementos oracionales de simultaneidad (*Confío en que usted sepa lo que está haciendo; Espero que sea un enfado pasajero*), e incluso los de anterioridad: *Yo prefería que hubiera dicho boba o todavía tonta, pero no la rectifiqué* (Cabrera Infante, *Habana*).

24.3.1e Son predicados de ORIENTACIÓN RETROSPECTIVA ciertos verbos que expresan valoración o juicio, como *reprochar, censurar, criticar, reprender, alabar*, entre otros. Aun así, si bien se refieren generalmente a actuaciones realizadas (*Le criticaban que hubiera abandonado la empresa*), tal orientación retrospectiva no es imprescindible en términos conceptuales. En efecto, la forma *abandone* (V2) en *Le reprocharon duramente que abandone la empresa dentro de unos días y se vaya a trabajar a una multinacional* equivale a 'vaya a abandonar'. Expresa, pues, una situación posterior a V1. Los verbos *arrepentirse* y *dolerse*, que denotan posesión o manifestación de sentimientos, se suelen orientar asimismo retrospectivamente.

24.3.1f Los predicados verbales que representan con más claridad la ORIENTACIÓN DE SIMULTANEIDAD son los de percepción, lo que se considera consecuencia natural de que lo visto u oído se circunscriba al momento en que se percibe, como en *Un vigilante {vio ~ oyó} que atracaban el banco y avisó a la policía*. Cuando no se obtiene la relación de simultaneidad, la percepción conlleva cierta distancia, que se suele traducir en una interpretación intelectiva. Si se dijera *Un vigilante {vio ~ oyó} que habían atracado el banco y avisó a la policía*, el verbo *ver* tendría un sentido próximo a 'deducir', 'percatarse' o 'llegar a una conclusión'. El verbo *oír* indica en esta oración que se trata de una traslación del discurso directo al indirecto, por tanto de cierta información proposicional reproducida. Entre los predicados que denotan sensaciones y sentimientos expresan simultaneidad *aguantar, llevar {bien ~ mal ~ regular*, etc.}, *sobrellevar* o *soportar*, entre otros, como en *No soporta que la llamen a todas horas*. Aun así, tampoco en estos casos se descartan enteramente las relaciones de posterioridad (*No lleva bien que lo vayan a enviar a otra ciudad*) ni las de anterioridad (*No soporto que haya rechazado mi invitación*).

24.3.1g Los predicados NO RESTRICTIVOS no imponen ninguna restricción temporal de tipo léxico a V2. Los grupos más característicos son los predicados factivos, los de lengua y —en menor medida— los de pensamiento y conocimiento. La presencia en esta pauta de los factivos (§ 25.3.2) se debe a que las reacciones emotivas pueden ser independientes de la localización temporal de la situación que la provoca: *Siento mucho que {haya tenido ~ tenga ~ tuviera ~ vaya a tener} problemas.* Los verbos de lengua dan lugar a alternancias del mismo tipo: *La prensa comunicará que {ocultaban ~ ocultan ~ ocultarán ~ ocultarían ~ habían ocultado} pruebas).* Entre los del tercer grupo muestran este comportamiento *pensar, creer, saber, concluir* o *deducir,* como en *Dedujeron que no {supimos ~ sabemos ~ sabíamos ~ sabremos ~ sabríamos ~ hemos sabido ~ habíamos sabido} solucionar el problema.*

24.3.2 Relaciones de anterioridad, posterioridad y simultaneidad. Interpretaciones de doble acceso

24.3.2a   La discordancia temporal que muestra la oración *Me gusta que {hayas ~ *hubieras} venido* no se explica a partir de los factores léxicos recién examinados. Por el contrario, pone de manifiesto que regulan también la concordancia de tiempos ciertos factores propiamente sintácticos. Suele aceptarse hoy que el concepto apropiado para dar cabida a tales restricciones sintácticas es el de ESFERA TEMPORAL (§ 23.1.2c), es decir, el paradigma de tiempos que poseen en común una misma orientación. La ESFERA DEL PRESENTE abarca el presente, el futuro y el futuro perfecto. Los demás tiempos verbales pertenecen a la ESFERA DEL PASADO. La forma HE CANTADO —o bien CANTÉ en algunos países: § 23.4.1b— es irregular, ya que se agrupa en unos contextos con los tiempos de la esfera del presente y en otros con los de la esfera del pasado. El futuro y el condicional de conjetura, tanto en la forma simple como en la compuesta (§ 23.7.2, 23.8.1d y 23.9.3), denotan el tiempo que les corresponde en este uso modalizado, de manera que el futuro de conjetura equivale a un presente, y el condicional a un pretérito imperfecto. Los tiempos del subjuntivo pueden aparecer en función de la correspondencia descrita en la tabla del § 24.1.1a.

24.3.2b   Si V2 se orienta en relación con V1, pueden obtenerse tres relaciones: ANTERIORIDAD, POSTERIORIDAD y SIMULTANEIDAD. Se analizará primero la relación de ANTERIORIDAD. Si V1 pertenece en estos casos a la esfera del presente, se admiten en V2 las formas CANTABA, HE CANTADO, CANTÉ y HABÍA CANTADO, así como las correspondientes al modo subjuntivo: *Está comprobado que había cometido fraude; Aducirá que no tenía tiempo; El testigo negará en el juicio que haya visto alguna vez al acusado.* Si V1 pertenece a la esfera del pasado, V2 aparece en pretérito pluscuamperfecto de forma característica, como en *Y yo sabía que ella había aceptado también atenciones de más de uno* (Cabrera Infante, *Habana*); *Estaba admirada de que su nombre hubiese podido surgir así, de pronto* (Carpentier, *Siglo*); pero también en pretérito perfecto simple: *Afirmó que Panamá se perdió para Colombia por culpa del clericalismo* (Suárez, *Sueños*); *Mi viperino archiduque aseguró que Elisabeth mejoró* (Moix, A. M., *Vals).*

24.3.2c   La relación de POSTERIORIDAD en V2 se obtiene de forma característica con el futuro simple si V1 pertenece a la esfera del presente, como en *Creo que vendrá* o en *Te asegurarán que te solucionarán el problema* (donde el solucionar es posterior al asegurar), además de con el futuro compuesto, como en *Te dirá que* *mañana lo habrá terminado.* Se añaden, como antes, las formas correspondientes del subjuntivo CANTE y HAYA CANTADO: *Le pedirá que lo solucione ~ haya soluciona-do cuando llegue.* Si V1 pertenece a la esfera del pasado, la interpretación de posterioridad se obtiene prototípicamente en V2 con el condicional, sea simple (*Pensaba que llegaría a tiempo*) o compuesto (*Me prometió que el martes siguiente habría terminado el trabajo*), pero también con CANTARA y HUBIERA CANTADO: *Confiaban en que {llegara ~ hubiera llegado} la noticia al final de la semana.* Cabe añadir CANTABA en los supuestos en los que alterna con CANTARÍA (§ 23.8.2b): *Me aseguró que {venía ~ vendría}.*

24.3.2d La relación de SIMULTANEIDAD en V2 es paralela a las anteriores. Si V1 está en un tiempo de la esfera del presente, aparecen en V2 las formas CANTO (*Te dirán que te aprecian mucho*), CANTE (*Le gusta que vivan cerca*) y el futuro de conjetura (*Supongo que conocerás a Luis*), que equivale a un presente. Si V1 pertenece a la esfera del pasado, la forma característica en V2 es CANTABA, que se analiza como un presente del pasado en el § 23.6.1d, como en *Me parecía que tenías razón.* A este paradigma corresponden también CANTARA (*Le gustaba que la oficina fuera espaciosa*) y el condicional de conjetura (*Dedujimos que estaría informada de todo*). En *Negó* [predicado puntual] *que estuviese enojada* [predicado durativo] la relación de simultaneidad lo es de inclusión, mientras que en *Le gustaba* [predicado durativo] *que la habitación tuviera* [predicado durativo] *mucha luz* las dos situaciones son coincidentes. Se examina también esta cuestión en el § 24.2.2c.

24.3.2e Se denomina DOBLE ACCESO (también DOBLE ANCLAJE O DOBLE ORIEN-TACIÓN TEMPORAL) a la doble dependencia temporal que muestra V2 en ciertos contextos de subordinación, es decir, al hecho de que V2 puede estar orientado desde el momento del habla, a la vez que en función del tiempo expresado por V1. En efecto, en la oración *El jefe comunicó el martes pasado que Pedro está trabajando estos días en un nuevo proyecto* se informa de una situación que se halla en curso en el momento del habla, pero también de un estado de cosas que ya se daba cuando fue comunicado por el jefe. Así pues, la situación descrita se orienta respecto de dos puntos. La interpretación de doble acceso se bloquea cuando la situación designada por V2 no puede extenderse hasta el tiempo designado por V1, ya sea por factores extralingüísticos, como en *Nos explicó hace unos {meses ~ *años} que Clara está embarazada,* como propiamente gramaticales. En efecto, en *Usted había aludido hace {unas semanas ~ *varios lustros} a que la crisis económica de este año es leve,* se produce un choque entre los adjuntos temporales *de este año* y *unos lustros.*

24.3.2f La extensión del tiempo marcado por V2 al de V1 da lugar a una serie de inferencias. Así, se implica —pero no se expresa literalmente— que cierta crisis dura ya muchos meses en *Confirmó hace ya muchos meses que la actual crisis econó-mica es difícil.* La extensión temporal de V2 a V1 explica que esta pauta sea característica de las verdades tenidas por universales: *Copérnico probó que la Tierra gira alrededor del Sol* (§ 23.3.1c). La situación puede prolongarse más allá del momento del habla, como en *Me pidió que {fuera ~ vaya} a la fiesta,* donde el empleo de *vaya* implica que la fiesta de la que se habla no ha tenido lugar o no ha terminado. La extensión temporal de V2 a V1 es infrecuente con *creer, pensar, suponer* y otros verbos de actitud proposicional: *Creí que {estabas~*estás} enfermo.* No lo es con *saber: {Supe~*Creí} que estás enfermo,* lo que confirma que el análisis de estas asimetrías ha de depender de las propiedades semánticas de los predicados que se oponen.

24.3.2g   Se considera asimismo una variante de los esquemas de doble acceso la pauta en la que CANTABA expresa anterioridad con respecto a V1, como en *La prensa confirmó que la empresa se oponía a la venta,* donde la acción de oponerse es anterior a la confirmación, pero se da también en el momento temporal designado por V1 como consecuencia del aspecto imperfectivo de CANTABA (§ 23.6.1b). Si se sustituye *oponía* por *opuso* (*La prensa confirmó que la empresa se opuso a la venta*), la situación denotada por V2 será anterior a la denotada por V1, por lo que no habrá solapamiento o traslape entre ellas. En *Mi abuelo me contó que Enrique VIII era un rey sanguinario,* el pretérito imperfecto denota simple anterioridad.

24.3.3   La sintaxis de los tiempos y las partículas temporales

24.3.3a   Las oraciones de relativo no están sujetas a la concordancia de tiempos como lo están las subordinadas sustantivas, puesto que las situaciones contenidas en ellas dependen más de las propiedades referenciales del grupo nominal que las contiene que de las restricciones sintácticas del sistema temporal. En los ejemplos siguientes el verbo de la oración de relativo no se orienta temporalmente respecto del tiempo denotado por el verbo de la oración principal: *Conoceré próximamente al profesor que escribió todos estos trabajos; Hace un año se fue a vivir a la casa que había comprado de joven.* Por la misma razón, es lógico que tampoco se den las interpretaciones de doble acceso: en *Le presenté hace diez años a la chica con la que está casado,* no existe vínculo temporal entre las dos situaciones, como tampoco se da en *Imaginé el regalo que me {traerás~traerías}.*

24.3.3b   Constituyen una excepción las subordinadas de significación temporal introducidas por *cuando* y *mientras,* y también las oraciones que se subordinan a los adverbios *antes* y *después.* En efecto, el tiempo que se elija para el verbo *llegar* en el esquema *Arturo escribió la carta {cuando~mientras~antes de que~después de que} Clara LLEGAR* estará en función del pretérito *escribió.* Así pues, *antes, después* y *mientras* se asimilan a los predicados restrictivos (§ 24.3.1d) en el sentido de que imponen restricciones temporales a sus complementos.

24.3.3c   Se explica en los § 31.6.2a-d que la partícula *mientras* posee propiedades en común con las conjunciones subordinantes y con los adverbios relativos en sus usos temporales. Expresa relaciones de SIMULTANEIDAD, como en *Luego nos despedíamos con esos besos de lado que le caen al aire mientras uno se roza las mejillas* (Mastretta, *Vida*). Además de con CANTO, se dan estas relaciones con CANTABA y HE CANTADO. *Mientras* es asimismo compatible con las relaciones de INCLUSIÓN. Así, los pretéritos perfectos simples manifiestan sucesos inscritos en la situación denotada por *estaba* en *Encendió la luz y abrió la puerta mientras yo me estaba vistiendo todavía* (Cabrera Infante, *Habana*). Como *mientras* rechaza los futuros y los condicionales en su interpretación temporal, la referencia a situaciones prospectivas se expresa con las pautas «mientras TENGA, DARÉ»; «mientras TUVIERA, DARÍA», y sus correspondientes variantes con tiempos compuestos: *No permitirá que se le escapen las cotizaciones de la divisa mientras tenga dólares para impedirlo* (*Universal* [Ven.] 9/7/1996). Si el predicado es télico en esta pauta, *mientras* tiene el valor de una conjunción condicional: *Mientras llegues a tiempo, nadie te pondrá problemas.*

24.3.3d Los adverbios *antes* y *después* se construyen con complementos preposicionales introducidos por la preposición *de* (*antes de que, después de que*), pero dan también lugar a las conjunciones subordinantes *antes que* y *después que*. La primera se construye con subjuntivo; la segunda admite los dos modos (§ 25.5.1c). Si V1 pertenece a la esfera del presente, las secuencias temporales características de *antes* se ajustan a la pauta «*antes (de) que* + CANTE O HAYA CANTADO»: *Te visitaré antes de que seas abogado; Saldrá antes de que la función {termine ~ haya terminado}.* Si V1 corresponde, en cambio, a la esfera del pasado, el esquema es «*antes (de) que* + CANTARA O HUBIERA CANTADO»: *Decidieron comprarlo antes de que fuera derruido* (Glantz, *Rastro*); *No lo quemes, podrían sorprendernos antes de que hubiera ardido por completo* (Chacón, *Voz*). Se registra en estas construcciones el uso de CANTE por CANTARA, sobre todo en algunas variedades del español hablado en las áreas andina y rioplatense (§ 24.1.1e). No obstante, se recomienda en ellas el uso del imperfecto de subjuntivo.

24.3.3e *Después (de) que* admite dos combinaciones. Se construye con presente o pretérito perfecto si V1 pertenece a la esfera del presente: *¿Y si viene después que yo me vaya?* (Galdós, *Episodios*). En cambio, si V1 pertenece a la esfera del pasado, se construye con pretéritos, con alternancia entre las formas simples y las compuestas: *Yo la entiendo porque algo de eso me estaba pasando poco después de que usted vino* (Mutis, *Maqroll*); *Fue despedido después de que hubiese remitido cartas a diarios barceloneses alusivas* (*País* [Esp.] 5/8/1977).

24.3.3f V2 marca en todas estas construcciones el inicio de la situación que describe V1, por lo que modifica de forma característica a predicados atélicos. Resulta, en efecto, mucho más natural la primera opción que la segunda en pares como *{Estuve muy ocupado ~ Tuve un accidente} desde que llegué a la ciudad.* En esta misma construcción HE CANTADO admite en V1 la interpretación llamada *de experiencia* (§ 23.4.2d), como en *He tenido solo un accidente desde que llegué a la ciudad* o continuo: *He vivido aquí desde que me casé.* La preposición *hasta* marca el límite final de la situación que se describe y, en consecuencia, V2 denota siempre posterioridad en relación con V1. Al igual que *después,* requiere predicados atélicos en V1, como en *Trabajó en su oficina hasta que dieron las dos* o en *Tú te escondes hasta que abran* (Trigo, *Jarrapellejos*). La omisión de la negación en secuencias como *Llegó a su oficina hasta que dieron las dos* se examina en el § 48.7.2a.

25 El verbo (III). El modo

25.1   Introducción. El concepto de modo

25.1.1   Modo y modalidad

25.1.1a   El modo constituye una de las manifestaciones de la MODALIDAD, como se explica en el capítulo 42. De acuerdo con la tradición, el modo revela la actitud del hablante ante la información suministrada, es decir, su punto de vista sobre el contenido de lo que se presenta o se describe. Se suele reconocer hoy, sin embargo, que aun siendo útil, el concepto de 'actitud' es impreciso. También son útiles —se piensa—, pero tal vez demasiado abarcadoras si se han de aplicar a todos los contextos sintácticos, las oposiciones semánticas que se han establecido para explicar la diferencia entre el indicativo y el subjuntivo: certeza/incertidumbre, realidad/virtualidad o irrealidad, actualidad/no actualidad, compromiso del hablante con la veracidad de lo que afirma/ausencia de aserción. Así, en ciertos contextos sintácticos que dejan en suspenso la veracidad de la información proposicional se prefiere el indicativo, a diferencia de lo que sería de esperar, como sucede en *Depende de si hace o no buen tiempo; Cabría pensar que el Gobierno oculta algo; Quiero suponer que has obtenido una buena calificación.* Por otro lado, se expresan hechos considerados reales (en el sentido de no hipotéticos) en oraciones con verbo en subjuntivo, como en *No me gusta que se porte así; Siento mucho que te hayas roto el brazo; Le dieron el premio aunque no se lo mereciera,* entre otras muchas similares. En este capítulo se analizará la naturaleza de la flexión modal del verbo como categoría de la gramática, así como los factores que la determinan contextualmente.

25.1.1b   La categoría del modo se caracteriza por presentar una amplia gama de valores gramaticales. En efecto, se usa para establecer ciertos actos verbales, como muestra el contraste entre *No se molesta,* que describe un estado de cosas, y *No se moleste,* que constituye una petición. También se emplea para determinar el grado de compromiso del hablante con lo que afirma (*Sé que escribe* frente a *Dudo que escriba*), y para marcar obligatoriamente el régimen que corresponde a las oraciones que complementan a determinados predicados, como en *Sé que {escribe~*escriba}* o *Me* *pide que le {*escribo~escriba}*. Con el modo se indica también la (IN)ESPECIFICIDAD del grupo nominal indefinido (§ 25.4.1a): *un diccionario que me {resulta~resulte} útil,* así como el ÁMBITO de la negación y, por tanto, también su FOCO (§ 25.3.5a, 25.5.1f y 48.2.1b): *No aceptó el trabajo porque le {hicieron~hicieran} otra oferta económica.* Estos factores presentan características gramaticales muy diferentes que con dificultad podría abarcar un solo concepto, sea el de 'actitud' u otro distinto.

25.1.1c Es polémica la cuestión de si el modo es una categoría INFORMATIVA. Lo es, en efecto, cuando existe alternancia modal, como indica la diferencia de significado entre las dos opciones que se presentan en *lo que tú {digas~dices}* o en *aunque no {estoy~esté} de acuerdo.* Es menos clara la respuesta en los casos en que el modo está regido sin posibilidad de alternancia: *Le pedí que me {escribiera~*escribía}.* Aun así, el régimen constituye una forma de compatibilidad o de CONGRUENCIA SEMÁNTICA. En *Deseo que me escriba,* el estado de cosas inexistente que la oración de subjuntivo designa está en consonancia con la naturaleza irreal, no factual y generalmente prospectiva que caracteriza lo que se desea.

25.1.2 Los modos del verbo español

En su sentido estricto, los modos representan paradigmas flexivos, aun cuando sean a veces defectivos o incompletos, o puedan coincidir con elementos de otros paradigmas. Este criterio permite delimitar en español tres modos: IMPERATIVO, INDICATIVO y SUBJUNTIVO.

25.1.2a El imperativo ha sido considerado una variante del SUBJUNTIVO INDEPENDIENTE O NO REGIDO, pero varios argumentos indican que constituye un paradigma modal diferenciado. Así, si bien algunas formas del imperativo tienen correspondencia en el subjuntivo, como <u>Venga</u> *usted aquí inmediatamente,* otras son exclusivas de ese modo (*sal, ven, ten, vamos, salid* o *salí*). Las oraciones que presentan ambos modos se distinguen también en la posición del sujeto y de los pronombres átonos, así como en el comportamiento de la negación. El imperativo, por otra parte, no aparece en contextos de subordinación, debido a que otorga FUERZA ILOCUTIVA de orden, petición o ruego al enunciado. Se estudia, por ello, en el § 42.2.

25.1.2b Los llamados USOS MODALIZADOS DE LOS TIEMPOS no se consideran aquí modos distintos, aunque tales usos de los tiempos verbales conllevan rasgos de naturaleza modal. Por ejemplo, el llamado *futuro de conjetura* se interpreta como *presente de incertidumbre: Serán las tres de la tarde* equivale, de manera aproximada, a 'Son probablemente las tres de la tarde' (§ 23.7.2). El condicional (§ 23.8.1d) presenta un uso semejante en *Serían las tres de la tarde* ('Eran probablemente las tres de la tarde'), y también puede expresar cortesía (*¿Tendría usted cambio de mil pesos?*), además de otros contenidos modales. Se considera, sin embargo, que estos tiempos siguen perteneciendo al indicativo y no constituyen modos distintos.

25.1.2c La flexión de modo está asociada estrechamente a la de tiempo, número y persona. Los tiempos del subjuntivo carecen de algunas de las distinciones morfológicas propias de los del indicativo. Así, el pretérito del subjuntivo CANTARA O CANTASE

cubre los contenidos que en el indicativo se expresan por la oposición «CANTÉ – CAN-
TABA», y la forma CANTE del presente del subjuntivo neutraliza la de «CANTO –
CANTARÉ». También las personas del subjuntivo están más restringidas que las del
indicativo. La referencia de la tercera persona del singular de *regresará* (indicativo)
en *Dice que regresará pronto* puede coincidir o no con la del sujeto de *dice* (puede,
pues, hablarse de dos individuos distintos o de la misma persona). Por el contrario, la
referencia de la tercera persona de *regrese* (subjuntivo) en *Desea que regrese pronto*
corresponde necesariamente a un individuo distinto del designado por el sujeto
de *desea*.

25.2   Modo dependiente e independiente

Es habitual dividir la información modal que expresa el verbo en dependiente e independiente. Se llama DEPENDIENTE el modo que no puede aparecer si no es en presencia de un INDUCTOR gramatical; en caso contrario, el modo es INDEPENDIENTE. El
MODO INDUCIDO puede ser obligatorio (es decir, elegido o seleccionado como única
opción) o bien se puede dar alternancia modal. Así, en *Posiblemente se trate de dos
fotografías hechas el mismo día en el mismo lugar* (Mendoza, *Verdad*) el inductor
posiblemente favorece la presencia del subjuntivo, pero no es la única opción, ya que
se da alternancia con el indicativo: *Posiblemente se trata...* No son equivalentes los
conceptos de modo dependiente y MODO SUBORDINADO. Como acaba de verse,
los adverbios de duda o posibilidad pueden inducir el modo subjuntivo (que es, por
tanto, dependiente) en oraciones no subordinadas. Se considera que el subjuntivo
es el modo dependiente por antonomasia, si bien son numerosos los contextos de
subordinación que inducen el indicativo, como se verá en las páginas siguientes.

25.2.1   Contextos de modo independiente

Las oraciones no subordinadas se construyen generalmente en indicativo, por lo que
este se considera el MODO NO SELECCIONADO (o modo por defecto): *Hoy es lunes;
Isabel está cansada; Las elecciones se presentan reñidas.* En cambio, el SUBJUNTIVO
INDEPENDIENTE está muy restringido. Aparece en oraciones desiderativas (§ 42.2.4),
a veces lexicalizadas o semilexicalizadas (*Que te vaya bien; Que te diviertas; Que todo
sea para bien; Maldito seas; En gloria esté; El cielo te oiga*), así como en algunos
auxiliares modales (§ 28.2.2) en que alternan las formas en *-ra* de subjuntivo *pudiera,
quisiera* o *debiera* con las del condicional: *{Pudiera~Podría} ser que estuviera
equivocado; {Quisiera~Querría} pedirte un favor; {Debiera~Debería} estar allí a las
ocho.* La alternancia se extiende a otros verbos en las formas compuestas correspondientes: *Me {hubiera~habría} gustado participar.*

25.2.2   Contextos de modo dependiente

Los principales contextos de modo dependiente son las oraciones subordinadas,
sean sustantivas (*Me alegra que estés aquí*) o adjetivas (*Leeré todo lo que escribas*).
Este capítulo no contiene ninguna sección dedicada al modo en las subordinadas

adverbiales, concepto que hoy resulta sumamente polémico (§ 1.7.3c), pero en la sección § 25.5 se analizará el modo en los contextos introducidos por ciertas partículas.

25.2.2a Como se ha dicho, el modo dependiente está determinado por algún inductor. A lo largo del capítulo se marcarán los inductores con trazo discontinuo y se señalarán con subrayado continuo las formas verbales que contienen la flexión modal inducida, como en *Desea que la dejemos en paz*. Algunos inductores modales son ELEMENTOS PREDICATIVOS (§ 25.3.1 y 25.3.2), especialmente verbos: *Ya veo que no {está~*esté} usted bien;* adjetivos: *Estoy cansado de que todo le {*parece~parezca} mal;* sustantivos: *Tiene la sensación de que no la {comprenden~*comprendan},* y algunos adverbios: *antes de que {*sabe~sepa} el resultado; Me parece bien que {*practica~practique} más.* A estos inductores cabe agregar un buen número de partículas, sobre todo preposiciones: *sin que la muchacha {tenía~tuviera} conocimiento de ello; para que {*estás~estés} contenta,* y conjunciones o locuciones conjuntivas: *en vez de que nos {*llama~llame} usted; a fin de que se {*recupera~recupere} pronto.* El denominado SUBJUNTIVO DE POLARIDAD (§ 25.3.5a-d) es inducido por la NEGACIÓN (§ 48.6.6 y 48.7.3): *No veo que aprecies mi explicación,* que contrasta con *Veo que {aprecias~*aprecies} mi explicación;* o por la INTERROGACIÓN: *¿Ves algo que te guste?; ¿Observaste que dijera algo nuevo?* En determinados contextos también la EXCLAMACIÓN puede actuar como inductor: *¡Quién estuviera allí para verlo!* En las oraciones desiderativas son inductores los adverbios exclamativos *ojalá (¡Ojalá llegue a tiempo!)* y *así (¡Así se muera!).*

25.2.2b Inducen también el modo subjuntivo los contextos INTENSIONALES, es decir, los subordinados a los verbos *buscar, necesitar* y otros similares (§ 25.4.2a), como en *Busco un diccionario que me sirva,* frente a *Tengo un diccionario que me {sirve~*sirva}.* Muchos de estos entornos son prospectivos. También lo son el imperativo (*Dile algo que le guste*) o el futuro (*Te arrepentirás de lo que digas*). Son asimismo inductores modales los contextos GENÉRICOS (*El que no tiene quien le ayude...; La gente se compra cosas que sean útiles*), así como el GERUNDIO de los verbos que expresan estados hipotéticos, como *aceptar, admitir, imaginar, suponer: Y eso suponiendo que este último señor no atienda jamás sus propias necesidades* (Dolina, *Ángel*).

25.3 El modo en las subordinadas sustantivas

En esta sección se analiza el modo en las subordinadas sustantivas cuando es dependiente del predicado que las selecciona como argumento. Así, en *Les aseguro que el detenido {dice~*diga} la verdad,* el verbo *asegurar* induce —aquí de forma obligatoria— el modo indicativo en la subordinada sustantiva que ejerce la función de complemento directo. No se consideran excepción oraciones como *No les aseguro que el detenido diga la verdad,* ya que el subjuntivo que aquí aparece está inducido por la negación (§ 25.3.5a-c), no por el verbo *asegurar.* En algunos casos el predicado que selecciona el modo rige obligatoriamente una preposición. Lo indicaremos en los ejemplos escribiendo la preposición entre paréntesis al lado del predicado, como en *aspirar (a).* El paréntesis no indica aquí, por tanto, opcionalidad sino que se utiliza para señalar que la subordinada sustantiva es la que aparece en el término de la preposición marcada.

25.3.1 Contextos que imponen el modo indicativo

Seleccionan el modo indicativo en la subordinada sustantiva las clases de predicados (generalmente verbos, pero también nombres y adjetivos) que expresan, fundamentalmente, las siguientes nociones:

ACAECIMIENTO: *acontecer, ocurrir, suceder*, etc.

LENGUA O COMUNICACIÓN: *afirmar, aludir (a), apuntar, asegurar, comentar, conversar (sobre), decir, describir, gritar, hablar (de), indicar, mencionar, pregonar, repetir, revelar, señalar, sostener, sugerir, venir (con)* y otros muchos similares.

ENTENDIMIENTO: *aprender, averiguar, convencer (de), creer, enterarse (de), estar al tanto (de), leer, olvidar, saber; enterado, seguro; convencimiento, impresión, noticia.*

PERCEPCIÓN, sea sensorial o intelectiva: *advertir, caer en la cuenta (de), encontrarse (con), mirar, notar, observar, oír, percibir, recordar, reparar (en), tropezar (con), ver.*

CERTEZA: *cierto, claro, de cajón, evidente, obvio, palmario, patente, seguro.*

Pertenecen a estos grupos los predicados subrayados con línea discontinua en los siguientes ejemplos:

Pero ocurría que Damián no tenía "causa" (Posse, *Pasión*); Sacó la cabeza por la ventana y gritó que el general Vela la esperaba (Belli, *Mujer*); Saltaba a la vista que mi habitación había sido registrada por el FBI (Benítez, *Caballo*); También ella ha observado que la voz grave sosiega al chiquillo (Sampedro, *Sonrisa*); Es evidente que él fía y ella no (Onetti, *Viento*).

Algunos de estos predicados admiten una doble interpretación. Así, *advertir* o *recordar* expresan percepción en unos contextos (*Advirtió que la venían siguiendo; Recuerdo que le gustaba pasear en bicicleta*) y comunicación en otros, cuando llevan complemento indirecto (*Le advierto que no toleraremos otro error semejante; Te recuerdo que la cena es a las ocho*).

25.3.2 Contextos que imponen el modo subjuntivo

Las nociones semánticas fundamentales que permiten agrupar los predicados (sean o no verbos) que inducen el subjuntivo en sus complementos son las siguientes:

VOLUNTAD, INTENCIÓN e INFLUENCIA: *Y, sobre todo, procuraba que nunca le faltase una pelota ante los pies* (Aguilera Malta, *Pelota*); *Era partidario de que se alejaran de prisa de los alrededores del colegio* (Colinas, *Año*); *Nicolás y el duque de Naxos me azuzaban y urgían que reclamase* (Mujica Lainez, *Bomarzo*); *La solicitud será que se mantenga a Guatemala ubicado en el renglón 21 por un año más* (*Siglo Veintiuno* 17/3/1997).

OPOSICIÓN: *Nada debemos objetar a que dos hombres se maten el uno al otro si el honor los empuja a ello* (Pérez-Reverte, *Maestro*); *La negativa paterna a que ella viniera sola al cine* [...] (Cabrera Infante, *Habana*); *No opuso resistencia a que desabotonase la chaqueta de su pijama* (García Hortelano, *Mary Tribune*).

CAUSA: *¿También tiene Espartero la culpa de que llueva?* (Galdós, *Episodios*); *Eso hizo que al llegar a Delhi me sintiera mejor* (Puértolas, *Noche*); *Ello provocó que a centenares de buenos científicos les resultase imposible volver a la vida académica* (Volpi, *Klingsor*).

CONSECUCIÓN: *El Gaviero consiguió que prosiguieran el camino* (Mutis, *Maqroll*); *Lograréis que nos dejen sin comer* (Martín Recuerda, *Arrecogías*).

DIRECCIÓN O INCLINACIÓN: *Esto demuestra que hay una tendencia a que crezca la participación de los ciudadanos* (Prensa [Nic.] 7/1/2002); *Ahora bien, ocurre que la mayor escasez de recursos ha conducido a que se seleccionen con mayor cuidado los proyectos científicos* (Sánchez Ron, *Ciencia*).

AFECCIÓN: *Alba perdió el temor de que su madre la abandonara* (Allende, *Casa*); *Entonces me entró miedo de que nos viera alguien* (Cabrera Infante, *Tigres*); *Había tenido la esperanza de que al entrar, Felipe estuviera de lado* (Belli, *Mujer*); *Te da pena que alguien sufra por tu muerte* (Puig, *Beso*). Con un subgrupo numeroso de estos predicados las subordinadas sustantivas alternan entre las funciones de sujeto y complemento de régimen, como en *Me alegra que estés aquí ~ Me alegro de que estés aquí; Me dolió que me engañaras con tu disfraz* (Azancot, *Amores*); *Se duelen de que unas gentes de letras no puedan reunirse ya para leer* (Carpentier, *Siglo*); o bien entre dos complementos: *Daniel se lamentaba de que no le hubiera dicho nada de mi viaje* (Delgado, *Mirada*); *Lamento que nunca hayas sabido amar* (Jodorowsky, *Pájaro*).

VALORACIÓN: *Fue una suerte que aceptara efectuarlo* (Shand, *Antón*); *Creo que es una locura que hayas vuelto* (Martín Vigil, *Curas*); *A mí no me parece mal que tenga novia* (Fernán Gómez, *Bicicletas*); *Entonces no se veía bien que una señorita hiciera mandados* (Cabrera Infante, *Habana*).

FRECUENCIA O INFRECUENCIA. *Es común que en las noches de insomnio sea teóricamente más decidido que durante el día* (Sábato, *Túnel*); *Era extraño que no lo supiera* (García Márquez, *Crónica*).

Cabe añadir un grupo reducido de NOMBRES TEMPORALES (*la hora de que nos vayamos, el momento de que paremos, la ocasión de que nos conozcamos*), así como otros que expresan CONTINGENCIA (*el riesgo de que nos sorprenda una tormenta*). Algunos de los predicados agrupados arriba (como los de afección y los de valoración) son FACTIVOS y presuponen, por tanto, la certeza de su complemento. Así pues, tanto *Me alegro de que ocurriera* como *No me alegro de que ocurriera* implican 'Ocurrió'. La información nueva no es, en estos casos, la aportada por la subordinada, que se da por supuesta, sino su valoración emotiva. Otros muchos predicados que inducen subjuntivo no son, en cambio, factivos. Así, los de significación PROSPECTIVA aluden a estados de cosas no factuales que se sitúan generalmente en el futuro, como los que expresan intención, causa e influencia. Se han caracterizado los predicados que inducen el subjuntivo como NO ASERTIVOS, puesto que más que informar de un estado de cosas lo presentan bajo el prisma de una evaluación, una emoción, una intención o una acción ejercida sobre algo o alguien, es decir, bajo el conjunto de nociones que permiten expresar léxicamente el concepto mismo de 'modalidad'.

25.3.3 Alternancias modales en las subordinadas sustantivas

Las ALTERNANCIAS MODALES son los pares de contextos en los que un mismo predicado admite indicativo y subjuntivo. Son especialmente interesantes porque permiten comparar en detalle las diferencias de forma y de significación asociadas con cada modo.

25.3.3a   Las alternancias modales se deben en algunos casos a la existencia de distintos sentidos entre los predicados inductores. Por ejemplo, cuando *sentir* se usa como verbo de percepción (con un significado similar al del verbo *notar*) se construye con indicativo, como en *Solo después sentí que él también me había herido* (Borges, *Brodie*). Elige, en cambio, el subjuntivo cuando expresa una reacción afectiva; en tal caso equivale a *lamentar: Siento que esto no pueda decirse en otra forma* (Neruda, *Canto*).

25.3.3b   Se dan otras veces ciertos deslizamientos de sentido entre las clases semánticas de predicados, así como variaciones en la estructura informativa de la oración. En efecto, con el indicativo el hablante acentúa el valor informativo de la subordinada. No presenta, pues, su contenido como ordenado, enjuiciado, valorado, etc., en función del significado del predicado principal, al contrario de lo que ocurre con el subjuntivo. Entre los deslizamientos de sentido más notables están los siguientes:

COMUNICACIÓN > INFLUENCIA: Con indicativo, los verbos de este grupo transmiten estados de cosas que se tienen por ciertos, mientras que con subjuntivo introducen peticiones, órdenes, sugerencias y otras formas de solicitar o requerir de alguien alguna actuación: *Le dijo que {actuaba~actuara} de buena fe.*

PENSAMIENTO > INTENCIÓN: Con el indicativo, el contenido de la oración subordinada manifiesta lo que se cree o se piensa: *Yo pensaba que tenía tiempo de escapar* (Hernández, F., *Nadie*); con el subjuntivo, por el contrario, expresa una toma de postura o una decisión: *Inicialmente estaba pensado que participaran los dos equipos sevillanos con un tercer rival* (*Razón* [Esp.] 2/9/2002). Podría vincularse también a este proceso la alternancia modal con los verbos *confiar (en)* y *esperar,* visible por ejemplo en *Espero que tendremos el gusto de verlo otra vez* (Quiroga, H., *Amor*), frente a *Espero que vuelva* (Martín Gaite, *Visillos*). Cabe pensar en estos casos en una traslación semántica desde la afirmación de lo que se cree o se presenta como cierto, aunque sea en el futuro, hasta la expresión de un sentimiento de esperanza, que constituye una noción intencional.

ENTENDIMIENTO > ESTIMACIÓN O EMPATÍA: Cuando los predicados de estas clases se construyen con indicativo, introducen contenidos aseverados, percibidos como verdaderos o presentados como nuevos en algún fragmento del discurso, como en *Comprendí que estaba equivocada* ('Lo supe', 'Me di cuenta de ello'). Con el subjuntivo, a la vez que se expresa aquiescencia o aceptación, se intenta poner de manifiesto que la situación descrita en la subordinada forma parte del trasfondo informativo que el hablante y el oyente comparten, o bien que el emisor desea presentarla como tal (uso *temático:* § 25.5.1d): *Comprendo que estés molesto conmigo* ('Lo admito', 'Lo justifico').

PERCEPCIÓN > INTENCIÓN O VOLUNTAD: La elección del modo (con verbos como *ver, mirar* o *imaginar*) está en función de que predomine en estos predicados el sentido inactivo ('recibir información relativa a lo que sucede') o se imponga en ellos el intencional ('poner voluntad, esmero o diligencia en alguna cosa'). Se percibe esta diferencia en el contraste entre *Siempre veía que cada cosa estaba en su lugar* ('percibía, le parecía') y *Siempre veía que cada cosa estuviera en su lugar* ('procuraba').

ASERCIÓN > JUSTIFICACIÓN: En *El maestro te ha explicado que las cosas no son como tú pensabas,* el verbo *explicar,* con sujeto de persona, se asimila a un verbo de lengua. En cambio, en *Eso explica que las cosas no sean como tú piensas,* el subjuntivo introduce la causa o la razón de algo.

AFECCIÓN > ASERCIÓN: Aunque los sujetos y los complementos oracionales de los verbos de afección se construyen en subjuntivo (§ 25.3.2), algunos de ellos se usan en ocasiones en indicativo, más frecuentemente en el español americano que en el europeo: *Me alegro de que terminaron ya el trabajo; Me preocupa que lo agarraron a él.* El uso del indicativo en estos casos revela la intención de los hablantes de resaltar el contenido informativo de la subordinada. Una distinción similar explica la alternancia modal con los verbos *presumir (de), vanagloriarse (de), jactarse (de),* así como *censurar, echar en cara, reprochar* y otros semejantes. Compárese *Se quejó de que el citado individuo había propalado infundios por la comarca* (Casares, *Dios*) con *Se queja de que la impiedad pretenda corromper el estudio de las ciencias naturales* (Menéndez Pelayo, *Heterodoxos*).

TEMOR > SOSPECHA: El verbo *temer* suele construirse con subjuntivo en su complemento: *Temo que algún deslenguado lo sepa* (Muñoz Seca, *Venganza*). Cuando eligen el indicativo, *temer* o *temerse* expresan sobre todo 'sospecha' o 'recelo': *Temo que hallaré la muerte fría / envuelta en (bien que dulce) mortal cebo* (Quevedo, *Heráclito*); *Me temo que va a haber dificultades* (Caballero Bonald, *Pájaros*).

25.3.3c En el caso de los sustantivos abstractos *hecho* e *idea* (en estructuras del tipo *el hecho de que..., la idea de que...*), la alternancia modal puede ponerse en relación con la influencia del verbo principal, pero también con la estructura informativa de la oración, dado que el indicativo aporta la información nueva o relevante en un fragmento del discurso: *La causa de esta impresión reside en el hecho de que estamos sometidos a un ritmo de vida progresivamente acelerado* (Goytisolo, *Estela*). El subjuntivo se asocia, en cambio, con la información temática (en el sentido de presentada como conocida), sobre todo cuando el grupo nominal se sitúa en posición preverbal: *El hecho de que varios individuos que cuentan una misma cantidad logren un resultado igual es para los psicólogos un ejemplo de asociación de ideas* (Borges, *Ficciones*).

25.3.4 El modo en las interrogativas indirectas

El modo de las interrogativas indirectas es normalmente el indicativo. Sin embargo, puede aparecer el subjuntivo cuando está inducido por los predicados que expresan DEPENDENCIA y también por los que denotan INDIFERENCIA: *Eso depende de qué día fijemos; Indistintamente de cuál sea el candidato que obtenga la plaza* [...] (*País* [Esp.] 2/2/1999); *«¡Para lo que me importa ya cuál haya de ser mi destino!»*, dijo Esteban (Carpentier, *Siglo*). En muchas zonas del español americano (especialmente en México, Centroamérica y las áreas caribeña y andina), es normal usar el subjuntivo en expresiones como *No sé si te guste esta comida.*

25.3.5 La negación en las subordinadas sustantivas y la inducción modal a distancia

25.3.5a La negación puede actuar como un inductor del subjuntivo A DISTANCIA, es decir, desde la oración que contiene el predicado principal, como en *No es obvio que lo acepte; Nunca pensó que fuera a visitar su país* o en *Nada demuestra que sea*

Klingsor (Volpi, *Klingsor*). Nótese que los verbos subrayados pasarán a indicativo si se suprime la negación. El subjuntivo constituye un indicio de que la negación toma bajo su alcance la oración subordinada. En efecto, en *No oí que me estuvieran llamando por teléfono,* con el verbo en subjuntivo, el hablante pone en entredicho la veracidad del complemento. La negación afecta, en consecuencia, más propiamente a *estuvieran* que a *oí.* En cambio, en la secuencia *No oí que me estaban llamando por teléfono,* con el verbo en indicativo, el hablante acepta la situación descrita por la oración subordinada, como si se dijera 'Me estaban llamando, pero yo no lo oí'. Se deduce de esta diferencia que el subjuntivo sea la única opción en secuencias como *No creo que me estén llamando* o *No sabemos que tengan problemas económicos.* Si se usara el indicativo se incurriría en una contradicción lógica, en cuanto que el hablante aceptaría en la subordinada lo que da por falso en la principal. Confirma que la negación tiene alcance sobre la oración subordinada en la variante con el subjuntivo el hecho de que puedan aparecer tras él TÉRMINOS DE POLARIDAD NEGATIVA (§ 48.1.3a y 48.6.6), que se rechazan en las correspondientes oraciones de indicativo: *No sabía que {*tenía~tuviera} que traer nada; No me han informado (de) que {*está~esté} enfermo nadie; No me pareció que {*estaba~estuviera} mal ninguno de los ejercicios.*

25.3.5b Además de con los verbos de percepción o de pensamiento y creencia, la negación induce el subjuntivo con los de lengua. Con estos predicados se admiten de manera natural las construcciones contrastivas que se suelen rechazar en otros casos: *No dije que lo supiera, sino que lo podía averiguar; Yo no digo que la Regenta tome varas, sino que Álvaro quiere ponérselas* (Clarín, *Regenta*). Se ha llamado POLÉMICO al subjuntivo que aparece en estas construcciones, puesto que da a entender que se refuta un contenido afirmado previamente: SAN PANCRACIO: *Yo no dije que fuera malo el dibujo, dije que no me gustaba* (Ibargüengoitia, *Atentado*).

25.3.5c Es raro que la negación dé lugar a alternancias opuestas a las mencionadas. Así, con *dudar, ignorar* o *negar* se registra el indicativo en contextos que sin la negación inducirían el subjuntivo: *No dudo de que ahora dispondrá de más tiempo* (Moix, *Sueño*); *Yo no niego que soy gato, pero robo la amistad, el corazón de Dios, así araño yo* (Arguedas, J. M., *Zorro*).

25.3.5d Al igual que la negación, pueden inducir el subjuntivo a distancia (es decir, desde la oración principal) otros elementos capaces de atenuar las propiedades asertivas del predicado, como el cuantificador *poco,* el adverbio *solo* o la modalidad interrogativa: *Pocos expertos creen que los precios de la vivienda vayan a bajar este próximo año; Solo una vez había oído que fuera a haber cambios en la empresa; ¿Y quién dice que haga falta un grifo para poner una ducha?* (Muñoz Molina, *Viento*); *¿Usted cree que sea muy difícil ver al Papa?* (García Márquez, *Doce cuentos*).

25.3.5e Los predicados que inducen el subjuntivo lo hacen ocasionalmente en entornos no contiguos. Así, se esperaría que el verbo subrayado en *No es aventurado suponer que sea la última palabra que suene sobre la Tierra cuando se cumplan las amenazas nucleares* (Onetti, *Reflexiones*) apareciera en indicativo, ya que depende de *suponer,* un verbo de entendimiento (§ 25.3.1). No obstante, su inductor es el predicado *ser aventurado,* que indica valoración (§ 25.3.2) e impone el subjuntivo. Esta inducción del subjuntivo a distancia (a través de un predicado que impone el indicativo) es más frecuente cuando el predicado contiguo (*suponer* en este ejemplo) denota pensamiento y creencia (*creer, imaginar, pensar, suponer* y similares: § 25.3.3b). Puede influir en ello la naturaleza parentética de estos verbos (cf. ..., *se supone*; ..., *pienso yo*, etc.) que quedan en un segundo plano en la conciencia del hablante.

25.4   El modo en las subordinadas relativas

25.4.1   Características generales

Los contextos de inducción modal en las oraciones de relativo son algo más laxos que los que caracterizan a las subordinadas sustantivas, y poseen mayor complejidad. Mientras que en las subordinadas sustantivas es habitual que se elija únicamente uno de los dos modos, como en *Necesitaba que el libro {*tenía~tuviera} fotos*, lo normal en las subordinadas de relativo es que sean posibles ambos, aunque con significado distinto, como en *Necesitaba un libro que {tenía~tuviera} fotos*. La alternancia se da en las oraciones de relativo especificativas o restrictivas. Las explicativas o apositivas, como *Los documentos secretos, que estaban debidamente protegidos, no sufrieron daño alguno*, no admiten el subjuntivo porque no forman parte, en sentido estricto, del grupo nominal (§ 44.3.2f), de forma que el subjuntivo aparecería en ellas sin inductor. No son excepción secuencias como *Cuando ya desesperaba de encontrar partenaire y había entrado de lleno en crisis económica, mi madre, que en paz descanse, acudió en mi auxilio* (Vila-Matas, *Suicidios*), ya que el subjuntivo de las oraciones desiderativas (§ 42.2.4) puede aparecer sin subordinación. Se explican a continuación las principales distinciones semánticas que intervienen en la elección del modo en las oraciones de relativo especificativas.

25.4.1a   Los grupos nominales se dividen tradicionalmente en DEFINIDOS o INDEFINIDOS (§ 14.1.1) en función del determinante que los encabece. El indicativo suele favorecer la interpretación ESPECÍFICA del grupo nominal, mientras que el subjuntivo introduce la INESPECÍFICA. Como consecuencia de esa diferencia, la alternancia modal es plenamente significativa en *un diccionario que me {sirve~sirva}*. La primera opción alude a cierto diccionario conocido por el que habla, mientras que la segunda hace referencia a un hipotético diccionario que cumpla la condición que la subordinada de relativo introduce. Solo la segunda es compatible con el cuantificador de indistinción *cualquiera* (§ 20.3.1): *un diccionario que me sirva, cualquiera que sea*.

25.4.1b   Los conceptos de 'definitud' e 'inespecificidad' no son necesariamente antitéticos (§ 14.1.1c), de modo que un grupo definido puede tener una referencia inespecífica, y también al contrario. Resultan, en efecto, naturales secuencias como *Veré la película que estén dando a esa hora, sea la que sea* (definido e inespecífico) y también *Veré una película que me gusta mucho y que darán a las ocho* (indefinido y específico). La referencia específica de un grupo nominal, sea definido o indefinido, está asociada con la capacidad de identificar su referente. En estos casos suele suponerse en el hablante el conocimiento de la persona o cosas designadas. Aun así, el tener conocimiento de algo o de alguien no es condición necesaria para que un grupo nominal tenga referencia específica. En efecto, la oración *He de buscar a la persona* *que tiene las llaves* contiene un grupo nominal definido y específico, pero podría ser usada con naturalidad por alguien que desconociera a la persona de la que se habla. Además del modo en la subordinada relativa, la sintaxis posee otros recursos para marcar la especificidad o la inespecificidad de un grupo nominal. Así, muchos adjetivos antepuestos favorecen la interpretación específica en los grupos nominales indefinidos. Por ejemplo, la expresión *un conocido libro* ('uno concreto, determinado') es incompatible con el subjuntivo en secuencias como *Has de citar en tu trabajo un conocido libro en el que se {habla~*hable} de esas cuestiones.* En cambio, la posición posnominal admite también la interpretación inespecífica ('alguno, el que sea, el que fuere') y, por lo tanto, el modo subjuntivo, como en *Has de citar en tu trabajo un libro conocido en el que se {habla~hable} de esas cuestiones.*

25.4.1c Los grupos nominales ESCUETOS, en el sentido de 'construidos sin determinante ni cuantificador' (§ 15.6), son inespecíficos, por lo que muestran cierta resistencia a la alternancia modal: *sin excusa que {*vale~valga}; No escribe novela que no {*alcanza~alcance} el primer puesto en las listas de ventas; Necesitamos voluntarios que nos {*ayudan~ayuden}.* El rechazo del indicativo con sustantivos en singular suele ser firme, mientras que con nombres en plural es posible la alternancia modal en estos contextos: *Solo aceptan clientes que {tienen~tengan} cuenta en el banco.*

25.4.1d Los grupos nominales de interpretación genérica (§ 15.4) —es decir, los que denotan clases de individuos— admiten el indicativo y el subjuntivo en las oraciones de relativo. Así pues, junto a *Todo aquel que haya practicado la escritura automática —hasta donde es posible esta tentativa— conoce las extrañas y deslumbrantes asociaciones del lenguaje dejado a su propia espontaneidad* (Paz, *Arco*), es posible decir también *Todo aquel que ha practicado la escritura automática* [...] *conoce...* La relativa en subjuntivo convierte en inespecífica la mención del grupo nominal, y caracteriza así a las personas y las cosas designadas con propiedades o condiciones virtuales. Al mismo tiempo, deja en suspenso la existencia de la clase en cuestión proporcionando un significado próximo a 'Todo hipotético individuo que...' o a una paráfrasis con el auxiliar *poder,* como en 'Todo aquel que pueda haber practicado...' o en *Criticábamos sin cortapisas lo que no nos gustara,* '... lo que pudiera no gustarnos'.

25.4.1e También los grupos nominales indefinidos pueden tener una interpretación genérica: *Un sevillano entiende de toros.* Cuando en estos contextos genéricos la expresión indefinida está modificada por una subordinada de relativo, se espera el subjuntivo: *Un político que no crea en el diálogo no es tal* (*Hoy* [Chile] 25/1/1984). Aun así, se registra a veces el indicativo en esta pauta, incluso en grupos encabezados por *cualquiera,* que rechaza este modo en contextos no genéricos: *En sus viajes sin duda conoció más de un hotel así, como cualquiera que recorre la sierra del Perú* (Bryce Echenique, *Martín Romaña*). Asimismo, si bien los grupos nominales encabezados por indefinidos negativos eligen el subjuntivo, como en *No había nadie que me {*atendía~atendiera},* los contextos genéricos hacen posible el indicativo: *Ningún boliviano que ha dejado a sus seres queridos atrás incurre en la indignidad de olvidarse de ellos* (*Tiempos* 18/9/2000); *Sabemos que nadie que estuvo dentro de La Tablada sobrevivió* (*Proceso* [Méx.] 1/12/1996).

25.4.2 Inductores modales en las subordinadas relativas

Los contextos virtuales, prospectivos, irreales o, en general, modales son los inductores del subjuntivo en las oraciones de relativo. De hecho, el subjuntivo no aparece en ellas en ausencia de tales expresiones, como se explicó en la introducción al § 25.2. Así, el verbo *buscar* es el inductor del modo en la oración *Busco un diccionario que me sirva*, que pasaría a ser agramatical si *buscar* se sustituyera por *tener*, como se ha explicado: **Tengo un diccionario que me sirva*. Son esos mismos contextos los que propician la interpretación inespecífica que en general se asocia al subjuntivo en las oraciones de relativo. En los apartados que siguen se examinan los fundamentales.

25.4.2a El verbo *buscar*, introducido en el párrafo anterior, pertenece a los predicados denominados generalmente INTENSIONALES, que se caracterizan por crear los contextos llamados OPACOS. Estos contextos poseen la capacidad de dejar en suspenso la referencia de los grupos nominales (§ 15.5.3b). Pertenecen al grupo de *buscar* otros muchos predicados de naturaleza prospectiva, como *demandar, desear, necesitar, pedir, perseguir, preferir, pretender, proponerse, querer, requerir, solicitar;* los sustantivos y adjetivos que se relacionan morfológica y semánticamente con estos verbos (*necesidad, preferible...*); las locuciones que expresan significados parecidos, como *en demanda de,* y también la preposición *para*. Todos estos elementos y otros similares propician la interpretación inespecífica de los grupos nominales e inducen el subjuntivo en las oraciones de relativo (sin excluir por ello el indicativo, que no requiere inductor):

> Necesito una persona que lleve mis libros (Blest, *Martín Rivas*); Se propuso elaborar una teoría que sirviera de puente entre los detalles de la neurofisiología y las concepciones molares de la psicología (Pinillos, *Psicología*); Prefería los melodramas que abundasen en gritos desgarradores (Marechal, *Buenosayres*); Después de infinitas gestiones en demanda de un lector que supiera francés [...] (Sawa, *Iluminaciones*); Se firmó un tratado con los Estados Unidos para hacer un canal que abriera en dos la cintura de América (Mastretta, *Mal*).

25.4.2b El verbo *depender* induce el subjuntivo en las subordinadas sustantivas: *Su vida puede depender de que lo haga sin demora* (Mendoza, *Verdad*) (§ 25.3.4), y también en las relativas cuando el grupo nominal corresponde a una INTERROGATIVA ENCUBIERTA: *Todo depende del amor que hayas puesto en la renuncia* (Martín Vigil, *Curas*), que equivale a 'Depende de cuánto amor hayas puesto en la renuncia' (§ 43.3.1k). Cuando el grupo nominal no adquiere este valor, la relativa aparece más frecuentemente en indicativo. Así, en *La decisión depende del ministro que acaban de nombrar,* se dice que cierta decisión depende de cierta persona, no de cierto estado de cosas. Las mismas posibilidades presenta el grupo nominal que funciona como término de la preposición *según* si contiene una subordinada relativa. Compárese *El club de procedencia del atleta recibirá, sin embargo, ahora una ayuda según el rendimiento que tenga* (*País* [Esp.] 16/12/1980) ('según cuál sea el rendimiento que tenga') con *según el ministro que acaban de nombrar* ('en opinión de cierto ministro').

25.4.2c El futuro (CANTARÁ) y el condicional (CANTARÍA) no son inductores del subjuntivo en las subordinadas sustantivas, pero sí lo son en las oraciones de relativo.

Ambos expresan generalmente contenidos virtuales o no experimentados, análogos en cierta forma a los que ponen de manifiesto léxicamente los verbos intensionales (§ 25.4.2a). De este modo, si bien se rechaza el subjuntivo en *Le entregó los papeles que le {eran~*fueran} útiles* por ausencia de un inductor apropiado, se acepta en *Le entregará los papeles que le {son~sean} útiles,* o en *Muy pronto encontraría una boca-calle que me devolviera al punto de partida* (Muñoz Molina, *Beltenebros*). El mismo efecto pueden producir ciertos verbos de significación prospectiva asociados con la idea de consecución o de límite: *conseguir, lograr* o *llegar a,* entre otros: *Logró encontrar un coche de segunda mano que le resultara útil.* Cabe agregar a este grupo de predicados ciertos auxiliares modales en las perífrasis verbales, como *deber, poder* y *tener que:*

> Nuestra joven patria, esa morena tropical, debe ser la que ostente en su cabeza el gorro frigio (Ramírez, *Alba*); [...] alcanzara los triunfos más altos a los que puede aspirar alguien que tenga como objetivo en la vida triunfar en el mundo universitario (Piglia, *Respiración*); Tiene que haber un niño que haga el milagro de echar a los hombres malos que traen las cajas negras (Donoso, *Pájaro*).

25.4.2d   Al igual que en las oraciones sustantivas, el subjuntivo de las de relativo no es inducido únicamente por predicados, sino también por la NEGACIÓN, sea a través del adverbio *no,* sea mediante indefinidos negativos, como se comprueba en *No guardó nada que fuera comprometedor* (frente a **Guardó algo que fuera comprometedor*) o en *nadie que yo conozca, en ningún lugar que haya visitado, nada que le baje la fiebre,* con las escasas excepciones de los contextos genéricos (§ 25.4.1d, e). Inducen igualmente el subjuntivo —aunque, como en otros casos, no de forma obligatoria— los predicados que expresan negación u oposición, como en *Se oponen radicalmente a una modificación de la ley que recorte sus prerrogativas* o en *Le había aconsejado que [...] evitara proponer una legislación que fuera a producir unos resultados no auténticos* (Tusell, *Historia*). También lo inducen las preposiciones y locuciones preposicionales que transmiten esos mismos significados: *No puede uno ir de España a Inglaterra sin llevar a los amigos alguna chuchería que tenga color local* (Galdós, *Fortunata*); *No crea usted que me voy a llevar esto sin formalizar un documento que autorice los derechos de usted* (Ortega Munilla, *Cleopatra*). En muchos contextos se asimilan a los inductores negativos el indefinido *poco* y el adverbio *solo*: *Cuenta con {pocos~*algunos~*muchos} que lo respeten; Hay pocos que sepan de eso* ('No hay prácticamente nadie que sepa de eso'). Repárese, en el mismo sentido, en que *Solo tiene un amigo que sea verdaderamente inteligente* contrasta marcadamente con **Tiene un amigo que sea verdaderamente inteligente,* sin inductor modal.

25.4.2e   Induce igualmente el subjuntivo la interrogación en las oraciones de relativo dependientes de los indefinidos *alguien, algo, alguna cosa: ¿Encontraste a alguien que te echara una mano?; ¿Hay algo más que desee usted añadir?* También actúa como inductor el imperativo en oraciones como *Dile algo que le guste; Quédate con ella y Dame lo que te parezca* (Marsé, *Teresa*).

25.4.2f   Favorecen asimismo el subjuntivo en las subordinadas de relativo ciertas expresiones comparativas, sobre todo de igualdad. Se asimilan a esta pauta los verbos *parecer* y *semejar:*

> Vallejo era sombrío tan solo externamente, como un hombre que hubiera estado en
> la penumbra (Neruda, *Confieso*); El Café, antes de media hora, quedará vacío. Igual que
> un hombre al que se le hubiera borrado de repente la memoria (Cela, *Colmena*); [...] ya
> que, en verdad, la altura semejaba un suelo que ella viera desde el techo (Luca Tena,
> *Renglones*).

Como en otros muchos casos, el indicativo es posible en estos contextos si se desea
hacer referencia a seres particulares. Las expresiones superlativas, por su parte, inducen con frecuencia el subjuntivo en las oraciones de relativo que contienen, sobre
todo en la lengua literaria. En la conversación informal predomina, en cambio, el
indicativo: *El mejor asado criollo que yo {he~haya} probado.*

25.4.2g   En general, los contextos DEFINIDOS ofrecen más restricciones al empleo
del subjuntivo que los INDEFINIDOS en las oraciones de relativo, como se comprueba
en *No encontré {un~*al} vigilante que tuviera las llaves de la oficina.* Sin embargo, en
los contextos prospectivos y en los genéricos, el subjuntivo resulta más claramente
compatible con los grupos nominales definidos: *Le daré la cantidad que me pida;
Memorizaría en una semana el texto que me correspondiera; Buscan al médico que sea
capaz de curarla.*

25.4.2h   Se registran ciertos contextos en los que el subjuntivo de las relativas
carece de un inductor propio CONTIGUO a él, de forma que es inducido por otro subjuntivo. Se trata de casos de inducción MEDIATA O A DISTANCIA, semejantes a los ya
vistos para las subordinadas sustantivas (§ 25.3.5e). Por ejemplo, en *Elegirán a una
persona que sepa lenguas que ellos desconozcan* (en alternancia con el indicativo, que
no requiere inductor), el modo de *desconozcan* está inducido por el de *sepa,* que a su
vez lo está por el futuro *elegirán.*

25.4.2i   Si bien la ausencia de un inductor apropiado provoca a menudo el rechazo del subjuntivo en las oraciones de relativo, estos usos sin inductor aparente se
admiten en las oraciones de relativo que adquieren un sentido FINAL, por tanto,
PROSPECTIVO, como en *Le hicimos un torniquete que detuviera la sangre* o en *La municipalidad ha construido dos nuevos parques en los que se paseen los vecinos.* Cabría
pensar, no obstante, que el sentido de finalidad procede de un auxiliar modal encubierto (como si se dijera en el primer ejemplo '... que le pudiera detener la sangre'),
ya que estos auxiliares son inductores del subjuntivo (§ 25.4.2c). Este valor final se
reconoce también en las relativas de infinitivo (§ 46.1.2b), restringidas igualmente a
los contextos en que se sobrentiende el verbo modal *poder,* como en *un libro con el
que entretenerme* ('con el cual poder entretenerme') o en *un pozo del que sacar agua*
('del cual poder sacar agua'). De hecho, cuando no es posible suponer este verbo
modal, la relativa de infinitivo resulta forzada o anómala: **Esta es una nota de pie de
página de la que prescindir.*

25.4.2j   Los adverbios relativos *cuando, donde* y *como* forman oraciones de relativo (§ 22.5). El modo se elige en ellas a través de mecanismos semejantes a los
analizados en esta sección. Así, el subjuntivo está inducido por el futuro tanto en
El que quiera medrar en política tendrá que empezar haciendo una escabechina
(Mundo [Esp.] 10/11/1994) como en *Cuando quiera deshacerme de él no me darán*

más de quinientos ases. El imperativo induce de forma análoga el subjuntivo en *Llámame cuando puedas* y en *Hazlo como te parezca.* El subjuntivo también puede ser inducido por la interrogación, como puede verse en *¿Existe acaso un lugar donde no se den esos problemas?* Sobre la construcción «*cuando* + futuro», véase el § 23.7.1c.

25.5   Elección del modo con las partículas

25.5.1   Elección del modo con las conjunciones subordinantes

Muchas CONJUNCIONES SUBORDINANTES introducen contextos de alternancia modal, pero son también numerosas las que fuerzan la aparición de un único modo, sea indicativo o subjuntivo, en función de su significado.

25.5.1a   La conjunción CONDICIONAL *si* se construye con indicativo y con algunos tiempos de subjuntivo: CANTARA, HUBIERA O HUBIESE CANTADO y CANTARE, este último prácticamente desaparecido (§ 47.4.1d). En cambio, fuerzan la aparición del subjuntivo las restantes conjunciones y locuciones conjuntivas condicionales (*como, con tal (de) que, a condición de que, a no ser que, a menos que,* etc.), como se ejemplifica a continuación:

> Tú, Carlitos, *como vea* yo que estás averiguando quién es la más rica del pueblo, te doy una patada en donde te deje soltero para toda la vida (Fernán Gómez, *Viaje*); *Con tal de que* no *sea* de verdad una cosa grave (Rulfo, *Pedro Páramo*); Daría una gratificación de diez mil soles a su madre *a condición de que* el muchacho *fuera* cura (Vargas Llosa, *Tía*); Era absolutamente necesario esperar, *a no ser que quisiera* volverme loco (Benítez, *Caballo*); Él sabe que esa atención no durará, *a menos que diga* algo inteligente (Quesada, *Banana*).

Cuando al significado durativo añaden el condicional, se construyen también con subjuntivo *mientras, siempre que, siempre y cuando: Mientras haga* bien su trabajo, *no habrá problemas; Estoy dispuesto a ir, siempre que me avise* a tiempo; *Sufriendo se entienden las personas, siempre y cuando* no *sea* el sufrimiento agudo, sino crónico (Pombo, *Metro*).

25.5.1b   Las partículas *salvo* y *excepto* se suelen situar hoy entre las conjunciones subordinantes (§ 31.6.3) y pueden construirse con término oracional (*salvo que...*, *excepto que...*). Introducen alguna excepción a la generalización establecida en el contexto anterior o posterior a ellas, entorno que suele determinar el modo de la subordinada sustantiva con la que se construyen. Así, se elige el indicativo en *Miedo de que no sé nada de ti, excepto que me puedes perder* (Millás, *Desorden*) porque la subordinada depende del verbo *saber.* Ambas conjunciones se usan en subjuntivo cuando tienen el sentido de 'a menos que': *Ahora no hay mucha demanda, señorita, salvo que usted quiera trabajar fuera de Madrid* (Cela, *San Camilo*); *No se puede llevar a cabo la detención de este sujeto, excepto que sea en casos muy especiales* (*Siglo* 29/5/2001), pero también cuando admiten paráfrasis en las que se niega el contenido de las proposiciones que introducen: *Confesó todo, salvo que hubiera matado al mayordomo* (es decir, 'No confesó que hubiera matado al mayordomo').

25.5.1c   Entre las partículas TEMPORALES, el adverbio relativo *cuando* (§ 25.4.2j), la conjunción *mientras* (en el sentido de 'durante el tiempo en que') y las locuciones conjuntivas *siempre que, una vez que* y *luego que* admiten ambos modos, pero rechazan el futuro de indicativo y el condicional: *No tendrás problema mientras {*vivirás~vivas} allí; Le dijo que no tendría problemas cuando {*viviría~viviera} allí.* Alternan así el indicativo en *Luego que salió de la cárcel fue a ver a su esposa* (Fernández Lizardi, *Periquillo*) y el subjuntivo en *Luego que salga, le daré las buenas noches y me marcharé* (Galdós, *Episodios*). Al igual que en otros casos, el subjuntivo requiere un inductor modal de valor prospectivo, como el imperativo: *Respóndeme siempre que puedas* (Gala, *Invitados*) o el futuro: *Una vez que sean aceptados, ya no correrá usted ningún peligro* (Mármol, *Amalia*). De modo similar se comportan *a medida que, conforme* y *según: Conforme vayas repitiendo las palabras que yo diga, te irás quedando dormida* (Rulfo, *Pedro Páramo*). Las subordinadas que complementan al adverbio *antes* se construyen siempre con subjuntivo: *antes de que {*amanece~amanezca},* pero en las temporales con *después* alternan los dos modos. Si se alude a una situación futura se usa el subjuntivo, mientras que si se describen hechos presentes o pretéritos es posible también el indicativo, sin diferencia apreciable de significado entre ambas variantes. En estos contextos es más frecuente el indicativo en el español americano: *Los caliés se llevaron a Manuel esta madrugada, poco después de que saliste de allá* (Vargas Llosa, *Fiesta*). El subjuntivo, también registrado en América, es la opción mayoritaria en el español europeo: *Más de un siglo después de que mi bisabuelo fuera abandonado en la inclusa, conserva intacto el dolor de la injuria* (Muñoz Molina, *Jinete*).

25.5.1d   Entre las conjunciones que encabezan las oraciones CONCESIVAS (§ 47.6), eligen indicativo *a sabiendas de que, y eso que, si bien* y *con lo que.* Se construyen con subjuntivo *así* (*así me lo pidas de rodillas*), *mal que* (*mal que me pese*) y *a riesgo de que.* El subjuntivo es también el modo más frecuente en las construcciones discontinuas *por mucho... que, por muy... que* y *por más... que* (*por muchos libros que lea, por muy alto que sea, por más lejos que esté*). Aceptan ambos modos *aunque* y las locuciones preposicionales *pese a* y *a pesar de.* Las diferencias en la elección del modo en las prótasis concesivas dependen del tipo al que pertenezcan. Las prótasis HIPOTÉTICAS equivalentes a 'en el supuesto de que' se construyen con subjuntivo (*Aunque insistas no te hará caso*), mientras que las FACTUALES, referidas a hechos que se dan por ciertos, admiten también el indicativo: *Aunque lo {intento~intente} todos los días, nunca consigo hablar con él.* El subjuntivo de las prótasis factuales es de carácter *temático* o bien *polémico.* El temático (§ 25.3.3c) indica que la información introducida con *aunque, pese a que* o *a pesar de que* se interpreta como parte del trasfondo informativo, es decir, de lo que se da por conocido o por experimentado: *Las autoridades sanitarias del país han aprendido, aunque suene obvio, dos lecciones muy importantes* (Proceso [Méx.] 14/7/1996); *La acción sucedería pura y exclusivamente adentro, a pesar de que figuren el gordo Valverde y los chinos* (Pitol, *Juegos*). El subjuntivo llamado *polémico* (§ 25.3.5b) se usa en las réplicas, como en *Bueno, pues aunque no te guste...,* que reproducen alguna afirmación previa para contradecirla o desestimarla, al igual que *No es que me guste* y otras construcciones similares. En cambio, las prótasis construidas con «*aunque* + indicativo» tienen valor asertivo. Transmiten, pues, información presuntamente no conocida, como en *Porque Daniel, aunque parecía desear que lo creyeran como todos, era muy diferente* (Rivarola, *Yvýpora*). Se dan más detalles en los § 40.1.1b y 47.6.3.

25.5.1e   Muchas de las construcciones CONSECUTIVAS (§ 45.6) muestran alternancias modales. Con los grupos sintácticos *consecutivos intensivos*, como *Son tan fuertes que no se los puede derrotar,* el verbo aparece habitualmente en indicativo, pero es posible también el subjuntivo, inducido por un elemento externo, como la negación (*No son tan fuertes que no se los pueda derrotar*), la interrogación (*¿Tan fuertes son que no se les pueda derrotar?*) o los elementos que introducen contextos prospectivos: los imperativos (*Esfuércense tanto que nadie les haya de llamar la atención*) y la preposición *para* (*para que haya tantos globos que cubran el cielo*). Las locuciones conjuntivas (§ 31.6.1e) *de forma que* —es decir, 'de (una) forma (tal) que'—, *de manera que* y *de modo que* actúan por sí mismas como inductores del subjuntivo en la llamada INTERPRETACIÓN CONSECUTIVO-FINAL. Así, en *Está presentando el informe de manera (tal) que todos queden satisfechos,* la locución *de manera que* indica una forma particular en la que se hace algo, orientada hacia la consecución de cierto objetivo. En cambio, en su uso ILATIVO (§ 46.8.1 y 46.8.4a) estas locuciones encabezan una estructura, separada del predicado principal por una pausa, que adquiere un sentido parafraseable como 'y como consecuencia de ello'. El modo característico de estos contextos es el indicativo: *Ni su padrastro ni su madre llegaban nunca antes de las diez, de forma que su casa era un territorio libre* (Etxebarria, *Beatriz*). No obstante, cuando la interpretación final alcanza a estas construcciones puede aparecer el subjuntivo: *Este le respondió a Coster con una carta* [...] *de modo que pudiese enseñarla a las autoridades* (Volpi, *Klingsor*). Entre las restantes conjunciones y locuciones conjuntivas ilativas, *de ahí que* admite los dos modos, aunque con claro predominio del subjuntivo: *Y de ahí que el cambio consista en que la fe se vuelva y se desplace ahora hacia la materialidad de la palabra* (Sánchez Ferlosio, *Homilía*). Las demás (*conque, luego, así que,* etc.) se construyen con indicativo.

25.5.1f   Las conjunciones y las locuciones conjuntivas CAUSALES (§ 46.2) introducen el indicativo en ausencia de algún elemento externo que induzca el subjuntivo: *Estoy aquí porque me {han~*hayan} llamado; Saldremos mañana, ya que no {queda~*quede} nada que hacer; Como {estoy~*esté} resfriado, me abrigo bien la garganta; Y como quiera que lo único que hoy tenemos en España es ignorancia y orgullo, no se puede pedir más perfecta representación de lo que somos* (Ganivet, *Trabajos*). Aunque este último texto respeta la grafía original, hoy se recomienda escribir *comoquiera que,* en lugar de *como quiera que.* Las oraciones introducidas por la conjunción *porque* se construyen con subjuntivo cuando se hallan bajo el ámbito de la negación:

> Mi papá es un preso pero no porque haya matado o robado o llegado tarde a la escuela (Benedetti, *Primavera*); No es porque sea mi hijo, pero él vale mucho y merece otra cosa (Buero, *Escalera*); [...] pero no porque yo haya decidido acompañarla o ni siquiera porque tenga la costumbre de hacerlo (Marías, J., *Corazón*).

El subjuntivo asegura en estas construcciones que el contenido negado es el que aporta la subordinada causal, incluso cuando aparece antepuesta, como en *Porque sea la Navidad no vamos a tirar la casa por la ventana; Porque él se crea un ídolo no hemos de adorarlo.* En cambio, con indicativo se niega el verbo principal. Así pues, en *No habló con él porque estaba enojada,* se dice que la causa por la que alguien no habló con otra persona fue su enojo; en cambio, en *No habló con él porque estuviera enojada* se da a entender que la conversación se produjo, y se añade que no fue por causa del enojo, sino por otra razón que no se menciona.

25.5.2   Elección del modo con preposiciones, adverbios e interjecciones

25.5.2a   Se construyen en subjuntivo las subordinadas sustantivas que ejercen la función de término de las PREPOSICIONES *sin* y *para: Lo hizo sin que su madre se diera cuenta; La invitó para que viera que aún la quería,* y también de *a* y *por* cuando expresan finalidad (§ 46.1.1b y 46.5.2), como en *La juventud debe luchar por que la libertad sea una realidad* (*Hora* 19/7/2000). También introducen subjuntivo numerosas locuciones preposicionales, como *a costa de, a efectos de, a fin de, a instancias de, a tiempo de, al abrigo de, al margen de, con miras a, con visos de, en contra de, en detrimento de, en espera de, en lugar de, en orden a, en perjuicio de, en prevención de, en vez de, en vísperas de* y *so pena de.* Muchas de estas locuciones se refieren a situaciones futuras, en especial a lo que se desea alcanzar o prevenir, así como a diversas situaciones no experimentadas. De este modo, la proximidad entre *en prevención de* y *para que no* pone de manifiesto contenidos negativos similares. Con *hasta* y *desde* se elige el subjuntivo en el entorno de los predicados de sentido prospectivo (*Has de trabajar hasta que te canses*). El subjuntivo con *desde* es raro fuera de la correlación *desde... hasta...,* como en *Quiero que trabajes desde que yo me vaya hasta que vuelva.*

25.5.2b   Los ADVERBIOS *encima* y *además* admiten subordinadas sustantivas como complemento preposicional, normalmente en indicativo: *Encima de que se trata de una misión difícil, Scavino me tiene entre ojos* (Vargas Llosa, *Pantaleón*); *Pero Don Diego había perdido la serenidad, y la inteligencia se le extraviaba, además de que las argucias del escribano lo habían aligerado de sus mezquinos ahorros* (Mujica Lainez, *Escarabajo*). La misma pauta se extiende a *después* cuando equivale a *encima,* como en *Uno de los periodistas peruanos residentes en Quito le había tachado de agente del Gobierno "después de que le dimos todo tipo de facilidades para que realizase su trabajo"* (*Mundo* [Esp.] 10/2/1995). Para el modo en los usos temporales de *después* véase el § 25.5.1c.

25.5.2c   Los adverbios de duda y de posibilidad, como *quizá(s), tal vez, acaso, a {lo~la} mejor, posiblemente, probablemente, seguramente* se caracterizan por inducir indicativo o subjuntivo dentro de su propia oración. El subjuntivo puede aparecer en estas construcciones si el adverbio precede al verbo y no está separado de él por una pausa. Así, junto a *Quizá {oyó~oyera} la conversación,* se obtiene *{Oyó~*oyera} quizás la conversación;* del mismo modo, *Posiblemente {es~sea} lo mejor* contrasta con *{Es~*sea}, posiblemente, lo mejor;* y *Probablemente {vendrá~venga}* se opone a *Probablemente, {vendrá~*venga}.* Cuando ambos modos son posibles, la elección depende en gran medida de la manera en que se interprete la estructura informativa de la oración. Se suele preferir el subjuntivo si la información introducida no es focal o no se presenta como nueva (§ 40.3). Así, la información que aporta el sujeto de la subordinada en *Tal vez sea cierto que la naturaleza pone en marcha sus propios mecanismos de supervivencia* (Regàs, *Azul*) se presenta como si fuera compartida por el oyente, a diferencia de lo que sucedería con el indicativo (*Tal vez es cierto...*). Expresan asimismo duda o posibilidad la locución adverbial *capaz (que),* usada en casi todos los países americanos. Se suele construir con indicativo: *Y capaz que no se va* (Hayen, *Calle*), pero no rechaza el subjuntivo: *Ojo que estos datos capaz que no sean exactos* (*Clarín* 21/10/1987). La locución *puede que* (solo semilexicalizada en algunos países americanos: § 28.2.1b) se construye siempre con subjuntivo, como en *Tú ríete, puede que estés hablando con un genio* (Landero, *Juegos*). El adverbio de duda *igual,* propio de la lengua coloquial de varios países, se usa solo con indicativo: *Claro que igual no me veían, porque los fantasmas pueden ver pero a ellos no se les ve* (Martín Gaite, *Nubosidad*).

25.5.2d   Las interjecciones que se construyen con oraciones subordinadas suelen hacerlo solo con uno de los dos modos, por tanto sin alternancia. A partir de la estructura «*ser una lástima que* + subjuntivo» se crea la interjección *lástima,* que se construye con el mismo modo: *¡Lástima que de este poema tan en la cuerda del autor no queden más que rasguños sueltos!* (Menéndez Pelayo, *Heterodoxos*). Lo mismo ocurre con *ojalá (que),* considerado por unos adverbio y por otros interjección: *Ojalá todo salga bien* (Rulfo, *Pedro Páramo*); *Ojalá que Hugo no acabe haciendo una de las suyas* (Guelbenzu, *Río*). Así se asimila a las interjecciones, por lo que induce el subjuntivo en oraciones como *Así te mueras, cabrón* (Trapiello, *Amigos*). Las expresiones adverbiales *por fin, finalmente, al fin* y otras similares favorecen a veces el subjuntivo en las subordinadas relativas cuando se usan en contextos exclamativos, como muestra el contraste entre *Por fin dices algo que tenga sentido* (en alternancia con el indicativo) y **Dices algo que tenga sentido.*

26 El verbo (IV). Las formas no personales: el infinitivo

26.1 Introducción

26.1.1 El infinitivo entre las formas no personales del verbo

Se denominan FORMAS NO PERSONALES DEL VERBO (también NO CONJUGADAS, NO FINITAS, DERIVADOS VERBALES O VERBOIDES) el infinitivo (*amar*), el gerundio (*amando*) y el participio (*amado*). Las tres tienen en común una morfología especial, puesto que carecen de la flexión de persona, de tiempo y de modo y, salvo el participio, también de número. Como se señala en el § 4.1.3a, las marcas formales que caracterizan al infinitivo, gerundio y participio de los verbos regulares son, respectivamente, *-r*, *-ndo* y *-do* (*da / dos / das*) precedidas, en todos los casos, por la vocal temática propia de cada una de las conjugaciones. El infinitivo y el gerundio admiten formas compuestas (*haber cantado* y *habiendo cantado*, respectivamente), de las que carece el participio. Entre el infinitivo, el gerundio y el participio existen, por otra parte, diferencias aspectuales: el participio tiene valor perfectivo y el gerundio, durativo, mientras que el infinitivo es neutro a este respecto, salvo en su forma compuesta. En efecto, la expresión *queso elaborado en Zamora* alude a un queso que ya ha experimentado el proceso que *elaborar* indica; *elaborando queso en Zamora* remite al proceso en curso, y *elaborar queso en Zamora* no aporta información acerca de si el proceso está en curso, ya ha sucedido o aún ha de tener lugar.

26.1.2 Infinitivos nominales e infinitivos verbales

Tradicionalmente se ha considerado que los infinitivos son formas híbridas que muestran a la vez propiedades nominales y verbales. Sin embargo, en esta afirmación no se distingue con claridad la CATEGORÍA que corresponde a estos elementos —y, en consecuencia, la estructura interna de la construcción que forman— de las FUNCIONES que pueden desempeñar, propias de los grupos nominales. Así, el segmento subrayado en *Ángela deseaba comprar una casa* es categorialmente un verbo porque se construye con complemento directo. El segmento *comprar una casa* es, en efecto, una oración subordinada sustantiva, sin sujeto expreso, que desempeña una función sintáctica típicamente nominal: la de complemento directo. En la actualidad se suele aceptar que, desde el punto de vista de la forma en que se construyen, los infinitivos tienen carácter VERBAL en unos contextos (como el que se acaba de citar) y carácter NOMINAL en otros. Así, en *el lento caminar de la gente,* el infinitivo aparece acompañado de un adjetivo y un complemento preposicional, ambos modificadores característicos de los grupos nominales.

26.2   Los infinitivos nominales

Los infinitivos nominales del español suelen dividirse tradicionalmente en dos grupos. Los del primero son INFINITIVOS NOMINALES DE NATURALEZA SINTÁCTICA y figuran en los diccionarios como verbos. Con todo, en determinados contextos se pueden construir como sustantivos. Es el caso de *caminar* en el ejemplo citado *el lento caminar de la gente.* Forman el segundo grupo los INFINITIVOS NOMINALES DE NATURALEZA LÉXICA, que son sustantivos plenos y, por tanto, se presentan como nombres comunes en los diccionarios. Así sucede con *amanecer,* que el *DRAE* define como 'tiempo durante el cual amanece'.

26.2.1   Los infinitivos nominales de naturaleza sintáctica

26.2.1a   LOS INFINITIVOS NOMINALES DE NATURALEZA SINTÁCTICA son, como se acaba de señalar, verbos que ocasionalmente se construyen como grupos nominales. Así, en la secuencia *El ladrar continuo de los perros resultaba molesto,* el infinitivo se comporta como un sustantivo, en lugar de como un verbo. El carácter nominal de la construcción se pone de manifiesto en el complemento subjetivo encabezado por la preposición *de* (*de los perros*) y en el modificador adjetivo *continuo,* así como en la posibilidad de que la construcción admita una oración de relativo (*el continuo ladrar de los perros que tanto te molesta*). Por el contrario, si *ladrar* fuera verbo, la construcción adoptaría la forma *el ladrar continuamente los perros.* A diferencia de la anterior, esta variante admite la forma compuesta, lo que da lugar a contrastes como *el haber ladrado continuamente los perros ~ *el continuo haber ladrado de los perros.* En cuanto al artículo *el,* es compatible con las dos construcciones de infinitivo, la nominal y la verbal, como lo es también con las subordinadas sustantivas de verbo finito: *Me inquietaba el que ella lo supiera.* Por el contrario, las combinaciones con demostrativos y posesivos son características de la construcción nominal. Los infinitivos nominales a los que se alude son más frecuentes en la lengua antigua que en la contemporánea, pero están presentes en ambas:

> Dixo doña Endrina: "Callad ese predicar, / que ya esse parlero me coidó engañar" (Arcipreste Hita, *Buen Amor*); El voluminoso dominico, con el anónimo de manifiesto, fue a ver a don Restituto y doña Basilisa, que, en su sentir, también habían padecido una pequeña violación (Pérez Ayala, *Belarmino*); Se ve el ponerse del sol (Jiménez, *Platero*); Taine vendrá a veces y se dejará oír, un poco absorto por instantes en su incesante pensar (Silva, *Sobremesa*).

26.2.1b Los infinitivos nominales descritos son especialmente frecuentes con verbos INACUSATIVOS (§ 41.3). En cuanto a su significado, destacan los de movimiento, y muy especialmente los que expresan acción continua, repetida o en curso, por lo que se acompañan muchas veces de adjetivos como *constante, continuo, frecuente, incesante* y otros similares. También abundan en la construcción nominal los infinitivos que denotan acaecimiento, surgimiento, aparición o desaparición (casi siempre inacusativos), así como manifestaciones sonoras de carácter persistente. He aquí algunos ejemplos de estos grupos:

> Aquí tienes a un hombre que se aguantó todo el sitio de Bilbao a pie firme, padeciendo aquellas terribles hambres, hijo, y el continuo caer de bombas (Galdós, *Episodios*); Hallando así tan inmediatos el aparecer de la Chanson y las palabras de Malmesbury, sospecha si estas pudieron ser añadidas (Menéndez Pidal, *Poesía*); [...] una breve pincelada de luz que enaltecía la diversidad extravagante del séquito del cazador, formado por moros del África del Norte, por arqueros tártaros, por un bullir de caras y de torsos (Mujica Lainez, *Bomarzo*); Hay un tronar obscuro por el cielo en el silencio de las noches (Loynaz, *Jardín*); Se oye allá arriba, desde el silencio del corral, un incesante pasar de claros silbidos (Jiménez, *Platero*).

26.2.1c Se suelen rechazar secuencias como **el haber trabajado de todo el mundo* porque se da en ellas el cruce de una propiedad verbal (la forma compuesta) y una propiedad nominal (en este caso el complemento subjetivo con *de*). Sin embargo, en la lengua literaria se documentan ocasionalmente cruces de este tipo, casi siempre con efectos estilísticos:

> Mis pasiones y enfermedades han impedido mi visitar tu casa como era razón (Rojas, *Celestina*); No somos testigos de una revolución en el sentido moderno de esta palabra, sea liberal o marxista, sino de una revuelta: un volver a la entraña del pueblo, un sacar afuera la tradición escondida, un regreso a la fuente original (Paz, *Tiempo*); [...] el inverosímil no haber gozado de aquella a la que tal raspado había sido hecho (Martín-Santos, *Tiempo*).

26.2.2   Los infinitivos nominales de naturaleza léxica

Los INFINITIVOS NOMINALES DE NATURALEZA LÉXICA, denominados a veces FALSOS INFINITIVOS, aparecen como nombres en los diccionarios. Añaden a las propiedades sintácticas mencionadas (complemento subjetivo, posibilidad de determinantes, de adjetivos y de oraciones de relativo, rechazo de las formas compuestas) otras propiamente morfológicas, especialmente la formación del plural. Están entre ellos *amanecer, andar, anochecer, cantar, haber, parecer, pesar, poder, sentir*, etc. Su significado es variable y ha de establecerse en el diccionario para cada caso particular.

26.3   Los infinitivos verbales. Propiedades generales

Los INFINITIVOS VERBALES forman GRUPOS VERBALES y, por tanto, se construyen con los complementos propios de un verbo (directos, indirectos, circunstanciales, etc.), como en *encender la luz, prestárselas, referirse a esa cuestión, viajar al extranjero en vacaciones, entender correctamente,* etc. Pueden incluso aparecer con sujeto explícito (*Al encender él la luz...; De tener tú ganas...*) y admiten la forma compuesta (*Estoy contento de haberte visto*), las perífrasis (*Me molesta tener que esperar siempre a José*) y los adverbios (*trabajar tan intensamente, el no hacerlo yo*). Presentan, pues, la sintaxis propia del verbo, pero su morfología es defectiva, ya que la información relativa al tiempo, al modo y, parcialmente, a la voz se obtiene a menudo de los predicados a los que se subordinan; la que corresponde a la persona y al número suele reconstruirse a partir de sus sujetos, expresos o tácitos.

26.3.1   Significado de los infinitivos verbales

26.3.1a   En general, el SIGNIFICADO del infinitivo verbal está más próximo al de los sustantivos deverbales formados con los sufijos -*ción,* -*miento* y otros (§ 5.2) que al de las subordinadas sustantivas de verbo finito, con las que comparte muchos aspectos de su sintaxis. Así, las subordinadas sustantivas con verbo en forma personal expresan básicamente hechos o estados de cosas, mientras que los infinitivos manifiestan estos contenidos, pero también otros. Pueden, por ejemplo, denotar acciones. Contrastes como *Es lento {escribir ~ *que Luis escriba} una novela* se deben a que la oración con el verbo en forma personal denota un hecho, mientras que la variante con infinitivo indica una acción. Las acciones pueden ser lentas, en efecto, a diferencia de los hechos. La interpretación semántica del infinitivo está determinada en buena medida por el significado de las palabras a las que se subordina. Por ejemplo, los infinitivos subordinados a *gustar* introducen acciones, propiedades o estados HABITUALES, ESTABLES O CARACTERIZADORES, como en *Me gusta {ir al cine ~ leer ~ comer pasta}.* En cambio, en los construidos con *apetecer, dar ganas o provocar,* esos procesos y estados son EPISÓDICOS O MOMENTÁNEOS, como en *Me apetece {ir al cine ~ leer ~ comer pasta}.*

26.3.1b   También el TIEMPO del infinitivo ha de interpretarse a través del contexto en el que se construye, dada su incapacidad para expresarlo por sí mismo. Determinadas palabras a las que se subordina le imponen una interpretación prospectiva, es decir, orientada hacia la posterioridad. Así ocurre, por ejemplo, con las que expresan voluntad, temor, solicitud, influencia, necesidad y otras nociones similares que remiten a acontecimientos venideros: *deseoso de triunfar, miedo de viajar, obligar a alguien a decir algo, prometer regresar, urgir a alguien a viajar.* A diferencia de los casos anteriores, los verbos de percepción (§ 24.3.1f y 25.3.1) establecen la coincidencia temporal del infinitivo con el predicado al que se subordinan, como en *Lo vi llegar.* Por su parte, los complementos de *después* expresan inherentemente significados de naturaleza retrospectiva: *Después de cenar damos un paseo,* donde la cena es anterior al paseo.

26.3.1c   Aporta el INFINITIVO COMPUESTO O DE PERFECTO (*haber amado*) un significado retrospectivo y perfectivo, es decir, alude a sucesos anteriores ya terminados. Se opone, pues, claramente al INFINITIVO SIMPLE en oraciones que admiten los dos, como en *Me alegro de {haber estado ~ estar} presente; Más te valdría {haber estado ~ estar} atento.* Ese significado explica que el infinitivo compuesto tienda a

rechazarse en los contextos que imponen interpretaciones prospectivas o simultá-
neas, a los que se alude en el apartado anterior; no se dice, en efecto, *No me obligues
a haber hablado; *Lo vi haber llegado.* Tampoco se construye con auxiliares de significación aspectual (§ 28.3): *Solía haberse retrasado; *Comenzó a haber sangrado;
Tardó en haberse dado cuenta. Sin embargo, a diferencia de lo que sucede en otras
lenguas románicas, el infinitivo simple puede alternar en español con el compuesto,
con solo leves diferencias de significado, en los complementos de las categorías que
expresan inherentemente significaciones de naturaleza retrospectiva, como en *después de {llegar~haber llegado}; culpable de {recibir~haber recibido} un soborno;
gracias por {venir~haber venido}.*

26.3.1d   Varios verbos de lengua y de pensamiento solo aceptan infinitivos subordinados si estos se refieren a estados, como en *Aseguró saberlo; Dijo estar de acuerdo;
Reconoció tener el dinero; Siempre cree tener razón.* Suelen rechazar los infinitivos
que designan acciones no habituales (*Aseguró robar el dinero hace un mes; *Cree
viajar mañana en avión*), pero estas son posibles en los contextos citados si se expresan
mediante el infinitivo de perfecto: *Aseguró haber robado el dinero hace un mes; Cree
haber viajado en avión esta semana.* Ello se debe a que la interpretación ESTATIVA del
infinitivo compuesto le permite convertir los predicados que denotan acciones o
procesos en otros que expresan estados o propiedades.

26.3.2   El infinitivo y la pasiva

26.3.2a   Los infinitivos verbales admiten la forma pasiva perifrástica, como en *No
desea ser controlada* o en *pendientes de ser admitidos, su temor a no ser elegido.* Existe,
sin embargo, una serie de contextos en que el infinitivo tiene FORMA ACTIVA, pero
INTERPRETACIÓN PASIVA. Así, *una emoción imposible de describir* equivale a 'una emoción
imposible de ser descrita'. Se interpretan de manera similar los ejemplos siguientes:

> Algo hay en el fondo de todo esto difícil de comprender para todos (Roa Bastos, *Hijo*);
> Pese a que la selección no tiene una representatividad aceptable es de admirar el estoi-
> cismo de los 48 000 espectadores (*Caretas* 13/6/1996); Ahora sí me dejaré operar en el
> hospital (Sampedro, *Sonrisa*).

Como puede verse en los ejemplos, estos infinitivos corresponden siempre a verbos
transitivos que no llevan complemento directo expreso. Si lo llevan o el verbo es
intransitivo, el infinitivo tiene interpretación activa. Así ocurre en *aburrido de leer
esos libros* o en *aburrido de andar,* frente a *libros aburridos de leer.* Los infinitivos de
interpretación pasiva aceptan en ocasiones complementos agentes: *pruebas aún sin
analizar por la policía judicial, reacciones difíciles de entender por una persona normal.*
En algunos casos, los infinitivos de interpretación pasiva, sin marca formal que
la determine (*una emoción imposible de describir*), pueden alternar con los que muestran
el morfema *se* de la pasiva refleja (*una emoción imposible de describirse*) y también
con la pasiva perifrástica (*una emoción imposible de ser descrita*).

26.3.2b   El infinitivo puede tener significado pasivo cuando se subordina a adjetivos que expresan facilidad, comodidad, posibilidad o las nociones contrarias, como

aburrido, agradable, cómodo, complicado, costoso, curioso, difícil, digno, fácil, grato, imposible, largo. No equivalen en su forma ni en su significado *una persona fácil de tratar* (construcción nominal que designa a un individuo) y *Es fácil tratar a esa persona* (construcción oracional que designa una situación o un estado de cosas). No se admite en la norma culta la aparición en estas construcciones de un pronombre REASUNTIVO O DE APOYO dependiente del infinitivo. Se recomienda, pues, evitar construcciones como *un dato fácil de olvidarlo*, y usar en su lugar *un dato fácil de olvidar*.

26.3.2c   Tiene también significado pasivo el infinitivo que aparece en muchas secuencias formadas con «*ser de* + infinitivo» (a veces, «*ser cosa de* + infinitivo»), generalmente limitadas en la lengua actual a unos cuantos verbos transitivos, como *admirar, agradecer, alabar, desear, destacar, envidiar, esperar, extrañar, lamentar, loar, notar, observar, señalar, temer, tener* (o *tomar*) *en cuenta, ver*:

> En él <u>son de notar</u> algunos aspectos que evidentemente derivan de la mitología clásica (Riquer, *Cantares*); <u>Era cosa de ver</u> cómo bramaba y arrojaba centellas por los ojos (Sanchis, *Aguirre*); Lo cual no <u>es de extrañar</u> teniendo cerca de mí tan buenos maestros y tan buenos ejemplos (Luca Tena, *Renglones*).

Pueden recibir asimismo interpretación pasiva los infinitivos que aparecen en los complementos con valor final encabezados por la preposición *a*, a veces en alternancia con *para*, que eligen unos pocos verbos transitivos de movimiento, como en *llevar la ropa a lavar* (es decir, 'a que sea lavada') o *mandar la computadora a reparar*. La misma interpretación se percibe en ciertas construcciones con *para*: *cartas para llevar al correo, películas listas para vender*.

26.3.2d   Muestran sentido pasivo los infinitivos transitivos introducidos por la preposición *sin* cuando no llevan complemento directo. El infinitivo pertenece en estos casos a los llamados PREDICADOS DE CONSECUCIÓN O DE REALIZACIÓN (§ 23.2), que expresan procesos con límite natural: *El coche sigue sin reparar; Hay todavía muchas camas sin hacer; Son numerosos los problemas que están todavía sin solucionar*. La irregularidad de secuencias como **una respuesta sin esperar* o **un premio sin merecer* radica en que en estos casos, frente a los anteriores, no se habla de acciones que culminen en un resultado o que alcancen un estado final. Un comportamiento similar muestran los infinitivos construidos con la locución adverbial *a medio* (*un libro a medio leer*), así como los que se construyen como término de la preposición *por* en el contexto «*(estar) por* + infinitivo», con un significado próximo al de estar «*(estar) sin* + infinitivo»:

> Pero todo está <u>por hacer</u> en este país, todo está patas arriba (Marsé, *Teresa*); Gabriel es un niño sordo con un mundo <u>por descubrir</u> (*Nacional* 18/4/1997).

26.3.2e   Es frecuente la interpretación pasiva del infinitivo en la construcción «*a* + infinitivo transitivo» cuando complementa a un nombre: *dinero a repartir, política a seguir, obstáculos a superar, cuestiones a resolver, cantidades a deducir, medidas a tener en cuenta, magníficos apartamentos a estrenar, tres primeros platos a elegir*. La construcción no es inédita en la lengua clásica: *Envió diez mil escudos de limosna a repartir entre sus pobres y monasterios* (Cabrera Córdoba, *Historia*), pero se propagó con mayor intensidad en el siglo XIX por influencia del francés, especialmente con sustantivos abstractos. Aun así, se recomienda sustituirla por las variantes que contienen otras preposiciones (*cuestiones por resolver, asuntos para tratar*) o por las formadas con relativas de infinitivo (*No había más asuntos que tratar*).

26.3.2f   Reciben, finalmente, interpretación pasiva los grupos verbales formados con infinitivos transitivos que complementan a *hacer* y *dejar* cuando estos verbos se construyen con un pronombre reflexivo:

> Decía que era tanto el asco que le daba ver la mano del barbero por su cara, que antes <u>se dejaría matar</u> que tal permitiese (Quevedo, *Buscón*); <u>Me dejaría robar</u> por uno de esos monstruos robustos (Rubén Darío, *Azul*); Tampoco <u>se hizo ver</u> el mancebo en la zona habitual (Mujica Lainez, *Escarabajo*); Ahora sí <u>me dejaré operar</u> en el hospital (Sampedro, *Sonrisa*).

Es frecuente la aparición de un complemento agente, como en el ejemplo de Rubén Darío. En ausencia de reflexivo, el infinitivo recibe interpretación activa, como en *Lo dejé invitar* o en *Me dejó invitar* (ni *lo* ni *me* son reflexivos), frente a *Me dejé invitar* (*me* es aquí reflexivo).

26.4   El sujeto de los infinitivos verbales

Se ha explicado en el § 26.3 que las informaciones correspondientes al tiempo, al aspecto y (en parte) a la voz que los infinitivos no expresan morfológicamente, se determinan a través del contexto, en particular a través de los predicados a los que los infinitivos se subordinan. En esta sección se verá que los sujetos constituyen también, en la mayoría de los casos, otra manifestación de tal dependencia gramatical. Así ocurre, en efecto, en las múltiples ocasiones en que el sujeto del infinitivo es TÁCITO (es decir, no está presente en la oración, pero se sobrentiende), como el de la oración subrayada en *Marta afirmó <u>no saber nada</u>*. En otros contextos el infinitivo aparece con un SUJETO EXPRESO, como *Antonio* en *De venir Antonio, vendrá por la tarde*.

26.4.1   El sujeto tácito de los infinitivos

26.4.1a   En la tradición gramatical es habitual entender que, en secuencias como *Ángela siempre deseó viajar a Iguazú*, el verbo principal y el subordinado tienen el mismo sujeto. Se piensa hoy que esta formulación es poco precisa, ya que no queda claro en ella si el sujeto de la oración principal (*Ángela* en este caso) es también sujeto de la subordinada sin formar parte de ella. Por lo general, se acepta hoy que el sujeto de la oración subordinada es un sujeto TÁCITO, a la vez que CONCERTADO o CORREFERENTE con el sujeto (*Ángela*) u otro argumento del verbo principal. Tal opción permite asimismo analizar adecuadamente oraciones como *A Luisa le prohibieron viajar sola*. El adjetivo *sola* es aquí complemento predicativo del sujeto tácito de la oración de infinitivo, correferente a su vez con el complemento indirecto *Luisa*.

26.4.1b   La referencia del sujeto tácito del infinitivo viene fijada normalmente por algún argumento del predicado principal. El significado de este predicado determina en buena medida de qué argumento se trata. Así, cuando el verbo principal es de voluntad o de sentimiento, como *alegrarse, conformarse, desear, lamentar, necesitar, preferir, prometer, temer,* etc., es muy frecuente que su sujeto sea el antecedente del sujeto tácito del infinitivo, como sucede en *La policía se conformó con vigilar el orden* (García Márquez, *Cien años*); *Y ahora Felipe lamenta haberle gritado, y recuerda el último beso que le dio* (Chacón, *Voz*). En el caso de los verbos de influencia, es el complemento directo, como en *La obligó a estarse quieta,* o el indirecto, como en *Le permitió acompañarlo,* el que determina la referencia del sujeto tácito del infinitivo. Al grupo de *obligar* pertenecen *animar, conminar, empujar, instar, urgir,* entre otros verbos. En el de *permitir* entran *exigir, impedir, imponer, ordenar, prohibir, recomendar, reprochar,* etc. Los textos siguientes ilustran estos usos:

> La conminó a casarse de una vez por todas, porque ya estaba harto de esos amores furtivos (Allende, *Casa*); Llamó entonces a los arquitectos y les exigió cambiar ciertos detalles (Aguinis, *Cruz*); Su mala estrella le aconsejó dictar un decreto (Rivera, *Vorágine*); —Biralbo se puso ante él y lo obligó a detenerse—. Te ordenó que me mintieras, ¿verdad? Te prohibió decirme que Lucrecia había venido (Muñoz Molina, *Invierno*).

El complemento indirecto suele determinar también la interpretación del sujeto tácito del infinitivo en las construcciones formadas con verbos de afección física (*Le cuesta levantarse temprano; Os molesta agacharos; Te sentará bien tomar el aire*) o psíquica (*Te duele reconocerlo; A Eva le encanta oír música; Nos apetece pasear*).

26.4.1c   El antecedente del sujeto tácito del infinitivo puede ser el argumento de un nombre o de un adjetivo. Sucede así en *el deseo de viajar de Ángela* o en *su deseo de viajar,* donde el sujeto de *viajar* es correferente, respectivamente, con *Ángela* y *su.* Del mismo modo, el antecedente del sujeto tácito de *recibir* en la expresión *un padre pendiente de recibir a su hijo* es *un padre.* Muchos de los sustantivos que subordinan infinitivos pueden ser adscritos a las mismas clases semánticas que se han mencionado para los verbos. Así, el sustantivo *ganas* se asimila al grupo de los predicados de voluntad (*las ganas de Eva de marcharse*), mientras que el sustantivo *recomendación* se comporta como lo hacen los verbos del grupo de *permitir* (*la recomendación a los conductores de moderar la velocidad*).

26.4.1d   Se percibe mayor libertad en la determinación de las relaciones de correferencia descritas cuando se examinan los infinitivos contenidos en las llamadas subordinadas adverbiales, y también en ciertos complementos infinitivos del adverbio. En estos casos, una misma construcción puede tener sujetos tácitos correferenciales (*De acordarme, te avisaría; Antes de ir, prefiero informarme*) o no correferenciales (*De pedírmelo, pensaría si lo acepto; Antes de decirme que sí, prefiero que lo pienses*).

26.4.1e   El sujeto tácito del infinitivo puede tener una interpretación INDETERMINADA O INESPECÍFICA, como en *Vi retirar los cuadros,* donde no se dice quién los retiró, O GENÉRICA, como en *Se prohíbe fumar; Es un buen lugar para vivir* o *No conviene alterarse,* donde el sujeto del infinitivo alude a las personas en general. Algunos gramáticos han defendido que los sujetos tácitos de esos infinitivos carecen de antecedente. Otros opinan, por el contrario, que existe un antecedente ENCUBIERTO, de modo que en *No conviene alterarse,* por ejemplo, se entiende 'no le conviene a uno, a cualquiera'. Cabe añadir 'a nosotros', ya que se registran infinitivos con pronombres átonos de primera persona de plural: *De modo que es mejor volvernos* (Clarín, *Regenta*); *Es pecado quitarnos el pan de la boca para echárselo a un gallo* (García Márquez, *Coronel*). Estas secuencias se aceptan de manera desigual según las zonas. La opción no marcada es la concordancia en tercera persona: *De modo que es mejor volverse.*

26.4.2   El sujeto expreso de los infinitivos

26.4.2a   La mayor parte de los sujetos expresos de los infinitivos aparece en el complemento de ciertos adverbios, como en *Después de marcharse Ana, sucedió todo,* y en subordinadas adverbiales:

> Al llegar el momento del café y el cognac se dirigían a los sillones de la sala (Puig, *Boquitas*); Pero de casta le viene al galgo el ser rabilargo; el padre de Melecio siempre ha sido de los de quítate tú pa ponerme yo (Jardiel, *Eloísa*); De ser acertado el curso de sus propias deducciones, más que protección aquello suponía un flagrante encubrimiento (Pérez-Reverte, *Maestro*); Él no me reconoció en absoluto, pese a haber tergiversado yo sus palabras en el pasado (Marías, J., *Corazón*); Lo que más me acongoja, con ser tantos mis males, es esta oscuridad (Fernández Santos, *Extramuros*).

Cabe pensar que el hecho de que estas subordinadas se puedan construir con sujeto expreso, a diferencia de lo que ocurre con la mayor parte de las argumentales, se debe a que el verbo principal no fuerza la correferencia (*concordancia* en la tradición) con uno de sus argumentos. Por la misma razón, aparecen también a menudo con sujeto expreso los infinitivos de las oraciones independientes (§ 26.5.5): *¿Rendirme yo?; ¡Hacerme Laura eso a mí!*

26.4.2b   La ausencia de un argumento que pueda tomarse como antecedente explica también que los infinitivos con sujeto expreso sean frecuentes en el interior de los grupos nominales:

> En el fondo de su ánimo escarabajeaba cierto orgullo por el hecho de ser tales hombres sus vecinos (Blasco Ibáñez, *Barraca*); En el momento de entrar yo, tuvo un violento sobresalto (Panero, *Lugar*); La mujer ponía en orden su falda dando a entender con tranquilidad que no había inventado la manera de venir los hijos al mundo (García-Badell, *Funeral*).

26.4.2c   Pese a lo señalado en los apartados anteriores, el infinitivo puede llevar sujeto expreso en algunas subordinadas sustantivas argumentales, especialmente cuando no existe ningún elemento expreso que se pudiera constituir en antecedente del sujeto tácito del infinitivo: *Tener uno que madrugar resulta agotador; Llegar el niño a casa y encender el televisor era todo uno.* Los pronombres enfáticos, como los subrayados en *Hizo cuanto estuvo de su parte para ayudar a sus hermanas y hasta cargarse ella sola todo el belén* (Noel, *Cucas*) o en *Barallobre había aspirado a ser él el retratado* (Torrente Ballester, *Saga*), no se consideran sujetos, ya que se asimilan a complementos predicativos como *sin ayuda, en solitario,* etc. (§ 33.3.2b).

26.4.2d   El sujeto expreso de los infinitivos suele posponerse al verbo. Sin embargo, las construcciones con la preposición *sin* o los adverbios *antes* y *después* aceptan sujetos antepuestos. La anteposición se extiende a otras construcciones en el español del Caribe (y, menos frecuentemente, también en otras áreas), incluso en la lengua escrita:

> Sin tú saberlo, noble Octavia, juegas a mi favor y en contra de tu marido (Moix, *Sueño*); Añadió que desde entonces ya no os separasteis nunca, hasta tu muerte, poco antes de él nacer (García Morales, *Sur*); Y antes de yo decir esta boca no es mía para comunicar mi decisión, exhiben una lista de 365 candidatos (*Época* 27/6/1996); Te digo que es Óscar, tráeme las chinelas para yo levantarme (Morón, *Gallo*); Ella solo recordó su frase al yo recordársela, y eso le causó más tormento (Marías, J., *Corazón*).

26.5   Construcciones de infinitivo verbal

Los infinitivos verbales —es decir, los que se construyen como verbos (§ 26.3)— aparecen fundamentalmente en cuatro clases de construcciones: las perífrasis verbales, los grupos verbales dependientes que no constituyen oraciones subordinadas, las oraciones subordinadas, sean sustantivas o adjetivas, y las oraciones independientes. El primer tipo, el de las perífrasis verbales, se estudia en el § 28.2. El segundo, constituido por las construcciones de infinitivo dependientes de verbos de percepción y causación, se estudiará en esta sección, junto con los demás tipos. Las construcciones de infinitivo introducidas por los verbos *parecer* y *resultar* (*Ella parece ser la persona indicada; Han resultado ser los culpables*), asimiladas al tipo segundo por algunos gramáticos, se examinan en los § 37.6.2b y 38.2.6b.

26.5.1   El infinitivo con verbos de percepción y causación

Han sido muy debatidas en todas las épocas la estructura e interpretación de las construcciones de infinitivo que dependen de verbos de percepción (*Vio a Rocío salir de su casa; Se oía a los frailes cantar gregoriano*) o de verbos de causación (*Hizo a Sofía leer en voz alta el documento; Déjame decirte una cosa*).

26.5.1a   La primera cuestión problemática es la función sintáctica que corresponde a los segmentos subrayados en el apartado anterior. Parece haber acuerdo actualmente en que se trata de complementos predicativos, lo que se ve confirmado por el hecho de que alternan con adjetivos y otras categorías que desempeñan la misma función: *La vi sentarse ~ La vi cansada; Hazlo menguar ~ Hazlo más pequeño; Déjenlo descansar ~ Déjenlo en paz.*

26.5.1b   Menos claras son las opciones que se plantean al segmentar estas oraciones. Podría pensarse en una estructura tripartita: *Vio [a Rocío] [salir de casa]*, en la que el complemento directo de *vio* es *a Rocío*, y *salir de casa* sería una subordinada sustantiva que funciona como predicativo de ese complemento. Sin embargo, se ha observado en numerosas ocasiones en las que la expresión que designa 'lo visto' en este tipo de oraciones no es exactamente *Rocío*, a diferencia de lo que este análisis da a entender. En muchas descripciones tradicionales se mantiene el análisis, heredado en parte de la gramática latina, según el cual los infinitivos mencionados se construyen aquí con SUJETOS EN ACUSATIVO. De acuerdo con este análisis, que hoy se sigue considerando bien encaminado, la estructura sintáctica que corresponde a estas oraciones es bipartita: *Vio [a Rocío salir de casa]*. El segmento subrayado es el complemento directo del verbo principal, por lo que va marcado con la preposición *a*, pero a la vez es el sujeto de predicación (§ 33.1.1a) de *salir de casa*. En esta opción, *salir de casa* se analiza como grupo verbal, en lugar de como oración subordinada sustantiva. La cuestión aquí planteada afecta a la mayor parte de los predicativos del complemento directo que en el § 38.4.2 se llaman SELECCIONADOS. En efecto, decir *Hizo a Sofía partícipe de sus secretos* no implica 'Hizo a Sofía', sino que significa aproximadamente 'Hizo que Sofía fuera partícipe de sus secretos'.

26.5.1c   Tampoco existe acuerdo sobre la interpretación de las oraciones paralelas a las anteriores en las que el grupo nominal no lleva *a*, como *Veo salir el sol* u *Oigo cantar el ruiseñor*. Una posibilidad es extender a estas secuencias el análisis esbozado en el apartado anterior, lo que hace compatible la segmentación *Veo [salir el sol]* u *Oigo [cantar el ruiseñor]* con la sustitución de los grupos nominales por pronombres: *Lo veo salir; Lo oigo cantar*. Otra opción sería considerar que los segmentos marcados constituyen el objeto directo del verbo principal. Aunque el primer análisis es hoy mayoritario, se ha aducido a favor del segundo el hecho de que el segmento encerrado entre corchetes pueda focalizarse de la forma en que lo hacen otras unidades sintácticas (*Lo que veo es salir el sol*).

26.5.1d   Los verbos de percepción más usados en esta construcción son *ver* y *oír*, pero se construye también con *mirar, notar, observar, percibir* y *sentir*. El verbo *escuchar* aparece en ella con más frecuencia en el español americano que en el europeo, a menudo con el sentido de *oír*. Todos muestran restricciones cuando se construyen con infinitivo. Así, no suelen admitir la negación (**Me vieron no salir*) ni el infinitivo compuesto (**La vieron haber llegado*), y resulta forzada la pasiva (*La vieron ser castigada*). La percepción que los verbos expresan en estas oraciones es física (*Lo vi salir*), lo que las diferencia de las subordinadas sustantivas de verbo finito que complementan a verbos de juicio: *Vi* ['comprendí'] *que me entendía* (§ 43.1.1b). Los infinitivos que se mencionan no denotan estados o propiedades (**La veo tener mucha suerte; *Te observo ser ahora más aplicado*). La restricción no se extiende, sin embargo a la lengua antigua: *¿Quién te movió a matarme mis soldados, pues veías ser imposible el escaparte?* (Cervantes, *Quijote* II), lo que hace pensar a algunos autores que la estructura sintáctica de estas últimas oraciones podría ser distinta.

26.5.1e   Algunos verbos de causación (notablemente *hacer, dejar* y *mandar*) se asimilan a los de percepción en su estructura sintáctica. Así, el pronombre *las* en *Las mandó llamar* no designa las personas que reciben la orden, sino las que son llamadas. Otros verbos de significado similar no presentan, sin embargo, el mismo comportamiento. La oración *Lo obligaron a firmar*, por ejemplo, muestra un objeto directo de *obligar* (el pronombre *lo*), además de un grupo preposicional como complemento de régimen; en *Le permitió salir*, por su parte, la oración de infinitivo es el objeto directo de *permitir*, y el pronombre *le* el objeto indirecto, como indican las formas pronominales en *Se lo permitió*. Los verbos causativos *dejar* y *hacer* están sujetos a restricciones sintácticas parecidas a las de los verbos de percepción (§ 26.5.1d), como el rechazo de la negación ante el infinitivo (*Me hicieron no salir) o de los tiempos compuestos (*Me dejaron haber salido). Son poco naturales en esta pauta los infinitivos pasivos, que solo se registran esporádicamente: *La dejó ser acariciada, ser contemplada, ser gustada y relamida* (Martín-Santos, *Tiempo*). Estos verbos no presentan, en cambio, las limitaciones semánticas propias de los verbos de percepción, por lo que los infinitivos pueden denotar estados, como en *Pobre criatura si la dejamos ser como las demás* (Mastretta, *Mal*).

26.5.1f   Es característica de los verbos de percepción y de los causativos la tendencia a constituir un PREDICADO COMPLEJO con el infinitivo: *ver pasar, hacer temblar, oír entrar*, etc. Es habitual que el infinitivo aparezca junto al verbo principal, al menos en la lengua oral. Es más común en ella, en efecto, la pauta que corresponde a las secuencias *No se oía cantar a los pájaros; Veía caer la lluvia; La policía hizo abandonar el edificio a todo el mundo* que la que muestra el orden contrario: *No se oía a los pájaros cantar; Veía la lluvia caer; La policía hizo a todo el mundo abandonar el edificio*. Los objetos directos pronominales pueden incidir en estos casos sobre el infinitivo (*Hizo averiguar algunas cosas* > *Hizo averiguarlas*) o bien anteponerse al verbo principal (> *Las hizo averiguar*).

26.5.1g   La creación de predicados complejos representa una forma de restructuración sintáctica que se suele denominar REANÁLISIS. En el § 16.5.1e se señala que incluso en las variedades no leístas (*La vi entrar; La dejó entrar*) aparecen con más facilidad pronombres de dativo si el infinitivo lleva complemento directo: *Le vi cruzar la calle; Le dejó leer el libro*. Este hecho pone de manifiesto, piensan algunos gramáticos, que una vez creado el predicado complejo, el complemento directo pronominal es evitado por muchos hablantes porque competiría con otro complemento directo (*la calle, el libro*) en su misma oración. El proceso resulta especialmente notorio en el caso de *hacer*. Alternan, en efecto, *La crisis {la ~ le} hizo desistir*, con un solo complemento directo, pero si el infinitivo se construye con otro complemento directo, se favorece el pronombre de dativo, incluso entre hablantes no leístas: *La crisis le hizo perder mucho dinero*. Aun así, la alternancia «dativo – acusativo» se da más frecuentemente en el español americano que en el europeo, donde es rara la variante con acusativo.

26.5.1h   Cuando los infinitivos que forman los predicados complejos mencionados llevan como complemento directo un pronombre personal, como en *Le hizo leer el libro* > *Le hizo leerlo; {La ~ Le} vi cruzar la calle* > *{La ~ Le} vi cruzarla*, dicho pronombre puede anteponerse, de acuerdo con lo señalado en el § 26.5.1f, y combinarse entonces con otro pronombre átono. En tales casos, el primero siempre adopta la forma *se*, fuera o no originalmente dativo: *Le hizo leerlo* > **Le lo hizo leer* > *Se lo hizo leer; La vi leerlos* > **La los vi leer* > *Se los vi leer*. Véase el § 16.4.2e.

26.5.2   El infinitivo en las oraciones subordinadas sustantivas

26.5.2a   Como el resto de las subordinadas sustantivas (§ 43.1.2a, b), las de infinitivo pueden ser DECLARATIVAS O ENUNCIATIVAS (*Espero aprobar las matemáticas;*

Estaba seguro de no haberlo escrito mal), INTERROGATIVAS INDIRECTAS TOTALES (*No sabíamos si felicitarla o no*) e INTERROGATIVAS INDIRECTAS PARCIALES O PRONOMINALES (*No sé qué hacer; Le habían explicado muy bien cómo llegar*). No se construyen con infinitivo, en cambio, las exclamativas indirectas. A diferencia de las sustantivas con verbo en forma personal (§ 43.2.1a. y 43.4.1c), las de infinitivo rechazan la conjunción *que: *Espero que aprobar; *Pregunta que si subir la caja.*

26.5.2b Las subordinadas sustantivas de infinitivo desempeñan funciones sintácticas análogas a las de verbo finito (§ 43.1.2c): pueden ser sujeto (*No le gusta discutir con la gente*), complemento directo (*Prefiero no hablar de ello*) o término de preposición, generalmente regida por un predicado (marcado con trazo discontinuo): *arrepentirse de haber aceptado el trabajo, partidario de hacerlo todo de nuevo,* la *posibilidad de encontrarlo con vida, después de levantarse de la cama.* La preposición o locución preposicional que introduce el infinitivo puede asimismo no depender de otra categoría: *sin prescindir de sus colaboradores, pese a ser hoy fiesta.* Sobre la posibilidad de que las subordinadas sustantivas desempeñen la función de complemento indirecto (como en *No le daba ninguna importancia a ser o no puntual*), véase el § 43.1.2d.

26.5.2c Las oraciones de infinitivo, como las que se construyen con verbo finito, han sido consideradas con frecuencia subordinadas adverbiales cuando aparecen como término de una preposición no seleccionada por el verbo, pero la mayor parte de ellas se incluyen actualmente entre las sustantivas. Así ocurre, por ejemplo, con las introducidas por *sin, para* y *por: Entró sin hacer ruido; Leyó cuidadosamente el escrito para no equivocarse; Lo hizo por no darle un disgusto* (§ 46.2.1b). También suelen considerarse sustantivas las introducidas por *a* con valor final (§ 46.5.2) en complementos casi siempre argumentales: *Vengo a ver qué estáis haciendo; Salió corriendo a esconderse.* Las subordinadas de infinitivo que encabeza *hasta* suelen designar una situación que se concibe como consecuencia, conclusión o desenlace natural de otra, como en *El público que pudo entrar, hasta llenar a tope las butacas y los pasillos de la sala de conferencias del centro Colón, se lo pasó bien* (*País* [Esp.] 11/7/1980); *Extendió la mano derecha hasta tocar las baldosas* (Muñoz Molina, *Jinete*). La preposición *desde* admite infinitivos en las correlaciones con *hasta: Hacías de todo, desde inventarte "cartas de lectores" hasta responder a la confianza que el viejo subdirector te demostraba* (Berlanga, *Gaznápira*).

26.5.2d Las subordinadas sustantivas de infinitivo pueden complementar a un nombre: *su deseo de triunfar, la tendencia de los precios a subir, la insistencia del gobierno en alabar su gestión, las razones para haber actuado así, el miedo a no hacerlo bien,* etc. Algunas de las preposiciones que preceden en estos casos al infinitivo están regidas por el sustantivo (como *por* en *el interés por hacer progresar el país*). No lo está, sin embargo, la preposición *de* que marca los complementos objetivos, es decir, los que corresponden a los complementos directos en casos como *Necesita ganar un poco más > la necesidad de ganar un poco más.* Tampoco está regida en los complementos de los nombres de instrumentos (*aguja de coser, máquina de escribir, hilo de bordar, navaja de afeitar*), ni cuando el sustantivo puede interpretarse como atributo de la oración de infinitivo. Así, en *Tuvo el detalle de recibirla,* se afirma implícitamente que la acción de recibirla fue un detalle (§ 12.7.4e y 43.2.4e).

26.5.2e También pueden ser de infinitivo las subordinadas sustantivas que complementan a los adjetivos, ya reciban interpretación activa (*El muchacho está seguro de hacer bien el examen*) o pasiva (*El museo es digno de ver* 'de ser visto': § 26.3.2). Las subordinadas sustantivas de infinitivo aparecen asimismo en los complementos preposicionales de ciertos adverbios: *antes de llegar*, *después de salir de casa*, *luego de oír sus pretensiones*, *además de haberte esperado*, *aparte de trabajar muy poco*, *encima de aguantarlo*. Cabe pensar que se asimilan a los grupos preposicionales algunas secuencias así construidas, de forma que la oración de infinitivo puede interpretarse como término de una locución prepositiva: *[lejos de] [ayudarme]; [fuera de] [haber ordenado los papeles]* (§ 29.3.1a). Aun así, entienden algunos autores que el hecho de que no pueda omitirse el segundo de estos segmentos no impide el análisis de núcleo adverbial *[lejos] [de ayudarme]*.

26.5.2f Se considera incorrecto el uso del gerundio con el valor de infinitivo. Se recomienda, pues, evitar, oraciones como *Lo que se pretende es consiguiendo* (por *conseguir*) *la ruina total* o *Este muchacho lo que hace es comparando* (por *comparar*) *las muestras*, que se oyen a veces, quizá por influencia del inglés, en Puerto Rico y Estados Unidos. También deben evitarse las construcciones llamadas DEÍSTAS, en las que aparece una preposición superflua ante la subordinada de infinitivo: *La vi de venir; Pienso de ir*, etc. Aunque no eran raras en el español medieval y clásico, hoy están desprestigiadas.

26.5.2g Existe una relación gramatical estrecha entre el infinitivo y el subjuntivo, en parte porque la interpretación temporal de ambos suele estar en función de la palabra a la que se subordinan. De hecho, con muchos de los predicados que imponen subjuntivo a sus subordinadas sustantivas, aparece el infinitivo como única opción cuando se da la correferencia de sujetos (§ 26.4.1a, b). Así ocurre con un buen número de los predicados de voluntad y afección. Se dice *Quiero que vayas* y *Quiero ir*, pero no **Quiero que yo vaya* ni *Quiero que vaya* (en la interpretación en la que el sujeto de *vaya* es de primera persona). La misma alternancia corresponde a *Necesito que salgas ~ Necesito salir ~ Necesito que salga*. El rechazo del subjuntivo en estos casos, a favor del infinitivo, se extiende a los sustantivos y los adjetivos que introducen complementos oracionales. Se dice, en efecto, *las ganas de que me compren un coche* y *las ganas de comprarme un coche,* pero no *las ganas de que me compre un coche* si las ganas son del que habla. A la misma pauta corresponde el par *deseoso de que se case ~ deseoso de casarse,* entre otros muchos similares. Con los verbos de influencia, en cambio, la oración en subjuntivo alterna más libremente con la de infinitivo, incluso en caso de correferencia, como lo muestra la sinonimia entre *Te permito que vayas* y *Te permito ir; Yo no te obligo a que comas esas porquerías* y *Yo no te obligo a comer esas porquerías; Nos dieron la orden de que saliéramos* y *Nos dieron la orden de salir,* etc. Se comportan de manera análoga muchas subordinadas sustantivas introducidas por una preposición no regida. Se dice, en efecto, *En caso de que vaya (yo), te aviso* y *En caso de ir, te aviso; Me quedaré hasta que los termine* y *Me quedaré hasta terminarlos; Te vieron antes de que te marcharas* y *Te vieron antes de marcharte,* etc. Para la alternancia entre subjuntivo e infinitivo en las oraciones finales, véase el § 46.7.1.

26.5.2h Los predicados que seleccionan subordinadas en indicativo se comportan de manera distinta. Muchos de ellos no aceptan la alternancia entre el verbo finito y

el infinitivo. Se dice, en efecto, *Le parece obvio que necesita más recursos,* en lugar de
*... *necesitar más recursos; Nos sucede simplemente que ya no nos soportamos* y
no *... *ya no soportarnos.* Cuando la alternancia es posible, está a menudo limitada por
factores temporales o aspectuales (§ 26.3.1d). Se admiten *Dice haber ido* o *Dice saberlo*
(con infinitivos que denotan situaciones o estados), en alternancia con *Dice que ha
ido; Dice que lo sabe.* Como se vio en el § 26.3.1d, no resulta aceptable **Dice ir mañana,* con complemento de infinitivo referido a una acción.

26.5.3   El infinitivo en las oraciones subordinadas de relativo

26.5.3a   El infinitivo aparece también en las oraciones de relativo, aunque con varias restricciones. La principal es el hecho de que el antecedente del relativo se restringe a los grupos nominales indefinidos, como en *Buscaba (a) <u>alguien</u> con quien
hablar; Tengo aún <u>varios libros</u> que leer; Necesito <u>gente</u> en quien confiar* o *No me queda
<u>nada</u> que decir.* Estos antecedentes reciben, además, interpretación inespecífica.
No aluden, pues, a una entidad particular, sino a cualquier persona o cosa que cumpla determinadas condiciones, como se comprueba en los ejemplos siguientes:

> Y si yo tuviera aquí <u>un astrolabio</u> con que tomar la altura del polo, yo te dijera las que he-
> mos caminado (Cervantes, *Quijote* II); Les faltaba <u>aire</u> que respirar (Delibes, *Ratas*); Bus-
> cando <u>algo</u> con que llenar sus horas muertas, Gastón solía pasar la mañana en el cuarto de
> Melquíades, con el esquivo Aureliano (García Márquez, *Cien años*); Ya no tenía a <u>nadie</u>
> para quien trabajar ni a quien dejarle nada el día en que muriera (Llamazares, *Lluvia*).

Con los verbos *haber* o *tener,* el antecedente de estas relativas sigue siendo indefinido,
pero puede ser específico, como en *Hay mucho trabajo que hacer* o en *Es mi competidor
Anselmo, el cual, teniendo tantas otras cosas de que quejarse, solo se queja de ausencia*
(Cervantes, *Quijote* I). En cambio, cuando designa TIPOS, en lugar de individuos particulares, el antecedente puede ser definido. Así ocurre con los que incluyen adjetivos
como *ideal, idóneo, perfecto* y otros semejantes: *Dice que ha comprado la casa ideal en
la que vivir; Parece que ha encontrado al hombre perfecto con el que casarse.*

26.5.3b   Las relativas de infinitivo pueden ir introducidas por los llamados RELATIVOS
SIN ANTECEDENTE EXPRESO (§ 44.1.2c): *No tiene donde ir; No hay con quien hablar.*
A diferencia de lo que en ellos es habitual, los relativos tienen en estas construcciones
un COMPONENTE INDEFINIDO, de modo que *quien* no equivale a *el que* o *la que,* sino a
alguien que. Este componente los aproxima a los interrogativos, con los que comparten otras propiedades. Así, cuando son tónicos, llevan tilde, como en *No tengo por qué
callarme; No tienes de qué quejarte.* Pueden llevarla o no en los contextos en los
que pueden pronunciarse como formas tónicas (*No tenía dónde ir*) o como formas
átonas (*No tenía donde ir*). Estos infinitivos aceptan asimismo la elipsis que caracteriza a las interrogativas truncadas (§ 43.3.1e): *Necesitaba un sitio en que alojarme, y ya
tengo dónde.* Estas semejanzas no implican un cambio en su naturaleza categorial. Se
siguen considerando, pues, relativos y no de interrogativos.

26.5.3c   Los infinitivos que aparecen en las oraciones de relativo se interpretan
siempre prospectivamente, lo que se ha relacionado con su naturaleza modal. La

expresión *un libro que leer* viene a significar 'un libro que poder leer'. Por otra parte, el relativo está limitado en sus funciones sintácticas en las oraciones de infinitivo. No puede ser, en efecto, sujeto del infinitivo porque no podría concordar con él (*personas que venir a mi casa*). Como el complemento directo no exige concordancia, está libre de tal restricción (*Tengo muchos exámenes que corregir*), y lo mismo sucede con otros complementos: *No tiene a quién dar su queja* (Hernández, J., *Martín Fierro*).

26.5.4   El infinitivo y las partículas

Como se explica en el § 1.7.3c, el concepto de 'subordinación adverbial' es en la actualidad sumamente polémico. Muchas de las oraciones llamadas *adverbiales* en la tradición pueden considerarse subordinadas sustantivas, como se ha visto en varios de los apartados precedentes. Así sucede con las que complementan a ciertos adverbios, como *encima de llegar tarde, después de venir mi hermano,* y también con las que forman grupo con una preposición o locución preposicional no introducida por otra clase de palabras, como en *Con ir tú es suficiente; A pesar de ser rico, no era feliz* (recuérdese el § 26.5.2c). Los infinitivos que se admiten en los complementos de *a fin de* o *con tal de* (*a fin de solucionar el problema, con tal de solucionar el problema*) alternan con subordinadas sustantivas de verbo personal (*a fin de que se solucione el problema*), pero más difícilmente con grupos nominales o pronombres.

26.5.4a   La partícula *al* en la pauta «*al* + infinitivo» (*al leer el libro*) procede de la primitiva unión de preposición y artículo. No obstante, hoy parece comportarse como conjunción en este contexto, ya que no introduce grupos nominales ni pronombres. Las construcciones formadas con «*al* + infinitivo» pueden tener, según el contexto, sentido causal o temporal. Se prefiere la interpretación causal con verbos de estado (*Al ser el hermano mayor, se encargó de todo*), con predicados negados (*Al no recibir noticias suyas, lo tuvo por muerto*), o cuando el infinitivo aparece en su forma compuesta (*Al haberlo entendido así, ya no dijo nada*). En cambio, los adverbios focales, como *exactamente* o *justo*, favorecen el sentido temporal: *exactamente al sonar el reloj, justo al cruzar la calle*. Tal interpretación es la única posible en las variantes «*a(l) poco de* + infinitivo» y «*nada más* + infinitivo», la segunda, característica del español europeo: *Salió para el hospital {a(l) poco de ~ nada más} recibir la noticia*. Lo mismo sucede con *a {las dos horas ~ los tres días ~ el rato ~ el año} de llegar a la ciudad* y construcciones afines. El infinitivo admite sujeto expreso en todos estos casos: *Al ser Julio el hermano mayor, ...; Justo al cruzar Marta la calle, ...; Al salir el sol, ...,* de acuerdo con lo señalado en el § 26.4.2a.

26.5.4b   La combinación «*de* + infinitivo» (en la que *de* se acerca más a una conjunción que a una preposición) suele tener valor condicional: *De no ser así quién sabe lo que hubiera pasado* (Rulfo, *Pedro Páramo*); *De haberlo sabido, estos años habrían sido más fáciles para mí* (Allende, *Eva*). Cuando, como en el ejemplo anterior, el infinitivo es compuesto, la construcción recibe normalmente la interpretación propia de las CONDICIONALES CONTRAFÁCTICAS, es decir, las que presuponen un estado de cosas contrario al que se expresa en ellas. En algunas variedades europeas del español contemporáneo se usa todavía con valor condicional «*a* + infinitivo», de gran vitalidad en el español clásico: *A tener una guadaña, pareciera la muerte de los rocines*

(Quevedo, *Buscón*). De acuerdo con lo señalado más arriba, «*con* + infinitivo» no forma propiamente subordinadas adverbiales, aun pudiendo tener valor condicional. Constituyen una posible excepción las construcciones llamadas EXPLICATIVAS, que reciben entonación suspensiva y no alternan con subordinadas de verbo finito, como en *Con decirte que a los tres días se murió...*, entre otros ejemplos.

26.5.4c Pueden integrarse en este último grupo las construcciones formadas con «*para* + infinitivo» de sentido no final, especialmente las que expresan consecución o ponderación: *Para haber preparado la obra durante tres meses, el resultado fue más bien mediocre*. Véase, en relación con esta pauta, el § 47.12.5. Las construcciones causales «*de tanto* + infinitivo», «*a fuerza de* + infinitivo» y otras similares se estudian en los § 45.6.2b y 46.2.2a.

26.5.5   El infinitivo en las oraciones independientes

26.5.5a Son frecuentes los infinitivos independientes en las respuestas a las preguntas formuladas con el verbo *hacer* (*—¿Qué hago? —Sujetar esta cuerda*), así como en las enumeraciones (*Tienes que hacer tres cosas: primera, ir a la oficina y pedir los papeles; segunda, rellenarlos; tercera, entregarlos*), con frecuencia descriptivas: *Sentir una íntima laxitud; engañarse a sí mismo para seguir viviendo la vida del espíritu. Sentir cómo se va acabando el mundo* (Azorín, *Pueblo*). Se recomienda evitar el uso del infinitivo con los verbos *decir, señalar, indicar* y otros similares en los contextos en los que se introduce alguna información dirigida a alguien, como en *Señores, informarles (de) que...* o *Por último, decir que...*, en lugar de *Señores, les informo (de) que...* o *Por último, quisiera decir que...*, entre otros ejemplos similares (§ 42.1.1f).

26.5.5b Son independientes los infinitivos que reciben INTERPRETACIÓN TEMÁTICA. Se usan en oraciones en las que se retoma a continuación el mismo verbo, como en los ejemplos siguientes:

> Decirle, nunca le dijo nada (Benavente, *Malquerida*); Tanto dolor se agrupa en mi costado / que por doler, me duele hasta el aliento (Hernández, *Rayo*); Saber, sabía de dos: de una portuguesa [...] y de una de Guinea (García Hortelano, *Mary Tribune*).

En el área andina se registra una variante de esta construcción con dos infinitivos, el primero de ellos introducido por la preposición *de*, como en *De gustarme, gustarme, no me gusta, pero le saco el jugo* (Bayly, *Días*).

26.5.5c No se usan los infinitivos en las exclamativas pronominales, pero sí en otras construcciones exclamativas. Expresan a menudo la inconveniencia de alguna acción que se presencia o a la que se ha aludido en el discurso precedente (*¡Tratar así a un animal indefenso!*) o, en general, la contrariedad manifiesta por algún estado de cosas (*¡Educar a cuatro hijos para esto!; ¡Mira que no tener ni una cerveza que ofrecerle!*). El infinitivo se subordina a menudo a alguna partícula modal, como *mira que* en el último ejemplo citado. Varias de estas expresiones están restringidas a determinadas áreas geográficas: *¡Ni modo de salir con esa lluvia!; ¡Dale siempre barajar!; ¡Y meta rogarle la señora!*

26.5.5d Los infinitivos independientes que forman oraciones interrogativas directas suelen transmitir la incertidumbre o la indecisión del hablante ante alguna actuación futura que se considera problemática:

> ¿Qué hacer entonces? (Cabrera Infante, *Tigres*); ¿Cómo saber si una de sus balas había terminado con la vida de alguno de aquellos hombres? (Volpi, *Klingsor*); ¿Qué contestar? ¿Qué hacer? ¿Subirla, empujada a la fuerza, por la escalera? (Aub, *Calle*).

Sirven asimismo para introducir preguntas retóricas, como en *Y ¿qué decir de las pieles de animalillos y de los plumajes pintados que le ofrendan cazadores y muchachos?* (Carrasquilla, *Marquesa*). También se emplean para expresar la inconveniencia de lo que se hace, se va a hacer o se plantea (*¿Por qué dedicar tanto tiempo a un asunto tan nimio?; Salgamos ya: ¿para qué esperar?; ¿Comerme yo ese plato de coliflor?*). Otras veces sugiere alguna actuación que el que habla considera viable o hacedera (*¿Por qué no tomar el camino del valle?*). Para los infinitivos interpretados como imperativos (*A comer; No fumar; Callaos*), véanse los § 42.2.1d y 42.2.3b.

27 El verbo (V). Las formas no personales: el gerundio y el participio

27.1   El gerundio. Características generales y funciones

27.1.1   Características del gerundio

27.1.1a   El gerundio se caracteriza formalmente por la desinencia *-ndo*, adjuntada a la raíz verbal a través de la vocal temática *-a-* en la primera conjugación (*am-a-ndo*), y del diptongo *-ie-* en la segunda y en la tercera (*tem-ie-ndo, part-ie-ndo*). Al igual que el infinitivo, el gerundio puede ser SIMPLE (*saliendo*) o COMPUESTO (*habiendo salido*), este también llamado DE PERFECTO. En ambas formas el gerundio carece de marcas de número, persona, tiempo y modo, por lo que su interpretación depende de factores externos al grupo verbal que encabeza. Así, en *Isabel ganó un premio en el colegio escribiendo versos* se interpreta que la acción de escribir versos se atribuye a Isabel, que esta acción es anterior a la de *ganar el premio* y que *escribiendo versos* indica el modo de ganar el premio del que se habla. En otros contextos se obtienen interpretaciones diferentes, como se verá en las páginas que siguen.

27.1.1b   Mientras que el infinitivo puede ser nominal o verbal (§ 26.1.2), el gerundio se construye habitualmente como verbo. En cuanto tal, admite sujetos expresos (*No sabiendo ella qué decir*) o tácitos, como en el ejemplo propuesto *Isabel ganó un premio en el colegio escribiendo versos* (§ 27.4). Puede, asimismo, recibir los complementos que corresponden al verbo, sean directos (*leyéndolo*), indirectos (*hablándole así*), de régimen (*refiriéndose a su trabajo*), circunstanciales (*caminando por la calle*) o atributos (*estando dormido*). Al igual que sucede con el infinitivo, cuando los complementos son pronombres personales átonos, aparecen en la lengua actual como enclíticos (*mirándola*), en lugar de como proclíticos (cf. *la mirando*). Pueden construirse en gerundio las pasivas reflejas (*No habiéndose terminado a tiempo el trabajo, se aplazó la reunión*), aunque generalmente se rechazan las impersonales con *se* (§ 41.5.2).

27.1.1c   Aunque el gerundio se construye habitualmente como verbo, puede lexicalizarse en mayor o menor grado y adquirir propiedades de otras categorías. Así, *hirviendo* y *ardiendo* pueden ser modificadores especificativos de un nombre, como en *El agua hirviendo es la de la cazuela grande*, lo cual es más propio del adjetivo que del gerundio verbal (pero cf. los § 27.2.2c, d). Por otra parte, en *Cómo se pasa la vida, cómo se viene la muerte,/ tan callando* (Manrique, *Coplas*), el gerundio es modificado por el adverbio *tan,* como los adverbios, en lugar de por la forma *tanto,* como los verbos. No es tampoco propio de un verbo el diminutivo que presentan en el habla familiar algunos gerundios, especialmente los de *correr, callar* y *andar,* como en *—Debíamos de acercarnos callandito —sugería Fernando* (Sánchez Ferlosio, *Jarama*).

27.1.1d   También están lexicalizados o semilexicalizados los gerundios que se usan a modo de fórmulas directivas o exhortativas, cercanas a veces a las interjecciones, como en *El guardia joven se puso en movimiento para secundarle. —Circulen, circulen, andando* (Sánchez Ferlosio, *Jarama*); *Luego, se ven los rostros, y se dicen con los ojos: "¿Qué aguardamos?", ¡volando, enseguida como dos flechas hacia la choza!* (Mera, *Cumandá*). Es menor el grado de lexicalización que presentan los llamados GERUNDIOS DE UBICACIÓN O DE ORIENTACIÓN LOCATIVA. Se forman muy frecuentemente con verbos de movimiento (*bajando, cruzando, girando, siguiendo, subiendo, torciendo,* etc.). Estos gerundios de ubicación son los únicos que pueden ser sustituidos por adverbios locativos, como en *—¿Dónde está la Municipalidad? —Bajando la calle* o en *Torciendo a la derecha* (> *allí*) *estaba el mercado.* Pueden funcionar también como atributos de lugar, como en *El bar estaba bajando la cuesta.*

27.1.2   Funciones del gerundio

Así como los infinitivos se asimilan generalmente en su comportamiento gramatical a los sustantivos (§ 26.2), los gerundios se acercan a los adverbios. No todos los usos del gerundio, sin embargo, son adverbiales, como se verá a continuación.

27.1.2a   No es adverbial el gerundio llamado PERIFRÁSTICO, que forma perífrasis verbales: *Te estoy mirando; Siguió leyéndolo; Empezó diciendo aquello; Vayan pasando.* La posición de los pronombres átonos diferencia claramente el gerundio perifrástico de los demás, puesto que en aquel los pronombres pueden anteponerse al auxiliar, como es habitual en las perífrasis (§ 16.4.3). Alternan, por tanto, *Seguía diciéndolo ~ Lo seguía diciendo; Estabas terminándola ~ La estabas terminando* (frente a *Huyó horadándolo* > **Lo huyó horadando,* sin perífrasis). Sobre la resistencia de los gerundios a aparecer consecutivamente (**Va siguiendo estudiando lo que puede*), véase el § 28.4.1b.

27.1.2b   Las construcciones de gerundio pueden actuar como complementos predicativos (GERUNDIO PREDICATIVO), de modo que, junto a *Llegó radiante; Te veo más alta,* cabe decir *Llegó llorando; Te veo pidiendo en el metro.* Los gerundios predicativos aparecen asimismo en ciertas construcciones preposicionales, como en *Con toda esa gente entrando y saliendo, no puedo concentrarme,* o en el interior de un grupo nominal: *un cuadro del señor marqués montando a caballo, el gracioso* *gesto del niño haciéndole burla a la niñera.* No se construyen, en cambio, con *ser* ni *parecer.*

27.1.2c   Suele llamarse GERUNDIO ADJUNTO O CIRCUNSTANCIAL al que funciona sintácticamente como modificador de un verbo sin ser argumento suyo (§ 39.2.1e): *Redactó el trabajo poniendo todo el cuidado del mundo; Se protegía de la lluvia ta-pándose con un periódico; La herida se curó aplicándole antibióticos,* etc. El gerundio adjunto, llamado también en la tradición gramatical académica GERUNDIO EN CONSTRUCCIÓN CONJUNTA, está muy restringido sintácticamente. De hecho, rara vez es compuesto: *Se dirigió a él {insultándolo ~ *habiéndolo insultado},* ni perifrás-tico: *Salió de allí {arrastrándose ~ *pudiendo arrastrarse},* ni tampoco pasivo: **Salió de allí siendo perseguido por la policía* (sobre la interpretación de algunas de estas secuencias con gerundios de posterioridad, véase el § 27.3.1e). Solo ocasionalmen-te admite sujeto explícito el gerundio adjunto (§ 27.4.2a).

27.1.2d   Los llamados GERUNDIOS EXTERNOS O PERIFÉRICOS (también ABSOLUTOS, TEMÁTICOS O DE TÓPICO) forman construcciones externas a la oración, de la que aparecen separados por una pausa: *Encaramándose sobre la silla, había conseguido alcanzar la mermelada; El Ministerio, viendo el número de casos irregulares, anuló las pruebas.* En posición intermedia, como en el último ejemplo, dan lugar a una variedad de las llamadas construcciones PARENTÉTICAS, INCIDENTALES O simplemente INCISOS. En todos estos contextos, la oración de gerundio introduce alguna aclara-ción, con matices semánticos diversos que se analizarán en el § 27.3.2. En los gerundios ELOCUTIVOS O ILOCUTIVOS, como los que aparecen en los ejemplos siguientes, tal aclaración hace referencia al propio acto verbal, de modo que el referente de su su-jeto, siempre tácito, es el propio hablante:

> —Resumiendo —concluyó, ácido, Guadalmedina—. Que has estado a punto de despachar al valido del Rey de Inglaterra (Pérez-Reverte, *Alatriste*); Cambiando de tema, dijo Mal-donado: —Hemos quemado las naves, compañeros. (Fernán Gómez, *Viaje*); Chonina, volviendo a lo de antes —dijo Benuza, reteniéndola—, ¿no será que padecemos el mismo desamparo? (Díez, *Fuente*).

27.1.2e   El gerundio perifrástico, el predicativo y el adjunto se llaman INTERNOS porque pertenecen al predicado, si bien el adjunto establece una relación menos directa con el verbo principal. El gerundio absoluto, por su parte, no solo es externo a la predicación, sino que también lo es a la propia oración. Esta libertad hace que carezca de las restricciones que muestra el gerundio circunstancial (§ 27.1.2c). Así, el gerundio absoluto aparece muy a menudo en la forma compuesta, así como en la perifrástica y la pasiva: *Mas él, no pudiendo atender a mis golpes, me rogará que descansemos un poco* (Avellaneda, *Quijote*); *Habiendo sido advertido del peligro, se fue por otro camino.* Por otra parte, como se explica en el § 27.4.2a, lleva con frecuencia sujeto propio.

27.1.2f   Se considera incorrecto el uso del gerundio en subordinadas sustantivas que se ha documentado en el español de Puerto Rico, quizá por influencia del inglés: *Lo que se pretende es consiguiendo* (por *conseguir*) *la ruina total; El muchacho lo que hace es comparando* (por *comparar*) *las muestras; En vez de tirándose* (por *tirarse*) *los unos a los otros, lo que deben hacer es ayudarse.*

27.2   El gerundio predicativo

27.2.1   El gerundio predicativo en construcciones verbales

27.2.1a   Es característico de los complementos predicativos en general, y por tanto también de los gerundios predicativos, el referirse a estados circunstanciales o transitorios. Ello explica que estos gerundios se combinen fácilmente con *estar*. Así pues, la naturalidad de oraciones como *Escribió la carta llorando de emoción* está relacionada con la de *Estaba llorando de emoción*, mientras que la mayor extrañeza que se percibe en *Escribió la carta teniendo ganas de hacerlo* es pareja a la de *Estaba teniendo ganas de hacerlo*.

27.2.1b   Se aplica a los gerundios predicativos (§ 27.1.2b) la distinción entre complementos predicativos NO SELECCIONADOS u OPTATIVOS y SELECCIONADOS u OBLIGATORIOS (§ 38.4.2). Así, *Vieron a Clara tendiendo la ropa* implica *Vieron a Clara* (gerundio optativo), mientras que *Lo tengo a usted esperando desde hace un buen rato* no implica *Lo tengo a usted* (gerundio seleccionado).

27.2.1c   En principio, los gerundios predicativos, estén o no seleccionados, describen la SITUACIÓN o el ESTADO en que se encuentran las entidades cuando realizan acciones o experimentan procesos, mientras que los adjuntos expresan estrictamente la MANERA en la que se llevan a cabo las acciones o los procesos de los que se habla. Así, la oración *Jorge había llegado a clase tambaleándose* indica el estado de Jorge cuando llegó a clase, mientras que en *Jorge había llegado a clase atravesando toda la ciudad* no se habla del estado de Jorge cuando llegó, sino de cómo procedió para llegar. Aun así, esta distinción no se aplica tan claramente en todos los casos.

27.2.1d   Los gerundios predicativos pueden predicarse del sujeto del verbo principal: *Él permaneció contemplando a los niños con mirada absorta, hasta que los ojos se le humedecieron y se los secó* (García Márquez, *Cien años*), o del complemento directo: *Hoy ve sus pobres hijos huyendo de sus lares* (Machado, *Campos*). Son infrecuentes, pero no imposibles, los gerundios predicativos referidos a un complemento de régimen, como en *A veces pienso en él fumándose un enorme puro en su sillón de orejas*.

27.2.1e   Los gerundios predicativos referidos al complemento directo están sujetos a mayores restricciones que los referidos al sujeto. Entre las clases semánticas que suelen admitirlos están las que forman los VERBOS DE PERCEPCIÓN SENSIBLE (*contemplar, distinguir, escuchar, mirar, notar, observar, oír, sentir, ver*), o de PERCEPCIÓN MENTAL O INTELECTIVA (*figurarse, imaginar(se), recordar* y, a veces, *hacer*: *Yo te hacía tomando el tren en Lisboa*). He aquí algunos ejemplos:

> La última vez la vieron pidiendo limosna en una esquina (Landero, *Juegos*); Luisa tararea a veces en el cuarto de baño, mientras yo la miro arreglándose apoyado en el quicio de una puerta (Marías, J., *Corazón*); No podía imaginárselo haciendo mal a una mujer (Uslar Pietri, *Lanzas*).

Los gerundios construidos con estos verbos expresan acciones (*La recuerdo mirándome*) o procesos (*Veíamos los barcos alejándose*), pero no estados (**Vi a la enferma teniendo fiebre*).

27.2.1f   Como se vio en el § 26.5.1, algunas estructuras de infinitivo son paralelas
a las de gerundio que se acaban de mencionar: *Vi a los vecinos {entrar ~ entrando}*.
Existen semejanzas entre las dos variantes, pero también diferencias. Así, mientras
el gerundio muestra el proceso en su curso, en razón del carácter imperfectivo de esta
forma verbal, con el infinitivo no siempre se obtiene esta interpretación. En efecto,
en *Vi entrar a los vecinos* puede entenderse que los vecinos entraron (es decir, que el
proceso culminó). Por otra parte, el gerundio predicativo se aproxima más a los adjetivos que a los infinitivos en estas construcciones, lo que explica que el gerundio
resulte natural en las respuestas a las preguntas construidas con el adverbio *cómo*, a
diferencia del infinitivo: *—¿Cómo los viste?; —{Bastante disgustados ~ Entrando en la
comisaría ~ *Entrar en la comisaría}*. El gerundio predicativo se coordina también con
adjetivos o se yuxtapone a ellos, como en [...] *después de haberlo visto desesperado,
llorando, quejándose, apiadándose de sí mismo* (Vargas Llosa, *Fiesta*). Los infinitivos,
en cambio, rechazan tal posibilidad (**Lo vi contento y marcharse*).

27.2.1g   Admiten también gerundios predicativos del complemento directo los
VERBOS DE REPRESENTACIÓN (*describir, dibujar, fotografiar, grabar, pintar, representar*, etc.); los que expresan HALLAZGO O DESCUBRIMIENTO (*descubrir, encontrar,
hallar, sorprender*, etc.), así como los que denoten EXISTENCIA, PRESENCIA O MANI-
FESTACIÓN (fundamentalmente, *haber*, pero también *tener, dejar* y *llevar*):

> Clairin la pintó luciendo su atavío seudofaraónico, junto a una vaga esfinge monumental
> (Mujica Lainez, *Escarabajo*); Los periodistas lo retrataron subiendo a un automóvil ne-
> gro (Allende, *Casa*); Temí que me sorprendiera espiándola (Bioy Casares, *Invención*);
> Hay demasiada gente esperando (Sábato, *Túnel*).

27.2.2   El gerundio predicativo en construcciones sin verbo

En el § 27.2.1 se describió el comportamiento de los gerundios que se predican de un
grupo nominal a través del verbo. Existen GERUNDIOS PREDICATIVOS, sin embargo, en
el interior de estructuras cuyo núcleo no es un verbo. Se trata de construcciones
encabezadas por las preposiciones *con* y, a veces, *sin* (§ 27.2.2a), de grupos nominales (§ 27.2.2b-d) o de oraciones no subordinadas (§ 27.2.2e, f).

27.2.2a   Son predicativos los gerundios que aparecen en los grupos sintácticos introducidos por la preposición *con* que se subrayan en los ejemplos siguientes:

> Hablando entre dientes, con las mandíbulas apretadas y con los labios formando una
> bocina estrecha y arrugada, le dijo que ella era un ser vulgar (Casares, *Dios*); Sobre la
> cama, la urna con el cuerpo del durmiente, y a su lado la enajenada con la mano apretan-
> do tiernamente el cuello (Lezama, *Paradiso*); Se fue quejando lastimeramente por toda
> la cocina, con la cabeza colgando de lado (Esquivel, *Agua*).

Se trata de construcciones paralelas a *con el trabajo terminado, con la casa a cuestas,
con las manos sucias*, que se tratan en el § 38.5.1. El grupo nominal (por ejemplo, *su
hija* en *con su hija llorando*) constituye a la vez el término de la preposición y el elemento nominal del que se predica el gerundio. Por su parte, la construcción entera

ejerce diversas funciones: modificador externo de la oración en posición temática (*Con el humo llenando la cocina, allí era imposible respirar*), atributo (*Estaba con la nariz goteando*), complemento predicativo del sujeto o del objeto directo (*Se levantó con los ojos brillándole de emoción; La había retratado con un pañuelo rodeándole la garganta*) o complemento circunstancial (*Lo recibieron con bandas de música llenando las calles*). Aunque con mucha menor frecuencia, la preposición *sin* forma a veces construcciones similares (*Viviría mejor sin ese hombre molestándome a todas horas*).

27.2.2b   Determinados sustantivos pueden recibir gerundios predicativos (y, en general, predicativos de diversas clases: § 38.5.2) en el interior de un grupo nominal. Los más característicos de esta construcción son los NOMBRES DE REPRESENTACIÓN, como *foto, cuadro, retrato, imagen, grabado*, etc., así como los que expresan SONIDOS (*eco, ruido, rumor, sonido, voz*, etc.) o PERCEPCIONES OLFATIVAS (*olor, perfume*):

> Por lo regular se copiaba un cuadro representando la prisión de Atahualpa (Palma, *Tradiciones* VI); Una tormenta eléctrica de latigazos blancos y el sonido del cielo agrietándose, expandiéndose (Belli, *Mujer*); Una voz silbando a mi espalda, tras la puerta (Ruiz Zafón, *Sombra*); [...] olor de alguien flotando en los rincones del buque (Neruda, *Residencia*).

27.2.2c   Aunque se consideran generalmente construcciones menos elegantes, admiten también este tipo de predicativos una serie de NOMBRES DE INFORMACIÓN y COMUNICACIÓN: *carta, comunicado, correo* (*electrónico*), *decreto, mensaje, nota, noticia, telegrama*, etc., como en *La carta del náufrago pidiendo auxilio nunca llegó a su destino; El mensaje del subsecretario informándome de ello era bastante escueto; Aquel párrafo de la comandancia ordenando al capitán que pidiera disculpas no gustó demasiado*. Aceptan asimismo gerundios predicativos varios nombres de suceso que expresan SURGIMIENTO O PRESENCIA DE ALGO (*aparición, irrupción, llegada, presencia*), como en *La aparición del gracioso haciendo aspavientos provocó las risas del público*, y también algunos que denotan MODO DE ACTUAR, como *comportamiento, conducta, proceder, reacción: El comportamiento del policía no dejándola pasar, la reacción del defensa dándole con el codo*, etc.

27.2.2d   Mientras que las construcciones formadas con los gerundios predicativos analizados en los apartados precedentes se consideran correctas, no lo son las que se forman con gerundios que acompañan al nombre como modificadores restrictivos, es decir, para distinguir a un individuo entre otros semejantes. De hecho, solo los pocos gerundios que se asimilan a los adjetivos (§ 27.1.1c) resultan naturales en esa función. Pese a su aparición frecuente en el lenguaje periodístico y administrativo, se desaconsejan secuencias como *Nueva ley reformando las tarifas aduaneras; Se necesita encargado de relaciones hablando inglés; decreto nombrando embajadores*, y se recomienda sustituir el gerundio por una oración de relativo o un grupo preposicional: *Se necesita encargado que hable inglés; decreto para reformar las tarifas* (o ... *en que se reforman las tarifas*), etc. La diferencia entre ambos usos, el predicativo y el restrictivo, es de naturaleza sintáctica y semántica. Así, la oración *Vio al empleado de la tintorería llevando un traje negro* es correcta en la interpretación en la que se quiere decir que cierto empleado ya identificado fue visto trasladando un traje negro (gerundio predicativo: *Lo vio llevando un traje negro*). Esta oración admite para algunos hablantes —acaso por influencia del inglés— la interpretación restrictiva que se rechaza en la lengua culta, es decir, aquella en la que se habla de cierto empleado que vestía traje negro, por oposición a otros (gerundio restrictivo: *Lo vio*).

27.2.2e   El gerundio puede usarse como predicado sin necesidad de verbo en forma personal en otros contextos. Lleva con frecuencia un sujeto expreso, que, frente a lo que suele ser normal (§ 27.4.2a), aparece antepuesto. Este gerundio es habitual en los pies de foto y representaciones gráficas (*El embajador del Pakistán saludando al Presidente; hombres trabajando*), así como, de manera creciente y acaso por influencia del inglés, en expresiones denominativas, especialmente como título de libros, películas, obras de teatro, programas de televisión, etc.: *Bailando con lobos; Cantando bajo la lluvia; Viajando por México; Durmiendo con su enemigo; Esperando a Godot; Buscando a Nemo*, etc.

27.2.2f   Es frecuente también esta construcción en estructuras bimembres de carácter interrogativo (*¿El jefe invitando? Debe de haberle tocado la lotería*), exclamativo (*¡Amelia trabajando! No lo puedo creer*), imperativo (*Ahora todo el mundo quieto y mirando hacia mí*) o descriptivo:

> El agua fría empezó a calmarme y en mi cabeza comenzaron a aparecer algunos hechos aislados [...]: María en el acantilado, Mimí empuñando su boquilla, [...] María preguntándome por las manchas, yo gritando: "¡Qué manchas!" [...] y yo pegándole un tremendo puñetazo (Sábato, *Túnel*); Eran las cinco y pico y todos esperando que llegara (Giardinelli, *Oficio*).

Cabe añadir ciertas preguntas —que se interpretan generalmente como reconvenciones— encabezadas por expresiones adverbiales como *de nuevo* u *otra vez,* o por la conjunción *conque*: *Conque vendiendo crecepelo, ¿no?* (Mendoza, *Ciudad*), así como las respuestas a otras que se formulan como saludos corteses:

> —Bueno, ¿qué hacemos aquí al sol? ¡Venga ya! —Aquí dilucidando el porvenir de Mely (Sánchez Ferlosio, *Jarama*); —¿Qué, cómo va esa vida, hijo? [...] —Ya ve usted —dije yo señalando a María Coral [...]—, perdiendo el tiempo y la dignidad (Mendoza, *Verdad*); —¿Qué hay de nuevo? —Ya ve usted, tirando (Caballero Bonald, *Días*).

27.3   Interpretaciones semánticas del gerundio

27.3.1   Valores temporales

El gerundio es una categoría verbal imperfectiva que admite varias interpretaciones temporales en relación con el verbo principal.

27.3.1a   El contenido expresado por el gerundio simple se interpreta habitualmente como SIMULTÁNEO con la acción o el proceso al que se refiere el verbo principal, ya se trate de sucesos pasados, presentes o futuros, como se ve en *Llegaban cantando; Llegan cantando; Llegarán cantando*, o en *Me quedé sentado en la silla mirando el desierto por la ventana* (Allende, *Casa*). La oración de gerundio puede denotar también cierta situación en curso en el interior de la cual tiene lugar un suceso, como en *Buscando los lentes encontré la factura del dentista*.

27.3.1b   El gerundio simple puede expresar también ANTERIORIDAD INMEDIATA, como en *Se llegó a un ciprés de aquellos, y cortando algunas ramas, hizo dellas una funesta guirnalda* (Cervantes, *Galatea*), donde la acción de cortar las ramas precede inmediatamente a la de hacer la guirnalda. Se refiere también a una situación inmediatamente anterior el llamado GERUNDIO PREPOSICIONAL, formado con la preposición *en*. Esta construcción («*en* + gerundio»), que gozó de gran vitalidad en otras épocas, se documenta solo ocasionalmente en textos literarios actuales, a veces con intención arcaizante: *Le proporcionó la ubicación exacta y le aconsejó que en llegando a esos lugares envueltos en un finísimo cendal de nieblas no navegara de noche* (Roa Bastos, *Vigilia*).

27.3.1c   Como consecuencia del carácter perfectivo del auxiliar *haber,* el gerundio compuesto manifiesta siempre ANTERIORIDAD, sea inmediata o no. Muy frecuente en la lengua clásica, se ha visto hoy reducida a los registros formales de la lengua escrita: *Habiendo venido por unas damas convidadas a las fiestas, sin entrar en mi casa, determinaba volverme luego con ellas* (Tirso Molina, *Cigarrales*); *Habiendo aprendido el catalán para traducirlos* [= 'los manuscritos'], *Alfonso se metió un rollo de páginas en los bolsillos* (García Márquez, *Cien años*).

27.3.1d   Se considera incorrecto el uso del gerundio para indicar una pura relación de POSTERIORIDAD, como en *Estudió en Santiago, yendo* (en lugar de ... *y fue*) *después a Bogotá*. No obstante, la anomalía de estas construcciones, documentadas ya en la lengua clásica, se atenúa cuando la posterioridad que se expresa es tan inmediata que casi se percibe como simultaneidad, y también cuando cabe pensar que el gerundio denota una relación causal, consecutiva o concesiva: *Los cartagineses lo atacaron, obligándole a refugiarse en una torre, a la que luego le prendieron fuego* (Fuentes, *Naranjo*); *Alba se la arrebató de la mano de un zarpazo y la lanzó contra la pared, haciéndola añicos* (Allende, *Casa*).

27.3.1e   El significado flexible del gerundio y su capacidad para unirse sin nexo al verbo al que modifica hacen que se use a menudo con un valor ilativo o copulativo, es decir, para conectar dos ideas que se suman o se oponen. En estos casos es el oyente quien ha de inferir la conexión lógica apropiada, que queda implícita. Así ocurre en *Murió dejándole como herencia la casa en la que había nacido* o en *Con frecuencia no permanece inactivo, acentuándose su actividad sexual en esa época del año*.

27.3.2   Otras interpretaciones del gerundio

A la relación temporal expresada por el gerundio se unen con frecuencia otros contenidos. No siempre es sencillo determinar su significado, sobre todo porque las interpretaciones del gerundio se solapan o traslapan a menudo, o incluso se acumulan. En los apartados que siguen se exponen los más habituales.

27.3.2a   Se ha señalado repetidamente en la tradición gramatical que los gerundios se asimilan con mucha frecuencia a los adverbios de MODO O MANERA, en el sentido de que especifican la forma en la que se lleva a cabo la acción o el proceso al que se refiere el verbo principal, como en *Abrió la puerta introduciendo una tarjeta por la ranura*. Sin embargo, la interpretación propiamente modal del gerundio puede ser difícil de distinguir de la temporal, sobre todo porque existen pocos índices gramaticales que pongan de manifiesto de manera objetiva estos valores. El recurso a las preguntas con *cómo* y *cuándo* para distinguir los gerundios modales de los temporales no proporciona resultados claros: ambas interpretaciones son adecuadas, en efecto, en la secuencia *Se rompió una pierna esquiando*. Este gerundio admite además una interpretación causal. Con frecuencia son factores extralingüísticos los que ayudan a interpretar el valor del gerundio. Así, en *Se peinaba afeitándose, comía cantando, hablaba escribiendo* (Landero, *Juegos*) se descarta la interpretación modal en favor de la temporal porque no parece que afeitarse pueda constituir una forma de peinarse, cantar una forma de comer ni escribir una forma de hablar.

27.3.2b   El valor CAUSAL que a veces se percibe en el gerundio está asociado a la interpretación de anterioridad, sin duda porque existe una tendencia natural a inferir una relación de causalidad entre sucesos consecutivos. Así, en *Salió luego al corredor, y habiendo notado que la escalera no estaba barrida aún, llamó a la portera* (Galdós, *Fortunata*), el hecho de notar la suciedad es anterior a la llamada a la portera, pero también puede entenderse como su causa. No debe extrañar, por tanto, que el valor causal venga sugerido en muchas ocasiones por el gerundio de perfecto. Carece hoy de prestigio, y no se recomienda, la expresión lexicalizada *no siendo que* por *no sea que* o *no vaya a ser que* (como en *Voy a cerrar la ventana, no siendo que entre el agua*), que sirve para justificar una precaución. La interpretación causal del gerundio está próxima a la FINAL en ciertos contextos. Cuando se dice *Me llamó pidiéndome permiso para poner mi nombre en el escrito* se explica la razón de la llamada, pero también la finalidad que la motiva. En otras ocasiones, el matiz que adquiere la construcción de gerundio es CONDICIONAL (*Yendo con él, no te ocurrirá nada*) o CONCESIVO: *Porque entre tanto rigor/ y habiendo perdido tanto,/ no perdí mi amor al canto/ni mi voz como cantor* (Hernández, J., *Vuelta*).

27.3.2c   Los valores mencionados en el apartado anterior son más habituales en el gerundio externo que en el adjunto o el predicativo. También con los adjuntos distintos del gerundio la posición absoluta y antepuesta favorece las inferencias características de las relaciones argumentativas (§ 39.2.2d): causal, condicional, concesiva, etc. Así, puede percibirse un sentido condicional en el grupo preposicional que encabeza la oración *Con un poco de agua en la cara, te despejarías*. Ciertos ÍNDICES GRAMATICALES ayudan a determinar la interpretación del gerundio. Por ejemplo, los contenidos genéricos o referidos al futuro en el verbo principal favorecen el sentido condicional. Se obtiene esta interpretación en *Yendo con él te {sentirás ~ sientes} seguro*, pero no en *Yendo con él me sentí seguro*, con un tiempo perfectivo. A su vez, *aun, ni, ni siquiera, ni aun* suelen inducir interpretaciones concesivas: *A pesar de todo lo que ha viajado en su vida y aun sabiendo que iba de paso, siempre quiso tener una casa en el país que visitaba* (Serrano, M., *Vida*).

27.4   El sujeto del gerundio

El gerundio verbal coincide con el infinitivo en que se construye a menudo con SUJETO TÁCITO, como en *Esperanza salió de casa dando un portazo*. Menos frecuente es que el gerundio se construya con un SUJETO EXPRESO, como en *Todas estas cosas ocurrieron siendo Esperanza estudiante.* En esta sección se analizan brevemente ambos tipos de sujeto.

27.4.1   Gerundios con sujeto tácito

27.4.1a   Cuando el gerundio tiene SUJETO TÁCITO se interpreta que la acción, el estado o el proceso que el gerundio expresa se atribuyen a alguna entidad, generalmente ya mencionada. Suele ser la denotada por el sujeto del verbo principal, como en *Me entretuve ordenando papeles* o en *El conserje, creyendo que la bolsa estaba vacía, la dejó allí.* Así pues, *el conserje* es en el segundo ejemplo el sujeto de *dejó,* pero también el antecedente del sujeto tácito de *creyendo.* Otras veces, el antecedente del sujeto tácito del gerundio es el complemento indirecto del verbo principal, sobre todo con ciertos verbos de pensamiento y afección psíquica, como en *Se le ocurrió la solución paseando; Se te saltaban las lágrimas abrazándola.* En las pasivas e impersonales es frecuente que sea el agente (expreso o sobrentendido) el que proporciona dicho antecedente: *Una radiación que fue descubierta por Curie investigando otros problemas; Solo se descubrirá al ladrón tendiéndole una trampa.* El antecedente del sujeto tácito del gerundio puede aparecer, finalmente, en el discurso previo (*Depende de las lámparas. Siendo buenas, no hay problema*) o bien debe recuperarse mediante inferencias diversas (*Moviendo así el brazo, el tratamiento no va a servir*). Sobre el complemento directo como antecedente del sujeto del gerundio o del infinitivo, véase el § 26.5.1.

27.4.1b   El sujeto tácito del gerundio puede recibir una INTERPRETACIÓN INESPECÍFICA cuando no se recupera su contenido del contexto discursivo, sino que se deja indeterminado, como en *El niño solo se dormía cantándole una nana,* donde no se especifica quién canta. La interpretación inespecífica es frecuente en las oraciones impersonales (*Hay que resolver los problemas abordándolos fríamente*) y en las pasivas reflejas (*Los macarrones se sirven espolvoreándolos con queso parmesano*).

27.4.2   Gerundios con sujeto expreso

27.4.2a   El gerundio puede también construirse con SUJETO EXPRESO, que aparece normalmente pospuesto: *Estando él satisfecho, le importaban poco los demás.* Los pocos casos de anteposición corresponden a los gerundios que forman oraciones no subordinadas (§ 27.2.2e). La mayor parte de los gerundios que llevan sujeto expreso son externos, como en *Estando yo arriba ha llegado un correo de Cuenca* (Miras, *Brujas*), pero también lo admiten algunos gerundios adjuntos: *Esto solo se soluciona hablando tú con él.* Se ha observado que uno de los factores que inducen el sujeto expreso en estas construcciones es la ausencia de agente explícito en la oración principal, como sucede en las pasivas reflejas y en las impersonales con *se.* Aparece, pues, un sujeto expreso en *El asunto se solucionaría presentando usted su candidatura,* pero se rechaza en **Yo solucionaría el asunto presentando usted su candidatura.* Otras veces es la existencia de un contraste con otro sujeto la que permite la aparición explícita del sujeto: *Ella dice que el asunto se arreglaría yendo yo a ver al jefe.*

27.4.2b   Los infinitivos admiten ciertos pronombres pospuestos que se suelen considerar complementos predicativos en lugar de sujetos, como en *La presidenta deseaba hacerlo ella* (§ 26.4.2c). Los gerundios admiten pronombres enfáticos en construcciones similares: *¿Hacerlo sufrir costara lo que costara, aunque sea convirtiéndose él mismo en basura?* (Vargas Llosa, *Conversación*).

27.5   El participio

27.5.1   Aspectos morfológicos

27.5.1a   El PARTICIPIO PASIVO, PASADO O DE PERFECTO es la tercera forma no personal del verbo. En el § 4.6.2 se señala que, además de las formas regulares de los participios (*amado, temido, partido*), existen otras irregulares, sean del español general, como *abierto, dicho, escrito, impreso, visto,* o estén restringidas geográficamente, como *descripto, inscripto,* propias del área rioplatense. Forman una serie limitada los verbos que admiten tanto participios regulares como irregulares (*freído~frito; imprimido~impreso*), aunque no siempre en los mismos contextos. Se estudian todas estas particularidades en los § 4.6.2b, c.

27.5.1b   El participio se diferencia del gerundio y del infinitivo en que posee flexión de género y número (*traducido / traducida / traducidos / traducidas*) en todos sus usos, con la única excepción de los TIEMPOS COMPUESTOS, formados con el auxiliar *haber* (§ 23.1.2b): *María ha publicado su tesis.* Por esta razón se suele hablar en los tiempos compuestos de PARTICIPIO PASADO o de PARTICIPIO DE PERFECTO, pero no de PARTICIPIO PASIVO. También se distingue el participio del infinitivo y del gerundio en que no tiene forma compuesta: *haber destruido~habiendo destruido~*habido destruido*. En el español general de hoy, el participio rechaza los pronombres clíticos, asimismo a diferencia del infinitivo y el gerundio: *Una vez entregádole el premio al ganador, se dio por terminado el acto.*

27.5.1c   No existen en el español actual PARTICIPIOS DE PRESENTE, abundantes en el español antiguo (§ 7.4.2): *¿Viste mi seruidor, /—le dixo Dios estonçe— si atal o mejor / commo mi sieruo Job, [sinple] e derechero, / temiente a Mí mucho, de mal non partiçionero?* (López Ayala, *Rimado*). Quedan, sin embargo, algunos restos de su antiguo valor verbal, como el adjetivo *distante,* cuyo complemento cuantitativo en secuencias como *un aeropuerto distante 60 kilómetros de la ciudad* no es propio de un adjetivo. Véase también el § 7.4.2b.

27.5.2   Contenido temporal y aspectual del participio

27.5.2a   Al igual que el gerundio, el participio aporta información ASPECTUAL, y solo indirectamente información TEMPORAL. De hecho, posee aspecto PERFECTIVO, lo que permite interpretar la situación que designa como un estadio alcanzado con ANTERIORIDAD al punto indicado por el verbo principal. Así, en *La policía encontrará a los rehenes atados a un árbol* no se especifica el momento de atar a los rehenes, pero ha de entenderse que es anterior al designado por el futuro *encontrará.* Construido con verbos de percepción, el participio puede expresar SIMULTANEIDAD si el verbo al que corresponde no implica término (es decir, es atélico o no delimitado), como en *El edificio se veía a todas horas fuertemente custodiado por la policía*. En cambio, los participios de los verbos télicos indican anterioridad si modifican a los verbos de percepción, como en *Lo vi caído*. Cuando el participio se construye con auxiliares, son estos los que determinan su interpretación temporal, como en *La noticia fue difundida ayer* o en *las diez páginas que tendré escritas*. Ciertos usos del pretérito perfecto compuesto son compatibles con situaciones en curso, por tanto no terminadas, como en *Siempre me han gustado las manzanas* (§ 23.4.2f).

27.5.2b Como en el gerundio, al contenido aspectual y temporal del que se habla en los apartados anteriores pueden unirse otros, sobre todo en las construcciones absolutas, como se explica en el § 38.6.2. Se obtiene la interpretación CAUSAL en *Destrozado como estaba, lo mejor era que se metiera en la cama;* la CONDICIONAL en *Hechas así las cosas, nadie podrá decir nada;* la CONCESIVA en *Herido el capitán y diezmada la tropa, pudieron, sin embargo, regresar al campamento*. Raramente se da este último valor en ausencia de marcas explícitas, como la locución *sin embargo* del ejemplo propuesto.

27.5.3 El participio y las clases de verbos

Todos los verbos españoles tienen participio, pero las posibilidades de uso de esta forma varían de acuerdo con el tipo de verbo de que se trate.

27.5.3a Los participios de los VERBOS TRANSITIVOS son formas intransitivas porque, a diferencia de los infinitivos y gerundios correspondientes, no admiten complementos directos. Admiten, en cambio, complementos indirectos (*una vez devuelto el dinero a sus dueños*), complementos de régimen (*comparados con los demás*), circunstanciales (*los paquetes enviados ayer*) y complementos predicativos (*los estudiantes considerados más inteligentes*). Pueden formar oraciones pasivas construidas con el auxiliar *ser* (*Fue detenido por la policía*), aunque con las restricciones que se observan en el § 41.2.1. Por otra parte, conservan, tácito o expreso, el agente que corresponde al sujeto en la forma activa, aun cuando no esté presente el verbo *ser: Mi tío, empujado por Zenaida y Lucero, entró en la recámara* (Ibargüengoitia, *Crímenes*). Gracias a ello pueden combinarse con adverbios que apuntan a la existencia de un agente, como *laboriosamente* en *un pacto laboriosamente logrado,* y también con oraciones finales: *impuestos recaudados abusivamente para engordar las arcas del Estado*. Las oraciones pasivas muestran algunos puntos de contacto con las copulativas, entre ellos el hecho de admitir la sustitución del participio por el pronombre átono *lo,* como se ve en *El regalo fue guardado en un cajón > Lo fue; El regalo fue espléndido > Lo fue*.

27.5.3b El participio de los verbos transitivos interviene en la formación de perífrasis en las condiciones que se explican en el § 28.5. Se usa, además, como modificador nominal (*los dos estudiantes detenidos ayer por la policía*), como atributo (*Parecía hecha por un profesional*) o como complemento predicativo, ya acompañando a un verbo (*Lo vi terminado*), ya formando parte de las construcciones encabezadas por las preposiciones *con* y *sin* (*Con un esquema bien diseñado, seguro que el trabajo sale bien*), ya en cláusulas absolutas (*Una vez terminado el trabajo, se volvió a casa*). Las cláusulas absolutas se caracterizan por tener sujeto, sea expreso o tácito. Es expreso, por ejemplo, en *Llegados todos los invitados, comenzó la fiesta; Visto que no llovía, salimos a pasear; Dicho lo cual, no tengo más que añadir*. Se considera, en cambio, tácito en *Una vez amueblado Ø, el departamento lucía precioso*. Pueden también estos participios funcionar como predicados de estructuras bimembres. Así ocurre en *¿Encarcelado don Alberto?* (con sujeto expreso) o en el titular de prensa *Herido grave en un accidente* (con sujeto tácito).

27.5.3c Los participios de los verbos INACUSATIVOS (§ 41.3.2), también llamados a veces CUASIDEPONENTES, se comportan en buena medida como los de los transitivos. Aparecen como modificadores nominales (*El niño nacido a mediodía es extranjero*), como atributos (*El árbol está florecido*) y como predicativos, sea en construcciones absolutas (*Llegado el momento, actuaremos como corresponda*) o fuera de ellas (*La vi crecida*). Estos participios expresan generalmente resultados de procesos, pero no implican la existencia de un agente. En consecuencia, son incompatibles con los elementos que lo requieren, como ciertos adverbios o las oraciones finales (§ 27.5.3a). Cuando se registran, como arcaísmos, construidos con el verbo *ser* (*Cuando sea llegado el momento*), no forman oraciones pasivas, sino tiempos compuestos. Es controvertida la cuestión de si todos los verbos que expresan CAMBIO DE ESTADO O DE POSICIÓN son propiamente inacusativos (§ 41.3.1). Aun así, es oportuno resaltar que los participios de muchos de estos verbos admiten paráfrasis con oraciones activas, como en *una mujer enamorada* ('que se ha enamorado'), *alguien asomado a la ventana* ('que se ha asomado'). Expresan asimismo cambio de estado *arrodillarse, cristalizar, encoger, enfermar, enfriarse, llenarse, palidecer, tumbarse*, etc. Forman otros grupos de verbos cuyos participios se comportan de modo similar los que denotan SURGIMIENTO, APARICIÓN y DESAPARICIÓN (*amanecer, brotar, emerger, florecer, manifestarse, morir, nacer*), MOVIMIENTO DIRECCIONAL o asociado a un término (*aterrizar, caer, entrar, llegar, salir*) y ACAECIMIENTO (*ocurrir, pasar, suceder*). Se ejemplifican a continuación algunos de estos participios:

> Su vida turbulenta empezó a los quince, muertos ya su padre y su hermana Maruja, cuando lo echaron del Liveo (Chavarría, *Rojo*); El sol acababa de ponerse y sobre el cielo palidecido se consumían los últimos tizones del jeroglífico (Martín Gaite, *Nubosidad*); Esteban se sentía enamorado como un adolescente (Allende, *Casa*).

Aunque los verbos que denotan PRESENCIA y EXISTENCIA (*bastar, caber, existir, faltar, permanecer*) se acercan a los inacusativos en determinados aspectos sintácticos, sus participios se suelen usar únicamente en los tiempos compuestos: *Hemos cabido en el auto ~ *las personas cabidas en el auto*.

27.5.3d Muchos verbos transitivos que tienen correlatos pronominales admiten participios en su doble uso. Así, *convencido* es el participio del verbo transitivo *convencer* (*Un abogado convencido por su cliente*), pero también del intransitivo *convencerse* (*Una persona convencida de que tiene razón*). En la variante transitiva se percibe la presencia del agente (esté o no explícito), que falta en la variante pronominal. Al mismo grupo pertenecen los pares *adaptar ~ adaptarse; agotar ~ agotarse; apoyar ~ apoyarse;*

cansar ~ cansarse; caracterizar ~ caracterizarse; enfriar ~ enfriarse; levantar ~ levantar-se; mover ~ moverse; secar ~ secarse; situar ~ situarse; vaciar ~ vaciarse, etc.

27.5.3e   Con los verbos llamados INTRANSITIVOS PUROS O INERGATIVOS no se forman participios pasivos, aunque sí tiempos compuestos. Este último es, pues, el único uso posible de voces como *bostezado* o *madrugado,* de lo que se deduce que estos participios no admiten variantes en femenino ni en plural. Entre los verbos exclusivamente pronominales (§ 41.7), unos tienen participios pasivos (*acurrucarse, arrepentirse, ensimismarse,* asimilados a los inacusativos), y otros solo participios de perfecto, es decir, los que se limitan a formar tiempos compuestos (*alegrarse, congratularse, dignarse, jactarse*). Algunos de estos últimos verbos tienen correlatos con verbos transitivos, lo que da sentido a expresiones como *una fiesta alegrada por la música de una orquestina* (cf. *La música alegró la fiesta*). Los verbos pronominales que tienen participios pasivos admiten, por el contrario, los participios en su interpretación intransitiva (*penitentes arrepentidos*).

27.5.3f   Los participios de los verbos transitivos y los de los inacusativos se distinguen de los ADJETIVOS que presentan la misma forma. Así, *elevado* es participio del verbo transitivo *elevar* en *La carga fue elevada al cuarto piso,* pero adjetivo en *Pagó un precio muy elevado.* Siguen pautas similares *abierto* (*una puerta abierta ~ una mentalidad abierta*); *alargado* (*El plazo ha sido alargado ~ El objeto era plano y alargado*); *entretenido* (*El cartero fue entretenido por un vecino ~ La novela es entretenida*); *organizado* (*una reunión organizada hace un mes ~ una persona trabajadora y organizada*); *prolongado* (*El permiso fue prolongado dos meses más ~ Se dieron un beso prolongado*), etc. El significado de los participios se obtiene en estos pares de los verbos a los que corresponden, ya que expresan el resultado de acciones o procesos. El significado de los adjetivos homónimos se define en los diccionarios.

27.5.4   Semejanzas entre participio y adjetivo

27.5.4a   Además de la flexión de género y número, muchos participios comparten con los adjetivos un buen número de estructuras sintácticas por el hecho de ser ambos elementos predicativos: unos y otros pueden ser modificadores del nombre, como en *la variedad de petróleo más {vendida ~ cara};* atributos en las oraciones copulativas, como en *Estaba {roto ~ nuevo}* (> *lo estaba,* en ambos casos; recuérdese el § 27.5.3a, al final), o complementos predicativos: *Acabó {arrepentido ~ loco}; Hallaron {escrita ~ insuficiente} su dimisión.* Participios y adjetivos aparecen también en las construcciones preposicionales en las que se admiten complementos predicativos: *con las botas {puestas ~ sucias}.* Los participios comparten, asimismo, con algunos adjetivos la capacidad de formar oraciones absolutas: *una vez {llenado ~ lleno} el recipiente.* Los verbos semicopulativos se construyen con participios y con ciertos adjetivos, en las condiciones restrictivas que se analizan en los § 38.1-3: *Quedó {destruido ~ blanco}.*

27.5.4b   El participio muestra mayor afinidad con unos adjetivos que con otros. En efecto, los participios están especialmente cercanos a los llamados ADJETIVOS PERFECTIVOS O RESULTATIVOS, como *contento, enfermo, harto, junto, lleno, maduro,* *seco, tenso* y otros similares relacionados con raíces verbales. Todos expresan estados que son resultado de un proceso, lo que les permite formar construcciones absolutas: *Una vez lleno el vaso, ...; Ya madura la decisión, ...; Enferma de párkinson su mamá,* ... Aun así, algunos adjetivos que denotan propiedades episódicas o transitorias (§ 13.2.5 y 37.5.1c) no poseen vínculo morfológico con los verbos y se admiten en oraciones absolutas, como en *Una vez sola, abrió la carta.* Muchos de los adjetivos que ponen de manifiesto dicho vínculo proceden de los antiguos PARTICIPIOS TRUNCADOS O TRUNCOS. Estos participios no terminan en *-ado* y tienen su acento en la raíz verbal, como *corto, harto, junto, lleno, suelto: Fueron las paredes llenas de tierra* (Alfonso X, *General Estoria* I), que equivale a 'Fueron llenadas de tierra'; *Fue suelto de la cárcel* (Alemán, *Guzmán* I), es decir, 'Fue soltado de la cárcel', etc. Se conservan muchos de ellos como adjetivos (*corto, harto, junto, lleno*), a veces con distribución geográfica irregular: *abrigo* ('abrigado'), *calmo* ('calmado'), *canso* ('cansado'), *colmo* ('colmado'), *fallo* ('fallado'), *nublo* ('nublado'), *pago* ('pagado'), *pinto* ('pintado, con manchas'), *quisto* ('querido'), *quito* ('quitado'), etc.:

> Así que un servidor les da las buenas noches y se retira pero pitando. Estoy pago, ¿no, tú? (Sánchez Ferlosio, *Jarama*); Echen ustedes a la suerte cuál de los dos diserta sobre ese negozuelo, porque yo estoy ya canso de recuerdos y de temores (Suárez, *Sueños*); En su estado de salud, con su desajustado corazón fallo, no resistiría mucho tiempo aquella racha de miedo que iba a caer sobre él (Uslar Pietri, *Oficio*).

27.5.4c Como formas verbales que son, los participios heredan con mayor regularidad que los adjetivos los complementos preposicionales de los verbos (*una cantidad dividida entre cuatro*). No obstante, esos complementos también se transmiten en ocasiones a los adjetivos (*una cantidad divisible entre cuatro*). Algunos de los terminados en *-ble* introducen complementos preposicionales paralelos a los complementos indirectos que pueden incidir sobre el participio: *Esta nueva especie de esclavitud vence la vida de los hombres y es transmisible a sus herederos* (Rivera, *Vorágine*). Los adjetivos terminados en *-ble* no rechazan tampoco el complemento agente: *Pero que es veraz y, por tanto, utilizable por el historiador* (Tusell, *Historia*); *Se agotarán los procedimientos pacíficos para llegar a un arreglo que sea aceptable por ambas partes* (*Tiempos* 28/1/1997), en lo que coinciden con los participios.

27.5.4d Los adverbios que expresan contenidos relativos al tiempo o el aspecto son esperables con la mayor parte de los verbos, y por tanto también con los participios. No resultan imposibles, sin embargo, con los adjetivos, aunque de forma más restringida: *un jugador todavía convaleciente, soluciones informáticas hasta hace poco imposibles, guías ya inservibles, un pariente enfermo desde hace años, empleados raramente satisfechos.*

27.5.5   Diferencias entre participio y adjetivo

Los contextos que los participios no comparten con los adjetivos son los que ponen de manifiesto la naturaleza verbal de los primeros, como se describe en los apartados siguientes.

27.5.5a Los adjetivos no tienen complementos predicativos. Los participios sí pueden tenerlos, ya que son formas verbales, como en *El reo fue considerado culpable*, o en *un antibiótico llamado aureomicina*. Los participios usados como adjetivos no heredan ciertos complementos propios de los verbos. Se dice, por ejemplo, *Había viajado mucho por América*, pero no **Era una persona muy viajada por América; Dos muchachos habían bebido mucho en este bar*, pero no **Dos muchachos demasiado bebidos en este bar*.

27.5.5b Se explicó en los párrafos anteriores que ciertos participios expresan resultados de los procesos, propiedad que comparten con algunos adjetivos: *Una vez limpiada ~ limpia la alberca* (también *piscina* o *pileta*). Los adjetivos no se refieren, en cambio, al proceso mismo, lo que explica su resistencia a los complementos agentes, que solo admiten algunos terminados en *-ble* (§ 27.5.4c): *una alberca {limpiada ~ *limpia} por el encargado*. Idéntico comportamiento muestran los adjetivos *maduro, sujeto, vacío,* frente a los participios *madurado, sujetado* o *vaciado*. Similar rechazo suelen ofrecer los adjetivos a los adverbios de modo o manera, puesto que estos adverbios implican algún agente que lleva a cabo una acción: *un almacén trabajosamente {vaciado ~ *vacío}*. Cabe decir lo mismo de los complementos que denotan instrumento: *unas cortinas {limpiadas ~ *limpias} con un producto especial*.

27.5.5c El adverbio *recién* es aceptado por los participios de muchos verbos transitivos e inacusativos, pero es rechazado por los adjetivos, puesto que —como en los complementos examinados en el apartado anterior— su interpretación requiere hacer referencia a algún suceso: *recién {sujetado ~ *sujeto}; recién {llenado ~ *lleno}; recién {lesionado ~ *enfermo}*.

27.5.5d Los adverbios *mucho, poco, bastante, demasiado* y otros similares se posponen a los verbos (por tanto, también a los participios). Se dice *La puerta fue abierta demasiado* y no **La puerta fue demasiado abierta*, porque *abierta* es participio en este ejemplo. Es, en cambio, adjetivo en la oración *Su actitud fue demasiado abierta*. No obstante, los participios admiten más fácilmente esos adverbios antepuestos cuando expresan procesos no delimitados (*una medida muy esperada por la población, un plato poco apreciado por los entendidos*) o cuando se interpretan como adverbios de frecuencia (*carreteras bastante transitadas por los excursionistas*). Por otra parte, los adjetivos muestran menor resistencia que los participios a anteponerse a los sustantivos, como puede observarse en *una agitada vida* o *una apartada residencia* (se subrayan los adjetivos), frente a **una agitada botella* o **una apartada cantidad económica* (se subrayan los participios).

27.5.5e A diferencia de los adjetivos, los participios no tienen prefijos negativos si no pertenecen al verbo del que se derivan. Existen, pues, los participios *inutilizado* e *incapacitado* porque también existen los verbos *inutilizar* o *incapacitar*. Son, en cambio, adjetivos, las formas *injustificado, incivilizado, inesperado* e *indeseado,* ya que no existen los verbos **injustificar, *incivilizar, *inesperar* o **indesear*. Del mismo modo, los adverbios terminados en *-mente* se derivan solo de adjetivos. No se forman, por tanto, adverbios como **traducidamente* o **asesinadamente*. Los adverbios *equivocadamente, complicadamente* y *civilizadamente* no proceden, pues, de participios, sino de los adjetivos homónimos correspondientes *equivocado, complicado* y *civilizado.*

27.5.5f Los diminutivos se forman con bases adjetivas, entre otras (§ 9.2). Los participios los rechazan en los tiempos compuestos (**Habían cargadito el camión*) y en las pasivas (**El camión fue cargadito por los empleados*), pero los aceptan a veces en otros contextos, más próximos a los adjetivales, en los que se pone de manifiesto su interpretación resultativa, como en *El camión estaba cargadito de regalos; Iban agarraditos del brazo; Llevaba la ropa bien apretadita.*

28 El verbo (VI). Las perífrasis verbales

28.1   Caracterización y tipos

28.1.1   Definición y composición de las perífrasis verbales

28.1.1a   Se denominan PERÍFRASIS VERBALES las combinaciones sintácticas en las que un verbo AUXILIAR incide sobre un verbo AUXILIADO, PRINCIPAL O PLENO, construido en forma NO PERSONAL (es decir, en infinitivo, gerundio o participio), sin dar lugar a dos predicaciones distintas: *No puedo entrar; Iremos considerando cada caso particular; Llevo escritas diez páginas.* El verbo auxiliar suele aparecer conjugado, como en los ejemplos anteriores, pero puede no estarlo: *Para poder entrar necesitamos autorización; Debe empezar a cantar.* Muchos verbos auxiliares son el resultado de un proceso de GRAMATICALIZACIÓN a través del cual han sufrido modificaciones en su significado y en su forma de combinarse, aunque con frecuencia se siguen percibiendo restos de las propiedades que poseen cuando funcionan como unidades autónomas. Así, «*llegar a* + infinitivo» (*Llegó a ser ministro*) expresa el estadio final de una sucesión porque en su uso no perifrástico *llegar* expresa también la acción de alcanzar algún destino.

28.1.1b   Casi todos los verbos auxiliares poseen usos no perifrásticos. Por ejemplo, *volver* acepta complementos cuando es un verbo pleno, como en *Volvió a su pueblo a reclamar sus derechos,* pero no lo hace cuando es verbo auxiliar. Una de las características fundamentales de los verbos auxiliares de las perífrasis es el hecho de que no aportan al predicado ni argumentos ni adjuntos (§ 1.6.1c y 1.6.2). Así, el complemento subrayado en *Solía contarlo delante de todos* indica la manera de contar algo, mientras que en una combinación no perifrástica del tipo de *Aceptó contarlo delante de todos,* ese mismo complemento podría denotar tanto la manera de contar algo como la manera de aceptarlo. El verbo auxiliado, por su parte, mantiene sus complementos, así como otras de sus propiedades gramaticales. Sin embargo, no mantiene la flexión verbal, y en ocasiones tampoco los rasgos relativos al modo de acción.

28.1.2   Propiedades sintácticas de las perífrasis

No toda combinación de un verbo en forma personal con otro en forma no personal da lugar a una perífrasis verbal. En efecto, en *Pudo pagar sus deudas,* el infinitivo forma con el verbo conjugado una perífrasis, mientras que en *Prometió pagar sus deudas* se integra en una oración subordinada sustantiva con sujeto tácito. En los apartados que siguen se expondrán las propiedades sintácticas que caracterizan las perífrasis. Una parte de ellas se explica mejor si se supone que *Pudo pagar sus deudas* se segmenta en la forma *[Pudo pagar] [sus deudas],* donde la perífrasis forma un grupo verbal que excluye el complemento directo de *pagar,* pero otras se analizan más adecuadamente si la segmentación se hace en la forma *[Pudo] [pagar sus deudas],* es decir, como un grupo verbal que contiene a su vez otro grupo en su interior.

28.1.2a   Las subordinadas sustantivas de infinitivo no se eliden, sino que se retoman mediante un pronombre neutro, o bien, cuando expresan una acción, mediante la proforma *hacerlo: Prometió pagar sus deudas > Lo prometió* o *Prometió hacerlo.* Las perífrasis admiten la segunda opción, pero no la primera, ya que los grupos verbales no insertos en oraciones no se sustituyen por pronombres: *Él pudo pagar sus deudas, pero yo no {pude hacerlo ~ *lo pude}.* El grupo verbal que forma el verbo auxiliado con sus complementos puede elidirse en muchos casos, como en *Él pudo pagar sus deudas, pero yo no pude,* o en los siguientes ejemplos:

> Muriendo estoy de pesar / de que ya no podré verte / como <u>solía</u> (Lope Vega, *Castigo*);
> Vivimos en el barrio de Pacífico, y hacemos cosas cada vez que <u>podemos</u> (Cortázar, *Cronopios*); Me disgustaría que pudiera pensar, dada mi poca soltura, que soy un tullido que hace esfuerzos para llegar más allá de donde <u>debe</u> (Díez, *Fuente*).

Entre el verbo auxiliar y el principal media a veces una preposición, como en «*empezar a* + infinitivo» o en «*deber de* + infinitivo». La conjunción *que,* característica de «*tener que* + infinitivo», se acerca en su funcionamiento gramatical a las preposiciones. En caso de elisión del verbo principal, la preposición se elide también: *El solista empezó a tocar antes de que empezara la orquesta.*

28.1.2b   Las subordinadas sustantivas de infinitivo tienen correspondencia con las de verbo finito (o en forma personal), que habitualmente encabeza la conjunción *que: Prometieron <u>pagar sus deudas</u> ~ Prometieron que <u>pagarían sus deudas</u>; Deseaba <u>ir</u> ~ Deseaba que <u>fuéramos</u>.* No existe correspondencia, en cambio, en las perífrasis, puesto que el infinitivo que contienen no se integra en una oración: **Pudo que tradujera aquel texto.* No constituyen excepción oraciones como *Puede que llueva,* en la que *puede que* se ha gramaticalizado como adverbio (§ 25.5.2c).

28.1.2c   El hecho de que las perífrasis verbales no sean unidades léxicas sino predicados complejos construidos sintácticamente, hace que no se asimilen a las formas que se obtienen en los paradigmas de las conjugaciones. Por otra parte, los dos componentes de la perífrasis muestran, dentro de su cohesión, cierta independencia sintáctica, fácilmente explicable si se segmentan como un grupo verbal dentro de otro grupo (recuérdese el § 28.1.2). Tal independencia permite que entre ambos componentes se interpole el sujeto (*No podía yo imaginármelo*), así como también otros elementos, entre ellos los que se subrayan en los ejemplos siguientes:

> ¿Ves, Jenaro? Si te dejo, / no llegas <u>nunca</u> a animarte (Gabriel Galán, *Castellanas*); [...] la futura malvada madame Labru(ja), cuya maldad empezó <u>inmediatamente</u> a cobrar enorme actualidad (Bryce Echenique, *Martín Romaña*); La abuela llevó al niño, tuvo <u>casi</u> que empujarlo con dulzura, frente a la jarra danesa (Lezama, *Paradiso*).

Muchas perífrasis aceptan incluso la negación del verbo auxiliado, como ocurre en *Uno sigue <u>no recordando</u> después de que se lo ha obligado a recordar* (Marías, J., *Corazón*) o en *Estuvo a punto de <u>no recibirlo</u>* (Uslar Pietri, *Oficio*).

28.1.2d   A pesar de que se suelen describir abreviadamente los esquemas perifrásticos de infinitivo mediante fórmulas como «*tener que* + infinitivo» o «*empezar por* + infinitivo», la segmentación sintáctica que se considera más apropiada no es *[Tenía que] [irse]*, sino *[Tenía] [que irse]*, como demuestra la interpolación en *Tenía siempre que irse* (y no **Tenía que siempre irse*). Las estructuras de coordinación favorecen el mismo tipo de segmentación: *Tengo que vestirme y que salir corriendo; Tenemos o tienen que hacer algo* (frente a **Tenemos que o tienen que hacer algo*).

28.1.2e   La cohesión que se establece en las perífrasis entre el verbo auxiliar y el auxiliado permite que los pronombres átonos que complementan al segundo se puedan anteponer al primero, de modo que son posibles *Voy a decírselo; Venía prometiéndolo,* pero también *Se lo voy a decir; Lo venía prometiendo.* Tal anteposición no se ve impedida por la presencia de una preposición o de la partícula *que: No lo debía de saber; Lo tienes que intentar.* El criterio de la anteposición no es, sin embargo, infalible. Por una parte, no la admiten los verbos auxiliares pronominales: *Se puso a escribir cartas > Se puso a escribirlas > *Se las puso a escribir;* por otra, la anteposición es posible en algunas combinaciones no perifrásticas: *Se lo hizo dibujar; Se lo pensaban decir* (§ 16.4.3c).

28.1.2f   Proporcionan las construcciones PASIVAS otro síntoma de la integración entre auxiliar y auxiliado. En efecto, la pasiva que corresponde a la oración *Nadie podía criticar las decisiones* es *<u>Las decisiones</u> no <u>podían</u> ser criticadas por nadie,* en la que el complemento directo de *criticar* se convierte en sujeto de la oración entera y determina la concordancia del auxiliar. Lo mismo ocurre en *<u>Los sospechosos están</u> siendo interrogados por la policía* y en *<u>Los resultados deben</u> ser hechos públicos hoy.* Con algunas perífrasis aspectuales, como las formadas por *dejar, empezar* o *volver,* se documentan construcciones pasivas en las que el verbo *ser* precede al auxiliar, como en *El teatro <u>fue vuelto</u> a construir de manera prácticamente exacta* (*Vanguardia* [Esp.] 16/8/1995); *Muchos de estos nombres que se recuperan no <u>han sido</u> nunca <u>dejados</u> de utilizar por los madrileños* (*País* [Esp.] 10/7/1980). Según se señala en el § 41.2.2a, la norma actual prefiere las oraciones que muestran la construcción pasiva en el verbo auxiliado: *Empezó a <u>ser construido</u>; Volvieron a <u>ser plantados</u>; No han dejado nunca de <u>ser utilizados</u>.* Las variantes pasivas de las subordinadas sustantivas de infinitivo no afectan en ningún caso, tal como cabe esperar, al verbo principal: *El alcalde impidió arrancar los carteles > *Los carteles fueron impedidos arrancar por el alcalde.*

28.1.2g   Las perífrasis verbales pueden formar PASIVAS REFLEJAS en las que el auxiliar concuerda con el primitivo complemento directo del verbo auxiliado, ahora convertido en sujeto: *Esas infracciones se tienen que denunciar; Las máquinas de escribir se han dejado de usar; No se llegaron a publicar sus obras*. Como *desear* no es un verbo auxiliar, sino pleno, aparece en singular en *Se deseaba conseguir los permisos necesarios* (pasiva refleja). Se percibe, sobre todo en los registros informales, cierta tendencia a integrar algunos de estos verbos plenos en el grupo de los auxiliares. La integración no ha pasado todavía a la lengua culta, por lo que se recomienda evitar la variante concordada que la pone de manifiesto. Se aconseja, por tanto, no construir oraciones como *Se deseaban conseguir los permisos necesarios*, que se consideran incorrectas.

28.1.2h   Como se desprende del § 28.1.1b, los auxiliares de las perífrasis se caracterizan de modo prototípico por una serie de propiedades internas. En primer lugar, no suelen imponer condiciones semánticas a sus sujetos, aunque concuerdan con ellos. Así, la presencia del grupo nominal que desempeña la función de sujeto en la oración *Esta novela puede ser un éxito de ventas* no depende del contenido del auxiliar *poder* sino del predicado *ser un éxito de ventas*. En segundo lugar, los auxiliares no seleccionan los complementos del verbo internos al grupo verbal: la naturaleza del complemento directo *una cerveza* en *Voy a tomarme una cerveza* viene determinada por el verbo *tomar*, sin que el auxiliar *ir* intervenga en dicha selección. Finalmente, no es una propiedad del auxiliar seleccionar el verbo principal. No hay, en efecto, relación léxica o semántica entre *debe* y *aprender* en *Pepa debe aprender sueco*, mientras que tal relación se da entre *aprender* y *sueco*.

28.1.2i   Parece existir cierto consenso sobre la idea de que las dos formas verbales que conforman los esquemas perifrásticos deben compartir un mismo sujeto, que concordará con el verbo auxiliar, pero será argumento del verbo auxiliado. Este criterio excluye de las perífrasis las construcciones causativas como *El profesor les hacía recitar poemas*, en las que el sujeto de *hacer* y el sujeto tácito de *recitar* no tienen el mismo referente. No obstante, deja también fuera construcciones impersonales como «*dar* (a alguien) *por* + infinitivo» (*Le daba por cantar*) o «*haber que* + infinitivo» (*Hay que darse prisa*), lo que no todos los gramáticos admiten en igual medida.

28.1.3   Semiperífrasis y construcciones no perifrásticas

Los dos verbos que forman las perífrasis verbales están sujetos a grados diversos de integración. Algunas construcciones responden a todos los rasgos descritos en los apartados anteriores y son, por tanto, consideradas perífrasis por la generalidad de los gramáticos. Otras, en cambio, se ajustan parcialmente a ellos, lo que da lugar a discrepancias en los inventarios, que también contribuyen a diversificar las variaciones geográficas y temporales. No pertenecen al español actual las antiguas perífrasis «*fincar* + infinitivo», «*restar de* + infinitivo», «*usar* + infinitivo», entre otras muchas. Por otro lado, se incorporan al idioma nuevos verbos auxiliares, como en la perífrasis «*vivir* + gerundio»: *Me lo vive diciendo* ('Me lo dice continuamente'), frecuente en el español coloquial de muchos países americanos. Del mismo modo, se usan en varias zonas de América «*entrar a* + infinitivo» (§ 28.3.2d), como en *Ha entrado a ser lo bello dominio de todos* (Martí, *América*), que se interpreta como 'Ha empezado a ser...', además de «*tener* + gerundio», como se ve en *Tengo estudiando el asunto mucho tiempo* 'Lo llevo estudiando'. En los apartados que siguen se examinarán algunas construcciones que se integran total o parcialmente en la clase de las perífrasis, y se prestará particular atención a los rasgos que determinan su integración en esa clase de construcciones.

28.1.3a   Se explicó en los § 28.1.1b y 28.1.2f que los verbos auxiliares no tienen complementos argumentales. Tampoco imponen de forma habitual restricciones a sus sujetos. No obstante, verbos como *llevar, pasar* y *tardar,* que se suelen considerar auxiliares de perífrasis en oraciones como *Llevo una hora esperándote; Se pasó tres días estudiando; No tardó en averiguarlo ni dos minutos,* seleccionan los complementos temporales que aparecen subrayados. De manera análoga, los auxiliares de las perífrasis «*ponerse a* + infinitivo» o «*andar* + gerundio» imponen restricciones a sus sujetos, que han de ser agentivos (resultan muy forzadas, en efecto, secuencias como *Julio se puso a ser amable con sus clientes* o *Los precios andan subiendo*). Es esperable, por tanto, que oraciones como *Los comerciantes andan subiendo los precios* carezcan de la pasiva correspondiente (**Los precios andan siendo subidos por los comerciantes*), ya que el auxiliar rechaza un sujeto no agentivo.

28.1.3b   En la dirección contraria a la analizada en el apartado anterior, algunos verbos que normalmente no forman perífrasis dejan de imponer a sus sujetos en determinadas construcciones las restricciones que les son habituales. Se llaman a veces SEMIPERÍFRASIS las estructuras así obtenidas. Los verbos *conseguir, intentar, lograr, necesitar* o *tratar* se consideran, paralelamente, SEMIAUXILIARES, ya que no se comportan como los verbos plenos cuando se combinan con infinitivos en las pasivas, especialmente si son reflejas. Las relaciones de concordancia muestran esta marcada tendencia a integrarse en la clase de los auxiliares. También la pone de manifiesto el hecho de que estos verbos dejen de construirse en tales casos con el sujeto agente que los caracteriza:

> Se intentan derogar ciertos Edictos del Serenísimo Señor Infante Duque de Parma (Menéndez Pelayo, *Heterodoxos*); La conflagración que se desató hacia las cuatro de la tarde logró ser dominada en principio con los extintores a manos de los empleados (*Tiempo* [Col.] 14/1/1975); Este olvido parece que tratará de ser subsanado este año (*Faro Vigo* 5/4/2001); Antes de trabajar con metal, madera, o cualquier material, se necesitan conocer sus propiedades (*Excélsior* 1/11/1996).

A pesar de que la tendencia que se describe va en aumento en el español contemporáneo, se prefieren las variantes de estas oraciones que no presentan los verbos mencionados como auxiliares de perífrasis: *Se intenta derogar...* en el primer caso, ... *pudo ser dominada...* en el segundo, etc. El verbo *saber* muestra un comportamiento similar. Construido con infinitivo significa 'poseer capacidad o habilidad' (*Sabía hablar alemán*), pero en el ejemplo siguiente, procedente de la lengua periodística, aparece con sujeto de cosa, a diferencia de lo que sería de esperar: *Eso sirvió para echar las bases de un parque industrial cuyos recursos no se supieron capitalizar* (*Nacional* 19/5/1997). También en este caso se consideran preferibles las pasivas reflejas de sujeto oracional, por tanto con verbo en singular: *las drogas que se intentó exportar,* *los problemas que no se ha sabido solucionar.* Ello no impide que «*saber* + infinitivo» presente en la lengua general algunas propiedades características de las construcciones perifrásticas, especialmente la elipsis de grupo verbal: *Ella sabía cocinar muy bien, pero él no {sabía ~ *lo sabía}.*

28.1.3c También la construcción «*querer* + infinitivo» se asimila en parte a las perífrasis verbales, pero no se integra en ellas en todos los aspectos de su sintaxis. Como en el caso de *saber,* y al igual que con *deber, poder* o *soler,* se prefiere en esta construcción la elipsis del grupo verbal a la sustitución pronominal: *Él insistía en ir al cine, pero ella no {quería ~ *lo quería}.* El verbo *querer* admite también la anteposición del pronombre átono (*Lo quiero intentar*) y se registra, en la lengua clásica y en la moderna, con pasivas reflejas y sujeto de cosa:

> [...] una frazada, cuyos hilos, si se quisieran contar, no se perdiera uno solo de la cuenta (Cervantes, *Quijote* I); Cesen los chismes ridículos, las hablillas malévolas con que se han querido manchar reputaciones como la mía (Galdós, *Episodios*); El único patrimonio que tengo para legarle a mis hijos es mi honradez y hombría de bien que hoy se han querido poner en tela de juicio (*Tiempo* [Col.] 14/1/1975).

Otras características sintácticas de «*querer* + infinitivo» no son propias, por el contrario, de las perífrasis. Rechaza las pasivas con *ser* con sujeto de cosa (**soluciones que no quisieron ser adoptadas*); además, el grupo del infinitivo alterna con subordinadas sustantivas de verbo en forma personal y con grupos nominales, y se puede coordinar con ambas estructuras: *Quiero [ir a su casa y que ustedes vengan a la mía]* o *Quiere [trabajar en el hospital y la licencia necesaria para hacerlo].* Más integrados en las perífrasis están los usos INMINENCIALES, en los que «*querer* + infinitivo» equivale a «*ir a* + infinitivo»: *Quiere llover; Te quieres enfermar,* el último en algunas variedades del español americano (§ 28.2.2h).

28.1.3d Suelen considerarse igualmente SEMIPERÍFRASIS las construcciones en las que *prometer, demostrar* y *mostrar* aparecen con sujetos no agentivos:

> La noche prometía ser tibia y perfumada (Loynaz, *Jardín*); Una amenaza que después demostró ser una simple estratagema de la oposición (Boadella, *Memorias*); Nada, o casi nada, muestra ser diferente, en cuanto a nosotros respecta, de como se mostrara la víspera (*ABC* 4/10/1982)].

La conversión de los verbos en semiauxiliares tiene consecuencias gramaticales, pero también semánticas. En efecto, *demostrar, lograr, prometer, querer, saber,* etc. no expresan en este tipo de construcciones propiedades que correspondan a sus sujetos. Ni en *El día promete ser bueno* se habla de cierta promesa hecha por un día, ni en *Los resultados han demostrado ser excepcionales* se habla de una demostración hecha por ciertos resultados, sino que se expresa más bien el sentido impersonal que corresponde a oraciones pasivas reflejas como *Se ha demostrado que los resultados son excepcionales.*

28.1.3e No son asimilables enteramente a las perífrasis verbales los llamados ESQUEMAS FRASEOLÓGICOS SEMIPRODUCTIVOS. Se trata de combinaciones en las que el verbo en forma no personal está RESTRINGIDO LÉXICAMENTE, en el sentido de limitado a unos pocos verbos de determinada clase semántica. Así, presenta restricciones «*romper a* + infinitivo», que solo se construye con los verbos *aplaudir, llorar, reír* y unos pocos más que expresan manifestaciones expansivas. Las presentan igualmente «*salir* + gerundio» (*Salió perdiendo, ganando...*), «*dar a* + infinitivo» (*Dio a conocer, a probar...*), «*echar a* + infinitivo» (*Echaron a correr, a volar...*) o «*echarse a* + infinitivo» (*Me eché a llorar, a reír...*). Tampoco tienen carácter perifrástico las LOCUCIONES VERBALES que los diccionarios incluyen como fórmulas fijas. Entre ellas están *querer decir* 'significar', *hacer saber* 'comunicar', *echar(se) a perder* 'malograr(se)', *mandarse mudar* (también *mandarse a cambiar* en algunos países) 'irse'.

28.1.3f   Los TIEMPOS COMPUESTOS fueron en su origen perífrasis verbales, y como tales los siguen considerando algunos gramáticos. En la tradición, sin embargo, se ha venido asignando los tiempos compuestos y las perífrasis a dos clases distintas, en razón sobre todo del diverso grado de integración entre sus componentes. En primer lugar, los tiempos compuestos rechazan la concordancia con los participios, a diferencia de las perífrasis: *Las {tengo ~ *he} escritas*. En segundo lugar, algunas perífrasis imponen restricciones semánticas a los predicados y a los sujetos con los que se forman (§ 28.1.2f y 28.1.3a), mientras que los tiempos compuestos pueden construirse con cualquier verbo y no limitan sus posibles sujetos. No existen, pues, verbos que carezcan de tiempos compuestos (sobre la excepción, solo parcial, de *soler*, véase el § 28.3.1c).

28.1.3g   El origen perifrástico de los tiempos compuestos se percibe todavía en ciertos indicios de independencia entre el auxiliar *haber* y el participio. Esto ha llevado a algunos autores a extender a los tiempos compuestos la segmentación *[Había] [cerrado la puerta]*, propuesta para las perífrasis. Así, el verbo auxiliar de las perífrasis verbales puede incidir sobre dos verbos auxiliados coordinados, como en *La lengua latina se ha ido adaptando y moldeando al medio* (Ynduráin, *Clasicismo*), propiedad que se extiende a los participios: *[...] mi modesto refugio de casa, aquel desván donde había jugado y leído tantos años* (Merino, *Orilla*); *El mayor tenía cara de sapo y sus rasgos hinchados se habían acentuado y sonrosado con el alcohol* (Vargas Llosa, *Fiesta*). Por otra parte, al igual que en las perífrasis (§ 28.1.2h), en los tiempos compuestos es posible intercalar elementos entre auxiliar y auxiliado:

> La idea de que Maruja estaba muerta se había ya establecido en su mente (Marsé, *Teresa*); No había nunca podido imaginar siquiera la existencia de una exaltación dolorida que tendía a la mujer de bruces sobre el césped (Agustí, *Mariona*); Durante la noche se había prácticamente atrincherado, cerrando con llave (Posse, *Pasión*).

Aun así, esta opción está más restringida en los tiempos compuestos. El verbo auxiliado o principal de las perífrasis puede negarse, como se vio en el § 28.1.2h, no así el de los tiempos compuestos (**Habíamos no decidido hacer el viaje*).

28.1.4   Clases de perífrasis verbales

28.1.4a   Atendiendo a la forma no personal del verbo que el auxiliar elige, las perífrasis verbales se dividen en PERÍFRASIS DE INFINITIVO, DE GERUNDIO Y DE PARTICIPIO. Algunos de los auxiliares pueden combinarse con formas no personales distintas, siempre con diferencias de significado. Así, *ir* se combina con infinitivo, gerundio y participio (*ir a envolver ~ ir envolviendo ~ ir envuelto*), mientras que *estar* y *llevar* solo con gerundio y participio (*Está estudiando todo el día; El asunto está estudiado; Lleva viviendo aquí diez años; Lleva acoplado un micrófono*), etc.

28.1.4b Con los esquemas perifrásticos se expresan en español un gran número de nociones temporales y aspectuales que otras lenguas expresan mediante perífrasis diferentes, o bien a través de partículas, morfemas verbales, adverbios u otros recursos. Es posible, por tanto, clasificar las perífrasis en función de la aportación semántica que a ellas hace el auxiliar. Suele así hablarse de perífrasis MODALES y TEMPOASPECTUALES. Las primeras expresan informaciones de diverso tipo relacionadas con la modalidad, fundamentalmente capacidad, posibilidad, probabilidad, necesidad y obligación. Son perífrasis modales «*deber* + infinitivo», «*deber de* + infinitivo», «*tener que* + infinitivo», «*poder* + infinitivo», etc. Las informaciones aportadas por las segundas afectan, en cambio, más directamente al tiempo y al aspecto.

28.1.4c Entre las perífrasis tempoaspectuales cabe distinguir aquellas en las que predominan los rasgos temporales, como «*ir a* + infinitivo» (*Voy a decirte una cosa*) o «*acabar de* + infinitivo» cuando expresa anterioridad reciente (*El patrón acaba de salir*), pero también las que denotan hábito («*soler* + infinitivo») o repetición («*volver a* + infinitivo»: *Hace poco volví a leer el Quijote*). Predomina, en cambio, la noción de aspecto en las llamadas PERÍFRASIS DE FASE O FASALES. Tales perífrasis aluden a los diversos estadios que se pueden considerar en un proceso. Las perífrasis de fase pueden agruparse como sigue:

> DE FASE PREPARATORIA O DE INMINENCIA: «*estar por* + infinitivo», «*estar para* + infinitivo», «*estar a punto de* + infinitivo», etc.
>
> DE FASE INICIAL O INCOATIVAS: «*empezar a* + infinitivo», «*comenzar a* + infinitivo», «*ponerse a* + infinitivo», «*entrar a* + infinitivo», etc.
>
> CURSIVAS: «*estar* + gerundio», «*ir* + gerundio», «*seguir* + gerundio», etc.
>
> TERMINATIVAS: «*dejar de* + infinitivo», «*cesar de* + infinitivo», «*acabar de* + infinitivo», «*terminar de* + infinitivo», etc.

Predomina también el aspecto en las perífrasis ESCALARES O SERIALES. Mientras que *empezar a leer un libro* expresa el ingreso en la acción de leer un libro (perífrasis de fase), *empezar leyendo un libro* sitúa esa acción al comienzo de una serie de acciones (perífrasis escalar o serial). Contrastan de forma similar *terminar de leer un libro* y *terminar leyendo un libro*. La escala que estas perífrasis constituyen o implican está orientada en función de la valoración implícita de las situaciones, y a menudo teniendo en cuenta lo que se considera esperable o inesperado. Son asimismo perífrasis escalares las subrayadas en los ejemplos siguientes:

> No alcanzaba a leer la letra mediana; Se mareó, se cayó por las escaleras y fue a golpearse en la nuca; Acabó pidiendo limosna por las calles; La cruda realidad ha venido a poner las cosas en su sitio; Anda hablando de un asunto raro; Llevo revisados veinte informes.

28.1.4d Son raras las perífrasis modales que interfieren con las tempoaspectuales, y viceversa. Las posibles divisiones dentro de las segundas son, en cambio, mucho más polémicas. Este desacuerdo se debe, por un lado, a que los rasgos que separan unos grupos de otros pueden estar presentes únicamente en ciertos usos de las perífrasis encuadradas en cada uno de ellos; por otro lado, a que los límites entre algunas de las clases no son claros, ya que ciertas perífrasis expresan información temporal o aspectual simultáneamente.

28.2   Perífrasis de infinitivo. Las perífrasis modales

Las perífrasis de infinitivo son las más numerosas. Como otras perífrasis (§ 28.1.4b), pueden ser bien MODALES, bien ASPECTUALES y TEMPORALES, en la medida en que es posible separar estos dos últimos valores. En esta sección se examinarán brevemente las perífrasis modales, es decir, las que expresan obligación, posibilidad, necesidad u otras manifestaciones de la actitud del hablante ante el contenido de la proposición.

28.2.1   Características de las perífrasis modales de infinitivo

28.2.1a   Suelen distinguirse dos tipos de perífrasis modales en función de si expresan modalidad RADICAL O PERSONAL por un lado, o modalidad EPISTÉMICA, IMPERSONAL o PROPOSICIONAL por otro. En la primera se atribuye a la entidad designada por el sujeto cierta capacidad, obligación, voluntad o disposición en relación con algo. Por ejemplo, en la oración *No puedo ponerme estos pantalones porque me quedan chicos* se niega cierta capacidad del hablante. En la modalidad epistémica se presenta, por el contrario, como objetivamente necesario, posible o probable, a juicio del que habla, algún estado de cosas. Así, cuando se dice *Luisa debe de haberse comprado un coche*, no se alude a las capacidades o los deseos de Luisa, sino al grado de certidumbre que el hablante tiene respecto del hecho enunciado, en este caso la compra del coche por parte de Luisa. No es infrecuente que se pueda obtener más de una interpretación en ciertos casos, como en *El ladrón no pudo entrar por la ventana*. Las perífrasis que expresan modalidad epistémica dan lugar a paráfrasis con oraciones, lo que explica el término *proposicional* con el que a veces se designa este tipo de modalidad. Así, *El ladrón no pudo entrar por la ventana* equivale, en su interpretación epistémica, a 'No puede ser cierto que el ladrón entrara por la ventana'. En la interpretación radical o personal se niega, en cambio, una facultad, por lo que sería adecuada una paráfrasis como 'Careció de capacidad, habilidad o permiso para realizar tal acción'.

28.2.1b   Como la modalidad radical se predica de un sujeto (*El atleta puede levantar trescientos kilos*), es incompatible con las construcciones que carecen de él (*Puede hacer frío*) o con las que poseen sujetos a los que no se atribuyen, por su naturaleza, capacidades, disposiciones o intenciones. Se exceptúan ciertos casos referentes a fenómenos atmosféricos (§ 28.2.2h). Por el contrario, en la modalidad epistémica no se impone condición alguna al sujeto gramatical de la construcción, en caso de que exista, en tanto en cuanto se aplica a un contenido proposicional: *Parece haber muchas dificultades; Puede ocurrir una catástrofe en cualquier momento; Debería (de) hacer mejor tiempo estos días*, etc.

28.2.1c   Algunos auxiliares están limitados a una de las dos modalidades. Así, *querer* se comporta como los modales radicales en las semiperífrasis que forma (§ 28.1.3c), mientras que *parecer* seguido de infinitivo lo hace como los modales epistémicos (§ 37.6.2b). Otros verbos auxiliares pueden admitir la lectura personal o la impersonal según los casos. En efecto, se expresa la modalidad personal o radical en *Tengo que trabajar esta tarde* o en *Puede hablar ruso sin dificultad,* pero corresponde en cambio la epistémica a *Tiene que haber sido por el calor* o a *Puede hacer mucho frío en invierno.*

28.2.1d Cuando se combinan sucesivamente dos auxiliares modales, ambos pueden ser radicales, como en *Tienes que poder estar aquí a las cuatro en punto,* pero puede suceder que el primero sea epistémico y el segundo radical, como en *El perro debió de querer abrir la puerta* o en *Debe haber algún tratamiento, inyecciones, algo, tanta brutalidad debe poder curarse* (Vargas Llosa, *Conversación*). No pueden combinarse consecutivamente, en cambio, dos modales epistémicos (**Puede parecer hacer mucho frío*), ni un modal radical seguido de un epistémico (**El perro quiso deber de abrir la puerta*).

28.2.1e Los modales epistémicos son compatibles con la noción de anterioridad, ya que la certidumbre o la posibilidad pueden referirse a un estado de cosas pasado. No es normal, en cambio, predecir un estado de certidumbre o de posibilidad futuras. Los modales radicales, por su parte, están generalmente orientados hacia el futuro, por cuanto las capacidades, las obligaciones y los deseos expresan contenidos que se aplican a situaciones de naturaleza prospectiva. Esta diferencia de orientación explica, entre otras propiedades, el diferente comportamiento de los modales radicales y de los epistémicos ante el infinitivo compuesto: los segundos lo admiten construidos en presente (*Puedo haberlo escrito; Puedes haberte equivocado*), pero los primeros se rechazan en este contexto. En cambio, si el auxiliar modal aparece en pasado, el infinitivo compuesto es admisible con los dos tipos de verbos. Con los modales radicales se interpreta como contrafactual, mientras que con los epistémicos tal interpretación no es forzosa. En efecto, de *Pudimos habernos quedado en Inglaterra* (con modal radical) se infiere 'No nos quedamos', mientras que de *El país pudo haber sido poblado por migraciones procedentes del norte* no se sigue necesariamente 'No fue poblado'. La diferencia de orientación explica también que los modales radicales puedan aparecer precedidos por la perífrasis «*ir a* + infinitivo», como en *Creo que vas a tener que venir,* construcción que tienden a rechazar los auxiliares epistémicos: *Si llegas tarde, los presentes van a* (**deber de*) *molestarse.*

28.2.1f Otra diferencia importante entre los modales radicales y los epistémicos es el hecho de que los últimos no contienen su propia localización temporal. En efecto, si la forma *pudo* se interpreta como modal radical o personal en *Ayer el ladrón no pudo entrar por la ventana,* aludirá a cierta capacidad pasada de una persona. En cambio, si la interpretación es epistémica, *pudo* aludirá a una conjetura actual relativa a un hecho pasado, lo que explica que sea apropiada la forma verbal de presente que se subraya en la perífrasis *No es posible que entrara por la ventana.*

28.2.2 Principales perífrasis modales de infinitivo

28.2.2a «*DEBER* + INFINITIVO» y «*DEBER DE* + INFINITIVO». Suele analizarse la primera como radical y la segunda como epistémica. Así, *Debes beber mucha agua* expresa, en principio, un consejo o una obligación, mientras que *Debes de beber mucha* *agua* transmite una conjetura del hablante, es decir, la manifestación de una probabilidad inferida. No obstante, el uso de «*deber* + infinitivo» para expresar conjetura está sumamente extendido incluso entre escritores de prestigio:

> Es verdad que nadie ha estado en ese cuarto por lo menos en un siglo —dijo el oficial a los soldados—. Ahí debe haber hasta culebras (García Márquez, *Cien años*); Debe hacer mucho frío en la calle, entonces un coñac doble (Cortázar, *Rayuela*); No debes haber llegado hace mucho, imagino (Guelbenzu, *Río*).

Este uso se registra también en textos antiguos. Como perífrasis de obligación se recomienda la variante sin preposición, esto es «*deber* + infinitivo». Aun así, «*deber de* + infinitivo» también se documenta en textos, clásicos y contemporáneos, con este valor.

28.2.2b «*TENER QUE* + INFINITIVO». En su uso epistémico expresa una inferencia certera o una conclusión palmaria, como en *La idea de Dios, por consiguiente, tiene que haber sido puesta en mí por algún ente superior* (Marías, *Historia*). En su uso radical o personal indica obligación, al igual que «*deber* + infinitivo», generalmente presentada como necesidad externa inevitable o impuesta por las circunstancias, de tal forma que el sujeto no puede sustraerse a ella: *Si no se comporta tendré que medicarle* (Cabal, *Briones*). Por otra parte, mientras que la obligación expresada por «*deber* + infinitivo» está en consonancia con lo generalmente deseable o con normas aceptadas que así lo imponen, no ocurre igual con la idea de obligatoriedad que transmite «*tener que* + infinitivo». Podría decirse, por ejemplo, *Las autoridades a veces tienen que cometer actos ilegales* si se quiere expresar que se ven forzadas a ello, pero sería más extraña la variante *... deben cometer actos ilegales,* porque expresaría que cierta norma superior exige una conducta ilícita. Cuando el auxiliar está en pretérito perfecto simple, se entiende que la acción se realizó efectivamente, lo que se deduce del carácter inevitable de la obligación expresada por *tener.* Se percibe pues, cierta contradicción en *Tuvo que marcharse, pero no se marchó,* que no se detecta en *Debió marcharse, pero no se marchó.*

28.2.2c «*HABER DE* + INFINITIVO». Admite igualmente usos radicales y epistémicos. En el uso radical expresa obligación, como en *Vaya pensando cómo se justifican las pesetas que hemos de darle a Máximo Estrella* (Valle-Inclán, *Luces*); en el epistémico, poco frecuente fuera de los textos literarios, manifiesta alguna inferencia que se considera probable y se construye sobre todo con infinitivo compuesto, como en *Le han de haber encargado* ['Seguramente le han encargado'] *que viniera a quitarme el sueño* (Rulfo, *Pedro Páramo*). Empleada como perífrasis radical, desemboca a menudo en una interpretación puramente prospectiva, cercana a la de «*ir a* + infinitivo» (§ 28.3.1a). Este uso, muy frecuente en la lengua clásica, es hoy característico del español americano, en el que las perífrasis temporales y de obligación van desplazando al futuro:

> Y no he de deciros ['no os diré'] más, que esta ofrenda espero que baste para quien tiene calidad y entendimiento (Ruiz Alarcón, *Verdad*); Tanto se me da, que en todas maneras, sé que de pobre no he de salir (Miras, *Brujas*); Con la venia de Nguenechén Nuestro Señor, no he de tardar (Labarca, *Butamalón*).

La interpretación prospectiva tampoco está ausente de los usos epistémicos. Se añade en estos casos la suposición de que es inevitable el estado de cosas que se describe: *Yo lo vi, con estos ojos que se ha de comer la tierra* (Mendoza, *Verdad*). La perífrasis «*haber de* + INFINITIVO» no puede ir precedida de ninguna otra: *Debió de {tener que ~ *haber de} irse.*

28.2.2d   «*HABER QUE* + INFINITIVO». Expresa también obligación, como en *Hay que apurarse.* Esta perífrasis, siempre radical o personal, es considerada predicado complejo no perifrástico por algunos autores. El verbo auxiliado se predica en ella de grupos nominales cuyos referentes están dotados de intención o voluntad. A esta restricción cabe atribuir contrastes como *{Tiene ~ *Hay} que llover más.* Se recomienda evitar en esta construcción la anteposición de los pronombres átonos. Se prefiere, pues, *Había que comprarlo* a *Lo había que comprar.* También se recomienda usar en ella los verbos pronominales con enclíticos de tercera persona (*Hay que marcharse*) y evitar los de primera persona de plural (*Hay que marcharnos*). Más que obligación en sentido estricto, la perífrasis indica en ciertos contextos que el hablante acepta como inevitable la situación que se expresa: *Ya es imposible guardar esto secreto, habrá que dar un comunicado oficial* (Vargas Llosa, *Conversación*).

28.2.2e   Las perífrasis modales de obligación descritas en los apartados anteriores están sujetas a los efectos de la llamada NEGACIÓN ANTICIPADA (§ 48.2.3). Si las precede el adverbio *no*, este puede negar en ocasiones la obligación que se expresa. En efecto, la expresión subrayada en *No, cielo, no tienes que hacer nada. Simplemente mostrarte como eres* (Marsé, *Teresa*) equivale a 'No tienes la obligación de hacer nada'. En cambio, en *No tienes que preocuparte* no se niega propiamente una obligación (*no > tener que*), sino más bien el predicado que introduce el verbo auxiliado (*tener que > no*). Es similar la interpretación que corresponde a *No tienen que pararse a escuchar, sino entren a despartir la pelea, o a ayudar a mi amo* (Cervantes, *Quijote* I), donde se indica la obligación de no pararse.

28.2.2f   «*PODER* + INFINITIVO». Usado como modal radical, *poder* expresa capacidad, facultad o habilidad, como en *Ya puedo mover la mano* o en *un material que puede resistir muy altas presiones,* pero también permiso, como en *¿Puedo pasar?* o en *Puedes venir a visitarme cuando lo desees.* Las preguntas sobre la capacidad del interlocutor en relación con algo se suelen interpretar discursivamente como peticiones: *¿No podrías irte a vivir a casa de tu tía Rosario?* (Aub, *Calle*). La perífrasis «*poder* + infinitivo» expresa conjetura en su interpretación epistémica y alterna con las locuciones *puede que* y *puede ser que.* Así, el contenido de *En el mundo puede haber varios millones de minas terrestres* es muy similar al de *Puede (ser) que en el mundo haya varios millones de minas terrestres.*

28.2.2g   «*VENIR A* + INFINITIVO». En su interpretación APROXIMATIVA expresa verosimilitud, al igual que *parecer.* Se construye a menudo con verbos de estado, como en *La carencia o el exceso venían a significar lo mismo* (Etxebarria, *Beatriz*), o en *Yo le dije que no, que creía que el cuerpo y el alma, tan traídos y llevados, venían a ser una misma cosa* (Martín Gaite, *Visillos*), pero también se documenta con verbos que expresan acciones puntuales, especialmente si se aportan datos, cálculos o mediciones, como en *Dormía siempre hasta que el sol comenzaba a recalentar el techo de su* *cabaña, lo cual* <u>*venía a ocurrir*</u> *sobre las nueve de la mañana* (Vázquez-Figueroa, *Tuareg*). El valor CULMINATIVO de esta perífrasis se estudia en el § 28.3.3a.

28.2.2h   «*PARECER* + INFINITIVO» y «*QUERER* + INFINITIVO». Suelen considerarse semiperífrasis (§ 28.1.3) porque no muestran todos los rasgos característicos de las perífrasis. La primera solo admite el sentido epistémico, por lo que no puede ir precedida de un auxiliar radical (§ 28.2.1d): *Has de (*parecer) tener razón.* Por el contrario, el verbo *querer* solo admite el sentido radical en las semiperífrasis que forma (§ 28.1.3c). No se construye, por tanto, con los verbos que no designan capacidades o disposiciones de los individuos (**Quiere haber más participación en la empresa*) ni con los impersonales en general, salvo con alguno de los que denotan fenómenos atmosféricos (*Quiere llover*). En este caso adquiere un sentido de inminencia, semejante al de «*ir a* + infinitivo». La interpretación inminencial es posible en oraciones con sujeto explícito, incluso personal, en zonas del área andina: *Me quiero resfriar* 'Me voy a resfriar', *Te quieres enfermar* 'Te vas a enfermar'.

28.3   Perífrasis de infinitivo. Las perífrasis tempoaspectuales

28.3.1   Perífrasis de infinitivo en las que predominan los rasgos temporales

28.3.1a   «*IR A* + INFINITIVO». El valor fundamental de esta perífrasis es temporal. Expresa POSTERIORIDAD, tanto desde el momento de habla, en competencia con el futuro (*Voy a estudiar; Van a ponerse de acuerdo; Va a llover*), como respecto de un momento anterior, en lo que coincide con el condicional (§ 23.8.1): *Parecía que iba a entrar* ['entraría'] *en la ciudad de un momento a otro.* Sin embargo, se acepta en varios entornos sintácticos en los que se rechazan el futuro y el condicional. Están entre ellos las prótasis condicionales introducidas por la conjunción *si*: *Si {te vas a enfadar ~ *te enfadarás}, no sigo hablando; Si no {ibas a estar ~ *estarías} en casa, podrías habérmelo dicho.* Cabe añadir las subordinadas temporales encabezadas por *cuando,* como en *cuando {vayamos a salir ~ *saldremos},* así como ciertas relativas en las que se especifica la referencia a contenidos temporales: *el día que {vayas a graduarte ~ *te graduarás}.* A la idea de posterioridad la perífrasis suele añadir la de inminencia, que no aporta el futuro. La perífrasis es muy frecuente en la lengua oral. Se han registrado variantes de la perífrasis sin la preposición *a*; aunque este uso ya se documenta en la lengua antigua, se considera incorrecto en la contemporánea.

28.3.1b   «*Ir a* + infinitivo» puede aportar también contenidos no temporales. Cuando el auxiliar de la perífrasis aparece en pretérito perfecto simple o en algún tiempo compuesto, puede aludir a la realización inesperada o fortuita de un hecho, como en *Rebotaron los plomos y uno* <u>*fue a matar*</u> *a un pobre palomo blanco, que estaba bebiendo bajo el peral* (Jiménez, *Platero*); *¡Me* <u>*he ido a enamorar*</u> *de ti, un patán, un salvaje que ni siquiera se baña!* (Sampedro, *Sonrisa*). Esta interpretación se da con verbos télicos (es decir, verbos que expresan procesos delimitados: § 23.2.1b), lo que la excluye de oraciones como **Fueron a ser felices* o **Fue a haber una catástrofe.* Usada en pretérito, muestra a veces un valor escalar próximo al de «*acabar* + gerundio» o «*terminar por* + infinitivo», lo que favorece la proximidad de los significados que se expresan en {*Fue a ~ Terminó por*} *chocar contra un árbol,* o con la perífrasis «*acabar + gerundio*»: *Acabó chocando contra un árbol.* Construida con sujetos de persona y verbos de acción, la perífrasis adquiere en pasado significado intencional, a menudo en referencia a una acción frustrada, como en *Fue a gritar, pero había perdido la voz.* Pierde su sentido prospectivo en algunas exclamativas e interrogativas retóricas de intención refutatoria: ¿*De dónde voy a haber sacado yo la llave del departamento de los señores Feliu?* (Bryce Echenique, *Martín Romaña*); *Cómo no se iba a haber enterado, si había salido en los periódicos* (Vargas Llosa, *Conversación*). El futuro de conjetura equivale semánticamente a un presente de incertidumbre: *Ahora serán las tres* (§ 23.7.2). En este uso, la perífrasis «*ir a* + infinitivo» solo se documenta en algunas variedades de la lengua conversacional, más frecuentemente en el español europeo que en el americano: *Eso va a ser* ['seguramente es'] *que* [...] *le ha dicho algo sobre la sardana* (*Razón* [Esp.] 1/12/2004).

28.3.1c   «*Soler* + infinitivo». Denota la repetición de un suceso o un estado de cosas, como en *Solía levantarse muy temprano* o *Cuando se moja un cable suele producirse un cortocircuito.* Su contenido se acerca al de las expresiones adverbiales *generalmente, por lo común* y otras similares, y por ello tiende a rechazar los predicados que caracterizan de manera estable al sujeto. Tampoco resulta natural con los predicados que denotan sucesos particulares, a no ser que sea posible interpretarlos como cíclicos: *Un partido que suele ser conflictivo todos los años.* En contextos genéricos introduce generalizaciones que se aplican a la mayor parte de los miembros de un conjunto, como en *Los municipios de esta zona suelen ser pobres.* El verbo *soler* es defectivo; solo aparece regularmente en presente de indicativo o subjuntivo y en imperfecto de indicativo. El pretérito perfecto compuesto es poco frecuente en los textos contemporáneos, pero se documenta ocasionalmente en el español europeo actual y, en menor medida, también en el americano: *Se ha solido criticar a menudo a los papas que dieron órdenes reglamentando la represión, después de Juan XXII* (Caro Baroja, *Brujas*); *En el tercer año de gobierno los presidentes mexicanos han solido adquirir o externar ese síndrome político* (*Proceso* [Méx.] 12/1/1997).

28.3.1d   «*Saber* + infinitivo». Se usa en algunas áreas del español americano con un sentido semejante al de *soler,* pero se diferencia de este en que admite el pretérito perfecto simple en estos usos. La forma *supo* en el primer ejemplo del grupo siguiente contrasta con la anomalía que supondría *solió*:

> Ella supo venir a casa, de visita, una o dos veces por mes, en general los domingos o los jueves, hasta que se murió (Piglia, *Respiración*); Ya de vuelta de esas tierras cuando me encontraba en la proximidad de los puertos, me sabía venir la tentación de interrogar a los marinos que volvían de viaje (Saer, *Entenado*); Volvimos a ver caer agua del cielo, ya se me había olvidado cómo sabía llover (*Panorama* 3/10/2008).

Recuérdese lo apuntado en el § 28.1.3b sobre el uso de *saber* en construcciones semiperifrásticas.

28.3.1e   «*Acostumbrar* (*a*) + infinitivo». Se asimila a «*soler* + infinitivo» en el español americano. Se citan a continuación algunos ejemplos de las dos variantes, con preposición y sin ella:

> Ella <u>acostumbra hacer</u> ese recorrido a media tarde, pero hoy quiso hacerlo al anochecer (Ferrero, *Bélver*); No <u>acostumbra asociar</u> a un hombre atado a una mesa de recepción con aventuras en alta mar (Fuentes, *Naranjo*); A pesar de que no <u>acostumbra a charlar</u> sobre los jugadores en particular, Passarella dio algunas explicaciones (*Clarín* 8/1/1997); Alessandri <u>acostumbraba a almorzar</u> y <u>comer</u> en el departamento de su hermana del sexto piso del mismo edificio (*Hoy* [Chile] 25/4/1984).

La perífrasis no es desconocida en España, sobre todo en la variante con preposición, pero tiene un uso limitado. La construcción no es perifrástica (y exige la preposición *a*) cuando *acostumbrar(se)* significa 'adquirir o hacer adquirir una costumbre', como en *Nunca se acostumbró a beber* o en *Su mamá la acostumbró a leer por las noches*.

28.3.1f   «*ACABAR DE* + INFINITIVO». Expresa anterioridad reciente. Así pues, *Acaba de salir* significa aproximadamente 'Salió o ha salido hace poco'. Con este valor, la perífrasis es incompatible con los predicados que expresan estados permanentes (**Acaba de parecerse a su padre*) y suele usarse solo en presente, en imperfecto o en participio:

> Ella misma le contó que el alquiler de la casa se lo pagaba Harry, y que <u>acababa de comprar</u> un automóvil con el dinero que le pasaba Dick (Bryce Echenique, *Magdalena*); <u>Acababa de volver</u> del trabajo y estaba arreglando la casa (Vargas Llosa, *Ciudad*); [...] con libros por el suelo semienvueltos para envío o <u>acabados de recibir</u> (Monterroso, *Letra*).

Con este sentido, no alterna con «*terminar de* + infinitivo», y solo admite la negación si esta se interpreta como externa o metalingüística (§ 48.2.1), es decir, cuando se usa un enunciado para salir al paso de una afirmación previa y se obtienen paráfrasis con 'No es cierto que': *No acaba de enterarse, sino que más bien lo sabía hace mucho tiempo; ¿No acaba de afirmarlo el propio papa de Roma?* (Roa Bastos, *Supremo*). Se considera incorrecto el uso de «*venir de* + infinitivo» con el valor de anterioridad que caracteriza a «*acabar de* + infinitivo», como en *Vengo de pasar un bache malo*. «*Acabar de* + infinitivo» funciona como PERÍFRASIS DE FASE en *Ya acabó de estudiar* y otras secuencias similares, por lo que se estudia en el § 28.3.2f.

28.3.1g   «*VOLVER A* + INFINITIVO». Alude a la repetición de un proceso (*Volveré a leer esto otra vez; No volveré a mentir*) o bien a la restitución de algo a un estado anterior. Esta acepción RESTITUTIVA es la que aparece en *Abrió mucho los ojos y nos miró a todos, intentó levantarse, pero <u>volvió a caer</u> en el sofá y se quedó durmiendo como un buey* (Muñoz Molina, *Invierno*), donde no se da a entender que alguien haya caído en el sofá por segunda vez. Lo que se reitera en esta interpretación es a menudo el ESTADO RESULTANTE, de forma que el predicado *volver a levantarse del sofá* no implica 'haberse levantado previamente de él', pero sí 'haber estado sentado previamente en él'. Cuando la perífrasis expresa REPETICIÓN en sentido estricto, la construcción implica que ya ha tenido lugar un suceso como el que se describe. En efecto, quien dice *No volveré a mentir* sugiere que ha mentido en algún momento anterior. Posee un valor similar el prefijo *re-*, como se explica en el § 10.5.2b. El suceso que se repite no afecta siempre a los mismos individuos, como se percibe en *Se lo había advertido <u>su mamá</u>, y ahora volvía a advertírselo <u>su mejor amigo</u>* o en *Volvió* *a encender un cigarrillo,* que no alude necesariamente al proceso de encender cierto cigarrillo por segunda vez. El prefijo *re-* es más restrictivo en lo relativo a esta propiedad (*reencender un cigarrillo, releer un libro*).

28.3.2   Perífrasis de fase o fasales

Estas perífrasis se caracterizan por destacar alguna fase o etapa del estado de cosas designado por el grupo verbal que forman el infinitivo y sus complementos. Las llamadas DE FASE PREPARATORIA, como «*estar a punto de* + infinitivo» o «*estar por* + infinitivo», focalizan el estadio previo. Otras perífrasis aluden a la parte INICIAL de la situación («*empezar a* + infinitivo», «*comenzar a* + infinitivo»), al estadio FINAL («*acabar de* + infinitivo», «*terminar de* + infinitivo»), o bien a su CESE o su INTERRUPCIÓN («*dejar de* + infinitivo», entre otras).

28.3.2a PERÍFRASIS DE FASE PREPARATORIA O DE INMINENCIA. Pueden expresar la proximidad de un suceso en un grado mayor que «*ir a* + infinitivo». La perífrasis «ESTAR POR + INFINITIVO», como en *Isabel estaba por cumplir trece años* (Bain, *Dolor*), alterna con «*estar a punto de* + infinitivo». Fue ampliamente usada en la lengua clásica y lo es actualmente en el español americano. No debe confundirse con el grupo preposicional «*por* + infinitivo» cuando modifica a *estar,* como en *una tesis que aún está por demostrar.* Este último uso es común a todas las variedades del español y no denota inminencia sino ausencia o carencia ('una tesis todavía no demostrada'). El infinitivo que contiene presenta forma activa e interpretación pasiva, como otros que se analizan en el § 26.3.2. Expresan también inminencia «ESTAR PARA + INFINITIVO»: *No es el mundo de agora, que está para dar un estallido* (Vélez Guevara, *Diablo*), y también «ESTAR A PUNTO DE + INFINITIVO»: *Lleva en la mano un reloj de arena y la arenilla está a punto de escurrir del todo* (Goytisolo, J., *Reivindicación*). Aun así, el carácter perifrástico de esta construcción ha sido puesto en tela de juicio porque «*a punto de* + infinitivo» puede usarse como expresión predicativa sin el verbo *estar,* como en *una especie a punto de extinguirse.* Las tres perífrasis mencionadas se construyen con predicados télicos o delimitados.

28.3.2b PERÍFRASIS DE FASE INICIAL O INCOATIVAS: «EMPEZAR A + INFINITIVO», «COMENZAR A + INFINITIVO» y «PONERSE A + INFINITIVO». Como casi todas las perífrasis de fase, las mencionadas se aplican a eventos que tienen duración (*Empezó a llover; Comienzan a escribir; Se ponía a cantar*), ya que no tendría sentido concebir la fase inicial o final de un proceso puntual. No obstante, la duración de un evento se obtiene muy a menudo de forma COMPOSICIONAL (§ 23.2.2), es decir, mediante el concurso del verbo y sus argumentos. No es, pues, de extrañar que la anomalía que se percibe en oraciones como **Eva empezó a llegar a la estación* o **Dejé de despertarme ayer* contraste con la naturalidad de otras como *La gente empezó a llegar a la estación* o *Dejé de despertarme por las noches.* Ello se debe a que los grupos nominales formados con plurales, nombres colectivos y sustantivos no contables multiplican la denotación del predicado dando lugar a una serie de eventos que se interpretan conjuntamente como un predicado durativo.

28.3.2c La perífrasis «PONERSE A + INFINITIVO» se caracteriza por algunos rasgos. Destaca especialmente por su carácter puntual, más marcado que en otras perífrasis de este grupo. Se expresa así el inicio de una actividad (§ 23.2.1b) en un momento preciso, generalmente sin transición ni progresión: *ponerse a {bailar ~ hablar ~ leer ~ llorar}.* Es, por tanto, esperable que la perífrasis tienda a rechazar expresiones adverbiales como *poco a poco* o *suavemente,* que contradicen esta forma de significar. Aunque la perífrasis es compatible con algunos verbos que designan fenómenos meteorológicos (*cuando se pone a hacer frío; Se puso a llover*), suele construirse con sujetos agentivos o, al menos, con sujetos no pacientes o de predicados de estado. Se obtienen así contrastes marcados como los que se observan en los pares siguientes: *Las solicitudes {empezaron ~ *se pusieron} a ser estudiadas; {Comenzó ~ *Se puso} a ser amable.* Por su parte, «*DARLE A ALGUIEN POR* + INFINITIVO» requiere que el referente del pronombre *le* incluido en la perífrasis sea un ser dotado de intención, a quien se atribuye una ocurrencia o una inclinación repentina: *Se casó con mi tío Juan Pedro de Goyeneche y no de Goyoneche, como le ha dado por pronunciar ahora a la gente* (Bryce Echenique, *Magdalena*).

28.3.2d Otras perífrasis de fase inicial tienen un sentido próximo a «*empezar a* + infinitivo», y casi siempre una extensión geográfica más restringida. Están entre ellas «*ENTRAR A* + INFINITIVO», como en *Vos entraste a sospechar desde el primer momento* (Bioy Casares, *Sueño*); «*ABRIR(SE) A* + INFINITIVO», como en *Cahe se abrió a contar ese lado íntimo* (Clarín 21/2/2006); «*PEGAR(SE) A* + INFINITIVO», como en *(Se) pegaba a llorar* solo de pensarlo, o «*ARRANCAR(SE) A* + INFINITIVO», esta última más general: *Pero de pronto arrancó a caminar, atravesando la Plaza de las Ursulinas* (Cabrera Infante, *Habana*); *No me arrancaba a decir una palabra sino cuando alguien me ayudaba* (Galdós, *Fortunata*).

28.3.2e Las PERÍFRASIS DE INTERRUPCIÓN expresan el cese de un estado de cosas antes de que alcance su final, tanto si se reanuda más tarde como si no es así:

> Por un instante dejé de ver la balsa, pero procuré no perder la dirección (García Márquez, *Náufrago*); Calisto está más pálido que nunca, mientras que Melibea no cesa de hermosearse (Maeztu, *Quijote*); ¡Si te moja la lluvia de este tiempo, el pelo no parará de crecerte! (Berlanga, *Gaznápira*).

«*DEJAR DE* + INFINITIVO» es la más usual de estas perífrasis, y también la que menos restricciones muestra. Puede perder su valor aspectual de interrupción en contextos negativos, como en *No dejó de sentir un alivio al pensar que el sueño había desaparecido* (Mallea, *Bahía*), donde se atenúa una afirmación. La perífrasis «*CESAR DE* + INFINITIVO» es más literaria. Por su parte, «*PARAR DE* + INFINITIVO» no se combina con verbos de estado ni con sujetos pacientes. Se obtienen así contrastes como *He {dejado ~ *parado} de ser útil* o como *{Dejó ~ *Paró} de ser aceptado.*

28.3.2f Las PERÍFRASIS DE FASE FINAL «*ACABAR DE* + INFINITIVO» y «*TERMINAR DE* + INFINITIVO» forman parte, junto con las de interrupción, de las perífrasis terminativas. Expresan que un evento en curso alcanza su final, como en *La cocinera acabó de freír unas rebanadas de plátano* (Allende, *Eva*); *Cuando terminó de regar, se hincó y dijo en voz alta.* [...] (Fuentes, *Región*). A diferencia de lo que ocurre con las perífrasis de interrupción, el evento ha de estar inherentemente delimitado, lo que explica el contraste que se advierte en *{Dejé ~ *Terminé} de esperarte.* «*Acabar* *de* + infinitivo» (pero no «*terminar de* + infinitivo») puede ser también una perífrasis de anterioridad reciente (§ 28.3.1f). Se distingue, pues, entre *Acaba de salir* (anterioridad inmediata: 'Salió hace poco tiempo') y *Acabó de estudiar* (perífrasis de fase final: 'Dio fin a ese proceso'). En contextos negativos, las perífrasis «*acabar de* + infinitivo» y «*terminar de* + infinitivo» pueden adquirir también el significado de atenuación mencionado en el § 28.3.2e: *Lo que yo no <u>acabo de ver</u> claro —dijo Paulina— es la vida que se traen* (Sánchez Ferlosio, *Jarama*), es decir 'lo que no veo claro del todo'.

28.3.2g　　«*PASAR A* + INFINITIVO». Denota la transición hacia un nuevo estado, unas veces de cierta relevancia, como en *Cuando quise que <u>pasase a estudiar</u> otras ciencias, halléle tan embebido en la de la poesía* [...] (Cervantes, *Quijote* II), pero otras meramente circunstancial, como en *Un día de invierno, <u>pasaron a examinar</u> la vestimenta* (Landero, *Juegos*). No es perifrástico el uso de *pasar* como verbo de movimiento, como en *Pasaré a saludarte*. Usado en la perífrasis mencionada, *pasar* implica el fin de un estado anterior, pero también el ingreso en uno nuevo. Ambos componentes se perciben también en «*TARDAR EN* + INFINITIVO». Predominan uno u otro en función de los argumentos del verbo principal y de la clase aspectual a la que este pertenezca. Así, con los verbos llamados DE REALIZACIÓN (§ 23.2.1a, b), la perífrasis señala el tiempo transcurrido hasta que el proceso llega a su fin, como se ve en *Martín <u>tardó en contestar</u> un buen rato —tal vez varios minutos—* (Pombo, *Metro*); en cambio, con los predicados DE LOGRO O CONSECUCIÓN, que denotan acción puntual, indica que esta no tendrá lugar hasta que transcurra cierto período. Así, en la oración *El libro tardará tres meses en publicarse* se afirma que deberán transcurrir tres meses antes de que cierto libro se publique. Cuando falta el complemento temporal, como en *La lluvia tarda en llegar,* se interpreta que, a juicio del hablante, el lapso transcurrido es más largo de lo deseable.

28.3.3　Perífrasis escalares

Están vinculadas con las de fase a través de la idea de multiplicidad. Tal noción afecta a las perífrasis de fase porque se centra la atención con ellas en alguno de los estadios de un proceso. En las escalares se denota, en cambio, alguno de los sucesos que se ordenan implícitamente en una jerarquía. En los apartados que siguen se mencionan brevemente las perífrasis escalares más comunes, a las que pueden añadirse otras, como «*ALCANZAR A* + INFINITIVO» o «*ACERTAR A* + INFINITIVO».

28.3.3a　　La perífrasis «*EMPEZAR POR* + INFINITIVO» indica que la acción expresada por el infinitivo es la primera de una serie de acciones sucesivas, que puede completarse o no: *Entonces, <u>empezaré por decirle</u> que, aunque solo tengo cincuenta años, llevo más de treinta de casada* (Azancot, *Amores*). Al otro lado de la escala, «*ACABAR POR* + INFINITIVO», «*TERMINAR POR* + INFINITIVO» y «*VENIR A* + INFINITIVO» (cuando no tiene valor aproximativo: § 28.2.2c) expresan que la acción o el proceso que se menciona representa la culminación de uno o varios sucesos: *Toda magia que no se trasciende —esto es, que no se transforma en don, en filantropía— se devora a sí misma y <u>acaba por devorar</u> a su creador* (Paz, *Arco*); *Un claro mucho más amplio que los anteriores que habían visto les <u>vino a confirmar</u> que caminaban en otra dirección* (Díez,

Fuente). Las perífrasis escalares se construyen a veces en correlación entre sí, o bien con «*empezar* + gerundio» y «*acabar* + gerundio», perífrasis de gerundio igualmente escalares: *Empezaron por subestimarlos y <u>acabaron despreciándolos</u> del todo* (Delibes, *Camino*).

28.3.3b «*LLEGAR A* + INFINITIVO» es también perífrasis escalar. Indica que la situación que el infinitivo expresa ocupa una posición elevada en alguna escala en la que se valoran implícitamente estados, acciones o sucesos. Dicha culminación sobrepasa las expectativas que el hablante asume de manera no expresa, como en *A veces <u>he llegado a creer</u> que nada necesitaba yo de los llamados seres humanos* (García Morales, *Sur*). Por ello, no resulta extraño que la perífrasis aparezca a menudo integrada en las construcciones consecutivas: *Le contestó Eduardo con una confianza <u>tal</u>, que casi <u>llegó a inspirársela</u> a su amada* (Mármol, *Amalia*). Los usos de esta perífrasis en la prótasis de las condicionales contrafactuales como *Te habría matado, si llega a enterarse*, se estudian en el § 47.4.2b.

28.4   Perífrasis de gerundio

28.4.1   Características generales

28.4.1a   Las perífrasis de gerundio muestran una acción, un proceso o un estado de cosas presentados en su curso. Puede decirse, por tanto, que son todas ASPECTUALES. Aun así, existen diferencias importantes en los significados que expresan y en las restricciones a las que están sometidas, como se explicará en los apartados siguientes. La mayor parte de los auxiliares de las perífrasis de gerundio tienen usos independientes como verbos de movimiento. Así ocurre con *andar, ir, llevar, pasar, seguir, venir*, etc.

28.4.1b   Se caracterizan estas perífrasis por ser incompatibles entre sí, a diferencia de las perífrasis de infinitivo, que pueden concatenarse o encadenarse. Contrastan, por tanto, *Volvió a empezar a cantar* o *Puede tener que dejar de trabajar aquí* con **Acabó estando cantando* o **Está siguiendo leyendo*. Existe una incompatibilidad similar en el caso de las perífrasis de participio. Se dan, sin embargo, encadenamientos entre perífrasis de infinitivo y de gerundio:

> Nosotros no <u>podemos estar pensando</u> en que alguien nos quiere (Puig, *Beso*); Tampoco <u>vamos a estar gastando</u> el dinero a lo tonto (Mastretta, *Mal*); Qué banquete se <u>deben estar dando</u> (Vargas Llosa, *Ciudad*).

28.4.2   Principales perífrasis de gerundio

28.4.2a   «*ESTAR* + GERUNDIO». Esta perífrasis presenta una situación en su desarrollo interno, es decir, comenzada pero aún no concluida. Expresa, pues, ASPECTO PROGRESIVO. En efecto, mientras que los verbos subrayados en *Ahora <u>habla</u> el Presidente; Cuando ella llegaba del trabajo, él <u>calentaba</u> la cena; Cuando el reloj dé las dos, <u>llamaré</u> por teléfono* pueden denotar el momento inicial de las respectivas acciones, los mismos verbos en la perífrasis con *estar* solo admiten la interpretación en la que se muestran tales acciones como ya comenzadas: *Ahora está hablando el Presidente; Cuando ella llegaba del trabajo, él estaba calentando la cena; Cuando el reloj dé las dos, estaré llamando por teléfono.* De modo similar, la oración *Pintaron la fachada* da a entender que la acción de pintar la fachada llegó a su fin, lo que no ocurre en *Estuvieron pintando la fachada.* Como consecuencia natural de su significado, la perífrasis aparece muy a menudo con los adverbios aspectuales *ya* (*Ya está hablando el presidente*), subrayando que el comienzo de la acción ha sido superado, *aún* y *todavía* (*Todavía estaba escribiendo el libro*). Con los últimos indica, por el contrario, que esta no ha llegado a su término.

28.4.2b　«*Estar* + gerundio» se combina preferentemente con predicados que expresan procesos durativos, en especial actividades (es decir, sucesos sin límite natural), como en *estuvo {esperando ~ lloviendo ~ manejando ~ mirando ~ pensando ~ trabajando ~ viviendo}.* De hecho, «*estar* + gerundio» es la expresión temporal más frecuente en la lengua hablada para expresar acciones en curso. Así, mientras que resulta natural decir *Estoy trabajando* o *Se estaba vistiendo* para describir actividades de alguien circunscritas a un momento determinado, *Trabajo* y *Se vestía* tienden a entenderse como acciones habituales (§ 23.3.1c). El significado general descrito explica también que la perífrasis se combine con predicados que expresan estados accidentales, por ejemplo comportamientos, como *Está siendo {amable ~ descortés ~ ruidoso},* y que tienda a rechazar los que expresan estados inherentes o caracterizadores de personas o cosas: **Está siendo {alto ~ calvo ~ moreno}.*

28.4.2c　El valor general descrito para «*estar* + gerundio» puede ser modificado por factores contextuales diversos, que dependen sobre todo del tiempo del auxiliar, de la clase de verbo a la que pertenezca el auxiliado y de los complementos que lo acompañen. Así, la perífrasis suele adquirir significado iterativo cuando el verbo principal es télico (es decir, cuyo contenido comporta la noción de límite) y el auxiliar se construye en un tiempo perfectivo, como en *Se estuvo despertando toda la noche,* donde se dice que alguien se despertó varias veces; en cambio, con un tiempo imperfectivo, como en *El paciente se estaba despertando,* la perífrasis adquiere valor incoativo ('Empezaba a despertarse'). No es infrecuente que «*estar* + gerundio» se refiera a estados de cosas que empezaron a darse en algún momento y que han seguido ocurriendo de manera regular, significado que enfatiza el adverbio *últimamente: Aprovechó para traerse a su hija Dora que últimamente se estaba portando pésimo* (Bryce Echenique, *Julius*). Por influencia del inglés, se usa a veces la perífrasis para aludir a sucesos terminados. En español se prefiere evitar la perífrasis verbal en tales casos: *Le estamos abonando en su cuenta la cantidad de dos mil pesos* (por *Le abonamos en su cuenta...*); *Le estaremos enviando su pedido a más tardar en media hora* (por *Le enviaremos su pedido en media hora*); *En este paquete te estoy mandando los libros* (por *... te mando los libros*).

28.4.2d　«*Ir* + GERUNDIO». La noción aspectual que introduce esta perífrasis no es solo PROGRESIVA, como en «*estar* + gerundio», sino también ACUMULATIVA O INCREMENTAL, ya que expresa la idea de que el proceso en cuestión se realiza en etapas sucesivas, de forma que cada una se suma o se acumula a la anterior hasta alcanzar un determinado límite final:

> Bien sabía yo cómo acababan esas experiencias y qué cúmulo de desencanto iban dejando en mí (Puértolas, *Noche*); A medida que fue creciendo se convirtió en una nena deliciosamente espabilada y divertida (Boadella, *Memorias*); Serrato fue comprendiendo que los libros eran un estorbo para todos y los desalojó para instalar en su lugar billares (Dolina, *Ángel*).

28.4.2e La idea de límite, ausente de «*estar* + gerundio», es fundamental, en cambio, en la interpretación de «*ir* + gerundio». Puede interpretarse este rasgo como resto gramaticalizado del sentido original del verbo *ir*, que se construye con complementos de destino. La perífrasis se construye, en efecto, con predicados télicos y suele ser incompatible con los que carecen de él, como los que denotan actividad. La perífrasis «*estar* + gerundio» (§ 28.4.2b) no comparte esta restricción: *Te {estuve~*fui} esperando toda la tarde; {Estaba~*Iba} lloviendo sin parar.* Aun así, «*ir* + gerundio» admite predicados atélicos siempre que sea posible descomponer el evento en etapas, lo que puede expresarse mediante complementos adverbiales, como en *Un problema que voy trabajando poco a poco estos últimos años.*

28.4.2f La perífrasis «*ir* + gerundio» es particularmente apropiada para expresar cambios graduales, a menudo acompañada de adverbios y conjunciones (o locuciones de ambos tipos) que los resaltan. Es el caso de la locución mencionada *poco a poco*, pero también de *gradualmente, sucesivamente, a medida que,* además de otras expresiones similares que indican progresión:

> Había contemplado alguna vez los prolegómenos, les provocaba y les insultaba, iba soltando cuerda poco a poco, hasta que ellos entraban al trapo (Grandes, *Edades*); Gradualmente, lo fue acostumbrando a la realidad (Borges, *Ficciones*); En la capilla del depósito no cabe un alfiler, a medida que avanza la mañana va llegando más gente (Cela, *San Camilo*); Adriana se fue agotando más y más, en medio de los cirios sofocantes y de las letanías (Mujica Lainez, *Bomarzo*).

La perífrasis es incompatible, sin embargo, con los predicados que expresan cambios instantáneos: *El río {creció~*fue creciendo} de golpe.*

28.4.2g Con ciertos predicados, «*ir* + gerundio» impone un límite INICIAL, en lugar de FINAL, a la noción que expresan, con una interpretación cercana a «*empezar a* + infinitivo»: *Vosotras, las mujeres, ya podíais ir pensando también en desnudaros* (Sánchez Ferlosio, *Jarama*); *Mientras tanto, mi señora y yo podíamos ir comiendo* (Torrente Ballester, *Gozos*). El hecho de que la perífrasis permita visualizar el punto inicial del proceso explica asimismo que «*ir* + gerundio», a diferencia de «*estar* + gerundio», pueda aparecer en forma imperativa: *Anden, vayan pasando, que les cubra la retaguardia* (Díez, *Fuente*). El verbo *irse*, limitado a algunas áreas lingüísticas en esta construcción, es característico de estos mismos contextos: *Y si no vete fijando tú en lo que pasa* (Caballero Bonald, *Días*). Relacionado con este sentido ingresivo (relativo al inicio) está la interpretación de CONATO o de INMINENCIA FALLIDA, que se registra en el español hablado de México, parte de Centroamérica, el Caribe continental y algunos países andinos. En estas áreas son posibles oraciones como *Me iba dejando el avión* con el sentido de 'Casi me deja el avión', es decir, 'Por poco lo pierdo'.

28.4.2h   «*VENIR* + GERUNDIO». Describe un proceso que se desarrolla a partir de un punto anterior al acto del habla (o de otro punto medido desde este) que puede incluso prolongarse más allá, como en *Nos viene ocultando sus verdaderas intenciones*, pero también cerrarse antes, como en *Nos vino ocultando sus verdaderas intenciones*. Al igual que «*ir* + gerundio», «*venir* + gerundio» evoca una secuencia o una distribución lineal de elementos. Sin embargo, la dirección es ahora la contraria, en consonancia con la diferente orientación de *ir* y *venir* (acercamiento en este, alejamiento en aquel). Se construye a menudo con modificadores que indican el límite inicial o final del proceso, o bien su duración:

> Aquella agitación venía siendo habitual en Betania desde que el Maestro de Galilea realizase el prodigio de resucitar de entre los muertos a su amigo Lázaro (Benítez, *Caballo*); Supongo que por poca atención que le hayas dedicado a lo que te vengo diciendo hasta ahora ya no se te ocurrirá compartirlo (Savater, *Ética*); Este, con la policía en los talones, viajó de súbito a Estambul, donde había venido acumulando sus ganancias durante las visitas a esa ciudad (Mutis, *Maqroll*).

«*Venir* + gerundio» no suele admitir verbos de estado, a menos que uno de los argumentos del predicado sea un grupo nominal en plural, de manera que el conjunto designado pueda distribuirse linealmente: *A derecha y a izquierda, los montes que a lo largo de toda la ribera venían flanqueando las choperas y los prados* [...] (Llamazares, *Río*). Tal como es esperable, esta interpretación no se obtiene si se hace referencia a un único individuo. En *La página editorial de este diario viene siendo muy crítica desde las elecciones* no se alude a un editorial único, a diferencia de lo que sucede en **El editorial del diario de hoy viene siendo muy crítico*. Se extiende la relevancia de este factor al VALOR APROXIMATIVO de esta perífrasis. Así, en *lo que viene costando hoy en día un coche utilitario* ('lo que cuesta aproximadamente'), no se habla de un coche particular o específico, sino de un tipo de coche cuyo precio habitual se considera.

28.4.2i   «*ANDAR* + GERUNDIO». Se parece esta perífrasis a «*estar* + gerundio» en que no implica que la acción o el proceso denotados por el verbo principal lleguen a completarse, pero se diferencia de ella en que describe situaciones que se desarrollan con interrupciones o de modo intermitente. Es, pues, una perífrasis FRECUENTATIVA que se combina habitualmente con verbos que también lo son:

> Los míos andaban escudriñando y tanteando los bastimentos que había en el empedrado navío (Cervantes, *Persiles*); A mí me tiene muy sin cuidado si tú y Pedro se van al infierno por andarse besuqueando por todos los rincones (Esquivel, *Agua*); Ello hacía que todos anduvieran olfateando el aire como perdigueros (Montero, *Amado*).

No se construye en imperativo, pero sí en los restantes tiempos y modos de la conjugación, y a menudo añade connotaciones negativas respecto de la futilidad de la acción, de su falta de provecho o de su carácter inapropiado. Su sujeto suele ser agentivo, por lo que se evita en oraciones como **El nivel del agua andaba creciendo* o **Andaban ya envejeciendo*. No obstante, en algunos países americanos se usa con verbos que designan fenómenos meteorológicos: *Dicen que ahora por la costa anda lloviendo* (Vértiz, *Orilla*), y también con algunos verbos de estado. Así, construida con *faltar*, expresa carencia reiterada de algo: *Solamente algún testigo podría haber dado la clave que sin duda <u>andaba faltando</u> para resolver el enigma* (Saguier, *Zanja*).

28.4.3   Otras perífrasis de gerundio

28.4.3a   «*LLEVAR* + GERUNDIO». A diferencia de otras perífrasis de contenido similar, esta perífrasis exige una expresión cuantificativa que tenga carácter argumental. Designa unas veces el período durante el cual se mantiene cierto estado de cosas, como en el primero de los ejemplos que siguen, y otras, su límite inicial, como en el segundo:

> [...] ni que me vean siempre sonriente y hecho un gurrumino inseparable de esa mujer que lleva aguantando palizas <u>diez y siete años</u> (Gómez Serna, *Automoribundia*); Y como no encuentra mejor cosa que decir, repite lo mismo que lleva diciendo <u>desde la mañana</u> (Delibes, *Mario*).

Si la expresión cuantificativa a la que se ha hecho referencia se inserta en un grupo preposicional encabezado por *durante* o *a lo largo de*, se obtiene un esquema redundante. Se consideran, en efecto, forzadas o poco naturales oraciones como *Llevo viviendo aquí durante diez años* o *Llevaba preparando el examen a lo largo de muchos meses*. El límite final del estado de cosas que se designa no está acotado, lo que explica la incompatibilidad de la perífrasis con la preposición *hasta* (**Llevaba nevando hasta el jueves*), así como el rechazo de los tiempos verbales perfectivos y los predicados télicos. Cuando se construye con estos últimos, se obtiene la suspensión del límite final (*Llevaba diez meses pintando el mismo bodegón*) o bien la interpretación iterativa (*Llevo años recorriendo este mismo camino*). Con el mismo sentido de «*llevar* + gerundio» se usa «*TENER* + GERUNDIO» en muchas áreas americanas, pero especialmente en la centroamericana, la caribeña y la andina: *Pero el destino fue otro y, desde entonces, Rainiero es otro Grimaldi infeliz, como dice el cuento de hadas y brujas que tiene ya 700 años, los mismos que <u>tienen gobernando</u> el principado* (*Tiempo* [Col.] 15/9/1996).

28.4.3b   «*PASAR(SE)* + GERUNDIO». Al igual que «*llevar* + gerundio», esta perífrasis requiere un grupo nominal de significación temporal, pero en este caso puede ser definido: *En el calabozo de al lado había una presa que se pasaba <u>las horas</u> cantando* (Chacón, *Voz*); *El jolgorio del día anterior lo había dejado rendido, así que se pasó <u>la noche</u> roncando* (Rulfo, *Pedro Páramo*). Dicho grupo nominal es el complemento directo de *pasar(se)*, como lo muestra la sustitución pronominal: *Se pasó la noche roncando > Se <u>la</u> pasó roncando*. Esta construcción no debe ser confundida con la pauta que ilustra *Ayer nos <u>la</u> (lo en algunos países) pasamos muy bien jugando al fútbol* ('nos divertimos'), en la que no hay propiamente perífrasis y el pronombre es expletivo. El significado de «*pasar(se)* + gerundio» está próximo al de «*estar* + gerundio» (*Estuvo toda la semana lloviendo*), pero *pasar* es más enfático y resulta, además, poco natural en las construcciones en las que no se pondera o se realza el período mencionado: *Solo {estuvo~*se pasó} lloviendo cinco minutos*.

28.4.3c   «*VIVIR* + GERUNDIO». Se usa en el español coloquial de gran parte de América para expresar que una acción se repite de manera habitual, constante o muy frecuente, sobre todo si es valorada de forma negativa por el que habla: *Tembló al imaginar la irrupción de aquella policía sobre cuya fuerza y barbaridades vivía oyendo* (Mastretta, *Mal*); *Vestido con su calzoncillo favorito: uno de Boca Juniors que —asegura la madre— "le vivo lavando porque es el único que quiere usar"* (Clarín 14/1/1999). Suele construirse con sujetos agentivos y admitir paráfrasis con *constantemente, generalmente, una y otra vez* y expresiones similares. En México se usa la variante *vivírsela: La gente se preguntaba cómo era posible que una mujer que se la vivía bailando, salía a media noche* (Poniatowska, *México*).

28.4.3d «*SEGUIR* + GERUNDIO» y «*CONTINUAR* + GERUNDIO». Presuponen que el proceso o el estado de cosas denotado tenía lugar en un momento anterior. Expresan que la situación persiste o se mantiene en el momento del habla o en el punto temporal de referencia que se introduzca, como en *Las entidades ficticias creadas por Comillas y sus colaboradores siguieron siendo consideradas como las ortodoxas por excelencia* (Tusell, *Historia*). Estas perífrasis constituyen términos complementarios, y en parte antónimos, de «*dejar de* + infinitivo» (§ 28.3.2e), en el sentido de que la afirmación de aquellas implica la negación de esta última, y viceversa. En efecto, *La embarcación seguía moviéndose* implica 'No había dejado de moverse', y *La embarcación dejó de moverse* implica 'No siguió moviéndose'. «*Seguir* + gerundio» y «*continuar* + gerundio» se acercan también a las perífrasis de infinitivo por su menor resistencia a que el gerundio quede tácito, como en *Voy a leer durante un par de horas, pero luego ya no seguiré más* (donde se sobrentiende *leyendo*). Ambas admiten verbos de diversas características aspectuales, incluso los que indican estados, siempre que estos estén sujetos a alteración. Como ocurría con «*llevar* + gerundio» (§ 28.4.3a), los predicados télicos suspenden su límite final construidos con ellas (*Siguió pintando el cuadro*), o bien adquieren sentido iterativo (*Siguió llegando tarde a la oficina*).

28.4.3e Es tradicional, y sigue viva, la polémica acerca de si las perífrasis de gerundio (o al menos un buen número de ellas) son propiamente perífrasis verbales o si se trata más bien de construcciones en las que el gerundio se usa en función de complemento predicativo. En efecto, el gerundio alterna en ellas con complementos predicativos (*Lleva dos semanas viviendo aquí~Lleva dos semanas muy despistado; Siguió trabajando~Siguió ocupado*), puede sustituirse por *así* (*Lleva dos semanas así; Siguió así*) y, con algunas restricciones, puede ser interrogado con el adverbio *cómo* (*¿Cómo lleva dos semanas?; ¿Cómo siguió?*). En el sentido contrario, apoya el análisis de estas construcciones como perífrasis el hecho de que se formen con verbos impersonales (*Lleva una semana nevando; Continúa nevando*) y el que puedan formarse en pasiva (*Siguen siendo detenidos y encarcelados*). Algunas construcciones de gerundio son ambiguas entre una interpretación perifrástica y otra no perifrástica. Si se interpreta como construcción perifrástica la oración *Siguió leyendo unas notas que tenía preparadas,* se entenderá que el proceso de leer dio comienzo y luego continuó sin ser interrumpido; si se interpreta como construcción no perifrástica, se expresará que esa acción se sitúa a continuación de otra, como en *Empezó su discurso dando las gracias, siguió leyendo unas notas que tenía preparadas y terminó pidiendo a los asistentes que le hicieran preguntas.* Una diferencia importante entre ambas interpretaciones radica en que, en la no perifrástica, el verbo *seguir* puede admitir un complemento directo propio: *Siguió el discurso leyendo unas notas.* Tal como es esperable, los pronombres pueden anteponerse si la construcción es perifrástica, como en *Siguió dándoles las gracias* ('No dejó de dárselas') > *Se las siguió dando*, pero rechazan la anteposición en caso contrario: *Siguió dándoles las gracias* ('Lo hizo seguidamente') > **Se las siguió dando*.

28.5   Perífrasis de participio

28.5.1   Características generales

28.5.1a   Las perífrasis de participio son sumamente polémicas. De hecho, muchos gramáticos no consideran perifrásticas estas construcciones, y la mayor parte de los que admiten algunas de ellas no concuerdan en cuál ha de ser exactamente su paradigma. Así, se discute tradicionalmente si oraciones como *Las ventas están afectadas por la crisis; Tengo leído el libro; Dejó arreglados sus asuntos* representan esquemas perifrásticos (por ejemplo, «estar + participio») o bien oraciones copulativas con atributos adjetivales o participiales. Favorece el segundo análisis la posible presencia de formas de intensificación adverbial y de sufijación apreciativa características de los adjetivos: *Las ventas están <u>muy</u> afectadas por la crisis; Tengo leidísimo este libro; Dejó <u>bien</u> arregladitos sus asuntos*. A favor de que se trata de perífrasis de participio cabe aducir, en cambio, ciertos rasgos verbales que no muestran los adjetivos; por ejemplo, la posibilidad de recibir complemento agente (*Está muy presionado por los problemas:* véanse los § 27.5.3a y 27.5.5b), así como ciertas diferencias de significado. La forma *tengo,* por ejemplo, no parece significar exactamente lo mismo en el esquema perifrástico *Te tengo dicho que no vayas* que en el esquema predicativo *Tengo el auto sin lavar.*

28.5.1b   Se mantendrá en esta obra el concepto tradicional de 'perífrasis de participio', aunque restringido a los auxiliares *estar, tener* y *llevar*. Los participios de estas perífrasis muestran concordancia con el sujeto (*Las camisas están planchadas*) o con el objeto directo (*Ya tengo planchadas las camisas*). No se ha desarrollado por el momento una teoría de las perífrasis de participio que explique todas sus propiedades en función de las características de los esquemas atributivos. Si se desarrolla ese análisis, deberá reinterpretarse en el sentido indicado toda la información que se recoge en la presente sección.

28.5.2   La perífrasis «*estar* + participio»

28.5.2a   Es la perífrasis de participio de mayor uso. Se forma con participios que designan el ESTADO RESULTANTE de una acción o un proceso, por lo general correspondiente a un predicado de REALIZACIÓN (recuérdese que estos predicados expresan procesos durativos que a la vez suponen un término: § 23.2.1a, b):

> La iniciativa <u>está registrada</u> a mi nombre en la UNESCO con fecha julio de 1953 (Walsh, *Oficios*); Cuando llega el coche fúnebre las disposiciones <u>están tomadas</u> (Cortázar, *Cronopios*); Al cabo de una semana los libros <u>estaban clasificados</u> y otra vez estaba sin nada que hacer (Barea, *Forja*).

Algunos gramáticos entienden, por esta razón, que la perífrasis se asimila al grupo de las llamadas *de fase* (§ 28.3.2). A menudo puede establecerse una correspondencia entre la construcción con *estar* (*Las puertas están cerradas*) y el tiempo compuesto de la pasiva con *ser* (*Las puertas han sido cerradas*). No existe, en cambio, equivalencia estricta entre las dos opciones que se presentan en *La propuesta {ha sido~está} admitida,* ya que en la primera se describe un proceso del que *la propuesta* es paciente, mientras que en la segunda se alude a una propiedad de la propuesta. Por otra parte, no todos los participios de verbos transitivos que admiten pasivas con *ser* admiten perífrasis con *estar.* Muchos participios de verbos intransitivos aceptan, además, esta perífrasis, pero se construyen con *ser,* tal como se señala en el § 28.5.2d.

28.5.2b Los verbos transitivos que expresan actividades (es decir, acciones no delimitadas) no permiten visualizar el estado resultante, por lo que resultan agramaticales con «*estar* + participio»: **La lluvia estaba esperada por toda la población; *El autobús estuvo empujado por todos los viajeros.* Admiten, sin embargo, la perífrasis cuando tienen acepciones que ocasionalmente pueden asociarse con un límite: *Que contigo o con el cordón o con entramos quisiera yo estar acompañado esta noche luenga y oscura* (Rojas, *Celestina*); *Los funcionarios del Estado estarán ayudados en su labor por los policías locales* (*Mundo* [Esp.] 4/5/1994).

28.5.2c No siempre es sencillo determinar cómo se obtiene en algunas clases de verbos transitivos el estado resultante característico de la perífrasis, sobre todo si los efectos de que se habla son inmateriales, como en *amenazado, comunicado, expuesto, obligado, permitido, presentado, presionado, prohibido, vigilado,* etc. Pese a ello, estos verbos, y otros muchos del mismo tipo, admiten la perífrasis con *estar.* Suelen rechazarla, en cambio, varios de los que expresan acciones cuyos efectos (psicológicos, sociales o de otro tipo) sobre las personas pueden considerarse objetivos: **Estoy estafado por una inmobiliaria sin escrúpulos; *Estaremos beneficiados por una considerable rebaja fiscal.*

28.5.2d La perífrasis «*estar* + participio» puede construirse también con verbos intransitivos (*estar abocado, acostumbrado, averiado, escondido, muerto, perdido, refugiado*). La mayor parte de los que la admiten son verbos pronominales que denotan algún cambio de estado, sea de naturaleza física (*estar acostado, agachado, encogido, levantado, parado, situado, tumbado, ubicado*) o emocional (*estar angustiado, arrepentido, impresionado, indignado, preocupado, sorprendido*). No todos corresponden, sin embargo, a verbos pronominales. No se forman a partir de ellos *crecido* (*de crecer*), *decaído, menguado* o *rejuvenecido.* Algunos se pueden asociar tanto con la variante transitiva como con la intransitiva de sus respectivos verbos: *estar vinculado* se corresponde con *vincularse* y con *ser vinculado; cambiado,* con *cambiarse* y con *ser cambiado; detenido,* con *detenerse* y con *ser detenido,* etc.

28.5.3 Otras perífrasis de participio

Se estudian en este apartado las perífrasis que se forman con *tener* y *llevar,* de acuerdo con lo señalado en el § 28.5.1b. Con frecuencia se reconoce también carácter perifrástico a las construidas con los verbos siguientes: *encontrarse* (*encontrarse perdido*), *hallarse* (*hallarse vigilado*), *ir* (*ir preparado*), *quedar(se)* (*quedar fijada la fecha*), *resultar* (*resultar elegido*), *salir* (*salir perjudicado*), *venir* (*venir envuelto*), *verse* (*verse obligado*). Sin embargo, resulta mucho más difícil en estos casos deslindar los usos perifrásticos de los atributivos. Se ha optado, pues, por analizar estas construcciones en el capítulo 38, en el que se examinan otros atributos.

28.5.3a «*TENER* + PARTICIPIO». La mayor parte de los participios que forman perífrasis con *tener* expresan REALIZACIONES (es decir, procesos con fin natural: § 23.2.1a, b), lo que explica contrastes como *Te {hemos~*tenemos} esperado mucho tiempo*. Se distinguen dos usos de esta perífrasis: en el primero se expresa la consecución de un evento o el término de un estado de cosas, como en *Pasóse la mañana en aderezar lo necesario, y a la tarde ya yo* tenía alquilado *mi caballito* (Quevedo, *Buscón*); en el segundo, más propio de la lengua coloquial, se presenta la acción como frecuentativa, como ocurre en *Lo tengo recorrido muchas veces*, o en el texto siguiente, puesto en boca de un barbero: *Trataba bien a la gente que tenía. Ahora, eso sí, con distancia, como era él; pero también generosamente. Yo lo* tengo afeitado *la mar de veces* (Sánchez Ferlosio, *Jarama*). Como se ve, el participio concuerda en ambos casos con el complemento directo. Existe, sin embargo, otra variante dialectal, que no ha pasado a los registros formales, en la que el participio es invariable (*Tengo hecho algunas cosas*). El verbo *tener* se acerca en ella a los auxiliares de los verbos compuestos, como sucede en portugués.

28.5.3b «*Tener* + participio» conserva del auxiliar *tener* la idea de posesión, permanencia o mantenimiento (y, a veces, también ubicación). Se perciben estos significados al comparar *Había terminado la carrera* con *Tenía terminada la carrera*, ya que se la presencia de *tener* confiere a la segunda oración cierta valoración positiva. Admiten la perífrasis sin dificultad los verbos que expresan diversas formas de mantener o conservar algo, como en *tener algo {anotado, aprendido, apuntado, copiado, memorizado, recogido, recopilado, reseñado}*; o de juntar cosas o personas, a veces asociando esas nociones con las de cuidado o conservación, como en *tener reunida a la familia; tener acumulado mucho poder; tener {almacenado~amontonado~archivado~atesorado~guardado~juntado} algo*. En otros casos, sin embargo, la perífrasis adquiere valores más alejados de la noción de posesión o pertenencia. Así ocurre con los verbos *decir, pedir, pensar, prohibir, prometer, repetir* y otros similares, que admiten complementos oracionales. «*Tener* + participio» suele expresar en estos casos reiteración o insistencia en relación con lo que se dice o se hace, como en *Te lo tengo dicho; Le teníamos prohibido bañarse en la pileta*, o en *A pesar de que se lo* tenía advertido, *que no viniera, que la vida es muy dura* (Martín-Santos, *Tiempo*). De acuerdo con su valor general, suelen rechazar la perífrasis los verbos de este grupo que no expresan nociones delimitadas: **Tengo creído que están equivocados*.

28.5.3c «*LLEVAR* + PARTICIPIO». Se usa fundamentalmente esta perífrasis con dos interpretaciones. En la primera se construye con verbos que denotan eventos delimitados (§ 23.2.1a, b), así como con complementos nominales que expresan la cantidad acumulada hasta un determinado momento: *Cebó las arañas con lombrices y los reteles con tasajo, y al caer el sol llevaba embuchadas* cinco docenas (Delibes, *Ratas*); *Los libros, ¡bah!* Cinco *llevaba publicados, ¿y qué? Nada. Ni sombra de nada* (Alberti,

Arboleda). En el segundo uso se combina con participios de verbos que expresan contacto o vinculación, como *asociado, aparejado, emparejado, unido*: *Le asaltaban de golpe todas las preocupaciones que lleva aparejadas el dinero* (Mendoza, *Ciudad*). Debe señalarse, sin embargo, que no existe acuerdo acerca de que este uso sea propiamente perifrástico, por cuanto se obtiene también sin participios (*llevar encima, llevar dentro*, etc.) y alterna con adjetivos (*llevar sujeta una estampa*).

29 La preposición y el grupo preposicional

29.1   Conceptos generales

29.1.1   Preposición y término

29.1.1a   Las PREPOSICIONES son palabras invariables y casi siempre átonas que se caracterizan por introducir un complemento, que en la tradición gramatical hispánica se denomina TÉRMINO (§ 1.6.2c). Así, en el ejemplo *con una pequeña ayuda*, el término de la preposición *con* es *una pequeña ayuda*, y en *contra los enemigos*, el término es *los enemigos*.

29.1.1b   El término de la preposición es muy frecuentemente un grupo nominal, como en los ejemplos anteriores, pero también pueden serlo los grupos adjetivales (*desde muy pequeño, pasar por excesivamente tonto*), los adverbiales (*hasta aquí mismo, desde detrás de la puerta*) e incluso los preposicionales en las condiciones que se examinarán más adelante (§ 29.5.3): *Salió de entre unos matorrales; Andaba por entre las mesas.* Pueden serlo asimismo las subordinadas sustantivas en sus diversos tipos (§ 43.2.4): *la noticia de que se había producido una explosión, la razón de cambiar de trabajo, la incertidumbre de si estará vivo o no, preocupado por cómo fueran a ir las cosas,* y también las oraciones de relativo sin antecedente expreso, que se asimilan a los grupos nominales (§ 44.4.1a): *Háblame de lo que te preocupa.*

29.1.1c   La preposición impone restricciones formales a su término. Así, este ocupa la posición contigua a la preposición, de modo que no puede adelantarse sin que esta lo acompañe. Se dice, por tanto, *¿De qué estás hablando?* y no **¿Qué estás hablando de?* Por su parte, los pronombres personales adoptan el caso llamado OBLICUO o PREPOSICIONAL cuando funcionan como términos de preposición: *para mí* (no **para yo*), *sin ti, de sí.*

29.1.2   El grupo preposicional

29.1.2a   La preposición y su término forman conjuntamente un GRUPO PREPOSI-
CIONAL O PREPOSITIVO. Puede desempeñar la función de complemento de régimen
y constituir, por tanto, un elemento argumental, como en *contar con su amistad, su
confianza en el futuro, igual a su padre*. También puede ser un complemento adjunto,
como en *contar con los dedos, la vida en una gran ciudad, famoso por su sabor*. Como
se ve en estos ejemplos, el grupo preposicional actúa como modificador de varias
clases de palabras, sobre todo de verbos, sustantivos, adjetivos y adverbios. Puede
ejercer además la función de atributo o de complemento predicativo (§ 37.2.3): *Este
regalo es para tu hermana; Entró con temor*.

29.1.2b   En un número relativamente reducido de contextos, los grupos preposicionales admiten modificadores que inciden sobre el grupo entero. Algunos de ellos
son adverbios o locuciones adverbiales que focalizan y hacen más preciso el contenido del grupo, muy frecuentemente (aunque no siempre) de carácter locativo o
temporal, como en *Llegó casi hasta la puerta; Te están esperando por lo menos desde
las nueve*. A esta misma pauta pertenecen los ejemplos siguientes:

> En la ventana del palacio de encaje que se encontraba justo bajo su ventana, una mucha-
> cha se asomaba al aire (Caso, *Peso*); Durante la Revolución francesa, y debido precisamen-
> te a sus ideas políticas, Kant fue apasionadamente aceptado o rechazado (Lledó, *Días*).

Pueden también modificar a los grupos preposicionales los grupos nominales que
expresan medida, como en *Se encuentra varios kilómetros hacia el interior (País*
[Esp.] 11/7/1980), así como los adverbios de cantidad o de grado: *Muy contra los deseos y los consejos de sus amigos de Tlaxcala, Cortés llevó a su ejército por Cholula*
(Madariaga, *Corazón*).

29.2   Las preposiciones del español

29.2.1   Inventario de preposiciones

Las preposiciones forman una clase gramatical CERRADA. Sin embargo, el inventario
que de ellas se hace no siempre coincide en las diversas gramáticas, ya que algunas
preposiciones son de escaso uso, otras han ingresado no hace mucho en este paradigma y otras, finalmente, poseen solo algunas de las propiedades que caracterizan dicha clase de palabras. En la actualidad suele aceptarse la relación siguiente:
*a, ante, bajo, cabe, con, contra, de, desde, durante, en, entre, hacia, hasta, mediante, para,
por, según, sin, so, sobre, tras, versus* y *vía*. Para el caso particular de *pro*, que añaden
algunos gramáticos, véase el § 29.2.2b.

29.2.2   Matizaciones sobre algunas preposiciones

29.2.2a   Las PREPOSICIONES *CABE* 'junto a' y *SO* 'bajo' se sienten ya desusadas en
el español actual y solo aparecen esporádicamente en los textos literarios. Aun así,

so forma parte también de unas pocas locuciones, como *so pena de, so pretexto de, so color de* y *so capa de*: *Duermen en ellas <u>so capa de</u> su cercano parentesco* (Morón, *Gallo*). Las preposiciones DURANTE y MEDIANTE eran, en su origen, los participios de presente de *durar* y *mediar*, y concordaban en número con el elemento del que se predicaban: *En la viudez las obligan a penitencia, y no sin razón, que ellas, <u>durantes los días de su matrimonio</u>, cometieron pecados por que deban penar* (Pineda, *Diálogos*); *Pues oyan atentos los que se admiraron / e de tales casos fizieron mençión, / ca non será menos la mi narración, / <u>mediantes las musas</u>, que a ellos guiaron* (Santillana, *Comedieta*). Aunque queda algún resto de este uso (por ejemplo, en la expresión lexicalizada *Dios mediante*), las dos palabras han perdido en el español actual su concordancia, su movilidad y su acento, y se han integrado en la clase de las preposiciones. En cuanto a la preposición HASTA, se distingue del adverbio *hasta* 'incluso'. Cuando es preposición, los pronombres personales que introduce aparecen en caso oblicuo (*Llegaron hasta mí*), mientras que el adverbio *hasta* se puede anteponer a pronombres en caso recto (*Hasta yo comí*) y a otros segmentos difícilmente compatibles con la preposición (*Hasta duerme de pie*).

29.2.2b   La partícula PRO significa aproximadamente 'en favor de': *Una serie de grupos <u>pro defensa de los animales</u> han denunciado las creaciones de Hirst como innecesariamente crueles* (*Vanguardia* [Esp.] 30/11/1995). Aunque considerada preposición por algunos gramáticos, está más cerca de los llamados PREFIJOS SEPARABLES (§ 10.3.4b). Rechaza, en efecto, los grupos nominales definidos: **pro la defensa de los animales*. Aunque en la escritura se registra la grafía unitaria (*prorreelección*) o con guion intermedio (*pro-reelección*), es más habitual la opción en la que *pro* se separa gráficamente de la palabra sobre la que incide: *Pero antes de que eso ocurra, las fuerzas <u>pro reelección</u> quieren estar seguras de obtener los votos necesarios* (*Clarín* 15/1/1997). Cuando precede a un adjetivo se escribe como una sola palabra: *Algunos congresistas <u>progubernamentales</u>, señaló la fuente, podrían proponer una Ley de Amnistía* (*Proceso* [Méx.] 29/12/1996).

29.2.2c   La PREPOSICIÓN SEGÚN significa aproximadamente 'conforme a' o 'de acuerdo con' (*según la ley*), pero también 'en función de' o 'dependiendo de' (*según quién venga*). En relación con las demás preposiciones, posee varios rasgos peculiares. En efecto, es la única preposición tónica del español, rechaza el caso oblicuo (*según tú*, no **según ti*) y no admite la alternancia entre grupos nominales y subordinadas sustantivas que suelen admitir otras preposiciones. Junto a alternancias como *sin <u>la ayuda</u> ~ sin <u>que llegue la ayuda</u>*, no se obtienen otras del tipo de *según <u>la ley</u> ~ *según <u>que dice la ley</u>*. Cuando *según* introduce oraciones de verbo finito, no puede considerarse preposición: *según <u>dice la ley</u>* (cf. **sin lo sabe Iván; *para ahorremos*, etc.). Algunos gramáticos consideran conjuntivo este uso de *según*, pero otros entienden, como se hará aquí, que corresponde más bien al paradigma de los adverbios relativos (§ 22.5), al igual que *como* en *como dice la ley*. La partícula *según* se comporta como otras preposiciones en otros aspectos; por ejemplo en su capacidad para introducir interrogativas indirectas (*según <u>quién sea enviado</u>*) y formar grupos relativos: *Tengo firmado un convenio con mis primos <u>según el cual</u> me comprometo a entregarles cuatro quintas partes de la herencia* (Ibargüengoitia, *Crímenes*).

29.2.2d La PREPOSICIÓN latina *VERSUS* 'hacia' se ha reintroducido recientemente en español a través del inglés. Equivale hoy a *contra* en unos contextos y a *frente a* en otros, partículas que se consideran preferibles. Casi todos los usos documentados de *versus* (o de su abreviatura *vs.*) se atestiguan en registros especializados, como el periodístico o el científico:

> Moralidad <u>versus</u> inmoralidad. Es bastante frecuente que el psiquiatra haya de toparse con problemas morales que el paciente le suscita (Castilla, *Psiquiatría* 1); Se encuentran varias importantes divisiones en la sociedad guatemalteca, incluyendo la clase social, la raza, lo urbano <u>vs.</u> lo rural, lo militar <u>vs.</u> lo civil (*Hora* 28/2/1997).

29.2.2e La PREPOSICIÓN *VÍA* procede de un sustantivo e introduce, en su sentido estrictamente físico, el lugar por el que se pasa o en que se hace escala en un desplazamiento: *Juraría que es el mismo tren que antes iba a Toulouse vía Port-Bou* (Marsé, *Embrujo*). En la lengua de la política, la jurisprudencia, el periodismo y en otras manifestaciones escritas propias de los registros formales se ha extendido el uso de *vía* a los complementos nominales que no designan lugares: *Varios bancos privados están interesados en comprar los bonos del Tesoro Nacional vía la Bolsa de Valores* (*ABC Color* 11/12/1996). Aunque tales usos no son incorrectos, se considera preferible sustituir en ellos *vía* por expresiones equivalentes, como *mediante* o *a través de*. Se está generalizando asimismo, en casi todos los registros mencionados, la construcción «*por vía* + adjetivo», como en *un rescate por vía aérea*.

29.2.2f Se asimila indirectamente a las preposiciones el adverbio relativo *donde* cuando se usa en el sentido de 'en casa de' o 'en el establecimiento de' y otros análogos: *Pocas borracheras había en Santa Inés que no se hubiesen fraguado donde Belisario* (Ayerra, *Lucha*). Es similar el uso de *cuando* en *cuando la guerra*, y de *Se usa como almacén* (§ 22.5.4b). En cambio, por las razones que se explican en el § 31.6.3c, no suelen considerarse preposiciones las partículas *excepto, menos, salvo*, que se asimilan más bien a las conjunciones, ni tampoco *incluso, no obstante* y *sin embargo* (§ 30.9), que son adverbios o locuciones adverbiales. Aun así, *no obstante* se asemeja al antiguo uso de *mediante* en que parece constituir el predicado de una cláusula absoluta en construcciones como *Y allí se desencadenó sobre nosotros un temporal que justifica el fracaso de los persas, <u>no obstante</u> su poderío temible* (Mujica Lainez, *Escarabajo*). Hoy día se asimila a las locuciones preposicionales en este uso, en el que no muestra concordancia de número y alterna con *a pesar de*.

29.3 Locuciones preposicionales

29.3.1 Criterios de delimitación

Las LOCUCIONES PREPOSICIONALES O PREPOSITIVAS son agrupaciones de palabras que adquieren conjuntamente el sentido y el funcionamiento gramatical de las preposiciones, como *a causa de, en orden a, por culpa de, bajo pena de,* etc. Estas unidades léxicas se crean mediante mecanismos productivos que permiten gramaticalizar significados mucho más específicos que los que designan las preposiciones simples. Como sucede con otras locuciones, la clase formada por las preposicionales consta de numerosos miembros y se aproxima a los paradigmas ABIERTOS, aunque no llegue a serlo realmente.

29.3.1a Resulta controvertido el análisis de secuencias como *delante de la casa* y otras similares formadas con *detrás, encima, cerca, enfrente,* etc., seguidos de la preposición *de*. Una opción es analizarlas en la forma *[delante de] [la casa]*, donde el primer segmento se interpreta como locución preposicional y el segundo, como su término. Otra es elegir la variante *[delante] [de la casa]*, de forma que si *delante* es adverbio en *Estaba delante*, lo sigue siendo en *Estaba delante de la casa*. En este último caso, *de la casa* es el complemento del adverbio. Se optará aquí por este último análisis, que evita adscribir una misma palabra a dos categorías distintas en secuencias que ponen de manifiesto propiedades gramaticales muy semejantes.

29.3.1b Presentan similares opciones de análisis muchas construcciones formadas sobre sustantivos, como *a cubierto, a distancia, a la derecha, a la inversa, a la puerta* y otras semejantes, todas las cuales se construyen con *de*. En efecto, también en estos casos es posible prescindir del segmento encabezado por la preposición *de*, lo que da lugar a alternancias como *Estaba a la derecha de la mesa* y *Estaba a la derecha*. Unos gramáticos entienden que *a distancia, a la inversa, a la puerta,* etc., son locuciones adverbiales que seleccionan un complemento, esté expreso o sobrentendido: *[a la derecha] [de la mesa]*. Frente a esta interpretación, que parece la más probable, otros consideran que la preposición *de* se integra en una locución preposicional, por tanto *[a la derecha de] [la mesa]*.

29.3.1c Las locuciones formadas sobre sustantivos presentan, además, la dificultad de determinar si el proceso de gramaticalización está lo suficientemente avanzado como para entender que se trata de auténticas locuciones, o si el sustantivo sigue funcionando todavía como tal. La ausencia de artículo y de otros determinantes delante del sustantivo, así como el rechazo de la flexión, son indicios de GRAMATICALIZACIÓN. A pesar de ello, en algunos casos los nombres que integran la locución presentan variantes en singular y en plural, como en *a comienzo(s) de, a efecto(s) de* o *a fin(es) de*, y también pueden alternar la presencia y la ausencia del artículo: *a (o al) efecto de, a (los) efectos de, a (los) ojos de, con (el) objeto de, por (la) vía de,* etc. Parece claro, sin embargo, que el grado de gramaticalización es menor en *con la esperanza de, en el sentido de, con la idea de* o *con la ayuda de*, que en las variantes sin artículo, que aparecen en los siguientes ejemplos:

> Una vez mostradas a gozar de este castillo, en todas las cosas hallaréis descanso, aunque sean de mucho trabajo, <u>con esperanza de</u> tornar a él (Santa Teresa, *Moradas*); ¿Rueda vertical, girando <u>en sentido de</u> la quilla? —dijo Valentín, con la incredulidad pintada en su atezado rostro—. ¿Y cómo la mueves? (Galdós, *Episodios*); Subía hacia la plaza <u>con idea de</u> hincarse ante el Cristo (Nácher, *Guanche*); La raya, alta y a la izquierda, era tan impecable como si hubiera sido trazada <u>con ayuda de</u> una regla (Pérez-Reverte, *Maestro*).

Es índice, asimismo, del grado de gramaticalización de estas expresiones la posibilidad de sustituir el segmento que *de* encabeza por un demostrativo o un posesivo, de modo que las alternancias como *con idea <u>de contar el dinero</u> ~ con <u>esa</u> idea; a* *pesar de él ~ a su pesar ~ a pesar suyo* se interpretan en el sentido de que los sustantivos no están totalmente gramaticalizados en las locuciones subrayadas. Otro indicio importante lo constituye el rechazo de los modificadores adjetivos. No se añadiría un adjetivo al sustantivo *gracias,* que forma parte de la locución preposicional *gracias a* (**gracias efusivas a...*), pero se añaden a los sustantivos que aparecen en expresiones como *estar en íntimo contacto con...* o *actuar en estrecha colaboración con...,* lo que da a entender que esas construcciones no están enteramente gramaticalizadas.

29.3.1d   Se ha señalado en el apartado anterior que *en colaboración con* o *en contacto con* no son locuciones plenas porque el nombre que las forma admite modificadores. Sin embargo, tampoco muestran una sintaxis enteramente libre. Se dice, en efecto, *en colaboración con él, en contacto con él, en relación con él,* pero no **en vínculo con él* ni **en trabajo con él,* lo que indica que *colaboración, contacto, relación* y otros pocos sustantivos constituyen un paradigma restringido con el que se forman expresiones semilexicalizadas.

29.3.2   Pautas gramaticales sobre las que se forman las locuciones preposicionales

29.3.2a   La pauta más productiva en la formación de locuciones preposicionales es «preposición + sustantivo + preposición». Las preposiciones que suelen aparecer con más frecuencia en posición inicial son *a* (*a base de, a cargo de, a costa de*); *con* (*con arreglo a, con base en, con cargo a*); *de* (*de boca de, de conformidad con, de parte de*); *en* (*en aras de, en atención a, en bien de;* se considera incorrecta *en base a*) y *por* (*por causa de, por conducto de, por culpa de*). Se forman menos locuciones preposicionales con otras preposiciones, entre ellas *bajo* (*bajo pena de, bajo pretexto de*) o *so* (*so capa de, so pena de, so pretexto de:* § 29.2.2a). Recuérdese (§ 29.3.1c) que entre las que muestran la preposición *de* tras el sustantivo, unas presentan un menor grado de lexicalización, ya que admiten posesivos (*de boca de > de su boca; de parte de > de su parte; a pesar de > a su pesar*), mientras que otras rechazan esta sustitución (*en vista de ello > *en su vista; de conformidad con el artículo octavo > *de su conformidad*).

29.3.2b   Las locuciones que responden al esquema «preposición + sustantivo + preposición» son heterogéneas desde varios puntos de vista. Muestran grados distintos de lexicalización, como se ha visto, y no todas comparten la misma distribución geográfica. Mientras que algunas son de uso general en todos los países hispanohablantes (por ejemplo, *a causa de*), otras solo se emplean en algunos (como *en punto a* 'en cuanto a', 'en lo relativo a'). Tampoco coinciden en las variedades de lengua en las que se registran, ya que mientras que unas están limitadas a los hablantes de un determinado nivel social o a ciertos registros (*a trueque de, por cima de, so capa de*), en otras la distribución de usos está en función del significado que adopten. Así, *a(l) nivel de* suele admitirse cuando pone de manifiesto el límite o el estadio que corresponde a algo: *Sin embargo, el título de comunicador social abre un campo de posibilidades en el mercado laboral, situación que se limitaría si existe una especialización a nivel de pregrado* (*Universal* [Ven.] 23/9/1996), pero se suele rechazar como sustituto indiscriminado de *en lo relativo a,* como en *La política comercial no ha sido positiva a nivel de exportaciones.* En ciertas locuciones, pero no en otras, cabe el reemplazo del sustantivo por otros sinónimos, lo que da lugar a series como *a {demanda ~ iniciativa ~ instancia(s) ~ petición ~ requerimiento ~ ruego ~ solicitud ~ sugerencia} de.* Finalmente, unas tienen interpretación transparente (*de espaldas a, en contraste con, en señal de*), mientras que otras son opacas (*a fuer de, en pos de, por mor de*).

29.3.2c   Sobre la pauta «sustantivo + preposición» se forman *gracias a, merced a* y otras locuciones que expresan posición o dirección: *cara a, frente a, esquina a, camino de, rumbo a, dirección a* (usada en el lenguaje periodístico de España y menos recomendable que *en dirección a* o *con dirección a*). Siguen la misma pauta *respecto a, respecto de,* que alternan con *al respecto de, con respecto a* y *con respecto de.* El esquema «adjetivo (o participio) + preposición», poco productivo, da lugar a *debido a, junto a, junto con, referente a, relacionado con, tocante a.* La pauta «preposición + lo + adjetivo + preposición», a la que corresponden *en lo referente a, en lo tocante a, a lo ancho de, a lo largo de, en lo alto de,* no forma locuciones preposicionales porque el adjetivo sigue funcionando en ellas como tal. También son escasas las locuciones formadas sobre el esquema «preposición + infinitivo + preposición»: *a juzgar por, a partir de* (no se forma con esta pauta *a pesar de* porque *pesar* es sustantivo). Sobre el presente de subjuntivo del verbo *pesar* se forma *pese a: Siempre me ha fascinado el centro colonial de la ciudad, pese a su desarreglo* (Aguilar Camín, *Adriano*).

29.4   El significado de las preposiciones y las locuciones preposicionales

29.4.1   Forma de significar

29.4.1a   Unas preposiciones poseen contenido léxico (*bajo, durante, entre, según*), y otras, propiamente gramatical (*a, de*). Así, la preposición *a* aporta información estrictamente sintáctica cuando introduce el complemento directo o el indirecto (*La eligieron a ella; Demos una oportunidad a la paz*), al igual que *de* cuando encabeza los complementos de los nombres, adjetivos o adverbios (*mes de enero, orgulloso de su labor, dentro de la casa*). Constituyen en estos casos MARCAS DE FUNCIÓN, necesarias para la aparición de dichos complementos. Aun así, la distinción entre preposiciones DE CONTENIDO GRAMATICAL O FUNCIONAL y preposiciones DE CONTENIDO LÉXICO es gradual. Así, la preposición *de* expresa 'lugar de origen' en *colgar del techo,* pero está en buena medida gramaticalizada o desemantizada en *depender de las circunstancias.*

29.4.1b   El significado de las preposiciones es abstracto y casi siempre RELACIONAL. Debido a ello, suele presentarse como significado de la preposición el que en realidad corresponde a su término. Así, en *Escribe todos sus artículos con una vieja pluma,* la expresión que designa, en sentido estricto, el instrumento no es *con,* ni *con una vieja pluma,* sino *una vieja pluma.* El papel de la preposición es aquí el de MARCAR SEMÁNTICAMENTE a su término, en el sentido de inducir en él cierta interpretación que estará en función del significado del predicado principal. Por otra parte, dada la naturaleza abstracta de su significado, muchas preposiciones pueden inducir contenidos diferentes. Son numerosas las que aportan un significado espacial además de otro temporal, así como diversos sentidos figurados (llamados a veces *nocionales*) que remiten a relaciones de naturaleza inmaterial: *ante los hechos, bajo su influencia, en la ruina.*

29.4.2 Restricciones gramaticales en el término de las preposiciones y las locuciones preposicionales

El término de las preposiciones y las locuciones preposicionales puede estar restringido por factores sintácticos y semánticos. Aun así, existe relación estrecha entre ellos, como se explica en los apartados que siguen.

29.4.2a El que las subordinadas sustantivas se admitan con unas preposiciones y no con otras se suele interpretar como consecuencia de factores semánticos. Por ejemplo, la preposición *durante* exige que su término posea INHERENTEMENTE un significado temporal, es decir, que designe un período (*durante tres años, durante el otoño*) o un suceso (*durante la guerra*). Las subordinadas sustantivas se rechazan en este contexto, como en *dur̄ante {los acontecimientos ~ *que sucedieron los acontecimientos}*, ya que no denotan períodos o sucesos, sino más bien hechos, situaciones o estados de cosas: *para que lo admitan, gracias a que acudió en nuestra ayuda, a favor de que desciendan los impuestos, sin que yo tenga que ir.* La interpretación del sustantivo *hecho* que es aquí relevante es aquella en la que no equivale a *suceso: ante {el grave hecho ~ *que el hecho es grave}*. Coinciden con *durante* en construirse con términos de significado temporal las locuciones *a comienzo(s) de, a eso de* (que se combina únicamente con términos que designan horas), *a fin(es) de, a final(es) de, a mediados de* o *a principio(s) de*, entre otras:

> Veníamos con mi cuñado por el camino que va de Vuelta Grande a La Canoa a eso de las once de la noche (Asturias, *Presidente*); Recogí pruebas de que Morris llegó a mediados de junio del año pasado (Bioy Casares, *Trama*); A finales de octubre entraba Gamallo en Bocentellas, un pueblo incendiado entre cuyas ruinas yacían aniquilados los restos de la vieja columna (Benet, *Región*).

29.4.2b La expresión *dentro de* limita su término a los grupos nominales cuantitativos de naturaleza temporal, como en *dentro de un rato, dentro de tres semanas.* En estos casos, frente a los analizados en el § 29.3.1a, *dentro de* puede considerarse locución. La diferencia entre *dentro de* y *al cabo de*, que se construyen con complementos semejantes, radica en que el plazo designado se interpreta deícticamente en el primer caso (es decir, a partir del momento del habla), pero de manera anafórica en el segundo, por tanto a partir de algún punto de referencia introducido en el discurso. Esta diferencia explica contrastes como *Se recuperó {*dentro de ~ al cabo de} dos días.* La situación era distinta en la lengua antigua, en la que el segmento temporal introducido por *dentro de* podía medirse a partir de un punto del pasado, como en *Sané dentro de quince días, y fui en sus busca y seguimiento a la ciudad de Sevilla, para la cual era nuestra jornada* (Céspedes, *Píndaro*). Se trata también esta cuestión en el § 24.2.1c.

29.4.2c   La preposición *entre* requiere rasgos de pluralidad en su término, ya que pone en relación dos o más entidades. Estos rasgos pueden ser aportados por un plural morfológico (*entre los libros*), una expresión coordinada (*entre Buenos Aires y Rosario*), un sustantivo colectivo (*entre la muchedumbre*) o uno no contable (*entre la bruma*), especialmente si la materia designada por este último se presenta como densa o compacta. En efecto, resultan más naturales *entre el barro, entre el humo,* que *entre el aire, entre el agua* (pero se dice, en cambio, *entre el agua turbia*). En el habla popular de algunas zonas de la Argentina, Colombia y Venezuela, entre otros países, la preposición *entre* se usa, además, con el sentido de 'dentro, en el interior de', como en *La ropa está entre el cajón.* Este uso se conserva como arcaísmo en algunas regiones de España.

29.4.3   Principales usos de las preposiciones

Se expondrán esquemáticamente en los apartados que siguen los valores principales de cada preposición. Son estos valores, o al menos algunos de ellos, los que propician que las preposiciones formen complementos de régimen con ciertos predicados. A analizar esta cuestión se dedicará el capítulo 36. No se mencionan en la nómina que sigue las preposiciones *cabe, durante, mediante, según, so, versus* y *vía,* de las que se ha hablado con anterioridad (§ 29.2.2).

29.4.3a   La PREPOSICIÓN *A* introduce complementos de DESTINO (*Voy a Murcia*), de TÉRMINO o LÍMITE (*No llega a final de mes; Sal al balcón*) y de localización, en alternancia con *en* (*Lo detuvieron a la puerta de su domicilio; Estamos a la mesa*). Estos complementos de UBICACIÓN suelen añadir el rasgo de 'dirección' u 'orientación', muy visible en *La casa da al Norte* o en *para abrirse al mundo.* La ubicación puede ser temporal: *Llegó a las tres; Se iba a dormir a la caída del sol; Estamos a mayo; Estábamos a jueves* (las dos últimas, solo en algunos países). La preposición *a* forma asimismo grupos que expresan FINALIDAD (*Vengo a que me ayudes:* § 46.5.2), DISTRIBUCIÓN, a menudo en concurrencia con *por* (*cuatro viajes al año, tres veces a la semana, libros a tres euros*) o MANERA, sobre todo en determinadas locuciones adjetivas o adverbiales (*cocinar a fuego lento, callos a la madrileña, a gritos, a tientas, a ciegas*). Es, junto con *de,* la preposición que posee usos más claramente gramaticales, como el encabezar complementos indirectos o ciertos complementos directos (§ 34.3).

29.4.3b   La PREPOSICIÓN *ANTE* expresa LOCALIZACIÓN ORIENTADA respecto del observador. Se aproxima en su significado a *delante de* (*ante la puerta ~ delante de la puerta*) y, a veces, a *en presencia de* (*arrodillado ante él ~ arrodillado en presencia de él*) y *frente a: Borges está ante un espejo con unos papeles en la mano, como quien prepara un discurso* (Ibargüengoitia, *Atentado*); *Y pasaba* [...] *como consternada de su impotencia ante los hechos* (Carpentier, *Pasos*). Por extensión, puede inducir sentidos CAUSALES, como en *Indignado Don Juan ante semejante villanía, corrió al punto, seguido de los caballeros de su casa* (Coloma, *Jeromín*), indicar PREFERENCIA, especialmente en la locución *ante todo,* o introducir complementos próximos en su significado a los que se forman con la locución *en vista de,* como en *ante la gravedad de los hechos.* Los grupos introducidos por *ante* que modifican a los sustantivos no suelen expresar la presencia física de algo (**el árbol ante la casa*), pero sí la figurada (*la actitud ante la vida*).

29.4.3c   La PREPOSICIÓN *BAJO* localiza lo que ocupa una posición o una SITUACIÓN INFERIOR a lo designado por su término, tanto en sentido físico (*Los papeles estaban bajo la mesa*) como figurado. En este último expresa o sugiere de manera abstracta 'protección' o 'control' (*bajo su tutela, bajo la vigilancia de la policía*), 'sometimiento' (*bajo el imperio de la ley, bajo su supervisión directa*), 'ocultación' (*bajo nombre supuesto, bajo un pretexto ridículo*) y otras formas de dependencia o subordinación. Alternan *bajo* y *desde* en combinación con *punto de vista, perspectiva, visión, enfoque* y otras expresiones similares (*bajo ~ desde el punto de vista científico*), pero se recomienda el empleo de *desde*. Por congruencia semántica, se recomienda igualmente *sobre la base de* en lugar de *bajo la base de*, que aparece ocasionalmente en los textos.

29.4.3d   La PREPOSICIÓN *CON* introduce complementos de COMPAÑÍA, como en *A veces paseaba con él*, sentido que se distingue del de COLABORACIÓN o acción conjunta: *Escribió un libro con él*. En su sentido instrumental, *con* puede designar un UTENSILIO (*con un martillo*), pero también el MEDIO, material o inmaterial, empleado en la consecución de algo (*con agua, con habilidad, con paciencia*), las CUALIDADES que alguien o algo posee (*habitación con vistas*) o la MANERA en que se lleva a cabo un proceso (*Lo escuchaban con sorpresa; Come con gula*). Combinada con el infinitivo, forma parte de construcciones que indican CONCESIÓN (*Con ser tan inteligente, no parece que entienda lo que sucede*: § 47.7.2c), pero también CONDICIÓN (*Se cree que con estudiar una hora al día todo está resuelto*). El sentido condicional está presente asimismo en construcciones con verbo en forma personal: *Solo con que, tiempo atrás, hubiera prestado atención al comentario casual de Inés y aclarado aquel desfase de años de servicio, el caso habría avanzado un trecho enorme* (Giménez Bartlett, *Serpientes*), e incluso con grupos nominales (*Con una mujer en el cargo, la institución funcionará mejor*). Este sentido se convierte en CAUSAL si el contexto no es prospectivo: *Con un obispo enfermo, y enfermo como este, iba pudriéndose la diócesis* (Miró, *Obispo*).

29.4.3e   La PREPOSICIÓN *CONTRA* indica OPOSICIÓN en sus diversas variantes. Se usa para introducir sustantivos que designan la persona o la cosa a la que se enfrenta o se opone alguien o algo (*luchar contra los invasores, pastillas contra la tos*), el destinatario de lo que se lanza o se dirige (*un artículo contra el ministro de Industria, odio contra los intrusos*) o la persona o la cosa afectada por una acción reprobable (*delitos contra la salud pública*). También puede expresar UBICACIÓN (*apoyarse contra la pared*), así como DESTINO o TÉRMINO (*estrellarse contra un árbol*). En contextos igualmente restringidos admite el sentido de 'a cambio de', reconocible en ejemplos como *Era algo que daban, por partida doble (como dos mogollas) contra la entrega de una moneda de 1 centavo* (*Tiempo* [Col.] 7/1/1998) y en locuciones adverbiales como *contra reembolso, contra recibo, contra entrega, contra original*, etc. Se emplea de manera incorrecta por *cuanto* en las comparativas proporcionales (*Contra más lo intento, peor*: § 45.4.1a). No es preposición, sino sustantivo, en alternancias como *en contra tuya ~ en tu contra*, que se analizan en el § 18.2.2d.

29.4.3f   La PREPOSICIÓN *DE* introduce complementos de ORIGEN espacial. Este uso acerca esta preposición a *desde*, como *la estación {de ~ desde} la que sale el tren*. Está más restringida para introducir complementos que expresan el origen temporal de algo: *Estaremos con ustedes {desde el jueves ~ a partir del jueves ~ *del jueves},* exceptuados los contextos de correlación de preposiciones (§ 29.5.2), como en *del jueves al sábado, del jueves en adelante*. Esta preposición presenta otros muchos sentidos, ya que es, junto con *a*, la que posee más usos como elemento gramatical, por oposición a los propiamente léxicos. Es la preposición española que corresponde a los complementos de genitivo latinos, y la que introduce el mayor número de complementos de nombres, adjetivos o adverbios (§ 36.4.3), sean argumentales o no, además de los que poseen carácter apositivo (*la ciudad de Sevilla, el tonto de Juan, una maravilla de edificio*: § 12.7.5). Algunos de los complementos introducidos por esta preposición pueden interpretarse como agentes (*la decisión del ministro, la salida del tren*) o como pacientes (*el cuidado de los ancianos, la lectura del libro*); otros designan el poseedor de algo (*la casa de mis abuelos*), el todo del que se señala una parte (*la rama del árbol, los pies de la cama*), lo que se caracteriza por cierta propiedad (*el precio de la vivienda, la edad de la luna, el color del mar*), la propiedad misma atribuida (*hombre de valor*), el contenido que caracteriza a algo (*libro de Física*), la materia de la que está hecho (*mesa de mármol*), el destino que se le da o el propósito que alberga (*tablero de ajedrez, traje de cóctel*), su causa o su razón de ser (*fiebre del heno*). Véase también, en relación con estas cuestiones, los § 12.7.2 y 12.7.3. Más raro es que *de* introduzca complementos circunstanciales, con la excepción de los que expresan causa, generalmente extrema: *Se caía de(l) sueño; Murió de(l) tifus; Saltaba de (la) alegría*. Puede constituir, unida al infinitivo, construcciones de valor condicional: *De haberlo sabido, no habría venido* (§ 26.5.4b y 47.5.2b). No se consideran correctos algunos usos de la preposición *de*, como los que aparecen en *ser adicto de algo* (frente a ... *a algo*); *hacer algo de urgencia* (a diferencia de ... *con urgencia*) o *perder de cinco puntos* (se prefiere ... *por cinco puntos*).

29.4.3g   La PREPOSICIÓN *DESDE* introduce el punto de ORIGEN, de arranque o de partida de un proceso o una situación. Comparte este valor con *a partir de* y con *de* (§ 29.4.3f), aunque no siempre son intercambiables: *la tradición filosófica desde Aristóteles; los descubrimientos realizados a partir de diversos estudios experimentales; Partieron del muelle sur*. También marca la referencia a partir de la cual se establece una medida (*la distancia a la capital desde aquí*) o el lugar desde el que se percibe algo (*Se ve el mar desde su casa*). Además de cierto espacio, el término de esta preposición puede designar una unidad temporal (*desde hoy, desde el verano*), un suceso (*desde la guerra*) o la causa de algo, interpretada como su origen: *Creo que* [esta frase] *solo puede ser pronunciada desde la ignorancia o desde la pereza* (Alsius, *Dudas*). Ya solo se documentan excepcionalmente con *desde* en el español general grupos nominales cuantificados como el subrayado en [...] *donde quedó la madre-augur / que desde cuatro siglos llama, / en toda noche de los Andes* (Mistral, *Desolación*). Los grupos encabezados por *desde* no se suelen combinar con predicados puntuales. No obstante, en ciertas variedades del español americano son comunes expresiones enfáticas como *Trajo la plata desde el lunes*, que significa aproximadamente 'Trajo la plata el lunes, y ha transcurrido ya tiempo desde entonces'. Cuando se construye con oraciones subordinadas, el término de la preposición *desde* designa un punto temporal (*desde que te vi > desde entonces*). Como esta noción es expresada por las subordinadas sustantivas, se ha supuesto que tales oraciones constituyen relativas sin antecedente expreso. A favor de este análisis está la alternancia *desde que te vi ~ desde cuando te vi*, analizada en el § 22.5.3d. En algunas zonas se atestigua el uso de *desde que* por 'en cuanto', con indicativo y con subjuntivo, como en el siguiente ejemplo *Menos mal que yo, desde que sepa que hay un paisa para candidato no voto* (*Espectador* 2/12/2008).

29.4.3h   La PREPOSICIÓN *EN* es la más característica para expresar UBICACIÓN, sea esta espacial (*en la mesa, en el cajón, en la pared, en la puerta*) o temporal (*en verano, en el primer trimestre, en 1976*). Como otras preposiciones, puede alternar el valor de ubicación con el de TÉRMINO DE UN MOVIMIENTO O RESULTADO DE UN PROCESO: *entrar en la ciudad, penetrar en los tejidos, convertirse en polvo, acabar en desastre.* Cuando la preposición *en* introduce sustantivos temporales, adquiere varios significados: puede localizar el momento o el período en que se localiza el suceso o el estado del que se habla (*los éxitos alcanzados en el primer trimestre del año*); el lapso en el interior del cual se da la situación descrita, en alternancia con *a lo largo de,* como en *Llegó a tener diez hijos en ocho años* (Campoamor, *Poemas*); el tiempo que tarda en alcanzarse o en terminarse la situación que expresa el predicado principal, como en *Este se intranquiliza y llama a los amigos de su hijo y en veinticuatro horas me empiezan a "intranquilizar" a mí* (Leguina, *Nombre*). Se recomienda usar *dentro de* o *al cabo de* cuando lo que se expresa no es el tiempo que se emplea en una acción, sino el transcurrido hasta que esta se inicia, como en *Te llamaré dentro de* (mejor que *en*) *una hora.* La preposición *en* forma, además, grupos de naturaleza predicativa que expresan el estado en que se encuentra algo o alguien: *en alemán* (*El libro está en alemán*), *en monedas de diez centavos* (*Quiero el cambio en monedas de diez centavos*), *en pantalones, en perfectas condiciones, en putrefacción.* Se consideran incorrectos los usos de *en* por *de* ante ciertos complementos del nombre, que se extienden en algunos países por influencia del inglés: *la figura en la página 10* por *la figura de la página 10; Me encanta la casa en la esquina* por *Me encanta la casa de la esquina,* etc.

29.4.3i   La PREPOSICIÓN *ENTRE* expresa la LOCALIZACIÓN POR MEDIO DE LÍMITES en una dimensión espacial (*entre Bogotá y Cartagena*), temporal (*entre abril y julio*) o de otro tipo (*un tono entre irónico y socarrón*), siempre con las restricciones de pluralidad que se señalaron en el § 29.4.2c. En la lengua popular de algunos países americanos se registran usos de *entre* por *dentro de* con sentido temporal (como en *Entre un mes volveré a visitarte*) que se recomienda evitar. Esta equivalencia puede tener también sentido espacial, como en *entre el cajón* 'dentro del cajón' (§ 29.4.2c). Adquieren significado superlativo las atribuciones en las que se destaca una cualidad entre todos los individuos que la poseen, como en *Imbuida en su doble papel de maga entre las hechiceras y de grande entre las grandiosas, cogió una manzana de aspecto paupérrimo* (Moix, *Arpista*). Esta preposición puede expresar también una RELACIÓN MÚLTIPLE entre personas o cosas, que unas veces adquiere sentido recíproco (*Entre todos lo conseguirán; Hablaron entre sí; el odio que aún persiste entre las familias*) y otras simplemente aditivo (*Entre niños y adultos podían contarse más de treinta comensales*).

29.4.3j   La PREPOSICIÓN *HACIA* expresa DIRECCIÓN u ORIENTACIÓN con respecto a un punto, a menudo en concurrencia con *a: Se dirigen* {*a ~ hacia*} *el desierto; La casa está orientada* {*a ~ hacia*} *el norte; Buenos Aires me parecía llena de violencia hacia los recién llegados* (Mallea, *Bahía*). Sirve también para indicar UBICACIÓN APROXIMADA en el espacio (*Eso cae hacia Córdoba*) o en el tiempo: *Llegaré hacia las tres; Luego, hacia la mitad del segundo acto,* [...] *se describe al muchacho* (Alberti, *Adefesio*).

29.4.3k   La PREPOSICIÓN *HASTA* expresa el LÍMITE de una acción, un proceso o una situación: *Llegó hasta el muelle y dio la vuelta; Estuve allí hasta las doce; Trabajaban hasta el agotamiento.* Los grupos encabezados por *hasta* son compatibles con predicados puntuales cuando se habla de límites espaciales (*Llegó hasta la puerta*), pero no —en el español mayoritario— si tienen sentido temporal (**Llegó hasta la una*). Se exceptúan las secuencias que expresan una multiplicación de sucesos, como en *Estuvo llegando gente hasta la una.* En México y parte de Centroamérica no se percibe contradicción entre estos complementos preposicionales y los predicados que denotan acciones puntuales porque se suple una negación (*Llegó hasta la una,* 'No llegó hasta la una': § 48.2.3). También es característico de estos países el uso de *hasta adelante* o *hasta atrás* en el sentido de 'lo más adelante posible' y 'lo más atrás posible', respectivamente, como en *Fui a sentarme hasta atrás* (Mastretta, *Vida*). *Hasta* presenta puntos en común con los adverbios, pero sin perder la idea de límite que caracteriza su significado, en secuencias como *Podía permitirse el lujo de repartir hasta diez mil ducados anuales de limosna* (Domínguez Ortiz, *Clases*), donde encabeza un complemento directo. Este uso es similar al de la locución *alrededor de* en *Tiene alrededor de cincuenta años* (Fernán Gómez, *Bicicletas*). El interés sintáctico de estas locuciones radica en que parecen no alterar la estructura nominal de los complementos del verbo, sin dejar de constituir por ello unidades preposicionales. Como *desde, hasta* puede construirse CON COMPLEMENTO ORACIONAL (*desde que vino hasta que se fue*). Sin embargo, mientras que *desde* no se suele combinar con infinitivos, excepto en las correlaciones con *hasta,* esta última preposición los admite fácilmente, sobre todo en construcciones de interpretación causal o consecutiva. En efecto, en *Fueron encerrándose en sí mismos hasta vivir como una sola persona que repetía mecánicamente la rutina de todos los días* (Soriano, *León*) se sugiere que ciertas personas alcanzan cierta situación límite como consecuencia de un proceso que avanza en esa dirección.

29.4.3l   La PREPOSICIÓN *PARA* expresa DESTINO en el sentido físico y también en el figurado. En el primero introduce complementos que expresan el límite de un movimiento, como en *Voy para mi casa* o *Ya viene para acá,* y también el límite temporal prospectivo en el que se supone que algo sucederá, como en *Lo tendré preparado para el martes.* El más característico de sus sentidos figurados es el de FINALIDAD o PROPÓSITO (*Salí para despejarme:* § 46.5.1), que puede usarse discursivamente para justificar o matizar un aserto: *Para ser justos, esto no es del todo cierto.* Cercanos a los de destino están también los sentidos de UTILIDAD o SERVICIO (*tiempo para descansar, pastillas para la garganta, cuadernos para pintar, lectura para el viaje*), ORIENTACIÓN (*Estudia para médico*) y DESTINATARIO (*Lo compré para ella*). Con los cuantificadores *mucho* (o *muy*), *demasiado, suficiente* o *bastante,* expresos o tácitos, introduce complementos en los que se supedita cierta situación a expectativas que no se alcanzan o que se sobrepasan, como en *Está (muy) alto para su edad* o en *Es (demasiado) tarde para ir a cenar* (§ 20.4.1a y 46.5.1b). Como se explica en el § 35.1.1b, esta preposición no introduce los complementos indirectos.

29.4.3m   La PREPOSICIÓN *POR* encabeza complementos de lugar que expresan el TRAYECTO o el curso de un movimiento (*Paseaban por el centro de la calle*), así como la UBICACIÓN APROXIMADA de algo (*Viven por el barrio norte; No veo nada por aquí*). En los complementos temporales, *por* denota también ubicación aproximada, mientras que *para* expresa tiempo preciso en el futuro: *Si no llueve {para ~ por} la primavera, habrá sequía en verano*. Se ha criticado en ocasiones como posible anglicismo el uso, más frecuente en el español americano, de *por* en lugar de *durante* ante grupos cuantitativos de sentido temporal, como en *Estaré aquí por tres meses*. No obstante, este valor se documenta ampliamente en la lengua antigua: *Mandó por siete días tod' el mundo andar* (Berceo, *Loores*); *Nosotras somos buenas por dos meses* (Delicado, *Lozana*). Es característico de *por* encabezar los COMPLEMENTOS CAUSALES formados con grupos nominales y adjetivales, así como con oraciones subordinadas: *Está cerrado por vacaciones; Lo regañaron por perezoso y por hablar con sus compañeras*. Aunque este sentido causal se considera hoy propio de *por*, por oposición al sentido final de *para*, ambas preposiciones proceden de una forma iberorrománica común, lo que explica que *por* siga manteniendo su originario valor causal y final y que sean intercambiables en diversos contextos, como en *Me río {por ~ para} no llorar*. Véase también el § 46.1.1b.

29.4.3n   La preposición *por* introduce el COMPLEMENTO AGENTE, tanto de los participios (*El manifiesto fue firmado por numerosas personalidades*: § 41.2.3) como de ciertos sustantivos (*el rechazo de la propuesta por todos los grupos*: § 12.8.2c). Los grupos que esta preposición toma como término adquieren otros valores. Indican aquello a favor de lo cual se actúa (*trabajar por la paz*); los medios o los recursos empleados en alguna acción (*Habían tomado la sede por la fuerza*); la vía por la que se recibe o se envía algo (*por teléfono, por correo aéreo*); la cantidad por la que se vende o se compra alguna cosa (*Lo había adquirido por muy poco dinero*); la persona o cosa que sustituye a otra o por la que esta se cambia (*Iré yo por él; Lo cambió por un plato de comida*), y también lo que se busca o se persigue, sobre todo con ciertos verbos de movimiento (*ir por leña, venir por el dinero*). Las construcciones del tipo «sustantivo + *por* + sustantivo», formadas con sustantivos contables en singular (*casa por casa, pieza por pieza*), se usan para expresar que la acción significada por el predicado se aplica individualmente y de manera consecutiva a todos los miembros de un conjunto, como en *Se hizo una requisa más drástica que la anterior, casa por casa, y esta vez se llevaron hasta las herramientas de labranza* (García Márquez, *Cien años*). En estas construcciones alterna a menudo con la preposición *a*: *uno {a ~ por} uno; libro {a ~ por} libro*. En el § 38.5.3a se estudian los predicativos introducidos por la preposición *por* (*tomarlo por tonto*); en el § 28.3.2a, la construcción «*estar por* + infinitivo»; en el § 47.7.2d, las combinaciones del tipo *por fuerte que sea*.

29.4.3ñ   La PREPOSICIÓN *SIN* expresa PRIVACIÓN O CARENCIA. Además de un grupo nominal (*Lo hizo sin ninguna ayuda*), puede tener por término una subordinada sustantiva, como se explicó en el § 29.4.2a: *Actúan sin que su padre lo sepa y sin pensar en las consecuencias*. Muchos grupos preposicionales formados con la preposición *sin* y un grupo nominal sin determinante alternan con adjetivos y participios: *Lo prefiero {sin cafeína ~ descafeinado}; estudiantes {sin trabajo ~ desocupados}*. La noción de carencia, inherente a su significado, le permite también alternar con la preposición *con* y expresar valores opuestos a ella, en especial los de compañía y colaboración (*trabajar {con ~ sin} ayudantes*), instrumento (*comer {con ~ sin} cuchara*), posesión o inclusión (*habitación {con ~ sin} vistas*) y condición (§ 47.5.2a): *Con este salvoconducto podrá usted pasar; Sin esta beca no podrá terminar los estudios*. El sentido negativo de *sin* explica igualmente las equivalencias que se dan entre «*no* + participio» o «*no* + gerundio», y «*sin* + infinitivo»: *no hecho ~ sin hacer; no teniéndolo en cuenta ~ sin tenerlo en cuenta* (§ 48.1.4b, c). Precedida del adverbio *no,* da lugar a una forma habitual de LÍTOTE: *no sin razón, no sin vacilar.*

29.4.3o La PREPOSICIÓN *SOBRE* expresa LOCALIZACIÓN ORIENTADA en el eje vertical. Identifica, pues, la posición de algo o alguien asignándole un lugar superior al que ocupa la persona o cosa que designa su término, haya o no contacto físico (*La carta estaba sobre la mesa del comedor; La lámpara del techo colgaba sobre la mesa del comedor*). Es, pues, la preposición opuesta a *bajo.* Del sentido puramente físico se pasa fácilmente a los figurados sin que se pierda su significado básico, lo que explica que se emplee para introducir complementos que expresan PROMINENCIA O PRIORIDAD, como en *Recordaba al negrito al que quería sobre todas las cosas* (*Siglo* 1/4/1997). Con la preposición *sobre* se introducen asimismo grupos nominales que denotan el TEMA sobre el que versa algo: *una película sobre la guerra de Troya; Trataron sobre comida, estando delante el ventero* (Cervantes, *Quijote* I). Los grupos nominales definidos de sentido temporal que encabeza (sobre todo los referidos a las horas) expresan CÓMPUTOS APROXIMADOS: *Debe haber ocurrido sobre las cinco de la madrugada* (Delibes, *Mario*). Ese mismo valor aproximativo se observa en otros muchos casos, como en *Andaba sobre los cincuenta años* (Valle-Inclán, *Tirano*). Se considera incorrecto el uso, propio del lenguaje deportivo, de *sobre* por *hacia* o a (*tirar sobre puerta*), o por *contra* (*Hicieron falta sobre el defensa central*). Tampoco se recomienda el empleo de *sobre* en lugar de la preposición *de* cuando precede a la expresión de un número total del que se toma una parte. En lugar de *Sufren esta enfermedad uno sobre diez españoles,* se prefiere ... *uno de diez.*

29.4.3p La PREPOSICIÓN *TRAS* expresa LOCALIZACIÓN ORIENTADA respecto del observador. Se opone a *ante* y alterna con *detrás de.* Designa muy frecuentemente la persona o la cosa que se interpone entre otras, como en *Se limitaron a realizar su trabajo tras una valla en la que fueron ubicados* (*Tribuna* [Hond.] 8/1/1998), y también lo que aparece detrás en alguna sucesión, sea estática (*El seis ha de estar tras el cinco*) o dinámica: *Cuchuí caminaba otra vez tras su padre, tratando de acomodar sus pasos al ritmo de los suyos, pero sus piernas eran cortas* (Roa Bastos, *Hijo*). Con términos temporales equivale a *después de: Aceptó la conciliación en un país agotado tras siete años de lucha* (Ortiz-Armengol, *Aviraneta*). Este sentido prevalece con los infinitivos y con muchos nombres abstractos, a los que no puede aplicarse el concepto de 'posición física': *Tras poner en orden sus dolores, empezó a planificar cómo gastarse la herencia* (Cerezales, *Escaleras*); *La abrió y sacó, tras alguna vacilación, el primer tomo de* Las Mil y Una Noches (Borges, *Ficciones*). Con la fórmula «sustantivo + *tras* + sustantivo» se expresa la repetición de algo en una secuencia temporal: *Gekrepten le ganaba vuelta tras vuelta a Oliveira* (Cortázar, *Rayuela*); *No le estaba permitido liberarse del buey que la pisoteaba, que la poseía noche tras noche en la cama sin entenderla* (Tusquets, *Mar*).

29.4.4 Agrupaciones semánticas de las preposiciones

Es posible establecer grupos de preposiciones en virtud de los significados que inducen en su término, expuestos en los apartados anteriores. Así, varias de ellas localizan algo o a alguien por su orientación en relación con un eje (*sobre* o *bajo, ante* o *tras*) o prescindiendo de él (*en, entre, a*). Cuando la localización es temporal, se usan sobre todo *en, a* y *para*. Expresan ubicación aproximada *por, sobre* y *hacia*. Algunas preposiciones se caracterizan por introducir los componentes de un proceso o un cambio, sea el origen o el punto de partida (*de, desde*), la dirección que muestra (*a, hacia, para*), el término o destino (*a, contra, hasta*) o un lugar intermedio entre el origen y el término (*por, vía*). Varias de las que expresan ubicación indican también término, lo que da lugar a pares como *estar sobre la ciudad*~*lanzarlo sobre la ciudad*. Cabe hacer consideraciones similares en relación con las locuciones preposicionales (§ 29.3.1) o adverbiales. Así, *al lado* o *a la derecha* denotan localización espacial orientada; *después* o *antes,* localización temporal. Expresa localización temporal aproximada *a eso de; a partir de* denota origen; *a través de,* lugar de paso; *en dirección a,* dirección, etc.

29.5   Grupos sintácticos complejos formados con preposiciones

En el § 29.1.2 se introdujo el concepto de *grupo preposicional,* formado por una preposición o una locución prepositiva seguida de su término. En esta sección se estudiarán algunos grupos preposicionales de estructura compleja. La preposición o la locución preposicional introduce dos grupos sintácticos en algunas de esas construcciones; en otras se crea una correlación entre dos preposiciones, o bien aparecen estas concatenadas.

29.5.1   Preposiciones que introducen dos grupos sintácticos

En ciertos grupos preposicionales, la preposición introduce dos grupos sintácticos, uno cuantitativo, subrayado con línea discontinua en los ejemplos que siguen, y otro distributivo, que se subraya con línea continua:

> El resto de mis haberes no cobrados serán distribuidos asimismo a los maestros de escuela, a los maestros y aprendices músicos, a razón de un mes de sueldo a cada uno (Roa Bastos, *Supremo*); En dos meses y medio, a razón de doce horas diarias, memorizó 300 raíces y 4000 palabras (Chavarría, *Pica*); Ganan tres pesetas cada una, pero el trabajo no mata (Cela, *Colmena*); [...] se debe a ese romance, escrito en cincuenta décimas que a diez versos por décima hacen quinientos versos (Morón, *Gallo*).

El grupo sintáctico cuantitativo expresa en todos estos casos la magnitud que corresponde a cada una de las unidades de medida que se mencionan en el grupo distributivo, lo que da lugar a segmentaciones como *a razón de [un mes de sueldo] [a cada uno]; a razón de [doce horas] [diarias]; a [diez versos] [por décima],* etc.

29.5.2   Correlaciones de preposiciones

Las CORRELACIONES son expresiones complejas formadas por dos preposiciones, cada una con su propio término. La primera de ellas es casi siempre *de* o *desde,* y la segunda *a, hasta* o *hacia*:

Los españoles, no solo los madrileños, tienen como lugar común decir: "de Madrid al cielo" (Aub, *Calle*); Cargados con las maletas, echamos a andar desde el Portillo de Embajadores hacia la plaza de Tirso de Molina (Fernán Gómez, *Viaje*); Desde entonces hasta 1922, año de su muerte, escribe unas veinte obras (Zum, *Narrativa*).

Los dos grupos preposicionales muestran cierta independencia. Así lo indica el hecho de que uno de ellos pueda adelantarse al verbo, como en *De allí se bajaba a una suerte de precipicio que yo por supuesto no bajé* (Cabrera Infante, *Habana*). Pueden ser complementos circunstanciales, como en el ejemplo de Zum que se cita, o bien argumentos seleccionados por el predicado, como en el ejemplo de Aub. Por otra parte, no es raro omitir uno de los dos términos de las correlaciones preposicionales, sobre todo el que denota lugar de origen (como en *Viajaba a Bogotá todos los meses*), si bien ello suele depender del tipo de correlación que se establezca y de la información que el contexto permita recuperar. Los límites que estas correlaciones expresan pueden ser espaciales, como en [...] *el camino que va desde la Hacienda La Pastora hasta el pueblo de Villegas* (Morón, *Gallo*), o temporales, como en *Vivió en Maracaibo de los 20 a los 30 años*. No obstante, pueden afectar a nociones más abstractas, como cuando el término de cada preposición alude al extremo de alguna jerarquía implícita. Es lo que sucede en *Querían hablar con todo el mundo, desde el director general hasta el más humilde empleado*.

29.5.3   Secuencias de preposiciones

29.5.3a   Las SECUENCIAS de preposiciones están constituidas por dos palabras de esta clase cuando aparecen contiguas, como en *Iba por entre los árboles* o en *Retirábamos esos* [...] *de sobre los tapetes almidonados* (Tusquets, *Mar*). El término de una de las preposiciones es a su vez un grupo preposicional, de modo que la secuencia mencionada *por entre los árboles* no se segmenta en la forma *[por entre] [los árboles]*, sino en la forma *[por [entre los árboles]]*. Raramente se combinan más de dos preposiciones en estas secuencias, pero se registran excepciones, como *Y dándose a le buscar, le topó que salía braveando de por entre unos frutales* (Pineda, *Diálogos*).

29.5.3b   La segunda de las dos preposiciones que forman las secuencias a las que se alude encabeza un grupo preposicional. Ello excluye de esta pauta las combinaciones de preposiciones que forman parte de una locución adverbial o adjetiva, como en *para por si acaso, por de pronto, de a pie, de por medio*. Tampoco constituyen secuencias de preposiciones, en el sentido restrictivo en que se ha usado este término, las combinaciones de dos de ellas que se obtienen cuando la segunda pertenece a una oración interrogativa o exclamativa indirecta. Así, en *preocupados por con quién se firmaría el acuerdo*, el término de la preposición *por* no es el grupo sintáctico *con quién*, sino la interrogativa indirecta *con quién se firmaría el acuerdo*. Lo mismo sucede en los casos en que la segunda preposición encabeza un complemento que se intercala entre la primera y su término, como el subrayado en *Sin con esta afirmación querer sentar cátedra, la amistad es lo más importante de la vida*. No hay, finalmente, secuencia de preposiciones en la combinación, propia del español europeo, *No se pueden gastar bromas con según qué cosas* (Trapiello, *Días*), en la que *según* forma una locución asimilable a los determinantes ('ciertos, determinados'). La combinación de *ante, bajo, sobre* y *tras* con la preposición *de*, como en *Todos de su voluntad y á porfía unos ante de otros se le ponían delante y libremente confesaban su fe* (Granada, *Símbolo* II) o en *Porque también yo soy hombre bajo de potestad, y tengo bajo de mí soldados* (*Biblia Reina-Valera*), se considera arcaizante, a pesar de lo cual se documenta ocasionalmente en textos literarios y en el habla popular de algunas zonas. La preposición más frecuente hoy en este uso es *tras*, que se emplea con complementos nominales (*tras de los cristales*), con infinitivos (*tras de haber salido de la cárcel*) y, sobre todo, con pronombres personales (*tras de mí, tras de ti*).

29.5.3c Las secuencias de preposiciones suelen obedecer a ciertas pautas semánticas. Así, en *Salió de entre unos matorrales* se reconoce la pauta «PROCEDENCIA + UBICACIÓN», en la que *de* indica la procedencia mientras que la ubicación es expresada por el grupo preposicional *entre unos matorrales*. Son también ejemplos de esta pauta *Y en llegando al aposento salieron por las cuatro esquinas de bajo la cama cuatro carátulas de demonios, con cuatro candelillas en las bocas* (Espinel, *Marcos de Obregón*) y *Artemia recoge al nene de con Jovita y sonríe feliz* (Hayen, *Calle*). Esta última combinación es común en México y parte de Centroamérica. Otra pauta frecuente en estos grupos es «VÍA + UBICACIÓN», en la que la preposición *por* aporta la primera de estas nociones: *Una soga puesta por sobre la capucha le tapó la boca* (García, A., *Mundo*).

29.5.3d La secuencia *para con* precede a una serie de sustantivos y adjetivos que expresan actitudes favorables o desfavorables hacia algo o alguien: *Había conseguido con el dueño de la cantina esta deferencia para con su huésped* (Mutis, *Maqroll*); *Ese despiadado desacato para con sus compadres, acaso esconde algo de la fuerza incontrolable de su llama creadora* (Díez, *Fuente*). Con la pauta «de a + numeral cardinal» se forman complementos del nombre con valor distributivo: *Se ponen a recoger lentamente, aquí y allá, el picao y las pólizas de a cinco, que habían salido a ver el final* (Alonso Santos, *Estanquera*); *Contento aparto a la luz* [...] *seis billetes verdes de a mil pesos cada uno* (Ascasubi, *Aniceto*). La combinación *a por*, como en *Fue a por agua*, general en España, suele considerarse anómala en América.

30 El adverbio y el grupo adverbial

30.1   El adverbio y sus clases

30.1.1   El concepto de adverbio y grupo adverbial

30.1.1a   El ADVERBIO es una clase de palabras invariable que se caracteriza por dos factores: uno morfológico, la AUSENCIA DE FLEXIÓN, y otro sintáctico, la capacidad de establecer una RELACIÓN DE MODIFICACIÓN con grupos sintácticos correspondientes a distintas categorías. En efecto, los adverbios modifican a los verbos (*pasear por la calle tranquilamente*), a los adjetivos (*sumamente satisfecho de los resultados*) y también a otros adverbios (*irremediablemente lejos de su patria*). Ciertos adverbios pueden incidir sobre grupos nominales (*incluso tus hijos*), pronominales (*casi todos, solo tú*) o preposicionales (*prácticamente sin esfuerzo*), así como modificar oraciones (*Probablemente son ya las cuatro*). Se llaman LOCUCIONES ADVERBIALES las unidades léxicas que están constituidas por varias palabras y ejercen las funciones sintácticas que corresponden a los adverbios, como *de repente* o *sin duda*.

30.1.1b   La gran versatilidad sintáctica del adverbio y la considerable heterogeneidad que presentan sus variedades se pone de manifiesto de diversas maneras. Por ejemplo, a diferencia de lo que sucede con otras clases de palabras, pueden constituirse con facilidad series de varios adverbios concatenados, como en *cuanto más temprano, casi tan increíblemente mal, quizá demasiado poco frecuentemente, no mucho más despacio tampoco*, etc., lo que pone de manifiesto que las subclases de adverbios presentan propiedades gramaticales considerablemente distintas. A su vez, muchas de estas propiedades son compartidas con otras clases sintácticas. Así, en el tercero de los ejemplos anteriores *demasiado* y *poco* son cuantificadores, a la vez que adverbios. De forma similar, *así* es un adverbio, pero también un demostrativo, propiedad que comparte con *eso*. Estas características muestran el carácter TRANSVERSAL de la clase gramatical de los adverbios. Por otra parte, el significado de muchas de estas voces guarda una relación estrecha con el de los adjetivos de los que se derivan. El adverbio *espontáneamente*, por ejemplo, añade una circunstancia al verbo *declarar* en *declarar espontáneamente* de forma similar a como el adjetivo *espontáneo* añade una cualidad al sustantivo *declaración* en *declaración espontánea*.

30.1.1c   Los adverbios se convierten en núcleos sintácticos al adquirir modificadores y complementos. Constituyen así GRUPOS ADVERBIALES, como el segmento subrayado en *Había llegado un poco antes de las cuatro*. El cuantificador de grado *un poco* modifica al segmento *antes de las cuatro*, que es a su vez un grupo adverbial formado por el adverbio *antes* y su complemento *de las cuatro*. Los cuantificadores de grado que modifican a los adverbios pueden ser otros adverbios (*muy bien*) o grupos nominales (*dos horas después, varios metros delante de la casa*). Con ciertos adverbios, sin embargo, la formación de estas secuencias presenta más dificultades. Por ejemplo, se tiende a evitar la concurrencia de dos adverbios en -*mente*, y se prefiere, por tanto, *solo políticamente* a *solamente políticamente*. Muchos adverbios derivados de adjetivos construidos con complemento preposicional no HEREDAN (§ 1.3.5a) ese complemento, como se comprueba en los siguientes contrastes: *culpable de robo* ~ **culpablemente de robo; hábil para el dibujo* ~ **hábilmente para el dibujo*. Lo heredan, en cambio, los adverbios derivados de ciertos adjetivos que expresan relaciones espaciales y temporales, pero también coincidencia o confluencia de personas o cosas: *independientemente de, perpendicularmente a, previamente a, transversalmente a*. También aceptan complementos algunos adverbios derivados de adjetivos que admiten la preposición *para*, como en *lesivamente para su familia, provechosamente para todos*.

30.1.2   Clases de adverbios. Criterios de clasificación

Existen muchos criterios para clasificar los adverbios, pero los fundamentales son los siguientes:

> A. Su estructura morfológica
> B. Su significado
> C. Su naturaleza gramatical
> D. Su incidencia sintáctica

30.1.2a   De acuerdo con el criterio *A*, los adverbios se dividen en simples, como *bien, mal, cerca, lejos, siempre, sí, quizá(s), acaso, aquí, allí, entonces, luego*, y los formados por algún recurso morfológico, que guardan una relación con otras clases de palabras. La serie más numerosa se ajusta a la pauta A-*mente* (§ 7.6). Otros están emparentados con las preposiciones: *delante* y *adelante* con *ante; detrás* y *atrás* con *tras; debajo* con *bajo*, etc. Los adverbios *mejor* y *peor* se consideran COMPARATIVOS SINCRÉTICOS (§ 45.2.1d), puesto que envuelven el cuantificador comparativo *más*: *escribir mejor que antes, el que peor canta*. Se recomienda evitar secuencias incorrectas como *Juan canta más mejor que María* (por *Juan canta mejor que María*), en las que se añade superfluamente el comparativo *más* a un adverbio que ya expresa esta noción. En la lengua coloquial de muchos países hispanohablantes aceptan AFIJOS APRECIATIVOS un buen número de adverbios: *ahorita, aquicito, allacito, cerquita, despuesito, lejitos, lejotes, lueguito, poquito,* entre otros (§ 9.1.3b), así como prefijos INTENSIVOS (*rebién, recontrarrápido, requetemal, requetemucho, superbién, superlejos*). Los llamados ADVERBIOS ADJETIVALES provienen de la RECATEGORIZACIÓN de algunos adjetivos calificativos (§ 30.2), como *bajo,* en *volar bajo* o *fuerte,* en *golpear fuerte.*

30.1.2b   Según el criterio B, los adverbios se clasifican tradicionalmente por su significado en adverbios de CANTIDAD (*mucho, demasiado, cuanto:* § 30.3), de LUGAR (*allí, aquí, arriba, detrás, encima:* § 30.4), de TIEMPO (*ayer, siempre, después, frecuentemente,* § 30.5), de MANERA (*bien, así, peor, cuidadosamente:* § 30.7), de AFIRMACIÓN (*sí, claro, obviamente*), de NEGACIÓN (*no, nada, apenas, nunca, jamás* y *tampoco*) y de DUDA: *quizá, a lo mejor, acaso, tal vez* (o *talvez*). En algunos estudios contemporáneos, se agregan a estos grupos, como se hará aquí, los adverbios que expresan ASPECTO, como *todavía* o *completamente* (§ 30.6), si bien los límites de esta clase gramatical son aún imprecisos. Entre los de manera o modo, muchos terminan en *-mente,* como *cortésmente,* y pueden parafrasearse por «*con* + sustantivo» (*con cortesía*), o mediante el sustantivo *manera* o *modo* seguido del adjetivo correspondiente (*de manera cortés*). Sin embargo, otros expresan nociones diferentes: causa (*curarse milagrosamente*), medio o sistema de actuación (*comunicarse telefónicamente*) o lugar (*mundialmente conocido*). Algunos adverbios en *-mente* derivados de adjetivos son opacos al significado de estos. Así, no se suele usar el adjetivo *práctico* para construir paráfrasis del adverbio de aproximación *prácticamente* ('casi'), como en *Los antílopes tibetanos están prácticamente extinguidos.*

30.1.2c   De acuerdo con el criterio C, los adverbios se dividen en dos grandes grupos: LÉXICOS y GRAMATICALES (§ 1.4.1b). Son propiamente léxicos *adrede, bien, deprisa, regular, temprano,* etc. Cabe añadir la mayor parte de los terminados en *-mente,* que constituyen una clase abierta, al igual que la de los adjetivos calificativos. Entre los adverbios gramaticales, que forman paradigmas cerrados, se reconocen las siete subclases siguientes: demostrativos (que se analizan en el § 17.4), identificativos o referenciales, cuantificativos, relativos, interrogativos, exclamativos y focales. Los adverbios DEMOSTRATIVOS (*aquí, allá, ahora, hoy, mañana, entonces, así*) tienen propiedades pronominales, puesto que su significado se obtiene por deixis (§ 17.1.1) o a través de relaciones anafóricas. También presentan estas propiedades los adverbios llamados IDENTIFICATIVOS O REFERENCIALES (*antes/después; delante/detrás; encima/debajo,* etc.), ya que pueden referirse a tiempos o lugares, como en *Sucedió un poco antes de estallar la guerra.* Pueden ser asimismo términos de preposición (propiedad típicamente nominal): *el árbol de detrás de la casa; las costumbres de antes.* Los CUANTIFICATIVOS (§ 30.3), como *muy despacio, algo apartada* o *No me gustó demasiado,* expresan cantidad, número, grado, intensidad y otras nociones similares. Los adverbios RELATIVOS (*cuando, cuanto, como, donde,* además de los relativos indefinidos o inespecíficos que terminan en *-quiera*), los adverbios INTERROGATIVOS (*cuándo, cuánto, cómo, dónde* y *por qué*) y los adverbios EXCLAMATIVOS (coincidentes con los interrogativos, aunque existen diferencias semánticas importantes entre ellos) comparten propiedades gramaticales, por lo que se analizan en el capítulo 22. Por último, los adverbios DE FOCO O FOCALES, entre los que están *no, también, solo, incluso, precisamente, concretamente* y otros que se estudian en el § 40.4, se caracterizan por resaltar o enfatizar ciertos segmentos, sea a distancia o en contigüidad. Así sucede en *Solo lo dijo una vez* y en *Lo dijo solo una vez,* donde el adverbio de foco *solo* ejerce su efecto sobre el grupo nominal *una vez,* que se halla dentro de su ámbito. Como consecuencia del carácter transversal de la noción de adverbio, las subclases que estas palabras forman pueden cruzarse. Así, los adverbios *cuanto* y *cuánto* son simultáneamente elementos cuantificativos y relativos (*cuanto*) o interrogativos (*cuánto*).

30.1.2d El criterio *D* es el más polémico de los cuatro. Agrupa los adverbios en función de las relaciones sintácticas a que dan lugar y los divide en argumentales, atributivos y adjuntos. Los adverbios ARGUMENTALES están seleccionados por algún predicado como parte esencial de su significación (recuérdense los § 1.6.1c, d en relación con la noción de 'argumento'). Solo excepcionalmente pueden suprimirse: *Pon aquí la chaqueta* (LOCATIVO); *Se portó estupendamente* (DE MANERA); *Mide muy poco; La ópera dura excesivamente* (CUANTITATIVOS, y el segundo también TEMPORAL). Son ATRIBUTIVOS los que desempeñan la función sintáctica de atributo (*Estamos aquí; ¿Cuándo es la reunión?; Estás estupendamente*), una de cuyas variedades es la de complemento predicativo: *Te veo mejor que hace un año; Las bebidas quedaron arriba.* La mayor parte de los adverbios son, sin embargo, ADJUNTOS, es decir, modificadores no seleccionados de verbos, adjetivos o adverbios, cuya supresión no afecta a la buena formación de los grupos sintácticos que modifican: *hablar claramente, muy alto, nada lejos, psicológicamente endeble.* Entre estos se distinguen los internos al predicado, denominados NUCLEARES o CENTRALES (como en *estudiar concienzudamente un asunto*), y los externos al predicado o PERIFÉRICOS (como en *Lamentablemente, no quedaban entradas; Posiblemente nadie estaba enterado; Sinceramente, no sé qué decirte*). Dentro de los periféricos cabe distinguir los ORACIONALES, que inciden sobre toda la oración (*Francamente, no te comprendo*) y los CONECTORES DISCURSIVOS (§ 30.9): *Consecuentemente, no hay nada que hacer; No obstante, esperaremos.*

30.1.2e Muchas propiedades gramaticales de los adverbios se obtienen de la relación que se establece entre ellos y otros elementos de la oración, no necesariamente de la clase semántica a la que pertenezcan. En general, los criterios *C* y *D* son los que más se tienen en cuenta en los análisis contemporáneos, mientras que *A* y *B* son los más estudiados en los tradicionales. Téngase en cuenta, por ejemplo, que los adverbios de cantidad se distinguen por su significado (criterio *B*), pero muchos se relacionan con los indefinidos y muestran propiedades gramaticales características de estos, por lo que constituyen también uno de los grupos que resultan de aplicar el criterio *C*. En el resto del capítulo no se analizarán todos los tipos de adverbios, sino solo algunos de ellos, seleccionados en función de su interés e independientemente del criterio que permita establecer el paradigma al que correspondan.

30.2 Adverbios adjetivales

30.2.1 Características morfológicas y variación

30.2.1a Entre los adverbios definidos por su estructura morfológica forman un grupo característico los llamados ADVERBIOS ADJETIVALES O CORTOS. Tienen la misma forma que la variante masculina de los adjetivos o participios correspondientes, pero, al igual que los demás adverbios, carecen de flexión de género y número. Son, pues, adverbios las palabras subrayadas en *Las golondrinas vuelan bajo; Las mulas no caminaban recto; Estas espinacas saben raro*. En cambio, son adjetivos que funcionan como complementos predicativos las voces marcadas en *Las golondrinas vuelan bajas; Las mulas no caminaban rectas; Estas espinacas saben raras*. A diferencia de los terminados en -*mente*, estos adverbios no modifican a los adjetivos ni a los participios: junto a alternancias como *respirar {hondo~hondamente}*, solo es posible el adverbio en -*mente* en otras como *{hondamente~*hondo} afectado*.

30.2.1b Los adverbios adjetivales se documentan tanto en el español europeo como en el americano, pero en este último poseen más vitalidad:

> Una pena, porque cantaba bonito y en varios idiomas (Bryce Echenique, *Martín Romaña*); El danzón arrastraba suave los zapatos y las melenas rebotaban con el mambo (Fuentes, *Región*); —¿Y a ti qué te pasa? —dijo Andrés—. ¿Desde cuándo bebes fuerte? (Mastretta, *Vida*); Nunca había visto a papá así, conversando tan sabroso (Carrasquilla, *Tiempos*).

30.2.2   Restricciones léxicas y sintácticas

30.2.2a Muchos de los adverbios adjetivales están RESTRINGIDOS LÉXICAMENTE, es decir, limitados a las combinaciones con ciertos verbos. Resulta, en efecto, más natural *comer sano* que *alimentarse sano* o *beber sano*. Varios de estos adverbios adjetivales forman con el verbo un PREDICADO COMPLEJO, a veces casi asimilable a una locución verbal: *picar alto* ('tener excesivas aspiraciones'), *hilar fino* (*hilar delgado* en algunos países 'distinguir con gran sutileza'), *caer bajo* ('degradarse, desprestigiarse'), *pisar firme, jugar limpio* (o *sucio*). Están también sujetos a RESTRICCIONES DE POSICIÓN. De hecho, tienden a aparecer junto al verbo. Resulta, en efecto, mucho más natural *hablar bajo sobre ello,* que *hablar sobre ello bajo* (a diferencia de *en voz baja* o *quedamente*). Se obtienen, de manera análoga, contrastes como *pisar en la vida {firmemente~*firme}* o *Se miran a los ojos {fijamente~*fijo}*.

30.2.2b Los adverbios adjetivales no siempre son sustituibles por el correspondiente adverbio en -*mente: volar alto* (no *altamente*), *comprar caro* (no *caramente*) o *cantar bonito* (no *bonitamente*). Asimismo, son relativamente escasos los adjetivos que se adverbializan. Junto a *Vuelan bajo* o *Respire hondo,* no se dice **Se mueven torpe* (sino ... *torpemente*) ni **Sabía vivir sabio*.

30.3   Adverbios cuantificativos

30.3.1   Subclases de adverbios cuantificativos

La clase de los adverbios cuantificativos está compuesta por varias subclases, que se describen en los siguientes apartados.

30.3.1a La primera subclase es la formada por los adverbios INDEFINIDOS, que se corresponden con los adjetivos y pronombres indefinidos: *algo, bastante, cuanto,* *cuán(to), demasiado, harto, más, menos, mucho~muy, nada, poco, un poco, suficiente, tan(to)* (§ 20.4.2a). La mayor parte de estas expresiones pueden usarse como adjetivos que modifican a sustantivos y grupos nominales (*más casas, bastante dinero, unas pocas monedas*), pero son adverbios cuando modifican a otras categorías (*más inteligentes, bastante probable, demasiado rápido, muy lentamente, hablar mucho, divertirse un poco*).

30.3.1b El segundo grupo es el de los adverbios, no indefinidos, que pueden expresar gradación o intensificación, como *bien, regular, sobremanera: Ahora no come mucho, solo regular; Aunque sois un calavera/tenéis el alma bien entera* (Zorrilla, *Tenorio*); *Me agradaría sobremanera que se retirara sin pérdida de tiempo* (Shand, *Antón*). Se prefiere esta variante a *sobre manera;* no se consideran correctas las variantes *de sobremanera* o *en sobremanera.* El adverbio *asaz* 'bastante', de escaso uso en el español actual, puede modificar a los adjetivos, como en [...] *con un resultado compositivo asaz honorable* (Mujica Lainez, *Bomarzo*), o a los adverbios, como en [...] *se mostró asaz claramente ser obra divina* (Villena, *Eneida*). No son, en cambio, cuantificativos los adverbios *casi* y *apenas,* que representan un subgrupo de los adverbios de foco (§ 40.4.6), puesto que pueden incidir sobre expresiones que no admiten gradación, como en *casi infinito.*

30.3.1c En tercer lugar existe un grupo amplio de adverbios terminados en -*mente,* que pasan a expresar cantidad o grado, como *considerablemente, escasamente, extraordinariamente, extremadamente, increíblemente, notablemente, suficientemente, sumamente,* etc.: *extraordinariamente lejos, dormir suficientemente, sumamente práctico.* Algunos pierden su sentido calificativo original, como en [...] *esa manipulación escandalosamente torpe pero terriblemente eficaz* (Tusquets, *Mar*) pero otros lo mantienen, como en *asombrosamente cercano.* Estos adverbios son incompatibles con otros modificadores de grado, ya que desempeñan su misma función: *considerablemente bastante alto. Se registran, no obstante, algunas excepciones. Cabría pensar que *francamente* se interpreta como adverbio parentético en [...] *me las vi francamente muy mal* (Boadella, *Memorias*), pero este análisis se ve dificultado por la inexistencia de pausa tras el adverbio en -*mente.* En relación con su uso con cuantificadores comparativos, como en *considerablemente más alto,* véase el § 13.7.1b. A su vez, *completamente, enteramente, parcialmente* se pueden interpretar como adverbios de aspecto (§ 30.6). Estos adverbios están restringidos por propiedades léxicas del predicado al que modifican.

30.3.1d Cabe agregar, por último, la subclase formada por una larga serie de locuciones adverbiales (§ 30.10) que aportan significados ponderativos o evaluativos, como *a espuertas, a manta, a mares, a más no poder, a todo pulmón, al máximo, de caerse muerto, de chuparse los dedos, de ensueño, de locura, de maravilla, de película, de quitar el hipo, de rechupete, de todas todas, de todo punto, de verdad,* etc.

30.3.2 Los adverbios indefinidos entre las expresiones cuantificativas

30.3.2a Los indefinidos (*algo, bastante, mucho,* etc.: § 30.3.1a) son expresiones cuantificativas, tanto si se consideran pronombres (*Leyó todo*), adjetivos (*Poco vino*) o adverbios (*Duermes mucho*). Es tradicional la polémica acerca de si deben interpretarse como adverbios o como pronombres cuando inciden sobre ciertos verbos transitivos, como en *durar poco* o *leer mucho*. Apoya el análisis de estos indefinidos como pronombres la alternancia con grupos nominales que se percibe en *Lee {mucho~muchos libros}* o *La película dura {muchísimo~tres horas}*, así como la posibilidad de que se usen como antecedentes de un pronombre, como en *Tenía mucho, pero lo desperdició* (§ 20.4.2c). A favor del análisis adverbial se ha aducido, por el contrario, que pueden parafrasearse con adverbios o locuciones adverbiales en muchos contextos, como en *Come {demasiado~en exceso}; Bebía {mucho~en cantidad}*.

30.3.2b   Los adverbios indefinidos pueden expresar FRECUENCIA si los predicados a los que modifican designan ACCIONES O PROCESOS, sobre todo en las oraciones genéricas o en las que expresan hábitos: *Las personas de edad avanzada repiten bastante las cosas; Ahora no viaja demasiado; No habla mucho de ello; Viene poco por aquí*. Dan lugar a la interpretación TEMPORAL de estos cuantificadores los verbos que poseen argumentos temporales (*No hay que alargarla más, la película ya dura bastante*), así como los que expresan ACTIVIDADES y ESTADOS (es decir, sucesos no limitados: § 23.2): *No permaneció demasiado entre ellos; Voy a dormir un poco; No podemos esperar mucho*.

30.3.2c   En su interpretación INTENSIVA, los indefinidos admiten paráfrasis aproximadas con los adverbios *intensamente, fuertemente, profundamente, vivamente* y otros similares, o con sus antónimos *levemente, ligeramente, imperceptiblemente*, que designan grados extremos en una escala: *En nuestro departamento, no hemos estudiado demasiado este problema; Se lo agradezco mucho; Aquí huele un poco a humedad*. Los adverbios que denotan cantidad no son necesariamente incompatibles con los que expresan modo o manera. Así, con la expresión *llover exageradamente* se alude a cierta FORMA de llover, pero también a la CANTIDAD de lluvia que cae, como en *llover mucho*.

30.4   Adverbios de lugar

30.4.1   Subclases de adverbios de lugar

30.4.1a   Los adverbios de lugar se agrupan en dos clases fundamentales: los adverbios DEMOSTRATIVOS (*aquí, ahí, allí, acá, allá, acullá*), que se estudian en el § 17.4, y los llamados ADVERBIOS DE RELACIÓN LOCATIVA. Estos adverbios, que se distribuyen en parejas de antónimos, se dividen, a su vez, en dos grupos:

A	B
delante/detrás	adelante/atrás
encima/debajo	arriba/abajo
dentro/fuera	adentro/afuera

30.4.1b   Los adverbios del grupo *A* se llaman a veces DE UBICACIÓN, y los del grupo *B*, DIRECCIONALES O DE ORIENTACIÓN. Estos términos reflejan propiedades semánticas de estos dos paradigmas que se consideran correctas en lo fundamental.

Sin embargo, los términos *de ubicación* y *direccionales* no son muy precisos, pues los adverbios del grupo B se usan en determinados contextos con los valores que corresponden a los del grupo A (raramente al contrario), como se verá en esta misma sección. Así, por ejemplo, no se denota dirección, sino localización, en *Juan vive arriba* o en *El pueblo se encontraba unos pocos kilómetros más adelante*.

30.4.2 Diferencias entre las dos clases de adverbios de lugar

30.4.2a Los adverbios del grupo A (y, en algunos usos, también los del grupo B) comparten con los demostrativos su naturaleza referencial. De hecho, pueden usarse para identificar lugares, como en *La planta está encima de la mesa*. Los llamados *direccionales* admiten la cuantificación de grado: *más adentro, demasiado arriba, muy atrás*, que tienden a rechazar, en cambio, los de ubicación: **más dentro, *menos fuera, *menos detrás*. Se registran, sin embargo, algunas excepciones, casi siempre en usos figurados, como *muy dentro de mí; totalmente fuera de sí*, etc. Las preposiciones que expresan dirección y límite se combinan con los direccionales (se dice, pues, *hacia atrás*, no *hacia detrás*), pero en los complementos preposicionales que expresan ubicación se observa alternancia de ambos grupos: *el asiento de {detrás~atrás}*. Solo los del grupo A admiten con naturalidad modificadores de naturaleza focal: *justamente detrás, encima mismo*.

30.4.2b Los adverbios del grupo A tienen complemento, que puede estar expreso, como en *El perro estaba fuera de la casa*, o bien quedar implícito, como en *El perro estaba fuera* (se entiende 'de cierto lugar mencionado antes'). Comparten esta propiedad con *antes, después, cerca* o *lejos*. El complemento de los adverbios de ubicación se presenta a veces en forma de pronombre de dativo, como en *Había caído encima de él~Le había caído encima*. Estas construcciones se analizan en el § 35.2.2e. Sobre el uso de estos adverbios con modificadores posesivos (*detrás tuyo* por *detrás de ti*), véase el § 18.2.3c.

30.4.2c Los adverbios del grupo B se construyen con complemento en la mayor parte de las variedades del español americano, raramente en el europeo. Estos usos convierten las formas del grupo B en adverbios de ubicación (grupo A), puesto que en tales casos no se expresa propiamente dirección ni orientación:

> Jamás se me habría ocurrido que <u>adentro de un manicomio</u> uno pudiera sentirse mucho más seguro (Edwards, *Anfitrión*); Y te callás la boca, ¿entendés? Ni una palabra <u>afuera de acá</u> (Pavlovsky, *Galíndez*); Se ve en un estrado <u>abajo de la pantalla</u> del cine local (Pitol, *Juegos*); Se encontraba <u>arriba de la escalinata</u> (Azancot, *Amores*); No me parece que se trate de jugar una carta <u>atrás de otra</u> como en el truco (Piglia, *Respiración*); Viene <u>adelante de ellos</u> (Aridjis, *Moctezuma*).

Las construcciones que se reproducen, correctas en el español de América, se evitan en los registros formales del español europeo, en el que carecen de prestigio. En todas las variedades se acepta, en cambio, la pauta en la que los complementos con la preposición *de* están inducidos por *más*, como en *más arriba del televisor*, que alude a un espacio indeterminado situado por encima de dicho aparato.

30.4.2d   Los adverbios direccionales aparecen como el segundo componente en las construcciones adverbiales bimembres que ilustran secuencias como *por la cuesta abajo, por la calle arriba* o *cuesta arriba*. El primer segmento designa un TRAYECTO y el segundo una DIRECCIÓN, que es el concepto expresado por la construcción en su conjunto. Con predicados de estado, estas construcciones indican ubicación imprecisa, como en *El poblado está situado río arriba*. La misma pauta se admite también en construcciones temporales como *Había muerto atropellado por un borracho varios años atrás* (Montero, *Amado*) y en otras en las que el espacio recorrido se mide por el tiempo que conlleva: *Desde varios kilómetros atrás mordía chiles para despertarse* (Hayen, *Calle*). En la lengua actual están parcialmente lexicalizadas construcciones como *boca abajo, cuesta arriba* (en el sentido de 'difícil'), *patas arriba* (o *patas para arriba* en el Río de la Plata, 'del revés'), así como las expresiones *de abajo arriba* y *de arriba abajo*.

30.4.2e   Expresan ubicación el adverbio *enfrente*, y el par *cerca/lejos*, mientras que *alrededor* y sus variantes *en derredor, en rededor* y *alredor* (la última incorrecta) corresponden a los dos grupos: se expresa ubicación en *los edificios que están alrededor de la plaza*, pero dirección en *El vehículo da vueltas alrededor de la plaza*. Los adverbios *antes* y *después* expresan, en el dominio temporal, relaciones similares a las que manifiestan los de ubicación en el ámbito del espacio. No son propiamente adverbios de lugar *lateralmente, paralelamente, transversalmente* y otros similares, si bien se pueden asimilar a los adverbios direccionales cuando se construyen con verbos de movimiento. Los adverbios *cerca* y *lejos* toman complementos expresos o tácitos, pero la localización a la que dan lugar no aporta información sobre la orientación del referente, como hace por ejemplo *detrás* en *detrás de la valla*. Expresan distancia, pero incorporan léxicamente esta noción, por lo que no son compatibles con expresiones que la especifiquen: *dos metros {detrás~*cerca} de la valla*. Cuando *cerca* y *lejos* se construyen sin complemento, el punto de referencia necesario para establecer su significado puede ser algún lugar mencionado en el discurso previo, como en *Nosotros vivimos en la calle Mayor y mi hermano vive muy cerca* ('de la calle Mayor'), pero también aquel en el que se ubica el que habla, como en *Ella vive muy cerca* (se entiende 'de aquí').

30.5   Adverbios de tiempo

30.5.1   Subclases de adverbios de tiempo

Los adverbios de tiempo y las locuciones adverbiales temporales se suelen clasificar con dos criterios: uno gramatical (o, más propiamente, sintáctico) y otro semántico. Desde el primer punto de vista, los adverbios temporales pueden ser DEMOSTRATIVOS (*ahora, ayer, hoy, mañana*: § 17.4), RELATIVOS (*cuando, cuandoquiera*: § 22.5 y 22.6), INTERROGATIVOS y EXCLAMATIVOS (*cuándo*: § 22.5) y CUANTIFICATIVOS (*siempre, a menudo, a veces*: § 19.4.1b). Desde el punto de vista semántico, se suelen reconocer los siguientes grupos:

1. REFERENCIALES: *hoy, ahora, mañana, ayer, anoche, anteayer* (o *antes de ayer*), *anteanoche; actualmente, antiguamente, recientemente, posteriormente, previamente;*

pronto, temprano, tarde; enseguida; inmediatamente; antes, después; cuando, cuándo. También locuciones: *por la mañana, de tarde, pasado mañana,* etc.

2. DE DURACIÓN: *brevemente, instantáneamente, largamente, permanentemente, prolongadamente, temporalmente, siempre, para siempre.*

3. DE FRECUENCIA: *cotidianamente, diariamente, frecuentemente, habitualmente, nunca, ocasionalmente, reiteradamente, semanalmente, siempre,* así como una serie de locuciones adverbiales: *de vez en cuando, a veces, con asiduidad,* etc.

Los adverbios del grupo *1* suelen responder a la pregunta *¿cuándo?;* los del grupo *2,* a la pregunta *¿cuánto (tiempo)?,* y los del grupo *3,* a la pregunta *¿cada cuánto (tiempo)?,* aunque, a veces, también a la pregunta *¿cuándo?,* como en *—¿Cuándo viene tu hijo? —De vez en cuando.* Los adverbios de frecuencia son, a la vez, expresiones cuantificativas, puesto que dan lugar a la multiplicación del evento, como en *Viajaba a la capital a menudo* o en *Se tomaba cinco pastillas diariamente* (§ 30.5.3a).

30.5.2   Adverbios temporales referenciales y de duración

30.5.2a   Los adverbios de tiempo referenciales se suelen dividir en dos grupos, establecidos con criterios sintácticos más que léxicos: los ADVERBIOS DE LOCALIZACIÓN TEMPORAL y los ADVERBIOS DE MARCO. Los primeros aportan las coordenadas que permiten situar cronológicamente una situación. Aparecen dentro del grupo verbal al que modifican, como en *La carta llegó ayer a su oficina,* y a veces en posición inicial del grupo verbal, como en *El Gobierno actualmente está desorientado* o en *Marcela antes no se peinaba así.* Los ADVERBIOS DE MARCO ocupan, en cambio, la posición preoracional (es decir, en primera posición), y a menudo aparecen separados de la oración mediante una pausa. Introducen un punto o un período a modo de encuadre de la situación que se describe, como en *Ayer, Jerónimo estaba en Roma* o en *Últimamente, el pobre ya no podía ni caminar* (Dou, *Luna*). Cuando los adverbios de marco y los de localización aparecen conjuntamente, la referencia temporal de los segundos se restringe al período temporal delimitado por los primeros, como en *Ayer, la comida se sirvió muy temprano.*

30.5.2b   Algunos adverbios temporales, como *ayer, hoy, mañana,* etc., se consideran DEMOSTRATIVOS (§ 17.4). Están sujetos a concordancia o compatibilidad semántica con el tiempo verbal del predicado al que modifican (§ 17.4.3 y 24.2), de modo que se espera un tiempo pretérito con el adverbio *ayer* y un presente con *actualmente.* Véase, en relación con estas formas de compatibilidad, el § 24.2.1. Se asimilan de manera parcial a los adverbios de este grupo *inmediatamente* y *enseguida,* que no siempre están anclados en el momento del habla. Cuando lo están, alternan con *ahora mismo,* como en *Ven aquí inmediatamente.* Cuando no lo están, toman como punto de referencia el tiempo verbal del predicado al que modifican y significan 'inmediatamente después (de ello)': *Blanca se espabiló inmediatamente* (Espido, *Melocotones*); *El señor Ríos había estado hacía diez minutos en TEXINAL, pero se marchó enseguida* (Chavarría, *Rojo*). En cambio, *próximamente* solo es compatible con el futuro y con el presente prospectivo, al igual que sucede con el adjetivo *próximo* o la locución *dentro de* (§ 29.4.2b). La situación a la que se refiere se mide o se computa desde el momento del habla. Véase también, en relación con estas cuestiones, el § 24.2.

30.5.2c   Los adverbios *temprano* y *pronto* se interpretan con relación a un punto temporal que no es exactamente el mismo en el español europeo y en el americano. El adverbio *temprano* tiende a vincularse en España a un punto fijo, en concreto el del amanecer, mientras que en América se usa sobre todo en el sentido de 'antes del tiempo establecido o convenido'. Así, si alguien va a llegar a una cita nocturna media hora antes de lo previsto, dirá en América *Todavía es temprano,* pero en España se prefiere *Todavía es pronto.* Los adverbios *pronto* y *tarde* pueden tomar el comienzo del día como punto de referencia (*Se levantaba muy tarde*), o bien dejar que tal punto dependa de otro tiempo: *Es muy tarde, la película comenzaba a las ocho.* También incorporan a menudo un rasgo modal, puesto que la designación del tiempo se interpreta de manera relativa a las expectativas del hablante, como en *Marcos se distinguió por su valor en muchas acciones; ascendió pronto a sargento* (Baroja, *Hierba*), donde *pronto* quiere decir 'antes de lo esperado'.

30.5.2d   Se construyen con complementos preposicionales algunos adverbios de sentido temporal, como *antes, después, luego* o *posteriormente.* Estos adverbios establecen una relación de ANTERIORIDAD, POSTERIORIDAD O COINCIDENCIA entre la referencia temporal del complemento, a veces omitido, y la del tiempo verbal del predicado sobre el que inciden. Expresan anterioridad *antes, anteriormente, previamente* y, en algunas regiones, *enantes.* Denotan posterioridad, *después, luego* y *posteriormente.* Expresan, en cambio, coincidencia, *simultáneamente* y *a la vez.* Los adverbios *antes, después* y *luego* son COMPARATIVOS. El primero equivale a 'más temprano', y los otros dos a 'más tarde'. En consecuencia, son redundantes —además de incorrectas— las expresiones *lo más antes posible* (que a veces se registra en lugar de *lo antes posible*) y *más después.* Estos adverbios comparten con otras expresiones comparativas el que admiten los grupos nominales cuantificativos que se denominan DIFERENCIALES (§ 45.2.2b) porque establecen la diferencia de medida entre dos magnitudes, como los subrayados en *mil pesos más barato, dos meses después de su llegada, poco tiempo antes de morir* y, con menor frecuencia, *unos meses luego de su visita.* Pueden ir seguidos de complementos formados con la preposición *de,* pero también con la conjunción comparativa *que* (§ 31.1.3b, c y 31.6.1e) que encabeza asimismo los complementos de la locución temporal *a la vez* 'al mismo tiempo (que...)':

> Me quiero convencer / de lo vago de tu ser / <u>antes que</u> salgas de aquí (Zorrilla, *Tenorio*); La nota fue enviada el pasado viernes, <u>luego que</u> se conoció que varios compatriotas fueron detenidos (*Prensa* [Hond.] 18/2/1997); Pero <u>a la vez que</u> la curiosidad lo llevaba a tratarlo, percibía algo repugnante en él (Pitol, *Juegos*).

El adverbio *antes* recibe una interpretación CORRECTIVA cuando indica que una acción sustituirá a la otra, como en *La curiosidad es boba, es poco amiga de la imaginación, y antes prefiere horadar con la mirada que emplearla para interrogarse* (Guelbenzu, *Río*). En los casos en que *antes* y *después* modifican a sustantivos temporales como *día, noche, semana, mes, año* a la manera de los adjetivos, se considera innecesario anteponerles la preposición *de.* Se prefiere, por tanto, *el día antes, la semana después* a las variantes con preposición (*el día de antes*). La preposición resulta, sin embargo, obligatoria en *el día de hoy,* donde el complemento subrayado es apositivo.

30.5.2e   Pueden expresar duración los adverbios cuantificativos *bastante, mucho, poco, tanto, cuanto, cuánto* (§ 30.3.2), y otros como *largamente, brevemente, momentáneamente* o *permanentemente,* pero también señalar que una situación en curso no se detiene ni se interrumpe, como en *Por fin don Humbert lo entendió así y ambos hablaron largamente* (Mendoza, *Ciudad*). Con verbos que designan acciones puntuales, algunos de estos adverbios expresan el ESTADO SUBSECUENTE a ellas, es decir, el que resulta de dicha acción (§ 23.2), como en *Se había instalado allí permanentemente* o en *Pero llegó la guerra y aquellos tiempos se fueron para siempre* (Llamazares, *Río*).

30.5.3   Adverbios de frecuencia

30.5.3a   Los adverbios y locuciones adverbiales que expresan FRECUENCIA se dividen, según la evaluación de esa magnitud, en ADVERBIOS DE FRECUENCIA ELEVADA, como *asiduamente, habitualmente, a menudo, constantemente,* y ADVERBIOS DE FRECUENCIA BAJA: *apenas, excepcionalmente, esporádicamente, raramente, rara vez, ocasionalmente, de vez en cuando* (y sus variantes: *de cuando en cuando, de cuando en vez* y, en el español andino, *cada vez y cuando*). Indican también frecuencia reducida otras expresiones más restringidas geográficamente, como *cada muerte de obispo, de uvas a peras, de pascuas a ramos, de higos a brevas, allá cada y cuándo, a las quinientas.* Otro criterio, que tiene más consecuencias gramaticales, concierne al grado de especificidad o de precisión de la frecuencia denotada. Según este criterio, los adverbios pueden expresar frecuencia imprecisa o precisa. Los adverbios de FRECUENCIA IMPRECISA O INDETERMINADA (*a menudo, excepcionalmente, frecuentemente, habitualmente*) suelen admitir modificadores de grado:

> Por entonces venía muy a menudo a verlos (Montero, *Amado*); El nombre de su padre
> y el de su amante eran los que más frecuentemente se le escapaban (Gil Carrasco,
> *Bembibre*).

Los adverbios de FRECUENCIA PRECISA O DETERMINADA, también llamados DE PERIODICIDAD, como *a diario, anualmente, bienalmente, bimestralmente, cotidianamente, diariamente, mensualmente, semanalmente,* expresan léxicamente el número de veces que se repite un suceso. Al igual que los adjetivos de relación de los que se derivan (*diario, mensual, semanal*), procedentes a su vez, de sustantivos temporales (*día, mes, semana*), reciben interpretación distributiva y no admiten gradación (*muy diariamente). Estos adverbios alternan con grupos nominales bimembres, en los que el primer componente expresa cantidad y el segundo denota distribución: *dos veces al mes, mil pesos al trimestre, cien kilómetros por hora* (§ 21.2.6).

30.5.3b   Poseen la capacidad de introducir CONTEXTOS GENÉRICOS varios adverbios de frecuencia imprecisa, como *ocasionalmente, habitualmente,* pero también *generalmente, normalmente, en general,* etc., que no expresan frecuencia en sentido estricto. Como los adverbios de marco (§ 30.5.1b), abarcan en su ámbito toda la oración y permiten que las expresiones indefinidas designen el conjunto de individuos de una clase. Así, la oración *Muy a menudo, un perro que mueve el rabo está contento* no afirma que, en un número alto pero impreciso de ocasiones, cierto perro está contento, sino que es habitual que, cuando un perro mueve el rabo, esté contento.

30.6   Adverbios de aspecto. Sus relaciones con otras clases de adverbios

30.6.1   Caracterización de los adverbios aspectuales. Sus tipos

Emplean algunos autores el término ADVERBIOS ASPECTUALES —O DE ASPECTO— para designar a los que hacen referencia a alguna fase del evento al que modifican o a los que especifican algún aspecto de su estructura interna. También se aplica el término a los que están restringidos por el modo de acción del predicado sobre el que inciden. Por ejemplo, el adverbio *completamente* no aporta información temporal, cuando modifica a un verbo, pero requiere que este denote una acción o un proceso DELIMITADOS. No siempre resulta sencillo fijar los límites entre las categorías de *adverbio temporal* y *adverbio aspectual*, dada la estrecha relación entre el tiempo y el aspecto. Se discute, por ejemplo, si los adverbios de frecuencia, tratados antes como temporales, han de considerarse aspectuales, puesto que el concepto de 'iteración' o 'repetición' constituye una de las manifestaciones del ASPECTO LÉXICO o CUALIDAD DE LA ACCIÓN de los predicados (§ 23.2). Cabe dividir los adverbios aspectuales de la siguiente manera:

1. Relativos a la DELIMITACIÓN de los sucesos
2. Relativos a la REITERACIÓN de los sucesos
3. Relativos a las FASES de los sucesos

30.6.2   Adverbios aspectuales de delimitación y reiteración

30.6.2a   Expresan contenidos relativos a la delimitación de los sucesos (grupo *1*) los adverbios y locuciones solo compatibles con predicados que se caracterizan por cierto modo de acción. Así, *de un jalón* o *de un tirón* (§ 30.10.2c) solo modifican a los predicados que expresan REALIZACIONES O EFECTUACIONES, es decir, acciones o procesos que culminan o tienen límite natural (§ 23.2), como en *leer un libro de un tirón* o *recorrer el camino de un jalón*. Los mismos predicados se combinan también con *completamente, totalmente, enteramente, del todo, por completo, de cabo a rabo, de pe a pa, de punta a punta*, entre otros adverbios o locuciones adverbiales. Así, en *agotarse completamente* o en *revisar la documentación de cabo a rabo* se indica que una acción o un proceso DELIMITADOS han alcanzado su estadio final. Se adscribe asimismo a este grupo el adverbio *recién*, que (además de a los participios) en el español americano modifica a las formas personales del verbo, como en *Recién llegó; Llegó recién* o en los ejemplos siguientes:

Y tus mejillas son dos rosas / Que recién ha entreabierto el sol de Abril (Agustini, *Poesías*); Apolinario, quizás con ironía, pero él no habría podido asegurarlo, contó que recién habían terminado sus estudios (Edwards, *Anfitrión*); Usted nos habló recién de alguna correspondencia entre la creación del artífice y la creación divina (Marechal, *Buenosayres*).

En cambio, en el español europeo, el adverbio *recién* modifica solo a los participios: *recién llegado, recién terminado*.

30.6.2b Expresan significados relativos a la reiteración de los sucesos (grupo *2*) los adverbios y locuciones que expresan REPETICIÓN, como *de nuevo* u *otra vez*, así como algunos grupos preposicionales que se forman con adjetivos ordinales y se asimilan a aquellos: *por segunda vez, por tercera vez*, etc. Estos adverbios no expresan frecuencia, ya que no son apropiados para responder preguntas como *¿Cada cuánto tiempo?* Sin embargo, otras expresiones como *repetidamente, reiteradamente* o *una y otra vez* tienen propiedades en común con los adverbios de frecuencia, puesto que pueden usarse para responder a la pregunta mencionada, y también con los de repetición, ya que expresan la iteración de los sucesos.

30.6.3 Adverbios aspectuales de fase

30.6.3a Los adverbios del grupo *3* se denominan DE FASE porque su interpretación requiere acceder a una FASE PREVIA O POSTERIOR a la de la situación descrita. Pertenecen a este grupo los adverbios *todavía* (y sus variantes de la lengua rural y popular *entodavía, (en)tuavía*) y *ya*. En efecto, el adverbio *todavía* en la oración *El niño duerme todavía* indica la continuidad o la persistencia de alguna situación anterior, lo que hace viable la paráfrasis 'El niño sigue durmiendo'. El adverbio *ya* supone, por el contrario, que la situación denotada por el predicado no se daba en un tiempo anterior relativamente cercano, como en *El niño ya está dormido* o *Ya tengo un buen trabajo*. Ambos remiten, en consecuencia, a una fase previa del suceso, y adquieren su significado en función de tal referencia.

30.6.3b Además de aludir a una fase previa que persiste, el adverbio *todavía* implica una FASE POSTERIOR de la situación que se presenta. Comparte esta propiedad con los verbos *seguir* o *continuar* (§ 28.1.4c). Así, en *El fuego creció todavía y el puerto entero era como un ascua de oro* (Sender, *Witt*) se dice que el crecimiento del fuego perduró durante cierto tiempo y alcanzó cierta extensión. Los predicados a los que *todavía* modifica son durativos (no se dice *Llegó todavía, aunque este mismo adverbio es posible en presencia de la negación: *El tren no ha llegado todavía*), pero no denotan situaciones permanentes, ya que están sujetos a cambio ulterior, como en *Todavía es joven; Todavía estoy esperando; Todavía está soltero*. La oración *Todavía no me gusta* se diferencia de *Sigue sin gustarme* en que induce en mayor medida la expectativa de un cambio de estado en una fase posterior. El adverbio *todavía* se asimila a los adverbios de foco cuando incide sobre expresiones cuantificativas, como en *Todavía vivió en Sevilla dos años* (o en *Vivió en Sevilla todavía dos años*). En estos contextos, *todavía* indica que se añade una magnitud a otra ya existente. Así, en *Conversamos todavía un rato* (Vargas Llosa, *Tía*) se expresa un significado muy semejante al de la oración *Conversamos un rato más*. Cabe decir lo mismo de *No, no enciendas la luz. Todavía queda <u>un pedacito de tarde</u>* (Vázquez, Á., *Juanita Narboni*). Finalmente, *todavía* se comporta otras veces como ADVERBIO ESCALAR (§ 40.4) con un significado próximo al de *encima: Los obreros solo saben hacer huelgas y poner petardos, ¡y todavía pretenden que se les dé la razón!* (Mendoza, *Verdad*).

30.6.3c   El adverbio *aún* comparte con *todavía* todos los usos mencionados: alude a una fase previa, modifica a predicados durativos sujetos a alteración (como en *Aún estoy mareada*); admite un uso focal, como en *El acusado aún permaneció unos instantes en silencio*; necesita una negación con predicados delimitados, como en *El tren no ha llegado aún*, y recibe una interpretación escalar en *¿Y aún pretendes que yo no le dé importancia?* (García Morales, *Sur*). El adverbio átono *aun* equivale a *incluso* o a *siquiera*, pero no a *todavía*, por lo que se obtienen contrastes como *El tren no ha llegado {aún ~ *aun}*.

30.6.3d   El adverbio *ya* constituye el reverso de *todavía* en relación con la fase que ambos implican y con las expectativas que suponen. Con *todavía* se expresa una situación en curso que se espera que deje de darse (*Todavía vive aquí*), mientras que con *ya* se denota una situación que no se daba y que se presenta como real, nueva o existente (*Ya vive aquí*). La expectativa que en el caso de *todavía* se vincula con la fase posterior suele asociarse en el de *ya* con la fase anterior, pero también cancelarse con mayor facilidad (*Ya está en la ciudad, tal como se esperaba*). El uso de *todavía* implica que habrá de alterarse en el futuro la situación descrita. Se dice, en efecto, *Todavía es joven*, pero no *Todavía es viejo*. En cambio, *ya* exige una situación a la que se pueda llegar desde una fase anterior: se dice *Ya es viejo*, pero no *Ya es joven; Ya es tarde*, pero no *Ya es temprano*. A diferencia de *todavía*, *ya* admite tanto predicados puntuales como durativos. Los puntuales, sin embargo, no pueden ir negados (**El tren no ha llegado ya*) descartando las citas y otros usos metalingüísticos, y con los durativos *ya* adquiere un valor INCOATIVO. Así, en *El niño ya está dormido* se expresa que acaba de dormirse, y en *Ya tengo un buen trabajo* se da a entender que acabo de conseguirlo. Dado el conjunto inverso de expectativas, *todavía* y *ya* funcionan de manera complementaria ante la negación: la forma negativa de *Todavía vive aquí* no es *Todavía no vive aquí*, sino *Ya no vive aquí*. Paralelamente, la negación correspondiente a *Ya vive aquí* es *Todavía no vive aquí*.

30.7   Adverbios de modo o manera

30.7.1   Características fundamentales. Su posición sintáctica

30.7.1a   El término *adverbio de modo* es más frecuente en la tradición que *adverbio de manera*. Sin embargo, hoy se suele considerar más apropiado el segundo, no solo porque el primero se asocia con la noción de 'modalidad', sino porque el término *adverbio de modo* se aplica también tradicionalmente a los que aportan propiedades de las proposiciones (como *probablemente*: § 30.8.3) o evalúan las actitudes del hablante (como *lamentablemente*). Expresan modo o manera el adverbio demostrativo *así*, los adverbios *bien, mal, regular, mejor, peor* (como en *Antes escribía peor*), muchos adverbios adjetivales (§ 30.2), como *alto* en *No hablen tan alto*, y numerosos adverbios en *-mente,* que se forman a partir de adjetivos. Los adverbios de manera son adjuntos o complementos circunstanciales, pero pueden ser también argumentos de un predicado (*portarse bien*) o bien atributos (§ 30.1.2d): *El cuadro queda mejor así; La vi estupendamente.* Muchos adverbios de manera funcionan como MODIFICADORES ADJETIVALES. Por ejemplo, los adverbios terminados en *-mente* pueden cuantificar a los adjetivos o a los grupos sintácticos que estos forman (§ 30.3.1c), por lo general sin perder su sentido original:

> Se comportaba como una mosca conscientemente altiva (Grandes, *Aires*); Había recobrado su aire ridículamente majestuoso (Gómez Avellaneda, *Sab*); [...] las dos criadas, en la cocina, fregando platos y comentando perversamente divertidas el tragicómico suceso (Trigo, *Jarrapellejos*).

30.7.1b Las dos posiciones características de los adverbios de manera que modifican a los predicados verbales son la MEDIAL O INTERCALADA en el grupo verbal, como en *Arrojado indignamente de la cabeza de su ejército, se salva de entre sus enemigos en el Entre Ríos* (Sarmiento, *Facundo*), y la posición FINAL: *Tú cuentas que lo has pasado estupendamente* (Berlanga, *Gaznápira*). No se suelen ubicar en la POSICIÓN PREVERBAL sin pausas, como en *El doctor lentamente pasaba las hojas del diario,* a menos que la anteposición sea inducida por algún elemento cuantificativo, como en *No hay nada que tan dulcemente abrume al hombre como el peso de un techo propio* (Galdós, *Episodios*), o en *el partido que más seriamente está estudiando la reforma.* Cuando los adverbios de modo se sitúan en la POSICIÓN INICIAL DE LA ORACIÓN, se obtienen efectos semánticos y estilísticos. Unas veces se interpreta como temática la información que aportan (§ 30.8.2); otras, se considera que estos adverbios están ORIENTADOS HACIA EL SUJETO, como se explica a continuación.

30.7.2 Orientación de los adverbios de manera

30.7.2a Se dice que los adverbios de manera están ORIENTADOS AL SUJETO cuando presentan cierta propiedad de una acción y a la vez de la persona (raramente la cosa) de la que se predica. Así, en *Lo saludó cortésmente* se habla de una forma de saludar, pero también se dice que la cortesía se atribuye a cierto individuo, así sea transitoriamente. Algunos adverbios de este grupo admiten alternancias con adjetivos en las que solo se obtienen leves cambios significativos: *Lo saludó {cortésmente~cortés}.* Se consideran adverbios de manera orientados al sujeto *concienzudamente, deliberadamente, descuidadamente, inteligentemente, intencionadamente, (in)conscientemente, (in)voluntariamente* o *(ir)reflexivamente,* entre otros muchos, además de las locuciones *a conciencia, a propósito, a sabiendas* o *de {buena/mala} gana,* también entre otras semejantes. En las oraciones pasivas, estos adverbios no aportan propiedades del referente del sujeto, sino del referente del complemento agente, esté expreso o no, como en *Todos los originales fueron fotografiados cuidadosamente* (o en la pasiva refleja: *Se fotografiaron todos los originales cuidadosamente*). Los adverbios *recíprocamente* y *mutuamente* (así como la expresión *unos a otros* y sus variantes morfológicas) requieren un sujeto plural que designe dos o más individuos que pueden ejercer el papel de agente o de paciente: *Dos hermanos, dos hechiceros, se consultaban mutua-*

mente y superaron la era paleolítica del pescador (Lezama, *Oppiano*). Expresan así que la acción realizada por cada uno de ellos recae en el otro (§ 16.2.3). Los adverbios *alternativamente, respectivamente* e *indistintamente* están restringidos a ciertos contextos en los que se expresa pluralidad, entre ellos los de coordinación (§ 31.3.1e).

30.7.2b Los adverbios de manera ORIENTADOS AL OBJETO indican el modo en que la acción afecta al complemento de algunos predicados. Así, el adverbio *mortalmente* en *Lo hirieron mortalmente* indica una manera de herir, pero informa también de cierto cambio de estado en el que recibió la herida, y no de una situación del que la causó. A su vez, suele entenderse que *arduamente, dificultosamente, dolorosamente, fácilmente, fatigosamente, laboriosamente, trabajosamente* son adverbios de manera ORIENTADOS A LA ACCIÓN, puesto que se refieren a propiedades de la acción misma.

30.8 Adverbios oracionales

Los adverbios ORACIONALES reciben a menudo ese nombre porque pueden abarcar la oración en su conjunto, pero también algún elemento modal que la contiene. Suelen dividirse en los tres grupos siguientes:

1. Adverbios de la enunciación o del acto verbal
2. Adverbios temáticos, libres o de tópico
3. Adverbios del enunciado

Los adverbios de la enunciación aportan contenidos que aluden a alguno de los componentes del acto comunicativo (§ 42.1.1j). Así, *francamente* en *Francamente, no te comprendo, Donata* (Cambaceres, *Rumbo*) no modifica propiamente a la oración a la que precede, puesto que en esta secuencia no se predica la franqueza del hecho de no comprender a alguien. Tampoco modifica al predicado que aparece en su interior, ya que en la oración no se niega cierta forma franca de comprender algo. Modifica más bien a un verbo de lengua tácito que expresa la forma en que se comunican esas palabras (*decir, hablar, confesar,* etc.), por lo que podría parafrasearse como 'hablando de manera franca, ...'. Por su parte, los adverbios temáticos anticipan cierto contenido sobre el que va a centrarse el mensaje, como en *Económicamente, la situación es insostenible,* donde el adverbio indica que el juicio efectuado se refiere al ámbito económico. Finalmente, los adverbios del enunciado aportan nociones que se relacionan con la modalidad de la oración, como la certeza con la que el hablante manifiesta un juicio: *Posiblemente, su cortesía no era sino la compañera natural de su ingenuidad* (Fuentes, *Artemio*). Se usa a veces el término ADVERBIOS PERIFÉRICOS como equivalente de ADVERBIOS ORACIONALES. Otras veces se emplea este término en un sentido más amplio que abarca también los CONECTORES DISCURSIVOS ADVERBIALES, a los que se dedica el § 30.9.

30.8.1 Adverbios de la enunciación

30.8.1a Como se ha explicado, los ADVERBIOS DE LA ENUNCIACIÓN son adverbios de manera que modifican a verbos de lengua tácitos. Se suelen dividir en dos grupos:

los ORIENTADOS HACIA EL HABLANTE y los ORIENTADOS HACIA EL OYENTE. Los del primer grupo, entre los que se encuentran *sinceramente, francamente, honestamente, honradamente,* se suelen emplear para expresar que la actitud del hablante hacia lo que dice carece de doblez o mala intención. Cabe añadir a este grupo locuciones como *la verdad* o *a la verdad que* (la última, sobre todo en el área antillana). Expresan que el contenido proposicional que se transmite es tenido por cierto por el que habla:

> Sinceramente, creo que el Ejército no tiene por qué ensuciarse las manos por el señor Bermúdez, mi General (Vargas Llosa, *Conversación*); Francamente, creí tener más raíces en este país (Galdós, *Episodios*); No puedo, honradamente, dejar de hablar con él (Torrente Ballester, *Gozos*); Yo, la verdad, me veo y me deseo para dar de comer a estos hijos (Fernán Gómez, *Bicicletas*); A la verdad que no entiendo (Piñera, *Niñita*).

Cuando los adverbios periféricos no ocupan posiciones extraoracionales, como en *Se empujaban, forzados por los que seguían llegando y todo era francamente desagradable* (Sábato, *Abaddón*), se asimilan en parte a los adverbios de grado, sin perder totalmente su significado original (§ 30.7.1a).

30.8.1b   Los mismos adverbios pueden interpretarse como orientados hacia el oyente en las oraciones imperativas, y a veces también en las interrogativas. Así, la sinceridad a la que se hace referencia en *Sinceramente, ¿no sabes de qué te hablo?* (García Hortelano, *Mary Tribune*) no corresponde al que formula la pregunta, sino a su destinatario, puesto que es a este a quien se pide que sea sincero en su respuesta. De igual manera, los adverbios que hacen referencia a la claridad o a la brevedad del mensaje también están orientados hacia alguno de los interlocutores: el hablante en *Es, en pocas palabras, lo que quería decirte;* o el oyente en *Sin ambigüedades: ¿eres partidario o no?*

30.8.2   Adverbios temáticos, libres o de tópico

Ciertos adverbios que modifican al predicado verbal y especifican alguna característica del evento pueden aparecer antepuestos a la oración en posiciones temáticas. Aun así, se ha señalado que es dudoso que estos adverbios periféricos sean estrictamente *oracionales.* Los adverbios temáticos encuadran un juicio en ciertas coordenadas espaciales o temporales, en ciertos ámbitos o en ciertas circunstancias. Pueden ser temáticos los adverbios de tiempo (§ 30.5.2a): *Antiguamente, estas cosas se veían de otro modo; Hoy Marta es otra mujer,* o los de manera, tanto los referidos a los acontecimientos (§ 30.7.1b), como en *Lentamente, la nieve empezó a cubrir los tejados,* como los orientados al sujeto o al agente (§ 30.7.2): *Cuidadosamente, los camareros fueron colocando sobre la mesa la vajilla y la cubertería.* Los llamados ADVERBIOS DE PUNTO DE VISTA no solo encuadran la predicación en ciertas coordenadas temáticas, sino que también acotan la perspectiva desde la que el hablante desea expresarse. En las siguientes oraciones aparecen como tópicos oracionales o en incisos intraoracionales:

> Legalmente, el Ejército no puede costear los gastos de un senador vitalicio (*Hoy* [Chile] 5/1/1998); Personalmente entiendo que el sentido último de todo sistema de respuestas

[...] es contribuir a la supervivencia del organismo (Pinillos, *Psicología*); Hay cosas, ya te dije, que <u>moralmente</u> ni me gusta considerarlas (Díez, *Expediente*); Hubiese bastado con comprobar, <u>científicamente</u>, que Einstein tenía razón (Volpi, *Klingsor*).

Estos adverbios no son necesariamente oracionales, ya que también pueden incidir sobre adjetivos, como en [...] *un partido emocionalmente fantástico, rugbísticamente deplorable, pero históricamente excepcional* (*Prensa* [Arg.] 25/6/1992), o formar parte del grupo verbal (*intervenir económicamente*), así como ser focos de la negación y entrar en relaciones contrastivas: *No ayudaron económicamente, sino políticamente.* En ninguno de estos contextos son verdaderos adverbios oracionales.

30.8.3   Adverbios del enunciado

30.8.3a   Los ADVERBIOS DEL ENUNCIADO son también periféricos, pero, a diferencia de los de la enunciación, se centran en el contenido informativo del mensaje. Se suelen agrupar en las siguientes subclases:

A. Evaluativos
B. Modales o modalizadores
C. Evidenciales

Entre los tres cubren las posibles actitudes del hablante hacia lo dicho: valoran la aserción (EVALUATIVOS), supeditan su veracidad o falsedad a ciertos factores externos (MODALIZADORES) o la refuerzan o atenúan, informando en ocasiones de la fuente de la que se obtuvo dicha información y del crédito que el hablante le da (EVIDENCIALES). Aun así, se ha observado repetidamente que los límites entre estos dos últimos grupos son escurridizos.

30.8.3b   Los adverbios del enunciado suelen rechazar las modalidades oracionales no enunciativas: **Posiblemente, ¿está enamorada?; *Naturalmente, dejemos así las cosas; *Ven tal vez*, y no caen tampoco dentro del ámbito de un operador, como la interrogación en **¿Les llegó la noticia posiblemente?* Aun así, aparecen en algunas oraciones interrogativas interpretados como predicados de toda la proposición, como en *¿Se besaban tal vez?* (Mujica Lainez, *Bomarzo*). De manera análoga, es posible formular preguntas como *¿Por quién vas a votar probablemente?*, con el sentido de '¿Por quién es probable que vayas a votar?'.

30.8.3c   Los ADVERBIOS EVALUATIVOS son atributos oracionales. El que dice *Afortunadamente, todo se pudo arreglar* atribuye el ser afortunado al hecho de que cierto problema tuviera remedio. Con estos adverbios se suelen ponderar las consecuencias favorables o desfavorables de alguna situación. Expresan valoración positiva *afortunadamente, felizmente, milagrosamente, por fortuna, por suerte*, etc.; manifiestan, en cambio, valoración negativa *desafortunadamente, desgraciadamente, tristemente, por desgracia* y otros similares. Estos adverbios y locuciones adverbiales presuponen que la oración que modifican denota un hecho tenido por cierto, por lo que se suelen considerar FACTIVOS. Otros adverbios de este grupo expresan la medida en que el enunciado satisface las expectativas del hablante sobre cierta situación: *asombrosamente, curiosamente, extrañamente, inconcebiblemente, increíblemente, inexplicablemente, irónicamente, lógicamente, naturalmente, paradójicamente, sorprendentemente.* Al igual que el resto de los adverbios periféricos, aparecen en posición inicial, pero también en incisos o en posición final, precedidos de pausa:

> Felizmente, aquí, no es fuerte el viento (Arguedas, J. M., *Zorro*); El hecho de que nadie crea en la realidad de los sustantivos hace, paradójicamente, que sea interminable su número (Borges, *Ficciones*); El resultado de una empresa no está en el "éxito" cuantificable en términos mercadotécnicos o neoliberales, afortunadamente (*Vistazo* 19/6/1997).

Cuando la pausa no está presente, dejan de interpretarse como adverbios oracionales y pasan a ser adverbios internos al grupo verbal, como en *Todo terminó lamentablemente,* o modificadores suboracionales, como en *una obra lamentablemente inconclusa.*

30.8.3d Los ADVERBIOS MODALES expresan informaciones relativas a la actitud del hablante hacia el contenido de los mensajes (§ 42.1.2) que son similares a las que manifiestan los auxiliares modales. Así, *posiblemente* es un adverbio modal EPISTÉMICO, de forma similar a como *poder* es un auxiliar modal epistémico (§ 28.1.4b y 28.2.2f). Repárese en que las oraciones *Posiblemente, las cosas son así* y *Las cosas pueden ser así* (en uno de sus sentidos) expresan el mismo significado, por lo que la combinación *Las cosas posiblemente pueden ser así* resulta redundante. Los adverbios modales EPISTÉMICOS se asocian con la verosimilitud, la posibilidad y la incertidumbre. En este grupo se inscribe la clase tradicional de los adverbios y locuciones adverbiales de duda, como *quizá(s), tal vez, a lo mejor, acaso, igual, capaz (que)* (el último, común en el español americano), así como los adverbios *posiblemente* y *probablemente.* Todos ellos inducen el modo verbal y son compatibles tanto con el indicativo, como en *El objetivo del secuestro posiblemente tiene la meta de demostrar que* [...] (*Excélsior* 30/8/1996), como con el subjuntivo (§ 25.5.2c): *Si se consigue ordenar los actos, día a día, posiblemente se organice la estructura interior* (Peri Rossi, *Solitario*). También expresa probabilidad alta el adverbio *seguramente.* Los adverbios y locuciones adverbiales DEÓNTICOS, como *necesariamente, obligatoriamente, indefectiblemente, con seguridad, por narices, sin remedio, pese a quien pese, de cajón,* y otros de extensión más restringida como *de todas todas, impajaritablemente, impepinablemente,* supeditan la veracidad de las proposiciones a condiciones externas relativas a la necesidad, la obligación u otros factores de naturaleza normativa o impositiva.

30.8.3e Mientras que los adverbios modales epistémicos suspenden la asignación de un valor de verdad a la proposición a la que modifican, los llamados EVIDENCIALES (grupo C) intensifican o atenúan la fuerza de lo que se asevera. Se usan para intensificarla *ciertamente, efectivamente, evidentemente, incuestionablemente, indiscutiblemente, indudablemente, naturalmente, obviamente, realmente, verdaderamente,* y las locuciones *con (toda) seguridad, en verdad, desde luego, de veras, de verdad, en efecto, por supuesto, sin duda.* En cambio, atenúan o matizan la veracidad de la proposición *aparentemente, hipotéticamente, presumiblemente, presuntamente, supuestamente,* *teóricamente, virtualmente,* así como las locuciones adverbiales *a lo que parece* (o *por lo que parece*), *al parecer, en apariencia* y *por lo visto.* Los adverbios de este grupo pueden incidir sobre segmentos menores que la oración: *razonamientos seguramente inverosímiles, documentos al parecer auténticos.*

30.8.3f   Casi todos los adverbios evidenciales y muchos de los modales epistémicos comparten con los ADVERBIOS DE AFIRMACIÓN la posibilidad de seleccionar una de las opciones de las preguntas disyuntivas, como en *—¿Tiene hambre? —{Evidentemente~Probablemente~Sí~Claro}.* Algunas interjecciones (como *claro*) se asimilan a este paradigma. Es frecuente que el hablante establezca un VÍNCULO ANAFÓRICO con el texto precedente para interpretar debidamente la respuesta. Este vínculo permite reconstruir la parte del enunciado no repetida al responder: *Me preguntó si aceptaría esa oferta y le dije que sí Ø* (donde *Ø = aceptaría esa oferta*); *Le contesté que por supuesto* (con un adverbio evidencial); *Yo creo que quizá* (con uno epistémico). Otras veces se repite tras el adverbio la opción elegida: *—¿Nos vemos entonces a las tres? —Sí, a las tres,* o sigue un fragmento que matiza el foco de la pregunta precedente, como en *—¿Tienes <u>carboncillo, chinches</u>? —Sí, <u>tengo de todo</u>* (Chacel, *Barrio*). Estos comportamientos y otros similares han llevado a algunos autores a considerar los adverbios de afirmación como un subgrupo de los evidenciales, lo que no impide que compartan propiedades con los modales y con los de foco (§ 40.4).

30.9   Conectores discursivos adverbiales

30.9.1   Características generales

30.9.1a   Los CONECTORES DISCURSIVOS (también llamados MARCADORES u OPERADORES DEL DISCURSO) no forman una clase sintáctica de palabras, en el sentido en que lo son las clases *verbo, conjunción* o *adverbio,* ya que constituyen un grupo establecido con criterios textuales. La mayor parte de los conectores discursivos son adverbios (*encima, además*), pero algunos son conjunciones coordinantes o subordinantes (capítulo 31), preposiciones, como *sobre* en *El arbitrio de mendigar nuevos recursos, sobre ser indecoroso, será ineficaz* (Olmedo, *Epistolario*), interjecciones como *claro, bueno, por fin* (capítulo 32), o bien locuciones formadas con todas estas clases de palabras (*sin embargo, por si fuera poco*).

30.9.1b   Muchos conectores discursivos eran analizados como conjunciones en la tradición gramatical. Se mezclaban o se confundían de esta forma los elementos de un paradigma sintáctico (conjunción, adverbio, etc.) con unidades establecidas a partir de criterios discursivos o textuales. En efecto, las conjunciones no aparecen en posición final de oración o de período, ni suelen ir seguidas de pausa en posición preoracional, a diferencia de lo que resulta normal con muchos conectores discursivos adverbiales. Se obtienen de esta manera contrastes como el que se da entre *Así pues, la reacción resultó totalmente inesperada* (con conector discursivo adverbial) y **Puesto que, la reacción resultó inesperada* (con conjunción subordinante). Tampoco se combinan entre sí las conjunciones coordinantes en un mismo segmento sintáctico. Si *no obstante* fuera conjunción, resultarían anómalas secuencias como *pero, no* *obstante*, a diferencia de lo que sucede. Por otra parte, mientras que las conjunciones pueden determinar las propiedades formales de las oraciones que introducen, como el modo o el tiempo verbal, los conectores discursivos no suelen poseer esa capacidad.

30.9.1c Desde el punto de vista formal, los conectores se caracterizan por su relativa independencia fónica y sintáctica respecto de la oración. Suelen formar grupo entonativo propio, precedidos o seguidos de pausa. Cuando se usan como incisos o como expresiones parentéticas, pueden separar el sujeto del predicado (*La experiencia del viaje, con todo, resultó muy positiva*) o los componentes del grupo verbal (*La experiencia del viaje resultó, con todo, muy positiva*), pero no suelen separar los componentes de un grupo nominal (**La experiencia, con todo, del viaje resultó muy positiva*). Por otra parte, algunos de los conectores, como *a saber, a propósito, así las cosas, es decir, es más, esto es* o *pues bien*, no aparecen en posición final de oración, a diferencia de otros, como *desde luego, dicho sea de paso, más bien* o *por cierto*.

30.9.1d La mayor parte de los adverbios y locuciones adverbiales que se usan como conectores discursivos ORIENTAN la manera en que la oración o el fragmento oracional sobre el que inciden han de ser interpretados en relación con el contexto precedente o con las inferencias que de él se obtienen. Así, *consiguientemente* presenta la información que introduce como consecuencia de la que aporta el segmento que lo precede: *El tiro era, así, más corto, el blanco más reposado y, consiguientemente, la pieza resultaba más segura* (Delibes, *Camino*), pero sus propiedades sintácticas son las de un adverbio, no las de una conjunción. La independencia entonativa y la relativa libertad posicional acercan los adverbios conectores a los adverbios oracionales, como *sinceramente: Sinceramente, eso no me gusta; Eso, sinceramente, no me gusta* o *Eso no me gusta, sinceramente*. Ni unos ni otros son focos de la negación o de otros operadores. Sin embargo, mientras que los adverbios oracionales informan sobre aspectos relativos a la oración misma, o a la actitud del hablante en relación con ella, los conectores discursivos adverbiales la relacionan con el discurso en el que está inserta atendiendo especialmente a la LÍNEA ARGUMENTATIVA que el hablante desea seguir.

30.9.1e Entre los adverbios que funcionan como conectores se perciben diferencias de registro lingüístico. Así, *total* (grupo *9* en el § 30.9.2a) pertenece a la lengua conversacional: *Total, que nada más colgar, he ido como una sonámbula al cuarto de baño y me he mirado al espejo* (Belbel, *Caricias*), mientras que *en síntesis* o *en resumen* son propios de los registros formales. También pueden separarlos diferencias geográficas, como ocurre con la locución adverbial *por cierto*, vigente hoy sobre todo en Chile, el Río de la Plata, México y Centroamérica, como adverbio de afirmación (en alternancia con *desde luego* o *sin duda*) o como adverbio enfático: *Vendré el jueves, por cierto, y no quiero excusas; Sí, por cierto* o *No, por cierto*. En cambio, *por cierto* no está restringido geográficamente cuando se emplea, al igual que *a propósito* (grupo *12* del § 30.9.2a), como introductor de una digresión o como marca de un comentario marginal: *—Muchas gracias —repuse, aprovechando la oportunidad para rematar mi plan—. Por cierto, quisiera ir al cine...* (Benítez, *Caballo*). Por otra parte, algunos adverbios son conectores discursivos en ciertas construcciones, pero no en otras. Por ejemplo, el adverbio *encima* no es conector discursivo cuando denota lugar (§ 30.4.1), como en *Puso las llaves encima de la mesa*, pero sí lo es cuando adquiere valor concesivo, equivalente a *aun así,* como en *Le das todo lo que pide y encima se queja.* Un comportamiento similar presentan algunas locuciones adverbiales, como *con todo: Con todo, estoy bastante contenta* (locución adverbial de sentido concesivo), que contrasta con *Estoy bastante contenta con todo* (grupo preposicional en función de complemento del adjetivo).

30.9.2   Clasificación de los conectores discursivos

30.9.2a   Existen muchas clasificaciones de los conectores discursivos adverbiales atendiendo a su significado. La que se presenta a continuación recoge los grupos fundamentales:

1. ADITIVOS Y DE PRECISIÓN O PARTICULARIZACIÓN: *a decir verdad, además, análogamente, aparte, asimismo, de hecho, encima, en el fondo, en realidad, es más, por añadidura, por otro lado, por si fuera poco, sobre todo.*

2. ADVERSATIVOS Y CONTRAARGUMENTATIVOS: *ahora bien, (antes) al contrario, antes bien, después de todo, empero, en cambio, eso sí, no obstante, por el contrario, sin embargo, todo lo contrario.*

3. CONCESIVOS: *así y todo, aun así, con todo, de cualquier manera, de todas {formas~maneras}, de todos modos, en cualquier caso.*

4. CONSECUTIVOS E ILATIVOS: *así pues, consiguientemente, de {este~ese} modo, en consecuencia, entonces, por consiguiente, por ende, por lo tanto, por tanto, pues.*

5. EXPLICATIVOS: *a saber, es decir, esto es, o sea.*

6. REFORMULADORES: *dicho con otras palabras, dicho en otros términos, dicho de otra {forma~manera}, de otro modo, más claramente, más llanamente, hablando en plata.*

7. EJEMPLIFICATIVOS: *así, así por ejemplo, así tenemos, por ejemplo, verbigracia.*

8. RECTIFICATIVOS: *más bien, mejor dicho, por mejor decir.*

9. RECAPITULATIVOS: *a fin de cuentas, al fin y al cabo, en conclusión, en definitiva, en fin, en resumen, en resumidas cuentas, en síntesis, en suma, en una palabra, resumiendo, total.*

10. DE ORDENACIÓN: *a continuación, antes {de~que} nada, de {una~otra} parte, en {primer~segundo...} lugar~término, finalmente, para empezar, para terminar, primeramente.*

11. DE APOYO ARGUMENTATIVO: *así las cosas, dicho esto, en vista de ello, pues bien.*

12. DE DIGRESIÓN: *a propósito, a todo esto, dicho sea de paso, entre paréntesis, por cierto.*

30.9.2b   Las locuciones adverbiales que se usan como conectores discursivos adquieren a menudo sentidos diversos que pueden corresponder a un grupo o a otro. Por ejemplo, *en realidad* pertenece al grupo *1* cuando añade alguna precisión que matiza la presentada en el texto previo: *Si mis rimas fuesen bellas,/enorgullecerme dellas/no está bien,/pues nunca mías han sido/en realidad* (Sor Juana, *Inundación*), pero se interpreta también como contraargumentativa (grupo 2) porque reorienta el discurso precedente, con un significado próximo al de *por el contrario*, como en *La gloria no tiene nada que ver con la bondad de las causas; depende, en realidad, de los puntos de vista y, por descontado, de un dinamismo empeñoso* (Mujica Lainez, *Bomarzo*). En función del contexto, la precisión que esta locución introduce puede entenderse como rectificación (grupo 8): *Marin Marais también componía para el violonchelo, aunque en realidad era un compositor y un virtuoso de la viola da gamba* (Glantz, *Rastro*). Finalmente, *en realidad* puede ser también locución adverbial evidencial (§ 30.8.3e), junto con *efectivamente, desde luego, realmente, verdaderamente*. En los apartados que siguen se mencionan tan solo los rasgos característicos de cada grupo.

30.9.2c Entre los conectores discursivos adverbiales que introducen información añadida a la ya presentada (grupo 1), destaca *además*, que tiene puntos de contacto con *también*. Sin embargo, al contrario que este, se construye con complementos preposicionales, sean expresos o tácitos: *Era rico y además (de rico) era guapo*, y suele ir seguido de pausa. En cuanto al adverbio *encima*, introduce cierta información que se sitúa en un punto superior de la línea argumentativa introducida en el texto que lo precede. Por lo general, la escala argumentativa implícita en estas construcciones progresa en sentido negativo o desfavorable (*perdido en medio del monte y, encima, de noche*), aunque existen excepciones (*inteligente, bella, y encima rica*).

30.9.2d Varias de las locuciones adverbiales del grupo 2 están vinculadas semánticamente con la conjunción *pero* (§ 31.5.1c); sin embargo, pueden combinarse con ella en secuencias enfáticas que no rechaza la lengua culta, a pesar de que presentan cierto grado de redundancia: *Ese tema puede no ser demasiado original, pero en cambio no me parece enigmático* (Benedetti, *Primavera*); *No trabajará, como dice la mujer, pero eso sí: él no se mete con nadie* (Arlt, *Aguafuertes*). En otros casos, los adverbios y las conjunciones adversativas muestran contenidos no equivalentes. Así, *por el contrario* y *en cambio* indican que la información que se aporta es diferente de la que se muestra en el discurso previo, incluso opuesta a ella. De hecho, estas locuciones suelen admitir paráfrasis como 'a diferencia de lo anterior', 'en contraposición con ello' y otras semejantes. La conjunción *pero* no opone directamente las informaciones que se presentan en el texto, sino una de ellas y otra que se obtiene a través de cierta inferencia (§ 31.5.1d). Los conectores adverbiales del grupo 3 tienen valor concesivo. El prototípico es *aun así*, que significa aproximadamente 'incluso en ese caso' o 'incluso dándose tales circunstancias'. Otros conectores concesivos, como *con todo* y sus variantes (*con todo y eso, con todo y con eso*, etc.) integran léxicamente los dos componentes que *aun así* presenta desdoblados.

30.9.2e Los conectores discursivos adverbiales del grupo 4 son consecutivos, y aportan un significado muy próximo al de *por eso, por ello*, o *debido a ello*, es decir, informaciones DEÍCTICAS o ANAFÓRICAS. De hecho, contienen demostrativos los conectores *así pues, por (lo) tanto, por ende* y *de {este~ese} modo*, que retoman un enunciado precedente: *No puedo añadir nada más y, por tanto* ['por esa razón, por no poder añadir nada más'], *me callo*. Los conectores de los grupos 5 a 9 condensan, expanden o aclaran la información presentada. En algunas clasificaciones aparecen unidos en un solo grupo, a pesar de que existen notables diferencias entre ellos. Los conectores de ordenación (grupo *10*) dan lugar a una serie de correspondencias, que pueden ser estrictas cuando la elección de adverbios sucesivos está dictada por el primer miembro (*en primer lugar... en segundo lugar; por una parte... por otra*, etc.), pero también pueden no serlo, especialmente cuando no se da una relación formal entre estos conectores (*en primer lugar... luego...*). Los conectores del grupo *11*, como *así las cosas* o *pues bien*, ponen de manifiesto que el hablante toma en consideración cierta información, suministrada en el discurso precedente, y que la asume para explicar lo que sigue o para alcanzar alguna conclusión. Los conectores del grupo *12* introducen una digresión en la que el hablante matiza sus consideraciones, o las extiende a alguna situación supuestamente relacionada con la información presentada previamente.

30.10   Locuciones adverbiales

30.10.1   Características generales

30.10.1a   Las locuciones adverbiales son expresiones fijas constituidas por varias palabras que equivalen a un solo adverbio. El número de locuciones adverbiales del español es muy superior al de locuciones que corresponden a las demás clases de palabras. Su estudio atañe más a la lexicografía, la fraseología y la dialectología que a la gramática, por lo que en esta obra solo se presentan algunos ejemplos de tan amplio paradigma. Varias de ellas admiten paráfrasis aproximadas con adverbios en *-mente* (*en secreto~secretamente; en especial~especialmente*), pero la mayor parte expresa significados más específicos que los adverbios que podrían emparentarse con ellas desde un punto de vista morfológico.

30.10.1b   Muchas locuciones adverbiales poseen la estructura de los grupos preposicionales («preposición + sustantivo o grupo nominal»), pero se distinguen de estos por su mayor grado de fijación. En efecto, no suelen admitir variaciones morfológicas, con escasas excepciones (*de mañana~de mañanita; a golpes~a golpetazos; a puchos~a puchitos*). Aún más restringidas están las variaciones sintácticas como en *a ratos~a ratos perdidos; a mi entender~a mi modesto* (o *particular*) *entender*, etc. Algunas locuciones cuentan con VARIANTES LÉXICAS, a menudo usadas en áreas geográficas distintas y, a veces, también en épocas diferentes. Así, con el significado de *al final* o de *en fin*, se usan en la lengua oral de diversas zonas *en un final, a la final* y *a las finales;* por otra parte, *de fijo* muestra las variantes *a la fija, en fijo, de fija*. Se usa *a la mejor* en México y algunos países centroamericanos, pero con menor frecuencia que *a lo mejor*, empleada en todas las áreas hispanohablantes. Con el sentido de la locución *a toda velocidad* se han documentado, entre otras, las variantes *a toda greña, a toda leche, a toda marcha, a toda mecha, a toda pastilla, a toda prisa, a todo gas, a todo mecate, a todo trapo, a todo tren, a todo trote*, además de *a todo correr, a todo dar* y *a todo meter*. Todas las mencionadas son propias de la lengua conversacional. Por otra parte, algunas locuciones adverbiales adquieren sentidos diferentes en función del área lingüística en que se usen. Así, *de repente* significa 'repentinamente' en todas las variedades del español, pero también 'quizá, a lo mejor, posiblemente' en muchos países americanos y en las islas Canarias (España), como en *"Nunca se sabe, de repente puedo necesitarlo"*, pensó (Allende, *Casa*).

30.10.1c Los límites entre los grupos preposicionales y las locuciones adverbiales pueden ser graduales. Un buen número de locuciones adverbiales admite variaciones dentro de PARADIGMAS RESTRINGIDOS, como en *a la primera, a la segunda, a la tercera...; a codazos, a golpes, a gritos, a tiros...; a la francesa, a la griega, a la inglesa...* Las locuciones adverbiales se diferencian en su GRADO DE COMPOSICIONALIDAD, es decir, en la medida en que su estructura sintáctica pone de manifiesto su significado. Algunas son TRANSPARENTES, es decir, permiten que se deduzca su significado a partir del de las palabras que las forman. A este grupo pertenecen *a la disparada* y *de una disparada* ('al momento', 'precipitadamente'), comunes en el español rioplatense: *Alboroto de auxiliares que entraban y salían a la disparada* (Roa Bastos, *Hijo*); *El que quiera en este pago/reírse de una disparada...* (Ascasubi, *Aniceto*). No es transparente, en cambio, *al cohete* o *al cuete,* usada en la misma región y en algunas partes de Centroamérica con el significado de 'en vano': *Y al cuete es que el hombre clame/si la suerte no le liga* (Lussich, *Cantalicio*).

30.10.2 Pautas sintácticas de las locuciones adverbiales

Como las locuciones adjetivales, las adverbiales son casi siempre GRUPOS PREPOSI-CIONALES LEXICALIZADOS. En consecuencia, no se definen en términos CATEGORIA-LES, sino FUNCIONALES. En razón de esta característica, las mismas unidades reciben a menudo una doble clasificación en función del contexto sintáctico. Así, *en exceso, sin límite* o *a la francesa* se analizan como locuciones adverbiales en *comer en exceso, trabajar sin límite* y *despedirse a la francesa,* pero como locuciones adjetivales en *comida en exceso, un trabajo sin límite* y *tortilla a la francesa.*

30.10.2a La estructura sintáctica de las locuciones adverbiales responde en muchas ocasiones a la pauta «preposición + sustantivo en singular», como en *a bocajarro, a caballo, a cambio, a fondo, a gusto, a tiempo, bajo cuerda, contra reloj, de casualidad, de día, de golpe, de prisa, de reojo, de sobra, de sopetón, de verdad, en consecuencia, en orden, en parte, en resumen, en secreto, para colmo, por casualidad, por desgracia, por fin, sin cuidado, sin duda.* En cambio, corresponden al esquema «*a* + sustantivo en plural» varias locuciones adverbiales, como las que expresan la manera en que se deshace o se desmorona algo: *a cachos, a jirones, a pedazos, a trozos;* o la forma en que se llevan a cabo ciertos movimientos o determinadas acciones: *a brincos, a gatas, a horcajadas, a hurtadillas, a rastras, a saltos, a tientas, a trancas y barrancas, a trompicones.*

30.10.2b Al esquema «preposición + sustantivo» responden también las locuciones adverbiales latinas u originalmente latinas, ya integradas en el español, que se construyen con preposiciones: *ad aetérnum, ad líbitum, ad perpétuam, ex abrupto* ('repentinamente', diferente del sustantivo *exabrupto,* 'salida de tono'), *ex aequo, ex cát(h)edra, ex profeso, in memóriam* o *in situ,* todas ellas explicadas en el *DRAE.* Se ha añadido indebidamente una preposición en ciertas locuciones latinas. Así, *de motu propio* o *a grosso modo* son variantes incorrectas de *motu proprio* y *grosso modo,* respectivamente.

30.10.2c La pauta «preposición + grupo nominal», en la que el nombre puede estar modificado por determinantes, adjetivos o complementos preposicionales, da lugar también a un gran número de locuciones. La preposición va seguida del artículo determinado en *a la carrera, a la carta, a la fuerza, a la perfección, a la vez, a la vista, a las mil maravillas, al amanecer, al azar, al detalle, al final, al momento, al principio; en el acto, en el fondo; por el contrario, por el mismo rasero, por la libre,* etc. Con el indefinido *un/una,* asimilado a los numerales en algunos de sus usos (§ 15.1.4a), se forman *de una vez* y sus variantes (*de una buena vez, de una maldita vez, de una vez por todas,* etc.), así como un grupo numeroso de locuciones, restringidas a menudo a ciertas zonas, que aluden a la manera ininterrumpida de llevar a cabo las acciones que tienen límite temporal: *de una sentada, de una tacada, de un brinco, de un jalón, de un pelo, de un saque, de un solo, de un sorbo, de un tirón, de un trago.* Este esquema permite formar también locuciones sin artículo que contienen modificadores del sustantivo:

> *a brazo partido, a cara descubierta, a duras penas, a fuego lento, a grito pelado, a mano alzada, a ojos cerrados, a pie(s) juntillas, a primera vista, a salto de mata, a última hora; de alguna manera, de buena tinta, de {buena~mala} gana, de mala manera, de mil amores; en gran parte, en primera instancia, en último extremo; por aquel entonces, por arte de magia,* etc.

30.10.2d Son igualmente numerosas las locuciones que se ajustan a la pauta «preposición + adjetivo o participio», como *a diario, a menudo, a salvo, de antiguo, de inmediato, de nuevo, en absoluto, en serio, por alto, por cierto, por completo, por supuesto, por último.* En femenino plural se forman *a ciegas, a derechas, a escondidas, a medias, a oscuras, a secas, a solas, a tontas y a locas, de oídas.* Con el artículo y el adjetivo en femenino singular se crean *a la brava, a la buena de Dios, a la corta, a la inversa, a la larga, a la ligera.* Con la variante con *lo* se forman las que expresan modos de actuar exagerados, inapropiados o inhabituales, como *a lo bestia, a lo bruto, a lo grande, a lo loco* ('sin ton ni son'), *a lo macho.* Están totalmente lexicalizadas *a lo mejor, a lo sumo, de lo lindo, en lo sucesivo, por lo común, por lo general, por lo demás, por lo visto,* etc. Las correlaciones de preposiciones (§ 29.5.2), como *de... a...,* o *de... en...* dan lugar a algunas locuciones adverbiales, entre ellas *de acá para allá, de ahora en adelante, de bote en bote, de la ceca a la meca, de trecho en trecho, de un momento a otro, de vez en cuando* (y sus variantes: § 30.5.3a).

30.10.2e Se lexicalizan como adverbios algunos grupos nominales que expresan cantidad o grado, como *una barbaridad, una enormidad, una eternidad, una fortuna, un abismo, un disparate, un mundo, un ojo de la cara,* entre otros, así como los sustantivos *horrores* o *montones.* Proceden también de grupos nominales lexicalizados las locuciones adverbiales *acto seguido, cada poco, codo con codo, trato hecho.* Se construyen sobre esquemas coordinados *cruz y raya* (en España), *de golpe y porrazo, de mi puño y letra, entre gallos y medianoche* ('a deshoras', pero también 'clandestinamente'), *más o menos, más tarde o más temprano, ni más ni menos, sin comerlo ni beberlo* ('sin haber tomado parte en ello'), *sin más ni más,* entre otras.

31 La conjunción. Sus grupos sintácticos. Las construcciones coordinadas

31.1   El concepto de conjunción. Conjunciones coordinantes y subordinantes

31.1.1   Definición y clases de conjunciones

Las conjunciones constituyen una clase de palabras invariables y generalmente átonas que relacionan entre sí vocablos, grupos sintácticos u oraciones, unas veces equiparándolos y otras jerarquizándolos y haciéndolos depender unos de otros. Las que los enlazan sin establecer prelación entre ellos se denominan CONJUNCIONES COORDINANTES; las que los vinculan marcando entre ellos diversas relaciones de dependencia reciben el nombre de CONJUNCIONES SUBORDINANTES.

31.1.2   Las conjunciones coordinantes

31.1.2a   Las CONJUNCIONES COORDINANTES enlazan oraciones y palabras o grupos sintácticos que pertenecen a casi todas las clases de palabras. Se dividen en dos tipos: SIMPLES y COMPUESTAS (las segundas se denominan también DISCONTINUAS O CORRELATIVAS). Las simples pueden ser COPULATIVAS (*y*, su variante *e*, *ni*), DISYUNTIVAS (*o*, su variante *u*, *ni*) y ADVERSATIVAS (*pero, sino, mas*). Como se ve, la conjunción *ni* se agrupa con las copulativas, pero también con las disyuntivas (§ 31.4.1.g). Las compuestas, a su vez, pueden ser COPULATIVAS (*ni... ni...; tanto... como...; tanto... cuanto...; así... como...*) y DISYUNTIVAS O DISTRIBUTIVAS (*sea... sea...; ya... ya...; ora... ora...; bien... bien....; o... o...*).

31.1.2b   Desde el punto de vista semántico, los grupos coordinados se interpretan como conjuntos cuyos elementos se suman (copulativas), alternan entre sí o se prestan a una elección (disyuntivas) o se oponen de diversas formas (adversativas). Las conjunciones compuestas disyuntivas se denominan tradicionalmente DISTRI-BUTIVAS y presentan los elementos coordinados como alternativas que se suceden según ciertas circunstancias. Desde el punto de vista gramatical, el resultado de la coordinación es un grupo sintáctico que posee la misma categoría gramatical de los elementos coordinados y puede realizar las mismas funciones sintácticas que cada uno de ellos. Así, *los días y las noches* es un grupo nominal coordinado, resultado de unir dos grupos nominales, y *tanto aquí como allí* es un grupo adverbial coordinado, resultado de unir dos adverbios.

31.1.3 Las conjunciones subordinantes

31.1.3a Las CONJUNCIONES SUBORDINANTES hacen depender de otro el segmento al que preceden, generalmente oracional. El segmento formado con el grupo sintáctico que introducen complementa unas veces al predicado principal (*Te llamé porque quería hablarte*), pero otras constituye uno de los dos miembros de algún PERÍODO (§ 1.7.3c y 47.1.1), es decir, un período entre cuyos componentes se establece cierta relación discursiva (*Si te apetece, vamos al cine*). Las conjunciones coordinantes copulativas y disyuntivas pueden enlazar más de dos segmentos, como en *Oye música, atiende el teléfono y dibuja,* pero las subordinantes solo ponen en relación dos segmentos. Finalmente, las oraciones que introducen las conjunciones subordinantes presentan el verbo en forma personal: *Quiero que {guardes~*guardar} esto; Me invitarás si {logras~*lograr} ese trabajo.*

31.1.3b Es polémica la clasificación de las conjunciones subordinantes. En primer lugar, son a veces difusos los límites entre las conjunciones coordinantes y las subordinantes, especialmente en lo que respecta a las conjunciones COMPARATIVAS (*que, como*) y a las ILATIVAS (*luego, así que, conque, de modo que*), incluidas por algunos gramáticos entre las coordinantes y por otros entre las subordinantes. También es polémico el límite entre las conjunciones subordinantes y las preposiciones que introducen términos oracionales. Este problema afecta de modo característico a las expresiones *porque* y *para que,* pero también a otras como *a pesar de que* o *sin que* y ciertas combinaciones del tipo «adverbio + que». Se trata esta cuestión en los § 46.2 y 47.6.1c. Son también escurridizos en ocasiones los límites entre las conjunciones y los adverbios relativos. Este problema se abordará en el § 31.6.2.

31.1.3c La siguiente clasificación de conjunciones subordinantes recoge los grupos sobre los que parece haber más consenso entre los gramáticos, con la excepción de las tres últimas clases, que son más controvertidas (la de las conjunciones exceptivas se tratará en el § 31.6.3). Se mencionan solo algunas conjunciones en cada uno de estos grupos y se añaden algunas locuciones conjuntivas (§ 1.5.2c y 31.6.1).

> COMPLETIVAS: *que* (*Supongo que llamará*); *si* (*No sé si es ella*).
> CONDICIONALES: *si* (*si te gusta el libro*); *como* (con subjuntivo: *como no me escuches*).
> CAUSALES: *porque* (*porque tú lo dices*); *como* (con indicativo: *Como no venía, me fui*).
> CONCESIVAS: *aunque* (*Camina diariamente hasta su trabajo aunque vive lejos*); *si bien* (*Si bien no nos parece la mejor solución, la aceptaremos*).

TEMPORALES: *luego que* (*luego que lo examinó*); *ni bien* (*ni bien lo avise*).
CONSECUTIVAS: *que* (*Hacía tanto frío que no se podía salir de casa*).
ILATIVAS: *luego* (*Pienso, luego existo*); *conque* (*Es tarde, conque apúrate*).
COMPARATIVAS: *que* (*más gente que antes*); *como* (*tantos aciertos como errores*).
EXCEPTIVAS: *salvo* (*Todos pasaron el curso, salvo Jacinto*).

Aunque se presenta aquí como conjunción subordinante, la partícula completiva *si* es considerada adverbio relativo por algunos gramáticos, ya que, a diferencia de la conjunción condicional *si*, admite infinitivos (*No sé si llamar*).

31.1.3d   De forma similar a como las preposiciones tienen TÉRMINO (*sin que nadie lo advirtiera*) y forman junto con él un grupo preposicional, también pueden tenerlo las conjunciones subordinantes (*si nadie lo advertía*) y formar con él un GRUPO CONJUNTIVO. Dicho grupo se denomina también *oración* en la gramática tradicional, a la vez que se aplica este mismo término solo a la expresión subrayada. El concepto de *grupo conjuntivo* (aceptado hoy por algunos gramáticos, pero no por otros) ha sido extendido a las conjunciones coordinantes, lo que da lugar a segmentaciones como *[Juan] [y Pedro]*, en lugar de la más habitual *[Juan] [y] [Pedro]*. Uno de los argumentos que se suelen aducir a favor de esa extensión es el hecho de que puede comenzarse un período con las conjunciones *y* o *pero,* lo que sugiere que forman un segmento sintáctico con el término: *Y el anciano controla la intención de sus ojos. Y ella también* (Chacón, *Voz*); *Siempre fue altanera la Sofía y dicen que alguna vez guapa. Pero yo lo dudo* (Mastretta, *Vida*). Estos grupos sintácticos pueden constituir TURNOS DISCURSIVOS (*Y Luisa también lo duda* podría constituir una apostilla, por ejemplo) y también ser aislados como INCISOS, como en *Podría considerarse halagador, o por lo menos reconfortante, que los reclamos de los capitalistas foráneos no estén relacionados como tradicionalmente ocurría con la inestabilidad institucional* (*Prensa* [Arg.] 17/5/1992).

31.1.3e   Algunas conjunciones subordinantes parecen admitir TÉRMINOS NO ORACIONALES. Así ocurre con *que* (*menos frío que antes*), *como* (*tan ricos como nunca*), *cuando* (*cuando la guerra,* asimilable en alguna medida a las preposiciones), *si* (*La reunión, si no amena, al menos fue útil*), *si bien* (*El terreno, si bien largo, era insuficiente*) y *aunque: Es tarea, obligada, aunque sin duda ingrata, enfrentarse cuidadosamente a esta peculiar combinación de humanidad y ciencia* (Sánchez Ron, *Ciencia*). Cabe añadir *excepto* (*excepto tú*), aunque es inestable la inclusión de esta voz, que admite infinitivos, entre las conjunciones subordinantes o las coordinantes (§ 31.6.3e). Los grupos sintácticos formados por las conjunciones subordinantes más una oración con verbo en forma personal pueden constituir también enunciados no dependientes, por ejemplo en las expresiones exhortativas o desiderativas: *¡Que te calles!; ¡Si tuviéramos suerte!; ¡Como si yo lo supiera!* (§ 42.2.4).

31.1.3f   Las conjunciones subordinantes no admiten pausa ante la oración que introducen, salvo cuando intercalan algún inciso, como en *Dijo que, mientras viviera, no se tocaría el dinero.* No aparecen tampoco en posición final absoluta ni en incisos. Estas propiedades permiten distinguirlas de los adverbios o expresiones adverbiales que funcionan como conectores o marcadores discursivos, y establecen alguna conexión semántica entre las oraciones que los contienen y el discurso previo. Así, el significado concesivo de la locución adverbial *con todo* es similar al de la conjunción *aunque*, pero, a diferencia de ella, puede aparecer entre pausas (*Nadie, con todo, estaba enterado* ~ **Nadie, aunque, estaba enterado*) o en posición final de la oración (*Nadie estaba enterado, con todo* ~ **Nadie estaba enterado, aunque*). En la tradición se solían analizar como conjunciones muchas partículas cuyo comportamiento es similar al de *con todo*. La mayor parte de ellas se consideran actualmente adverbios o locuciones adverbiales que funcionan como conectores discursivos de diversos tipos.

31.1.3g El grupo más numeroso de conjunciones subordinantes está constituido por las LOCUCIONES CONJUNTIVAS. Reciben esta denominación las expresiones compuestas por dos o más términos que funcionan como una sola conjunción. Son escasas las locuciones conjuntivas coordinantes, como *o bien* o *así como*, pero son muy numerosas las subordinantes. Se describen brevemente en el § 31.6.1.

31.2   La coordinación: categorías coordinables

La lengua permite la coordinación de grupos construidos de forma diversa, siempre que desempeñen las mismas funciones sintácticas. Se llama COORDINACIÓN HOMOCATEGORIAL la que une segmentos de la misma categoría gramatical, y recibe el nombre de COORDINACIÓN HETEROCATEGORIAL la que relaciona segmentos pertenecientes a distinta categoría gramatical.

31.2.1   La coordinación homocategorial

31.2.1a Muchas clases de palabras y de grupos sintácticos formados por ellas pueden coordinarse con otras que corresponden a su misma categoría. Se subrayan los segmentos coordinados en los ejemplos que se reproducen a continuación:

> Era un hombre enamorado solamente de las artes, las letras y las curiosidades científicas (Allende, *Casa*); Es extremadamente superficial y poco significativa (Ayala / González / Florescano, *México*); [...] con un gesto que lo obliga a pensar en su mujer y en aquella secuencia que tanto le gustaba (Moreno-Durán, *Diana*); Pensé que iba a dormirse en seguida y que era agradable imaginarla así hasta la planicie allá abajo (Cortázar, *Glenda*).

Las preposiciones pueden coordinarse y compartir un solo término, sobre todo cuando están relacionadas semánticamente. Así, es habitual la coordinación de *por* y *para*, como en *¿Era justo que se negara a escuchar a alguien que desde hacía treinta años vivía por y para él?* (Vargas Llosa, *Fiesta*). La coordinación de *con* y *sin* es frecuente en el lenguaje periodístico y en el técnico, pero también se da en otros registros: *Lo veo con y sin bigote* (Salazar, *Selva*). Más rara es la coordinación de *bajo* y *sobre*, que puede sugerir el significado 'en cualquier lugar': *Las iguanas siempre, como por arte de magia, reaparecen en las copas de los árboles, sobre o bajo las sillas del parque* (*País* [Col.] 22/7/1997). Por su parte, los adverbios de tiempo y lugar que se agrupan en pares pueden coordinarse y compartir el mismo grupo preposicional, como en *dentro y fuera del país* o en *encima o debajo de la mesa*.

31.2.1b   Cuando dos sustantivos o dos verbos coordinados se construyen con la misma preposición, pueden compartirla (*la entrada y salida de camiones, hablar o discutir sobre cuestiones candentes*). Si seleccionan distinta preposición, aparece a veces solo la segunda en el habla coloquial, como en *Entraba y salía de casa cuando quería*. No obstante, en los registros formales del español contemporáneo se prefiere evitar estas construcciones y desdoblar los grupos nominales. Así, en lugar de *Mostraba admiración y confianza en sus colaboradores* se prefiere *Mostraba admiración por sus colaboradores y confianza en ellos*.

31.2.1c   Los adverbios relativos son átonos, pero se convierten en tónicos y reciben el acento (prosódico, no ortográfico) en la primera sílaba cuando forman series coordinadas (*Lo haré donde, como y cuando yo quiera*). Los determinantes átonos no suelen coordinarse entre sí (**mis y tus libros*), a diferencia de los tónicos: *tantos y tales gritos, este o aquel gesto*. Los artículos y cuantificadores que admiten dos variantes, una apocopada prenominal (*un, algún, ningún, primer, tercer, cualquier*) y otra propiamente pronominal (*uno, alguno, ninguno, primero, tercero, cualquiera*), eligen la primera si preceden al sustantivo (*un día y otro, algún hombre o ninguno*), pero prefieren la forma plena ante la conjunción coordinante (*uno y otro día, alguno o ningún hombre*).

31.2.1d   Los pronombres personales en CASO OBLICUO (es decir, el correspondiente a los términos de preposición) no se coordinan en el español de hoy: **a ti y mí, *de mí y sí, *entre ti y mí*. La coordinación de prefijos, reducida a unos pocos casos, puede interpretarse también como coordinación de palabras, es decir, como si quedara tácita la base léxica del primer segmento. Así pues, la coordinación subrayada en *derrame uni- o bilateral* puede analizarse como *[uni o bi] [lateral]* o como *[[uni Ø] o bilateral]* (§ 10.3.3).

31.2.2   La coordinación heterocategorial

31.2.2a   La coordinación heterocategorial admite numerosas variedades. He aquí algunas de las más comunes, si bien no son las únicas, como se verá en los apartados que siguen:

> ADVERBIOS CON GRUPOS PREPOSICIONALES: *lentamente y con mucho esfuerzo.*
> ADJETIVOS CON GRUPOS PREPOSICIONALES: *autos usados, pero con pocos kilómetros.*
> ADJETIVOS CON ORACIONES DE RELATIVO: *situaciones preocupantes y cuyo fin nadie conoce.*
> GRUPOS NOMINALES CON SUBORDINADAS SUSTANTIVAS: *No sabía su nombre ni cómo encontrarlo.*
> SUBORDINADAS SUSTANTIVAS DE INFINITIVO CON SUBORDINADAS DE VERBO EN FORMA PERSONAL: *Espero sacar bien el curso y que no me quede pendiente ninguna materia.*

31.2.2b   La coordinación de adjetivos y grupos preposicionales es natural porque ambas son expresiones predicativas (*un día alegre y sin preocupaciones*). Lo mismo cabe decir de la de adjetivos, participios o grupos preposicionales con oraciones de relativo (*un empleado de alto rango y cuyo sueldo era muy alto*), así como de la coordinación de gerundios con adjetivos y participios (*Lo sacaron sangrando y mareado*).

Dado que las relativas sin antecedente expreso se asimilan a los grupos nominales, se coordinan con ellos (*No conozco la casa ni a quien vive allí*) y también con subordinadas sustantivas (*No sé por qué actúa así ni lo que pretende*). Los grupos nominales se coordinan con los adjetivales cuando el segmento formado por ambos es atributivo, como en *Es una buena persona pero un poco raro*.

31.2.2c Solo excepcionalmente y por razones de énfasis se coordinan grupos de palabras con funciones sintácticas distintas, más frecuentemente complementos circunstanciales con predicativos, como en *enviar una carta certificada y por avión* o en *Llegó tarde, cansado y de mal humor,* pero existen otras posibilidades: *Me gustó y mucho* (en lugar de *Me gustó mucho*); *Eso es mentira y podrida.* Por otra parte, la conjunción *y* introduce un gran número de grupos conjuntivos de valor conclusivo ya lexicalizados en fórmulas como *y punto, y basta, y ya, y pare usted de contar, y se acabó* (también *y san se acabó*), *y asunto concluido* (también ... *terminado,* ... *zanjado,* ... *liquidado,* etc.).

31.3 La coordinación copulativa

31.3.1 Aspectos formales e interpretativos

31.3.1a La conjunción copulativa más característica es *y.* Esta conjunción toma la forma *e* cuando precede a palabras que empiezan por *i-* o *hi-* (*Fernando e Isabel; madre e hija*), salvo cuando constituyen el comienzo de un diptongo: *matas y hierbas* (no *matas e hierbas*). La conjunción *y* puede coordinar grupos sintácticos considerablemente distintos. Cuando los elementos coordinados son varios, suele preceder solo al último, como en *Escribe, pinta y dibuja,* pero se interpreta entre todos los miembros la misma relación gramatical. Si en los casos de coordinación múltiple se omite la conjunción, se produce *asíndeton.* Se trata de una forma de YUXTAPOSICIÓN que a menudo deja la enumeración en suspenso. Es recurso frecuente en la lengua literaria, como en *Acude, corre, vuela, / traspasa el alta sierra, ocupa el llano* (León, *Poesía*), pero también se registra en el habla cotidiana: *Sales por la noche los viernes, los sábados, los domingos... ¿Cuándo estudias, hijo?* Se llama POLISÍNDETON la figura retórica que consiste en repetir la conjunción ante cada miembro coordinado. Es un recurso enfático, particularmente frecuente en la lengua literaria: *Y luego el director, y el iluminador, y el escenógrafo. Y un ambiguo jovenzuelo que no me saca los ojos de encima* [...] (Benedetti, *Orilla*).

31.3.1b El resultado de coordinar dos o más grupos nominales mediante una conjunción copulativa es un grupo sintáctico que tiene las propiedades de una expresión nominal con rasgos de plural, lo que se manifiesta en la concordancia con verbos y adjetivos: *Laura y Claudia juegan juntas.* También se revela esta propiedad en la relación anafórica o catafórica con los pronombres: *Ni a su hijo ni al mío les gustan las películas de terror; Necesitaba tanto un sillón de ruedas como una mesa de reuniones con los que amueblar su oficina.*

31.3.1c Combinados con grupos nominales en plural, los predicados que se construyen con grupos coordinados pueden tener interpretación distributiva o interpretación colectiva. En la INTERPRETACIÓN DISTRIBUTIVA se atribuye a cada uno de los componentes de la coordinación el significado del predicado. Así, la oración *El periódico y el desayuno están sobre la mesa* no contiene el segmento *El periódico está sobre la mesa,* pero esta información se deduce o se infiere porque el significado del predicado *están sobre la mesa* se desdobla y se aplica distributivamente a cada uno de los elementos que componen su sujeto. A falta de indicaciones léxicas o sintácticas, o de razones extralingüísticas, la mayor parte de los predicados con sujetos o complementos coordinados se interpretan, por defecto, distributivamente.

31.3.1d Un numeroso grupo de predicados, sin embargo, se interpreta de forma COLECTIVA (también llamada CONJUNTA o ACUMULATIVA), en lugar de distributiva. Así, la oración *Los alumnos y las alumnas suman cuarenta* no puede desdoblarse en *Los alumnos suman cuarenta y las alumnas suman cuarenta.* Los predicados de naturaleza colectiva se suelen llamar SIMÉTRICOS y se caracterizan por predicarse de grupos, manifestados mediante plurales o elementos coordinados. Entre estos predicados se encuentran verbos (*atar, casarse, conectar, conversar, divorciarse, juntar, mezclar, negociar, unir*), adjetivos (*adyacente, antónimo, coincidente, compatible, común, contemporáneo, diferente, igual, incompatible, lejano, paralelo, próximo, simétrico*) y sustantivos (*adversario, amigo, compañero, competidor, cónyuge, cuñado, enemigo, pariente, socio, tocayo*). Son menos numerosos los adverbios o las locuciones adverbiales que pertenecen a este grupo (*al lado, cerca, conjuntamente, de acuerdo, en colaboración, en contacto, en desacuerdo, en relación, lejos*). De las preposiciones, solo *entre* pone de manifiesto las propiedades características de los predicados simétricos.

31.3.1e El adverbio *respectivamente* garantiza la distribución ordenada de las relaciones predicativas, como en *Miguel, Luis y Marina han estudiado Matemáticas, Derecho y Física, respectivamente.* La ausencia del adverbio *respectivamente* podría provocar ambigüedad, ya que cabría asignar las acciones descritas a varios individuos a la vez.

31.3.1f Usada al comienzo de un período, la conjunción *y* se interpreta como marca de ENLACE EXTRAORACIONAL con lo dicho o pensado anteriormente. En COMIENZO ABSOLUTO se emplea para abrir discursos o para encabezar réplicas. Su valor de enlace copulativo se atenúa en estos contextos y las expresiones que introduce pueden expresar reticencia, ironía o contrariedad, entre otras nociones: *¡Y qué sórdida me resulta desde aquí Inglaterra!* (Villena, L. A., *Burdel*). También se expresan valores distintos de la pura adición cuando se coordinan unidades léxicas idénticas, generalmente nombres y verbos escuetos o sin modificadores. Los grupos así formados adquieren un valor cuantitativo, como en *Sacaron sacos y sacos de escombros* ('muchos sacos'). Es igualmente común la expresión *más y más* con el sentido de 'cada vez más', como en [...] *alejándose como un conejo, más y más arriba* (Dorfman, *Nana*). Por otra parte, se forman grupos sintácticos nominales y preposicionales estereotipados con ciertos sustantivos, como *hombres y mujeres, ricos y pobres* y otros similares que sugieren formas de cuantificación universal. Expresan, pues, significados próximos a 'todo el mundo' o 'todos sin excepción': *Trato y conversación he tenido con gente sabia, eclesiásticos y seglares, latinos y griegos, judíos y moros* (Fuentes, *Naranjo*).

31.3.1g El orden en que se disponen dos o más oraciones coordinadas puede reproducir linealmente el orden en el que se producen los sucesos, como en *Cerró el paraguas y entró en la casa*, frente a *Entró en la casa y cerró el paraguas*. Sin embargo, cuando uno de los dos predicados coordinados no expresa un suceso, sino una situación o un estado de cosas, no se obtiene la interpretación temporal, sino la adversativa (*Tenía examen y no recordaba nada*), la ilativa (*Estaba cansado y me acosté*) o la condicional, frecuente con los imperativos retóricos (§ 42.2.2g): *Cásate y serás feliz.*

31.3.1h El adverbio *así* unido al relativo *como* da lugar a una de las pocas locuciones conjuntivas coordinantes, *así como: El primero alude* [...] *a recientes estudios sobre las aplicaciones del hidrargirio y de los nuevos espejos, así como a la piedra filamentosa* (Sampedro, *Sirena*). No obstante, el hecho de que alterne con *además de* podría poner en tela de juicio su naturaleza conjuntiva. Suelen considerarse conjunciones copulativas las partículas *más* y *menos* cuando expresan, respectivamente, adición y sustracción de cantidades u otras magnitudes: *Cuatro (el mes en que nos conocimos) más tres (los años que la amo) son siete* (Peri Rossi, *Solitario*); *El índice nacional de ahorros netos —definido como la producción nacional total menos lo que consumen las familias y el Gobierno— fue de un prometedor 9.1%* (*Excélsior* 18/9/1996). Existe una relación estrecha entre este uso de *menos* y el de esta misma conjunción como partícula exceptiva (§ 31.6.3).

31.3.2 Conjunciones coordinantes copulativas discontinuas o correlativas

31.3.2a Las CONJUNCIONES DISCONTINUAS O CORRELATIVAS son conjunciones coordinantes que forman dos segmentos paralelos dentro de un mismo grupo sintáctico. Así, *tanto... como...* une dos grupos sintácticos en uno solo, como se ve en *Y tanto Raúl como Arturo alzan los brazos* (Bryce Echenique, *Huerto*), donde el grupo subrayado desempeña la función de sujeto.

31.3.2b Con pocas excepciones, las conjunciones discontinuas se interpretan distributivamente (§ 31.3.1c). Así, el ejemplo de Bryce Echenique que se cita en el apartado anterior implica 'Raúl alza los brazos (o el brazo) y Arturo hace lo mismo'. No se forman, por tanto, estas construcciones si el predicado es simétrico o colectivo: **Tanto Luis como Ana viven juntos; *Tanto Martínez como Pérez son tocayos.*

31.3.2c La construcción discontinua copulativa *tanto... como...* es siempre bimembre y se usa a menudo para marcar explícitamente la INTERPRETACIÓN EXHAUSTIVA de un conjunto, es decir, para subrayar que la coordinación agota las opciones posibles. Los grupos coordinados pueden añadirse, a modo de aposición explicativa, a otros que expresan el conjunto al que pertenecen los términos que se coordinan, como en *Apoyaron la reforma todos los diputados, tanto los del Gobierno como los de la oposición*. La conjunción *tanto... como...* puede coordinar grupos preposicionales pero no términos de preposición, de modo que es aceptable la secuencia *Se preocupa tanto por su trabajo como por su familia*, pero no **Se preocupa por tanto su trabajo como su familia*. Los grupos nominales formados por esta conjunción no comparten determinante (*su tanto jefe como amigo*). Resulta asimismo preferible coordinar con ella grupos verbales en lugar de verbos. Es, en efecto, más natural *un taller en el que tanto limpian coches como los arreglan* que *un taller en el que tanto limpian como arreglan coches*.

31.3.2d   La conjunción discontinua *tanto… cuanto…* es más culta que *tanto… como…*, pero ambas se usan por igual en la lengua escrita. En *Su idilio sería tronchado por un escopetazo de la viuda que le volaría tanto la florida lengua cuanto los íntimos sesos* (Skármeta, *Cartero*), el complemento directo de *volaría* es *tanto la florida lengua cuanto los íntimos sesos,* grupo nominal coordinado discontinuo o correlativo.

31.3.2e   Es también copulativa la conjunción discontinua *ni… ni…,* si bien se neutraliza el significado de *ni* y el de *o* en algunos contextos (§ 31.4.1g). La conjunción *ni* puede unir dos elementos repitiéndose delante de cada uno de ellos, pero también omitiendo la primera aparición: *Jamás hablaba (ni) de su familia ni de su trabajo.* En cualquier caso, los grupos coordinados con *ni* en posición posverbal exigen una negación preverbal: *Nunca escribe ni llama; Ni escribe ni llama; *Escribe ni llama.*

31.3.3   Coordinación copulativa y concordancia

Como se señaló en § 31.3.1b, los grupos nominales coordinados se comportan como expresiones nominales en plural, con la repercusión consiguiente en la concordancia con el verbo y con los atributos y complementos predicativos: *Laura y Claudia {juegan ~ están} juntas.* Se examina más detalladamente esta cuestión en el § 33.4.2. En los apartados siguientes se analiza la concordancia de los elementos que comparten un mismo grupo.

31.3.3a   Cuando se coordinan dos sustantivos en singular sin determinante que comparten un adjetivo pospuesto, este aparece en plural con el género que corresponde a los sustantivos, si es el mismo en los dos (*fonética y fonología españolas, humor e ingenio portentosos*), o la forma plural del masculino si es diferente (*sombrero y corbata negros, usos y costumbres ajenos*). Se observa un comportamiento similar cuando el adjetivo es compartido por dos grupos nominales, cada uno con su determinante (*el rey y la reina juntos, un entusiasmo y una energía contagiosos*). No obstante, puede aparecer también el singular cuando se da una estrecha relación de sentido entre los dos nombres y estos presentan el mismo género, como en *la lengua y la cultura alemana, una habilidad y una paciencia extraordinaria.* Se recomienda prestar atención a las construcciones ambiguas que pueden provocar los adjetivos compartidos que carecen de marcas distintivas de género. Así, la oración *Esto les gusta a los hombres y a las mujeres jóvenes* puede segmentarse en la forma *Esto les gusta [a los hombres y a las mujeres] [jóvenes],* pero también en la forma *Esto les gusta [a los hombres] y [a las mujeres jóvenes],* con la diferencia de significados esperable.

31.3.3b   Es posible coordinar dos sustantivos de modo que compartan un único determinante en singular, como en *el uso y abuso de las drogas* (no *los uso y abuso de las drogas*). Pueden coordinarse también en plural compartiendo igualmente un determinante, como en *los avisos y advertencias*. Son muy infrecuentes las combinaciones en las el determinante concuerda en número solo con el primer miembro del grupo, como *su mérito y esfuerzos*, con la excepción de ciertas fórmulas fijadas (*su esposa e hijos*). En cambio, el determinante puede concordar en género con el primero de los sustantivos coordinados, como en *el estudio y descripción* (o *la descripción y estudio*) *de los seres vivos, las novelas y cuentos de Carlos Fuentes*.

31.3.3c Cuando se coordinan dos sustantivos en singular que comparten determinante también en singular, la concordancia con un adjetivo se hace en singular si ambos sustantivos se refieren a un único individuo, como en *mi amigo y colega valenciano*. Esta pauta se extiende a los casos en los que no hay identidad de referente, pero sí una estrecha relación de sentido entre los elementos coordinados, como en *nuestro pasado y presente cultural, su tono y timbre específico, la lengua y cultura alemana*. Cuando no hay identidad de referente en sentido estricto se documenta también la concordancia en plural: *la lengua y cultura alemanas*. No obstante, el singular evoca con más fuerza la identificación conceptual de los elementos coordinados, y en consecuencia la referencia a una sola entidad.

31.3.3d El comportamiento de los adjetivos antepuestos que son comunes a dos sustantivos coordinados es similar al de los determinantes. Así, el adjetivo solo se construye en plural si son plurales los dos sustantivos a los que modifica (*grandes tormentas y aguaceros*); de lo contrario aparece en singular concordando en género con el más próximo: *Fue tratado con profunda admiración y cariño; La reunión fue en el mismo día y hora*. Las excepciones suelen corresponder a fórmulas fijadas: *sus desconsolados esposa e hijos*.

31.3.3e Los adjetivos relacionales y los grupos preposicionales que se les asimilan no se coordinan con los adjetivos calificativos (véanse los § 13.2.1 y 13.5 para estos conceptos): **pesca submarina y arriesgada, *libros de matemáticas y de poco valor*. Cuando se coordinan entre sí adjetivos relacionales (*elefantes asiáticos y africanos*) o clasificativos (*los vinos joven y añejo*) se hace referencia a grupos distintos de personas, animales o cosas, de modo que la expresión *los embajadores inglés, francés y alemán* alude a tres embajadores. Esta pauta no es usual, en cambio, con adjetivos calificativos coordinados y en plural, que suelen hacer referencia a un mismo grupo de seres al que se atribuyen conjuntamente dos o más cualidades, como en *los compañeros simpáticos e inteligentes* o en *novelas largas y apasionantes*. Los ordinales y los posesivos pospuestos se comportan como los adjetivos relacionales. Así, se hace referencia a dos filas en *las filas primera y segunda;* a tres grados en *los grados cuarto, quinto y sexto,* y a dos propuestas en *las propuestas tuya y mía*.

31.3.4 La elipsis en la coordinación copulativa

31.3.4a Se elide a menudo el verbo, solo o con alguno de sus complementos, en el segundo miembro de las oraciones coordinadas con *y* o *ni* (y en ciertos casos también con *pero*) cuando este miembro muestra una estructura sintáctica paralela a la del primero: *Su mamá vivía en Lima, y su papá Ø en el Callao* (donde Ø = 'vivía'). La oración resultante del proceso de elisión consta de dos o más componentes, cada uno de los cuales contrasta con otro paralelo a él en la oración anterior. Así, en el ejemplo citado contrastan *su mamá* con *su papá* y *en Lima* con *en el Callao*. Los grupos nominales del ejemplo propuesto ejercen la función de sujeto en sus respectivas oraciones. La construcción es igualmente posible con los que constituyen tópicos (§ 40.2.3d), como en *A Manuel le gusta el merengue y a Marta la cumbia*, así como con grupos interrogativos, como en *No sabía qué regalarle al mayor y qué al pequeño*. El verbo elidido y el manifiesto no coinciden necesariamente en sus rasgos de número o de persona, pero sí en los de tiempo: **La reunión fue el lunes pasado, y el consejo, el lunes próximo.*

31.3.4b   Con los adverbios *también, tampoco, sí* o *no*, la elipsis en la coordinación afecta a todo el grupo verbal, como en *Yo voy el martes a la biblioteca, y tú también Ø* (donde Ø = 'vas el martes a la biblioteca'). Esta elipsis del grupo verbal se denomina TOTAL. En cambio, la que aquí se trata es PARCIAL, ya que permanecen uno o varios de los complementos del verbo. Constituyen el denominado RESIDUO (subrayado en *Su mamá vivía en Lima, y su papá en el Callao*). El residuo puede pertenecer a muy variadas clases sintácticas, pero los más comunes son los constituidos por grupos nominales, adjetivales y preposicionales:

> [...] de los cuales 80 tienen tuberculosis pulmonar y el resto tuberculosis extrapulmonares (*Tiempos* 31/3/1997); Ni la primera noticia es tan mala ni la segunda tan buena como aparecen a primera vista (*Hoy* [Chile] 14/4/1997); Las mañanas estaban consagradas a la Poesía, y las tardes al Amor (Mujica Lainez, *Escarabajo*).

31.3.4c   Los fragmentos que se eliden en el interior del grupo verbal son SEGMENTOS SINTÁCTICOS. Así pues, junto a *Yo puedo abrir la botella de vino, y tú la de ron* (donde se elide 'puedes abrir'), no se obtiene la variante **Yo puedo abrir la botella de vino, y tú de ron,* donde se elide 'puedes abrir la', es decir, una secuencia de palabras que no constituye un segmento sintáctico.

31.4   La coordinación disyuntiva

La conjunción disyuntiva *o* denota la existencia de dos o más opciones. Puede usarse como conjunción SIMPLE («*A o B*») o como conjunción DOBLE o DISCONTINUA («*o A o B*»). La conjunción *o* presenta la variante *u* cuando la palabra siguiente comienza por *o-* o por *ho-*, como en *siete u ocho, pensión u hotel*. Sin embargo, si se usa como conjunción discontinua y el primero de los sustantivos coordinados comienza por *o-* u *ho-*, alternan *o* y *u*: *o hombres o mujeres ~ u hombres o mujeres*.

31.4.1   La coordinación simple con la conjunción *o*

31.4.1a   La disyunción simple con la conjunción *o* puede interpretarse de forma EXCLUSIVA, es decir, puede designar situaciones en las que se opta necesariamente entre alguna de las posibilidades que se mencionan. También puede tener interpretación INCLUSIVA, en la que no se impone tal elección. Así, en *Nunca más faltó en la mesa familiar una sopa de gallina o unos fritos de papa o una coliflor fresca o un plato* *de avena* (Jodorowsky, *Pájaro*), no se excluye que puedan llegar a la mesa otros alimentos. La interpretación inclusiva desemboca a menudo en la llamada ELECCIÓN ABIERTA, en la que las opciones mencionadas se presentan como ejemplo de las posibles y se sugieren incluso, de modo tácito, opciones intermedias: el que dice *Llámeme a las cuatro o a las cinco* da a entender, en efecto, que puede ser llamado a cualquier hora entre las cuatro y las cinco.

31.4.1b   La conjunción copulativa *y* y la disyuntiva *o* parecen denotar conceptos antagónicos, pero el hecho de que la disyunción se pueda interpretar como inclusiva acerca a veces el sentido de las expresiones en las que aparecen, sobre todo en los CONTEXTOS GENÉRICOS: *Se entra por esa puerta {y~o} por aquella*. Confluyen especialmente ambas conjunciones en enumeraciones abiertas que ilustran, pero no agotan, todas las posibilidades, como en *Borges, Cortázar {y~o} Mujica Lainez son grandes escritores argentinos*. No se recomienda el uso de la barra para marcar relaciones disyuntivas (*temporada de verano y/o invierno, Queridos/as niños/as...*), ni tampoco el de la arroba (*Querid@s niñ@s...*), que no es un signo lingüístico.

31.4.1c   La disyunción simple puede tener sentido DENOMINATIVO. En este uso, propiamente metalingüístico, se aclara el sentido de alguna expresión, como en *Cacán o cacana fue la lengua de los indios diaguitas*. También se emplea en expresiones de sentido CORRECTIVO para introducir segmentos que atenúan o refuerzan lo que se acaba de decir formulándolo de otra manera: *Hubo otra ocasión en que todo venció el amor o, mejor dicho, ella venció a mi amor* (Cabrera Infante, *Habana*).

31.4.1d   La conjunción *o* puede unir segmentos de muy distinta naturaleza. Los grupos sintácticos unidos disyuntivamente no denotan conjuntos, a diferencia de los coordinados por la conjunción *y*. Así, mientras que el complemento directo de la oración *Recibió una carta y una tarjeta* hace referencia a un conjunto integrado por dos elementos, el de la oración *Recibió una carta o una tarjeta* no denota conjunto alguno. La información contenida en el complemento directo coordinado disyuntivo se interpreta desdoblada en dos proposiciones: 'Recibió una carta o recibió una tarjeta'. Análogamente, en *¿Qué puede influir en mí el ver una calle bonita o fea?* (Baroja, *Susana*) se coordinan dos adjetivos, pero se confrontan en realidad las opciones proposicionales 'el ver una calle bonita' y 'el ver una calle fea'.

31.4.1e   Como se señala en el § 43.3.1c, la conjunción *o* está presente en las interrogativas indirectas totales, sean DE SÍ O NO, como *No sabe si ha venido (o no),* sean ALTERNATIVAS: *No sé si llamará hoy o mañana*. Son enfáticas, y a veces retóricas, las interrogativas totales, directas o indirectas, cuyo segundo miembro reproduce el primero: *¿Te gustó o no te gustó la película?* Introduce habitualmente disyunciones el verbo *depender,* como en *dependiendo de que elijan una cosa {u~*y} otra,* así como el adverbio *independientemente (de)* y la preposición *según: Te escribiré [...], independientemente de si debo responder o no a la última de tus cartas* (Cano Gaviria, *Abismo*); *[...] según estimen o no satisfactorias las leyes* (Alape, *Paz*).

31.4.1f   Las oraciones disyuntivas formadas por verbos en subjuntivo no subordinados se interpretan como prótasis condicionales o concesivas. Así, *quieras o no* significa 'tanto si quieres como si no quieres' y acepta la paráfrasis *Aunque no quieras*. Cuando el primer término de la coordinación tiene carácter apelativo, la construcción muestra sentido condicional: *¡Cállate o te hago callar yo!* (con la variante discontinua *O te callas o te hago callar yo*). La interpretación condicional a la que da lugar la conjunción *o* es opuesta a la que se obtiene con *y* en el mismo contexto. Así, *Cásate y serás infeliz* admite la paráfrasis 'Si te casas, serás infeliz', mientras que *Cásate o serás infeliz* implica 'Si no te casas, serás infeliz'.

31.4.1g Se da equivalencia lógica entre la negación de una disyunción, como en *No [A o B]*, y la coordinación copulativa de dos proposiciones negadas: *[No A] y [no B]*. La conjunción *ni* une dos o más elementos coordinados bajo el ámbito de la negación, y puede interpretarse en función de ambos esquemas. Así, la oración *Nunca escribe ni llama* admite la paráfrasis 'Nunca escribe o llama', pero también 'Nunca escribe y nunca llama'. Ello hace que pueda darse la alternancia *ni ~ o* bajo el ámbito de la negación, como en *No la estaban acusando de llegar tarde {ni ~ o} de falta de profesionalidad; Le aconsejaban que no hiciera alpinismo {ni ~ o} pesca submarina*.

31.4.2 La coordinación disyuntiva con conjunciones discontinuas

31.4.2a Las CONJUNCIONES DISCONTINUAS DISYUNTIVAS son poco usadas fuera de los contextos formales. Se han denominado también DISTRIBUTIVAS, aunque expresan más bien alternancia que distribución. Las principales son *bien... bien..., ya... ya... y ora... ora...*, a las que suelen añadirse *sea... sea...* y *fuera... fuera...* Combinadas estas últimas con los adverbios *bien* y *ya* dan lugar a las locuciones conjuntivas discontinuas correlativas *bien {sea ~ fuera}* y *ya {sea ~ fuera}*:

> La perfección absoluta, <u>bien</u> en las artes, <u>bien</u> en las demás cosas, no es de aquellas que el cielo quiso conceder a la tierra (Menéndez Pelayo, *Historia*); Escribe con líneas de oro, / en caracteres distintos, / el cielo nuestros sucesos / <u>ya</u> adversos o <u>ya</u> benignos (Calderón, *Vida*); De inmediato comprendí, por el tono, <u>ora</u> sarcástico, <u>ora</u> burlón [...] (Cano Gaviria, *Abismo*); Un medimno siciliano de cebada (es decir, 52 litros) costaba un dracma, que, <u>fuera</u> de Alejandría o <u>fuera</u> del Atica, venía a valer alrededor de una peseta (Caro Baroja, *Pueblos*); Allí el matar es cosa natural, <u>ya sea</u> por amor, <u>ya sea</u> por odio (Galdós, *Episodios*).

31.4.2b La conjunción *o* puede usarse también como conjunción discontinua («*o A o B*») y en tal caso se interpreta de forma EXCLUSIVA, es decir, designa situaciones en las que se opta necesariamente entre alguna de las posibilidades que se mencionan. Así, en *Llámeme o a las cuatro o a las cinco* se pide a alguien que realice la llamada en uno de dos puntos temporales, y solo en ellos, a diferencia de lo que se expresa en la variante *Llámeme a las cuatro o a las cinco* (§ 31.4.1a). Puede añadirse el adverbio *bien* como refuerzo enfático: *Recibió <u>o bien</u> una carta <u>o bien</u> una tarjeta*.

31.5 La coordinación adversativa

La coordinación adversativa expresa contraposición u oposición de ideas. Son adversativas las conjunciones *pero, mas* y *sino*. Las dos primeras se usan en oraciones afirmativas y negativas. La tercera solo aparece en contextos negativos.

31.5.1   La conjunción *pero*

31.5.1a   La conjunción *pero* presenta menores posibilidades combinatorias que *y* o que *o*. Introduce oraciones simples (*Es tarde, pero Ana no ha llamado*) y grupos sintácticos diversos, si bien presenta dificultades para unir grupos nominales (**No recuerdo su autor pero su título*), a no ser que tengan carácter predicativo, como en *Son dioses malos, pero dioses al cabo* (Fuentes, *Naranjo*), o bien que se construyan con elementos cuantificativos, de forma que son estos los que se contraponen: *Tiene muchos conocidos, pero pocos amigos*. Los grupos nominales precedidos por los adverbios *sí, no, también* o *tampoco* admiten asimismo la conjunción *pero*: *No recuerdo su autor, pero sí el título* (Savater, *Caronte*).

31.5.1b   Con la conjunción *pero* se contraponen dos ideas, una de ellas no formulada de manera explícita, sino INFERIDA. Así, en *Estoy muy ocupado, pero lo atenderé* se contrapone 'Lo atenderé', idea expresada en la segunda parte de la oración, a 'No lo atenderé', que se infiere o se deduce de la primera parte. Esta inferencia es una deducción libre establecida a partir de diversas informaciones, supuestos compartidos o de sentido común, conocimientos culturales o preferencias particulares de otra naturaleza. En algunos casos, la oposición tiene lugar entre DOS INFERENCIAS, cada una de las cuales se deduce de uno de los segmentos coordinados. Así, si en el debate sobre la contratación de un jugador de fútbol alguien dice *Es muy habilidoso, pero tiene muchas lesiones*, estará contraponiendo dos inferencias o deducciones contrarias: de *Es muy habilidoso* se infiere 'Deberíamos contratarlo'; de *pero tiene muchas lesiones* se infiere 'No deberíamos contratarlo'. La coordinación adversativa fuerza, pues, al oyente a establecer relaciones «causa – efecto» mediante mecanismos discursivos que no pueden basarse únicamente en el contenido de las palabras.

31.5.1c   A la conjunción *pero* se le agregan con frecuencia las locuciones *sin embargo* y *no obstante* como refuerzo enfático: *Fue detenida por dos montoneros, pero sin embargo logró caer de bruces sobre el hoyo* (Alegría, *Mundo*). Estas expresiones se han considerado tradicionalmente conjunciones, pero hoy se analizan como locuciones adverbiales, como se explica en los § 29.2.2f y 30.9.

31.5.1d   Cuando la conjunción *pero* se utiliza al comienzo de un período, actúa como conector discursivo. En tal caso sigue interpretándose como conjunción adversativa, pero una parte de la información necesaria para establecer su significado ha de obtenerse de la situación previa. El uso de *pero* en las réplicas suele introducir una reacción del hablante (atenuada o vehemente) a las palabras de su interlocutor, como en *Pero ¿cómo puedes tener tanta fantasía?* (Somoza, *Caverna*). Con *pero si* se inician réplicas más enfáticas en las que se rebate una afirmación previa: *¿Que me vaya a la cama? Pero si solo son las ocho, papá*. Asimismo, se usa *pero si* en construcciones que expresan sorpresa: *¡Conejo! ¡Pero si es Juan Conejo!* (Fernán Gómez, *Viaje*).

31.5.1e   No es propiamente adversativo el uso de *pero (que) muy* en construcciones como *La comida está rica, pero (que) muy rica*, ya que en ellas no se oponen dos ideas, sino que se enfatiza el contenido del elemento repetido. Esta construcción se limita a grupos adjetivales o adverbiales, cuyo primer término puede estar ausente (*Llegó pero muy enfadado*). Alternan *pero muy* y *pero que muy* en el español europeo, pero se suele preferir la primera opción en el americano: *Está muy pero que muy enamorado* (Vila-Matas, *Suicidios*); *Era discreta, prudente, tímida, mojigata y muy, pero muy educada* (Esquivel, *Deseo*).

31.5.2   Otras conjunciones adversativas

31.5.2a   La conjunción adversativa *sino* exige alguna negación, explícita o implícita, en la primera parte de la secuencia. La información que introduce contrasta con el elemento de la oración anterior al que afecta directamente la negación. Este elemento resulta REEMPLAZADO o sustituido por el término de la conjunción: *Lo que tú necesitas no es un productor, sino un inversionista* (Salazar, *Selva*). El elemento reemplazado puede quedar implícito, como en *No quiero sino tu confianza* (es decir, 'nada, sino tu confianza') o en *Yo no nací sino para quereros* (Garcilaso, *Poesías*). En este uso alternan *sino* y *más que*.

31.5.2b   El grupo conjuntivo que forma *sino* se puede construir de diversas formas. En efecto, el término de dicha conjunción puede ser un nombre o un grupo nominal (*... sino tu amigo*), un grupo adjetival (*... sino muy difícil*), un grupo adverbial (*... sino lentamente*), un grupo preposicional (*... sino desde su casa*) y también una oración subordinada, sea con verbo en forma personal (*... sino que vayas*), de infinitivo (*... sino hablar con él*) o de gerundio (*... sino estando en su casa*). En la lengua antigua se admitían también los verbos y los grupos verbales en este paradigma, incluidos los imperativos: *No corta el mar, sino vuela / un velero bergantín* (Espronceda, *Obra poética*); *No me socorra ni ayude, sino déjeme con mi desgracia* (Cervantes, *Quijote* I). Se trata de usos poco frecuentes en la lengua actual, aunque todavía se registran en algunas zonas, entre ellas la rioplatense (*No come, sino devora*). En la lengua general se prefiere emplear en estos casos *sino que*: *No come, sino que devora*.

31.5.2c   La conjunción adversativa *mas* es propia del estilo formal (*Pasé la tarde cavilando, mas no llegué a conclusión alguna*). Aunque muy usada en el español clásico, es muy poco frecuente hoy en la lengua oral. Se registra ampliamente en la literaria, y solo ocasionalmente en la periodística: *Kalamis titubeó, antes de sacrificarme, mas la oferta era tentadora* (Mujica Lainez, *Escarabajo*).

31.6   Las conjunciones subordinantes

31.6.1   Conjunciones subordinantes y locuciones conjuntivas

La mayor parte de las conjunciones subordinantes son en realidad locuciones conjuntivas, y constan, por tanto, de más de una palabra. Aunque algunas responden a otros esquemas (por ejemplo, *siempre y cuando*), buena parte de ellas se forman mediante la conjunción *que* combinada con preposiciones, adverbios, grupos nominales u otras categorías. Se exponen a continuación las pautas más frecuentes.

31.6.1a   «PREPOSICIÓN + *QUE*». Esta pauta corresponde a *porque* y *para que*. Era habitual en la tradición reinterpretar como conjunciones subordinantes casi todas las combinaciones de preposición o locución prepositiva seguida de la conjunción *que*. Se explica en el § 46.2.1 que la sintaxis de *porque* y *para que* mantiene en buena medida la estructura de los grupos preposicionales encabezados por las preposiciones *por* y *para*. De hecho, la subordinada sustantiva introducida por la conjunción *que* alterna con oraciones de infinitivo y con pronombres, como en *para {que venga ~ venir ~ eso}*. Del mismo modo pueden entenderse *sin que* (*sin {que coma ~ comer ~ eso}*) y *pese a que* (*pese a {que se fue ~ haberse ido ~ ello}*). Sobre la posibilidad de interpretar *que* como adverbio relativo en *desde que* y *hasta que*, véanse los § 29.4.3g, k.

31.6.1b   «Adverbio + *que*». Esta pauta da lugar a la conjunción *aunque*, así como a numerosas locuciones conjuntivas como *bien que, mal que, maguer(a) que, malgrado que, siquiera que, ahora que, así que, enseguida que, luego que, mientras que, ya que* y la antigua *pues que* ('puesto que'), propia de la lengua literaria en español actual. Cabe añadir *siempre que* en la interpretación condicional, no tan claramente en la temporal. Algunos autores agregan a esta serie *antes que* y *después que*, pero tal adición presenta problemas, como se explicará en el § 31.6.2f. No se consideran locuciones *aparte de que, encima de que, además de que* y otras combinaciones similares que siguen la pauta «adverbio + grupo preposicional».

31.6.1c   «Sustantivo o grupo nominal + *que*». Es muy rara esta pauta cuando está formada con un solo sustantivo. Corresponde a ella la locución *cosa que* ('de modo que'), registrada en la lengua popular de Nicaragua y otros países centroamericanos: *Ándate temprano, cosa que te encuentre cuando yo llegue*. Más habitual es la combinación con un grupo nominal, como en *una vez que, toda vez que* o *cada vez que*.

31.6.1d   «Participio + *que*». Este tipo constituye el resultado de REANALIZAR (en el sentido de asignar a una secuencia otra estructura como resultado de una segmentación diferente) las construcciones absolutas. Se ajustan a esta pauta algunas locuciones conjuntivas causales del español actual: *puesto que, supuesto que, dado que, visto que* (§ 46.2.2c).

31.6.1e   «Preposición + sustantivo o grupo nominal + *que*». Se construyen con sustantivo numerosas locuciones conjuntivas, como *a medida que, de forma que, de manera que, de modo que, de suerte que*. Estas locuciones conjuntivas no suelen admitir que un infinitivo ocupe el lugar de la oración introducida por la conjunción *que* (*a medida {que llegan ~ *llegar}*). Se forman según la misma pauta, pero con un grupo nominal, *a la vez que, a la par que, al par que*. Estas locuciones expresan simultaneidad, pero también concomitancia o acción paralela: *Montó en la limusina a la par que saludaba con la mano* (Caballero Bonald, *Pájaros*). *A la vez* y *a la par* también se usan como locuciones adverbiales. Son propias del habla coloquial las locuciones *a la que* ('en cuanto') y *en lo que* ('mientras que, en el tiempo en que'). No obstante, son escurridizos los límites entre estas locuciones temporales y los adverbios relativos.

31.6.1f   «Preposición + sustantivo + *de* + *que*». Suelen incluirse en este grupo las expresiones *en vista de que, a causa de que, a pesar de que, en razón de que, en caso de que, a fin de que, a riesgo de que, a sabiendas de que, a consecuencia de que, al objeto de que*. Se considera, sin embargo, que algunas de estas expresiones no son propiamente locuciones porque con ellas se pueden formar grupos relativos, como en *Se produjo un choque de trenes a consecuencia del cual perdieron la vida quince personas* (*Tiempo* [Col.] 11/1/1987), y también interrogativos, como en *¿{A consecuencia de qué ~ En razón de qué} se ha suspendido la reunión?*

31.6.2   Relaciones y límites entre conjunción y adverbio

Es sumamente controvertida la clasificación de algunas partículas subordinantes como conjunciones o como adverbios (especialmente si son relativos), ya que los gramáticos valoran de forma diversa los argumentos que se suelen aducir en un sentido o en otro. En los apartados que siguen se exponen resumidamente algunos aspectos de esta polémica.

31.6.2a   Los adverbios relativos son argumentos o adjuntos de algún predicado, y pueden ser también atributos. Las conjunciones no pueden desempeñar ninguna de estas funciones. Así pues, el relativo *cuando,* en *cuando tú trabajabas en el informe* es el complemento circunstancial de *trabajabas,* y denota el período en el que esa actividad tenía lugar. La relativa libre que introduce *cuando* ejerce la misma función sintáctica respecto del verbo principal (por ejemplo, *llamó* en *Llamó el director cuando tú trabajabas en el informe*). Seguido de pausa, *mientras* es un adverbio (no relativo) de tiempo que denota la superposición temporal de la situación que introduce con alguna otra mencionada antes. Este uso anafórico resulta de la reducción de la locución *mientras tanto,* en la que puede omitirse *tanto,* como en *Mientras tanto, yo vivía en una de las piezas de la que fuera la casa de don Heraclio* (Araya, *Luna*). Es también temporal el uso de *mientras* cuando encabeza oraciones en las que se expresa que cierta situación tiene lugar durante el mismo período que corresponde a otra: *Siguió sonriendo mientras ella desaparecía por el fondo del pasillo* (Grandes, *Aires*). Cabe preguntarse, entonces, si *mientras* es también adverbio en este caso (al igual que *cuando*) o funciona más bien como conjunción. En el apartado siguiente se verá que existen semejanzas y diferencias entre las propiedades gramaticales de estas palabras. Aunque *mientras* puede analizarse como conjunción subordinante en estos contextos, presenta, como se indica en el apartado siguiente, varias propiedades en común con los adverbios relativos.

31.6.2b   Al contrario de los adverbios relativos, *mientras* no forma construcciones de relieve (también llamadas *oraciones escindidas* o *perífrasis de relativo:* § 40.5.2): *{Cuando ~ *Mientras} más feliz se la veía era de noche.* Tampoco puede construirse con antecedente: *el tiempo {cuando ~ *mientras} vivíamos allí.* En cambio, la partícula *mientras* comparte con *cuando* ciertas propiedades características de los adverbios relativos, como la compatibilidad con indicativo y subjuntivo (*mientras puedes ~ mientras puedas*) y el dar lugar a alternancias en las que se elige uno u otro modo con los mismos criterios que lo determinan en el caso de *cuando* (§ 25.5.1c). A ello se añade que *mientras* se asocia con una variable temporal que no puede ser duplicada por otro adjunto, como en *Nos quedamos mientras duró el concierto* (**dos horas*). El grupo sintáctico contenido en el paréntesis no puede añadirse porque el intervalo que mide la duración de la situación ya es expresado por el segmento que *mientras* introduce. Finalmente, aunque con menos frecuencia que en las oraciones que forma *cuando,* las que encabeza *mientras* pueden ser término de preposición, en especial de *para,* como en *Me compró un traje divino, blanco, para mientras estuviera con él* (Quiñones, F., *Hortensia*). Esta construcción no es propia de las conjunciones subordinantes, pero sí de los adverbios relativos y, en general, de las relativas libres.

31.6.2c La conjunción *mientras que* admitía usos temporales en la lengua medieval y clásica: *No, mientras que yo viviere* (Tirso Molina, *Arcadia*). Este valor sigue vivo en el español americano: *—Pero eso, ¿cómo se supo...? —murmuró el estudiante, mientras que el sacristán se enjugaba el llanto* (Asturias, *Presidente*). En cambio, no ha pasado a la lengua culta en el europeo. Los usos adversativos de *mientras* y de *mientras que* son, en cambio, comunes a todas las variedades del español: *Sus maridos ensanchaban, y se cuajaban, y sin dejar de ser jóvenes, se volvían más atractivos que antes mientras ellas pasaban directamente del esplendor al derrumbe* (Grandes, *Aires*); *Alsina tiene la clásica figura del intelectual, mientras que Balmaceda es un hombre de apariencia tosca* (Cossa, *Criado*). En estos casos se contraponen dos estados de cosas o dos propiedades, en lugar de superponerse temporalmente dos situaciones.

31.6.2d El uso de *mientras* como conjunción condicional, siempre con verbo en subjuntivo, es compatible a veces con el significado temporal. En la oración *Mientras no me pidas perdón, no volveré a verte* (Benedetti, *Porvenir*), se introduce una condición para que algo suceda, pero a la vez se expresa duración. Este empleo de *mientras que* como conjunción condicional era común en la lengua clásica pero no lo es tanto en la actual, fuera de ciertos registros coloquiales.

31.6.2e La locución *en tanto* alterna con *en tanto que.* Su significado es muy similar al de *mientras,* especialmente en lo relativo al contraste de usos adversativos y temporales. Es locución adverbial de tiempo en *La muchacha, en tanto, ajena a la atención y la desatención, continuaba sonriendo* (Loynaz, *Jardín*). *En tanto (que)* se emplea como locución conjuntiva que introduce subordinadas temporales de simultaneidad: *En tanto Cucurella desnudaba los cuerpos, el teniente registraba los bolsillos* (Azúa, *Diario*); *En tanto que Periandro esto dezía, le estaua mirando Auristela con ojos tiernos* (Cervantes, *Persiles*). El uso adversativo o de contraposición se obtiene tanto con la conjunción *que* como sin ella: *Marta, siete años mayor que Horacio, recibía mimos y atenciones, en tanto el niño no tenía derecho a expresar emoción ni sentimiento alguno* (Bain, *Dolor*); *Llegó a decir, en un sermón, que los condenados a muerte eran unos privilegiados, pues sabían a qué hora podrían presentarse ante el tribunal de Dios, en tanto que los demás mortales lo ignoraban* (Gironella, *Hombres*). Finalmente, *en tanto* admite usos condicionales construido con subjuntivo, como en *Eso no podrá ocurrir en tanto tengan vida jurídica los Tratados* (*Salvador Hoy* 19/2/1997).

31.6.2f *Antes que* y *después que* han sido consideradas conjunciones subordinantes por algunos autores. Sin embargo, *antes* y *después* mantienen sus propiedades adverbiales en esta construcción, ya que, mientras que las conjunciones no admiten cuantificación de grado, estas expresiones cuantificativas pueden preceder a *antes (de) que* y *después (de) que,* tanto si aparece la preposición *de* como si no es así: *Me levantaba mucho antes que amaneciera* (Allende, *Casa*); *[...] ocho años después de que la divisaste por última vez* (Dorfman, *Nana*).

31.6.2g   Se consideran locuciones conjuntivas *primero que* ('antes que'), poco usada en la actualidad, y *luego que* en el sentido de *después que,* como en *Luego que acabé
me entré al truco para descansar* (Fernández Lizardi, *Periquillo*). La combinación
siempre que tiene sentido temporal construida con indicativo (*siempre que te veo*), y
también con subjuntivo, en el sentido de 'cada vez que'. No obstante, el subjuntivo
suele dar lugar a la interpretación condicional, en la que *siempre que* alterna en ciertos registros con *siempre y cuando,* que carece de usos temporales: *Lo haré {siempre
que~siempre y cuando} me ayudes.* En estos últimos cabe pensar que *siempre* es un
adverbio cuantificativo (equivalente aproximadamente a 'todas las veces') y que la
partícula *que* que lo sigue encabeza una subordinada relativa. A favor de este análisis
se puede aducir el hecho de que el adverbio *siempre* pueda negarse (*No siempre que
te llamo me contestas*) y el que admita el modificador *casi* (*Casi siempre que salimos de
paseo, llueve*). En la lengua coloquial de algunos países se emplea también *nunca* en
este contexto, como en *Nunca que te llamo estás en casa.*

31.6.2h   Expresan inmediatez *en cuanto* y *enseguida (de) que.* La primera partícula se
considera adverbio relativo (*en cuanto llegues* 'en el momento en que llegues, justo
cuando llegues'); la inclusión de la segunda entre las locuciones conjuntivas no es unánime, si bien la pauta «adverbio + *que*» no resulta rara entre ellas (§ 31.6.1b). Alterna *en
cuanto* con *apenas, no más* (o *nomás: La vio nomás entrar*) y *ni bien.* En España (raramente en América) alterna con *nada más* ante infinitivo (*en cuanto llegó~nada más
llegar*). En México y en algunos países centroamericanos se registra también «*nada
más de* + infinitivo», como en *Nada más de oír la sugerencia desperté* (Mastretta, *Vida*).

31.6.2i   La locución *una vez (que)* expresa posterioridad. La variante con *que* es
propia del español general; la variante sin *que* se registra en el discurso jurídico:
Dichos ingresos se entregarán una vez sean percibidos por la Unión (García Enterría /
Tizzano / Alonso, *Código*). También aquí son borrosos los límites entre la clase de las
conjunciones subordinantes y la de los adverbios relativos.

31.6.3   Conjunciones que denotan excepción

31.6.3a   Las partículas *salvo, excepto* y *menos* expresan excepción. Estas palabras
suelen interpretarse en relación con alguna expresión cuantificativa universal, especialmente con *todo(s), ninguno, nada, siempre, nunca* o los plurales definidos (*los
perros, las ideas*). Introducen, pues, algún elemento que no corresponde al conjunto
designado por esos cuantificadores, como en *A las reuniones venían todos, excepto
ella* (donde no se diría *... venían algunos, excepto ella*) o en *No hay nada que hacer
excepto esperar* (Quintero, *Esperando*). El grupo sintáctico que introducen estas partículas puede pertenecer a muy variadas categorías: *Salvo en la Antártida, ha vivido
en todos los continentes; Lo llamó de todo, menos bonito; Excepto torear, hizo de todo;
Fue todo el mundo, menos Julio.*

31.6.3b   La expresión que contiene el cuantificador universal puede elidirse, pero
se interpreta igualmente. Así, se sobrentiende 'con todos' en *Valladolid odiaba las expansiones sentimentales, excepto con la pequeña Marita* (Delibes, *Partida*). Los tiempos imperfectivos y las perífrasis que expresan hábito pueden inducir la información

cuantificativa de tipo universal que se requiere, como en *La puerta principal {se mantiene~se mantenía~solía mantenerse} cerrada, salvo en las grandes ocasiones*. También inducen esta información los indefinidos negativos interpretados como universales, estén expresos, como en *Ninguna sensación podía conmoverlo, excepto el aguijón de la sed* (Gasulla, *Culminación*), o tácitos, como en *No usaba maquillaje, excepto tal vez una línea oscura en las comisuras de sus largos ojos* (Cabrera Infante, *Delito*), donde se omite *nunca* o *de ninguna clase*.

31.6.3c Cabría, en principio, asignar las partículas exceptivas a más de una clase de palabras. Los estudios tradicionales las suelen considerar preposiciones, pero esta opción se considera hoy muy problemática. En efecto, *salvo, excepto* y *menos* pueden ir seguidas de gerundios, pero solo la preposición *en* admite este uso (§ 27.3.1b). Además, mientras que las secuencias de dos preposiciones están muy restringidas, las partículas exceptivas pueden ir seguidas de cualquier preposición (*salvo para ti, excepto durante el invierno*). Por último, al contrario que las preposiciones, las conjunciones exceptivas no admiten pronombres en caso oblicuo (*salvo tú ~ *salvo ti*) ni forman grupos relativos (*desde los cuales ~ *excepto los cuales*).

31.6.3d Asignar estas partículas a la clase de los adverbios también presenta inconvenientes. Cabría pensar que *excepto ella* es una expresión paralela a *incluso ella*. Sin embargo, *incluso* incide sobre verbos en forma personal, a diferencia de *salvo* y *excepto*, lo que da lugar a contrastes como *Julio hace de todo, incluso {canta~cantar}; Julio hace de todo, excepto {*canta~cantar}*. Por otra parte, los adverbios de inclusión no han de ponerse necesariamente en relación con un antecedente, sea o no cuantificativo, dentro de un entorno sintáctico particular, y pueden aparecer entre una preposición y su término, como en *Los tipos de interés en España sufrirán un incremento de incluso cuatro puntos* (*Mundo* [Esp.] 15/12/1996). *Salvo, excepto* y *menos* están excluidos de estos contextos.

31.6.3e Se suele considerar hoy más adecuado asignar las partículas exceptivas a la categoría de las conjunciones. Aun así, resulta complejo decidir si se trata de conjunciones coordinantes o subordinantes, ya que manifiestan propiedades de ambas. Como las coordinantes, relacionan grupos sintácticos de muy diversa naturaleza, pero a diferencia de ellas pueden preceder a los dos términos que unen. Contrastan, pues, **pero A, B* o **y A, B* con *excepto A, B*, como en *excepto tú, todos*. Para algunos autores, la relación entre *todos* (o el cuantificador universal que lo supla) y *excepto* en el esquema *todos... excepto...* es similar a la relación entre los cuantificadores comparativos *más* o *menos* y la conjunción comparativa *que* en *más... o menos... que...*, conjunción que también es considerada coordinante por unos autores y subordinante por otros.

31.6.3f Entre otras propiedades, las conjunciones comparativas y las exceptivas coinciden en el paralelismo sintáctico que se requiere entre su término y el que contiene el cuantificador. Así, la repetición de la preposición *a* en *Quiere más a Eva que a mí* es paralela a la que se da en *Quiere a todos, excepto a mí*. En cambio, es frecuente dejar tácito el cuantificador que las construcciones exceptivas requieren, lo que no es posible en el caso de los grupos comparativos. Estos, por otra parte, no se anteponen al cuantificador (se dice *una ventana más ancha que esta*, pero no **una ventana que esta más ancha*), frente a lo que ocurre en las partículas exceptivas: *Menos ella, todos estaban sentados*.

32 La interjección. Sus grupos sintácticos

32.1 Introducción. La interjección entre los enunciados exclamativos

32.1.1 Características generales de la interjección

32.1.1a La INTERJECCIÓN es una clase de palabras que se especializa en la formación de enunciados exclamativos (§ 42.4). Con la interjección se comunican sentimientos e impresiones, se ponen de manifiesto diversas reacciones afectivas o se induce a la acción. Asimismo, algunas constituyen fórmulas que codifican verbalmente determinados comportamientos sociales convencionales, como los saludos y despedidas, las felicitaciones o los agradecimientos. Son interjecciones *adiós, ay, epa, olé, uf,* o *vaya,* entre otras. Por su elementalidad, muchas de ellas se han interpretado a veces como VOCES NATURALES. Aun así, están codificadas y poseen, como otros signos lingüísticos, propiedades fonéticas, morfológicas y sintácticas.

32.1.1b Las interjecciones constituyen ACTOS DE HABLA (§ 42.1.1). Como los demás actos verbales, no se usan para describir contenidos, sino para llevar a cabo acciones, tales como saludar, brindar, jurar, manifestar sorpresa, asentimiento o rechazo, entre otras muchas. Así, el que dice *¡Ay!* no describe alguna sensación de pena, dolor o resignación, sino que expresa o manifiesta esas mismas emociones. De igual manera, el que dice *¡Chitón!* no describe una orden, sino que la da.

32.1.2 La interjección entre los enunciados exclamativos

Además de por interjecciones, los ENUNCIADOS EXCLAMATIVOS pueden estar constituidos por locuciones interjectivas, grupos sintácticos interjectivos, onomatopeyas, grupos exclamativos, oraciones exclamativas y vocativos. Se describen brevemente estas unidades en los apartados siguientes. Las tres últimas de esta relación se estudian en los § 42.4.1-4.

32.1.2a   A diferencia de los sustantivos, los adjetivos y otras categorías, las interjecciones no modifican ni determinan a las demás clases de palabras ni se predican de ellas, sino que forman enunciados bien por sí solas: *¡Ay!; ¡Caramba!; ¡Epa!; ¡Adiós!; ¡Vaya!*, o bien CONCATENADAS, manteniendo la independencia significativa de cada una de ellas: *¡Ah, caramba!; ¡Eh, cuidado!; ¡Epa, che!; ¡Hala, venga!*, o ITERADAS, más frecuentemente DUPLICADAS. Es habitual que adquieran en este uso valores significativos singulares: *¡Bueno, bueno!; ¡Vaya, vaya!; ¡Ya, ya!*

32.1.2b   Las LOCUCIONES INTERJECTIVAS son expresiones acuñadas asimilables a las interjecciones, pero formadas por dos o más palabras que se combinan sintácticamente para dar lugar a un significado complejo: *ahí va, cómo no, cuándo no, en fin, hasta luego, ni modo, ni pensarlo, no faltaba más, quita ya, vaya por Dios.* En esto se diferencian de los GRUPOS SINTÁCTICOS INTERJECTIVOS, compuestos por una interjección y los complementos que la acompañan: *ay de mí, caramba con la niña, cuidado con el perro, vaya si le gusta.* Estos grupos se forman mediante procedimientos sintácticos, lo que explica que no aparezcan en los diccionarios. No son, pues, piezas léxicas o unidades lexicalizadas, frente a las interjecciones y las locuciones interjectivas. Al análisis de los grupos interjectivos se dedicará el § 32.6.

32.1.2c   Las ONOMATOPEYAS no constituyen clases gramaticales de palabras; son más bien signos lingüísticos que representan verbalmente distintos sonidos, unas veces del mundo físico (*bang, crac, pum, splash, ring, toc, zas*) y otras propios de las personas (*achís, je, muac*) o de los animales (*croac, guau, mu, pío, quiquiriquí*). Aun así, algunas onomatopeyas asociadas a las personas, como *chist, sh* o *pche,* se asimilan a las interjecciones, pues denotan emociones o apelan al oyente para moverlo a la acción. La mayor parte de ellas, sin embargo, no expresan reacciones emotivas y, a diferencia de las interjecciones, no encabezan grupos sintácticos ni forman locuciones.

32.1.2d   También se crean enunciados exclamativos con los grupos sintácticos construidos en torno a diversas categorías no interjectivas. Tales GRUPOS EXCLAMATIVOS pueden ser NOMINALES (*¡Cuánto esfuerzo!; ¡Magnífico partido!; ¡Mal asunto!; ¡Qué vacaciones!*), ADJETIVALES (*¡Demasiado amargo!; ¡Muy bueno!; ¡Qué difícil!*), ADVERBIALES (*¡Muy bien!; ¡No tan rápido!; ¡Qué lejos!*) y VERBALES, con formas no personales (*¡Saliendo!; ¡Bien hecho!; ¡Darnos semejante noticia en estos momentos!*). Estos grupos se estudian en el § 42.4.1.

32.1.2e   Las ORACIONES EXCLAMATIVAS están marcadas por el uso de ciertos recursos fonéticos. Las llamadas TOTALES se distinguen de las declarativas solo por la entonación: *¡Estoy agotado!; ¡Quería que fuera a trabajar todos los días!* Las denominadas EXCLAMATIVAS PARCIALES se crean con otros recursos sintácticos, por lo general en conjunción con los prosódicos. Las más características se construyen con pronombres, adverbios o grupos exclamativos: *¡Cuántas oportunidades habremos* *perdido!; ¡Qué cansado estoy!; ¡Qué deprisa crecen!; ¡Con qué miedo la miraba!; ¡Cómo se ha puesto de gordo!* Las oraciones exclamativas se analizan en el § 42.4.3.

32.1.2f   Por último, constituyen EXPRESIONES VOCATIVAS los nombres, los pronombres y los grupos nominales que se utilizan para llamar a las personas o los animales, para iniciar un intercambio verbal o para dirigirse a alguien con diversos propósitos: *¡Eh, tú!; ¡Papá!, ¿me oís?; Hola, Gadea; Elia, ten cuidado; ¿Está contento, don Marcelo?; ¡Márchate, niña!; Lo siento, caballero.*

32.1.2g   Es habitual que los vocativos acompañen a las expresiones interjectivas, especialmente si estas son apelativas, como en *Hey, Banana, hoy no me queda la menor duda, eres genial, desgraciado* (Quesada, *Banana*). También son comunes las combinaciones de interjección y grupo u oración exclamativos: *ay, qué dolor; bah, pavadas; epa, páramelo ahí; hala, qué torpe; uf, cuánto trabajo; vaya, cómo te cuidas.* En estas últimas secuencias se suele percibir cierta redundancia entre la interjección y la construcción que le sigue, ya que la segunda desarrolla el mismo valor que se atribuye a la primera. Este uso de la interjección se ha llamado DE APOYO.

32.2   Aspectos fónicos, gráficos y sintácticos de las interjecciones. Su relación con las onomatopeyas

Las interjecciones muestran una serie de peculiaridades en su forma de pronunciarse, de escribirse y de combinarse. Algunas de estas propiedades son compartidas también por las onomatopeyas, como se verá en los apartados siguientes.

32.2.1   Aspectos fónicos y gráficos

32.2.1a   Las interjecciones se suelen pronunciar con una línea tonal y una intensidad características. Algunas alternan la entonación exclamativa y la interrogativa: *¡Eh, tú!* frente a *¿Eh? ¡Qué cosa más rara!* Otras sufren cambios acentuales: se usa *hala,* con pronunciación llana, para incitar a la acción, pero se pronuncia como palabra aguda cuando se expresa sorpresa o asombro (uso más frecuente en España). Alternan asimismo *jope* y *jopé.* Aunque *ojalá* se pronuncia a veces como palabra llana y —más frecuentemente— como esdrújula, se consideran incorrectas las variantes gráficas *ojala* y *ójala.* Como sucede en el caso de *hala,* es frecuente que las variaciones prosódicas conlleven cambios en el significado.

32.2.1b   Se llaman INTERJECCIONES PROPIAS las que no provienen de otras clases de palabras. Muchas de ellas son monosilábicas (*ay, bah, hum, huy, oh*). Presentan particularidades fonéticas que raramente aceptan otras voces, como la consonante /f/ en posición final que aparece en *puaf, puf* o *uf.* En algunos casos la grafía de las interjecciones es variable, ya que responde a diversas necesidades expresivas y literarias: *puaff, puff* o *uff.* Las onomatopeyas comparten con las interjecciones su marcada tendencia al monosilabismo (*brum, cling, glu, plof, tac*) y la presencia ocasional de combinaciones consonánticas rechazadas por el español (*bzzz, crash, ring*). La forma gráfica de ambas muestra asimismo numerosas variantes, entre otras las que resultan de reflejar en la escritura el alargamiento de vocales y consonantes. Las onomatopeyas constituyen una manifestación del FONOSIMBOLISMO, fenómeno que establece un vínculo directo entre los sonidos y las impresiones que pueden causar en quien los percibe.

32.2.1c Al igual que las interjecciones (§ 32.1.2a), numerosas onomatopeyas aparecen frecuentemente reduplicadas o iteradas: *¿Locos de amor? ¡Ja ja! ¡Je je! ¡Ji ji!* (Quintero, E., *Danza*). Son varias, incluso, las que solo se usan repetidas (*bla, bla, bla*). Constituyen una clase especial las onomatopeyas que se forman duplicando la misma sílaba con diferentes vocales: *ding dong, pim pam, plis plas, tictac, zis zas*.

32.2.2 Aspectos sintácticos

Las interjecciones admiten usos sustantivados, propiedad que comparten con las onomatopeyas: *Se escuchó un ¡oh! prolongado; No les afectó el crac bursátil; Se oyó un hurra inesperado; ¿Te asusta el uhhh lastimero del viento?* Ambas unidades se integran en los textos al menos de dos formas diferentes.

32.2.2a En la primera forma de integración, pueden ser complementos de diversos verbos y de otras clases de palabras. Las interjecciones lo son en especial de los verbos de lengua en el discurso directo: *Mi abuela materna habría entre suspirado y exclamado: ¡Santo cielo!* (Bryce Echenique, *Martín Romaña*). Las onomatopeyas se usan a menudo como sujetos o complementos de los verbos *hacer, oír* y *sonar: Martín iba arrastrando los pies, iba haciendo ¡clas! ¡clas! sobre las losas de la acera* (Cela, *Colmena*). Las expresiones interjectivas pueden ejercer asimismo el papel de predicado en las construcciones bimembres, como en *Eso, ¡bah!* o en *Alcides, milagro que usted no se quedó en Miami* (Quintero, *Esperando*). Pueden funcionar también como apódosis condicionales: *Si se enfada, ¡huy!* Son relativamente raras las onomatopeyas en el discurso indirecto. En cambio, son comunes en él las interjecciones: *Dígale que gracias, que estoy bien aquí, que no quiero dejar solo al niño* (Mastretta, *Vida*).

32.2.2b En la segunda forma de integración, la partícula se intercala en el texto sin ejercer propiamente una función gramatical. Así sucede con la interjección iterada que aparece en [...] *ese chocolate infalible que se tomaba de a pastillita por taza pero que ay, ay, ay, ya no se toma más* (Vallejo, F., *Virgen*) y con la onomatopeya inserta en *Y, de repente, cataplum: se vino abajo* (*País* [Esp.] 15/5/2001).

32.3 Clases de expresiones interjectivas

Suelen clasificarse con dos criterios las interjecciones y las locuciones interjectivas, así como los grupos interjectivos que encabezan: su naturaleza gramatical y su significado.

32.3.1 Clases de interjecciones atendiendo a su naturaleza gramatical

Atendiendo a su naturaleza gramatical, las interjecciones se dividen en dos grupos: PROPIAS e IMPROPIAS. Las primeras, introducidas en el § 32.2.1b, se emplean únicamente como interjecciones (fuera de los usos nominalizados): *epa, oh, olé.* Las segundas se crean a partir de formas NOMINALES (*cuidado*), VERBALES (*venga*), ADVERBIALES (*fuera*) o ADJETIVALES (*bravo*).

32.3.1a   Son numerosas las interjecciones creadas a partir de sustantivos: *caracoles, gracias, hombre, leche(s), narices, ojo, rayos.* Entre estas, forman un nutrido grupo las interjecciones y locuciones interjectivas originadas a partir de nombres que hacen referencia al ámbito religioso: *cielos, demonio(s), Dios mío, Madre de Dios, Virgen Santa.* No son interjecciones los sustantivos y los grupos nominales exclamativos que se utilizan para solicitar algo, como en *¡Café!, por favor.* No se consideran tampoco interjecciones las expresiones exclamativas nominales *¡Calma!; ¡Paciencia!; ¡Unidad!* y otras análogas formadas por sustantivos empleados con intención apelativa. No obstante, los límites entre interjecciones y bases nominales usadas en contextos exclamativos son a veces borrosos. Puede ayudar a decidir, el hecho de que las interjecciones adquieren usos solo relacionados indirectamente con el significado original del sustantivo: *caracoles, cielos, hombre, narices, pamplinas, puñeta,* etc. A diferencia de lo que sucede con estos sustantivos convertidos en interjecciones, se usa la expresión *¡Paciencia!* para pedir a alguien que la tenga (o aconsejarse uno mismo sobre la conveniencia de adquirirla). Existe discrepancia entre los gramáticos en lo relativo al análisis que corresponde a *silencio, auxilio* o *socorro,* entre otras voces. El hecho de que constituyan fórmulas convencionales que, por lo general, han de memorizarse cuando se aprende español como segunda lengua es uno de los factores que lleva a algunos autores (pero no a otros) a analizar estas expresiones entre los sustantivos que admiten usos como interjecciones.

32.3.1b   También son abundantes las interjecciones creadas a partir de verbos en imperativo. Ha de tenerse en cuenta que el imperativo puede dar lugar a más de una interjección y que el grado de lexicalización de estas formas es variable. Así, están fuertemente lexicalizados términos como *arrea, atiza, sopla, toma* y *venga.* No lo están tanto otros como *anda* (también *andá, ándale, ándele*), *calla* (también *calle*), *imagínate* (también *imaginate, imagínese, imagínense*), *mira* (también *mirá, mira tú, mirá vos, mire usted*), *oye* (también *oiga*) o *quita* (también *quite, quita ya, quite allá*). Se restringen a ciertas áreas lingüísticas *dale, meta* (o *metele*), *sepa* y *viene.*

32.3.1c   Existe una estrecha relación entre las categorías de interjección y adverbio. De hecho, algunos autores han propuesto que los adverbios y las locuciones adverbiales de afirmación (*sí, claro, desde luego, por supuesto*) y negación (*no, de ninguna manera, en absoluto, para nada*) deberían reinterpretarse como interjecciones asertivas. Esta opción es, sin embargo, polémica y no está exenta de inconvenientes, entre ellos el de duplicar las categorías. Se entenderá aquí que el uso de una expresión adverbial en un contexto exclamativo (como *¡Por supuesto!* en una réplica) no la convierte en interjección. Se consideran, en cambio, interjecciones los adverbios que presentan usos lexicalizados, como *arriba* para expresar aplauso, (*¡Arriba los estudiantes!*) o *¡Adelante!* empleado para transmitir ánimo. *Ojalá* posee características que la asimilan a las interjecciones, pero también otras que la acercan a los adverbios y a los verbos, entre ellas el hecho de inducir el modo subjuntivo.

32.3.1d   Se forman a partir de adjetivos las interjecciones *bravo, bueno, claro* o *largo,* entre otras. No se consideran interjecciones los usos exclamativos de los adjetivos que expresan valoración (*¡Bárbaro!; ¡Chévere!; ¡Macanudo!; ¡Magnífico!; ¡Regio!*) ni los usos apelativos (*Tranquila, viejita*). Dan lugar a interjecciones y locuciones interjectivas ciertos grupos preposicionales (*hasta luego, por Dios*) y determinadas oraciones exclamativas inmovilizadas: *quia* o *ca* (de *¡Qué ha (de ser)¡*); *qué va*.

32.3.1e   Se usan como eufemismos muchas interjecciones formadas a partir de palabras pertenecientes a diversas categorías, grupos sintácticos u oraciones. Se evitan de esta forma las voces malsonantes que se asocian con cada una de estas expresiones: *concho* (por *coño*), *diantre* (por *diablo*), *jo* (por *joder*), *mecachis* (por *me cago*), *ostras* (por *hostias*).

32.3.2   Clases de interjecciones atendiendo a su significado

32.3.2a   Desde el punto de vista semántico, las interjecciones se suelen agrupar en dos grandes clases: las APELATIVAS O DIRECTIVAS y las EXPRESIVAS O SINTOMÁTICAS. Las primeras están orientadas hacia el oyente, es decir, se dirigen a un destinatario con intención de moverlo a la acción o provocar alguna reacción emocional en él, pero también con alguna función social, como en saludos, despedidas, brindis, etc. Estas interjecciones se analizarán en el § 32.4. Las interjecciones expresivas se orientan hacia el hablante, en el sentido de que manifiestan sus sensaciones, sentimientos y otros movimientos de su ánimo. Se dedicará a ellas el § 32.5.

32.3.2b   Algunas interjecciones se utilizan como apelativas en unos contextos y como expresivas en otros. Asimismo, ciertas interjecciones (*eh, ajá*) se usan a veces como recursos dirigidos a resaltar o enfatizar el mantenimiento de la comunicación con el interlocutor (uso FÁTICO del lenguaje). En la elección de la interpretación adecuada pueden intervenir decisivamente las modulaciones tonales, los alargamientos o los cambios acentuales, como en el caso de *anda, hala, hombre* o *venga*. El carácter polivalente de gran número de interjecciones hace que se admitan en muy variados entornos discursivos, lo que plantea el problema de determinar los valores primarios que les corresponden. Esta capacidad adaptativa no implica, sin embargo, que su significado sea vago o que cualquiera de ellas pueda mostrar el significado de las demás. No es posible, por tanto, concebirlas como meros comodines expresivos.

32.4   Interjecciones apelativas o directivas

32.4.1   Interjecciones formularias

Las expresiones interjectivas FORMULARIAS caracterizan los comportamientos sociales o rituales reglados verbalmente.

32.4.1a   Entre estas interjecciones y locuciones están las que se usan como SALUDOS y DESPEDIDAS: *hola, adiós, salud, abur* o *agur, epa, choy, chao* (y sus muchas variantes), etc. Predomina en el mundo hispánico *buenos días* sobre su variante *buen día*, que se emplea (en alternancia con la otra) en el español de México, Centroamérica y el área rioplatense. Las dos variantes se sustantivan con facilidad, pero solo *buenos días* forma locución verbal con el verbo *dar: Le dieron los buenos días y le preguntaron adónde iba* (Marsé, *Embrujo*). En Puerto Rico y otros países antillanos se prefiere *buenos días* para los saludos y *buen día* para las despedidas, pero en la mayoría de los países hispanohablantes se emplea la misma fórmula en ambas situaciones. También *buenas tardes* y *buenas noches* sirven como saludo y como despedida. En cambio, la expresión abreviada *buenas* (usada sobre todo en el español coloquial de España y de las áreas rioplatense, andina y centroamericana) suele emplearse solo como salutación. Se registra en las áreas caribeña y andina el uso de *bendición* para saludar y despedirse: *Buenas noches, Plácido. Buenas noches, tía María Luisa. Bendición, Elvira* (Cabrujas, *Día*).

32.4.1b   Se emplean como saludos las expresiones acuñadas *cuánto bueno, dichosos los ojos* o *qué hay*, entre otras, y como despedida *con Dios* (popular). Se usan asimismo en las despedidas varias locuciones formadas con la preposición *hasta: hasta luego, hasta pronto, hasta la vista, hasta otro día, hasta siempre, hasta nunca.* Entre las oraciones exclamativas lexicalizadas como fórmulas de despedida, cabe señalar *nos vemos, ahí nos vemos,* así como otras igualmente fosilizadas, como *que {te ~ le ~ les...} vaya bien.*

32.4.1c   La expresión de saludo que se utiliza al descolgar el teléfono varía considerablemente en el mundo hispánico: *bueno* (en México, algunos países centroamericanos, Bolivia, Cuba); *qué hay* (en Cuba); *hola* (en el área rioplatense); *aló* (en Cuba, Venezuela, Chile, el Ecuador, el Perú, el Paraguay y algunos países de Centroamérica); *a ver* (en Colombia); *diga* (en España, Chile, parte de las áreas centroamericana y andina). En varios países se emplea asimismo *sí* con este mismo uso. Es habitual la entonación interrogativa en todas estas fórmulas: *Hacía* [...] *como si estuviera hablando por él* [= 'el teléfono'], *imitando voces ridículas "¿Diga?, ¿sí?, ¡ah!, ¿me oye?, ¿sigue ahí?"* (Landero, *Juegos*).

32.4.1d   Son igualmente formularias las interjecciones que se dirigen al que estornuda (*Jesús, salud*) o a las personas con las que se comparte un brindis (*salud, chin-chín*). Las expresiones exclamativas *buen provecho* y *que aproveche* constituyen manifestaciones de cortesía dirigidas a los que comen o beben. Para agradecer algo se usa *gracias* en todas las áreas lingüísticas (también *muchas gracias, mil gracias, un millón de gracias, infinitas gracias,* etc.). Para responder a los agradecimientos se emplean las fórmulas *de nada, no hay de qué, a mandar, no faltaba más* o *no las merece,* pero también *por favor* (o *no, por favor*) en algunos países. Se responde a las presentaciones con las fórmulas *encantado* o *encantada, un placer, mucho gusto, tanto gusto, para servirle,* etc., y se felicita a alguien con *felicitaciones* (en el español americano), *felicidades* (en el europeo) y *enhorabuena.*

32.4.2   Interjecciones no formularias

32.4.2a   Son también apelativas, aunque no formularias, las interjecciones que se usan para hacer una promesa o una aserción categórica (*palabra, palabra de honor, palabrita del Niño Jesús*): *La próxima vacante será tuya. ¡Palabra!* (Chávez, *Batallador*). Lo son igualmente las empleadas para advertir o llamar la atención de alguien, como las subrayadas en *¡Eh, alto ahí! No empieces con tus coñas de abogado y habla claro* (Mendoza, *Verdad*) o en *Ojo, cuidado. Uno de los hombres se levanta y viene hacia acá* (Quintero, E., *Danza*). A estas pueden añadirse *hey, guay* y las onomatopeyas con valor interjectivo *chis, chist, pst*.

32.4.2b Se transmite ánimo o estímulo con un gran número de interjecciones, entre las que se encuentran *adelante, ánimo, arriba, dale, ea, epa, hágale, hale, órale, vamos, venga*. Se usa *upa* (también *aúpa, úpale* o *upalalá* en varios países) cuando se levanta a un niño en brazos. Se pide silencio con *sh* (onomatopeya asimilada a las interjecciones) y *chitón*. Ciertas voces de mando en la milicia (*ar, fir*) se pueden considerar asimismo interjecciones directivas.

32.4.2c Algunas interjecciones apelativas se dirigen exclusivamente a los animales: *so* y *arre* se dirigen a las caballerías; *zape* a los gatos; *mine* a las cabras; *tus tus* a los perros (también *chito* en algunas áreas); *titas* o *pitas* a las gallinas; *jau* a los toros; *ox* a las aves, y *cuche* o *huche* a los cerdos. Las interjecciones de este grupo presentan una distribución geográfica muy irregular.

32.5 Interjecciones expresivas o sintomáticas

32.5.1 Consideraciones generales

Como se señaló en el § 32.3.2a, las interjecciones expresivas o sintomáticas ponen de manifiesto muy diversas emociones, estados de ánimo, reacciones y sentimientos del que habla. Además de diferenciarse de manera notable en su distribución geográfica, las interjecciones expresivas se distinguen fundamentalmente por el nivel de lengua al que corresponden. Así, por ejemplo, las que expresan sorpresa pueden resultar relativamente neutras (*caramba*), arcaicas (*cáspita*), malsonantes (*coño*), además de estar restringidas geográficamente (*épale*). La descripción que se presentará en las páginas siguientes está articulada en torno a los significados que las interjecciones expresan.

32.5.2 Clases de expresiones interjectivas expresivas

32.5.2a Las interjecciones y locuciones interjectivas se asocian con una amplia gama de matices expresivos en función del contexto. Manifiestan contrariedad, disgusto o decepción en diversos grados muchas interjecciones, a menudo malsonantes, creadas a partir de sustantivos: *carajo, demonios, lástima, leche(s), mierda, puñetas*, etc. Era habitual *maldición* en la lengua clásica como signo de estas mismas reacciones. Lo sigue siendo hoy en México y algunos otros países: *Van a cambiarme las ropas con las de un español y yo no puedo defenderme. ¡Maldición!* (Boullosa, *Duerme*). Expresan valores similares, y están también restringidas geográficamente, *hijitay* y *púchica*, así como *a la pipeta, cruz diablo* o *mama mía*. Son, por otra parte, varias las frases exclamativas lexicalizadas que expresan contrariedad: *vaya por Dios, lo que faltaba, cuándo no* o *cómo no*. Se aprecia este sentido en *Desapareció el huertecillo y empezaron a edificar; vaya por Dios* (Mendoza, *Verdad*).

32.5.2b   Se emplea *caramba* para reforzar alguna manifestación de contrariedad, como en −*Estás cojo, se te ve.* −*¡Dale con la pata! Mujer, que no soy cojo, ¡caramba!* (Barnet, *Gallego*). Sin embargo, es más frecuente usarla al oír algo inesperado o sorprendente, propiedad que comparten algunas interjecciones creadas a partir de verbos: *anda, arrea, atiza, toma* (o *tomá*), *vaya*, etc. Aun así, la interjección *vaya* suele denotar sobre todo contrariedad: *¿Diñarla cuando apenas faltan cinco minutos para la llegada del tren? ¡Vaya, hombre, qué desilusión!* (Quintero, E., *Danza*). Expresan asimismo sorpresa o perplejidad *ostras* (sobre todo en España), *corcho* o *concho*, *tate* (cuando se cae en la cuenta de algo), *uia, epa, épale cómo* o *pero cómo: "Pero, ¡cómo!", contestaba un ciudadano ejemplar, "¿no sabe que hoy coronan en palacio al gran poeta lírico Faroni?"*(Landero, *Juegos*). La interjección *hala* se asimila a veces a este grupo, pero denota más frecuentemente exageración.

32.5.2c   Son varias las interjecciones y locuciones interjectivas que se usan para llamar la atención sobre algo o alguien, a la vez que se añaden matices expresivos diversos. Es el caso de «*vaya con* + grupo nominal», pero también de *velay* (o *elay*), que tiene un uso similar en muchos países americanos: *¡Vaya con el Quijote! Perdió el puesto en La Tabacalera, y jamás volvió a encontrar trabajo* (Vargas Llosa, *Fiesta*); *¡Velay el mozo! ¡Se volvió Socialista!* (*República* [Ur.] 5/4/2009). Las expresiones interjectivas de origen religioso que se mencionaron en el § 32.3.1a (*Jesús, Madre mía, Santo Dios*, etc.) manifiestan diversos grados de conturbación del ánimo, desde la sorpresa hasta la consternación, como en TOCHO: *[...] ¡Señora, la pasta o la mando al otro barrio!* ABUELA: *¡Ay Jesús, María y José! ¡Ay Cristo bendito!* (Alonso Santos, *Estanquera*).

32.5.2d   Entre las locuciones interjectivas o exclamaciones lexicalizadas que expresan sorpresa, incredulidad o sobresalto, se encuentran *ahí va, cómo va a ser, mira tú* o *mirá vos* y *mira por dónde*. Destacan las que se forman a partir de imperativos negativos: *no digas* o *no me digas* (también *no me diga, no diga*), *no fastidies, no jodas* (vulgar). Con algunos de estos verbos se crean otras fórmulas exclamativas que manifiestan irritación: *no te fastidia* o *no te jode*. A la sorpresa y el recelo suele asociarse la interjección *hum*.

32.5.2e   Expresan admiración y aplauso *bravo, chapó, guau, olé* (también *ole*): *Me gusta el salero, ¡y olé!, que tiene al andar* (Vázquez Montalbán, *Galíndez*). Otras interjecciones, como *viva, hurra*, o las ya mencionadas *epa* y *épale*, manifiestan alegría, complacencia o entusiasmo. *Por fin* expresa satisfacción ante algo que ha tardado en llegar: −*¡Por fin!* −*exclamó y soltó el llanto*−. *¿Por qué no venías?* (Bioy Casares, *Diario*). No obstante, puede tratarse de una locución adverbial en uso exclamativo.

32.5.2f   Para apoyar o enfatizar un juramento se utiliza la locución interjectiva *por estas* (*Haré que se arrepienta. ¡Por estas!*) y la fórmula *como hay Dios*. Se usa *por Dios* para jurar, pero también para suplicar o lamentarse: *¡Clara, por Dios!* −*exclamó su madre horrorizada*− (Allende, *Casa*).

32.5.2g   La interjección *ay* es la que expresa dolor de forma más característica: *Cada cinco o diez minutos se quejaba con un ¡ay! ¡ay!* (*Vanguardia* [Esp.] 16/12/1995), pero también manifiesta tristeza o desasosiego, entre otros valores. La interjección *ah* se emplea al apercibirse de algo, como en *Comentó como si fuese chistoso: "Ah, claro, claro"* (Sábato, *Héroes*), además de denotar admiración, satisfacción, contrariedad o dolor, entre otros significados. Posee igualmente varios sentidos la interjección *oh:* asombro (el más frecuente), desilusión, pena. *Huy* se adapta asimismo a un gran número de contextos, reforzando el significado de los enunciados a los que acompaña (*¡Huy! ¡qué miedo!; ¡Huy! ¡qué coincidencia!; ¡Huy, qué bien!; ¡Huy! ¡qué daño!; ¡Huy, qué raro!*). El temor y la preocupación se expresan principalmente con esta interjección.

32.5.2h　Constituyen interjecciones o locuciones interjectivas de aprobación, aceptación y confirmación *ajá* (también *ahá* y *anjá*), *ajajá, bueno, cómo no, desde luego, école* (y sus variantes *école cua* y *ecole cuatro*, entre otras), *y cómo, ya: ¡Ajá, ajá! ¿El franchute apoya? De perlas, hijos, de perlas* (Pérez Ayala, *Belarmino*). Manifiestan asimismo conformidad varias expresiones formadas a partir de bases verbales: *venga, dale* (también como expresiones de ánimo); *ta* (en el Uruguay); *vale* (en España y en el Perú, pero en expansión en otros países); *vaya pues* (en México y Centroamérica). Se emplea *en fin* como señal de resignación y *bueno* puede denotar, entre otros valores, condescendencia resignada. Entre las oraciones exclamativas lexicalizadas que corresponden a este apartado cabe señalar *¡Y que lo digas!*, que refuerza una afirmación anterior, y *¡No faltaba más!* (ambas con variantes).

32.5.2i　La interjección que se asocia de forma prototípica con la indiferencia, el desdén o el menosprecio es *bah*. Por su parte, *aj, puaf* y *puaj* expresan asco o repulsión: *¡Puaj! Huele a cadáver de rata* (Allende, *Ciudad*). Cabe añadir *pche, pchs* o *pst*, onomatopeyas asimiladas a las interjecciones.

32.5.2j　Expresan negación, rechazo u oposición *anda ya, buah, ca* y *quia, minga* y *mongo* (las dos últimas, voces malsonantes usadas en la Argentina), *nanay, nel* (en México), *ni modo, qué capaz* (en el área caribeña), *qué va, quita* (o *quita ya*), *venga ya, y qué más*. En este grupo son numerosos los sustantivos y los grupos nominales inmovilizados como interjecciones: (*un*) *cuerno,* (*un*) *huevo* (malsonante), *un rábano,* (*unas*) *narices, naranjas* (también *naranjas de la China*). Es de señalar el esquema «*ni* + infinitivo», como en *¡Ah, no, de eso ni hablar!* (Alonso Santos, *Estanquera*).

32.5.2k　Algunas locuciones interjectivas se asocian con el final —con frecuencia tajante o expeditivo— de una acción o de un discurso: *y sanseacabó, y punto, y ya está, y listo el pollo, y chau pinela* (las dos últimas en el español coloquial rioplatense). El siguiente ejemplo ilustra este uso: *A eso me refiero. Sanseacabó y sanseacabó. Que si pasara algo, eh, esta vez yo no respondo por usted, así que ¡a ver...!* (Pombo, *Héroe*).

32.6　Los grupos interjectivos

Son numerosas las interjecciones que se integran sintácticamente en segmentos mayores. Pueden ir seguidas de un grupo nominal, de un grupo preposicional o de una oración.

32.6.1   Interjecciones seguidas de grupo nominal o de grupo preposicional

32.6.1a   Cuando un grupo nominal sigue a la interjección, este puede interpretarse de diversos modos: en primer lugar, como un vocativo (§ 32.1.2f), como en *Oh, hermanito, cómo te he echado de menos* (Wolff, *Kindergarten*). En segundo lugar, el grupo nominal puede interpretarse como el segundo miembro de una unidad léxica compleja yuxtapuesto a la interjección y restringido léxicamente (*¡Oh cielos!; ¡Oh maravilla!; ¡Oh sorpresa!*). Por último, el grupo nominal puede considerarse como un TÉRMINO (no restringido léxicamente) análogo en cierto sentido a los que introducen las preposiciones y las conjunciones: *¡Adiós mis vacaciones!; ¡Ah la juventud!; ¡Huy el auto!* Este término nominal alterna a veces con complementos preposicionales, como en *¡Adiós mis vacaciones! ~ ¡Adiós a mis vacaciones!*

32.6.1b   *Hola, adiós, gracias* y unas pocas interjecciones más pueden introducir complementos encabezados por la preposición *a*, como en *Adiós a los textos, yo ya había vendido los míos para comprar tabaco* (Donoso, *Pájaro*). *Venga* (*¡Y venga a cotorrear!*) y *vuelta* (*¡Vuelta a explicárselo!*) se construyen de igual modo para expresar repetición o insistencia, aunque la última admite también la preposición *con* (*¡Vuelta con la misma historia!*). Las interjecciones *ay* y *ah* forman grupos interjectivos con la preposición *de*: *¡Ay de los países que necesitan héroes!* (*Tiempos* 23/1/1997). También se combinan con *de* algunas interjecciones de origen nominal: *¡Lástima de comida desperdiciada!* La preposición *con* encabeza asimismo grupos sintácticos que complementan a las interjecciones, como en *¡Caray con tanto misterio!* (Cela, *Colmena*). Además de *caray*, la eligen *anda, caramba, cuidado, dale, guambia* (en el Uruguay), *guarda* (en las áreas andina y rioplatense), *hala, jolín* o *jolines, joroba, ojo* u *ojito, toma* o *tomá, vaya, velay*, y otras malsonantes como *joder(se)*.

32.6.2   Interjecciones seguidas de oración

32.6.2a   Forman este tipo de construcción las interjecciones *ojalá* y *así* en expresiones como *¡Ojalá (que) llegue a tiempo!* o *¡Así se muera!* Son consideradas adverbios por algunos autores. La interjección *vaya* admite subordinadas encabezadas por *que* en el español de muchos países americanos, como en *El novio sí llegó, ¡vaya que había llegado!* (Esquivel, *Agua*). La variante con *vaya si* adquiere sentido cuantificativo (§ 42.4.4f) y se emplea tanto en el español europeo como en el americano: *¿Quién ha dicho que soñar no cuesta? ¡Vaya si cuesta!* (Alberto, *Eternidad*). Se registra también la variante *vaya que si* para afirmar enfáticamente, como en *Vaya que si fuimos buenos amigos* (López Páez, *Herlinda*), y *vaya que no* para rechazar algo de modo categórico, tanto con oración como sin ella: *No lo conocerá usted. [...] Vaya que no... Si he estado allí...* (Cabal, *Briones*).

32.6.2b   Introducen también oraciones encabezadas por la conjunción *que* las interjecciones *caramba, claro, pucha* o *toma*, entre otras (algunas de ellas, restringidas a ciertas áreas lingüísticas). Varias interjecciones de este grupo coinciden con *vaya* en asumir el papel gramatical de los cuantificadores, de forma que inciden sobre algún componente interno del predicado, como en *¡Cuidado que tienes talento!* (Valle-Inclán, *Corte*), esto es, 'Tienes mucho talento'. Lo mismo ocurre en *¡Mira que eres bobo!*, es decir, 'Eres muy bobo'. Se retoma esta cuestión en el § 42.4.

Sintaxis

Las funciones

33 El sujeto

33.1 Características generales del sujeto

33.1.1 Concepto, marcas gramaticales y tipos de sujetos

33.1.1a El término SUJETO designa una función sintáctica y se aplica también —por extensión— al elemento que la desempeña. En efecto, el pronombre *yo* es el sujeto de *estaba* en *Yo estaba allí*, y *la ciudad* lo es de *tiene* en *La ciudad tiene sus casas y sus calles y sus habitantes* (Loynaz, *Jardín*). Como noción sintáctica, el sujeto contrasta con otras posibles funciones que pueden incidir sobre el verbo (complemento directo, indirecto, etc.). Como se explica en el § 1.6.2a, el término designa también un concepto semántico cuando se opone a PREDICADO: en este sentido, *la ciudad* es el sujeto del predicado subrayado en *La ciudad tiene sus casas y sus calles y sus habitantes*. Esta segunda interpretación —a veces llamada SUJETO DE PREDICACIÓN— es más abarcadora que la primera, ya que no requiere necesariamente la presencia de un verbo, como se ve en las expresiones subrayadas a continuación: *¿Enfadada yo?; Perro ladrador, poco mordedor; Magnífico, el partido de ayer*, entre otras similares (§ 37.1.2d). Ambas interpretaciones de la noción de sujeto se han usado de forma alternativa en la gramática tradicional y en la moderna.

33.1.1b Los EXPONENTES formales o MARCAS gramaticales de la función de sujeto son fundamentalmente tres: la CONCORDANCIA con el verbo, el CASO (en ciertos pronombres) y la POSICIÓN SINTÁCTICA que ocupa. El sujeto concuerda en número y persona con el verbo, como en *La caja* [3.ª persona, singular] *contenía* [3.ª persona, singular] *caramelos* o en *Nosotros* [1.ª persona, plural] *estábamos* [1.ª persona, plural] *en un gran salón* (Semprún, *Federico Sánchez*). El CASO es una propiedad morfológica de los pronombres personales relativa a su función sintáctica (§ 1.3.1b). El correspondiente al sujeto es el caso RECTO o NOMINATIVO: el pronombre *yo* en *Yo te llamaré* o el pronombre *nosotros* en el texto de Semprún. Si dos grupos nominales análogos satisfacen la concordancia, la POSICIÓN SINTÁCTICA preverbal es la que permite identificar el sujeto. Así, el sujeto de la oración *La perfección ama el desastre* (Bryce Echenique, *Martín Romaña*) es *la perfección*. No obstante, el sujeto puede también seguir al verbo o a otros complementos, como en *Cuando ayer caían los precios en picada entró el pánico* (*Nación* [Arg.] 28/6/1992).

33.1.1c Los sujetos pueden clasificarse desde varios puntos de vista:

A. El CATEGORIAL, que determina las clases sintácticas que pueden ser sujeto (§ 33.1.2).
B. El de la DIÁTESIS VERBAL, que afecta a la diferencia entre los sujetos de las oraciones activas y los de las pasivas, así como a la relación entre estructuras activas y medias, y otros pares similares (§ 33.2.1).
C. El LÉXICO, que atiende a la interpretación semántica de los sujetos y a los paradigmas que estos forman (§ 33.2.2).
D. El relativo al contenido fonético del sujeto o a su presencia en la oración, que permite dividir los sujetos en EXPRESOS y TÁCITOS (§ 33.3).

33.1.2 Categorías gramaticales que pueden ser sujeto

33.1.2a Pueden desempeñar la función de sujeto los sustantivos (*Falta sal; Javier trabaja bien*) y los grupos nominales (*Los invitados disfrutaban de la fiesta; Llega el tren; Esta camisa roja destiñe; No me sirven tus disculpas*). Si el sujeto aparece en posición preverbal, el sustantivo lleva normalmente algún tipo de determinante, como en la oración *Los perros jugaban en la playa*, en la que el artículo *los* resulta imprescindible. Los grupos nominales que no llevan determinante (llamados también ESCUETOS: § 15.6) ejercen la función de sujeto preverbal en los titulares de prensa en el español de muchos países americanos, como se señala en el § 15.6.2a, y en algunos otros contextos restringidos. No obstante, pueden desempeñarla también en este contexto si contienen un complemento especificativo que aporte información determinativa, como los subrayados en los ejemplos que siguen:

> Limosnas así manchan los cielos (Alberti, *Adefesio*); Casos como este son los que intenta evitar la UEFA con su nueva fórmula (*Vanguardia* [Esp.] 19/5/1991); Gente de negro, con aspecto decaído, se deslizaba por las aceras con los paraguas colgados del brazo (Leguina, *Nombre*).

Los sujetos preverbales sin determinante se forman también con grupos coordinados, como en *Crueldad y ternura son en él una misma cosa* (Umbral, *Mortal*), así como en las llamadas CONSTRUCCIONES DE RELIEVE (§ 40.5): *Pues saliva es lo único que puedo ofrecerte* (Gala, *Invitados*).Véase también el § 15.6.2a en relación con estas cuestiones.

33.1.2b Pueden desempeñar la función de sujeto en posición posverbal los grupos nominales escuetos construidos con nombres no contables en singular o contables en plural, en especial si la ejercen respecto de ciertos predicados, como los INACUSATIVOS, que expresan existencia, aparición o acaecimiento, los de las oraciones pasivas y también los intransitivos llamados PROPIOS o PUROS en construcciones introducidas por un complemento locativo (para más detalles, véase el §15.6.2b):

En determinadas regiones del país, si pones un palo seco, salen flores y salen hojas (*País* [*Esp.*] 2/8/1988); Está cayendo nieve como para dejar helados a los esquimales (Leguina, *Nombre*); En la granja no fueron hallados explosivos ni armas (*Mundo* [Esp.] 6/10/1994); En una época temprana ya se hacían azúcares (Ortiz, *Contrapunteo*); Aquí sobra gente para encargarse de esa campaña (Uslar Pietri, *Oficio*).

33.1.2c También pueden ser sujetos los pronombres (*Yo no soy médico; Alguien lo hará; Se ha caído eso; ¿Qué sucede?*) y los grupos pronominales (*¿Cuál de las actrices ha sonreído?; Cualquiera de estas me vendrá bien; Nada de eso me ha gustado*). Se asimilan a los grupos nominales las RELATIVAS LIBRES encabezadas por los relativos *quien*, *cuanto* y sus variantes, así como las RELATIVAS SEMILIBRES introducidas por «artículo + que» (§ 44.4.2). Así, la expresión subrayada en *Quien corrompe para halagar y triunfar no consigue sino la esclavitud y la muerte* (*Hoy* [Ec.] 10/2/1997), equivalente a *El que corrompe para halagar y triunfar…* o a *La persona que corrompe para halagar y triunfar…*, ejerce la función de sujeto, pero no constituye una subordinada sustantiva, sino un grupo nominal.

33.1.2d Pueden desempeñar la función de sujeto, sea preverbal o posverbal, las oraciones SUBORDINADAS SUSTANTIVAS (§ 43.2.2) de todos los tipos: las declarativas o enunciativas con verbo en forma personal: *Solo le gusta que nada me pase* (Wolff, *Álamos*); *El que estemos aquí no significa que nos hayamos reincorporado* (*País* [Esp.] 18/6/1997), o con infinitivo: *Casi no comía, ni le importaba comer cualquier cosa* (Belli, *Mujer*); también las interrogativas indirectas: *No se nos comunicó si se ampliaría o no el plazo; No creo que le importara mucho quién era yo* (Bryce Echenique, *Martín Romaña*) y las exclamativas indirectas: *Es extraño cuántas veces dormido vuelvo a pasar entre estos portales* (Cabrera Infante, *Habana*).

33.1.2e Salvo en circunstancias especiales, a menudo polémicas, el resto de las categorías no puede desempeñar la función de sujeto. Así, los adjetivos que han pasado a pertenecer a la clase de los sustantivos a través de alguno de los procesos que se estudian en los § 13.4.1, 14.1.2d y 15.1.2a forman, como ellos, grupos nominales: *El impermeable fue olvidado en aquel perchero; Había llegado al pueblo un extranjero; El azul del cielo hacía mella en los ojos.* Son también nominales los grupos sintácticos que se ajustan a la pauta «lo + adjetivo» (*Lo barato no siempre es de buena calidad*), así como los que contienen un adjetivo que modifica a un sustantivo tácito (*rosas, máquinas*) recuperable del contexto previo: *Tratándose de rosas, me gustan las rojas; Seguíamos usando máquinas anticuadas porque no nos habían llegado mejores.*

33.1.2f Los grupos preposicionales y adverbiales no desempeñan la función de sujeto. Se considera generalmente, sin embargo, que pueden ejercerla los que aparecen en ciertas oraciones copulativas formadas con el verbo *ser*, como *Detrás de las cortinas es un buen sitio para esconderse; A las cuatro es una buena hora para comenzar la reunión; Ahora es la mejor hora para estar serenas* (Martín Recuerda, *Arrecogías*), en las que los elementos subrayados contienen información referencial suficiente para identificar un lugar o un intervalo temporal. No suelen considerarse sujetos, en cambio, sino más bien modificadores circunstanciales cercanos a los predicativos, los grupos preposicionales encabezados por *entre* en oraciones que expresan una ACCIÓN CONJUNTA, como *Entre los dos subieron el piano.* Estos grupos son, en efecto, compatibles con los sujetos léxicos plenos: *Diego y Pablo subieron el piano entre los dos.* En consonancia con este análisis, no se obtienen las variantes pasivas de esas secuencias (**El piano fue subido por entre los dos*). Por el contrario, se consideran generalmente sujetos los grupos nominales encabezados por *hasta* cuando se asimila al adverbio *incluso,* como en *Hasta el portero se enteró de la disputa.* Otros gramáticos, sin embargo, entienden que *hasta el portero* constituiría una aposición explicativa de un cuantificador implícito, como *todos* o *cualquiera,* de modo que la oración anterior equivaldría aproximadamente a *Todos, hasta el portero, se enteraron de la disputa.* Ambos análisis pueden extenderse al segmento subrayado en *Desde el rey hasta todos los servidores de la Corte se aprestaban a ganarlas con un retiro espiritual y una confesión completa de los pecados* (Uslar Pietri, *Visita*). Ejercen el papel de sujeto grupos nominales como el subrayado en *Alrededor de doscientas personas se manifestaron ayer en la plaza del Comercio,* en el que *alrededor de* introduce una expresión cuantificativa sin alterar la naturaleza nominal del sujeto. Es polémico si las oraciones condicionales constituyen o no sujetos oracionales en construcciones como *Sería diferente si ustedes se casaran* (Belli, *Mujer*) o *Será mejor si empieza a colaborar* (Silva, L., *Alquimista*).

33.2 Aspectos semánticos de la noción de sujeto. Alternancias en las que participa

El criterio *B* (§ 33.1.1c) alude al comportamiento de los sujetos en la alternancia «activa – pasiva» y en otras similares relacionadas con la DIÁTESIS. Por su parte, el criterio *C* corresponde a alternancias sintácticas que afectan al sujeto pero que no guardan relación con la diátesis, sino con el significado del verbo o con determinados factores discursivos. Se tratarán ambos brevemente en los apartados que siguen.

33.2.1 Alternancias relacionadas con la diátesis

33.2.1a Las ALTERNANCIAS DE DIÁTESIS fundamentales del español son dos: la «ACTIVA – PASIVA» y la «ACTIVA – MEDIA». Tanto en la variante activa *El montañero escaló la roca* como en la pasiva *La roca fue escalada por el montañero,* el grupo nominal *el montañero* constituye el AGENTE del predicado *escalar,* y *la roca* representa el PACIENTE. Sin embargo, desde el punto de vista sintáctico *la roca* es el complemento directo de la primera, pero el sujeto de la segunda, tradicionalmente denominado SUJETO PACIENTE. A su vez, *el montañero* es el sujeto de la primera, y un complemento adjunto en la segunda, llamado COMPLEMENTO AGENTE. Se aceptará aquí, como se hace en la tradición, el análisis que extiende la denominación de *complemento agente* a las oraciones cuyo verbo no expresa una acción, como en *Llama la atención que estas tradiciones campesinas se mantengan en una región rodeada por un cinturón urbano* (*Proceso* [Méx.] 26/1/1997). La distribución entre funciones semánticas y funciones sintácticas que se ha presentado se da en los dos tipos de oraciones pasivas: la perifrástica o de participio (*La carta fue leída*) y la refleja (*La carta se leyó*). Las restricciones de este proceso se analizan en los § 41.1.2, 41.2 y 41.6. Los complementos agentes pueden omitirse según el hablante desee o no hacer expresa la información que corresponde a ese participante. El complemento agente aparece explícito en *El menor de los hermanos, Antonio, fue enviado por el padre a Nueva York* (Serrano, M., *Vida*), pero está ausente en *En 1943, fue enviado a Inglaterra para entrar en contacto con los científicos británicos* (Volpi, *Klingsor*). Se analizan otros aspectos de estos complementos en el § 41.2.3.

33.2.1b   La alternancia «ACTIVA – MEDIA» puede ejemplificarse con el par *El sol seca los campos* (activa)~*Los campos se secan* (media). En ambos casos, el grupo nominal *los campos* designa al PACIENTE, pero es complemento directo en la primera oración y sujeto en la segunda. La misma alternancia se da con otros verbos que pueden ser transitivos o intransitivos, como *engordar, hervir* o *mejorar*, con la diferencia de que sus variantes intransitivas no son pronominales. Se ilustran a continuación ambos usos (transitivo activo e intransitivo medio):

> Con los buenos y abundantes alimentos las engordaban [a las niñas] y ponían lucías, como los cristianos engordábamos a los cochinos (Ortiz-Armengol, *Aviraneta*); No, no necesito pan, queda pan de ayer, estoy engordando demasiado (Vázquez, Á., *Juanita Narboní*); Pidió a la población que hierva el agua (*ABC* 14/10/1986); El agua para el café hervía ahora incontenible (Collyer, *Habitante*); Es una expresión permanente para que la industria mejore su productividad y competitividad (*Nacional* 12/1/1997); Se retiene más el agua, filtra más y escurre menos, la productividad mejora (*Nación* [Arg.] 4/7/1992).

Tanto en los verbos pronominales como en los no pronominales, la variante transitiva es CAUSATIVA: *secar* equivale a *hacer secarse* y *engordar*, a *hacer engordar*.

33.2.2   Alternancias no relacionadas con la diátesis

33.2.2a   Con algunos verbos se producen alternancias de construcción entre el sujeto y los complementos preposicionales (sean de régimen o adjuntos) sin que las funciones semánticas se alteren. En efecto, el verbo *gustar* se construye según la pauta *gustarle a alguien* [complemento indirecto] *algo* [sujeto], como en *Nos gustaría utilizar otros métodos* (*ABC* 28/5/1989), pero también en la variante *gustar alguien* [sujeto] *de algo* [complemento de régimen], característica de los registros formales: *Barda no gustaba de insistir cuando sugería algún asunto desagradable en la memoria de sus amigos* (Satué, *Desierto*). El verbo *ir* aparece en pares como *irle a alguien* [complemento indirecto] *bien el negocio* [sujeto]~*irle a alguien* [complemento indirecto] *bien en el negocio* [complemento circunstancial], donde la segunda oración es impersonal, es decir, carece de sujeto.

33.2.2b   Los sustantivos *alegría, asco, deseo, gana(s), lástima, pena, rabia, vergüenza* y otros muchos que expresan sensaciones, sentimientos o reacciones afectivas dan lugar a una alternancia en las construcciones formadas con el verbo de apoyo (§ 1.5.2e) *dar*, según la oración subordinada sustantiva funcione como sujeto (*Daba vergüenza verlo*) o como término de la preposición en el complemento del nombre (*Daba vergüenza de verlo*). Las dos opciones se consideran correctas, pero la variante más común en la lengua culta es la primera: *Le llevó estos bizcochos a Gerineldo porque me da lástima que tarde o temprano lo van a fusilar* (García Márquez, *Cien* *años*); *Estoy convencida de que le daba vergüenza comer porque se sentía culpable de no aportar nada* (Chirbes, *Letra*). Véase también el § 41.4.3e.

33.2.2c Algunos predicados que expresan sensaciones y otras afecciones de naturaleza física presentan alternancias semejantes entre sujeto y complemento circunstancial, como en *Me picaba la nariz* [sujeto] ~ *Me picaba en la nariz* [complemento circunstancial de lugar]; *Le seguía doliendo la herida* ~ *Le seguía doliendo en la herida; ¡Hijo, me duele el alma!* (Asturias, *Presidente*) ~ *Me duele en el alma, doctor* (Ramírez, *Baile*). Se da una alternancia similar en el par *Sus dedos* [sujeto] *rozaron la camisa* ~ *Rozó la camisa con sus dedos* [complemento circunstancial]. Los predicados verbales que expresan suficiencia (*bastar, sobrar, ser suficiente*) alternan el sujeto (*Me bastan tus palabras*) con un complemento de régimen (*Me basta con tus palabras*).

33.2.2d Algunas alternancias no solo dependen de las propiedades gramaticales de ciertos predicados, sino también de otros factores léxicos o discursivos, por lo que no se asimilan propiamente a las descritas en los apartados precedentes. Así, ciertos sustantivos que se interpretan de ordinario como instrumentos y se usan en complementos preposicionales introducidos por *con* o *mediante* pueden aparecer también como sujetos, como en *Abrieron la puerta con una llave* ~ *Una llave abrió la puerta*. Ponen de manifiesto una alternancia similar los sustantivos no contables que designan materias: *salpicar a alguien con sangre* [complemento circunstancial] ~ *salpicar a alguien la sangre* [sujeto]; *Sus pulmones se llenan de aire* (o *con aire*) ~ *El aire llena sus pulmones*.

33.3 Sujetos expresos y sujetos tácitos

33.3.1 Interpretaciones de los sujetos no expresos

En la tradición gramatical hispánica han sido varias las respuestas que se han ofrecido a la pregunta de cuál es el sujeto de las formas verbales subrayadas en textos como el siguiente:

> Los ladrones actuaron como si estuvieran en su casa, con una frialdad que aún asombra a los investigadores. Fueron a la cocina, donde se apoderaron de una gran cantidad de fruta que sacaron al jardín para comérsela (*Mundo* [Esp.] 30/9/1996).

33.3.1a Para algunos autores, el grupo nominal *los ladrones* no es solo el sujeto de *actuaron*, sino también el de *fueron, se apoderaron* y *sacaron*. En la actualidad se admite mayoritariamente que el sujeto de una oración debe formar parte de ella, por lo que esta respuesta no se considera aceptable. Repárese en que lo sería, en cambio, si se preguntara por los individuos que ejercieron ciertas acciones, en lugar de por los segmentos sintácticos que desempeñan determinadas funciones oracionales.

33.3.1b Otra respuesta tradicional consiste en suponer que los sujetos de estas oraciones son *pronombres elididos*. Sin embargo, no siempre los pronombres personales son admisibles en el lugar de los sujetos tácitos. Así, en *No pisen ahora el suelo* *porque está muy húmedo* resulta sumamente forzada la variante ... *porque él está muy húmedo.* De hecho, los pronombres personales están muy restringidos sintácticamente cuando designan cosas. A su vez, la oración *La mayoría de la gente piensa que toma las decisiones por sí sola* (*Ciberpaís* 2/9/2004) no tiene el mismo significado que *La mayoría de la gente piensa que ella toma las decisiones por sí sola,* ya que no se obtiene correferencia entre *ella* y *la mayoría de la gente.* Así pues, no siempre la ausencia de sujeto léxico puede ser interpretada como elipsis del pronombre.

33.3.1c Una explicación alternativa plantea que las oraciones sin sujeto expreso no contienen un elemento pronominal tácito que desempeñe esa función, sino que la información de número y persona expresada por la flexión verbal constituye por sí misma un SUJETO FLEXIVO O DESINENCIAL. Entre otros problemas, esta hipótesis no explica cómo se desencadena la concordancia de género de los atributos o complementos predicativos en *Estaban cansadas* o en *Acabó harta,* ya que la flexión verbal carece de género.

33.3.1d En esta obra se acepta el análisis, hoy mayoritario, según el cual los verbos subrayados en el ejemplo propuesto en el § 33.3.1 tienen un SUJETO TÁCITO (también llamado NULO, VACÍO, ELIDIDO o CATALIZADO en diversos sistemas terminológicos) que, a pesar de carecer de rasgos fonéticos, forma parte de la oración y tiene el mismo referente que *los ladrones.* Los sujetos tácitos, que pueden representarse convencionalmente mediante el signo Ø, no son pronombres, pero tienen propiedades pronominales que desencadenan la concordancia de número y persona con el verbo, y también la de género y número con los adjetivos y participios que actúan como atributos, como en *Ø Estaban cansadas* o en *En todo caso* [Ø] *no fue sola:* [Ø] *fue escoltada por el alcaide y un guardia armado* (Cabrera Infante, *Habana*). Con un verbo pronominal, como *arrepentirse* en *Ø Nunca te arrepentiste,* las tres expresiones subrayadas concuerdan en número y persona, al igual que cuando el sujeto nulo es el antecedente del pronombre reflexivo o recíproco, como en *Ø No nos soportábamos.*

33.3.1e Distinto es el problema de dilucidar por qué *los ladrones* es ANTECEDENTE de Ø en el fragmento citado arriba. Parece haber acuerdo general en que la información requerida es de tipo DISCURSIVO, ya que el texto introduce cierto referente al que se atribuye una serie de acciones. Al no aparecer un referente nuevo, la interpretación más natural de Ø al comienzo del período siguiente es la del grupo nominal ya introducido, más aún cuando se comprueba que el verbo presenta sus mismos rasgos de número y persona.

33.3.1f La capacidad de una lengua para admitir sujetos tácitos está estrechamente relacionada con la riqueza morfológica de su flexión verbal. Se ha observado, por otra parte, que las lenguas que admiten sujetos tácitos suelen admitir también sujetos posverbales, como en *Llamó María.* En el español antillano, en el de otras partes del Caribe, así como en el hablado en las islas Canarias y en el occidente de Andalucía (España), es mayor proporcionalmente la presencia de sujetos expresos en contextos en los que en otras variedades son frecuentes los tácitos: *Yo no pude estar allí, yo oí la gritería, pero yo estaba en mi oficina en una reunión y los oí gritando* (CREA oral, Puerto Rico).

33.3.2   Propiedades de los sujetos pronominales tácitos

33.3.2a   Como se ha señalado (§ 33.3.1d), los sujetos pronominales nulos o tácitos (Ø) pueden ser antecedentes de los pronombres reflexivos, y también concordar
con los atributos (una de cuyas variedades es la de complemento predicativo). Estos
elementos tácitos pueden ser asimismo antecedentes de ciertos cuantificadores que
aparecen en posición posverbal. Así, el sujeto de *nacieron* es *ambos* en *Tenía dos
hermanos. Ambos nacieron en este pueblo.* No lo es necesariamente, en cambio, en
Mis hermanos viven en países distintos. Sin embargo, *nacieron ambos en este pueblo,*
puesto que en este caso es compatible con un sujeto expreso (*Mis hermanos nacieron
ambos en este pueblo*). Puede considerarse, por tanto, que en este último caso *ambos*
se predica del sujeto nulo de *nacieron* (§ 20.1.5).

33.3.2b   Los pronombres personales en posición posverbal parecen ejercer la función de sujeto en secuencias como *Quería hacerlo ella* (en el sentido de 'ella misma,
ella sola'). Sin embargo, poseen propiedades en común con las expresiones que se
mencionaron en el apartado precedente, ya que son compatibles con un sujeto
expreso, como en *Marta quería hacerlo ella* o en *Batán constituía él solo un espectáculo de ventriloquía* (Vargas Llosa, *Tía*). El segmento subrayado no es, por tanto,
el sujeto de *constituía*, sino más bien un complemento predicativo de *Batán,* que es el
verdadero sujeto. Del mismo modo, en el primer ejemplo de este párrafo, *ella* se
predica del sujeto tácito del infinitivo.

33.3.2c   Los sujetos nulos o tácitos, sobre todo los de primera y segunda persona,
suelen referirse a individuos específicos. No obstante, reciben en algunos casos
interpretación indefinida (equivalen aproximadamente a 'alguien no identificado') o
genérica (y admiten entonces paráfrasis cercanas a 'la gente en general'). En los
apartados que siguen se analizarán de manera breve los contextos en los que se
obtienen estos significados.

33.3.2d   La segunda persona del singular puede interpretarse en ciertos contextos con
el sentido de 'uno, cualquiera', tanto en su forma expresa: *O sea, uno no tiene la
conciencia de que en el futuro si tú no te das tus propias cosas, tú estás pelando, ¿no?*
(CREA oral, Venezuela), como en la tácita: *La vida no vale nada. Cuando [Ø] te das
cuenta eres ya viejo y estás para morirte* (Landero, *Juegos*). Del mismo modo, en
las oraciones IMPERSONALES CON *SE* O IMPERSONALES REFLEJAS, como en la oración
En Australia se maneja por la izquierda, cabe suponer un sujeto tácito Ø que recibe
interpretación genérica ('todo el mundo', 'la gente en general', etc.: § 41.5.3). Otras
veces, como en *Se trabajó intensamente en ello,* la interpretación obtenida no es
genérica, pero sí indefinida ('una o varias personas que no se identifican'). Son indefinidos, y se refieren solo a seres humanos, los sujetos tácitos que cabe suponer en
determinadas formas verbales de tercera persona del singular (casi siempre en presente de indicativo) que aparecen en titulares de prensa como *Asesina a inocente y lo
inculpa* (*Nuevo Herald* 1/11/2000) o *Mata a su marido una semana después de casarse*
(*Vanguardia* [Esp.] 30/5/1995).

33.3.2e   Cabe suponer asimismo un sujeto tácito en oraciones como *Me han dicho
que tengo que operarme* (en la interpretación impersonal: 'Alguien, que no interesa

identificar, me ha dicho que tengo que operarme'). Este sujeto recibe los rasgos de tercera persona del plural, reflejados en el verbo, además de la interpretación indefinida y la de persona o ser humano, puesto que la acción que se describe se atribuye a individuos no identificados. El rasgo de plural de esta variante de los sujetos tácitos (igualmente Ø por convención) no corresponde necesariamente a un grupo de individuos, como pone de manifiesto el que no exista contradicción en la secuencia *Te han llamado por teléfono; era tu hermana,* o el que la secuencia *Llaman a la puerta* no se predique necesariamente de un conjunto de personas (§ 41.4.5a). Esta interpretación INESPECÍFICA de los sujetos tácitos se diferencia de la más propiamente GENÉRICA. Así, la oración *En Australia manejan por la izquierda* no afirma exactamente que alguien sin identificar maneja de esta manera en aquel país, sino más bien que todo el mundo lo hace.

33.3.2f   Los verbos llamados IMPERSONALES LÉXICOS, cuyo prototipo son los que designan fenómenos atmosféricos o climáticos (*Llueve; Ahora no graniza; Nevó mucho ayer*), también se construyen, en opinión de algunos gramáticos, con un sujeto tácito equivalente a un pronombre con los rasgos de 3.ª persona del singular, pero de carácter NO ARGUMENTAL, ya que los verbos mencionados no tienen argumentos. Otros autores niegan, en cambio, la existencia de sujeto en este tipo de oraciones y consideran que los rasgos morfológicos indicados constituyen las opciones no marcadas de concordancia en español. En el español antiguo y en ciertas variedades de la lengua no estándar hablada en la República Dominicana se documentan ejemplos con sujetos pleonásticos o expletivos, como en *Ello está lloviendo; Ello hacía calor,* o en *Ello hay premio y castigo* (Enríquez Gómez, *Gregorio Guadaña*). Estos sujetos son compatibles con las subordinadas sustantivas de sujeto, como en *Ello es necesario que vengan todos; Ello es fácil llegar.*

33.3.3   Alternancia de los sujetos tácitos y los pronombres personales

33.3.3a   Cuando el sujeto es un pronombre personal, reitera la información que proporciona la desinencia verbal. Sin embargo, aporta a menudo énfasis (sea o no contrastivo) o algún otro tipo de relieve informativo que, por su naturaleza átona, las desinencias no pueden proporcionar. Así, a la pregunta *¿Llamó Jaime?* puede responderse *No, llamé yo,* o también *No, YO llamé,* donde el sujeto se interpreta como FOCO CONTRASTIVO (§ 40.3.2); las mayúsculas del segundo ejemplo representan el acento enfático con que se pronuncian los sujetos interpretados como focos. No constituiría, en cambio, una respuesta apropiada la oración *No, llamé,* puesto que el sujeto tácito no puede recibir tal interpretación.

33.3.3b   Los sujetos tácitos de tercera persona son característicos de las oraciones que retoman un tema discursivo presentado en el discurso previo, de forma que la nueva predicación se aplica a una entidad ya introducida. Así pues, si en el ejemplo *Los ladrones actuaron como si estuvieran en su casa. Fueron a la cocina, donde se apoderaron de la fruta* (adaptación del citado en el § 33.3.1) se hubiera agregado el pronombre *ellos* delante de los verbos de la segunda oración, tal pronombre se habría interpretado de forma CONTRASTIVA y obligaría, por tanto, a buscar otro referente discursivo que pudiera oponerse al anterior (*los ladrones*). De forma análoga, no sería extraño construir el enunciado *Yo soy Javier García* (con el pronombre *yo* como

TEMA O TÓPICO contrastivo), en alternancia con la variante sin el pronombre, si alguien se presenta a sí mismo en una reunión en la que otras personas hacen lo propio, pero resultaría muy extraño al comienzo de una llamada telefónica (frente a *Soy Javier García*). La razón de esa marcada diferencia radica en que en la conversación telefónica el sujeto de la oración no identifica o individualiza a una persona frente a otras. Un contraste similar se percibe en la presencia del pronombre *ella* en *Cuando ella estudia, María no escucha música,* que no se interpreta como referido a María, a diferencia del sujeto tácito en *Cuando Ø estudia, María no escucha música.*

33.3.3c No alternan los sujetos tácitos con los expresos en las oraciones impersonales a las que se hizo referencia en el § 33.3.2e. *Llaman a la puerta* no es equivalente a *Ellos llaman a la puerta.* Asimismo, si se sustituye el sujeto tácito Ø en *Nadie dijo que Ø tuviera hambre* por los pronombres *él* o *ella,* se entenderá que no se hace referencia al indefinido *nadie,* sino a un antecedente introducido en el discurso o señalado mediante deixis (§ 16.3 y 17.1.2b).

33.4 La concordancia entre sujeto y verbo

Los rasgos de número y persona que poseen los verbos conjugados constituyen el reflejo gramatical de los de su sujeto: *Yo* [1.ª persona, singular] *canto* [1.ª persona, singular]; *Ellas* [3.ª persona, plural] *cantan* [3.ª persona, plural]. Se suele suponer en la actualidad que los sujetos tácitos o nulos (§ 33.3) poseen igualmente rasgos de número y persona, como en Ø [3.ª persona, plural] *estaban* [3.ª persona, plural] *contentas.* También poseen rasgos de género que permiten la concordancia con adjetivos y participios (*Ø... contentas*).

33.4.1 La concordancia de persona

33.4.1a Las PERSONAS DEL DISCURSO no siempre coinciden con las PERSONAS GRAMATICALES, que son las que intervienen en la concordancia (§ 16.2.1a). Así, al pronombre personal *usted,* reducción de la forma de tratamiento *vuesa merced,* le corresponde la segunda persona del discurso, lo que permite agruparlo con los pronombres *tú* y *vos,* pero la tercera de las personas gramaticales, lo que da lugar a la concordancia que se observa en *Usted* [3.ª persona, singular] *tiene* [3.ª persona, singular] *suerte.* En el español popular del occidente de Andalucía (España) se registran usos de *ustedes* como sujeto de verbos en 2.ª persona del plural: *Ustedes estáis como una regadera* (Chacón, *Voz*). También en la lengua popular de otras zonas se yuxtaponen a veces los pronombres *ustedes* y *vosotros,* como en *Ustedes vosotros no lo conocéis.* Se recomienda evitar ambas combinaciones en los registros formales.

33.4.1b La asimetría que se da en *usted* o *ustedes* entre la persona del discurso (segunda) y la persona gramatical (tercera) se extiende a otros muchos grupos nominales con los que se expresa respeto o cortesía, como *Su Excelencia, Su Ilustrísima, Su Majestad, Su Señoría,* o las correspondientes formas con *vuestra,* como *Vuestra Excelencia* (y sus variantes sincopadas *Vuecencia* y *Vuecelencia*), *Vuestra Ilustrísima: Pues bien, excelentísimo señor, sabe Su Excelencia mejor que nadie cuánta* *paciencia aplicó a ese hostigamiento* (Vázquez Montalbán, *Galíndez*); *Vuestra Majestad se verá también movido a suprimir conventos cuando conozca los problemas de España* (Vallejo-Nágera, *Yo*). Se emplea también la tercera persona cuando el que habla se refiere a sí mismo con ciertos sustantivos (*servidor, menda*), apelativos (*el hijo de mi madre*), como se ve en *Un servidor no cree nada, no son más que suposiciones* (Caballero Bonald, *Pájaros*) y en *Como si está en el infierno. El hijo de mi madre no se va de aquí* (Martín Vigil, *Curas*). También se emplea con grupos nominales (*el que habla, el que suscribe, el que esto firma*) o con la forma *uno* (*Uno hace lo que puede; Una acaba por desesperarse ante este tipo de cosas*).

33.4.1c   Cuando la función de sujeto es desempeñada por grupos nominales o pronominales en plural que designan personas (*los habitantes, las madres, los docentes, los cuatro, todos*), la concordancia con el verbo puede establecerse en tercera persona del plural, pero también en primera y segunda persona, igualmente del plural: *Los habitantes de las grandes ciudades {viven ~ vivimos ~ vivís} en un continuo ajetreo*. La primera persona del plural implica en estos contextos la INCLUSIÓN del hablante en el grupo de individuos que el sujeto denota, y la segunda, la del oyente. No se producen estas implicaciones si se usa la tercera persona. Tales opciones se extienden también a las relativas semilibres, como en *los que {vivimos ~ viven ~ vivís} en esta ciudad*, pero desaparecen si la relativa se usa como aposición a un pronombre. Se dice, en efecto, *nosotros, los que vivimos en esta ciudad*, pero no **nosotros, los que viven en esta ciudad*.

33.4.1d   En contextos de coordinación de sujetos, las personas gramaticales se atienen a la jerarquía 1.ª > 2.ª > 3.ª. Cuando se coordinan varios pronombres de persona distinta en un grupo sintáctico en función de sujeto, el verbo manifiesta la persona gramatical que corresponde al pronombre que aparece más a la izquierda en dicha jerarquía, como en *Lo {haremos (1.ª) ~ *haréis (2.ª)} tú (2.ª) y yo (1.ª)*, en *Lo {haremos ~ *harán} él y yo; Lo haréis tú y ellos,* en las zonas en que se usa *vosotros,* o en *Lo harán tú y él,* en las zonas en que no se usa (§ 16.7.1i).

33.4.2   La concordancia de número: sujetos coordinados

33.4.2a   Los grupos nominales coordinados mediante la conjunción *y* que desempeñan la función de sujeto concuerdan con el verbo en plural: *La computadora y la impresora se {estropearon ~ *estropeó} esta mañana*. Sin embargo, se registran numerosos casos de concordancia en singular en los textos antiguos y, en menor medida, también en la lengua actual, tanto con sujetos preverbales como posverbales:

> Lo confirmó Cardenio, don Fernando y sus camaradas (Cervantes, *Quijote* I); Toda su derrota y su desgracia tuvo ese sentido (Díez, *Expediente*); [...] marca del hombre superior encerrado en unas ensoñaciones también superiores, de las que nace el arte y la poesía (Ynduráin, *Clasicismo*).

Se ha observado en muchas ocasiones que las variantes en singular se registran sobre todo cuando las dos ideas que se asocian se identifican en la conciencia lingüística del hablante como si designaran una sola entidad compleja, como en los dos últimos ejemplos del grupo anterior. Predomina el singular cuando los sustantivos que integran el grupo nominal comparten un determinante, puesto que se interpreta que denotan propiedades del mismo individuo: *El abogado y finquero estaría en poder de sus plagiarios desde el jueves* (Siglo Veintiuno 17/3/1997) o *El alimento y hospedaje será así* (Hora 23/1/1997). Con los grupos nominales pospuestos construidos sin determinante se dan las dos opciones: *Le {faltaba ~ faltaban} tiempo y paciencia;* si se anteponen, la opción en singular es extraña. Los sujetos coordinados formados por la expresión conjuntiva discontinua «*tanto* A *como* B» concuerdan en plural: *Tanto Eva Girón como Leo Mistral demoraron más de la cuenta sus planes secretos para matar a Umbrosa* (Armas Marcelo, *Madrid*).

33.4.2b La concordancia se establece en singular con los sujetos coordinados por la conjunción disyuntiva *o* cuando une dos expresiones que se refieren a una única entidad: *El colibrí o pájaro mosca vive en las selvas amazónicas.* En cambio, predomina la concordancia en plural cuando las expresiones coordinadas designan entidades distintas y aparecen en posición preverbal: *No le permitía, cruel, salirse del marco de lo que su rostro o su estatura parecían anunciar* (Panero, *Lugar*); *La lluvia o la nieve tenían formas* (Gándara, *Distancia*). En posición posverbal es frecuente el singular: *Nada nos importaba el castigo o la muerte* (Fernández Santos, *Extramuros*), que también aparece incluso en posición preverbal, en la llamada INTERPRETACIÓN INCLUSIVA de la disyunción (§ 31.4.1a), sobre todo en contextos genéricos (*Un niño o una niña de quince años suele saber más informática que sus padres*). Singular y plural alternan en la variante «*o* A *o* B» (§ 31.4): *La prensa especializada asegura que o el argentino o el suizo {ganará ~ ganarán} el torneo.*

33.4.2c Los grupos nominales coordinados mediante la conjunción *ni* adoptan la forma «*ni* A *ni* B» en posición preverbal y exigen la concordancia en plural en la mayor parte de los casos: *Ni ella ni su hija sabían que a Santiago Nasar lo estaban esperando para matarlo* (García Márquez, *Crónica*); *También vigilaba a Ángela, aunque ni ella ni tu tío Antonio parecieron darse cuenta* (Chirbes, *Letra*). La posición posverbal admite también en el singular, ya sea en el esquema «A *ni* B» o en la variante «*ni* A *ni* B»: *No llegó la fruta ni la verdura; Ya no existe ni la conciencia, ni el pecado, ni la Ley Divina, ni el premio o castigo eternos, ni las realidades sobrenaturales* (Razón [Esp.] 17/6/2003). Si uno de los elementos coordinados presenta rasgos de primera o segunda persona, se exige el plural: *No tenemos compostura ni ella ni yo.*

33.4.2d En la coordinación de grupos nominales o pronominales neutros predomina la concordancia en singular, como en *Me gusta lo uno y lo otro.* Se registran también usos en plural, sobre todo con predicados que se atribuyen necesariamente a grupos o conjuntos:

> Convivían allí lo privado y lo público (Landero, *Juegos*); [...] en un cerrado círculo austero de convicciones estrictas, donde lo bueno y lo malo se encastillaban en exactas posiciones (Mujica Lainez, *Unicornio*); En él se conjuntaban lo mágico y lo real (Colinas, *Año*).

Las oraciones subordinadas sustantivas coordinadas que desempeñan la función de sujeto concuerdan con el verbo en singular, como en *Es preferible que uno salga y que el otro se quede* o en *Me tocó padecer y luchar, amar y cantar* (Neruda, *Confieso*).

33.4.2e   Cuando aparecen un sustantivo o un grupo nominal en función de sujeto preverbal, seguido de un inciso encabezado por *además de, así como, como, con, junto a, junto con*, la concordancia con el verbo se establece mayoritariamente en singular: *Fermín, junto con la madre, la arrastra hacia afuera* (Gambaro, *Malasangre*); *El Alfolí, junto con las salinas, ha sido declarado recientemente bien cultural de interés nacional* (*Vanguardia* [Esp.] 3/6/1996). Se registra ocasionalmente la variante en plural, pero se considera menos recomendable.

33.4.2f   En varias áreas del español americano es frecuente la llamada CONSTRUCCIÓN COMITATIVA. En ella, un verbo en primera persona del plural aparece con un sujeto tácito —con los rasgos de 1.ª persona, singular— y un grupo preposicional introducido por la preposición *con*, como en *Con María fuimos al cine* (con el sentido de 'María y yo fuimos al cine'); *Estuvimos hablando de ello con tu papá* ('Tu papá y yo estuvimos hablando de ello'); *Al margen de eso, con Cardoen somos amigos desde niños* (*Caras* 13/10/1997). Estas oraciones admiten también la interpretación, común a todos los hispanohablantes, en la que la preposición *con* introduce un complemento circunstancial de compañía: 'Otra persona y yo fuimos al cine acompañados por María', 'Otra persona y yo estuvimos hablando de ello con tu papá'.

33.4.3   La concordancia de número: nombres de grupo en las construcciones pseudopartitivas

33.4.3a   Los grupos nominales pseudopartitivos en los que aparece un SUSTANTIVO CUANTIFICADOR DE GRUPO, como *conjunto, grupo, montón, puñado, ristra, serie, sinfín*, etc. (§ 19.6.2d), pueden concordar con el verbo en singular o en plural cuando actúan como sujeto, con independencia de su posición: *Un numeroso grupo de manifestantes {recorrió ~ recorrieron} las principales avenidas de la capital.* La doble concordancia se explica tradicionalmente en función de la estructura sintáctica de estos grupos nominales. La concordancia en singular entre *grupo* y *recorrió* se interpreta como señal de que el sustantivo *grupo* se considera núcleo de la construcción nominal, de forma que *de manifestante* es su complemento. En la variante en plural se da la llamada CONCORDANCIA AD SENSUM. Se explica por la naturaleza cuantificativa de la expresión *un grupo*, que desencadena la concordancia del verbo con el sustantivo *manifestantes*. El fenómeno puede verse también como una consecuencia de la clasificación gramatical de los sustantivos. Así, el sustantivo *ejército* concierta en singular en *Un ejército de moscas, obligadas a abandonar sus posiciones sobre la mesa, se dispersó en retirada por toda la cocina* (Dou, *Luna*), pero en plural en *Un ejército de dibujantes, empleados y mecánicos invadieron las tabernas de cadetes y campesinos* (Barea, *Forja*). Puede pensarse que en el primer caso se interpreta como sustantivo COLECTIVO, sin valor cuantificativo, mientras que en el segundo se interpreta como NOMBRE CUANTIFICATIVO (§ 12.4). La segunda opción le permite compartir paradigma con *mayoría, centenar, montón* o el mismo sustantivo *grupo*. La primera interpretación es la única posible cuando estos sustantivos presentan un determinante definido. En tales casos, la concordancia solo se da en singular: *Quiso dar un paso, pero el grupo de danzantes le impidió girar* (García, A., *Mundo*).

33.4.3b Algunos nombres cuantificativos, como *infinidad, multitud* (o la expresión *gran número*) prefieren la concordancia en plural cuando no llevan determinante: *Infinidad de pensadores han afirmado que lo que interesa es la respuesta y no la pregunta* (Dolina, *Ángel*); *Multitud de cajones menores hacían de sillas* (Aguilera Malta, *Pelota*). En cambio, cuando se construyen con el artículo *un / una* alternan singular y plural: *Una multitud de simpatizantes lo fue a recibir a Valparaíso* (Jodorowsky, *Pájaro*); *Una multitud de seguidores se agolpan cada día delante de las rejas* (*Tiempo* [Col.] 4/9/1997)

33.4.3c Admiten también doble concordancia los grupos nominales formados por los sustantivos clasificadores *clase, especie, gama, género, suerte, tipo, variedad,* etc., seguidos de complementos en plural, como en *Esa clase de personas no me {interesa~interesan} nada* o *Tal tipo de preguntas {tiene~tienen} mayor trascendencia.*

33.4.4 La concordancia de número y persona con construcciones partitivas

33.4.4a Las construcciones partitivas (§ 19.6.1) muestran también alternancias de número en la concordancia «sujeto – verbo», sobre todo con los sustantivos de interpretación intrínsecamente cuantitativa (*cantidad, fracción, mayoría, número, parte, resto, totalidad*), los grupos nominales que denotan porcentajes (*el cuatro por ciento, el once por ciento*), los sustantivos numerales fraccionarios (*mitad, tercio*) y otros, también numerales, que admiten como complemento un nombre plural (*par, centenar, millar, millón*):

> La mayor parte de los sirvientes quería relegar a las criptógamas a la oscuridad definitiva tras los muros nuevos (Donoso, *Casa*); La mayor parte de los nobles barones no tendrían ningún interés, probablemente, en oír al nuevo y joven lord (Villena, L. A., *Burdel*); Exigen también que no menos de la mitad de los embarques se realice en barcos de bandera norteamericana (Galeano, *Venas*); La mitad de los indianos de mi país deben su fortuna a la obstinación paterna (Agustí, *Mariona*).

La concordancia en singular suele resultar anómala en las oraciones copulativas. Se dice, por tanto, *Cerca de la mitad de los trabajadores de la acerera eran mexicanos* (Fuentes, *Frontera*), en lugar de *... era mexicana.*

33.4.4b El complemento partitivo de los sustantivos cuantificadores puede quedar tácito, como en *El veinte por ciento {estaba~estaban} de acuerdo* o en *Se {rechazó~rechazaron} una enorme cantidad.* Las variantes en plural de los verbos (*estaban, rechazaron*) obligan a sobrentender un sustantivo plural. En cambio, las variantes en singular (*La mayor parte irá el domingo*) son compatibles con sujetos en singular que contengan complementos partitivos tácitos correspondientes a sustantivos en singular (cf. *La mayor parte de la gente irá el domingo*) o en plural (cf. *La mayor parte de los niños irá el domingo*).

33.4.4c Aparece en plural y en tercera persona el verbo en relativas semilibres contenidas en complementos partitivos, como la que aparece en *Uno de los que car-gaban el camión me dijo algo* (Muñoz Molina, *Invierno*). El verbo *cargaban* muestra los mismos rasgos de número que el artículo *los*. Se atestiguan, no obstante, ejemplos de esta pauta en los que el verbo de la relativa concuerda en singular con el núcleo de la construcción partitiva: *Vio que se acercaba madre Mary Joan, una de las que había llegado este año* (Bryce Echenique, *Julius*). Esta variante también se considera correcta, pero se prefiere la anterior. No es correcta, en cambio, la discordancia de persona que se produce en *Tú eres de los que nos robas,* que se trata en el § 33.4.5f.

33.4.4d La concordancia con el verbo puede establecerse en cualquier persona del plural en las construcciones partitivas: *Tres de los estudiantes {fuimos ~ fuisteis ~ fueron} a hablar con el profesor.* La elección depende de los participantes del discurso a los que pueda hacer referencia el grupo nominal que aparece en el complemento partitivo (§ 33.4.1c), como se ve en *Creo que muchos de nosotros estamos ansiosos por jugar de una vez el juego grande* (Dolina, *Ángel*); *Desde hoy tenéis un nuevo compañero que muchos de vosotros ya conocéis* (Barea, *Forja*). Con las formas en singular *alguno, ninguno, cualquiera, cada uno* y sus variantes femeninas, seguidas de *nosotros/nosotras* o *vosotros/vosotras,* alternan la concordancia en tercera persona del singular y la concordancia con el pronombre personal (*nosotros, vosotros*), pero se considera preferible la primera: *Ninguno de nosotros se atrevería a cometer crimen tan atroz* (Donoso, *Casa*); *Ninguno de nosotros deberíamos depender de ninguna mujer ni de nadie sino de nosotros mismos* (Quesada, *Banana*). En el español de América es de uso general la concordancia en plural con *cada uno de ustedes: Pues entonces escríbanme cada uno de ustedes* (Bryce Echenique, *Huerto*). Los comportamientos descritos en este apartado se mantienen en los casos en que no se explicita el complemento de la construcción partitiva: *La mayor parte* [de nosotros] *amamos y tememos a Alguien* (Sastre, *Revelaciones*); *Es curioso que algunos* [de vosotros] *obtengáis permiso para ir al cine* (Gironella, *Hombres*). Los complementos sobrentendidos contienen un pronombre de primera o segunda persona en estos casos. El verbo muestra en su flexión dichos rasgos, que no sería posible inferir si se usara la tercera persona del singular.

33.4.4e Cuando el grupo nominal partitivo en función de sujeto está encabezado por el pronombre *quién,* concuerda con el verbo en tercera persona del singular: *quién {de nosotros ~ de vosotras ~ de ustedes} lo hizo.* En cambio, los grupos formados por *quiénes* o *cuántos* seguidos de un complemento plural concuerdan con el verbo en la persona correspondiente al complemento partitivo, incluso cuando este no está explícito:

> ¿Y cuántas habéis robado al usurero para alimentar al hambriento? (Márquez, J., *Hernán Cortés*); Sabes muy bien quiénes lo sabíamos, quiénes lo sabemos, quiénes lo han sabido siempre, por mucho que tú no quieras tomar en serio las consecuencias y responsabilidades de saberlo (Azúa, *Diario*); ¿Cuántos de nosotros lo vimos efectivamente en Berlín? (Collyer, *Pájaros*); No sabéis cuántos murieron, / cuántos habéis quedado (*ABC Cultural* 12/7/1996).

Los relativos *quienes* y *cuantos* se comportan de la misma forma: [...] *desde el primero hasta el último de cuantos de vosotros habéis contribuido a la desgracia de la patria* (Mármol, *Amalia*).

33.4.5 La concordancia de número y persona en las construcciones copulativas

33.4.5a Como norma general, el sujeto de las oraciones copulativas también concuerda con el verbo en número y persona, y con el atributo en género y número (§ 37.4): *Las calles* [3.ª persona, plural] *estaban* [3.ª persona, plural] *desiertas*. Sin embargo, se han observado tradicionalmente varios casos de discordancia entre el sujeto y el verbo en las copulativas construidas con el verbo *ser*. Algunos de ellos pueden atribuirse a la presencia de complementos partitivos tácitos. Así, la forma *eran* que aparece en *Apenas se leía el título sobre los lomos de piel. El resto eran cenizas* (Ruiz Zafón, *Sombra*) permite suponer que sus rasgos de 3.ª persona del plural corresponden a un complemento tácito en plural del nombre cuantificativo (§ 33.4.4a), como en *El resto Ø eran cenizas*.

33.4.5b Se observa otro tipo de discordancia en la variante en singular de los ejemplos alternantes *Dos pares de zapatos {es bastante ~ son bastantes} para este viaje; Doscientos dólares {es suficiente ~ son suficientes}; Trescientas personas {es demasiado ~ son demasiadas}*. La variante con el verbo en singular aparece también en *Tres mil dólares es demasiado dinero para un país donde hay tanta gente pobre* (Hoy [Chile] 7/12/1983). La opción que lo presenta en plural se muestra en *Sesenta libras esterlinas son mucho dinero para sacarlo así* (Gallegos, *Canaima*). Se ha atribuido la discordancia a la posible INTERPRETACIÓN PROPOSICIONAL del sujeto, como si se dijera *llevar dos pares de zapatos, pagar doscientos dólares, invitar a trescientas personas*, etc. Otra explicación posible sería considerar que los grupos cuantitativos que funcionan como sujeto en esas oraciones se interpretan como 'el número x', 'la cantidad x' o una paráfrasis cuantitativa similar que llevaría al verbo a concordar en singular. Este análisis es aplicable sobre todo a los casos en los que el predicado contiene adjetivos en masculino, como en *Cuatro mil dólares es demasiado por este auto*.

33.4.5c Se interpretan como copulativas INVERSAS (§ 37.3.2) las oraciones contenidas en los ejemplos siguientes, en las que el verbo concuerda en número y persona con el segundo miembro:

> El problema eran las moscas (Vallejo-Nágera, *Yo*); Creen que la causa son los vertidos incontrolados en el río (*Mundo* [Esp.] 20/6/1996); El asesino eres tú (Nieva, *Señora*); Acá el patrón soy yo, carajo (Bayly, *Días*).

Así, en la primera oración se predica de *las moscas* el constituir cierto problema que se ha presentado en el discurso precedente. En los dos últimos ejemplos, esa posición está ocupada por pronombres personales. Como estas unidades no son atributos, el elemento pospuesto en tales oraciones es el sujeto. La concordancia no es potestativa en tales casos (*El problema es tú*).

33.4.5d Más complejo resulta descartar que exista concordancia con el atributo en oraciones como *Todos los encamisados era gente medrosa* (Cervantes, *Quijote* I), en la que *gente medrosa* denota un grupo de individuos caracterizado por una propiedad que se atribuye a ciertas personas encamisadas. La concordancia del verbo con el atributo, potestativa en esa oración, resulta obligada cuando se trata de sujetos formados a partir de pronombres o artículos neutros, como en los textos siguientes:

> Todo eran ideas. Imaginaciones (González, E., *Dios*); Esto son mezclas explosivas (Luca Tena, *Renglones*); No hay duda, lo anterior son malas noticias para las aspiraciones políticas de Clinton (*Excélsior* 5/9/1996); No me digas que aquello que se ve por Malabata son nubes (Vázquez, Á., *Juanita Narboni*).

33.4.5e La alternancia es más habitual, en cambio, cuando los grupos nominales en función de sujeto no son neutros, como en *Su mayor ilusión {sería ~ serían} unas vacaciones en el Caribe; La vejez {es ~ son} solo achaques; El sueldo {eran ~ era} mil pesos.* Se han ofrecido dos explicaciones de la irregularidad que representa el plural en estos pares. Unos autores los interpretan como extensión de los casos de concordancia con el atributo, según lo cual *unas vacaciones en el Caribe, achaques* y *mil pesos* serían los atributos respectivos en los tres ejemplos. Otros entienden que estas oraciones se asimilan a las inversas, de forma que al igual que *las moscas* se considera sujeto en *El problema eran las moscas,* lo serían del mismo modo los tres grupos nominales que se acaban de mencionar.

33.4.5f Las construcciones con relativas semilibres introducidas por la preposición *de* en oraciones copulativas como *Era de los que viajaban solos por regiones desconocidas* (Carpentier, *Pasos*) se consideran variantes de las partitivas tratadas en el § 33.4.4c, puesto que cabe pensar que se elide en ellas el indefinido *uno.* Aunque se espera que el verbo de la relativa se construya en plural, como en el ejemplo anterior, aparece a veces en tercera persona del singular reproduciendo los rasgos del indefinido tácito *uno,* como en *Tú eres de los que apoya esa propuesta* (es decir, 'uno de los que apoya esa propuesta'), o en *Yo soy de los que dice siempre la verdad.* Esta opción no se considera incorrecta, pero es menos recomendable que la anterior. Se consideran incorrectas, en cambio, las variantes que presentan el verbo en primera o segunda persona, como en *Tú eres de los que apoyas esa propuesta; Yo soy de los que digo siempre la verdad.* El verbo reproduce en estas oraciones los rasgos de persona del pronombre que ejerce la función de sujeto de la oración principal. Lo mismo ocurre cuando el pronombre *uno* aparece explícito. Se registran secuencias como *Tú fuiste uno de los que hablaste a su favor,* pero la variante que se considera correcta es *Tú fuiste uno de los que hablaron a su favor,* que alterna con la tercera persona de singular *Tú fuiste uno de los que habló a su favor.* La alternancia de persona en las oraciones de relativo enfáticas, como en *Yo fui quien lo {hice ~ hizo},* se estudia en el § 40.5.3a.

34 El complemento directo. Transitividad e intransitividad

34.1   Definición y caracterización

34.1.1   Definición

El COMPLEMENTO DIRECTO u OBJETO DIRECTO es una función sintáctica que corresponde a un ARGUMENTO (§ 1.6.1c, d y 1.6.2) dependiente del verbo. Forma con él (y a veces con otras unidades) un grupo verbal y aporta información necesaria para conformar la unidad de predicación que el verbo constituye. Sus características sintácticas se enumerarán en el § 34.1.2. Por extensión, la denominación se aplica también a los términos que desempeñan esta función sintáctica. Así, en la oración *Abrí la ventana* el grupo nominal *la ventana* es el complemento directo de *abrí*. La función de complemento directo puede ser desempeñada por diversos tipos de unidades:

A. Sustantivos y grupos nominales: *Cuando llegue a casa se freirá unas salchichas y se preparará una buena ensalada* (Bonilla, *Luz*).

B. Pronombres y los grupos sintácticos que forman: *¿Cuál de estos prefieres?; Dime algo agradable; Dame cualquiera que te guste*, así como oraciones de relativo sin antecedente expreso como *Ya sabes que haré lo que tú quieras, que soy tuya* (Fuentes, *Región*).

C. Subordinadas sustantivas (§ 43.2.3): *Imagino que llamará; Espero ir; No recuerdo cómo salí* (Bioy Casares, *Invención*); *Yo creo que América necesita grandemente de su juventud* (Henríquez Ureña, *Ensayos*).

Los verbos que se construyen con complemento directo se llaman TRANSITIVOS, y las oraciones que los contienen como parte del predicado se denominan ORACIONES TRANSITIVAS.

34.1.2   Características sintácticas y semánticas del complemento directo

34.1.2a   El complemento directo puede ocupar la posición contigua al verbo (*Compraba el diario todas las mañanas*) o bien estar separado de él (*Compraba todas las mañanas el diario*). Se construye sin preposición o bien con la preposición *a* (§ 34.3) y se sustituye por los pronombres átonos de acusativo con las restricciones que se indicarán en el § 34.2. Como otros segmentos sintácticos, los objetos directos aparecen antepuestos en las construcciones focalizadas (§ 34.2.2a y 40.3): *Algo así necesitaría yo; Poco tiempo nos dan*. El objeto directo puede también reproducir un tópico inicial mediante un pronombre (§ 40.2.3a), como en *A Julián, no lo podía ver*.

34.1.2b   La mayor parte de los verbos transitivos admiten variantes pasivas, como en *El secretario envió la carta > La carta fue enviada por el secretario*. El sujeto de tales construcciones coincide con el objeto directo de la activa correspondiente (§ 41.1.2).

34.1.2c   La interpretación semántica del complemento directo depende del significado del verbo. En los análisis tradicionales de la transitividad era habitual señalar que el complemento directo RECIBE la acción del verbo, e incluso que esta PASA al objeto o se manifiesta en él. Esta intuición clásica tiene sentido en ciertos casos (la acción de secar, por ejemplo, afecta a aquello a lo que se aplica) pero no se justifica aplicada a otros muchos. Así, en *imaginar una situación cómica; El camino bordea el río* o *La cifra dobla la cantidad presupuestada* no puede decirse que el complemento directo *reciba* el efecto de acción alguna.

34.2   Sustitutos pronominales del complemento directo

34.2.1   Condiciones de la sustitución

En casi todos los análisis tradicionales se destaca la posibilidad de que el complemento directo pueda sustituirse por un pronombre átono acusativo de tercera persona (*lo, la, los, las*), como en *No pienso leer este libro > No pienso leerlo* o en *Dame la mano > Dámela*. Si se trata de oraciones sustantivas, el pronombre presenta género neutro, como en *Me prometiste que vendrías > Me lo prometiste*. Aunque la sustitución por tales pronombres es útil como recurso identificatorio, no siempre permite reconocer de forma automática el complemento directo, ya que está condicionada por los RASGOS GRAMATICALES que compartan el complemento directo y su sustituto, como se verá a continuación.

34.2.1a   No se aplica la sustitución pronominal a los complementos directos representados por ciertos pronombres indefinidos no específicos, como *nada* en *No traje nada* (no se diría, pues, *No lo traje*), o por algunos grupos nominales del mismo tipo. Así, a la oración *El niño quiere una bicicleta* se puede añadir con naturalidad *... y la niña también la quiere* si se trata de alguna clase particular de bicicleta, pero se diría preferiblemente *... y la niña también quiere una* (o bien *... quiere otra*) si se alude a una bicicleta cualquiera. Como se ve, los pronombres átonos de acusativo (*lo, la, los,* *las*) son definidos y muestran cierta resistencia a sustituir a los grupos indefinidos inespecíficos. Por la misma razón, percibe también cierta dificultad para sustituir los grupos nominales sin determinante en función de objeto directo por pronombres átonos. Así, la pregunta *¿Tienes hambre?* se responde más naturalmente con *No, no tengo* que con *No, no la tengo*, y la pregunta *¿Trajiste dinero?*, con *No traje* que con *No lo traje*. No obstante, la sustitución de los grupos nominales sin determinante por pronombres átonos resulta favorecida cuando los sustantivos son contables: *Llevaba peine pero no lo usaba ante testigos* (Marías, J., *Corazón*); *Solo permite añadir genes pero no inactivarlos* (*País* [Esp.] 28/1/1998). Alternan, sin embargo, *No hay* y *No las hay*, como respuesta a la pregunta *¿Hay posibilidades?*

34.2.1b   La compatibilidad o congruencia de rasgos de definitud a que se acaba de aludir presenta algunas excepciones. Así, ciertos grupos nominales inespecíficos admiten la sustitución por pronombres definidos, como en *Si me traes un libro cualquiera de ese autor, lo leeré* (con el antecedente del pronombre *lo* en una prótasis condicional). Esta compatibilidad es asimismo característica de las relativas especificativas insertas en contextos genéricos: *Todo el que tiene algún animal de compañía procura cuidarlo*. Otras expresiones cuantificativas de carácter indefinido pueden ser retomadas por pronombres definidos, como en *Asistieron muy pocos invitados, pero los atendieron maravillosamente*.

34.2.1c   LOS VERBOS DE MEDIDA seleccionan ARGUMENTOS CUANTITATIVOS: *pesar diez kilos, medir siete metros, costar quinientos soles, tardar diez minutos*. Estos grupos nominales no son definidos ni se interpretan como específicos (no se habla, en efecto, de kilos específicos, metros en particular, soles determinados o minutos concretos) y ofrecen resultados inestables al ser sustituidos por pronombres átonos. Si bien resultan muy forzadas oraciones como *Esta ranura mide medio centímetro, pero esta otra no lo mide*, es posible la sustitución del complemento directo si estos verbos se interpretan en el sentido de 'alcanzar cierto peso o cierta medida', como en *El toro no pesará 600 kilos, pero 500 sí que los pesa*. La sustitución también resulta natural en las variantes activas de estos verbos, es decir, si se interpretan como acciones, como en *medir una distancia* o *pesar un kilo de carne*.

34.2.1d   La sintaxis rechaza asimismo la sustitución de los grupos nominales de objeto directo que funcionan como foco de un adverbio, lo que se deduce de la naturaleza átona de los pronombres *la, lo, las, los*. Así, en *Tu amigo solo lee la prensa deportiva*, la sustitución del objeto directo por un pronombre da lugar a la oración *Tu amigo solo la lee*, de sentido distinto (es decir, 'no la colecciona, no la juzga, etc.'). Así pues, el verbo es aquí el foco del adverbio *solo*, ya que el pronombre átono no puede serlo.

34.2.1e   Unos pocos verbos rechazan los pronombres átonos como sustitutos de los complementos directos oracionales, pero aceptan los tónicos *eso, algo, qué*, etc. A partir de *Interrogado por el jefe de la fuerza, respondió que era hombre pacífico* (Galdós, *Episodios*) se puede decir *¿Qué respondió?* o *Respondió eso,* pero no resulta natural *Lo respondió*.

34.2.1f   En el español hablado en ciertas zonas de las áreas rioplatense y andina, así como del País Vasco (España), se elide a menudo el objeto directo de los verbos transitivos sin que ocupe su lugar un pronombre átono. El proceso se registra incluso con grupos nominales de interpretación específica: *Cuando termine la carta, llevaré al correo; Ahora compré un libro* [...] *algo de Sánchez compré antes de ayer, he visto y compré* (CREA oral, Paraguay). La ausencia de pronombre átono en estos contextos parece deberse a la influencia del quechua, el aimara, el guaraní o el portugués brasileño, en el primer caso, y a la del euskera, en el segundo. Se recomiendan en su lugar las variantes con pronombre: *La llevaré al correo; Lo he visto y lo compré.*

34.2.2   Concurrencia del objeto directo nominal y el pronombre átono

34.2.2a   Lo habitual es que el complemento directo pronominal y su antecedente pertenezcan a oraciones distintas, como en *Habían grabado lo menos diez conversaciones mías con los de Cahuide, Carlitos —dijo Santiago—. Bermúdez se las había hecho escuchar* (Vargas Llosa, *Conversación*). Ocupan una posición preoracional en las CONSTRUCCIONES DISLOCADAS (§ 16.6.2a y 40.2.3), como *A Enrique lo detuvieron unos días* (Bryce Echenique, *Martín Romaña*). En este caso, el pronombre tiene por antecedente la expresión *a ella*, que ocupa una posición TEMÁTICA O DE TÓPICO, ya que introduce cierta información sobre la que versa el resto de la oración. La duplicación pronominal (*a ella ... la*) es obligatoria en estas construcciones. La fuerzan igualmente, en el español actual, los pronombres personales tónicos pospuestos al verbo que ejercen la función de objeto directo (§ 16.6.1b). Se obtienen así contrastes como *La vi a ella ~ *Vi a ella ~ La vi.*

34.2.2b   Cuando el elemento antepuesto es FOCAL (§ 40.3), no se da la duplicación del pronombre, que puede recibir interpretación específica o inespecífica, como se ve en *Eso creo; Algo te pedirá.*

34.3   El complemento directo preposicional

34.3.1   Complementos de persona y de cosa personificada. Tendencias generales

El complemento directo puede ir encabezado por la preposición *a*. Esta aparece de forma característica cuando el complemento directo nominal designa una o varias personas (*He visto a tu hermano*), pero no suele aparecer cuando designa cosas (*He visto tu paraguas*). Existen, sin embargo, numerosos casos de vacilación, y también de alternancia, unas veces con cambios de sentido apreciables y otras con solo una leve diferencia de significado.

34.3.1a   Aparece sistemáticamente la preposición *a* ante los pronombres personales tónicos en construcciones de doblado o de duplicación pronominal, como se recordó en el § 34.2.2a. También la llevan los pronombres indefinidos que denotan personas, como en *No obligaremos {a nadie ~ *nadie}.* No obstante, *uno, alguien* y *alguno* aparecen también sin ella cuando son complementos de ciertos verbos, sobre todo de percepción y de sentido prospectivo (*ver, buscar, querer, necesitar,* etc.):

Quería saber si habían visto alguien mientras él dormía (Vargas Llosa, *Casa*); *Aureliano Segundo quitó el candado buscando alguien con quien conversar* (García Márquez, *Cien años*). Exigen la preposición los interrogativos, los exclamativos y los relativos que denotan personas: *¿A quién buscan ustedes?* ~ **¿Quién buscan ustedes?; Solo podemos medir el dolor por la pérdida de alguien a quien amamos o conocimos* (*País* [Esp.] 9/1/1997). No constituyen excepción oraciones como *No encuentro quien me ayude*, puesto que el segmento que desempeña aquí la función de complemento directo es la relativa sin antecedente expreso (*quien me ayude*), no el pronombre relativo *quien*.

34.3.1b La preposición *a* es obligada con los nombres propios de personas y de animales: *Cuando, de vuelta del cortijo, fui a ver a Platero, me lo encontré mustio y doloroso* (Jiménez, *Platero*). Cuando los nombres propios de persona se usan METONÍMICAMENTE, suelen mantener la preposición, como en los casos en que se habla del autor para hacer referencia a su obra: *traducir a Platón, interpretar a Haydn, leer a Cervantes*. La pierden, en cambio, si se usan como comunes para designar la obra de algún artista particular, como en *Vendieron ese Picasso* (en lugar de *a ese Picasso*) *por cien mil dólares*. Los nombres comunes referidos a animales se asimilan a los de persona en muchos contextos, especialmente si se trata de animales domésticos: *Y así como quien regresa al hogar y no encuentra a su gato y lo busca con angustia por las calles del barrio* [...] (Jodorowsky, *Pájaro*). Hoy son poco frecuentes los TOPÓNIMOS introducidos por preposición, como *En nuestra excursión visitaremos a Sevilla*, opción que recomendaba la *Gramática* académica de 1931, frente a la preferencia actual por ... *visitaremos Sevilla*.

34.3.1c Requieren la presencia de la preposición los nombres que designan COSAS PERSONIFICADAS, como en: [...] *comenzando en seguida a lanzar unos gemidos sordos como llamando a la muerte* (Panero, *Lugar*) o en *Durante varios minutos era como si abrazase a un árbol o a una roca* (Delibes, *Mario*). Los procesos de personificación son más frecuentes con los predicados que se construyen de forma característica con objetos directos de persona, como en los ejemplos anteriores, y también en *adorar al sol* ('darle culto') o en *¿Cómo no iba a odiar al otoño?* (*Clarín* 22/3/1979), entre otros muchos semejantes. Suelen personificarse asimismo, y por tanto construirse con preposición, los nombres de empresas, corporaciones, instituciones y, en general, agrupaciones de personas que se asimilan en este uso a los nombres colectivos, como *colegio, compañía, consejo, junta, sindicato: Si yo defiendo a una empresa tildaré como primer argumento que los otros defienden a la empresa contraria* (*Tiempos* 5/9/2000).

34.3.1d Los nombres de persona se usan a veces sin preposición en la función de objeto directo cuando designan TIPOS de individuos. Así ocurre en *causar heridos, producir licenciados* u *ocasionar muertos*. Se registran incluso grupos nominales definidos en esta pauta, como en *Mitrione prefería los borrachitos a los presos políticos* (Chavarría, *Rojo*) o en [...] *antes de llevar los niños a la escuela* (Santiago, *Sueño*). Si bien estas oraciones admiten variantes con la preposición, no se admitiría, en cambio, **... antes de llevar su hijo a la escuela,* con objeto directo no compatible con la interpretación de tipo. En la misma línea, los verbos *elegir, designar, votar, nombrar* y otros similares admiten alternancias entre la presencia de preposición, cuando el complemento directo designa un individuo (*elegir al próximo presidente*), y su ausencia, cuando designa un cargo: *El congreso deberá elegir el próximo presidente de la república después que ningún candidato alcanzó la mayoría absoluta en los comicios generales* (*Universal* [Ven.] 6/4/1999).

34.3.2   Presencia y ausencia de preposición en grupos nominales indefinidos

34.3.2a   No se suelen construir con preposición los nombres comunes de persona sin artículo ni otro determinativo: *La universidad debe formar investigadores; Nunca vi persona igual; Para encontrar esposa* [...] *nadie busca ni elige* (Carrasquilla, *Marquesa*). Pueden llevarla, sin embargo, las construcciones que proporcionan INFORMACIÓN DETERMINATIVA, es decir, asimilable a la que aportan los artículos o los demostrativos. Así sucede con los grupos nominales coordinados, como *Los Reyes de España emprenderán la novena Cruzada para expulsar a sarracenos y judíos de Jerusalén* (Roa Bastos, *Vigilia*) frente a * ... *para expulsar a sarracenos;* o con los que aparecen seguidos de algún modificador que caracterice adecuadamente la clase de entidades a la que se hace referencia, como en *He conocido a hombres que llegaron por su palabra a presidentes de República* (Blasco Ibáñez, *Naranjos*). Cabe agregar los que reciben un complemento predicativo (subrayado en línea discontinua), además del complemento directo: *He visto a soldados mantener firme la pica en el suelo* (Chamorro, E., *Cruz*).

34.3.2b   Se dan numerosas alternancias de presencia y ausencia de preposición con los grupos nominales de persona formados con el artículo indefinido o cuantificadores, como en *Buscaba {un amigo ~ a un amigo}* o en *Vi {muchos políticos ~ a muchos políticos}*. Esta alternancia se explica tradicionalmente de acuerdo con la distinción entre la interpretación específica y la inespecífica de los grupos nominales, es decir, según hagan o no referencia a individuos identificables o reconocibles. El peso de este factor no es, sin embargo, decisivo. Así, en la oración *Usted no necesita a un cirujano sino a un confesor* (Rojas, C., *Hidalgo*) no se habla de individuos particulares, sino más bien de cualquier persona que cumpla la condición de 'ser cirujano' o la de 'ser confesor'. Tampoco los contrastes del tipo *Mató {un león ~ a un león} en su último viaje a África* o *Vimos {tres policías ~ a tres policías} en la esquina* parecen radicar en la posible identificación de los referentes. Parece, pues, conveniente tener en cuenta otros factores, en especial la clase semántica del verbo transitivo implicado en cada caso. Se considera brevemente esta cuestión en los apartados que siguen.

34.3.3   El complemento directo preposicional y las clases semánticas de verbos

Los verbos transitivos pueden dividirse en tres grupos según introduzcan o no la preposición *a* cuando se construyen con complementos directos de persona:

    A. Verbos que exigen la preposición
    B. Verbos que rechazan la preposición
    C. Verbos compatibles con la preposición

34.3.3a Entre los verbos del grupo *A* destacan los que alternan los objetos directos con los indirectos. Se obtienen así contrastes como *Teníamos que ayudar {*muchos ~ a muchos} enfermos* (frente a *atender*, que es compatible con las dos opciones); *Obedecemos {*demasiados ~ a demasiados} gobernantes; Sirvió {*varios ~ a varios} reyes; un periodista famoso por insultar {*los ~ a los} políticos.* También requieren la presencia de la preposición los verbos de afección: *Esas películas asustan {*muchos ~ a muchos} espectadores; supuestos éxitos diplomáticos que impresionan {*muy pocos ~ a muy pocos}.*

34.3.3b Al grupo *B,* el más reducido, corresponden los verbos de causación, como en *La crisis producirá {miles ~ *a miles} de desocupados.* Cabe también integrar en este grupo, aunque con mayores restricciones, verbos como *pedir, demandar* o *solicitar* en ciertos contextos: *Habían pedido {más ~ *a más} jueces, pero la Administración no los proporcionaba,* frente a *Habíamos pedido {este juez ~ a este juez} en particular.* Se incluyen asimismo en el grupo *B* los predicados existenciales *haber* y *tener,* que están sujetos al llamado EFECTO DE DEFINITUD (§ 15.3.2). No se dice, en efecto, **Hay a muchas personas interesadas* ni **Julián tuvo a un solo hijo.* Sin embargo, *tener* admite la preposición cuando significa 'dar a luz' (*cuando Ana tuvo a su tercer hijo*), en las construcciones presentativas como *Aquí tenemos a la autoridad sanitaria* (Giménez Bartlett, *Serpientes*), y también cuando se construye con complementos predicativos: *Y es cierto que tener a un hijo en las guerrillas podía suponer una condena a muerte para un padre* (Ortiz-Armengol, *Aviraneta*).

34.3.3c El grupo *C* es el más polémico de los tres porque la presencia de la preposición depende de factores sintácticos, semánticos y discursivos estrechamente relacionados. Los casos más nítidos son los que cabe asociar con acepciones distintas de los verbos, como en *distinguir un hombre* ('percibirlo') y *distinguir a un hombre* ('percibirlo', pero también 'honrarlo'), o en *abandonar una ciudad* ('dejarla, salir de ella') y *abandonar a una ciudad* ('dejarla en el abandono, descuidarla'). Asimismo, en *Conozco varios dentistas en la ciudad,* se da a entender que el que habla sabe de su existencia, mientras que en *Conozco a varios dentistas en la ciudad* se sugiere relación o trato personal con ellos.

34.3.3d Otras distinciones que se establecen en el grupo *C* son semánticas, pero no puede decirse que sean léxicas, en el sentido de que no representan informaciones que podrían reflejar los diccionarios. Es el caso de los llamados VERBOS INTENSIONALES (§ 15.5.3b, 25.2.2b y 25.4.2a), casi todos de naturaleza prospectiva. La ausencia de la preposición favorece con ellos la interpretación de tipo o clase (*Buscó las personas adecuadas; Necesito el mejor abogado*), pero su presencia induce la interpretación en la que se habla de individuos particulares (*Buscó a las personas adecuadas; Necesito al mejor abogado*). En otros casos, como los ya citados *Mató {un león ~ a un león} en su último viaje a África* o *Vimos {tres policías ~ a tres policías} en la esquina,* la presencia de la preposición se ha interpretado como una invitación a individualizar a las personas, los animales o las cosas de que se habla o a aportar más información sobre ellos. También se ha señalado que en oraciones como *Es difícil parar (a) un tren en marcha,* en *atacar (a) los aviones* o en *bombardear (a) las ciudades costeras,* la elección de la preposición acentúa el proceso de personificación —y, por tanto, el grado de animacidad que se atribuye a esos seres—, mientras que, si se evita, se entiende que se habla de cosas materiales sin capacidad de acción. Al efecto de personificación o de animicidad se ha atribuido también la elevada frecuencia con que la preposición aparece ante nombres no personales en las construcciones de complemento predicativo, como *mirando a las nubes pasar* o *El mar lejano, el mar entero, murmuró mi padre viendo a las naves de Pacífica alejarse sin ellos* (Fuentes, *Cristóbal*).

34.3.3e   Se suele denominar USO DISTINTIVO DE LA PREPOSICIÓN *A* ante objeto directo no personal al empleo de la preposición para marcar esta función sintáctica por oposición a otras, notablemente el sujeto, pero también otros complementos del verbo. Los predicados en los que se reconoce este valor de modo característico expresan acciones o situaciones que involucran a varios participantes (no animados en casi todos los casos), por lo que la preposición se convierte en un recurso gramatical que permite distinguir entre ellos. Así ocurre con *acompañar (a) la música, contener (a) los polos magnéticos, modificar (a)l primer verbo, comparar (a) la universidad con una empresa*. Por la misma razón (es decir, porque se alude a la presencia de más participantes), es común la variante con *a* en las comparaciones: *Lo temo como al fuego; Detesto los domingos, incluso más que (a) los lunes; Conozco a Raúl como a la palma de mi mano* (Mendizábal, *Cumpleaños*).

34.3.3f   Algunos verbos pueden tener complementos directos e indirectos de persona simultáneamente. Es posible, en efecto, *recomendar* (o *presentar, enviar, entregar*, etc.) *a una persona* (OD) *a otra* (OI). Son infrecuentes estas construcciones cuando los dos complementos están representados por nombres propios. En estos casos la preceptiva recomendaba tradicionalmente evitar la preposición ante el objeto directo (*Presentó Luisa a Marta*), pero ha acabado imponiéndose la opción que la contiene, tanto con los nombres propios como con los comunes: *Fue él quien le presentó a mi madre a Nicolás Blanch* (Ribera, *Sangre*).

34.4   La transitividad y la interpretación del complemento directo

34.4.1   El concepto de transitividad

34.4.1a   La distinción entre los verbos transitivos, que seleccionan un objeto directo, y los intransitivos, que no lo requieren, se basa en razones semánticas. En efecto, unos verbos precisan como complemento algún argumento que complete la significación del predicado: *cepillar, conocer, cuidar, destituir, detectar, elogiar, encontrar, esconder, mezclar, obtener, percibir, recuperar, sugerir* o *usar*. Otros, en cambio, no necesitan de él: *bostezar, brillar, caducar, gotear, sollozar, temblar* o *triunfar*, pese a que en determinadas circunstancias algunos de ellos puedan construirse con objeto directo: *llorar lágrimas amargas* (§ 34.6.1). Las diferencias entre ambos paradigmas son consecuencia directa del significado de los verbos respectivos. Así, el verbo *cepillar* significa 'limpiar o alisar con cepillo', por lo que requiere la presencia de algo que reciba estas acciones. Por el contrario, si *brillar* significa 'emitir o reflejar luz', no se requerirá un objeto (distinto del emisor de la luz) en el que culmine tal emisión, ni tampoco otra entidad que la reciba o que se vea afectada por ella.

34.4.1b   Se suelen distinguir en la clase de los verbos transitivos los que pueden omitir su complemento directo sin dejar por ello de ser transitivos y los que tienen usos intransitivos. En la oración *Hace mucho que no me escribes*, que corresponde al primer grupo, se habla de escribir algo, por lo que no se supone que *escribir* sea aquí un verbo intransitivo. En este caso (§ 34.5.1a), la OMISIÓN DEL COMPLEMENTO DIRECTO obedece a razones léxicas; en otros se explica más bien a partir de la construcción sintáctica, como en *Unos tienen oportunidades y otros no tienen*, donde el complemento directo del segundo miembro coordinado puede ser recuperado a partir del primero. Pertenecen, por el contrario, al segundo grupo los numerosos verbos que admiten tanto usos transitivos como intransitivos, con diferencias de significación más o menos acusadas (§ 34.6). Contrastan así *Este balón bota mal; No todas las aves vuelan* o *Se reía con ganas* (usos intransitivos) con *Me aburro botando la pelota; Quisiera aprender a volar cometas* o *Todos sus empleados le reían las gracias* (usos transitivos).

34.4.1c   Son varias las construcciones sintácticas que solo son posibles con verbos transitivos. Destaca especialmente entre ellas la pasiva, sea de participio (*Fue contratada por el director:* § 41.2) o refleja (*Se aceptan encargos:* § 41.6). Asimismo, son verbos transitivos los que pueden complementar en infinitivo a ciertos adjetivos: *difícil de entender, largo de contar, imposible de resolver*, etc. En estas construcciones reciben interpretación pasiva, a pesar de su forma activa. Se analizan en los el § 26.3.2a, b.

34.4.2   Clases semánticas de verbos transitivos

Los verbos transitivos se clasifican SINTÁCTICAMENTE en función de la categoría gramatical que corresponde a su complemento directo, es decir, según admitan grupos nominales (*comer*), oraciones sustantivas (*opinar*) o ambas construcciones (*pedir*). Desde el punto de vista SEMÁNTICO, los criterios que suelen tenerse en cuenta para clasificarlos son los siguientes:

> A. Su modo de acción
> B. La clase nocional a la que pertenecen
> C. La naturaleza léxica de su complemento directo
> D. La interpretación semántica de su complemento directo

34.4.2a   De acuerdo con el criterio *A,* los verbos transitivos corresponden a las cuatro clases aspectuales que se describen en el § 23.2.1b: verbos DE ACTIVIDAD (*empujar un coche*), DE REALIZACIÓN (*leer un libro*), DE CONSECUCIÓN O LOGRO (*alcanzar la cima*) y DE ESTADO O PROPIEDAD (*merecer un castigo*). El complemento directo de los verbos que expresan logros y realizaciones designa el límite o el final de una acción que se supone que ha de culminar; por ejemplo, la acción de *escribir una novela* culmina cuando la novela queda terminada. En cambio, los objetos directos de los verbos transitivos de actividad (*manejar un auto*) o de estado (*contener agua*) no se asocian con límite alguno. Muchos verbos de acción (es decir, de las tres primeras clases) poseen acepciones en las que expresan estados o propiedades. Así, en *Este centro comercial abre sus puertas de diez de la mañana a diez de la noche* (esto es, 'las tiene abiertas'), el predicado subrayado no denota una acción, ni tampoco una sucesión de acciones, sino un estado o una situación que persiste durante el tiempo que se menciona. Alternancias sistemáticas similares entre la interpretación de acción y la de estado o situación se producen con algunos verbos de movimiento, como en *Atravesamos el río ~ Un puente de madera atravesaba el río* o en *Las tropas rodearon la ciudad ~ Las murallas rodeaban la ciudad.* A su vez, muchos verbos de estado pueden expresar también acciones, como en *El fiscal probó la acusación* (frente a *Estos testimonios no prueban nada*); *Debemos superarnos; No me provoques,* o *Querían sustituir al director.*

34.4.2b   De acuerdo con el criterio *B,* los verbos transitivos pueden denotar muy diversas nociones: existencia (*haber*), afección (*odiar*), comunicación (*decir*), voluntad (*querer*), transferencia (*dar*), posesión (*tener*), percepción (*ver*) o juicio (*creer*), entre otras muchas. Particular relevancia tienen los verbos CAUSATIVOS, que se abordan más adelante (§ 34.6.2), y los de DE CREACIÓN O EFECTUACIÓN, cuyo objeto directo designa lo que pasa a tener existencia como consecuencia de la acción que expresan: *componer* (en *componer una sinfonía*), *construir, edificar, escribir, esculpir, levantar* (en *levantar una torre de oficinas*) o *rodar* (en *rodar una película*). Algunos verbos de creación, como *dibujar, esculpir, fotografiar* o *pintar,* admiten dos interpretaciones, según su objeto directo designe la fuente de la que se extrae la imagen (con la preposición *a* si se trata de nombres de persona) o bien la imagen misma que resulta de la reproducción (sin la preposición): *pintar a una niña ~ pintar una niña.*

34.4.2c   Si se aplica el criterio *C,* se observa que algunos verbos carecen de restricciones en cuanto a la noción que designa su objeto directo (*imaginar*), mientras que otros complementos están restringidos a la denotación de seres animados (*vacunar*), solo personas (*condecorar*), sucesos o eventos (*presenciar, narrar*), sensaciones o sentimientos (*exteriorizar, externar*) y medidas o magnitudes, sean espaciales (*distar*), temporales (*tardar*) o de otro tipo (*retroceder varias páginas, correr una maratón*). Cabe agregar a estas nociones otras más específicas. Algunos estudios léxicos recientes sobre las clases de verbos presentan clasificaciones más precisas en función de este criterio.

34.4.2d   De acuerdo con el criterio *D,* los complementos directos se suelen dividir en AFECTADOS y NO AFECTADOS. Por AFECTACIÓN se entiende un cambio de estado en la persona o la cosa que representa el paciente de la acción que se menciona. Los complementos directos de los verbos de estado y situación son siempre no afectados, pero los de los verbos de acción pueden pertenecer a ambos grupos. El concepto de 'objeto afectado' permite interpretar semánticamente los verbos transitivos en función del efecto que producen las acciones que denotan. Así, verbos como *desgarrar, deteriorar, golpear, incendiar, manchar, recortar, romper,* junto con *agrandar, arreglar, componer, corregir, limpiar, reparar,* denotan diversas acciones que afectan a la forma, el tamaño, la integridad, el aspecto y otras propiedades semejantes de los referentes de su objeto directo. Los de movimiento, como *bajar, deslizar, escurrir, llevar, mover, subir, traer,* indican un cambio de ubicación. Un grupo de verbos causativos expresan acciones que producen cambios de estado anímico, como *alegrar,* 'hacer alegrarse'. Pertenecen a él *asustar, emocionar, enamorar, horrorizar.* Solo los verbos de objeto afectado participan en ciertas construcciones, como «*estar* + participio» o «*quedar* + participio»: *Los campos están quemados* (frente a *un premio que no {es ~ *está} merecido*), y «*(estar) para* + infinitivo», «*(estar) sin* + infinitivo»: *sabores sin adulterar.*

34.5   Presencia y ausencia de complemento directo

34.5.1   Verbos transitivos en uso absoluto. Construcciones genéricas

34.5.1a   Los complementos directos se omiten en ciertas circunstancias. Su RECU-PERACIÓN O REINTEGRACIÓN se puede obtener mediante recursos sintácticos, o bien a través de procedimientos léxicos. Los primeros corresponden a secuencias como la ya citada *Unos tienen oportunidades y otros no tienen* (§ 34.4.1b). El complemento directo del verbo subrayado no es el sustantivo *oportunidades,* que pertenece a otra oración, sino un elemento tácito cuyo antecedente es dicho sustantivo. En la RECU-PERACIÓN LÉXICA, por el contrario, el complemento directo queda sobrentendido sin que se obtenga necesariamente del contexto sintáctico precedente la información que se omite, como en *Sofía está leyendo* o en *Deberías escribir más a menudo*. En estos casos se habla de VERBOS TRANSITIVOS ABSOLUTOS O USADOS DE FORMA ABSOLUTA. Así, en *Los leopardos cazan de noche* se entiende que los leopardos cazan algo, pero no se recupera la información omitida del contexto precedente, sino del significado mismo del verbo *cazar* y de ciertos factores contextuales o discursivos. Estos verbos no dejan de ser transitivos en tales contextos, ni pasan a adquirir en ellos un nuevo significado. De hecho, es posible remitir al elemento que queda sobrentendido. Así, a la oración *Sofía está leyendo* podría agregarse la secuencia ... *pero no sé qué,* en la que el interrogativo permite suponer un objeto implícito de *está leyendo.*

34.5.1b   Los objetos directos omitidos en las construcciones mencionadas son PROTOTÍPICOS, en el sentido de que reciben interpretaciones generalizadas que abarcan ciertas clases de entidades. El que dice *Tengo poco tiempo para leer* no se refiere seguramente a un libro en particular, sino más bien a la literatura en general. En ciertos casos, sin embargo, la interpretación es más restringida. Por ejemplo, cuando se dice de alguien que no toma o que no bebe, se alude solo a bebidas alcohólicas, y si se le pide que escriba con más frecuencia, se da a entender que se habla de cartas, o tal vez de literatura.

34.5.1c   De acuerdo con lo dicho en el apartado anterior, los usos absolutos son particularmente frecuentes en las construcciones genéricas, sobre todo en las que se forman con verbos transitivos que denotan alguna capacidad o alguna función, como en *Decididamente no oigo bien* (Gala, *Petra*); *Ese cuchillo es atroz. ¿Sabe si corta bien, por lo menos?* (Ocampo, *Cornelia*). Muchos refranes contienen construcciones genéricas en las que se suelen contrastar términos opuestos o presentados como tales, lo que favorece el uso absoluto de los verbos transitivos: *El hombre propone y Dios dispone; El que parte y reparte se lleva la mejor parte; Quien calla otorga; Ojos que no ven, corazón que no siente; Mejor es tener que desear; El que espera desespera.*

34.5.1d   Muchos verbos de AFECCIÓN que admiten la alternancia de los complementos directos con los indirectos, como en *El ruido {la ~ le} molesta* (§ 35.3.1g), así como varios de causación o, en general, de INFLUENCIA, forman oraciones genéricas en las cuales se sobrentienden a menudo los complementos directos de persona ('a cualquiera', 'a uno', 'a la gente en general'), como en *Esta película aburre*, o en *Cuando el peso del día agobia* [...] (Shand, *Antón*); *Las declaraciones que enviaba el gobernador no ayudaban a ver más claro* (Uslar Pietri, *Oficio*).

34.5.2 Usos absolutos en otros contextos

34.5.2a Existe cierta relación entre la posibilidad de omitir un complemento directo y la extensión limitada del paradigma léxico que le corresponde. Se omiten a menudo, en efecto, los objetos directos presentes en la definición del verbo o deducibles directamente de ella, como en *Dio a luz ayer ~ Dio a luz ayer a una niña*. En cambio, sería difícil usar el verbo *llevar* como transitivo absoluto, ya que las personas o las cosas que pueden ser llevadas son casi ilimitadas. No obstante, no se usan como absolutos muchos verbos transitivos que restringen fuertemente sus complementos directos: *cometer, empañar, izar, verter*. Contrastan, por ejemplo, *No ejerce la abogacía desde hace años*, con objeto directo omisible, y *No imparte clases desde hace años*, con objeto directo no omisible.

34.5.2b Resulta muy frecuente la omisión en el ámbito de determinadas ACTIVIDADES, que recaen generalmente sobre algún tipo de objetos característicos. Es normal, por ejemplo, que un conductor use los verbos *conducir* o *manejar, arrancar, frenar*, etc., sin complemento directo ya que habla de vehículos; o que los profesores empleen en forma absoluta los verbos transitivos *examinar, aprobar, aplazar, suspender* o *reprobar*, pues se deduce que se refieren a sus estudiantes.

34.5.2c Los contextos OSTENSIVOS (esto es, aquellos en que lo aludido está a la vista) favorecen también la omisión del objeto directo. Así ocurre con frecuencia en las oraciones IMPERATIVAS, como *Espere; Traga; Pregunte sin miedo;* o en las réplicas y respuestas, como en *—Creo que algún día el mundo estará gobernado por los poetas y que a nadie le faltará nada, como a los pájaros. —Comprendo, comprendo —dijo Gil—* (Landero, *Juegos*), así como en rótulos o indicaciones escritas sobre aquello a lo que se refiere el complemento directo: *Romper en caso de incendio; No voltear.*

34.6 Alternancias de transitividad

Presentan alternancias entre usos transitivos e intransitivos las clases de verbos que se describen a continuación.

34.6.1 Verbos que se construyen con acusativo interno

Algunos verbos intransitivos pasan a usarse como transitivos cuando llevan COMPLEMENTOS DE ACUSATIVO INTERNO. Estos tienen un significado afín al del verbo, como en *vivir una existencia miserable, dormir el sueño de los justos* o *He llorado tantas lágrimas de dolor y de amargura* [...] *que ya no puedo seguir escuchándola* (Glantz,

Rastro). Esta afinidad se extiende a los llamados COMPLEMENTOS COGNADOS, que muestran la base léxica del verbo o se asocian con él mediante otro recurso morfológico. Es el caso de *vivir la vida*, como en *Vivió una vida fastuosa*, o en estos textos: *Tal vez él les habría hecho desarrollar inclinaciones que le permitieran* v̤i̤v̤i̤r̤ *una* v̤i̤d̤a̤ *demasiado independiente* (Hernández, F., *Nadie*); *La esperanza de perduración* [...] *es* s̤o̤ñ̤a̤r̤ *un* s̤ṳe̤ñ̤o̤ *que es olvido* (Zambrano, *Pensamiento*). También aparecen complementos directos cognados en *beber bebidas alcohólicas* o *comer comida italiana*. Estos complementos suelen resultar inviables si no van acompañados de un modificador restrictivo que aporte información adicional. No se dice, en efecto, *Murió una muerte*, pero sí *Murió una muerte horrible*. Los modificadores pueden ser oracionales: *Los indios de México afirman que no hubo tal, sino que después murió la muerte que luego diré* (Acosta, *Historia*) o *Los arrastraba* [...] *a un renunciamiento de toda esperanza fuera de la de morir una muerte que lavara todas las manchas de su cobardía en el esplendor del heroísmo* (Barea, *Forja*).

34.6.2   Verbos transitivos causativos

El grupo más nutrido de los verbos de acción está formado por los CAUSATIVOS. Las acciones que denotan dan lugar a efectos que se pueden expresar con adjetivos (*limpiar* 'hacer que quede l̲i̲m̲p̲i̲o̲'), con verbos (*matar* 'hacer m̲o̲r̲i̲r̲'; *sacar* 'hacer s̲a̲l̲i̲r̲') o con ambos (*secar* 'hacer que s̲e̲ ̲s̲e̲q̲u̲e̲ o que quede s̲e̲c̲o̲'; *romper* 'hacer que s̲e̲ ̲r̲o̲m̲p̲a̲ o que quede r̲o̲t̲o̲'). Unos pocos admiten paráfrasis con fórmulas comparativas, como en *abaratar* ('poner algo b̲a̲r̲a̲t̲o̲ o m̲á̲s̲ ̲b̲a̲r̲a̲t̲o̲'). Muchas de las alternancias en la transitividad de los verbos afectan a este grupo.

34.6.2a   Algunos verbos que pueden emplearse tanto transitiva como intransitivamente reciben en su uso transitivo una interpretación causativa parafraseable por «hacer + infinitivo». Así, en la acepción transitiva de la oración *Subieron los precios,* el grupo nominal *los precios* es el objeto directo de *subir,* de forma que la oración equivale a '[Ellos] hicieron subir los precios'. En cambio, en el uso intransitivo de *subir,* que admite la misma oración, *los precios* es el sujeto, y designa lo que experimenta el proceso que el verbo *subir* denota, sin indicación de la causa. Admiten también las dos interpretaciones otros verbos que se refieren a cambios de estado, como *aumentar, cambiar, engordar, hervir, ingresar, parar* (como en *El policía paró el auto ~ El auto paró*). Los verbos de movimiento *volar* y *correr* son causativos en *volar una cometa* o en *Los muchachos le corrían por las calles* (Cervantes, *Quijote* II), donde significan 'hacer volar' y 'hacer correr', respectivamente. El verbo *disparar* es causativo cuando el objeto directo designa un arma o una cámara. Se recomienda evitar su uso en las oraciones pasivas con sujetos personales, como en *Un aficionado fue disparado en la boca y atropellado por un coche* (*Mundo* [Esp.] 15/6/1996).

34.6.2b   Solo unos pocos verbos causativos permiten la doble interpretación mencionada en el apartado anterior. También son escasos los que tienen un correlato intransitivo con el que no se relacionan morfológicamente, como *matar – morir, sacar – salir, meter – entrar*. Es más frecuente que en la interpretación no causativa de los verbos transitivos intervengan correlatos intransitivos pronominales, que por lo general denotan algún cambio físico o psíquico. Así, *secar* designa una acción que provoca en el objeto que la recibe el proceso de *secarse*. De manera similar se comportan *aclimatar* 'hacer aclimatarse', *acostumbrar* 'hacer acostumbrarse', *dormir* 'hacer dormirse' (*dormir al niño*) y otros muchos verbos que dan lugar a pares semejantes. Se describe esta alternancia en el § 41.7.3a.

34.6.2c   Una variante de la interpretación causativa de los verbos transitivos es la llamada FACTITIVA. El que dice *Me hice un traje* no manifiesta necesariamente que lo confeccionara él mismo, sino más bien que 'Se lo hizo hacer'. He aquí otros ejemplos: *Él se corta el pelo una vez por año, por no sé qué líos de superstición y maleficios* (Arrabal, *Arquitecto*); *Pero los chicos se operaban en el hospital y nadie estaba enfermo en casa* (Bryce Echenique, *Julius*).

34.6.2d   Se está extendiendo el uso transitivo causativo de *callar* 'acallar', como en —*¿Tú me vas a callar a mí?* (Bayly, *Días*); el de *estallar,* como en *La policía estalló la bomba*; y el de *explotar* (*El niño explotó el globo*). No es aceptado en la lengua culta general el empleo transitivo y causativo del verbo *caer* en casos como *No caigas el vaso,* en el sentido de 'No lo dejes caer'. Se registra este uso en la lengua popular de algunas áreas, tanto del español americano como del europeo. Tampoco se recomienda el uso transitivo de *circular* en oraciones como *Los jugadores circulaban el balón con soltura*.

34.6.3   Otras alternancias entre usos transitivos e intransitivos de los verbos

Además de las alternancias de transitividad mencionadas, se reconocen otras que se ajustan a pautas sintácticas menos generalizadas.

34.6.3a   Un grupo nutrido de verbos transitivos admite una variante intransitiva pronominal, de significado similar o muy próximo, que aparece seguida de un complemento de régimen, como en *olvidar una fecha* ~ *olvidarse de una fecha; equivocar el camino* ~ *equivocarse de camino; encontrar a alguien* ~ *encontrarse con alguien; incautar algo* ~ *incautarse de algo*. La segunda variante del par *desayunar café* ~ *desayunarse con café* es más común en el español americano que en el europeo. Sucede, en cambio, lo contrario con *enfrentar un problema* ~ *enfrentarse con un problema* (o *a un problema*). Otras veces la alternancia da lugar a diferencias de significado, como en *comprometer la palabra dada* ('garantizar algo con ella, ponerla en prenda') ~ *comprometerse con los ciudadanos* ('adquirir un compromiso con ellos').

34.6.3b   Los verbos transitivos que alternan con los intransitivos no siempre lo hacen en la variante pronominal, ni son siempre causativos. Las alternancias se registran con complementos de régimen o con circunstanciales en pares como los siguientes:

> *cuidar {a alguien* ~ *de alguien}; pensar {algo* ~ *en algo}; hablar {ruso* ~ *en ruso}; investigar {un asunto* ~ *en un asunto}; discutir {una materia* ~ *sobre una materia}; atravesar {una crisis* ~ *por una crisis}; penetrar {algo* ~ *en algo}; subir {la escalera* ~ *por la escalera}; pasar {el puente* ~ *por el puente}.*

Se prefiere en casi todas las variantes del español americano *votar por alguien* (o *por algo*), con complemento de régimen, mientras que en el europeo o se opta por *votar a alguien* (o *algo*). Se desaconseja la construcción *esperar por alguien* o *esperar por algo* (calco del inglés) en lugar de la variante transitiva característica del español general: *esperar a alguien, esperar algo*. Es común el uso transitivo del verbo *jugar* en *jugar un partido, jugar una mano de cartas,* etc. El español americano admite también sustantivos sin artículos que designan deportes, como *jugar fútbol, jugar tenis,* etc. En el español europeo se prefieren las variantes *jugar al fútbol, jugar al tenis*.

34.6.3c   Algo más complejas resultan las alternancias de esquemas sintácticos en las que interviene el complemento indirecto, además del directo. Las que se mencionan a continuación están entre las más comunes:

> *enseñar(le) a alguien* [compl. indirecto] *música* [compl. directo] ~ *enseñar a alguien* [compl. directo] *a leer música* [compl. de régimen];
>
> *perdonar(le) a alguien* [compl. indirecto] *sus errores* [compl. directo] ~ *perdonar a alguien* [compl. directo] *por sus errores* [compl. circunstancial];
>
> *inspirar(le) a alguien* [compl. indirecto] *una frase feliz* [compl. directo] ~ *inspirar a alguien* [compl. directo] *con una frase feliz* [compl. circunstancial].

Como se comprueba, lo enseñado, lo perdonado o lo inspirado son personas o cosas claramente diferenciadas en las dos variantes de todos estos pares. La segunda variante de estas alternancias contiene un complemento de régimen o uno circunstancial, pero en ciertos casos se prescinde de ambos, como en *aconsejar(le) a alguien* (complemento indirecto) *unas vacaciones* (complemento directo) ~ *aconsejar a alguien* (complemento directo).

34.7   Complementos directos lexicalizados

34.7.1   Locuciones verbales formadas con verbos transitivos

Las LOCUCIONES VERBALES que se forman con verbos transitivos presentan una considerable variación histórica y geográfica, pero también sintáctica, léxica e incluso morfológica. Aunque aparezcan registradas como expresiones lexicalizadas en los diccionarios, constituyen grupos verbales cuyos componentes muestran cierta autonomía sintáctica, pues admiten adverbios en su interior, como el subrayado en —*Pero si estamos vivos* —*intervino uno que no había abierto* nunca *la boca* (Sábato, *Abaddón*). Algunas son TRANSPARENTES, como *pisar el acelerador* 'dar celeridad a algo', ya que es posible deducir fácilmente su sentido, mientras que otras son OPACAS, como *tomar el pelo* (a alguien) 'burlarse de él' o *pelar el diente* (a alguien) 'sonreírle, adularlo', común en el Caribe continental. Su grado de lexicalización es variable. Por ejemplo, la sustitución del complemento directo por un pronombre átono (*tomarle el pelo a alguien* > *tomárselo; meter la pata* > *meterla*) es más frecuente en el español europeo que en el americano. Un grupo numeroso de locuciones verbales contiene pronombres personales átonos, casi siempre *lo, la* o *las,* cuyo referente se intuye a veces por el contexto, pero queda sin especificar en la mayor parte de los casos. Así ocurre en *pasarlo* o *pasarla* (de una determinada manera)*, arreglárselas,* *creérselo* o *creérsela* 'actuar con suficiencia o arrogancia', *dársela a alguien con queso* 'engañarlo', *echársela* 'presumir', *dárselas* (de algo) 'fingir lo que no se es', *jugársela* 'arriesgarse', entre otras muchas. Otras locuciones verbales contienen objetos directos lexicalizados que se usan únicamente en contextos negativos o irreales (§ 48.6.2), como *No da pie con bola* o *si lo que me ofreces valiera un pimiento*.

34.7.2   Construcciones de verbo de apoyo

A diferencia de las locuciones verbales, las construcciones de VERBO DE APOYO (también LIGERO O VICARIO) se forman con verbos parcialmente desemantizados y con sustantivos, casi siempre derivados, que aportan el contenido léxico que caracteriza a la construcción, como en *dar un paseo~pasear* (§ 5.2.6b y 35.2.2c). Los verbos de apoyo transitivos más frecuentes son los que siguen:

> DAR: *dar un paso, una vuelta;* también *dar esperanzas* (a alguien), *tiempo* (a alguien o a algo), etc.
>
> ECHAR: *echar una cabezada, una partida, el cerrojo,* etc.
>
> HACER: *hacer alarde, caso, cosquillas, daño, memoria, un favor,* etc.
>
> TENER: *tener ánimo, cabida, calor;* también *tener admiración, cariño, estima, lástima, manía, miedo* (a alguien o a algo), etc.
>
> TOMAR O COGER: *tomar fuerzas, impulso, velocidad,* etc.

A mayor distancia en número de combinaciones se encuentran *pedir, poner* y otros verbos:

> PEDIR: *pedir disculpas, explicaciones,* etc.
>
> PONER: *poner remedio, fin, término* (a algo); también *poner un castigo* (a alguien), etc.

Mientras que en las locuciones verbales no se admiten las unidades léxicas próximas semanticamente (se dice *tomarle a alguien el pelo,* no *el cabello*), se aceptan, aunque con ciertas limitaciones, en las construcciones de verbo de apoyo (como en *dar un paseo, una vuelta, un rodeo*). También se admiten en las llamadas COLOCACIONES, que son combinaciones restringidas de voces cuya frecuencia de coaparición es muy elevada, como *sortear un peligro, un problema, un inconveniente,* etc., o *sembrar la duda, la incertidumbre, la sospecha,* etc.

35 El complemento indirecto

35.1   El complemento indirecto. Sus clases

35.1.1   El concepto de complemento indirecto

35.1.1a   Se llama COMPLEMENTO INDIRECTO u OBJETO INDIRECTO la función sintáctica desempeñada por los pronombres átonos de dativo, así como por los grupos preposicionales encabezados por la preposición *a* que pueden ser reemplazados por un pronombre de dativo (*Jacinto pidió a su esposa las llaves* > *Le pidió las llaves*), aunque también pueden concurrir con él: *Al Rey le han gustado las capillas que ha visto* (Lázaro Carreter, *Crónica*). Este último caso ilustra las llamadas CONSTRUCCIONES DE DOBLADO (o de DUPLICACIÓN) DEL PRONOMBRE ÁTONO. No se entiende que el verbo posea en ellas dos complementos indirectos, sino que uno reproduce el otro, o bien que ambos forman un segmento discontinuo (*Al Rey... le*). Desde el punto de vista semántico, los complementos indirectos designan el receptor, el destinatario, el experimentador, el beneficiario y otros participantes en una acción, un proceso o una situación.

35.1.1b   En algunas gramáticas tradicionales se consideraban también complementos indirectos los encabezados por la preposición *para* cuando introducen el destinatario de alguna acción. En la actualidad se piensa que no lo son, ya que no admiten la sustitución por pronombres dativos. No son equivalentes, por tanto, *Le dio un regalo a su amiga* y *Le dio un regalo para su amiga*. Los grupos preposicionales con *para* son, además, compatibles con los complementos indirectos, como se ve en el ejemplo anterior y en *Le entrega la carta para el Rey y le ordena que no acuda a Villa Giralda* (Anson, *Don Juan*), donde se comprueba que el pronombre dativo *le* y el grupo preposicional *para el Rey* tienen referentes distintos.

35.1.2   Clases de complementos indirectos

35.1.2a   La función de complemento indirecto es particularmente controvertida porque no tiene encaje fácil en la distinción entre argumentos y adjuntos (§ 1.6.1c y

1.6.2d). Cabe decir, en efecto, que el pronombre dativo *le* que aparece en *Le di el regalo* representa uno de los tres argumentos del verbo *dar*. No obstante, también son pronombres dativos los subrayados en *No me lo enoje* o en *Me apagó la luz*, que no parecen ser argumentales. Los complementos indirectos pueden dividirse, pues, en SELECCIONADOS, ARGUMENTALES O ACTANCIALES y en NO SELECCIONADOS, NO ARGUMENTALES O NO ACTANCIALES.

35.1.2b Se interpretan como complementos indirectos argumentales los que designan al DESTINATARIO de una acción (*Concedieron un premio literario a tres jóvenes escritores*) y también los llamados EXPERIMENTANTES, que se refieren al individuo que experimenta la noción que el verbo designa (*Me gustan las manzanas* o *Le cuesta caminar*). Si los complementos de ORIGEN (*alejarse de alguien*) y TÉRMINO (*acercarse a alguien*) son —como se piensa hoy— argumentales, también habrían de serlo los complementos indirectos que expresan esas nociones, como en *Se nos alejan las oportunidades* o en *No te me acerques*.

35.1.2c Desempeñan, en cambio, un papel semántico NO CENTRAL en la predicación —y, por tanto, se suelen considerar no argumentales— los llamados DATIVOS DE INTERÉS (§ 35.4.1a). Estos complementos designan el individuo que se ve beneficiado o perjudicado por la acción o el proceso que se menciona, como en *Me buscaron un albergue*. También se consideran no argumentales los dativos POSESIVOS O SIMPATÉTICOS (§ 35.4.1b, c), que hacen referencia a la persona o la cosa a la que se atribuye algo, muy a menudo en una relación de posesión o de inclusión (*A la casa se le mojó el tejado*), así como los dativos ÉTICOS (§ 35.4.2a) y los ASPECTUALES (§ 35.4.2b), que permiten integrar en el verbo un elemento igualmente ajeno a él, pero afectado en alguna medida por la noción que expresa el predicado (*No se me ponga nerviosa; Se comió toda la carne*). No obstante, algunos dativos, en especial los simpatéticos, son compatibles con otras interpretaciones. Así, el subrayado en *Le dolían las muelas* designa la persona a la que pertenecen las muelas (dativo simpatético), pero también al que experimenta el dolor (dativo argumental).

35.1.2d Como se señala en el § 1.6.3b, el carácter argumental de un segmento no implica su obligatoriedad. En los textos siguientes se omite el complemento indirecto a pesar de estar seleccionado por los verbos que se subrayan: *Y don Javier prometió que no preguntaría* (Chacón, *Voz*); *Estos impulsos de dar consejos yo los heredaba de mi madre* (Araya, *Luna*). La información correspondiente a tales complementos se recupera del contexto, pero es igualmente posible interpretar como genéricos los argumentos omitidos. Así sucede en *No sorprende que un mundo que reúne estas características pueda generar pobreza y exclusión* (*Tiempos* 21/7/2000), donde se entiende 'No le sorprende a uno, a la gente en general'. Los complementos indirectos no argumentales (§ 35.7) pueden suprimirse sin que la gramaticalidad de la secuencia se vea, por lo general, afectada.

35.1.2e Los esquemas sintácticos en que aparecen los complementos indirectos dependen de la estructura de cada predicado. Los más habituales son los siguientes:

«sujeto + complemento indirecto»: *¿A usted le gustan las vacas?* (Mihura, *Sombreros*).

«sujeto + complemento directo + complemento indirecto»: *El otro le reprochó su incredulidad* (García, A., *Mundo*).

«sujeto + complemento indirecto + complemento de régimen»: *No le habló de operar* (Sampedro, *Sonrisa*).

«sujeto + complemento indirecto + atributo»: *Yo a usted le he sido fiel desde el principio hasta el fin* (Herrera Luque, *Casa*).

Es muy frecuente, sin embargo, la alternancia de esquemas constructivos con un mismo predicado. En efecto, la oración *Me admiro de tu elocuencia* es compatible con las variantes *Me admira tu elocuencia* o, sin complemento indirecto, *Admiro tu elocuencia,* las tres con un significado similar. Cambia el significado, en cambio, en otras alternancias, por ejemplo en *Cerró la puerta ~ Se le cerró la puerta; Perdí la billetera ~ Se me perdió la billetera,* en las que el dativo se interpreta como marca de la naturaleza involuntaria de un suceso. Las alternancias pueden estar sujetas a variación geográfica. Así, el argumento que representa la persona a quien se cree suele ser complemento indirecto en casi todas las variantes del español americano (*A Marta no le creí*), pero complemento directo en el español europeo (*A Marta no la creí*).

35.2   Constitución del complemento indirecto

Como se ha señalado más arriba, el complemento indirecto puede ser un pronombre (*Le pidió permiso*), un grupo preposicional (*Pidió permiso a su jefe*) o ambas cosas a la vez (*Le pidió permiso a su jefe*).

35.2.1   Complementos indirectos pronominales

35.2.1a   Los pronombres que desempeñan la función de complemento indirecto pueden ser ÁTONOS O TÓNICOS. Los átonos presentan el caso dativo. Poseen formas características para la tercera persona (*le, les*), pero no se distinguen de los pronombres acusativos en las demás (*me, te, nos, os, se*). Los tónicos aparecen en caso preposicional u oblicuo (§ 16.2) precedidos de la preposición *a: mí, ti, vos, usted, él, ella, nosotros, nosotras, vosotros, vosotras, ustedes, ellos, ellas, sí.* Como se explica en el § 35.2.3b, en el español actual aparecen reduplicados mediante un pronombre átono: *Me lo dijeron a mí ~ *Lo dijeron a mí.*

35.2.1b   Los pronombres átonos de dativo preceden a los de acusativo cuando ambos forman un conglomerado pronominal átono (§ 16.4.2b): *Me lo contó; Te las traerá; para decírselo.* Si los pronombres de acusativo presentan rasgos de tercera persona, *le* y *les* adoptan la forma *se,* que no debe confundirse con el reflexivo homónimo. Así, *se* es dativo reflexivo en *Se hizo un regalo,* pero equivale a *le* o *les* en *Se lo dijo* o en *Se las traerá* (en lugar de **Le lo dijo* y **Le las traerá*). Las combinaciones *se lo, se la,* etc., se derivan de las antiguas formas *gelo, gela,* que proceden de la combinación de los pronombres latinos de dativo con los de acusativo: *dedit illis illud > dio gello > dio gelo > dióselo.* La grafía *-g-* representa una consonante palatoalveolar fricativa sonora en estos contextos. Adelantó, pues, su zona de articulación y se ensordeció al dar paso a la alveolar [s]: *quitárselas, diéronsela,* etc.

35.2.1c   Dado que la forma *se* de los pronombres dativos de tercera persona carece de marca de plural, tiende a marcarse como tal el acusativo siguiente en amplias
zonas de América, así como en Canarias (España), de modo que se dice *Aquello se los
dije a tus hermanos* en lugar de *se lo dije...* El fenómeno se acepta de manera desigual
en la lengua culta de las áreas mencionadas. Resultan aún más marcadas, y se recomienda evitarlas, las variantes de esta construcción en que se transfiere al acusativo
no solo el número, sino también el género (*Aquello se las dije a tus hermanas*) o el
caso (*Ya se les dije*). Cuando se combinan varios pronombres átonos, el pronombre
se precede a los demás (§ 16.4.2b). No han pasado a la lengua culta las construcciones con el orden inverso (*Me se cayó; Te se ve*), que se recomienda evitar.

35.2.1d   El pronombre *le / les* no es dativo, sino acusativo, cuando se emplea en las
oraciones impersonales con *se* que contienen complementos directos de persona en
masculino. En efecto, *le* es el complemento directo de *querer* en *Pobre Marcel, si
supiera cuánto se le quiere en el Perú* (Bryce Echenique, *Martín Romaña*). Se han
llamado DOBLEMENTE PRONOMINALES las construcciones formadas con unos pocos
verbos pronominales de pensamiento y afección, como *olvidar, antojar, ocurrir* (en
el sentido de 'venir a la mente'), que, además del pronombre concordante con el
sujeto, exigen otro en dativo. Resulta, pues, agramatical la oración **Se ocurrió una
idea extravagante*, que requiere la presencia de dicho dativo: *Se {me~te~le~les...}
ocurrió una idea extravagante*.

35.2.1e   Son muy frecuentes en México y en zonas de Centroamérica los dativos
que no desempeñan propiamente una función sintáctica ni se vinculan con ningún
referente. Así ocurre con el subrayado en *Leonor abrió la puerta y le dio gusto verme.
–Pásale por aquí– dijo* (Ibargüengoitia, *Crímenes*). Es muy común que estos dativos
expresivos (llamados a veces *espurios* o *superfluos*) den lugar a expresiones interjectivas, bien unidos a un imperativo, como en *Pues para luego es tarde. Ándele, éntrele*
(Castellanos, R., *Eterno*), o bien a una forma no verbal: *Acarreábamos baldes de agua
o volvíamos a examinar los cuartos del fondo, híjole* (Azuela, A., *Casa*).

35.2.2   Complementos indirectos constituidos por grupos preposicionales

35.2.2a   Los grupos preposicionales que ejercen la función de complemento indirecto están siempre encabezados por la preposición *a,* tanto si el pronombre átono
está presente (*Le pidió permiso a su jefe*) como si no es así (*Pidió permiso a su jefe*). El
término de la preposición puede ser definido o indefinido, pero no suele estar constituido por nombres escuetos, salvo que vayan coordinados: *La medida afecta a
pensionistas y parados.* El lugar que corresponde al grupo nominal en estas construcciones puede ser ocupado por un pronombre tónico, sea personal, como en *No
te lo pedí a ti; Nos lo dijo a nosotros,* o de otro tipo, como en *Fue una urgencia repentina, a cualquiera le pasa* (Collyer, *Pájaros*). Como se ha explicado en el § 35.2.1a, la
diferencia fundamental entre estos usos radica en que el pronombre personal tónico
requiere que el átono lo duplique (*Te lo di a ti~*Lo di a ti*), mientras que si el
pronombre no es personal, se admite mayor variación en función de la naturaleza
del predicado: *Eso le pasa a cualquiera~*Eso pasa a cualquiera~Das tu dinero a
cualquiera.* Véase, en relación con estas construcciones, el § 35.2.3.

35.2.2b   Como consecuencia de las interpretaciones características del complemento indirecto (§ 35.1.2b), resulta lógico que los grupos nominales correspondientes se construyan con nombres de personas o animales en la mayor parte de los contextos. Se registran, sin embargo, algunas excepciones. Así, los complementos indirectos que denotan origen, destino o ubicación (§ 35.3.2) se refieren a cosas materiales de cualquier naturaleza: *En realidad lo que deseaban era echarle un vistazo a la terraza del departamento* (Bryce Echenique, *Martín Romaña*). También pueden referirse a ellas otros complementos que se interpretan como destinatarios, en función de cuál sea el objeto directo: *Yo suelo tratar de hacer intervenciones iniciales breves, para dar más espacio a las preguntas que ustedes deseen hacer* (Granma 6/1996).

35.2.2c   Los casos que presentan la pauta del último ejemplo citado en el apartado precedente han sido interpretados como indicio de que no es propiamente el verbo el que selecciona los dos argumentos internos al predicado verbal, sino que el predicado complejo «verbo + complemento directo» toma en su conjunto un complemento indirecto que incide sobre la unidad así constituida. Proporcionan uno de los argumentos más claros a favor de ese análisis las oraciones subordinadas sustantivas, que denotan situaciones o hechos (§ 43.1.1d). Estas nociones solo son compatibles con el concepto de 'destinatario' en unas pocas construcciones formadas con *dar, hacer* y otros verbos de APOYO o SOPORTE (§ 1.5.2e) seguidos de determinados complementos directos. Se forman con ellos secuencias semilexicalizadas del tipo de *dar importancia* (también *ocasión, preferencia, prioridad, relevancia*, etc.), junto a otras plenamente lexicalizadas: *hacer ascos, prestar atención*, etc. (§ 35.2.2f). Las oraciones subordinadas sustantivas solo desempeñan la función de objeto indirecto en las construcciones así formadas, como en *No le hacía ascos a que lo adularan* o en *Usted da gran importancia a que las mujeres se expresen por escrito* (Ocampo, V., *Testimonios*).

35.2.2d   Mediante el proceso que se acaba de describir se forma un buen número de predicados complejos constituidos casi siempre por sustantivos abstractos nominales que se unen a *dar* y otros verbos de apoyo y llevan complementos indirectos de naturaleza argumental. Aunque estos complementos lo son de todo el predicado, están seleccionados por los sustantivos que lo constituyen. Se forman así predicados complejos como *dar* (a alguien o algo) *un abrazo, un beso, un bofetón, un consejo, un empujón, una explicación, una orden*, etc.; *echar* (a alguien o a algo) *una bronca, una mirada, un rapapolvo, un vistazo*, etc.; *hacer* (a alguien o a algo) *un arrumaco, una caricia, una confesión, un gesto, una pregunta, una señal*, etc.; *poner* (a alguien o a algo) *pegas, peros*, etc.

35.2.2e   Como se ha explicado, la mayor parte de estos predicados complejos están formados por un verbo y un sustantivo abstracto. Sin embargo, también es común la construcción «dativo átono + [verbo (semi)copulativo + adjetivo]»: *Los jueces les eran hostiles; La información me fue útil*. Los pronombres dativos que aparecen en estas oraciones están seleccionados por los adjetivos *hostil* y *útil* respectivamente, pero como los adjetivos carecen de la propiedad de albergar pronombres átonos, se crea el predicado complejo «verbo (semi)copulativo + adjetivo», al que se INCORPORA el pronombre átono. Estas alternancias ponen de manifiesto que los pronombres dativos pueden incidir sobre un verbo que no los selecciona semánticamente. Los adverbios locativos proporcionan estructuras muy similares. Estas construcciones dan lugar a alternancias entre los complementos del adverbio introducidos por la preposición *de* y los complementos de dativo, como en *Anda detrás de él ~ Le anda detrás*. Aunque no se dan solo con verbos de movimiento, son características de ellos:

> Una mujer denunció que mientras caminaba por la calle le cayeron al lado dos baldosas de mármol de tamaño pequeño (*País* [Esp.] 28/11/2008); Se le metía debajo y se apoderaba de todo él (García Márquez, *Amor*); Sacó una botella de agua bendita y nos la echó encima (Mastretta, *Vida*).

35.2.2f Son muy numerosas las LOCUCIONES VERBALES que contienen o que exigen complementos indirectos. No se consideran locuciones, sin embargo, las construcciones formadas con verbos de apoyo a las que se ha aludido en los apartados precedentes, puesto que los sustantivos que contienen forman parte de paradigmas: *pena*, por ejemplo, alterna con *alegría, asco, escrúpulo, gusto, lástima* y otros sustantivos en *dar pena a alguien*. Las locuciones verbales de complemento indirecto se pueden dividir en tres grupos. El primero está formado por aquellas que contienen complementos indirectos FIJOS, en el sentido de constituidos por grupos nominales que no alternan con otros, como en *buscarle cinco* (o *tres*) *pies al gato, dar tres cuartos* (también *cuartos* o *un cuarto*) *al pregonero, darle vueltas a la cabeza, echar(le) guindas al pavo, pedir(le) peras al olmo, poner(le) el cascabel al gato, verle las orejas al lobo*.

35.2.2g El segundo grupo es el más numeroso. Está constituido por perífrasis que se construyen con un complemento directo fijo (a veces con otros complementos o con un sujeto: *caérsele la baba a alguien, hacérsele la boca agua a alguien*) y un complemento indirecto variable de carácter argumental. He aquí algunos ejemplos, muchos de los cuales se forman con *dar* (en todos cabe añadir *le*):

> *bailar el agua* (a alguien), *complicar la vida* (a alguien), *dar alas* (a alguien), *dar* o *meter caña* (a alguien), *dar carrete* (a alguien), *dar curso* (a algo), *dar de lado* (a alguien), *dar ejemplo* (a alguien), *dar guerra* (a alguien), *dar gusto* (a alguien), *dar la {lata ~ matraca ~ murga ~ vara}* (a alguien), *dar la mano* (a alguien), *dar la razón* (a alguien), *dar paso* (a algo o a alguien), *dar* —en algunos países, *echar*— *una mano* (a alguien), *echar el cierre* (a algo), *ganar la partida* (a alguien), *hacer ascos* (a algo o a alguien), *parar los pies* (a alguien), *tirar de la lengua* (a alguien), *tomar el pelo* (a alguien), etc.

35.2.2h Al tercer grupo pertenecen las locuciones que contienen otra variable sintáctica, además de la correspondiente al objeto indirecto. Esta otra variable puede ser el complemento directo, como en *echar(le) en cara* (algo a alguien); un complemento del nombre, como en *hacer(le)* (a alguien) *el honor* (de algo); un complemento preposicional, como en *ir* (a alguien con algo); un predicativo adjetival o adverbial, como en *caer* (a alguien de cierta forma) *{antipático ~ bien ~ regular ~ simpático}*.

35.2.3 Complementos indirectos duplicados

35.2.3a Es habitual en español que los complementos indirectos formen construcciones llamadas DE DOBLADO O DE DUPLICACIÓN. El grupo preposicional que ejerce la función de complemento indirecto aparece reproducido en ellas mediante un pronombre átono de dativo, como en *Les gusta a ellas; Les gusta a las muchachas*. La duplicación del complemento indirecto es obligada en algunos casos, mientras que en otros resulta opcional.

35.2.3b   Al igual que sucede con los complementos directos (§ 34.2.2a), la duplicación es obligatoria si el grupo preposicional se forma con pronombres personales tónicos. Se obtienen así contrastes como *Di el dinero a los muchachos ~ *Di el dinero a ellos; Entregó los documentos al jefe ~ *Entregó los documentos a él*. También es obligatoria en las construcciones de tópico inicial, que se denominan DISLOCADAS (§ 40.2.3). Se diferencia, pues, marcadamente *(Les) lanzó ayer un buen sermón a sus hijos,* donde podría omitirse el pronombre *les,* de *A sus hijos, les lanzó ayer un buen sermón,* donde no se omite si se desea mantener la estructura sintáctica. En cambio, el pronombre puede o no aparecer en las construcciones de FOCO inicial (§ 40.3.3a-c): *¡A poca gente (le) habrá dado don Luis tantas oportunidades como a ti!* En muchos casos, la ausencia de duplicación se asocia con un registro más elevado: *Dio la noticia a su marido ~ Le dio la noticia a su marido.*

35.2.3c   Intervienen otros factores en la presencia o ausencia de duplicación. Así, predomina la ausencia del pronombre dativo en las construcciones con complementos indirectos que se interpretan como DESTINATARIOS de una acción: *Entregaron a Alex un canasto* (Allende, *Ciudad*). El pronombre átono raramente se omite, en cambio, con los que se interpretan como EXPERIMENTADORES, como se aprecia en el contraste *{Le duelen ~ *Duelen} las muelas a Inés,* salvo la excepción de los grupos verbales formados con verbos de apoyo: *Esas películas {dan ~ le dan} miedo al niño.*

35.2.3d   En los casos de alternancia opcional, la elección puede tener consecuencias semánticas. Se ha observado que la presencia del pronombre invita a interpretar la COMPLETITUD del evento, y también que contribuye a que se interprete que la situación descrita afecta en mayor medida al destinatario o implica algún cambio de estado en él. Así, es esperable la ausencia de doblado en *De estudiante enseñó inglés a los inmigrantes latinos* (*Nuevo Herald* 30/6/1997), puesto que se describe en esa oración cierta actividad de alguien, sin que sea pertinente si los inmigrantes latinos aprendieron o no inglés. La presencia del pronombre átono (*les enseñó inglés...*) daría a entender, por el contrario, que ese aprendizaje se produjo. Se percibe también un cambio de significado cuando se elimina el pronombre en los complementos indirectos de dirección o destino. Así, en *Acerqué la silla a Marisa* se entiende que se mueve una silla hacia la posición que ocupa cierta persona, mientras que en *Le acerqué la silla a Marisa* puede entenderse igualmente que se hace algo en provecho de esa persona (dativo de interés), sin que se conozca el destino del movimiento que se menciona.

35.2.3e   Cuando los complementos indirectos designan al que experimenta algo, es más fácil prescindir del pronombre átono si aquel está representado por el cuantificador *todos* o por cuantificadores indefinidos, como en *Esas medidas no (les) gustan a todos; La subida de intereses no (le) sorprendió a nadie; El ruido nocturno (le) molesta a mucha gente.* Algo similar ocurre con las oraciones genéricas. Exceptuada la lengua literaria, no resultan hoy naturales oraciones como *La novela interesó* *mucho a Fernando,* sin duplicación. Es común, en cambio, en todos los registros la pauta que representa *Estas novelas interesan poco a la gente,* igualmente sin pronombre duplicado, pero con complemento indirecto genérico. A esta misma pauta pertenece el fragmento siguiente: *Hoy solo interesa [el teatro] a una clase media intelectual* (*Vanguardia* [Esp.] 2/6/1995).

35.2.3f Es optativo el pronombre átono en muchas de las construcciones que contienen dativos seleccionados por adjetivos, como en *Tal flujo de pesimismo evidentemente será útil a la oposición laborista* (*Universal* [Ven.] 6/4/1999), pero es más frecuente la variante con duplicación: *Gerardo, a quien le eran indiferentes las "mocosas", la miró distraídamente* (Bain, *Dolor*).

35.2.3g Los complementos indirectos de interés (§ 35.4.1a) y los simpatéticos (§ 35.4.1b) rara vez se construyen con la sola presencia del grupo preposicional. No resulta, pues, natural hoy suprimir el pronombre átono en *Le recogía las cartas al vecino del segundo* o en *Les había encontrado casa a las tres familias.* Aun así, admiten mejor la ausencia de duplicación los complementos de interés (*Julio reparó la lavadora a Luisa*) que los simpatéticos (**Se hincharon los pies a la abuela*). Los dativos éticos aparecen de forma característica como pronombres átonos (*La niña se me puso nerviosa*), pero a veces admiten la construcción de doblado (*La niña se le puso nerviosa a la profesora*). Sin embargo, nunca quedan reducidos únicamente al grupo preposicional: **La niña se puso nerviosa a la profesora.*

35.2.3h En las construcciones reduplicadas, los pronombres átonos concuerdan con los tónicos o con el grupo nominal al que se refieren. Sin embargo, es frecuente emplear el dativo *le* en correspondencia con un grupo preposicional construido con sustantivos en plural: *Y poco a poco voy cogiendo complejo de que soy la que sobro... De que te sobro a ti, y le sobro a mis padres y a todos* (Martínez Mediero, *Juana*); *Me compra manises para que le dé a los monos* (Benedetti, *Primavera*). Esta discordancia se registra en todas las áreas lingüísticas, sobre todo en la lengua oral. Se recomienda, no obstante, evitarla en los registros formales.

35.3   Complementos indirectos seleccionados o argumentales

35.3.1   Sus clases

35.3.1a Los complementos indirectos argumentales se pueden clasificar con varios criterios. Debe tenerse en cuenta, ante todo, si el verbo al que modifican es o no el que los selecciona semánticamente. En el primer caso se obtienen PREDICADOS SIMPLES, como en *Le entregó el dinero* (donde *le* es complemento de *entregar*); en el segundo caso se obtienen PREDICADOS COMPLEJOS, como se explicó en los § 35.2.2c-f. Así, el pronombre *le* en *Le anduvo cerca* incide sobre el predicado complejo *andar cerca,* pero está seleccionado por el adverbio *cerca* y se interpreta como argumento suyo ('Anduvo cerca de él'). El mismo análisis se extiende a *Le fue imposible; Te será fácil,* y otros casos en los que se incorpora a un predicado complejo un argumento de su segundo componente (§ 35.2.2e y 35.3.1j).

35.3.1b   Desde el punto de vista semántico, los complementos argumentales se pueden clasificar con dos criterios estrechamente interrelacionados: la interpretación del complemento y la clase semántica a la que corresponde el verbo al que complementan. De acuerdo con el primer criterio, se distinguen cinco tipos fundamentales de complementos indirectos argumentales: los que designan el DESTINA-TARIO de una acción o un proceso, como en *Le entregaron el dinero;* los que designan el depositario de cierta experiencia, sea o no sensorial (EXPERIMENTADOR O EXPERI-MENTANTE), como en *Le gustaba madrugar;* los que expresan el punto de ORIGEN de una acción o un movimiento, como en *Se nos apartó* (en alternancia con *Se apartó de nosotros*); los que denotan el TÉRMINO de esas acciones, como en *Le fue a su mamá con el cuento,* y los que expresan la UBICACIÓN (en el sentido de 'lugar en donde', por oposición a 'lugar adonde' o 'lugar de donde') de alguna cosa, como en *Le puso flores a la mesa.*

35.3.1c   Si se atiende al significado de los verbos que se construyen con complementos indirectos argumentales, el primer grupo que cabe establecer es el de los que denotan TRANSFERENCIA. El complemento indirecto expresa en estos casos el receptor o el destinatario de dicho proceso, y suele concurrir con un objeto directo que designa la entidad transferida. A ese grupo de verbos pertenecen, entre otros muchos, *ceder, conceder, confiar, dar, dejar, devolver, entregar, enviar, legar, llevar, mandar, ofrecer, otorgar, pagar, prestar, proporcionar, regalar, remitir, retribuir* y *traer.*

35.3.1d   Los VERBOS DE COMUNICACIÓN también se consideran, en sentido amplio, verbos de transferencia, puesto que cabe entender que la noción transferida es la información que se suministra. A este extenso paradigma de verbos, que también poseen objetos indirectos argumentales en algunos de sus usos, corresponden, entre otros, *anunciar, avisar, comunicar, contar, contestar, decir, dictar, escribir, explicar, exponer, informar, manifestar, notificar, referir, repetir, replicar, revelar, sugerir, transmitir.* El complemento directo de estos verbos puede constituir una oración subordinada sustantiva (§ 43.2.3a), propiedad muy infrecuente, sin embargo, en los verbos del grupo mencionado en el apartado anterior: *Ya le habían comunicado que sería bueno separar algunos negocios* (García, A., *Mundo*).

35.3.1e   Los verbos que expresan DEMANDA se han considerado igualmente un subgrupo de los verbos de transferencia. En las dos opciones que se muestran en *pedirle {dinero ~ una respuesta}* se transfiere cierta petición, pero se espera a la vez determinada acción del que la recibe. A este grupo pertenecen, entre otros, *demandar, encargar, exigir, implorar, pedir, preguntar, recabar, reclamar, requerir, rogar, solicitar, suplicar, urgir.* Constituyen, asimismo, un subgrupo de los verbos de transferencia los llamados DE INTERCAMBIO, como *alquilar, arrendar, comprar* o *vender.*

35.3.1f   Además de los verbos que expresan transferencia, poseen complementos indirectos argumentales los que denotan ASIGNACIÓN O ATRIBUCIÓN de algo, como *achacar, adjudicar, asignar, atribuir, corresponder, imputar, otorgar* o *reconocer: Si asistía a una operación cardíaca, le achacaban un coqueteo con el médico* (Caras 1/9/1997); *Al distribuir todo entre la gente a él le correspondía un plátano, una yuca* (Alape, *Paz*).

35.3.1g   Son también argumentales los complementos indirectos de los VERBOS DE AFECCIÓN (llamados a veces PSICOLÓGICOS) que designan muy diversas inclinaciones o reacciones de tipo sensorial o anímico: *Le picaba la barba* (*País* [Esp.] 2/6/1987); *Ya sin la compañía de la princesa, el destartalado desamparo de la quinta me agobiaba terriblemente* (Mutis, *Maqroll*). Pertenecen a este grupo, entre otros, los verbos *aburrir, agradar, alegrar, asombrar, asustar, atraer, cansar, complacer, desagradar, disgustar, divertir, doler, encantar, entristecer, entusiasmar, extrañar, gustar, herir, interesar, irritar, molestar, ofender, pesar, preocupar, sorprender.* El complemento indirecto de los verbos de afección designa el individuo que experimenta algo, mientras que en el esquema sintáctico más común, la causa de la sensación o el sentimiento suscitado está representada por el sujeto: *Le* [complemento indirecto] *encantaban los boleros* [sujeto].

35.3.1h   Se ha resaltado en muchas ocasiones que los complementos indirectos de los verbos de afección tienen ciertas propiedades en común con los sujetos. El paralelismo no se basa únicamente en la existencia de pares como *Me admira tu valor ~ Admiro tu valor* o como *lo que me apetece ~ lo que apetezco,* sino también en otros aspectos de la sintaxis. Así, por ejemplo, el sujeto de la oración principal proporciona en un gran número de casos el antecedente del sujeto tácito del infinitivo subordinado, como en *Lulú prefiere Ø nadar en el mar* (donde se marca con el signo Ø el sujeto tácito del infinitivo y se subrayan los elementos correferentes). Los complementos indirectos de los verbos de afección ejercen ese mismo papel sintáctico, a pesar de que no son sujetos: *A Lulú le gusta Ø nadar en el mar.* El modo subjuntivo proporciona otro de esos puntos de contacto. En efecto, el sujeto del verbo principal y el del subordinado no son correferentes en oraciones como *Norberto desea que regrese.* Se obtiene el mismo resultado en *A Norberto le agrada que regrese,* pero en este caso los elementos que no pueden correferir son el complemento indirecto de la oración principal y el sujeto tácito de la subordinada. Existen otros puntos de contacto, similares a estos, entre los complementos indirectos de los verbos de afección y los sujetos de otros predicados.

35.3.1i   Se construyen también con complementos indirectos argumentales los verbos que indican ACAECIMIENTO (*ocurrir, pasar, suceder*), ATINGENCIA O PERTINENCIA (*atañer, concernir, corresponder, importar, incumbir*), DAÑO O PROVECHO (*beneficiar, convenir, dañar, perjudicar*), NECESIDAD, ADECUACIÓN O SUFICIENCIA (*bastar, faltar* o *hacer falta, restar, sobrar*), PERTENENCIA (*pertenecer*) y UTILIDAD (*servir*). Los complementos indirectos de estos verbos se refieren a individuos que participan de forma no activa en muy diversos procesos que les afectan o que los involucran. Están, pues, cercanos a los llamados *experimentadores,* aunque no existe acuerdo sobre si han de asimilarse o no a ese paradigma.

35.3.1j   Como se explicó en el § 35.2.2e, los complementos argumentales de ciertos adjetivos se manifiestan sintácticamente como pronombres dativos que inciden sobre todo el grupo verbal, a veces en alternancia con otros predicados. Se obtienen así pares como *Me es útil ~ Me sirve; No me es posible ir ~ No puedo ir.* Aunque estas construcciones se forman de manera característica con el verbo *ser,* se registran también ocasionalmente con *estar, parecer* o *resultar,* como en *Esa historia siempre me resulta muy útil para justificar ante la gente mi miedo a salir de casa* (Vila-Matas, *Suicidios*).

35.3.2 Complementos argumentales de término, origen y ubicación

Los complementos indirectos que se estudian bajo este epígrafe suelen alternar con complementos de régimen, como se advierte en los siguientes pares: *Se acercó a ella~Se le acercó* (dirección, destino o término); *Se apartó de ellos~Se les apartó* (origen, procedencia o fuente); *Eché sal en la ensalada~Le eché sal a la ensalada* (ubicación). Mientras que en el español europeo suelen construirse con sujetos de tercera persona (*Se me escapó; Se nos alejaban*), en el americano se admiten con igual normalidad las demás personas gramaticales: *Me le escapé; Me les solté; Te nos alejaste; Te les enfrentaste.*

35.3.2a Los verbos que seleccionan complementos indirectos que indican DIRECCIÓN, DESTINO O TÉRMINO pueden pertenecer a varios grupos semánticos, entre los que destacan especialmente los siguientes:

> APROXIMACIÓN: *acercar(se), aproximar(se), arrimar(se)*, como en *Se nos acercó*, en alternancia con *Se acercó a nosotros.*
>
> IGUALDAD O SIMILITUD: *asimilar(se), comparar(se), equiparar(se), igualar(se), parecer(se)*, como en *Se les equiparan*, en alternancia con *Se equiparan a ellas.*
>
> ADICIÓN O CONTACTO: *unir(se), juntar(se), agregar(se)*, como en *Se les unió*, en alternancia con *Se unió a ellos.*
>
> SUJECIÓN O DEPENDENCIA: *acomodar(se), adaptar(se), acoplar(se), ajustar(se), someter(se), rendir(se)*, como en *Se nos había rendido*, en alternancia con *Se había rendido a nosotras.*
>
> ADVENIMIENTO, PRESENCIA O MANIFESTACIÓN: *sobrevenir, venir(se), llegar, aparecer(se)*, como en *Se les apareció un ángel*, en alternancia con *Se apareció a ellos un ángel.*

Repárese en que los complementos de régimen con los que alternan estos complementos indirectos se identifican como tales porque pueden aparecer sin doblado pronominal en contextos como *Se acercó a nosotros; Se unió a ellos*, que no exigen que el complemento con el pronombre personal tónico se duplique (§ 35.2.3b).

35.3.2b La noción opuesta a la de 'aproximación' es la de SEPARACIÓN. Los verbos que expresan esta noción (*alejarse, apartarse, escaparse, soltarse*, etc.) se construyen con el llamado DATIVO DE ORIGEN O PROCEDENCIA, que alterna también con complementos de régimen: *apartársele~apartarse de él*. Admiten asimismo esta pauta algunos verbos que expresan oposición (*Se te opuso~Se opuso a ti; Se nos enfrentó~Se enfrentó a nosotros*), admisión o juicio (*No le acepto nada~No acepto nada de usted*) y demanda (*Le solicitó autorización~Solicitó autorización del director*).

35.3.2c Se relacionan con los anteriores, y dan lugar a pautas similares, los predicados que denotan las nociones contrarias a las que allí se vieron. Así, la de ocultamiento se opone a la de presencia o manifestación: *Se le esconde~Se esconde de él; Se nos oculta~Se oculta de nosotros*. Este uso del complemento indirecto (DATIVO PRIVATIVO en algunas gramáticas tradicionales) es asimismo característico de los verbos que denotan la acción de tomar algo de un lugar o de una persona separándolo de donde está, o bien anulando la relación de pertenencia característica de su situación anterior. Pertenecen a este nutrido grupo de verbos *amputar, arrancar, confiscar, cortar, detraer, estafar, extraer, hurtar, quitar, retirar, robar, sacar, sonsacar, suprimir, sustraer* y *tomar,* entre otros. Todos ellos se pueden construir con complementos indirectos y muchos —aunque no todos— dan lugar a alternancias con complementos de origen, como en *arrancar del árbol una rama ~ arrancarle al árbol una rama.* Se ha observado una estrecha relación entre los complementos indirectos de procedencia y los simpatéticos. Esta relación es consecuencia natural del hecho de que se separa o se aparta de algo o de alguien aquello que le pertenece.

35.3.2d Los complementos indirectos que expresan UBICACIÓN dan lugar a alternancias como *Notamos algo raro en ella~Le notamos algo raro; Puse el mantel en la mesa~Le puse el mantel a la mesa.* Estos complementos presentan mayores dificultades que los de los grupos analizados en los apartados precedentes para aparecer en construcciones no dobladas. Contrastan, en efecto, *Se (le) acercó a Ana,* con doblado optativo, y *Puse el mantel a la mesa,* irregular por ausencia de doblado. Al igual que sucede con los verbos de procedencia, también en los de ubicación son inestables los límites entre esta clase y la de los simpatéticos. Así, el grupo nominal *la batería* en *Le puse la batería al auto* designa el lugar en que se deposita algo (complemento de ubicación), pero también el todo al que se reintegra una parte, como en las construcciones características del dativo posesivo (§ 35.4.1c). Los dativos que se interpretan como complementos de los adverbios de lugar (*Va a la zaga de él~Le va a la zaga:* § 35.2.2e) expresan también ubicación.

35.4 Complementos indirectos no seleccionados o no argumentales

35.4.1 Dativo de interés y dativo simpatético

35.4.1a Se llaman tradicionalmente DATIVOS DE INTERÉS O COMPLEMENTOS INDIRECTOS DE INTERÉS los complementos indirectos no argumentales que denotan la persona o la cosa que resulta beneficiada o perjudicada por la acción verbal. Así, el verbo *describir* posee dos argumentos que designan, respectivamente, el agente de la acción y el objeto de la descripción. No obstante, ese verbo aparece con tres participantes en el ejemplo *Un empleado del banco le describió a* Clarín *a uno de los asaltantes* (*Clarín* 16/9/1997). El tercer participante, designado por el complemento indirecto, es el beneficiario de la acción. El dativo de interés puede referirse también a quien resulta perjudicado por ella, como en *Te hizo un verdadero estropicio.* La existencia de esta doble interpretación ha llevado a acuñar términos como DATIVO DE DAÑO O PROVECHO, DATIVO BENEFACTIVO O MALEFACTIVO, entre otros similares.

35.4.1b El DATIVO SIMPATÉTICO O POSESIVO se interpreta como un complemento indirecto de posesión. En efecto, el español expresa a menudo el poseedor mediante pronombres átonos de dativo en concurrencia con frases nominales que expresan la cosa poseída y que se construyen con determinante (§ 14.3.5 y 18.3.3a), como en *Se le hincharon los pies; Se te nubló la vista; Se me torció el tobillo* (también *Me torcí el tobillo*), en lugar de *Se hincharon sus pies; Se nubló tu vista; Se torció mi tobillo.* Esos grupos nominales, que designan muy frecuentemente partes del cuerpo, suelen ejercer la función de sujeto, pero también pueden desempeñar la de objeto directo, como en el ejemplo mencionado *Me torcí el tobillo* o en *El perro le mordió la pierna.*

El grupo preposicional que los contiene desempeña la función de complemento circunstancial de lugar en *El perro le mordió en una pierna* o *Le picaba en la sien*. El
dativo simpatético es compatible con otros contenidos, lo que le permite aparecer
con predicados que seleccionan objetos indirectos argumentales. Así, el pronombre
me en *Me duelen los oídos*, designa la persona a la que pertenecen los oídos, pero
también a quien experimenta el dolor, como se señaló en el § 35.1.2c.

35.4.1c   En un buen número de casos, la noción semántica que expresan los dativos
posesivos no es solo POSESIÓN O PERTENENCIA, sino más bien INCLUSIÓN, puesto
que ponen de manifiesto relaciones de «PARTE – TODO», como las que se dan entre
un ser animado y las partes de su cuerpo (*Me duele la espalda*) o entre un objeto y las
partes que lo componen (*Al avión le empezó a fallar el motor izquierdo; Les cortare-
mos las puntas a los tallos*). En general, es sumamente frecuente que los verbos de
dos argumentos (como *lavar* o *romper*) se construyan con tres participantes (sujeto,
complemento directo y complemento indirecto) cuando el segundo de ellos designa
una parte del elemento expresado por el tercero: *Le lavó la cara al niño; Le rompió la
ventana al auto*, etc. El dativo simpatético denota otras veces relaciones más laxas
que el español suele expresar mediante posesivos, tales como el parentesco (*Se le
casaron todos los hijos*), la autoría (*Te ha quedado muy bien el artículo*) y diversas
nociones que pertenecen de forma más o menos estrecha a la esfera personal del
individuo (*Le iba la vida en ello; Se nos acaba el tiempo; Se me va el autobús*). Véase
también el § 14.3.5b.

35.4.2   Dativo ético y dativo concordado

35.4.2a   Se suele denominar DATIVO ÉTICO el pronombre dativo átono no reflexivo
que señala al individuo que se ve afectado indirectamente por la acción verbal: *No se
me acalore* (Valle-Inclán, *Gerifaltes*); *Luego la dejé a ella con el timón otra vez y otra
vez se me puso nerviosa* (Fuentes, *Naranjo*). Tiene alto contenido afectivo, y se emplea
con más frecuencia en el español americano que en el europeo, pero se atestigua en
ambos, sobre todo en la lengua oral.

35.4.2b   Los dativos éticos pueden alternar con otras interpretaciones de los pronombres de complemento indirecto. En efecto, mientras que el pronombre *me* en *Te
me olvidaste del niño* no admite más interpretación que la de dativo ético, en oraciones como *No te me vas a escapar, Juan* (Uslar Pietri, *Visita*) podría interpretarse
como un complemento indirecto argumental de procedencia ('No te vas a escapar de
mí'). El dativo ético está próximo en algunos aspectos al simpatético y al de interés,
pero es el único que puede aparecer junto a otro pronombre átono con su mismo
caso, en contra de las pautas habituales de colocación de los pronombres (§ 16.4.2b),
como se ve en *Y además —dijo ya por último tu abuelo Teófilo—, me le quitás esos
zapatos de tacones altos* (Ramírez, *Baile*) o en *No, no me le estropeen la cabeza, carajo,
que es un profesor* (Vázquez Montalbán, *Galíndez*). Este rasgo ha llevado a algunos
autores a interpretarlo como morfema pronominal desprovisto de caso.

35.4.2c   El llamado DATIVO ASPECTUAL se parece al ético en su valor fundamentalmente afectivo, pero se diferencia de él en que, como los reflexivos, concuerda

en número y persona con el sujeto, por lo que se denomina también DATIVO CONCOR-DADO: *Ya me* [1.ª persona singular] *leí* [1.ª persona singular] *toda la prensa; Nos* [1.ª persona plural] *fumábamos* [1.ª persona plural] *dos cajetillas diarias*. Ambos dativos, el ético y el aspectual, pueden concurrir en la misma oración: *Mi hija se* [dativo aspectual] *me* [dativo ético] *comió toda la tarta*. El dativo aspectual tiene valor enfático. En efecto, la diferencia entre *Leímos toda la prensa* y *Nos leímos toda la prensa* radica en que en la segunda opción se da a entender que la lectura implicaba algún esfuerzo, que comportaba cierto mérito o que había algo de particular en el hecho de hacerla. A veces se sugiere que la acción descrita sobrepasa lo que se considera normal o se añaden otras connotaciones similares. El dativo concordado solo se combina con predicados que expresan eventos delimitados, por lo que se rechazan oraciones como **Ana se bebió leche* (frente a *... la leche, ... un litro de leche* o *... toda la leche*); **No me sé geografía* (frente a *... la geografía* o *... la lección de geografía*); **Los invitados se bebieron vino* (frente a *... el vino* o *... todo el vino*).

35.4.2d Como se indicó al final del § 35.4.2b, entienden algunos autores que los dativos aspectuales (o al menos algunos de ellos) pueden reinterpretarse como morfemas de persona de los verbos sobre los que inciden. Desde este punto de vista, el papel de la forma *se* sería similar en *esperarse* (*esperarse un resultado*) y en el verbo pronominal *levantarse* (*levantarse de la cama*). A favor de la asimilación parcial de estas dos unidades está el hecho de que puedan definirse independientemente las variantes de los grupos verbales así construidos en función de que la forma *se* esté o no presente:

saber algo ('conocerlo') ~ *saberse algo* ('haberlo memorizado'; más frecuente en el español europeo);

creer algo ('tenerlo por cierto') ~ *creerse algo* ('aceptarlo de buena fe');

llevar la plata ('transportarla') ~ *llevarse la plata* ('salir o escaparse con ella, robarla');

saltar una barrera ('salvarla') ~ *saltarse una barrera* ('omitirla, no atenderla');

encontrar a alguien ('hallarlo') ~ *encontrarse a alguien* ('tropezárselo, dar con él sin buscarlo');

esperar algo ('tener esperanza en ello') ~ *esperarse algo* ('temer que vaya a suceder').

36 El complemento de régimen preposicional

36.1   Definición y límites con otras funciones

36.1.1   Caracterización del complemento de régimen preposicional

36.1.1a   El COMPLEMENTO DE RÉGIMEN (O DE RÉGIMEN PREPOSICIONAL) es la función sintáctica que desempeñan los grupos preposicionales argumentales, es decir, aquellos exigidos semánticamente por los predicados:

> depender *de sus amigos*   traducir *al español*
> dependencia *de sus amigos*   traducción *al español*
> dependiente *de sus amigos*   traducible *al español*

Los segmentos subrayados son los complementos de régimen de un verbo, un sustantivo y un adjetivo, respectivamente. Como se puede apreciar, a diferencia de otras funciones sintácticas (complemento directo, sujeto), los complementos de régimen pueden estar seleccionados por sustantivos (*dependencia, traducción*) y por adjetivos (*dependiente, traducible*). Estos paradigmas se obtienen a menudo cuando las voces proceden de verbos, de forma que HEREDAN el régimen preposicional de estos (las preposiciones *de* y *a* en nuestros ejemplos), como se explicó en los capítulos 1, 6 y 7.

36.1.1b   La elección de la preposición con la que se introduce el complemento de régimen suele estar motivada por factores semánticos además de por razones históricas, lo que no significa que sea predecible: *optar por, depender de, pensar en, disfrutar de, recurrir a*, etc. Dos predicados relativamente próximos en su significado pueden manifestar regímenes distintos: *confiar* selecciona *en* (en su uso intransitivo), pero *fiarse* elige *de*; *repercutir* se construye con *en* o *sobre*, pero *afectar* elige *a*; *extenderse* selecciona también *a* (o *hasta*), pero *abarcar* pide objeto directo.

36.1.1c   La preposición seleccionada y la palabra que la selecciona manifiestan a veces significados muy próximos, lo que produce cierto grado de redundancia.

Así, resulta natural que el verbo *sacar* seleccione la preposición *de*, que denota 'lugar de origen', o que *dirigirse* elija *a*, como otros verbos de dirección. La proximidad semántica se refleja en algunos casos en que las preposiciones reproducen el prefijo que contiene el predicado que las rige (§ 10.6.3b): *interponerse* (o *interposición*) *entre*, *desligarse de*, *colaborar* (o *colaboración*) *con*. Algunos hablantes llevan más lejos esta redundancia cuando usan construcciones como *enfrentarse contra los enemigos* o *el acoso contra la prensa* en lugar de las formas preferidas por la lengua culta *enfrentarse a los enemigos* y *el acoso a la prensa*.

36.1.1d   Algunos predicados eligen una única preposición (*disentir de, renuncia a, carente de, propenso a*), mientras que otros son compatibles con varias. Esta compatibilidad múltiple es frecuente con predicados que introducen complementos que denotan 'materia' o 'asunto' (*hablar {de ~ sobre ~ acerca de ~ a propósito de} la política*), 'destino' y 'dirección' (*viajar {a ~ hacia ~ hasta} algún sitio*) y 'destinatario' (*su actitud {con ~ para con ~ hacia ~ ante ~ respecto de} la gente*).

36.1.1e   Como ocurre con los demás complementos, unas veces es necesario que los de régimen estén presentes (*ciudadanos carentes de recursos; Cuidaba de su madre; Ya sabía de tu aversión a la informática*) y otras pueden quedar sobrentendidos: *No te empeñes; Su dependencia es alarmante; Siempre fue una persona fiel.* Así pues, aunque el complemento quede implícito, en el primer ejemplo se pide al interlocutor que no se empeñe en alguna acción que se supone ya conocida para él, y por ello fácilmente recuperable a partir del contexto previo. En los otros ejemplos se habla de la dependencia de algo y de la fidelidad de alguien a determinadas personas o cosas, respectivamente.

36.1.1f   Los complementos de régimen de los verbos son compatibles con el complemento directo (*Llenó el vaso de agua; Ayúdame a bajar del coche; Lo invitaremos a almorzar*). En tales casos puede quedar implícito el complemento de régimen (*Llenó el vaso; Ayúdame; Lo invitaremos*) o el complemento directo (*Amenazó con dimitir; Alguien debió haber avisado del peligro*). Unos pocos verbos seleccionan dos complementos de régimen, como *comprometerse* (*a algo con alguien*) o *coincidir* (*con alguien en algo*). La mayor parte de los verbos con doble complemento de régimen denotan movimiento o transferencia desde un punto de partida a un término (*ir, viajar, traducir*). Los pares de preposiciones elegidas suelen ser *desde... hasta...* o *de... a...* (§ 29.5.2), que a veces se han analizado como un único complemento de estructura compleja: *En esa ocasión conoció a una pareja de sabios que viajaban de Chile a Lima, por tierra* (Vargas Llosa, *Tía*).

36.1.2   El complemento de régimen y otras funciones sintácticas

36.1.2a   Los complementos de régimen se han interpretado frecuentemente en la tradición gramatical como COMPLEMENTOS CIRCUNSTANCIALES. Esta última denominación se suele reservar hoy para los segmentos sintácticos no argumentales, también llamados ADJUNTOS (§ 1.6.2d). De hecho, la distinción permite analizar los dos sentidos de expresiones como *escribir sobre una máquina*, en la que se habla o bien del lugar en el que alguien se apoya (interpretación de complemento circunstancial) o bien del tema sobre el que versa un escrito (interpretación de complemento de régimen). Se obtiene una ambigüedad similar en *pensar en el tren* y en otros muchos casos parecidos. A pesar de que los complementos de régimen se consideran argumentales, son numerosos los casos en los que sus límites con los adjuntos se tornan imprecisos. Este aspecto de la relación entre el léxico y la sintaxis no ha recibido todavía una solución enteramente satisfactoria.

36.1.2b   Los complementos argumentales de ubicación (*Puso el libro en la mesa*) están relacionados con los complementos circunstanciales y con los de régimen, pero no corresponden propiamente a ninguno de los dos grupos. Se diferencian de los de régimen en que las preposiciones que los encabezan no están seleccionadas por el predicado, por lo que alternan libremente con otras (*Puso el libro {en ~ sobre ~ bajo ~ tras ~ ante} la mesa*). Se distinguen de los circunstanciales en que el significado que aportan está exigido por el verbo. En efecto, no es posible concebir la acción denotada por *poner* si no se considera algún lugar en el que se deposita algo, por lo que se entiende que el grupo preposicional que introduce es argumental. Los complementos argumentales de ubicación, seleccionados por *poner, guardar, ocultar, situar* y otros verbos similares, pueden construirse también con adverbios y locuciones prepositivas, como *al lado (de), cerca (de), debajo (de), encima (de), frente a, junto a*, etc., y pueden ser sustituidos por los adverbios *allí, allá, dónde* o *donde*. El límite entre los complementos de régimen y los circunstanciales tampoco es nítido con los verbos *caber, pernoctar* o *residir,* que presentan mayor necesidad de un complemento locativo que otros como *apoyarse, tenderse* o *veranear.*

36.1.2c   El complemento de régimen puede alternar con el sujeto con algunos predicados que denotan suficiencia. No se obtienen cambios notables en el significado, pero sí en la concordancia con el verbo: *Me bastas tú ~ Me basta contigo; Son suficientes dos sesiones ~ Es suficiente con dos sesiones* (§ 33.2.2c). Con algunos verbos de reacción afectiva se originan cruces que dan lugar a construcciones incorrectas, como *Me alegra de verte* o *Me alegro verte*, en lugar de *Me alegro de verte* (con complemento de régimen) o *Me alegra verte* (con sujeto).

36.1.2d   El complemento de régimen alterna con el sujeto tanto en las construcciones pronominales como en las no pronominales. Por lo general, los verbos pronominales se construyen solo con complemento de régimen (*arrepentirse de, inmiscuirse en, referirse a*), pero unos pocos también admiten alternativamente complemento directo o complemento de régimen: *encontrarse a alguien ~ encontrarse con alguien; tropezarse a alguien ~ tropezarse con alguien; quedarse algo ~ quedarse con algo.* La alternancia es más frecuente, sin embargo, entre la variante pronominal y la no pronominal del mismo verbo: en un gran número de casos se obtienen diferencias semánticas muy marcadas (*empeñar algo ~ empeñarse en algo; fijar algo ~ fijarse en algo; negar algo ~ negarse a algo; despedir a alguien ~ despedirse de alguien*); en otras alternancias, en cambio, la diferencia de significados es más sutil (*olvidar un nombre ~ olvidarse de un nombre; admirar su inteligencia ~ admirarse de su inteligencia; lamentar el error ~ lamentarse del error*).

36.1.2e   El complemento de régimen y el complemento directo pueden alternar con significados próximos, aunque no idénticos, en las construcciones no pronominales.

Así, *tratar un asunto* no equivale exactamente a *tratar de un asunto*. En el primer sentido se entiende 'abordarlo' o 'estudiarlo', mientras que en el segundo se interpreta 'debatirlo'. También se oponen *Esperemos que salgan* ('Mantengamos la esperanza') y *Esperemos a que salgan* ('Aguardemos...'); *Pienso que voy a aprobar el curso* ('Creo que...') y *Pienso en que voy a aprobar el curso* ('Considero esa posibilidad'); *No entiendo eso* ('No comprendo esto') y *No entiendo de eso* ('No sé de eso'), etc. La cercanía de significados es mayor en otros casos:

> *acertar (con) la respuesta, cargar (con) la maleta, cuidar a (o de) alguien, debatir (sobre) un asunto, disfrutar (de) la cena, hablar (en) español, pagar (por) los servicios recibidos, recurrir (contra) una sentencia, responder o contestar (a) una pregunta, saber (de) música, soñar (con) un mundo mejor.*

No se observa diferencia notable de significado en *requerir (de) los servicios de alguien,* pero sí cierta preferencia por la variante sin preposición en el español actual. Lo contrario sucede en *insistir (en) que alguien no tiene razón.* La variante sin preposición se documenta en las áreas caribeña, chilena y rioplatense, casi siempre en la lengua conversacional, pero es rara en las demás áreas. El verbo *dudar* se construye con complemento de régimen con la preposición *de* (*Dudo de tus intenciones*), pero también con objeto directo oracional (*Dudo que venga*) o con su sustituto pronominal neutro (*Lo dudo mucho*).

36.1.2f   La alternancia entre complemento directo y complemento de régimen se limita otras veces a algunas acepciones de los verbos mencionados, como en *responder a un tratamiento* ('reaccionar a él'), que rechaza la opción con complemento directo, frente a *responder (a) una llamada.* Análogamente, se dice *cargar con las culpas* (en lugar de *cargar las culpas*), frente a *cargar (con) un bulto; valer alguien por diez,* frente a *valer algo un esfuerzo; pagar por algo hecho,* frente a *pagar un crédito.*

36.1.2g   Estas alternancias pueden estar sujetas a variación geográfica. Así, es más común *agradecer por* en el español americano, como en *Hortensia le agradecía por el libro* (Prada Oropeza, *Hora*), que en el europeo, en tanto que los verbos *informar* y *disfrutar* se usan como transitivos en el español americano (*Se lo informaré; Disfrutó un buen partido*), a veces en alternancia con el complemento de régimen (*Le informaré de ello; Disfrutó de un buen partido*), única opción común el español europeo. A partir de la alternancia entre *recordar algo* y *acordarse de algo,* se produce en algunos países americanos el cruce *recordarse de algo,* que carece de prestigio en la lengua culta. Para las alternancias entre complemento de régimen y complemento indirecto, véase el § 35.1.2e.

36.2   Complementos de régimen no verbales

36.2.1   Complementos de régimen de sustantivos

36.2.1a   Muchos sustantivos derivados de verbos con complemento de régimen mantienen este complemento, y aun la preposición que lo introduce: *{oler ~ olor} a rosas; {confiar ~ confianza} en la gente; {aspirar ~ aspiración} a un futuro mejor; {salir ~ salida} de la ciudad.* No es infrecuente, sin embargo, que el sustantivo derivado rechace el régimen del verbo (*Me amenazó con dispararme,* pero **su amenaza con dispararme*) o que admita otras preposiciones, como en *su interés {por ~ en ~ hacia ~ en relación con} ello,* frente a *interesarse {por ~ en} ello,* que muestra una marcada tendencia a rechazar las otras dos variantes. Admiten también complementos de régimen sustantivos no derivados de verbos, como en *monumento a la Constitución.*

36.2.1b   Los complementos de los sustantivos no siempre son complementos de régimen. Lo es el segmento subrayado en *la salida de la ciudad,* heredado del verbo *salir,* donde la preposición *de* denota 'lugar de procedencia'. No lo son, en cambio, los que se subrayan en *la cría del ganado* o *tu promesa de llevarme al cine.* La preposición carece propiamente de significado en estos casos y no es heredada de la base verbal (**criar del ganado,* **prometer de llevar al cine*). Estos complementos, tradicionalmente llamados COMPLEMENTOS DE GENITIVO OBJETIVO (o, de forma abreviada, COMPLEMENTOS OBJETIVOS), expresan en el grupo nominal el contenido del complemento directo del verbo correspondiente (*leer el libro > la lectura del libro*). Tampoco se consideran complementos de régimen los GENITIVOS SUBJETIVOS, introducidos asimismo por *de,* que son paralelos a los sujetos de los verbos correspondientes (*la rebelión de las masas, la caída de los precios, la salida del barco*). Los genitivos subjetivos y objetivos alternan con los posesivos, mientras que los complementos de régimen no los admiten. Así, *su salida* puede corresponder a *la salida del barco,* pero no a *la salida de la ciudad.*

36.2.1c   Los grupos sintácticos introducidos por la preposición *a* característicos de la función de complemento indirecto son heredados con frecuencia por los sustantivos deverbales (*la petición al juez; el robo del dinero a los pensionistas; su respuesta a la prensa*). Aunque la cuestión es polémica, estos complementos argumentales, que designan el destinatario de alguna acción, se suelen interpretar como una variante de los complementos de régimen. La preposición *a* puede introducir también complementos que corresponden al paciente (el objeto directo del verbo del que se derivan), a menudo en alternancia con *de,* como en *el asalto {al ~ del} castillo; el veto {a ~ de} la propuesta; la solución {al ~ del} problema.* Repárese en que se rechaza **asaltar al castillo,* **vetar a la propuesta.* Si el complemento directo denota una persona o un animal, la preposición que suele elegirse es *a: respeto a los demás, su odio a todo el mundo, visitas al dentista, protección al consumidor.* Rechazan, no obstante, esta preposición muchos sustantivos derivados de verbos que manifiestan cambios en la situación o en la naturaleza del objeto, como en *el asesinato {de ~ *a} un policía; el despido {de ~ *a} un centenar de trabajadores; el secuestro {del ~ *al} industrial.*

36.2.2   Complementos de régimen de adjetivos

36.2.2a   Los adjetivos también introducen complementos preposicionales (*reacio a responder, pendiente de la hora, enfermo del corazón*), a veces como herencia del verbo: *carecer de ~ carente de; dividir {por ~ entre} ~ divisible {por ~ entre}; eximir de ~ exento de.* Como en el caso de los sustantivos, no se consideran complementos de régimen los complementos subjetivos y objetivos (*escaso de, sustitutivo de, estudioso de*) introducidos por la preposición *de,* que rechazan los verbos con los que estos adjetivos se asocian (**escasear de,* **sustituir de,* *estudiar de).

36.2.2b   También como en el caso de los sustantivos, solo se suelen considerar complementos de régimen los que están exigidos semánticamente por el predicado. Lo está, por ejemplo, el segmento que se subraya en *una maleta apta para viajar*, pero no así otros usos de «adjetivo + *para*» en los que la preposición introduce un complemento adjunto de sentido final no seleccionado por el adjetivo, como en *una maleta ligera para viajar cómodo*.

36.2.2c   Algunos adjetivos rechazan casi siempre la omisión de su complemento (*constitutivo, acorde, ávido* o *propenso*), mientras que otros admiten que este quede implícito. En tales casos es frecuente interpretar el complemento en sentido genérico (si se dice de alguien que es *fiel, desleal* o *diferente*, se suele entender 'en relación con los demás en general') o bien de forma anafórica, es decir, por remisión a un contexto previo en el que se ha introducido la información omitida, como en *Dijo que no era partidario* o en *Esa calle tampoco es paralela*.

36.3   Alternancias preposicionales

Como se vio en el § 36.1.1b, la selección de la preposición está relacionada con la clase semántica a la que pertenezcan los predicados que requieren complementos de régimen. También se explicó (§ 36.1.1d) que muchos predicados pueden introducir dichos complementos con más de una preposición. Estas ALTERNANCIAS PREPOSICIONALES conllevan unas veces un cambio notable en el significado, y otras solo una leve modificación o, incluso, no afectan al sentido. Así, el verbo *acabar* selecciona *de, por, con* y *en* con complementos diferentes y con significados muy diversos. También expresan significados distintos *empezar por* ('realizar una acción antes que otras') y *empezar a* ('dar comienzo a una acción'), así como *acertar a* y *acertar con, atreverse a* y *atreverse con, optar a* y *optar por, participar de* y *participar en, tratar de* y *tratar con*, entre otros muchos pares análogos. Entre las alternancias en las que no se observan cambios semánticos notables cabe señalar las siguientes:

> *a~hacia* (*mirar*); *a~hasta* (*acercarse*); *de~por* (*avergonzarse*); *a~de* (*distinto*); *a~en* (*entrar*); *a~con* (*unir*); *a~para* (*ofrecerse*); *por~para* (*esforzarse*).

La alternancia depende en ocasiones de la categoría gramatical que sigue a la preposición. Así, se prefieren *atreverse a* y (*no*) *dudar en* cuando la preposición introduce un infinitivo (*atreverse a hacer el examen; no dudar en responder*), pero *atreverse con* y *dudar de* si precede a grupos nominales (*atreverse con el examen; dudar de la respuesta*).

36.4   Valores de los complementos de régimen

36.4.1   Complementos de régimen con las preposiciones *a* y *ante*

36.4.1a   La preposición *a* introduce complementos de régimen de los predicados que denotan DESTINO, así como el LÍMITE de alguna acción dirigida. Destacan en este grupo los predicados de movimiento, sean verbos —*aproximar(se), ascender, caer(se), descender, ir(se), llegar, salir, saltar, trepar, venir, volver(se),* etc.— o sustantivos relacionados con ellos (*ascenso, caída, descenso, ida, llegada, salida, salto, vuelta*). Cabe agregar otros predicados que expresan el desplazamiento físico o figurado de cosas o personas (*arrojar, conducir, echar, enviar, lanzar, mandar, tirar, traducir*), algunos en alternancia con *contra,* y también con complementos indirectos, como en *enviar una carta {a Córdoba ~ a María}.* Los adverbios demostrativos de lugar incorporan semánticamente la preposición *a,* que no se hace expresa (*enviarlo al frente > enviarlo allí ~ *enviarlo a allí*), mientras que los relativos e interrogativos la admiten potestativamente: *Iré donde ~ adonde tú vayas* (§ 22.5.2d).

36.4.1b   Se asimilan a los verbos de desplazamiento los que denotan acción dirigida a un punto (*apuntar, asomarse, dirigir, encaminar*), como en *Apuntó a la cabeza de su esposo* (Carrión, I., *Danubio*), así como los verbos que expresan de diversas maneras orientación (*Se abrió al mundo; El balcón da a la plaza*) o destino (*sentenciar al reo a la horca, predestinar a alguien al fracaso, condenar a su hijo a la pobreza*). Las nociones de dirección y destino están también presentes en los verbos que las manifiestan de modo traslaticio, como *aludir* (en alternancia con complemento directo: *aludirlo ~ aludir a él*) o *referirse,* así como en los sustantivos y adjetivos derivados de ellos. También forman parte de este grupo los sustantivos que designan emociones o sentimientos dirigidos a algo o alguien (*amor, lealtad, miedo, odio, recelo, respeto, temor*), o diversas manifestaciones de contacto con personas o cosas (*beso, bofetada, empujón, paliza*), como en *La huelga justificada de los funcionarios judiciales es una bofetada a la clase política* (*Universal* [Ven.] 3/11/1996).

36.4.1c   Se construyen asimismo con la preposición *a* varios predicados que denotan percepción física o algunos de sus efectos, sean verbos (*oler a rosas, saber a limón*), sustantivos (*tufo a podrido, gusto a canela*) o adjetivos (*suave al tacto, sordo a sus quejas*). Este régimen es también característico de los verbos que indican costumbre, adecuación o limitación (*acostumbrar(se), adaptar(se), adecuar(se), ajustar(se), habituar(se), limitar(se), responder*), así como de los sustantivos y adjetivos que se derivan de ellos (*adaptación, adecuación, reducción; reductible, sometido, sujeto*). También seleccionan la preposición *a* los verbos que introducen sustantivos que designan juegos, deportes y otras competiciones: *jugar al ajedrez, ganar al parchís, perder al mus,* a veces en alternancia con el complemento directo (*jugar tenis*) en algunas variedades del español americano.

36.4.1d   Se observa en algunos predicados que seleccionan *a* la expresión de cierta ORIENTACIÓN PROSPECTIVA. Pertenecen a este grupo los que denotan ayuda, intención, tendencia o influencia: *atreverse, ayudar, comprometerse, decidirse, disponerse, forzar, invitar, obligar, prestarse* o *tender* entre los verbos; *afición, compromiso, contribución, invitación* o *tendencia* entre los sustantivos y *atento, presto, proclive, pronto, propenso* y *propicio* entre los adjetivos. Toman el mismo régimen los adjetivos que expresan la ausencia de tales nociones (*ajeno, extraño, indiferente*). Se comprobó en el § 36.4.1a que introducen complementos de régimen encabezados por la preposición *a* muchos verbos de movimiento. La noción de destino está próxima a la de finalidad en *Vino a pedirme trabajo; Fui a ver al médico; Salgamos a pasear* y otras expresiones similares que se estudian en el § 46.5.2.

36.4.1e   Se construyen también con *a* varios verbos que indican resistencia u oposición, como *enfrentar(se), negarse, oponer(se)* o *resistir(se): Resulta difícil oponerse a sus planes suicidas* (Vila-Matas, *Suicidios*). Asimismo, introducen esta preposición los verbos que manifiestan dejación, como *ceder, rendirse, renunciar, sucumbir.* Cabe añadir la larga relación de sustantivos que expresan obstáculo o resistencia y que se construyen también con *a.* Pertenecen a ella, entre otros, *arancel, impedimento, impuesto, negativa, objeción, pega, rechazo, reparo, repudio, repulsa, reticencia, tasa, traba.*

36.4.1f   Se observa el mismo régimen con una serie de predicados de sentido SIMÉTRICO O RECÍPROCO (§ 31.3.1.d), los cuales denotan acciones o procesos que requieren la participación de parejas o grupos, y a menudo expresan contacto o agregación de elementos. Con algunos alternan las preposiciones *a* y *con*, como en *unir una cosa {a ~ con} otra.* A este grupo pertenecen *abrochar, atar, coser, ligar, mezclar, sumar, unir.* Prefieren *a*, en cambio, *adherir, adjuntar, agregar, añadir, ceñir, prender.* También eligen esta preposición algunos predicados que expresan semejanza, como los verbos *parecerse, equivaler, comparar(se)* (este último con alternancia de *a* y *con*); o los adjetivos *diferente, distinto, equivalente* (los tres con alternancia de *a* y *de*), *paralelo, parecido, similar.* Con el adjetivo *simultáneo* alternan *a, de* y *con.* Sobre el uso galicista de la preposición *a* ante ciertos infinitivos (*los puntos a tratar*), véase el § 26.3.2e.

36.4.1g   La preposición *ante* introduce complementos circunstanciales cuando equivale a 'delante de', pero puede introducir también complementos de régimen con ciertos predicados que denotan presencia (*comparecer ante el tribunal, presentarse ante el juez*), así como acción interpuesta (*mediar, interceder*) o elevada a persona con autoridad (*protestar, presentar recurso*). Es asimismo frecuente con predicados que manifiestan reacciones físicas o emotivas causadas por algo (*palidecer ante la noticia, indignación ante su actitud, postura ante ese tema*), como en *El hombre ha sentido siempre la necesidad de maravillarse ante lo que no tiene explicación* (Perucho, *Dietario*). Se asimilan a ellos los predicados que expresan la ausencia de reacción o respuesta en esas mismas situaciones (*callar, contenerse, no inmutarse*). Los adjetivos que designan reacciones y tomas de postura se construyen asimismo con *ante*, a veces en alternancia con *a: absorto, indefenso, indiferente, insensible, reticente.* Toman, finalmente, *ante* algunos predicados que denotan dejación o fracaso: *capitular, ceder, claudicar, retirarse, retroceder.*

36.4.2   Complementos de régimen con las preposiciones *con* y *contra*

36.4.2a   La preposición *con* suele introducir complementos de compañía (también contigüidad o coexistencia) y de instrumento (§ 39.3.2), que generalmente se consideran circunstanciales: *pasear con alguien* o *clavar el clavo con un martillo.* Sin embargo, esta preposición puede introducir complementos de régimen. Así, seleccionan *con* muchos predicados que denotan relaciones simétricas o de sentido recíproco (unión, mezcla, acuerdo, enfrentamiento, afinidad), frecuentemente en alternancia con *a* cuando el predicado es verbal o adjetival. A este grupo pertenecen *acordar, alternar, charlar, colaborar, convivir* (y otros que contienen el prefijo *co-*), *fundir(se)*, *hacer las paces, juntar(se), limitar, luchar, mezclar(se), pelear, reconciliar(se), simpatizar, sintonizar, sumar(se)* o *unir(se)*, entre los verbos; *coincidente, (dis)conforme, (in)compatible, correlativo* o *parejo,* entre los adjetivos, y *acuerdo, amistad, cruce, entrevista, frontera, lazo, matrimonio, parecido, parentesco, paz, relación,* entre los sustantivos.

36.4.2b Se asimilan a estos predicados otros que designan acciones que generalmente se hacen en grupos, como *bailar, jugar, hablar* o *negociar.* Expresan nociones simétricas algunos sustantivos de parentesco y relación social (*hermano, amigo, colega, socio*). Se construyen con *de* en el español general (*Es amigo de él; Es pariente de ella*), y alternan con posesivos. Unos pocos alternan *de* y *con* en algunas áreas americanas (*Somos muy amigos con Juan*). Introducen asimismo la preposición *con* algunos predicados que indican actitudes o comportamientos dirigidos a otras personas: *{coquetear ~ propasarse} con alguien; {amable ~ comprensivo ~ cruel ~ sincero} con sus profesores; {comprensión ~ piedad} con los acusados,* como en *Me vuelvo tolerante y complaciente con los amigos de Aída* (Peri Rossi, *Solitario*).

36.4.2c Se relacionan con el valor instrumental de la preposición *con* otros complementos de régimen, entre ellos los que acompañan a los predicados que denotan suficiencia (los verbos *arreglarse, bandearse, bastar* y *sobrar,* así como los adjetivos *suficiente* y *bastante*). Es difusa la frontera entre los complementos circunstanciales de instrumento y los complementos de régimen en predicados como *premiar con un viaje, amenazar con el despido* o *correr con los riesgos.*

36.4.2d Esta misma preposición, a menudo en alternancia con otras (*por, de*), precede a los complementos que expresan lo que causa la sensación o el sentimiento a que se alude en los predicados de reacción física o emotiva, como en *alegrarse {con ~ de ~ por}.* Alternan *con* y *por* en *enfadarse, entusiasmarse, entristecerse, incomodarse, irritarse, obsesionarse* y muchos más. La preposición *con,* en alternancia con otras preposiciones, introduce también complementos argumentales de sentido causal con los adjetivos *loco* y *contento,* como en *loca {con ~ por} la música moderna* o *contentos {con ~ de ~ por} su trabajo.* Aparece este mismo régimen con algunos verbos de sentido resultativo, como en *{acabar ~ terminar} con un problema,* a los que cabe agregar otros que suelen expresar la adquisición de responsabilidades u obligaciones, como en *{apencar ~ apechugar ~ cargar ~ pechar} con todos los gastos.* Tiene sentido direccional la preposición *con* introducida por algunos verbos de movimiento, como en *Vete con tu abuela,* que admite tanto la interpretación de destino ('donde ella está': complemento de régimen) como la de compañía ('junto con ella': circunstancial).

36.4.2e La preposición *contra* encabeza los complementos de régimen de predicados que designan acciones dirigidas a algo o alguien con intención agresiva, tanto si el movimiento que implican es real como si es figurado. Al primer grupo pertenecen *{arremeter ~ arrojar(se) ~ disparar ~ lanzar(se) ~ tirar} contra su oponente;* al segundo corresponden *{clamar ~ declarar ~ gritar ~ murmurar ~ pronunciarse ~ protestar ~ refunfuñar} contra el acusado,* así como *{consigna ~ diatriba ~ invectiva ~ objeción ~ protesta} contra el gobierno.* Como se ve, muchos predicados de este grupo implican acciones verbales, pero otros designan reacciones afectivas, como *{enfado ~ ira ~ odio ~ rencor} contra la guerra.*

36.4.2f   También seleccionan *contra* predicados simétricos que designan acciones conjuntas: {*combatir~confabularse~conjurarse~conspirar~enfrentarse~levantar(se)~sublevar(se)*} *contra el tirano*. Toman el mismo régimen los predicados que indican presión ejercida en relación con algo o alguien y otras formas de contacto: *apretar(se)*, *chocar, estrechar(se), estrellar(se), golpear, oprimir*, algunos en alternancia con la preposición *con*. Los sustantivos *combate, guerra, juicio, pleito* y otros que designan diversas formas de enfrentamiento eligen esta misma preposición, como en *¿Qué podían significar un barco y cincuenta hombres en la guerra contra un imperio?* (Villena, L. A., *Burdel*). También lo hacen los que denotan faltas: *crimen, delito, fraude, falta, infracción, herejía, pecado*, como en {*falta~pecado*} *contra la ley de Dios;* y los que manifiestan precaución y protección en relación con personas o cosas: *proteger(se), precaverse* (también con *de*). Entre los sustantivos cabe mencionar *antídoto, defensa, refugio, remedio* y *vacuna*.

36.4.3   Complementos de régimen con la preposición *de*

36.4.3a   Seleccionan la preposición *de* muchos predicados que designan el origen o el límite inicial de un movimiento físico o figurado. Denotan separación *aislar(se), desentenderse, despegar, huir, liberar(se), marchar, salir, salvar(se), separar(se)* o *soltar(se)* y, en sentido figurado, *arrepentirse, cesar, curarse, dimitir, recuperarse* o *rescatar*, entre los verbos; *prófugo* y *fugitivo*, entre los adjetivos. Indican procedencia los complementos de régimen introducidos por la preposición *de* cuando están seleccionados por *emerger, extraer, nacer, provenir* o *surgir*. La noción de procedencia se puede aplicar en sentido traslaticio a los complementos de *exigir, heredar, obtener, solicitar* o *aprender* (*de alguien*), como en *Europa tenía mucho que aprender de Nueva York* (Quesada, *Banana*). Se asimilan a estos los subrayados en *Lo pagó de su bolsillo; Comía de su mano* o *Vive de las rentas*. Los adjetivos *natural, originario* u *oriundo* seleccionan asimismo la preposición *de*.

36.4.3b   La noción de procedencia está presente asimismo en los complementos de los sustantivos *carta, felicitación, mensaje* o *regalo*, entre otros similares, introducidos por la preposición *de*. Así, en *Este es un regalo del patrón* (> 'un regalo suyo') puede entenderse 'un regalo que le pertenece' (complemento de posesión) o 'un regalo que el patrón hace' (complemento de procedencia). Aun así, en ninguna de las dos interpretaciones se considera que el complemento sea de régimen. Se suelen asimilar, en cambio, a ese paradigma los que designan el límite o el extremo de un espacio longitudinal, como en *colgar del techo, pender del gancho* (y, en sentido figurado, su derivado *depender*), *distar varios kilómetros de la ciudad*. Con algunos verbos que expresan sujeción, la preposición *de* encabeza los complementos de régimen que designan la parte sujeta: *agarrar, ahorcar, asir, prender, suspender*, a veces en alternancia con *a* o *por: abrazarse* {*a~de*} *su cuello; agarrarse* {*a~de*} *algo; tomarla* {*de~por*} *la mano*.

36.4.3c   Suelen considerarse complementos de régimen los que expresan la ausencia de algún elemento o un componente en algo, sean verbos (*carecer*) o adjetivos (*carente, falto*). Menor coincidencia se da en lo relativo a los complementos que aluden a su constitución o a la materia de la que se obtiene. Se suelen considerar complementos de régimen los subrayados en *constar algo de varias partes, componerse* *de cinco capítulos,* pero no es evidente que lo sean los que se marcan en *hecho de piedra* o *construir de hormigón un edificio.* Otras veces, el término de la preposición denota lo que ocupa algo, a menudo un lugar o un recipiente, pero también lo que se saca o se obtiene de ellos. Es habitual que estos complementos de régimen se construyan con sustantivos contables en plural o no contables en singular: *llenar de agua, infestarse de mosquitos, cubrir de elogios, untar de manteca, hartarse de pasteles, rodearse de amigos* (a veces en alternancia con la preposición *con*), *vaciar de ropa, limpiar de barro.* A este mismo grupo pertenecen los adjetivos *lleno, repleto* y *rebosante.*

36.4.3d Eligen *de,* en ocasiones en alternancia con *sobre* o *acerca de,* los verbos cuyos complementos se construyen con nombres de disciplinas, materias o asuntos acerca de los cuales se manifiesta algún juicio o se posee alguna información, como *conocer, discrepar, disentir, divergir, escribir, hablar, saber.* Rechazan, en cambio, la alternancia otros como *convencer, disuadir* o *persuadir.* Toman también complementos con *de* los predicados de reacción afectiva. El grupo nominal introducido por la preposición denota en estos casos el objeto de la reacción o la causa que la suscita: *alegrarse, asustarse, avergonzarse, burlarse, disfrutar, gozar* (con los dos últimos, el complemento de régimen alterna con el directo), *maravillarse, vanagloriarse.* Con muchos verbos que expresan reacción afectiva alterna *de* con *por* (§ 36.4.5b). El límite entre complemento de régimen y circunstancial resulta borroso en *estallar de alegría* o *morirse de aburrimiento,* así como con los adjetivos *loco* (*loco de alegría*) o *radiante* (*radiante de felicidad*).

36.4.3e Algunos verbos de juicio y calificación seleccionan complementos preposicionales cuyo término es un predicativo (§ 38.5.3a), como en *tachar de ignorante* o en *Los maledicentes lo calificarían de picadero, pero para nosotros es un santuario* (Ruiz Zafón, *Sombra*). Los que hacen referencia al uso o la función de algo o de alguien suelen construirse con complementos predicativos nominales (*usar algo de palanca, servir algo de mesa, trabajar de portero*).

36.4.3f Los complementos con *de* que expresan aquello a lo que afecta algo (como en *El auto está mal de los frenos*) son característicos de las relaciones de posesión inalienable (§ 14.3.5 y 18.3.3a, b). Estos complementos son comunes con los verbos que designan acciones o procesos relativos a la presencia de enfermedades o dolencias (*enfermar del hígado, padecer del riñón, quejarse de la rodilla*), o con los adverbios que valoran esos mismos estados (*mal de los nervios, regular del corazón, mejor de la vista*). También se consideran complementos de régimen los introducidos por adjetivos calificativos cuando el término de la preposición denota la parte del cuerpo (a veces, también la capacidad o la facultad) a la que se circunscribe alguna propiedad, como en *ancho de caderas, caído de hombros, fino de oído, débil de carácter, flaco de memoria,* que alternan con *de caderas anchas, de hombros caídos, de oído fino, de carácter débil, de memoria flaca.*

36.4.4   Complementos de régimen con las preposiciones *en* y *entre*

36.4.4a La preposición *en* encabeza grupos preposicionales de sentido locativo que se analizan como complementos circunstanciales (*Trabaja en su casa; Compró* *leche en el mercado*), pero también complementos de régimen. Los límites entre los COMPLEMENTOS ARGUMENTALES DE UBICACIÓN (§ 36.1.2b) y los complementos de régimen con *en* son especialmente escurridizos cuando esta preposición encabeza los complementos de verbos de movimiento (físico o figurado) hacia el interior de algo: *entrar, internarse, introducir, meter, profundizar*, etc., por lo general en alternancia con *a* en el español de América. A ellos se asimilan otros verbos que no denotan movimiento físico: *entrometerse, incurrir, influir, inmiscuirse, involucrarse*, como en ¡*Conste que no he influido en su decisión!* (Cabrujas, *Día*).

36.4.4b   La preposición *en* introduce también complementos de régimen con verbos que designan estados o cambios de estado. Unos expresan la propiedad constitutiva de alguna cosa, como *consistir, cifrar(se), radicar* (*La diferencia radica en el precio*); otros, la acción de asignarles valor, como *calcular, estimar(se), evaluar* o *tasar* (*Fue tasado en 50 millones*). El término de la preposición denota el resultado de algún cambio con varios verbos que expresan transformación: *convertir(se), dividir(se), romper(se), transformar(se)*, etc., como en *convertirse en princesa* o *romperse en fragmentos*. Otros verbos que introducen la misma preposición designan acciones impetuosas, como en *estallar en llanto, prorrumpir en sollozos*. Se recomienda evitar el anglicismo *resultar en* por *convertirse en*, como en *La reunión resultó en un éxito*, en lugar de la variante correcta *La reunión resultó un éxito*. Seleccionan también complementos de régimen con la preposición *en* los verbos que indican aumento o disminución en la magnitud en la que se produce algún cambio (*mejorar en calidad, crecer en sabiduría, ahorrar en calefacción*), así como los adjetivos que se asimilan a ellos (*superior en bondad, rico en vitaminas*).

36.4.4c   El término de la preposición *en* designa el ámbito, la especialidad o el asunto al que se aplica la noción designada por un predicado con algunos verbos de pensamiento (*pensar, meditar*, con ambos en alternancia con *sobre*), de disposición hacia las personas o las cosas (*confiar, creer, dudar, vacilar*), o de semejanza y diferencia (*coincidir, estar de acuerdo, diferenciar(se), distinguir(se), parecerse*).

36.4.4d   Como se vio en el § 29.4.2c, la preposición *entre* solo suele admitir como término los grupos sintácticos que designan grupos de individuos o conjuntos (*entre los papeles*), o bien sustancias que se puedan concebir como agregados de corpúsculos (*entre la harina*). Seleccionan esta preposición los verbos *diferenciar* o *distinguir*, así como otros que contienen el prefijo *inter-* (*intercalar, interceder, internarse, interponerse*), a menudo en alternancia con *en*. La escogen asimismo los sustantivos que denotan relaciones simétricas entre grupos de entidades (*contrato, cooperación, debate, diálogo, encuentro, mezcla, negociación, paralelismo, parentesco, pleito, pugna, vínculo*) o bien comparación entre ellas (*desequilibrio, igualdad, (in)compatibilidad, similitud*). Con *entre* se expresa también el movimiento que puede realizarse en el espacio delimitado por dos o más extremos (*viaje entre las montañas*), pero es dudoso que en este uso el complemento con *entre* constituya un complemento de régimen. Se asimilan, en cambio, a ellos los que introducen ciertos sustantivos que denotan el espacio que media entre dos cosas (*frontera, distancia, brecha*). También se construyen con la preposición *entre* varios verbos que indican variación o vacilación (*fluctuar, oscilar, titubear, vacilar*), así como otros que denotan selección, distribución o prominencia:

Hizo imprimir unos volantes alabando las cualidades del ex primer bailarín del Ballet Imperial y los distribuyó entre la gente (Jodorowsky, *Pájaro*); Dijo Schopenhauer que uno debe escoger entre la soledad y la vulgaridad (Cabrera Infante, *Habana*); Les importa poco la posteridad o destacarse entre los demás (Allende, *Ciudad*); En estos parajes todo acaba reduciéndose a proporciones que fluctúan entre el carnaval desvaído y la triste ironía (Mutis, *Maqroll*); La brisa y la luz acortaban la distancia entre el sitio de donde partió y el sitio a donde esperaba llegar (Lezama, *Oppiano*).

36.4.5   Complementos de régimen con las preposiciones *para, por* y *sobre*

36.4.5a   Además de introducir complementos adjuntos de finalidad y de beneficio, la preposición *para* encabeza complementos de régimen seleccionados por verbos que indican movimiento físico, en alternancia con *hacia* (*ir, salir, partir, volver,* como en *ir {para ~ hacia} Barcelona*), o figurado, como en *Fue cuando estudiaba para perito agrícola en San Fernando* (Collyer, *Pájaros*). También es frecuente con predicados de orientación prospectiva vinculados a las nociones de utilidad o propósito (*servir, preparar(se), aprovechar*), o a las de necesidad (*exigir, necesitar, requerir; indispensable, obligado; condición, exigencia, requisito*), suficiencia (*bastar, ser suficiente*) o condición no satisfecha, en este último caso con sujetos cuantificados: *Faltan dos para la docena* (§ 46.5.1). Es controvertido si son complementos de régimen o más propiamente adjuntos los que introducen los nombres de instrumento (*máquina, herramienta, lentes, sierra*, etc.), como en *lentes para ver de cerca*.

36.4.5b   La preposición *por* introduce por lo general complementos circunstanciales de lugar o de causa. Se consideran, sin embargo, complementos seleccionados los que denotan el origen de sensaciones, emociones o sentimientos, a menudo en alternancia con *de*. Estos grupos preposicionales modifican a verbos (*alegrarse, inquietarse, llorar*), adjetivos (*ávido, contento, triste*) o sustantivos (*ilusión, llanto, preocupación, respeto*): *No se preocupa {por ~ de} que sus hijos tengan lo necesario*. Sobre la alternancia *porque ~ por que*, véase el § 46.3.1.

36.4.5c   Los límites imprecisos entre los complementos de régimen y los circunstanciales son característicos de los verbos que expresan movimiento no direccional (*caminar, merodear, pasear, vagar*), pero también de los complementos preposicionales que especifican el canal por el que se difunde una información (*Me enteré por la radio*) o el medio de transporte de algo (*enviar la mercancía por barco*). La interpretación locativa se aproxima a la de instrumento en *juzgar a alguien por sus obras*, y a la de agente en *Se guía por su olfato*. Los complementos introducidos por la preposición *por* son característicos de los predicados que denotan dispersión (*esparcir, derramarse, desparramar*), pero también de otros que expresan lo propio o distintivo de algo o alguien (*caracterizar(se)*, en alternancia con *en*), sustitución —*¿Sabes una cosa?, te tengo envidia... me cambiaría por ti...* (Galdós, *Fortunata*)— y diversas formas de intercambio (*comprar algo por diez dólares*). Alternan *de* y *con* en los complementos que indican la parte por la que es asido o manipulado algo (§ 36.4.3b), como en *sujetar a alguien por la solapa*). Eligen únicamente *por* los que manifiestan el criterio empleado en una clasificación: *ordenar los libros por tamaños*.

36.4.5d   Los complementos que introduce la preposición *sobre* designan la superficie o la parte superior de alguna cosa. Se asimilan en alguna medida a los complementos regidos cuando acompañan a verbos que denotan acciones que requieren una superficie (*deslizarse, resbalar*, en alternancia con *en* y *por*) o indican el destino de algún movimiento (*abalanzarse, caer, encaramarse, marchar* y *subirse*, con algunos de ellos en alternancia con *a, contra* u otras preposiciones): *Con alada agilidad se encaramó sobre los hombros de su hermano* (Delibes, *Madera*). El término de la preposición denota una materia o un asunto con los verbos *debatir, escribir, hablar, indagar, investigar, pensar, tratar* y otros similares que coinciden en poner de manifiesto tales conceptos. Otros complementos introducidos por la preposición *sobre* acompañan a verbos que expresan prominencia (*predominar, triunfar*, en alternancia con *entre*), o bien presión, atracción o influencia (*gravitar, incidir, influir, pesar, presionar*). El régimen se extiende a los sustantivos derivados de estos verbos y a otros asociados con ellos por su significado (*arancel, artículo, impuesto, incógnita, ley, libro, novela, posición, tasa, teoría* o *ventaja*).

36.4.6   Complementos de régimen con otras preposiciones. Sus límites con los adjuntos

36.4.6a   La preposición *bajo* introduce complementos circunstanciales de lugar (*vivir bajo un puente, pasear bajo la lluvia*). No obstante, el estado de cosas que *bajo* denota físicamente puede interpretarse de modo traslaticio con los verbos *cobijar, proteger, amparar* o *resguardar* y sus correlatos pronominales: *Tal vez adivinan la tragedia que se cobija bajo toda diferencia radical* (*País* [Esp.] 1/11/1980), y en tales casos los complementos con *bajo* se hallan más próximos a los complementos de régimen. Cabe decir lo mismo respecto de la preposición *tras* con los verbos *parapetarse* y *escudarse*, en ambos casos alternando con *en*. A pesar de ello, algunos autores entienden que la frecuencia con la que se construyen con esta preposición es un hecho meramente estadístico, lo que no implica que sean propiamente complementos de régimen.

36.4.6b   Muchos predicados locativos seleccionan *desde* en alternancia con *de*, tanto si denotan estados, como en *colgar {de ~ desde} el techo*, como si indican movimiento: *salir {de ~ desde} Málaga*. Con los predicados de percepción (*mirar, ver, oír, escuchar*), estos mismos complementos designan el punto desde el que esta se realiza, como en *Un perro la mira desde su cobijo* (Santiago, *Sueño*).

36.4.6c   Entienden algunos gramáticos que todos los complementos encabezados por la preposición *hacia* son adjuntos o circunstanciales. Otros suponen, por el contrario, que pueden asimilarse a los complementos de régimen los introducidos por esta preposición —a menudo en alternancia con otras— cuando modifican a predicados que implican dirección o destino, sean reales o figurados. A este grupo pertenecen muchos verbos que denotan movimiento —*dirigir(se), ir, moverse, viajar*—, cambio de dirección —*doblar, girar, volver(se)*— o acción orientada a un punto —*apuntar, arrojarse, atraer, inclinar(se), mirar, volcar(se)*—, como en *Un abismo me atrae hacia aquella plancha de quirófano* (Volpi, *Días*). A ellos se agregan muchos sustantivos que expresan algún tipo de desplazamiento (*camino, vía,* *transición*). El mismo régimen se extiende a un grupo amplio de sustantivos que denotan sentimientos y actitudes manifestados en relación con las personas o las cosas (*admiración, afecto, amistad, cariño, lealtad, odio, respeto*, etc.), así como a algunos adjetivos (*crítico, hostil,* en ambos casos en alternancia con la preposición *con*).

36.4.6d   Por su parte, la preposición *hasta* aparece introducida por verbos de movimiento (*ir, trasladar(se), viajar*), pero también por ciertos predicados de estado (*extenderse* o *abarcar,* a menudo en concurrencia con *desde*). Los límites de estos complementos con respecto a los circunstanciales son también imprecisos, particularmente cuando el término designa el final de alguna situación o estado de cosas, como en *contar hasta diez, continuar hasta el final, esperar hasta las dos, permanecer hasta el domingo.*

37 El atributo (I). El atributo en las oraciones copulativas

37.1 Definición y variedades del atributo

37.1.1 Caracterización de la función de atributo y variedades

37.1.1a Se llama ATRIBUTO la función que desempeñan varios grupos sintácticos que denotan propiedades o estados de cosas que se predican de algún segmento nominal u oracional. Son atributos las expresiones subrayadas en los ejemplos siguientes:

> La gente estaba contenta; Ambos están locos; Va a ser necesario que acudas personalmente; ¿Es usted médico?; Parecían seres inofensivos; Era de un pueblo muy pequeño; ¿Cómo estás?

Como se comprueba en los ejemplos, los atributos no son solo palabras, sino también grupos sintácticos (*Estaba contenta; Estaba muy contenta con la noticia:* § 1.5.1). Pueden predicarse de un grupo nominal (*La gente no estaba contenta*) o pronominal (*quienes parecían seres inofensivos*), o bien de una oración (*Va a ser necesario que acudas personalmente*). Los verbos *ser, estar* y *parecer*, que se analizarán a lo largo de este capítulo, se denominan VERBOS COPULATIVOS porque ligan o vinculan (*cópula* significa 'atadura, ligamiento') el predicado con el sujeto.

37.1.1b La función de *atributo* no está restringida a las construcciones verbales con verbos copulativos, sino que abarca otras variedades, que se ilustran a continuación:

> ¿Sigue el enfermo sin apetito?; Me vas a volver loco; Se marchó feliz; Hartos ya de esperar, abandonamos la sala; Pudieron presenciar el retorno del ejército completamente diezmado; Año de nieves, año de bienes; Murió con las botas puestas.

Los dos primeros corresponden a predicados de oraciones semicopulativas; el tercero, a un complemento predicativo (variante más restringida de la noción de atributo). Los cuatro últimos se encuentran en construcciones no verbales. Todos ellos se estudiarán en el capítulo 38.

37.1.1c   Aunque el atributo se considera tradicionalmente una función sintáctica, no corresponde, como las demás, a un argumento o a un adjunto (§ 1.6.1c y 1.6.2). Así, en *El secretario* mencionó *al conserje,* las dos expresiones nominales subrayadas constituyen los argumentos del predicado *mencionar:* uno designa a quien realiza la acción (*el secretario*) y el otro la entidad mencionada (*el conserje*). En cambio, en *El secretario* es *el conserje,* el verbo *ser* no selecciona dos argumentos, sino que los vincula y aporta la información relativa al tiempo, el aspecto, el modo y la concordancia. Es más bien el atributo (*el conserje*) el que selecciona al sujeto, en el sentido de que restringe o condiciona la entidad que puede corresponder a esa función.

37.1.2   Tipos de atributo según la construcción en la que se inserta

La función de *atributo* abarca varias manifestaciones sintácticas del concepto semántico de PREDICADO. Las distinciones mencionadas en los § 37.1.1a, b se precisan así:

    1. EN CONSTRUCCIONES VERBALES
      a. Con verbos copulativos: *El niño está* tranquilo.
      b. Con verbos semicopulativos o pseudocopulativos: *Todos siguen tensos.*
      c. Con verbos plenos: *Ingresó en la maestría muy bien preparado.*
    2. EN CONSTRUCCIONES NO VERBALES
      a. En grupos nominales: *la búsqueda del prófugo vivo o muerto.*
      b. En oraciones absolutas: *Concluidas las fiestas, todo el mundo regresó*
        a sus quehaceres.
      c. En otras oraciones bimembres: *el Presidente, de visita oficial en Ca-*
        nadá.

37.1.2a   Los atributos del grupo *1a* se sustituyen por el pronombre átono neutro *lo,* independientemente de su género y de su número: *Es {pequeño~pequeña}* > *Lo es; Parecen {pequeños~pequeñas}* > *Lo parecen; Muy cansado es* lo *que está.* Así pues, el pronombre *lo* no concuerda con el sujeto en género: *Él parecía muy feliz, pero ella no {lo~*la} parecía; Tal vez fuera más pequeña que yo, pero no me lo pareció entonces* (Cabrera Infante, *Habana*). En la lengua oral alternan a veces la elisión del atributo y su sustitución por el pronombre *lo: —¿Está claro? —No, no {está~lo está}; —Me parece que no es oportuno —Sí que {es~lo es}.* La elipsis es más frecuente en el español americano, sobre todo con el verbo *parecer,* como en *—Don Antonio no parecía mujeriego. —Los que no* parecen *lo son más* (Naranjo, *Caso*). La sustitución por los adverbios *así* o *cómo* es posible con los atributos adjetivales y preposicionales (*—¿Cómo está Iván? —Está* enfermo; *Es olvidadizo* > *Es así*), pero no con los grupos atributivos nominales: *—*¿Cómo es Malena? —Malena es la presidenta; Malena es la presidenta* > **Malena es así.*

37.1.2b   El grupo *1b* hace referencia a las construcciones formadas con los llamados verbos SEMICOPULATIVOS O PSEUDOCOPULATIVOS, que han perdido su SIGNIFICADO

PLENO (en el sentido de 'no auxiliar'). Estos verbos añaden a la oración diversas informaciones, generalmente aspectuales (inicio, final o permanencia de algún estado de cosas), como en *Amelia se quedó triste; Me encuentro indispuesto*, o en las oraciones que siguen:

> Yo mismo andaba muy flojo de plata (Barnet, *Gallego*); Nada queda oculto a la implacable palabra del sermón (Morón, *Gallo*); Le estaba resultando difícil conservar una estructura (Donoso, *Pájaro*); Pero Cecilia continuó muda, rehuía mirar de frente al ingeniero (Satué, *Desierto*).

El verbo semicopulativo exige la presencia del atributo. Si este se suprime, el verbo pasa a tener su significado pleno, es decir, a ser verbo de movimiento en el caso de *andar,* y a expresar la permanencia física del sujeto en un determinado lugar en el de *quedar(se).*

37.1.2c   Cuando el verbo no es copulativo ni semicopulativo, sino un verbo PRINCIPAL o PLENO (grupo *1c*), la expresión predicativa se suele denominar COMPLEMENTO PREDICATIVO, como *radiante* en *Llegó radiante* (que implica 'Llegó'). Como el predicativo *radiante* se agrega a la predicación introducida por el verbo pleno o principal (*llegar*), esta relación atributiva es denominada a veces PREDICACIÓN SECUNDARIA. Según cuál sea el argumento al que se atribuyen, se distinguen, por un lado, los predicativos que se predican del sujeto, o PREDICATIVOS DEL SUJETO, como los subrayados en *Llegó radiante; El gato come tranquilo; ¿Espero sentado o de pie?; Me desperté sobresaltado;* y, por otro, los PREDICATIVOS DEL COMPLEMENTO DIRECTO, que se atribuyen a la entidad designada por este, como en *Te veo más alta; No lo creo capaz de algo así; Vendió la fruta en mal estado; Su relato nos hizo más llevadero el viaje.*

37.1.2d   El grupo *2* recoge las secuencias formadas con atributos ubicados en construcciones sin verbo. En efecto, algunos sustantivos admiten complementos predicativos dentro del grupo nominal en el que aparecen, como en *El retrato del señor duque a caballo* (*2a*). Las oraciones absolutas, como *terminada la tarea* (*2b*), son unidades de predicación sin verbo en forma personal, generalmente separadas por una pausa de la oración sobre la que inciden. Algunos gramáticos incluyen entre las variantes de las construcciones absolutas las formadas con atributos como el subrayado en *con la boca llena* (§ 38.6). Las exclamativas bimembres (*2c*), como *¡Magnífico el partido de ayer!* o *¡Qué bueno que ya terminaron!*, presentan la pauta «predicado – sujeto». El orden inverso es característico de los refranes: *Año de nieves, año de bienes; Victoria sin peligro, triunfo sin gloria.*

37.2   Clases de expresiones predicativas

En función de los grupos sintácticos que forman, los atributos se pueden dividir como sigue:

1. ADJETIVALES: *Está muy claro lo que debe hacerse; La ropa no se debe guardar húmeda; ¡Qué bueno que ya terminaron!*
2. NOMINALES: *La falta de agua es el problema; Lo considero un buen candidato; Lo tomó por un impostor; Víctima de una dolorosa enfermedad, murió ayer a los 60 años.*

3. PREPOSICIONALES: *Ese vino es de La Rioja; Vendió el auto sin pintar; Una vez en la sartén, los buñuelos se pinchan con un tenedor; Te veo con pocos ánimos.*

4. ADVERBIALES: *Estoy aquí; La encontré estupendamente; Las cosas seguían igual; No me parece mal el acuerdo; La estancia quedaba muy lejos; ¿Se siente usted bien?*

37.2.1   Atributos adjetivales

37.2.1a   Las expresiones predicativas más características son las adjetivales, que pueden funcionar como atributos en la mayor parte de las construcciones que se analizan en este capítulo y en el siguiente. Los adjetivos calificativos expresan propiedades de los sustantivos sobre los que inciden. Los RELACIONALES (§ 13.2.1c), en cambio, no expresan en sentido estricto propiedades, sino más bien las relaciones que estos establecen con otras clases de entidades. Usados como atributos, estos adjetivos aportan rasgos que caracterizan y permiten clasificar a los seres a los que se aplican, como en *El problema es político; Esta infección es renal, no gástrica.* Sin embargo, se percibe un marcado rechazo a estas construcciones con los adjetivos de relación que aportan información correspondiente al agente (*el viaje presidencial, la visita episcopal*). Así, el adjetivo *episcopal* en *La visita fue episcopal* aporta información clasificativa, ya que especifica el rango o la clase que corresponde a cierta visita. Se obtiene, por tanto, una interpretación de naturaleza no agentiva.

37.2.1b   No se usan habitualmente como atributivos los adjetivos denominados NO INTERSECTIVOS O INTENSIONALES (§ 13.2.4), que suelen preceder a los sustantivos: *una mera coincidencia* ~ **una coincidencia que es mera; su futuro marido* ~ **Su marido es futuro; el presunto asesino* ~ **El asesino es presunto.* Tampoco se emplean como atributos los adjetivos modales (*El candidato probable* ~ **El candidato es probable*), a menos que se prediquen de nombres de acción (*La posible visita* ~ *La visita es posible*). Se utilizan más fácilmente en dicha función los que aportan información temporal: *Los insultos eran frecuentes; Los viajes fueron esporádicos.* Por otra parte, cuando se usan como atributos los adjetivos *antiguo, claro, justo, puro, único, verdadero* o *viejo*, prevalece en ellos la interpretación predicativa, como en *Esos amigos son viejos* ('Son de edad avanzada'), frente a *Son viejos amigos* ('Son amigos desde hace tiempo': § 13.6.2c). De manera similar, los adjetivos *distinto* o *diferente* se asimilan a los cuantificadores en posición prenominal (*Las distintas teorías existentes:* § 13.4.3a); no así construidos como atributos (*Las teorías existentes son distintas* 'disímiles', no 'múltiples').

37.2.2   Atributos nominales

37.2.2a   Los grupos nominales se emplean como atributos en contextos restrictivos. Constituyen expresiones predicativas con los verbos copulativos *ser* y *parecer* (*Luis es médico; Parece un buen especialista*) y con los semicopulativos *hacerse, resultar* y *volverse* (*si te haces aviador; Resultó la persona indicada; Se volvió un ser huraño*). Rechazan por lo general el verbo *estar* (con alguna excepción: § 37.5.3a), pero pueden aparecer con este verbo como término de un grupo preposicional: **Está médico ~ Está de médico*. Tampoco se admiten fácilmente como predicativos del sujeto, si bien ciertos adverbios los hacen posibles en esta función: *El actual presidente viajó a Roma {*canciller ~ ya canciller)*. Los predicativos del objeto están restringidos a algunas clases de verbos, como se verá en el § 38.4.1g.

37.2.2b   Factores semánticos y pragmáticos inciden en la posibilidad de que funcione como atributo un grupo nominal sin determinante (llamado también ESCUETO: § 15.6). Pueden ser atributos los sustantivos no contables, cuyo carácter no delimitado facilita su interpretación predicativa: *No era tinta roja, era sangre* (Asturias, *Papa*); *El producto es aceite de oliva químicamente puro* (*País* [Esp.] 2/4/1987). Cuando los modificadores agregan rasgos que no son suficientemente discriminativos, se prefiere la variante con artículo: *El agua es un mineral líquido* o *La antracita es una variedad de carbón*. Están sometidos a mayores restricciones los sustantivos discontinuos en singular en función de atributo. Son característicos los que denotan profesiones, ocupaciones, cargos u otro tipo de roles sociales que se asimilan a ellos, como en *Iván es {maestro ~ radioaficionado ~ dirigente de un partido político}*. En los demás casos el carácter delimitado de los sustantivos contables les impide funcionar como atributos (**Eso es león*). Aun así, son posibles los que designan géneros o especies (*La vaca es rumiante*) y los que denotan propiedades de las entidades de las que se predican: *Todo en esta exposición es juego o sinónimo de juego* (*País* [Esp.] 13/4/1978).

37.2.2c   Los atributos nominales alternan con los preposicionales cuando se identifican algunas magnitudes: *La profundidad del río era {treinta metros ~ de treinta metros}; La temperatura era {un grado ~ de un grado}; El precio es {50 euros ~ de 50 euros}*.

37.2.3   Atributos preposicionales y adverbiales

37.2.3a   Los grupos preposicionales atributivos alternan a menudo con adjetivos calificativos, como en *El tejido era {de algodón ~ algodonoso}*, o relacionales, como en *Este queso es {de La Mancha ~ manchego}; Las arandelas son {de metal ~ metálicas}*. Las locuciones adjetivales, distintas de los grupos preposicionales aunque los límites sean escurridizos (§ 12.7.3c, d y 13.8), alternan también con los adjetivos, como en *Llevaba dos años {en cama ~ enfermo}*. He aquí algunos ejemplos de locuciones adjetivales en función de atributo:

> *Estoy de vacaciones; ¿Sigues de mal humor?; Parecía de confianza; Seguimos a oscuras; El paquete llegó en mal estado; Déjame en paz; No está en sus cabales; Estuvimos en vilo toda la noche; Nos hemos quedado para el arrastre tras tanto trabajo; Está sin blanca* ('sin dinero').

37.2.3b   Son grupos preposicionales atributivos los introducidos por la preposición *sin* que alternan con adjetivos en las pautas «*sin* + verbo transitivo», «*sin* + verbo intransitivo» y «*sin* + sustantivo»: *El problema sigue {sin resolver ~ sin solución ~ irresuelto}; Estuvieron un rato {sin hablar ~ callados}; Iba {sin zapatos ~ descalza}*. Estas expresiones están a veces modificadas por adverbios de grado, como en *Non soy yo* *tan sin seso* (Arcipreste Hita, *Buen Amor*); *Las tentativas que ha hecho* [...] *son las que cabía esperar de alguien tan sin grandeza como él* (Cortázar, *Reunión*). No son locuciones, sino grupos preposicionales atributivos, los introducidos por la preposición *de* que aparecen cuantificados por el adverbio *muy*, como en *Ella es muy de volver atrás en las conversaciones* (Delgado, *Mirada*) o en *Era muy de Maneco elegir una espada* (Borges, *Brodie*).

37.2.3c   Los grupos preposicionales atributivos se distinguen de los atributos insertos en grupos preposicionales (§ 38.5.3). Así, en *Los políticos nunca pecan de ingenuos* se predica de *los políticos* el adjetivo *ingenuos*, contenido en el complemento de régimen (*de ingenuos*), al igual que en *Los tienen por personas decentes*, el grupo nominal *personas decentes* se predica del complemento directo *los*, con el que concuerda en número.

37.2.3d   Conviene distinguir tales grupos preposicionales atributivos de los complementos adjuntos, como las expresiones subrayadas en *Lo escribí con una pluma estilográfica; Escribo con pluma estilográfica; Escribo en mi despacho*, que se refieren a circunstancias de la acción de escribir (instrumento, modo y lugar, respectivamente). En cambio, en *Te imagino con un sombrero mexicano* no se habla de modos o de instrumentos que participen en la acción de imaginar, sino de cierta situación episódica imaginada que se atribuye a una persona. Así, pues, la expresión subrayada es el complemento predicativo del objeto directo *te*. Se asimilan también a los complementos predicativos los grupos preposicionales de ubicación (*bajo la mesa, en el parque, entre Madrid y Segovia*). Así, en *Vi las llaves en el cenicero*, el elemento subrayado es un atributo porque expresa una propiedad transitoria de las llaves, relativa a su ubicación, en lugar del sitio en el que se realiza la acción de ver. De manera similar se analizan los grupos preposicionales que indican localización temporal (*Estamos en primavera*) y diversas magnitudes (*Hemos estado a tres grados bajo cero todo el mes; La merluza está a diez euros*). Se retomará esta cuestión en el § 37.5.2b.

37.2.3e   El uso del adverbio está mucho más restringido que el del adjetivo en las expresiones predicativas. El adverbio demostrativo *así* sustituye a los adjetivos, en alternancia con los pronombres neutros: *Es insoportable* > *Es así* o *Lo es*. Los adverbios locativos se usan igualmente como expresiones predicativas: *Estaban allí; Se puso delante; Te hacía más lejos; Lo vi detrás del árbol*, a veces en alternancia con atributos preposicionales: *Estoy {aquí ~ en el jardín}* o adjetivales: *Dice que el fin del mundo está {cerca ~ cercano}*. Pueden funcionar asimismo como expresiones predicativas las relativas adverbiales sin antecedente expreso: *Lo encontré como me lo imaginaba*, y el adverbio interrogativo *cómo*: *¿Cómo es tu Leandro? Pues no está mal; rubio, delgadito, muy alto* (Chacel, *Barrio*); También es posible usar las oraciones finales y causales como expresiones atributivas: *Se comenta del bailaor Ramírez que sus actuaciones son para ver y oír* (*Vanguardia* [Esp.] 16/7/1995); *Señor juez, mi delito es por bailar el chachachá* (Cabrera Infante, *Delito*).

37.2.3f   Con el verbo *estar* y con los verbos semicopulativos se observan alternancias entre atributos adjetivales y adverbiales, en particular de valor ponderativo: *La fiesta estuvo muy {buena ~ bien}; Y mira que tu hermano está estupendo* [...] (Pombo,

Metro); —*Y está estupendamente. Sanísima y muy mona* (Grandes, *Aires*). Aun así, no equivalen necesariamente las dos opciones que se muestran en *La encontró {divina~divinamente}* o las que proporcionan alternancias similares con *maravilloso~maravillosamente; perfecto~perfectamente*, etc. Fuera de contexto son ambiguas oraciones como *Te veo estupendamente*, ya que el adverbio puede interpretarse como complemento predicativo del objeto directo ('Veo que estás estupendamente') o bien como complemento circunstancial ('Te veo sin dificultad').

37.2.4   Oraciones y grupos verbales en función de atributo. Construcciones conexas

37.2.4a   Las oraciones subordinadas se asimilan a las expresiones atributivas en un buen número de contextos. En las oraciones copulativas se rechazan como atributos las relativas con antecedente, como muestra la falta de alternancia en *Estos libros son {nuevos~*que los acabo de comprar}; Las flores están {caras~*que han subido de precio}*. No se consideran excepciones las oraciones subrayadas en *Está que muerde* y en *Estoy que me caigo de sueño*, puesto que estas subordinadas no se consideran relativas, sino consecutivas (§ 45.6.1b) en las que se ha omitido el grupo cuantificativo (*tan rabioso, tan cansado*).

37.2.4b   Se asimilan a las expresiones predicativas algunas oraciones subordinadas que dependen de verbos de percepción, como las subrayadas en los textos siguientes:

> He visto a Johnny que se ha quitado de golpe la frazada con que estaba envuelto (Cortázar, *Reunión*); Instantes después los oí que golpeaban a una puerta (Mujica Lainez, *Escarabajo*); Se imagina a encapuchados que derriban la puerta (Edwards, *Anfitrión*).

Estas oraciones se construyen en indicativo y alternan con infinitivos: *Lo vi {que salía~salir} corriendo*, pero se debate si son relativas o sustantivas. Es similar la controversia que plantea el análisis de ciertas subordinadas atributivas en subjuntivo que dependen de verbos de voluntad, como en *Lo quiero que tenga mangas cortas* o *La necesito que sea más grande*. A favor de considerarlas adjetivas se aduce que alternan con adjetivos. A favor de interpretarlas como sustantivas se señala que están seleccionadas por un predicado que rige el modo verbal que presentan (el subjuntivo), y también que rechazan los grupos relativos preposicionales (**En cuanto al auto, lo quiero con el que me sea fácil manejar*).

37.2.4c   Menos polémico es considerar relativas a las subordinadas atributivas que se construyen con el verbo *haber*, como en *Los hay que tienen mucha suerte; Hay muchos platos en la cocina mexicana que emplean el chile; Hay personas que no leen nunca*. El objeto directo alterna en estas oraciones con su sustituto pronominal o con la ausencia de este, como sucede en las construcciones semejantes que presentan grupos nominales: *Hay vino > Sí que lo hay~Sí que hay* (§ 15.3 y 41.4.3); *No hay cuchillos mejores > No los hay mejores~No hay mejores*. A diferencia de las subordinadas examinadas en el apartado anterior, estas pueden ser introducidas por un grupo relativo preposicional: *Lo que se sabe de algunos ministros —los hay de los que no se sabe nada* [...]—

es puramente personal (*Triunfo* 9/7/1977). Construcciones similares se forman con *tener: Tenía libros que hablaban de tesoros ocultos* > *Los tenía* ~ *Los tenía que hablaban de tesoros ocultos.*

37.2.4d   Los grupos verbales de infinitivo alternan con atributos nominales, sin diferencia apreciable de significado, cuando se construyen con algunos verbos copulativos o semicopulativos: *Llegó a ser ministra* ~ *Llegó a ministra; Resultó ser un engaño* ~ *Resultó un engaño.* Esta alternancia se rechaza con los atributos adjetivales. Se dice, pues, *Llegó a ser peligroso,* pero no **Llegó a peligroso.* Por el contrario, los complementos causales introducidos por la preposición *por* solo admiten la supresión de *ser* con atributos adjetivales. Junto a *Cayeron por ser {unos incautos* ~ *incautos},* se obtiene la asimetría *Cayeron por {incautos* ~ **unos incautos}.* Algunos verbos de juicio admiten complementos directos construidos con *ser* (*Cree ser inteligente* > *Lo cree*), pero los complementos predicativos se forman sin ese verbo en la lengua actual (*Se cree inteligente* ~ **Se cree ser inteligente*), no necesariamente en la antigua: *Del cielo se juzgaron ser dignos* (Rojas, *Celestina*).

37.2.4e   Los gerundios se asimilan a las expresiones predicativas, como en *La fotografiaron sonriendo* (se subraya el complemento predicativo del objeto directo *la*). A su vez, los participios se asimilan a los adjetivos en no pocos aspectos de su gramática, pero mantienen algunas de sus propiedades verbales, en particular la posibilidad de admitir un complemento predicativo propio, como los subrayados en los siguientes ejemplos: *un acusado considerado culpable; Salió elegido gobernador; Encontré a nuestro juez acostado vestido* (Quiroga, H., *Selva*). En cambio, en *Murió fusilado muy joven,* el grupo adjetival *muy joven* no es complemento predicativo de *fusilado,* sino de *murió,* y en *Las mujeres lucimos más bonitas embarazadas* (Mastretta, *Vida*), *embarazadas* es complemento predicativo de *lucimos,* no de *más bonitas,* puesto que los adjetivos no admiten predicativos.

37.3   Interpretación de los grupos nominales en las oraciones copulativas

La elección del verbo copulativo depende de la estructura sintáctica del atributo y de su interpretación semántica. Las oraciones copulativas con el verbo *ser* expresan significados diferentes en función de la relación gramatical que se dé entre el atributo y el sujeto. Se suelen dividir en dos grupos, pero los límites entre ellos resultan polémicos en algunas construcciones:

> A. Oraciones copulativas caracterizadoras (también llamadas *adscriptivas* o *de caracterización*)
> B. Oraciones copulativas identificativas o especificativas

37.3.1   Oraciones copulativas caracterizadoras o adscriptivas

37.3.1a   En las oraciones copulativas CARACTERIZADORAS se expresan características de las personas o las cosas: *Su pelo era oscuro* (con adjetivo); *El café era de una* *excelente calidad* (con grupo preposicional); *Esto es mármol; Es persona de bien* (con grupo nominal: § 37.2.2). Los sustantivos que designan profesiones y ocupaciones forman asimismo grupos nominales atributivos de interpretación caracterizadora (*¿Es usted médico?; Ya no era cocinero; Era ingeniero químico*), que pueden ser sustituidos por los pronombres neutros *lo, eso* (no *ese*) y *qué* (no *quién*): *Ángel es cocinero > Ángel lo es; Ángel es eso; ¿Qué es Ángel?* Estos grupos nominales se construyen con los artículos *un, una* (llamado UN ENFÁTICO: § 15.2.3c) cuando el sustantivo está acompañado de alguna expresión que introduce cierta característica EVALUATIVA del sujeto, como la subrayada en *Es un cocinero excelente*, pero también cuando la evaluación se expresa morfológicamente (*Es un abogadillo; Era una madraza*) o léxicamente (*Aquello era un sinsentido*). Cuando se desea describir objetivamente a alguien asignándole alguna característica definitoria, se evita el artículo. No se suele decir, como se ha señalado, *Iván es un cocinero*, sino *Iván es cocinero*. También se construyen con el artículo indefinido *un, una* las expresiones nominales caracterizadoras que introducen descripciones o definiciones del sujeto (*El rosal es una planta angiosperma; Una fractura es la rotura de un hueso*). Recuérdese el § 15.2.3d.

37.3.1b   Los grupos nominales definidos pueden pertenecer a las copulativas del tipo *A* en las definiciones o caracterizaciones. Así, en *La falta de agua es el problema principal*, el atributo es el grupo nominal *el problema principal*, que puede ser sustituido por los pronombres *lo, eso* y *qué: La falta de agua lo es; La falta de agua es eso; ¿Qué es la falta de agua?*

37.3.2   Oraciones copulativas identificativas, especificativas o inversas

37.3.2a   En las oraciones copulativas del tipo *B* se identifican personas o cosas. En efecto, si se dice *El problema principal es la falta de agua*, no se aporta una propiedad o una cualidad del referente de *el problema principal*, sino que se identifica tal problema, es decir, se le otorga una determinada referencia o se distingue entre otros. Esta es la razón por la que se denominan también ESPECIFICATIVAS estas oraciones. Como el atributo (*el problema principal*) aparece antepuesto y el sujeto (*la falta de agua*) en posición posverbal, reciben también el nombre de COPULATIVAS INVERSAS, en oposición a las del tipo *A*, llamadas a veces RECTAS. El grupo nominal *la falta de agua* se sustituye aquí por el demostrativo *ese* y por el interrogativo *cuál*, que solicita información para identificar un elemento entre varios: *El problema principal es ese; ¿Cuál* (y no *Qué*) *es el problema principal?*

37.3.2b   Las copulativas inversas no presentan únicamente dos grupos nominales definidos en torno al verbo *ser*, sino que pueden ajustarse a la pauta «grupo nominal + *ser* + subordinada sustantiva», como en *El problema es que no nos entendemos*. Asimismo, el sujeto pospuesto puede ser un nombre propio, como en *El Caballero de la Triste Figura es don Quijote*, o un pronombre personal, tal como refleja la concordancia en *El asesino {eres ~ *es} tú* o en *La invitada {soy ~ *es} yo*. Este ejemplo muestra que los atributos antepuestos de estas oraciones poseen menor CAPACIDAD REFERENCIAL —y, por tanto, mayor CONTENIDO PREDICATIVO— que los sujetos pospuestos.

37.3.2c   Con los grupos nominales definidos se pueden construir copulativas identificativas, pero también caracterizadoras. El que dice *Este hombre es el cocinero del hotel* puede hacer equivaler la referencia de las dos expresiones definidas. Se obtiene así una oración del tipo *B,* cuyo sujeto pospuesto se puede sustituir por el pronombre *quién: —¿Quién es este hombre? —El cocinero del hotel.* También es posible obtener una copulativa del tipo *A,* en la que la expresión *ese hombre* se describe proporcionando el cargo, el rango o el puesto de la persona de la que se habla: *—¿Qué es este hombre? —El cocinero del hotel.* En el primer caso se admite el demostrativo *ese* (*Es ese: el cocinero*), mientras que en el segundo el sustituto es *eso* (*Es eso: el cocinero*). Así pues, los sustantivos que designan profesiones, oficios, cargos o puestos pueden formar parte de grupos nominales que denotan propiedades, pero también de otros que identifican individuos. Este doble papel se extiende a los grupos nominales formados por un superlativo relativo (§ 45.5.1), como en *Ester es la mejor profesora de la escuela* (> *Ester es esa* o *Ester es eso*).

37.3.2d   Se da una relación estrecha entre las copulativas que poseen atributos nominales y las llamadas DE RELIEVE (§ 40.5). Reciben, en efecto, dos interpretaciones oraciones como *El que mató a la señora fue el mayordomo de la casa.* Como copulativa de relieve o perífrasis de relativo, esta oración es una variante perifrástica de *Mató a la señora el mayordomo de la casa.* En estas fórmulas de relieve el tiempo verbal de la cópula no se interpreta semánticamente, de manera que *fue* no implica 'ha dejado de ser'. Sin embargo, cabe entender también que en esta secuencia se dice que la persona de la que se habla ocupó el puesto de mayordomo en cierto período. Se admitiría entonces la continuación ... *pero ya no lo es,* que no tiene sentido en la primera. El verbo *ser* no se asimila en esta lectura a un signo de identidad, y admite un complemento temporal, que rechaza, en cambio, en la interpretación perifrástica.

37.3.2e   Asimismo, las oraciones copulativas cuyo sujeto es una expresión temporal pueden ser IDENTIFICATIVAS: *Su cumpleaños es el martes que viene* > ¿*Cuándo* (y no *Qué*) *es su cumpleaños?,* o CARACTERIZADORAS: *El martes que viene es su cumpleaños* > ¿*Qué* (y no *Cuándo*) *es el martes que viene?* La inversión de las oraciones caracterizadoras que introducen definiciones o descripciones, como *Un rosal es una planta angiosperma* (> *Lo es*), da lugar a una copulativa inversa de interpretación EJEMPLIFICATIVA: *Una planta angiosperma es un rosal* ('Un ejemplo de planta angiosperma es un rosal') o *Un lepidóptero es la mariposa.* La polémica a la que se hace referencia al comienzo de esta sección se debe a que algunos gramáticos entienden que la oposición entre los tipos *A* y *B* afecta a la interpretación semántica de los atributos, pero no a la distribución de las funciones sintácticas. En este otro análisis, la expresión subrayada en *La causa de la huelga fue* {*el anuncio de los despidos* ~ *que se anunciaran los despidos*} no sería un atributo en posición preverbal, sino el sujeto de la oración.

37.4   Concordancia del atributo

37.4.1   Concordancia del atributo y de los pronombres sustitutos

37.4.1a   Los atributos adjetivales de las oraciones copulativas concuerdan en género y número con el sujeto. Los nominales lo hacen cuando los sustantivos presentan flexión de género o forman parte de oposiciones heteronímicas (*Ernestina es su hija; Su mamá es doña Luisa*), pero no en caso contrario (*Esa cicatriz es un recuerdo de la guerra; La reunión fue un fracaso*). Las mismas condiciones se extienden a las oraciones no copulativas: *El pasajero sonrió complacido; Azucena se convirtió en jugadora; No veo claras sus intenciones; La tenían por un portento; Víctima de un cáncer terminal, murió solo a la edad de sesenta años*. Se construyen en masculino singular los complementos predicativos adjetivales de los verbos impersonales que denotan fenómenos atmosféricos: *Picadito de la piel, como si le hubiera llovido fresquito* (Hayen, *Calle*); *El día siguiente es domingo y amanece despejado y luminoso* (Marsé, *Embrujo*).

37.4.1b   Los grupos sintácticos atributivos no presentan rasgos del género neutro, ya que ni los nombres ni los adjetivos los manifiestan en español. Aun así, como se explicó en el § 37.1.2a, este es el género que muestran sus sustitutos pronominales, personales (*lo*), demostrativos (*eso*) o interrogativos (*qué*). No existe, por tanto, concordancia de género entre *lo* (neutro) y *traviesa* (femenino) en *Su mamá dice que es muy traviesa, pero su papá dice que no lo es*. Se ha registrado la alternancia entre el neutro y los otros dos géneros en algunas oraciones copulativas de atributo nominal formadas con el verbo *parecer*, como en *A primera vista, esa conclusión parece una paradoja, pero deja de {parecérnosla ~ parecérnoslo} cuando la examinamos más de cerca*, pero se prefiere la segunda opción.

37.4.2   Casos de alternancia en la concordancia de atributos y predicativos

37.4.2a   Los atributos adjetivales concuerdan implícitamente con el sujeto tácito de los infinitivos, como en *Prefería estar sola; Procuraremos ser atentos; Les conviene a ustedes ser discretas*. Cuando el sujeto es genérico, se producen alternancias en la concordancia de género y número de los atributos adjetivales que aparecen en las oraciones de infinitivo: *Hay que ser {bueno ~ buena ~ buenos ~ buenas}; En esos casos es mejor quedarse {quieto ~ quieta ~ quietos ~ quietas}; Siempre conviene estar {atento ~ atenta ~ atentos ~ atentas}*. Todas estas opciones se consideran correctas. El masculino constituye la opción no marcada en los contextos genéricos, pero el femenino es también posible en ellos, y se prefiere cuando el que habla se dirige exclusivamente a mujeres. Las oraciones copulativas impersonales construidas con el pronombre *se* muestran alternancia de género, pero no de número: *Cuando se está {nervioso ~ nerviosa ~* nerviosos ~*nerviosas}*. El verbo aparece en singular en estas oraciones: *Asno se es de la cuna a la mortaja* (Cervantes, *Quijote* I).

37.4.2b   La concordancia de número entre el verbo y el sujeto pospuesto en las copulativas identificativas es la esperable en *La cartera son las acciones que tiene mi tío* (Ibargüengoitia, *Crímenes*) o en *Su fuerte son los arreglos con flores de papel* (*Salvador Hoy* 2/11/2000). Sin embargo, además de la variante en plural —la más frecuente— es posible la concordancia en singular, también correcta, como en *Los ruidos nocturnos {son ~ es} el principal problema que tenemos en el barrio*. Una alternancia similar se produce con sujetos pronominales neutros; junto a *Esas son tonterías de Naranjo* (Allende, *Eva*), son posibles *Todo eso son juegos inocentes* (Nieva,

Carroza); Lo mío son las bodas reales y acontecimientos en el mundo entero (País [Esp.] 1/6/1984).

37.4.2c   En la lengua conversacional concuerdan a veces con su sujeto en género y número los adjetivos que aparecen en las construcciones formadas con la expresión *de lo más*, pero en otras ocasiones permanecen invariables: *Son de lo más {interesantes~interesante}; Resultan de lo más {sustanciosas~sustancioso}*. La concordancia en singular, mayoritaria en los registros formales, es la esperable, dada la naturaleza pronominal del artículo neutro que encabeza el grupo. La concordancia en plural puede deberse a que *de lo más* se analiza como un cuantificador complejo, cercano a *sumamente*. También alternan en número los adjetivos de la expresión «*lo que {tienen~tenían} de* + adjetivo». Se considera preferible la variante con el adjetivo en singular, pero la que presenta el plural es también correcta: *En un país como el nuestro nos aferramos a las palabras, con todo lo que tienen de <u>mísero</u> y <u>luminoso</u> (Babelia* 4/10/2003); [...] *rezando con fervor mis oraciones y meditando en las cosas divinas para aborrecer las mundanas en lo que tienen de <u>aborrecibles</u>* (Valera, *Pepita Jiménez*).

37.5   El atributo en las oraciones copulativas con *ser* y *estar*

37.5.1   Aspectos semánticos de la distinción

Una de las características más debatidas del español es la elección entre *ser* y *estar* en las oraciones copulativas en función de las propiedades del atributo. Para explicarla se han propuesto varias distinciones.

37.5.1a   Una primera distinción se basa en la suposición de que el verbo *ser* se combina con atributos que designan características permanentes de los sujetos, mientras que *estar* lo hace con atributos que indican propiedades transitorias, y por ello accidentales. Se piensa hoy que esta diferenciación, que se remonta a algunos tratados clásicos, presenta dificultades. Por un lado, los predicados nominales se combinan con *ser* aun cuando designen propiedades transitorias: *Ángel es estudiante de tercero de Farmacia; Ana es profesora suplente en esta escuela; El conserje fue muy amable conmigo esta mañana* (aquí en alternancia con *estar*). Por otro lado, fuera de las oraciones pasivas, los participios se combinan con *estar* aunque indiquen propiedades no sujetas a alteración: *Está muerto; Estaba transplantado del riñón*.

37.5.1b   La oposición entre *ser* y *estar* se ha interpretado más recientemente como una de las manifestaciones del aspecto léxico (§ 23.2). Así, la oración *El muchacho es alto* no describe exactamente un estado permanente del muchacho, sino más bien una propiedad que se le atribuye como característica suya, mientras que *El muchacho está alto* pone de manifiesto más bien que el que habla percibe en el citado muchacho un cambio en relación con su recuerdo o con sus expectativas, es decir, un estado diferente del que conocía o esperaba. Un contraste similar opone *Es muy joven* a *Está muy joven*. Los atributos introducidos por *estar*, entre los que figuran los participios y los adjetivos que proceden de los antiguos participios truncos (*agotado, limpio, maduro, muerto, seco:* § 13.2.5b y 27.5.4b) se interpretan con un sentido RESULTATIVO, es decir, como resultado de un cambio de estado.

37.5.1c   Las cópulas se han vinculado también a la distinción entre los predicados CARACTERIZADORES O DE INDIVIDUO y los DE ESTADIO O EPISÓDICOS (§ 13.2.5). Así, los atributos que se construyen con *ser* suelen designar características de los individuos que no surgen como efecto de ningún cambio, por lo que rechazan modificadores que las limiten a una situación particular. De este modo, en *Marta es ingeniosa* se dice que la propiedad del ingenio caracteriza a Marta como persona. Por el contrario, los predicados de estadio designan propiedades del sujeto relativas a una situación concreta, como en *Azucena está guapa con ese vestido*. La distinción entre ambos tipos de predicados se aplica también a las locuciones adjetivales, como se ve en el contraste entre *ser de buen corazón* (o *de armas tomar, de cuidado, de la cáscara amarga, de malas* o *de pocas pulgas*) y *estar de buen humor* (o *a oscuras, a salvo, a solas, de luto, de paseo, de viaje, de vuelta, en pie, en peligro, en vilo*).

37.5.2   Atributos locativos

37.5.2a   El verbo *ser* no se usa ya en la lengua común con el sentido de 'existir', como en *Aquí fue Troya;* [...] *los pocos sabios que en el mundo han sido* (León, *Poesía*); *Primero fueron los ríos, los ríos arteriales* (Neruda, *Canto*). El verbo latino *stare*, del que procede *estar*, significaba 'estar de pie' o 'estar situado', interpretaciones que se registran en los primeros testimonios de su uso en español. En la lengua actual se construyen con *estar* los atributos de las oraciones en las que se especifica el lugar que ocupa alguien o algo: *El jefe está en la oficina; El problema está en el carburador; ¿Dónde estás?* Es polémica la cuestión de si estas oraciones son verdaderamente copulativas. Si bien no admiten pronombres neutros (*Está en la oficina > *Lo está*), el verbo *estar* no parece seleccionar dos argumentos (*el jefe* y *en la oficina*), sino que constituye más bien un nexo que vincula un individuo con un estado episódico o circunstancial. Si se analizan como complementos predicativos los grupos preposicionales de sentido locativo, como en *El jefe te quiere en su oficina de inmediato* o en *Vi las llaves en el cenicero* (§ 37.2.3e), es apropiado suponer que son atributos en las oraciones copulativas mencionadas.

37.5.2b   Los atributos locativos se combinan con el auxiliar *ser* cuando el sujeto denota acciones o sucesos (*¿Dónde es el concierto?; La reunión no es aquí* o *La conferencia es en el auditorio*), pero no en los demás casos: *El ponente de la conferencia {está ~ *es} en el auditorio*. Aun así, en la lengua conversacional se usa a veces *ser* con atributos locativos cuando se identifica un lugar: *No es muy lejos; Es aquí mismo; La cocina es por allí*. Otros atributos expresan igualmente localización temporal, como en *Ya es viernes; La función es a las seis* (Martínez, *Evita*). Se construyen también con *ser* diversas expresiones atributivas introducidas por una preposición elegida por el sujeto, como en *El viaje será desde Lima hasta Callao* o *El paseo fue por la playa*. En estos casos el verbo *ser* se asimila a los llamados VERBOS DE APOYO O VICARIOS (§ 1.5.2e).

37.5.3   Aspectos sintácticos y léxicos de la distinción entre *ser* y *estar*

37.5.3a   Como se explicó en el § 37.5.1a, los atributos nominales se construyen con *ser*. Se registran escasas excepciones, como *Estaba jefe de sección*, en el área mexicana. No son excepciones, en cambio, construcciones como *estar {burro ~ mosca ~ perro ~ pez}* y otras similares de distribución geográfica desigual, en las que los sustantivos se interpretan como adjetivos calificativos (§ 13.4.1h): *estar completamente pez*. La alternancia *ser ~ estar* es más sistemática en pares como *Fue torero* (sustantivo) *~ Estuvo (muy) torero* (adjetivo), y en ejemplos como *Muy filósofo estás, Sancho* (Cervantes, *Quijote* II); *Es el Sr. de Argüelles. ¡Buen pájaro está!* (Galdós, *Episodios*).

37.5.3b   Eligen *ser* los adjetivos de relación (§ 13.5), como *digital, económico, geográfico, literario, musical, político*, etc. Algunos de ellos pueden usarse como adjetivos calificativos y, en tales casos, es posible la alternancia: *{Es ~ Está} muy diplomático*. Alternan las dos cópulas con los adjetivos que designan propiedades físicas sujetas a alteración, como en *Su nariz es roja ~ Su nariz está roja; Ramón es gordo ~ Ramón está gordo*. Se elige, en cambio, únicamente *ser* en *La calle es ancha* porque no se atribuye al referente del sujeto la capacidad de alterar sus dimensiones. Sin embargo, con estos adjetivos el dativo posesivo favorece el uso de *estar*, en alternancia con *quedar* en España. En la mayor parte de los países americanos solo se emplea este último verbo (§ 38.2.5): *La falda le {está ~ queda} ancha* frente a *La calle es ancha; Te {están ~ quedan} cortos los pantalones* frente a *La vida es corta*.

37.5.3c   Forman oraciones copulativas con *ser* muchos adjetivos de naturaleza modal que admiten como sujetos subordinadas sustantivas, como en *Es posible que llueva; Era importante que estuvieras aquí a las cuatro en punto*. Otros se usan con *estar* en España, como *Está feo que yo hable así de mí mismo* (Jardiel, *Eloísa*) o *Está claro que el mar era su pasión* (Aldecoa, *Cuentos*). En estos casos se prefiere *quedar* en casi toda América, o bien se da la alternancia entre *estar* y *quedar*.

37.5.3d   Eligen asimismo *ser* gran número de adjetivos que denotan rasgos valorativos de las personas o las cosas, muy frecuentemente del carácter o la personalidad de los individuos, como *amable, cobarde, cortés, decidido, ejemplar, espantoso, espléndido, estudioso, exigente, fiel, maravilloso, prudente, ruin, sensible, sesudo, sincero, singular, terrible, torpe, tranquilo, valiente*. Muchos de los adjetivos de este grupo admiten, sin embargo, usos con *estar* cuando se designan comportamientos particulares o circunstanciales, como lo muestra el contraste entre *La expresión de su rostro es tranquila, triste y tranquila* (Bolaño, *Detectives*) y *Fíjate en ese charco, lo ves sucio, pero está tranquilo* (Jodorowsky, *Pájaro*). Parecería inesperada la presencia de *ser* en el par *El conserje {estuvo ~ fue} muy amable conmigo esta mañana* (§ 37.5.1a), ya que en este contexto se expresa una propiedad episódica de un individuo. No obstante, estos adjetivos —y otros como *cariñoso, distante, encantador, frío, generoso, grosero, simpático, sincero*, etc.— denotan comportamientos que afectan a otras personas. El predicado del que forman parte puede denotar, en consecuencia, una acción *Fue amable ~ Actuó amablemente; En esta ocasión {ha sido muy elegante ~ ha actuado con mucha elegancia}*.

37.5.3e   Como se dijo en § 37.5.1b, se construyen con *estar* numerosos adjetivos que comparten su raíz léxica con los verbos correspondientes, como los formados sobre los antiguos participios truncos (*descalzo, desnudo, lleno, maduro, marchito, quieto, vacío*), aunque algunos admiten también *ser* (*limpio, sucio*). En cambio, los adjetivos de forma participial que se construyen con *ser* se asimilan a los calificativos y carecen de interpretación resultativa, como *Eugenio es muy conocido; La película es* *muy entretenida; Este libro es muy aburrido* ('causa aburrimiento'). A este valor causativo del adjetivo *aburrido* se opone el del participio adjetival *aburrido,* que denota un cambio de estado (§ 27.5.3c) y se construye con *estar: Estoy aburrido.* Tienden a rechazar *estar* los adjetivos que expresan siempre valor causativo: *angustioso, preocupante, terrorífico,* etc.

37.5.3f   La distribución entre los verbos copulativos *ser* y *estar* se ajusta, en sus rasgos fundamentales, a la oposición entre los atributos caracterizadores y los de estadio. No obstante, numerosos adjetivos pueden pertenecer a los dos grupos, lo que se refleja en la elección del verbo copulativo. Contrastan así las oraciones *Es {nerviosa ~ tranquila ~ alegre},* en las que se habla del carácter o el temperamento de alguien, con *Está {nerviosa ~ tranquila ~ alegre},* en las que se describe algún estado circunstancial en el que la persona se halla. Existen cambios más marcados en la significación del adjetivo en otras oraciones copulativas construidas con *ser* o con *estar,* como se aprecia en los pares siguientes:

> *ser discreto* ('prudente', entre otros sentidos) ~ *estar discreto* ('poco brillante', entre otros sentidos);
>
> *ser fresco* ('desvergonzado', también *ser un fresco*) ~ *estar fresco* ('recién recogido, hecho');
>
> *ser listo* ('inteligente', más usado en España) ~ *estar listo* ('dispuesto', 'preparado', 'terminado');
>
> *ser maduro* ('tener madurez, buen juicio') ~ *estar maduro* ('haber madurado');
>
> *ser malo* ('malvado', 'de poca calidad') ~ *estar malo* ('desagradable', 'de mal sabor', 'enfermo');
>
> *ser rico* ('adinerado') ~ *estar rico* ('sabroso');
>
> *ser sano* ('saludable') ~ *estar sano* ('con buena salud');
>
> *ser vivo* ('listo', 'mentalmente ágil') ~ *estar vivo* ('con vida').

37.5.3g   La naturaleza léxica del sujeto resulta ser un factor fundamental en algunos de los pares mencionados y en otros similares: *ser delicado un asunto* ('resultar comprometido o embarazoso') ~ *estar delicada una persona* ('manifestar salud endeble o quebradiza'). Varias propiedades y estados transitorios que se aplican a las personas o a las cosas materiales se conciben a menudo como inherentes o definitorias cuando se aplican a nociones más abstractas, como en *Su marido está grave,* pero *La enfermedad de su marido es grave,* o en *El conserje {era ~ estaba} atento,* pero *El comportamiento del conserje era atento.*

37.5.3h   Los complementos del adjetivo calificativo (§ 36.2.2) pueden influir en ocasiones en la elección de la cópula, sobre todo con adjetivos que se refieren a sentimientos o afecciones del ánimo, como se ejemplifica a continuación:

> *{ser / estar} celoso* ~ *estar celoso de alguien; {ser / estar} casado* ~ *estar casado con alguien; {ser / estar} ansioso* ~ *estar ansioso por regresar; {ser / estar} aburrido* ~ *estar aburrido de algo o de alguien; {ser / estar} decidido* ~ *estar decidido a algo.*

Estos contrastes muestran que los adjetivos que admiten *ser* y *estar* (*ser* o *estar celoso, casado, ansioso...*) suelen elegir *estar* cuando se construyen con complemento preposicional (*estar celoso de alguien, casado con alguien, ansioso de algo...*). Algunas de estas alternancias pueden ser reflejos de cambios en el significado del adjetivo: *ser seguro* ('libre de riesgo', 'cierto') ~ *estar seguro de algo* ('convencido'); *ser interesado* ('moverse por interés') ~ *estar interesado en algo* ('tener interés en algo'); *ser orgulloso* ('arrogante, altivo') ~ *estar orgulloso de algo o de alguien* ('legítimamente satisfecho'), aunque también se registra *ser orgulloso de algo*. Por el contrario, el adjetivo *consciente* se usa con complemento cuando se construye con *ser* (*Es consciente de su problema* 'Tiene conciencia de él, lo percibe'), no cuando se construye con *estar* (*Ya está consciente* 'Ya volvió en sí', entre otros significados próximos).

37.6   El verbo *parecer*

El verbo *parecer* presenta propiedades gramaticales que corresponden a tres clases sintácticas: la de los verbos copulativos (como *ser*), la de los auxiliares de perífrasis (como *poder*) y la de los verbos de juicio u opinión, que tienen complementos oracionales (como *creer*).

37.6.1   Usos copulativos de *parecer*

Parecer es un verbo copulativo cuando se construye con un grupo nominal, adjetival o preposicional, como en *Jorge parece un buen escritor; Noelia parece segura de sí misma; No parecen ustedes de aquí*, todos ellos atributos caracterizadores. Aunque menos frecuentemente, se combina también con atributos episódicos (*Parecía cansada; La ropa parecía seca*). Se ha debatido si la presencia de un complemento indirecto, como en *Jorge me parece un buen escritor*, incide en el carácter copulativo de *parecer*. Algunos gramáticos lo consideran más propiamente un verbo de juicio o de opinión que un verbo copulativo, puesto que en esta segunda pauta se introducen puntos de vista que se atribuyen a la persona designada por el complemento indirecto: *La idea me parece buena; La decisión pareció injusta a todos los afectados* (con un tiempo perfectivo, infrecuente en la primera pauta). Sin embargo, ambas construcciones admiten la sustitución por el pronombre neutro *lo*: *Es muy inteligente, pero no lo parece; Algunos hay que la tienen por muy hermosa, mas a mí jamás me lo pareció* (Montemayor, *Diana*).

37.6.2   Usos no copulativos de *parecer*

37.6.2a   Cuando *parecer* se construye con una oración subordinada sustantiva, como en *Parece que no me oye*, la sustitución pronominal ofrece resultados inestables. Para muchos hablantes, la oración subrayada admite la sustitución por *lo* (*Lo parece*), como se espera de un atributo, pero también admite el pronombre *eso* (*Eso parece*), como se espera de un sujeto. Esta segunda sustitución, más natural que la primera, apoya la idea de que la subordinada sustantiva ejerce la función de sujeto. También aquí es posible la presencia del pronombre dativo, que induce la interpretación de *parecer* como verbo de juicio o de opinión.

37.6.2b   *Parecer* se construye también seguido de un infinitivo: *La ira parecía salir del fondo de sus ojos* o *Yo parecía tener razón* (Bryce Echenique, *Martín Romaña*). Si bien ha sido analizado como verbo copulativo en esta construcción, la sustitución por el pronombre *lo* no es aceptada por muchos hablantes en secuencias como *Unos días parecía estar de buen humor y otros no lo parecía*. Aun aceptando este tipo de oraciones como gramaticales, el antecedente de *lo* no es aquí necesariamente oracional, ya que puede sustituir a *de buen humor*. Otra opción es considerar que *parecer* es un verbo modal en una perífrasis verbal. Desde este punto de vista, la estructura sintáctica de *La tensión parecía disminuir* es similar a la de *La tensión {podía ~ debía ~ solía} disminuir*. Las principales ventajas de situar el verbo *parecer* entre los auxiliares de las perífrasis en esta construcción —más exactamente entre los de valor epistémico o con lectura exclusivamente oracional— se presentan en el § 28.2.2h.

38 El atributo (II). Construcciones semicopulativas. Los complementos predicativos. Las construcciones absolutas

38.1   El atributo en las construcciones semicopulativas

38.1.1   Los verbos semicopulativos. Su relación con otros verbos

38.1.1a   Como se explica en el capítulo anterior, los verbos SEMICOPULATIVOS o PSEUDOCOPULATIVOS vinculan un sujeto con un atributo añadiendo algún contenido, a menudo aspectual o modal, como en *Luis se puso morado; Ana quedó contenta; El negocio salió redondo; Te ves muy linda; El Gobierno se muestra favorable*. A diferencia de los copulativos, estos verbos admiten también usos como VERBOS PRINCIPALES O PLENOS en los que seleccionan sus argumentos: *Luis se puso el sombrero en la cabeza; Ana quedó con sus amigos en el parque; Ángel salió de su casa*. Los verbos plenos pueden combinarse con expresiones predicativas sin que su significado se vea afectado, como en *{Llegó cansado a su casa ~ Llegó a su casa}*. Repárese en que *Se puso enfermo* (verbo semicopulativo) no implica 'Se puso', mientras que *Llegó a casa* (verbo pleno) implica 'Llegó'. El atributo es, por tanto, imprescindible con los verbos semicopulativos, de manera que si se suprime *enfermo* en *Se puso enfermo*, cambiará el significado del verbo (*ponerse* significa en algunos países 'ponerse al teléfono') o se obtendrá una oración anómala.

38.1.1b   Los verbos semicopulativos proceden de verbos plenos a través de procesos de GRAMATICALIZACIÓN relativamente similares a los estudiados en las perífrasis verbales (capítulo 28). Así, el verbo *caer* funciona gramaticalmente como verbo pleno y acepta complementos predicativos del sujeto en secuencias en las que se expresa movimiento descendente, como *caer {desfallecido ~ extenuado ~ fulminado ~ malherido}*. En cambio, en *caer {enfermo ~ prisionero ~ herido}*, el verbo se ha gramaticalizado como semicopulativo, de forma que de la idea de descenso se pasa a la de resultado de algún proceso. Se reconocen como verbos de movimiento (por tanto, verbos plenos) los que se subrayan en *Andaba erguida; Llevaba a los niños al colegio; Salió despedido; La seguía contento; Vino a mi casa encantado,* pero esos mismos verbos son semicopulativos, y ya no denotan movimiento, en *Andaba preocupada; Llevaba dos años enfermo; Salió escarmentado; Seguía enamorado; La película vino precedida de una gran polémica.*

38.1.1c   Aunque tanto los verbos copulativos como los semicopulativos exigen la presencia del atributo, el de los segundos no se sustituye por el pronombre neutro *lo* (*Susana estaba atónita > Lo estaba; Susana se quedó atónita > *Se lo quedó*). Puede ser sustituido, en cambio, por los adverbios *así, cómo* y *como: Susana se quedó así; ¿Cómo se quedó Susana?; como se quedó Susana.* La mayor parte de los verbos semicopulativos se construyen con atributos adjetivales o adverbiales; más raramente con los nominales: *hacerse (un) hombre, resultar un éxito, salir diputado, sentirse (un) héroe, verse (de) candidato.*

38.1.2   Clasificación de los verbos semicopulativos

En función de los significados que expresan, los verbos semicopulativos pueden clasificarse en tres grupos:

1. CAMBIO: *devenir un hecho, hacerse rico, ponerse enfermas, quedarse perplejo, salir herido, volverse taciturna.*

2. PERMANENCIA, PERSISTENCIA O CONTINUIDAD: *andar preocupado, continuar graves, permanecer calladas, seguir vivo.*

3. MANIFESTACIÓN O PRESENCIA: *encontrarse en forma, hallarse indispuesta, lucir linda, mostrarse de acuerdo, pasar inadvertidos, presentarse favorables, revelarse insuficiente, verse horrible.*

Estos grupos se analizarán en las secciones siguientes.

38.2   Los verbos semicopulativos de cambio

Los VERBOS DE CAMBIO denotan el proceso de pasar a un estado, alcanzarlo o desembocar en él. El español no dispone de un verbo que se use de forma general para expresar este significado, a diferencia de lo que sucede en otras lenguas (fr. *devenir;* it. *diventare;* port. *ficar;* ing. *become;* al. *werden*). En su lugar, presenta un paradigma de distribución más compleja: *devenir, hacerse, pasar a ser, ponerse, quedarse, tornarse* o *volverse.* En los apartados siguientes se mostrarán algunas tendencias que justifican la preferencia por varios de estos verbos en función del atributo, pero también del tipo de cambio que se expresa. En el § 38.2.7 se describirán algunas alternancias entre ellos cuando se usan con los mismos atributos.

38.2.1   El verbo *devenir*

El verbo *devenir* se usa con atributos nominales y adjetivales en la lengua culta del español americano. En el español europeo es menos frecuente, pero se documenta ocasionalmente en la lengua literaria. He aquí algunos ejemplos:

> [...] tarareando un ritmo bailable cuando no había una radio sonando, aparato de transmisión que en el solar devenía instrumento musical (Cabrera Infante, *Habana*); Siendo tan opuestos ambos, los dos habían devenido inseparables (Lezama, *Oppiano*); La idea deviene un hecho y los hechos cambian el curso de la Historia (Mendoza, *Verdad*).

En los niveles formales de casi todas las áreas hispanohablantes se registra también el verbo *devenir* con complemento de régimen encabezado por la preposición *en*, como en *Así, el entusiasta deviene en fanático [...]. El fanático deviene en amenaza y peligro* (*Nacional* 3/10/2002). Se considera incorrecta la variante *devenir de*, ocasionalmente documentada. En la lengua general se prefieren otros verbos de cambio, en particular con sujetos de persona. Por ejemplo, *Llegó a ser ministro* resulta más natural que *Devino ministro*.

38.2.2   El verbo *hacerse*

38.2.2a   Los atributos que se construyen con el verbo semicopulativo *hacerse* expresan cualidades caracterizadoras de personas o cosas (§ 13.2.5 y 37.5.1c). En estos casos *hacerse* alterna con *ser*, pero no con *estar*: *{Era ~ *Estaba ~ Se hizo} muy famoso; Los días {son ~ *están ~ se hacen} muy largos; {Será ~ *Estará ~ Se hará} necesario tomar una determinación*. Se emplea también con algunos de los adjetivos que admiten *estar*, siempre que no rechacen *ser*. Se dice, por tanto, *Se hizo {claro ~ patente ~ fácil ~ difícil ~ duro ~ pesado ~ insoportable ~ viejo}*, pero no **Se hizo desnudo; *Se hizo descalzo; *Se hicieron muy contentas; *Se hizo preparado; (*Es {desnudo ~ descalzo ~ contento ~ preparado})*.

38.2.2b   La pauta «*hacerse(le) a alguien* + atributo adjetival» expresa la forma en que alguien percibe alguna propiedad, como en *El viaje se me hacía eterno* o en *La vida en el pueblo se le hacía imposible* (con adjetivos que eligen *ser*). En esta pauta, el atributo puede ser también un grupo nominal introducido por el artículo, como en *El problema se me hacía un mundo* o en *Fui perdiendo motivación, y entrenar se me hizo una obligación* (*Clarín* 24/4/1997). No es frecuente esta construcción con atributos adverbiales, salvo en la expresión *hacerse tarde*. Por otro lado, en el español conversacional europeo el verbo *hacer* admite un grupo reducido de adjetivos valorativos aplicados al tiempo (*hace bueno, hace malo*), pero también a ciertas situaciones (*hace feo, hace horrible, hace bonito*): *Si no me gustara su texto, lo cambiaría, y, si me gusta, hace feo que lo diga aquí* (*ABC* 14/10/1986).

38.2.2c   Con *hacerse* y un grupo nominal sin artículo se forman numerosos predicados que denotan el proceso de ingresar en los estados que esos sustantivos designan, sobre todo los que hacen referencia a cambios de naturaleza profesional o social: *Luego me hice bailarín de zapateados mexicanos y españoles* (Sánchez, H., *Héroe*); *Peñaranda se hizo amigo de ellos* (*Vistazo* 8/5/1997). Con grupos nominales definidos que se construyen con adjetivos nominalizados, el verbo *hacerse* forma expresiones que designan comportamientos fingidos: *hacerse la {despistada ~ remolona ~ simpática}; hacerse el {sordo ~ tonto ~ vivo ~ sueco ~ suizo}* (los dos últimos en el sentido de 'despistado'); *hacerse los sorprendidos*, etc. Esta construcción se distingue de otra, más restringida geográficamente, en la que no se produce la concordancia entre el sujeto de *hacer* y la expresión denominativa: *Tus hijos están haciendo {el tonto ~ *los tontos}*.

38.2.3   El verbo *ponerse*

Se combinan con *ponerse* gran número de adjetivos, adverbios y locuciones que aceptan también *estar*. Estos atributos designan estados circunstanciales o episódicos: propiedades físicas de las personas relativas a su aspecto o su apariencia (*colorado, derecho, elegante, enfermo, gordo, guapo, nervioso, pálido*), su estado anímico (*alegre, celoso, contento, serio, taciturno, triste*), su comportamiento con los demás (*impertinente, insoportable, pesado, severo, tajante*) y otras condiciones o estados asimilables a estos, como en *Mire, si se pone altanero le cierro la ventanilla en las narices* (Fuentes, *Cristóbal*); *Y un periodista que había se puso serio y muy rojo* (Herrera Reissig, *Pascuas*). El sujeto de *ponerse* puede ser igualmente no personal: *El día se puso nublado; Los blogs se han puesto de moda; Las paredes se pusieron negras*. No se usa *ponerse* con participios (**Ana se puso agotada*) ni con los adjetivos que se asemejan a los participios llamados truncos (§ 27.5.4b): *lleno, maduro, seco*, etc.

38.2.4   El verbo *volverse*

Se construyen con *volverse* muchos adjetivos que denotan estados que permanecen durante cierto tiempo y que, por ello, se combinan también habitualmente con *ser*: *Su tono se volvió amenazador; Te has vuelto muy escéptica*. De hecho, son particularmente frecuentes con este verbo los adjetivos que denotan cambios notables en la forma de ser o actuar de las personas o de otras entidades, sean de signo negativo, como en: *volverse {desconfiado ~ feo ~ tonto}* o positivo: *volverse {bueno ~ considerado ~ metódico}*. Este verbo acepta también grupos nominales de significado similar: *Se volvió un déspota; De un momento a otro se transformó y se volvió un ser brutal* (Serrano, M., *Vida*).

38.2.5   El verbo *quedar(se)*

38.2.5a   *Quedar(se)* se elige por defecto para designar procesos que desembocan en estados transitorios, expresados por predicados que se construyen con *estar*. Se distinguen dos valores de *quedar(se)*: como verbo de cambio de estado (*El cuarto (se) quedó vacío; (Se) quedó dormido*), y como verbo de permanencia: *Me quedé sentado; (Se) quedó despierto* (§ 38.3.1).

38.2.5b   La primera interpretación de *quedar(se)* es propia de los adjetivos que expresan estados carenciales (*calvo, ciego, cojo, huérfano, mudo, paralítico, solo, soltero, sordo, vacío, viudo*), pero también de los que designan ausencia de acción (*cortado, inmóvil, quieto, rígido, tieso*) u otros estados anímicos transitorios, a menudo causados por alguna impresión: *absorto, atónito, boquiabierto, estupefacto, frío, patidifuso, perplejo, preocupado, sorprendido.* Este verbo semicopulativo se comporta como la variante intransitiva de *dejar*, como se ve en el par *El accidente lo dejó ciego ~ (Se) quedó ciego por el accidente.* En los siguientes ejemplos se subraya la forma *se* con trazo discontinuo solo cuando puede omitirse:

> Afortunadamente no era agua zafia de buena calidad y el Muelas se quedó calvo, pero vive todavía (Ibargüengoitia, *Crímenes*); Aunque Nona, la más bella de todas, se quedó viuda, es una suerte que se haya casado tan bien casada con ese apellido (Morón, *Gallo*); Magnetizado, absolutamente fuera de sí, se quedó absorto ante su rostro (Chase, *Pavo*); Al amanecer Nicanor se quedó tranquilo (Prada Oropeza, *Hora*).

En algunas de estas alternancias se perciben ciertas diferencias de registro lingüístico, más elevado en ausencia de *se: La sala {quedó ~ se quedó} en penumbra; Todos {quedaron ~ se quedaron} estupefactos.* La variante no pronominal se prefiere asimismo en la zona noroccidental de España; en muchos países americanos es más frecuente la forma sin *se* (*quedar*) cuando el cambio de estado se presenta como estable o se desea sugerir que se prolonga durante cierto tiempo.

38.2.6   Los verbos *resultar* y *salir*

38.2.6a   Estos verbos se construyen como semicopulativos de cambio de estado, o bien como semicopulativos de experimentación, manifestación o constatación. En la interpretación de cambio de estado, *resultar* y *salir* se usan con adjetivos y participios en expresiones atributivas que denotan procesos de AFECCIÓN, es decir, formas en que un suceso o un estado de cosas causa a alguien un beneficio o un perjuicio. Este factor ayuda a entender que un mismo participio pueda ser natural con el verbo *resultar* en unos contextos (*El edificio resultó alcanzado*) y excluido en otros (**La cifra prevista resultó alcanzada con el esfuerzo de todos*). Con *resultar* se admiten mayor número de participios que con *salir*, sobre todo de verbos de cambio de estado: *anegado, asesinado, atacado, atropellado, beneficiado, cambiado, contagiado, deformado, destrozado, golpeado, herido, humillado, maltratado, saqueado.* Alternan ambos verbos con los participios que expresan resultados de resoluciones, como *absuelto, confirmado, elegido, galardonado, seleccionado,* pero se prefiere generalmente *salir* con los atributos que denotan estados emocionales: *contento, encantado, satisfecho.*

38.2.6b   En la segunda interpretación (aquí llamada *de experimentación, manifestación o constatación*), lo resultante no es el cambio de estado de lo que se caracteriza, sino el hecho de descubrirlo, experimentarlo o llegar a la conclusión de que posee cierta propiedad. Los atributos indican, pues, la forma en que se valora lo que se manifiesta o se percibe. Son más frecuentes en esta pauta los atributos que eligen el verbo *ser*, como en *Resultó adecuado,* aunque no se excluye la presencia del infinitivo *estar: Luis resultó estar enfermo de cáncer; Su investigación resultó estar bien documentada.* Como verbo de experimentación, *resultar* admite PARÁFRASIS ORACIONALES con subordinadas sustantivas de sujeto construidas con el verbo *ser.* Así, la oración *La casa resultaba pequeña* no expresa un cambio de estado relativo a cierta casa, sino que aporta prácticamente la misma información que la variante *Resultó que la casa era pequeña.* Por la misma razón, reciben interpretaciones equivalentes *Resultó adecuado* y *Resultó ser adecuado* (o ... *que era adecuado*). Expresan, en cambio, sentidos distintos *Resultó dañado* (interpretación de cambio de estado) y *Resultó estar dañado* (interpretación de experimentación o constatación: 'Resultó que estaba dañado').

38.2.6c   Se usa *resultar* con atributos nominales en la interpretación de experimentación, como en *Su intervención resultó un horror* o en *El jefe de la policía resultó un hombre interesado en la poesía* (*Proceso* [Méx.] 3/11/1996). En general, el grupo nominal que ejerce la función de atributo con el verbo *resultar* tiende a construirse sin artículo, pero se admite el indefinido cuando se trata de nombres de cualidad o de otros atributos que expresan valoración, como en los ejemplos anteriores. Pueden llevar asimismo artículo determinado si el grupo nominal contiene modificadores superlativos (*Resultó el médico más eficiente:* § 45.5), pero también otros que favorecen la identificación de un tipo o una clase de individuo por sus cualidades prominentes o destacadas: *Resultó el departamento ideal; Resultaba el candidato {perfecto ~ idóneo}.* Se prefiere la variante *El doctor Fernández resultó ser el médico que buscábamos* a ... *resultó el médico que buscábamos,* que se percibe como forzada. En el área andina y en parte de la caribeña alternan, incluso en los registros formales, el infinitivo y el gerundio del verbo *ser* en estos contextos, como en *Pero, en realidad, en aquella piscina, el panorama por contemplar resultaba siendo Daniel* (Bryce Echenique, *Martín Romaña*) o en [...] *por Aquiles Iturbe, quien resultó siendo el jefe de la conspiración de Parra Estrena* (Herrera Luque, *Casa*).

38.2.7   Alternancias entre los verbos de cambio

38.2.7a   Las numerosas alternancias que se obtienen en las oraciones construidas con verbos semicopulativos que denotan cambio de estado muestran que la elección de un verbo o de otro permite expresar significados diferentes en un gran número de casos. Los atributos que se construyen de manera característica con *ser* eligen *hacerse* o *volverse,* los que lo hacen con *estar* prefieren *ponerse* o *quedarse,* mientras que *resultar* o *salir* admiten atributos construidos con *ser* y con *estar,* pero con significados diferentes. Así pues, como puede decirse *ser impertinente* y *estar impertinente,* es esperable la alternancia entre *volverse impertinente* ('pasar a serlo') y *ponerse impertinente* ('pasar a estarlo'); *volverse* (o *hacerse*) *insoportable* y *ponerse insoportable; volverse pálido* y *ponerse* (o *quedarse*) *pálido.* En cambio, los atributos que solo aceptan *ser* rechazan *ponerse* y admiten *hacerse: El cambio {era ~ *estaba ~ *se ponía ~ se hacía} inevitable,* mientras que los que se construyen con *estar* no se combinan con *volverse:* {*volverse ~ estar ~ quedarse} quieto.* No obstante, la existencia de al menos dos verbos de cambio para *ser* y de otros dos para *estar* deja abierto cierto margen de elección, en el que intervienen otros factores. Se mencionan los fundamentales a continuación.

38.2.7b   Tanto *ponerse* como *quedar(se)* son compatibles con los atributos que eligen *estar.* Sin embargo, *ponerse* rechaza los participios y adjetivos participiales de verbos de cambio de estado: {*ponerse ~ quedar(se)} admirado, callado, desnudo, *sentado,* así como algunos de los llamados adjetivos de sentido perfectivo o terminativo (*harto, lleno...*). En los casos en que estos verbos alternan con los mismos adjetivos, se perciben diferencias de significado: *quedarse contento* ('quedarse satisfecho')~*ponerse contento* ('ponerse alegre'); *quedarse tonto* ('quedarse débil mental')~*ponerse tonto* ('ponerse terco, pesado').

38.2.7c   Los atributos formados por sustantivos o grupos nominales son rechazados, como es de esperar, con *ponerse: Se {hizo~*puso} abogada,* pero se aceptan como término de la preposición *de* para indicar un cambio accidental: *{Está~Se puso} de portero,* a diferencia de *Se hizo portero,* que expresa el ingreso en cierta actividad profesional. Tiende a rechazarse la pauta «*hacerse* + grupo nominal» cuando el cambio de estado al que se alude no es voluntario. En estos casos se percibe una marcada tendencia a usar *volverse,* tanto si los atributos son adjetivales como si son nominales. No se dice, por tanto, **Se volvió aviador,* sino *Se hizo aviador;* se prefiere, en cambio, *Se volvió una persona amargada* a *Se hizo una persona amargada.*

38.2.7d   *Volverse* y *hacerse* se cruzan en muchos casos, como ilustran las alternancias *El aire se {hacía~volvía} espeso; Nos vamos {haciendo~volviendo} viejos* (también *mayores*)*; Se {hizo~volvió} rico.* Se registran a veces ciertas preferencias estilísticas o dialectales por una de las variantes. Así, se prefiere *hacerse viejo* en México o en España, pero *volverse viejo* en la mayor parte de las demás áreas lingüísticas.

38.3   Atributos con otros auxiliares semicopulativos

38.3.1   Verbos que expresan permanencia, persistencia o continuidad

38.3.1a   El grupo 2 del § 38.1.2 corresponde a los verbos semicopulativos que expresan PERMANENCIA, PERSISTENCIA o CONTINUIDAD de un estado de cosas, como *andar, conservarse, continuar, ir, mantenerse, permanecer* y *seguir,* pero también *quedar(se)* en su segunda interpretación (§ 38.2.5a): *El profesor permaneció en silencio; Luisa continúa enferma; Nos quedamos callados todo el tiempo que duró la película.* Estos verbos se usan más frecuentemente en los tiempos imperfectivos y rechazan las perífrasis progresivas. Ello permite contrastar el verbo de movimiento *andar,* que las acepta, como en *{Andaba~Iba andando} por la calle,* con el semicopulativo *andar,* que tiende a rechazarlas: *{Andaba~*Iba andando} preocupado desde hacía muchos meses.* Los verbos *permanecer* y *seguir,* llamados a veces CONTINUATIVOS, presuponen la existencia de una fase anterior al evento que se describe, como en *Samuel seguía triste,* que implica 'Samuel estaba triste en cierto intervalo anterior'. Por el contrario, *andar* denota la permanencia de un estado de cosas, pero no entraña fases anteriores: *Anda {delicado~enamorado~preocupada}.*

38.3.1b   Los verbos *conservarse* y *mantenerse* introducen a menudo atributos que expresan situaciones consideradas normales por el que habla, al menos cuando se combinan con adjetivos evaluativos. Resultan, pues, más naturales con ellos los adjetivos *cuerdo, delgado, derecho, fiel, impasible, sereno* o *sobrio* que sus contrarios. Estos verbos admiten paráfrasis aproximadas con *seguir, permanecer* y *continuar,* verbos que a su vez alternan con *estar: Esta posibilidad {sigue~está} abierta; El* *jardín {permanecía ~ estaba} abandonado; Las calles {continúan ~ están} tranquilas*. Los verbos *continuar* y *seguir* se construyen con gerundios: *Continúa siendo el jefe; Sigue trabajando aquí*. En esta propiedad se parecen también a *estar*, pero se diferencian de *conservarse* y *mantenerse*: **Se conserva trabajando aquí; *Se mantiene siendo el jefe*.

38.3.2 Verbos que expresan manifestación o presencia

38.3.2a   Las propiedades o los estados que el atributo denota pueden manifestarse en su apariencia, es decir, en cuanto que son percibidos externamente. Los principales verbos que lo expresan (grupo 3 del § 38.1.2) son los pronominales *encontrarse, hallarse, mostrarse, presentarse, revelarse, verse*, así como *aparecer* y *lucir*. Todos admiten, además, usos plenos, que se distinguen de los semicopulativos (§ 38.1.1a). Así, *Las medidas económicas se mostraban ineficaces* no implica 'Las medidas económicas se mostraban', ni *Carmen lucía bellísima en la fiesta* implica 'Carmen lucía' (es decir, 'emitía luz'). En el primer caso se dice que ciertas medidas resultaron ser ineficaces y fueron percibidas como tales; en el segundo se pondera la apariencia de Carmen en cierta fiesta.

38.3.2b   Es polémica la clasificación del verbo *parecer* como copulativo, ya que puede seleccionar un complemento indirecto (§ 37.6.1). Este verbo aporta al atributo la idea de que las propiedades descritas lo son de forma aparente, o al menos que quedan relativizadas por la manera en que se presentan, por lo que algunos autores lo consideran verbo semicopulativo de valor MODAL. En una de sus dos interpretaciones (§ 38.2.6), *resultar* es un verbo semicopulativo que introduce propiedades o estados en función de la forma en que se experimentan, se perciben o se constatan, como es característico de los verbos analizados en esta subsección. Así, *El departamento resultó pequeño* equivale aproximadamente a *Resultó que el departamento era pequeño* (con paráfrasis oracional y atributo construido con *ser*). Las oraciones construidas de este modo tienen cabida, en consecuencia, en el sentido amplio del concepto de modalidad, según el cual forma parte de ella cualquier manifestación lingüística que revele la presencia del hablante en el mensaje. Cabe decir lo mismo de *aparecer, mostrarse, verse* y *antojarse* (este último con complemento indirecto): *Más que hermosa se le antoja leal y suave* (Britton, *Siglo*).

38.3.2c   El verbo pronominal semicopulativo *verse*, como en *La biblioteca se veía vacía*, se distingue del verbo pleno transitivo *ver* cuando se construye con complementos predicativos, como en *Carmen se veía muy bonita al mirarse al espejo*. En el primer caso, en efecto, no se predica de *la biblioteca* capacidad alguna de visión, a diferencia de lo que sucede con *Carmen* en el segundo, que es el único que admite el refuerzo reflexivo *a sí misma*. Con participios, *verse* recibe dos interpretaciones análogas a las que se introdujeron para *resultar* (§ 38.2.6). Así, en *La cantidad esperada se vio multiplicada por tres* se expresa cierto resultado proposicional que se ofrece a la vista ('La cantidad esperada había sido multiplicada por tres'). En este sentido *verse* denota manifestación o presencia de algo. Por el contrario, en *Lucía se vio obligada a dejar su trabajo*, el verbo *verse* está más próximo a un predicado de experiencia ('se sintió'). Los participios que se construyen como atributo de *verse* en esta interpretación suelen expresar obligación e influencia (*obligado, forzado, movido*), o ayuda y apoyo (*animado, apoyado, reconfortado, respaldado*), pero también ciertos efectos negativos en las personas o las cosas (*desplazado, engañado, humillado, postergado, traicionado*).

38.3.2d   Los verbos de movimiento *pasar, ir* y *venir* se emplean también como semicopulativos. El primero se construye con atributos que denotan ausencia de atención o falta de repercusión o de alcance de alguna cosa, como en *pasar {desapercibido ~ inadvertido ~ sin pena ni gloria}*, si bien no se pierde aquí el sentido original de *pasar* como verbo de movimiento. Los verbos *ir* y *venir* admiten mayor número de atributos. A pesar de que, como verbos plenos, expresan movimientos en direcciones opuestas, pueden neutralizarse usados como copulativos:

> El catedrático entendió que la cosa iba en serio (Alberto, *Eternidad*); Es, con su boina puesta, el hombre de la tierra enfrentado con una civilización que le va grande (*ABC* 20/9/1986); Sintiendo pesar sobre sus riñones una voluminosa mochila que le viene grande [...] (Chávez, *Batallador*); Le vino de perlas la proposición de su compadre (Arguedas, *Raza*).

38.3.2e   El verbo semicopulativo *venir* acepta un gran número de atributos adjetivales y participiales, entre los que tienen preeminencia los que expresan DIMENSIÓN, especialmente TAMAÑO: *venir algo {estrecho ~ grande ~ pequeño}*; DISPOSICIÓN O PRESENTACIÓN: *venir {aderezado ~ dispuesto ~ envuelto ~ preparado ~ solo}* y CAUSA O VÍNCULO NECESARIO: *venir {determinado ~ exigido ~ forzado ~ obligado ~ pedido}*. Cabe agregar los atributos adverbiales que denotan evaluación y alternan con *estar*: como en *venir algo a alguien {bien ~ mal ~ de maravilla ~ estupendamente}*. El verbo semicopulativo *ir* se combina con atributos similares a los anteriores, pero lo hace más fácilmente con los que presentan rasgos relativos al aspecto externo de algo o alguien: *ir {envuelto ~ rebozado ~ con sombrero ~ en mangas de camisa}*. Caracterizan específicamente al verbo *ir* los participios de los verbos que denotan dirección: *ir {destinado ~ dirigido ~ enfocado ~ orientado}*, como en *Es una idea que parece peregrina, pero que no va mal encaminada*.

38.4   Los complementos predicativos

Los COMPLEMENTOS PREDICATIVOS (o simplemente PREDICATIVOS) constituyen una variante del atributo. Se pueden clasificar en función de tres criterios: la función gramatical desempeñada por el grupo sintáctico del que se predican, su opcionalidad en el predicado verbal y su interpretación semántica.

38.4.1   Funciones sintácticas que admiten complementos predicativos

38.4.1a   Los complementos predicativos pueden serlo del sujeto, del complemento directo y de otras funciones gramaticales. Los COMPLEMENTOS PREDICATIVOS DEL SUJETO se predican a través de un verbo pleno, en lugar de a través de un verbo copulativo o semicopulativo. Así, si bien las dos opciones del par *Noelia {quedó ~ llegó} exhausta* expresan alguna cualidad del sujeto, en el primero no es posible prescindir del atributo, mientras que el segundo admite la paráfrasis 'Cuando llegó, Noelia estaba exhausta'. Estos complementos predicativos del sujeto suelen denotar estados circunstanciales de la persona o la cosa designada por él, como las expresiones que se subrayan en los siguientes ejemplos:

> Era indispensable mirar el agua sin interés, caminar distraído (Onetti, *Viento*); La voz del secretario administrador le llegó aguardentosa y lenta (Ayerra, *Lucha*); Se acerca muy seria al sillón de Dalmau (Ribera, *Sangre*); Desperté aturdido y sediento (Quintero, E., *Danza*); Vengo como amigo tuyo (Volpi, *Klingsor*).

Aunque varios de estos adjetivos admiten también *ser*, el sentido en que se usan en las expresiones citadas es el que corresponde a *estar*. Así, se puede decir de una persona que *es distraída*, pero en *Caminan distraídas* se manifiesta un comportamiento accidental. Incluso los que se construyen preferentemente con *ser* en estas secuencias suelen denotar estados circunstanciales, como en *Se lanzó veloz a su cuello; Se le acercó protector*, o en *La que ha nacido pobre lo será siempre* (Serrano, M., *Corazón*).

38.4.1b   Determinadas construcciones manifiestan una relación estrecha entre atributos y adjuntos (§ 37.2.3d). Expresan, en efecto, significados muy similares los complementos predicativos del sujeto y los llamados ADVERBIOS ORIENTADOS AL SUJETO (§ 30.7.2a), como en los pares siguientes: *Entró {cauteloso ~ cautelosamente}; Pagaba {puntual ~ puntualmente} la renta; Saludó {cortés ~ cortésmente} a la concurrencia; Los corredores entraron {veloces ~ velozmente} en la meta*. Los adverbios orientados al sujeto son adjuntos que denotan cierta manera de actuar definida en función de alguna propiedad (la cautela, la puntualidad, la cortesía, etc.) que se atribuye a los individuos de los que se predican las acciones mencionadas, pero también a las acciones mismas. Así, la cortesía que se expresa en *Saludó cortés* puede atribuirse tanto al saludo como al que saluda.

38.4.1c   El complemento predicativo del sujeto puede ocupar varias posiciones dentro del grupo verbal: tras el complemento directo, si existe (*José escribió la carta sumamente preocupado*), o bien ante él (*Miraba distraído las hojas de los árboles*). Con los verbos que se construyen con complemento directo e indirecto, el predicativo aparece normalmente a la derecha del verbo, como en *La presidenta entregó complacida el premio a los ganadores*. Raras veces el complemento predicativo del sujeto se coloca tras este, a no ser que el sujeto aparezca pospuesto por otras razones, como en *si llega tu mamá cansada* o en *Aquí vivían unos cuantos gatos abandonados por todo el vecindario*. Esta última oración es ambigua, ya que la expresión subrayada puede ser un modificador nominal o un complemento predicativo. Los predicativos del sujeto situados en posiciones preoracionales y seguidos de pausa se asimilan a las construcciones absolutas (§ 38.6.1a): *Desnudo de cintura para arriba, echó a andar hacia él* (Grandes, *Aires*).

38.4.1d   LOS COMPLEMENTOS PREDICATIVOS DEL OBJETO DIRECTO pueden estar constituidos por adjetivos (*Lo compraste muy caro*), sustantivos (*Lo eligieron alcalde*), grupos preposicionales (*Envió la carta sin estampilla*), locuciones adjetivas o adverbiales (*La llevaba en volandas*) y también por oraciones (*Lo quiero que tenga aire acondicionado*). Estos predicativos pasan a serlo del sujeto en las correspondientes oraciones pasivas, ya sean de participio (*La carta fue enviada sin estampilla*) o reflejas (*La carne se sirve poco cocida*).

38.4.1e   Los complementos predicativos adjetivales y participiales del objeto directo se sustituyen por adverbios, no por pronombres átonos: *Te veo cambiado* > *Te veo así* (no **Te lo veo*). Los nominales se sustituyen por pronombres neutros, pero no átonos: *Lo considero un disparate* > *Lo considero eso; Si te hacen ministro...* > *Si te hacen eso...* (no **Si te lo hacen...*). Sin embargo, el verbo *llamar* acepta en el español europeo (raramente en el americano) que la expresión nominal predicativa sea sustituida por un pronombre neutro, como en *La llaman "la Terremoto"* > *Se lo llaman*. Es común, en cambio, a todas las variedades la sustitución del predicativo por un adverbio: *La llaman así; ¿Cómo la llaman?* El verbo *decir* admite también complementos predicativos, pero se construye con complemento indirecto: *{Le ~ *Lo} decían "el Hechizado"* (§ 38.4.1h).

38.4.1f   Los complementos predicativos del complemento directo aparecen tras el verbo (*Alquilé amueblado el departamento*) o tras el propio complemento directo (*Alquilé el departamento amueblado*). En este último caso puede producirse ambigüedad entre la interpretación predicativa y la de modificador, que se distinguen en las respectivas sustituciones por un pronombre: *Lo alquilé amueblado* (predicativo, no incluido en la referencia del pronombre) y *Lo alquilé* (modificador, incluido en ella). Los predicativos del objeto directo pueden formar parte de expresiones lexicalizadas o semilexicalizadas, como *pillar desprevenido* (a alguien), *coger* o *tomar prisionero* (a alguien), *poner preso* (a alguien), y *hacer {añicos ~ pedazos ~ polvo ~ realidad ~ trizas}* (algo) o (a alguien).

38.4.1g   Es sistemático el rechazo de los complementos predicativos en las oraciones transitivas de objeto directo sin determinante, lo que da lugar a contrastes como *Siempre tomo té frío* [con adjetivo como modificador nominal] ~ *Siempre tomo frío el té* [con predicativo de un complemento directo definido] ~ **Siempre tomo frío té* [con predicativo de un complemento directo sin determinante]. Este rechazo es similar al que se produce en las oraciones copulativas: *{El té ~ *Té} está frío*. Constituyen una excepción las construcciones con *haber* (y con algún otro verbo, como *tener* o *merecer*). Así, en *No hay vinos mejores* cabe entender que *vinos mejores* es el complemento directo de *hay* (> *No hay* o *No los hay*), pero también que *mejores* es un complemento predicativo (> *No los hay mejores*). Suele postularse un objeto directo tácito, con un complemento predicativo expreso, en *No hay mejores*.

38.4.1h   Los complementos predicativos del complemento indirecto constituyen una opción sumamente restringida, aunque posible con los dativos posesivos (§ 35.4.1): *Le registraron los bolsillos apoyado en una pared y con las manos atadas a la espalda; Le habían extraído la muela dormido*. Suelen rechazarse los predicativos referidos a complementos indirectos que poseen otras interpretaciones (**Iván le regaló un disco a Julia muy contenta*), pero pueden aceptarse si el verbo contiene como parte de su significado cierta información relativa a un objeto directo, como en *Le dispararon sentado a la puerta de su casa* ('Le lanzaron disparos') o *Le golpearon la cabeza atado de pies y manos* ('Le dieron golpes').

38.4.1i   Los grupos nominales que constituyen el término de una preposición en los COMPLEMENTOS DE RÉGIMEN pueden admitir complementos predicativos. Estos expresan en tales casos estados o situaciones episódicos o circunstanciales, como en *Piensa en ella junto a ti,* donde *junto a ti* es complemento predicativo de *ella*. En esta oración no se habla de pensar en una persona, sino más bien de hacerlo en una situación ('Piensa en ella a tu lado', 'Piensa en que ella está a tu lado').

38.4.2   Complementos predicativos obligatorios y opcionales

Atendiendo a su presencia en la oración, los complementos predicativos del objeto directo pueden ser OPCIONALES, POTESTATIVOS O NO SELECCIONADOS, o bien OBLIGATORIOS O SELECCIONADOS. Esta clasificación no se suele aplicar a los complementos predicativos del sujeto, que suelen ser potestativos. Existen, sin embargo, algunas excepciones (repárese en que *No me gusta el té demasiado azucarado* no implica *No me gusta el té*). Los obligatorios son característicos de las construcciones semicopulativas estudiadas en los § 38.1-3.

38.4.2a   Los predicativos opcionales no alteran la relación semántica que el verbo mantiene con el complemento directo. Así, la expresión *Clavé el cuadro un poco torcido* implica 'Clavé el cuadro' y *Compraste demasiado caro el automóvil* implica 'Compraste el automóvil'. Por el contratrio, los predicativos obligatorios alteran esa relación semántica. De este modo, *Lo consideran un inútil* no implica 'Lo consideran' ni *La encuentro a usted un poco abatida* implica 'La encuentro a usted'. Tampoco *La hizo responsable* implica 'La hizo', a diferencia de *La hizo de arcilla*, que sí lo hace.

38.4.2b   Para los complementos predicativos seleccionados se suele proponer una interpretación oracional, que en los ejemplos del apartado anterior correspondería aproximadamente a 'Consideran que es un inútil', 'Encuentro que usted está un poco abatida' o 'Hizo que (ella) fuera responsable'. Aun así, solo algunos de los verbos que se construyen con estos predicativos aceptan claramente paráfrasis oracionales. Los que las admiten son, fundamentalmente, los verbos de percepción, causación y juicio, cuyos complementos denotan de forma característica situaciones o estados de cosas, en lugar de individuos. Algunos verbos reciben interpretaciones diferentes según se construyan o no con complementos predicativos seleccionados. Contrastan así *Lo encontré muerto,* que implica 'Lo encontré', y *Lo encontré interesante,* donde no se obtiene tal inferencia.

38.4.2c   Como se señala en el apartado anterior, entre los verbos que se construyen con complementos predicativos del complemento directo seleccionados u obligatorios destacan los de percepción y juicio, como *ver, encontrar* y *considerar*. Algunos de estos verbos pueden pertenecer a las dos categorías semánticas citadas. Así, *ver* no expresa percepción física en *Veo lejana la jubilación* o en *No veo claras sus intenciones*. Del mismo modo, el verbo *encontrar* puede describir el resultado de alguna percepción física (*Encuentro fría la carne*) o bien una apreciación no necesariamente sensorial (*Encuentro injustificada tu actitud*). Son más propios de los registros formales o de la lengua escrita otros verbos de juicio, como *adivinar, conceptuar, estimar, figurarse, juzgar* o *presumir*.

38.4.2d   Los complementos predicativos de los verbos de juicio tienden a ser adjetivos caracterizadores o inherentes, que expresan propiedades estables. Se construyen, pues, con *ser: Considero imposible el acuerdo; La creía muy inteligente*. Entre los de percepción, *notar* solo se combina con predicativos que se construyen con *estar: Lo noté nervioso; Te noto cansado*. Cuando un adjetivo admite *ser* y *estar*, los verbos de juicio eligen la interpretación que corresponde a *ser* (*Te consideraba serio*), mientras que *notar* elige la que corresponde a *estar* (*Te notaba serio*). Como el verbo *ver* se interpreta como verbo de percepción en unos contextos y de juicio en otros, admite adjetivos de los dos tipos: *Lo veo {posible ~ cansado}.*

38.4.2e Los verbos que denotan elección (*elegir, proclamar*), reconocimiento (*confesar, declarar*) y denominación (*denominar, llamar, nombrar*) se caracterizan por construirse con complementos predicativos nominales: *Lo han nombrado gobernador; Fue proclamado presidente interino; Llorando, llamaba a Dios tirano implacable y profería otras blasfemias innecesarias* (Serrano, E., *Dios*). Algunos de estos verbos admiten también predicativos adjetivales (*declarar culpable, llamar tonto*), pero otros se combinan con los nominales, sea de forma única (*nombrar*) o preferente (*elegir*). Como en las demás construcciones de predicación seleccionada, se perciben diferencias significativas cuando el complemento predicativo no está presente. Así, *Lo nombraron* puede significar 'Pronunciaron su nombre' o bien 'Lo eligieron', donde se sobrentiende un complemento predicativo tácito (*embajador, ministro*, etc.).

38.4.2f Se construyen también con complemento predicativo del objeto directo el verbo *hacer* (*Hizo añicos el jarrón; Su marido le hacía la vida imposible*), algunos verbos de voluntad (*El director te quiere en su oficina a las dos,* que no implica 'El director te quiere', sino 'El director quiere que estés en su oficina a las dos'), así como los verbos *tener, llevar* y *traer* (el último sobre todo en el español europeo): *Tengo listo el artículo; Llevas manchada la corbata; Me traes loco*. Estos verbos también forman parte de perífrasis de participio que se relacionan con tiempos compuestos (*Te lo tengo dicho ~ Te lo he dicho:* § 28.5.3). Los límites entre ambas construcciones son a menudo difusos.

38.4.3   Interpretación semántica de los complementos predicativos

La mayor parte de los complementos predicativos del sujeto, así como los del objeto directo cuando no están seleccionados, denotan estadios episódicos, en el sentido de situaciones temporales de las personas o las cosas. Tales expresiones predicativas se combinan con *estar* de forma característica. Así, el participio *helado* en *cruzar helado un río* admite las paráfrasis 'cuando está helado' o 'estando helado', que designan uno de los posibles estados físicos del río cuando es cruzado. Se exponen en los apartados siguientes las interpretaciones más frecuentes que reciben los complementos predicativos.

38.4.3a En la INTERPRETACIÓN CONCOMITANTE (llamada también DESCRIPTIVA) el predicativo hace referencia a un estado temporal de la entidad de la que se predica. Así, *joven* en *morir joven* puede parafrasearse como 'siendo joven', 'en su juventud' o 'cuando era joven'. De manera similar se entienden, en relación con el sujeto, *Vivían felices* y *Se despertaron sobresaltados,* y en relación con el complemento directo *Me devolvieron rota la lámpara; Compré el coche de segunda mano; Recibió abierta la carta.*

38.4.3b   Se obtiene la INTERPRETACIÓN CAUSAL con algunos predicativos referidos al sujeto, sobre todo con participios. En ella se denota la causa de la acción o del proceso que se expresa. Así, *aplastado* en *morir aplastado* puede parafrasearse como 'por aplastamiento'. Contrastan, análogamente, *Escapó descalza* o *Cayó inerte* (interpretación concomitante) con *Escapó presa del pánico* o *Cayó empujado* (interpretación causal). La interpretación causal se rechaza con ciertos verbos pronominales que denotan procesos sin causa externa, lo que da lugar a contrastes como {*Murió* ~ *Se murió} *fusilada* o {*Cayó* ~ *Se cayó} *al suelo empujado por la multitud.*

38.4.3c   La interpretación CONDICIONAL O MODAL se obtiene a menudo en oraciones genéricas. Así, el predicativo en *La carne le gusta poco hecha* (o *poco cocida*) admite la paráfrasis *si está poco hecha*. De manera similar se interpretan los subrayados en *Lo preferiría un poco más grande* o en *Siempre toma el café sin azúcar*. Esta interpretación es frecuente en los llamados complementos predicativos externos o periféricos, como en *Muy asada, la carne pierde sus vitaminas* ('si está muy asada' o 'cuando está muy asada'). La interpretación condicional es difícil de deslindar en ocasiones de la concomitante, sobre todo porque esta admite también paráfrasis temporales.

38.4.3d   La INTERPRETACIÓN RESULTATIVA pone de manifiesto el estado final del proceso descrito por el verbo. Así, la oración *La hierba crece muy alta* no significa 'La hierba crece estando muy alta' ni tampoco '... por estar muy alta', sino '... hasta hacerse muy alta'. Esta interpretación es más frecuente con los complementos predicativos del objeto directo. Así, en *Colgué el cuadro un poco ladeado* se describe el estado alcanzado por la entidad que recibe la acción, y en *partir muy fino el queso* se hace referencia al estado de fragmentación de lo que se segmenta. Se obtiene asimismo la interpretación resultativa con ciertos predicativos que constituyen formas COGNADAS (§ 34.6.1) del verbo al que acompañan, generalmente un verbo de cambio de estado: *cortar el pelo muy corto, amarrarlo bien amarrado, lavarlo bien lavado, secarlo bien seco, freír algo muy frito,* etc.

38.4.3e   Los complementos predicativos no solo introducen estadios episódicos de la entidad de la que se predican, sino también ESTADOS RELATIVOS a la acción o al proceso que designa el predicado principal. La naturaleza semántica del predicado principal constituye a menudo un factor esencial para determinar la compatibilidad con el significado del predicado secundario. Así, puede decirse de cierta carne que está barata y también que está cruda (ambos, estadios episódicos), pero mientras que el verbo *comprar* admite los dos complementos predicativos con naturalidad (*Compró {barata ~ cruda} la carne*), el verbo *comer* rechaza el primero de ellos: *Se comió {*barata ~ cruda} la carne*. Esta alternancia se debe a que el adjetivo *barata* no designa simplemente una propiedad transitoria de la carne, sino más bien una propiedad relativa a la acción de comprarla. A su vez, los adjetivos *perplejo* y *atónito* designan estados circunstanciales de los individuos, pero están restringidos a los verbos que denotan percepción (*contemplar, mirar, observar*) o presencia (*asistir, presenciar*). El adjetivo *impávido* suele preferir los verbos *aguantar, resistir, soportar, sufrir* y otros semejantes que manifiestan el proceso de llevar algo sobre sí. Existen otros casos similares.

38.5   Complementos predicativos en contextos preposicionales

Los complementos predicativos pueden aparecen insertos en tres tipos de entornos preposicionales: pueden predicarse del término de una preposición en una estructura encabezada por *con* o *sin* (*con las botas puestas*); pueden predicarse de un complemento del nombre (*un retrato del rey sentado*); finalmente, el propio predicativo puede ir precedido de preposición: *Trabajo de ayudante; Lo tachan de usurero.*

38.5.1   Construcciones atributivas formadas con las preposiciones *con* y *sin*

Las construcciones preposicionales subrayadas en los ejemplos que siguen describen estados de cosas:

> Muchas veces me he quedado a dormir con la puerta abierta y no has entrado a matarme (Quesada, *Banana*); Así, sin ella presente, es como un mundo desconocido en que uno teme moverse, sentarse, fumar o leer (Larreta, *Volavérunt*); Los sepultureros, sin prisa, con la boina en la cabeza, sin la colilla en los labios, emparedaron a Carmen Elgazu (Gironella, *Hombres*); El Mayor permanecía en la puerta, cuadrado, con la mano en la sien (Valle-Inclán, *Tirano*).

En el primero de los ejemplos citados, *la puerta abierta* no constituye un grupo nominal construido como término de la preposición *con,* ya que no se diría *con ella,* sino *con ella abierta.* La preposición introduce una secuencia bimembre de naturaleza proposicional que denota cierto estado de cosas: *con [[la puerta] [abierta]].* Como ocurre muy a menudo con otros predicativos, los que aparecen en estas construcciones denotan estados episódicos o contingentes de las personas o las cosas.

38.5.2   Con predicativos de los complementos del nombre

Aparecen en un número restringido de contextos con nombres de acción (*Narra el regreso de los exploradores heridos y aterrorizados*), con nombres de representación (*un retrato del señor marqués a caballo*) y también con sustantivos que aluden a ciertas propiedades físicas de naturaleza ocasional o circunstancial: *el aspecto de tu amigo vestido con esos pantalones.* Estos complementos predicativos se distinguen de los modificadores del sustantivo dentro del grupo nominal, como pone de manifiesto la sustitución pronominal (> *Narra su regreso heridos y aterrorizados*).

38.5.3   Con predicativos como términos de preposición

38.5.3a   Los complementos predicativos insertos en grupos preposicionales pueden predicarse del sujeto (*Ustedes pecan de ingenuos; Presume de lista*) o del complemento directo (*Lo tildaron de cobarde; Los teníamos por personas decentes*). Se construyen con diversas preposiciones seleccionadas por el verbo en función de preferencias léxicas. Así, seleccionan *de* el verbo *pecar* y otros que denotan presunción o vanagloria: *jactarse* (*Se jacta de valiente*), *alardear, presumir, ufanarse, vanagloriarse,* a los que se suma la expresión *dárselas* o *darse de* en la lengua conversacional de varios países: *Se las da de lista; Se da de bueno.* Las expresiones predicativas con la preposición *por* aparecen con verbos de juicio (*Lo tenía por cierto; No lo dé por seguro*), pero también con otros predicados: *llevar por título, elegir por compañero, querer por esposo.*

38.5.3b   Se asimila la conjunción *como* a las preposiciones cuando se usa en el sentido de 'en calidad de', o 'en tanto que' ante diversos atributos que se predican del sujeto (*Entró como ayudante; Te lo digo como amigo tuyo*) o del complemento directo (*Lo mandaron como embajador; Guarda esas fotos como recuerdo*). Con los verbos que denotan elección, asignación y otras nociones conexas, los grupos cuasipreposicionales construidos con *como* alternan a veces con los formados con *de: enviar a alguien {como ~ de} representante.* Con los verbos de juicio, la construcción con *como* puede ser la única opción: *evaluarlo como una posibilidad, afirmar algo como un hecho cierto, tomar algo como una advertencia.* En otros casos, esta es tan solo una de las posibilidades: *Consideraba el viaje (como) una necesidad ineludible.*

38.6   Las construcciones absolutas

Las CONSTRUCCIONES ABSOLUTAS son unidades bimembres de predicación que establecen una relación atributiva entre un elemento nominal (raramente oracional) y algún atributo que se predica de él sin que medie entre ellos un verbo. La mayor parte de las construcciones absolutas funcionan como elementos adjuntos que aportan información adicional a la oración principal y constituyen grupos entonativos autónomos, representados en la grafía mediante comas. Existen, no obstante, algunas excepciones que se analizarán en los apartados que siguen.

38.6.1   Elementos constitutivos de las construcciones absolutas

38.6.1a   Se suele reconocer el carácter oracional de construcciones absolutas como *Terminada la guerra fría, el mundo esperaba una era de paz y prosperidad* (*Tiempos* 4/12/1996), puesto que constan de un atributo (el participio *terminada*) y de un sujeto de predicación (*la guerra fría*), que aparece pospuesto. Más polémica es la estructura bimembre en otros casos. Así, unos autores suponen un sujeto tácito del participio *publicado* en *Una vez publicado, el libro nos pareció mucho más breve.* Según esto, Ø en *Una vez publicado Ø, el libro...* sería un elemento nulo de naturaleza pronominal cuyo referente (*el libro*) se obtendría del discurso inmediatamente posterior. Otros autores entienden que este elemento tácito es innecesario, ya que las oraciones absolutas constituirían un caso particular entre las llamadas CONSTRUCCIONES PARENTÉTICAS, INCIDENTALES O DE INCISO PREDICATIVO, sean iniciales, finales o mediales, como en *Los macarrones, bien lavados, se ponen a escurrir; Colgaron la ropa, ya seca, en el armario,* o en *De pronto, alarmada, se levantó y corrió al cajón de la cómoda* (Borges, *Aleph*). Así pues, si se evita el análisis bimembre de *alarmada* en el texto de Borges, este participio adjetival se asimilará a un complemento predicativo del sujeto situado en una construcción incidental inicial que se interpreta como TÓPICO oracional (§ 40.2.2a).

38.6.1b   Los predicados más característicos de las oraciones absolutas son los participios, sea de verbos transitivos, como en el primero de los ejemplos que siguen, o bien de verbos inacusativos (§ 41.3), como en el segundo:

> Presentado el diagnóstico ambiental de alternativas, la autoridad ambiental competente elegirá en un plazo no mayor a sesenta (60) días (*Tiempo* [Col.] 16/11/1994); Transcurridos unos minutos, Casilda oyó que su padre la llamaba a gritos desde el interior (Donoso, *Casa*).

Se rechazan, en cambio, los participios de los verbos llamados INTRANSITIVOS PUROS o INERGATIVOS (*bostezar, pasear, sonreír, toser, trabajar* o *volar:* § 41.3.1a). También suelen rechazarse los de los verbos transitivos de estado (**Bien merecido el premio, ...*), a menos que se reinterpreten con sentido puntual, como en *Sabida* ['aprendida'] *la lección, ...; Una vez conocidas* ['averiguadas'] *las circunstancias del caso, ...* u otras secuencias similares.

38.6.1c   El sujeto pospuesto de los participios puede ser una oración subordinada, como en la construcción semilexicalizada *Visto que lograron separar de los casos referentes al revocatorio al magistrado* [...] (*Universal* [Ven.] 23/3/2004). Las conjunciones causales *puesto que, dado que* y *supuesto que* se originaron a partir de esta pauta (§ 46.2.2c). También forman construcciones absolutas muchos de los adverbios, adjetivos y grupos preposicionales que pueden ser atributos en oraciones copulativas. Cabe añadir las locuciones adverbiales y adjetivas, como se ve en la expresión ya lexicalizada *Así las cosas, ...* o en *Ya en prensa el libro, Neruda envió a Bergamín una carta* (Paz, *Sombras*).

38.6.1d   Los adjetivos que ejercen la función de atributo en las construcciones absolutas son, de forma característica, los que se construyen con *estar*, propiedad que comparten con los participios, como en *Una vez sola en su casa...*, o en *Desnudos y todavía mojados, atravesaron el gran salón de la planta inferior* (Andahazi, *Piadosas*). En la lengua literaria se documentan, no obstante, adjetivos construidos con *ser* (por tanto, denotadores de propiedades inherentes o estables), como en *Inteligente y hermosa, liberal y desinhibida, quienes la conocieron cuentan que acudía a sus citas sociales luciendo conjuntos algo más que desenfadados* (Ameztoy, *Escuela*). También se atestiguan sustantivos como atributos en estos mismos registros:

> Víctima del embrujo de una eufonía falaz, había estado toda la tarde perfeccionando aquella larga parrafada (Marsé, *Muchacha*); Amigo de la princesa difunta, el tenor lírico Luciano Pavarotti se excusó de cantar durante el funeral (*Nueva Provincia* 4/9/1997).

38.6.2   Interpretación semántica de las construcciones absolutas

38.6.2a   Las construcciones absolutas están siempre vinculadas semánticamente con el discurso en el que se insertan, si bien la naturaleza particular de la vinculación depende de factores semánticos y pragmáticos. La conexión semántica más frecuente es la causal, como en *Cansado de esa historia y del engaño de que era víctima, decidí retirarme de allí* (*Siglo* 4/10/2000). La interpretación obtenida es, en cambio, concesiva en *Mojado como estaba, se echó en la cama y consiguió que-darse dormido,* pero otras veces puede ser condicional o temporal, como en *Vistas así las cosas, no está de más preguntarse si estamos frente a un tropa omnipresente* (*Diario Yucatán* 4/7/1996) y en *Escondidos en el portal de la casona, vieron llegar a los alumnos más rezagados* (Delibes, *Madera*), respectivamente. Se aconseja evitar las construcciones absolutas en las que no se reconoce ninguna de estas relaciones, como en *Nacido en Córdoba, el joven escritor acaba de publicar su tercera novela.*

38.6.2b   La interpretación semántica de las construcciones absolutas en relación con la oración principal puede estar condicionada por ciertas MARCAS SINTÁCTI-CAS. Así, la interpretación TEMPORAL está a menudo favorecida por adverbios de sentido perfectivo, como en *una vez en casa, harto ya, al fin solos, apenas concluidos,* que llevan a interpretar la situación como anterior a la que designa la oración principal. La interpretación CONCESIVA está inducida a menudo por el adverbio *aun* (*Aun terminado a tiempo el libro, ...*). El tiempo verbal de la oración principal contribuye también a distinguir entre la interpretación causal (*Expulsado un defensa, el equipo se descontroló*) y la condicional (*Expulsado un defensa, el equipo se descontrolaría*).

38.6.3   Construcciones absolutas dependientes e independientes

38.6.3a   La mayor parte de las construcciones absolutas situadas en posición inicial son modificadores adjuntos que inciden sobre toda la oración: *Transcurridos unos días, las cosas volvieron a la normalidad.* Como se explicó en el § 38.6.1a, suelen ir seguidas de alguna pausa o aparecer en un inciso. En cambio, las ORACIONES ABSO-LUTAS INTERNAS O DEPENDIENTES están subordinadas a alguna otra categoría en el interior de un grupo sintáctico. En efecto, el segmento subrayado en *Esos sucesos tuvieron lugar bien entrado el mes de abril* no aparece en ningún inciso y se asimila, además, a un complemento circunstancial de tiempo: *entonces, en tales días.* Es frecuente que estas oraciones absolutas estén situadas tras ciertas preposiciones y adverbios: *No apareció por allí hasta pasadas las doce de la noche; El consejo se reunió después de terminadas las vacaciones navideñas; Luego de recibidos todos los parabienes, se retiraron satisfechos.* De este modo, *pasadas las doce de la noche* es una construcción absoluta que funciona como término de la preposición *hasta* y puede ser sustituida por un adverbio de tiempo (*hasta entonces*). Por su parte, *recibidos todos los parabienes* constituye, junto con la preposición *de* que la introduce, un modificador del adverbio *luego.*

38.6.3b   No se confunden las construcciones absolutas dependientes de una preposición (*hasta bien entrada la noche*) con las construcciones atributivas introducidas por la preposición *con* (§ 38.5.1), ya que la preposición marca en estas últimas como término al sujeto de predicación, siempre anterior al predicado: *Con Susana a su lado* > *Con ella a su lado.* En las construcciones absolutas dependientes, el término de la preposición es, por el contrario, toda la oración (*hasta bien entrada la noche* > *hasta entonces*), y el sujeto sigue, en cambio, al predicado (**hasta la noche bien entrada*).

38.6.3c   Se extiende a veces el concepto de oración absoluta a otras construcciones en las que se relaciona un sujeto con un predicado sin verbo copulativo que medie en la relación, como las que aparecen en los titulares de los periódicos: *El secretario del ministro de Obras Públicas, denunciado por cohecho* (o bien en orden inverso: *Denunciado por cohecho el secretario del ministro de Obras Públicas*). En la lengua conversacional son habituales las que se forman en el segundo miembro de una expresión coordinada con el sujeto antepuesto al predicado, como la que se subraya en *Son las once y la niña sin venir*. También son frecuentes las exclamaciones bimembres de predicado antepuesto: *¡Magnífico, el partido de ayer!; ¡Muy ricos, estos camarones!; ¡Dichosa tú!* Se asimilan a este grupo algunas interrogativas retóricas, como: *¿Ingenua ella?; ¿Un accidente el incendio?; ¿Cansado yo?* El orden «sujeto – predicado» predomina, en cambio, en casi todos los refranes que se ajustan a esta construcción, como *Perro ladrador, poco mordedor; Año de nieves, año de bienes; Mal de muchos, consuelo de tontos.*

39 Los adjuntos. El complemento circunstancial

39.1 Caracterización de los adjuntos

39.1.1 Los adjuntos como modificadores no seleccionados

39.1.1a Se denominan ADJUNTOS (§ 1.6.2d) los modificadores —casi siempre optativos— que inciden sobre las diversas categorías léxicas (verbos, nombres, adjetivos, adverbios) y los grupos sintácticos que forman sin que sean seleccionados o exigidos por ellos. El término ADJUNTO se usa por oposición al de ARGUMENTO (§ 1.6.1c, d), es decir, a los segmentos sintácticos seleccionados o requeridos por un predicado en función de su propia significación. Son adjuntos, por ejemplo, los elementos que se marcan en *un movimiento lento* (adjunto de un sustantivo), *irascible desde que perdió el trabajo* (adjunto de un adjetivo), *lejos para siempre* (adjunto de un adverbio) y en *Se movían lentamente* (adjunto de un verbo).

39.1.1b El concepto de 'adjunto' no es de uso general en la tradición gramatical hispánica. Sí lo es el de COMPLEMENTO CIRCUNSTANCIAL (también denominado a veces CIRCUNSTANTE, ADITAMENTO, SATÉLITE o simplemente CIRCUNSTANCIAL). Este término suele aplicarse solo a los adjuntos del grupo verbal, o más bien al subgrupo de estos constituido por los que admiten sustitutos interrogativos o exclamativos (como *cuándo* o *por qué*), relativos (como *donde*) o demostrativos (como *entonces*). En consecuencia, suelen considerarse circunstanciales los adjuntos de lugar (*Me sentaré aquí*), los de modo o manera (*Me sonrió gentilmente*), los de cantidad o grado (*Te esfuerzas poco*), los de tiempo (*Llegarán inmediatamente; largamente deseado*), pero no ejercen tal papel los adverbios que expresan nociones aspectuales, más que temporales (*¿Vive aquí todavía?*), los de duda (*Quizá lo sabía*) o los de foco (*Nosotros también tuvimos que esperar; Solo deseo que no le ocurra nada malo:* § 30.1.2c). En este capítulo se usará el concepto de 'complemento circunstancial' en el sentido tradicional, pero se insistirá en que constituye un caso particular de la noción más amplia de 'adjunto'.

39.1.1c   Se explicó en el capítulo 36 que los complementos de régimen se asimilan tradicionalmente a los circunstanciales en algunos análisis. Se considera hoy inadecuada esa asimilación, ya que los primeros se interpretan como argumentos y los segundos como adjuntos. Así, el segmento *en el tren* puede interpretarse como adjunto del verbo *pensar* en la oración *Iba pensando en el tren,* pero también como argumento suyo, por tanto como complemento de régimen preposicional de ese mismo predicado. En el primer caso se informa acerca del lugar en el que alguien realiza la acción de pensar, mientras que en el segundo se proporciona el asunto sobre el que se piensa. Si el grupo preposicional estuviera antepuesto como un elemento temático, se desharía la ambigüedad (§ 39.2.2c). La oposición entre argumentos y adjuntos tiene consecuencias sintácticas, pero se vuelve escurridiza en ciertos casos conflictivos, como se vio en el capítulo 36 y se explicará más detalladamente en este mismo.

39.1.1d   El hecho de que los adjuntos no sean elementos seleccionados por el predicado del que dependen no significa que puedan añadirse libremente. De hecho, a menudo están restringidos por diferentes características de los predicados que los reciben. Por ejemplo, el adverbio *lentamente* no incide sobre cualquier verbo, sino solo sobre los que designan acciones o procesos, como *caminar* o *pensar*. A su vez, los complementos circunstanciales de instrumento son raros con los verbos de estado: *{Aprende ~ *Sabe} matemáticas con un excelente manual.* Del mismo modo, los grupos preposicionales que expresan finalidad suelen modificar a los predicados que poseen un agente (§ 46.5). Existen restricciones más específicas. Así, el adverbio *mutuamente* modifica a predicados con sujetos plurales o coordinados (§ 16.2.3b). Están también restringidos en función del predicado al que modifican adverbios como *categóricamente, indistintamente* o *sustancialmente,* entre otros muchos.

39.1.1e   Al igual que otras clases de palabras, los adverbios y los grupos preposicionales se pueden asociar con varias funciones sintácticas, como se vio en el § 39.1.1c. Así, *razonablemente bien* se considera un adjunto con el verbo *escribir*, pero un argumento con *portarse*. De manera análoga, *en Roma* se considera un argumento locativo en *Reside en Roma* (§ 36.1.2b), pero un adjunto locativo (o complemento circunstancial de lugar) en *Trabaja en Roma*. Finalmente, *los lunes* es un adjunto en *descansar los lunes*, pero un argumento en *odiar los lunes*.

39.1.2   Los adjuntos frente a los complementos argumentales

Se han propuesto varios contextos sintácticos como reflejos formales de la distinción semántica entre argumentos y adjuntos. No obstante, se ha observado también en muchas ocasiones que los resultados a los que dan lugar son a veces inestables.

39.1.2a   Uno de los rasgos sintácticos considerado prototípico de los adjuntos es el hecho de que su OMISIÓN no suele alterar la gramaticalidad de la oración (*Llegará hoy > Llegará*), mientras que la de los argumentos puede dejarla incompleta o impedir su comprensión (**Luis residía*). Sin embargo, esa correlación no siempre resulta satisfactoria. Los adjuntos que constituyen el foco de una oración no se suprimen, como *hoy* en *Llegará hoy, pero también podría llegar mañana*. Por otro lado, ciertos argumentos son omisibles en función del predicado sobre el que incidan. Unas veces se puede recuperar del discurso precedente la información que aportan, como en *Tú te fiarás de él, pero yo no me fío Ø* (donde Ø = 'de él'); otras es posible omitirlos sin que el contexto aporte tal información, como en *Aquí abusan un poco* (donde se entiende 'de la gente, de los demás'). El significado de los adverbios *bien, adecuadamente, normalmente* y otros similares se puede recuperar en *Me voy desenvolviendo* o en *Se está portando* (la última, en el registro coloquial del español europeo y del rioplatense) y en otros casos similares en los que también se interpretan como argumentos de naturaleza modal.

39.1.2b Las PERÍFRASIS CONDICIONALES (§ 47.3.2) también permiten distinguir los argumentos de los adjuntos. Estas perífrasis se forman con el verbo *ser* y un indefinido. Así, sobre *Luis lo sabe* se construye *Si alguien lo sabe es Luis*, y *Quiere que la dejen en paz* da lugar a *Si quiere algo es que la dejen en paz*. Los grupos indefinidos pueden omitirse en estos casos cuando son adjuntos (*Si en algún momento viene será en agosto* > *Si viene será en agosto*), raramente cuando son argumentos (**Si lo sabe es Luis;* **Si quiere es que la dejen en paz*).

39.1.2c La proforma *hacerlo* recoge un predicado verbal previamente introducido, como en *Olga no respondía o lo hacía con monosílabos* (Collyer, *Habitante*) o en *Pero el hombre que la miraba lo hacía con enorme tristeza* (Carpentier, *Siglo*), y puede ser modificada por complementos circunstanciales (*con monosílabos* y *con enorme tristeza* en los ejemplos anteriores). Por el contrario, no suele ser compatible con los argumentos. No se diría, pues, normalmente *Concedieron un premio a los estudiantes de segundo curso, pero no lo hicieron a los de tercero*. Se registran, no obstante, algunas excepciones, como en *Cuando don Rafael no hablaba de abonos [...] lo hacía de la situación en los frentes europeos* (Pitol, *Juegos*), donde el segmento subrayado se considera complemento de régimen.

39.1.2d Los adjuntos rechazan la formación de oraciones interrogativas o relativas construidas a partir de alguno de sus elementos constitutivos, mientras que los argumentos no están sujetos a esa restricción. Obedecen a esa diferencia contrastes como *la casa de la que {vivíamos ~ *trabajábamos} cerca*. En efecto, el segmento subrayado en *vivir cerca de la casa* se considera un argumento locativo del verbo *vivir*, pero solo un adjunto en la oración correspondiente con el verbo *trabajar*.

39.1.3   Los adjuntos frente a otras unidades sintácticas

39.1.3a Los adjuntos se distinguen de los argumentos, como se ha explicado, pero también de los complementos predicativos. Así, el segmento subrayado en *Reparó el coche con un amigo* constituye un complemento circunstancial y denota compañía o colaboración; en cambio, el que se marca en *Te vi con un amigo* expresa la situación física en la que se encuentra la persona vista, por lo que se analiza como complemento predicativo del objeto directo. Contrastan de forma similar *La vi desde mi casa con unos prismáticos* (complemento circunstancial de instrumento, en la interpretación más natural) y *La vi con un bolso nuevo* (predicativo del objeto directo). A pesar de que las dos funciones que se mencionan son diferentes, se reconocen a veces límites difusos entre ellas. Así, en la oración *Venía a trabajar con gran entusiasmo* el grupo preposicional subrayado manifiesta cierta forma de venir a trabajar, lo que lo caracteriza como complemento circunstancial de manera, pero también cierto estado del que viene, lo que lo asimila a los complementos predicativos.

39.1.3b   Los adjuntos se diferencian de los CONECTORES DISCURSIVOS (§ 30.9) en que estos últimos no están integrados en el predicado ni modifican externamente a la oración, sino que vinculan los contenidos de esta con los que aporta el discurso precedente: [...] *el blanco más reposado y, consiguientemente, la pieza resultaba más segura* (Delibes, *Camino*).

39.2   Clasificación de los adjuntos

Los adjuntos se suelen clasificar en función de tres criterios:

> A. La categoría a la que pertenecen
> B. La unidad sobre la que inciden y la posición sintáctica que ocupan
> C. La clase semántica a la que se adscriben

39.2.1   Categorías a las que pertenecen los adjuntos

Desde el punto de vista categorial, los adjuntos pueden ser adverbios o grupos adverbiales, grupos preposicionales, nombres o grupos nominales, y también oraciones subordinadas. De acuerdo con lo dicho en el § 39.1.1a, los adjetivos pueden ser asimismo adjuntos, aunque no complementos circunstanciales.

39.2.1a   Los adverbios pueden incidir como adjuntos en los grupos verbales. Como se vio en los apartados precedentes, unos constituyen complementos circunstanciales (*Me sentaré aquí; Llegarán inmediatamente*), pero no otros (*Todavía te estoy esperando; Quizá exagera*: § 39.1.1b). Los adverbios de modo o manera y los llamados de punto de vista son modificadores adjuntos de los adjetivos: *químicamente puro, económicamente rentable* o en *En tono suavemente irónico* [...] (Cercas, *Velocidad*). Los adverbios *todavía, ya* y otros que denotan nociones aspectuales modifican frecuentemente a grupos no verbales, sobre todo si tales grupos son predicativos, como en *El propietario del salón de billar lo vio entrar al atardecer, todavía con las manos en los bolsillos* (García Márquez, *Hora*).

39.2.1b   Los grupos preposicionales son los que dan lugar a un mayor número de adjuntos en español. Entre las nociones expresadas se encuentran las de compañía o colaboración (*Cantaba en los bares con una orquestina*), instrumento (*Subieron los muebles con una grúa*), manera (*Compiten con mucho coraje*), tiempo (*Se conocen desde la infancia*), medio (*Se escribían por Internet*), pero también otras distintas, ligadas a los variados contenidos que transmiten las preposiciones. El grupo preposicional alterna en ocasiones con un adverbio, como en «*con* + sustantivo» y el respectivo adverbio en -*mente: con fuerza ~ fuertemente*. Los grupos preposicionales que funcionan como adjuntos inciden sobre los grupos verbales, pero también sobre otros, como en *enfermo desde hace un año* o en [...] *una carrera hasta la casa de mis abuelos* (Bayly, *Días*).

39.2.1c Los nombres y los grupos nominales también pueden funcionar como adjuntos, aunque con numerosas restricciones. Con los nombres de los días de la semana y con los sustantivos *víspera* y *antevíspera*, basta el artículo determinado para que puedan formarse grupos nominales como adjuntos temporales: *Las vísperas, los lunes y los viernes, en que por lo general no se juega, redacta los textos, y los miércoles saca la foto* (Arrabal, *Torre*); e incluso adjuntos de sustantivos: *Vamos a darle gracias a Dios por la venida del Papa el día siete de febrero* (Prensa [Nic.] 3/2/1997).

39.2.1d Otros sustantivos temporales requieren la presencia de modificadores o complementos, o bien de demostrativos o cuantificadores, para funcionar como adjuntos del verbo. Compárese **Puedes venir el día* con *Puedes venir el día que prefieras.* A esta misma pauta pertenecen secuencias como *Caía enfermo demasiados días* o *Presentía que tampoco su padre llegaría aquella tarde* (Caso, *Peso*). En estos comportamientos intervienen también los sustantivos con los que se construye el grupo nominal adjunto. Contrastan, en efecto, *Me lo repitió muchas veces; Sucedió aquel año,* sin preposición, con **Me lo repitió muchas ocasiones; *Sucedió aquella época,* donde la preposición *en* resulta imprescindible. Además de los adjuntos temporales, pueden aparecer sin preposición determinados grupos nominales cuantificativos (§ 39.4.1b): *Es mil pesos más barato; La finca está unos diez kilómetros hacia el sur; Dos veces lo recibí en casa,* etc.

39.2.1e Como se vio en el § 39.2.1 funcionan como adjuntos determinadas subordinadas adverbiales (entendiendo el concepto de 'subordinada adverbial' en sentido amplio: § 1.7.3c). Algunas de ellas suelen considerarse adjuntos de toda la oración, como las construcciones absolutas y las prótasis condicionales y concesivas. He aquí ejemplos de subordinadas que funcionan como adjuntos: *Una vez concluida la oración, vuelto el silencio entre los asistentes, pide el juez principal que se lean en alta voz los últimos cargos que quedaron pendientes* (Fernández Santos, *Extramuros*); *Mientras ella se quedaba barloventeando en las sombras de la plaza, Aureliano pasaba por el corredor como un extraño, saludando apenas a Amaranta Úrsula y a Gastón* (García Márquez, *Cien años*).

39.2.2   Incidencia de los adjuntos. Su posición sintáctica

39.2.2a Los adjuntos pueden modificar, como se ha explicado, a casi todos los grupos sintácticos. A los que inciden sobre el grupo verbal puede aplicárseles la clasificación expuesta para el adverbio en el § 30.1.2d. Allí se explica que, según ocupen una posición en el interior del grupo verbal o fuera de él, se dividen en NUCLEARES o CENTRALES y PERIFÉRICOS. Entre estos últimos están los ADVERBIOS ORACIONALES, así llamados porque inciden sobre toda la oración. Se suelen subdividir en ADVERBIOS DE LA ENUNCIACIÓN (*Francamente, no sé qué hacer*), TEMÁTICOS O DE TÓPICO (*Económicamente, la situación es insostenible*) y DEL ENUNCIADO: *Posiblemente se encontraban en una especie de isla* (Allende, *Ciudad*). En esta ordenación en CAPAS o ESTRATOS, los adjuntos más próximos al predicado verbal suelen denotar tiempo, lugar, cantidad, manera, compañía, instrumento y otras nociones similares. Los que expresan causa y finalidad modifican al predicado en una capa más externa; los que indican condición (*con un poco de suerte*) suelen ser temáticos (§ 39.2.2d) y se sitúan en posiciones aún más periféricas. Estas distinciones constituyen, sin embargo, tendencias más que generalizaciones absolutas.

39.2.2b   La clasificación propuesta se extiende a los adjuntos que pertenecen a otras categorías, si bien estas pueden presentar mayores restricciones en las posiciones mencionadas. Muchos grupos preposicionales presentan una sintaxis similar a la de los adverbios en *-mente*. Así, el grupo preposicional *con franqueza* en *Respondí con franqueza* modifica al verbo *responder* dentro del grupo verbal (es, pues, nuclear o central), pero en *Y... con franqueza..., a mí me encantaría que desechase usted ese antojo* (Insúa, *Negro*) corresponde a un adverbio oracional de la enunciación (§ 30.8.1). A su vez, son temáticos muchos grupos preposicionales situados en posiciones iniciales o en incisos, como en *Solía llevar la botellita en el bolsillo interior del lado derecho de la chaqueta, y en esas circunstancias no se atrevió a cambiar de mano el revólver* (Satué, *Carne*).

39.2.2c   Modifican al enunciado otros grupos preposicionales, entre ellos los que supeditan a algo o alguien lo que se afirma, como en *Blanch fue asesinado alrededor de las once y cuarto, según el forense* (Ribera, *Sangre*). La alternancia entre adverbios y grupos preposicionales, muy habitual cuando ambos inciden sobre grupos verbales, se ve más restringida cuando lo hacen sobre los grupos nominales y los adjetivales, unas veces por razones fonológicas y otras por motivos sintácticos. Así, la posición prenominal, posible para el adverbio en *los aquí presentes* o *los ahora obsoletos métodos*, resulta mucho menos natural con un grupo preposicional, ya que estos no se suelen anteponer en español.

39.2.2d   Los llamados ADJUNTOS TEMÁTICOS, LIBRES O SITUADOS EN POSICIÓN DE TÓPICO son modificadores del predicado verbal, pero se adelantan a una posición periférica. Esta posición es compatible con los complementos de régimen (*De eso, prefiero no hablar*), pero se extiende a otros segmentos (*En el tren iba pensando:* § 39.1.1c). Suelen denominarse DE MARCO O DE ENCUADRAMIENTO los adjuntos temáticos temporales o locativos que introducen un ESCENARIO, en el sentido de un conjunto de informaciones espaciotemporales a las que se circunscribe la predicación subsiguiente. En ocasiones aparece más de un complemento de este tipo, como los subrayados en *En la Patagonia argentina, a fines de siglo, los soldados cobraban contra la presentación de cada par de testículos* (Galeano, *Venas*), o en *En Aguirreche, en su cuarto, la tía Úrsula guardaba libros e ilustraciones con grabados españoles y franceses* (Baroja, *Inquietudes*). Son muy habituales en la posición temática los adverbios de punto de vista (§ 30.8.2) y los grupos preposicionales que alternan con ellos, como *deportivamente ~ desde el punto de vista deportivo* o *económicamente ~ en lo relativo a la economía*.

39.2.2e   Algunos grupos preposicionales en posición de tópico inicial reciben interpretaciones equivalentes a las que proporcionan las oraciones subordinadas. Así, el grupo preposicional subrayado en *En la oficina, trabaja; pero en su casa, no consigue hacerlo* admite paráfrasis como 'Cuando está en la oficina...' o 'Si está en la oficina...'. Influyen en esta interpretación ciertas marcas sintácticas, como la presencia de tiempos prospectivos. Contrastan, en efecto, *Con solo leerlo dos veces, te lo aprenderías,* donde el segmento subrayado se interpreta semánticamente como una prótasis condicional ('si lo leyeras solo dos veces'), y *Con solo leerlo dos veces, se lo aprendió,* donde recibe, en cambio, interpretación causal ('por el solo hecho de leerlo dos veces').

39.2.3   Clases semánticas de adjuntos

39.2.3a   Las clases semánticas que tradicionalmente se reconocen en los adjuntos que funcionan como complementos circunstanciales son las siguientes:

> De MANERA: *La saludó cortésmente.*
> De INSTRUMENTO: *Siega el césped con una máquina.*
> De MEDIO: *Me devolvió el regalo por correo.*
> De MATERIA: *Construían sus casas con cañas y barro.*
> De COMPAÑÍA: *El juez llegó con la policía.*
> De CANTIDAD O GRADO: *La película no me gustó demasiado.*
> De LUGAR: *Solía veranear en la playa.*
> De TIEMPO: *La carta llegó esta mañana.*
> De CAUSA: *Roban por necesidad.*
> De FINALIDAD: *Te llamo para invitarte al cine.*
> De PROVECHO O BENEFICIO: *Lo compró para ella.*

A estos grupos tradicionales se suele añadir el de los COMPLEMENTOS AGENTES, tanto en las construcciones de participio (*Fueron condenados por el juez:* § 41.2.3) como en los grupos nominales (§ 12.8.2c): *Encomiaban el retrato de la Princesa por Angélica Kaufman* (Mujica Lainez, *Escarabajo*). Los complementos agentes presentan sintácticamente como adjuntos informaciones que corresponden a un argumento, en concreto el sujeto de la variante activa (§ 41.1.2a): *Los reos fueron condenados por el juez.*

39.2.3b   En los análisis actuales se suelen considerar demasiado simplificadas estas clasificaciones, fundamentalmente porque no reflejan la complejidad y la sutileza de los significados de las preposiciones mismas. No suelen aplicarse, además, a otras funciones que también las admitirían, como los atributos y los complementos de régimen. En efecto, se considera complemento circunstancial de compañía el subrayado en *José se divertía con sus amigos,* pero no es habitual hablar de atributo de compañía en *José estaba con sus amigos.* Por otra parte, se ha observado que algunos grupos de esta clasificación son demasiado abarcadores. Así, entre los complementos circunstanciales introducidos por la preposición *con,* el grupo preposicional expresa compañía en *pasear con alguien,* pero en *Trabajó con él en un proyecto* indica más bien colaboración, y en *Siempre quiso reivindicar su condición de actriz y estudió con Lee Strasberg, del Actor's Studio* (*País* [Esp.] 2/8/1987) admite la paráfrasis 'bajo su guía o su supervisión'. El significado del grupo preposicional se obtiene COMPOSICIONALMENTE, es decir, atendiendo a la naturaleza de la preposición, de su término y del predicado al que todo el grupo preposicional modifica, lo que puede dar lugar a la aparición de matices diversos, con frecuencia escurridizos. Las secciones que siguen están dedicadas a algunas de las clases semánticas que se han reconocido en el apartado anterior.

39.3   Adjuntos de manera, instrumento, medio y compañía

39.3.1   Adjuntos de manera

39.3.1a   Se describirán aquí algunos de los grupos preposicionales que corresponden a esta función. Los adverbios y locuciones adverbiales se analizan en el § 30.7. Con la preposición *a* y una serie de sustantivos, muchos de los cuales denotan materias e instrumentos, se crean un buen número de ADJUNTOS DE MANERA que denotan formas específicas de realizar actividades: pintar (*a lápiz, a brocha, a la acuarela, al óleo*); coser o bordar (*a croché, a punto de cruz*); escribir (*a mano, a máquina, al dictado*); cocinar o preparar alimentos (*a la sal, a la parrilla, a la plancha, a la brasa*), etc. Grupos similares se forman con sustantivos que expresan golpes o movimientos bruscos: *a golpes, a martillazos, a empujones, a dentelladas* (§ 30.10.2a), a veces construidos con artículo (*a los golpes, a los empujones*) en el área rioplatense. Muchos complementos de manera están restringidos léxicamente, ya que se limitan a concurrir con determinados predicados. Así, *a calzón quitado* se usa con *hablar, discutir, debatir; a mano* con *pintar, dibujar, escribir; a mano armada* con *robar, atracar, asaltar,* etc.

39.3.1b   También la preposición *con* introduce frecuentemente complementos de manera. Cuando su término es un grupo nominal formado con un sustantivo contable, suele denotar 'manera' si se construye sin determinante (*con cuchillo, con pincel, con diccionario*), mientras que si este aparece el adjunto recibe interpretación instrumental. Así, en *Hacía las traducciones con diccionario* se indica una forma de traducir, mientras que en *Hacía las traducciones con un diccionario* se señala el instrumento con el que se traduce. Se crean asimismo adjuntos de manera con la preposición *con* y sustantivos abstractos que denotan cualidades, defectos, atributos, disposiciones anímicas y otras características similares de los individuos: *con temor, con sentimiento, con fuerza, con suavidad, con ironía, con mimo, con deferencia,* etc.: *Esperó con deferencia que el otro diera la primicia* (Andrade, *Dios*). Los que se forman con sustantivos que denotan estados físicos (*con sueño, con hambre, con sed*) se asimilan a menudo a los predicativos (§ 39.1.3a): *Miré unos textos de pie, con la coca-cola en la mano y ya con sueño* (Marías, J., *Corazón*).

39.3.2   Adjuntos de instrumento y de medio

39.3.2a   Los INSTRUMENTOS son participantes activos de las acciones, puesto que se entiende que algún agente se sirve de ellos para llevarlas a cabo. Así, *con un paraguas* es complemento instrumental en *Se protegía de la lluvia con un paraguas.* No lo es, en cambio, en *Salió a la calle con un paraguas.* En la interpretación más natural de esta secuencia se expresa, en efecto, un estado que se atribuye al sujeto, en lugar de un instrumento que ayude a realizar la acción de salir. El grupo preposicional ejerce en el segundo caso, por tanto, la función de complemento predicativo en lugar de la de complemento circunstancial.

39.3.2b   Es difícil caracterizar de modo preciso la noción de instrumento, ya que las paráfrasis que admite no suele ser lo suficientemente restrictivas. Así, *con la ayuda de* identifica un instrumento en *Abrió la caja con la ayuda de una ganzúa,* pero expresa compañía o colaboración en *Montó una pequeña empresa con la ayuda de un viejo amigo.* Algo similar ocurre con las paráfrasis *usar algo para* o *servirse de algo para,* como en *Pinchó la carne con un tenedor ~ Usó un tenedor para pinchar la carne ~ Se sirvió de un tenedor para pinchar la carne.* Estas paráfrasis también se aplican a los COMPLEMENTOS DE MEDIO que, aunque próximos a los de instrumento, no coinciden exactamente con ellos. Así, se considera un complemento adjunto de medio el que aparece en *Consiguió el puesto {mediante ~ con} su influencia y su habilidad negociadora,* pese a admitir la paráfrasis citada: *Usó su influencia y su habilidad negociadora para conseguir el puesto.* Existe un vínculo estrecho entre los conceptos de agente y de instrumento, ya que, como se ha señalado, ambos son participantes activos en alguna acción. Son igualmente posibles las oraciones en las que el sujeto es un grupo nominal formado con un nombre de instrumento, como en *Una llave abrió la puerta.* Se han relacionado estas últimas secuencias, más frecuentes en la lengua literaria, con las tomas cinematográficas en las que la cámara enfoca únicamente el fragmento de la situación que se desea mostrar:

> La aguja penetra, se hunde (Sampedro, *Sonrisa*); El hacha, la misma hacha, se mueve con destreza y sigue destazando, asesinando a los caballos en el rastro (Glantz, *Rastro*); A Billy Sacramento lo mató una bala perdida (Cela, *Cristo*).

39.3.2c Los adjuntos de MEDIO están próximos a los de INSTRUMENTO, pero ambos conceptos no son equivalentes. Como explica el *DRAE,* se concibe como *medio* aquello que sirve a un fin, como los sistemas de transporte o de comunicación. Los sustantivos que designan tales sistemas forman, en efecto, un gran número de locuciones adverbiales que expresan 'medio': *por tren, por avión, por barco; en tren, en avión, en barco, en bicicleta, en canoa; a caballo; por teléfono, por cable, por Internet, por correo.* En un sentido más amplio, denotan también 'medio' los grupos preposicionales que designan los recursos de los que se sirve alguien para lograr algo, como en *Se decidió el ganador por sorteo; Aquello lo sabía por experiencia; Consiguió el puesto mediante su capacidad de influencia,* o en *Mediante discretas averiguaciones dieron con su dirección* (Allende, *Casa*).

39.3.2d Los sustantivos no contables no designan instrumentos, pero pueden denotar medios. De hecho, los llamados COMPLEMENTOS CIRCUNSTANCIALES DE MATERIA no se diferencian en estos casos de los de medio, como ocurre en *Lo iba espolvoreando con tomillo* (Mendoza, *Ciudad*), donde se habla de la sustancia o la materia con la que se espolvorea algo, pero también de un medio de hacerlo, es decir, de un recurso. Un grupo restringido de verbos admite la alternancia entre los complementos adjuntos de medio o materia y los complementos directos. Es posible, en efecto, *cargar un camión con heno* y también *cargar heno en un camión; rociar una pared con pintura* y *rociar pintura en una pared.* A este paradigma pertenecen, entre otros, los verbos *bordar, cargar, coser, descargar, espolvorear, grabar, limpiar, pintar, plantar, rociar, salpicar, sembrar, untar.* En algunos países americanos se añade *regar,* ya que no solo es posible en ellos regar un jardín o regar las plantas, sino también regar el agua: *Un gamín barría, regando agua entre los mosaicos para calmar al polvo* (Chase, *Pavo*).

39.3.3 Adjuntos de compañía

39.3.3a Los adjuntos de COMPAÑÍA pueden indicar esta noción en sentido estricto, como en *Asistió al concierto con su novia* (*Nuevo Herald* 21/4/1997) o en *Se trasladó con su familia a Gaza* (*Universal* [Ven.] 17/4/1988), pero también, de modo más general, contigüidad, concomitancia, coexistencia, colaboración o acción conjunta:

> Sus animales [...] empezaron a envejecer con ella (Bolaño, *2666*); Ese amor había nacido con él (Aparicio, *César*); [...] con viejo papel guardado, junto con las pieles de conejo, para vendérselo al trapero (Gironella, *Millón*); Se acercó hasta la Ministra de Turismo, quien le preguntó con quién trabajaba (*Diario Crónica* 16/6/2004).

Así, el complemento subrayado en el primero de estos ejemplos acepta la paráfrasis 'a su lado', pero también 'con el mismo ritmo que ella'. La interpretación de acción conjunta puede dar lugar a nuevos significados con algunos verbos, como en *salir con alguien, vivir con alguien*, etc.

39.3.3b Los complementos circunstanciales de compañía y los de colaboración admiten con frecuencia la doble construcción que se describió al estudiar los predicados SIMÉTRICOS (§ 31.3.1d).: *El doctor había escrito el libro con su ayudante~El doctor y su ayudante habían escrito el libro.* A pesar de que estos complementos son raros con los verbos de estado (*Ustedes y yo confiamos en la justicia~*Confío en la justicia con ustedes*), cabe la interpretación de acción conjunta con el verbo *tener,* como en *tener un hijo con alguien* o *tener un negocio con alguien.*

39.4 Adjuntos de cantidad, lugar y tiempo

39.4.1 Adjuntos de cantidad y grado

39.4.1a Las nociones de CANTIDAD y GRADO pueden aplicarse al tiempo (*La película no dura mucho*), el espacio (*Han ensanchado bastante la carretera*), la intensidad (*No aprietes tanto*) u otras nociones similares. Los adjuntos de cantidad y grado pueden estar representados por adverbios y locuciones adverbiales de diverso tipo (§ 30.3): *Viaja demasiado; No debería gritar así; ¿Cuánto han adelantado?; ¡Cuánto hemos de aguantar!; La fuga y el contrabando de ganado y la matanza indiscriminada hicieron bajar grandemente la producción de carne y leche* (Ramírez, *Alba*); *Es feo con ganas* (Ayerra, *Lucha*). Los complementos de grado también inciden sobre adjetivos y adverbios, como en *exageradamente limpio, excesivamente lejos, loco de atar* o en *Era infatigable, paciente y perspicaz en grado sumo* (Mendoza, *Verdad*).

39.4.1b Los grupos nominales que expresan cantidad o grado aparecen con verbos que admiten complementos de medida. Ejercen la función de complementos directos en *La temperatura ha subido dos grados; Dura tres horas; Pesa diez kilos; Cuesta mil dólares* y otras secuencias similares (§ 34.2.1c). Son igualmente cuantificativos los grupos nominales que en el § 45.2.2 se llaman DIFERENCIALES (*dos años menos, mil pesos más barato, diez veces mayor, tres horas después*). También lo son los que inciden sobre grupos preposicionales que indican dirección (*La finca está* *unos diez kilómetros hacia el sur:* § 29.1.2b), así como los encabezados por el artícu-lo neutro *lo* en construcciones como *Trabajan lo justo* o *Se preocupan lo indecible*. Fuera de estos casos, y de los complementos que se forman con sustantivos tempo-rales (*Lo esperó dos horas; Trabajó en esta fábrica cinco años:* § 39.2.1c, d), son raros en español los grupos nominales que funcionen como complementos circunstan-ciales de cantidad o de grado. Se consideran locuciones adverbiales los grupos nominales lexicalizados, como *un montón, un pelín, la mar de veces* y otros mu-chos semejantes.

39.4.1c   Se forman grupos preposicionales que expresan cantidad o grado con los sustantivos *grado, magnitud, medida, parte, proporción* y otros similares, como en *Había llegado el mandatario a constituirse una suerte de gobierno unipersonal, reali-zando en proporción asombrosa su inconfesada aspiración* (Carpentier, *Siglo*); *Ese traslado neto de recursos explicaba en buena medida los bajos costos y los bajísimos precios* (Aguilar Camín, *Golfo*).

39.4.2   Adjuntos de lugar y tiempo

39.4.2a   Los adjuntos de LUGAR pueden ser adverbiales o preposicionales, pero no son nominales. Se construyen con diversas preposiciones: *a la puerta, ante las mura-llas, bajo la alfombra, contra su pecho, de un lado a otro, desde las nubes, hacia el norte, hasta el final del camino, por la vereda, tras la verja*. Los adverbios en *-mente* no suelen ser locativos, pero algunos reciben interpretaciones compatibles con este significado, como en *mundialmente famoso, localmente difundido, premiado interna-cionalmente*, etc. (§ 30.1.2b).

39.4.2b   Es polémico si son argumentos o adjuntos segmentos como el subrayado en *No cabíamos todos en aquel auto*. En general, los complementos de lugar se rein-terpretan a menudo como predicativos con los verbos de estado, como en *Tiene una casa en la sierra* o en *Permanecí bajo el chorro de agua por espacio de largos minutos* (Martínez Reverte, *Gálvez*). Como se explica en el § 29.4.1b, muchos de los usos traslaticios de las preposiciones se obtienen de sentidos primitivamente espaciales. Existen relaciones sintácticas y semánticas estrechas entre los adjuntos de lugar y los de medio (*sostener una taza por el asa*), los de intensidad (*herido en lo más pro-fundo de su alma*) o los de tiempo (*Lo eligieron presidente en el último congreso del partido*). Esta última relación se ve favorecida por la facilidad que ofrecen los sus-tantivos que denotan sucesos (*congreso, guerra...*) para ser interpretados como nombres de lugar.

39.4.2c   Los adjuntos TEMPORALES pueden ser adverbios o grupos adverbiales (*mañana, después de la cena*), grupos preposicionales (*a las ocho, en agosto*), grupos nominales (*este año, dos veces:* § 39.2.1c) y también oraciones subordinadas (*mien-tras se levanta*). Se subdividen en complementos de LOCALIZACIÓN: *esta semana, por la mañana, recientemente;* de DURACIÓN: *brevemente, para siempre,* y de FRECUENCIA: *diariamente, ocasionalmente* (§ 30.5.3). Los sustantivos que expresan tiempo se asocian tradicionalmente con los complementos circunstanciales, y esa es su fun-ción más habitual. No obstante, pueden desempeñar también otras, e incluso ser sujetos, como en *El otoño nos traerá ese regalo que a usted y a mí nos gusta tanto* (Cano Gaviria, *Abismo*). Existe relación entre los adjuntos temporales y los de lugar, pero también entre los primeros y los que expresan compañía (en el sentido amplio de concurrencia o concomitancia): *Despertaban con los primeros cantos del gallo* (Allende, *Eva*). También existe relación entre los adjuntos de tiempo y los de manera. Así, la oración *Los invitados se fueron marchando de la fiesta lentamente* puede querer decir que se espaciaron ciertas salidas o bien que los invitados se movían con lentitud.

39.5   Adjuntos de causa y finalidad

39.5.1   Adjuntos de causa

39.5.1a   Los grupos preposicionales introducidos por la preposición *por* son los que expresan de forma más característica la noción de CAUSA. Su término puede ser nominal (*por simple curiosidad, por verdadero placer*) u oracional (*por haber mejorado, porque le interesa*: § 46.2.1). Los del primer grupo pueden recibir una interpretación ACTUAL (*hacer algo por necesidad*, es decir, 'porque se tiene necesidad') o PROSPECTIVA (*hacer algo por dinero*, que equivale a 'porque se desea obtener dinero'). Si bien las CAUSAS se distinguen de los AGENTES (por lo general, personas o animales), puede haber solapamiento entre ambas nociones cuando a los entes inanimados se les atribuye cierta capacidad de actuación o de decisión, como en *Yo no grito, yo quedo anulado por las sombras* (Donoso, *Pájaro*). La posible alternancia entre *por* y *por causa de* o *a causa de*, como en este último caso, suele ser indicio de la interpretación causal. Existe conexión entre los complementos de causa y los de compañía cuando estos expresan la concurrencia o la coexistencia de una cosa con otra: *Con el calor del verano se llenan de caprichos y versatilidades* (Cortázar, *Bestiario*).

39.5.1b   Los adjuntos de sentido causal se construyen también con la preposición *de*, ya que la noción de 'origen' se halla próxima a la de 'causa'. Los complementos causales con *de* se asemejan a las construcciones consecutivas, como pone de manifiesto la presencia (expresa o tácita) del cuantificador *tanto* en alguna de sus variantes, del artículo determinado en el uso llamado ENFÁTICO (§ 15.2.3c), y también de *puro*, usado con valor adverbial, especialmente en el español de América:

> Llegamos a movernos como animales de tanto vivir en las selvas (Belli, *Mujer*); Casi me desmayo del susto (Leyva, *Piñata*); De puro tontas se habían puesto a mirar (Vargas Llosa, *Conversación*); De puro calor tengo frío (Vallejo, *Poemas*); Nos deja desarmadas e inermes de puro atónitas (Tusquets, *Mar*).

Sobre los adjuntos de causa formados con las locuciones *a causa de (que)*, *gracias a (que)*, *debido a (que)*, y otras similares, véase el § 46.2.2.

39.5.2   Adjuntos de finalidad

39.5.2a   El concepto de FINALIDAD se expresa de forma preferente mediante las llamadas ORACIONES FINALES (§ 46.5 y 46.6). Cuando la preposición *para* va seguida de un grupo nominal, los adjuntos adquieren significados diversos, todos relacionados con la noción de finalidad. Los adjuntos finales que modifican al verbo o al grupo verbal se suelen denominar BENEFACTIVOS cuando introducen la persona o cosa que se ve favorecida o beneficiada por algo, como en *Trabaja para él desde hace años* o en *Tengo muchas cosas que decirte de tu vida y para tu provecho* (Cervantes, *Coloquio*), pero también la persona a la que se destina algo: *Había solo dos* [= 'bandas'] *de cada color: una para las internas y otra para las de media pensión* (Quiroga, *Nombre*).

39.5.2b   Los nombres eventivos (§ 12.1.2e) adquieren diversos significados cuando son adjuntos finales, pero en su interpretación más habitual se sugiere la realización o la consecución del suceso que designan, como en *el día señalado para la boda* (es decir, 'para que se celebre o se celebrara la boda') o en *Un año entero, que se dice pronto, esperando, ahorrando para el viaje* (Chacón, *Voz*). Cuando el término de la preposición no es un nombre eventivo, y tampoco se obtiene la interpretación benefactiva, es frecuente que se sobrentienda algún verbo, como en *Está ahorrando para un coche nuevo* (es decir, 'para comprarse un coche nuevo'). Expresan la finalidad del propio acto de la enunciación complementos como *para que lo sepas* y otros similares que se estudian en el § 46.6.1.

39.5.2c   Las locuciones preposicionales de sentido final (*en aras de, con miras a, con vistas a, de cara a*) suelen expresar contenidos más abiertos que la noción de 'finalidad'. De hecho, en muchos contextos no aceptan con naturalidad paráfrasis con la preposición *para*, sino con otras de contenido más general, unas veces intencional (*con la intención puesta en, pensando en*), como en [...] *a la manera de un atleta que ejercita sus músculos con miras a una competición* (Quintero, E., *Danza*), pero otras más puramente relacional (*en relación con, en lo relativo a*): *Dejar en manos de Cleopatra la mitad del imperio de Oriente equivalía a ambas cosas y, además, agravadas de cara a la opinión pública* (Moix, *Sueño*).

40 Las funciones informativas

40.1   Introducción. Información conocida e información nueva

40.1.1   Funciones informativas. Definición y distinciones

40.1.1a   Como se explica en el § 1.6.1b, las funciones sintácticas (sujeto, complemento directo...) y las semánticas (agente, paciente, instrumento...) especifican el papel gramatical que cada segmento desempeña en la oración. Las FUNCIONES INFORMATIVAS permiten valorar la aportación de tales segmentos al discurso, es decir, determinar si el contenido que aportan se interpreta como información nueva o se da por conocido; si forma parte o no de un conjunto de opciones; si se pone de relieve mediante algún recurso gramatical o, por el contrario, se mantiene como trasfondo del discurso. Las siguientes oraciones difieren en la manera en que se expresan tales contenidos (los paréntesis indican que el sujeto se puede omitir):

> *(Ella) no aceptaría nunca esas condiciones; (Ella) no aceptaría esas condiciones nunca; Esas condiciones, (ella) no las aceptaría nunca; Ella, esas condiciones no las aceptaría nunca; Esas condiciones nunca las aceptaría (ella); Nunca aceptaría (ella) esas condiciones; Esas condiciones son las que (ella) no aceptaría nunca; Esas condiciones son las que nunca aceptaría (ella); Esas condiciones no serían nunca aceptadas por ella.*

De manera análoga, con las voces *yo, eso, dije, lo* y *ayer* se obtienen varias secuencias entre las que existen diferencias de significado notables: *Yo dije eso ayer; Dije eso ayer; Eso dije yo ayer; Eso dije ayer; Eso, lo dije ayer; Eso, yo lo dije ayer; Yo, eso lo dije ayer; Ayer dije yo eso* y *Ayer dije eso,* entre otras. Como se ve, estas variantes están en función de la posición sintáctica de las palabras que se mencionan, pero también de la presencia o ausencia de algunas de ellas.

40.1.1b   Existe no poca variedad en los términos que designan las funciones informativas. Se llama tradicionalmente INFORMACIÓN CONOCIDA O TEMÁTICA (también TEMA, SOPORTE, APOYO, APOYATURA, FONDO O FONDO COMÚN) la que se da por consabida, tanto si ha sido presentada expresamente como si no es así, y expresa aquello sobre lo que versa el enunciado. Se suele denominar, en cambio, INFORMA-CIÓN NUEVA O REMÁTICA (también REMA, APORTE, FIGURA O COMENTARIO) la que se proporciona como relevante en alguna situación discursiva para completar la información temática. El tema constituye, por tanto, la base sobre la que se apoya la información que se presenta como nueva. Así, los enunciados *En 1945 terminó la Segunda Guerra Mundial* y *La Segunda Guerra Mundial terminó en 1945* contienen las mismas palabras y hablan de lo mismo, pero no aportan idéntica información: en el primero se afirma algo acerca de un año; en el segundo, en cambio, se dice algo sobre una guerra. El ORDEN DE PALABRAS indica que *en 1945* aporta información temática en el primer enunciado, pero remática en el segundo. De forma parecida, las oraciones activas y las pasivas presentan informaciones similares, pero enfocadas desde diferentes PUNTOS DE VISTA: mientras que la oración activa *Los diputados aprobaron la ley de la reforma sanitaria* dice algo acerca de ciertas personas, la variante pasiva *La ley de la reforma sanitaria fue aprobada por los diputados* habla acerca de una ley.

40.1.2   Propiedades de la información temática y de la información remática

40.1.2a   Como se explica en la sección anterior, la INFORMACIÓN TEMÁTICA denota la materia sobre la que se dice algo. Tal información no siempre ha sido mostrada, anticipada o introducida en el texto de forma explícita, pero el hablante la presenta como supuesta o como si fuera conocida efectivamente por el oyente. La información temática tiende a ELIDIRSE O a SUSTITUIRSE POR UN PRONOMBRE. Así, a la pregunta *¿A quién ha llamado Luisa?* podrá responderse *A su mamá*, donde se aporta únicamente la información remática. Sin embargo, también son posibles otras respuestas que incluyen elementos temáticos: *Ha llamado a su mamá* o *Luisa ha llamado a su mamá*. De manera similar, la pregunta *¿Has visto a José últimamente?* podría contestarse con la expresión *Lo vi ayer*. En este caso no se elide el tema (*José*), pero se presenta en la forma de un pronombre personal (*lo*).

40.1.2b   Mientras que la información temática tiende a elidirse y a pronominalizarse, la de naturaleza remática no se omite y se sitúa generalmente en POSICIÓN FINAL. Está marcada, además, por ciertas PROPIEDADES ACENTUALES. Así, una respuesta natural a la pregunta *¿Quién ha llamado?* sería *Ha llamado tu hermano*. No lo sería, en cambio, *Tu hermano ha llamado*, salvo que *tu hermano* se marque con prominencia tonal. Solo las PALABRAS TÓNICAS pueden ser remas. De este modo, a la pregunta *¿A quién le gustó la película?* se podría responder *Me gustó a mí*, con un elemento tónico ubicado al final del enunciado, pero no se respondería *Me gustó*, ya que los pronombres átonos (en este caso *me*) no son remáticos.

40.1.2c   Como se ve, la estructura informativa de las oraciones ha de ser VALIDADA por el contexto en el que se insertan. Por lo general, los grupos nominales definidos en posición preverbal tienden a ser interpretados como información temática, puesto que se vinculan con algún referente conocido o ya presentado, como en *El coche frena mal en las curvas*. De manera análoga, el sujeto de la oración *Las angiospermas tienen los carpelos en forma de ovarios* puede ser temático si esa expresión se usa en una clase sobre las angiospermas. Sin embargo, si la misma oración se emplea sin haber hecho antes mención de tal clase de plantas, toda ella —y no solo su sujeto— constituiría la información nueva.

40.1.2d El CONTEXTO PREVIO o la situación presentada en el discurso anterior son igualmente necesarios para determinar el segmento que ha de interpretarse como información nueva. Así, en la oración *Clara [le regaló a su hijo un libro de cuentos el día de su cumpleaños]* puede aportar información nueva el segmento subrayado (sobre todo si, en relación con el libro ya mencionado, se indica con qué motivo se hizo el regalo), el segmento marcado entre corchetes (como respuesta a la pregunta *¿Qué hizo Clara?*) o bien toda la secuencia —incluido el sujeto—, en ausencia de un contexto previo. Los segmentos restantes (*Clara, a su hijo, un libro de cuentos*) también podrían constituir información remática, pero para ello deberían marcarse con acento enfático, ya que no ocupan la posición final de la oración. Si la estructura informativa de una secuencia no es validada por el contexto en el que se inserta (en el sentido de 'interpretada en función de la información que este aporta o que permite interpretar como supuesta'), puede resultar INAPROPIADA DISCURSIVAMENTE, aunque sea una oración GRAMATICAL. Así, la secuencia *Lo prefiero* es inapropiada como respuesta a la pregunta *¿Prefieres un libro o una pelota?*, ya que, aunque se identifica de forma correcta en ella el referente del pronombre *lo* (es decir, *un libro*), la respuesta presenta indebidamente un pronombre átono como información remática.

40.2　El concepto de tópico

40.2.1　Tópico e información temática

La información temática no siempre se corresponde con una unidad sintáctica. Así, es temático el segmento subrayado en *Lucía trajo este paquete,* secuencia que podría servir de respuesta a la pregunta *¿Qué trajo Lucía?* No representa, en cambio, un segmento de la oración, puesto que está formado por el sujeto y parte del predicado, sin incluir al complemento directo, que corresponde a la información remática, más exactamente al foco (§ 40.3). Suele denominarse TÓPICO al segmento destacado o desgajado de la oración, generalmente antepuesto a ella, que aporta información temática, como el segmento subrayado en *La fruta, me dijo Alicia que la iba a comprar ella.* El tópico aparece a veces marcado por una expresión introductoria, como *a propósito de, en cuanto a, en lo relativo a, en lo que respecta a, en relación con, hablando de, respecto de* y otras similares: *En cuanto a la fruta, me dijo Alicia que la iba a comprar ella.* Los tópicos se suelen analizar en función de tres criterios: su estructura interna, su posición sintáctica y su vinculación con la oración a la que corresponden.

40.2.2　Estructura y posición de los tópicos

40.2.2a Desde el punto de vista de su estructura interna, los tópicos pueden ser grupos nominales, pronominales, preposicionales, adverbiales y, a veces, también adjetivales:

El verso lo decía como nadie (Fernán Gómez, *Viaje*); Eso de que estaba peor en Río Grande, ¿qué significa? (Collyer, *Pájaros*); De la vida privada no me gusta hablar (*Clarín* 5/2/1997); Técnicamente, era una violación del derecho de extraterritorialidad (Barea, *Forja*); —No es feo. —No, feo no es (Cabrera Infante, *Tigres*).

Los tópicos pueden ser también segmentos oracionales con verbos en forma personal, como en *En cuanto a que esté loca, no lo dudo* (Laforet, *Nada*), o bien con oraciones de infinitivo (§ 40.2.3c), gerundio o participio: *Claudicar, no pienso hacerlo; Lamentándote, no consigues nada; Destruida por las invasiones bárbaras, la ciudad se volvió a levantar en el siglo XI.*

40.2.2b   Desde el punto de vista de la posición que ocupan, los tópicos pueden ser INICIALES, FINALES y MEDIALES. Los más frecuentes son los iniciales, y los menos comunes, los finales, como *No la había oído jamás, esta canción; Ya lo han traído, el sofá* o *Yo ya se lo dije, que no encontraría nunca casa* (Martín-Santos, *Tiempo*). Los tópicos intermedios suelen asimilarse a los incisos: *Las fuentes de Ortega, filosóficamente hablando, se suponen todas en Alemania* (Lledó, *Días*). En los ejemplos anteriores resulta fundamental la presencia de las comas (así como la entonación que estas transcriben) para marcar los tópicos.

40.2.2c   Los tópicos iniciales pueden CONCATENARSE, es decir, formar series yuxtapuestas de dos o más tópicos sin la intervención de conjunciones. Estos tópicos son característicos de la lengua coloquial o de las variantes de la escrita que la reflejan, como en *Dice que él esas cosas no las entiende; Mi abuela el arroz lo hacía siempre muy caldoso; Yo, hoy, de ese asunto no pienso hablar* o en *A él, el desayuno, los domingos se lo sirven en la cama.* Los tópicos intermedios o finales no son, en cambio, dobles o triples. Son frecuentes en los registros menos formales de la conversación los llamados TÓPICOS EN SUSPENSO, que suelen indicarse con puntos suspensivos en la escritura: *El colegio del niño..., prefiero que se lo preguntes a él; El viaje a Italia..., mejor lo discutimos otro día.* Estos segmentos iniciales, marcados por una entonación suspensiva, se retoman en la oración que introducen, a menudo a través de alguna referencia anafórica.

40.2.3   Vínculos sintácticos y discursivos entre el tópico y la oración a la que corresponde

Las construcciones llamadas comúnmente TEMATIZADAS o TOPICALIZADAS contienen un tópico inicial. La anteposición del tema (o TOPICALIZACIÓN) ha sido entendida de dos maneras diferentes: o bien como un proceso de adelantamiento sintáctico de cierta información, o bien como un elemento situado directamente fuera de ella y vinculado al resto del mensaje mediante varios recursos formales. En el primer caso, la expresión subrayada en *De fútbol no pienso hablar contigo* se antepone desde la posición que ocupa normalmente en el grupo verbal (*hablar – de fútbol*); en el segundo caso se sitúa directamente en posición inicial, por tanto sin anteposición. No se duplica en el interior de la oración porque no existen en español pronombres que sustituyan a estos grupos preposicionales. Se ha aducido en contra de que los tópicos iniciales sean resultado de un proceso de anteposición el hecho de que puedan ir seguidos de preguntas (*De eso ¿quién podría hablar?*) o de imperativos (*En casa de tus abuelos compórtate como es debido*), entre otros enunciados. Algunos autores llaman DISLOCADAS a las construcciones tematizadas formadas con duplicación pronominal, como en *A Marta hace tiempo que no la veo.*

40.2.3a En el caso de los tópicos iniciales formados por grupos nominales o preposicionales definidos que desempeñan la función de complemento directo o indirecto, el vínculo entre el tópico inicial y la oración que lo sigue se establece a través de un pronombre átono:

> Mis caprichos los necesito, no solo para agradarle, sino incluso para que usted me entienda, cuando hablo (Ocampo, V., *Testimonios*); Eso mismo yo me lo he preguntado muchas veces (*Mundo* [Esp.] 12/5/2005); *A la tía le agradó el obsequio* (Delibes, *Diario*).

Cuando el segmento nominal situado como tópico carece de artículo, no suele duplicarlo un pronombre. Contrastan así *El pan, no lo quiero* y *Pan, no quiero*. Resulta, en cambio, anómala la variante **Pan, no lo quiero*. Cuando el tópico es un atributo, se produce alternancia entre la presencia de *lo* y su ausencia: *Muy inteligentes, no parecía que {lo fueran ~ fueran}*. También los posesivos pueden establecer el vínculo entre el tópico y el resto de la oración, como en *En cuanto a Mónica, me dijo su madre que había abandonado los estudios*. Se recomienda evitar las construcciones en las que se usan pronombres tónicos en referencia a tópicos que no corresponden a un objeto directo ni indirecto, como en *De Clara, hace siglos que no sé nada de ella; Ese tema, no pienso hablar contigo de él*. Lo mismo cabe decir de ciertas faltas de concordancia, como la que se observa en *Yo, me parece que...*, en lugar de la forma más correcta *A mí me parece que...*

40.2.3b Las construcciones topicalizadas son posibles en el interior de las subordinadas sustantivas, como en *Confieso que mi viudez la pasé mal* (Giardinelli, *Oficio*), pero el tópico que se retoma en ellas puede hallarse fuera de sus límites sintácticos, como en los ejemplos siguientes:

> En cuanto a dureza, creo que la tiene, anque entavía no se me ha puesto delante la popa de ningún inglés para probarla (Galdós, *Episodios*); Eso me parece que no es correcto (*Proceso* [Méx.] 3/11/1996); La chica le pide que no corra tanto, los caballos parece que van a desbocarse, pero el mayordomo no le hace caso (Puig, *Beso*).

Los tópicos iniciales están vinculados con la posición de sujeto dentro de la subordinada sustantiva en los dos últimos ejemplos, por lo que concuerdan con el verbo de esta. En efecto, *los caballos* (plural) no concuerda con *parece*, sino con *van*. Se registran en el habla espontánea variantes con el verbo *parecer* en plural (*Los caballos parecen que van...*) que se consideran incorrectas y se recomienda evitar.

40.2.3c En las construcciones de infinitivo de interpretación temática o infinitivo topicalizado (§ 25.5.5b) puede duplicarse el verbo en la oración que sigue, como en *Recibirlo, yo lo recibo; Pasarlo, lo que se dice pasarlo, nos lo pasamos sibarita* (García Hortelano, *Mary Tribune*). Cuando estas construcciones corresponden a ciertas perífrasis verbales de infinitivo, y a otras construcciones que se les asimilan, puede aparecer el infinitivo *hacerlo* en el interior de la oración que retoma el tópico (*Cocinar, no sabe hacerlo todo el mundo*), o bien construirse sin marca alguna que lo represente (*Cocinar, no sabe todo el mundo*).

40.2.3d Se suele llamar TÓPICO CONTRASTIVO O PARALELO el que introduce un elemento del que se predica alguna información que contrasta con la que se atribuye a otra entidad, generalmente también expresa, como en *Entregó a Hermógenes la lanza y a Olegario la tea* (Donoso, *Casa*), con elipsis del verbo. A diferencia de otras informaciones temáticas, los tópicos contrastivos no se eliden en el discurso. Al igual que los focos (§ 40.3.2), entran en relaciones de contraste, pero presentan algunas características de los tópicos, como la reproducción mediante pronombres: *Este libro puedes llevártelo, pero aquel otro no te lo puedo dejar.*

40.2.3e El vínculo entre el tópico y la información remática puede no ser estrictamente formal, sino solo DISCURSIVO. Las construcciones así formadas resultarán más o menos felices en función de que hablante y oyente compartan las suposiciones que no se hacen expresas. Se subrayan en los ejemplos que siguen los temas iniciales que no son retomados por pronombres:

> Por lo que toca a la dilación, me contestó mi amigo, no es mucho (Fernández Lizardi, *Periquillo*); En cuanto a los sueldos actuales, designe un administrador y entiéndase con él (Onetti, *Astillero*); En lo que respecta a esa Naturaleza, Descartes coincide con los físicos e incluso va más allá en el mecanicismo (Ynduráin, *Clasicismo*).

40.2.3f La presencia o ausencia de sujeto expreso depende de factores relativos a la estructura informativa, como se explica en el § 33.3. Los sujetos preverbales se omiten cuando son temáticos, como el de *dijo* en *Ulrica me invitó a su mesa. Me dijo que le gustaba salir a caminar sola* (Borges, *Libro*), ya que su referente (*Ulrico*, en este caso) ha sido introducido en el discurso precedente. Por el contrario, el sujeto se expresa cuando se asimila a un tópico contrastivo, como en este diálogo: *—El profesor está enfermo. —Él dice que no.* La afirmación que sirve de réplica contrasta aquí con la opinión manifestada por el autor de la primera parte del mensaje. No siguen la tendencia general a eliminar los sujetos temáticos algunas variedades del español hablado en el área caribeña, en las que los pronombres tónicos preverbales no reciben necesariamente interpretación contrastiva, como el pronombre *yo* en la respuesta *Yo no recuerdo* a la pregunta *¿A qué hora llegaste anoche?* En la mayor parte de las áreas lingüísticas se evita el pronombre en estos contextos.

40.3 El concepto de foco

40.3.1 Información remática y foco

Frente a los tópicos, los FOCOS son segmentos remáticos que ponen de relieve cierta información en el interior de un mensaje. El proceso de realzar o resaltar ese fragmento, o de considerarlo en relación con sus posibles alternativas, se lleva a cabo con diversos medios fónicos y sintácticos. Son focos los elementos que se subrayan en estas oraciones:

¿Cómo que no te llamé? Te llamé ayer; A mí la película me encantó; Una cerveza bien fría
me tomaría yo ahora; Ella me quiere a mí; Fue aquí donde puse la cartera; Con esta copa
fue que lo premiaron.

Los focos pueden representar el conjunto de la información remática, o bien constituir únicamente la parte central de ella. A diferencia de los tópicos, no pueden ser
segmentos átonos, y tampoco se eliden, puesto que la información que aportan se
resalta o se pone de relieve en el interior de un mensaje.

40.3.2   Foco presentativo y foco contrastivo

40.3.2a   Se reconocen habitualmente dos clases de focos: el FOCO PRESENTATIVO
(también llamado FOCO INFORMATIVO o FOCO AMPLIO) y el FOCO CONTRASTIVO. Son
presentativos los focos que coinciden con toda la información que se suministra,
como los que proporcionan la respuesta a las preguntas. Así, la expresión *un libro de*
cuentos se interpreta como foco presentativo si esa secuencia constituye la respuesta
a la pregunta *¿Qué le regaló Clara a su hijo?;* el segmento subrayado lo es asimismo
en *"¿Qué ves?" "Veo una barca"* (Torrente Ballester, *Saga*). Este tipo de foco no excluye opciones alternativas a la que el hablante elige. Así, el que identifica como foco
la expresión subrayada en *Ayer vi a tu hermano Pepe* no da a entender que ese día
no vio a ninguna otra persona. Por el contrario, el foco contrastivo exige identificar
de forma EXHAUSTIVA los elementos a los que se quiere hacer referencia entre un
conjunto de entidades, unas veces presentadas de manera explícita en el discurso
previo, y otras muchas simplemente supuestas o sobrentendidas. El contraste con
otro elemento es explícito en *No quiero esta camisa, sino aquella otra,* o en *Estoy muy*
lleno. No me traiga cabrito, sino unos frijoles (Ibargüengoitia, *Atentado*), pero queda
implícito en *La música que le gusta a mi hijo es esta,* o en el grupo nominal *el lugar al*
que sí me gustaría ir.

40.3.2b   Un mismo foco puede ser presentativo unas veces (*El autogiro lo inventó*
Juan de la Cierva como respuesta a *¿Quién inventó el autogiro?*) y contrastivo otras
(la misma oración cuando se contrapone a un enunciado previo como *El autogiro lo*
inventó un ingeniero alemán). Aunque los dos tipos de focos aportan información
nueva, solo el contrastivo rechaza además cierta información previa para ocupar su
lugar. También en las COPULATIVAS ENFÁTICAS (§ 40.5) el foco es muchas veces contrastivo, como en *De este libro es del que me han estado hablando todo el mes* (donde
se rechaza que se trate de otro libro) o en *Así fue que ocurrió el accidente.*

40.3.3   Características sintácticas de los focos

40.3.3a   En la FOCALIZACIÓN se adelanta el foco al principio de la oración. La presencia o ausencia de la duplicación pronominal es el rasgo fundamental que diferencia las estructuras de topicalización de las de focalización. Se distinguen, por
ejemplo, *Eso digo yo* y *Eso lo digo yo,* en que el pronombre *eso* es el foco de la primera,
que admite paráfrasis con una copulativa enfática (*Eso es lo que digo yo*), mientras que
es el tópico de la segunda, equivalente a *En cuanto a eso, lo digo yo.*

40.3.3b Los focos nominales antepuestos se suelen pronunciar con acento enfático, aunque de intensidad variable. Frente a lo que sucede con los tópicos, no van
separados por pausa del segmento al que preceden: _Demasiado vino diría yo que
has tomado; Algo deberíamos regalarle a tu primo; el que eso piense_. Como muestran las dos primeras oraciones, se forman de manera natural con expresiones no
definidas, a diferencia de lo que suele ser normal con los tópicos: *_Algo, me lo dijo
Juan ayer_. Por otra parte, los focos presentan resistencia a anteponerse en las oraciones negativas (*_Eso no dije yo;_ *_Vino no toma él nunca, sino coñac_), mientras que
los tópicos admiten la negación con naturalidad (_Eso no lo dije yo; El vino no lo
toma él nunca_).

40.3.3c Cuando el foco se adelanta al principio de la oración, el sujeto aparece en
posición posverbal. Se obtienen así los contrastes siguientes:

> _Eso mismo pensaba yo hacer esta tarde~Eso mismo pensaba hacer yo esta tarde~Eso
> mismo pensaba hacer esta tarde yo~*Eso mismo yo pensaba hacer estar tarde._

La anteposición enfática es un proceso muy cercano a la interrogación o a la exclamación desde el punto de vista sintáctico y semántico. En efecto, al igual que los focos, también las palabras interrogativas y los grupos que forman se sitúan al principio
de la oración, representan información nueva en la pregunta y no admiten segmentos entre ellos y el verbo (¿_Qué pensará Pedro?_ ~ *¿_Qué Pedro pensará?_). Se exceptúa
el español hablado en parte del área caribeña, en el que resulta natural la anteposición (¿_Qué tú crees?:_ § 42.3.3c), pero también los sujetos pronominales en los tópicos
no contrastivos (§ 40.2.3f). Interrogativos y focos pueden, por otra parte, aparecer
fuera de la oración a la que pertenecen. Así, el interrogativo _qué_ en ¿_Qué crees tú que
haría?_ y el foco _eso mismo_ en _Eso mismo creo yo que haría_ son complementos del
verbo _hacer_, no de _creer_.

40.4   Los adverbios de foco

40.4.1   Clases de adverbios de foco

40.4.1a Los adverbios de foco se caracterizan por que las expresiones a las que
modifican —sea a distancia o de forma contigua— representan el elemento que se
resalta, se destaca, se elige o se contrasta con otros. Así, el foco del adverbio _solo_
es la expresión subrayada en _El doctor recibe solo los martes_. El foco del adverbio depende de su posición, pero también de otros factores, entre ellos el tipo de adverbio,
la entonación y el contexto inmediato. En efecto, el foco más natural del adverbio
también en la oración _Los turistas japoneses visitaron también el museo provincial_ es
el fragmento subrayado, lo que daría lugar a la interpretación 'los turistas japoneses
visitaron otros lugares'. En _Los turistas japoneses también visitaron el museo provincial,_ el foco del adverbio podría ser el mismo segmento, pero también el grupo verbal _visitaron el museo provincial_, el verbo _visitaron_ e incluso el grupo nominal _los
turistas japoneses_. Si se eligiera esta última opción, se implicaría 'otras personas
visitaron el museo provincial'. En la elección del foco interviene de forma esencial
la entonación oracional, y también la situación en que se emite. Otros operadores,

como la interrogación o la negación, pueden marcar asimismo como focos ciertos segmentos.

40.4.1b Los adverbios de foco se pueden clasificar en cuatro grupos, en función del tipo de relación que se establezca entre su foco y el conjunto de alternativas posibles a las que este se contrapone expresa o tácitamente:

> DE INCLUSIÓN: *también, tampoco, incluso, inclusive, ni siquiera, hasta, sí, todavía.*
>
> DE EXCLUSIÓN O DE EXCLUSIVIDAD: *solo, tan solo, solamente, únicamente, exclusivamente, exclusive, no más, nada más.*
>
> DE PARTICULARIZACIÓN O ESPECIFICACIÓN: *precisamente, particularmente, concretamente, en concreto, sobre todo, en particular, en especial, justamente, mismamente, meramente, simplemente.*
>
> DE APROXIMACIÓN: *casi, prácticamente, apenas.*
>
> ESCALARES: *al menos, como mucho, por lo menos, a lo sumo,* además de algunos de los mencionados en grupos anteriores, como *incluso, hasta, todavía* o *solo.*

A ellos se agregan el adverbio de negación *no* y el de afirmación *sí,* que se estudiarán seguidamente.

40.4.2 El foco de la negación

En el § 48.2.1a se estudia la negación proposicional. Se trata aquí la llamada CONTRASTIVA O POLÉMICA, en la que se excluye, se niega o se rechaza un segmento sintáctico (el foco de la negación) para ser sustituido por otro. La negación del constituyente al que el foco afecta puede ser CONTIGUA al segmento afectado (*Encontré ayer no uno, sino dos*), o bien relacionarse con él A DISTANCIA (*No encontré ayer uno, sino dos*). En los ejemplos que siguen el foco de la negación es contiguo al adverbio *no;* en todos aparece un segmento contrastivo encabezado por *sino:*

> Dudaba que siquiera pudiera escribir una nota, no musical sino crítica (Cabrera Infante, *Habana*); Permaneció varios minutos mirando fijo pero como de costumbre no a las calles sino más arriba (Puig, *Beso*); Imagínese si, a pesar nuestro, se oficializa la cuestión y empiezan a aparecer no amigos, sino amigas, muchas amigas (Vázquez Montalbán, *Galíndez*).

No puede omitirse la construcción conjuntiva en estos contextos, es decir, el segmento subrayado en *Empiezan a aparecer no amigos, sino amigas.* La partícula *sino* se considera *conjunción adversativa exclusiva* en algunos tratados tradicionales, pero se suele preferir hoy el término *sustitutiva,* ya que la información que la sigue no es la que resulta excluida, sino más bien la que ha de ocupar el lugar de la que se excluye.

40.4.2a Cuando el foco de la negación es el verbo o el grupo verbal en su conjunto, la conjunción *sino* requiere en el español actual la presencia de la conjunción *que* para establecer los contrastes pertinentes: *No salió de casa, sino que se quedó a descansar; Don Fermín Benijalea no tocó ningún timbre, sino que salió con su habitual* *apremio de la habitación* (Caballero Bonald, *Pájaros*). En la lengua medieval y en la clásica (y solo ocasionalmente en la de etapas posteriores) podía omitirse la conjunción *que* en estas secuencias: *No le respondió palabra Periandro, sino hizo que Auristela, Cloelia y la intérprete se animasen y le siguiesen* (Cervantes, *Persiles*).

40.4.2b   Los segmentos correlacionados en las construcciones focales a las que se hace referencia son siempre TÓNICOS: *No te vi a ti, sino a ella; No le conozco a él, sino a su careta* (Mendoza, *Ciudad*). Por otra parte, la conjunción *sino* requiere una negación en la oración que contiene el foco (*No es probable, sino tan solo vagamente posible*). Esta negación es un segmento sintáctico. No se manifiesta, por tanto, como un morfema: {*No es probable ~ *Es improbable*}, *sino tan solo vagamente posible*. Tampoco puede estar CONTENIDA LÉXICAMENTE en el significado de alguna expresión: {*No aceptó ~ *Rechazó*} *su dinero, sino únicamente su gratitud*. Esta forma de negación tiene, en cambio, otras repercusiones sintácticas, como es la posibilidad de desencadenar la presencia de expresiones negativas posverbales: *Rechazó tajantemente la posibilidad de llegar a ningún acuerdo*. Se analiza esta cuestión en el § 48.6.6.

40.4.2c   El uso CONTRASTIVO O SUSTITUTIVO de *sino* se distingue del EXCLUSIVO, en el que *sino* adquiere un significado cercano al de *salvo, excepto, aparte de* y, en la lengua clásica, al de *fuera*. En el sentido exclusivo, *sino* introduce un elemento que se señala como único frente a las demás opciones, que se niegan implícita o explícitamente en el resto de la oración: *No dijo sino que era inocente*. En estos casos, *sino* (*que*) alterna con *más que* o con *otra cosa que*, como en *No decía* {*más ~ sino*} *que quería irse* o en *No trajo* {*otra cosa que ~ sino*} *problemas*. Existe una relación estrecha entre los dos usos de *sino* que se han presentado. En el contrastivo se sustituye una expresión focal por otra; en el exclusivo se comunica que ninguna otra persona o cosa cumple las características expresadas por el predicado principal.

40.4.2d   La negación contigua de tipo contrastivo se llama a menudo CORRECTIVA y presenta dos variantes. En la primera lo negado aparece antes que su sustituto, como en *Fue a comer no con sus padres, sino con sus abuelos*, mientras que en la segunda aparece primero el sustituto y luego el segmento negado, como apéndice contrastivo: *Fue a comer con sus abuelos, no con sus padres*. En el segundo tipo puede quedar tácito uno de los segmentos que se contraponen, como en *Este fin de semana voy a leer, pero no el libro que mandó el profesor* (donde se entiende 'algo'), o en *Morirá sin duda, pero no de esta gripe* (donde se suple 'de alguna enfermedad', 'por alguna causa', etc.).

40.4.3   El foco de la afirmación. Construcciones con el adverbio *sí*

40.4.3a   Para introducir toda una oración como información focal, enfatizar su relevancia o bien oponerla a las informaciones orientadas en sentido contrario, se usan las construcciones de relieve (§ 40.5) encabezadas por *lo que sucede es que* o *lo que pasa es que*. Estas expresiones no se emplean al comienzo de un discurso, ya que se apoyan en una información proposicional previa que reafirman o rebaten. Asimismo, la expresión *es que...* se antepone en el coloquio a oraciones que introducen justificaciones (unas veces aclaraciones y otras excusas o disculpas) relativas a lo que se declara en el discurso precedente: *¿Por qué ese súbito interés por Góngora? Es que Góngora era el poeta maldito, el artista raro* (Alonso, D., *Poesía*). También se usa *es que...* antepuesta directamente al grupo verbal, por tanto, tras un sujeto (*Tú es que eres muy friolenta; Mario es que siempre llega tarde*) o tras uno o varios segmentos temáticos: *Yo en casa con Luis es que me lo paso de maravilla.*

40.4.3b El adverbio *sí* presenta dos usos diferenciados. En el primero se emplea como adverbio de afirmación, por ejemplo para contestar una pregunta disyuntiva (*—¿Vienes? —Sí*); en el segundo se usa como adverbio de foco ante grupos verbales manifiestos a los que precede de manera contigua, como en *El cartero sí ha traído el paquete*. En este uso alterna con *sí que: Eso sí te gustaría ~ Eso sí que te gustaría.* El foco del adverbio *sí* puede ser contrastivo o informativo (§ 40.3.2a). El más habitual es el CONTRASTIVO, que requiere una negación previa, sea explícita, como en *no ahora, pero sí más tarde*, o implícita, como en *Ahora sí que podrás dedicarme la noche* (Buero, *Tragaluz*). Este último texto adquiere sentido si se supone que se ha mencionado previamente alguna situación en la que la persona a la que se dirige el hablante no podía dedicarle ese período de tiempo. Cuando el foco de *sí* es INFORMATIVO, no se requiere tal negación previa. De este modo, la expresión *sí llevaría* que aparece en *Sobre todo le encargó que llevase alforjas; e dijo que sí llevaría* (Cervantes, *Quijote* I) podría parafrasearse con un adverbio de énfasis: 'desde luego que llevaría'.

40.4.3c En una variante del uso contrastivo se usa *sí* tras la conjunción adversativa *pero*. Así, en *No la puedo recibir el martes, pero sí el miércoles*, el grupo nominal *el miércoles* no se limita a sustituir al foco de *no* (*el martes*), sino que ofrece una alternativa (supuestamente favorable a los intereses del interlocutor), que se interpreta en cierta relación escalar con ella. Se analiza esta cuestión en el § 31.5.1a.

40.4.4 Adverbios de inclusión

Los adverbios DE INCLUSIÓN implican la existencia de otros elementos análogos a los que constituyen su foco. De acuerdo con ello, *Vino también Ana* implica la existencia de otras personas que vinieron. Los adverbios *también, tampoco, además* e *inclusive* (en uno de sus sentidos) se llaman ADITIVOS porque su foco se añade a algún elemento que se ha expresado anteriormente o que se deduce del contexto: *[...] un proceso más justo para el niño y también para los padres* (*Tiempo* [Col.] 10/4/1997); *Doctor, doctor, usted es Dios y también el monte Kilimanjaro, de África Occidental* (Luca Tena, *Renglones*). Los adverbios *también* y *tampoco*, igual que *sí* y *no*, permiten la elisión de su grupo verbal, como en *El taxista está desesperado y yo también* (*Razón* [Esp.] 20/2/2001), donde se entiende 'estoy desesperado', pero, a diferencia de aquellos, *también* y *tampoco* solo relacionan dos oraciones con la misma polaridad: *Ana lo sabía, pero yo {no ~ *tampoco}* (§ 48.6.4).

40.4.4a Los adverbios de inclusión *incluso, ni siquiera* y *hasta* son también ESCALARES porque su foco no solo presupone la existencia de cierto conjunto de personas, cosas, propiedades o situaciones, sino que queda, además, situado en uno de los extremos de la escala o la jerarquía que el hablante puede formar con esas nociones.

Así, en *Todos se pusieron de su parte, todos, incluso mis propios padres* (Regàs, *Azul*), el adverbio *incluso* expresa que de los seres a los que se refiere el foco (*mis propios padres*) no era de esperar la situación que se describe ('que se pusieran de parte de otra persona'). En la interpretación de algunos adverbios escalares cobra un papel fundamental, como se comprueba, el concepto de EXPECTACIÓN.

40.4.4b El adverbio *inclusive* puede recibir, al igual que *incluso*, una interpretación escalar, como en *El mandria este todo lo sabe, inclusive lo que uno puede y no puede hacer. ¡No te amuela!* (Delibes, *Diario*) o en *Se lo mandó a decir, inclusive, al padre Amador, con la novicia de servicio que fue a comprar la leche para las monjas* (García Márquez, *Crónica*). *Inclusive* no es, en cambio, adverbio escalar, aunque sí expresa inclusión, cuando se usa para indicar que uno o varios elementos no deben excluirse de un conjunto, a menudo presentado como enumeración: [...] *en los años comprendidos entre 1989 y 1991, ambos inclusive* (*Vanguardia* [Esp.] 2/7/1995). Es incorrecta la forma *inclusives* (*ambos inclusives*) que se documenta a veces.

40.4.4c La locución adverbial *ni siquiera* da lugar a la alternancia negativa, que se explica en el § 48.3. Así, en posición preverbal *ni siquiera* no se construye con otra negación (*Ni siquiera una vez llamó*), puesto que ya contiene rasgos negativos. Usada, en cambio, en posición posverbal, *siquiera* o *ni siquiera* requieren una negación que preceda al verbo: *No me llamó ni siquiera una vez; Se hablaban sin mirarse siquiera*. En contextos negativos e irreales, *siquiera* no equivale a *incluso*, sino a *al menos*: *¿Acaso los conocía siquiera?* (Arguedas, *Raza*).

40.4.4d A diferencia de la preposición *hasta*, el adverbio de foco *hasta* no fuerza el caso oblicuo de los pronombres personales: *hasta* [adverbio] *yo ~ hasta* [preposición] *mí*. Este adverbio equivale a *incluso*, pero se usa con mayor frecuencia: *Pero esta vez lo hizo con gusto y hasta con buen humor* (Carpentier, *Siglo*); *Dejaron de ver y oír y hasta de temer a sus perseguidores* (Donoso, *Casa*). El adverbio *todavía* se puede emplear en contextos escalares, lo que lo asimila a los adverbios *hasta* o *incluso*, como en *¿Y todavía te atreves a protestar?* o en *Se levantó de la mesa y salió del comedor y todavía gritó tus versitos de chismoso y de maricón y que se muriera de una vez, maldito* (Vargas Llosa, *Conversación*).

40.4.5 Adverbios de exclusión

Los adverbios y locuciones adverbiales DE EXCLUSIÓN (*solo, solamente, tan solo, no más, nada más, únicamente, exclusivamente* y *exclusive*) se caracterizan por dejar fuera de algún conjunto (expreso o tácito) la entidad denotada por su foco.

40.4.5a Los adverbios de exclusión informan de la inexistencia de otras alternativas distintas de las que el foco manifiesta. Así, en la oración *Solo Andrés lo sabía*, se dice que no existe ningún otro individuo que tuviera conocimiento de aquello de lo que se habla. La paráfrasis del adverbio *solo* exige, por tanto, una negación, pero también el concepto de 'desigualdad' o 'distinción' ('nadie distinto de Andrés'). De hecho, estos adverbios son inductores negativos, es decir, posibilitan la presencia de TÉRMINOS DE POLARIDAD NEGATIVA como *mover un dedo* en *Solo él movería un* *dedo por ti* (§ 48.5.2c). En el habla coloquial de algunos países se documenta el uso de *solo... que... por no... nada más que...*: *Una rapsoda, por buena que sea, solo hace que castigar las orejas* (Díez, *Fuente*).

40.4.5b El adverbio *solo* se comporta en muchos contextos como adverbio ESCA-LAR (§ 40.4.4a), ya que no implica únicamente la existencia de otras alternativas que se descartan, sino también cierta jerarquía entre ellas. Así, si se dice de alguien que solo recibió por su trabajo un millón de pesos, se comunica que no recibió una cantidad mayor, pero también que la cantidad recibida era escasa o insuficiente. En esta secuencia *solo* expresa un VALOR MÍNIMO, mientras que en otras alude estrictamente a un VALOR ÚNICO. Podría darse ambigüedad entre ambas interpretaciones. Por ejemplo, en *Solo asistieron a la reunión el decano y su equipo* se obtiene la interpretación de 'valor único' si se desea comunicar que no asistieron otras personas, pero se obtendría la de 'valor mínimo' si se quisiera expresar que no asistieron autoridades de mayor rango.

40.4.5c El adverbio *solo* puede aparecer entre la preposición y su término (*con solo una mano*), casi siempre con el mismo sentido que si estuviera ubicado ante el grupo preposicional y lo abarcara en su ámbito (*solo con una mano*): [...] *sin unión, sin alianza, sin tratado, con solo el par de zapatones nuevos y el poncho de sesenta listas que se le ha regalado* (Roa Bastos, *Supremo*); *Por suerte estaban a solo dos días de marcha de la ciudad* (Jodorowsky, *Pájaro*). La misma alternancia se da cuando la preposición *con* introduce una oración de infinitivo: *con solo verle la cara,* que alterna con la variante *solo con verle la cara.* Tras la preposición pueden aparecer también otros adverbios o locuciones adverbiales que toman como foco el grupo nominal sobre el que inciden: *nada más, únicamente* o *exclusivamente: con nada más que un buen abrigo, una selección de únicamente siete películas, el despido de exclusivamente un trabajador.*

40.4.5d La locución *nada más* se usa como adverbio de exclusión, próximo a *solo,* como en *La mayor parte de la Cuesta de las Comadres nos había tocado por igual a los sesenta que allí vivíamos, y a ellos, a los Torricos, nada más un pedazo de monte* (Rulfo, *Llano*). El adverbio *no más* (o *nomás*) se utiliza en el español americano con el sentido de *solamente: Venga más seguido, pues. Mire cómo será que nomás los viernes. Si no es obligación* (Fuentes, *Región*), pero también con un valor expletivo, puramente fático: *—Estarán gordos como estos... —¡De dónde no más, doctor!* (Arguedas, *Raza*), o con un significado próximo al de los adverbios *simplemente* o *meramente* (§ 40.4.6): *Y Eva era, de entrada nomás, difícil para el colegio* (Posse, *Pasión*).

40.4.5e El adverbio *puro,* común en muchos países americanos, modifica a adjetivos y a las formas no personales del verbo. En ciertos contextos admite paráfrasis con *solo, nada más que* o *no más que,* como en *¡Si es cuestión de llevar la lengua afuera de puro correr!* (Carrasquilla, *Frutos*), pero en otros adquiere un valor próximo al de los adverbios de foco particularizadores (*meramente, puramente, simplemente*), a veces con sentido intensivo, como en [...] *escenas imaginadas, edulcoradas, perfeccionadas, reales casi de puro vivirlas y revivirlas a todas horas* (Regàs, *Azul*), equivalente a 'simplemente de vivirlas', pero también a 'de tanto vivirlas'. Sobre los grupos preposicionales de sentido causal, véase el § 39.5.1b.

40.4.6   Adverbios particularizadores y de aproximación

40.4.6a   Los adverbios de foco PARTICULARIZADORES enfatizan la entidad denotada por su foco llamando la atención sobre ella. Algunos (*precisamente, exactamente, especialmente, sobre todo, justamente, en particular, concretamente*) la resaltan: *A mi muy amada comadre, afectuosísimas memorias, y a todos mis ahijados y sobrinos, especialmente a mi Andrés* (Olmedo, *Epistolario*); *¿Te vas el treinta precisamente?* (Isaacs, *María*). Otros, como *meramente* o *simplemente,* ponen de manifiesto que la realidad a la que se alude no es más compleja, o que la entidad destacada no posee mezcla de otra cosa.

40.4.6b   Los adverbios llamados DE APROXIMACIÓN (*prácticamente, casi, apenas*) modifican a diferentes categorías: adjetivos (*casi lleno, casi azul*), adverbios (*casi bien, casi enfrente*), grupos nominales (*casi un kilo*), preposicionales (*casi con seguridad*) y verbales (*casi lo convenció, casi corriendo*). Estos adverbios no son cuantificadores de grado, puesto que no expresan la medida que corresponde a alguna propiedad (frente a *muy, bastante* o *demasiado*), sino que oponen esta en su conjunto a alguna otra que pueda acercársele, como se vio en el § 13.2.2e. Así, frente a *muy cómico* —que expresa un grado elevado de comicidad—, *casi cómico* indica que la propiedad de ser cómico no se alcanza propiamente. Estos adverbios pueden modificar a adjetivos no graduables (calificativos, relacionales e incluso posesivos), como en *casi infinito, casi mío, casi telegráfico, prácticamente desnudo, prácticamente global, prácticamente idéntico, prácticamente suyo.* Cuando toman como foco grupos cuantificativos, como en *Casi se comió un kilo de papas,* implican la existencia de una cantidad menor de la que se menciona, pero próxima a ella. Estos adverbios poseen, por otra parte, propiedades características de los adverbios aspectuales (§ 30.6). Con los verbos en forma personal que denotan procesos que poseen límite natural (REALIZACIONES O LOGROS: § 30.6.2a) indican que dicho límite no se alcanza: *Casi se murió; Casi aprobé las matemáticas; Prácticamente ha concluido el proceso negociador.* Con los que expresan acciones puntuales o delimitadas manifiestan que tales procesos no llegaron a emprenderse, pero que pudieron haberse realizado: *Casi la besó; Casi saltó la valla,* etc.

40.4.6c   El adverbio *apenas* está sujeto a la denominada ALTERNANCIA NEGATIVA (§ 40.4.4c), característica de pares como *No vino nadie ~ Nadie vino,* tal como se comprueba al comparar *No me escribía apenas* con *Apenas me escribía.* En posición preverbal equivale, pues, a «*casi* + negación», por lo que se asimila a otros inductores negativos: *Apenas dijo nada interesante.* Cuando el foco de *apenas* es una expresión cuantificativa, aporta un significado análogo al de los adverbios de exclusión, como en *Apenas recibió el saludo de unos treinta curiosos* (*Clarín* 9/10/2000), que expresa un significado próximo a 'Solo recibió el saludo de treinta curiosos'.

40.5   Las copulativas enfáticas

40.5.1   Concepto y tipos

Se llaman COPULATIVAS ENFÁTICAS (también CONSTRUCCIONES DE RELIEVE y FORMAS DE RELIEVE) las construcciones copulativas formadas con el verbo *ser* en las que se realza o se destaca uno de sus componentes mediante algún recurso sintáctico. Se suelen dividir en tres grupos:

> COPULATIVAS ENFÁTICAS DE RELATIVO: *Eso es lo que digo yo; Así fue como lo hice; De Luisa es de quien más me acuerdo.*
>
> COPULATIVAS DE QUE GALICADO: *¿Cómo fue que ocurrió?; Fue en este lugar que lo encontraron.*
>
> COPULATIVAS ENFÁTICAS CONDICIONALES: *Si lo hace será porque le gusta; Si estudia algo es los fines de semana; Si habla con alguien es con su amigo Pablo.*

El segundo grupo ha sido considerado una mera variante del primero, pero también un grupo diferente, encabezado por la conjunción *que*, en lugar de por un relativo.

40.5.2 Copulativas enfáticas de relativo. Características formales, semánticas e informativas

Las copulativas enfáticas de relativo, también denominadas ORACIONES HENDIDAS, ESCINDIDAS, ECUACIONALES y PERÍFRASIS DE RELATIVO, constan de tres componentes: el verbo *ser*, una oración de relativo sin antecedente expreso y un SEGMENTO REFERENCIAL de naturaleza FOCAL. En los ejemplos siguientes se marca este último con versalita y se subraya la oración de relativo:

> MÁS IMAGINACIÓN es <u>lo que le falta a este autor</u>; Soy YO <u>quien le da a usted las gracias</u>; UN POCO MÁS FRÍA es <u>como me gusta a mí la cerveza</u>; EN ESA CASA es <u>donde murió Borges</u>; DE LOS MÉDICOS es <u>de quienes no se fía</u>; DECLINAR SU OFERTA fue <u>lo que hizo</u>.

Pueden ocupar el lugar del relativo *el que, lo que*, etc., otros segmentos más complejos: *Lo peor que puedes hacer es abandonar ahora; El único que avisó fui yo; Lo mínimo que debe uno hacer es agradecer el favor.*

40.5.2a El relativo de las copulativas enfáticas ha de ser congruente con el foco desde el punto de vista semántico: *Fui yo quien llamó* (ambos referidos a personas); *En esta casa es donde vivo* (congruencia de lugar); *Así es como se hace* (de modo); *entonces fue cuando...* (de tiempo); *con el martillo fue como... o con lo que...* (de instrumento). La congruencia o compatibilidad que en estas oraciones se muestra no siempre se refleja en la coincidencia de la clase de palabras a la que pertenecen los dos segmentos. Así, en *Un poco más fría es como me gusta a mí la cerveza* se relacionan dos expresiones que corresponden a clases sintácticas distintas: el grupo adjetival *un poco más fría* y el adverbio *como*. Se usan relativos neutros cuando se focalizan oraciones mediante los verbos *pasar, suceder* u *ocurrir*, entre otros, como en *Lo que pasa es que le tengo miedo* (Borges, *Brodie*). También se emplea el relativo neutro *lo que* con segmentos referenciales no oracionales: *Más imaginación* [femenino] *es lo que* [neutro] *le falta a este autor; {Lo que~La que} lo vuelve loco es esa muchacha.*

40.5.2b El verbo *ser*, la oración de relativo y el segmento referencial permiten varias ordenaciones. La restricción sintáctica más característica de estas construcciones es el hecho de que la oración de relativo nunca ocupa la segunda posición:

Más imaginación es lo que le falta a ese autor; Es más imaginación lo que le falta a este autor; Lo que le falta a este autor es más imaginación, *Es lo que le falta a este autor más imaginación; Es a Pablo a quien vi; A quien vi es a Pablo; *Es a quien vi a Pablo.

40.5.2c La información que aporta la oración de relativo se suele considerar PRE-SUPUESTA, en el sentido de introducida en el discurso anterior o presente ya en la conciencia del interlocutor. Así, el que dice *De los médicos es de quienes no se fía* da por consabido que la persona de la que se habla no se fía de alguien, de manera que *de los médicos* es aquí FOCO CONTRASTIVO y *de quienes no se fía* es el TEMA de la construcción. Sin embargo, el segmento referencial no parece funcionar a veces como foco. Obsérvese que es posible omitirlo en *Es lo que digo yo,* que alterna con *Eso es lo que digo yo.* Tal omisibilidad es polémica. Por un lado, parece sugerir que el pronombre *eso* aporta información temática, ya que los focos no se eliden (§ 40.3.1); por otro, el que las construcciones enfáticas de relativo contengan un segmento focal es parte de su misma naturaleza. En efecto, en secuencias como *Eso es lo que dices tú, no el profesor* se establece un contraste entre un componente de la relativa y otro segmento de la oración (entre *tú* y *el profesor*). Este contraste no se podría establecer si *eso* fuera el foco.

40.5.2d El foco de las perífrasis de relativo no es necesariamente contrastivo cuando se pretende puntualizar, afirmar categóricamente, denominar o simplemente presentar con cierto énfasis una información nueva. En tales casos estas oraciones se construyen con foco informativo o presentativo (§ 40.3.2a). Así ocurre con la secuencia *Con este libro es con el que vamos a trabajar,* dicha por un profesor sin ánimo de rechazar otro libro. Con este mismo valor puede usarse también como RECURSO RETÓRICO para presentar alguna información. Así, resultaría normal usar sin contexto previo la oración *Fue en el año 711 cuando los árabes invadieron la Península Ibérica,* por tanto sin que haya de interpretarse como un rechazo de que la invasión de la que se habla hubiera tenido lugar en otro año.

40.5.2e Pueden construirse tantas copulativas enfáticas como segmentos susceptibles de ser enfatizados puedan reconocerse en una oración. Así, a partir de la secuencia *A este autor le falta más imaginación* cabe formar dos: *Más imaginación es lo que le falta a este autor* y *A este autor es al que le falta más imaginación.* No obstante, toda la oración podría también presentarse como nueva y enfatizarse, como en *Lo que pasa es que a este autor le falta más imaginación* (§ 40.4.3a). En este sentido, las secuencias perifrásticas se conciben a menudo como VARIANTES METALINGÜÍSTICAS (también POLIFÓNICAS) de las oraciones sobre las que se forman.

40.5.3   Efectos de contagio y relaciones de concordancia en las copulativas enfáticas de relativo

Las copulativas enfáticas de relativo muestran una serie de peculiaridades sintácticas que se han atribuido a EFECTOS DE CONTAGIO (también llamados DE CONECTIVIDAD), ejercidos sobre ellas por las variantes no perifrásticas correspondientes o por el foco de la construcción desde una posición externa a la relativa. Entre esas peculiaridades están las que se describen a continuación.

40.5.3a Los rasgos de persona en el verbo de la oración de relativo. El verbo *ser* de las copulativas enfáticas de relativo concuerda con el foco en número y persona: *Soy yo el que llamó; Fuiste tú la que se equivocó; Eran ellos los que iban a encargarse.* Esa correspondencia se extiende a veces al verbo de la relativa: *Soy yo el que llamé,* en lugar de *Soy yo el que llamó.* En los registros formales se prefiere esta última variante, sobre todo si la oración de relativo aparece en posición final.

40.5.3b La concordancia de los pronombres reflexivos. El pronombre reflexivo *sí* concuerda en tercera persona con el relativo *el que* en *Eres tú el que habla siempre de sí mismo.* Se registra, no obstante, la variante *Eres tú el que hablas siempre de ti mismo,* por contagio de los rasgos de persona del pronombre *tú,* que proporciona el foco de la construcción. La primera opción es la que se prefiere en los registros formales.

40.5.3c El tiempo del verbo *ser*. La alternancia entre las dos opciones que se muestran en *En esta casa {fue~es} donde murió,* sinónimas e igualmente correctas ambas, indica que el tiempo del verbo *ser* en la primera está asimilado al de la oración subordinada (*murió*) y ha perdido, por tanto, su valor propio. Este tiempo verbal carece, de hecho, de naturaleza deíctica. El verbo *ser* de las copulativas enfáticas de relativo ha sido considerado un mero signo de igualdad entre dos términos.

40.5.3d La persona y el número del verbo *ser*. Los pronombres de primera y segunda persona, en función de focos de las copulativas enfáticas, imponen siempre sus rasgos de número y persona al verbo *ser: Soy yo el que...; Eres tú quien...; Nosotros somos los que...* Los demás focos imponen al verbo *ser* estos mismos rasgos en posición posverbal. La concordancia de número se extiende al relativo: *Eran estos papeles los que me hacían más falta; Es más dinero lo que tenemos que pedirle.* Se observan alternancias en la concordancia con los relativos neutros. Las muestra, en efecto, el verbo copulativo cuando aparece seguido por un foco con rasgos de plural, como en *Lo único que compré {es~son} estos libros.* En cambio, si el foco aparece al comienzo, aunque se construya en plural, predomina el singular en el verbo: *Discos de jazz es lo que oye ahora; Estos libros es lo único que compré,* preferible a *... son lo único que compré.*

40.5.4   Copulativas de *que* galicado

Se llaman construcciones de *que* galicado las copulativas enfáticas que se forman con el verbo *ser,* un segmento focalizado y la partícula *que,* como en *Fue por eso que lo mataron.* Se discute si esta partícula es conjunción subordinante o relativo, pero parece predominar la primera de las dos interpretaciones. De hecho, si bien podría alternar *que* con el relativo *cuando* en pares como *Fue entonces {que~cuando} ocurrió,* no existen relativos causales que pudieran sustituir a *que* en el ejemplo propuesto *Fue por eso que lo mataron* (cf. *por lo que,* con grupo preposicional relativo). Las construcciones de *que* galicado son características del español americano, en el que se documentan en todos los registros. Admiten solo dos variantes, según el foco preceda o siga a la cópula. El orden «foco – cópula» (*Así fue que ocurrió*) es algo menos frecuente que el orden «cópula – foco» (*Fue así que ocurrió*), pero ambos se registran ampliamente, tanto en la lengua oral como en la escrita. No aparecen otros órdenes en estas estructuras. Las construcciones con *que* galicado tienen como focos a adverbios o grupos adverbiales y preposicionales. Solo excepcionalmente se construyen con focos nominales, como en *¿Quién es que llama?* o en *Ellos fue que me mandaron para acá*. Estas últimas construcciones no son propias de la lengua culta, a diferencia de las que se forman con otros grupos sintácticos.

40.5.5   Copulativas enfáticas condicionales

Se suelen llamar COPULATIVAS ENFÁTICAS CONDICIONALES las formadas por el verbo *ser*, una oración condicional encabezada por la conjunción *si*, y un elemento focal, como en *Si habla con alguien es con su amigo Pablo*. Las oraciones condicionales contienen los indefinidos *alguien, algo* o *alguno / algún* cuando se focaliza un elemento argumental: *Si comía algo, era chocolate* o en *Si depende de alguien, es de los padres*. Cuando el complemento es no argumental, el indefinido puede faltar. Alternan, en efecto, *Si lee, es en la computadora* y *Si lee en algún lugar, es en la computadora*. Las copulativas enfáticas condicionales se forman asimismo con los verbos *hacer, pasar, suceder, ocurrir* y otros análogos cuando se focaliza toda la oración, como en *Si hace algo será molestar; Si ocurre algo, será que yo llegue tarde al trabajo*.

40.5.6   Otras copulativas enfáticas

En la lengua popular de Venezuela, Colombia, el Ecuador y Panamá se usan construcciones de foco contrastivo que no contienen pronombre relativo ni conjunción subordinante: *Comía es papas* por *Lo que comía es papas; Vino fue en barco* por *Como vino fue en barco; Todo eso lo cuidaba era mi papá* por *Quien cuidaba todo eso era mi papá*. Estas oraciones no son propiamente copulativas, ya que el verbo *ser* marca directamente en ellas el foco de la construcción, que siempre lo sigue de forma inmediata. Raras veces aparecen estas construcciones en la escritura y se evitan siempre en los registros formales.

Sintaxis

Las construcciones sintácticas fundamentales

41 Oraciones activas, pasivas, impersonales y medias

41.1   Introducción. Oraciones activas y pasivas

41.1.1   Diátesis y voz

41.1.1a   Recibe el nombre de DIÁTESIS cada una de las estructuras gramaticales que permiten expresar los argumentos de un verbo y presentarlos de maneras diversas (recuérdese el § 1.6.1c para el concepto de ARGUMENTO). Se denominan VOCES las manifestaciones morfológicas y sintácticas de la diátesis, en particular las que la expresan a través de determinadas formas de la flexión verbal. Se distinguen tradicionalmente la VOZ ACTIVA, que vincula las funciones de sujeto y agente (o, en general, de 'participante activo' en un proceso), y la VOZ PASIVA, que relaciona las de sujeto y paciente. En la voz media del griego y de otras lenguas el sujeto corresponde al participante que experimenta un proceso que no trasciende a otra entidad. El término VOZ MEDIA se ha aplicado también a las lenguas románicas, incluido el español, en el sentido que se explicará en el § 41.7.

41.1.1b   En latín se distinguían las formas activas (*amo*) de las pasivas (*amor*) mediante afijos flexivos, pero en los VERBOS DEPONENTES, a un verbo de forma pasiva le correspondía una construcción de significado activo (*hortāri* 'exhortar', *venāri* 'cazar', *loqui* 'hablar') y viceversa (*venīre* 'ser vendido', *vapulāre* 'ser azotado', *exulāre* 'ser desterrado'). La PASIVA SINTÉTICA (O MORFOLÓGICA) del latín se diferencia de la PASIVA PERIFRÁSTICA (O DE PARTICIPIO) de las lenguas románicas en que esta última se expresa mediante una construcción sintáctica formada con el verbo *ser* más el participio de pasado de un verbo transitivo, como en *Soy amado; Somos amadas; Serán estudiados; Ha sido deportado; Habrán sido analizadas.* Los participios, como los atributos de las oraciones copulativas, concuerdan en género y número con el sujeto en estas construcciones, a diferencia de los participios que forman parte de los tiempos compuestos: *He {amado~*amada}*. Como la voz es un exponente morfológico de la diátesis, no es enteramente correcto hablar de *voz pasiva* en español, ya que esta forma de diátesis se manifiesta con recursos sintácticos. Se prefiere generalmente, por esta razón, hablar de CONSTRUCCIONES PASIVAS, término que resalta la naturaleza sintáctica de tales secuencias.

41.1.2   Funciones sintácticas y funciones semánticas: agente y paciente

41.1.2a   Las pasivas perifrásticas se forman con verbos transitivos. El paciente de la acción expresada, correspondiente al complemento directo en la oración activa, pasa a ser el sujeto de la oración pasiva. El ejemplo clásico *César venció a Pompeyo* constituye una oración activa porque la primera de sus funciones semánticas (el agente: *César*) ocupa la función sintáctica de sujeto, mientras que la segunda función semántica (el paciente: *Pompeyo*) contrae la función sintáctica de complemento directo. La oración pasiva *Pompeyo fue vencido por César* presenta una distribución diferente de funciones sintácticas y semánticas: el paciente es ahora el sujeto, por lo que concuerda en número y persona con el verbo. De todos modos, en la tradición gramatical de las lenguas romances se ha venido manteniendo una interpretación amplia de los conceptos de *voz activa* y *oración activa*, que se extendió incluso a las secuencias en las que el sujeto no es propiamente agente, como en *La muchacha padecía una extraña enfermedad; El reo recibió la sentencia sin inmutarse; Este éxito merece una cena*. Lo mismo sucede con las oraciones pasivas, en el sentido de que no siempre se expresan en ellas acciones ni intervienen en su estructura verdaderos agentes, como pone de manifiesto el ejemplo, también clásico, *Los hombres son amados por Dios*.

41.1.2b   Las oraciones pasivas expresan el mismo contenido que las activas correspondientes. Aun así, no son siempre apropiadas en los mismos contextos, ya que las funciones informativas no se distribuyen en ellas de igual manera (§ 40.1.1b). De este modo, se prefieren las pasivas de participio a las oraciones activas cuando se desea destacar al paciente o cuando se procura mantener al agente en un segundo plano: *El escritor ha sido galardonado en múltiples ocasiones; En la carretera México-Toluca, un individuo fue atropellado en el momento en que cruzaba esta vía* (*Excélsior* 6/1/1997); *El referido proyecto de Ley fue aprobado la pasada semana por la Cámara de Diputados* (*Tiempos* 23/1/1997).

41.1.2c   El contenido informativo de las oraciones activas y pasivas puede diferir en construcciones que contienen dos o más cuantificadores (§ 19.7.1a), ya que su ámbito puede ser diferente. Es ambigua, en efecto, la oración activa *Todos los estudiantes habían analizado dos novelas del siglo XIX*, porque puede entenderse que cada estudiante analizó dos novelas distintas (*todos > dos*: § 19.7), o bien que las dos novelas de las que se habla son las mismas para todos (*dos > todos*). En cambio, la correspondiente oración pasiva *Dos novelas del siglo XIX habían sido analizadas por todos los estudiantes* no es ambigua, puesto que se obtiene únicamente la segunda lectura.

41.2 La pasiva perifrástica

41.2.1 Restricciones sintácticas y semánticas de las pasivas perifrásticas

41.2.1a Los complementos directos de las oraciones activas que pasan a sujetos de las pasivas han de estar expresos. No se forman, por tanto, oraciones pasivas a partir de objetos directos tácitos, como los de los usos ABSOLUTOS de los verbos transitivos (§ 34.5). Así, no son posibles las oraciones pasivas a partir de otras activas en *Este chico escribe bien* > **Es escrito bien (por este chico)* o *Por las noches leo un rato* > **Por las noches es leído (por mí) un rato*. Se recomienda evitar las oraciones pasivas formadas a partir de complementos indirectos, como las que, por influencia del inglés, se registran ocasionalmente en el español conversacional hablado en los Estados Unidos: *Todos los estudiantes fueron dados varias oportunidades.* Con todo, esta pauta se extiende al verbo *preguntar* en algunas variedades de la lengua escrita. Se atestigua, en efecto, este verbo usado con sujeto de persona en oraciones como *Mintió al ser preguntado por su domicilio.*

41.2.1b Igual que en las oraciones activas, no son frecuentes en las pasivas los sujetos formados por nombres comunes sin artículo u otro determinante en posición preverbal. Sin embargo, como en las oraciones activas correspondientes, los modificadores del sustantivo pueden aportar la información determinativa de la que este carece, lo que explica contrastes como {**Coches~Coches así*} *no habían sido vistos nunca en la ciudad.* Los sujetos posverbales sin determinante están menos restringidos (*No fueron encontrados supervivientes*), al igual que sucede en las oraciones activas. Tampoco suelen formarse oraciones pasivas cuando el complemento directo designa entidades que no son externas al referente del sujeto, sino que le pertenecen. No se forma, pues, la oración pasiva de la transitiva *El muchacho dobló la espalda.* Por la misma razón, en *Los ojos fueron cerrados por Maite* se entiende que la persona de la que se habla cerró los ojos de otra persona. Suelen rechazar asimismo las oraciones pasivas los verbos de acusativo interno, o complemento cognado (§ 34.6.1), como *Nuestros padres vivieron una vida sacrificada,* así como los que se construyen con complemento directo argumental de medida (*costar, demorar, durar, medir, pesar, tardar, valer,* etc.: § 34.2.1c), si bien algunos de ellos admiten la pasiva refleja. La irregularidad de la oración pasiva **Veinte kilos son pesados por el saco* (con el verbo de estado o propiedad *pesar*) contrasta con la naturalidad de *El saco fue pesado por el molinero,* donde *pesar* es verbo de acción.

41.2.1c Las oraciones pasivas suelen resultar muy forzadas, cuando no imposibles, con otros verbos de estado (*Sabe la lección; Teme el fracaso; Oye música; Esto implica admitir la otra premisa*), dado que carecen de verdadero agente (§ 41.1.2a). No obstante, algunos las admiten, incluso con complemento agente, como en *Un gobernante que era a la vez temido y respetado por sus súbditos; Gran riesgo es, mi señor don Martín, que os adelantéis hacia lo que no es conocido por vuesa merced* (Roa Bastos, *Vigilia*). Acepta también la pasiva el verbo *tener* cuando se interpreta como verbo de juicio, como en *Es tenido por uno de los mejores escritores del siglo,* no así cuando constituye propiamente un verbo de posesión (*Tenía tres casas*). Se ha comprobado que los verbos transitivos que designan procesos o acciones sin límite o sin estado resultante suelen mostrar resistencia a las oraciones pasivas. Así, el verbo *ver* tiende a rechazarla cuando denota percepción en sentido estricto (*Estoy viendo la calle*), pero no cuando su significado se acerca al de *examinar, contemplar* o *recorrer con la vista: El asunto será visto en la reunión de mañana; La película ha sido vista por un millón de espectadores.*

41.2.2   Pasivas en perífrasis verbales

41.2.2a   Como las demás oraciones simples, las pasivas pueden formarse con el verbo *ser* en forma personal (*Fue elegido*) o no personal (*Desea ser elegido; Espera seguir siendo apreciado por todos*). La pasiva puede, en consecuencia, ser parte de una perífrasis: *No pudo ser resuelto a tiempo; Debe ser entregado el martes.* No se forman las pasivas con los verbos auxiliares, sino con los principales: *No {pudo ser resuelto~*fue podido resolver} a tiempo; {Debe ser entregado~*Es debido entregar} el martes.* Constituyen una excepción los auxiliares ASPECTUALES, también llamados DE FASE O FASALES (§ 28.3.2), como *acabar, comenzar, empezar, terminar.* Alternan en estos casos la opción con la pasiva en el auxiliar (*La ermita fue empezada a construir en el siglo XIII*) y la que la forma en el verbo principal (*La ermita empezó a ser construida en el siglo XIII*), que es la preferida en la lengua culta de hoy. También se prefiere con *dejar* ('cesar una actividad o un proceso') la pasiva en el verbo principal (*La obra dejó de ser representada a los pocos días*) a la pasiva en el auxiliar (*La obra fue dejada de representar a los pocos días*). Esta última pauta se extendía a otros verbos en la lengua medieval y en la clásica.

41.2.2b   En ocasiones se duplica indebidamente la construcción «ser + participio». Estas PASIVAS DOBLES, que se recomienda evitar, aparecen ocasionalmente en las perífrasis verbales formadas con *dejar* (*Fue dejado de ser visto como una amenaza*) y, en mayor proporción, con *empezar* (*Fue empezado a ser considerado como un amuleto de buena suerte,* en lugar de *Empezó a ser considerado como...*).

41.2.3   El complemento agente

41.2.3a   El COMPLEMENTO AGENTE se expresa en las pasivas perifrásticas llamadas tradicionalmente PRIMERAS DE PASIVA. Se denominaron en la tradición SEGUNDAS DE PASIVA las que omiten este complemento. El complemento agente puede no estar expreso en gran número de casos, pero se ha observado que es obligatorio en otros, como en *La película fue interpretada por Jorge Negrete y María Félix.* En estas ocasiones los complementos agentes que designan grupos son más comunes que los que se refieren a individuos específicos. Aunque la segunda opción que muestra el par *Ese periódico es leído por {mucha gente~mi amigo Carlos}* es plenamente gramatical, la pauta que representa es bastante infrecuente en los textos.

41.2.3b   Los complementos agentes construidos con *por* no son exclusivos de las oraciones pasivas perifrásticas, sino que aparecen también en las construcciones de participio (*una ciudad rodeada por montañas*), en las pasivas reflejas (*Se dictará sentencia por el tribunal:* § 41.6), con los adjetivos derivados en *-ble* (*gastos asumibles por la empresa:* § 7.4.3) y con algunos sustantivos deverbales (*la supresión de las* *libertades por el dictador*). Las propiedades léxicas de los participios inciden en la alternancia entre las preposiciones *por* y *de* en algunos complementos agentes: *conocido de todos ~ conocido por todos; rodeada de montañas ~ rodeada por montañas*.

41.2.3c   Aunque no se exprese en ellas el complemento agente, las pasivas perifrásticas pueden construirse con ADVERBIOS y LOCUCIONES ADVERBIALES AGENTIVOS, así llamados porque remiten a un agente expreso o tácito, como en *Los presupuestos serán revisados cuidadosamente* (donde se atribuye el comportamiento cuidadoso al que realice la revisión); *El territorio fue rastreado a conciencia; No poseía ningún indicio que me permitiese afirmar que la muerte de Pajarito de Soto fue voluntariamente causada* (Mendoza, *Verdad*). También pueden llevar otros complementos que expresan nociones de naturaleza intencional, como los finales (§ 46.7.1b): *La casa de Sabucedo fue quemada con la intención de atrapar a los atracadores dentro* (Casares, *Dios*); *Fueron pensadas, redactadas y publicadas con el fin de reivindicar para los siglos venideros la gestión política de mis augustos soberanos* (Larreta, *Volavérunt*).

41.3   Las construcciones inacusativas

41.3.1   Propiedades de los verbos con los que se forman

41.3.1a   El español posee algunos verbos INACUSATIVOS (llamados a veces SEMIDEPONENTES), como *caer, entrar, llegar, morir, nacer,* que poseen propiedades en común con los verbos deponentes latinos. Estos verbos expresan generalmente procesos de presencia, aparición o acaecimiento, pero también de cambio de estado. Constituyen una clase peculiar dentro de los intransitivos, ya que algunas de sus propiedades, en particular las relativas a la interpretación de sus participios, los aproximan en ocasiones a los transitivos y los distinguen de los intransitivos llamados PUROS o INERGATIVOS, como *chirriar, estornudar, sonreír, vociferar*.

41.3.1b   Los tiempos compuestos de los verbos inacusativos se construían en la lengua antigua con la perífrasis «*ser* + participio», característica de las oraciones pasivas, mientras que los demás intransitivos elegían *haber,* al igual que los transitivos. Estas construcciones presentaban, pues, la estructura sintáctica de las oraciones pasivas, pero no se relacionaban con ninguna transitiva activa: *Mucho más me valiera que non fuesse nacido* (Berceo, *Milagros*); *D. Francisco a Santa Cruz es ido / y volverá mañana* (Cervantes, *Entretenida*). La construcción con *ser,* viva aún en italiano y en francés, se mantiene en expresiones como *Es llegada la hora* o *Era llegado el momento*.

41.3.2   Interpretación de los participios de los verbos inacusativos

41.3.2a   Los participios de los verbos transitivos reciben interpretación pasiva. Así, en *el militar condecorado* no se habla de un militar que ha condecorado a alguien, sino de uno que ha sido condecorado. En cambio, tienen interpretación activa los participios de los verbos inacusativos, como *la nieve caída* ('la nieve que ha caído), muchos de ellos pronominales (§ 41.7): *una muchacha asomada a la ventana, una persona arrodillada, un joven enamorado*. El elemento nominal al que se aplican es concebido en estos casos como la entidad que experimenta un cambio de estado o se ve afectada por él, más que como el agente que lleva a cabo una acción.

41.3.2b   Los participios de los verbos inacusativos comparten una serie de propiedades con los transitivos. Forman oraciones absolutas (§ 27.5.3b), como en *Desaparecido el problema, volvieron a la normalidad; Muy avanzado el año, decidieron salir de vacaciones; Llegado el tren, se cargó el equipaje; Caída la tarde, salían a dar un paseo por la campiña.* Pueden también modificar directamente a un sustantivo con el que concuerdan (*los niños nacidos en la tarde de ayer*), así como admitir el adverbio *recién* (*recién nacido, recién amanecido*), característico de los verbos transitivos (*recién publicado, recién sacado del horno*). Los participios de los verbos intransitivos puros rechazan todas estas pautas y solo se usan en los tiempos compuestos. Frente a los de los verbos inacusativos, carecen de flexión de género y número, a menos que los verbos a los que corresponden tengan variantes transitivas: **chirriada, *estornudados, *sonreídas.*

41.4   Las oraciones impersonales. Impersonales no reflejas

41.4.1   El concepto de oración impersonal

Se denomina tradicionalmente ORACIÓN IMPERSONAL la que no lleva sujeto expreso ni lo posee sobrentendido. No obstante, la ausencia de sujeto es una noción sintáctica que ha recibido varias interpretaciones. Así, en la oración *Está lloviendo* no se oculta ningún sujeto, ya que la acción de llover no se predica de entidad alguna. Este verbo es IMPERSONAL LÉXICO, al igual que los predicados de las oraciones *Nieva; Hace calor; Ya es de día* o *Habrá buena cosecha.* La ausencia del argumento correspondiente al sujeto está determinada en todos estos casos por la naturaleza semántica de tales predicados. En cambio, en *Se duerme mejor cuando no hace calor* la acción de dormir se predica de alguna entidad genérica, y lo mismo sucede en *Dicen que vuelve el buen tiempo,* con la flexión de tercera persona de plural. En la tradición se consideran también impersonales estas oraciones. Puede mantenerse este análisis siempre que se delimiten los diversos sentidos en que cabe usar el término *impersonal.* Algunos gramáticos prefieren, sin embargo, evitarlo, ya que entienden que se le otorgan demasiados significados.

41.4.2   Impersonales con verbos referidos a fenómenos atmosféricos

41.4.2a   Los verbos impersonales léxicos más característicos son los que denotan fenómenos atmosféricos o climáticos, como *llover* o *nevar.* Estos verbos no seleccionan un SUJETO ARGUMENTAL. La tercera persona que el verbo muestra en español (*Llueve; Nevaba; Granizará*) corresponde a ciertos PRONOMBRES EXPLETIVOS O ESPURIOS (es decir, sin contenido léxico) en algunas lenguas (fr. *Il pleut;* ingl. *It rains;* al. *Es regnet*). Los mismos rasgos de tercera persona están presentes en las perífrasis verbales que se forman con estos verbos: *Empieza a chispear; Ya está oscureciendo.* El verbo *amenazar,* generalmente no auxiliar, se asimila a los auxiliares en estas construcciones, como en *Departiendo* [...] *de si amenazaba llover porque el cielo se había encapotado*

(Pardo Bazán, *Pazos*), lo mismo que *querer* o *prometer* en *Quiere llover* o en *Promete hacer buen tiempo* (§ 28.1.3d).

41.4.2b Algunos de los verbos mencionados en el apartado anterior admiten usos personales. Así, el verbo *amanecer* puede construirse con sujetos de persona, y a veces de cosa, en el sentido de 'aparecer o estar en un lugar, una condición o un estado al nacer la luz del día': *Amanecí / con dolor en ambas piernas* (Calderón, *Alcalde*). Este mismo uso se percibe en la expresión *Buenos días, ¿cómo amaneció usted?*, en la que se pregunta por el estado del interlocutor por la mañana. Algunos de estos verbos admiten usos figurados construidos con sujeto, como en *Truenan incesantemente los cañones; Escamparon las dudas que lo atormentaban; Relampaguean sus ojos verdes; Le llovieron críticas, elogios, insultos, ofertas*, etc.

41.4.3   Impersonales con *haber, hacer, ser, estar, dar, ir*

41.4.3a El verbo *haber* se usa como impersonal en español, tanto si se refiere a la presencia de fenómenos naturales como si no es así: *Hay {truenos~relámpagos~viento~rocío}; Sigue habiendo problemas; Si hubiera la menor posibilidad.* Al ser impersonal transitivo, *haber* no concuerda con su argumento, que desempeña la función de complemento directo. Aun así, los hablantes de amplias áreas del español, tanto europeo como americano, establecen la concordancia con el grupo nominal, lo que indica que ese argumento se interpreta como sujeto en esas variedades. Se recomienda la variante en singular en estas construcciones, por tanto la primera opción en *{Había~Habían} suficientes pruebas para incriminarlos; {Hubo~Hubieron} dificultades añadidas; {Debe~Deben} de haber problemas.* Se ha observado estadísticamente que la concordancia es menos frecuente con el pretérito perfecto simple (*hubieron*) que con los demás tiempos verbales. Las oraciones que presentan concordancia de persona con *haber*, como *Habemos pocos* o *Habemos tímidos que temblamos de miedo ante el público*, fuertemente estigmatizadas en el español europeo, resultan habituales en la lengua conversacional de algunos países de América (especialmente en las áreas centroamericana y andina), pero son menos aceptadas en otras zonas.

41.4.3b El verbo *hacer* participa en construcciones impersonales asociadas con el tiempo atmosférico (*Hace sol*) o con el cronológico (*Hace años*). Las primeras se forman con adjetivos, como en *Hace {bueno~malo~oscuro~claro}*, y con sustantivos o grupos nominales: *Hace bastante bochorno; Hacía un calor asfixiante; Va a hacer mal tiempo; Hacía un viento terrible; Nos hizo un día buenísimo.* Las segundas poseen gran número de propiedades sintácticas, por lo que se estudian en el capítulo en que se analiza la sintaxis de los tiempos verbales (§ 24.2.3 y 24.2.4).

41.4.3c Con los verbos copulativos *ser* y *estar* se forman predicados impersonales con los que se describen situaciones que aluden tanto al tiempo atmosférico (*Está oscuro; Estuvo nublado todo el día*) como al cronológico: *Despertó de pronto —aún era de noche— con la impresión de que alguien yacía a su lado* (Carpentier, *Siglo*). Estas oraciones impersonales contienen atributos adverbiales: *Era muy temprano; Aún es pronto; Cuando llegué al colegio, pensé que era tarde* (Ocampo, *Cornelia*), o nominales: *Era noche cerrada* (no se dice *Era noche*, pero sí *Era medianoche* o *Era de noche*);

Era media mañana (también *Era de mañana,* pero no **Era mañana*). Las expresiones subrayadas en *Ya es primavera; Eran los primeros días de agosto; Ahora son las fiestas; Pronto serán las vacaciones* se suelen considerar atributos que atraen la concordancia verbal. Desde este punto de vista se trata, por tanto, de oraciones impersonales. Véase, no obstante, el § 37.4.2.

41.4.3d   Se percibe variación en la concordancia de número en las oraciones en las que se expresa la hora. Se recomiendan en estos casos las variantes concordadas *Ya son las siete; Ya es la una,* frente a las variantes impersonales, como *Ya es las siete.* Alternan, sin embargo, *¿Qué hora es?,* opción general en el mundo hispánico, y *¿Qué horas son?,* propia del registro conversacional de algunas áreas, tanto del español europeo como del americano. No son impersonales las oraciones en las que el verbo *dar* (con el significado de 'sonar') concuerda con el sustantivo que designa la hora: *Han dado las dos.*

41.4.3e   Muchos grupos verbales formados con el verbo *dar* y un sustantivo que expresa alguna reacción física o emocional manifiestan alternancia entre las construcciones con sujeto y los usos impersonales: *¡Qué gusto me da verte!~¡Qué gusto me da de verte!; Da vergüenza oírlo~Da vergüenza de oírlo; Daba pena verlo así~Daba pena de verlo así.* Las oraciones alternantes se diferencian por sus estructuras sintácticas. En la primera opción (*¡Qué gusto me da verte!*) la oración de infinitivo es el sujeto de *da,* pero no lo es en la segunda (*¡Qué gusto me da de verte!*). Esta última pauta es interpretada como impersonal por algunos gramáticos, pero cabe pensar también que no lo es necesariamente si se entiende que la preposición *de* encabeza el complemento del sustantivo, de forma que el grupo nominal *gusto de verte* es el sujeto de *dar.* El verbo *dar* es uno de los llamados VERBOS DE APOYO (§ 1.5.2e), una de cuyas particularidades es facilitar la doble segmentación sintáctica que se esboza en *Me da [mucho gusto de verte]~Me da [mucho gusto] [de verte],* similar a otras como *dar [un paseo por la ciudad]~dar [un paseo] [por la ciudad].* El sustantivo *gana(s)* es parte de la locución de carácter impersonal *dar la gana* ('apetecer, entrar a uno un deseo'): *Vengo porque me da la gana* (Lorca, *Yerma*). En expresiones menos lexicalizadas puede ejercer la función de sujeto y concordar con el verbo (*si te dan ganas de un helado*), o interpretarse como objeto directo en una construcción impersonal, como en *Los hombres deben beber sus tragos, y emborracharse si les da ganas* (Carrasquilla, *Frutos*). Esta última pauta se considera menos recomendable. El verbo *dar* se construye también como impersonal en la expresión *dar a alguien por algo,* como en *Le daba por hablar con desconocidos.*

41.4.3f   Se forman igualmente oraciones impersonales con el verbo *ir.* Con la pauta «*irle a alguien* + complemento de manera» (*Me va bien; ¿Cómo le va?; Así nos fue*), propia de la lengua conversacional, se expresa el estado general de alguien, así como la forma en que le afecta cierto proceso o el curso general de los acontecimientos. Suelen considerarse asimismo impersonales las oraciones en las que el verbo *ir* se construye con *para* y un grupo nominal que expresa una medida temporal, como en *Luego, cuando se escondió, va para dos años, empezó a preocuparme* (Díez, *Expediente*). No obstante, hay razones para pensar que estas oraciones tienen sujeto, bien tácito, como podría entenderse en el ejemplo anterior, bien expreso: *De todos modos, el juicio va para largo.* Se recomienda evitar el plural cuando se construye con una subordinada sustantiva. Así pues, en lugar del plural *van* en <u>*Van*</u> *para seis años que no toreo en Sevilla* (*País* [Esp.] 31/12/1994), se prefiere el singular *Va para seis años...* Si falta la preposición *para*, la expresión de medida temporal pasa a funcionar como sujeto: *Ya van veintisiete años que ando en la mar* (Roa Bastos, *Vigilia*).

41.4.4   Impersonales formadas con otros verbos

41.4.4a   Los verbos *oler, apestar* y otros semejantes admiten usos impersonales, sobre todo, aunque no necesariamente, si se construyen con complementos locativos, como en *Aquí huele a rancio; En tu cuarto apesta a tabaco; Al asomarme a la ventana noté que olía a tierra mojada,* o en *¡Por mi vida, que huele a porqueta asada!* (Delicado, *Lozana*). Se ha observado repetidamente que, sin ser sujetos, estos complementos denotan los lugares en que se producen, o que producen, las sensaciones que se mencionan. Por otra parte, si se omiten han de sobrentenderse a partir del discurso precedente, lo que los diferencia notablemente de otros complementos adjuntos.

41.4.4b   Los verbos *decir, poner* y *constar,* en algunos de sus usos, aparecen asimismo en oraciones impersonales cuando se refieren al contenido que se expresa en un texto: *Aquí dice que es obligatorio; En este documento pone que...,* o en *En una sola noche perdió el príncipe Don Carlos en el juego que llamaban el clavo cien escudos de oro, según consta en la declaración de su barbero* (Coloma, *Jeromín*). El verbo *constar* se construye también con sujeto (*un documento en el que consta su renuncia* o *... en el que constan su queja y su dimisión*). Cabe decir lo mismo del verbo *figurar: una lápida en la que figura una inscripción* o *... en la que figuran varias inscripciones*. Por el contrario, el segmento oracional es complemento directo en *En este documento dice que...* o *... pone que...* (cf. *Lo dice; Lo pone*). El verbo *rezar* se asimila a *decir* y *poner: Yo he visto con mis propios ojos el documento que lo reza* (Cánovas, *Campana*). En las construcciones con estos verbos puede producirse la alternancia entre pronombres y adverbios que se observa en pares como *{Eso~Así} consta en su partida de nacimiento.*

41.4.4c   También los verbos *doler, picar, escocer, molestar, zumbar* y otros que denotan afecciones generalmente físicas o asimilables a ellas se usan a veces como impersonales cuando tienen complementos locativos, como en *Me duele en la pierna,* que alterna con *Me duele la pierna* (uso no impersonal, puesto que *la pierna* es sujeto) o en *Le pica en la espalda,* que alterna igualmente con *Le pica la espalda.* Como en los casos descritos en el § 41.4.4a, los complementos expresan aquí el lugar en que se producen las sensaciones mencionadas, por lo que su contenido es similar al de las construcciones con sujeto.

41.4.4d   La alternancia entre usos personales e impersonales se extiende al verbo *bastar: Me basta su palabra~Me basta con su palabra.* La variante impersonal se ilustra en *¡Basta de monsergas!,* en *Le basta con producir su obra* (Anderson, *Estafador*), o en *Y para eso le bastaba con un espadachín, Julius en este caso* (Bryce Echenique, *Julius*). También presenta usos impersonales el verbo *pesar: ¡Ya me pesa de no haber cortado la soga!* (Miras, *Brujas*); *Mil veces me pesa de tanta maldad* (Quiroga, *Nombre*). El verbo unipersonal *tratarse,* que se construye con la preposición *de,* rechaza el sujeto aunque se esté hablando de la persona o la cosa a la que se atribuye algo. Son incorrectas, por tanto, construcciones como *Este estudio se trata solo de un borrador* frecuentes en la lengua descuidada, en lugar de *Este estudio es solo un borrador* o de *En cuanto a este estudio, se trata solo de un borrador*.

41.4.5   Sujetos tácitos de interpretación inespecífica

41.4.5a   Se forman en español oraciones impersonales (en el sentido amplio de *impersonal* mencionado en el § 41.4.1) con verbos conjugados en la tercera persona de plural. En estas oraciones se interpreta un sujeto tácito que alude siempre a personas. Recibe interpretación INESPECÍFICA, que puede ser EXISTENCIAL, como en *Llaman a la puerta* ('Alguien no determinado llama a la puerta'), pero también hacer referencia a conjuntos más amplios de individuos, con un significado próximo al GENÉRICO: *Aquí atienden muy bien a los turistas; Dicen que va a llover* (es decir, 'La gente dice que va a llover'). La flexión de tercera persona puede representar asimismo un sujeto tácito de interpretación específica. Su antecedente es *mis amigos* en *Mis amigos están al llegar: si llaman a la puerta, ábreles enseguida*. En estos contextos, al contrario que en los anteriores, alternan los pronombres personales y los sujetos tácitos (*Ellos llaman a la puerta; Él dice que va a llover*), tal como se vio en el § 33.3.3. La interpretación genérica puede darse también con la primera persona del plural (*En México cenamos más tarde que en muchos países*) y con la segunda del singular, compatible con el sujeto expreso: *Si (tú) quieres vivir cómodo, debes tener bastante dinero*.

41.4.5b   No son posibles en español los sujetos tácitos de referencia inespecífica en las oraciones pasivas. Así pues, en *Eran asesinados* o en *Fueron expulsados* se habla de individuos particulares que han de ser identificados a partir del discurso precedente. También resultan anómalos con verbos inacusativos o semideponentes (§ 41.3.1a), como en *Llegan tarde; Mueren jóvenes,* aunque se admiten a veces cuando la interpretación es genérica: *En la guerra morían como chinches*. En cambio, no se descarta la interpretación inespecífica en las oraciones copulativas si algún complemento locativo proporciona el espacio en el que se han de ubicar los individuos a los que se alude, como en *Allí eran muy amables con la gente*.

41.5   Impersonales con *se* o impersonales reflejas

41.5.1   Tipos de *se*

41.5.1a   La forma *se* encierra un gran número de valores gramaticales y aparece en estructuras sintácticas muy diversas, por lo que resulta una de las piezas más complejas de la sintaxis española. Se distinguen básicamente dos tipos: el SE PARADIGMÁTICO y el SE NO PARADIGMÁTICO. El primero es propio de las oraciones en las que la forma *se* alterna con los pronombres átonos correspondientes a otras personas. Es lo que sucede cuando *se* es un pronombre reflexivo (*Se cuida poco; Me lo puse:* § 16.2.2); recíproco (*Se adoran; Os entendéis:* § 16.2.3); es parte de un verbo pronominal (*Yo me canso; Tú te cansas; Él se cansa,* etc.: § 41.7), o es un dativo no argumental (*Se lo terminó; Te lo comiste:* § 41.7.2b).

41.5.1b El *se no paradigmático* aparece en oraciones en las que la forma *se* no alterna con los pronombres átonos correspondientes a otras personas. Este uso de la forma *se* es característico de dos construcciones: la PASIVA REFLEJA O PASIVA CON *SE*, como en *Las noticias se recibieron ayer* (es decir, 'fueron recibidas'), donde el sujeto *las noticias* concuerda en número con *recibieron*, y la IMPERSONAL REFLEJA O IMPERSONAL CON *SE*, como en *Se vive bien siendo estudiante*, con el verbo siempre en singular. En ambas estructuras se oculta un argumento verbal. Así, en las oraciones *No se le trató bien* (impersonal refleja) y *Se revisaron todas las tuberías* (pasiva refleja) se presenta un estado de cosas en el que se menciona cierta acción y también la entidad que la recibe, pero no se especifica el agente que la lleva a cabo. Sobre el uso de *se* como sustituto de *le* (*Se lo contó*), véase el § 35.2.1b.

41.5.2 Propiedades morfológicas y sintácticas del *se* impersonal

41.5.2a Las ORACIONES IMPERSONALES REFLEJAS contienen la forma pronominal *se* y un verbo en singular. Este puede ser intransitivo, como en *Allí se discute de grandes cosas* (Landero, *Juegos*), o transitivo, como en *En mi casa siempre se les llamó drogas a las deudas* (Pacheco, *Batallas*). Las impersonales reflejas transitivas están restringidas, sin embargo, por algunos factores gramaticales (§ 41.6.3b-f).

41.5.2b Los RASGOS MORFOLÓGICOS de *se* corresponden en las impersonales reflejas a la tercera persona del singular. Estos rasgos se manifiestan en la concordancia con el verbo: *Se* [tercera persona] *habla* [tercera persona] *de política*, así como en la concordancia con los reflexivos a través de la flexión verbal: *Si se está satisfecho consigo mismo, se es feliz*. Los adjetivos que se predican del sujeto tácito de las impersonales reflejas aparecen en masculino o en femenino, pero siempre en singular: *Nunca se está {seguro~segura} en esa empresa; Cuando se nace {honrado~honrada} se evitan ciertas tentaciones*. El pronombre *se* de las impersonales reflejas encierra gramaticalmente algunas de las informaciones semánticas que corresponden a los sujetos. No ocupa la posición sintáctica de los sujetos preverbales porque es una forma ÁTONA O CLÍTICA. Como tal, y a diferencia de los sujetos nominales, se integra morfofonológicamente en el verbo en posición proclítica o enclítica (§ 16.4.1), lo que explica que no vaya seguido de adverbios: *No se come~*Se no come; Nunca se está satisfecho~*Se nunca está satisfecho; Se trabajó ayer~*Se ayer trabajó*.

41.5.2c Las impersonales reflejas requieren la concordancia con el verbo en tercera persona del singular, que en las perífrasis de infinitivo se expresa en el auxiliar: *Aquí no se puede trabajar bien*. Son anómalas, por tanto, las construcciones en las que no puede expresarse dicha concordancia, como aquellas en las que un infinito no forma parte de una perífrasis, ya que carece de flexión: **Es importante trabajarse cómodamente*. Se exceptúan de esta incompatibilidad entre el *se* impersonal y los infinitivos las oraciones adverbiales de infinitivo que admiten sujetos léxicos, como lo muestra el siguiente par de construcciones temporales: *al salir el sol~al hablarse de ello*, y este otro de condicionales: *de haberlo sabido yo~de haberse confiado más en las posibilidades del equipo*. En contextos similares son posibles también los gerundios: *Trabajándose en ello lo suficiente, se podrá cumplir con los plazos estipulados*.

41.5.3   Interpretación de las oraciones impersonales con *se*

41.5.3a   Desde el punto de vista semántico, las construcciones impersonales con *se* suelen dividirse en dos grupos: las GENÉRICAS O MEDIOIMPERSONALES y las EXISTENCIALES O EPISÓDICAS. Las primeras se construyen en tiempos imperfectivos (§ 23.1.3c) y admiten paráfrasis formadas con sujetos como *la gente, uno* y otras expresiones análogas, como en *De eso no se debe hablar; Todos los domingos por la mañana se acudía a misa,* o en *Nena, solo se vive una vez* (Delibes, *Mario*); *Ahora en verano se duerme bien en cualquier parte* (Sánchez Ferlosio, *Jarama*). Las impersonales existenciales o episódicas admiten, por el contrario, tiempos perfectivos: *No se volvió sobre ese asunto.* El hablante suele tener presente en ellas al agente, que no puede o no quiere identificar: *Sé que se habló de ello, pero no sabría decir quién lo mencionó; Se le recibió y se le atendió con toda cortesía; Recordó el comentario de su madre cuando se habló de aquello* (Pitol, *Juegos*). Las existenciales no se forman con verbos copulativos: *Allí se {era~*fue} feliz* ni aparecen en las oraciones pasivas: *cuando se {es~*fue} detenido por la policía.*

41.5.3b   En las oraciones impersonales con *se* queda velado el participante activo (*Se trabaja*) o pasivo (*Si se es golpeado*) en algún estado de cosas. Ese sujeto tácito se interpreta como un argumento del verbo referido a personas. No admiten impersonales reflejas, por tanto, los verbos que rechazan los sujetos de persona (como *llover, ocurrir, rielar* o *transcurrir*), de modo que si se construyen oraciones como *Se ladra* o *Se gruñe,* será para describir comportamientos humanos, no animales. Las impersonales con *se* son también incompatibles con las oraciones de verbo pronominal (*Uno se arrepiente~*Se se arrepiente*) por la constricción que impide la presencia de dos pronombres átonos idénticos en cualquier estructura sintáctica (§ 16.4.3e).

41.5.3c   Las impersonales con *se* pueden incluir o excluir al hablante. Así, el que dice *Se trabaja mucho en esta oficina* puede estar o no entre los que trabajan en ella. Se diferencian en este punto de las impersonales de sujeto tácito en tercera persona de plural (*Trabajan mucho en esta oficina*), que excluyen al que habla. En este sentido, las impersonales con *se* se aproximan a las oraciones construidas con el pronombre *uno,* que pueden también incluir al hablante, como en *Increíble, me dije, por donde uno va se encuentra con latinoamericanos* (Bryce Echenique, *Martín Romaña*).

41.6   La pasiva refleja

41.6.1   Características fundamentales

41.6.1a   Desde los orígenes del idioma alternan en español las pasivas perifrásticas (§ 41.2) y las PASIVAS REFLEJAS (también PASIVAS CON *SE* O PASIVAS IMPERSONALES) construidas con la forma *se: La agresión no fue denunciada~La agresión no se denunció.* En unas y otras el verbo transitivo ha de concordar con el sujeto paciente en número y persona. Ambas construcciones son estructuras intransitivas que admiten sujetos pacientes posverbales sin determinante, en la posición característica de los complementos directos: *Se han abierto nuevas vías de comunicación; Se sigue importando petróleo en grandes cantidades; Algunos sacaron las pistolas y se escucharon disparos* (Casares, *Dios*). Las pasivas reflejas son más frecuentes que las perifrásticas, tanto en la lengua oral como en la escrita, y especialmente en las oraciones que establecen juicios de naturaleza genérica o expresan instrucciones sobre la forma de proceder. Las pasivas reflejas constituyen a veces la única opción natural en este tipo de enunciados, como en *El rebozado se hace* (no *es hecho*) *con huevo y pan rallado; No se obtienen* (en lugar de *son obtenidos*) *buenos resultados cuando se trabaja precipitadamente.*

41.6.1b   Las pasivas reflejas pueden tener como sujeto oraciones sustantivas, tanto declarativas (*Se dice que habrá pronto elecciones; Se decidió que se le daría el premio*), como interrogativas indirectas (*Ya se ha descubierto cómo entró el ladrón en la casa*). En ambos casos las oraciones pueden ser también de infinitivo: *Se prohíbe fumar; Se decidió premiarla; No se sabe cómo salir del paso.*

41.6.1c   Los morfemas de género y número del participio son suficientes en las pasivas perifrásticas para identificar el sujeto paciente tácito, incluso con sujetos en infinitivo (*Era necesario ser ayudado*). Por el contrario, el *se* característico de la pasiva refleja requiere rasgos flexivos en el verbo. No se interpreta, pues, como pasiva refleja, sino como recíproca o reflexiva, la subordinada de infinitivo subrayada en *Era necesario ayudarse.* Al igual que en las impersonales reflejas (§ 41.5.2c), admiten el *se* pasivo reflejo las mismas construcciones de infinitivo que aceptan sujetos léxicos: *De solucionarse el problema...; Al avistarse el buque...; Por no venderse bien esta remesa...,* etc.

41.6.1d   Las pasivas reflejas muestran mayor resistencia a aceptar complementos agentes que las pasivas de participio. Los suelen rechazar cuando se construyen con expresiones definidas que designan individuos (*El problema económico se solucionó por el ministro*), pero los admiten con mayor frecuencia con expresiones que designan instituciones, estamentos o conjuntos de individuos, como en *... por las autoridades; ... por el ministerio; ... por la gente,* o en *Si es menester, entibiaré con anticipación la lista, para que se examine por el Clero y Comunidades religiosas de la Península* (Moratín, *Epistolario*). Estas construcciones son especialmente abundantes en la prosa jurídica y en la administrativa.

41.6.1e   Como se vio en el § 41.6.1a, suelen usarse pasivas reflejas (en lugar de perifrásticas) para describir situaciones genéricas, como en *La mezcla se pone a cocer a fuego lento* o en *una película que se soporta con esfuerzo.* Las llamadas CONSTRUCCIONES MEDIOPASIVAS o CUASIPASIVAS son una subclase de las pasivas reflejas que describen propiedades que caracterizan a los seres de los que se habla. Expresan a menudo la facilidad o dificultad con la que se lleva a cabo cierta acción, como en *Este tipo de pelo se moldea con dificultad* o *un auto pequeño que se estaciona fácilmente.* Admiten asimismo paráfrasis con verbos modales, como en *¿No sabes que eso no se hace?* ('no debe hacerse'); *No puedes comparar la lata de sardinas que tiene Fernando con un Galaxie, que casi se maneja* [= 'se puede manejar'] *solo* (Ibargüengoitia, *Crímenes*).

41.6.2   Relación de las pasivas reflejas con otras construcciones

41.6.2a   Al igual que en las pasivas de participio y en otras muchas estructuras con verbo en forma personal, en las pasivas reflejas puede omitirse el sujeto: *[Las tareas]* *se terminaron a tiempo; [Aquella experiencia] se desarrolló en el laboratorio donde Donna Oderisia se afanaba infructuosa y tenazmente, hacía años* (Mujica Lainez, *Escarabajo*). Cuando las pasivas reflejas con sujeto omitido se forman con verbos que admiten usos intransitivos, puede producirse ambigüedad entre la interpretación pasiva y la interpretación correspondiente a las impersonales reflejas. Así, la oración *Se terminó a tiempo* es pasiva refleja si *terminar* se interpreta como verbo transitivo, con sujeto sobrentendido (por ejemplo, *la tarea*); pero si se interpreta como intransitivo, la oración significará 'Terminamos a tiempo', con una estructura semejante a la de una impersonal refleja: *Se llegó a tiempo.*

41.6.2b También puede producirse ambigüedad entre las pasivas reflejas y las oraciones con verbo pronominal (§ 41.7) si este último cuenta con una variante transitiva. Así, en *Se habían abandonado mucho últimamente* puede reconocerse el verbo *abandonarse* (construcción pronominal: 'descuidarse') si el sujeto tácito se recupera contextualmente (por ejemplo, *tus primas*), pero también el transitivo *abandonar* si el sujeto recuperado es paciente (por ejemplo, *aquellos proyectos*), lo que da lugar a la construcción pasiva refleja. Se ajustan a la misma pauta oraciones como *No se movieron; Se colocó correctamente; Se cerraron* y otras muchas semejantes.

41.6.2c Los verbos transitivos que admiten complemento directo de persona y cuentan con variantes pronominales pueden dar lugar a varias interpretaciones. Así, la oración *Se secaron* puede analizarse como reflexiva (*Se secaron a sí mismas*) o como recíproca (*Se secaron unas a otras*). Como construcción pronominal, se reconoce en ella el verbo pronominal *secarse* y algún sujeto tácito (por ejemplo, *los campos*). Como pasiva refleja, expresa, en cambio, que la acción de secar se ha ejercido voluntariamente sobre algo. Así, hablando de prendas, cabría decir *Se revisaron todas, se lavaron, se secaron y se plancharon.*

41.6.2d Existe cierta tendencia a ampliar el número de perífrasis verbales con las que se construyen las pasivas reflejas. Así, se asimilan de forma indebida a los auxiliares los verbos *desear, esperar, intentar* y otros, en oraciones como *cuando se desean obtener éxitos* (en lugar de *cuando se desea obtener éxitos*) o *Se esperan* (en lugar de *Se espera*) *alcanzar las quinientas mil firmas necesarias para el referéndum.* Los rasgos de plural en el verbo indican que se interpretan como perífrasis verbales (*desean obtener, esperan alcanzar*) y que el grupo nominal constituye, en esta pauta, el sujeto paciente del verbo conjugado, en lugar del complemento directo del infinitivo. Se recomiendan, pues, en todos estos casos, las variantes en singular (*desea, espera*), es decir, la pasiva refleja con sujeto oracional: *Se desea obtener éxito.* Véase también, en relación con estas construcciones, el § 28.1.2g.

41.6.3 Semejanzas y diferencias entre pasivas reflejas e impersonales reflejas

41.6.3a Las pasivas reflejas y las impersonales con *se* son estructuras sintácticas en las que se suele ocultar un argumento (§ 41.5.1b). Las pasivas reflejas contienen un grupo nominal expreso o tácito —el sujeto paciente— que concuerda con el verbo: *El problema se planteó bien.* En cambio, las impersonales carecen de un segmento nominal susceptible de concordar con el verbo: *Se trabajó poco en el problema.* Estas estructuras pueden llegar a construirse con los mismos verbos, siempre que los transitivos admitan usos intransitivos, como muestra el contraste entre *Se disparaba incesantemente la munición* (pasiva) y *Se disparaba incesantemente contra el enemigo* (impersonal). Sin embargo, son posibles las impersonales reflejas con verbos transitivos, como se verá en los apartados siguientes.

41.6.3b   En el español europeo y en algunas variantes del español americano las pasivas y las impersonales presentan cierta tendencia a la DISTRIBUCIÓN COMPLEMENTARIA, puesto que cada una de estas clases de oraciones se usa en estructuras sintácticas en las que se rechaza la otra. Aun así, la distribución complementaria es imperfecta en el español andino, chileno y rioplatense, como se explicará más adelante. Los grupos nominales definidos que designan personas se construyen con *a* cuando son complementos directos, como *Saludaron a los dos maestros.* Estas expresiones no aparecen como sujetos de las pasivas reflejas (**Se saludaron los dos maestros,* agramatical en su acepción pasiva, no como oración recíproca), pero pueden ser complementos directos de las impersonales con *se: Se saludó a los dos maestros.* Al contrario, los complementos directos que se construyen sin *a* (*Atendieron las protestas*) no funcionan normalmente, en varias área lingüísticas, como complementos directos de las impersonales, pero resultan naturales como sujetos de las pasivas reflejas: *Se atendieron las protestas.* Son, pues, normales los siguientes contrastes:

> *Se atendieron las protestas* (pasiva refleja)~*Se atendió a los que protestaban* (impersonal refleja); *Se valora el trabajo*~*Se valora a los trabajadores; Se aprobó el concurso*~*Se aprobó a los concursantes; Se respetan las fiestas*~*Se respeta a los festejantes.*

41.6.3c   Los complementos directos de persona construidos en plural y sin artículo en las oraciones activas pueden pasar a sujetos pacientes de las pasivas reflejas, ya que no está presente la preposición *a* en las correspondientes variantes activas: *Contrataron excelentes jugadores; Es difícil encontrar personas así; Están buscando analistas de sistemas.* Resultan, pues, naturales oraciones como *En la prensa periódica se necesitan hombres expeditos, no refinados* (Palacio Valdés, *Novelista*) y *Otra cosa es cuando se tienen hijos* (Delgado, *Mirada*). Lo mismo ocurre con los sujetos pacientes de las pasivas reflejas que se refieren a cargos, puestos y otros atributos de quien los ejerce, como en *Todavía se tiene que nombrar el nuevo embajador en el Perú* o en *Ahora se elegirán los representantes sindicales.*

41.6.3d   Los cruces entre las dos construcciones reflejas en las oraciones que llevan complementos introducidos por la preposición *a* dan lugar a estructuras híbridas incorrectas, como *Se premiaron a los mejores alumnos; Se buscan a los culpables,* en lugar de *Se premió a los mejores alumnos; Se busca a los culpables.* Esta incorrección es especialmente frecuente en las oraciones de relativo (*una convocatoria de la que se han excluido injustamente a varios solicitantes*) y con verbos de denominación y de juicio: *Se llaman askenazis a los judíos que proceden del centro y el este de Europa.*

41.6.3e   La distribución complementaria a la que se hizo referencia en el § 41.6.3b es imperfecta, sobre todo porque las pasivas reflejas y las impersonales pueden alternar con los mismos verbos y los mismos grupos nominales. Se obtienen así pares como *Se {firmarán~firmará} los acuerdos en los próximos días; esas luces que se {ve~ven} a lo lejos; las consignas contra el gobierno que se {coreaba~coreaban} en la manifestación.* La opción en singular (impersonal refleja) es algo más común, proporcionalmente, en el español americano que en el europeo, pero se registra en ambos. En el español del Río de la Plata, Chile y los países andinos, y —menos frecuentemente— también en el de otras variedades del español americano, las impersonales reflejas con objeto directo de cosa no rechazan los pronombres átonos. Alternan así, hablando de ciertos documentos, *Se los firmará en los próximos días* (impersonal con *se*) y *Se firmarán en los próximos días* (pasiva con *se* de sujeto tácito).

41.6.3f   La alternancia entre pasivas reflejas e impersonales no está únicamente en función de los factores geográficos mencionados, sino que puede presentar diferencias semánticas. En la oración impersonal refleja contenida en el grupo nominal *esas luces que se ve a lo lejos* se pone el énfasis en el sujeto tácito, es decir, en la persona que percibe algo, mientras que con la pasiva refleja correspondiente se focaliza el paciente, por tanto lo visto: *esas luces que se ven a lo lejos.* Por otra parte, en las construcciones formadas con grupos nominales referidos a cosas, la pasiva refleja es la opción menos sujeta a restricciones. Así, aparece con frecuencia la impersonal con complemento de cosa en los anuncios (*Se alquila habitaciones; Se vende helados; Se arregla muebles de caña*), pero se suele requerir la concordancia cuando se modifican los tiempos verbales (es anómala *Se alquiló varias habitaciones*), cuando se agregan determinantes (resulta rara *Se vende estos pisos*) o cuando se alterna la posición del complemento directo de cosa (**Varias habitaciones se alquilaba*). De acuerdo con ello, se recomienda el uso de la pasiva refleja en las construcciones que responden a las características señaladas.

41.7   Las construcciones medias y los verbos pronominales

41.7.1   Verbos pronominales y voz media

41.7.1a   Se llaman VERBOS PRONOMINALES los que contienen en su conjugación formas pronominales átonas con rasgos de persona: *arrepentirse, cansarse, marearse.* Entre el sujeto y el pronombre átono se establece concordancia de número y persona, como se observó en el § 41.5.1b. Así pues, los tres segmentos subrayados concuerdan en la primera persona del singular en *Yo me canso;* en la segunda del singular en *Tú te arrepientes~Vos te arrepentís,* y en la tercera del plural en *Ellas se mareaban.* Los VERBOS DOBLEMENTE PRONOMINALES se construyen con dos pronombres átonos: un pronombre dativo, que admite las tres personas, y una forma de tercera persona que concuerda con el sujeto: *Se {me~te~le~nos...} ha ocurrido una idea.*

41.7.1b   Los verbos pronominales contienen pronombres átonos como parte de su estructura morfológica. Aunque a veces se ha designado la estructura gramatical que corresponde a estas unidades con el término VOZ MEDIA, se evitará aquí esta denominación, ya que los pronombres átonos no se asimilan a los morfemas flexivos. Se prefiere en su lugar la expresión CONSTRUCCIÓN MEDIA aplicada a las oraciones intransitivas que expresan cambio de estado, sea con verbos pronominales (*Se secan* *los campos)* o no pronominales (*Crece la hierba*). Se distinguirá también entre la interpretación media de una oración refleja (*Me mojé* 'Resulté mojado') y la lectura reflexiva, de significado activo (*Me mojé* 'Vertí algún líquido sobre mí mismo').

41.7.1c   El morfema pronominal átono que caracteriza a los verbos pronominales no es argumental, por lo que no le corresponde propiamente una función sintáctica. Así, el morfema *se* no constituye el complemento directo de *despertar* en *El niño se despertó*, sino un segmento que forma parte de la constitución léxica del verbo *despertarse*. Los mismos pronombres pueden ser también reflexivos, y en tal caso se interpretan como argumentos. De esta forma, la oración *Se secó* puede ser reflexiva (*Se secó con una toalla*) o media (*Se secó al sol*). Ciertos índices permiten distinguir estas interpretaciones. Por ejemplo, las estructuras de doblado pronominal (*Se llama a sí mismo Campeón:* § 16.2.2g) solo son compatibles con la interpretación reflexiva (de cáracter activo, como se ha señalado), mientras que complementos como *por sí solo* (y a veces también *por sí mismo*) eligen la interpretación media, como en *La puerta se abrió por sí sola* o [...] *una puerta que parece que se mueve por sí misma, que no hay que abrirla* (Chacel, *Barrio*). Por otra parte, los adverbios agentivos son compatibles con las pasivas reflejas incluso cuando se omite el agente (§ 41.2.3c y 41.6.1d), como en *Se hundió el barco deliberadamente*, es decir, 'Fue hundido', pero los verbos pronominales los suelen rechazar. Los admiten, sin embargo, algunos que expresan acciones controladas por el que las lleva a cabo, como en *Se levantó deliberadamente de la cama*.

41.7.2   Tipos de verbos pronominales

41.7.2a   Los verbos pronominales pueden analizarse de acuerdo con tres criterios: el morfológico, el sintáctico y el semántico. El criterio morfológico permite dividir los verbos pronominales en PRONOMINALES INHERENTES y PRONOMINALES ALTERNANTES. Los primeros carecen del correlato no pronominal. Así, *arrepentirse* no alterna con **arrepentir*, por lo que no se usa en la forma **yo arrepiento, *tú arrepientes*, etc. Entre los verbos de este grupo abundan los que se construyen con complemento de régimen. Se marca entre paréntesis la preposición que introducen:

> *abalanzarse (sobre), abstenerse (de), adentrarse (en), arrepentirse (de), atenerse (a), atreverse (a~con~contra), dignarse (a), enterarse (de), esforzarse (en~por), incautarse (de), inmiscuirse (en), jactarse (de), obstinarse (en), querellarse (contra).*

Los verbos pronominales alternantes, que constituyen el grupo mayoritario, poseen variantes no pronominales intransitivas, como en *La violencia recrudece* (en las áreas chilena, andina y rioplatense) o, más frecuentemente, transitivas: *Los campos se secan* [*secarse*, verbo pronominal]~*El sol seca los campos* [*secar*, verbo transitivo].

41.7.2b   De acuerdo con el criterio sintáctico, muchos verbos pronominales se construyen con un solo argumento, como en *Los campos se secaron*, mientras que otros introducen complementos de régimen que alternan con el objeto directo de sus variantes transitivas: *decidir algo~decidirse a algo; despedir a alguien~despedirse de alguien; lamentar algo~lamentarse de algo; olvidar algo~olvidarse de algo*. Algunos verbos pronominales transitivos alternan con variantes transitivas no pronominales: *creerse los infundios~creer los infundios*, pero estos pronombres son interpretados también como dativos de sentido enfático (§ 35.4.2c). No existe acuerdo entre los gramáticos sobre cuál de estos análisis es el más adecuado. A favor de la interpretación de *se* como morfema de verbo pronominal se ha aducido que su presencia es forzosa en expresiones como *jugarse la vida, perderse el partido, saltarse una página*.

41.7.2c   Por lo que se refiere al criterio semántico, la mayor parte de los verbos pronominales denotan cambios de estado de diferente naturaleza: de lugar o de posición (*acostarse, agacharse, alejarse, levantarse, sentarse, volverse*); de forma, presencia, apariencia o aspecto externo (*acortarse, estrecharse, ocultarse, vaciarse*); de consistencia, entereza o propiedad (*agriarse, apagarse, arrugarse, mancharse, oxidarse, romperse*); de estado anímico, emocional o de conciencia (*alegrarse, entristecerse, molestarse, preocuparse*), y de otras muchas cualidades y estados relativos a la naturaleza, física o no, de personas o cosas (*ablandarse, calentarse, congelarse, rizarse, secarse*). Se ajustan, pues, a pautas semánticas relativamente firmes. El que estos verbos no expresen acciones que exijan intervención externa explica que *abrirse* o *cerrarse* se usen como verbos pronominales, pero no *inaugurarse* o *clausurarse*. El verbo *cortarse* es pronominal cuando se aplica a una salsa (*Se cortó la mahonesa*: oración media), pero no lo es cuando requiere un agente externo, como sucede en las pasivas reflejas (*Se cortó el pan*).

41.7.3   Verbos intransitivos de cambio de estado pronominales y no pronominales

41.7.3a   Los verbos intransitivos de cambio de estado (§ 41.7.1b) o VERBOS MEDIOS pueden ser pronominales (*cansarse, secarse*) o no pronominales (*aumentar, morir*). Se forman a menudo verbos transitivos, llamados CAUSATIVOS (§ 34.6.2), combinando el significado de un verbo de causación (*hacer, causar*) con el del verbo medio correspondiente. Se suelen reconocer tres variantes en las relaciones léxicas que se obtienen:

> 1. El verbo causativo y el verbo medio se diferencian léxicamente: *matar~hacer morir*.
> 2. El verbo causativo se diferencia morfológicamente del pronominal en que no incorpora la forma *se: secar~hacer secarse*.
> 3. El verbo causativo es idéntico en su forma al verbo medio: *aumentar~hacer aumentar*.

A las alternancias del tipo 1 pertenecen unos pocos pares, entre ellos *acallar~callar; acrecentar~crecer; alumbrar* (o *dar a luz*)*~nacer; quemar~arder*. Las del tipo 2 son, en cambio, muy numerosas. A este grupo corresponden *acostar~acostarse; enfriar~enfriarse; llenar~llenarse*. El tipo 3 alude a contrastes como *Los comerciantes subieron los precios* (variante transitiva)*~Los precios subieron* (variante intransitiva o media) o *Los rayos solares infrarrojos aumentan la temperatura~La temperatura aumenta*. Varios de estos verbos (*bajar, cambiar, disminuir, engordar, hervir, mejorar, subir*) son VERBOS DE CONSECUCIÓN GRADUAL (§ 23.2.1i), en cuanto que expresan el proceso de avanzar o retroceder en alguna dimensión escalar: *La situación económica mejoró en estos últimos meses; La temperatura disminuyó paulatinamente durante la última semana.*

41.7.3b   Existe variación geográfica en los verbos pronominales que se usan en el mundo hispánico. En algunas variedades (casi siempre americanas, pero no siempre las mismas) se usa *regresarse a un lugar, despegarse un avión, soñarse con algo o alguien, demorarse, desayunarse, enfermarse,* a menudo en alternancia con usos no pronominales (*Se demoró mucho~Demoró mucho*). Por otra parte, presentan formas no pronominales con significado medio los verbos intransitivos *calentar* (usado por *calentarse* o *desentumecerse*), *casar, entrenar, estrenar,* entre otros. Se desaconseja el uso no pronominal de *recuperarse* (*Estoy recuperando de una lesión muscular*) o *fugarse: Los ladrones, que sin duda estaban vigilando las vacas, se dieron cuenta de la llegada de los perseguidores y fugaron* (Alegría, *Mundo*). En el occidente de España se usan como verbos medios no pronominales *romper* (*El jarrón rompió*), *marchar, pudrir,* etc.

41.7.3c   Las diferencias son de registro en algunos casos, como en *Despertó~Se despertó; Sonrió~Se sonrió; Muero~Me muero,* aunque a veces entran en juego otras particularidades significativas que son difíciles de aislar. Así, los rasgos sintácticos o semánticos que pueden oponer *morirse* a *morir* (el primero solo se usa si la muerte no es provocada) no se asimilan exactamente a los que diferencian *irse* de *ir, caerse* de *caer, dormirse* de *dormir* o *salirse* de *salir* (*El agua se sale~El agua sale*). Se ha observado que parece existir un factor común de naturaleza aspectual en estos pares. Los pronominales *caerse, dormirse, irse, morirse, salirse* son INCEPTIVOS O INGRESIVOS, en el sentido de que denotan la entrada en un determinado estado o el paso a una nueva situación. El verbo intransitivo no pronominal puede manifestar este mismo tipo de proceso en unos casos (*morir, caer*), pero no en otros (*dormir, sonreír*). Existen informaciones más específicas relativas al uso de estos verbos que no siempre pueden describir los diccionarios generales.

42 La modalidad. Los actos de habla. Construcciones imperativas, interrogativas y exclamativas

42.1   El concepto de modalidad

42.1.1   Los actos verbales y las modalidades de la enunciación

42.1.1a   En el enunciado, entendido como la unidad mínima capaz de constituir un mensaje verbal (§ 1.7.1b), se han distinguido tradicionalmente dos componentes: el contenido al que alude, llamado DICTUM, y el MODUS, que aporta la actitud del hablante ante él. En la oración *¿Está lloviendo?* corresponde al *dictum* la descripción de un estado de cosas ('Está lloviendo'), y al *modus* el hecho de que el hablante presente esta información como una pregunta. El concepto tradicional de *modus* se relaciona con el moderno de MODALIDAD. Aunque hoy existe acuerdo general sobre la importancia de esta noción y su estrecha relación con numerosos aspectos de la sintaxis, son menores las coincidencias entre los gramáticos a la hora de definirla y delimitar su amplitud.

42.1.1b   Los enunciados lingüísticos no solo expresan informaciones sino que pueden también constituir acciones cuando se usan en las circunstancias comunicativas y sociales adecuadas. En efecto, quien dice *Te felicito; Muchas gracias; ¡Cuidado!* o *¡Cállate!* en las condiciones apropiadas no describe estados de cosas, sino que, por el hecho mismo de usar esas palabras, felicita a su interlocutor, le agradece algo, le hace una advertencia o le da una orden, es decir, lleva a cabo ACTOS VERBALES O ACTOS DE HABLA. Los enunciados con los que se realizan los actos verbales se llaman REALIZATIVOS (a veces también PERFORMATIVOS, calcando una expresión inglesa). Se caracterizan por tener FUERZA ILOCUTIVA O VALOR ILOCUTIVO, en el sentido de que llevan asociadas las propiedades requeridas para constituirse en un acto verbal determinado. Así, la expresión *Te lo prometo* no es una oración declarativa similar a

Está lloviendo, puesto que quien emite la primera ante otra persona en la situación apropiada lleva a cabo una promesa, por tanto cierto tipo de acción verbal o de acto de habla. Es importante subrayar que un acto de habla determinado solo es reconocido como tal en las circunstancias sociales adecuadas. Por ejemplo, la expresión *Está usted absuelto* constituye un acto de absolución si es pronunciada por un juez en la situación formal apropiada y no, en cambio, si un abogado la dirige a su cliente.

42.1.1c En una interpretación amplia del concepto de acto verbal, se considera que oraciones declarativas como *Está lloviendo* o *Te lo prometí,* que transmiten determinadas informaciones, también pueden constituir actos verbales. De hecho, suele distinguirse entre el contenido que les corresponde (por ejemplo, la información de que la caída de la lluvia se produce en el momento en que se habla) y el acto verbal que ponen de manifiesto (en este caso, la afirmación o ASEVERACIÓN de un estado de cosas).

42.1.1d Los actos verbales pueden manifestarse gramaticalmente de formas muy diversas. Para pedir perdón, por ejemplo, suelen usarse en español expresiones como *Le pido perdón;* ¡*Perdón!;* *Perdóneme;* ¿*Me perdonas?* (o ¿*Me perdonás?*). Para el acto de jurar se utiliza, entre otras, *Lo juro;* ¡*Por estas!;* ¡*Por mi madre!,* etc. Se llaman VERBOS REALIZATIVOS (o, en general, PREDICADOS REALIZATIVOS) los que dan lugar a enunciados que producen el acto de habla que designan. Se usan, en efecto, el verbo *prometer* para prometer, el grupo verbal *pedir perdón* para pedir perdón, o el verbo *jurar* para jurar, pero no se usa el verbo *insultar* para insultar. Los tres primeros son verbos realizativos porque con enunciados como *Te lo prometo, Les pido perdón* u *Os lo juro* se realizan, respectivamente, promesas, peticiones de perdón y juramentos.

42.1.1e Los verbos realizativos aparecen casi siempre en primera persona del presente de indicativo. Cuando adoptan otras formas suelen perder el valor realizativo. Así pues, el enunciado *Te lo prometo* constituye una promesa. Por el contrario, con la expresión *Te lo prometí* (con el verbo en pretérito) no se lleva a cabo una promesa, sino más bien una afirmación, por lo que su contenido puede ajustarse o no a la verdad. Los enunciados construidos con verbos realizativos que poseen valor ilocutivo (como *Te lo prometo*) no son verdaderos ni falsos, en lo que coinciden con las preguntas, las exclamaciones, las órdenes y otros actos verbales.

42.1.1f Se mantiene el valor ilocutivo del predicado en ciertas construcciones de pasiva refleja (por tanto, con verbos en tercera persona), como en *Se abre la sesión,* así como en algunas construcciones de participio: *Queda usted despedido; Estás contratado; Prohibido el paso.* También se mantiene el valor ilocutivo de algunos verbos cuando aparecen en oraciones subordinadas, como en *la decisión que te prometo que nunca volveré a tomar.* Es posible, asimismo, felicitar a alguien con la expresión *Permítame que la felicite,* con la que no se solicita verdaderamente un permiso, lo mismo que con *Estoy encantado de felicitarla; Quiero felicitarla por su premio,* etc. Como se explica en el § 26.5.5a, en muchos países hispanohablantes es habitual usar el infinitivo como verbo principal con función ilocutiva: *Señores, informarles (de) que...; Antes de nada, explicarles que...* Se recomienda evitar estas construcciones y emplear en su lugar verbos en forma personal: *Señores, les informamos (de) que...; Antes de nada, deseo explicarles que...,* etc.

42.1.1g   La negación y las perífrasis progresivas («*estar* + gerundio»; «*ir* + gerundio») suelen cancelar, en cambio, el valor ilocutivo de los verbos realizativos. De este modo, *No te prometo llevarte al cine* no constituye una promesa, ni siquiera una promesa negativa. Quien dice *Te estoy pidiendo perdón* no pide tampoco perdón por el hecho de usar esas palabras, sino que más bien describe lo que hace con ellas. No tienen, en cambio, el mismo efecto las perífrasis de obligación. Así, es posible entender *Debo excusarme* como 'Pido excusas' o *Tengo que anunciar que...* como 'Anuncio que...'.

42.1.1h   Los verbos realizativos constituyen una de las opciones mediante las que es posible llevar a cabo actos verbales, pero existen otras posibilidades, entre ellas las expresiones interjectivas (*¡Perdón!; ¡Adiós!; ¡Cuidado!; ¡Salud!*), así como grupos sintácticos diversos que forman enunciados no oracionales: *Para Isabel* (dedicatoria); *Por Julio y Ángela* (brindis); *Despacio* (instrucción); *Imbécil, encuentre lo que le pido* (Jodorowsky, *Danza*) (imprecación); *¡Música, maestro!* (*Mundo* [Esp.] 11/11/1995) (petición); *¡Esa luz!; ¡Todos firmes!* (órdenes); *¡Mía!* (petición de la pelota en un juego), etc. Muchos actos verbales se llevan a cabo asimismo mediante enunciados oracionales que no contienen un verbo realizativo. Así, *¿Qué hora es?* constituye una pregunta; *Vuelve pronto*, una petición; *Que te mejores*, un deseo, etc.

42.1.1i   Existen determinados patrones formales a los que tienden a ajustarse los enunciados oracionales (y con frecuencia también los no oracionales), dependiendo de cuál sea su fuerza ilocutiva. Se trata de las denominadas MODALIDADES DE LA ENUNCIACIÓN O MODALIDADES ENUNCIATIVAS, que corresponden a las estructuras IMPERATIVAS, INTERROGATIVAS y EXCLAMATIVAS. A ellas se añade, como modalidad por defecto o no marcada, la ASERTIVA O ASEVERATIVA (también llamada ENUNCIATIVA). Las construcciones OPTATIVAS O DESIDERATIVAS presentan en español algunos rasgos distintivos (analizados en el § 42.2.4). Los límites entre esas construcciones y las que corresponden a las oraciones imperativas son escurridizos, por lo que no siempre se considera que estas últimas constituyen una modalidad enunciativa autónoma. Todas las anteriores pueden acoger variantes afirmativas y negativas, por lo que la negación no constituye, en sentido estricto, un tipo de modalidad enunciativa. Las modalidades mencionadas se manifiestan a través de la entonación, el orden de las palabras, el modo verbal y otros recursos que se analizarán a lo largo del capítulo.

42.1.1j   Como ha quedado señalado en el apartado anterior, se entiende que la ASEVERATIVA puede ser también una modalidad, en la medida en que un enunciado como *Está lloviendo* expresa cierta información que el hablante presenta como verdadera, y al hacerlo muestra su punto de vista sobre una situación. Los adverbios evaluativos como *desgraciadamente, lamentablemente, felizmente* y otros similares, usados en posición incidental y separados por una pausa (*Desgraciadamente, está lloviendo*) no se refieren a los hechos que se describen, sino que reflejan la valoración que el hablante hace de ellos. Se ha observado en numerosas ocasiones que el hecho de que exista una modalidad asertiva —y por tanto pueda hablarse de actos de habla denominados ASEVERACIONES O ASERCIONES— permite interpretar adecuadamente ciertas oraciones subordinadas. En efecto, mientras que en *Pablo ha engordado* *porque hace poco ejercicio* se establece una vinculación causal entre dos hechos ('Que Pablo haga poco ejercicio causa que haya engordado'), en *El jefe ha venido, porque su cartera está en la mesa* no puede decirse que la presencia de cierta cartera en una mesa constituya la causa de que haya venido el jefe. Como se explica en el § 46.4.1, las subordinadas así construidas son causales, pero proporcionan la causa de que se diga o se comunique (también se infiera o se concluya) el contenido de la oración principal (por tanto la causa de cierta aserción). Se extiende este tipo de razonamiento a las oraciones finales (§ 46.6.1), condicionales (§ 47.2) y concesivas (§ 47.6.2).

42.1.1k   Cada modalidad puede presentar marcas gramaticales propias. Algunas de ellas son incompatibles entre sí y pueden dar lugar, por tanto, a CHOQUES DE MODALIDAD. Así, los adverbios de duda son incompatibles con los imperativos (**Siéntese tal vez*); el adverbio *ojalá* es incompatible con las interrogativas que no constituyan réplicas literales (**¿Ojalá se haya muerto?*), etc.

42.1.1l   Existe cierta tendencia a que cada modalidad enunciativa se asocie con determinados actos verbales; por ejemplo, la modalidad interrogativa se utiliza pro- totípicamente para hacer preguntas (*¿Dónde vives?; ¿A qué te dedicas?*). Sin embar- go, la correspondencia no es biunívoca. Así, las estructuras interrogativas constituyen a menudo peticiones (*¿Me enseña su pasaporte?*), negaciones veladas (*¿Tengo yo la culpa de que estuviera cerrado?*), propuestas (*¿Y si fuéramos al cine?*), recriminaciones (*¿Por qué no te tranquilizas?*), entre otros actos verbales distintos de las preguntas. Análogamente es natural usar las oraciones imperativas para ordenar (*Ven inmedia- tamente*), pero también para reconfortar (*Ten confianza*), desear (*Diviértanse*) o hacer un ofrecimiento cortés (*Tome asiento, por favor*), entre otras posibilidades. También es esperable que los enunciados declarativos se usen para afirmar o negar algo (*Son las diez*), pero se emplean asimismo para ordenar (*La llamas y te disculpas con ella*), para solicitar algo (*Se ruega silencio*) y para realizar otros actos verbales. En todos estos casos se suele hablar de ACTOS VERBALES INDIRECTOS, en el sentido de que expresan de manera indirecta contenidos ilocutivos que no se corresponden con los habituales de la modalidad oracional que manifiestan. Intervienen en tales in- terpretaciones traslaticias diversas convenciones lingüísticas y culturales, algunas de las cuales forman parte de la llamada PRAGMÁTICA DE LA CORTESÍA.

42.1.2   Las modalidades del enunciado

Las modalidades de la enunciación, presentadas de forma resumida en los apartados precedentes, están vinculadas con los actos verbales que los hablantes realizan. Existe otro tipo de modalidades, llamadas a veces PROPOSICIONALES O DEL ENUNCIADO, que añaden ciertas estimaciones al contenido del enunciado mismo. Así, los elemen- tos que se subrayan en *Posiblemente, ha llovido; Es posible que haya llovido; Puede haber llovido* son heterogéneos desde el punto de vista gramatical, pero constituyen manifestaciones de una misma MODALIDAD PROPOSICIONAL, la relacionada con la mayor o menor seguridad con la que el hablante presenta lo que se dice. En la semántica y en la lógica modal se reconocen diversas modalidades proposicionales, como la epistémica o del conocimiento, la deóntica o de la obligación, la alética o de la necesidad y la probabilidad de los sucesos, la bulomaica o volitiva, etc. El estudio de dichas modalidades queda fuera de los objetivos de la presente obra, si bien se alude someramente a ellas en los § 28.1.4b, 28.2 y 30.8.

42.2   Los enunciados imperativos

42.2.1   El imperativo. Sus propiedades formales

42.2.1a   La expresión *Tranquilízate* constituye un ENUNCIADO IMPERATIVO, por tanto un acto verbal con el que se solicita algo. Los enunciados imperativos se construyen de forma característica con un verbo en MODO IMPERATIVO. Desde el punto de vista morfológico, este se caracteriza por presentar un paradigma defectivo constituido fundamentalmente por formas de segunda persona. Así, por ejemplo, el imperativo del verbo *venir* consta de las siguientes formas:

> SINGULAR: *ven ~ vení* (en las zonas voseantes), *venga* (*usted*).
> PLURAL: *venid* (usada en parte de España), *vengan* (*ustedes*), *vengamos*.

Como se comprueba en esta relación, las formas *ven, vení* y *venid* son EXCLUSIVAS del modo imperativo, mientras que las otras tres son COMPARTIDAS por el imperativo y el subjuntivo. Para los detalles sobre la flexión del imperativo, véase el capítulo 4 y las tablas de la conjugación en él incluidas.

42.2.1b   No existe pleno acuerdo sobre la cuestión de si las formas compartidas a las que se acaba de aludir pertenecen únicamente al modo subjuntivo o corresponden también al paradigma del imperativo. En cuanto a las formas de primera persona del plural, solo podrían ser consideradas de imperativo aquellas que incluyen al oyente en su referencia, como sucede en los siguientes textos:

> Vámonos, Villier, aunque tengamos que separarnos tú y yo, salgamos de aquí y dejémosla que repose (Nieva, *Zorra*); Si me invitaste a entrar, veámoslo todo (Donoso, *Elefantes*); ¡Tranquilícense todos y vayámonos a dormir [...]! (Sastre, *Viaje*).

A favor de integrar las formas compartidas en el imperativo está el hecho de que los pronombres átonos se posponen a los imperativos (*Díganle la verdad*), pero se anteponen a las formas del subjuntivo (*para que le digan la verdad*). Es igualmente polémico si deben considerarse en el paradigma del modo imperativo los verbos que se subrayan en *Pase Vuestra Majestad; No se preocupe la señora marquesa; Véase el párrafo siguiente; ¡Que lo cuelguen!; No lo permita Dios*. Se volverá sobre esta cuestión en el § 42.2.4.

42.2.1c   Las formas exclusivas del imperativo, es decir, las que no comparte con el subjuntivo, no admiten la negación: **No ven; *No sal*. Los plurales del tipo *No venid; No salid* se atestiguan ocasionalmente en España, como en *Atended al tiempo y no quered perder el rocín y las manzanas* (Estébanez Calderón, *Escenas*), pero se consideran hoy incorrectos. Las formas de imperativo se sustituyen en todos estos casos por las de subjuntivo: *No vengas; No salgáis*. Las correspondientes a *usted / ustedes* pueden ir negadas porque coinciden con las del subjuntivo: ¡No me molesten, déjenme tranquila! (O'Donnell, Vincent).

42.2.1d　En la lengua coloquial son relativamente comunes los infinitivos usados como imperativos, pero se recomienda evitar este uso en la expresión cuidada. Se trata de enunciados como ¡Venir a echarme una mano!, en lugar de ¡Venid a echarme una mano!; ¡Darle lo que os pida!, en lugar de ¡Dadle lo que os pida!; Sentaros (o Sentarse), en lugar de Sentaos (o Siéntense). También se recomienda evitar en la expresión cuidada el uso de infinitivos negados con el valor de los imperativos negativos: No hablar de eso ahora; No venir más por aquí. La alternancia entre las formas de imperativo y las de infinitivo se produce en todo el mundo hispánico tanto en carteles y rótulos (No fumar; Salir antes de entrar; No tocar, peligro de muerte) como en las instrucciones de los textos escolares (Ordenar alfabéticamente las siguientes palabras). Fuera de estos usos se recomienda evitar el infinitivo en los registros formales.

42.2.1e　Como se hace notar en los § 16.4.2a y 42.2.1b, las formas verbales afirmativas del modo imperativo presentan los pronombres pospuestos: Pónmelo; Sácadlas. La norma se aplica igualmente a las formas de primera de plural (Digámosle la verdad) y a las correspondientes a usted/ustedes. Se recomienda usar, por tanto, expresiones como Póngame un kilo de manzanas; Repítamelo; Siéntense, en lugar de Me ponga un kilo de manzanas; Me lo repita; Se sienten, puesto que estas últimas variantes están desprestigiadas. Las formas del subjuntivo que se usan en las versiones negativas (§ 42.2.1c) se construyen con pronombres proclíticos en lugar de con enclíticos: No se lo digas. Aunque el imperativo admite la posposición simultánea de varios pronombres, esta resulta menos natural si uno de ellos es un dativo ético (§ 35.4.2). Se dice, pues, No te caigas y Cáete, pero, frente a No te me caigas, se evita la variante con enclítico Cáeteme.

42.2.1f　La posposición de los pronombres en el imperativo puede dar lugar a alteraciones morfofonológicas, además de gráficas. Se ejemplifican los principales cambios con los verbos callarse y decir:

Callad + os: desaparece -d (callaos). No se recomiendan en los registros formales las variantes con -r propias de la lengua coloquial: Silencio. Callaros (Arrabal, Cementerio).

Callemos + nos: desaparece la primera -s (callémonos). Se documentan ocasionalmente las variantes que no eliden dicha consonante (callémosnos, pongámosnos), pero se consideran incorrectas.

Digamos + se: desaparece -s en la escritura (digámoselo), no siempre en la pronunciación. No se debe, pues, escribir digámosselo.

42.2.1g　Se cuestiona si debe reconocerse o no un tiempo presente (o más sencillamente, un tiempo verbal) en el paradigma del imperativo (dime, ven). La significación de estas formas es siempre prospectiva, es decir, apunta al futuro. No obstante, en el español coloquial europeo se usan infinitivos compuestos con valor realizativo, como en los textos que siguen:

> —Vimos la vía y el pesebre y pensamos... —Pues no haber pensado, les replicaron (Mendoza, Ciudad); CARMIÑA: Pues de lo malo lo menos, que el sábado pasado te pusiste en

lucimiento con los cuatro ramajos que trajiste. SUSA: Haberlos traído tú en vez de tanto soltar quejas, Carmiñina (Lázaro, *Humo*); [...] No haber venido, hombre (García Hortelano, *Mary Tribune*).

Estos infinitivos compuestos constituyen, en efecto, actos verbales, pero los enunciados en los que aparecen no son propiamente imperativos. Se usan como recriminaciones dirigidas al oyente una vez que se ha puesto de manifiesto que se obtiene algún perjuicio por no haber adoptado la conducta adecuada. Como consecuencia de esta interpretación, no se usan al comienzo del discurso. Son, por otra parte, construcciones CONTRAFÁCTICAS, ya que presuponen que tuvo lugar en el pasado el estado de cosas contrario al que expresan: *¡No haberte ido!* implica, en efecto, 'Te fuiste', y *¡Haberos preocupado!* implica 'No os preocupasteis'. En el español americano es más común el pluscuamperfecto de subjuntivo que el infinitivo compuesto con este valor: *¡Hubieras venido!; ¡Lo hubieras traído!; ¡No lo hubieran hecho!* Esa opción es también la que muestran muchos textos del español europeo y la que se usaba en la lengua clásica (§ 24.1.2g).

42.2.2 Propiedades sintácticas y semánticas de los enunciados con verbo en imperativo

42.2.2a El sujeto del imperativo no designa la persona que emite la orden, consejo, petición, etc., sino la que los recibe: *Ten paciencia (tú); Salgan de ahí (ustedes).* Como ocurre con otras formas verbales (§ 33.3.1), la presencia del sujeto no expreso se manifiesta en el hecho de que sirve como antecedente de los reflexivos (*Piensa* [tú] *más en ti mismo*), como referente del sujeto tácito de los infinitivos (*Pase* [usted] *sin llamar* [usted]) o como la función sintáctica a la que se orienta un predicativo (*Hágase* [usted] *donante de sangre*).

42.2.2b Cuando el sujeto del imperativo está expreso tiende a situarse tras él: *Pase usted.* De hecho, cuando aparece delante suele interpretarse como VOCATIVO si está separado por una pausa (*Tú, quédate aquí*). En ausencia de pausa, tiende a interpretarse como TÓPICO (*Tú quédate aquí*). Las expresiones vocativas pueden poseer rasgos de tercera persona, y no han de concordar necesariamente con el verbo. No ejercen, pues, la función de sujeto las que se subrayan en *Vamos, señor guardián de los infiernos, deje hablar a estos hombres* (Sastre, *Viaje*) o en *Dame, Alberto, tu opinión* (con verbo en segunda persona del singular).

42.2.2c Aunque los sujetos de los imperativos son pronombres personales en la mayor parte de los casos, pueden interpretarse como sujetos nominales las expresiones de tratamiento y otras que se asimilan a ellas, como en *Siéntense Sus Señorías; Pase la señora marquesa,* así como los sujetos de las oraciones pasivas reflejas: *Véase el capítulo tercero.* No obstante, aunque estos enunciados constituyen sin duda actos verbales, es controvertida la cuestión de si contienen o no auténticos imperativos, como se explica en el § 42.2.4. En cuanto a los pronombres *tú, vos, vosotros* y *vosotras,* reciben comúnmente una interpretación CONTRASTIVA O DISCRIMINATIVA cuando se usan como sujetos del imperativo. La expresión *Siéntate tú,* se usaría, por tanto, para señalar a un oyente entre varios. Los pronombres *usted* y *ustedes* no están sujetos a esa interpretación contrastiva en el español europeo, pero la muestran en mayor medida en el americano.

42.2.2d Al igual que otras manifestaciones de las modalidades de la enunciación, el imperativo no admite la subordinación. Compárese *Dice que viene* o *Dice quién viene* con **Dice que ven*. Tampoco tolera con facilidad el imperativo la anteposición de adverbios y grupos preposicionales. En efecto, resultan naturales las secuencias *Aquí me senté* o *Con esto me arreglo,* pero no lo son **Aquí siéntate* o **Con esto arréglate*. En cambio, estas expresiones pueden aparecer antepuestas si se interpretan como tópicos preoracionales marcados por una pausa separadora: *Aquí, siéntate; Con esto, arréglate*.

42.2.2e Con las oraciones de verbo en imperativo se solicitan típicamente comportamientos sujetos a la voluntad de los individuos, es decir, acciones u omisiones sobre las que el referente del sujeto del imperativo pueda ejercer cierto control. Esa es la razón por la que muchos de los predicados que designan estados o propiedades tienden a rechazar los imperativos. Así sucede con *caber, ser alto, ser calvo, tener frío, yacer,* etc. Algunos predicados de este grupo admiten los imperativos en las oraciones en las que se solicitan o se requieren comportamientos y otras formas de actuar sujetas a control, como en *Sé valiente; Sean sinceros* o en *Sé bueno, déjame dormir en tu cuarto* (Marsé, *Muchacha*); *Pónganse bien arrogantes, / tengan coraje y firmeza* (Jardiel, *Angelina*). No es raro, por otra parte, que los predicados estativos adquieran, construidos en imperativo, un sentido INCOATIVO O INCEPTIVO. Es el caso de *tener,* que se interpreta con el significado de 'pasar a tener' (*Ten un hijo y después hablamos*) o 'sostener' (*Tenme un momento este paquete*). También *conocer* se usa en imperativo con el sentido incoativo de 'adquirir conocimiento' o 'pasar a conocer', como en *Conoced a mi sobrino, / que quiero que desde hoy sea / vuestro servidor* (Calderón, *Agua*). Unos pocos verbos de estado admiten con mayor facilidad el imperativo usados en forma pronominal. Así, el imperativo es más natural con *merecerse* (*Merézcanse lo que se les da*) que con *merecer* (*Merezcan lo que se les da*). Lo mismo sucede con *estarse* (*Estate quieta*) frente a *estar*. Este último verbo raramente se usa en imperativo con sujetos en singular (**Está tranquilo*), pero sí es posible con sujetos en plural (*Estad tranquilos*).

42.2.2f Los imperativos son compatibles con las perífrasis verbales (*Vayan pasando; Empieza a estudiar*), salvo que den lugar a interpretaciones estativas, como ocurre con «*venir* + gerundio» o con las perífrasis modales «{*poder ~ deber ~ haber de ~ tener que*} + infinitivo». No se dice, por tanto, **Poded salir; *Tengan que cantar.* Por su parte los verbos *ir* y *andar* en sus variantes pronominales (*irse,* usado sobre todo en el español europeo; *andarse,* en casi todas las áreas) solo admiten perífrasis de gerundio en el imperativo. Son anómalas, en efecto, secuencias como **Se fue acostumbrándose* o **Se anduvo preparándose,* a diferencia de *Vete acostumbrándote* o *Andate preparándote.*

42.2.2g Se denominan a veces IMPERATIVOS RETÓRICOS los que no solicitan ninguna acción del destinatario al que se dirigen. Se incluyen en este grupo, por extensión, otros imperativos que, sin excluirla, acompañan su significación de diversos matices expresivos. Muchas de estas construcciones están restringidas geográficamente y presentan diversos grados de lexicalización: *Ándale pues; Échate ese trompo a la uña* (México); *Friégate* (Chile); *Andá a cantarle a Gardel; Embromate* (Río de la Plata); *Anda a ver si ponen las gallinas* (Ecuador), etc. Presentan puntos de contacto estrechos con las interjecciones formadas a partir de verbos (§ 32.3.1b) fórmulas como *Fíjate* o *Fíjate tú* (también *Fijate* o *Fijate vos*, con variante voseante que se extiende a otras expresiones similares); *Imagínate; Mira quién ha venido; Veamos; Vete a paseo* (también ... *al diablo;* ... *al demonio;* ... *a freír espárragos,* etc.); *Dale; Tócate las narices,* etc. Junto a estas expresiones existen otras (también retóricas, pero menos fijadas), como las que se forman con el grupo preposicional *para esto* en construcciones en las que se sugiere que se ha realizado inútilmente alguna acción esforzada: *Estudia una carrera para esto.* También son retóricos los imperativos que solicitan que se lleve a cabo la acción contraria a la que expresan, casi siempre construidos con sujeto antepuesto, como en *Tú sigue gritando; Eso, tú rómpeme la silla.*

42.2.2h   Los imperativos condicionales aparecen en oraciones coordinadas (mediante las conjunciones *y* u *o*), con otras oraciones no imperativas. El enunciado imperativo se interpreta como una prótasis condicional, como en *Llévame la contraria y te quedas sin cenar* ['Si me llevas la contraria...'] o en los ejemplos siguientes:

> ¡Habla ahora mismo o te mato! (Muñoz Molina, *Invierno*); ¡Lárguese de acá o llamo a la policía! (Bayly, *Días*); ¡Dame un taparrabos y moveré al mundo! (Fuentes, *Región*).

Así pues, el primer ejemplo equivale a 'Si no hablas ahora mismo te mato' y el último a 'Si me das un taparrabos, moveré el mundo'. Los imperativos condicionales son particularmente frecuentes cuando se emplean para transmitir amenazas y advertencias en las que se perciben diversos grados de énfasis. Proporcionan contextos virtuales o no factuales que dan cabida a muchos términos de polaridad negativa (§ 48.6), como en *Mueve un dedo y eres hombre muerto* o en *Haz la menor tontería y estamos perdidos* (Cf. **Hice la menor tontería*).

42.2.3   Otros enunciados de valor imperativo

42.2.3a   Es frecuente construir con pasivas reflejas en indicativo y verbos realizativos (§ 42.1.1d) los enunciados usados para ordenar, aconsejar o recomendar algún comportamiento: *Se prohíbe fumar; Se ruega silencio; Se pide colaboración; Se recomienda precaución.* Aunque estas oraciones son formalmente declarativas, ha de tenerse en cuenta que la descripción de un estado de cosas se interpreta a menudo como solicitud de que se lleve a efecto, unas veces de manera cortés (*Usted me dice lo que quiere y yo se lo busco*) y otras de manera más ruda (*Tú te comes ahora mismo todos los macarrones*). Muchas oraciones construidas con futuro se emplean también para llevar a cabo órdenes, advertencias o peticiones: *Irás y le dirás que te perdone; Te agradeceré que eches un vistazo a este texto; Acamparemos aquí.* Se trata, en todos estos casos, de actos verbales indirectos, en el sentido explicado en el § 42.1.1l.

42.2.3b   También se solicitan o se ordenan acciones diversas con expresiones formadas mediante «*a* + infinitivo», muy comunes en la lengua coloquial: *A dormir; A trabajar; A comer; A estudiar.* Aunque pueden transmitir deseos (*¡A pasarlo bien!*)

o recomendaciones (*A dormir, mujer, que mañana será otro día*), suelen caracterizarse por su tono expeditivo. Los mandatos formados por «*sin* + infinitivo», propios del español coloquial europeo, suelen caracterizarse también por la brusquedad con el interlocutor: *¡Sin empujar!; ¡Sin abusar!; ¡Sin faltar al respeto!*

42.2.3c Se asimilan a los mandatos, y constituyen, por tanto, actos verbales de sentido imperativo, ciertos usos del gerundio propios de la lengua coloquial (§ 27.1.1d), como *Andando* (o *Andandito*); *Callandito*, así como otros construidos con el esquema «*ya estás* + gerundio» (con el auxiliar en segunda o tercera persona: *ya está usted, ya están ustedes, ya estáis*), también propio de los registros coloquiales:

> Pues ya estás volando a por ella. Yo me quedo de guardia aquí (Martín Gaite, *Fragmentos*); Ya estás corriendo para la casa si no quieres que te lleve al cuartelillo (Marsé, *Rabos*); Vamos, vamos, ya te estás calateando, mi amor (Vargas Llosa, *Tía*).

42.2.4 Enunciados exhortativos y desiderativos. Su relación con los imperativos

42.2.4a En el § 42.2.1a se comprobó que algunas formas del imperativo coinciden con las del subjuntivo. Se considera tradicionalmente que estas formas no pertenecen propiamente al imperativo, sino que constituyen un uso del subjuntivo llamado YUSIVO. Las oraciones que lo contienen se llaman EXHORTATIVAS si se usan con valor imperativo, es decir, para incitar a la acción o a la omisión de alguna conducta, o bien DESIDERATIVAS u OPTATIVAS si manifiestan deseos del hablante que pueden carecer de destinatario. Como se señaló en los § 42.2.1b, c, es polémica la cuestión de si son o no imperativas las formas verbales de tercera persona que aparecen en enunciados exhortativos como *Dígame usted; Siéntense ustedes* o *Pase el señor*. Recuérdese que estas formas verbales admiten pronombres enclíticos (*Dígamelo usted*), a menos que estén negadas (*No se preocupe la señora marquesa*), lo que las asimila a las formas imperativas.

42.2.4b Más polémico es el estatuto morfológico del modo verbal —imperativo para unos autores, pero subjuntivo para otros— en los enunciados cuyos sujetos no designan al destinatario del mensaje, sean desiderativos (*Húndase el mundo*) o exhortativos (*Véase el párrafo siguiente*). El hecho de que los pronombres átonos sean enclíticos parece favorecer en ambos casos la interpretación imperativa. Aun así, no son propiamente imperativas las formas verbales de subjuntivo no subordinado que se interpretan como prótasis condicionales o concesivas coordinadas: *Crea o no crea lo que dices...* (§ 47.7.3a): 'Tanto si cree lo que dices como si no...'. Estas formas del subjuntivo se construyen con pronombres proclíticos (*Lo crea o no...*), pero también con enclíticos en los registros más formales: *Créanlo o no lo crean, esta es la verdad* (Galdós, *Miau*). En los demás casos, el uso de pronombres enclíticos o proclíticos suele ayudar a distinguir las formas imperativas y las subjuntivas, con excepción de los contextos negativos y los encabezados por la conjunción *que*, en los que se rechazan los imperativos (*Que lo diga* ~ **Que dígalo*).

42.2.4c Dan lugar a enunciados desiderativos las formas en subjuntivo de unos pocos verbos, como *viva* y *muera* seguidas de un grupo nominal (*Vivan los novios;*

Mueran los traidores) y también otras como las que aparecen en los ejemplos siguientes: *Pleitos tengas y los ganes; Tenga usted un buen día; Usted lo pase bien; En paz descanse; En gloria esté*, etc. Son especialmente frecuentes las que se refieren a seres sobrenaturales: *Dios quiera que...; ¡Válgame Dios!; El cielo (o Dios) te oiga; Dios te ampare; La Virgen te proteja; No lo permita Dios; Santa Bárbara nos asista*, etc. Algunas de estas expresiones optativas alternan con oraciones con verbo en imperativo: *Sé bienvenido ~ Bienvenido seas; Páselo usted bien ~ Usted lo pase bien*.

42.2.4d Los enunciados construidos con la pauta «*que* + subjuntivo» (§ 25.2.1) se usan para dar órdenes o transmitir instrucciones (*¡Que pase!*), pero también para manifestar deseos, como en *¡Que alguien me ayude!; ¡Que Dios la guarde!; ¡Que la Virgen te proteja!; ¡Que se muera!; ¡Que lo cuelguen!*, o en los ejemplos que se reproducen a continuación:

> Chau, que duermas bien (Puig, *Beso*); Que lo pases bien, mi reina, que lo pases de lo mejor y que el diablo te confunda (Vázquez, Á., *Juanita Narboni*); Y que se joda Carlitos (Bryce Echenique, *Huerto*).

Además de la posición de los pronombres átonos, confirma el carácter no imperativo de estas formas verbales el hecho de que se admitan en primera persona del singular, como en *¡Que me caiga muerto aquí mismo si no es verdad!* La presencia de *que* en estas oraciones ha hecho pensar a algunos gramáticos que constituyen subordinadas sustantivas en las que se ha elidido el verbo principal.

42.2.4e Se consideran también enunciados desiderativos los encabezados por el pronombre *quién* seguido de imperfecto o pluscuamperfecto de subjuntivo (*¡Quién fuera rico!; ¡Quién hubiera estado allí!*), así como los que empiezan por «*ojalá (que)* + subjuntivo» y por «*así* + subjuntivo» (§ 25.5.2d): *Ojalá haya funcionado la teoría de que la calidad de lo escrito depende de la cantidad de páginas que se tiran a la basura* (Monteforte, *Desencontrados*); *¡Así se muera! ¡Así te la deje libre!* (Unamuno, *Abel*). Los construidos con *así* son más propiamente IMPRECACIONES, puesto que se usan para manifestar el deseo de que alguien sufra algún mal.

42.3   Las oraciones interrogativas

Las oraciones interrogativas se dividen en dos grupos: DIRECTAS e INDIRECTAS. Las interrogativas directas (*¿Qué quieres?*) constituyen enunciados interrogativos y se analizarán en este capítulo; las indirectas (*No sé bien qué quieres*) constituyen una variedad de las oraciones subordinadas sustantivas y se estudian en el § 43.3.1.

42.3.1   Características generales de las oraciones interrogativas directas

42.3.1a Las interrogativas directas, cuya entonación presenta numerosas particularidades, se usan para solicitar información: *¿Qué hora es?; ¿Funciona este teléfono?* Como se vio en el § 42.1.1l la modalidad interrogativa constituye tan solo una de las formas en las que es posible solicitar información, ya que con otros actos verbales puede lograrse ese mismo propósito: *Dime la hora, por favor; Alguno de ustedes debe de saber la hora*, etc. Por otro lado, las oraciones interrogativas pueden constituir enunciados en los que no se solicita propiamente información: *¿En qué puedo ayudarle?* (ofrecimiento); *¿Aún estás así?* (reconvención); *¿No te vendría bien descansar un poco?* (recomendación); *¿Tienes un lápiz de sobra?* (solicitud de una acción), etc.

42.3.1b Las oraciones interrogativas directas se marcan en la escritura con los signos de APERTURA (¿) y CIERRE (?). Omitir el inicial, como se hace en otras lenguas, se considera falta de ortografía en español. No rechaza la ortografía española la mezcla de signos interrogativos y exclamativos en la misma oración, especialmente en los usos literarios que buscan realzar los efectos expresivos y enfáticos: *Entreténgase con el crepúsculo. ¿No ve que empieza!* (Nieva, *Señora*); *—¿¡Suprimir los bailes!? ¡Eso sí que no!* (Fernán Gómez, *Viaje*). También se registra en la lengua literaria el uso concatenado de varios signos de apertura exclamativos (raramente de interrogación) que se corresponden con otros tantos signos de cierre: *¡Ha ido a París! ¡¡Ha vuelto de París!! ¡¡¡Jesús!!!* (Larra, *Fígaro*).

42.3.1c Se recomienda colocar el signo de apertura donde comience la pregunta. El signo (¿) sigue a los tópicos extraoracionales, como en *Y hablando de la guerra, ¿qué dicen las gentes aquí sobre ello?* (Barea, *Forja*), a los vocativos situados a la izquierda, como en *Señorita, ¿qué está usted diciendo?* (Lorca, *Zapatera*), pero no a los situados a la derecha: *¿Qué es esto, Máximo?* Sigue también a las prótasis condicionales o concesivas, como en *Y si los pájaros se venden, ¿cuánto vale el sol, la luna, el ruido que hace el viento entre las hojas?* (Obligado, C., *Salsa*) o en *Aunque su cerebro fuera igual al nuestro ¿sería razonable suponer que el homo neanderthalensis o los primeros cromagnones pensasen como nosotros?* (Pinillos, *Psicología*). El signo interrogativo de apertura sigue asimismo a muchos conectores y marcadores del discurso, como en *Pero ¿qué fue lo que te dijo?* (Chavarría, *Rojo*).

42.3.2 Las interrogativas directas totales

Las oraciones interrogativas directas pueden ser TOTALES O DISYUNTIVAS y PARCIALES O PRONOMINALES.

42.3.2a Las INTERROGATIVAS TOTALES (llamadas a veces CERRADAS) presentan implícita o explícitamente dos o más opciones entre las que el oyente debe elegir. Se dividen a su vez en INTERROGATIVAS DE SÍ O NO e INTERROGATIVAS ALTERNATIVAS. Las primeras (también denominadas POLARES) se contestan con uno de esos dos adverbios, *sí* o *no*). En ellas se contraponen dos (y solo dos) opciones antagónicas, como en *¿Tienes frío?*, donde se entiende '¿Tienes frío o no (tienes frío)?'. En las INTERROGATIVAS ALTERNATIVAS, en cambio, se elige entre dos o más opciones que la propia pregunta ofrece de forma expresa, como en *¿Prefieres este libro o ese otro?*; *¿Iremos por fin a Roma, a París o a Londres?* Se asimilan a las interrogativas totales de *sí* o *no* las formadas por un grupo adjetival (*¿Listo para empezar la jornada?*), nominal (*¿Un aperitivo?*) o verbal en gerundio (*¿Descabezando un sueñecito?*). También es posible construir interrogativas alternativas con segmentos suboracionales, como en *¿Accidente o asesinato?* (Galeano, *Días*).

42.3.2b   Pese a su nombre, las interrogativas totales de *sí* o *no* admiten como respuesta otros adverbios e interjecciones, además de las locuciones adverbiales e interjectivas correspondientes a ambos tipos de palabras. Pueden expresar asentimiento (*claro, naturalmente, por supuesto, sin duda, desde luego*), negación (*jamás, de ningún modo, ni hablar*), duda (*quizá, probablemente, seguramente, a lo mejor*). Por otra parte, es habitual que las respuestas a estas preguntas totales proporcionen más información de la que se solicita, unas veces repitiendo enfáticamente lo que podría sobrentenderse (*—¿Ha llegado el patrón? —No, no ha llegado*) y otras añadiendo contenidos que no se demandan, pero pueden interesar (*—¿Te vas de vacaciones? —Sí, el lunes*).

42.3.2c   En las respuestas es muy frecuente que el adverbio *no* vaya seguido de un elemento que sustituye al afectado por la negación. Así, el enunciado interrogativo *¿Le has entregado al profesor de Lengua el trabajo de esta semana?* puede recibir respuestas diversas dependiendo de cuál sea el foco de la pregunta, como por ejemplo, *No, a su ayudante; No, al de Literatura* o *No, el de la semana pasada.* Por razones discursivas relativas a la naturaleza del diálogo, más que a las propiedades sintácticas de la interrogación, el interpelado puede contestar una pregunta interrogativa total de *sí* o *no* sin usar una expresión de asentimiento o de rechazo y sin proporcionar tampoco el sustituto que corresponde al foco de la interrogación. Por ejemplo, a la pregunta, ya mencionada *¿Le has entregado al profesor de Lengua el trabajo de esta semana?* podría replicarse con un enunciado declarativo (*He estado enfermo*), imperativo (*No bromees*), exclamativo (*¡Qué pregunta tan tonta!*) o interrogativo (*¿Por qué habría de hacerlo?*), además de con otras muchas variantes de cada una de estas opciones.

42.3.2d   De forma paralela, la respuesta a una pregunta alternativa puede no estar constituida por uno de los elementos propuestos en ella, de modo que a la pregunta *¿Hoy es lunes o martes?* podría responderse con el sustantivo *Miércoles,* pero también con *¡Nunca sabes en qué día vives!* La variedad de respuestas posibles se incrementa por el hecho (señalado en el § 42.3.1a) de que los enunciados interrogativos pueden emplearse para realizar actos de habla distintos de las preguntas. Así, es natural interpretar como invitación la pregunta de *sí* o *no ¿Tomamos un café?,* de modo que la respuesta que el interpelado ofrezca estará en consonancia con tal interpretación discursiva, como por ejemplo *Te lo agradezco, pero tengo mucha prisa.*

42.3.2e   Muchas interrogativas totales se interpretan como PREGUNTAS CONFIRMATIVAS u ORIENTADAS. Es normal que quien pregunta *¿Te llamas Rosarito?* no quiera expresar el contenido que corresponde a *¿Te llamas Rosarito o no?,* sino más bien el de *¿Es cierto que te llamas Rosarito?* Así pues, el emisor puede usar una pregunta de *sí* o *no* para confirmar cierta información que tiene por verdadera, en lugar de para pedir que se elija una entre dos opciones antitéticas. Las preguntas que se ajustan a los patrones *¿Verdad que...?* o *¿No es cierto que...?* son también confirmativas. Aunque se consideran totales, no presentan propiamente dos opciones, ya que no aceptan el apéndice *¿... o no?* Terminan de esta forma, en cambio, las preguntas que reclaman una aclaración, como *—¿Qué? ¿Vienes o no? —le gritó Clara desde la puerta* (Torrente Ballester, *Gozos*). Este apéndice añade a la pregunta valores diversos (insistencia, presión, recriminación o vehemencia, a veces duda) y admite variantes como *¿... sí o no?* Suelen ser descorteses las fórmulas *¿... o qué?* y *¿En qué quedamos?,* usadas también como APÉNDICES CONFIRMATIVOS en las preguntas. Cuando *¿o no?* forma grupo entonativo independiente (lo que se refleja en la escritura), cambia el significado de las preguntas a las que acompaña. Contrastan así *¿Estás con nosotros o no?*, donde se demanda una aclaración o una resolución, y *Estás con nosotros ¿o no?*, donde se da por sentado el contenido de la afirmación inicial, que se pone luego en tela de juicio.

42.3.2f   Los apéndices confirmativos (también APÉNDICES INTERROGATIVOS O MULETILLAS INTERROGATIVAS) pueden seguir asimismo a las aseveraciones, como en *Estás enojado, ¿no?* Muchas de estas fórmulas están extendidas por la mayor parte de las áreas hispanohablantes: *¿no?*, *¿verdad?*, *¿eh?*, *¿ves?*, *¿oíste?*, *¿(me) entiendes?*, *¿te das cuenta?*, *¿está bien?* Otras están sujetas a mayor variación geográfica: *¿ya?*, *¿tú sabes?*, *¿viste?*, *¿vale?*, *¿no cierto?*, *¿di?*, *¿ta?*, *¿a poco no?* Se usan estas expresiones para enfatizar lo dicho, presentarlo como evidente, lógico o natural, pedir la aquiescencia del interlocutor o simplemente intentar averiguar si se está siendo atendido o comprendido. Los siguientes textos ejemplifican algunos de estos usos:

> Tengo cuarenta años y jamás, *¿oíste?*, jamás he permitido que una mujer me manipule (Martínez, *Vuelo*); Te lo anuncié, *¿viste?* (Benedetti, *Primavera*); No me hace falta nada. Todos me quieren, *¿no te das cuenta?* (Boullosa, *Duerme*); Siempre se la anda uno buscando, *¿a poco no?* (Fuentes, *Región*); Dejá que yo me preocupe por mi salud, *¿vale?* (Belli, *Mujer*).

42.3.2g   Se usan en el habla coloquial varias fórmulas interrogativas introductorias que anticipan una afirmación del hablante, generalmente presentándola como novedosa, interesante, inesperada u oportuna. Algunas de ellas son *¿sabes?* (también *¿sabes una cosa?* o *¿sabes qué?*), *¿te digo una cosa?*, *¿te cuento?*, *¿te acordás?*, *¿a que no sabes...?*, entre otras muchas similares, como en *¿Sabes lo que te digo? Que no eres más que un perfecto majadero* (Guelbenzu, *Río*). Las expresiones *¿sabes?*, *¿ves?* y algunas otras de las citadas se usan como interrogaciones introductorias al principio de un enunciado, pero también como apéndices interrogativos tras una afirmación, como en *Las cosas no van muy bien en la tienda, ¿sabes?* (O'Donnell, *Vincent*).

42.3.3   Las interrogativas directas parciales

42.3.3a   Las INTERROGATIVAS PARCIALES O PRONOMINALES (llamadas también ABIERTAS) se denominan así porque contienen un elemento interrogativo —pronombre, determinante o adverbio (§ 22.3-5)— que proporciona la incógnita que debe ser satisfecha en la respuesta, como en *¿Dónde se guardan las tazas de café?* Una parte del significado de las palabras interrogativas corresponde a un elemento indefinido. Así, la interrogativa *¿Quién ha llamado esta mañana?* presupone 'Esta mañana ha llamado alguien'. Muchas oraciones interrogativas totales que contienen indefinidos (*¿Vas a algún sitio?*; *¿Te contó algo?*) se utilizan en el coloquio con el mismo sentido que las interrogativas parciales correspondientes (*¿A qué sitio vas?*; *¿Qué te contó?*).

42.3.3b   El segmento interrogativo que introduce la incógnita se sitúa al comienzo de la oración y puede estar constituido solo por un pronombre (*¿Quién eres?*) o un adverbio (*¿Cuándo llegarán?*), pero también por un grupo sintáctico nominal (*¿Qué libro estás leyendo?*), preposicional (*¿De dónde vienen?*), adjetival (*¿Qué tan barato resultó?*) y adverbial (*¿Cómo de lejos queda eso?*). Las oraciones que no contienen ninguna expresión interrogativa adelantada, como sucede en *¿Mañana vendrá quién?* o en *¿La fiesta va a ser dónde?*, se llaman INTERROGATIVAS SIN DESPLAZAMIENTO O INTERROGATIVAS *IN SITU* y suelen usarse para pedir que se aclare o se repita parte de la información que se acaba de oír (§ 42.3.4). El discurso previo, que permite recuperar la información pertinente, hace posible que las interrogativas parciales se reduzcan a menudo al grupo interrogativo (*—Acompáñeme, por favor. —¿Adónde?*) e incluso, en el habla coloquial, a la preposición, sobre todo con *por* y *para: —No voy a ir a la fiesta. —¿Por?* Las preguntas formadas con grupos preposicionales (*¿Con quién hablabas?*) exigen otros paralelos en las respuestas (*Con Esperanza*).

42.3.3c   El sujeto de las interrogativas parciales suele seguir al verbo, sea o no de forma inmediata (*¿Qué dice Ismael?; ¿Dónde encontró esa pulsera el conserje?*), salvo que sea él mismo el elemento interrogativo (*¿Quién tosía anoche?*). Constituyen excepciones a este principio general ciertas oraciones interrogativas introducidas por adverbios de sentido causal o modal o por el adverbio *cuándo*. La mayor parte de estas preguntas son retóricas: *¿Cómo alguien que pasa una crisis interpretativa puede matar el gusanillo en programas infantiles?* (*Cambio 16* 17/9/1990); *Desde cuándo las señoras decentes tienen edad?* (Castellanos, R., *Eterno*). En el español del área caribeña, especialmente la antillana, y en el de las islas Canarias (España) se pueden anteponer al verbo los sujetos de las interrogativas parciales, especialmente si son átonos o se realizan como tales: *¿Y dónde tú creías que ibas?* (Barnet, *Gallego*).

42.3.3d   Se denominan EXPLORATORIAS las interrogativas parciales que sugieren una posible respuesta a modo de apéndice interrogativo, como en *¿Qué tenéis hoy para cenar? ¿Lentejas?* (Marsé, *Rabos*) o en *¿Qué espera, que hable de la Patria?* (Obligado, C., *Salsa*). Estos apéndices pueden ser disyuntivos: *¿Quién es la loca? ¿Violeta o tú?* (Serrano, M., *Vida*). En ciertas variedades del habla coloquial de España es frecuente que en este tipo de preguntas el único interrogativo sea *qué* sin preposición: *¿Qué vas, al cine?; ¿Qué trabajas, de ayudante?; ¿Qué has venido, en tren?* Se recomienda evitar estas construcciones en la expresión cuidada.

42.3.3e   Las interrogativas MÚLTIPLES O COMPLEJAS (*¿Quién dijo qué?*: § 22.1.2e) contienen más de una palabra o grupo interrogativo: *No nos privó a todos de saber quién es quién, quién hizo qué cosa* (*República* [Ur.] 6/3/2009). Por lo general, los elementos interrogativos que aparecen en las preguntas múltiples —y que desempeñan funciones sintácticas diferentes— siguen el mismo orden que en las oraciones aseverativas correspondientes: *¿Qué* [sujeto] *ocasionó qué* [complemento directo]?, aunque los grupos preposicionales se anteponen con facilidad: *¿Con quién* [complemento circunstancial] *tiene que hablar quién* [sujeto]? Las interrogativas múltiples raramente comienzan período, puesto que suelen enunciarse como manifestaciones de la incertidumbre del hablante respecto de un contexto inmediatamente anterior, muchas veces como preguntas confirmativas.

42.3.3f   Se construyen con interrogativas directas sin entonación interrogativa muchos títulos de libros o de otros textos: *Cómo vencer la timidez; Dónde invertir sin* *riesgo; Qué puede hacer para dejar de fumar.* El contenido de estos enunciados no es propiamente oracional, no solo porque no se solicita con ellos información alguna, sino porque al usarlos se interpreta la información nominal que corresponde a la palabra interrogativa con la que se forman: 'Modo (o modos) de vencer la timidez', 'Lugares en los que invertir sin riesgo', etc.

42.3.4 Las preguntas en la réplica

42.3.4a Se emplean a menudo las preguntas como réplicas a otros enunciados. Ciertas preguntas expresan una reacción ante una afirmación previa, de forma que con la pregunta se confirma al que habla en lo acertado de su declaración: —*El abuelito es santo.* —*¿Verdad? —contestó su madre* (Mastretta, *Mujeres*). Se manifiesta incredulidad o asombro con *¿Tú crees?; ¿De verdad?; ¿De veras?; ¿En serio?* o simplemente *¿Sí?*: —[...] *Los hombres hacen otras cosas.* —*¿Sí? —pregunté, atónita* (Grandes, *Malena*).

42.3.4b Otras veces las preguntas usadas como réplica piden alguna información que complete la del discurso precedente, como en —*¿No te da miedo? —¿De qué?* (Buero, *Caimán*); —*No me gusta que me hables así.* —*¿Que te hable cómo?* (Vargas Llosa, *Ciudad*). Tienen también naturaleza aclaratoria las PREGUNTAS DE ECO, así llamadas porque reproducen, con más o menos literalidad, el mensaje que se acaba de enunciar (o una parte de él), para confirmar que se ha comprendido bien o para pedir que se repita algún fragmento que no se ha entendido, como en —*Estoy preparando el examen de Matemáticas.* —*¿De Matemáticas?* o en —*Eso es típico de la diglosia.* —*¿Típico de la qué?* Las preguntas de eco tienen carácter metalingüístico y se caracterizan por una curva tonal marcadamente ascendente. La réplica a la afirmación siguiente constituye una pregunta de eco:

> —*Héctor vive en Santiago de Chile.*
> —*¿Dónde?* (↑) [inflexión ascendente]
> —*En Santiago de Chile.*

No es de eco, en cambio, la pregunta que aparece en este otro diálogo, con la que se solicita que se den más datos sobre la información suministrada:

> —*Héctor vive en Santiago de Chile.*
> —*¿Dónde?* (↓) [inflexión descendente]
> —*En la comuna de Providencia.*

Las preguntas de eco pueden reproducir segmentos que no son constituyentes oracionales, e incluso fragmentos de una palabra: —*Niña, ¿no tenés retazos de brocato?* —*¿Bro qué? —interrogó.* —*Brocatos* (Ocampo, *Cornelia*). Las preguntas de eco suelen ser, además, interrogativas sin desplazamiento (§ 42.3.3b).

42.3.4c No es raro que con las preguntas de eco el hablante trate de asegurarse de que ha entendido bien lo que oye, no tanto por dificultades en la comunicación, sino porque le parece increíble, inadecuado, sorprendente o inaceptable. Así sucede en —*¿Vas a dejar solo al niño? —¿Al niño? ¡Si tiene veinte años!* Es habitual la presencia de la conjunción subordinante *que* cuando se reproduce una oración, como en −*Me voy de excursión este fin de semana.* −*¿Que te vas de excursión?* También el adverbio *cómo* introduce preguntas aclaratorias de naturaleza diversa. Unas veces equivale a *¿Cómo dice?* o *¡Cómo es eso!*; otras se antepone a un fragmento entresacado del texto precedente para cuestionarlo o rebatirlo: −*Están por allí.* −*¿Cómo por allí?* (*Expreso* [Perú] 1/10/1992); −*¿Qué le pasa a esa frase?* −*¿Cómo que qué le pasa?* (Gamboa, *Páginas*).

42.3.5   La interrogación retórica

42.3.5a   Se llaman INTERROGATIVAS RETÓRICAS las que contienen implícitamente su propia respuesta o sugieren de forma velada la inclinación del hablante que las formula hacia una respuesta particular. Las interrogativas de este grupo contienen a menudo MARCAS DE ORIENTACIÓN, es decir, rasgos formales que muestran en qué sentido se orienta la respuesta. Así, la presencia del adverbio *acaso* en la oración *¿Acaso se oye mal este disco?* deja entrever la respuesta negativa que espera el hablante. Algunas preguntas retóricas permiten la aparición de indefinidos negativos y otras expresiones de polaridad negativa (§ 48.1.3a), lo que es indicio claro de su orientación: *¿Dónde has visto tú a nadie que acepte una oferta así?*; *¿Movió él un dedo por nosotros?*

42.3.5b   Las INTERROGATIVAS BIMEMBRES que se ajustan a la pauta «grupo interrogativo + grupo nominal», sin verbo, tienen con frecuencia valor retórico, en particular las formuladas con interrogativos que denotan causa. Así, *¿Para qué tanto esfuerzo?* sugiere 'No hay razón para tanto esfuerzo', y *¿Por qué estas carreras?* da a entender 'No hay razón para estas carreras'. Las preguntas introducidas por *¿A santo de qué...?*; *¿A cuento de qué...?*; *¿A qué viene...?* y otras expresiones similares implican asimismo la inexistencia de motivos (en opinión de quien las formula) para algún comportamiento determinado: *¿A cuento de qué tanta preocupación?* (*Hoy* [Chile] 20/1/1997). Algunos sustantivos, no siempre coincidentes en todos los países (*demonios, diablos, diantre, fregados, leches, narices* y otras voces malsonantes) acompañan a los pronombres y adverbios interrogativos creando grupos interrogativos complejos de interpretación enfática, como en *¿Dónde demonios se encuentra ese muchacho?* (Britton, *Siglo*). Las preguntas así construidas revelan fastidio, incomodidad, impaciencia, desesperación y otras actitudes similares ante alguna situación adversa. Se forman con interrogativos de interpretación referencial (*quién narices, cómo diablos*), lo que excluye de este paradigma el interrogativo *cuánto*. Las interrogativas enfáticas formadas con esta pauta no se interpretan en relación con el discurso precedente y rechazan siempre los complementos partitivos: *¿Quién (diablos) la habría avisado?* ~ *¿Quién de ellos la habría avisado?* ~ *¿*Quién diablos de ellos la habría avisado?*

42.3.5c   Las preguntas retóricas introducidas por *¿A que...?* dan a entender que lo que se dice es correcto (*¿A que tengo razón?*), pero también se usan para plantear al interlocutor un reto o una apuesta, sea real o fingida, como en *¿A que no sabe usted, Azorín, en lo que pensaba don Víctor cuando se estaba muriendo?* (Azorín, *Antonio Azorín*). Las preguntas precedidas de la conjunción *conque* implican unas veces sorpresa y otras censura: *Prato había oído algunas de sus viejas poesías libidinosas y lagrimeantes. [...] ¿Conque usted es el autor?* (Uslar Pietri, *Oficio*).

42.3.5d   Con *¿Es que...?* se introduce retóricamente una hipótesis considerada ilógica o poco probable, pero digna de consideración: *¿Es que no respetas nada, muchacho?* (Quintero, *Esperando*). Favorece asimismo la interpretación orientada la perífrasis «*ir a* + infinitivo»: *¿Cómo lo voy a recordar?*; *¿Qué iba a hacer yo?* Suelen estar orientadas hacia una respuesta negativa muchas interrogativas directas de infinitivo, como en *¿Qué responder a semejante declaración?* (Cabrera Infante, *Habana*), más marcadamente si son preguntas de *sí* o *no*, como en *¿Volverme? No, que será peor* (Lope Rueda, *Engañados*). Otras fórmulas semilexicalizadas que se usan de forma habitual en la interpretación orientada son las subrayadas en los ejemplos siguientes:

> *¿Tienes idea de lo que cuesta esto?*; *¿Adónde vas con ese traje?*; *¿Cómo puede uno estar con alguien así?*; *¿Por qué no me habré quedado en casa?*; *¿Qué te has creído que es este trabajo?*; *¿Quién se podía imaginar que hoy estaríamos aquí?*; *¿Te has dado cuenta de qué hora es?*

42.3.6   Interrogación y negación

42.3.6a   Las oraciones interrogativas son compatibles con la negación: *¿No te gusta?*; *¿Qué no le dijiste?*; *¿Cuándo no debo llamarla?* El que formula una INTERROGATIVA PARCIAL NEGATIVA como *¿Quién no ha llamado esta mañana?* no solicita literalmente la relación de todas las personas que no han llamado (descartando la interpretación retórica 'Ha llamado mucha gente'), sino que pide que se seleccionen uno o varios miembros de cierta LISTA IMPLÍCITA conocida por él y por el interlocutor. Es notable la excepción del interrogativo *por qué* en esta pauta, como en *¿Por qué no fuiste con ellos?*, que no fuerza a que se seleccione una razón de entre una relación previa de ellas. El adverbio *cómo* se interpreta como *por qué* en las preguntas negativas: *¿Cómo no le contestaste?* ('¿Por qué no le contestaste?'), pero mantiene en otras ocasiones su interpretación de modo o manera: *¿Cómo no se debe demoler nunca un edificio?* Dado que el interrogativo *cuánto* no permite remitir a una lista de opciones particulares, suele rechazarse en las preguntas negativas (**¿Cuánto no te gustó la película?*), a menos que se aluda a alguna magnitud específica que se pueda recuperar contextualmente (*¿Cuánto no me costó y tendría que haberme costado?*).

42.3.6b   Las INTERROGATIVAS TOTALES NEGATIVAS pueden recibir dos interpretaciones claramente distintas: '¿No es cierto que X?' y '¿Es cierto que no X?'. Este hecho está en relación con el ÁMBITO DE LA NEGACIÓN, esto es, la parte del mensaje que se ve afectada por ella o sobre la que recae su efecto (§ 48.4.1a). Así, a la pregunta *¿No vive David en Buenos Aires?* corresponden dos sentidos. El primero, '¿No es cierto que David vive en Buenos Aires?', podría expresarse también con la oración *¿Acaso no vive David en Buenos Aires?*; el segundo, '¿Es cierto que David no vive en Buenos Aires?', con la oración *Entonces, ¿David no vive en Buenos Aires?* La entonación ayuda a discriminar la lectura adecuada, muchas veces con el auxilio de marcadores como *acaso, entonces* o *así que*, o de los apéndices interrogativos *¿verdad?, ¿no es cierto?* y otros similares.

42.4 La exclamación

Los enunciados exclamativos presentan características entonativas específicas. Su curva melódica ofrece mayores contrastes tonales, especialmente en la parte final, así como un incremento en la cantidad e intensidad de las sílabas tónicas. Los signos gráficos de admiración (¡!) son paralelos a los de interrogación. Como en ellos, no debe omitirse en español el signo de apertura (¡) en el inicio de un enunciado, aun cuando no se use en otros idiomas. En el § 32.1.2 se introdujo una clasificación de los enunciados exclamativos. Estas expresiones se dividieron allí en interjecciones (*¡Oh!*), locuciones interjectivas (*¡Ni modo!*), grupos sintácticos interjectivos (*¡Caramba con el muchachito!*), onomatopeyas (*¡Catapum!*), grupos exclamativos (*¡Menuda suerte!*), oraciones exclamativas (*¡Qué rápido va!*) y vocativos (*¡Acérquese, señora!*). Se analizan en ese capítulo las cuatro primeras unidades de este paradigma. En este se examinarán las tres últimas.

42.4.1 Los grupos sintácticos exclamativos

Los grupos exclamativos son secuencias menores que la oración que pueden emplearse como enunciados exclamativos. Se construyen con recursos sintácticos, por lo que, a diferencia de las locuciones, no aparecen en los diccionarios. Estos grupos se clasifican en función de la clase de palabras en torno a la que se forman: GRUPOS EXCLAMATIVOS NOMINALES: *¡Qué maravilla!; ¡Magnífico partido!;* ADJETIVALES: *¡Cuán inútil!; ¡Muy curioso!;* ADVERBIALES: *¡Qué lejos!; ¡No tan deprisa!;* VERBALES (no personales): *¡Cuánto trabajar la tierra!; ¡Formando filas!* Obsérvese que los grupos exclamativos pueden construirse con palabras exclamativas (como el primer ejemplo de cada serie) o sin ellas (como el segundo).

42.4.1a Los GRUPOS EXCLAMATIVOS NOMINALES se forman de manera característica con los exclamativos *qué* (*¡Qué alegría!*) y *cuánto* (*¡Cuánta gente!*), a los que se asimila *vaya* cuando se usa como determinante: *¿Y así se va un año y se entra el otro? ¡Vaya despedida!* (Chase, *Pavo*). Con el exclamativo *qué*, usado como determinante en este contexto, se pondera la cantidad que corresponde a una magnitud (*¡Qué calor!*), pero también se expresa el grado elevado de alguna propiedad: *¡Qué belleza!* También se construyen grupos nominales exclamativos con la expresión cuantificativa *¡Qué de...!* seguida de sustantivos contables en plural, como en *Qué de años y de años, señor* (Uslar Pietri, *Oficio*), o de incontables en singular, como en *¡Qué de agua!*

42.4.1b Los grupos exclamativos nominales construidos sin palabras exclamativas admiten gran número de formas. De hecho, casi cualquier grupo nominal puede usarse como exclamativo en el entorno sintáctico adecuado, con múltiples efectos de sentido que dependen de factores contextuales. A pesar de ello, los grupos nominales se especializan a veces en significados particulares en función de los sustantivos con los que se crean. Así, con *¡Un momentito!; ¡Un coñac!* o *¡Música!* se

realizan peticiones (§ 42.1.1h); con *¡Un alivio!* o *¡Una gozada!* se expresan sentimientos o reacciones; con *¡Un disparate!; ¡Cosas de niños!* o *¡Pavadas!* se enjuician
acciones, situaciones u opiniones.

42.4.1c Estas construcciones se diferencian de los llamados FRAGMENTOS, es decir, de las secuencias que solo se interpretan si se proporciona la pregunta a la que
responden o la información a la que se oponen en la réplica. Así, el enunciado *¡Una
novela muy interesante!,* pronunciado ante un libro, constituye un grupo exclamativo,
pero si se usa como respuesta a la pregunta *¿Qué te pareció?* se considera un fragmento, ya que proporciona la información que se solicita en la pregunta mediante el pronombre interrogativo *qué.* Algunos adjetivos prenominales dan lugar a alternancias
como *¡Qué hermoso día!* ~ *¡Hermoso día!,* en las que se expresa un significado similar
a pesar de que no aparece ninguna palabra exclamativa en la segunda opción. Anteponiendo al nombre una serie reducida de adjetivos y participios (*bendito, bonito,
bueno, condenado, dichoso, lindo, menudo, valiente* y algunos más) se construyen grupos nominales exclamativos de sentido generalmente contrario al literal: *¡Menudo
error!* ('*¡Qué gran error!*'); *¡Dichoso viajecito!* ('*¡Qué viaje tan desafortunado!*').

42.4.1d Los GRUPOS EXCLAMATIVOS ADJETIVALES y ADVERBIALES pueden construirse con *qué* (*¡Qué difícil!; ¡Qué deprisa!*) y *cuán,* este último restringido generalmente a la lengua literaria: *¡Cuán regaladas y honestas respuestas tuve!* (Cervantes,
Quijote I). Estos exclamativos indican un grado muy elevado de la propiedad que se
cuantifica, lo cual no impide que se unan a adjetivos de grado extremo: *¡Pero qué
hermosísima está hoy esta rosa de Jericó!* (Clarín, *Regenta*); *¡Oh, qué maravilloso,
qué exquisito el razonamiento!* (Somoza, *Caverna*). El adverbio *cómo* puede incidir a distancia sobre un atributo y dar lugar a dos variantes. La primera, *¡Cómo era de simpática!; ¡Cómo come de rápida!,* es la más extendida actualmente; la segunda, *¡Cómo era
simpática!; ¡Cómo come rápida!,* propia de la lengua antigua, se registra también en el
español oral contemporáneo de algunos países americanos. Los grupos adjetivales
cuantificados pueden integrarse en los grupos exclamativos nominales de dos formas: en la primera, la más generalizada, el adjetivo se antepone (*¡Qué bonito vestido!*) o bien se pospone acompañado de los adverbios cuantificativos *tan* o *más: ¡Qué
vestido {tan ~ más} bonito!* En la segunda opción, la posposición del adjetivo se admite
sin estos cuantificadores. Se atestigua esta variante en la lengua literaria y a veces
también en otros registros en las áreas caribeña y rioplatense, como en *¡Qué día
lindo!* o en *¡Qué paz lujosa y digna!* (Mujica Lainez, *Escarabajo*). En las ponderacio-
nes de grado extremo el exclamativo *qué* puede alternar con *un / una: ¡Qué magnífico
día!* ~ *¡Un magnífico día!*

42.4.1e Los grupos exclamativos adjetivales y adverbiales pueden construirse
sin palabras exclamativas: *¡Demasiado caro!; ¡Más afuera!* Con la partícula exclamativa *so* (procedente de *señor*) se forman grupos nominales asimilables en alguna
medida a los vocativos, como en *Pues mire usted, so idiota, ese es uno de los rasgos
negativos de mi modesta biografía* (Guillén, *Correspondencia*). Los adjetivos que se
admiten en esta pauta están sujetos a un proceso de sustantivación (como en *tonto > un tonto ~ so tonto*). Se crean grupos nominales exclamativos con los sustantivos *pedazo, especie, remedo* y con ciertos SUSTANTIVOS DE GRUPO (§ 12.4.1a) como el
que aparece en *¡Hatajo de maulas!* (Benet, *Saúl*). Con la pauta «adjetivo + *de* + grupo

nominal o pronominal» se construyen también grupos exclamativos adjetivales en los que el adjetivo concuerda con el núcleo del término de la preposición: *¡Dichoso del que no conoce la envidia!; ¡Pobrecitas de ellas!*

42.4.1f   Los GRUPOS EXCLAMATIVOS DE INFINITIVO, GERUNDIO Y PARTICIPIO presentan propiedades híbridas. Los que se forman con infinitivos están sujetos a los cruces entre nombre y verbo descritos en el § 26.1.2; los que se construyen con participio, como *¡Cuán olvidado de todos!,* se asimilan en buena medida a los grupos adjetivales. Como en los restantes grupos sintácticos, los verbales pueden formarse con palabras exclamativas (*¡Cuánto sufrir!*) o sin ellas (*¡Bien hecho!*). Son habituales en el español general las estructuras de infinitivo en las que se manifiesta contrariedad, rechazo o sorpresa, como en *¡Hablarle así a mi hija!* o *¡Llamarme a estas horas de la noche!* Como se vio en los § 27.1.1d y 42.2.3c, los gerundios en la exclamación son característicos de las expresiones apelativas de significado imperativo: *¡Andando!*

42.4.2   Las expresiones vocativas

42.4.2a   Las expresiones vocativas son pronombres personales o grupos nominales que se usan para dirigirse a alguien, generalmente solicitando una respuesta o una reacción. Se emplean también para saludar o iniciar una conversación (*¡Buenas tardes, doña Encarna!*), para llamar la atención (*¡Eh, tú!*), pedir u ordenar algo (*¡Acércate, muchacho!*), para disculparse (*¡Perdone, señor!*) o para dirigirse a alguien con muy diversos propósitos. Como se vio en el § 42.4.1e, con los grupos nominales se pueden crear enunciados exclamativos que constituyen insultos. Estas expresiones (*¡Maldito embustero!; ¡Canalla!; ¡Ladrón!*) no se diferencian de los vocativos más que en la intención del que habla, puesto que su objetivo no es llamar la atención del interlocutor, sino dirigirle alguna expresión difamatoria, esté o no presente.

42.4.2b   Se emplean como vocativos los pronombres, los nombres propios de persona, los de parentesco, oficios y profesiones, títulos honoríficos, y otros sustantivos análogos. Pueden dirigirse también a animales y cosas personificadas, como en *Come, perrito, de este manjar* (Quintero, E., *Danza*) o en *¡Inteligencia, dame el nombre exacto de las cosas!* (Jiménez, *Eternidades*). Los vocativos aparecen con frecuencia acompañando a las interjecciones, como en *Adiós, mi niña: voy a Nigeria* (Alberto, *Eternidad*), a los imperativos: *Dame la mano, Molina* (Puig, *Beso*) y a las preguntas: *¿Vienes, Camila?* (Asturias, *Presidente*). Suelen carecer de determinante los grupos nominales vocativos formados por nombres comunes: *¡Pase, señora!* Se registran, sin embargo, algunas excepciones con los posesivos (§ 18.2.2c), como en *¿Qué te sucede, mi amor?; Epa, mi hijita, despiértese; A sus órdenes, mi comandante.*

42.4.3   Las oraciones exclamativas. Exclamativas totales y parciales

42.4.3a   Las oraciones exclamativas admiten una división similar a la establecida para los grupos exclamativos. En efecto, existen oraciones exclamativas que solo se diferencian de las correspondientes aseverativas en los rasgos fonéticos o gráficos mencionados. Así sucede con *¡Estoy agotado!* (frente a *Estoy agotado*); *¡Quería que* *fuera a trabajar todos los sábados!* o *¡Este calor es insoportable!* Estas oraciones suelen llamarse TOTALES, por analogía con las interrogativas. Se forman con palabras exclamativas las denominadas exclamativas PARCIALES, paralelas igualmente a las interrogativas:

> *¡Qué susto me he llevado!; ¡Cuántas veces se lo advertí!; ¡Qué de flores han salido!; ¡Qué cansado estoy!; ¡Cómo se ha puesto de gordo!; ¡Qué temprano llegaron!*

Como en las interrogativas, las palabras exclamativas o los grupos que forman aparecen en posición inicial: *¿Cuánto se demoró?* ~ *¡Cuánto se demoró!; ¿Qué dices?* ~ *¡Qué dices!; ¿Qué bares frecuentas?* ~ *¡Qué bares frecuentas!* Análogamente a las interrogativas, las oraciones exclamativas se clasifican en DIRECTAS, como las que se acaban de mencionar, e INDIRECTAS O SUBORDINADAS. La oración subrayada en *Hemos estado frente a la muerte y hemos comprendido cuán cerca está también la nuestra* (Regàs, *Azul*) constituye un ejemplo de exclamativa indirecta (§ 43.3.2). A diferencia de las interrogativas, las exclamativas indirectas son siempre parciales. Otra característica que diferencia las interrogativas de las exclamativas, sean directas o indirectas, es el hecho de que solo las primeras pueden construirse con infinitivo (*¿Cómo encontrarla?; ¿Qué decirle?*). Se exceptúan algunas construcciones semilexicalizadas, como las que se mencionan en el § 42.4.1e.

42.4.3b Aunque existen paralelismos entre los pronombres exclamativos y los interrogativos, se diferencian en algunos aspectos sintácticos y semánticos. Mientras que las interrogativas que contienen el grupo nominal «*qué* + sustantivo» solicitan que se identifique una determinada entidad (*¿Qué libro estás leyendo?*), el determinante *qué* apunta en las exclamativas a alguna propiedad EXTREMA que a menudo solo el contexto o la situación pueden aclarar. Así, en *¡Qué libro estás leyendo!* puede entenderse '... tan malo', '... tan grueso', '... tan divertido', etc. Carecen de correlatos interrogativos los grupos exclamativos formados con «*qué* + adjetivo o adverbio». Así pues, junto a *¡Qué lejos vive!* o *¡Qué alto es!*, no se obtiene *¿Qué lejos vive?* ni *¿Qué alto es?* Las preguntas correspondientes se construyen, según las áreas lingüísticas, con *qué tan* (*¿Qué tan alto es?; ¿Qué tan lejos vive?*) o con *cómo de* (*¿Cómo de alto es?; ¿Cómo de lejos vive?*). La expresión *qué de* (*¡Qué de gente había!*) tampoco se usa en contextos interrogativos (*¿Qué de gente había?*).

42.4.3c Confluyen *qué* y *cuánto* ante sustantivos no contables en los enunciados exclamativos (*¡Qué ruido!* ~ *¡Cuánto ruido!*). De manera similar, las oraciones exclamativas acercan el significado de los adverbios *cuánto* y *cómo*, de forma que el segundo puede denotar cantidad, no solo manera: *¡Cómo le gusta el arroz!* ~ *¡Cuánto le gusta el arroz!; ¡Cómo llovía!* ~ *¡Cuánto llovía!* No dan lugar, en cambio, a significados similares las oraciones interrogativas correspondientes. La confluencia de *cómo* y *cuánto* se mantiene en las exclamativas indirectas: *No sabes {cómo* ~ *cuánto} te lo agradezco,* no así en las interrogativas indirectas: *No he podido averiguar {cómo* ~ *cuánto} le gusta.*

42.4.3d Los vínculos entre interrogación y exclamación obedecen en parte al hecho de que algunos USOS RETÓRICOS de la interrogación (§ 42.3.5) son indistinguibles de los de la exclamación. Algunas interrogativas retóricas parciales, como

¿Quién sabe?; ¿Qué tiene eso que ver?, expresan un sentido próximo al de las exclamativas paralelas *¡Nadie lo sabe!; ¡Eso no tiene nada que ver!* En los textos alternan los signos de interrogación con los de exclamación al transcribir estas oraciones. Así, los ejemplos anteriores podrían representarse gráficamente de este modo: *¡Quién sabe!; ¡Qué tiene eso que ver!* Cuando aparecen los primeros, la oración no se suele pronunciar con la entonación característica de las interrogativas: *¿Adónde vamos a parar con gente así...?* (Viñas, *Lisandro*).

42.4.4 Aspectos sintácticos de las oraciones exclamativas

Si se atiende a su constitución interna, cabe distinguir entre tres tipos de oraciones exclamativas que presentan varias peculiaridades sintácticas: las EXCLAMATIVAS DE ANTEPOSICIÓN ENFÁTICA, las EXCLAMATIVAS BIMEMBRES O PREDICATIVAS y las EXCLAMATIVAS DE PARTÍCULA ENFÁTICA INICIAL.

42.4.4a Las EXCLAMATIVAS DE ANTEPOSICIÓN ENFÁTICA presentan antepuesto el elemento que se enfatiza o focaliza. Como en las interrogativas, el sujeto expreso se sitúa en ellas en posición posverbal cuando no coincide con la palabra exclamativa: *¡Qué hambre tenía yo!; ¡Cómo vive esta gente!* No obstante, el segmento antepuesto en estas oraciones no está constituido necesariamente por palabras exclamativas: *¡Dos mil dólares me pidió tu amigo por un auto usado!; ¡Buen apetito traías!; ¡A tal punto llegó la discusión!* o *¡Tarde viene una a arrepentirse de sus crueldades!* (Ayala, *Muertes*).

42.4.4b Constituyen un subgrupo de estas exclamativas las que incluyen la conjunción *que*, que separa el grupo exclamativo del resto de la oración, como en los textos que se citan a continuación:

> *¡Qué mal que finge amor quien no le tiene!* (Lope Vega, *Perro*); —Buenas tardes, don —dijo la señora de negro—. *Qué calor que hace* (Cortázar, *Rayuela*); *¡Qué estúpido que he sido, cómo he malgastado mi tiempo!* (O'Donnell, *Vincent*).

En este uso, la conjunción *que* se considera EXPLETIVA, ya que puede omitirse sin afectar al sentido. Su presencia es más común en la lengua coloquial que en los registros formales. No se usa el pronombre neutro *qué* (*¡*Qué que dices!*) en estas construcciones, pero sí el exclamativo *cuánto* y sus variantes, como en *¡Cuánto que disfrutó!* o en *¡Cuánta gente que ha festejado el triunfo de Obama en USA!* (Clarín 3/2/2009). Tampoco se emplea la conjunción expletiva en las interrogativas parciales, lo que da lugar a contrastes como *¡Qué cosas que dices!* ~ *¡*¿Qué cosas que dices?*

42.4.4c Además de los grupos formados con *qué* o *cuánto*, pueden entrar en este esquema otros grupos exclamativos:

> *¡Menuda bromita que nos gastaron!; ¡Poco que nos reímos!; ¡Mucho que le van a escuchar!; ¡Bien contento que iba!; Si no te invitan, ¡eso que pierden ellos y eso que te ahorras tú!*

Aunque en alguno de los ejemplos anteriores la partícula *que* podría interpretarse como relativo, su comportamiento es más propiamente el de una conjunción. Se ha observado que si *que* fuera relativo, se formarían con naturalidad relativas preposicionales como **¡Qué extremos a que hemos llegado!*, donde la relativa sigue a su antecedente nominal, pero las secuencias correspondientes a esta pauta llevan, en cambio, la preposición en posición inicial: *¡A qué extremos que hemos llegado!* Se vuelve sobre esta cuestión en el § 42.4.5c.

42.4.4d Las EXCLAMATIVAS BIMEMBRES O PREDICATIVAS se ajustan a la pauta «predicado + sujeto de predicación». Como se ve, el sujeto de la predicación es el segundo componente de la oración exclamativa. El predicado de estas oraciones no es verbal, sino nominal (*¡Buena cosecha la de este año!*) o adjetival (*¡Magnífico el concierto del sábado!*). El sujeto de estas exclamativas es frecuentemente nominal, pero puede ser también pronominal (*¡Qué días aquellos!*), además de oracional, como en *¡Qué bueno que las cosas se solucionaran!*

42.4.4e Se forman también oraciones exclamativas con una serie de partículas enfáticas que ponderan o realzan la actitud del hablante en relación con lo que expresa. En efecto, son oraciones exclamativas tanto *¡Iremos a la playa!* como *¡Vaya si iremos a la playa!* Sin embargo, en la segunda se percibe mayor vehemencia por parte del hablante, acaso como reacción a una objeción previa. La mayor parte de estas EXCLAMATIVAS DE PARTÍCULA ENFÁTICA INICIAL se forman con la conjunción subordinante *que* (*¡Cuidado que es lista!*; *¡Bien que la mirabas!*), pero algunas alternan *que* y *si*. La variante *vaya que* está más restringida geográficamente que *vaya si*, pero puede alternar con ella en algunos países, además de con *vaya que si*:

> ¡Vaya que eres descuidado! ¿Y tu máscara? (Gasulla, *Culminación*); ¿Quién ha dicho que soñar no cuesta? ¡Vaya si cuesta! (Alberto, *Eternidad*); —¿Te acuerdas de aquel señor alto que nos arregló el cuarto de baño? Pues allí. —¿El del Escorial? —Vaya que si me acuerdo (Martín Gaite, *Nubosidad*).

La partícula *bien* se registra con la conjunción *que* (*¡Bien que me lo sospechaba yo!*) o sin ella (*¡Bien me lo sospechaba yo!*), pero la primera variante es hoy más frecuente que la segunda. Cabe agregar a este paradigma de partículas enfáticas *sí que*, en su uso no irónico, como en *¡Pues sí que tenías sed! Te has bebido dos litros de agua.*

42.4.4f Las partículas enfáticas iniciales de las exclamativas descritas en el apartado precedente son incompatibles con un cuantificador de grado interno a la oración: *¡Vaya si estudia (*mucho)!*; *¡Bien que te pareces (*bastante) a tu padre!*; *¡Si dirán estos chicos (*muchas) tonterías!*; *¡Cuidado que es (*muy) mimosa mi gata!* Constituyen, pues, una suerte de CUANTIFICADORES A DISTANCIA. Estas partículas enfáticas son asimismo incompatibles con la negación, como en *¡Vaya si (*no) lo conozco!* Construida con futuros o condicionales, la conjunción *si* también da lugar a estructuras exclamativas de partícula enfática inicial: *¡Si estará loco!*; *¡Si se habrá ido lejos!*; *¡Si tendría dinero!* En tales contextos, *si* puede suplir al cuantificador *tan*, hasta el punto de que cabe añadir subordinadas consecutivas (§ 45.6.1c). Así, *¡Si será listo que no falló ninguna respuesta!* recibe una interpretación similar a 'Es tan listo que no falló ninguna respuesta'.

42.4.5   El uso enfático del artículo determinado

42.4.5a   Muchas oraciones pueden considerarse exclamativas porque contienen artículos definidos usados de forma enfática. Así, *¡Las historias que inventa!* equivale a *¡Qué historias inventa!*; *¡Lo inteligente que es!*, a *¡Qué inteligente es!*, y *¡Lo bien que canta!*, a *¡Qué bien canta!* Estas oraciones también pueden construirse como complementos en los contextos en los que aparecen las exclamativas y las interrogativas indirectas: *Tú no sabes la noche que he pasado.* El segmento subrayado se analiza como una oración (equivalente a la subrayada en *Tú no sabes qué noche he pasado*), no como un grupo nominal que contuviera una relativa. De hecho, se ha puesto en duda el carácter relativo de la partícula *que* en estas oraciones, puesto que la oración que encabeza no se puede suprimir: **Tú no sabes la noche.* Contrastan igualmente **Nadie sabe los disgustos* y *Nadie sabe los disgustos que me ha dado.*

42.4.5b   Con otros predicados pueden obtenerse oraciones ambiguas, según se interprete la secuencia introducida por el artículo como nominal o como oracional. Así, con el enunciado *Mira los libros que está leyendo* puede pedirse a alguien que dirija su vista a hacia determinados libros (lectura nominal del complemento), o bien puede expresarse un contenido cercano a '¡Mira cuántos libros está leyendo!' (lectura proposicional cuantitativa) o a '¡Mira qué libros tan {interesantes ~ antiguos ~ subversivos...} está leyendo!' (lectura proposicional cualitativa). Esta oración admite además la interpretación que corresponde a una interrogativa indirecta (aproximadamente, 'Averigua qué libros está leyendo').

42.4.5c   Ciertos rasgos sintácticos ponen de manifiesto la naturaleza oracional del segmento encabezado por el artículo enfático. Así, *No sé los actos que habrá presidido* no se transforma en *No los sé*, sino en *No lo sé*. El carácter proposicional explica, por otro lado, la aparente discordancia que se da en oraciones como *¡Es sorprendente las cosas que sabe!*, aun cuando se recomienda evitar estas construcciones en los registros más cuidados. La variante nominal que se rechazaba en el § 42.4.4c se admite en muchas de estas construcciones, lo que da lugar a alternancias como *Es increíble la destreza a la que llega ~ Es increíble a la destreza que llega.* La preposición *a* encabeza en la primera opción el grupo relativo *a la que* en una relativa preposicional especificativa, mientras que en la segunda, con artículo enfático, encabeza una subordinada de estructura casi idéntica a la de una exclamativa indirecta (*a qué destreza llega*).

42.4.5d   Las construcciones con artículo determinado enfático se presentan fundamentalmente en tres contextos:

> A. Oraciones subordinadas a un predicado que selecciona exclamativas indirectas: *Mira lo bien que escribe; Es asombroso el tiempo que pierde uno en los embotellamientos.*
>
> B. Oraciones exclamativas independientes: *¡En el lío (en) que se ha metido!; ¡Las barbaridades que dice este hombre!; ¡Lo triste que se puso aquel día!*
>
> C. Oraciones subordinadas a predicados que seleccionan interrogativas indirectas: *Depende de lo bien que lo haga; Ignoro el dinero que le habrá costado esto.*

No es imposible que un mismo predicado acepte la interpretación interrogativa y la exclamativa, de forma que será el contexto el que favorezca la más adecuada pragmáticamente. Así sucede en *No sabes las aficiones que tiene: cría tarántulas, hace parapente...* (interpretación exclamativa) frente a *No sabes las aficiones que tiene. Si quieres ser su amigo, deberías averiguarlo* (interpretación interrogativa). El esquema «*la de* + sustantivo plural», por el contrario, admite solo la interpretación exclamativa cuantitativa: *La de cosas, sí señor, que yo habré visto* (Montero, M., *Trenza*).

42.4.5e Se forman otras construcciones exclamativas con artículo enfático (sobre todo *lo*) en las que no siempre es sustituible por un exclamativo. Así, *con* encabeza grupos sintácticos de significación cuantitativa y valor concesivo, como *¡Con la suerte que tiene!; ¡Con lo amable que parecía!; ¡Con lo bien que cantaba!* Con otras preposiciones estos grupos pueden funcionar en esquemas equivalentes a subordinadas causales o consecutivas, como en los siguientes ejemplos:

> A veces, pierdo la paciencia, pero es por lo mucho que te quiero (Santiago, *Sueño*); Tenía una mirada escalofriante, una mirada demasiado intensa acaso por lo poco que la usaba (Benet, *Saúl*); De lo feo que se estaba poniendo aquello, la trigueñita mandó a buscar al señor cura (Vega, A. L., *Crónicas*).

42.4.5f Es característico del llamado LO ENFÁTICO (frente a otros usos del artículo *lo:* § 14.5) el poder concurrir con adjetivos que concuerdan con el sujeto de las oraciones copulativas, como en *¡Si vieras lo contentas que están las niñas!* En los estudios sobre la exclamación se ha aducido este hecho como argumento a favor de que *lo contentas* presenta aquí una estructura similar a la del grupo exclamativo *qué contentas*. El artículo *lo* puede, asimismo, ir seguido de adverbios, que modifican igualmente al predicado verbal: *Es de agradecer lo bien que se nos ha atendido*. Como el artículo se asimila aquí a un cuantificador de grado, los adjetivos y adverbios que se construyen con él expresan necesariamente cualidades graduables. Así pues, contrastes como *Es de lamentar lo {temprano ~ *antes} que se fue* se deducen directamente de otros más simples, como *muy {temprano ~ *antes}* (§ 19.3.1c).

43 Oraciones subordinadas sustantivas

43.1 Caracterización y clases

43.1.1 Concepto de subordinada sustantiva y propiedades que las distinguen

43.1.1a Se denominan tradicionalmente ORACIONES SUBORDINADAS SUSTANTIVAS (también CLÁUSULAS SUSTANTIVAS O PROPOSICIONES SUSTANTIVAS, además de ORACIONES COMPLETIVAS) las que desempeñan las funciones características de los sustantivos o de los grupos nominales (sujeto, complemento directo, término de la preposición, etc.). Así, el segmento subrayado en *Los trabajadores deseaban que les subieran el salario un quince por ciento* es una subordinada sustantiva que desempeña la función de complemento directo. Es indicio, además, de su naturaleza sustantiva el que puedan coordinarse con grupos nominales, como en *Los trabajadores deseaban que les subieran el salario y mejores condiciones de trabajo,* o alternar con ellos, como en *Los trabajadores deseaban {que les subieran el salario ~ una subida de salarios}.* Las subordinadas sustantivas se pueden sustituir por pronombres neutros: *Los trabajadores deseaban eso; Los trabajadores lo deseaban.*

43.1.1b No todas las subordinadas sustantivas alternan, sin embargo, con los grupos nominales. Algunos verbos piden en su complemento contenidos que solo pueden expresarse mediante oraciones o pronombres, lo que da lugar a contrastes como *Creo {que regresará ~ *su regreso}* o *Dudo {que acepte ~ *su aceptación}.* En otros casos la alternancia afecta al significado del verbo. Así, el contenido del verbo *encontrarse* no es exactamente el mismo en *Nos encontramos con un amigo* que en *Nos encontramos con que un amigo nos había fallado.* Tampoco es el mismo, aunque esté estrechamente relacionado, el de *digerir* en *No digiere bien las comidas* y en *Le costaba digerir que su libro hubiera fracasado.* Asimismo, el verbo *ver* y otros de percepción física (*oír, notar, advertir*) pasan a interpretarse como verbos de juicio cuando se construyen con subordinadas sustantivas, como en *Vi que mi hijo no me comprendía,* frente a *Vi a mi hijo.*

43.1.1c   La oración subordinada está INCRUSTADA o INSERTADA en una unidad
más amplia, llamada tradicionalmente ORACIÓN PRINCIPAL. Así, en *Todos deseába-*
mos que Rosa se quedara con nosotros, la oración principal es la secuencia entera. No
lo es, en cambio, la expresión *todos deseábamos* (como se defiende a veces en algunos
análisis tradicionales) puesto que esa expresión no constituye un segmento sintáctico (por tanto, tampoco una oración). Las subordinadas sustantivas son argumentales (véanse los § 1.6.1c, d y 1.6.2 para el concepto de *argumento*), y pueden depender
de un verbo, como en el ejemplo anterior, pero pueden estar también incrustadas en
un grupo nominal (*la prueba de que tienes razón*), adjetival (*contenta de que la hayan*
llamado) o adverbial (*antes de que te cases*).

43.1.1d   Las llamadas RELATIVAS SIN ANTECEDENTE EXPRESO (LIBRES O SEMILIBRES:
§ 44.1.2c, d), como *Quien tenga frío que se vaya* o *No me gusta lo que compré,* presentan diferencias semánticas y formales notables respecto de las subordinadas
sustantivas. Mientras que estas últimas denotan nociones abstractas, fundamentalmente hechos y estados de cosas, las relativas sin antecedente expreso pueden aludir
a cualquier tipo de referente (personas, objetos físicos, lugares, conceptos). Esta diferencia semántica repercute en su comportamiento sintáctico y en su distribución
gramatical. Así, por ejemplo, determinados predicados que admiten grupos nominales, pero no subordinadas sustantivas en la posición de sujeto (*morir, ser alto, parecer*
amarillo, ser oriundo de un lugar) o de objeto directo (*comer, cancelar, guiar*), admiten, sin embargo, relativas sin antecedente expreso en esas posiciones: *Comía {lo que*
*le daban ~ *que le daban}.*

43.1.2   Clases de subordinadas sustantivas

43.1.2a   Desde el punto de vista de su ESTRUCTURA, las subordinadas sustantivas se dividen en tres grupos: DECLARATIVAS O ENUNCIATIVAS (*Sé que está conten-*
to), INTERROGATIVAS INDIRECTAS (*Averiguaré si nos han descubierto; No recuerdo*
quién te llamó) y EXCLAMATIVAS INDIRECTAS: *Es indignante cómo nos han tratado*
(*Universal* [Méx.] 20/12/2006). En las primeras se subordinan contenidos que se
declaran o se enuncian. Estas oraciones están encabezadas por la conjunción *que*
si su verbo está en forma personal (para la omisión de *que* véase el § 43.2.1b). Las
interrogativas indirectas se caracterizan por ir introducidas por la conjunción *si*
(INTERROGATIVAS TOTALES) o bien por los pronombres, determinantes o adverbios interrogativos (§ 22.1-5, 42.3, 42.4 y 43.3.1a, c). La conjunción *si* y los interrogativos introducen oraciones que expresan opciones o alternativas. Así, en los
ejemplos propuestos se evoca la alternativa de si nos han descubierto o no, o la de
cuál —entre las varias posibles— pudo ser la persona que llamó. Por otro lado, las
exclamativas indirectas son consideradas a veces variantes de las interrogativas
indirectas. Sin embargo, se distinguen de ellas por varias características (§ 43.3.2),
entre otras el ir introducidas por palabras exclamativas y el ser siempre parciales
(§ 43.3.2b).

43.1.2b   Las enunciativas y las interrogativas indirectas pueden presentar el verbo en una forma personal, pero también en infinitivo, como en *Espero aprobar las*
matemáticas; No sé qué hacer; No sabíamos si felicitarla. Cuando se construyen con

un verbo en forma personal, esta puede ser de indicativo (*Sé que está contento; No recuerdo quién te llamó; Averiguaré si nos han descubierto*) o de subjuntivo (*Me alegro de que regrese pronto; Depende de cuánto cueste el auto*). Las exclamativas indirectas, en cambio, presentan por lo general el verbo en indicativo.

43.1.2c   Desde el punto de vista de la FUNCIÓN que desempeñan, las oraciones subordinadas sustantivas se asimilan a los demás segmentos nominales. Pueden, por tanto, ejercer la función de sujeto (*Conviene que aproveches el tiempo; Es curioso quién lo dice*), la de objeto directo (*Esperamos que se reponga usted pronto; Ya veré cómo puede hacerse*) y la de término de preposición. En este último caso, el grupo preposicional resultante puede complementar a un verbo (*Me acuerdo de que te gustaba el teatro; Depende de quién lo dijera*), a un nombre (*la posibilidad de que venga, el misterio de qué llevaba*), a un adjetivo (*partidario de que cambien al entrenador, sorprendido de cuánto gastaba*) o a ciertos adverbios (*después de que amanezca, independientemente de quién lo dijera*). En la mayoría de los ejemplos anteriores la preposición está regida (en el sentido de pedida o seleccionada por un núcleo), pero en algunos de ellos (*la posibilidad de..., después de...*) se suele considerar una marca de función (§ 43.2.4d), presente en unas lenguas y ausente en otras. Por otra parte, las subordinadas sustantivas pueden ser término de preposiciones no seleccionadas, como *sin* en *Entraron en la casa sin que nadie se diera cuenta*.

43.1.2d   Se ha debatido si las subordinadas sustantivas pueden ejercer la función de complemento indirecto. Parecen hacerlo en un limitado número de construcciones formadas con los llamados VERBOS DE APOYO (*dar importancia a que..., dar tiempo a que..., prestar atención a si...*) u otros asimilados a estos (*conceder preferencia a que..., atribuir el problema a que...*). El grupo que forman la preposición *a* y la subordinada suele admitir en estos casos la sustitución por el pronombre dativo *le* (*No des importancia a que dijera eso* > *No le des importancia*). Aun así, también es posible que la subordinada se sustituya por pronombres personales tónicos sin doblado. Esta es una característica de los complementos de régimen (*No da tiempo a que reacciones* > *No da tiempo a ello*). En ausencia de doblado o duplicación se rechazan en esta pauta los complementos indirectos: *No dieron oportunidad al ministro* > **No dieron oportunidad a él*. Véase el § 35.2.3b.

43.2   Las subordinadas sustantivas declarativas

43.2.1   Estructura de las subordinadas sustantivas con la conjunción *que*

43.2.1a   Las subordinadas sustantivas declarativas con verbo conjugado constan de la conjunción subordinante *que* y de una oración que constituye su TÉRMINO (§ 31.1.3d), en el sentido de 'segmento que la conjunción introduce'. Algunas subordinadas sustantivas pueden ir precedidas opcionalmente del artículo *el*. Este artículo, que les otorga carácter enfático, es propio de los contextos en los que la subordinada sustantiva alterna con la construcción *el hecho de que...*, como los siguientes:

El presidente del patronato constituido en 1994 lamenta el que Australia se quede como el pato feo de la ruta (*Proceso* [Méx.] 1/9/1996); De otro padre de la patria se alababa el que hubiera vencido al ejército enemigo usando como arma el amor (Jodorowsky, *Danza*); Hasta el que haya habido ladrones nos beneficia (Alonso Millán, *Raya*).

No obstante, el paralelismo que sugieren estos ejemplos no es exacto, ya que las subordinadas sustantivas introducidas por el artículo *el* están más restringidas que los grupos nominales correspondientes con *el hecho de que*. Entre otras diferencias, estos últimos pueden ser términos de preposición, frente a lo que sucede generalmente con las oraciones subordinadas introducidas por *el: independientemente del hecho de que estemos aquí ~ *independientemente del que estemos aquí; aparte del hecho de que los datos fueran falsos ~ *aparte del que los datos fueran falsos*. En algunas áreas americanas existe cierta tendencia a anteponer el artículo también a las interrogativas indirectas introducidas con *por qué* o *para qué: Ellos conocen el campo, pero no saben bien el por qué trabajan de ese modo y no de otro* (*Hoy* [Chile] 1/2/1978).

43.2.1b   Se omite a veces la conjunción *que* en el lenguaje epistolar, administrativo y jurídico, pero también en otras variedades formales de la lengua escrita:

> Conjúrote me respondas por la virtud del gran poder (Rojas, *Celestina*); La protesta se realizará de 12:00 a 4:00 de la tarde en el parque La Fayette de Nueva Orleans, donde se espera acudan unos tres mil hondureños (*Tribuna* [Hond.] 2/1/1998); Las informaciones disponibles indican igualmente que es posible exista algo de petróleo en El Petén (Galich, *Guatemala*).

La omisión es mucho más frecuente cuando el verbo subordinado está en subjuntivo y aparece contiguo al verbo principal. Se dice, en efecto, *Esperamos nos visiten en un futuro próximo*, pero no **Esperamos en un futuro próximo nos visiten*. En ausencia de *que*, el modo subjuntivo parece convertirse en la marca de subordinación, lo que fuerza la contigüidad con el verbo del que depende. Las escasas muestras de omisión de la conjunción con verbo en indicativo se dan en oraciones de relativo: *Hay autopistas, aun urbanas, que creo son necesarias y convenientes* (*Clarín* 25/4/1979).

43.2.1c   El TÉRMINO de la conjunción *que* es oracional («*que + Melisa está contenta*»). Puede no serlo, sin embargo, cuando se sobrentiende una parte de la información, como en *Creo que a las cuatro* (en respuesta a una pregunta como *¿A qué hora llegará el tren?*); *Es posible que nunca; Me parece que desde Madrid; Suponemos que no*.

43.2.1d   Se construyen con *que* inicial muchas oraciones independientes de carácter optativo o exhortativo con valor exclamativo: *Una frase tomada de plazas y calles, sintetizó la situación: '¡Que se vaya!'* (*Hoy* [Ec.] 10/2/1997); *Que Dios me perdone y también usted y todo el mundo que me quiere tirar piedras* (Onetti, *Viento*). Dado que en casi todos estos casos puede sobrentenderse algún verbo de lengua (*decir* o *repetir*, sobre todo) o algún verbo de naturaleza volitiva (*querer* o *desear*), estas construcciones han sido consideradas tradicionalmente como variantes de las subordinadas sustantivas. Se interpretan también como dependientes de algún predicado, pero no aparecen subordinadas a él, las sustantivas que se usan en las respuestas: *¿Qué más quiere? —Que te portes, mamarracho* (Marsé, *Rabos*).

43.2.1e   Se explica en el § 22.5.4f que, con verbos de percepción (*ver, oír, escuchar, notar,* etc.), el adverbio interrogativo *cómo* presenta usos difíciles de distinguir de los de la conjunción *como*. Aparece esta última en oraciones como *Noten como se va filtrando el agua,* donde se manifiesta un significado equivalente a *Noten que se va filtrando el agua,* mientras que en *Noten cómo se va filtrando el agua,* la interrogativa indirecta introducida por el adverbio *cómo* alude a la forma en que se produce la filtración. No obstante, la conjunción *como* conserva en parte el significado modal que posee como adverbio relativo, ya que la percepción del hecho en sí es difícilmente separable de la percepción de la forma en que se realiza.

43.2.2   Subordinadas declarativas en función de sujeto

Como se señaló en el § 43.1.2c, las subordinadas sustantivas declarativas pueden ejercer las funciones de sujeto, complemento directo o término de preposición, tanto si se construyen con verbo en forma personal como si aparecen en infinitivo. Estas últimas se describen brevemente en este capítulo, pero se tratan con más detalle en el § 26.5.2.

43.2.2a   Desempeñan la función de sujeto las subordinadas subrayadas en *No importa que se vaya; Sería preferible ir solos; Ocurre que a veces la gente no se entiende.* Como otros sujetos, pueden ser sustituidas por los pronombres neutros *eso, ello* o *qué* (§ 43.1.1a): *Eso no importa; Ello sería preferible; ¿Qué ocurre?,* o bien pueden quedar tácitas o, más exactamente, representadas por la flexión verbal: *Convendría que vinieras, pero no es imprescindible* ('que vengas'). Las subordinadas sustantivas de sujeto, y también las de complemento directo (§ 43.2.3c), pueden omitirse si la información que contienen aparece en el discurso precedente. Esta pauta es característica de los contextos comparativos (§ 45.2.3c, d): *Las cosas salieron como estaba previsto* ('... que salieran'); *Se reunió mucho menos dinero del que se pensaba* ('... que se reuniría'). Cuando se coordinan entre sí, concuerdan en singular con el verbo (§ 33.4.2d): *Que sea guapo y que tenga muchos amigos no {quiere ~ *quieren} decir nada.*

43.2.2b   El hecho de que las subordinadas sustantivas no designen seres materiales, sino hechos, situaciones o estados de cosas explica que funcionen como sujeto de un número restringido de predicados. Destacan entre ellos los que denotan EXISTENCIA O ACAECIMIENTO de un suceso, como en *Aconteció que el laureado artista no pudo adueñarse del regio presente* (Chávez, *Batallador*); *Pero sucede que el arte siempre es salvado en el último momento* (Perucho, *Dietario*). También aceptan subordinadas de sujeto los verbos que expresan nociones relativas a la argumentación y la causalidad (*implicar, inferirse, mostrar, probar, provocar, significar, suponer,* etc.) o a la valoración de algo (*convenir, importar, resaltar,* etc.). Algunos de estos predicados, pueden admitir a la vez subordinadas de objeto directo, como muestran los ejemplos que siguen:

> Consignar ese derecho hará que, a la larga [...], toda la comunidad civil se sienta violada (*Vanguardia* [Esp.] 3/12/1994); Abrir camino implica pagar la "novatada" (*Mundo* 4/5/1994); Ser prohibido significaba ser alguien (Monterroso, *Letra*).

Asimismo se pueden construir con subordinadas de sujeto los verbos de AFECCIÓN o de REACCIÓN AFECTIVA (§ 25.3.2), es decir, los que manifiestan que alguien, representado por el objeto indirecto, experimenta alguna sensación física o emocional: *Me molesta que hagas ruido;* ¿*Les gusta bailar?* Cabe añadir los que expresan el proceso de venir algo al pensamiento, como en *Que fuera un cadáver no me entraba en la cabeza* (Martínez, *Evita*) o en *Se le ocurrió que subieran al World Trade Center* (Quesada, *Banana*).

43.2.2c	Los verbos *ser, estar, parecer* y *resultar* construidos con atributos que expresan nociones diversas, algunas coincidentes con las mencionadas en apartados anteriores, admiten fácilmente subordinadas de sujeto:

> Es cierto al espacio que hace seis meses me dejó a la niña colgada de un gancho (Délano, *Cuentos*); Estaba claro que las gentes del Movimiento no aceptaban la Monarquía (Anson, *Don Juan*); Resulta obvio que tu mamá tenía razón (Aguilar Camín, *Error*).

También las admiten los verbos transitivos cuando intervienen en construcciones de pasiva refleja: *Se dice que te casas; Se comentó que era muy rico; En esa evocación del Nido de Cóndores, se prueba que el epíteto es epíteto justamente* (Herrero Mayor, *Diálogo*).

43.2.2d	La posición más natural de las subordinadas sustantivas de sujeto es la que sigue al predicado. Ese orden puede alterarse por razones de énfasis: *Que sea policía no significa nada, porque los hay buenos y malos* (Grandes, *Aires*). La posición que sigue al predicado es la única opción en los enunciados atributivos sin verbo expreso: ¡*Qué bien que salga el sol!; Cierto que se trata de un argumento débil; Lástima que sea tan tarde;* ¡*Imposible que no lo sepa!* Véase también el § 42.4.4d.

### 43.2.3	Subordinadas declarativas en función de complemento directo

43.2.3a	Ejercen esta función las oraciones subrayadas en *Prometió que se callaría; Pensó que todo estaba bien; Esperaba verla pronto.* Los verbos que admiten subordinadas sustantivas de complemento directo son mucho más numerosos que los que las aceptan en función de sujeto, y pertenecen también a clases semánticas más variadas. Destacan entre esos grupos de verbos los que expresan CAUSA e INFLUENCIA (*hacer, impedir, ocasionar, permitir, prohibir, provocar, rogar*); PRESENCIA Y MANIFESTACIÓN (*demostrar, explicar, mostrar, probar, reflejar*); CONSECUENCIA e INFERENCIA (*implicar, significar, suponer*); INFORMACIÓN Y COMUNICACIÓN (*aclarar, afirmar, asegurar, comunicar, decir, declarar, escribir, negar, opinar, repetir, replicar, responder*); PERCEPCIÓN (*advertir, escuchar, intuir, mirar, notar, oler, presentir, ver*); VOLUNTAD e INTENCIÓN (*anhelar, desear, intentar, procurar, querer*); PENSAMIENTO Y JUICIO (*admitir, aprobar, calcular, concluir, considerar, creer, criticar, decidir, deducir, dudar, entender, imaginar, pensar, presentir, rechazar, suponer*); ADQUISICIÓN, POSESIÓN y PÉRDIDA DE INFORMACIÓN (*aprender, averiguar, conocer, leer, olvidar, recordar, saber*); y AFECCIÓN (*agradecer, deplorar, detestar, lamentar, odiar, sentir, soportar, sufrir, temer*), entre otras nociones.

43.2.3b	Como las de sujeto, las subordinadas sustantivas de objeto directo pueden ser sustituidas por los pronombres *eso* y *qué* (*Dijo que llamaría* > *Dijo eso;* ¿*Qué* *dijo?*), pero, a diferencia de aquellas, también pueden serlo por el pronombre neutro *lo* (*Dijo que llamaría* > *Lo dijo*). Unos pocos verbos transitivos, entre los que están *contestar, pretextar* y *replicar*, tienden a rechazarlo como sustituto de las subordinadas sustantivas de objeto directo. Así, *Me contestó que estaba de acuerdo* alterna con *Me contestó eso*, pero no con **Me lo contestó*. No obstante, la sustitución de la subordinada por el pronombre átono resulta también forzada cuando estos verbos introducen grupos nominales. No resulta, en efecto, natural la expresión *Si me la contesta* (< *Si me contesta un barbaridad*).

43.2.3c   Al igual que sucede con las subordinadas de sujeto (§ 43.2.2a), las de objeto directo se omiten a menudo como argumento de ciertos verbos de pensamiento y juicio, sobre todo en contextos comparativos y siempre que la información que contienen se obtenga del discurso precedente: *Las cosas saldrán como esperamos* (... 'que salgan'); *No me llamó la persona que tú pensabas* ('... que me llamaría').

43.2.4   Subordinadas declarativas en función de término de preposición

43.2.4a   Las subordinadas sustantivas declarativas pueden ser término de una preposición, ya dependan de un verbo (*Te expones a que te descubran; Basta con mirarla*), ya de un nombre (*su alusión a que los plazos no eran suficientes*), de un adjetivo (*un plan consistente en mejorar la distribución*) o de un adverbio (*antes de que te cases*). En el § 43.1.2c se señaló que el grupo preposicional resultante puede ser complemento de régimen (*No te olvides de que contamos contigo*) o adjunto (*Trabaja para que coman sus hijos*). Las subordinadas sustantivas que son término de preposición se sustituyen por los pronombres neutros *ello, eso, qué: Confío en que lo atiendan bien* > *Confío en eso; ¿En qué confías?* En esto coinciden con las de sujeto y complemento directo (§ 43.2.2a y 43.2.3b) pero a diferencia de ellas no pueden omitirse, ya que los términos de preposición no pueden quedar tácitos.

43.2.4b   No todas las preposiciones aceptan por igual subordinadas sustantivas. En efecto, las admiten fácilmente *a, con, de, en* y *por,* mientras que raramente se construyen con ellas *ante, bajo* o *hacia*. Se atribuye esta diferencia a que el carácter locativo de sus complementos las hace incompatibles con las nociones abstractas que expresan las subordinadas sustantivas. Sin embargo, cuando los complementos de lugar se reinterpretan como situaciones, pueden estar representados por subordinadas sustantivas, como en *próximo a ser operado, entre que te quedes y que te marches, encima de que te esperé, tras hablar con ella*, etc. Mediante un proceso similar, se interpretan con valor final las subordinadas sustantivas introducidas por *a* que dependen de ciertos verbos de movimiento, como se explica en el § 46.5.2.

43.2.4c   No suelen admitir subordinadas sustantivas las preposiciones temporales (**durante que estuve allí*). El análisis de *hasta que...* y *desde que...* resulta polémico en este sentido. El término de la preposición presenta la forma de una subordinada sustantiva, pero, frente a lo que es habitual (§ 43.2.4a), no se sustituye por pronombres (**hasta qué, *desde eso*), sino por adverbios de tiempo (*hasta entonces, desde cuándo*): *¿Hasta {*qué ~ cuándo} te quedarás con nosotros?* El hecho de que el término de las preposiciones *hasta* y *desde* designe de forma característica un límite temporal hace pensar a algunos gramáticos que se omite en estos casos 'el tiempo (en)' o 'el momento (en)', con lo que la subordinada se acerca a las relativas sin antecedente expreso. El problema se extiende al complemento de *antes* y *después* (*antes de que...*, *después de que...*).

43.2.4d   Como sucede con otras categorías, cuando el grupo preposicional formado por la preposición y la subordinada sustantiva depende de un nombre, puede constituir un complemento de régimen. Es el caso del subrayado en *su insistencia en que la situación es buena,* que coincide con el que selecciona el verbo *insistir*. Sin embargo, cuando el complemento del sustantivo representa el sujeto o el objeto directo del verbo que da origen a ese sustantivo (*probar algo* > *la prueba de algo*), el verbo no selecciona la preposición, y el complemento no se considera de régimen. La preposición (siempre *de* en estos casos) suele considerarse una marca de función (§ 36.2.1 y 43.1.2c). No está presente en otras lenguas y se omitía a menudo en el español antiguo: *E la infanta doña Vrraca,* [...] *ovo miedo que lo mataría, & fuese para el rey don Sancho quanto más pudo* (*Cid*).

43.2.4e   La subordinada sustantiva subrayada en *el hecho de que nunca hables* no se interpreta como complemento argumental de *hecho,* sino más bien como sujeto de predicación en una estructura ATRIBUTIVA O APOSITIVA. La paráfrasis a la que da lugar ('El que nunca hables es un hecho') asimila esta construcción en algunos aspectos a grupos nominales como *el tonto de tu amigo* ('Tu amigo es un tonto') o *una maravilla de oferta* ('La oferta es una maravilla'). La estructura atributiva o apositiva es característica de los grupos nominales en los que la secuencia «*de* + oración subordinada sustantiva» está precedida por elementos neutros, como el artículo *lo* o los demostrativos *esto, eso* o *aquello,* equivalentes a 'la información relativa a que...', 'el asunto de que...', 'el hecho de que...', 'la cuestión de que...', 'la noticia de que...', 'el rumor de que...': *No, lo de que no te hayan asaltado está bien* (Quesada, *Banana*); *Yo no quiero meterme en esto de que si las actas son o no auténticas* (*ABC Color* 11/12/1996).

43.2.4f   Los límites entre las dos estructuras —argumental y atributiva— son escurridizos. La segunda suele rechazar la sustitución de la subordinada por un pronombre neutro (**el hecho de ello*), a diferencia de la primera (*la causa de ello*). La primera admite, en cambio, la sustitución por demostrativos (*el hecho de que nunca hables* > *ese hecho*), a diferencia de la segunda (*la causa de que nunca hables* > **esa causa*). No obstante existen numerosos casos de inestabilidad entre ambas. Así, el sustantivo deverbal *deseo* introduce un complemento argumental (*el deseo de que resuelvan los problemas*) que, al contrario de lo que sería de esperar, admite la sustitución por demostrativos (> *ese deseo*) más claramente que por pronombres neutros (*el deseo de ello*). Otros sustantivos derivados (*intuición, previsión, temor,* etc.) dan lugar a resultados igualmente inestables. Algunos gramáticos actuales entienden que la distinción entre esas dos estructuras debe ser anulada, mientras que otros sostienen que puede mantenerse.

43.2.4g   Numerosos adjetivos admiten complementos de régimen (§ 13.7.2 y 36.2.2) formados con subordinadas sustantivas declarativas, como en *temeroso de* *que lo descubran, seguro de que triunfará, favorable a que se tenga en cuenta la propuesta, culpable de pasar información al enemigo.*

43.2.5   Dequeísmo y queísmo

43.2.5a   Se llama DEQUEÍSMO al uso incorrecto de la secuencia *de que* en las subordinadas sustantivas cuando la preposición *de* no está gramaticalmente justificada, como en *Creo de que tienes razón* por *Creo que tienes razón.* Se denomina QUEÍSMO la supresión, también indebida, de la preposición que precede a *que,* como en *Estoy seguro que lo sabes* por *Estoy seguro de que lo sabes* o en *Confío que venga* por *Confío en que venga.* El dequeísmo y el queísmo se han extendido de forma desigual en el mundo hispánico, más en la lengua oral que en la escrita y algo más en el español americano que en el europeo, aunque se documentan ampliamente en ambos. A pesar de esta difusión, ni el queísmo ni el dequeísmo gozan de prestigio en la lengua culta, por lo que se recomienda evitar ambos fenómenos. En todo caso, el queísmo se percibe como una anomalía menos marcada que el dequeísmo. Como las secuencias dequeístas y queístas están repetidamente atestiguadas, no se usará aquí el asterisco para marcarlas. Recuérdese que este signo se reserva en la presente gramática para las expresiones no documentadas.

43.2.5b   Se registra el dequeísmo en las subordinadas sustantivas de sujeto y de complemento directo: *Es seguro de que se enteró; Pensamos de que es mejor; Mi opinión es de que era escrita por los Diputados presos o por alguna de las logias masónicas* (Ortiz-Armengol, *Aviraneta*). El hablante dequeísta parece requerir para la oración posverbal una marca más fuerte de subordinación que la conjunción *que.* Así, estos hablantes construyen secuencias como *Creo de que llegaremos a tiempo,* pero no forman otras como **Creo de eso,* sino *Creo eso* o *Lo creo,* en lo que coinciden con los no dequeístas. Para los usos incorrectos de la preposición *de* con infinitivo (*Se le veía de venir; Lo oí de cantar*), véase el § 26.5.2f.

43.2.5c   Los verbos que se construyen con preposición cuando introducen un complemento nominal (*Confío en su venida*) suelen mantenerla cuando el complemento es una subordinada sustantiva (*Confío en que vengan*). Los que se construyen sin preposición en un caso (*Dijo la verdad*) hacen lo propio en el otro (*Dijo que vendría*). Son raras las asimetrías que se dan en estos paralelismos. Así, *necesitar* admite optativamente la preposición ante complementos nominales, como en *Necesito (de) tu comprensión,* pero da lugar a oraciones dequeístas si la preposición se mantiene ante la subordinada: *Necesito de que me comprendas.* Es similar el caso de *sospechar,* que da lugar a una secuencia dequeísta si el complemento es oracional (*Sospechaba de que la espiaban*), pero no si es nominal (*Sospechaba de sus vecinos*). En el segundo caso *sospechar* se acerca a 'desconfiar', mientras que en el primero equivale a 'tener la sospecha de'.

43.2.5d   Construido con complemento nominal, el verbo *advertir* introduce la preposición *de* cuando significa 'informar' o 'anunciar' (*Nos advirtieron del peligro*), pero no cuando significa 'percibir' (*Advirtió su presencia*). Con complementos oracionales se encuentran las dos variantes. La norma predominante en América evita la preposición: *El chofer nos advirtió que, como la espera había sido tan larga, teníamos que discutir de nuevo la tarifa* (Vargas Llosa, *Tía*). En España se extiende la alternancia a los casos en que *advertir* significa 'avisar con amenazas': *Marí y Aina Vidal fueron advertidos de que si rompían la disciplina de voto podrían ser sancionados y se les pediría el escaño* (*Mundo* [Esp.] 15/6/1996). El verbo *avisar* muestra un comportamiento similar al de *advertir*.

43.2.5e Es frecuente que un mismo verbo tenga usos pronominales con complementos de régimen (*Se extraña de que digas eso; Me alegro de que te guste*) y otros no pronominales solo con sujetos (*Le extraña que digas eso; Me alegra que te guste*). Los hablantes que confunden ambas construcciones forman secuencias dequeístas o queístas. Ejemplifican el dequeísmo oraciones como *Le extraña de que digas eso; Me alegra de que te guste* o *Lamentábamos de que se hubiera portado así* (en lugar de las formas correctas *Le extraña que...; Me alegra que...* o *Lamentábamos que...*). El queísmo está presente en oraciones como *Nos lamentábamos que se hubiera portado así* y *Se olvidó que era su cumpleaños* (en lugar de *Nos lamentábamos de que...* y *Se olvidó de que...*). En otras ocasiones, la forma pronominal conlleva un cambio de significado: *acordar que...* 'llegar a un acuerdo' (con objeto directo), frente a *acordarse de que...* 'recordar'; *asegurar que...* 'afirmar con certeza', frente a *asegurarse de que...* 'adquirir la certeza'; *preocupar a alguien que...* 'sentirse preocupado por', frente a *preocuparse de que...* 'poner interés o cuidado en'.

43.2.5f Con algunos verbos son igualmente correctas las construcciones subordinadas sustantivas con *que* o con *de que*, sin que se observen cambios de significado relevantes, como se observó en el caso de *advertir* (§ 43.2.5d) en el español americano. Ilustra también esta pauta el verbo *informar*. En América es igualmente mayoritaria la opción sin *que* (*informar que...* > *informarlo*); en España alternan *informar que* e *informar de que*, aunque en la sustitución mediante pronombre se prefiere *informar de ello*. He aquí ejemplos de esta alternancia:

> Y no, la monitora no había informado de que aquella mañana hubiera cogido el autobús (Grandes, *Aires*); Urdaneta le había informado que no se había terminado todavía la investigación (Alape, *Paz*); La policía que atendió en el momento a la princesa informó que estaba grave (*Caras* 1/9/1997).

Las dos variantes se documentan, también sin diferencia en el sentido, con el verbo *dudar*: *Nunca hemos dudado de que las noticias se las inventa Ernesto* (Umbral, *Leyenda*); *Nadie dudaba que fuese el criminal* (Belli, *Mujer*). Hay, en cambio, queísmo en *apostar que* por *apostar a que* (cuando significa 'hacer apuesta'; si significa 'dar por seguro', no introduce *a*); *confiar que* por *confiar en que*; *estar de acuerdo que* por *estar de acuerdo con que*; *insistir que* por *insistir en que*.

43.2.5g Se obtienen también alternancias de presencia y ausencia de preposición con los sustantivos que se construyen con determinados verbos de apoyo (§ 1.5.2e), como *darse cuenta, dar la casualidad, tener la seguridad, tomar conciencia, dar la impresión*, etc. En la opción mayoritaria (además de recomendada), se elige *de* en estos casos ante la subordinada sustantiva (*Se dio cuenta de que lo habían engañado*), por tanto como si la estructura fuera nominal: *Se dio cuenta de {la verdad ~ ello}*. Las variantes queístas (*Se dio cuenta que lo habían engañado*) se deben probablemente a que los hablantes interpretan *darse cuenta* y expresiones similares como formas verbales unitarias, resultado de integrar semánticamente el sustantivo *cuenta* en el verbo. No obstante, si el sustantivo se interpreta como complemento directo (*No se dio cuenta* > *No se la dio*), queda sin función sintáctica la oración subordinada en la variante queísta: *Se dio cuenta que lo habían engañado*. Las subordinadas sustantivas pueden ejercer la función de sujeto con los predicados *dar miedo, dar pena, dar vergüenza* o *dar apuro*. Son, por tanto, aceptables *Me da miedo que digas esas cosas* (la subordinada es sujeto) y también *Me da miedo de que digas esas cosas* (la subordinada forma parte del complemento de *miedo*). Las construcciones adjetivales *estar seguro que, estar convencido que* o *ser consciente que* son queístas y presentan los mismos problemas de interpretación sintáctica que acaban de señalarse.

43.2.5h Se traslada a veces el dequeísmo a ciertas locuciones conjuntivas, como *de manera de que* por *de manera que* o *a medida de que* por *a medida que*. No hay dequeísmo, en cambio, cuando la preposición introduce el complemento oracional de un adverbio, como los subrayados en *encima de que, aparte de que, luego de que, antes de que, después de que* o *enseguida de que*: *Encima de que le ayudas, protesta*.

43.3   Interrogativas y exclamativas indirectas

43.3.1   Las interrogativas indirectas

43.3.1a Se llaman tradicionalmente INTERROGATIVAS INDIRECTAS las subordinadas sustantivas encabezadas por los pronombres, determinantes o adverbios interrogativos (o por los grupos sintácticos que forman), o bien por la conjunción subordinante *si*. Son INTERROGATIVAS INDIRECTAS todas las oraciones subrayadas en *Pregúntale si quiere venir con nosotros; No sé qué hacer; Depende de con quién tengamos que ir; Averiguaremos quién envió la carta; Está pendiente de a qué hora empieza el partido*. Sin embargo, solo la primera de ellas remite formalmente a una INTERROGATIVA DIRECTA, como muestra su equivalente en estilo directo *Pregúntale: ¿Quieres venir con nosotros?* El término *interrogativa indirecta* no se toma, pues, en sentido literal, puesto que solo algunas de ellas reproducen el discurso directo. Las interrogativas indirectas implican o evocan algún tipo de elección, de acuerdo con lo dicho en el § 43.1.2a. Así pues, no se pregunta nada en la oración *Todo depende de dónde esté el documento*, pero se expresa en ella que algo está en función de la opción que resulte ser cierta. Las interrogativas indirectas pueden ser TOTALES O PARCIALES. Las primeras están encabezadas por la conjunción interrogativa *si* (*No sé si sucedió*); las segundas, también llamadas PRONOMINALES, lo están por los pronombres y determinantes interrogativos (*quién, qué, cuál, cuánto* o sus variantes de género y número), por los adverbios interrogativos (*cómo, dónde, adónde, cuánto, cuándo*) o por los grupos sintácticos que estas palabras constituyen: *para qué autor, cuánto café, desde dónde*. Las interrogativas indirectas parciales implican siempre la especificación de un determinado elemento nominal. Estos son, entre otros, la persona en *quién*, el momento o el período en *cuándo*, la manera en *cómo*, el lugar en *dónde*, la cantidad o el número en *cuánto*, etc.

43.3.1b   Al igual que las sustantivas enunciativas, las interrogativas indirectas pueden desempeñar la función de sujeto, como en *Me da igual quién gobierne este país* (*Proceso* [Méx.] 13/10/1996); la de complemento directo: *Pregúntale si quiere tomar una copa, Billie* (Pitol, *Juegos*); y la de término de preposición en los complementos preposicionales, sean del verbo, como en *Eso depende de dónde quieras quedarte* (Bryce Echenique, *Magdalena*); del nombre: *Siempre he abrigado la duda de si hubiera llegado a ser un buen actor* (Boadella, *Memorias*); del adjetivo: *Está pendiente de quién circula a su derredor* (*Nuevo Herald* 24/7/2000); o de ciertos adverbios: *independientemente de quién acuda a la llamada*. No deben confundirse estos casos, en los que toda la subordinada es el término de la preposición (*No habló de qué pensaba hacer*), con aquellos otros en los que el término de la preposición es el grupo que contiene el interrogativo, como en *No sé a qué libro te refieres*. En el primer caso se puede sustituir la interrogativa por un pronombre, como en *No habló de ello*; en el segundo, la preposición (*a*) es requerida por el verbo de la subordinada (*referirse*). Esta (*a qué libro te refieres*) ejerce la función de complemento directo y, en consecuencia, se sustituye por el pronombre *lo* (*No lo sé*, en lugar de *No sé a ello). No son imposibles las construcciones con interrogativa indirecta en las que confluyen dos preposiciones, una dependiente del predicado principal y otra del subordinado, como en *Depende de a quién le corresponda el papel de víctima* (Satué, *Desierto*); *Infórmese de los hábitos de Espinet, de con quién se encontraba o citaba en el club, de con qué compañeros jugaba* (Giménez Bartlett, *Serpientes*). Se evita, sin embargo, la confluencia de dos preposiciones iguales: **Eso depende de de quién quieras hablar.*

43.3.1c   Las interrogativas indirectas TOTALES se han denominado también DUBITATIVAS, pero les corresponde más propiamente el término DISYUNTIVAS, ya que se introduce en ellas la elección entre dos opciones. Se dividen en INTERROGATIVAS DE SÍ o NO e INTERROGATIVAS ALTERNATIVAS. Las primeras introducen dos opciones contrapuestas, como en *No sé si vendrá hoy el cartero (o no);* las segundas, una elección abierta entre elementos paralelos, pero no necesariamente opuestos en términos lógicos, como en *No sé si el cartero vendrá hoy o mañana.*

43.3.1d   La disyunción que el segmento *o no* establece afecta en las interrogativas totales *de sí o no* al contenido de dos proposiciones, una afirmativa y otra negativa (en el ejemplo del apartado anterior, 'Vendrá hoy el cartero' y 'No vendrá hoy el cartero'). Tal segmento suele quedar implícito. Si aparece —solo o con el verbo— no cambia el significado de la oración, pero se añade un énfasis mayor:

> Modificar el sistema de juego dependerá de si sigue o no sigue el brasileño (*ABC* 22/7/1997); Ignoro si está o no está resignado a su muerte (Rojas, C., *Hidalgo*); Es curioso, nunca está claro en la batalla si matas o no matas (Chamorro, E., *Cruz*).

En las interrogativas alternativas (*No sé si el cartero vendrá hoy o mañana*) se coordinan unidades sintácticas menores que la oración (*hoy* y *mañana* en el ejemplo), pero se interpretan también como la coordinación de dos proposiciones ('El cartero vendrá hoy' y 'El cartero vendrá mañana'), sin que ello implique un proceso de elipsis (§ 31.4.1e-g).

43.3.1e   En las interrogativas indirectas parciales se elide a veces el segmento que sigue al grupo interrogativo (§ 22.1.2d) cuando esa información ya se ha presentado en el enunciado anterior:

> Oyó cuando se le perdían los pasos: aquellos huecos talonazos que había venido oyendo quién sabe desde cuándo (Rulfo, *Llano*); Yo creo haber visto esa cara en alguna parte... sí... pero no recuerdo dónde (Galdós, *Episodios*); No sé dónde estuviste anoche, ni con quién (Chacón, *Voz*).

Estas oraciones se suelen llamar INTERROGATIVAS INDIRECTAS TRUNCADAS. El segmento elidido es todo el resto de la oración, en lugar de solo el sustantivo. Así, en la oración *Dicen que gana bastante dinero, pero nadie ha averiguado cuánto*, no se sobrentiende solo el sustantivo *dinero*, ya que es anómala la expresión **averiguar dinero*. También justifica la presencia de una oración el hecho de que el verbo aparezca en singular incluso si el interrogativo muestra rasgos de plural, como en *Tiene problemas, pero no está* [singular] *claro cuáles* [plural] *exactamente*.

43.3.1f   No hay propiamente interrogativas indirectas, ni por tanto oraciones truncadas, en ciertos segmentos interrogativos de interpretación inespecífica:

> Supe que había emigrado a no sé dónde (Rivera, *Vorágine*); Cuando salgamos, si es que salimos, en primavera o Dios sabe cuándo, habrá que recomenzar todo de nuevo (Uslar Pietri, *Visita*); La gente espera no sabe qué milagro (Martínez, *Evita*).

Tales segmentos pueden desempeñar varias funciones: adjunto en *Lo había leído no sé dónde*; objeto directo en *Estaba haciendo Dios sabe qué*; modificador indefinido del nombre en *Estaba leyendo no te imaginas qué libro*, etc. Estas expresiones no son, sin embargo, unidades enteramente lexicalizadas, ya que pueden presentar variaciones: *ya te imaginas cómo, ya puedes imaginarte cómo, ya te imaginarás cómo*, etc.

43.3.1g   No todos los predicados admiten interrogativas indirectas. Los que las aceptan están vinculados con el concepto de 'información'. Expresan, en particular, diversas acciones, estados y procesos relativos a su SOLICITUD (*demandar, preguntar*), su POSESIÓN (*estar seguro, recordar, saber*), su ADQUISICIÓN (*adivinar, aprender, averiguar, comprender, darse cuenta, deducir, descubrir, dilucidar, enterarse, informarse, interesarse, observar, predecir, reconocer*, así como los verbos de percepción *ver, notar, observar, oír, sentir*), su AUSENCIA O INESTABILIDAD (*desconocer, dudar, ignorar, olvidar, poner en duda, preguntarse, ser un misterio*), su TRANSMISIÓN O MANIFESTACIÓN (*aludir, anunciar, avisar, comunicar, contestar, decir, explicar, hablar, indicar, informar, revelar*), su PERTINENCIA (*dar igual, importar, ser fundamental, ser irrelevante*), su CREACIÓN O FIJACIÓN (*acordar, decidir, determinar, especificar, establecer*), su VALORACIÓN (*criticar, elogiar, {estar ~ dejar ~ tener} claro, ser evidente*) o su SUBORDINACIÓN a algún factor: *{a la ~ en} espera (de), depender (de), en función (de), independientemente (de), según*, etc. Entre los predicados de pensamiento, unos las admiten (*imaginarse, pensar*), pero no otros (*creer*). Estos grupos semánticos se mantienen cuando el elemento subordinante no es un verbo, sino un sustantivo (*duda*), un adjetivo (*indeciso*) o una preposición (*según*).

43.3.1h   En la mayor parte de los casos los predicados que admiten interrogativas indirectas aceptan tanto las totales como las parciales. No obstante, algunos rechazan las segundas. Contrastan, en efecto, *Dudo si llegaré a tiempo* y **Dudo quién la mató*. Es más raro el caso contrario, que pone de manifiesto el verbo *sospechar*: *Sospechamos {quién robó~*si robaron} los documentos*.

43.3.1i   No se consideran interrogativas indirectas, sino relativas de pronombre indefinido tónico, las introducidas por los verbos *haber* y *tener* en construcciones como *No hay de quién fiarse* o *No tenía dónde dormir*. Se analizan estas oraciones en los § 22.3.1c, 26.5.3b y 44.2.2c. Es más controvertido si se han de considerar o no interrogativas indirectas las subordinadas dependientes de los verbos llamados INTENSIONALES, como *buscar* o *encontrar* (§ 15.5.3b y 25.4.2a): *Habían doblado la guardia y por pasadizos y escaleras circulaban soldados armados, buscando a quién disparar* (Vargas Llosa, *Fiesta*); *Quise conservar mis versos y encontrar a quién leerlos* (Jodorowsky, *Danza*). La razón estriba en que estos verbos admiten subordinadas sustantivas: *No me interesa el final feliz pero sí busco que haya luz, aunque sea una, al final de la historia* (*Caretas* 3/8/1995).

43.3.1j   Con los predicados que admiten como complementos tanto oraciones como grupos nominales, se pueden dar alternancias entre interrogativas indirectas y relativas sin antecedente expreso (libres o semilibres), unas veces con diferencias marcadas de significado (*No te imaginas quién vino ayer*, frente a *Me imaginaba bien a quien me habían descrito tantas veces*), pero otras veces sin apenas diferencias: *No sé lo que hizo~No sé qué hizo*. Estas alternancias pueden verse afectadas cuando el predicado solo es compatible con determinadas clases de grupos nominales. En efecto, como *saber* no admite objeto directo de persona, es posible la interrogativa indirecta *No sabemos a quién elegirán*, pero no la relativa correspondiente: **No sabemos a quien elegirán*. Por su parte, *comer*, que se construye con complementos directos que aluden a cosas materiales, admite relativas libres (*Come lo que quieras*), pero no interrogativas (**Come qué quieres*). Recuérdese, en relación con estas alternancias, lo apuntado en el § 43.1.1d.

43.3.1k   Se denominan habitualmente INTERROGATIVAS ENCUBIERTAS (también GRUPOS NOMINALES DE INTERPRETACIÓN INTERROGATIVA) los grupos nominales que se entienden como oraciones interrogativas indirectas sin serlo propiamente, como en *No sé tu teléfono* (por 'No sé cuál es tu teléfono'); *¿Me puede usted decir la hora?* (por '¿Me puede usted decir qué hora es?'); *Pregúntale su opinión* (por 'Pregúntale cuál es su opinión'), etc. Esta interpretación es particularmente frecuente cuando el grupo nominal contiene una oración de relativo, como en *No sé la hora que preferirá* o *Depende del autor que elijas*. La interpretación interrogativa tiene en estos casos repercusiones sintácticas. Por una parte, el grupo nominal se sustituye a menudo por pronombres neutros (*No lo sé*; *Depende de eso*), aunque no en todos los casos (*Dime la razón que te convence más > Dímela*); por otra, es habitual que todo el grupo se interprete con estructura proposicional, lo que hace necesaria la presencia de la subordinada (nótese que esta no es optativa en *No sé las personas que habrán llamado*). Como cabría esperar, las construcciones que se describen pueden originar secuencias ambiguas en función de que el grupo nominal se interprete o no como interrogativa encubierta. En efecto, quien dice *No me acuerdo de la capital de*

Croacia puede querer decir que no recuerda la ciudad misma, que quizás visitó antes, o bien que no recuerda el nombre de esa ciudad (es decir, 'cuál es la capital de Croacia').

43.3.2   Las exclamativas indirectas

43.3.2a   Conviene distinguir las interrogativas indirectas de las EXCLAMATIVAS INDIRECTAS. Aunque ambas son formalmente idénticas, se pronuncian a menudo con entonación distinta, están introducidas por otros predicados y manifiestan significados también diferentes. Así, en las interrogativas *Es un misterio cómo lo resolvió* o *Tengo que averiguar qué vida lleva,* las palabras interrogativas permiten elegir entre diversas maneras de resolver algo o entre los diferentes tipos de vida a los que se alude. En cambio, en las exclamativas no se expresa elección alguna, sino que se pondera o se minusvalora algo de manera enfática: *Vas a ver qué clase de persona es, ¡de primera!* (Puig, *Beso*); *Ya sabes tú cómo lavan los vasos en todas partes.*

43.3.2b   A diferencia de las interrogativas indirectas, las exclamativas no se construyen con la conjunción *si,* ya que son siempre PARCIALES. Tampoco admiten el subjuntivo ni el infinitivo, que no pueden interpretarse en estas secuencias. Se obtienen así contrastes como *Necesito saber cómo vivir,* con interrogativa, y **Llama la atención cómo vivir,* con exclamativa. Coinciden con algunas interrogativas en que los grupos sintácticos que forman con las palabras *qué, quién, cómo,* etc., pueden seguir a la conjunción *que.* Esta propiedad es característica del discurso directo, como se explica en la sección siguiente, pero es admitida también por la exclamación indirecta, como en *Ella volverá a decir que qué raros somos* (Delgado, *Mirada*).

43.4   Discurso directo y discurso indirecto

43.4.1   Caracterización

43.4.1a   Se llama DISCURSO DIRECTO al que reproduce de forma literal palabras o pensamientos. Suele aparecer con un verbo introductor que ocupa diversas posiciones. Cuando el verbo sigue a la oración que expresa el contenido citado, el sujeto aparece pospuesto a él, como se aprecia en los ejemplos siguientes:

> ¡Kus-Kus, por Dios, pero si todavía no es la hora, lo tengo todo sin hacer, todavía estoy sin arreglarme...! —exclamó tía Eugenia (Pombo, *Héroe*); En algo tenías que acertar —opinó Emilia—, después de media vida de lociones y potingues (Díez, *Fuente*).

43.4.1b   En el DISCURSO INDIRECTO se reproducen las palabras de otro adaptándolas al sistema de referencias deícticas del hablante. Así, el fragmento en discurso directo *Elsa dijo: "Mi hermana está aquí"* puede pasar al discurso indirecto en la forma *Elsa dijo que su hermana estaba allí.* En los dos tipos de discurso es posible introducir fragmentos sintácticos menores que la oración, como en *Ella respondió: "A las cuatro"* o en *Me contestó que bueno* (*Mundo* [Esp.] 21/9/1995).

43.4.1c Algunos gramáticos denominan INTERROGATIVAS INDIRECTAS PROPIAS a las que trasladan el discurso directo. Su característica sintáctica más notable es que están introducidas por la conjunción *que*. Así, la oración *Le preguntó que cuándo llegaba el tren* se corresponde con *Le preguntó: "¿Cuándo llega el tren?"*. En estos casos la conjunción *que* es potestativa con *preguntar*, pero es forzosa con los demás verbos de lengua que introducen el estilo directo (*decir, gritar, chillar, susurrar*) si se quiere indicar que lo que se transmite es una pregunta. En efecto, en la oración *Le dijo cuántos habían asistido al concierto* se dice que alguien comunicó a otra persona el número de asistentes, mientras que en *Le dijo que cuántos habían asistido al concierto* se dice que alguien formuló cierta pregunta. Se rechaza la conjunción con los verbos que no introducen el discurso directo, aunque sean verbos de lengua, como en *Elsa nos contó {por qué ~ *que por qué} había fracasado el proyecto*. La variante con *que* es compartida también por las interrogativas totales (*Le preguntó que si hacía frío*), por las interrogativas que dependen de ciertos sustantivos (*No hacía más que repetir la pregunta de que cuándo le tocaba a él*) y por las exclamativas indirectas, como se vio en el apartado precedente: *No es imposible que él replicara que qué preparación tenía ella para sustituir a la Castell* (Luca Tena, *Renglones*).

43.4.2   Relaciones entre el estilo directo y el indirecto

El discurso indirecto está sujeto a cierta INDETERMINACIÓN, puesto que el receptor no siempre es capaz de reconstruir a través de él las palabras pronunciadas en el discurso directo correspondiente. Ello se debe a que quien las transmite puede atender más a los contenidos expresados que a literalidad del mensaje. Así, el que traslada al discurso indirecto un enunciado relativo a Cervantes, puede usar el término *el autor del Quijote* como expresión propia, por tanto no presente literalmente en el texto que se reproduce. La indeterminación se debe también a un segundo factor (introducido en el § 43.4.1b): mientras que en el estilo directo el discurso se estructura en torno al narrador, es decir, al emisor de las palabras que se trasmiten, en el indirecto se estructura en torno al hablante. Esta diferencia da lugar a cambios en los centros DEÍCTICOS (§ 17.1.1) si el narrador y el hablante no comparten el mismo espacio y el mismo tiempo. Puede alterarse, en primer lugar, la deixis personal que reflejan los pronombres personales, los posesivos o el verbo. Así, a *"Preséntame a tu novia"* le corresponde *Dice que le presente a mi novia*. El cambio puede afectar, igualmente, a la deixis espacial (marcada con demostrativos, ciertos verbos como *ir/venir, llevar/traer*): *"Lleva esa caja" > Me ha dicho que traiga esta caja*. En cuanto a la deixis temporal, la alternancia se produce en determinados adverbios, adjuntos temporales y, sobre todo, en los tiempos verbales, de acuerdo con sus respectivos valores (§ 24.3.1c y 24.3.2). En consecuencia, a la oración *"Pablo fue ayer a la capital y tiene que volver mañana"* corresponde en el discurso directo *Dijo que Pablo había ido el día anterior a la capital y que tenía que volver al día siguiente*.

44 Oraciones subordinadas de relativo

44.1 Características fundamentales de las oraciones de relativo

44.1.1 Pronombres, adverbios y determinantes relativos

44.1.1a Se denominan ORACIONES SUBORDINADAS DE RELATIVO (también ORACIONES RELATIVAS o simplemente RELATIVAS) las encabezadas por un pronombre, adverbio o determinante relativo, o bien por los grupos sintácticos que estas voces forman. En el primero de los dos ejemplos siguientes, la subordinada de relativo aparece encabezada por el pronombre relativo *que;* en el segundo, por el grupo preposicional *con la cual*, que contiene un pronombre relativo:

> Le pregunté quién le había contado la historia que contaba en el libro (Cercas, *Soldados*); El universo sería demasiado aburrido sin una mujer con la cual compartirlo (Volpi, *Klingsor*).

44.1.1b Como se explica en el § 22.1.1c, los pronombres relativos del español son *que, quien* y *cuanto* (el último también usado como adverbio y como determinante: *cuantos deseos tenga*), a los que se agregan las formas creadas con el relativo *cual* y el artículo determinado (*el cual / la cual / lo cual / las cuales / los cuales*). El relativo *que* no posee flexión; el pronombre *quien* se flexiona en número (*quien / quienes*), mientras que *cuanto* lo hace en género y número (*cuanto / cuanta / cuantos / cuantas*: § 22.1.1b). Son asimismo relativos el determinante posesivo *cuyo* (§ 22.4.1), que se flexiona en género y en número (*cuyo / cuya / cuyos / cuyas*), y los adverbios *donde, adonde, como* y *cuando* (§ 22.5.1-4), además del citado *cuanto* (*Duerme cuanto quieras*). En los ejemplos que siguen se subrayan los relativos y se encierran entre corchetes las oraciones subordinadas relativas:

> Solo se acercó a socorrerlo una nodriza [que todavía empuñaba el biberón en una mano] (Martínez Estrada, *Cabeza*); El hombre [para quien cada suelo es como el suyo propio] ya

es fuerte, pero solo es de imitar el hombre [para quien el mundo entero es como un cuerpo ajeno y posible] (Molina Foix, *Don Juan*); El actor Hal Holbrook, por su parte, encarna al jefe de la NASA, [en cuyas manos está la vida de los astronautas] (*Clarín* 12/3/1979); Era un hombre corpulento, a juzgar por el modo [como había distendido el somier] (Azancot, *Amores*); Otra de las situaciones que han tenido que convivir Duque y su esposo, es el momento [cuando la hermosa actriz debe salir al aire efectuando diferentes escenas] (*Nuevo Herald* 14/7/1997).

Las características morfológicas y sintácticas fundamentales de los relativos del español se explican en el capítulo 22. En el presente capítulo se retoman algunos de esos rasgos sintácticos en función de su papel en las oraciones en las que aparecen.

44.1.2 El antecedente: expreso o incorporado

44.1.2a Las oraciones de relativo se caracterizan por modificar a un segmento que las precede, casi siempre de manera inmediata, y que recibe el nombre de ANTECEDENTE. Entre el antecedente y el elemento relativo se da una relación ANAFÓRICA, de manera que el contenido léxico de aquel se reproduce en el relativo y, por extensión, en toda la subordinada. Así, el relativo *que* reproduce el contenido de su antecedente (*diario*) en la subordinada subrayada en *el diario que estoy leyendo*. Por otra parte, entre la relativa y su antecedente nominal se da la misma relación semántica de PREDICACIÓN que se establece entre un adjetivo y el sustantivo al que modifica.

44.1.2b El papel que desempeña el relativo es triple. Por un lado, ejerce de NEXO DE SUBORDINACIÓN, ya que introduce la cláusula como oración dependiente; por otro, desempeña una FUNCIÓN SINTÁCTICA en la subordinada (sujeto, objeto directo, etc.); por último posee NATURALEZA ANAFÓRICA, lo que permite relacionar semánticamente la oración subordinada con el grupo nominal del que forma parte. Así pues, el pronombre relativo *que* en *el libro que leo* es, a la vez, un nexo subordinante, el complemento directo de *leo* y un elemento anafórico cuyo antecedente es *libro*. La primera característica acerca los relativos a las conjunciones subordinantes, pero la segunda los diferencia de ellas, ya que solo los relativos desempeñan simultáneamente la función correspondiente a alguno de los argumentos o adjuntos de la cláusula de la que forman parte. Estas dos propiedades de los relativos son internas a su oración. Los dos últimos rasgos, función sintáctica y naturaleza anafórica, son compartidos por otros pronombres (como los personales o los demostrativos), pero los relativos se caracterizan por la conjunción de los tres. La naturaleza anafórica vincula el relativo con su antecedente, por lo que posee carácter externo.

44.1.2c El relativo puede contener la información que habría de aportar su antecedente. Así, el relativo *quien* en la relativa subrayada en *Quien dice eso miente* aporta la misma información que *la persona que* en el grupo nominal *la persona que dice eso*. En cierto sentido, el significado correspondiente a *persona* está envuelto o incorporado en el significado del relativo *quien*, ya que ambas expresiones se refieren a una persona. Así pues, las subordinadas de relativo encabezadas por los relativos *quien* y *quienes* no son, en sentido estricto, ORACIONES, sino grupos nominales o pronominales. Estas construcciones han sido denominadas RELATIVAS LIBRES, RELATIVAS

CON ANTECEDENTE IMPLÍCITO O INCORPORADO, O RELATIVAS SIN ANTECEDENTE EXPRESO, y también RELATIVAS SUSTANTIVADAS (aun cuando se diferencian de las subordinadas sustantivas en una serie de rasgos que se analizan en el § 43.1.1d). Las relativas libres introducidas con adverbios relativos pueden equivaler a adverbios o a grupos preposicionales, como en *Sobreviven como pueden* > *Sobreviven así; Acudió cuando la llamaron* > *Acudió entonces.* Otras veces equivalen a segmentos nominales o pronominales (*No me gusta donde vive* > *No me gusta ese lugar*).

44.1.2d   Usado, como es habitual, en un sentido más amplio, el término RELATIVA LIBRE abarca también las relativas encabezadas por el artículo seguido del pronombre *que* (*el que dice eso*). Estos conglomerados (*el que, los que*) comparten muchas propiedades con los pronombres relativos que incorporan su antecedente (*quien, quienes*). Como equivalente de la denominación tradicional *relativa sin antecedente expreso encabezada por un artículo determinado* es común hoy el término RELATIVA SEMILIBRE. La interpretación del antecedente de las *relativas semilibres* se obtiene a menudo a partir del discurso anterior o del posterior. Así, en la oración *El que más me gusta es el verde*, cabe suponer un núcleo nominal tácito: *el Ø que más me gusta*, donde *Ø* puede remitir a *color, globo, vaso*, etc. Otras veces no es necesario recurrir a un elemento nominal recuperado contextualmente. Así, en *El que dice eso miente* se interpreta *el que* en el sentido de *la persona que*. Como el artículo *lo* no puede incidir sobre sustantivos (*lo que ocurrió;* véase el § 14.5.1e), algunos gramáticos prefieren evitar el recurso a un elemento nulo en estas oraciones y sugieren en su lugar que el artículo posee en las relativas semilibres propiedades pronominales.

44.1.3   Relativos simples y complejos

44.1.3a   Los relativos pueden ser SIMPLES, como en *la luz que entra por la ventana*, o COMPLEJOS (también COMPUESTOS), como en *la cuestión a la que me refiero*. Estos últimos contienen dos componentes: el artículo determinado y los relativos *cual* o *que* (*el cual/la cual/lo cual/los cuales/las cuales* y *el que/la que/lo que/los que/las que*). Constituyen relativos complejos todas las combinaciones del tipo «artículo determinado + *cual*» y algunas del tipo «artículo determinado + *que*», que se verán en el apartado siguiente. Estas unidades manifiestan en la sintaxis los contenidos que pueden expresar otras piezas léxicas simples (*quien, cuanto*).

44.1.3b   El relativo *que* solo forma un relativo complejo cuando tiene un antecedente expreso distinto del artículo que lo acompaña. Así, la secuencia *Las personas en las que confío* contiene un relativo complejo, *las que*, que constituye el término de la preposición *en* y cuyo antecedente es *personas*. En cambio, en *Al tercer intento, di con la que buscaba* (Mendoza, *Misterio*), el segmento subrayado es una relativa semilibre (> *di con ella*: § 44.4.2) en la que artículo y relativo no forman unidad, sino que pertenecen a segmentos sintácticos distintos. El antecedente de *que* es un elemento nulo (*la Ø que buscaba*), o bien el artículo *la*, si se le reconocen propiedades pronominales como se ha propuesto en algunos análisis (véase el § 14.4.1b). Mientras que los relativos simples pueden ser indefinidos (como *quien* en *No hay quien pueda con él*: § 22.3.1c), los relativos complejos son siempre DEFINIDOS o DETERMINADOS.

44.1.3c Con el relativo complejo *el cual* y sus variantes de género y número no se forman relativas libres ni semilibres. Su antecedente siempre es, por tanto, externo a ese segmento. Así pues, la preposición que precede a los relativos complejos forma parte de la oración de relativo, como se representa en *La persona [con la cual trabajo]*. Es inadecuada, en consecuencia, la segmentación **La persona con [la cual trabajo]*. La preposición que precede a las relativas libres y semilibres queda fuera de ellas, como en *Di con [la que buscaba]*, frente a la segmentación incorrecta **Di [con la que buscaba]*.

44.1.4   Clases de oraciones relativas

44.1.4a Las oraciones de relativo pueden estar introducidas por un relativo simple o bien por uno complejo, de acuerdo con la caracterización que de ellos se ha hecho en el § 44.1.3. En las introducidas por un relativo complejo es frecuente que este vaya precedido de preposición, razón por la cual las oraciones de este tipo se denominan a veces RELATIVAS PREPOSICIONALES. Se profundizará más en estas distinciones en el § 44.2.

44.1.4b Las subordinadas de relativo admiten dos variantes que dependen de la forma en que la oración ejerce su función modificadora. Así, en *Los documentos que se salvaron del incendio serán fundamentales en el juicio* aparece una RELATIVA ESPECIFICATIVA O RESTRICTIVA, mientras que la subrayada en *Los documentos, que se salvaron del incendio, serán fundamentales en el juicio* es una RELATIVA EXPLICATIVA, también llamada APOSITIVA O INCIDENTAL. La diferencia esencial entre ambas radica en que las primeras precisan la denotación del grupo nominal del que forman parte, de modo que en el ejemplo propuesto con oración especificativa se expresa que no todos los documentos serán fundamentales, sino solo los que se salvaron del incendio. Las explicativas agregan, en cambio, cierta información, pero no restringen la denotación del grupo nominal: en el ejemplo mencionado con oración explicativa se entiende que todos los documentos serán fundamentales y que todos los documentos se salvaron del incendio. Ambas se caracterizan, además, por rasgos entonativos diferentes y por otras propiedades que se analizarán en el § 44.3. Las relativas libres y semilibres (§ 44.1.2c, d) constituyen una subclase de las especificativas. Así, la oración subrayada en *el examen para [los que deseen mejorar la calificación]* es una relativa especificativa, integrada en la relativa semilibre que está encerrada entre corchetes y que constituye un grupo nominal.

44.1.4c Las relativas que tienen antecedente expreso ejercen una función similar a la de los demás modificadores del sustantivo. Así, la oración subrayada en *una historia que muy bien puede no haber ocurrido* desempeña la misma función que los modificadores subrayados en *una historia imaginaria* o *una historia de ficción*. Por este motivo, en la tradición gramatical se ha denominado a estas oraciones SUBORDINADAS ADJETIVAS. Aun así, entre los adjetivos y las subordinadas de relativo existen diferencias en cuanto a su posición sintáctica (solo posnominal en las segundas), y también en lo relativo a las funciones que pueden ejercer. En efecto, las subordinadas con antecedente expreso no ejercen la función de atributo en las oraciones copulativas: *Los niños parecían {débiles ~ *que estaban débiles}*, pero en ciertas condiciones pueden desempeñar la de complemento predicativo (§ 37.2.4b, c), como en: *No les pagaba nada, solo las propinas, pero los había que sacaban diez y doce pesetas de ellas* (Barea, *Forja*).

44.1.4d   Las oraciones relativas que algunos autores han llamado PSEUDOAPOSI-TIVAS se emplean para rectificar, atenuar o matizar el contenido expresado por el grupo nominal precedente. Así, la secuencia subrayada en *Los invitados, al menos los que se quedaron, bailaron hasta el amanecer* es más propiamente una relativa semilibre —por tanto, un grupo nominal en aposición— que una relativa explicativa, aunque presenta la pauta prosódica propia de estas. En efecto, al igual que las relativas libres, estas oraciones no pueden ser introducidas por el relativo *el cual,* y el artículo que contienen puede ser sustituido por un demostrativo (*Los invitados, al menos aquellos que se quedaron...*), por cuantificadores (*Los invitados, al menos algunos que se quedaron...*) o por grupos sintácticos encabezados por estos (*Los invitados, al menos los pocos que se quedaron...*). Estas relativas suelen estar precedidas por adverbios y locuciones adverbiales de foco (§ 40.4.4a), como *solo, al menos, por lo menos, cuando menos* y otros de valor similar, pero también por ciertas fórmulas metalingüísticas de valor rectificativo, como *quiero decir* o *mejor dicho* (§ 30.9.2a).

44.1.4e   Sean especificativas o explicativas, las oraciones de relativo se integran en el grupo nominal en el que funcionan como modificadores, por lo que aparecen inmediatamente después de su antecedente. Se atestiguan de manera excepcional algunos casos en los que la relativa puede aparecer al final de la oración, es decir, en una POSICIÓN NO CONTIGUA a su antecedente, del que la separa algún otro elemento. En los ejemplos que siguen se subrayan tales segmentos:

> Acaban de hacer público un trabajo en la revista *JAMA* de la semana pasada en el que se establece que las llamadas bombas de insulina son más cómodas y más efectivas (*Mundo* [Esp.] 31/10/1996); Inspiró confianza a los hombres tachados de liberales, despertando suspicacias, la del párroco en primer término, a quien parecieron «modernistas» y peligrosos los planes de trabajo propuestos por su nuevo ministro (Yáñez, *Filo*).

Así pues, el grupo preposicional *en la revista* JAMA *de la semana pasada* separa el relativo *el que* de su antecedente *un trabajo* en el primer ejemplo. También en algunas oraciones interrogativas la relativa puede ir separada de su antecedente, como en *¿A quién obedecían, que ahora con el indulto se protege?* (Gala, *Torturadores*). Las relativas de antecedente no contiguo se han denominado también RELATIVAS EXTRAPUESTAS.

44.1.4f   Las llamadas RELATIVAS DE PRONOMBRE PLEONÁSTICO O REASUNTIVO aparecen en la lengua oral de muchos países hispanohablantes, pero no son propias de los registros formales ni, en general, de la expresión cuidada, por lo que se recomienda evitarlas. Se caracterizan por que el relativo hace en ellas las veces solo de conjunción subordinante, de forma que pierde el segundo y el tercero de sus tres rasgos característicos, mencionados en el § 44.1.2b. Para suplirlos se añade en esta construcción otro pronombre que cubra ese hueco. En lugar de *una persona de la que nadie se fía,* se dice —en las variedades espontáneas mencionadas— *una persona* *que nadie se fía de ella.* Algunos de los factores sintácticos que condicionan la formación de estas construcciones se verán en el § 44.5.

44.1.4g   Las palabras relativas, al igual que las interrogativas o las exclamativas, pueden estar desplazadas, en el sentido de "situadas fuera de la oración a la que pertenecen". Así, en *el único país que creo que no ha visitado,* el relativo *que* es el complemento directo del verbo *ha visitado,* pero está situado fuera de su oración. El relativo de estas oraciones está, pues, DESPLAZADO (también se dice PROMOCIONADO o ELEVADO) a una posición inicial, fuera de la oración en la que desempeña su función sintáctica.

44.1.4h   Constituyen un grupo especial las relativas encabezadas por los RELATIVOS INESPECÍFICOS compuestos, que se forman mediante la combinación de las formas simples de los relativos —con excepción de *que* y *cuyo*— con la tercera persona del singular del presente de subjuntivo del verbo *querer: cualquier(a), quienquiera, comoquiera, dondequiera, adondequiera, cuandoquiera* y la arcaica *doquier(a),* que ha pervivido fundamentalmente en la locución adverbial *por doquier* ('por todas partes'). Se estudian en el § 22.6. Con la excepción de las introducidas por *cualquier(a),* estas oraciones son características de los registros formales. En los demás, los relativos inespecíficos suelen ser reemplazados por las formas simples (*quienquiera* por *quien; dondequiera* por *donde;* etc.).

44.2   Oraciones introducidas por relativos complejos

44.2.1   Las relativas preposicionales

44.2.1a   Las RELATIVAS PREPOSICIONALES son subordinadas de relativo introducidas por grupos relativos preposicionales. Están introducidas por un relativo complejo (*el que, la cual,* etc.: § 44.1.3), que constituye el término de la preposición. En los ejemplos que siguen se marcan estas relativas entre corchetes, se identifica su antecedente con subrayado discontinuo y se señala el grupo preposicional relativo que las encabeza con subrayado continuo:

> Me imagino que Cristo, conducido por el Demonio a la cumbre de una montaña [desde la que le exhibe todas las tentaciones del mundo], sabía muy bien: primero, que era el Demonio el que lo conducía [...] (Fuentes, *Región*); Esta es la razón [por la cual toda interpretación de un acto de conducta va más allá de toda evidencia] (Castilla, *Psiquiatría* 1); [...] como si le diera más vergüenza la visión de la prenda íntima que la del cuerpo derribado y semidesnudo [con el que la prenda había estado en contacto hasta hacía muy poco] (Marías, J., *Corazón*).

44.2.1b   No son, en cambio, relativas preposicionales las construcciones formadas por una preposición que toma como término una relativa libre o semilibre (§ 44.1.2c, d), como las subrayadas con trazo continuo en los ejemplos siguientes:

> Las razones que le habían llevado a tomar una decisión tan drástica [...] no eran muy diferentes de las que me había explicado el día en que me dejó (Martínez Reverte, *Gálvez*);

Se puso a coquetear con quienes la festejaban (Alegría, *Mundo*); Se limitaban a moverse en calles próximas a donde suponíamos tenían el garaje, el escondite o las dos cosas (Leguina, *Nombre*).

En estos casos la preposición, el artículo y el relativo son unidades independientes y no constituyen grupo sintáctico, como se señala en los § 44.1.3b y 44.4.2b.

44.2.2   Omisión del artículo en los relativos complejos preposicionales con *que*

El artículo que forma parte de la secuencia «artículo + *que*», integrada en un grupo relativo preposicional, puede omitirse en ciertas condiciones. Alternan, en efecto, *la forma en la que se comporta* y *la forma en que se comporta*. Como se ve, el artículo omitido *la* reproduce el que caracteriza al grupo nominal (*la forma*). Los factores fundamentales que intervienen en este proceso son cuatro:

1. La preposición
2. El tipo de oración de relativo
3. El antecedente del relativo
4. La estructura sintáctica de la oración

44.2.2a   El primer factor es pertinente porque en el español actual solo las preposiciones monosílabas *a, con, de* y *en* pueden combinarse con el *que* relativo desprovisto del artículo determinado, como en estos ejemplos:

Alguna quiere que nos dé la cifra a que están reducidos los fieles (Borges, *Libro*); [...] el rosario de violencias con que la había castigado en los últimos meses (Allende, *Casa*); —Sí —respondió con toda la sangre fría de que era capaz (Pérez-Reverte, *Maestro*); Completamente dedicado a sí mismo, no advirtió el sobresalto de Laura ni la ansiedad en que iba envuelta su siguiente pregunta (Millás, *Desorden*).

Solo esporádicamente se documenta la omisión del artículo con la preposición *por*, como en *La verdadera razón por que quieres quedarte es Miguel, ¿no es verdad?* (Allende, *Casa*).

44.2.2b   Considérese ahora el segundo factor. La omisión del artículo es más frecuente en las relativas especificativas, como *La pluma estilográfica dorada con que solía firmar los documentos importantes,* que en las explicativas. Se registra, no obstante, la omisión en estas últimas, sobre todo en textos de los siglos XIX y XX, y a menudo en los complementos preposicionales de *hablar, referirse* y otros verbos que aluden a algo que ya se ha mencionado: *Malinche nació en un pueblito vecino de Coazacualco, en que se hablaba el azteca y el idioma de los mayas* (Ocampo, V., *Testimonios*); *"El brillo del diablo", de que me había hablado Angustias, aparecía empobrecido y chillón* (Laforet, *Nada*). La omisión del artículo en las explicativas es hoy algo más común en el español americano que en el europeo. De hecho, en el segundo se suele percibir como arcaísmo.

44.2.2c El tercer factor es relevante porque el artículo del relativo complejo se omite más frecuentemente cuando el antecedente se construye con un artículo definido que cuando se forma con uno indefinido. Así, la omisión del artículo resulta más natural en *la forma en la que se comporta* que en *Empezaron a bailar abriendo luego una ronda a la que arrastraron a tu tía Adelfa vestida de novia remojada* (Ramírez, *Baile*). No obstante, suele omitirse el artículo con antecedentes cuantificativos (a menudo indefinidos) en las relativas preposicionales de infinitivo o de subjuntivo de interpretación prospectiva, como cuando se alude a un recurso o un instrumento: *Se levantó Camila como sonámbula, pidiendo a la fondera algo con que taparse para salir a la calle* (Asturias, *Presidente*); *El procesado ha sido revisado y no tiene consigo nada con que pueda atacar al señor Director* (Puig, *Beso*) (§ 24.4.2i).

44.2.2d Se han observado ciertas preferencias léxicas en la omisión del artículo. Así, es más frecuente con antecedentes que indican circunstancias de la acción, como *día, hora, lugar, manera, modo, tiempo* y otros similares:

> Cómo Talanque cuenta a Esplandián y a Frandalo la manera en que los enemigos les entraran la montaña y del esfuerço que Esplandián les pone (Rodríguez Montalvo, *Amadís*); El príncipe recuerda el día en que, durante una comida familiar en el Hofburg, recibió Elisabeth la noticia (Moix, A. M., *Vals*); Quiero tu piel, a la hora en que las tiendas acarician el celofán de los regalos (Vilalta, *Mujer*).

La omisión del artículo conlleva potestativamente la de la preposición cuando la misma precede al relativo y a su antecedente. Alternan, en efecto, *en el lugar en (el) que solía dejarlo* y *en el lugar que solía dejarlo*. He aquí un ejemplo de esta última variante: *Se hicieron inmortales y tienen una gran plaza como monumento en el sitio que fueron fusilados* (Cabrera Infante, *Habana*). Esta REDUCCIÓN PREPOSICIONAL, que también se da a veces cuando las preposiciones son distintas, está relacionada con la formación de locuciones conjuntivas: *a medida que, al tiempo que, en el grado que*.

44.2.2e Influye, por último, en la omisión del artículo la función sintáctica que desempeña el grupo relativo en la subordinada: la omisión se produce más frecuentemente en los complementos circunstanciales que en los de régimen. Así, el segmento subrayado es un complemento circunstancial en *De ahí que me sorprendiera el desapego con que la ahora condesa hablaba de la emperatriz* (Moix, A. M., *Vals*), pero es complemento de régimen en […] *como terapia necesaria para conseguir por fin la fama y el dinero con el que había soñado cuando no era más que un aprendiz de compositor musical* (Armas Marcelo, *Madrid*). No se omite el artículo incluido en el relativo complejo cuando el grupo preposicional relativo ejerce la función de complemento del nombre: *el libro {del que ~ *de que} solo pude leer el prólogo; la novela {de la que ~ *de que} solo conozco algunos fragmentos*.

44.2.2f Tampoco se omite el artículo en los relativos complejos introducidos por la preposición *a* en función de complemento indirecto: *El joven {al que ~ *a que} dieron el premio*, ni de complemento directo, como en *el candidato {al que ~ *a que} seleccionaron*. Si la relativa es especificativa, el objeto directo puede construirse sin *a*, y entonces es obligada la omisión del artículo. Alternan, pues, *a la que* y *que* en *Tiritaba toda al pensar en la gente desconocida a la que debería conocer* (Caso, *Peso*), pero es agramatical la variante *... *en la gente desconocida a que debería conocer.* Si la relativa es explicativa, la preposición *a* se hace necesaria con antecedente definido de persona: [...] *con ella y con Yves Montand, al que conocí aquel mismo verano* (Semprún, *Federico Sánchez*). En otras condiciones puede usarse el relativo sin preposición: *Tres alumnos, que eligió entre los de mejor expediente.*

44.2.3 Alternancia de *que* y *cual* en los relativos complejos

Como se explicó en el § 44.1.3, los relativos complejos están formados por el artículo determinado más los relativos *que* o *cual*. En ese mismo apartado se señaló que la combinación del artículo determinado y el relativo *cual* siempre da lugar a un relativo complejo. En las relativas especificativas, *el cual* (y sus variantes morfológicas) solo se construye como término de preposición, por lo que rechaza la función de sujeto: *las novelas {que ~ *las cuales} le gustan tanto,* y la de objeto directo sin preposición: *las novelas {que ~ *las cuales} lee a todas horas.* En cambio, en las relativas explicativas, *el cual* puede desempeñar estas dos funciones. Por su parte, la combinación «artículo determinado + *que*» aparece con preposición (salvo en los casos mencionados en el § 44.2.3e), independientemente del tipo de relativa en que se ubique. La preposición, el artículo y el relativo forman un segmento sintáctico (un grupo relativo: § 22.2.1), como en *el hombre [con el que] vivía,* a diferencia de lo que ocurre en las relativas semilibres: *Eva se encontró con [el [que estudió con ella]]* (§ 44.2.1b). El relativo *quien* se asimila en algunos usos a los relativos complejos, como en *la persona a {quien ~ la que ~ la cual} se dirige la carta.*

44.2.3a Los relativos complejos formados por *que* (relativo átono) y *cual* (relativo tónico) pueden alternar cuando van precedidos de preposición, como en *la cuestión a la {que ~ cual} me refiero.* Es posible intercambiarlos, por ejemplo en las siguientes oraciones: *Era otro hombre, no el amigo con el que había compartido mi juventud* (Volpi, *Klingsor*); *Nunca imaginó los límites a los cuales tendría que llegar en los años venideros* (Allende, *Eva*). También sería posible usar en la primera el relativo *quien.* Este relativo está más restringido, puesto que requiere antecedentes que designen personas, y a veces animales o cosas personificadas.

44.2.3b El carácter tónico del relativo *cual* le permite aparecer en grupos relativos que no pueden formarse con la variante *que,* forma átona, en particular cuando el relativo complejo funciona como complemento de un nombre, pronombre, adjetivo o adverbio dentro de la oración subordinada. Así pues, en los textos que siguen no sería posible sustituir *del cual* por *del que* (al menos, en el español general):

> Cerca del 17, en uno de los ángulos del corredor había un grupo de cinco o seis personas entre grandes y chicos, en el centro del cual estaba un niño como de diez años (Galdós, *Fortunata*), Llevaba un abrigo oscuro por debajo del cual asomaba un pijama listado (Mendoza, *Ciudad*).

Esta restricción obedece a un factor prosódico: en la posición que ocupa, el complemento constituido por el relativo tiene que ser tónico para poder formar un GRUPO ENTONATIVO, es decir, un grupo fónico de palabras que forman una unidad prosódica que no puede estar dividida por pausas. La misma restricción impide sustituir *del cual* por *del que* en el texto siguiente: *El perro no escuchará la nueva orden pues su reacción corresponde no al estímulo último sino al anterior, las huellas del cual siguen conservándose por cierto tiempo en el sistema nervioso central* (Tagarano, *San Bernardo*). En cambio, en la variante en la que el grupo relativo no contiene al sustantivo *huellas* (es decir, ... *del cual siguen conservándose las huellas...*), no se infringe la restricción de tonicidad introducida, puesto que el grupo relativo *del cual* no tiene que formar necesariamente grupo fónico. En esta última opción se admite, por tanto, el relativo *que*: ... *del que siguen conservándose las huellas por cierto tiempo...*

44.2.3c En función de la restricción prosódica mencionada, tiende también a elegirse *cual* en los grupos preposicionales con la preposición tónica *según* (§ 29.2.2c): *¿Era que [...] tenían la costumbre de preferir a los hombres deformes, por ese estúpido prejuicio según el cual son, matrimonialmente hablando, mejores que los normales?* (Vargas Llosa, *Tía*), e igualmente con las locuciones preposicionales, como en *Dejó un resquicio a través del cual podía escucharlo* (García, A., *Mundo*). Tampoco alternan *que* y *cual* en los casos en que la preposición va seguida de una relativa semilibre, como en *según los que saben de estas cosas*, puesto que las relativas semilibres no se forman con *el cual* o sus variantes morfológicas.

44.2.3d Como consecuencia de sus propiedades gramaticales y de la estructura sintáctica de la construcción en la que se insertan, los relativos *que* y *cual* pueden aparecer en oraciones que muestran diferencias notables de significado. Así, no son sinónimas las secuencias *dos de los que estuvieron presentes* y *dos de los cuales estuvieron presentes*, que poseen estructura sintáctica distinta. La primera es un grupo nominal que contiene un complemento partitivo, de forma que la subordinada encabezada por el artículo *los* es una relativa semilibre (por tanto, un grupo nominal equivalente a *dos de ellos*). La segunda, en cambio, es una relativa explicativa encabezada por el grupo relativo *dos de los cuales*, como en *Los profesores, dos de los cuales estaban presentes, ya estaban informados*.

44.2.3e Además de los usos preposicionales mencionados, el pronombre *que* forma relativos complejos sin preposición en otras dos construcciones. En la primera, atestiguada en todo el dominio lingüístico español, se usa el pronombre neutro *lo que*, en alternancia con *lo cual*, en las relativas explicativas con antecedente oracional (§ 44.3.2d): *Alfonso XIII fue incapaz de taponar la hemorragia de los grandes partidos dinásticos escindidos y quebrados, lo que produjo una permanente inestabilidad política* (Anson, *Don Juan*). En la segunda, característica de buena parte del español de América, *el que* alterna con *el cual* en ejemplos como los siguientes:

> Lo único que se conservó intacto en la planta baja fue el saloncito chino, el que quedó como recuerdo de su padre (González, E., *Dios*); Y los inquilinos, los que también han vivido aquí siempre, ¿por qué no son ellos los dueños? (Allende, *Casa*); Esmeralda, que era tenaz, sacó de la caja el último bombón, el que había desdeñado Conrado, y se lo dio a uno de los perros, que esperaba en la puerta y con el papel hizo una condecoración, que le colgó del collar (Ocampo, *Cornelia*).

Al tratarse de relativas explicativas, se interpreta en el primer texto que existe un solo saloncito chino, del que se añade una propiedad. En otra interpretación, común a todo el mundo hispánico, se entiende que hay más de un saloncito chino y que la relativa precisa de cuál se habla. En esta segunda interpretación, *el que* no alterna con *el cual,* sino con *aquel que.* No constituye, por tanto, un relativo complejo, sino que encabeza una relativa semilibre.

44.3 Diferencias entre las relativas especificativas y las explicativas

La distinción entre las relativas ESPECIFICATIVAS y las EXPLICATIVAS, introducida en el § 44.1.4b, conlleva importantes diferencias prosódicas, sintácticas, semánticas y discursivas.

44.3.1 Características prosódicas

44.3.1a   Las relativas especificativas con antecedente expreso no forman grupo entonativo y se integran en el que corresponde a aquel, como en *los informes que estoy revisando ahora.* No obstante, en la coordinación de relativas especificativas es frecuente que se haga pausa antes de la conjunción copulativa que encabeza el segundo miembro, como en *Desaparecían camaradas en los que había confiado, y que resultaban ser traidores, conspiradores trotskistas, enemigos del pueblo* (Muñoz Molina, *Sefarad*).

44.3.1b   Las relativas libres y semilibres constituyen grupos nominales que contienen una relativa especificativa: *el que lo desee ~ aquel que lo desee.* Esas construcciones carecen de antecedente independiente y pueden componer un grupo fónico por sí solas, en las mismas condiciones que los grupos nominales. Si funcionan como sujeto no deben ir seguidas por comas: *Quienes hayan querido y sabido hacer suyo este perenne modo de existir in Christo contemplarán y vivirán las realidades terrenas, sean estas naturales o artificiales* (Laín Entralgo, *Espera*); *Quien haya cursado esta denuncia responderá de ella* (Rojas, C., *Hidalgo*). No obstante, es frecuente colocar la coma en algunas oraciones genéricas en las que la relativa forma un grupo nominal de interpretación inespecífica, como en estos ejemplos: *Quien calla, otorga* (Gracián, *Criticón* III); *El que se acerca a mí, se acerca al fuego* (Benítez, *Caballo*); *El que se aparta de Dios, no puede tener quietud* (Ángeles, *Consideraciones*). Este patrón es muy común en sentencias, refranes y proverbios.

44.3.1c   Las relativas explicativas forman un grupo fónico propio, como impone su naturaleza parentética. Esta particularidad prosódica se refleja en la escritura por medio de signos de puntuación (comas o, más esporádicamente, rayas o paréntesis) que separan la subordinada de su antecedente. Sin embargo, cuando siguen a algunos pronombres personales, no van precedidas de pausa (coma en la escritura), como en *tú que estás ahí* o en *Las mujeres de este país, se lo digo yo que he visto mundo, son unas mojigatas* (Ruiz Zafón, *Sombra*).

44.3.2 Diferencias semánticas y sintácticas entre relativas especificativas y explicativas

44.3.2a Las relativas especificativas son modificadores que precisan la denotación del grupo nominal del que forman parte, mientras que las explicativas son modificadores que se agregan a modo de incisos y son menos dependientes de su antecedente que las primeras. Como consecuencia de ello, se pueden omitir a menudo sin que resulten afectadas las condiciones de verdad del resto del enunciado. Así, si es verdadero el enunciado *Ayer solo salió un tren, que transportaba mineral,* también lo será *Ayer solo salió un tren.* En cambio, la supresión de la relativa especificativa en la oración *Ayer solo salió un tren que transportaba mineral* altera las condiciones de verdad del enunciado, ya que este es compatible con una situación en la que se haya producido en la misma fecha la salida de otros trenes, siempre que no transportaran mineral.

44.3.2b A la vista del distinto nivel de incidencia de los dos tipos de relativas, se suelen diferenciar los antecedentes de unas y otras: en el caso de las explicativas, el antecedente está constituido por todo el grupo nominal precedente, mientras que el de las especificativas incluye el núcleo y sus complementos, pero no los determinantes y los cuantificadores. La relativa restrictiva queda, pues, bajo el ámbito de los cuantificadores numerales, mientras que la explicativa queda fuera de él. Esta diferencia sintáctica tiene consecuencias semánticas. En efecto, cuando se dice *Al acto asistieron cuatro embajadores que representaban a los países de la Unión Europea,* no se está afirmando que el número de embajadores presentes en el acto fuera *cuatro,* sino que ese número corresponde al de los que representaban a la Unión Europea. Por el contrario, con una subordinada explicativa, *Al acto asistieron cuatro embajadores, que representaban a los países de la Unión Europea,* se indicaría que fueron solo *cuatro* los embajadores presentes en el acto, a lo que se añade que todos ellos pertenecían a los países de la Unión Europea.

44.3.2c Las oraciones especificativas son incompatibles con los PRONOMBRES PERSONALES (**ella que tiene 23 años*) y con los NOMBRES PROPIOS (**Mónica que tiene 23 años*), puesto que ambas unidades coinciden en designar de manera unívoca entidades individuales. No son excepciones secuencias como *Tú que estás ahí,* como se vio en el § 44.3.1c. Los nombres propios construidos con artículo se asimilan a los comunes, como se vio en los § 12.5.2c, d, por lo que es esperable que admitan las relativas especificativas: *el Octavio Paz que más me gusta, una Isabel que sorprendió a todos, la Argentina que ganó la copa del mundo de fútbol en 1978.* En el español europeo y en el de algunos países americanos las relativas especificativas son incompatibles con los posesivos prenominales: **su prima que vive en Buenos Aires* (frente a *su prima, que vive en Buenos Aires,* con explicativa). Véase también, en relación con esta construcción, el § 18.2.1c.

44.3.2d Solo las relativas explicativas admiten ANTECEDENTES ORACIONALES. Estas oraciones incorporan el contenido de la oración principal para convertirlo en argumento o adjunto de la subordinada. Los relativos que introducen esta subclase de relativas son el pronombre *que,* los pronombres complejos *lo cual* y *lo que,* así como el adverbio relativo *como:*

Doña Matilde disparó sobre mí una descarga cerrada de preguntas acerca de las particularidades de mi viaje y de las tierras que había visto, a <u>lo que</u> yo contesté [...] (Fernández Lizardi, *Quijotita*); Me lo agradecía de antemano, dándome unos besos pegajosos, <u>lo cual</u> me ahogaba de asco y de sorpresa (Mujica Lainez, *Escarabajo*); La novia tuvo que prescindir de algunas cosas, <u>que</u> fue lo que creó cierto desasosiego entre los invitados de la vieja guardia y rabia casi explícita en mamá Inés (Moreno-Durán, *Diana*).

44.3.2e Las relativas especificativas y explicativas se diferencian en su comportamiento con los relativos complejos formados con *que* y *cual* (§ 44.1.3) y con los pronombres *quien* y *quienes*. Como se explicó en la introducción al § 44.2.3, las relativas especificativas admiten estos relativos solo si están precedidos de preposición, como en *el abogado <u>con quien</u> trabaja, la pared <u>contra la cual</u> chocó, la reunión <u>de la que</u> te hablé,* pero los rechazan cuando aparecen sin ella. Las explicativas pueden formarse, en cambio, con los relativos *cual* y *quien* sin preposición: *La soledad y el silencio de aquel sitio aumentaron la zozobra que se había apoderado de Nata, <u>quien</u> llegó a hacer dúo a la paloma con un lamento ahogado* (Acevedo, *Nativa*); *Fundó en 1954 la religión conocida con el nombre de Church of Scientology (Iglesia de la Ciencia), <u>la cual</u>, a pesar de ser muy controvertida, en pocos años se convirtió en un negocio multimillonario* (*Tiempo* [Col.] 2/1/1990).

44.3.2f Las relativas especificativas pueden construirse con el verbo en infinitivo, como en *Busco una persona en la {que ~ cual} confiar,* o en subjuntivo, como en *Hace tiempo que no veo una película que me guste de verdad* (se subraya en ambos casos el elemento externo a la oración que induce la presencia del subjuntivo o el infinitivo: § 24.4.2). Al constituir incisos oracionales, las explicativas quedan fuera del ámbito de tales inductores y se construyen en indicativo, a menos que el inductor del subjuntivo sea interno a la oración de relativo, como ocurre en *Bien lo comprenderá cuando le pasen las tristezas, que <u>ojalá sea</u> pronto* (Galdós, *Fortunata*), o en *Solo podía oponerle mi afán por comprender, participando a la cabeza neutral, casi siempre ausente, del muchacho Seoane, que <u>tal vez fuera</u> mi hijo* (Onetti, *Viento*). Cabe añadir las fórmulas modales desiderativas, que se forman con subjuntivo no inducido ni seleccionado por otra expresión: *Este, mi señor don Merlín, <u>que Dios guarde y San Jorge,</u> es mi mandado* (Cunqueiro, *Merlín*).

44.3.2g En México y varios países centroamericanos se usa *mismo que* con el sentido de *el cual* en las relativas explicativas, como en *Llegaron a su casa y le encontraron cierta cantidad de droga, <u>misma que</u> utilizaba para vender a expendios pequeños.* Esta construcción no se considera recomendable en la expresión cuidada.

44.3.2h En los registros formales se antepone a veces el atributo de las relativas explicativas, como el que se subraya en *[...] predicó un famosísimo orador en las exequias de don Antonio Campillo, <u>párroco</u> que fue de cierta iglesia* (Isla, *Fray Gerundio*). El sustantivo antepuesto carece de determinante (**el párroco que fue...*) y el verbo de la subordinada presenta marcas gramaticales de aspecto perfectivo. Menores restricciones sintácticas presentan los grupos nominales apositivos, como en *Rosendo Peláez, <u>médico forense que vivió muchos años en Badajoz,</u>* o las construcciones de sentido causal: *El muchachito se retorcía, <u>pequeño como era,</u> como una víbora* (Rulfo, *Pedro Páramo*).

44.3.2i   La lengua tiende a rechazar la acumulación de relativas especificativas no coordinadas referidas a un mismo antecedente, como en *el libro que leí que me encantó*. Esta disposición resulta menos forzada si las relativas son explicativas: *Aquel libro, que parecía insignificante, que casi nadie había leído, iba a cambiar mi vida*. Son características de las narraciones las llamadas EXPLICATIVAS DE SUCESIÓN. En estas oraciones se aporta información que completa la presentación de hechos, situaciones o propiedades, con frecuencia conectados por locuciones como *a su vez, por su parte* o *en fin*, como en *El dinero ganado —de buena o mala manera— por cada miembro debía ser íntegramente cedido a la comunidad, la que, a su vez, lo redistribuía a partes iguales luego de atender los gastos comunes* (Vargas Llosa, *Tía*). Estas oraciones se ajustan en lo fundamental al patrón de las enumeraciones, lo que permite a menudo conmutar el relativo por un demostrativo precedido de la conjunción copulativa (*... y esta, a su vez, lo redistribuía...*), e incluso acentuar su independencia fónica, como en los textos que siguen:

> Comenzaron a sonar los primeros acordes del *Danubio azul*. El cual se diluyó a poco andar, como una locomotora que se hubiera quedado repentinamente sin fuerzas (Collyer, *Habitante*); Entretanto la Regenta era la de Ozores. La cual siempre había sido hija de confesión de don Cayetano, [...] (Clarín, *Regenta*).

Estas construcciones se ubican en la frontera entre las oraciones subordinadas y las independientes. Aun así, conservan ciertas características de la subordinación relativa: la dependencia léxica de un antecedente, la colocación del elemento relativo al frente de la construcción y el funcionamiento de este como argumento o adjunto de la subordinada.

44.3.3   Efectos discursivos de los dos tipos de relativas

44.3.3a   Como ya se ha señalado, las relativas especificativas restringen la denotación del grupo nominal en el que aparecen a un conjunto de menor extensión. Así, de la oración *Los periódicos que comentaron la noticia la valoraban positivamente*, se infiere que algunos periódicos no comentaron la noticia. Sin embargo, la existencia de ese CONJUNTO COMPLEMENTARIO de periódicos no forma parte del contenido objetivo de la oración, sino que se deduce de inferencias discursivas o pragmáticas. Así lo demuestra la posibilidad de negar su existencia: *Los periódicos que comentaron la noticia, que fueron todos, la valoraban positivamente*.

44.3.3b   La distinción entre los dos tipos de subordinadas se diluye en algunos casos. En efecto, cuando la relativa se presenta en el interior de un grupo nominal indeterminado situado en posición posverbal, la información que contiene tiende a usarse para comunicar alguna propiedad relevante del referente, más que para identificarlo. No se percibe, en efecto, la diferencia habitual de significado entre explicativas y especificativas al comparar *Luisa tiene un hijo pequeño al que adora* (con relativa especificativa) y *Luisa tiene un hijo pequeño, al que adora* (con relativa explicativa). En general, no son propiamente restrictivas las relativas que aportan una VALORACIÓN SUBJETIVA realizada por el hablante, como en *De este modo en mi escepticismo de los libros y del estilo he llegado a una especie de ataraxia que me parece muy* *agradable* (Azorín, *Voluntad*). Incluso con un grupo nominal definido, como *El gol que decidió el partido se consiguió en el minuto 89,* la relativa puede aportar información restrictiva o discriminativa, lo que da a entender que en el partido se marcaron varios goles, pero también no discriminativa (sino más bien valorativa), por lo que esa oración sería apropiada incluso si se habla de un partido en el que se marcó un solo gol.

44.3.3c   Las relativas explicativas forman una unidad informativa independiente de naturaleza parentética o incidental, de manera que la información que introducen se puede interpretar como un ACTO VERBAL (§ 42.1) diferente del que introduce la oración principal. Así, la oración *Haydn, que nació en 1732, ha sido el más prolífico compositor de sinfonías del que se tiene noticia* contiene dos ASERCIONES independientes, hasta el punto de que la relativa puede ser falsa (por ejemplo, si se cambia *1732* por *1745*) sin que lo sea la oración principal. Por el contrario, si el mismo cambio se produjera en una especificativa, como *El compositor que nació en 1732 ha sido el más prolífico...,* alteraría el valor de verdad de toda la oración, que corresponde a un único acto verbal.

44.4   Particularidades de las relativas sin antecedente expreso

44.4.1   Las relativas libres

44.4.1a   Como se vio en las secciones precedentes, las RELATIVAS LIBRES son relativas especificativas que incorporan semánticamente su antecedente, pero no lo expresan de manera sintáctica (*Quien dice eso miente*). La mayor parte de estas construcciones equivalen a grupos nominales y ejercen sus mismas funciones sintácticas. Los relativos que las encabezan contienen internamente rasgos léxicos que permiten delimitar la clase de entidades que pueden servirles de antecedente. Así, *quien* limita su designación a los seres animados, casi siempre personas, y *cuanto* y sus variantes poseen un contenido similar a *el que / la que,* etc., o *todo el que / toda la que,* etc. Las encabezadas por adverbios relativos suelen equivaler a grupos adverbiales o preposicionales. En efecto, los adverbios *donde, como* y *cuando* designan lugares, modos y momentos, respectivamente, y pueden ser sustituidos por *(en) el lugar donde, (de) la manera como* y *(en) el momento en que.* He aquí algunos ejemplos de estas oraciones:

> Quienes esperaban turno mostraban caras de padecimiento extremo (Sepúlveda, L., *Viejo*); Cuantos participamos en la elaboración de la Constitución sabemos que como obra de consenso tuvo mucho de pacto (*Vanguardia* [Esp.] 27/2/1994); El viejo Leiston miró hacia donde no se veía la demarcación oscura, el resonante hueco de la mar (Caballero Bonald, *Pájaros*); Lléveselo fuera, aunque no quiera. No me gusta como está (Aub, *Calle*); Cuando utilizamos la expresión racional, establecemos una estrecha relación entre racionalidad y saber (Lledó, *Días*).

44.4.1b   Los pronombres y adverbios que encabezan las relativas libres llevan INCORPORADA la referencia implícita a su propio antecedente. Ello les permite funcionar como argumentos o adjuntos del predicado principal, a diferencia de las formadas con *que, cuyo* y *el cual,* que por sí solos no restringen la clase de sus antecedentes potenciales y, por tanto, están incapacitados para encabezar relativas libres. La presencia de *quien/quienes,* sin embargo, no garantiza que la relativa sea libre. Este pronombre forma también relativas con antecedente expreso como en *Lo mismo cabe decir sobre S. Martínez, quien hace tiempo que no juega* (*País* [Esp.] 4/10/2001). En cambio, *el que* sin preposición solo encabeza relativas semilibres, como la subrayada en *S. Martínez, el que hace tiempo que no juega,* excepto en los países americanos en los que alterna con *el cual* en las relativas explicativas (§ 44.2.3e).

44.4.2   Las relativas semilibres

44.4.2a   Como se señaló en el § 44.1.2d, se llaman SEMILIBRES las relativas sin antecedente expreso encabezadas por el artículo determinado y el pronombre *que,* como la subrayada en *De todas las suposiciones, la que más te cosquillea es la del próximo Mundial* (Berlanga, *Gaznápira*). En tales oraciones cabe suponer un núcleo nominal tácito que se recupera del contexto (*suposición* en este caso). Sin embargo, otros análisis consideran que el artículo tiene propiedades de pronombre, y que, por tanto, puede considerarse el auténtico antecedente del relativo. La interpretación de las relativas semilibres puede no obtenerse del discurso anterior ni del posterior. En tal caso se interpreta *el que* en el sentido de *la persona que,* como en *El que diga eso miente.* De una forma similar, el artículo neutro *lo* hace referencia a entidades inanimadas: *lo que ocurrió* admite las paráfrasis 'la cosa que ocurrió', 'las cosas que ocurrieron' o 'aquello que ocurrió'. En estas construcciones con *lo* se evita especialmente el recurso a un elemento nominal tácito como antecedente del relativo y se prefiere la interpretación pronominal del artículo.

44.4.2b   Se ha explicado a lo largo del capítulo que en las relativas semilibres artículo y relativo forman parte de segmentos sintácticos distintos. Esta propiedad hace posible que se intercalen entre ambos los adjetivos *mismo* y *único: El mismo que lo despertara desgarrado en las primeras malas noches de Jamaica* (Montero, M., *Trenza*); *Lo único que entre ellas existe de común es una cosa muy vaga* (Ortega Gasset, *Rebelión*). En el español hablado en las islas Canarias y en buena parte del área caribeña también pueden intercalarse los cuantificadores *más* y *menos: lo más que me gusta* (por *lo que más me gusta*) o *la más que bailó* (por *la que más bailó*). Esta intercalación no podría obtenerse si ambos formaran un relativo complejo. En esta obra se considerarán relativas semilibres las especificativas que van precedidas del artículo definido, no las que contienen indefinidos, como en *Pero entre los judíos que se quedaban en la patria nativa había unos que la perdían definitivamente* (Maeztu, *Quijote*) o en *Le escogí unos que mi padre casi no se calzaba porque le quedaban pequeños* (Ruiz Zafón, *Sombra*), puesto que se entiende que el pronombre indefinido *unos* ejerce la función de antecedente del relativo. Por la misma razón, tampoco son relativas libres las formadas por los relativos indefinidos *cualquiera, quienquiera, comoquiera, dondequiera* y *cuandoquiera.*

44.4.3   Relativas libres o semilibres encabezadas por una preposición

44.4.3a   Las relativas libres o semilibres pueden ir encabezadas por una preposición, incluso cuando ejercen la función de sujeto. Esta pauta sintáctica es más

frecuente en la lengua oral que en la escrita: *Con quien sale tu hermana fue novio mío;
A veces, en quien menos confías te asombra; Adonde nos llevaron no era el lugar más
adecuado; A quien le diste el encargo es un mequetrefe*. No se trata, sin embargo, de
sujetos con preposición, puesto que esta corresponde al verbo subordinado. En
la mayor parte de tales construcciones se interpreta un antecedente genérico. Así, la
oración *A quien pisoteen estas piernas o ahoguen estos brazos, va a saber lo que es
morir* (Martín Recuerda, *Arrecogías*) admite la paráfrasis *Aquel a quien pisoteen
estas piernas, sea el que sea...* Se recomienda sustituir estas relativas libres encabezadas por preposición en función de sujeto (*Con quien sale tu hermana fue novio mío*)
por las que presentan antecedentes expresos (*El muchacho con el que sale tu hermana fue novio mío*) o por las relativas libres no preposicionales (*El que sale con tu
hermana fue novio mío*).

44.4.3b   Las relativas libres y semilibres encabezadas por una preposición presentan restricciones cuando ejercen la función de complemento directo. No se omite, en
efecto, el antecedente subrayado en *Ya tengo eso a lo que te referías* o *A menudo
guardamos aquello de lo que podemos prescindir,* lo que impide la aparición de relativas semilibres en estos contextos. Los verbos *haber* y *tener* pueden, no obstante,
construirse con objetos directos formados por relativas inespecíficas de infinitivo
encabezadas por una preposición. La oración *No hay de quién fiarse* equivale, en efecto, a *No hay ninguna persona de la que pueda uno fiarse*. No deben confundirse estos
ejemplos con los que presentan la preposición fuera de la subordinada, como en
Contrataremos a quien demuestre capacidad suficiente.

44.4.3c   La preposición externa a la relativa libre puede coincidir con la que esta
encabeza. Este SOLAPAMIENTO O TRASLAPE DE PREPOSICIONES es sistemático cuando ambas introducen complementos directos o indirectos, como en *Entiendo que
mintió usted para defender al hombre que asesinó a quien usted llama su amigo* (Ruiz
Zafón, *Sombra*) o en *Uno se lo daba a quien el otro se lo quitaba*. Nótese que la
preposición *a* tiene doble oficio en estos ejemplos, ya que marca a toda la oración de
relativo como complemento directo o indirecto de los verbos *asesinar* y *dar*, respectivamente, pero también a los pronombres relativos contenidos en las subordinadas, que desempeñan esa misma función respecto de los verbos *llamar* y *quitar*. El
español rechaza la repetición de la preposición para marcar estos constituyentes
por separado (*... *asesinó a al que...*, *... *daba a a quien...*). También se fusionan las dos
preposiciones en una sola cuando, además de las preposiciones, coinciden los verbos que las introducen, como en *Piensa por un momento en lo que yo estoy pensando*
(no **en en lo que...*). Cuando coinciden las preposiciones, pero no los predicados
regentes, se evita con frecuencia el solapamiento construyendo la relativa con antecedente: *Eso es parecido al asunto al que me refiero; Me limito a hablar de aquello
de lo que me acuerdo.*

44.4.3d   Puede omitirse la preposición *a* ante el relativo *donde* cuando el verbo de
la oración principal se construye con un complemento argumental que expresa meta
o dirección, como en *Iremos {donde ~ adonde ~ a donde} digan ustedes* o en *No le hablaré, ni volveré a mirarla, pero déjeme ir donde no tenga que cerrar los ojos en el coro
para velar mi miedo y mi vergüenza* (Fernández Santos, *Extramuros*). Para expresar
la ubicación, alternan *donde vivo* y *en donde vivo,* pero es más frecuente la primera

variante. Sobre el uso incorrecto de *adonde* por *donde,* como en *Se quedó adonde le dijeron,* véase el § 22.5.2c.

44.5 Relativas de pronombre pleonástico o reasuntivo y relativas no pronominales

44.5.1 Relativas de pronombre pleonástico o reasuntivo

44.5.1a   Como se observó en el § 44.1.4f, en el habla coloquial de todos los países hispanohablantes se atestiguan, con diversa extensión, intensidad y frecuencia, ejemplos en los que la función que corresponde desempeñar al relativo *que* se asigna a un pronombre personal, átono o tónico, en el interior de la subordinada. Se trata de secuencias como *un lugar que recordaba haberlo visitado en su juventud* (en la que el pronombre enclítico *lo* reproduce la función de complemento directo de *haber visi- tado,* que ya tiene atribuida el pronombre relativo *que*) o como *Tenemos un gobierno que no le interesa la gente, solo el capital de algunos* (*Salvador Hoy* 6/10/2000), cuya versión en la lengua cuidada es *un gobierno al que no (le) interesa la gente.* No se re- comienda usar estas expresiones (denominadas RELATIVAS DE PRONOMBRE REASUN- TIVO, DE PRONOMBRE PLEONÁSTICO, DESPRONOMINALIZADAS O CON DUPLICACIÓN PRONOMINAL) en la lengua escrita ni en los registros formales de la expresión oral. El hecho de que estas secuencias, sumamente frecuentes, se consideren incorrectas no debe impedir que se describan sus propiedades fundamentales, como se hace breve- mente en los párrafos siguientes.

44.5.1b   El pronombre que se añade en las relativas reasuntivas pasa a ejercer la función sintáctica asignada al relativo, de modo que este pierde dos de los rasgos que se le atribuyeron en el § 44.1.2b: su función sintáctica y su naturaleza anafórica. En consecuencia, se discute si conserva su naturaleza pronominal en estas oraciones o se convierte en ellas en un mero nexo de subordinación, equivalente a la conjunción homónima que introduce las subordinadas sustantivas. En todo caso, la estrategia del pronombre reasuntivo permite establecer A DISTANCIA relaciones sintácticas que en las demás relativas no se permiten, ya que están limitadas a contextos de CONTIGÜIDAD.

44.5.1c   El recurso al esquema reasuntivo es frecuente en las relativas explicati- vas, puesto que su carácter incidental les proporciona mayor independencia respecto del antecedente. Favorece, además, la aparición del pronombre reasuntivo el que el antecedente sea oracional: *No te lo deseo pero, si así fuese, que lo veo probable, recibe mi fraternidad* (Díez, *Expediente*).

44.5.1d   Existe una marcada tendencia en la lengua oral (e incluso en algunos re- gistros informales de la lengua escrita) a sustituir el relativo posesivo *cuyo* por la combinación de la forma *que* y un posesivo prenominal, y decir, por ejemplo, *que sus nombres* por *cuyos nombres.* Este uso ha sido llamado QUESUISMO (denominación paralela a DEQUEÍSMO y QUEÍSMO). El término es adecuado solo en parte, ya que las formas *que* y *su* no son contiguas en todos los casos (*Tenía una novia que a su padre le encantaba ir al campo*). A ello se añade que el posesivo se sustituye por el artículo, como en *Tenía una novia que a la madre le encantaba ir al campo.* La construcción es impropia de los registros formales y se asocia con la lengua descuidada, por lo que se recomienda evitarla.

44.5.2   Relativas no pronominales

Se registran usos de la partícula *que* en los que constituye el único vínculo sintáctico formal con el sustantivo o el grupo nominal al que la relativa se subordina. Estas RELATIVAS NO PRONOMINALES, como la subrayada en *Me hicieron unos lentes que no veo absolutamente nada,* son inadecuadas en los registros formales, por lo que se recomienda evitarlas. La variante de esta secuencia en la lengua estándar es *Me hicieron unos lentes con los que no veo absolutamente nada.* La versión con pronombre reasuntivo, *Me hicieron unos lentes que no veo absolutamente nada con ellos,* es impropia de los estilos cuidados, al igual que la relativa no pronominal.

45 Construcciones comparativas, superlativas y consecutivas

45.1 Características generales de las construcciones comparativas

45.1.1 Naturaleza de la comparación. Clases de construcciones comparativas

45.1.1a Las CONSTRUCCIONES COMPARATIVAS establecen una comparación entre dos valores de carácter CUANTITATIVO. Así, en *Ahora llegan más turistas que antes* se compara el NÚMERO de dos conjuntos de personas; en *Tiene más trabajo que su marido* se compara la CANTIDAD de trabajo que tiene una persona con la que se atribuye a otra, y en *El concierto resultó menos espectacular de lo que esperábamos* se compara el GRADO de espectacularidad alcanzado por un concierto con el que se suponía que había de alcanzar. En todos los casos se comparan magnitudes —NÚMERO, CANTIDAD y GRADO— mediante recursos gramaticales. La comparación entre individuos, situaciones o estados de cosas suele llevarse a cabo por medio de procedimientos léxicos: *No compares una cosa con otra; Tu hijo y mi hija se parecen; La realidad sobrepasa todas mis expectativas; Ambos problemas tienen causas muy similares, pero las soluciones no deben ser idénticas.* Se combinan propiedades de ambos tipos de construcciones con los adjetivos *mismo* (§ 45.3.2a), *distinto* y *diferente* (§ 45.2.7a), así como con el verbo *preferir* (§ 45.2.7b), el adjetivo *preferible* (§ 45.2.7b) y el adjetivo o adverbio *igual* (§ 45.3.2b).

45.1.1b Las construcciones comparativas se clasifican en función de los cuantificadores comparativos que les dan sentido. Con el cuantificador *más* se forman las COMPARATIVAS DE SUPERIORIDAD (*Estás más delgada que el año pasado*); en torno al cuantificador *menos* se constituyen las COMPARATIVAS DE INFERIORIDAD (*Disfruté menos del vino que de su compañía*). Estos dos tipos de construcciones se denominan COMPARATIVAS DE DESIGUALDAD. Se diferencian de las COMPARATIVAS DE IGUALDAD, formadas típicamente con el cuantificador *tan(to)*: *Elías mostró tanta pericia como Lupe.* Como se comprueba, la comparación se lleva a cabo mediante recursos propiamente sintácticos. En el uso descuidado del idioma se cruzan a veces las comparativas de igualdad con las de desigualdad. Se forman así secuencias como *No hay nada más relajante como un baño de espuma*, que se recomienda evitar.

45.1.1c Los cuantificadores comparativos pueden modificar a los sustantivos (*más árboles, menos paciencia, tanto arroz*), a los adjetivos o locuciones adjetivas (*más limpia, menos de gala, tan rebelde*), a los adverbios o locuciones adverbiales (*más lejos, menos rápidamente, tan a gusto*) y a los verbos (*viajar más, gruñir menos, envejecer tanto*). Cuando *más, menos* y *tanto* modifican a verbos pueden interpretarse como adverbios, como en *No llores tanto*, pero también como pronombres, como en *—¿Así está bien de sal? —No, echa más.* Son invariables morfológicamente *más* y *menos*. El cuantificador *tanto* admite variación de género y número (*tanto / tanta / tantos / tantas*), además de usos adjetivales y pronominales. Se apocopa en la forma *tan* ante los adjetivos (*tan cansado*) y los adverbios (*tan despacio*).

45.1.2 La noción comparada

45.1.2a En cada construcción comparativa se puede reconocer una NOCIÓN COMPARADA (también BASE DE LA COMPARACIÓN en algunos análisis), que es común a los dos términos que se contrastan. Como se vio en el § 45.1.1a, cuando el cuantificador comparativo modifica a sustantivos contables, la noción comparada es el NÚMERO de individuos que componen dos conjuntos, como en *más tareas, menos luces, tantos soldados.* Se comparan CANTIDADES cuando el cuantificador modifica a sustantivos no contables, como en *más paciencia, menos aire, tanto esfuerzo*, o a los llamados *pluralia tantum* (§ 3.3.2a-c): *más celos, tantas ganas.* Se comparan GRADOS de una propiedad cuando el cuantificador incide sobre adjetivos (*más dura, menos sonoro, tan lejano*) o sobre adverbios (*más arriba, menos plácidamente*). Las nociones comparadas en las construcciones comparativas son cuantitativas. Así, la oración *La ciudad de La Paz está más alta que Quito* no expresa una comparación entre dos ciudades, sino entre los grados de la propiedad 'altura' que les corresponden. De manera análoga, el que dice *Oigo más a menudo música clásica que música moderna* no compara dos tipos de música, ni tampoco dos acciones, sino dos grados de frecuencia.

45.1.2b La noción comparada viene determinada fundamentalmente por el elemento sobre el que incide el cuantificador comparativo, que se llamará aquí NÚCLEO DE LA CONSTRUCCIÓN COMPARATIVA. Así, en *flores más vistosas que las mías*, se entenderá que el núcleo de la construcción comparativa es el adjetivo *vistosas*, puesto que sobre él incide el cuantificador *más*. Este núcleo proporciona la noción comparada: 'grado de vistosidad'. No debe confundirse el núcleo de la estructura comparativa con el núcleo del grupo sintáctico en el que esta se inscribe. En el ejemplo anterior, la comparación aparece inserta en el grupo nominal *flores más vistosas que las mías*, cuyo núcleo es *flores*.

45.1.2c No siempre se determina de forma inmediata la noción comparada. Así, en la oración *Gonzalo suele comprar más libros* pueden compararse dos conjuntos de libros (noción comparada: 'número de libros'), y en ese caso podría añadirse ... *de lo que yo pensaba*. También podrían compararse dos conjuntos heterogéneos (noción comparada: 'número de objetos'), y en tal caso la oración podría completarse con ... *que discos*. Se vuelve sobre estas cuestiones en el § 45.2.6. Los adverbios de cantidad y grado admiten diversas interpretaciones (§ 30.3.2), que repercuten en la determinación de la noción comparada. Así, pueden interpretarse como adverbios de frecuencia, como en *Luis iba más al cine que yo* (noción comparada: 'frecuencia con la que dos personas iban al cine'); como adverbios de intensidad: *Ahora la quieres menos* (noción comparada: 'grado en que alguien quiere a otra persona'); o como adverbios de duración: *Ha dormido más que ayer* (noción comparada: 'tiempo que alguien ha dormido en dos días diferentes'). Resulta más difícil identificar la noción comparada cuando la construcción comparativa se interpreta como exclusivamente gradativa: *Me sentí más que avergonzado* ('sumamente avergonzado'); *Es poco menos que imposible* ('casi imposible'); *Eran más que amigos* ('amiguísimos', 'novios', 'amantes'). En estos ejemplos se establece como base de la comparación el grado prototípico de la propiedad que se menciona.

45.1.2d Los adjetivos calificativos denotan cualidades o propiedades (§ 13.1.2a). La mayor parte de ellos acepta las construcciones comparativas, que permiten comparar el grado en que estas cualidades se ponen de manifiesto. Los adjetivos de sentido temporal (*caduco, duradero, efímero, frecuente, pasajero*) o modal (*dudoso, probable, seguro*) no son excepción. No suelen emplearse, en cambio, en las comparativas de desigualdad los adjetivos ELATIVOS o de grado extremo (§ 13.2.3b): *absoluto, crucial, definitivo, enorme, eterno, fabuloso, fundamental, infinito, magnífico, mínimo, precioso*, etc. Aun así, pueden formar parte de las estructuras comparativas en sus usos no elativos (*El oro es más precioso que la plata*), en construcciones superlativas (*el más absoluto silencio, el más mínimo error*) y en la llamada INTERPRETACIÓN CORRECTIVA, SUSTITUTIVA O DE ADECUACIÓN (§ 45.4.2c), como en *una serie matemática más ilimitada que infinita*, en la que *más* equivale a *más bien* o a *más propiamente*.

45.1.2e Los adjetivos relacionales (*futbolístico, legislativo, noruego*) rechazan asimismo la construcción comparativa, lo que no impide que puedan usarse como calificativos en ciertos contextos (*Este detergente sale más económico que aquel*: § 13.2.1c), además de en la interpretación correctiva que se acaba de explicar: *Hizo un análisis más lingüístico que literario*. Tampoco admiten la comparación los adjetivos *mismo, idéntico, distinto* y *diferente*, ya que introducen por sí mismos construcciones comparativas (§ 45.2.7a). Sin embargo, las aceptan los adjetivos *parecido* y *semejante: El panda rojo es más parecido a un zorro que a un oso*. Las estructuras comparativas son asimismo incompatibles con los adjetivos ordinales o asimilados a ellos (*primero, tercero, último*).

45.2 La comparación de desigualdad

45.2.1 Elementos constitutivos de las comparativas de desigualdad

Los componentes fundamentales de las construcciones comparativas de desigualdad son los siguientes: noción comparada, primer término de la comparación, segundo término de la comparación, cuantificador comparativo o grupo cuantificativo, núcleo de la comparación, expresión diferencial y complemento comparativo. Se describen en los apartados que siguen.

45.2.1a   Considérese la oración *El árbol era mucho más alto que la casa.* Como se explicó en el § 45.1.2a, la NOCIÓN COMPARADA especifica la naturaleza, siempre cuantitativa, de lo que se compara. En el ejemplo propuesto, la noción comparada es el 'grado de altura'. El PRIMER TÉRMINO DE LA COMPARACIÓN es el elemento que designa la entidad que se pone en relación con otra (*el árbol*, en este ejemplo). El SEGUNDO TÉRMINO DE LA COMPARACIÓN es el segmento que designa la entidad en relación con la cual se compara algo o alguien (*la casa*, en este caso). El CUANTIFICADOR COMPARATIVO (*más*) encabeza el GRUPO CUANTIFICATIVO (*más alto*). El elemento sobre el que ese cuantificador incide (*alto*) es el NÚCLEO DE LA COMPARACIÓN. El adverbio *mucho* constituye, en el ejemplo propuesto, la EXPRESIÓN DIFERENCIAL, ya que proporciona la diferencia entre las dos medidas que se comparan. El segundo término de la comparación (*la casa*) está incrustado en el grupo que constituye el COMPLEMENTO COMPARATIVO: *que la casa.*

45.2.1b   El complemento comparativo lo es en realidad del cuantificador comparativo, que siempre lo precede (*más... que...*), o bien del grupo cuantificativo que este constituye (*más alto... que...*). En el ejemplo propuesto, el grupo cuantificativo y el complemento comparativo forman un segmento sintáctico (*más alto que la casa*), pero este segmento no se crea necesariamente en todas las construcciones comparativas, como se comprobará en los apartados que siguen. Los componentes de la comparación pueden estar constituidos por unidades coordinadas. Así, es posible coordinar dos complementos comparativos (*más estrecha que esta calle y que aquella otra*), dos grupos cuantificativos (*menos serio y más espontáneo que los demás*), dos grupos diferenciales (*noventa céntimos o un euro más caro que el mío*), dos núcleos (*más morena y corpulenta que tú*), además de dos primeros términos de la comparación (*La lectura y el baile lo entretenían más que ninguna otra cosa*) o dos segundos (*Se preocupa más por él que sus padres o sus hermanos*).

45.2.1c   Los cuantificadores *más* y, en menor medida, *menos* neutralizan el valor negativo de los indefinidos (*nadie, ninguno, nada, nunca*) que aparecen en el segundo término de la comparación e inducen la llamada CONCORDANCIA NEGATIVA (§ 48.1.3a). Así, *más sensata que nadie* equivale a *más sensata que cualquiera*, y *menos egoísta que ninguno*, a *menos egoísta que todos.*

45.2.1d   Se llaman generalmente COMPARATIVOS SINCRÉTICOS los que contienen implícito en su significado el cuantificador comparativo. Los comparativos sincréticos adjetivales son cuatro: *mejor* ('más bueno'), *peor* ('más malo'), *mayor* ('más grande') y *menor* ('más pequeño'). Los dos primeros son asimismo comparativos adverbiales: *mejor* ('más bien'), *peor* ('más mal'). Otros adverbios comparativos sincréticos son *antes* ('más pronto') y *después* ('más tarde'). Se construyen con ellos oraciones comparativas como *Este vino es mejor que ese; Tú no cantas peor que yo; El tiempo de espera es menor en esta consulta; Salió después, pero llegó antes que su equipaje.* Con la excepción de *después*, los comparativos sincréticos inducen también la concordancia negativa: *Yo conozco esa casa mejor que nadie* (Belli, *Mujer*).

45.2.1e   Los comparativos sincréticos se combinan con el adverbio *mucho,* que expresa el elemento diferencial (recuérdese el § 45.2.1a), en lugar de con *muy: mucho mejor, mucho peor, mucho mayor, mucho menor* (frente a *muy bien, muy alto*). El adjetivo *mayor* admite usos no comparativos. Se interpreta en este valor como un adjetivo calificativo relativo al tamaño, desarrollo o edad de las personas: *¡Estás muy mayor! Nin adelantó orgullosa el pecho* (Obligado, C., *Salsa*). Los adjetivos *superior, inferior, anterior* y *posterior* no son comparativos sincréticos. No se dice, en efecto, **mucho superior que* (sino *muy superior a*) ni **mucho posterior que* (sino *muy posterior a*). Aun así, estos adjetivos establecen una comparación de carácter léxico, lo que explica que rechacen la construcción con *más* (**más inferior, *más anterior*).

45.2.2   El grupo cuantificativo y la expresión diferencial

45.2.2a   De todos los componentes de la comparación de desigualdad, el GRUPO CUANTIFICATIVO es el único que no puede quedar tácito, puesto que es el que proporciona la noción comparada. Estos grupos cuantificativos se forman, como se vio en el § 45.1.2a, con los cuantificadores *más* o *menos* y un sustantivo o grupo nominal (*más mesas de caoba*), un adjetivo o grupo adjetival (*menos seguro de sí mismo*) o un adverbio o grupo adverbial (*más cerca de ti*). El grupo cuantificativo puede estar constituido únicamente por el cuantificador comparativo (*más* o *menos*), como en *Deberíais hablar menos y escuchar más.* El núcleo de la comparación no está expreso en estos casos, pero la noción comparada se determina en función de la interpretación del cuantificador como adverbio o pronombre (§ 45.1.2b).

45.2.2b   La EXPRESIÓN DIFERENCIAL se agrega al grupo cuantificativo para configurar con él un grupo comparativo complejo: *bastante* más salados, *muchas* más semanas, solo *unos pocos años* más viejo. Algunos adverbios en *-mente* (*considerablemente, infinitamente, ligeramente*) pueden desempeñar el papel de elemento cuantificativo diferencial, como en *Añadiré que en la isla la preocupación erótica era incomparablemente más intensa que en la Riviera* (Mujica Lainez, *Escarabajo*). Los grupos nominales cuantificativos constituyen con frecuencia expresiones diferenciales, como las subrayadas en *medio metro* más largo, *dos años* más joven, *mil pesos* más barato, *varios grados* menos fría, *diez minutos* más tarde. Los grupos cuantificativos diferenciales han de ser compatibles semánticamente con el núcleo de la comparación. Así, en los ejemplos anteriores, el elemento diferencial aporta la UNIDAD DE MEDIDA (*metro, año, peso, grado* y *minuto*) correspondiente a la magnitud que se compara (longitud, edad, precio, temperatura y tiempo, respectivamente).

45.2.2c   El sustantivo *vez* (también *tanto* en México y algunos países centroamericanos), forma grupos diferenciales de valor multiplicativo junto con numerales o indefinidos, como en *El nuevo tejido es* varias veces *más resistente*, en *El pequeño mide* tres veces *menos que el grande* o en *Hoy he cazado* cuatro veces *más perdices que ayer.* Así, esta última oración significa aproximadamente 'Hoy he cazado un número de perdices que multiplica por cuatro el número de perdices que cacé ayer'. Incorporan un grupo diferencial multiplicativo y un cuantificador comparativo las formas *el doble* ('dos veces más'), *el triple* ('tres veces más'), *el cuádruple* ('cuatro veces más') y otras similares. Se construyen, pues, con complementos introducidos por la conjunción *que*, como el resto de las construcciones comparativas: *En invierno como el doble (de dulces) que en verano.*

45.2.2d   La expresión diferencial precede por lo común al grupo cuantificativo. No obstante, los cuantificadores *mucho, bastante* y —muy esporádicamente— *poco* permiten dos órdenes sin diferencia apreciable de significado. Alternan, pues, *muchas horas más* y *muchas más horas, bastantes satisfacciones más* y *bastantes más satisfacciones, pocos datos más* y *pocos más datos.* La expresión diferencial (que se subraya) constituye un GRUPO DIFERENCIAL DISCONTINUO en la segunda variante de estos pares, puesto que presenta intercalado el cuantificador comparativo. Aunque las dos combinaciones son posibles, se prefiere el orden «cuantificador comparativo + sustantivo» con los nombres no contables. Se dice, en efecto, *mucha más agua* con mayor frecuencia que *mucha agua más.* Los cuantificadores numerales requieren, en cambio, el orden contrario. Se rechaza **Tiene cuatro más años* y se emplea, en su lugar, *Tiene cuatro años más.* Es asimismo más frecuente el orden «cuántos + sustantivo + más» (*¿Cuántos años más?*) que «cuántos + más + sustantivo» (*¿Cuántos más años?*), prácticamente reservado en la actualidad para ciertas interrogativas retóricas. El relativo *cuanto* solo acepta la segunda de estas dos opciones (como en *cuantos más trajes tengas*). Con las construcciones pseudopartitivas (§ 19.6.2c) se forman habitualmente expresiones diferenciales discontinuas, ya que el complemento partitivo sigue al cuantificador comparativo, como en *Póngame un poco más de leche, por favor.*

45.2.3   Los términos de la comparación y el complemento comparativo

45.2.3a   El COMPLEMENTO COMPARATIVO introduce el segundo término de la comparación. Así, en *Ainara había dedicado más horas que su amiga a preparar el examen,* el complemento comparativo *que su amiga* contiene el grupo nominal *su amiga* (segundo término de la comparación). El SEGUNDO TÉRMINO de la construcción comparativa mantiene un paralelismo conceptual, funcional y a menudo (aunque no siempre) categorial con el PRIMER TÉRMINO, como se observa en los siguientes ejemplos, en los que el primer término de la comparación está marcado con trazo continuo y el segundo con trazo discontinuo:

> *La pantalla de la computadora se veía mejor que la del televisor; Escribía poemas con más facilidad que relatos; Viaja más por trabajo que por placer; Las hortalizas me gustan más crudas que muy cocidas; Conduce más a menudo deprisa que despacio; Allí era más feliz que en su pueblo; Este diario es más objetivo que el que ellos leen; Ahora tengo menos tiempo que cuando trabajaba en la otra empresa; Mejor con un martillo que como dices tú.*

En los tres últimos ejemplos, los segundos términos de la comparación están constituidos por relativas sin antecedente expreso o relativas libres (§ 44.4.1), que se asimilan a un grupo nominal definido, a un grupo adverbial y a un grupo preposicional, respectivamente.

45.2.3b   Cuando el segundo término de la comparativa de desigualdad es una subordinada sustantiva con verbo en forma personal (subrayada en el ejemplo que sigue), aparecen dos conjunciones iguales y consecutivas: *Es mejor que vayas tú que que vengan ellos*. La primera introduce el complemento comparativo; la segunda pertenece a la oración sustantiva. La fusión de estos dos *que* en uno se considera incorrecta (*Es mejor que vayas tú que vengan ellos*). Tampoco es recomendable sustituir la conjunción comparativa por la preposición *a: Es mejor que vayas tú a que vengan ellos* (un caso especial lo constituye el verbo *proferir:* § 45.2.7b). Para evitar esta concurrencia puede insertarse una NEGACIÓN EXPLETIVA (§ 48.7.1), como en *Y además, aunque se rían de mí. Bueno, ¿y qué? Mejor es eso que no que a uno lo ignoren* (Landero, *Juegos*).

45.2.3c   El primer término de la comparación queda a menudo IMPLÍCITO, sobre todo si es temporal o locativo, como en *Te encuentro más contento que la última vez que te vi* (donde se sobrentiende 'ahora') o en *Me divertía más que en el colegio* (donde se sobrentiende 'allí'). A veces, también queda implícito cuando es modal: *Me gustas más que con el pelo largo* (donde se sobrentiende 'así'). Puede asimismo quedar tácito el segundo término de la comparación, como en *Se gasta menos carburante si se reduce la velocidad* o en *Todos decidimos, sin embargo, que era mejor viajar por caminos poco o nada transitados* (Bolaño, *Detectives*).

45.2.3d   Tanto si se trata del primer término de la comparación como si se trata del segundo, los elementos omitidos, que se recuperan a través del contexto o de la situación, han de tenerse en cuenta para la interpretación de la oración comparativa. De hecho, la ausencia del segundo término de la comparación supone con frecuencia la indeterminación del primero. Así, la interpretación de *Lorena ha enviado este año a su familia más tarjetas navideñas* queda indeterminada al no estar presente el segundo término de la comparación. Dado que el núcleo comparativo es un sustantivo contable en plural, la comparación se establece entre dos conjuntos de cosas. La noción comparada será, pues, el número de elementos que los componen (§ 45.1.2a). El primer término de la comparación podría ser *Lorena*, y el segundo, paralelo a él, haría referencia a alguna otra persona, por lo que el complemento comparativo sería, por ejemplo, *que Nuria* o *que su marido*. No obstante, es también posible entender como primer término el grupo nominal *tarjetas navideñas,* de manera que el complemento comparativo, que contiene el segundo término de la comparación, podría ser *que felicitaciones de cumpleaños*. Si el primer término fuera *este año,* el complemento comparativo sería quizá *que el año pasado*.

45.2.3e   Aun siendo explícitos los dos términos de la comparación, puede producirse ambigüedad en la interpretación de la comparativa cuando el grupo cuantificativo es un modificador. Así, si el primer término de la comparación en *Estela conoce personas más capacitadas que Samuel* fuese *Estela*, se obtendría el significado 'El grado de capacitación de las personas que conoce Estela es mayor que el de las personas que conoce Samuel', pero si fuese *personas*, se obtendría, por el contrario, 'Estela conoce personas con un grado de capacitación mayor que el que posee Samuel'. La posición prenominal de los grupos cuantificativos adjetivales favorece la primera lectura. Así pues, *Estela ha tenido mejores profesores que Samuel* implica 'Los profesores que ha tenido Samuel han sido peores que los que ha tenido Estela'. Por el contrario, la posición posnominal favorece la segunda interpretación, de modo que *Estela ha tenido profesores mejores que Samuel* implica 'Samuel no ha sido el mejor profesor de Estela'.

45.2.3f En las llamadas COMPARATIVAS DE TÉRMINO MÚLTIPLE se desdoblan los términos de la comparación, como lo muestran los dos tipos de subrayado en *El muchacho aguantaba bajo el agua más tiempo sin oxígeno que los demás con él*. Suele suponerse para estas construcciones la elipsis del verbo (*aguantaba*) o del grupo verbal (*aguantaba sin oxígeno*).

45.2.4 Comparativas de alteridad y adición

45.2.4a El cuantificador comparativo *más* (no así *menos*) adquiere a menudo el significado que corresponde a *otro*, como en *Lo conseguí sin más ayuda que la suya* ('... sin otra ayuda que la suya') o en *No le quedaba más remedio que dimitir* ('... otro remedio que dimitir'). Estas construcciones se denominan COMPARATIVAS DE ALTERIDAD. No siempre es posible distinguirlas de las llamadas COMPARATIVAS ADITIVAS. En efecto, si se dice *No he leído más libros que los que el profesor nos mandó*, cabe entender que se quiere decir 'otros libros distintos de esos' (alteridad), pero también 'otros libros además de esos' (adición). Ambas pautas pueden considerarse variantes de una misma estructura.

45.2.4b Algunos gramáticos no consideran propiamente comparativas las oraciones formadas según esta pauta, aunque se construyen con la conjunción comparativa *que*. El argumento fundamental se obtiene al considerar pares como *Velázquez pintó más cuadros que Murillo* ~ *Velázquez pintó más cuadros que Las meninas*. La segunda oración se considera una COMPARATIVA DE ALTERIDAD – ADICIÓN, pero no se compara en ella el número de dos conjuntos de cuadros, sino que se establece un solo conjunto que, además del cuadro mencionado (*Las meninas*), incluye otros. Aunque la cuestión es polémica, cabe pensar que estas construcciones denotan 'comparación' si se entiende por tal la expresión de identidad, la semejanza o la diferencia que se reconoce entre personas o cosas.

45.2.4c Las construcciones de alteridad – adición aparecen con más frecuencia en contextos negativos, como en *No existía más solución que aquella* (Mujica Lainez, *Bomarzo*). *Más que* se acerca aquí a una conjunción negativa ('No existía sino aquella solución'). *No* y *más* forman en muchos de estos contextos una perífrasis discontinua que significa 'solo' ('Solo existía aquella solución').

45.2.5 Comparativas de núcleo coincidente

45.2.5a El primer término de una comparativa de desigualdad puede coincidir con su núcleo. Es el caso de *fruta* en *Como más fruta que verdura*, o de *aficionado a pedir* en *Era más aficionado a pedir que propenso a dar*. Estas construcciones son, pues, COMPARATIVAS DE NÚCLEO COINCIDENTE con el primer término de la comparación. Como se explicó en el § 45.2.1a, el núcleo de la comparación de las comparativas de desigualdad aparece cuantificado por *más* o por *menos*. Como el núcleo de estas comparativas coincide con el primer término de la comparación, el segundo, que habrá de ser paralelo a él, no lleva determinante si es un sustantivo o un grupo nominal: *Estudian más mujeres que hombres en esa Facultad*. No muestra esta estructura sintáctica, en cambio, a pesar de su aparente similitud, la variante *Estudian más las mujeres que los hombres en esa Facultad*. El grupo cuantificativo de esta segunda comparativa está constituido únicamente por el adverbio *más*, que modifica aquí al verbo, dando lugar a una interpretación intensiva ('más intensamente', 'más tiempo', etc.). El grupo nominal *las mujeres* es el primer término de la comparación, pero no el núcleo, que está incluido en el cuantificador *más*.

45.2.5b El paralelismo entre los dos términos de la comparación se mantiene tanto si el primer término coincide con el núcleo (*Sale con más amigas que amigos*) como si no es así (*Sale más con amigas que con amigos*). Se rompe, en cambio, en la construcción incorrecta **Sale con más amigas que con amigos*, variante que se recomienda evitar.

45.2.5c Las comparativas de núcleo coincidente pueden dividirse en dos clases. Las primeras se caracterizan porque el núcleo de la comparativa proporciona exactamente la noción comparada, como en *Es más astuto de lo que parece (que es)*. El núcleo *astuto* proporciona aquí directamente la noción comparada ('grado de astucia'). En las comparativas del segundo grupo se comparan igualmente números, cantidades o grados, pero la noción comparada no coincide con el núcleo de la comparación. Es lo que sucede en *Lee más revistas que libros*. El núcleo de la comparación es aquí *revistas*, y la noción comparada es el número de entidades que son objeto de lectura. Nótese que las construcciones del primer tipo eligen *de* en lugar de *que* como introductor del complemento comparativo. Estas estructuras se examinarán en el § 45.2.6.

45.2.5d Es controvertido el análisis del segundo término de las comparativas, ya que no todos los autores entienden que sean necesarios en la misma medida los procesos de elipsis en estas secuencias. Considérense estas dos oraciones: *Se leen más periódicos deportivos que periódicos de información general*; *Se leen más periódicos deportivos que de información general*. La noción comparada es en ambos casos 'número de periódicos', y el núcleo es *periódicos deportivos*. Los términos de la comparación del primer ejemplo son los segmentos subrayados. En cuanto al segundo término del segundo ejemplo, algunos entienden que se elide en él el sustantivo *periódicos*, de forma que sería (*periódicos*) *de información general*. Otros autores han planteado que los términos de la comparación son en realidad *deportivos* y *de información general*, lo que no requiere un proceso de elisión, pero sí reconocer en la conjunción comparativa *que* algunas propiedades de las conjunciones coordinantes.

45.2.5e El desacuerdo entre los gramáticos sobre la necesidad de introducir o no la elipsis en el análisis de las construcciones comparativas es más general. No existe, de hecho, consenso acerca de si debe o no postularse un verbo tácito en el segundo término de todas las comparaciones de desigualdad. En caso de aceptarse que la información recuperada se obtiene mediante un proceso de elipsis, a la oración *Nines es más alta que su hermana* correspondería la estructura agramatical **Nines es más alta que es su hermana*. Si se rechaza el análisis anterior —que presenta serios inconvenientes—, se debe suponer un proceso interpretativo —tampoco enteramente libre de problemas— que construye el significado de la oración comparativa a partir de la aportación de sus elementos integrantes. Así pues, en los análisis que evitan los procesos de elisión se obtiene el significado de la oración comparativa a través de una serie de inferencias. Sus partidarios aducen ejemplos de secuencias coordinadas en alguna medida paralelos a los anteriores. Así, el segmento *Bebían cerveza* no aparece en la oración *Bebían vino, whisky y cerveza*. Su significado se obtiene de ella mediante una inferencia, no a través de un proceso de elipsis.

45.2.5f   Los segundos términos de las comparativas insertos en una oración se anteponen al verbo, como el subrayado en *Sobre este desconocido se han escrito no obstante más libros que granos contiene la arena del desierto* (Roa Bastos, *Vigilia*), que constituye el objeto directo de *contiene*. Obsérvese que el sujeto (*la arena del desierto*) aparece en posición posverbal, igual que en las construcciones de anteposición focal (§ 40.3.3c).

45.2.6   La alternancia *que ~ de* en las comparativas de desigualdad

45.2.6a   El complemento comparativo está introducido por la conjunción *que* en las comparativas de desigualdad más características. No obstante, como se vio en el § 45.2.5c, existen comparativas de desigualdad cuyo segundo término aparece introducido por la preposición *de*. Se trata de las comparativas de núcleo coincidente con el primer término de la comparación, en las que el núcleo proporciona la noción comparada. Así, en *Recibió más dinero del que pensaba,* el núcleo *dinero* coincide con el primer término de la comparación. Este núcleo proporciona además la noción comparada ('cantidad de dinero'), ya que en esta oración se comparan dos cantidades de dinero (la recibida y la que alguien pensaba recibir). Aparece, en cambio, *que* ante el segundo término de la comparación en *Recibió más dinero que cariño*, ya que, aunque se trata asimismo de una construcción comparativa de núcleo coincidente (*dinero* es el primer término y el núcleo de la comparación), este no proporciona la noción comparada ('cantidad de algún bien recibido').

45.2.6b   Las comparativas de desigualdad construidas con *de* se han presentado a veces como *comparativas cuantitativas,* en el sentido de que el segundo término hace referencia a un número, una cantidad o un grado. Sin embargo, no es condición suficiente que el segundo término de una construcción comparativa de desigualdad denote estas nociones para que la partícula elegida sea *de*. Así, se elige *que,* y no *de,* en *Trabaja más que muchos otros empleados,* a pesar de que el segundo término designa un grupo de individuos. Tampoco se elige *de,* sino *que,* en *Han venido este año alumnos mejores que los que vinieron el año pasado.* El segundo término de la comparación denota aquí un conjunto de alumnos que se compara con otro, y que expresa, por tanto, una noción cuantitativa, a pesar de lo cual la preposición *de* es inadecuada. Estos ejemplos ponen de manifiesto que el examen del segundo término de la comparación no proporciona por sí solo la información necesaria para determinar cuál es la partícula apropiada.

45.2.6c   Las comparativas de desigualdad construidas con la preposición *de* son características (aunque no exclusivas) de los segundos términos de comparación encabezados por un artículo determinado y una relativa sin antecedente expreso, como en *Empezamos a beber más ginebra de la que era conveniente* (Bryce Echenique,

Martín Romaña). Obsérvese que si el núcleo de la comparación es un sustantivo, el artículo concuerda con él (*ginebra... la*). Esta misma concordancia se da cuando el cuantificador funciona como pronombre: *No le apetecían los canapés, pero se comió más de {los ~ *lo} que pensaba comerse*. Se elige, en cambio, el neutro *lo* si el núcleo es un adjetivo o un adverbio. Se obtienen así contrastes como el siguiente: *Gastaba menos dinero del que ella creía ~ Gastaba menos de lo que ella creía*. Cuando la comparativa contiene un grupo diferencial nominal, este suele imponer la concordancia entre el núcleo de la comparación y el artículo de la relativa: *Se comió muchos canapés más de {los ~ *lo} que pensaba comerse*.

45.2.6d Existen dos excepciones a la generalización anterior: los grupos diferenciales construidos con el sustantivo *vez* y los complementos nominales de los predicados de medida. La primera excepción afecta a secuencias como *Tardamos dos veces más de lo que habíamos calculado*. No concuerdan aquí las expresiones que se subrayan, ya que el sustantivo *vez* no proporciona la noción comparada. Ilustran la segunda excepción secuencias como *La maleta pesa cinco kilos más de lo que se permite*, igualmente con discordancia entre los elementos subrayados. Se acepta aquí también la variante concordada (*... de los que se permiten*), al igual que en *La temperatura ha subido varios grados más de {los ~ lo} que calculábamos que subiría* y en otras muchas secuencias similares. En algunas relativas cuantitativas es posible sustituir la secuencia *el que* (o sus variantes morfológicas) por *cuanto* (o sus variantes de género y número), como en *Estaban más lejos de su objetivo de {lo que ~ cuanto} podían imaginar* o en *La villa dispone de más habitaciones de {las que ~ cuantas} puedan necesitar*.

45.2.6e Es posible construir también con la conjunción *que* las comparativas en las que el segundo término de la comparación es una oración de relativo sin antecedente, pero la interpretación de estas estructuras es distinta de la de aquellas en las que *de* introduce el complemento comparativo. Así, *Esto es más bonito de lo que yo había imaginado* (comparativa de núcleo coincidente con el primer término de la comparación) admite la perífrasis 'El grado en que esto es bonito es mayor que el grado en el que yo había imaginado que lo sería'. En cambio, *Esto es más bonito que lo que yo había imaginado* (comparativa de núcleo no coincidente) significa 'Esto es bonito en un grado mayor que el grado en que lo es la cosa imaginada por mí'. Se usa más en el español europeo que en el americano la conjunción *que*, en alternancia con *de lo que*, en construcciones en las que se oponen dos verbos sin complemento, como en *Mentía más que hablaba* o en *Prometió más que hizo* (*País* [Esp.] 11/9/1977).

45.2.6f Se construyen también con *de* otros grupos nominales cuantitativos formados con los ADJETIVOS MODALES: *aconsejable, autorizado, esperado, justo, previsto, requerido* y otros similares que es habitual predicar de oraciones sustantivas: *Ella comprendió que iba a necesitar más paciencia de la prevista* (García Márquez, *Cien años*). También en estos casos se obtienen pares con la alternancia *de ~ que*:

> *Me pareció más interesante de lo habitual ~ Me pareció más interesante que lo anterior; Ha traído más de lo estrictamente necesario ~ Ha traído más que lo estrictamente necesario; No llevábamos más dólares de los permitidos ~ No llevábamos más dólares que los permitidos.*

Se marcan con trazo continuo los grupos sintácticos de interpretación cuantitativa, que denotan aproximadamente 'el grado en el que algo es interesante habitualmente', 'la cantidad en la que algo es estrictamente necesario', 'el número de dólares que está permitido llevar'. Se usa el trazo discontinuo para los que se interpretan referencialmente: 'las cosas anteriores', 'las cosas estrictamente necesarias', 'los dólares en el número permitido'. El último de estos ejemplos ilustra el comportamiento de las comparativas de alteridad – adición (§ 45.2.4).

45.2.7   Comparación de desigualdad con elementos léxicos: *diferente, distinto, preferir, preferible, al contrario* y *al revés*

45.2.7a   Los adjetivos DIFERENTE y DISTINTO establecen comparaciones en sentido amplio, es decir, relaciones de identidad o semejanza. Así, la oración *Jorge es distinto a Mauro* expresa desigualdad, pero no es estrictamente una construcción comparativa. Alternan *a* y *de* en esta estructura: *La cena fue distinta de las de otros días* (Martín Gaite, *Visillos*). La preposición *de* introduce segmentos paralelos a los elementos de los que se predican *distinto* y *diferente* o a los que estos adjetivos modifican, como en *Su opinión sobre ese asunto es distinta de la mía*. Se usa también la preposición *de* cuando su término aporta un atributo paralelo al representado por *distinto* o *diferente: Yo soy diferente de como tú piensas* (es decir, 'yo soy así, no soy como tú piensas'). En cambio, estos mismos adjetivos se construyen con *que* cuando el segmento introducido por esta conjunción contrasta con un elemento no modificado por ellos. Así, en *Él tiene distinta opinión que yo sobre ese asunto,* contrastan los pronombres *yo* y *él,* mientras que *distinta* modifica a *opinión*. Lo mismo sucede en *Él tiene ahora distinta opinión que cuando era joven,* donde contrastan los términos subrayados. Se emplea también la conjunción *que* en contextos característicos de las comparativas de alteridad, como en *Una sala cerrada exige algo diferente que una actuación al aire libre* (*Vanguardia* [Esp.] 20/10/1994), donde *algo diferente que* alterna con *otra cosa que no sea*.

45.2.7b   El verbo transitivo PREFERIR y el adjetivo PREFERIBLE se construyen con complementos de régimen introducidos por la preposición *a: Prefiero el vino al agua; Es preferible el vino al agua*. Esta estructura de régimen (aconsejable con los complementos nominales) y la comparativa con *que* confluyen en los complementos de infinitivo, como en *Prefiero interrumpir el trabajo {a ~ que} terminarlo precipitadamente*. Sin embargo, cuando los complementos que se comparan lo son del infinitivo y no del verbo *preferir,* se recomienda la variante con *que,* como en *Prefiere beber vino {que ~ a} cerveza*. La variante con *que* se convierte en la única posible si los complementos comparados no son nominales: *Prefiero pasear por la mañana que por la tarde* (y no *... a por la tarde*). Para evitar la concurrencia de dos conjunciones subordinantes se aconseja sustituir la primera por la preposición *a,* como en *Prefiero que estudies más a que salgas tanto por las noches* (pero recuérdese lo dicho en el § 45.2.3b sobre la concurrencia de conjunciones).

45.2.7c   Las locuciones AL CONTRARIO y AL REVÉS admiten complementos comparativos introducidos por la conjunción *que,* pero se aceptan también complementos con *de* en condiciones análogas a las explicadas para *diferente* y *distinto*. Se observa esta alternancia en ejemplos como *Al contrario de los demás, ellos no tuvieron que atravesar pobrezas* (Belli, *Mujer*) o *Porque el pintor abstracto, justo al revés que el matemático o el filósofo, no destila conceptos* (*ABC Cultural* 19/1/1996).

45.3   La comparación de igualdad

45.3.1   Construcciones con *tanto* y *tan*

45.3.1a   Los componentes de las construcciones comparativas de igualdad son análogos a los reconocidos en las de desigualdad. Así, en la oración *El árbol es tan alto como la casa* se distinguen el PRIMER TÉRMINO de la comparación (*el árbol*), el SEGUNDO TÉRMINO (*la casa*), el GRUPO CUANTIFICATIVO COMPARATIVO (*tan alto*), el NÚCLEO (*alto*) y el COMPLEMENTO COMPARATIVO (*como la casa*). La NOCIÓN COMPARADA es, una vez más, el grado de altura. Como en las comparativas de desigualdad, la noción comparada puede aludir a un número de individuos que componen dos grupos (*Acuden tantos turistas en primavera como en otoño*) o a la cantidad que corresponde a alguna magnitud que participa en dos estados de cosas (*Supone tanto trabajo corregir una mala traducción como hacerla de nuevo*). Por la propia naturaleza de su contenido, se descarta la expresión de una MAGNITUD DIFERENCIAL (§ 45.2.1a y 45.2.2): **El árbol es dos metros tan alto como la casa*. Se admiten, por el contrario, modificadores adverbiales que denoten aproximación o apreciación gradativa: *Gadea es casi tan rubia como Elia; El sofá tiene, por lo menos, tantos años como la mesa*. En el habla formal se sustituye ocasionalmente *como* por *cuanto*: *Y que mientras tanto me pusieran tantas inyecciones cuantas ventanas había en la casa* (Bryce Echenique, *Martín Romaña*).

45.3.1b   En las comparativas de igualdad se observan alternancias similares a las que se obtenían en las de desigualdad. Contrastan, por ejemplo, *Maya es tan simpática como Alicia; Maya es tan simpática como siempre* y *Maya es tan simpática como inteligente*. Los términos de la primera comparación son *Maya* y *Alicia;* los de la segunda, *ahora* (tácito) y *siempre*. La noción comparada en estas dos secuencias es el grado de simpatía en dos personas o en dos momentos. En el último ejemplo, *simpática* es el primer término de la comparación, e *inteligente*, el segundo. Dado que *simpática* es también el núcleo comparativo, se trata de una comparativa de núcleo coincidente. La noción comparada es aquí el grado en que se poseen dos cualidades. Puede quedar implícito el primer término de la comparación (*ahora* en *Maya es tan simpática como siempre*), o bien el segundo: *Siento haberme enojado tanto* (donde se entiende 'como me enojé'). Sobre los usos demostrativos de *tanto*, véanse los § 17.2.6d, e. Existen asimismo COMPARATIVAS DE IGUALDAD DE TÉRMINO MÚLTIPLE. Se marcan los términos de la comparación con subrayados distintos en *Iván corre en una hora tanto como los demás en dos; El uno es tan astuto como el otro crédulo*.

45.3.1c   Las comparativas de igualdad pueden aportar en el discurso un significado cercano al que expresan las de superioridad. Puede decirse que la comparación de igualdad es una noción ORIENTADA EN SENTIDO POSITIVO, puesto que en muchos contextos no expresa simplemente que el primer término se equipara al segundo, sino que tiende a sobrepasarlo, como pone de manifiesto la expresión subrayada en *Estuve tan bien como el año pasado, si no mejor* (*Nuevo Día* [P. Rico] 14/11/2000). En las oraciones negativas correspondientes, la comparación de igualdad se interpreta como comparación de inferioridad: *No trabaja tanto como él, sino mucho menos.* Es esperable, en consecuencia, la extrañeza de *No trabaja tanto como él, sino mucho más.*

45.3.1d   Se vio en el § 45.2.6c que las comparativas de desigualdad cuyo núcleo coincide con el primer término de la comparación suelen formase con una relativa sin antecedente: *Se esfuerza más de lo que puede.* Las comparativas de igualdad divergen marcadamente en este punto de las de desigualdad, ya que rechazan tales relativas: *Se esfuerza tanto como {puede ~ *lo que puede}.* Algunos gramáticos explican este comportamiento suponiendo que *como* es un relativo en estas construcciones.

45.3.1e   Existe acuerdo general en que *como* no es una conjunción comparativa, sino una partícula que forma parte de un grupo conjuntivo discontinuo de valor copulativo, en estructuras como *Acuden tanto visitantes europeos como turistas americanos* (§ 31.3.2). Obsérvese que *tanto... como...* no admite aquí flexión (y, por tanto, no hay concordancia con el sustantivo), contrariamente a lo que sucede en las construcciones comparativas: *Acuden tantos visitantes europeos como turistas americanos.* Contrastan, análogamente, *Vende coches; tanto nuevos como usados* ('Vende coches, nuevos y usados') y *Vende coches; tantos nuevos como usados* ('Vende coches nuevos en igual número que coches usados'). Cuando *como* introduce grupos nominales sin correlación con *tan(to)* se suele considerar conjunción en lugar de adverbio: *Luis es como su padre.* El complemento que introduce aquí la conjunción *como* es análogo a los de los adjetivos *parecido* o *semejante.* La presencia del cuantificador *tan* es potestativa en ciertos contextos semilexicalizados: *una cara (tan) redonda como la luna.*

45.3.1f   Las construcciones formadas con *tan... como...* admiten dos interpretaciones: la EJEMPLIFICATIVA y la propiamente COMPARATIVA. En efecto, en *Buñuel dirigió películas tan famosas como* Viridiana, se presenta un ejemplo que ilustra la noción 'películas famosas dirigidas por Buñuel' (uso ejemplificativo). Si se dice, en cambio, *Berlanga dirigió películas tan famosas como* Viridiana, se afirma que algunas de las películas dirigidas por Berlanga han alcanzado un grado de fama similar al obtenido por *Viridiana,* dirigida por Buñuel (uso comparativo).

45.3.1g   Alternan *como que* y *como si* (esta última combinación, seguida siempre de subjuntivo) en pares como *¿No notas como que te falta el aire? ~ ¿No notas como si te faltara el aire?* La alternancia es especialmente frecuente con los verbos *hacer* y *parecer,* que aceptan incluso la omisión de *como* antes de *que: Hacen (como) que no los han visto ~ Hacen como si no los hubieran visto; Parece (como) que tiene miedo ~ Parece como si tuviera miedo.*

45.3.2   Comparativas con *mismo* e *igual*

45.3.2a   Con el adjetivo *mismo* y sus variantes de género y número se establecen comparaciones de igualdad en las que se expresa identidad, pero no solo de cantidades, números o grados (*Eché la misma sal que ayer; Mi bebé tiene los mismos meses que el tuyo; Te quiero lo mismo que antes*), sino también de entidades individuales:

Olga vivía en la misma ciudad que él. El sustantivo al que *mismo* modifica determina la noción comparada. A este sustantivo puede corresponderle una INTERPRETACIÓN DE EJEMPLAR, como en la última de las oraciones anteriores, o bien DE TIPO, como en *Mi vecina compra la misma leche que yo.* Como se ve en los ejemplos propuestos, el segundo término de la comparación está introducido por *que* (no por *como,* que se empleaba en la lengua antigua, pero que en la actualidad no se recomienda). La naturaleza relativa o conjuntiva de *que* es polémica en algunos de estos casos, pero parece haber más argumentos a favor de interpretar como conjuntiva esta partícula en estructuras como *A él le gustan las mismas películas que (me gustan) a mí.* Las construcciones formadas con *mismo* son SIMÉTRICAS (§ 31.3.1d), por lo que dan lugar a las alternancias características de estas construcciones, como en *Lázaro recibió la misma carta que Inés ~ Lázaro e Inés recibieron la misma carta.*

45.3.2b Se construyen asimismo comparaciones de igualdad con el adjetivo y el adverbio *igual.* El segundo término puede estar introducido por la conjunción *que* en ambos casos: *La lechuza no es igual que el búho* (adjetivo); *Se apellida igual que yo* (adverbio). Con el adjetivo *igual* alternan el complemento conjuntivo y el preposicional: *Es igual que tú ~ Es igual a ti,* no así con el adverbio *igual* (*Trabajan igual que tú ~ *Trabajan igual a ti*). Se registran usos de *como* en lugar de *que* en esta pauta, pero se trata de una variante desprestigiada, por lo que se recomienda evitarla: *Sois igual de mentirosos como ellos* (en lugar de la forma correcta ... *que ellos*). El adverbio *igual* cuantifica también a adjetivos (*Era igual de guapo que su abuelo*) y a adverbios (*Cantas igual de bien que un profesional*). Como los adverbios no tienen flexión, se recomienda evitar secuencias como *Los dos relojes son iguales de caros.*

45.3.2c El adverbio *igual* ha desarrollado en el español coloquial un sentido comparativo que puede parafrasearse como 'con idéntica probabilidad'. En este uso, alterna con *lo mismo,* como en *No repara en métodos ni en personas. Igual se tira contra usted que contra la viuda* (Aguilar Camín, *Golfo*); *"Igual pudo ser la guerrilla que el ejército", responde Agustín* (*Mundo* [Esp.] 30/9/1996). El adverbio *igualmente* admite la conjunción comparativa *que* (*Es igualmente válido en un caso que en el otro*), pero se prefieren en su lugar las conjunciones copulativas (*Es igualmente válido en un caso y en otro*). El adjetivo *idéntico* se construye con la preposición *a* (*unas huellas idénticas a las de los osos*). El uso de *que* tras esta voz (*un huesecillo idéntico que un yunque*) está muy desprestigiado, por lo que se recomienda evitarlo.

45.4   Otras construcciones comparativas y pseudocomparativas

45.4.1   Las comparativas proporcionales

45.4.1a Se llaman COMPARATIVAS PROPORCIONALES O CORRELATIVAS las que expresan el incremento o la disminución de dos magnitudes paralelas, como en *Cuanto más la conozco, más la aprecio; Cuanto menos se entrenaba, más rendía en el campo.* Además de con la pauta «*Cuanto {más ~ menos}..., {más ~ menos}...*», estas oraciones se forman con otras variantes: *Cuanto menos se hable de ello, tanto mejor; Mientras más callado estés, menos problemas tendrás.* La variante con *entre* en lugar de *cuanto*

(*Entre más disculpas le pedían, más se enojaba*) se ha integrado en la lengua estándar en buena parte de México y Centroamérica, pero se considera incorrecta en otras muchas áreas. Se consideran incorrectas en todas las áreas hispanohablantes las comparativas proporcionales encabezadas por *cuantimás, contimás, contrimás* y *contra más*. Las construidas con *mientras* son algo menos frecuentes que las introducidas por *cuanto*, pero igualmente correctas: *Mientras más lecciones de estas cosas me daba mi amigo, más me enamoraba su carácter* (Galdós, *Episodios*); *Mientras más pensaba en las soluciones, menos racionales le parecían* (García Márquez, *Cien años*).

45.4.1b   Cabe la posibilidad de parafrasear este tipo de secuencias con *a medida que* y *conforme*: {*A medida que~Conforme*} *la conozco, la aprecio más*. Las comparativas proporcionales o correlativas son estructuras bimembres formadas por una PRÓTASIS (*Cuanto más lo estudiaba...*) y una APÓDOSIS (*... menos lo entendía*). Los cuantificadores *más* y *menos* pueden aparecer en ambas, así como los comparativos sincréticos (§ 45.2.1d, e), con la excepción de *después*: *Cuanto antes termines, mejor; Cuanto mayor sea el plazo, menores serán los problemas*. El papel de *cuanto* en estas construcciones es análogo al de los elementos diferenciales de las comparativas de desigualdad (§ 45.2.2), lo que lo hace incompatible con otros cuantificadores que aporten esa misma noción: *Cuanto* (*mucho) *más largo sea un cabo de la cuerda, mucho más corto será el otro*. Estas estructuras carecen de complemento comparativo y, por tanto, de segundo término de la comparación: **cuantos más regalos compres que nosotros...*

45.4.1c   El cuantificador *cuanto* de las comparativas proporcionales o correlativas puede incidir sobre sustantivos, adjetivos y adverbios (o sus grupos sintácticos). Cuando lo hace sobre los primeros, concuerda con ellos, como en *Cuanta más paciencia tengas, más obtendrás de él*. Se suele suponer un sustantivo tácito para explicar la concordancia en secuencias como *Grasas saturadas, cuantas menos Ø tomes, mejor*. El cuantificador *cuanto* se interpreta como adverbio (y, en consecuencia, carece de flexión) en *Cuanto más duermo, más sueño tengo*. Como relativo que es, *cuanto* aparece en posición inicial de la oración. El grupo cuantificativo de la apódosis se suele anteponer al verbo (*... más sueño tengo*), pero la anteposición no es imprescindible (*... tengo más sueño*). La variante sin anteposición se ejemplifica en *Cuanto más tiempo pasaba había más olvido* (García-Badell, *Funeral*).

45.4.1d   La prótasis de las comparativas proporcionales suele construirse con formas verbales imperfectivas, como el presente o el imperfecto. Los componentes de las comparativas proporcionales pueden estar INVERTIDOS: *Lo comprendo menos cuanto más me lo explicas*. Se registran VARIANTES SIN VERBO de estas construcciones. Puede carecer de verbo la prótasis, la apódosis o ambas; la última opción es muy común en todos los registros: *Cuanto más mayor, más tozudo*. También se atestigua esta estructura con la preposición *a*: *A mayores ingresos, mayor gasto* (*Universal* [Ven.] 21/1/1997).

45.4.2   Comparativas progresivas, comparativas correctivas o de adecuación y comparativas prototípicas

45.4.2a   Las COMPARATIVAS PROGRESIVAS se forman con la expresión «*cada* + grupo nominal» y los cuantificadores comparativos *más* y *menos* (o sus variantes sincréticas), como en *Cada campanada del reloj hacía más angustiosa la espera.* Se comparan en ellas los grados, los estadios o los niveles sucesivos en los que se cuantifica una propiedad, una entidad o un proceso. Los sustantivos temporales (*día, noche, semana, año* y otros similares) son particularmente frecuentes en esta pauta, como en *Nadine cada noche iba más al cine con el nuevo amigo de la Facultad* (Bryce Echenique, *Martín Romaña*). Lo es asimismo el sustantivo *vez: Teo estaba cada vez más nervioso.* Estas construcciones admiten paráfrasis con el adverbio *progresivamente* y con la locución *más y más: Teo estaba {progresivamente más ~ más y más} nervioso.*

45.4.2b A diferencia de las comparaciones proporcionales, las progresivas no rechazan los complementos comparativos, como en *Cada cosa que dice me parece más absurda que la anterior.* Presentan dos variantes. En la INTEGRADA, *cada* y *más* comparten un segmento sintáctico (*Te veo cada día más contento*); en la DESGAJADA pertenecen a segmentos diferentes (*Cada día te veo más contento*). Se construyen también comparativas progresivas con la expresión *cada cual* (*Todos lo defendieron, cada cual con mejores argumentos*). A esta clase de comparación se asimila el esquema «*a cuál más o menos ~ a cual más o menos* + adjetivo o adverbio», como en *Tenía tres hijas, a cual más bella.*

45.4.2c Se han llamado COMPARATIVAS CORRECTIVAS, SUSTITUTIVAS, DE ADECUACIÓN y DE IDONEIDAD (entre otras denominaciones similares) las estructuras comparativas en las que un miembro presenta alguna propiedad que se considera más apropiada que la expresada por el otro. Así, la oración *El problema es más político que legal* admite la paráfrasis *... es más propiamente político que legal* o incluso *... es político en lugar de legal.* Es notable la movilidad de los componentes en estas secuencias, como ponen de manifiesto las alternancias siguientes:

> *El problema es político, más que legal ~ Más que legal, el problema es político ~ Es más un problema político que uno legal ~ Más se trata de un problema político que de uno legal.*

El sentido exclusivo de la comparación sustitutiva se expresa también con la locución conjuntiva comparativa *antes que: Se dejarían despellejar antes que hacer traición al galán que las engatusa* (Mendoza, *Ciudad*).

45.4.2d Se llama COMPARACIÓN PROTOTÍPICA la que introduce en su segundo término ejemplos destacados o representativos de la magnitud que se compara: *más blanco que la nieve* (de superioridad); *fuerte como un toro* (de igualdad). Se interpreta a menudo esta construcción como una estructura cuantificativa de grado extremo (§ 45.1.2b). Así, las combinaciones anteriores pueden parafrasearse con 'sumamente blanco' o 'extraordinariamente fuerte'. La pauta «*como* + grupo nominal» da lugar a la lectura prototípica cuando el sustantivo se construye sin determinante: *Los trataba como esclavos* (Sarmiento, *Facundo*). Las comparaciones prototípicas son frecuentemente idiomáticas o semiidiomáticas, se renuevan con facilidad en la lengua oral y están sujetas a considerable variación geográfica: *pretencioso como farol de retreta* (Rep. Dominicana), *más falso que un billete de dos pesos* (México), *borracho como una cuba* (España), *bruto como bota nueva* (Uruguay), *más triste que lechuza en panteón* (Cuba), *apretado como chinche en catre* (Perú), *lento como tortuga a golpe de balde* (Colombia).

45.5   Las construcciones superlativas

45.5.1   Superlativos absolutos y relativos

45.5.1a   Se llama SUPERLATIVO ABSOLUTO al grado máximo en que se expresa alguna propiedad y, por extensión, al adjetivo que los pone de manifiesto. Los adjetivos que corresponden a esta pauta se denominan también ELATIVOS O ADJETIVOS DE GRADO EXTREMO. Se forman en español con los sufijos -*ísimo* (*altísimo*) y -*érrimo* (*celebérrimo*), que se describen en los § 7.2.2a y 13.2.3a. Estos ELATIVOS MORFOLÓGICOS se oponen a los llamados ELATIVOS LÉXICOS (§ 45.5.1.c): *maravilloso, terrible, inconmensurable,* etc. El término SUPERLATIVO RELATIVO O PARTITIVO se usa para designar las construcciones que expresan el grado máximo de alguna propiedad que se restringe a un conjunto delimitado de seres, como en *el más simpático de mis amigos* o *la mejor novela de la historia de la literatura.* Actualmente se tiende a restringir el concepto de superlativo a estas últimas construcciones. Aceptan el artículo definido (*el mejor día*), los posesivos (*su mejor día*) y los complementos partitivos con *de* (*el mejor día de todos*). Los elativos, en cambio, rechazan los complementos partitivos en la lengua actual: *el famosísimo actor (*de todos).*

45.5.1b   Los superlativos relativos constan de tres componentes. El PRIMER TÉRMINO denota la entidad de la que se predica la propiedad extrema: *el día más largo; su más preciado tesoro; quien* ('la persona que') *mejor podría atenderte; cuando* ('el tiempo en el que') *más felices fuimos; como* ('la manera en la que') *mejor te parezca; lo mejor del mundo* o *¿Quién* ('Qué persona') *estudia más de todas?* El segundo componente es el GRUPO CUANTIFICATIVO, que se construye con *más* y *menos* o los comparativos sincréticos: *el niño más obediente; el que tiene más riquezas; lo antes* ('más pronto') *que puedas.* El tercer componente, generalmente potestativo, es el COMPLEMENTO RESTRICTIVO O CODA SUPERLATIVA. Designa el conjunto de seres de entre los que se extrae la entidad de la que se predica la propiedad extrema, el ámbito locativo o temporal en el que se la sitúa u otras nociones acotadoras análogas. Son complementos restrictivos los segmentos subrayados en los ejemplos que siguen:

> *el mejor libro de estos veinte, la peor película del certamen, la más descarada impostura en la historia de la humanidad, el automóvil más veloz que yo haya visto.*

Cumplen la misma función de complemento restrictivo los adjetivos *vivo, posible* o *imaginable.* Estos adjetivos concuerdan en género y número con el primer término, como en *la mejor escritora viva, las entradas más baratas posibles, los mayores desprecios imaginables.* Nótese que en *Las comidas deben ser lo más variadas posible,* el artículo *lo* representa el primer término de la construcción, no así *las comidas,* por lo que resulta incorrecta la concordancia ... **lo más variadas posibles.* El complemento restrictivo es incompatible con el posesivo (**mi mejor amigo de todos los que tengo*), porque este ya incluye en su significado información restrictiva.

45.5.1c   No es frecuente que los ELATIVOS MORFOLÓGICOS formen parte de construcciones superlativas relativas (*la más gravísima falta*); es algo más común que lo hagan los ELATIVOS LÉXICOS, como en *Solo dejaba pasar a la biblioteca a los ejemplares más excepcionales* (Donoso, *Pájaro*). Los cuantificadores *más* y *menos* rechazan los adjetivos elativos léxicos *óptimo* y *pésimo*. No rechazan, en cambio, *mínimo* e *ínfimo*, lo que da lugar a alternancias como *el más mínimo error* ~ *el mínimo error*.

45.5.2   Superlativos simples y complejos. Otras distinciones

45.5.2a   Las construcciones superlativas pueden ser SIMPLES, como *el edificio más alto, nuestros mejores recuerdos* o *el partido más brillantemente jugado*, o bien COMPLEJAS O DE RELATIVO, como *la habitación que tiene MÁS CAMAS de todo el albergue*. El grupo cuantificativo de estas últimas (en versalita) se encuentra dentro de una oración de relativo (subrayada), mientras que el primer término y el complemento restrictivo, si lo hay, están fuera de ella. No son construcciones superlativas complejas las que contienen superlativas simples en oraciones subordinadas, como *el actor de cine que nos parecía el más atractivo,* donde la presencia del artículo *el* marca la diferencia con la superlativa compleja *el actor de cine que nos parecía más atractivo.*

45.5.2b   No existen en español diferencias morfológicas entre los cuantificadores comparativos y los superlativos (*más* y *menos* en ambos casos, además de las formas sincréticas). Así, la secuencia *el alumno que ha estudiado más* podría ir seguida de un complemento comparativo como *... que el resto de la clase,* o bien de un complemento superlativo como *... de toda la clase.* Cuando el complemento restrictivo se omite —lo que sucede con mucha frecuencia—, se suele sobrentender la totalidad de los elementos que componen algún grupo: *Eres el mejor* 'Eres el mejor de todos'; *la película más divertida* '... de todas las películas'; *el dramaturgo del Siglo de Oro que escribió más comedias* '... de todos los dramaturgos del Siglo de Oro'. La interpretación de las codas superlativas omitidas en los superlativos simples es variable: repárese en que en la secuencia *el cantante que ha grabado el mejor disco* cabe entender '... de todos los discos', pero también '... de todos los cantantes'.

45.5.2c   Aunque el grupo cuantificativo superlativo no se diferencia del comparativo en su forma, se distingue por su POSICIÓN. En efecto, este grupo puede anteponerse al verbo en las construcciones superlativas complejas. Se dice *el niño que mejores notas sacaba de todos* (superlativa), pero no **el niño que mejores notas sacaba que los demás* (comparativa). En el español hablado en buena parte del área caribeña y en las islas Canarias (España), el grupo cuantificativo de las superlativas complejas aparece incluso fuera de las relativas sin antecedente expreso, como en *lo más que me gusta* por *lo que más me gusta*. Estas variantes no han pasado a los registros formales.

45.5.2d   Constituyen SUPERLATIVOS SINCRÉTICOS los adjetivos *último* (*el último vagón del tren*), *primero* (*el primero en aparecer*) y *único* (*la única que acertó*), así como los adverbios *antes* (*el que antes llegó de todos*) y *primero* (*la alumna que termine primero el ejercicio*), estos dos últimos en las superlativas complejas, no en las simples. Los verbos *predominar, prevalecer* o *preponderar* contienen implícitamente el significado que corresponde al cuantificador *más,* por lo que es incorrecto combinarlos con él (*el que predomina,* no *el que predomina más*).

45.5.2e   Como se observa en el § 20.3.2, algunas construcciones superlativas dan lugar a interpretaciones universales. Así, la oración *Fallaba en las pruebas más* *simples* admite una interpretación literal (' solo en esas'), pero también —e incluso preferentemente— una interpretación cuantificativa semiidiomática: ' en todas las pruebas'. La interpretación que adquieren estos superlativos GENERALIZADORES O DE GENERALIZACIÓN (también INESPECÍFICOS en algunos análisis) es la que prevalece en muchas superlativas construidas con los adjetivos *mínimo, menor, pequeño* e *insignificante: No hace la más mínima concesión; El menor ruido le molestaba; Te cobrará hasta el más pequeño favor; Se derrumba ante el problema más insignificante.*

45.6   Las construcciones consecutivas

45.6.1   Características generales

45.6.1a   Se llaman CONSECUTIVAS PONDERATIVAS (o simplemente CONSECUTIVAS) las construcciones formadas por los DETERMINANTES CUANTIFICATIVOS *tanto/tanta/tantos/tantas* (o la forma apocopada *tan*), así como por los determinantes CUALIFICATIVOS *tal/tales*, seguidos de una oración subordinada encabezada por la conjunción *que*. Aceptan asimismo otras variantes, menos frecuentes, que se describen en los apartados siguientes. En las construcciones consecutivas ponderativas se expresa el hecho de que cierto número, cierta cantidad o cierto grado alcanzan un rango o un nivel extremo, de forma que se obtiene como consecuencia el estado de cosas, también extremo, denotado por la oración subordinada:

> *Hacían tanto ruido que tuvimos que llamar a la policía; Tan felices se sentían que no se daban cuenta de que todos los miraban; A tal extremo llegaba su generosidad que apenas pensaba en sí mismo; Se acuesta tan tarde y madruga tanto que confunde los días con las noches.*

La distribución de los cuantificadores en las construcciones consecutivas es análoga a la de los correspondientes cuantificadores comparativos (§ 45.1.1c): *tantos años, tantas oportunidades, tanto frío, tanta paciencia, tanto loco por aquí, tan caro, tan deprisa* o *Se cansa tanto que...* El demostrativo *tal*, que no se usa en las construcciones comparativas, admite variación de número (*tal/tales*), pero no de género. No son equivalentes *tanto* y *tal* cuando acompañan a sustantivos contables. La equivalencia se da a veces, en cambio, con los sustantivos no contables: *tanta alegría ~ tal alegría; tanta rapidez ~ tal rapidez; tanto calor ~ tal calor.*

45.6.1b   Los determinantes ponderativos encabezan un GRUPO CUANTIFICATIVO (*tanto* y sus variantes) o CUALIFICATIVO (*tal/tales*), como en *tan interesante, tantos desvelos, tan lejos, tales obras, en tal medida.* El grupo puede quedar reducido al cuantificador, como en *Tanto se esforzó que lo consiguió.* En el habla conversacional se omite en ocasiones todo el grupo cuantificativo, como en *Está que trina* ('... tan enojado...'); *Baila que llama la atención* ('... tan bien...'). En el español coloquial de muchos países se utilizan asimismo en esta pauta grupos cuantificativos construidos con «*de* + adjetivo» sin determinante: *Figúrese cómo estará de loco que dice que vio toda la ciudad tumbada por tierra* (Asturias, *Presidente*).

45.6.1c   Se emplea el indefinido *un*, más frecuentemente que *tal*, en los registros informales, como en *Hace un frío que pela.* No obstante, ambos determinantes son compatibles, como en *Se armó un revuelo tal que...* También el cuantificador *cada* puede introducir complementos consecutivos, como en *Daba cada grito que temblaban los cristales.* En el habla coloquial se obtienen construcciones consecutivas con la pauta «*de un* + adjetivo»: *Es de un mal gusto que asusta.* Otras construcciones consecutivas se pueden formar con la conjunción *si* y el futuro de conjetura (*Si será caradura que no piensa devolverme el auto:* § 23.7.2), y también con grupos cuantificativos con *que, cuánto* y otras palabras interrogativas – exclamativas, como en *¡Qué tomaría, que se pasó la noche vomitando!* o *¿Dónde diablos estará que no hay forma de encontrarlo?*

45.6.2   Las consecutivas suspendidas. Otras construcciones consecutivas

45.6.2a   En las CONSECUTIVAS SUSPENDIDAS, características del habla coloquial, la oración subordinada encabezada por *que* se omite y se suple con la entonación (puntos suspensivos en la escritura), como en *Dice tales disparates...; Tengo tanto trabajo...; Se trata con cada tipejo...; Estás de (un) susceptible...* o como en *—Escoba —dijo Talita, recogiendo seis barajas de un saque. —Usted tiene una suerte...* (Cortázar, *Rayuela*). Las construcciones que se ajustan a la pauta «*de* + grupo nominal» son raras sin suspensión: *Tienen de dinero...*

45.6.2b   Se suelen llamar CAUSALES – CONSECUTIVAS las oraciones encabezadas por la expresión *de tanto,* seguida de varios grupos sintácticos. Estas construcciones pueden incluir las conjunciones *que* o *como.* En tal caso se antepone a la conjunción un grupo cuantificativo formado por el cuantificador *tanto,* como en *Costaba reconocerlos de tanto plomo que les metieron* (Quintero, E., *Danza*) o en *Ya no le puedo ni ver, de tanto como me lo metéis por las narices* (Martín Gaite, *Visillos*). Se forma una variante de esta estructura sin conjunción subordinante, como en *Del sueño, no se tenía en pie.* El adjetivo *puro* se construye con las preposiciones *a* y *de,* y precede a infinitivos y grupos nominales o adjetivales en esta pauta causal – consecutiva: *El vestido se caía a trozos de puro viejo; A puro gritar, se quedaron sin voz.* Se crean otras expresiones similares con *a fuerza de* y *a base de.*

45.6.2c   Las construcciones encabezadas por *para* y *como para* se asimilan frecuentemente a las subordinadas consecutivas. El cuantificador *tanto* alterna en ellas con *demasiado, suficiente, suficientemente* y *bastante: No estoy tan sordo como para no oírte; Es demasiado irresponsable como para que le podamos asignar esa tarea; Tiene suficientes conocimientos como para hacerse cargo de la dirección.* Estas construcciones aceptan paráfrasis formadas con consecutivas. Así, el segundo de estos ejemplos equivale aproximadamente a 'Es tan irresponsable que no le podemos asignar esta tarea'. Algunos gramáticos entienden, sin embargo, que esta proximidad conceptual no convierte en consecutivas las estructuras examinadas.

46 Construcciones causales, finales e ilativas

46.1   Introducción. Causa y finalidad

En los tres tipos de construcciones que se analizan en este capítulo se expresan varias relaciones de causa-efecto. La oración subrayada en *Se quedaron en casa porque hacía frío* se denomina CAUSAL, pues expresa la causa cuyo efecto manifiesta la oración principal; la que se marca en *Hacía frío, así que se quedaron en casa* se denomina ILATIVA y expresa la consecuencia de lo que se afirma en la oración principal; la que se destaca en *Se quedaron en casa para no pasar frío* introduce el propósito o la finalidad de quedarse en casa, y es, por tanto, una oración FINAL. Las tres construcciones tienen propiedades en común, pero las semejanzas entre causales y finales son especialmente notorias.

46.1.1   Las nociones de 'causa' y 'finalidad'

46.1.1a   Entre los tipos de causas que la tradición filosófica distingue está la *causa final*, que corresponde en la gramática a las *oraciones finales*. El ejemplo propuesto *Se quedaron en casa para no pasar frío* ilustra el vínculo que existe entre las nociones de 'causa' y 'finalidad'. En efecto, *para no pasar frío* expresa la FINALIDAD de la situación consistente en quedarse en casa, pero a la vez el propósito de no pasar frío es la CAUSA de tal situación. Prototípicamente, la información que aportan las subordinadas causales es anterior al estado de cosas designado por el verbo subordinado, esto es, tiene carácter RETROSPECTIVO. En cambio, el contenido manifestado por las construcciones finales es prototípicamente PROSPECTIVO, es decir, posterior al que expresa el verbo de la oración principal.

46.1.1b   La proximidad entre las ideas de 'causa' y de 'finalidad' tiene reflejo gramatical, ya que ciertas preguntas formuladas con *por qué* se pueden contestar con expresiones encabezadas por *para*, y viceversa: *—¿Por qué repites siempre lo mismo? —Para que me hagan caso de una vez.* Por otra parte, causales y finales se coordinan entre sí, como en *Les fue franqueado el paso hacia Lisboa, "porque llevaban documentación argentina y para que no perdiesen los pasajes que tenían para viajar ese mismo día a Buenos Aires" (País* [Esp.] 1/11/1980). Además, las construcciones con *por* y *porque*, típicamente causales, pueden tener valor final, como en *Habla en voz baja por no molestar* o en *El anís lo acepto, porque no diga usted que es un desaire* (Fernán Gómez, *Viaje*).

46.1.2   La expresión de la causa y la finalidad

46.1.2a   Las llamadas en la tradición ORACIONES SUBORDINADAS CAUSALES (*La película no obtuvo el premio porque la crítica la atacó demasiado*), junto con determinados grupos preposicionales (*Murió por sobredosis; Se sintió más tranquila gracias a tu presencia*), constituyen la manifestación gramatical más característica del concepto de 'causa'. Del mismo modo, las expresiones prototípicas de la idea de 'finalidad' son las llamadas ORACIONES SUBORDINADAS FINALES (*Leía un rato antes de dormir para que le viniera el sueño*), así como los grupos preposicionales con *para* (*un nuevo parque para el disfrute de los ciudadanos*).

46.1.2b   Los conceptos de 'causa' y 'finalidad' se expresan o se infieren a menudo por otros medios. Así, tienen valor causal la relativa subrayada en *El ministro, que era nuevo en el cargo, no entendió bien la situación,* el primer miembro de la coordinación *Era de noche y no se veían las huellas* y las oraciones subrayadas en *Cuando él lo dice, estudiado lo tiene* (Alvarado, *Cartas* I); *Si hemos llegado hasta aquí, bien puedo quedarme hasta el final* (Mendoza, *Ciudad*) o *Muerto el perro, se acabó la rabia.* Los contenidos causales pueden manifestarse también a través de verbos como *acarrear* en *Esta desorganización nos va a acarrear serios problemas.* Tienen valor final, por su parte, las relativas de infinitivo (*un lugar donde dormir*), así como los complementos de verbos como *destinar*, de sustantivos como *proyecto* o de adjetivos como *dispuesto (a)*.

46.2   Locuciones causales y finales: problemas de segmentación y análisis

46.2.1   *Porque* y *para que*

46.2.1a   Suele entenderse en la tradición gramatical que *porque* y *para que*, introductores prototípicos de las oraciones causales y finales respectivamente, son dos conjunciones o dos locuciones conjuntivas. Desde este punto de vista, las secuencias *porque era muy valiente* y *para que estés más cómoda* constituyen oraciones subordinadas, segmentables en la forma *[porque] [era muy valiente]* y *[para que] [esté más cómoda].*

46.2.1b   Cabe también pensar que *porque era muy valiente* o *para que estés más cómoda* son grupos preposicionales formados por una preposición *—por* o *para*— y una oración subordinada sustantiva introducida por *que*, lo que da lugar a las segmentaciones *[por] [que era muy valiente]* y *[para] [que estés más cómoda].* Un argumento a favor de esta última segmentación es que el lugar de la subordinada sustantiva puede ser ocupado por un grupo nominal o por un pronombre: *por su valentía, por eso, para su comodidad, para eso.* Incluso es posible la combinación de ambos tipos de construcción: *Permanecí inmutable por desidia y porque no me preocupaba si de verdad tenía o no razón* (Delgado, *Mirada*). Un argumento en contra es, en cambio, la dificultad de coordinar la subordinada sustantiva con otra semejante: **Se hará porque tú lo quieres y que los demás están de acuerdo.* Este tipo de coordinación se obtiene algo más fácilmente con la preposición *para*, como en *Una trampa para que nunca dejemos de empujar y que todo siga igual* (Bucay, *Recuentos*), pero no es tampoco común en los textos. En las secciones que siguen se mantendrá el término tradicional oración subordinada para designar estas construcciones, aunque se aceptará la doble segmentación que permite asignar a secuencias como *porque era un cobarde* la estructura «conjunción subordinante + oración» o bien la estructura «preposición + oración subordinada sustantiva».

46.2.2   Otras locuciones de valor causal y final

46.2.2a   Con la pauta «preposición + sustantivo + *de*» se forma un buen número de locuciones preposicionales causales: *a causa de, a fuerza de, con motivo de, en razón de, en virtud de, en vista de, por causa de, por razón de.* La locución *por culpa de* implica un efecto negativo o desfavorable, a diferencia de la también locución preposicional causal *gracias a*, que supone la valoración contraria. Las locuciones causales y finales se construyen con grupo nominal o con oración de infinitivo, pero muchas pueden combinarse también con una oración de verbo en forma personal, precedida de la conjunción *que*: *a causa de {la llamada~que lo llamaron}.* En tales casos cabe interpretar, como en el caso de *porque*, que se forman locuciones conjuntivas (por tanto, *[a causa de que] [lo llamaron]*), o bien que el término de la locución preposicional es una subordinada sustantiva (por tanto, *[a causa de] [que lo llamaron]*). Véase el § 46.2.1.

46.2.2b   La doble interpretación puede extenderse a las locuciones de valor final que se ajustan al esquema «preposición + sustantivo + preposición» (con la adición de *que* si el verbo está en forma personal): *a efecto(s) de (que), a fin de (que), al objeto de (que), con ánimo de (que), con (el) objeto de (que), con intención de (que), con miras a (que), con vistas a (que), en orden a (que).* Aun así, el hecho de que la conjunción *que* forme parte muchas veces del segmento sustituible por un pronombre (*en orden a que... > en orden a ello*) favorece el análisis que asigna ese segmento a la subordinada sustantiva, en lugar de a una locución conjuntiva. Aunque se documentan en el lenguaje periodístico, no se han incorporado a la lengua culta general *a objeto de (que), a virtud de (que), con vista a (que), en vistas a (que).* Algunos de estos grupos sintácticos, sobre todo los construidos con la preposición *con* y los sustantivos *propósito, deseo, fin, idea* y otros similares precedidos de artículo, no están lexicalizados del todo, por lo que no se asimilan enteramente a las locuciones. Prueba de ello es que admiten el artículo, pueden ser sustituidos por demostrativos (*con el propósito de... > con ese propósito*) y aceptan adjetivos: *Seguía fumando con el único* *propósito de que yo supiera dónde estaba* (Muñoz Molina, *Beltenebros*); *Basada en un caso real de tres adolescentes —dos chicos y una chica— de clase media que roban y matan con la <u>vaga</u> idea de hacerse con dinero* [...] (*Mundo* [Esp.] 20/2/95). Sobre la posibilidad de que la preposición *a* introduzca complementos con valor final, véase el § 46.5.2.

46.2.2c   Algunas locuciones causales proceden de construcciones absolutas con participio, como *puesto que, supuesto que, dado (que), visto (que)* y *habida cuenta de (que)*. Se asimila en parte a ellas *debido a (que)*. Se recomienda no construir con infinitivo la variante *debido a*, como en *Jugó solo diez minutos debido a tener dolores*. Tampoco se considera recomendable *motivado a (que)*. Estas locuciones ofrecen grados distintos de lexicalización. Así, en *dado (que)* y *visto (que)* puede distinguirse aún una subordinada sustantiva que alterna con grupos nominales, como en *dado que era inteligente* ~ *dada <u>su</u> inteligencia*, alternancia que no se da con *puesto que*. Están, en cambio, plenamente lexicalizadas las locuciones causales formadas sobre adverbios, como *en cuanto que, en tanto en cuanto, por cuanto, ya que*. No se ha extendido en la lengua culta la locución conjuntiva *por cuanto que*.

46.3   Construcciones causales internas al predicado

Las oraciones subordinadas causales y los grupos preposicionales de significado causal pueden constituir modificadores INTERNOS al predicado o EXTERNOS a él. Es característico de los primeros especificar la causa de la acción o el estado de cosas que describe el predicado del que dependen, como en *Se marchó porque tenía prisa*. Por su parte, los modificadores causales externos al predicado no expresan la causa de un estado, una acción o un proceso, sino que introducen una explicación o una justificación de lo que se ha dicho (como en *Podemos dar por concluida la reunión, ya que no hay más cuestiones pendientes*) o de lo que se va a decir (*Ya que no hay más cuestiones pendientes, ...*). Como se verá más adelante (§ 46.5), las construcciones finales admiten una distinción semejante. En los apartados siguientes se analizan primero las causales internas al predicado y después las externas a él. Se mantendrá este orden al analizar las construcciones finales.

46.3.1   Causales internas introducidas por la preposición *por*

46.3.1a   Los complementos causales internos al predicado pueden ir introducidos por *gracias a (que), debido a (que), con* (*Eso se estropea con el calor*) y otras partículas. No obstante, las construcciones causales más frecuentes están encabezadas por la preposición *por*. El término de esta preposición puede construirse con una oración subordinada encabezada por la conjunción *que* (*Se fue porque <u>le dolía la cabeza</u>*), una oración de infinitivo (*Lo hizo por <u>cumplir con su deber</u>*) o un grupo nominal (*Sale a pescar por <u>afición</u>*).

46.3.1b   Los complementos causales formados con la preposición *por* pueden ser ARGUMENTALES, es decir, seleccionados por un núcleo (sea este un verbo, un sustantivo o un adjetivo), o bien ADJUNTOS O CIRCUNSTANCIALES. Ambas posibilidades se ejemplifican en el esquema siguiente. La preposición *por* se escribe separada de la conjunción *que* en los complementos argumentales cuando el verbo está en indicativo, pero puede escribirse junta o separada si está en subjuntivo. Se ilustran las dos opciones a continuación:

> Complementos argumentales:
>
> Del verbo o del grupo verbal: *Se desvivía por que* [o *porque*] *su presencia y figura fueran admiradas de cuantos pudiesen verlas* (Galdós, *Episodios*); *Se caracterizan por que* [sin alternancia con *porque*] *carecen de estómago; Se desvivía por estar con ella; Destacan por su tamaño.*
>
> Del nombre: *nuestro interés {por que ~ porque} el servicio mejore; nuestro interés por mejorar el servicio; su creciente inquietud por los recientes sucesos.*
>
> Del adjetivo: *muy preocupado {por que ~ porque} su hijo pasara el curso; muy preocupado por pasar el curso; muy preocupados por su futuro.*
>
> Complementos no argumentales (también adjuntos o circunstanciales):
>
> Del verbo o del grupo verbal: *Se fue porque le dolía la cabeza; Lo hizo por cumplir con su deber; Sale a pescar por afición.*
>
> Del nombre: *la dimisión del concejal porque no quería perjudicar a su partido; la dimisión del concejal por no haber previsto los incidentes; su enfado por tu comportamiento.*
>
> Del adjetivo: *Mientras lo recordaba echado ahí, triste porque había tenido que abandonar aquel lugar* (Armas Marcelo, *Madrid*); *contento por tener lo que tenía; famoso por sus desplantes.*

46.3.1c   Las causales internas introducidas con *porque* son muy a menudo complementos no argumentales. Pueden concurrir con las causales argumentales, como en *Precisamente porque es consciente de su responsabilidad, se preocupa por que su familia llegue a final de mes.* La preposición *por* va seguida en ocasiones de un grupo adjetival: *Rechazado violentamente en los últimos tiempos, por pobre, por mezquino y por patético* (Grandes, *Edades*). Se suele interpretar que en estas construcciones se elide el verbo *ser*, de modo que el segmento subrayado equivaldría a *por (ser) pobre, por (ser) mezquino y por (ser) patético.*

46.3.2   Causales internas con la preposición *de*

46.3.2a   La preposición *de* da lugar a construcciones causales que se ajustan también al esquema presentado en el § 46.3.1a, de modo que el grupo que forma puede complementar a categorías diversas. La preposición puede ir seguida de una oración con verbo conjugado (*harto de que le lleven la contraria*), de una oración de infinitivo (*Se cansó de tener que esperar*) o de un grupo no oracional (*Se desmayó del calor*).

46.3.2b   Los complementos causales no argumentales encabezados por la preposición *de* se acercan a menudo en su significado a las construcciones consecutivas (§ 45.6.2b) en la medida en que suelen expresar estados de cosas extremos, de los que se siguen consecuencias igualmente extremas. De hecho, alternan ambas construcciones sin que se obtengan grandes diferencias de significado: *Se desmayó del calor que hacía ~ Hacía tanto calor que se desmayó; Salió corriendo del miedo que le entró ~ Le entró tanto miedo que salió corriendo.*

46.3.3   Propiedades sintácticas de las causales internas al predicado

Las causales internas al predicado muestran varias propiedades sintácticas que las diferencian de las causales externas. Pueden, en efecto, coordinarse entre sí: *A mí me trataba con deferencia, quizá porque estaba de paso y porque compartía su pasión por los libros* (Martínez, *Cantor*). También es posible responder con ellas a preguntas formuladas mediante el interrogativo *por qué*, como en *—¿Por qué te fuiste del cine? —Porque me aburría.* Pueden ser, además, focalizadas con fórmulas de relieve, al igual que los complementos causales no oracionales. Cabe comparar en este sentido *Y fue por eso que accedió* (Serrano, M., *Vida*) o *¿Es por eso por lo que no les aumento la dosis?* (Chacel, *Barrio*) con *Es porque lo necesito (por lo) que estudio inglés.* Véase también el § 40.5.4. Ambos tipos de complementos, oracionales y no oracionales, admiten igualmente los adverbios focalizadores *también, tampoco, solo, incluso* y otros similares (§ 40.4), como en *Solo por eso debería castigarte* o en *Espinoza, sin saber por qué, tal vez únicamente porque estaba cansado, se encogió de hombros* (Bolaño, *2666*). También pueden aparecer en construcciones de foco contrastivo con la conjunción *sino: No lo hizo porque le gustara, sino porque la obligaron.*

46.4   Construcciones causales externas al predicado

Las causales externas al predicado dan lugar a dos distinciones de naturaleza sintáctica y semántica: la primera es la que se establece entre las CAUSALES DEL ENUNCIADO y las CAUSALES DE LA ENUNCIACIÓN; la segunda es la que separa las CAUSALES EXPLICATIVAS de las NO EXPLICATIVAS.

46.4.1   Causales del enunciado y causales de la enunciación

46.4.1a   Las dos secuencias que siguen presentan pautas entonativas diferentes, pero también corresponden a tipos oracionales distintos: *Llueve porque esta zona está cerca de la montaña; Llueve, porque la gente lleva paraguas.* En el primer ejemplo puede entenderse que la cercanía de la montaña produce, o al menos favorece, el hecho de que llueva. Por el contrario, la presencia de los paraguas en la segunda no se interpreta como causa de la lluvia, sino como causa de que el hablante INFIERA, y por tanto COMUNIQUE, que está lloviendo. La primera oración contiene una subordinada causal que corresponde al ENUNCIADO (modifica al verbo *llover*), mientras que la segunda corresponde a la ENUNCIACIÓN, más exactamente a un verbo de lengua o de juicio, que no está explícito y que expresa el hecho mismo de emitir esas palabras o el de llegar a la conclusión que se presenta. Una paráfrasis aproximada de la última secuencia podría ser *(Digo que) llueve porque la gente lleva paraguas.* Las causales de la enunciación son siempre externas al predicado.

46.4.1b   Así pues, con las causales de la enunciación no se justifica el hecho que se aduce, sino el acto verbal que lo expresa, así como la deducción que realiza el hablante. Caben, no obstante, otras interpretaciones. Con el contenido manifestado por la oración causal puede justificarse una amenaza (*Cuando yo sea jefe de estudios,* *esto se va a acabar, porque ya está bien*), una petición (*Acércame la sal, que no llego*), una pregunta (*¿Hace frío? Porque os veo muy abrigados*) o un deseo: *Hay gringos que en este pueblo no han llegado y ojalá no lleguen porque lo compran todo de una sola vez* (Morón, *Gallo*).

46.4.1c   Las causales de la enunciación suelen ir introducidas por la conjunción *porque*, pero son posibles otras conjunciones, como se ve en los ejemplos siguientes:

> <u>Ya que</u> Fermín está en su dormitorio, puede usted usar mi habitación (Ruiz Zafón, *Sombra*); <u>Puesto que</u> todo es así, puedes morir en cualquier momento con grandiosa futilidad (Umbral, *Mortal*); Tampoco estaba cerca, <u>pues</u> no respondía al grito ansioso de Adán (Alegre, *Locus*).

46.4.2   Causales explicativas

46.4.2a   Como las causales de la enunciación, son externas al predicado verbal las llamadas oraciones causales EXPLICATIVAS. En estas construcciones, generalmente precedidas de una pausa (y de la coma que la representa), se justifica por qué se considera correcto o adecuado lo expresado en la principal: *Había que dejar las conclusiones de la reunión para el día siguiente, pues aún faltaban datos importantes*. Las causales explicativas constituyen recursos argumentativos en los que se omite un SUPUESTO IMPLÍCITO. La premisa implícita en el ejemplo citado es, aproximadamente, 'Si faltan datos importantes en un asunto, no es apropiado establecer conclusiones definitivas'. Otras veces lo justificado es el uso de un término o de una denominación, como en *Si se tratara de votar el proyecto original, dirigido a la pesca incipiente y a la de investigación, yo diría: estoy dispuesto. Porque tales eran los términos de texto inicial* (Senado [Chile] 2/4/1996), o en *Miguel, pues así se llamaba el chico, tenía un año menos que yo* (García Morales, *Sur*). Se ha defendido que las causales de la enunciación, tratadas en el § 46.4.1, constituyen un tipo de explicativas, puesto que explican o justifican por qué se emite determinado enunciado.

46.4.2b   Las causales explicativas se construyen con las conjunciones o locuciones conjuntivas *como, comoquiera que* (no se recomienda hoy la grafía *como quiera que*), *dado (que), desde el momento en que, en cuanto que, en la medida en que, en tanto en cuanto, en vista de (que), habida cuenta de (que), pues, puesto que, que, supuesto que, toda vez que, visto (que), ya que*, etc. También la conjunción *porque* puede tener uso explicativo, como en *Eso en ella no tiene mérito, porque es linda* (Ocampo, V., *Testimonios*), donde *porque* alterna con *pues* y con muchas de las locuciones citadas. Pueden formar también causales explicativas las locuciones conjuntivas *como que* y *cuanto más que*.

46.4.2c   Las causales explicativas pueden ir ANTEPUESTAS (*Ya que somos cuatro, podríamos jugar al parchís*) o POSPUESTAS (*Suéltame, que me haces daño; No vieron huella alguna, pues era de noche*). En las primeras el hablante aporta información TEMÁTICA (§ 40.1) y, por tanto, conocida, o al menos presentada retóricamente como si lo fuera; en las segundas, en cambio, la información se muestra o se introduce como justificación no conocida. Las causales introducidas por *como* y *comoquiera que* se anteponen siempre: *Como ya era tarde, Susana dijo que cenaríamos juntos y él se dejó invitar complacido* (Merino, *Orilla*); *Comoquiera que el citado inmueble cumple los requisitos solicitados por esta Fundación, mostramos nuestra conformidad y quedamos a la espera de los acontecimientos* (*ABC* 12/5/1988). No debe confundirse la locución causal *comoquiera que* con el relativo indefinido *comoquiera* (§ 22.6.1c).

46.4.2d La conjunción *que* seguida de indicativo puede introducir causales explicativas, siempre pospuestas. En estos casos la oración con la que se combinan transmite un contenido modalizado que puede expresarse de diversas formas. Así, es frecuente que dichas causales sigan a un imperativo, como en *Tú ten cuidado, que nadie sabe lo que va a pasar aquí* (Montero, M., *Trenza*), si bien la orden puede manifestarse con otros recursos: *No quiero que me contradigas, que no está el horno para bollos*. Se usan asimismo cuando la oración principal contiene otras informaciones modales que dan lugar a los llamados ACTOS VERBALES INDIRECTOS (§ 42.1.1l), especialmente los característicos de los enunciados construidos con verbos modales: *Allí te podías morir, que nadie iba a meter la mano en la candela por ti* (Barnet, *Gallego*). También pueden ser inducidas por expresiones interjectivas que denotan deseo o congratulación, entre otras nociones: *Ojalá termine pronto, que ya me estoy cansando; Enhorabuena, que me he enterado de que conseguiste el puesto*. Se emplea también el *que* causal cuando en la principal se expresa una resolución firme, como en *Bueno, me voy, que mamá se queda sin almuerzo* (Vargas Llosa, *Fiesta*).

46.4.2e También las oraciones causales con *pues* se posponen siempre en el español actual: *La mayoría de los que permanecían allí todavía eran hombres, pues las mujeres habían ido saliendo discretamente, una por una* (Aguilera Malta, *Pelota*). Se construye también pospuesta la locución *cuanto más que* (y sus variantes incorrectas *cuantimás que, contimás que* y *contra más que*). Se denomina comúnmente CAUSAL – ADITIVA porque agrega a una razón ya suministrada otra que tiene aún mayor peso argumentativo: *Con lo que tocaba al velar de las armas, que con solas dos horas de vela se cumplía, cuanto más que él había estado más de cuatro* (Cervantes, *Quijote* I). Por su parte, *como que* suele encabezar las exclamaciones que expresan la reacción a una afirmación anterior, a menudo formulada en un TURNO DISCURSIVO diferente, con el fin de justificar como evidente lo que se afirma. Así, si alguien dice *¡Qué bueno es este poema!,* su interlocutor podría responder *¡Como que es de Neruda!* Se emplea también *como que* en oraciones que sirven para corregir una interpretación: *¡Qué olor maravilloso viene!, y qué estruendo. Claro, como que no es agua, es granizo* (Chacel, *Barrio*).

46.4.2f Se documentan antepuestas y pospuestas, con los cambios informativos a que se aludió en el § 46.4.2c, *puesto que, supuesto que, dado (que), visto (que)* y *habida cuenta de (que)*. Las formadas con *toda vez que* suelen ir pospuestas, pero a veces se anteponen. Se muestran a continuación los dos órdenes con *puesto que*:

> Nunca supe por qué había cruzado a la acera de enfrente, sin ninguna necesidad, *puesto que* la calle desembocaba en la plaza de la Chapelle (Cortázar, *Glenda*); *Puesto que* el muerto podía esperar tranquilo y no había miedo de que se escapara, me gustaba demorarme en aquel gozo olfativo (Egido, *Corazón*).

46.4.2g   Las causales explicativas carecen de las propiedades que muestran las oraciones causales que constituyen complementos internos al predicado (§ 46.3.3). En efecto, las explicativas no son adecuadas para responder a preguntas con *por qué*. Cabría decir, por ejemplo, *El joven se sentía frustrado, pues no acababa de entender aquel misterio*, pero a la pregunta *¿Por qué se sentía frustrado?* no se respondería **Pues no acababa de entender aquel misterio*. Tampoco admiten las fórmulas de relieve: a partir de *Como no me haces caso, me voy*, no es posible formar **Es como no me haces caso que me voy*. Quedan, por otra parte, fuera del alcance de la negación, por lo que no aceptan las construcciones de foco contrastivo, como se comprueba al comparar *No estudiaba español porque lo necesitara, sino porque le gustaba* con la opción inviable **No estudiaba español ya que lo necesitara, sino ya que le gustaba*. Las causales explicativas rechazan asimismo los adverbios de foco (**Solo como no le hacía caso, se fue*), a diferencia de las que no los son (*Solo porque tú lo dices me lo creo*). Por último, las causales explicativas pospuestas suelen rechazar la coordinación con otras secuencias análogas: **... pues no estaba al tanto y pues no le interesaba; *... ya que hace frío y ya que prefiere no salir de casa*.

46.5   Construcciones finales internas al predicado

Las construcciones finales más características denotan propósitos. Modifican, en consecuencia, a verbos o grupos verbales con un argumento agente del que pueda predicarse cierto comportamiento voluntario, como en *El señor Obispo personalmente me entregó dinero para que comprara yo los ingredientes* (Ibargüengoitia, *Atentado*). No obstante, muchas de las construcciones consideradas finales se separan en mayor o menor grado de esa idea prototípica, como se verá en los apartados que siguen. Desde el punto de vista de su comportamiento sintáctico, las construcciones finales, al igual que las causales, pueden ser INTERNAS, es decir, funcionar como complementos argumentales o adjuntos de un predicado, pero también EXTERNAS a él, y modificar a la oración entera. Las primeras están introducidas principalmente por las preposiciones *para* y *a*.

46.5.1   Finales internas con la preposición *para*

46.5.1a   Las oraciones finales internas desempeñan funciones paralelas a las de las causales (§ 46.3.1). En ellas puede seguir a la preposición *para* una oración introducida por la conjunción *que*, una oración de infinitivo o un grupo nominal:

COMPLEMENTOS ARGUMENTALES:

Del verbo o del grupo verbal: *El termostato sirve para que la temperatura no suba demasiado; Sirve para controlar el calor; Se le preparaba para cualquier imprevisto; Estudia para médico*.

Del nombre: *un remedio para {que todo se solucione ~ solucionarlo todo}; Ahora hay remedio para todo* (Vázquez, Á., *Juanita Narboni*).

Del adjetivo: *la medida más adecuada para que nos hagan caso;* [...] *la postura más adecuada para recibir noticias* (Longares, *Romanticismo*); *necesario para la vida*.

COMPLEMENTOS NO ARGUMENTALES:

Del verbo o del grupo verbal: *Leía un rato antes de dormir para {que le viniera el sueño ~ no aburrirse}; Se paralizan las obras para un más rápido regreso de los automovilistas.*

Del nombre: *gruesas mantas para {que nadie pase frío ~ soportar el invierno}; un nuevo parque para el disfrute de los ciudadanos.*

Del adjetivo: *siempre sigiloso para {que los niños no se despierten ~ no despertar a los niños}; renovables trimestralmente para comodidad del usuario.*

Los límites entre los complementos argumentales y los adjuntos pueden ser borrosos, como ocurre con los complementos de los sustantivos que designan instrumentos: *el botón para que se detenga el ascensor, un paño para el polvo.* En la tradición gramatical hispánica se han interpretado a veces las oraciones finales como objetos indirectos. No obstante, estos complementos no aparecen introducidos por la preposición *para*, como se señala en el § 35.1.1b.

46.5.1b   Las oraciones finales internas al predicado e introducidas por la preposición *para* no siempre expresan nociones que se corresponden exactamente con la de 'finalidad', sobre todo si son argumentales. Las voces que las introducen expresan fundamentalmente los siguientes contenidos: uso o provecho (*útil para...*), capacidad (*servir para...*), disposición (*mentalizarse para...*), suficiencia (*suficiente para...*), necesidad o conveniencia (*necesario para...*), medio o recurso (*medio para...*), estímulo (*acicate para...*), impedimento (*trabas para...*), formas de actuar (*método para...*), instituciones (*organización para...*) e incluso causa (*motivos para...*). Los complementos finales adquieren sentidos especiales cuando se combinan con *bastante, demasiado, suficiente* y otras expresiones cuantificativas, como en *¿Pero no le parece que usted está un poco crecidita para jugar con muñecas?* (Donoso, *Casa*) o en *José es demasiado bueno para ser un gran hombre* (Vallejo-Nágera, *Yo*). El cuantificador puede quedar tácito otras veces: *Tiene que estar mal* ['muy mal'] *mi madre para haber venido a limpiarme así la casa* (Grandes, *Aires*); *¿Tenemos leche* [suficiente] *para desayunar todos?; Aquí no hay* [bastante] *espacio para ti.*

46.5.2   Finales internas con la preposición *a*

46.5.2a   Tienen sentido final una serie de construcciones encabezadas por la preposición *a* dependientes de verbos de movimiento. Estos pueden ser intransitivos, como en *Durante años han estado subiendo a protestar por las manchas de humedad que brotaban esporádicamente en el techo de su vivienda* (Martín Gaite, *Nubosidad*), o transitivos, como en *Desde que la había traído a vivir aquí no sabía de otras noches pasadas a su lado* (Rulfo, *Pedro Páramo*). Los verbos de acción que no cabe interpretar como verbos de movimiento suelen rechazar esta construcción: *Abrió la ventana {para ~ *a} que entrara el sol.* No obstante, en algunas variedades del español hablado en el Ecuador y el Perú se admite «*a que* + subjuntivo» con este uso, como en *Avísenlo a que venga pronto.* A esta misma pauta corresponde el texto siguiente: *Paga primero y di tu apellido, a que yo sepa quién fue tu padre* (Barrantes Castro, *Cumbrera*). También admiten la construcción unos pocos verbos que expresan el cese de un movimiento o una actividad: *Doña Chon se detuvo a pagar el carruaje* (Asturias, *Presidente*).

46.5.2b   Los complementos finales con la preposición *a* mencionados en el apartado anterior están sujetos a una serie de restricciones. Así, el movimiento que el verbo principal expresa debe tener término o destino, lo que explica el contraste entre *Corrió al hospital a que le curaran la herida* y **Corría en el gimnasio a fortalecer las piernas*. Por otra parte, el predicado de la oración final es un verbo de acción, no de estado (**... a <u>ocupar</u> menos espacio, *... a <u>tener</u> algo que decir*), y tiende a rechazar la negación (**Se sentaron a <u>no discutir</u>*). Las oraciones finales con *a* suelen ser igualmente extrañas si en la subordinada no se alude a una acción en la que participe la persona designada por el sujeto del verbo principal: *Vengo {para ~ *a} que tú te vayas*. Por último, el verbo principal y el subordinado no deben situarse en espacios temporales diferentes. Resulta natural decir, en efecto, *Voy al médico a las siete para que me atiendan a las ocho*, pero resultaría forzada la variante *Voy al médico a las siete a que me atiendan a las ocho*.

46.5.2c   Las oraciones finales con *a* son compatibles con las de *para: Llevé a mamá a que viviera con nosotros, <u>para que fuera testigo y juez de lo que pasaba</u>* (Castellanos, R., *Eterno*), y también con los complementos locativos que expresan destino, como en *Voy <u>a la ciudad</u> a que me vea el médico*. El carácter argumental de las construcciones finales con *a* explica que, en posición posverbal, las introducidas por *a* precedan a las formadas con *para*. Se dice, pues, *Voy a que me den un certificado para que contraten a mi hija*, en lugar de **Voy para que contraten a mi hija a que me den un certificado*.

46.5.2d   Además de los verbos de movimiento, seleccionan argumentos oracionales de sentido final introducidos por *a* varios verbos que expresan apoyo, contribución, coacción y otras formas en que se puede manifestar la INFLUENCIA de alguien sobre los demás. Pertenecen a este paradigma *animar, ayudar, contribuir, empujar, obligar*, y otros verbos similares: *Lo animaba a que cogiera el tren y se marchara* (Chirbes, *Letra*); *El padre lo empujó a que se metiera en las carreras* (Puig, *Beso*). También se construyen con *a*, en su interpretación final, los complementos de *aguardar* y *esperar*: [...] *aguardó a que el médico concluyese el debilísimo hilo de sus memorias* (García Pavón, *Reinado*).

46.5.3   Propiedades sintácticas de las construcciones finales internas al predicado

Las construcciones finales internas al predicado están sujetas a los procesos de focalización descritos para las causales en el § 46.3.3. Al igual que en estas, los procesos de focalización en las finales se llevan a cabo a través de las fórmulas de relieve, como en *¿Para eso es (para lo) que lo quieres?*, mediante adverbios de foco (*Vine solo para hablar contigo*); a través de las construcciones contrastivas formadas con la conjunción *sino* (*Llamé al taller no para que me arreglaran la caldera, sino para que me revisaran la instalación*), entre otros recursos. Las oraciones finales internas al predicado se pueden coordinar entre sí, y son apropiadas para contestar preguntas formuladas con *para qué* o *a qué —¿Para qué llamaste al taller? —Para que me arreglaran la caldera; —¿A qué has venido? —A que me pagues*.

46.6   Construcciones finales externas al predicado

46.6.1   Finales de la enunciación

Son externas al predicado las subordinadas FINALES DE LA ENUNCIACIÓN. Con estas oraciones se manifiesta la finalidad que se persigue al enunciar algo, como en *Ya son las dos, para que te enteres*. No expresan, en consecuencia, el propósito de la acción designada por el verbo principal (a diferencia de lo que sucede, por ejemplo, en *Trabaja para ganar dinero*). He aquí algunos ejemplos de finales de la enunciación:

> Te estás fumando dieciocho pesetas, <u>para que lo sepas</u> (Belbel, *Caricias*); A la mirada comprometida de Violeta yo la llamaría, <u>para ser exactos</u>, responsabilidad (Serrano, M., *Vida*); Bueno, <u>para no alargarles más la cosa</u>, un día quieto, de esos que abundan mucho en estos pueblos, llegaron unos revoltosos a Corazón de María (Rulfo, *Llano*).

46.6.2   Otras finales externas al predicado

46.6.2a   Las locuciones preposicionales finales, como *a fin de, al objeto de, en orden a*, mencionadas en el § 46.2.2b, muestran afinidades con las locuciones causales, ya que, al igual que ellas, no introducen complementos argumentales y pueden encabezar, en cambio, finales externas al predicado. No obstante, la semejanza entre causales y finales explicativas es relativa: estas últimas rechazan las fórmulas de relieve con repetición de la preposición (**A fin de hablar con el señor alcalde fue a fin de lo que hice este viaje; *A tal objeto fue al que escribí la carta de protesta*), pero admiten las variantes con *que* galicado (§ 40.5.4), como *A fin de hablar con el señor alcalde fue que hice este viaje*. Las finales introducidas por las locuciones mencionadas muestran otras diferencias con las causales explicativas, entre las que destaca la posibilidad de aceptar adverbios de foco: *Tendrá que hacerlo estatutariamente, a partir de los elementos con que se cuenta y no solo a fin de satisfacer intereses que no necesariamente sean los del PRI* (*Excélsior* 18/9/1996).

46.6.2b   Construida con subjuntivo, la conjunción *que* puede introducir finales explicativas en ciertos contextos, fundamentalmente directivos (en consonancia con el valor causal que toma en esos mismos contextos construida con indicativo: § 46.4.2d): *Dile algo, que no te pase como la otra vez*. Dicho sentido final puede obtenerse simplemente con «*no* + subjuntivo»: *Ten cuidado no te enredes con los volantes* (Vázquez, Á., *Juanita Narboni*); *Asegúrese al aparato, no se vaya a caer de espaldas* (Arlt, *Aguafuertes*). En algunos países americanos se usa *no {sea ~ fuera} cosa que*, e incluso *cosa que*, con el mismo valor: *Tenga cuidado, ande con tiento, no sea cosa que vaya Vd. a dejar un plumero* (Cambaceres, *Música*); *Permanecerá en el país, al frente de la Junta Grande, sin viajar a Europa, cosa que no se nos muera en altamar* (Piglia, *Respiración*).

46.6.2c   Las subordinadas externas al predicado e introducidas por la preposición *para* pueden no expresar propiamente finalidad, sino más bien sucesión temporal: *Se le vio reír para más tarde llorar, llorar, llorar* (Freidel, *Árbol*). Se trata de una construcción particularmente frecuente en el lenguaje periodístico. Son también externas al predicado, y esconden un significado comparativo o contrastivo, oraciones finales como la subrayada en *Para que lo cambien ellos, (mejor) lo cambio yo*. Confluyen, en cambio, con las condicionales (§ 47.5.1c) las finales introducidas por la locución *con tal (de) que* seguida de subjuntivo (o bien por *con tal de* más infinitivo): *Acataron la recomendación, con tal de que el niño fuera aceptado* (*Tiempo* [Col.] 7/4/1997); *La eternidad habría esperado con tal de vengarse* (Asturias, *Presidente*).

46.6.2d   Existen vínculos estrechos entre ciertas oraciones finales y las oraciones consecutivas. Las locuciones consecutivas *de (tal) modo que, de (tal) manera que* y *de (tal) forma que* adquieren, en efecto, valor final, sin perder el consecutivo, cuando se usan con subjuntivo, como en *Pensando que el mago los ilusionaba de modo que me vieran como una persona normal, decidí referir lo que me había hecho* (Sábato, *Túnel*); *Ocuparon sitios estratégicos en la carretera de Caracolí, de tal modo que pudieran dominar el flanco de La Mesa de los Palacios* (Buitrago, J., *Pescadores*). Por otra parte, en muchos países americanos se usan *de modo de, de forma de* y *de manera de*, seguidas de infinitivo, con valor final: *Lean muy atentamente las anteriores entregas de esta circular-perpetua de modo de hallar un sentido continuo a cada vuelta* (Roa Bastos, *Supremo*); *Dio de beber al caballo y le acomodó la montura de manera de estar prevenido de cualquier sorpresa* (Gutiérrez, E., *Juan Moreira*). Se considera incorrecto sustituir en estas construcciones la segunda preposición *de* por *a*, como en *de manera a no perderlo de vista*.

46.7   Sujetos y verbos en las construcciones finales y causales

46.7.1   Relaciones de correferencia en las oraciones finales y causales

Las oraciones finales se construyen con el verbo en infinitivo o en subjuntivo. Como regla general, se emplea el infinitivo cuando las finales son CONCERTADAS. Se han llamado tradicionalmente así aquellas en las que el sujeto, por lo general tácito, del infinitivo es correferente con el del verbo principal (*Elena lo llamó para disculparse*). No obstante, no es este el único tipo de correferencia, como se verá en los apartados que siguen. Por otro lado, es habitual que el infinitivo se refiera a un tiempo posterior al expresado por el verbo principal.

46.7.1a   Cuando la final es concertada, el infinitivo constituye la única opción (con las escasas excepciones a las que se refiere el apartado siguiente). Pueden compararse en este sentido las oraciones *Viaja para distraerse* y *Viaja para que se distraiga*. Forma parte del significado de la primera el que la persona que viaja sea la misma que se distrae; en la segunda, en cambio, se habla de personas diferentes.

46.7.1b   Cuando la oración principal es pasiva, la final se puede construir con subjuntivo aunque haya correferencia de sujetos, como en *Pablo Vicario fue eximido para que se quedara al frente de la familia* (García Márquez, *Crónica*), pero se forman también pasivas en las que el sujeto de la oración final es correferente con el complemento agente. El verbo de la oración final se construye entonces en infinitivo: *La entrevista fue publicada por la prensa para sorprender a la oposición*. El verbo puede aparecer también en forma personal, aunque haya correferencia de sujetos, en otros casos. Sucede así cuando la oración principal es imperativa (*Lee este libro para que te convenzas*), si el sujeto de la oración principal no se interpreta como agente (*Se dejan las setas en una cazuela con agua toda la noche para que se hidraten*), con ciertos predicados modales en la oración final (*Deberá poner más empeño en su trabajo para que sea capaz de superar una materia tan complicada*), cuando se trata de una final de la enunciación (*No actuaste bien, para que lo sepas*: véase el § 46.6.1) o en los casos en los que se da una CORREFERENCIA PARCIAL de sujetos: *Fuimos a que nuestros hijos compraran ropa de verano.*

46.7.1c   En otras oraciones finales de infinitivo se establece la relación de correferencia entre el sujeto tácito de este y el objeto directo, el indirecto o el complemento regido del verbo principal. Así, el pronombre *le* proporciona la referencia del sujeto tácito de *cocinar* en *Le gusta cocinar.* A esta misma pauta corresponden los ejemplos siguientes: *Me contrataron para escribir un artículo sobre la Bestia* (Allende, *Ciudad*); *Le dieron permiso para asistir al baile; También confía en Faryd para cuidar los tres palos* (*Clarín* 20/2/1997). La alternancia entre el infinitivo y el verbo finito es mucho más frecuente en esta pauta que cuando la correferencia afecta a los sujetos: *Me contrataron para que escribiera un artículo breve; Le dieron permiso para que asistiera al baile.*

46.7.1d   No es habitual que los infinitivos de valor final se construyan con sujeto expreso, y menos aún si este no es correferente con ninguno de los argumentos del verbo principal. Se rechazan, en efecto, oraciones como **Hice todo lo que pude para conseguir Alberto trabajo.* No obstante, se admite ocasionalmente esta pauta cuando el sujeto de la subordinada tiene carácter focal o introduce un contraste con el del verbo principal:

> Qué bonita esa camisa, quitátela vos para ponérmela yo (Ramírez, *Baile*); Grace le hizo una seña para que se instalara en aquella graciosa hondonada, invitándolo después a que siguiese cavando, para descender ella también al pequeño abismo rosa (Lezama, *Paradiso*); Sagrario, dormida, [...] preguntó cuánto faltaba para recibir nosotros a Pablo (García Hortelano, *Mary Tribune*).

En el español hablado en el área caribeña se documentan infinitivos finales con sujeto expreso, incluso no correferente. A diferencia de lo que es habitual en las demás áreas, puede aparecer antepuesto, como en *¿Qué sería bueno hacer para yo entender eso?; Cállate para yo oír el ruido.*

46.7.1e   El sujeto de las oraciones finales con el verbo en infinitivo recibe a veces una interpretación inespecífica ('alguien no determinado') o genérica ('la gente, cualquiera'). Estas interpretaciones se pueden obtener en las finales concertadas, como en *Anoche lo llamaron para preguntarle si podía venir hoy jueves* (Salvador Caja, *Eje*), y también en las no concertadas: *Nunca es tarde para preguntar* (Vargas Llosa, *Casa*); *Esta es la llave para arrancar el motor.*

46.7.1f   Las causales de sujeto correferente con uno de los argumentos del predicado principal (CAUSALES CONCERTADAS) admiten la construcción con infinitivo. Se da, en efecto, la correferencia de sujetos en *Resbalé y me caí por ir leyendo* (es decir, entre el sujeto de *resbalé* y el de *ir*). Además, el sujeto del infinitivo puede ser correferente con el objeto directo, como en <u>La</u> *contrataron por ser la más joven;* con el indirecto, como en *Eso* <u>te</u> *pasa por no callarte;* y con el complemento de régimen, como en *Alguien se rió* <u>de ella</u> *por llegar así a la oficina* (Fuentes, *Cristóbal*). A diferencia de lo que sucede en las finales (§ 46.7.1a), la correferencia de sujetos no suele forzar la aparición del infinitivo (*Me caí por ir leyendo* alterna con *Me caí porque iba leyendo*), salvo en las argumentales: *Estoy loco por {comprarme ~ *que yo me compre} una bicicleta*. Mientras que los infinitivos finales se interpretan referidos a un tiempo posterior a la situación denotada por el verbo principal, los causales pueden referirse a un tiempo coincidente con ella (*La contrataron por ser la más joven*) o a un tiempo anterior. En este último caso se dan con frecuencia alternancias entre el infinitivo simple y el compuesto sin que el significado de la oración se altere: *La multaron por {pasarse ~ haberse pasado} un semáforo*. Se analizan estas estructuras en el § 26.3.1c.

46.7.2   El modo en las construcciones causales

46.7.2a   Las oraciones causales solo se construyen con subjuntivo en contextos muy restringidos. De hecho, la combinación «*porque* + subjuntivo», como en *Señora, dispuesto estoy a dar toda mi sangre, porque pueda ceñirse la corona* (Valle-Inclán, *Sonata*), suele tener sentido final, en lugar de causal. También se construyen con subjuntivo los complementos de régimen introducidos con *por que* cuando la palabra de la que dependen selecciona dicho modo, como en *Está loco por que venga su novia*, frente a *Tales animales se caracterizan por que carecen de estómago*.

46.7.2b   Fuera de los casos mencionados, las construcciones causales solo aparecen con subjuntivo cuando este viene inducido por algún elemento modalizador externo a la oración causal, como el adverbio de duda en *Quizá porque no sepa vestir de otra manera* (Torrente Ballester, *Gozos*), o por ciertos recursos que presentan como foco la causa, como la negación en *No porque sean muertos de nacimiento son menos muertos* (Ayala, *Usurpadores*), la interrogativa de *¿Te lo crees porque él lo diga?*, la desiderativa de *¡Ojalá trabajes siempre porque te guste tu trabajo!*, o la concesiva que aparece en *¡Aunque solo sea porque no le extrañe a mi madre el silencio tan de pronto!* (Trigo, *Honor*).

46.8   Construcciones ilativas

46.8.1   Caracterización

Mediante las construcciones ILATIVAS (también llamadas CONTINUATIVAS) se introduce una consecuencia como derivación natural de lo que el hablante ha expresado con anterioridad. El adjetivo *ilativo* se deriva del sustantivo *ilación*, que el *DRAE* define como 'trabazón razonable y ordenada de las partes de un discurso'. He aquí algunos ejemplos de construcciones ilativas (se subrayan las partículas introductorias):

Naturalmente, había que tomar un café, <u>de modo que</u> me arruinó la siesta sabatina (Benedetti, *Tregua*); Me hubiera gustado que viniera, pero vive muy ocupado, <u>así que</u> me encomendó a mí ver las posibilidades para la casa (Belli, *Mujer*); Estoy esperando a que todo esté más sereno para hablar yo con papá, <u>conque</u> no conviene que se enfaden también conmigo ahora (Martín Gaite, *Visillos*).

Aunque algunos gramáticos tradicionales denominan CONSECUTIVAS a estas construcciones, se reserva aquí este término para las construcciones que expresan la consecuencia derivada de alguna magnitud elevada, u otra noción igualmente cuantitativa. Así, en *Hacían tanto ruido que tuvimos que llamar a la policía,* la llamada a la policía no se produce por la mera existencia del ruido, sino por el nivel elevado que alcanzó (§ 45.6.1a). Las construcciones ilativas están introducidas por conjunciones subordinantes, en lugar de por expresiones cuantificativas (*tanto, tal*), y expresan además la consecuencia de cierta situación anterior, no exactamente de la magnitud que se alcanza o a la que se llega.

46.8.2   Su relación con las causales explicativas

46.8.2a   Como las causales explicativas (§ 46.4.2), las ilativas se apoyan en un SUPUESTO IMPLÍCITO. Así, quien dice *Las calles estaban vacías, pues hacía un frío espantoso* (con causal explicativa) asume que cuando hace mucho frío es normal que las calles estén vacías. De la misma forma, el razonamiento *Pienso, luego existo* (con ilativa) se apoya en la premisa implícita 'Si alguien piensa, existe'. En consecuencia, una construcción puede parafrasearse mediante la otra (con el consiguiente cambio de perspectiva): *Existo, puesto que pienso ~ Pienso, luego existo.* Como en las causales (§ 46.4.1), cabe distinguir también entre ILATIVAS DEL ENUNCIADO y DE LA ENUNCIACIÓN: la construcción *Está lloviendo, así que la gente lleva paraguas* ejemplifica las primeras, puesto que la presencia de paraguas se interpreta como consecuencia de la lluvia; en cambio, en *La gente lleva paraguas, así que está lloviendo* la ilativa lo es de la enunciación, puesto que, como es obvio, la presencia de los paraguas no causa la lluvia, sino la DEDUCCIÓN que hace el hablante de que está lloviendo.

46.8.2b   Se diferencian, sin embargo, las construcciones causales explicativas y las ilativas en los actos de habla que expresan. Así, las causales explicativas suelen ser declarativas, mientras que las oraciones con las que se combinan (subrayadas en los ejemplos que siguen) pueden constituir actos verbales de varios tipos: *Ven, que te necesito; ¿Qué hora es?, porque creo que va a empezar el programa; Ojalá se vaya, porque no lo soporto.* Con las ilativas sucede lo contrario: la oración que precede a la ilativa suele ser declarativa, de modo que son agramaticales **Sal de mi casa, así que mañana ya no te veo* u **Ojalá lo hubiera perdonado, conque se ha ido para siempre.* La ilativa misma, en cambio, puede expresar otros actos verbales, como se aprecia en los ejemplos siguientes:

Yo sé que [mi carrera] no será muy larga; <u>de manera que</u> ojalá los años que me tocan los pueda utilizar "a tope" (*Proceso* [Hond.] 22/12/1996); Yo soy el único de esta casa a quien ella tiene que pedir permiso, y el que se lo concede... <u>conque</u> ¡métete en tu cuarto y no aúlles más! (Laforet, *Nada*); No tomé un cinco de lo suyo, <u>así que</u>, ¿qué crees que estuve haciendo? (Wolff, *Kindergarten*).

46.8.3   Configuración sintáctica de las ilativas

46.8.3a   Las ilativas más características son las introducidas por conjunciones o locuciones conjuntivas como *así que, conque, luego, pues, de {modo ~ forma ~ manera} que, de {ahí ~ aquí} que*. Es polémica la cuestión de si estas construcciones son coordinadas o subordinadas. Comparten con las coordinadas su incapacidad para anteponerse. Así, junto a *Ella ya lo sabía, así que alguien se lo había dicho*, es agramatical la variante **Así que alguien se lo había dicho, ella ya lo sabía*. También coinciden con ellas en su rechazo a coordinarse entre sí (**Ella ya lo sabía, así que alguien le ha escrito o así que alguien la ha llamado por teléfono*), así como en la posibilidad que muestran de expresar actos verbales distintos a los declarativos, como se explicó en el apartado anterior. En todo caso, se trata siempre de oraciones EXTERNAS al núcleo predicativo, por lo que no pueden focalizarse. Así pues, la secuencia *Estoy al margen, conque no quiero ir* no admite la versión enfática **Es conque estoy al margen que no quiero ir*.

46.8.3b   Tradicionalmente se han considerado oraciones ilativas las introducidas por *consecuentemente, consiguientemente, de resultas, en consecuencia, entonces, por consiguiente, por ende, por (lo) tanto* y otras similares. El sentido de estas expresiones es indudablemente ilativo, pero no constituyen conjunciones o locuciones conjuntivas, sino adverbios o locuciones adverbiales que funcionan como CONECTORES DISCURSIVOS (§ 30.9). Pueden, en efecto, ocupar varias posiciones en su oración (*Entonces, ¿vienes con nosotros?* ~ *¿Vienes, entonces, con nosotros?* ~ *¿Vienes con nosotros, entonces?*), mientras que las conjunciones y las locuciones conjuntivas la encabezan necesariamente: *¿Así que vienes con nosotros?* no admite las variantes **¿Vienes así que con nosotros?*; **¿Vienes con nosotros así que?* Del mismo modo, los adverbios pueden ir precedidos de una conjunción coordinante, como en *y consecuentemente, y entonces, y por consiguiente, y por tanto*. Las conjunciones ilativas rechazan esta pauta: *y así que, *y de manera que, *y conque, *y luego. Por otra parte, los adverbios suelen ir seguidos de una pausa que las conjunciones solo muestran ante ciertos incisos. Se añade, en efecto, una coma tras *por tanto* en *... por tanto, alguien se lo dijo*, pero no detrás de *así que*: *... así que alguien se lo dijo*. El hecho de que *entonces* o *consecuentemente* pertenezcan a la CLASE SINTÁCTICA de los adverbios, y *conque* o *así que* correspondan a la de las conjunciones no impide que unos y otros se adscriban a la CLASE DISCURSIVA de los conectores (§ 1.4.2d).

46.8.3c   Las relaciones ilativas se establecen con frecuencia entre dos fragmentos del discurso, lo que coloca a estas estructuras en un plano más elevado de la trabazón discursiva que el que corresponde a causales y finales. Así, en el primero de los textos siguientes la conjunción *conque* enlaza con todo el período que la precede. En los ejemplos que se reproducen tras él las locuciones ilativas inician turno discursivo, creando un vínculo ilativo con la intervención precedente:

> Se reúnen unos cuantos, se te sientan así en corro, en sus esteras, se ponen y venga; una pipa tras otra de kifi, y tomando té, tomando té y fumando nada más, y chau-chau y chau-chau, con esos hablares que se tienen, que es que no les coges ni media palabra de lo que dicen, la mujer en casita encerradita, la mujera, como ellos la nombran; conque con eso ya no se te acuerdan de nada más en este mundo (Sánchez Ferlosio, *Jarama*);

—¿De modo que murió? —Sí, Quizá usted debió saberlo (Rulfo, *Pedro Páramo*); —¿Así que encontraste a Neno acostado con tu mujer? (Piñera, *Ring*).

46.8.4 Conjunciones y locuciones conjuntivas de carácter ilativo

46.8.4a Con escasas excepciones, como *luego* o *conque*, casi todas las partículas que introducen oraciones ilativas son locuciones conjuntivas. La pauta «*de* + sustantivo + *que*» da lugar a las locuciones *de forma que, de modo que, de manera que, de suerte que*, esta última más propia de la lengua escrita. Se usa *por manera que* en algunos países americanos. Todas estas partículas se construyen con indicativo cuando tienen un valor estrictamente ilativo: *Las Fuerzas Armadas no han reclamado en ningún momento que se les confiara la tarea de enjuiciar y sancionar a los delincuentes, de manera que estos permanecerán sometidos al fuero regular de la justicia civil* (Vargas Llosa, *Pantaleón*). Construidas con subjuntivo, adquieren valor consecutivo (más exactamente CONSECUTIVO-FINAL: § 45.6.1 y 46.8.1), ya que cuantifican a los sustantivos *modo, manera, forma*. Se obtienen así alternancias como *Escríbelo de {tal manera ~ manera ~ una manera tal} que todo el mundo lo entienda*. A esta misma pauta corresponde el texto siguiente: *Respiró recio dos veces: primero hacia afuera, para sosegarse, luego hacia dentro, de modo que no tuviera que respirar más mientras estuviera encarando* (Aparicio, *César*).

46.8.4b Sobre el adverbio demostrativo *así* se forma la locución conjuntiva *así que* (con la variante *así es que* y la incorrecta *así es de que*), cuyo valor ilativo queda patente en ejemplos como *Además, cuando come no conoce a nadie, así que por favor dime qué te pasa* (Esquivel, *Agua*). El adverbio *así* forma parte igualmente de la locución adverbial de carácter ilativo *así pues*. Sobre adverbios demostrativos están también formadas las locuciones *de ahí que, de aquí que: En aquellos meses de verano a verano apenas si pensó en algo más, de ahí que aceptara el papel de esperar* (Regàs, *Azul*). Se diferencian de las restantes locuciones ilativas en que presentan la información oracional que introducen —siempre en subjuntivo— como CONOCIDA por el lector o el oyente, aunque esa suposición sea a menudo retórica. Desde el punto de vista de su estructura, ofrecen también algunas particularidades: pueden ir precedidas de la conjunción *y* (... *y de ahí que*...). Cuando inducen a pensar en la reposición de un verbo (*de ahí se deduce, ... se sigue*, etc.), cabe entender que la oración con *que* es una subordinada sustantiva de sujeto, en alternancia con un grupo nominal: *De ahí {que aceptara ~ su aceptación}*. Aunque no se recomienda colocar una coma tras *ahí*, su presencia en los textos parece apoyar esta segmentación: *De ahí, que muchos, cuando se encuentran en presencia de un rostro nuevo, es como si de pronto, tuvieran ante los ojos un mapa* (Arlt, *Aguafuertes*).

46.8.4c De la combinación entre la preposición *con* y la conjunción subordinante *que* se obtiene la conjunción *conque*, de sentido semejante al de *así que*: —*Ah, conque la lucha guerrillera te parece menos peligrosa* (Fuentes, *Gringo*). No debe confundirse con el complemento de régimen introducido por la preposición *con*, combinación que no tiene valor ilativo y que se escribe en dos palabras: *Bastaba con que la habitación estuviera limpia*. También se distingue la conjunción *conque* de la combinación de la preposición *con* y el pronombre relativo *que*, como en *Debía ser su novio por el cariño con que pronunció la palabra Pipo* (Cabrera Infante, *Habana*).

46.8.4d   La conjunción ilativa *pues,* de carácter átono, se distingue tanto de la conjunción causal explicativa (§ 46.4.2b, e) como del adverbio *pues,* también ilativo. Este último es tónico y suele aparecer como inciso, según se muestra en los siguientes ejemplos:

> Llegó, <u>pues</u>, don Felices con su reloj de arena (Cunqueiro, *Merlín*); Al principio, <u>pues</u>, veíanse al fondo muchas figuras confundiéndose en la sombra (Ferrero, *Bélver*); Miren, <u>pues</u>, el hombre ha leído (Uslar Pietri, *Oficio*).

Como conjunción ilativa, ha sido considerada partícula expletiva, ya que puede omitirse en un gran número de casos. Aun así, su presencia, más habitual en la lengua coloquial, añade énfasis a la expresión y señala expresamente el deseo del hablante de establecer algún vínculo entre la información que introduce y la que ya se ha presentado. La frecuencia de esta partícula y su carácter átono la convierten a menudo, sobre todo en ciertas zonas de América, en *pos,* con variantes como *pus, pu, po, pue, pes, pis, pe* e incluso *ps,* todas las cuales se recomienda evitar, especialmente en la lengua escrita y en los registros formales.

46.8.4e   Es frecuente el uso de la conjunción ilativa *pues* como APOYO para iniciar una respuesta o una réplica, como en *—¿Y qué se necesita? —Pues la verdad es que no lo sé muy bien,* o en *—Se ha ido de viaje fuera. Pero no tengo ni idea de adónde. —Bueno, pues ahora a dormir* (Martín Gaite, *Nubosidad*). En el uso llamado CONTRASTIVO, *pues* introduce una afirmación opuesta a la que se acaba de presentar, como cuando alguien dice: *Aquí no hay cigüeñas,* y su interlocutor replica: *Pues en mi pueblo hay cientos.* Se obtiene otra variante del uso contrastivo de *pues* cuando el hablante no desea negar lo que ha dicho su interlocutor, sino más bien agregar una apostilla que lo presenta como sorprendente o inesperado: *—¡Este poema es fantástico! —Pues lo ha escrito Pablito.* Se trata de un empleo opuesto al de *como que* descrito en el § 46.4.2e: *—¡Este poema es fantástico! —Como que es de Neruda.* En otros casos *pues* se antepone a la respuesta dada a alguna pregunta, si el que responde entiende que la contestación era obvia:

> —Y ¿qué pintas tú allí? —Hombre, pues para llevar las cuentas y vigilar la carga, ¿no? (Landero, *Juegos*); —¿De qué te ríes? —Pues de la injusticia de tu amigo. ¡Pobre! (Isaacs, *María*); ¿Quiere guerra? Pues la tendrá (Ribera, *Sangre*); ¿Cómo que de qué tierra? Pues de la tierra, hombre, de la tierra, está bien claro (Zamora Vicente, *Traque*).

46.8.4f   Unida a *bueno* (*bueno, pues...*), la conjunción *pues* tiene un valor RECAPITULATIVO semejante al de la locución adverbial ilativa *así pues: ¿Tú sabías lo del hijo? La madre era una compañera de guerra de Amadeo... Bueno, pues le conté la aventura de aquel día...* (Aldecoa, J., *Maestra*). El valor ilativo es ya muy tenue en los ejemplos en los que *pues* tiene FUNCIÓN FÁTICA. Se usa en ellos para indicar que el canal sigue abierto mientras se encuentra la forma de proseguir la secuencia, como en *Lo que digo es,* <u>pues</u> *eso, lo que he dicho: que no se puede vivir ni con ellas ni sin ellas* (Pombo, *Héroe*). Otras veces separa ciertas subordinadas antepuestas en posición de tópico del resto de la oración: *Como lo dominaron tanto tiempo,* <u>pues</u> *aspiran a continuar este dominio.* Este uso es especialmente común en algunas variedades del español americano.

47 Construcciones condicionales y concesivas

47.1 Características generales de las construcciones condicionales y concesivas

47.1.1 Características formales y semánticas que comparten

Las CONSTRUCCIONES CONDICIONALES, encabezadas típicamente por la conjunción *si*, y las CONSTRUCCIONES CONCESIVAS, cuyo introductor más característico es *aunque*, forman parte de estructuras bimembres denominadas tradicionalmente PERÍODOS. El PERÍODO CONDICIONAL O HIPOTÉTICO consta de una oración subordinada, denominada PRÓTASIS, marcada en los ejemplos con trazo discontinuo (y una principal, denominada APÓDOSIS), marcada con trazo continuo: *Si le sube la fiebre, báñese con agua fría; Si cantara Plácido, el teatro estaría lleno*. Los mismos términos se aplican también al período CONCESIVO: *Aunque me lo habían presentado, no lo reconocí; No lo compraría, aunque me lo recomendaran*. He aquí otros ejemplos:

> El superior le prometió que si se conducía como un hombre, le haría ese favor (Borges, *Brodie*); Era graduado en cánones por Osuna, pero aunque lo fuera por Salamanca, según opinión de muchos, no dejara de ser loco (Cervantes, *Quijote* II).

47.1.1a Condicionales y c oncesivas se caracterizan por la relativa complejidad de su estructura formal y también por la heterogeneidad, y a veces sutileza, de los significados que expresan. La conjunción subordinante identifica el tipo de la subordinada que encabeza, como muestra el contraste entre el período condicional *Si lloviera, iría al cine* y el concesivo *Aunque lloviera, iría al cine*. La elección de la conjunción *si* indica en el primer caso una ASOCIACIÓN «CAUSA – EFECTO» entre la acción de llover y la de ir al cine. En el período concesivo, *aunque* indica que la lluvia no es, frente a lo esperado, un IMPEDIMENTO efectivo para llevar a cabo esa acción. En este capítulo se tratarán conjuntamente las construcciones condicionales y las concesivas porque son numerosas las características formales y semánticas que comparten. En los primeros apartados se analizarán sus similitudes y diferencias; luego se examinará cada construcción por separado.

47.1.1b   Las oraciones condicionales no constituyen aserciones o declaraciones, en cuanto que no se afirma en ellas el contenido de la prótasis ni el de la apódosis, sino que se establece una relación de implicación entre ambas. La prótasis puede expresar la causa hipotética que conduce a un resultado (*Si se lo explican bien, lo entiende*), o la premisa de la que se parte para llegar a cierta conclusión (*Si lo entiende, está claro que se lo explicaron bien*). En las oraciones concesivas no se da esta relación causal, pero se contraría en ellas un supuesto que se puede formular con una condicional. Así, en la oración *Aunque se lo explicaron muy bien, no lo entendió* se contraría la expectativa que se infiere de la condicional *Si algo se explica bien, se entiende*.

47.1.1c   El carácter hipotético de un estado de cosas está en relación inversa con su probabilidad: cuanto menos probable sea su verificación efectiva, más hipotético resulta. Esta propiedad se expresa en parte a través del tiempo y el modo del verbo de la prótasis (§ 47.4 y 47.6.3), pero también a través de la apódosis. Así, en *Si tengo tiempo, voy a leer esta novela*, la realización del contenido de la apódosis se presenta como probable, mientras que en *Si tuviera tiempo, leería la novela*, el hablante expresa una actitud más dubitativa en relación con la futura realización de lo que la apódosis comunica. El contexto contribuye poderosamente a determinar el grado de probabilidad que el hablante asigne a esa realización, ya que las inferencias relativas a la expectativa se cancelan con facilidad: *Si tengo tiempo, voy a leer esa novela, pero me parece que no voy a tenerlo*.

47.1.1d   El análisis de las correlaciones de modo y tiempo pone de manifiesto que la pauta que permite interpretar las oraciones condicionales es proporcionada por el período en su conjunto. Así, algunos tiempos compuestos, en particular la forma {HUBIERA~HUBIESE} CANTADO, pueden reducir —y hasta cancelar— el valor hipotético de la prótasis condicional, como en *Si hubiera sido el asesino, se habrían encontrado sus huellas digitales*. Estas oraciones se denominan tradicionalmente IRREALES. En la actualidad reciben los nombres de CONTRAFACTUALES, CONTRAFÁCTICAS O CONTRAFACTIVAS porque implican que el hablante da por cierta la situación contraria a la que expresan la prótasis y la apódosis. Así pues, del ejemplo propuesto *Si hubiera sido el asesino, se habrían encontrado sus huellas digitales* se deduce 'No era el asesino' y 'No se encontraron sus huellas digitales'. Se suelen caracterizar los períodos contrafácticos como CONDICIONALES CERRADAS en cuanto que la verificación de las situaciones presentadas está únicamente en función de la correlación de tiempos y modos y del carácter afirmativo o negativo de la prótasis. Frente a ellas, se dice que las demás condicionales son ABIERTAS, ya que su verificación depende de que tengan o no lugar ciertos sucesos o se den ciertos estados de cosas.

47.1.2   Principales características sintácticas de estos períodos

47.1.2a   Las subordinadas condicionales y concesivas han sido clasificadas tradicionalmente entre las llamadas SUBORDINADAS ADVERBIALES IMPROPIAS (§ 1.7.3c), grupos sintácticos que se suelen definir por ciertos rasgos negativos más que por sus características positivas. Las prótasis condicionales y concesivas no son sustituidas por adverbios, interrogativos o no. De hecho, no existen en español adverbios condicionales, si bien se asimilan a los concesivos las locuciones adverbiales que se describen en el § 30.9.2d. Aunque en el análisis escolar se asigna a veces a condicionales y concesivas la función de complemento circunstancial del predicado, no la ejercen propiamente, ya que estas oraciones no aportan modificadores que precisen la denotación de dicho predicado. Así, el segmento subrayado en *Bajaré la basura, aunque no me apetece* no constituye un modificador modal, temporal o de otro tipo, que delimite la acción expresada por el verbo *bajar* o por el grupo verbal *bajar la basura*, sino que introduce, en un segmento separado por una pausa, un estado de cosas que no impide que se lleve a cabo el evento que la oración principal expresa. Se suele decir que las relaciones entre prótasis y apódosis están más próximas a las conexiones lógicas, o en general argumentativas, que se dan entre premisas y conclusiones que a las que existen entre los predicados verbales y sus modificadores. Las prótasis correspondientes a estos períodos no constituyen, en suma, modificadores del predicado verbal, y no se considera correcto en la actualidad interpretarlos como complementos circunstanciales suyos.

47.1.2b   Los períodos condicionales y concesivos contienen subordinadas que no están INSERTAS O INCLUIDAS en las principales. Así, la prótasis de una condicional no está incluida en la apódosis, mientras que una subordinada sustantiva lo está en la oración principal y constituye por tanto un segmento de ella. Existen, no obstante, algunas excepciones a esta generalización. Se trata de oraciones como *¿No le importa si fumo?* (sobre las que se vuelve en el § 47.1.3a), ya que se discute hoy si podría interpretarse *si fumo* (que parece alternar con *que fume*) como sujeto de *importa*. Exceptuadas estas construcciones, entre los componentes de los períodos concesivo y condicional se establece una relación de INTERDEPENDENCIA, en el sentido de que ninguno de los miembros puede ser suprimido sin alterar el significado del conjunto, o incluso comprometer la gramaticalidad de la construcción. Por ejemplo, *Si perdió el tren de las 7.30, llegó tarde* no implica *Llegó tarde*. Asimismo, resultaría difícil de ubicar en un contexto la apódosis del siguiente período condicional si se suprimiera la prótasis que se subraya: *De no haber tenido que tomar este tren, hoy no nos habríamos levantado tan temprano*.

47.1.2c   La interdependencia a que se alude en el apartado precedente está marcada por la correlación de los tiempos verbales, y a veces reforzada con EXPRESIONES CORRELATIVAS como *entonces* en las condicionales: *Si alguna vez nos casamos, entonces no habrá más remedio que decirlo, pero no todavía* (Laforet, *Nada*), o como *de todos modos* en las concesivas: *Los precios, aunque cedieron, mantuvieron de todos modos un alto ritmo de crecimiento* (Ayala / González / Florescano, *México*). Las partículas que realizan esta función son más numerosas en la lengua conversacional. Están entre ellas *siempre* (*Si no le gusta el teatro, siempre puede quedarse en casa a ver la televisión*) y *pues*, en uno de sus sentidos (*Si no quiere dar explicaciones, pues que luego no se queje*). Los períodos condicionales y concesivos se integran a menudo en construcciones más amplias, coordinadas o subordinadas, como se ve en los ejemplos de Borges y de Cervantes citados en el § 47.1.1. A su vez, tanto las apódosis como las prótasis pueden coordinarse con oraciones paralelas a ellas. En el caso de las prótasis puede haber un único subordinante o, por énfasis, repetirse la oración, como en *Y es inútil que Clara me interrogue sobre los hombres que he amado, aunque han sido bastantes, y aunque a algunos —por lo menos a uno— debí sin duda amarlos mucho* (Tusquets, *Mar*). En esta descripción se mantendrán los términos tradicionales *subordinación* y *oración subordinada* para hacer referencia a las construcciones que se analizan en el presente capítulo, pero debe tenerse en cuenta que se han puesto en tela de juicio con los argumentos que se han mencionado, y con otros que se presentaron en el § 1.7.3c.

47.1.2d   Los vínculos sintácticos que se establecen por razones ARGUMENTATIVAS en la coordinación (§ 31.3.1g) y en la yuxtaposición corresponden a menudo a relaciones causales, concesivas, condicionales o ilativas, entre otras análogas. Así, el significado condicional que aporta la conjunción *si* en *Si busca pareja, consulte nuestro portal* se obtiene sin conjunción alguna en *¿Busca pareja? Consulte nuestro portal*, y también puede darse con una conjunción copulativa, como en *Consulte nuestro portal y encontrará pareja*. Es posible, asimismo, construir una paráfrasis concesiva del diálogo siguiente: *¿Está lloviendo? Saldremos igual*, es decir, *Aunque esté lloviendo, saldremos igual*. Sin embargo, estas PARÁFRASIS DE SENTIDO CONDICIONAL O DE SENTIDO CONCESIVO no se asimilan a los períodos respectivos, ya que estos se ajustan a las características formales que se han descrito. No se incluirán, por consiguiente, tales pautas sintácticas en el paradigma de construcciones condicionales y concesivas que se analizan en este capítulo. Se describirán, en cambio, las construcciones de valor condicional o concesivo en las que ciertos elementos gramaticales no enteramente asimilables a las conjunciones subordinantes aportan objetivamente esos valores, como los subrayados en *Con tu ayuda, lo resolvería enseguida* o en *Enfermo y todo, se presentó al concurso*.

47.1.2e   Las apódosis de condicionales y concesivas pueden constituir ACTOS VERBALES (§ 42.1.1) diversos, sea con un verbo REALIZATIVO explícito, como en *Si apruebas (o pasas) el curso, te prometo que te compraré una bicicleta*, sea sin verbo realizativo, como en *Si te apetece, vente*. Nótese que quien emite el primer enunciado no deja de hacer una promesa, pero condiciona su cumplimiento al aprobado del que se habla. La oración se interpreta, por tanto, como *Te prometo que, si apruebas el curso, te compraré una bicicleta*. La prótasis condicional no anula en estos casos, como se ve, el acto verbal, ni relativiza tampoco la adquisición del compromiso que se lleva a cabo por el hecho de realizarlo. El predicado realizativo está aquí fuera del ALCANCE de la prótasis condicional. Así pues, la prótasis *si apruebas el curso* condiciona a la obtención del aprobado el que se cumpla la promesa, no el que esta se haga. En la segunda oración, la forma verbal *vente* no dejaría de ser imperativa ni de constituir una petición o una sugerencia si el aludido no sintiera la apetencia de la que se habla. Al estar el acto verbal orientado prospectivamente, su cumplimiento se supedita a que se verifique la condición introducida. Análogamente, de *Ven, si quieres* se infiere 'Si no quieres, no vengas', sin por ello eliminar la propuesta que hace el hablante.

47.1.3   Relaciones entre subordinadas condicionales, concesivas y sustantivas

Las oraciones condicionales presentan características de las subordinadas sustantivas, entre las que destacan la posibilidad de ser focalizadas o pronominalizadas, la de ser términos de preposición y también la de manifestar a veces contenidos análogos a los que expresan esas otras oraciones. Estas características no son compartidas por las concesivas.

47.1.3a   Como se adelantó en el § 47.1.2b, algunas oraciones subordinadas encabezadas por la conjunción *si* podrían analizarse como sujetos oracionales de predicados que expresan evaluación o reacción emotiva. Estas construcciones, propias de la lengua conversacional, muestran el cruce entre condicionales y subordinadas sustantivas, como ilustra la posible alternancia entre *si* y *que* en los ejemplos siguientes: *Sería estupendo {si~que} se animara a venir con nosotros; Hubiera sido mejor {si~que} nos hubiésemos quedado en casa*. Estas oraciones no se asimilan a las interrogativas indirectas totales (§ 43.3.1c), ya que no admiten optativamente expresiones disyuntivas (*... si nos hubiéramos quedado en casa o no*).

47.1.3b   Como las subordinadas sustantivas, las prótasis condicionales pueden ser término de la preposición *por,* de sentido causal, como en *Esta manta es por si hace frío; Te lo digo por si te animas.* Son más raras las variantes con *para,* pero se documentan ocasionalmente en España, como en *Me he comprado este traje para si voy de boda* o en *Menos mal, digo yo, así tenemos a qué agarrarnos para si quiere quedarse aquí una temporadita más* (Zamora Vicente, *Traque*). El término *prótasis* no es enteramente adecuado para estas construcciones, a pesar de que introducen una hipótesis, puesto que no van seguidas de apódosis. El carácter hipotético de la causa se refuerza a menudo con el adverbio *acaso,* con el que *por* forma la locución condicional *por si acaso.* Esta locución puede ser conjuntiva, como en *Y yo mientras tanto aquí esperando [...] por si acaso se te ocurría volver* (Cañas, *Tarantela*), pero también adverbial, como en *Di dos saltos mortales en el aire, por si acaso* (Baroja, *Busca*). Las construcciones condicionales, a diferencia de las concesivas, también pueden ser término de la conjunción *como: Colomba abrió los ojos como si un fogonazo hubiera estallado detrás de sus párpados* (Donoso, *Casa*). Estas condicionales, casi siempre de carácter contrafáctico, se construyen en subjuntivo. La misma pauta aparece también en las exclamativas independientes, en las que se expresa a menudo rechazo o indignación por algo: *Te llama a cada rato. ¡Como si no tuviera nada que hacer!* A veces alterna «*como si* + imperfecto de subjuntivo» con «*como que* + indicativo»: *¿No notas como si te faltara el aire? ~ ¿No notas como que te falta el aire?* Las prótasis condicionales pueden, asimismo, constituir el segundo término de las comparativas de desigualdad: *Siempre le costará más que si lo compra usado.*

47.1.3c   Las prótasis condicionales poseen PROPIEDADES REFERENCIALES que las oponen a las concesivas. Las primeras introducen contingencias, circunstancias o casos. Todas estas son, en efecto, nociones nominales. Así, en *Guárdatelo para si tienes que ir a una boda* —ejemplo similar al citado en el apartado anterior— se admiten sustituciones como *... para esa contingencia* o *... para esa circunstancia*. A su vez, las prótasis condicionales que van seguidas de una apódosis admiten como sustitutos grupos preposicionales, como en *Si hace frío ponte los guantes > En ese caso ponte los guantes*. Otra propiedad referencial de las condicionales es la de ser modificadas por adverbios de foco (§ 40.4) del tipo de *aun, incluso, ni siquiera, solo, también,* como en *Incluso si hay revolución a usted no le va a pasar nada* (Vargas Llosa, *Conversación*). Admiten asimismo expresiones adverbiales que expresan particularización, como *especialmente, en particular, sobre todo*. Pueden constituir COPULATIVAS ENFÁTICAS (§ 40.5 y 47.3.2): *Si algo le gusta es viajar con sus amigos; Si dijo esto es porque está resentida; Si alguien la conoce bien es su hijo*. Son compatibles, además, con el foco de la negación (§ 40.4.2) en oraciones contrastivas, como en *Christo en el desierto hará de las piedras pan, si le ruegan, no si le tientan* (Quevedo, *Política*).

47.1.3d   Las oraciones concesivas carecen de las propiedades nominales de las condicionales. No se forman a partir de ellas expresiones como *en ese caso* o *en tal contingencia*, propias de las condicionales, y tampoco siguen a una negación en las construcciones contrastivas: **Báñese con agua fría, aunque le suba la fiebre, no aunque le suba la presión*. De hecho, las concesivas rechazan la mayor parte de los adverbios de foco: **Solo aunque le suba la fiebre; *También aunque vengas tú; *Especialmente aunque haga frío*. Sin embargo, se forman las secuencias redundantes *incluso aunque* y *ni siquiera aunque*. Muchas de las características de las oraciones concesivas se han atribuido al carácter indirectamente cuantificado de estas construcciones, aportado por los ADVERBIOS INCLUSIVOS ESCALARES *aun* (integrado en *aunque*), *incluso* o *ni siquiera*. Así, en las oraciones *Aun si no me otorgaran el crédito, ampliaré la casa* y *El concierto no se suspenderá ni siquiera si llueve*, la prótasis incluye la última o la más adversa de las posibilidades, que es la que se halla bajo el alcance del adverbio escalar. Si esta posibilidad (la lluvia, en el segundo ejemplo propuesto) no es capaz de impedir el hecho denotado por la apódosis (la suspensión del concierto, en este caso), tampoco lo harán las situadas por debajo en una escala de obstáculos. Este significado totalizador de las concesivas (en el sentido de abarcador o recapitulador de otras opciones) las acerca a las condicionales coordinadas mediante la fórmula *tanto... como...* Así, se afirma sin restricciones el contenido de la apódosis en *Tanto si me otorgan el crédito como si me lo niegan, ampliaré la casa*, de forma que la construcción adquiere indirectamente sentido concesivo. Lo mismo puede decirse de las construcciones disyuntivas de subjuntivo no subordinado, como en *Me otorguen o no el crédito...* (§ 47.7.3a). Las inferencias que proporciona la combinación del adverbio inclusivo *aun* en *aun si* y *aunque* son opuestas a las del exclusivo *solo* en *solo si* (§ 40.4.5). Así, de *Aun si no me invitan formalmente, asistiré* se obtiene la inferencia 'Asistiré en cualquier caso', mientras que *Solo si me invitan formalmente asistiré* sugiere la paráfrasis negativa 'Si no me invitan formalmente, no asistiré'.

47.1.4   **La elipsis en los períodos condicionales y concesivos**

El período condicional y el concesivo se construyen generalmente con el concurso de sus dos miembros. Aun así, en algunos de ellos es posible que aparezcan diversos segmentos elípticos, implícitos o incompletos, sea en la prótasis, en la apódosis o incluso en ambas a la vez.

47.1.4a   Las prótasis condicionales antepuestas que contienen algún segmento elidido retoman el enunciado previo, a menudo cambiando su polaridad, como en las construidas únicamente con la conjunción *si* y el adverbio *no*. Esta expresión suple, por tanto, una oración previa, como en *Si me invitan a cenar, voy; si no, me quedo en casa*, donde se elide *me invitan*. La combinación *si no* en construcciones elípticas tiene a veces valor correctivo, e incluso concesivo, como en *Le escribe a un amigo, si no íntimo, bastante cercano*. Se forman construcciones similares a esta en las prótasis concesivas en las que la información que se omite se interpreta unas veces CATAFÓRICAMENTE (*Aunque con alguna dificultad, el abuelo conseguía valerse por sí mismo en las tareas cotidianas*) y otras ANAFÓRICAMENTE (*El abuelo conseguía valerse por sí mismo en las tareas cotidianas, aunque con alguna dificultad*).

47.1.4b   Los períodos condicional y concesivo coinciden en la posibilidad de admitir elipsis en la apódosis. Esta puede quedar reducida al sujeto del verbo omitido y a un adverbio de polaridad (*sí, no, también, tampoco*): *Si Jorge no está de acuerdo, yo {sí ~ tampoco}; Aunque Jorge está de acuerdo, yo no*. Las oraciones condicionales permiten cambiar o mantener la polaridad en estas construcciones (*sí > no; no > sí; sí > también; no > tampoco*). Como consecuencia de su significado, las concesivas solo admiten el término de polaridad contrario. Contrastan, por tanto, *Si ella va, yo también*, con **Aunque ella vaya, yo también*.

47.1.4c   Se asimilan parcialmente a las construcciones que contienen elipsis las condicionales y concesivas TRUNCADAS O SUSPENDIDAS, en las que se omite la apódosis y se deja en suspenso la prótasis, a menudo con entonación ascendente o semianticadencia. La información omitida no siempre se obtiene del discurso precedente. Así, en *Si tú estás de acuerdo...*, podría entenderse '... también yo' o alguna otra apódosis de contenido similar. Las prótasis condicionales suspendidas son características de ciertas fórmulas estereotipadas, como los refranes truncados (*Aunque la mona se vista de seda...*) o las construcciones optativas y desiderativas construidas con imperfecto de subjuntivo (*Si yo tuviera tu edad...; Si tú supieras...*). Las condicionales truncadas que contienen las locuciones adverbiales *al menos* y *por lo menos* o la expresión *si (tan) siquiera* introducen prótasis que manifiestan cierto requisito mínimo exigible, como en *No puede ser literario.* [...] *Si siquiera fuera mercantil; pero cómo ha de ser* (Larra, *Fígaro*). También pueden dejarse en suspenso las prótasis condicionales introducidas por *como: Como no apruebes* (o *pases*) *todas las asignaturas...; Como no llueva pronto...* Se asimilan a las condicionales suspendidas, por cuanto mantienen su carácter hipotético, las interrogativas encabezadas por la conjunción y en las que se propone algo, como *¿Y si lo dejamos para otro día?*, o se conjetura que pueda ser cierto algún estado de cosas: *¿Y si estuviéramos todos equivocados?*

47.1.4d   Aunque algunos autores las asimilan a ellas, no son propiamente condicionales las exclamativas introducidas por la conjunción *si* (§ 42.4.4f) en los contextos en los que esta se acerca a un adverbio de intensidad (*¡Si lo sabré yo!*) o sigue a la interjección *vaya*, como en *También quiso saber por qué íbamos a liquidarlo, y se lo explicamos... ¡Vaya si se lo explicamos!* (Cortázar, *Armas*). Confirma el carácter cuantificativo de *si* en estos casos su compatibilidad con las construcciones consecutivas (§ 45.6.1c) en alternancia con el cuantificador *tan(to): Si serán lelos que hasta se sienten europeos manchando coches con un spray en la mano* (*ABC* 25/5/1989), equivalente a *son tan lelos....* Tampoco se asimilan a las condicionales truncadas las exclamativas encabezadas por *pero si* (§ 23.7.2b y 42.4.4f), como *Pero si no estaba haciendo nada*.

47.1.5   Posición de la prótasis y la apódosis en los períodos condicionales

47.1.5a   El orden de las oraciones en el período hipotético está determinado por factores discursivos, pero también por principios de naturaleza estrictamente gramatical. Existe una tendencia general a presentar como TEMÁTICA (§ 40.1.1b) la información que corresponde a la prótasis en el orden «prótasis – apódosis», y como REMÁTICA la que muestra el orden inverso. Al comparar los períodos *Si quiere ingresar este año, debe presentar la documentación* y *Debe presentar la documentación si quiere ingresar este año,* se observa que en el primero la prótasis presenta cierta información que se supone ya introducida en el discurso, o al menos presente implícitamente en la conciencia del interlocutor. Ese período podría servir de respuesta, por ejemplo, a la pregunta *¿Qué tengo que hacer para ingresar este año?* La posición inicial de la prótasis es un recurso cohesivo que refuerza su vinculación con el contexto previo. En cambio, la prótasis ocupa la posición final en el segundo ejemplo y se interpreta como foco. El período completo podría servir de respuesta a una pregunta del tipo de *¿En qué caso debo presentar la documentación?*

47.1.5b   La frecuente posición temática de las prótasis corresponde adecuadamente a su papel textual, en particular a su función como marco discursivo, punto de partida y operador que puede suspender o alterar parte del contenido expresado en la apódosis. De hecho, la etimología misma del término *prótasis* asocia la subordinada condicional a la primera posición del período oracional. En general, la suposición que el hablante propone a su interlocutor es, en principio, previa a la posterior aceptación de la apódosis. Por el contrario, el orden «apódosis – prótasis» del período condicional se suele usar para subrayar el hecho de que la prótasis se interpreta como condición necesaria para el cumplimiento del estado de cosas denotado por la apódosis. Así, los enunciados en los que se expresan acciones prospectivas —una amenaza, una promesa u otro hecho orientado hacia el futuro— se construyen con complementos que admiten oraciones condicionales en secuencias como las siguientes: *Lo amenazaron con prohibirle la entrada si no dejaba de fumar; Le prometió acompañarla a la fiesta si accedía a su pedido; Le advirtió que se resbalaría si no sujetaba la escalera.* Asimismo, las prótasis integradas en la misma curva tonal de un enunciado interrogativo o imperativo aparecen por lo general pospuestas, como en *Cierre la puerta si tiene frío; ¿Qué dirá tu mujer si se entera?; Venga mañana si quiere que el doctor lo revise.* Muestran, en cambio, mayor libertad posicional las prótasis que forman una unidad prosódica independiente, separadas de la apódosis por una pausa: *Si me hace el favor, cierre la puerta ~ Cierre la puerta, si me hace el favor; Si puede saberse, ¿qué dijo tu marido? ~ ¿Qué dijo tu marido, si puede saberse?*

47.1.5c   Otro factor que impide la movilidad de los miembros del período condicional y determina la opción «prótasis – apódosis» es la correlación léxica entre la conjunción *si* y las partículas *entonces, pues* o su combinación *pues entonces:*

> No sabíamos si irritarnos o sonreír, pero si en alguna ocasión le mostrábamos nuestro malestar, <u>entonces</u> Fulvio le daba un tono más serio y respetuoso a la página de Fogazzaro (Colinas, *Carta*); <u>Si</u> no hay arreglo, <u>entonces</u> los someteremos a la justicia (*Dedom* 2/11/1996).

Mientras que las subordinadas introducidas por *si* pueden preceder o seguir a la apódosis, las que comienzan con *como, mientras* o *de* (§ 47.5) se suelen ubicar en la posición inicial y se interpretan como tópicos oracionales (§ 40.2.2a): *Como no planteen otra salida, el conflicto seguirá siendo irresoluble; Mientras siga tan interesado en sus estudios, no conviene siquiera mencionar esa cuestión; De haberlo sabido, te habríamos avisado.* Aunque no es la única opción posible, se suelen anteponer las cláusulas absolutas de participio cuando reciben interpretación condicional (*Planteada la cuestión de esta manera, ya no resulta tan ardua; Bien vestida, parecería más joven:* § 38.6.2a), así como las construcciones de gerundio a las que corresponde esa misma lectura (§ 27.3.2b, c.) o los grupos preposicionales que se les asimilan (§ 47.5.2a), como en *Con todas las ventanas cerradas te vas a asfixiar.*

47.1.5d   Las PRÓTASIS INTERCALADAS forman un inciso que interrumpe la apódosis, como en *Me cuidaré bien, si nos salvamos, de volver a viajar con esta línea aérea.* Estas oraciones introducen comentarios, sean metalingüísticos o no, a lo que se establece en la apódosis, o al menos en el primer fragmento de ella, como en *El problema, si estamos de verdad ante un problema, no se resuelve con discursos; Puedo ir a buscar ropa, si te hace falta, este fin de semana,* o en *Y ve a la manifestación, si te atreves, a dar la cara por ella y por todos* (Buero, *Caimán*). Las prótasis condicionales formadas con *si es que…* pueden también quedar intercaladas: *Pensaba en cuál habría de ser su destino, si es que alguno le aguardaba, en esa batalla.* Con la prótasis intercalada se cuestiona aquí la suposición de existencia que el grupo nominal definido *su destino* conlleva.

47.1.5e   El orden entre las oraciones del período condicional tiene otras consecuencias semánticas. Una de ellas es la forma en que se interpreta el sujeto tácito del verbo de la prótasis o la apódosis. El sujeto expreso de la prótasis suele determinar la referencia del sujeto tácito de la apódosis en el orden «prótasis – apódosis»: *Si Carlos perdió el tren, no llegará a tiempo.* A la inversa, la referencia del sujeto tácito de la prótasis en el orden «prótasis – apódosis» se obtiene muy a menudo CATAFÓRICAMENTE (§ 16.3.1) a partir del sujeto expreso de la apódosis, como en *Si perdió el tren, Carlos no llegará a tiempo.* En el orden «apódosis – prótasis», el sujeto expreso de la apódosis suele determinar el sujeto tácito de la prótasis (*Carlos no llegará a tiempo, si perdió el tren*), pero no se obtiene fácilmente la situación contraria a esta. Se entiende que se habla, por tanto, de dos personas distintas en la oración *No llegará a tiempo si Carlos perdió el tren.*

47.2   Condicionales del enunciado y de la enunciación

47.2.1   Condicionales del enunciado

En las llamadas CONDICIONALES DEL ENUNCIADO, conocidas también como CONDICIONALES DE CONTENIDO, CENTRALES O DE CAUSA – EFECTO, los hechos denotados en la prótasis y en la apódosis se vinculan causalmente dentro de una misma unidad enunciativa. La prótasis se presenta como la causa hipotética del estado de cosas que se describe en la apódosis, que pasa a interpretarse como su efecto o su consecuencia:

Si llueve, se mojan las calles; Si hay infección, tiene fiebre; Si invierte en nuestra compañía, obtendrá importantes ganancias; Si está triste, llora; Si viene el Rector, presidirá el acto.

Si los tiempos verbales no fuerzan otra interpretación, la situación que se describe en la apódosis es aquí posterior a la que expresa la prótasis, aun cuando ambos miembros del período condicional compartan un determinado tiempo verbal. Así, aunque en el primer ejemplo de esta serie aparezcan en presente *llueve* y también *mojan,* la situación que designa *mojan* es posterior a la que expresa *llueve.*

47.2.2 Condicionales de la enunciación

Las condicionales del enunciado se oponen a las CONDICIONALES DE LA ENUNCIA-CIÓN, que se caracterizan por no establecer una relación causal entre prótasis y apódosis, sino entre la prótasis y cierta información obtenida de la apódosis a través de un verbo de lengua tácito o un razonamiento discursivo. Las condicionales de la enunciación se suelen dividir en dos grupos:

1. Condicionales epistémicas
2. Condicionales ilocutivas

47.2.2a   En las llamadas CONDICIONALES EPISTÉMICAS (también denominadas DE EFECTO – CAUSA), el hablante parte del contenido de la prótasis, que presenta como información fehaciente, para llegar a la conclusión que se muestra en la apódosis, como en *Si este cuadro es del período cubista, lo habrá pintado en París.* Como se ve, el contenido de la prótasis ('el ser cubista cierto cuadro') no expresa una condición necesaria para que se dé el de la apódosis ('el que alguien lo haya pintado en cierto lugar'), sino para poder afirmar lo que esta expresa o para llegar a esa conclusión. Muchas condicionales epistémicas presentan los mismos hechos que las condicionales del enunciado correspondientes, pero en la dirección opuesta. Contrastan así claramente *Si las calles están mojadas, debe de haber llovido* (condicional epistémica) y *Si llueve, las calles se mojan* (condicional del enunciado). En las condicionales del enunciado la relación entre prótasis y apódosis refleja la secuencia cronológica propia de las relaciones causales, por lo que el presente de la prótasis puede combinarse con otro presente o con un futuro, pero no con un pasado: *Si este jarrón se cae, {se rompe ~ se va a romper ~ *se rompió}.* En las condicionales epistémicas, en cambio, la correlación temporal es más libre, puesto que la prótasis puede presentar en ellas un hecho anterior, posterior o simultáneo al de la apódosis, como en *Si vino a la ciudad, estará en su oficina; Si las calles están mojadas al amanecer, sin duda llovió durante la noche; Si se quedó sin dinero, no habrá podido ir al cine.* Estas subordinadas condicionales inciden sobre algún predicado abstracto de inferencia o conjetura al que la apódosis se subordina: 'Si se quedó sin dinero, (intuyo que) no habrá ido al cine'; 'Si las calles están mojadas al amanecer, (es de suponer que) llovió durante la noche', etc.

47.2.2b   Como las epistémicas, las CONDICIONALES ILOCUTIVAS no establecen un vínculo causal entre la prótasis y la apódosis, sino más bien entre la prótasis y el hecho de que el hablante afirme o manifieste lo que la apódosis expresa. Así, el que dice *Si no estoy equivocado, el tren llegará a las diez en punto* no supedita a su ausencia de error la llegada puntual del tren, lo que en sí mismo resulta absurdo. Una paráfrasis aproximada de esta oración podría ser 'Si no estoy equivocado, es cierta la afirmación de que el tren llegará a las diez en punto'. Nótese que, al suprimir la negación de la prótasis, se obtendría correctamente la cancelación de la inferencia: 'Si estoy equivocado, deja de ser cierta esa información'. Aun así, el hablante mitiga en estas oraciones la certeza de lo que afirma, lo que las vincula con las epistémicas.

47.2.2c   Las condicionales ilocutivas presentan algunas variedades. Las llamadas ATENUADORAS DE LA ASERCIÓN aluden a alguna limitación de las condiciones cognitivas o perceptivas en las que el hablante efectúa su aserción:

> Era, si no estoy equivocado, de tierra de Albacete (Galdós, *Prohibido*); Si mis recuerdos no me engañan, iba a tratar el problema de los métodos de verificación de una suma (Saer, *Lugar*); Estoy sentado en una playa que antes —si recuerdo algo de geografía— no bañaba mar alguno (Fuentes, *Días*); Todo esto era lógico, y si los datos compulsados no mentían más que en un cincuenta por ciento, podían ser reales (Torrente Ballester, *Filomeno*).

Constituyen otro subgrupo las CONDICIONALES DE CORTESÍA, que manifiestan el deseo del hablante de mitigar con alguna expresión cortés el efecto que sobre el oyente pudiera producir un acto de habla directivo o inquisitivo: *Si no le importa...; Si no es mucho pedir...; Si me permite la indiscreción...; Si fuera tan amable...*, etc.

47.2.2d   Las CONDICIONALES METALINGÜÍSTICAS aportan una restricción que supedita lo que se afirma a que esté correctamente presentado o formulado. Se forma con prótasis como *Si se dice así...; Si está bien escrito...; Si mi pronunciación es la correcta...*, etc. Las METADISCURSIVAS cumplen la función de marcadores de la organización textual, ya que orientan al lector o al oyente sobre las operaciones requeridas para organizar, descifrar, procesar o, en general, interpretar adecuadamente lo que se afirma, como *Si tenemos en cuenta lo ya dicho...; Si recapitulamos lo expuesto...*, etc.

47.2.2e   En las CONDICIONALES DE PERTINENCIA las prótasis justifican un acto de habla indirecto (§ 42.1.1l) para el que el contenido de la apódosis es pertinente desde el punto de vista discursivo. Así, el que dice, hablando de cierto individuo, *Si te vuelve a molestar, ahí enfrente está la comisaría*, no quiere decir que el hecho de que alguien vuelva a molestar a otra persona es una condición para que cierto edificio se halle donde está, sino que sugiere indirectamente la posibilidad de que el interlocutor lleve a cabo alguna acción relacionada con la comisaría (una denuncia, una petición de auxilio, etc.).

47.3   La expresión del énfasis en el período condicional

47.3.1   Vínculos discursivos de las condicionales

Los períodos hipotéticos son construcciones oracionales que representan fragmentos de discurso entre los que se establecen relaciones argumentativas. Las hipótesis que se introducen y su posible verificación se ponen de manifiesto mediante procedimientos léxicos y sintácticos, pero también se establecen a traves de vínculos discursivos.

47.3.1a   En la lengua hablada es frecuente que la construcción que corresponde al período exceda el límite oracional, e incluso el turno del hablante: —*Usted quiere verse guapa, ¿no?* —*Hombre, claro.* —*Pues eso, si quiere verse guapa, no tiene que preocuparse de más. Me deja a mí, que yo la pongo guapa* (Martín Gaite, *Balneario*). El contenido de la prótasis subrayada no es, en sentido estricto, hipotético, ya que en el texto precedente ha quedado claro que la persona a la que se dirigen esas palabras quiere verse guapa. Aun así, el período condicional que encabeza el fragmento subrayado se presenta como hipotético porque de esa manera puede construirse más fácilmente el argumento que sigue, y también porque la reiteración permite al que habla resaltar la parte del mensaje en la que esa argumentación se fundamenta.

47.3.1b   El período hipotético puede iniciar un discurso o insertarse en él. En el segundo caso es frecuente que el hablante retome expresiones ya introducidas en el discurso precedente y las incluya en la prótasis condicional. Como ya se explicó en el § 47.1.5a, las condicionales han sido identificadas por su carácter temático, al menos cuando la prótasis precede a la apódosis, y, al igual que muchos segmentos temáticos, se retoman en el discurso que los sigue. También lo hacen las prótasis condicionales, en las cuales se reafirma la información ya suministrada con el fin de extraer de ella alguna conclusión, como en *El autobús de esta línea tarda una hora y, claro, si tarda una hora, es imposible llegar a tiempo a ningún sitio.* Otras veces la información se retoma para restringir el alcance del enunciado previo, especialmente si la prótasis retomada introduce una condicional irreal: *En esa cafetera no va a aguantar, y si aguanta, que no crea que vamos a dejar de arrestarlo* (Poniatowska, *Diego*). Se obtienen PERÍODOS CONDICIONALES ENCADENADOS cuando se evalúan diferentes alternativas: *Si nos vamos y no digo nada, ¿lo abandono?, pero si digo, ¿lo delato?* (Bioy Casares, *Historias*).

47.3.2   Copulativas condicionales enfáticas

47.3.2a   También se interpretan en relación con el discurso previo las llamadas COPULATIVAS CONDICIONALES ENFÁTICAS O PERÍFRASIS CONDICIONALES. En estas oraciones copulativas se pone de relieve uno de sus segmentos, como en *Si algo le gustaba, era oír el ruido del mar,* donde la prótasis no es hipotética, a diferencia de la de *Si algo le gustaba, se lo compraba.* De hecho, es posible parafrasear el ejemplo presentado con oraciones como *Le gustaba sobre todo oír el ruido del mar; Lo que más le gustaba era oír el ruido del mar,* y con otras construcciones enfáticas no condicionales similares a estas. Ello muestra que la perífrasis condicional se usa en los casos citados para enfatizar uno de los segmentos contenidos en el grupo verbal encabezado por el verbo copulativo. Desde este punto de vista, la prótasis que se subraya en *Si alguien me conoce de verdad, es mi hijo* implica la veracidad de *Alguien me conoce de verdad.* De forma análoga, el período *Si algo me irritaba es que no supieras valorar tu grandeza* (Navales, *Cuentos*) presupone la certeza de *Algo me irritaba,* aun cuando esa información aparezca en una prótasis condicional.

47.3.2b   No se obtiene esta misma implicación en otras oraciones copulativas condicionales, que no pueden asimilarse a las del apartado anterior a pesar de que contienen prótasis condicionales. Esta diferencia se debe principalmente al hecho de que las prótasis hipotéticas pueden ir seguidas de apódosis en las que se elide una relativa sin antecedente expreso, un segmento nominal o un pronombre definido de significado similar. Así, resulta natural decir *Si llamó alguien, fue Marta, pero seguramente no llamó nadie*. La prótasis de este período condicional tiene sentido hipotético, a diferencia de las prótasis mencionadas en el apartado anterior. A la vez, en esta última oración se sobrentiende un elemento pronominal o una relativa sin antecedente expreso cuyo contenido proporciona la prótasis: *Si llamó alguien, esa fue Marta* o bien *Si llamó alguien, fue Marta [la que llamó]*.

47.3.2c   Una misma oración copulativa construida en torno a una condicional puede interpretarse de dos formas. En uno de sus sentidos, la oración *Si alguien me conoce de verdad, es mi hijo* es una copulativa condicional enfática, cuyo significado se acerca al de *Mi hijo es quien me conoce de verdad*. En el otro sentido, el período condicional está formado por una prótasis verdaderamente hipotética y por una oración copulativa en la que se retoma algún elemento previo, como *esa persona* o un sujeto tácito que exprese ese significado. Solo en el segundo sentido se admiten incisos del tipo de ... *suponiendo que tal persona exista* u otros similares que pongan de manifiesto el carácter hipotético de la prótasis.

47.3.3   Oraciones pseudocondicionales

47.3.3a   Se llaman PSEUDOCONDICIONALES los períodos encabezados por prótasis no hipotéticas que se usan como recurso retórico para enfatizar la verdad o la falsedad de uno de los dos miembros, o incluso de los dos, como se muestra en estos textos:

> Si tú eres Biancio en el pedir, yo soy Alexandro en el dar (Guevara, *Epístolas*); Si los ingleses pecaban de una fría e indiferente cortesía, los españoles eran lo opuesto (Britton, *Siglo*); Si Cervantes representa la cordura, la discreción, la sencillez y la humanidad más accesible, Arrabal es el artificio, el escándalo y la pirotecnia (*ABC Cultural* 17/5/1996).

Como se comprueba, los dos miembros del primero de los ejemplos se afirman simultáneamente sin estar unidos por una relación implicativa. Este tipo de período se suele denominar por ello BIAFIRMATIVO, en cuanto que uno de los estados de cosas descrito no está en función del otro, sino que ambos se presentan como verdaderos simultáneamente. Los dos estados de cosas descritos en estos períodos contienen a menudo TÉRMINOS ANTITÉTICOS (*pedir* y *dar* en el primer ejemplo). La mayor parte de estas oraciones se construye en presente de indicativo.

47.3.3b   Por oposición a los anteriores, en los períodos BINEGATIVOS se da un proceso de REDUCCIÓN AL ABSURDO. El hablante quiere probar la falsedad de la prótasis contraponiéndola a una apódosis cuya falsedad es aún más evidente: *Si Córdoba es Alemania, Madrid bien será Noruega* (Góngora, *Epistolario*). En la lengua conversacional del español europeo son comunes estas oraciones construidas con la fórmula *que venga Dios y lo vea* en la apódosis. En otros casos, la apódosis presenta en grado más elevado, casi siempre extremo o hiperbólico, la situación introducida en la prótasis, como en *Si tú tienes algo de hambre, yo me comería un buey.* Los períodos condicionales así construidos son habituales en la contraargumentación.

47.3.3c   Son asimismo pseudocondicionales las prótasis pospuestas en las que se agregan justificaciones a determinadas preguntas retóricas, como en *¿Para qué cambiar de coche, si está siempre en el garaje?,* que se convierte en una negación velada, con significado próximo a 'No existe razón para cambiar de coche, ya que está siempre en el garaje' (§ 22.5.4g). En estos períodos condicionales la conjunción subordinante *si* está a menudo reforzada por las expresiones adverbiales *después de todo, al final, al fin y al cabo, igual* y otras similares: *¿Por qué no se aprobó el padrón en la sesión del 11 de julio, si al final se terminó aprobando ayer, y también con anomalías?* (*País* [Esp.] 1/11/1997).

47.3.3d   No siempre se incluyen entre las construcciones pseudocondicionales los períodos formados con apódosis en las que se expresa de forma contrastiva un grado menor de la propiedad negada en la prótasis, o una situación escalarmente inferior en alguna jerarquía estimativa. La apódosis suele ir introducida en tales casos por los adverbios escalares *al menos* y *por lo menos,* como en *Si no es un genio, al menos es un estudiante responsable,* o por otros como *sin duda* o *por cierto.* La última oración podría parafrasearse con una fórmula adversativa (*No es un genio, pero es un estudiante responsable*), pero también con una concesiva (*Aunque no sea un genio, es un estudiante responsable*). He aquí otros ejemplos similares:

> La gente no es muy sutil y respeta en secreto a los solemnes, o si no los respeta por lo menos les teme (Monterroso, *Letra*); Al día siguiente fue necesaria la atención perspicaz que el congreso exigía, si no para tranquilizarme por lo menos para distraerme (Mujica Lainez, *Ídolos*).

La relación concesiva que se obtiene entre los dos miembros asertivos contrapuestos en prótasis y apódosis se extiende a otros muchos casos. Así, en *Si antes vivían peleando, ahora son buenos amigos,* no se considera hipotético el contenido de la prótasis, sino que más bien se da por cierto y se interpreta semánticamente con sentido concesivo ('Aunque antes vivían peleando...'). No se pierde, en cambio, la interpretación condicional, como muestra la paráfrasis 'Si es cierto que antes vivían peleando, también lo es que ahora son buenos amigos'.

47.4   Tiempo y modo en las oraciones condicionales

47.4.1   Esquemas de tiempos y modos de los períodos condicionales

47.4.1a   La información temporal y modal que aportan condicionales y concesivas es de cierta complejidad, no solo por la variedad de los esquemas que se admiten, sino también por la intersección de los valores semánticos que se expresan en esas correlaciones. A diferencia de otros tipos de subordinadas, los rasgos modales y temporales de estas prótasis no están regidos por ningún elemento de la oración principal, sino que son interdependientes: los de la subordinada ponen de manifiesto la actitud del hablante en relación con la posibilidad, probabilidad o irrealidad de la situación supuesta; los de la principal indican la modalidad de la oración y están a menudo en correlación con los anteriores. En esta sección se representarán abreviadamente los esquemas que corresponden a los períodos condicionales usando, a manera de comodines, los tiempos y modos de los verbos *tener* y *dar*.

47.4.1b   Se llama REAL al período que se forma con prótasis en indicativo, en tiempo presente o pasado, y se ajusta a las pautas *Si* TIENE, DA o *Si* TUVO, DIO. Se denomina POTENCIAL al período que se ajusta al esquema *Si* {TUVIERA~TUVIESE}, DARÍA, que contiene imperfecto de subjuntivo en la prótasis y condicional simple en la apódosis. Finalmente, el período IRREAL es el que corresponde a la pauta *Si* {HUBIERA~HUBIESE} TENIDO, {HUBIERA~HUBIESE~HABRÍA} DADO. No obstante, como se verá en el § 47.4.2, otros esquemas pueden expresar también la irrealidad.

47.4.1c   En el PERÍODO REAL se expresan hechos que se tienen por verdaderos o por esperables, como en *Si se lo explican, lo entiende*. También corresponden a él los períodos condicionales que introducen compromisos y promesas, como en *Si me llaman, voy*. Al rechazar el español las combinaciones *si TENDRÁ y *si TENGA, el presente de *si* TIENE es ambiguo, ya que puede designar usos actuales, habituales y prospectivos (§ 23.3), sobre todo si el verbo es de estado. Así, la prótasis *si vives aquí* puede hacer referencia a un estado de cosas presente o a uno futuro. En el PERÍODO POTENCIAL (*Si* {TUVIERA~TUVIESE}, DARÍA), las formas TUVIERA~TUVIESE de las prótasis presentan la misma ambigüedad que se acaba de describir para el presente. Así pues, no es posible saber fuera de contexto si la expresión *si viviera aquí* designa una situación actual o una situación futura. Cuando aluden a hechos presentes las prótasis de este período implican normalmente que no se da el estado de cosas que describen, como en *Si yo fuera más joven...*, que implica 'No soy más joven'. Esta interpretación irreal o contrafáctica no es automática en el esquema *Si* {TUVIERA~TUVIESE}, DARÍA, pero es casi inevitable en *Si* {TUVIERA~TUVIESE}, {HABRÍA~HUBIERA~HUBIESE} DADO.

47.4.1d   En las prótasis condicionales se admiten los tiempos simples CANTA, CANTABA y CANTARA~CANTASE, y también los compuestos respectivos: HA CANTADO, HABÍA CANTADO y {HUBIERA~HUBIESE} CANTADO, pero el español actual rechaza en ellas las formas CANTARÁ, CANTARE, CANTARÍA y los compuestos correspondientes HABRÁ CANTADO, HUBIERE CANTADO y HABRÍA CANTADO. En las encabezadas por *si* tampoco son posibles CANTE, HAYA CANTADO, formas que pueden aparecer con otros nexos condicionales. Aunque en el español contemporáneo se rechaza el futuro en la prótasis de la condicional, se usa la perífrasis «*ir a* + infinitivo» (§ 28.3.1a, b), especialmente cuando se retoma un enunciado previo para confirmarlo, cuestionarlo o sacar conclusiones relativas a posibles acciones futuras: *Si vamos a hacer algo, mejor será que lo hagamos ya*. Apenas se emplea en el español de hoy el futuro del subjuntivo *si* TUVIERE (§ 24.1.3), que en la lengua antigua se usaba en las prótasis como refuerzo del carácter hipotético de la condición expresada: *Si lo que digo fizieredes, saldredes de cativo* (*Cid*). Esta forma ha caído hoy en desuso en prácticamente todas las regiones, excepto en algunas poblaciones rurales de las islas Canarias y del área caribeña. Sin embargo, es característico del lenguaje jurídico y administrativo, como en *Si el funcionario incurriere en delito de cohecho...*, y también se emplea en fórmulas rituales como *Si así no lo hiciereis, Dios y la patria os lo demanden.*

47.4.1e No han pasado a la lengua culta del español general las prótasis introducidas por *Si* TENDRÍA, pese a que esta forma está libre de la ambigüedad que caracteriza a CANTARA ~ CANTASE, puesto que recibe siempre interpretación prospectiva. Se registra en la lengua popular de algunos países americanos y, con un uso algo más extendido, en algunas regiones del norte de España. No se consideran correctas secuencias como *Si tendría que volver a elegir, elegiría lo mismo,* que se recomienda evitar. Esta pauta es válida, sin embargo, aunque poco frecuente, cuando se usa para reproducir palabras recién pronunciadas por el interlocutor, como en —*Yo eso tendría muy claro cómo hacerlo.* —*Pues si lo tendrías tan claro, todavía estás a tiempo* (INTERPRETACIÓN DE CITA: § 23.8.1b). No son, en cambio, excepciones las oraciones exclamativas de entonación suspendida (§ 47.1.4d), puesto que es dudoso que se trate propiamente de condicionales: *Si estaría cansado que se durmió tomando el examen.* La combinación *si* CANTARÍA no es tampoco anómala en el llamado uso EXPLETIVO de *si,* como en *Apenas si llegarían a la media docena,* donde puede eliminarse la conjunción sin que ello afecte al sentido.

47.4.1f En las correlaciones *Si X, Y* no se tienen en cuenta las estructuras en las que el tiempo o el modo de la apódosis están determinados por algún elemento independiente de la prótasis, como los adverbios que se subrayan en *Si me lo explican, {tal vez ~ acaso ~ ojalá} lo aprenda.* Si el período condicional no está subordinado a otro verbo (como lo está, por ejemplo, en *Decidí que iría si tenía ocasión*), los tiempos del indicativo se orientan directamente en relación con el presente de la enunciación: son tiempos DEÍCTICOS O ABSOLUTOS (§ 23.1.2c). La inclusión del período condicional en el discurso indirecto va acompañada de la predecible transposición temporal (§ 24.3).

47.4.2 La interpretación contrafáctica

47.4.2a El llamado PERÍODO IRREAL, asociado con la inferencia contrafáctica, designa situaciones que contradicen algún estado de cosas, como en *Si no lo hubiera dicho...* (que implica 'Lo dijo') o en *Si lo hubiera dicho...* (que implica 'No lo dijo'). Suele corresponderse con el esquema *Si* {HUBIERA ~ HUBIESE} TENIDO, {HABRÍA ~ HUBIERA ~ HUBIESE} DADO, pero también los esquemas del período potencial pueden tener interpretación irreal. La forma {HUBIERA ~ HUBIESE} CANTADO siempre se refiere al pasado, sin la ambigüedad temporal de CANTARA ~ CANTASE.

47.4.2b En la lengua conversacional pueden también recibir interpretación contrafáctica otros esquemas: *Si* {HUBIERA ~ HUBIESE} TENIDO, DABA: *Si se lo hubiera contado a alguien, seguro que se reía de mí; Si* TENGO, {HUBIERA ~ HUBIESE} DADO: *¿Qué hubiera pasado si Martín no llega a tiempo?* (Casona, *Dama*); *Si* TENÍA, DABA: *Si lo pedía, me lo daban* (en el sentido no iterativo, equivalente a *Si lo hubiera pedido me lo habrían dado*), y también *Si* TIENE, DA, como en *Si lo sé, no vengo* (que implica 'No lo sabía y vine'). Es particularmente frecuente en este esquema la perífrasis «*llegar a* + infinitivo» (§ 28.3.3b): *Si llega a enterarse tu mamá, nos castigan a los dos.* La interpretación irreal se suele determinar contextualmente. Así, el período condicional en *Si me llama, voy,* característico de la lengua coloquial, podría ser equivalente de *Si me hubiera llamado, habría ido,* pero también de *En caso de que me llame, iré.*

47.4.2c   Reciben también interpretación contrafáctica las oraciones denominadas *binegativas* (§ 47.3.3b), en las que la falsedad de la apódosis se deduce de la de la prótasis: *Si él es un buen científico, yo soy Einstein,* así como las fórmulas exclamativas encabezadas por *que,* en gran parte lexicalizadas, en las que el hablante pone como garantía de su sinceridad algún perjuicio que podría recibir: *¡Que me maten si ya no estamos en la región del fuego o bien cerca de ella!* (Sastre, *Viaje*). Suele dar lugar asimismo a la interpretación contrafáctica la fórmula «*Si no {es ~ fuera ~ hubiera sido}* por + grupo nominal», como en *Si no es por ese antibiótico, el paciente no sobrevive* (que implica 'El paciente sobrevivió').

47.5   Construcciones condicionales sin la conjunción *si*

47.5.1   Conjunciones y locuciones conjuntivas

47.5.1a   Las prótasis condicionales encabezadas por *como* (más frecuentes en el español europeo que en el americano) se combinan con subjuntivo. Preceden normalmente a sus apódosis, en las cuales se garantiza enfáticamente una consecuencia, muchas veces no deseable, en relación con alguna situación futura. Suelen expresar ciertos valores ilocutivos, entre los que están la amenaza, la advertencia, la promesa firme o el vaticinio: *Como vuelvas a poner las manos encima de la niña te mando al otro mundo* (Alonso Santos, *Estanquera*). Aunque son más frecuentes cuando introducen expectativas desfavorables, pueden anticipar también deseos vehementes: *Como vuelva a salir un ocho, nos hacemos ricos.*

47.5.1b   Introducen requisitos más fuertes o más específicos que los expresados por la conjunción *si* las locuciones conjuntivas llamadas REQUISITIVAS, que se construyen con subjuntivo y son parafraseables por *solo si,* como *a condición de (que), con tal (de) (que), siempre que, siempre y cuando,* y también las EXCEPTIVAS, entre las que figuran *a menos que, a no ser que, como no sea que,* etc. A ellas podrían añadirse, *excepto que* y *salvo que.* Sin embargo, existen dudas de que estas dos últimas expresiones constituyan propiamente segmentos sintácticos (§ 31.6.3). Estos dos grupos de conjunciones se oponen entre sí por la polaridad que expresa la apódosis. Así, *Aceptará el contrato a condición de que le aseguren un porcentaje de las ventas* (con apódosis afirmativa) se corresponde con *No aceptará el contrato a menos que le aseguren un porcentaje de las ventas* (con apódosis negativa).

47.5.1c   Seguida de subjuntivo, la locución *siempre que* suele encabezar prótasis pospuestas a las apódosis, e introduce, como otras locuciones conjuntivas de su mismo grupo, un requisito que debe satisfacerse para cumplir cierto estado de cosas considerado posible, factible o deseable, como en *Los perros de Viena pueden hacer lo que quieran siempre que sigan siendo perros aunque muchos perros ya no parecen serlo* (Carrión, I., *Danubio*). Las expectativas generalmente favorables que se suscitan con *siempre que* se contraponen a las opciones normalmente desfavorables que, como se ha visto, se asocian con «*como* + subjuntivo». Presenta características similares «*mientras (que)* + subjuntivo»: *Mientras te esfuerces por mejorar, contarás con nuestro apoyo* (§ 31.6.2a-d). El significado condicional del adverbio relativo *cuando* se obtiene sobre todo en las oraciones genéricas, como en *Cuando un perro mueve el rabo, está contento* (§ 22.5.3c). Las locuciones *con tal de (que)* y *con tal que* plantean un requisito que se presenta como el mínimo suficiente para lograr el efecto deseable descrito en la apódosis: *Con tal que vm. no me escriba en la novísima Ortografía, todo se lo perdono* (Moratín, *Epistolario*).

47.5.1d Se forman locuciones conjuntivas condicionales con un grupo restringido de sustantivos: *en caso de (que), en el supuesto de (que), a condición de (que), a cambio de (que)*, etc. El contenido léxico de estos nombres no se ha perdido totalmente en estas unidades lexicalizadas o semilexicalizadas, que pueden conservar en mayor o menor grado sus propiedades gramaticales. Por ejemplo, el sustantivo *caso* admite artículo (*en el caso de que acepten*), y ciertos adjetivos modales (*eventual, hipotético, improbable, probable, supuesto*), así como una larga serie de complementos sustantivos sin artículo que expresan contingencias: *en caso de (verdadera) duda, de necesidad (extrema), de enfermedad, de urgencia, de ataque, de accidente, de incendio*, etc. Un comportamiento similar presenta el sustantivo *supuesto*, a diferencia de los sustantivos *condición* y *cambio*.

47.5.1e No se consideran correctas las variantes queístas de las locuciones conjuntivas formadas con *caso* y *condición*: *con la condición que, en caso que*. Es algo más frecuente, sobre todo en el español americano, la variante dequeísta *a menos de que*. Aun así, se recomienda usar en su lugar *a menos que*. Se han extendido, en cambio, en la lengua culta *con tal de que* y *con tal que*, que se consideran igualmente correctas.

47.5.2 Otras construcciones condicionales

Algunos modificadores adverbiales, llamados a veces ADJUNTOS LIBRES (§ 39.2.2d), no modifican al predicado verbal, sino que —situados generalmente en posición inicial de tópicos, a la manera de las cláusulas absolutas— introducen significados análogos a los que caracterizan las subordinadas condicionales.

47.5.2a El complemento subrayado en *No te comportarías así en tu casa* especifica el lugar que corresponde a la acción de comportarse, pero en la variante *En tu casa, no te comportarías así*, el mismo complemento introduce un marco situacional, es decir, un contexto al que se restringe el estado de cosas que a continuación se describe, de manera similar a como lo haría una cláusula de gerundio (*estando en tu casa*) o una prótasis condicional (*si estuvieras en tu casa*). Los grupos preposicionales encabezados por *con* o *sin*, casi siempre antepuestos, presentan muy a menudo significado condicional en este mismo sentido restrictivo: *Con los niños haciendo ruido por toda la casa, me será imposible estudiar el informe; Sin su colaboración, este libro hubiera sido imposible*.

47.5.2b Forman prótasis condicionales antepuestas los esquemas «*de* + infinitivo» y «*a* + infinitivo». El primero, de gran vitalidad en la lengua actual, aparece en expresiones como *De venir, vendría a las cinco; De haberlo sabido, te habría avisado;* a veces con el sujeto del infinitivo expreso: *De ser ello cierto...* Las prótasis con «*a* + infinitivo» pertenecen al español clásico, como en *A ser yo para saberlo decir, se podía hacer un gran libro* (Santa Teresa, *Camino*), pero subsisten en algunas expresiones fosilizadas, como *a decir verdad, a juzgar por las apariencias,* así como en la locución exceptiva *a no ser que.* Se construya con *a* o con *de,* el infinitivo no alterna en estas construcciones con grupos nominales ni con pronombres. Así, en *De haberlo sabido, te habríamos avisado,* no cabe la sustitución *De ello, te habríamos avisado.* Algunos gramáticos entienden que, en estos contextos, *de* y *a* funcionan como conjunciones subordinantes, a pesar de que introducen infinitivos.

47.5.2c   Sin ser estrictamente oraciones condicionales, reciben interpretación condicional un gran número de participios en las construcciones absolutas (§ 27.5.2b y 47.1.5c). Como en el resto de las prótasis que carecen de formas con flexión modal y temporal, la interpretación condicional depende de que el verbo de la apódosis describa una situación futura, como en *Desalojado el edificio, no tendrán dónde esconderse.* También los gerundios antepuestos topicalizados y seguidos de pausa se interpretan a menudo en sentido condicional: *Viniendo tu mujer, seremos cinco.* El gerundio de algunos verbos que denotan pensamiento, argumentación o creencias, como *admitiendo, considerando, dando por sentado, haciendo de cuenta, poniendo el caso, reconociendo, suponiendo,* está semigramaticalizado y admite con naturalidad paráfrasis con oraciones condicionales.

47.5.2d   Se asimila a las prótasis condicionales la expresión lexicalizada *yo que* construida con grupos nominales (*yo que tu hermano*) y con pronombres (*yo que tú, yo que vos, yo que usted*), como en *Yo que tú me volvía* (Muñoz Molina, *Jinete*). En las apódosis se admiten tiempos simples y compuestos: *Yo que tú se lo {diría ~ habría dicho ~ hubiera dicho}* (en la lengua coloquial, también *decía* y *había dicho*). En algunas variedades del español europeo se construyen estas prótasis con la preposición *de* (*yo de ti, yo de usted*), opción que no se recomienda.

47.6   Construcciones concesivas

47.6.1   Características generales

47.6.1a   El período concesivo encierra un razonamiento en el que la prótasis y la apódosis apuntan a conclusiones opuestas. En efecto, una y otra están argumentativamente encontradas en *Aunque estaba muy cansada por el viaje, impartió una conferencia magnífica.* La prótasis introduce una situación de CONTRAEXPECTATIVA ('Si alguien está cansado, su trabajo no será magnífico'), por tanto una condición ineficaz o un obstáculo salvable, de forma que no se altera la realización de lo indicado en la apódosis. El esquema *Aunque A, B* admite a menudo la paráfrasis *A, pero B: Estaba muy cansada por el viaje, pero impartió una conferencia magnífica.* Sin embargo, las construcciones coordinadas se diferencian de las subordinadas en que no admiten la conjunción en la posición inicial de la secuencia (§ 31.6.3e).

47.6.1b   La incompatibilidad entre los dos miembros del período concesivo se establece en función de preferencias que se suponen conocidas o habituales, pero también simplemente acordes con el sentido común. En *Aunque llueva, saldré a pasear,* la lluvia se presenta como un obstáculo o como una posible objeción que justificaría la cancelación del paseo, por cuanto se supone que no es normal salir a pasear si está lloviendo. La expectativa resulta así rechazada, pues la situación representada en la prótasis se considera condición o causa insuficiente para la realización del suceso denotado en la apódosis, que se interpreta como proposición verdadera.

47.6.1c   Las oraciones concesivas formadas con *aunque* son unidades DESCOMPO-NIBLES sintácticamente (§ 31.6.1b). La segmentación de esta conjunción en un adverbio escalar más la conjunción *que*, como en *aun [que lo supiera]*, explica el concepto de CONCESIÓN como noción derivada de la de ESCALARIDAD. En una escala graduada de condiciones se marca el miembro final, que es el menos previsible o más claramente contrario a las expectativas naturales. Así, en *Aunque te quedes sin dormir, has de preparar bien este examen*, el elemento extremo subrayado indica que resultan abarcados los demás obstáculos que puedan estar más bajos en tal escala implícita.

47.6.1d   Como en las condicionales, la posición antepuesta o pospuesta de la prótasis concesiva indica su carácter temático o remático. Así, el que dice *Aunque llueva, saldré a pasear* entiende que la posibilidad de que llueva no es desconocida para su interlocutor, mientras que con *Saldré a pasear aunque llueva,* presenta en principio como nueva tal información. También existen PRÓTASIS CONCESIVAS INTERCALADAS: *Dentro de su buen estilo, mantiene una leve vulgaridad, rasgo que, aunque nos fastidie reconocerlo, tanto nos agrada a los mujeriegos* (Vallejo-Nágera, *Yo*).

47.6.1e   Comos se vio en el § 47.1.3, las construcciones concesivas carecen de las propiedades nominales de las condicionales, así como de las propiedades anafóricas de sus prótasis. Aunque no existen equivalentes de las copulativas condicionales enfáticas (§ 47.3.2), se forman períodos concesivos con oraciones copulativas en las que el atributo del verbo *ser* en subjuntivo se interpreta como información focal: *Lo invitaré, aunque solo sea por cortesía*. Estas prótasis concesivas pospuestas son análogas discursivamente a las causales explicativas (§ 46.4.2). Expresan un VALOR MÍNIMO, en el sentido de un último argumento o una última razón dirigidos al fin que se persigue. La apódosis expresa en todos estos casos algún contenido prospectivo, sea a través de un futuro, un imperativo, una perífrasis modal (*Habría que invitarlo, aunque solo fuera porque...*) u otro recurso similar.

47.6.1f   En posición pospuesta y con el verbo en indicativo, puede neutralizarse la diferencia entre las prótasis concesivas y las adversativas, de forma que la conjunción subordinante *aunque* pasa a interpretarse como coordinante cercana a *pero*. Este uso ADVERSATIVO de *aunque* ha sido llamado RESTRICTIVO. Las coordinadas adversativas introducidas por *aunque* exigen pausa antes de la conjunción, como en *Respondió segura a todas las preguntas, aunque (=pero) quedó la sensación de que ocultaba información*. Aun así, los usos adversativos de *aunque* no coinciden exactamente con los de *pero*. Esta última conjunción puede ir seguida de oraciones interrogativas o imperativas (*Pueden jugar aquí, niños, pero después ordenen la sala*), que *aunque* suele rechazar (**Es un hermoso día, aunque quedémonos en casa*). La distancia entre ambas se acorta cuando sigue a *aunque* un segmento menor que la oración, como muestra la siguiente alternancia: *Respondió a todas las preguntas, {aunque ~ pero} no con la misma seguridad*. La conjunción *aunque*, usada con valor restrictivo, se construye a veces con gerundio, como en *Finalmente ha progresado, aunque trabajando mucho.*

47.6.2   Concesivas del enunciado y de la enunciación

Al igual que en las condicionales, y también en las causales y en las finales, la relación entre prótasis y apódosis puede establecerse en el plano del ENUNCIADO o bien en el de la ENUNCIACIÓN. Las prótasis concesivas que corresponden al plano de la enunciación constituyen, como en las condicionales, dos grupos: las epistémicas y las ilocutivas.

47.6.2a   En las CONCESIVAS EPISTÉMICAS se niega la relación entre una premisa y una conclusión. Unas veces se hace partiendo de la prótasis para llegar a una apódosis factual (*Aunque debe de haber llovido, las calles no están mojadas; Aunque ya debe de haber llegado, todavía no me ha llamado*), pero otras el proceso adquiere el sentido contrario (*Aunque las calles no estén mojadas, debe de haber llovido; Aunque todavía no me haya llamado, ya habrá llegado al hotel*).

47.6.2b   En las CONCESIVAS ILOCUTIVAS, la contraposición se establece entre la ejecución efectiva del acto de habla —explícito o implícito— que se describe en la apódosis y las expectativas en sentido contrario que se obtienen de la prótasis: *Aunque no conozco la fuente, te juro que dijeron que se suspendían las negociaciones* (con el realizativo explícito *te juro*); *Los sindicatos exigen una negociación, aunque quizás no sea esta la palabra más apropiada* (con el predicado realizativo sobrentendido). También son ilocutivas las que se limitan a plantear una condición de PERTINENCIA para la enunciación de la apódosis, como en *Aunque no necesites dinero, hay un cajero automático en la esquina.*

47.6.3   Tiempo y modo en las oraciones concesivas

47.6.3a   Tomando como criterio la veracidad de las situaciones designadas en el período concesivo, se distinguen las prótasis HIPOTÉTICAS y las FACTUALES. En las primeras, en las que *aunque* equivale aproximadamente a (*aun*) *en el supuesto de que,* se introduce una situación en el momento actual y se afirma que el hecho de que se haga efectiva no impedirá algún otro estado de cosas, como sucede en el refrán *Aunque la mona se vista de seda, mona se queda.* Las prótasis hipotéticas se construyen en subjuntivo. Por el contrario, las prótasis factuales, que suelen admitir paráfrasis con *a pesar de que,* designan situaciones presentes o futuras que se dan por ciertas en el momento actual o en el futuro. El verbo puede reflejarlas en indicativo, como en *Aunque vive en esta ciudad desde hace treinta años, mantiene el mismo apartamento que alquiló al llegar,* o bien en subjuntivo: *Aunque seas tan joven, tienes bastante experiencia.* Algunos esquemas temporales de las condicionales tienen correlatos en las oraciones concesivas:

> Aunque TIENE, DARÁ: *Aunque se lo explican, no lo entenderá.*
> Aunque TIENE, DA: *Aunque se lo explican, no lo entiende.*

Aunque {TUVIERA ~ TUVIESE}, DARÍA: *Aunque se lo {explicaran ~ explicasen}, no lo enten-dería.*

Aunque {HUBIERA ~ HUBIESE} TENIDO, HABRÍA DADO: *Aunque se lo {hubieran ~ hubiesen} explicado, no lo habría entendido.*

47.6.3b   Se explicó en el apartado precedente la diferencia fundamental que existe entre las prótasis llamadas HIPOTÉTICAS y las denominadas FACTUALES. La información expresada en las prótasis concesivas factuales se da por cierta. Así, cualquiera que sea la apódosis que siga a la prótasis *Aunque había llamado cinco veces...*, esta oración implica que esas cinco llamadas se habían realizado. La forma CANTARA ~ CANTASE, característica de las prótasis del llamado PERÍODO POTENCIAL (§ 47.4.1b), designa un estado actual (*aunque ahora tuvieras derecho a estar aquí*) o bien uno futuro (*aunque mañana te compraras esta casa*), concebido como menos probable que con el presente de subjuntivo. Cuando designan un estado actual, el contenido de estas prótasis podría no ser contrario a los hechos. Así, el período *Aunque lo supiera no te lo diría* no implica necesariamente 'No lo sé', pero el contexto favorece a menudo tal interpretación contrafáctica. El PERÍODO IRREAL concesivo se construye de forma característica con las formas {HUBIERA ~ HUBIESE} CANTADO en la prótasis e implica la falsedad de lo expresado en esta, como en las condicionales, pero generalmente también la certeza de lo afirmado en la apódosis, a diferencia de aquellas. Así, la prótasis del período *Aunque me lo hubieras advertido, habría ido* mantiene su valor de negación implícita (por tanto, 'No me lo advertiste'), pero la certeza de la apódosis queda indeterminada (por tanto, 'Fui' o 'No fui'). Las prótasis concesivas presentan menos restricciones temporales que las condicionales, ya que admiten incluso las formas CANTARÉ y CANTARÍA: *Aunque lo {dice ~ dijo ~ decía ~ dirá ~ diría}...* y, en el subjuntivo, las formas CANTE y HAYA CANTADO. El presente de subjuntivo es ambiguo entre la interpretación actual, sea habitual o momentánea, y la prospectiva. Así pues, podría decirse *Aunque esté ahora borracho, mañana acudirá puntual a la oficina*, y también *Aunque esté mañana borracho, no lo estará el día del examen.*

47.6.3c   Las formas CANTE y HAYA CANTADO pueden referirse a hechos cuya certeza consta, además de presentar el valor hipotético característico de las concesivas con subjuntivo. En efecto, la interpretación factual del subjuntivo es característica de los contextos en que se introduce una información compartida para cuestionarla como argumento pertinente en alguna generalización, como en *Aunque el hombre sea un animal racional, su razón brilla demasiado a menudo por su ausencia*. También se da esta interpretación cuando se desea desestimar alguna objeción presentada o sugerida en el discurso previo, como en *—Pero si has dicho lo contrario. —Bueno, pues, aunque lo haya dicho, he cambiado de opinión*. Este uso del subjuntivo, de naturaleza temática, se ha denominado POLÉMICO (§ 25.3.5b).

47.7   Construcciones concesivas sin la conjunción *aunque*

Las subordinadas concesivas se caracterizan por la variedad de elementos (locuciones conjuntivas y preposicionales, entre otras construcciones) que las introducen. La frontera entre estas estructuras y otras, como las coordinadas y las yuxtapuestas, resulta a menudo tenue.

47.7.1   Conjunciones y locuciones conjuntivas

47.7.1a   El adverbio *bien* forma parte de dos locuciones que se construyen con indicativo: *bien que*, de escaso uso en el español contemporáneo, y *si bien*, de uso general en la lengua culta: *El argumento general no es complejo, si bien la conclusión es monstruosa* (Borges, *Ficciones*). También el adverbio *mal* queda integrado en algunas locuciones concesivas, entre las que es reseñable «*mal que + pesar* (en subjuntivo)», como en *mal que le pese* o en *mal que pesara a las autoridades*. No ha pasado al español culto la expresión *manque*, característica de la lengua popular: *¡Viva er Beti manque pierda!* (*País* [Esp.] 21/6/1977). Las concesivas introducidas por *aun cuando* se construyen con indicativo y subjuntivo: *Va a seguir adelante, aun cuando tenga que llegar él solo con todos los tripulantes colgados de los palos* (Roa Bastos, *Vigilia*).

47.7.1b   Tanto *así* como *y eso que* encabezan prótasis concesivas pospuestas. La conjunción concesiva *así* (distinta del adverbio *así*) se construye siempre con subjuntivo, y por lo general introduce un predicado de significación hiperbólica, como en *No vuelvo a ese lugar así me maten*. Se asimila a las locuciones conjuntivas la fórmula *y eso que* seguida de indicativo, que marca el carácter factual de la prótasis: *Ni siquiera se movió al oírme entrar, y eso que yo lloraba muy fuerte en ese momento* (Cortázar, *Armas*).

47.7.1c   Aunque la locución adverbial *sin embargo* se usa hoy sin complemento preposicional, todavía se registra con él en textos recientes. Adquiere en estos casos sentido concesivo, como en *Sin embargo de que ese caballero haya gastado más que usted en nuestro favor, usted ha sido la causa de todo* (Fernández Lizardi, *Periquillo*). La locución adverbial *no obstante*, también adversativa, tiene sentido concesivo cuando equivale a *a pesar de*: *Me sentaba francamente bien, no obstante carecer de camisa, corbata y otros detalles que, sin ser imprescindibles, habrían realizado mi apostura* (Mendoza, *Laberinto*). El adverbio *siquiera* se gramaticaliza como conjunción subordinante concesiva, equivalente a *aunque*, cuando concurre con el verbo *ser* en subjuntivo, como en *Quería ser sincera con alguien, siquiera fuese una vez* (Trapiello, *Amigos*).

47.7.2   Locuciones preposicionales y grupos preposicionales de sentido concesivo

47.7.2a   Se forman locuciones preposicionales de sentido concesivo con el sustantivo *pesar*, cuyo término puede estar formado por grupos nominales (*a pesar de los problemas*) o por oraciones sustantivas, sea con verbo en forma personal (*a pesar de que había problemas*) o de infinitivo (*a pesar de haber problemas*). Algo menos común en esta pauta es el sustantivo *despecho*: *Eran dos, y a despecho de las incrustaciones, excrecencias y mohos que los corroían y desfiguraban, colegí que se trataba de dos estatuas* (Mujica Lainez, *Escarabajo*). La locución *pese a (que)* no se diferencia en su significado de *a pesar de (que)*, pero corresponde a un nivel de lengua algo más elevado. Los usos concesivos a los que da lugar el sustantivo *riesgo* están inducidos por el adverbio *aun*, con el que habitualmente se construye: *aun a riesgo de (que)*.

47.7.2b   Al mismo esquema pertenece la locución adverbial *a sabiendas,* que admite complementos preposicionales. Se construye frecuentemente con los adverbios *incluso, ni siquiera* y, sobre todo, *aun,* pero también se usa sin ellos: *¿Lo hizo a sabiendas de la humillación que pasaría?* (Vargas Llosa, *Fiesta*). Se recomienda evitar el empleo de *a sabiendas* como equivalente del gerundio de *saber* cuando este último no adquiere interpretación concesiva, como en *Me quedo más tranquilo a sabiendas de* (por *sabiendo*) *que está tan bien atendida.*

47.7.2c   Presenta cierta complejidad sintáctica la estructura de los grupos de sentido concesivo introducidos por las preposiciones *por* y *con.* Se combinan estas preposiciones con construcciones cuantificadas en las que se expresa una cantidad o un número, o bien se pondera el grado extremo de alguna propiedad. Se evalúa en ellas como ineficiente el grado, el número o la cantidad que se mencionan. Las encabezadas con *por* se combinan preferentemente con el modo subjuntivo (*por muy rápido que corras*), aunque es también posible el indicativo (*por mucho que corrió*). Las que se forman con la preposición *con* son siempre factuales y se construyen con indicativo o con infinitivo (*con lo inteligente que es, con ser tan inteligente*).

47.7.2d   Las prótasis concesivas formadas con la preposición *por* admiten los cuantificadores *poco, más* y *mucho* (o *muy*) combinados con sustantivos contables (*por pocas líneas que escribas*) o no contables (*por más agua que beba*), con adjetivos (*por muy inteligente que parezca*) o con adverbios (*por más lejos que viva*). También pueden incidir directamente sobre verbos, como en *Pero por mucho que maquinaran, no lograban borrar lo que estaba en ellos desde el principio* (Saer, *Entenado*). En estos contextos, alternan *mucho* y *más* sin diferencias notables de significado, con preferencia por *más* en el español americano y por *mucho* o *muy* en el español europeo actual. Estos grupos cuantificativos pueden dejar tácito el cuantificador, como en *Nunca se encontró mineral alguno, por hondo que se cavara* (Mutis, *Maqroll*). Menos frecuente es la omisión del cuantificador ante los sustantivos, como en *Por años que pasen, nunca podré devolverle la vida que me confió* (Vázquez-Figueroa, *Tuareg*). En contextos conversacionales especialmente enfáticos, la construcción concesiva introducida por la preposición *por* parece admitir adverbios de grado que inciden sobre expresiones no graduables. Pueden estar expresadas por sustantivos, como en *por muy presidente del jurado que fuese,* por ciertos adverbios, como en *Por muy secretamente que ellos venían, nos hallaron muy apercibidos* (Díaz Castillo, *Historia*), o por grupos preposicionales locativos: *Se tenía la sensación de que ya era imposible desviarla por muy con la pared, o con cualquier contradicción, que se topase* (Pombo, *Metro*). No obstante, el papel del cuantificador en estos casos no consiste en establecer el grado elevado en que se aplica alguna propiedad, sino en ponderar su relevancia (como sugiere la paráfrasis 'por muy cierto que sea el que fuese presidente del jurado'). *Por más que* funciona en muchos contextos como locución conjuntiva concesiva: *Por más que* [...] *nunca la miré con buenos ojos, debo admitir que se condujo estupendamente* (Mujica Lainez, *Unicornio*). No ha pasado a la lengua culta la variante en la que se omite la preposición *por* ante *más* (*Más que corra, no lo alcanza*), propia de la lengua rural de Chile, México y otros países.

47.7.2e   Las construcciones concesivas encabezadas por la preposición *con* incluyen relativas enfáticas (§ 42.4.5e), unas veces integradas en la oración como prótasis de los períodos concesivos (*Con las horas que estudias* tendrías que haber sacado mejores calificaciones) y otras usadas como construcciones independientes, generalmente exclamativas (*Tendrías que haber sacado mejores calificaciones. ¡Con las horas que estudias!*). Cuando prótasis y apódosis están orientadas en sentido opuesto, se obtiene la interpretación concesiva, como en *Con todas las noches que se pasó preparando el examen, el muchacho reprobó Matemáticas;* en el caso contrario se obtiene la causal: *Con todas las noches que se pasó preparando el examen, el muchacho obtuvo una excelente calificación en Matemáticas.*

47.7.2f   La locución conjuntiva de sentido concesivo *con todo (y) que,* que conoció el español antiguo, se emplea en la lengua literaria de muchos países americanos y, esporádicamente, también en el español europeo: *Ellos eran allí los dueños de la tierra y de las casas que estaban encima de la tierra, con todo y que, cuando el reparto, la mayor parte de la Cuesta de las Comadres nos había tocado por igual a los sesenta que allí vivíamos* (Rulfo, *Llano*). La locución adverbial de sentido concesivo *con todo y con eso* presenta las variantes *con todo y eso, con eso y todo, con todo y con esto* y *con todo y con ello,* todas ellas equivalentes a «*a pesar de* + pronombre»: *Con todo y con esto, al cabo de media hora habían congeniado muy bien* (Luca Tena, *Renglones*). El sentido concesivo de algunos grupos preposicionales introducidos por la preposición *con* queda reforzado por la expresión posnominal *y todo,* que se usa además en construcciones absolutas, sobre todo adjetivales: *Como bandada de cuervos blancos se abatieron sobre aquella mujer que, vieja y todo, no debía de ser tan mala superiora como sus hijas pregonaban* (Fernández Santos, *Extramuros*). La preposición *con* seguida de infinitivo alterna con la variante *con todo y: Usted no dio en el blanco, con todo y ser muy buen tirador* (Gallegos, *Bárbara*).

47.7.2g   La oración de infinitivo incluida en un grupo preposicional formado con *para* puede tener valor concesivo cuando contiene una comparación de igualdad cuyo segundo término se suele callar: *Ocupa un puesto importante para ser tan joven (como es)*. La apódosis contiene a su vez un cuantificador, generalmente *mucho* en alguna de sus variantes morfológicas, o una expresión ponderativa: *No era muy alto para ser un hombre* (Grandes, *Edades*). Una relación similar entre el cuantificador y la preposición *para* se crea entre los adverbios *demasiado, mucho, poco* y sus complementos preposicionales, como en *Es demasiado joven para conducir este camión*. No requiere propiedades graduables la construcción concesiva *Para X, Y* cuando establece un juicio de valor que se considera relativo a un estado de cosas y, por tanto, orientado en función de él: *Para ser una invitación se hace usted de rogar* (Mendoza, *Ciudad*).

47.7.3   Otras construcciones concesivas

47.7.3a   Se llaman prótasis concesivas DE INDIFERENCIA O DE INDISTINCIÓN las que abarcan por su significado todas las situaciones relevantes posibles, de forma que ninguna de ellas invalida la conclusión de la apódosis. Adquieren sentido concesivo las formadas por un verbo no dependiente en subjuntivo cuyo complemento constituye un grupo nominal definido que contiene una oración de relativo o una relativa libre. El verbo de la relativa reproduce el inicial, como en *Se ponga {la ropa* *que se ponga ~ lo que se ponga}, siempre está elegante.* El antecedente queda englobado otras veces en uno de los pronombres (*Llame quien llame*) o adverbios (*Venga de donde venga*) con los que se forman las oraciones relativas sin antecedente expreso (§ 44.1.2c). Estas construcciones duplicadas admiten paráfrasis con relativas de generalización formadas por el cuantificador DE ELECCIÓN LIBRE *cualquiera* (§ 22.6.1a): *Cualquiera que sea la ropa que se ponga, siempre está elegante.* En estas concesivas duplicadas se introducen personas, lugares, tiempos y otras entidades análogas, de forma parecida a como se hace en las interrogativas parciales (§ 42.3.3). Por tal razón, estas prótasis concesivas de indiferencia se han llamado PARTICULARES. Se oponen a las UNIVERSALES O TOTALES, equivalentes a las interrogativas totales. Se forman con estructuras disyuntivas construidas con verbos en subjuntivo: *Llame o no llame; Haga calor o haga frío,* muy a menudo con elisión del segundo verbo, como en *Me otorguen o no (me otorguen) el crédito, ampliaré la casa.* Expresan el mismo significado que se obtiene con los grupos coordinados condicionales formados con *tanto si... como si...* (§ 47.1.3d).

47.7.3b   Aunque no constituyan oraciones concesivas, se reconoce también un EFECTO DE SENTIDO CONCESIVO en una serie de estructuras sintácticas binarias contrapuestas, no marcadas por los recursos gramaticales convencionales. Pertenecen a este grupo las oraciones coordinadas copulativas, separadas a veces por una pausa y encabezadas por la conjunción *y: ¡Ya lee perfectamente!, y tiene cuatro años; Tiene noventa años, y camina erguido; Come todo el día, y no engorda.* Los gerundios de sentido concesivo (§ 27.3.2b, c) se caracterizan por que imponen menos restricciones temporales en las apódosis que los gerundios de interpretación condicional: *Aun siendo así, {gozan ~ han gozado ~ gozaron} de prebendas injustificables.* El significado concesivo emerge a menudo en los participios incluidos en oraciones absolutas (§ 27.5.2b) cuando se combinan con apódosis factuales. El adverbio *aun* no es imprescindible en estas construcciones, pero sí mucho más frecuente en ellas que su ausencia: *Aun quitados los árboles, el parque había conservado su belleza.* Introducían oraciones concesivas en el español antiguo algunos participios, seguidos de *que,* que hoy forman expresiones causales (§ 46.2.2c), como *puesto que, supuesto que* o *dado que: Yo sé, Olalla, que me adoras, puesto que* ['aunque'] *no me lo has dicho* (Cervantes, *Quijote* I).

48 La negación

48.1 Introducción. Conceptos fundamentales

48.1.1 Características de las oraciones negativas

48.1.1a En las oraciones negativas se expresa que son falsos los estados de cosas descritos en las correspondientes afirmativas (*Mañana no trabajo*) o bien se indica la inexistencia de las acciones, los procesos o las propiedades de que se habla: *Ella no dijo nada; Nadie le hacía caso; Ni de una forma ni de otra consiguieron convencerla; En mi vida he visto cosa igual.* También se usan las oraciones negativas para solicitar que se deje de hacer algo (*No hables tanto*), para orientar una interrogación hacia una respuesta (*¿No son ya las dos?*) y para llevar a cabo otros actos verbales.

48.1.1b Como los cuantificadores (§ 19.7) y algunos adverbios (§ 40.4), la negación, en sus diversas manifestaciones gramaticales, es un OPERADOR sintáctico, es decir, un elemento que afecta a cierto dominio, llamado ÁMBITO o ALCANCE, dentro del cual ejerce determinados efectos. Así, en la oración *Aquí no llega un coche desde hace años* la presencia del adverbio *no* tiene dos consecuencias gramaticales: provoca que en este contexto *un* pueda alternar con *ningún* (§ 48.4.2b) y hace posible que el predicado *llegar* pueda construirse con la preposición *desde* y el complemento temporal *hace años* (§ 48.7.2b). De hecho, si se suprimiera el adverbio *no*, el ejemplo propuesto pasaría a ser agramatical. Las construcciones negativas no son necesariamente oracionales: el ámbito de la negación puede corresponder a segmentos sintácticos de naturaleza no verbal, como los subrayados en *un problema no menor* o *acciones no siempre legales*. Las palabras negativas pertenecen a varios grupos sintácticos, como se explica en los párrafos que siguen.

48.1.2 Categoría gramatical de los términos negativos

48.1.2a Son PRONOMBRES INDEFINIDOS *nadie* (que designa personas), *nada* (que designa cosas) y *ninguno*, con sus variantes morfológicas. Como se señala en el § 19.3.2, el último admite también usos ADJETIVALES, como en *No aportó ninguna idea.*

48.1.2b Pertenecen a la clase de los ADVERBIOS *no, nunca, jamás, tampoco* y *nada*. Son adverbios temporales *nunca*, contrapartida negativa de *siempre*, así como el más enfático *jamás*, que proviene de la unión de dos palabras positivas (*ya* y *más*), por lo que su significado original es 'no en lo sucesivo'. Con estas y otras expresiones negativas se forman combinaciones redundantes, pero correctas, como las que se subrayan a continuación: *Nunca jamás la debiste obligar* (Vilalta, *Mujer*); *No quiero ver a Lucía jamás en mi vida* (Bain, *Dolor*).

48.1.2c El adverbio *nada* presenta la multiplicidad de valores propia de los cuantificadores adverbiales (§ 30.3.2). Expresa, en efecto, INTENSIDAD en *El autor no profundiza nada en ese asunto;* MEDIDA en *No te costaría nada ayudarme;* FRECUENCIA en *No voy nada al cine,* etc. También puede modificar a un adjetivo o un adverbio, asimilándose a los cuantificadores de grado, como en *nada fácil, nada lejos*. En el español coloquial rioplatense, andino y de otros países americanos, *nada* se usa también en contextos enfáticos en los que significa 'en absoluto' o 'de ningún modo', como en *Tanto prometer venir y al final no vino nada; No me lo dijiste nada.* Este uso se acerca al de la locución adverbial *para nada*, que va ganando terreno en el español general: *En eso no creo para nada* (Chavarría, *Rojo*); *Mara caminaba con celeridad sin ocuparse para nada de mí que iba detrás de ella* (García Morales, *Lógica*).

48.1.2d Son negativas las CONJUNCIONES *ni* y *sino* (§ 48.2.1b y 48.6.1) y, aunque en un sentido distinto, la PREPOSICIÓN *sin* y las LOCUCIONES PREPOSICIONALES *en vez de* y *en lugar de* (§ 48.5.2f), así como algunas interjecciones restringidas geográficamente (§ 48.8.2c).

48.1.3 Contextos sintácticos de las palabras negativas

La forma y la interpretación de las oraciones negativas están determinadas tanto por las propiedades léxicas de las palabras negativas que contienen como por la posición que esos elementos ocupan y por las relaciones que entre ellos se establecen.

48.1.3a Los indefinidos negativos (*nada, nadie, ninguno,* etc.) y otras expresiones que se les asimilan exigen un elemento negativo delante del verbo cuando aparecen en posición posverbal: *No vino nadie; Sofía no dijo nada a nadie en ningún momento; Nadie movió un dedo por mí.* En todos estos casos se interpreta una sola negación, de forma que las unidades subrayadas establecen una suerte de CONCORDANCIA con la palabra negativa que precede al verbo. La expresión negativa preverbal no es optativa (**Vino nadie*). Las voces que requieren alguna negación con la que concordar reciben el nombre de TÉRMINOS DE POLARIDAD NEGATIVA (marcados con trazo continuo en los ejemplos que siguen); los elementos negativos que los posibilitan se denominan INDUCTORES O ACTIVADORES de la negación (marcados con trazo discontinuo). A este paradigma pertenecen el adverbio *no*, la preposición *sin* (*sin ver a nadie*), la interrogación retórica (*¿Cómo iba yo a decirle nada?*), las expresiones comparativas (*antes que ningún otro*), y también algunos predicados de sentido negativo: *Rechazó participar en ninguna conspiración*. Se tratarán más detalladamente los inductores en el § 48.5 y los términos de polaridad negativa en el § 48.6.

48.1.3b   La negación preverbal que los indefinidos negativos exigen cuando ocupan posiciones posverbales (*No vino nadie ~ *Vino nadie*), la rechazan, sin embargo, en posición preverbal en el español general actual (**Nadie no vino*). Se obtiene así la llamada ALTERNANCIA NEGATIVA: *No vino nadie ~ Nadie vino; No le interesa a ninguno ~ A ninguno le interesa*. Se dan más detalles sobre esta alternancia en § 48.3.

48.1.3c   El fenómeno contrario al descrito en el § 48.1.3a se suele denominar POLARIDAD POSITIVA. Afecta a ciertas expresiones que son incompatibles con los contextos negativos. El adverbio *ya* es un TÉRMINO DE POLARIDAD POSITIVA, frente a sus opuestos *todavía* o *aún*. Fuera de los contextos de réplica no resulta natural, en efecto, usar la oración *El tren no ha llegado ya* para significar 'No es cierto que el tren haya llegado ya'. Pertenecen asimismo a este grupo las numerosas expresiones que denotan GRADO EXTREMO. Así, con la posible excepción de los contextos de cita o réplica son extrañas las oraciones negativas *Ana no es hermosísima* o *Carlos no es una verdadera maravilla* en los negocios.

48.1.4   La negación en las formas no personales del verbo

48.1.4a   Los infinitivos pueden ser negados con el adverbio *no* en las oraciones subordinadas: *Prefiero no hablar de eso* (Peri Rossi, *Solitario*); *Figueras se disculpó por no haber comparecido a la cita anterior y por no disponer tampoco de mucho tiempo en esta* (Cercas, *Soldados*). Entre las excepciones, cabe destacar las oraciones dependientes de verbos de percepción, como en *si lo ves {salir ~ *no salir}*, y las construcciones con «*al* + infinitivo» de sentido temporal: *Me encontré con él al {llegar ~ *no llegar} a casa*.

48.1.4b   Los gerundios oracionales (§ 27.3.2) admiten la negación en la interpretación condicional, como en *¿Y cómo saber que se existe no sufriendo poco o mucho?* (Unamuno, *Sentimiento*); también en la concesiva: *Aun no teniendo dinero, iremos de vacaciones*; en la causal: *No teniendo calefacción en casa, prefería trabajar en su oficina*; y en la ilativa: *Comenzaba de nuevo sus viajes por la otra orilla de la Albufera, no volviendo* ['de manera que no volvió'] *al Palmar en algunas semanas* (Blasco Ibáñez, *Cañas*). En los dos primeros contextos y en otros similares, «*no* + gerundio» alterna con «*sin* + infinitivo», sobre todo en posición preverbal: *{Sin saber ~ No sabiendo} manejar un auto, no lo contratarán de repartidor*. Ambas construcciones alternan también en algunos usos del gerundio perifrástico (§ 27.1.2a), como en *Sigue {no gustándome ~ sin gustarme}*. En los demás casos es más rara la alternancia.

48.1.4c   El participio puede ser fácilmente negado: *También puedo ofrecerte una copa de vino no mezclado* (Somoza, *Caverna*). Con verbos que expresan acciones delimitadas «*no* + participio» alterna con la construcción «*sin* + infinitivo». Una y otra indican que no se llega al límite de alguna situación, como en *un libro {no terminado ~ sin terminar}; hechos {no confirmados ~ sin confirmar}*.

48.2 Clases de negación

48.2.1 Negación externa, interna, a distancia y contigua

48.2.1a Se denomina NEGACIÓN EXTERNA (también ORACIONAL y PROPOSICIONAL) la que afecta al contenido de la oración en su conjunto. Se puede parafrasear con fórmulas como *No es cierto que...; No se da el caso de que...* y otras similares. Con la negación externa se refuta un contenido proposicional, que se interpreta como supuesto, verosímil o esperable, lo que permite relacionarlo con el discurso previo. Así, la oración *Ana no llegó a la oficina a las diez* admite, entre otras, la interpretación 'No es verdad que Ana llegara a la oficina a las diez'. Esta lectura cobra sentido si se esperaba que Ana estuviera en ese lugar a esa hora, tal vez porque estaba obligada o por otra circunstancia similar asociada a tal expectativa.

48.2.1b La negación INTERNA (O DE CONSTITUYENTE) está limitada a algún segmento de la oración, que constituye su ÁMBITO. Así, en *Los estudiantes no [faltaron a clase el lunes]* el grupo verbal encerrado entre corchetes forma el ámbito del adverbio *no*. Con frecuencia el último elemento del ámbito coincide con el FOCO, que constituye el segmento negado. Si el foco de la oración anterior es la expresión subrayada, se indicará en ella que la ausencia de la que se habla no tuvo lugar ese día, lo que sugiere que pudo darse en otro momento. La información que CONTRASTA con la del foco rechazado podría ser introducida mediante la conjunción *sino* (§ 40.4.2): *Los estudiantes no faltaron a clase el lunes, sino el martes.* Cuando la información sustitutiva o correctora no se proporciona expresamente, se deduce del contexto, pero también puede cancelarse la suposición relativa a su misma existencia, como en *Los estudiantes no faltaron a clase el lunes, ni ningún otro día.*

48.2.1c En el caso considerado en el apartado anterior, el adverbio *no* afecta a su foco A DISTANCIA. Cuando aparece en una posición CONTIGUA a la del segmento afectado, ámbito y foco coinciden completamente. La negación contigua es a menudo CONTRASTIVA, como en *Imagínese si [...] se oficializa la cuestión y empiezan a aparecer no amigos, sino amigas, muchas amigas* (Vázquez Montalbán, *Galíndez*), donde no podría omitirse el segmento que *sino* encabeza. En otros casos la negación contigua no corresponde a un esquema contrastivo, y entonces se obtienen interpretaciones de sentido opuesto al que la palabra negada expresa, como en *no pocos* ('muchos') *estudiantes* o en *Tú viste y cazaste anacondas no lejos de aquí* (Sepúlveda, L., *Viejo*), es decir, 'cerca'. Esta pauta se extiende también a los usos no contrastivos de «*no* + grupo nominal», como *la no intervención, el no alineamiento, los no escritores;* o de «*no* + adjetivo», sea con adjetivos de relación (§ 13.5), como en *Habían conseguido que el policía municipal guardara su Taurus Magnum no reglamentaria* (Bolaño, *2666*), o con adjetivos calificativos que expresan valoración de alguna magnitud: *Espero hacer a Su Majestad y a los reyes venideros en estos reinos un no pequeño servicio* (Casas, *Destrucción*).

48.2.2   La negación morfológica

48.2.2a   La negación interna puede expresarse también con recursos morfológicos, concretamente mediante prefijos que indican privación o ausencia, o bien oposición o contrariedad (§ 10.8 y 10.9), como *sin-* (*sinvergüenza*), *in-* (*incapaz*), *des-* (*desleal*), *a-* (*atípico*), *anti-* (*anticlerical*) y *contra-* (*contracultural*). Se manifiesta de esta forma la NEGACIÓN MORFOLÓGICA. Algunos autores entienden que el papel de la forma *no* en los usos que se mencionan al final del apartado precedente (*el no alineamiento, un no pequeño servicio*) es similar al de los llamados PREFIJOS SEPARABLES (§ 10.3.4).

48.2.2b   La negación morfológica no siempre expresa el mismo significado que las opciones sintácticas. Así, *no enchufar* no equivale a *desenchufar*, que manifiesta el sentido de 'acción contraria' (§ 10.8.2), ni *desilusionar* significa 'no ilusionar', sino 'hacer perder la ilusión'. Con los prefijos negativos se forman, por otra parte, expresiones ARGUMENTATIVAMENTE MÁS FUERTES que con el adverbio *no*. Así, la oración *Está descontenta* expresa una afirmación más enfática que la paráfrasis sintáctica *No está contenta*, como se ve en la gradación implícita de la secuencia *No estoy contenta. Es más, estoy descontenta.*

48.2.2c   La negación morfológica, a diferencia de la sintáctica, no permite la aparición de TÉRMINOS DE POLARIDAD NEGATIVA: *Ella {no está contenta ~ *está descontenta} y él tampoco lo está; Esta actuación {no sería legítima ~ *sería ilegítima} en ningún caso.* Constituyen una excepción algunas voces prefijadas que pertenecen por su significado léxico al paradigma de los INDUCTORES NEGATIVOS: *Sería {imposible ~ ridículo} pedirle nada en tales circunstancias* (§ 48.5.1a).

48.2.3   Otros tipos de negación

En las construcciones de NEGACIÓN EXPLETIVA O ESPURIA (§ 48.7.1) puede omitirse el adverbio *no* sin afectar al sentido, como en *No volverá hasta que no te disculpes*, que equivale a ... *hasta que te disculpes.* Manifiesta el fenómeno opuesto la NEGACIÓN ENCUBIERTA O TÁCITA (§ 48.7.2). Así, en *Él llamará hasta la noche* se interpreta 'Él no llamará hasta la noche' en el español de México y Centroamérica. Finalmente, la NEGACIÓN ANTICIPADA (§ 48.7.3) precede al verbo de la oración principal, pero se interpreta semánticamente con el de la subordinada, de modo que *No quiero que sufra* (Benedetti, *Tregua*) se diferencia fundamentalmente de *Quiero que no sufra* en la mayor determinación del hablante que se percibe en el segundo caso.

48.3   La alternancia negativa

48.3.1   Características generales

48.3.1a   Como se señaló en el § 48.1.3a, los indefinidos negativos (*nada, nadie, ninguno*, etc.) y algunas otras palabras que expresan negación se usan en posición posverbal cuando el verbo va precedido de otra palabra negativa (*No vino nadie*), y en posición preverbal en caso contrario (*Nadie vino*). Las dos variantes de esta ALTERNANCIA NE-GATIVA expresan el mismo significado, pero no son intercambiables en el discurso.

48.3.1b   La primera variante (*No vino nadie*) se produce porque, como ya se ha señalado, la sintaxis del español incorpora una forma de CONCORDANCIA que afecta a las palabras negativas en ciertos contextos. En efecto, en *Tuvo mala suerte porque ahí no le pasa nunca nada a nadie* (Cela, *Cruz*), *nunca, nada* y *nadie* caen bajo el efecto del adverbio *no* y concuerdan con él como manifestación formal de esta relación. Asimismo, aunque la oración contiene cuatro palabras negativas, no se expresan en realidad cuatro negaciones si se entiende que las tres últimas son palabras negativas concordantes.

48.3.1c   En la segunda variante de la alternancia negativa, la palabra negativa precede al verbo: *Nadie vino*. No aparece el adverbio *no* ante el verbo en el español actual porque su significado está incorporado al del indefinido negativo. Sin embargo, la pauta correspondiente a *Nadie no vino* era admitida en el español antiguo. Hoy se registra en el Paraguay, por calco del guaraní; en el área andina, por influencia del quechua; y en las zonas de España en las que el castellano se halla en contacto con el catalán.

48.3.1d   Esta variante muestra características típicas de los procesos de focalización (§ 40.3.3). Una de ellas es la preferencia por el sujeto pospuesto: resulta, en efecto, más natural *Nunca haría yo eso* que *Nunca yo haría eso*. Otra es la posibilidad de fragmentar el grupo sintáctico negativo. Así, en *Nada hay ridículo cuando todos sin excepción participan de la extravagancia* (Sarmiento, *Facundo*) el elemento focalizado antepuesto está separado de su modificador por el verbo.

48.3.2   Construcciones que aceptan la alternancia

48.3.2a   La alternancia negativa es posible en el ámbito de la oración —y en concreto del GRUPO VERBAL, como se ha explicado—, pero también en el del GRUPO AD-JETIVAL (*medidas no necesarias en absoluto ~ medidas en absoluto necesarias*) y en el de los participios. Así, junto a *culpas no visitadas por ninguna virtud* (Borges, *Ficciones*) cabría decir *culpas por ninguna virtud visitadas*. No siempre, sin embargo, es posible la alternancia. Solo se admite la segunda variante en *sin reclamar tu puesto en el nada eucarístico banquete* (Goytisolo, J., *Reivindicación*), y únicamente la primera en *la no aprobación de ninguna ley*. No existe, en efecto, en español la posición de foco requerida en el grupo nominal para que se aceptara también la segunda. Rechazan asimismo la segunda variante los gerundios y los infinitivos: {*No comprando nada ~ *Nada comprando*}, *ahorras sin duda*. En algunos países americanos se admite, no obstante, esta pauta en secuencias como *Es perjudicial nunca comer verduras* (además de ... *no comer nunca verduras*, común a todas las variedades del español). La anteposición de *nunca* es general en construcciones semilexicalizadas como *para nunca más volver* o *la historia de nunca acabar*.

48.3.2b   Las oraciones negativas coordinadas pueden formarse con dos conjunciones: *No llamará ni el lunes ni el martes,* o bien con una sola: *No llamará el lunes* *ni el martes* (§ 31.3.2e). La primera opción admite la segunda variante de la alternancia negativa: *Ni el lunes ni el martes llamará*. La admite igualmente cuando *ni* equivale a *ni siquiera: Ni a levantar la cara me atrevía* (Martín Gaite, *Visillos*).

48.3.2c   También están sujetas a la alternancia negativa otras expresiones, como los GRUPOS PREPOSICIONALES que incluyen el cuantificador *alguno* pospuesto, por ejemplo el subrayado en *En forma alguna aceptaremos esa solución,* que alterna con *No aceptaremos en forma alguna esa solución.* La aceptan asimismo las LOCUCIONES ADVERBIALES formadas con el sustantivo *vida* (*en mi vida, en tu perra vida*) que equivalen a *nunca,* como en *Yo no he visto en mi vida una novia que encargue los muebles y se venga a llorar* (Chacón, *Voz*), en la primera variante, y *En mi vida tendré celos* (Lope Vega, *Peribáñez*), en la segunda.

48.3.2d   La falta de un inductor en la primera variante de la alternancia negativa es posible en algunas expresiones coordinadas que presentan una palabra negativa en el último miembro: *Eso le costó un susto y nada más.* También lo es en las construcciones en las que se usa *nada* (o *una nadita*) con el verbo *faltar,* en el sentido de 'muy poco', como en *A Wall Street le ha faltado nada para alcanzar la gloria* (*Vanguardia* [Esp.] 19/2/1995). Estas excepciones suelen asociarse a algún efecto estilístico en la lengua literaria: *Me dejaba ir por calles desconocidas a ninguna parte* (García Hortelano, *Mary Tribune*). Otras veces, los indefinidos negativos sin negación previa alternan con los cuantificadores de indistinción y adquieren el significado de estos. Así sucede en los complementos causales (§ 48.4.1e): *Conozco a otro escritor —añadió—, que se echa a llorar también por nada* (Millás, *Mujeres*), es decir '... por cualquier cosa'.

48.4   El ámbito de la negación. Los cuantificadores en entornos negativos

48.4.1   Elementos afectados por el ámbito de la negación

48.4.1a   Como se recordará (§ 48.1.1b), el ÁMBITO de la negación es el dominio sintáctico que está afectado por ella. El ámbito viene determinado en gran parte por factores sintácticos. Así, cuando el adverbio *no* precede al grupo verbal, todo este constituye su ámbito. En consecuencia, quedan fuera del ámbito de la negación los elementos situados en una posición sintáctica externa a ese grupo.

48.4.1b   No forma parte del ámbito de la negación el sujeto PREVERBAL, pero sí el POSVERBAL. Este último participa en esquemas contrastivos con más facilidad que el primero, de modo que se acepta con mayor naturalidad la secuencia *No llamó tu mamá, sino tu papá,* que la variante *Tu mamá no llamó, sino tu papá.*

48.4.1c   Tampoco se ven afectados por la negación los adverbios en *-mente* externos al grupo verbal (tanto si preceden al adverbio *no* como si no lo hacen), como los que expresan significados modales referidos al enunciado o a la enunciación (§ 30.8). Así sucede en *Obviamente, ella no tenía la respuesta,* donde se entiende que el hablante presenta o evalúa como obvio cierto contenido proposicional, o en *Afortunadamente, no* *hubo heridos.* Son también externos los adverbios de punto de vista (*Técnicamente, no se le puede poner reparo*) o los ordenadores del discurso (*Finalmente, no salió elegido*). En cambio, los adverbios que expresan modos o maneras de proceder caen bajo el ámbito de la negación aunque vayan antepuestos, como en *Sensatamente no lo oí razonar nunca.*

48.4.1d Pueden verse afectados por el adverbio *no* ciertos segmentos sintácticos antepuestos que ocupan la posición de TÓPICO (§ 40.2), como en *De eso no hablaré; Por casualidad no habrá sido.* Los FOCOS, en cambio, suelen ser incompatibles con la negación. Así, *Eso no dije yo es agramatical porque *eso* es foco, frente a *Eso no lo dije yo,* en que *eso* es tópico, como indica la duplicación pronominal. Aun así, se registran ocasionalmente en la lengua oral de algunos países construcciones con focos antepuestos que anteceden a una negación, marcados con un fuerte acento contrastivo, como en *Exactamente eso no voy a hacer.*

48.4.1e Los complementos causales muestran cierta inestabilidad en relación con el ámbito de la negación. Como consecuencia de ella, tienen dos sentidos oraciones como *Por esa razón no me quedé,* con efectos marcados en la entonación. En el primero, el complemento causal queda fuera del ámbito de la negación, lo que da lugar a la paráfrasis *Esa razón provocó mi marcha.* En el segundo, *por esa razón* cae bajo el efecto de la negación, de forma que el significado obtenido podría parafrasearse con la oración *No fue por esa razón por lo que me quedé,* o con *Me quedé, pero no por esa razón, sino por otra.*

48.4.2 El ámbito de la negación con los indefinidos *algo*, *alguien* y *alguno*

48.4.2a Los llamados INDEFINIDOS DE LA SERIE POSITIVA (*alguien, algo, alguno*) pueden caer sintácticamente dentro del ámbito de la negación, pero se interpretan semánticamente fuera de él, es decir, con ámbito AMPLIO O MAYOR que la negación. Así, la oración *No dijo algo importante* significa aproximadamente 'Hay algo importante que no dijo'. Por el contrario, en *No dijo nada importante,* el indefinido se interpreta necesariamente dentro del ámbito de la negación: 'No existe cosa de importancia que dijera'.

48.4.2b El indefinido *alguno* se interpreta como término de polaridad negativa en posición posnominal (§ 48.6.1), por lo que en estos contextos cae necesariamente bajo el ámbito de la negación: *Esa cara no se parece a la de tirano alguno* (Martín Recuerda, *Arrecogías*). El esquema anterior alterna con la pauta «*ningún* + sustantivo», algo más frecuente (*No depende de ningún viento*), y también con la combinación «sustantivo + *ninguno*», opción que ha ido perdiendo pujanza: *No tenía abrigo ninguno en la cabeza* (Gómez Avellaneda, *Sab*).

48.4.2c Como los indefinidos *algo, alguno, alguien,* los grupos nominales construidos con el artículo indefinido *un / una* pueden interpretarse dentro o fuera del ámbito de la negación, pero frente a aquellos, es más frecuente que se interpreten como elementos INTERNOS a ese ámbito. Así pues, en la oración *No había taxis en el barrio, en ningún lugar de la ciudad, nadie esperaba un tren en la estación del Topo*

(Muñoz Molina, *Invierno*), *un tren* significa 'ningún tren'. Los términos de polaridad negativa favorecen en gran medida esta lectura, como en *No has visto un coche así en tu vida* (donde *un* equivale a *ningún*). Por el contrario, tal como se ha visto en el § 48.4.2a, el artículo indefinido se interpreta fuera del ámbito de la negación en oraciones como *No te dije una cosa* ('Hay algo que no te dije', en lugar de 'No te dije nada').

48.4.3   Alternancias de indefinidos

Las generalizaciones introducidas en el § 48.4.2 están limitadas por una serie de contextos en los que los indefinidos de la serie positiva (*algo, alguien, alguno*) alternan con los negativos (*nada, nadie, ninguno*) sin diferencias semánticas notables, aparte del mayor énfasis que se asocia sistemáticamente con los segundos. Se mencionan estos contextos a continuación:

A. Oraciones con doble inductor negativo: se subrayan estos dos inductores en *Nunca venía a casa sin traer {algo ~ nada}*. Cabe agregar a ellos ciertos predicados que expresan negación, como en *Dudo mucho de que eso sirva para {algo ~ nada}*.

B. Oraciones interrogativas negadas: *¿No tienes {algo ~ nada} mejor que hacer?; ¿No conoces a {alguien ~ nadie} que nos ayude?*

C. Imperativos negativos construidos con la perífrasis «*ir a* + infinitivo»: *No te vayas a meter en {algún ~ ningún} lío*. También en las oraciones optativas formadas con la pauta «*que no* + subjuntivo», en las que el hablante expresa su deseo de que se evite alguna situación futura adversa: *Que no nos pase {algo ~ nada} peor*.

48.4.4   La negación con otras expresiones cuantificativas

48.4.4a   Las oraciones que contienen el adverbio *no* y un cuantificador evaluativo (*mucho, poco, bastante*: § 20.4) o universal (*todo, cada*: § 20.1) pueden dar lugar a más de una interpretación según la negación incluya o no al cuantificador en su ámbito. Así, la oración *El médico no curó a muchos enfermos* admite la paráfrasis 'A muchos enfermos, el médico no los curó', en la que el cuantificador *muchos* tiene ámbito mayor que el adverbio *no* (*muchos > no*), pero también como 'El médico curó a no muchos enfermos', donde la negación abarca en su ámbito al cuantificador (*no > muchos*). En el primer caso se habla de individuos particulares que supuestamente se pueden identificar, y en el segundo se dice que los enfermos curados fueron pocos. Al igual que los demás cuantificadores, *mucho* y su variante *muy* están incluidos en el ámbito de la negación si aluden a materias (*No queda mucho pan*) o a grados (*No es muy listo*). Del mismo modo, al indefinido *bastante* le corresponde el esquema *bastante > no* si se habla de un número elevado de entidades particulares, como en *No respondió bastantes preguntas* (es decir, 'Hay bastantes preguntas que no respondió'), pero le corresponde el esquema *no > bastante* si *bastante(s)* se interpreta como 'suficiente': *No hay bastantes datos para sentenciar en pro ni en contra* (Menéndez Pelayo, *Heterodoxos*). Los indefinidos *poco* y *demasiado* poseen generalmente un ámbito menor que la negación: *No llegaron pocas cartas; No puso demasiados problemas*.

48.4.4b Las construcciones de NEGACIÓN CONTIGUA («*no* + expresión cuantifica-tiva») no son ambiguas, ya que el orden lineal proporciona siempre la interpretación semántica que les corresponde. Así pues, en *Por estos humedales pasan no pocas aves migratorias cada año*, el sentido se corresponde con el orden *no* > *pocas*. En general, *no poco* equivale a *mucho* o a *bastante; no mucho*, a *poco; no demasiado*, a *solo un poco*. La negación contigua es característica también de los cuantificadores universales (*no todos, no siempre*), pero no se da, en cambio, con los existenciales (*no algunos, *no a veces).

48.4.4c Salvo en las estructuras de tipo contrastivo, los numerales cardinales re-chazan la negación contigua. No es posible, en consecuencia, suprimir el segmento subrayado en *Los enfermos son no dos, sino tres*. En la negación a distancia estable-cen, en cambio, distintas relaciones de ámbito con ella. Así, la oración *No contestó dos preguntas* puede significar 'Hubo dos preguntas que no contestó' (*dos* > *no*), o bien 'Las preguntas contestadas no fueron dos, sino tres, cuatro, cinco...' (*no* > *dos*).

48.4.4d El cuantificador *todo* tiende a interpretarse dentro del ámbito de la nega-ción en la lengua actual. Por tanto, la oración *No vieron todos los cuadros* se inter-preta en el sentido que proporciona la paráfrasis 'Hubo algunos cuadros que no vieron', en lugar de como 'No vieron ningún cuadro'. Solo excepcionalmente presen-ta *todos* ámbito mayor que la negación, en particular cuando recibe interpretación COLECTIVA (§ 19.7.1b), como en *Tus precauciones son infinitas y todas las cautelas no bastan* (Goytisolo, J., *Reivindicación*).

48.4.4e El cuantificador universal definido *ambos* tiene por lo general ámbito ma-yor que la negación (*ambos* > *no*) y sentido colectivo: *Entre ambas fuerzas no existía otra comunicación que la que llevaron a cabo* (Benet, *Región*). El cuantificador de in-distinción *cualquiera* cae dentro del ámbito de los operadores modales y de la nega-ción, como en *Eso no lo sabe hacer cualquiera*, y también de los predicados que indican oposición, omisión o rechazo (*Omitió hacer cualquier comentario*). Se niega entonces el sentido que proporcionan las paráfrasis 'arbitrario, elegido al azar' ca-racterísticas del valor de indistinción analizado en el § 19.3.3b. La negación puede ser también contigua en estos casos: *Según se dice, no cualquiera era admitido en el Registro de la Sociedad de los Trabajos Difíciles* (Dolina, *Ángel*).

48.5 Inductores negativos

48.5.1 Propiedades y clases de inductores

48.5.1a Como se anticipó en el § 48.1.3a, en las construcciones negativas suelen distinguirse dos grupos de elementos: los INDUCTORES NEGATIVOS y los TÉRMINOS DE POLARIDAD NEGATIVA. Los primeros crean entornos sintácticos apropiados para la aparición de los segundos. Así, en la primera variante de la alternancia negati-va, *No dijo nada*, el inductor negativo es *no* y el término de polaridad negativa es *nada*. El vínculo sintáctico entre ambos se extiende a construcciones más complejas, como *¿Y a ti quién te ha dado vela en este entierro?* (Martín Gaite, *Nubosidad*), donde el inductor no es, estrictamente, *quién*, sino la interpretación negativa de este pronombre, que se deriva del carácter retórico de la interrogación (§ 48.5.2g); el término de polaridad negativa es la locución *dar* (a alguien) *vela en este entierro*. En esta sección se detallarán aspectos del comportamiento de los inductores negativos; en el § 48.6 se analizarán los términos de polaridad negativa.

48.5.1b   Los inductores negativos y los términos de polaridad negativa se suelen dividir en FUERTES y DÉBILES. Los inductores fuertes admiten todo tipo de términos de polaridad negativa: fuertes, como los indefinidos negativos (*No dijo nada*), o débiles, como los modismos de polaridad negativa (*No pegó ojo*). En cambio, los inductores débiles, como los contextos MODALES que expresan posibilidad o las PRÓTASIS CONDICIONALES, solo admiten términos de polaridad negativa también débiles (*A ver si esta noche puedo finalmente pegar (un) ojo; Si hubiera posibilidad alguna...*), pero rechazan los fuertes: **Puede que ocurra nada; *Si dijera nada...; *Si se va a un sitio ni al otro...* La conjunción condicional *como* es un inductor negativo fuerte, acaso porque introduce amenazas en las que se advierte al interlocutor de lo que no debe hacer. Es compatible, por tanto, con los indefinidos negativos: *Como se te ocurra contarle a nadie más que Johnny Pickup ha vuelto y prepara un disco, te capo* (Sierra Fabra, *Regreso*).

48.5.2   Categorías gramaticales que pueden ser inductores

48.5.2a   En los estudios sobre la negación se ha destacado repetidamente la naturaleza TRANSCATEGORIAL O MULTICATEGORIAL de los inductores negativos. Como se señala en el § 48.1.3a, los inductores pueden ser pronombres o adjetivos (*ninguno*), adverbios (*no, nunca*), conjunciones (*ni*) o preposiciones (*sin*). Pueden funcionar también como inductores negativos ciertos predicados verbales, nominales y adjetivales, así como otras construcciones más complejas. En los ejemplos siguientes la locución verbal *pegar (un) ojo* (o sus variantes) es inducida por expresiones distintas del adverbio *no* y de las otras expresiones negativas mencionadas. Se subrayan con trazo discontinuo estos inductores negativos:

> Ante la imposibilidad de pegar ojo, se levantó dispuesto a comenzar el día con el sol (Riera, *Azul*); Hace días que apenas pego los ojos (Vargas Llosa, *Fiesta*); Se pondrían de acuerdo para formar un corro en torno a mi cama impidiéndome pegar ojo (Vázquez-Figueroa, *Xaraguá*); Se fueron a acostar muertos de miedo y pasaron horas antes de que pudieran pegar el ojo (Vega, A. L., *Crónicas*).

48.5.2b   Se comportan como inductores negativos, muchos de ellos fuertes, un buen número de verbos, adjetivos y nombres. Entre ellos están los que denotan duda (*dudar, ser dudoso*), temor (*temer, tener miedo, sentir pánico*), oposición o rechazo (*impedir, negar, oponerse, prohibir, rechazar, rehusar, resistirse; contrario, opuesto*), y también privación, carencia y ausencia (*quitar, irse, perder; carencia, falta*). Casi todos estos predicados admiten paráfrasis con una negación, como en *rechazar ~ no admitir; dudoso ~ no comprobado*. Son también inductores negativos algunos verbos factivos (§ 25.3.2) que expresan reacciones negativas (*incomodarse, indignarse, molestarse*), así como un gran número de predicados con los que se formulan juicios negativos (*ser horrible, ser imposible, ser un disparate, ser una tragedia,* entre otros muchos): *Era imposible encontrar a nadie más inofensivo* (Pombo, *Metro*); *Si se habían dado cuenta de nuestra falta, era una locura intentar nada* (Baroja, *Inquietudes*).

48.5.2c Se usan a menudo como negaciones atenuadas —por tanto, como inductores negativos— el cuantificador nominal *poco*, próximo a *prácticamente nada* (o *nadie*); *raramente*, cercano a *prácticamente nunca*; y *apenas* en la acepción en que equivale a *casi no*. Todos ellos admiten indefinidos negativos: *Pocas ganas va a tener nadie de cruzar la mar* (Sanchis, *Retablo*); *Raramente mata nadie por honor* (Trapiello, *Amigos*). También son inductores fuertes el adjetivo *difícil* y el adverbio *difícilmente*: *Era difícil negarle nada* (*ABC Cultural* 3/5/1996); *Malhumorado, hosco, huraño, difícilmente entraba en relaciones con nadie* (Arguedas, *Raza*). Se asimila a este grupo el cuantificador *demasiado* cuando se construye con la preposición *para* o la agrupación *como para*, con la que se expresa que el grado excesivo de alguna magnitud impide llevar a cabo la consecución de cierto estado de cosas: *demasiado ofendida para mirarnos ni para dirigirnos la palabra a ninguna de las tres* (Tusquets, *Mar*). En cambio, suelen ser inductores débiles las expresiones cuantificativas adverbiales *solo, únicamente, exclusivamente, en contadas ocasiones*.

48.5.2d En cuanto que denotan la exclusión de individuos o grados, constituyen inductores negativos fuertes los cuantificadores COMPARATIVOS DE DESIGUALDAD: *Javier, más rumboso que nunca, pidió cuatro whiskies* (Vargas Llosa, *Tía*); los SUPERLATIVOS: *Quizás el más largo viaje que haya realizado nadie jamás en este mundo* (Vázquez-Figueroa, *Tuareg*); el adjetivo *único* y los ORDINALES *primero* y *último*: *El ridículo es lo último que me gusta hacer ante nadie* (Martínez Mediero, *Vacaciones*). Se asimilan a los inductores negativos otros predicados cuyo significado implica comparación (§ 45.2.1d y 45.2.7b), como los adjetivos *anterior, posterior* y *previo*: *Su declaración fue anterior a la de ningún otro diputado*; el adverbio *antes*: *Antes de que pudiera ni pensar en el cuchillo* [...] (Vega, A. H., *Marcelina*), y el verbo *preferir*: *Ella prefería que se muriera a mover un dedo por ayudarlo*.

48.5.2e Con algunas excepciones (*trabaja tanto como nadie*), los comparativos de igualdad no son inductores negativos. Pueden serlo, en cambio, las COMPARACIONES RETÓRICAS, como *Lucía tiene tanto interés en ayudarte como Pablo en mover un dedo por sus compañeros*. Estas construcciones presentan la estructura de las comparativas de igualdad, pero su significado es el de una doble proposición negativa.

48.5.2f Son igualmente inductores negativos ciertas locuciones preposicionales que, como la preposición *sin*, tienen significado excluyente (*en lugar de, en vez de* y *lejos de*):

> Lo escondió en el trastero en lugar de regalárselo a nadie de su familia (Millás, *Articuentos*); En vez de hacer nacer ninguna mala idea, parece que crea pensamientos limpios (Valera, *Pepita Jiménez*); El buen amigo le escuchó, por su parte, con una malignidad y una ligereza propias de un corazón que estaba muy lejos de parecerse en nada al de Flavio (Castro, R., *Flavio*).

48.5.2g También son inductores negativos la INTERROGACIÓN y la EXCLAMACIÓN RETÓRICAS (§ 22.1.2e). Estos enunciados constituyen recursos con los que se encubre un enunciado declarativo en el que se niega o se rechaza algo. Pueden diferenciarse únicamente de sus correspondientes variantes no retóricas en la entonación y en la información aportada en el discurso previo, pero a veces contienen marcas sintácticas (*acaso, a santo de qué, de verdad*, etc.) que aseguran la interpretación retórica. Los términos de polaridad negativa la ponen de manifiesto: *¿Quién puede querer ningún problema por aquí?* (Collyer, *Pájaros*); *¡Qué sabrá nadie del amor!* (Loynaz, *Jardín*). El interrogativo *quién* seguido del adverbio *no* (*¿Quién no...?*) puede interpretarse con el sentido de 'todos' si a continuación aparecen indefinidos de la serie positiva (*¿Quién no ha dicho alguna tontería alguna vez?*), pero con el de 'nadie' si los indefinidos son negativos (*¿Quién no ha dicho ninguna tontería nunca?*).

48.6 Términos de polaridad negativa. Aspectos léxicos, semánticos y sintácticos

48.6.1 Clases gramaticales

En presencia de un inductor negativo, ocupan posiciones sintácticas en el grupo verbal, y ocasionalmente en los grupos adjetivales y nominales, los siguientes términos de polaridad negativa:

A. Los indefinidos negativos (*nadie, nada, ninguno, nunca*) y el indefinido *alguno* en posición posnominal en construcciones sin determinante (*No había leído libro alguno*), así como las conjunciones *ni* y *sino* y los adverbios *jamás* (§ 48.1.2b) y *tampoco* (§ 48.6.4). Estos términos están sujetos a la alternancia negativa (§ 48.3), con algunas excepciones.

B. Una serie de LOCUCIONES, sujetas a una cierta variación geográfica e histórica. Son compatibles con los inductores negativos descritos en el § 48.5, e incluso con las voces formadas con prefijos negativos, que se asimilan a los inductores léxicos: *Es {imposible ~ muy difícil} que mueva un dedo por ayudarla*. Se dedican a estas locuciones los § 48.6.2 y 46.6.3.

C. Ciertos cuantificadores comparativos, que se analizan en el § 48.6.5.

48.6.2 Las locuciones de polaridad negativa. Aspectos semánticos

48.6.2a Desde el punto de vista semántico, muchas de las locuciones de polaridad negativa se agrupan en dos clases. Las del primer grupo denotan un VALOR MÍNIMO asociado a una determinada escala, mientras que las del segundo expresan un VALOR OPUESTO al de la expresión nominal que forma parte de ellas.

48.6.2b Las locuciones del primer grupo se construyen con sustantivos que suelen llamarse MINIMIZADORES porque se usan como prototipos de valores mínimos. Muchos sustantivos de este grupo designan monedas de escaso valor, verduras, frutos y legumbres o medidas y magnitudes insignificantes: *Me voy a quedar sin un céntimo* (Azúa, *Diario*); *No vale un pepino* (también *un comino* o *un pimiento*); *Le devolví el empujón que me diera, pero no logré moverlo un milímetro* (Neruda, *Confieso*). Algunos de estos términos se utilizan también en

CONTEXTOS POSITIVOS con el verbo *importar* o con *valer,* como en *Me importa un comino dónde esté tu amigo* (Ruiz Zafón, *Sombra*). En estos casos, el significado del término de polaridad negativa está próximo al que tiene en presencia del inductor negativo: *Desde que llegó, él no había hecho otra cosa que hablar y hablar de escribir sin importarle un comino si ella iba a manejar el coche o no* (Monterroso, *Palabra*). Es frecuente que las locuciones de esta clase contengan grupos nominales formados con el artículo indefinido *un,* cuyo significado negativo en el ámbito de la negación se describe en el § 48.4.2c, y admiten *ni* o *ni siquiera,* como en *No movió {un dedo ~ ni un dedo ~ ni siquiera un dedo} por él.*

48.6.2c En las locuciones del segundo grupo se niega el extremo de una escala, sea el superior (*No es gran cosa; No las tiene todas consigo*) o el inferior (*No es moco de pavo; No es manco; No se anda con chiquitas* o ... *con chicas*). Estos modismos aceptan a veces el adverbio *precisamente,* pero no *ni siquiera: No es {*ni siquiera ~ precisamente} moco de pavo.*

48.6.3 Las locuciones de polaridad negativa. Estructura sintáctica

Desde el punto de vista formal, las locuciones que funcionan como términos de polaridad negativa son también heterogéneas.

48.6.3a Muchas se forman con SUSTANTIVOS SIN ARTÍCULO. Los verbos que admiten el mayor número de ellas son *haber* y, sobre todo, *tener:*

> *haber caso, haber color, haber duda, haber inconveniente, haber manera, haber problema, haber tutía* (*tutía* es un ungüento medicinal, por lo que no debe escribirse *tu tía*), *haber vuelta atrás; tener abuela, tener cara, tener ciencia, tener comparación, tener corazón, tener desperdicio, tener entrañas, tener hiel, tener límites, tener nombre, tener palabras* (para algo), *tener pelos en la lengua, tener perdón* (de Dios), *tener pizca de gracia, tener precio, tener secretos* (para alguien), *tener vuelta de hoja.*

No obstante, también se forma este tipo de locuciones con otros verbos:

> *caber duda, dar abasto, dar bola* (a alguien), *dar crédito, dar pie con bola, dar vela en este entierro* (a alguien), *decir palabra, dejar lugar a dudas, dejar títere con cabeza, encontrar palabras* (para algo), *hacer ascos* (a algo), *levantar cabeza, llevar el apunte* (a alguien), *pegar* (un) *ojo, perder(se) detalle* (de algo), *probar bocado, ser santo de la devoción* (de alguien), *soltar prenda.*

48.6.3b Más amplia es la serie de modismos de polaridad negativa que se caracteriza por contener la conjunción *ni,* como los siguientes:

> *acertar ni una, decir ni media palabra* (también ... *ni pío,* ... *ni mu*), *entender ni papa* (o ... *ni jota*), *hacer ni caso, ni atado, ni borracho, ni en broma, ni en joda, ni en pedo, ni hecho de encargo, ni loco, ni por asomo, pegar ni con cola, poder ver ni en pintura, quedar ni rastro, ser ni carne ni pescado, tener ni cinco, tener ni oficio ni beneficio, tener ni* (zorra) *idea, tener ni para pipas.*

48.6.3c Algunas locuciones de polaridad negativa se forman con los adverbios *menos* y *más: «no poder menos que* + infinitivo»; *no ser menos que* (alguien o algo); *no ver más allá de las narices* (de uno); *no poder más; «no tener {otro ~ más} remedio que* + infinitivo». También son términos de polaridad negativa las locuciones verbales siguientes:

> *abrir la boca, andarse con chiquitas* (o ... *con remilgos,* ... *tonterías*), *andarse por las ramas, bajarse del caballo* (o ... *del burro*), *caber en sí de gozo, dar el brazo a torcer, dar más de sí, estar el horno para bollos, estar en sus cabales, estar para bromas, ganar para sustos, ir a la zaga, llegar a los talones* (a alguien), *llegar la sangre al río, oír el vuelo de una mosca, pensarse algo dos veces, poder* (alguien) *con su alma, quitar el ojo de encima* (a algo o a alguien), *saber de la misa la media, ser para tanto, ver la hora* (de hacer algo), *ver tres en un burro.*

48.6.4 El adverbio *tampoco* como término de polaridad negativa

48.6.4a El adverbio *tampoco* es un término de polaridad negativa que tiene valor ADITIVO porque agrega cierta información negativa a alguna otra igualmente negativa (*Si tú no vas, yo tampoco voy*), que puede quedar tácita y deducirse del discurso previo. Al igual que otros adverbios de foco como *también, incluso* o *solo* (§ 40.4.4 y 40.4.5), *tampoco* puede incidir directamente sobre grupos sintácticos verbales (*Él tampoco habló con ella*) y nominales o pronominales (*Tampoco ella habló con él*). Del segmento sobre el que incide *tampoco* se deduce qué otros elementos, expresos o sobrentendidos, se niegan en el discurso: así, de *Tampoco Julio compró el pan* se deduce que hubo una o varias personas que no compraron ese u otro pan.

48.6.4b Además del valor ADITIVO, *tampoco* admite un significado ADVERSATIVO cuando se emplea para cancelar o atenuar una afirmación precedente, así como algún supuesto que se desprende del discurso previo, como en el siguiente intercambio o conversacional: *—Alberto es sumamente estricto. —Tampoco es tan estricto.* La réplica que encabeza *tampoco* expresa, en efecto, que el grado en que Alberto es estricto no es tan elevado como se acaba de indicar.

48.6.5 Comparativos y superlativos de polaridad negativa

Se forman términos de polaridad negativa con varios cuantificadores comparativos:

48.6.5a Los COMPARATIVOS DE IGUALDAD usados sin complemento: el demostrativo anafórico *tanto* (o su forma apocopada *tan*) permite rechazar un enunciado anterior con una respuesta desestimativa: *El chico no es tan listo; Tampoco ha cargado tanto peso* (§ 48.6.4b). Los adjetivos *igual* y *semejante* se asimilan en parte a los términos de polaridad negativa: *¿Cómo le vais a hacer un feo semejante a mi invitado?* (Diosdado, *Ochenta*); *Desde que era funcionario no había conocido un caso igual* (García-Badell, *Funeral*).

48.6.5b El cuantificador aditivo *más* (§ 45.1.1b, c) se combina con un indefinido negativo (*nada más, nadie más, nunca más,* o bien *más nada, más nadie, más nunca* en el español hablado en las Antillas, así como en Canarias y parte de Andalucía) para expresar que no se agrega ninguna unidad (cosa, persona o tiempo) a la denotación del indefinido:

> Deduzco por el despacho de Savary que no lo ha comunicado a nadie más (Vallejo-Nágera, *Yo*); Ya no la verá nunca más (Borges, *Libro*); Entonces no vivía más nadie con nosotros (Cabrera Infante, *Habana*); Eso —le reprochó el hombre en un tono terrible— no lo repita usted más nunca (Montero, M., *Trenza*).

No se omite el adverbio *no* con la expresión *ya más,* vinculada por la etimología con *jamás* (§ 48.1.2b), por lo que se asimila a los términos de polaridad negativa: *No la veré ya más.* Para el uso de *no más* en el sentido de *solo,* véase el § 40.4.5d.

48.6.5c Los SUPERLATIVOS RELATIVOS o CUANTIFICATIVOS se asimilan a los cuantificadores de indistinción (§ 20.3) o a los universales (§ 20.1), como cuando se dice *Conoce los escondites más ocultos del bosque* con el sentido de 'cualquier escondite del bosque' o de 'todos ellos'. En estas oraciones se manifiesta alguna propiedad extrema de una persona o cosa, que se extiende a otras de un mismo paradigma. Se infiere así que aquello que se afirma acerca de la entidad que posee la propiedad en grado más alto podrá afirmarse también del resto de las entidades. La negación invierte la interpretación escalar de los superlativos cuantificativos y los convierte en términos de polaridad negativa que se asimilan a los cuantificadores negativos, como en *Evitó siempre el menor roce con sus correligionarios* (Mutis, *Maqroll*); *Nunca dieron motivo para el más mínimo reproche* (Bolaño, *Pista*). Al contrario que las locuciones de polaridad negativa, las construcciones formadas sobre esta pauta no están lexicalizadas, ya que las relaciones que intervienen en su formación son de naturaleza argumentativa o discursiva. Así, el hecho de que en *No acepta el más_ reproche* se precise un adjetivo referido al grado más bajo de una escala de ponderación está en función de cierto conocimiento extralingüístico por el cual los reproches que cabe aceptar en condiciones no marcadas son los más leves.

48.6.6 Otros aspectos sintácticos de los términos de polaridad negativa

48.6.6a Los indefinidos de polaridad negativa pueden aparecer CONTIGUOS a su inductor (*ni nadie, sin nada, incapaz de nada, más que nadie, antes de nada*). Recuérdese (§ 48.1.3) que entre el adverbio *no* y el indefinido negativo puede mediar un verbo (*No dijo nada*), pero también un nombre o un adjetivo (*no necesario para nadie*). Se ha observado que algunos inductores que rechazan indefinidos negativos en posición contigua (**Negó nada; *Dudaba de nadie*) los aceptan, en cambio, cuando media un verbo entre ellos. En estos casos, el término de polaridad negativa se sitúa en la oración subordinada, como en *Negó saber nada* o en *Dudaba de llegar a ningún sitio mínimamente respirable* (Caballero Bonald, *Pájaros*). Si la subordinada intermedia contiene un verbo en forma personal, este aparece en subjuntivo: *No le comunicaron que {*había ~ hubiera} llegado nadie.* Existen, no obstante, algunas excepciones. Alternan los dos modos en las construcciones superlativas, como en *la novela más interesante que {he ~ haya} leído nunca* (§ 25.4.2f), y se rechazan los indefinidos negativos en los complementos de los verbos factivos (§ 25.3.2), a pesar de la presencia del subjuntivo: *No lamento que me hayan propuesto {algo ~ *nada} mejor.*

48.6.6b   La oración subordinada sustantiva que separa el inductor y el inducido puede ser declarativa o enunciativa, como las del apartado anterior, o bien una interrogativa indirecta, como en *No hay cómo decirle nada* (Arguedas, *Raza*). Suelen rechazar, en cambio, los términos de polaridad negativa las subordinadas adverbiales, incluso si se construyen en subjuntivo: *Nadie le interrumpirá mientras esté escribiendo {*nada ~ algo}.* Se exceptúan, sin embargo, las oraciones finales (*No vine para hablar con nadie*), próximas a los complementos argumentales, y las causales (*No te llamé porque quisiera pedirte nada*), ya que el subjuntivo marca en ellas el foco de la negación (§ 25.5.1f).

48.7   Otras formas de interpretar la negación

48.7.1   La negación expletiva

48.7.1a   La negación EXPLETIVA o ESPURIA, restringida al adverbio *no,* carece de significación, pero se añade por razones enfáticas o expresivas, como en *No nos iremos hasta que no llegues* o en *Mejor estar seguros que no lanzarse a la aventura.* No se interpretan semánticamente, en efecto, los adverbios subrayados, que pueden omitirse sin afectar al sentido. Esta negación expletiva puede considerarse un término de polaridad negativa, en cuanto que debe ser inducida, como en *No nos iremos hasta que no llegues.* Como es un elemento espurio (por tanto, sin significado), no puede ejercer la función de inductor negativo. En consecuencia, no legitima la aparición de *nadie* en *No nos iremos hasta que no llegue {alguien ~ *nadie}.*

48.7.1b   La negación expletiva poseía mayor vitalidad en la lengua antigua que en la actual. Aparecía en los complementos de varios verbos que expresan temor, duda, rechazo o impedimento, como en *Vete con Dios, que temo no nos haya escuchado Halima, la cual entiende algo de la lengua cristiana* (Cervantes, *Amante*). Algunos de estos usos se atestiguan todavía ocasionalmente en el habla coloquial, como en *Hay que evitar que no se eche a perder* por *Hay que evitar que se eche a perder.* Dado que pueden provocar confusión entre sentidos opuestos, se recomienda evitarlos.

48.7.1c   Las comparaciones de desigualdad son inductoras de la negación expletiva en la lengua actual, como en *Vale más que leas que no el que te alimentes de chismes y comadrerías* (Unamuno, *San Manuel*); *Mira que prefiero verte rotada que no muerta* (Fuentes, *Frontera*). No siempre, sin embargo, la negación es expletiva en estas construcciones: *Igual es mejor tener la preparación para manipular un arma que no tenerla* (*Mercurio* [Chile] 4/11/2004).

48.7.1d   El adverbio *no* es expletivo cuando incide sobre un verbo de acción delimitada o télica incluido en el término de la preposición *hasta,* como ya se ha explicado (§ 48.2.3): *Hasta que no comprobé el orden de los compartimentos y la numeración de los legajos no pude estar seguro* (Díez, *Expediente*). No lo es, en cambio, en ausencia de inductor negativo: *Mantendría mi esfuerzo hasta que no me quedara una* *gota de energía* (Jodorowsky, *Danza*). Para que resulte interpretable dentro del término de la preposición *hasta*, el predicado ha de ser durativo, no puntual: *Quédate aquí hasta que no {quede agua ~ *llegue María}*.

48.7.1e La negación expletiva se atestigua en las oraciones exclamativas que muestran contextos modales formados con futuros o condicionales. En las exclamativas cuantitativas se pondera el número de entidades, materiales o inmateriales: *Cuántos hombres no quisieran estar en su lugar para ganar toda gloria en la tierra y en el cielo* (Uslar Pietri, *Visita*). En las cualitativas se realza una cualidad o propiedad, que se sitúa en el nivel más alto de alguna escala: *¡Qué susto no me entraría que huí despavorida del teatro!* (Vázquez, Á., *Juanita Narboni*).

48.7.1f La locución adverbial *por poco* significa 'por escaso margen' en posición posverbal, como en *Falló el tiro por poco,* que implica 'Falló el tiro'. En cambio, en posición preverbal se aproxima a las expresiones que implican la no consecución de la situación descrita por el predicado, como el adverbio aproximativo *casi* (§ 40.4.6b) o la perífrasis verbal «*estar a punto de* + infinitivo». Así, *Por poco me caigo* implica 'No me caí'. Este segundo uso admite, por razones de énfasis, negación expletiva, como sucede en *Aquel agitador loco por poco no gobernó al mundo* (Neruda, *Confieso*). Sin embargo, la negación no es expletiva cuando la situación negada se considera favorable, como en *Por poco no llego a tiempo a la reunión,* que significa aproximadamente 'Estuve a punto de no llegar a tiempo a la reunión'. Se aconseja evitar la negación expletiva con *por poco* cuando pueda dar lugar a confusión entre los dos significados opuestos.

48.7.2 La negación encubierta

48.7.2a La NEGACIÓN ENCUBIERTA O TÁCITA muestra la situación opuesta a la negación expletiva, puesto que se interpreta semánticamente a pesar de estar ausente. La negación encubierta es muy común en la lengua conversacional de México y de Centroamérica. Con extensión desigual, también se usa en Colombia, el Ecuador y Bolivia. Se da sobre todo con verbos de acción puntual o delimitada, de modo que la oración (anómala en otras áreas) *Llegó hasta las cinco* es gramatical en estas variedades y significa 'No llegó hasta las cinco'. Corresponde a la misma pauta: *¡La voz de mi papá! Hasta ese momento me di cuenta de lo mucho que la extraño, de cuánto me hace falta* (Esquivel, *Deseo*), es decir 'Hasta ese momento no me di cuenta de...'. En las áreas en las que se registra este uso, los verbos de realización (§ 23.2) pueden dar lugar a dos interpretaciones. Así, la oración *Abrimos hasta las seis* puede significar 'No abrimos antes de las seis', pero también 'Permanecemos abiertos hasta las seis', como en el español general.

48.7.2b No existe negación encubierta con *todavía*. Así pues, la oración **Ha llegado todavía*, sin negación, resulta anómala en todas las variedades del español. El contraste entre los verbos puntuales y el requisito de duración que exige *todavía* queda suplido con la negación: *No ha llegado todavía*. Lo mismo ocurre con «*desde* + complemento temporal». No obstante, en la lengua conversacional de algunas zonas de México y Centroamérica se admite como recurso enfático. Así la oración *Llegó a la ciudad desde el lunes* significa en esas variedades 'Llegó a la ciudad nada menos que el lunes' (§ 29.4.3g).

48.7.2c En el habla coloquial se omite a menudo la negación en la expresión exclamativa *No faltaría más: —No se alejen del precinto —dijo el administrador. —Faltaría más —dijo Traveler* (Cortázar, *Rayuela*); —*Gracias; no era preciso que lo molestase.* —*¡Faltaría más!* (Sánchez Ferlosio, *Jarama*).

48.7.3 La negación anticipada

48.7.3a Se llama tradicionalmente NEGACIÓN ANTICIPADA la expresada por el adverbio negativo *no* cuando, encontrándose en una oración principal, se comporta sintáctica y semánticamente como si se hallara en la subordinada. Así, la oración *No creo que asista* expresa aproximadamente el contenido que corresponde a *Creo que no asistirá,* si bien el grado de seguridad o de convencimiento es mayor en este último caso que en el anterior: *Ese es otro error —respondió don Quijote— en que han caído muchos que no creen que haya habido tales caballeros en el mundo* (Cervantes, *Quijote* II); *Por lo tanto, no quiero que sufra* (Benedetti, *Tregua*).

48.7.3b El fenómeno de la negación anticipada se produce con mayor claridad con algunos tipos de verbos de PENSAMIENTO Y JUICIO (*creer, parecer, pensar, suponer, ser probable*): *No suponía que fuesen a llevárselo tan pronto* (Volpi, *Klingsor*); pero también con otros de INTENCIÓN y VOLUNTAD (*querer, tener intención (de)* y *desear,* pero no *odiar* o *detestar*): *En el fondo de sus sentimientos no deseaba que Heliodoro viniese a liberarla, faltaría más* (Martín Gaite, *Nubosidad*). La negación anticipada suele vincularse con las estructuras sintácticas PARENTÉTICAS, particularmente con los incisos en los que se relativiza o se atenúa la opinión presentada en la oración en la que se insertan: ..., *creo yo* (como en *Eso no sucederá, creo yo*); ..., *parece;* ..., *me parece a mí;* ..., *piensa la gente,* etc. Aun así, no todos los predicados que admiten negación anticipada se ajustan a esta pauta: **Eso no sucederá, quiero yo; *Va a llover, es probable.*

48.7.3c En las construcciones de negación anticipada el adverbio *no* aporta desde la oración principal la información negativa que necesita en la subordinada un término de polaridad negativa. Así, la irregularidad de **El cartero llegó hasta las seis* (fuera de las áreas lingüísticas mencionadas en el § 48.7.2a) se anula si el adverbio *no* modifica al verbo *llegar* (*El cartero no llegó hasta las seis*). La negación del verbo principal no produce el mismo efecto (**No aseguró que el cartero [llegara hasta las seis]*), a menos que el verbo pertenezca al grupo de los que admiten negación anticipada: *No creo que el cartero [llegara hasta las seis].*

48.8 La elipsis en las oraciones negativas. Fragmentos negativos y negaciones idiomáticas

48.8.1 Los fragmentos negativos

48.8.1a La elipsis de grupo verbal es característica de las oraciones negativas en los contextos de coordinación, sea disyuntiva (*¿Reparaste la avería o no Ø?*), copulativa (*Unos días llamaba y otros no Ø*) o adversativa (*Julia cumple con sus obligaciones,* *pero Luisa no Ø*). Así pues, el segmento subrayado proporciona el contenido de Ø en todos estos casos. La elipsis de grupo es también propia de las estructuras yuxtapuestas y de los diálogos: *Algunos invitados se apartan y cubren de nuevo la visión de Malintzin. Cortés no* (Leñero, *Noche*); —*Llévame, antes me llevabas. —Pues ahora no, ¿estamos?* (Chacón, *Voz*). El adverbio *no* comparte esta propiedad con los adverbios *también* y *tampoco: El caballo no bastaba a mis ansias, pero el hombre tampoco* (Clarín, *Señor*). La elipsis en las construcciones negativas nominales, en cambio, es rara fuera de los contextos disyuntivos: *La denuncia sobre la presencia o no [Ø] de amianto* (*Mundo* [Esp.] 6/3/1995).

48.8.1b Las estructuras subordinadas no admiten la elipsis de grupo verbal en presencia de la negación, de modo que se hace necesaria la repetición del verbo: **Carmela estudia porque su hermano no Ø; El uno estudiaba mientras el otro no Ø*, agramatical esta última en su interpretación temporal, pero no en la adversativa. Se exceptúan ciertas sustantivas, especialmente las subordinadas a predicados parentéticos (§ 48.7.3b), como *creer, pensar* y otros de los que admiten negación anticipada. Aun así, el resultado de la elisión puede ser una oración ambigua, según el verbo omitido corresponda al de la oración principal o al de la subordinada. Así, en *Manuel cree que Laura ha hecho trampas, pero Pablo no Ø*, cabe entender que Ø representa el contenido 'ha hecho trampas', o bien 'cree que Laura ha hecho trampas'.

48.8.1c La elipsis del grupo verbal en la coordinación de oraciones afirmativas es muchas veces PARCIAL, en el sentido de que no se elide el predicado entero, sino el verbo y alguno de sus complementos: *Ella tomaba el tren a las ocho, y él Ø a las ocho y media*. En las oraciones negativas la elipsis de grupo verbal suele ser TOTAL, de modo que la negación constituye el único elemento fonéticamente realizado de un grupo verbal: *Laura logró su ascenso este año, pero Luis {no ~ *no el año pasado}*. Estas estructuras se diferencian de las que contienen una negación correctiva (§ 40.4.2d) en que las últimas no son propiamente elípticas.

48.8.2 La negación en las respuestas

Suele aceptarse que las respuestas a las preguntas de *sí* o *no* mediante el adverbio *no* u otros recursos afines implican también información elidida.

48.8.2a Se suele postular la elipsis de un grupo verbal en las respuestas, como en —*¿Quieres comer? —No Ø* (donde Ø = 'quiero comer'). La información elidida puede alterar la persona verbal (1.ª en la respuesta, pero 2.ª en la pregunta), y también al verbo mismo en función de las relaciones deícticas que se establecen: —*¿Quieres venir? —No Ø* (donde Ø = 'quiero ir'). Se da también alteración de persona con los posesivos, como en —*¿Vendrá tu hermano? —Creo que no Ø* (donde Ø = 'vendrá mi hermano').

48.8.2b Además de con el adverbio *no*, se puede contestar a las preguntas de *sí* o *no* con locuciones adverbiales (por ejemplo, *de ninguna manera*), pero también con indefinidos negativos, sea enfatizados con ciertas locuciones (*Nadie en absoluto*) o atenuados por expresiones de cortesía (*Nadie, gracias; Nada, muy agradecido*). Son también respuestas negativas las formas complejas creadas al combinar una negación contigua y cierta información restrictora, mencionada o no en el discurso precedente: —¿*Sales esta noche?* —*No sin el permiso de mis padres.*

48.8.2c Es muy numeroso el conjunto de interjecciones o locuciones interjectivas (*ca, ni modo; nanay,* etc.: § 32.5.2j) y de locuciones adverbiales que se usan para rechazar algo, pero pocas son comunes a todas las áreas lingüísticas. Las locuciones *de ninguna manera, de ningún modo* o *de ninguna forma* no se interpretan literalmente en estos contextos, sino como fórmulas categóricas de rechazo. Es especialmente amplio el grupo de las expresiones y locuciones negativas que se crean con la conjunción *ni,* algunas de ellas malsonantes: *ni ahí, ni ahorcado, ni amarrado, ni atado, ni aunque me maten, ni aunque vengan degollando, ni borracho, ni cagando, ni de broma, ni de chiripa, ni de milagro, ni dormido, ni en joda, ni en pedo, ni en sueños, ni flores, ni hablar, ni jota, ni loco, ni pensarlo, ni por esas,* entre otras muchas (§ 48.6.3b).

Apéndices

Apéndices

Nómina de textos citados

•   La referencia a los autores y textos utilizados en la ejemplificación se expresa en el cuerpo del *Manual* en claves abreviadas que facilitan la identificación sin interrumpir en exceso la lectura: Cervantes-*Quijote*, Cortázar-*Rayuela*.

•   Se desarrollan aquí todas las abreviaciones resaltándolas en negrita para su mejor localización y destacando en cursiva el título de la obra o fuente periodística. La fecha que a veces figura entre corchetes indica la primera edición del texto o, en algunos casos, la de su redacción o primera representación si se trata de obras teatrales. El lugar y el año que aparecen al final de cada referencia corresponden a la edición utilizada, con indicación, en su caso, del nombre del preparador de ella.

•   Las citas de textos que se han extraído de los repertorios léxicos de la Real Academia Española llevan al final, entre corchetes, la referencia: Corpus Diacrónico del Español [CORDE], Corpus del Diccionario Histórico [CDH], Corpus de Referencia del Español Actual [CREA], Corpus del Español del Siglo XXI [CORPES]. De manera análoga se marcan otras fuentes electrónicas, en especial la *Biblioteca virtual Miguel de Cervantes* [BVC], o distintas páginas web utilizadas.

Obras

Abril = Abril, Pedro Simón, *Ética* = *Traducción de la ética de Aristóteles* [1577], ed. de Adolfo Bonilla y San Martín, Madrid, Real Academia de Ciencias Morales y Políticas, 1918. [CORDE].

Acevedo = Acevedo Díaz, Eduardo, *Brenda* = *Brenda* [1886], Montevideo, A. Barreiro y Ramos, 1894. [BVC]. ▶ *Nativa* = *Nativa*, Montevideo, Tipografía de «La Obrera Nacional», 1890. [BVC].

Acosta = Acosta, José de, *Historia* = *Historia natural y moral de las Indias* [1590], ed. de Fermín del Pino Madrid, Madrid, CSIC, 2008. [CDH].

Aguilar Camín = Aguilar Camín, Héctor, *Adriano* = *Las mujeres de Adriano*, Madrid, Alfaguara, 2002. ▶ *Error* = *El error de la luna*, México D. F., Alfaguara, 1995. [CREA]. ▶ *Golfo* = *Morir en el Golfo* [1980], México D. F., Océano, 1986. [CREA].

Aguilera Malta = Aguilera Malta, Demetrio, *Pelota* = *Una pelota, un sueño y diez centavos* [a1981], México D. F., Joaquín Mortiz, 1988. [CREA].

Aguinis = Aguinis, Marcos, *Cruz* = *La cruz invertida*, Barcelona, Planeta, 1970. [CORDE].

Agustí = Agustí, Ignacio, *Mariona* = *Mariona Rebull*, Barcelona, Destino, 1944. [CORDE].

Agustín = Agustín, José (José Agustín Ramírez Gómez), *Ciudades* = *Ciudades desiertas*, México D. F., Edivisión, 1982.

Agustini = Agustini, Delmira, *Poesías* = *Poesías* [1902-a1914], ed. de Magdalena García Pinto, Madrid, Cátedra, 1993. [CORDE].

Aira = Aira, César, *Misterios* = *Los misterios de Rosario* [1994], Buenos Aires, Emecé, 2005. ▶ *Varamo* = *Varamo*, Barcelona, Anagrama, 2002. [CREA].

Alape = Alape, Arturo, *Paz* = *La paz, la violencia: testigos de excepción*, Bogotá, Planeta, 1985. [CREA].

Alarcón = Alarcón, Pedro Antonio de, *Alpujarra* = *La Alpujarra: sesenta leguas a caballo precedidas de seis en diligencia*, Madrid, Impr. y librería Guijarro, 1874. [BVC].

Alatorre = Alatorre, Antonio, *1001* = *Los 1001 años de la lengua española*, México D. F., Fondo de Cultura Económica, 1979.

Alberti = Alberti, Rafael, *Adefesio* = *El adefesio* [1976], ed. de Gregorio Torres Nebrera, Madrid, Cátedra, 1992. [CREA]. ▶ *Arboleda* = *La arboleda perdida* [1942, 1959], Barcelona, Galaxia Gutenberg/Círculo de Lectores, 2003.

Alberto = Alberto, Eliseo, *Eternidad* = *La eternidad por fin comienza un lunes* [1992], Barcelona, Anagrama, 1994. [CREA].

Alcalá Galiano = Alcalá Galiano, Antonio, *Lecciones* = *Lecciones de Derecho Político* [1843-1844], Madrid, Centro de Estudios Constitucionales, 1984. [CORDE].

Aldecoa = Aldecoa, Ignacio, *Cuentos* = *Cuentos completos* [1949-1969], ed. de Josefina Aldecoa, Madrid, Alfaguara, 1995. ▶ *Fulgor* = *El fulgor y la sangre*, Barcelona, Planeta, 1954. [CORDE].

Aldecoa, J. = Aldecoa, Josefina R., *Maestra* = *Historia de una maestra*, Barcelona, Anagrama, 1990.

Alegre = Alegre Cudós, José Luis, *Locus* = *Locus amoenus*, Madrid, Hiperión, 1989. [CREA].

Alegría = Alegría, Ciro, *Mundo* = *El mundo es ancho y ajeno* [1941], ed. de Antonio Cornejo Polar, Caracas, Biblioteca Ayacucho, 1978. [CORDE].

Alegría, C. = Alegría, Claribel, *Detén* = *El detén*, Barcelona, Lumen, 1977.

Aleixandre = Aleixandre, Vicente, *Encuentros* = *Los encuentros* [1958], en *Obras completas*, Vol. II: Prosa completa, ed. de Alejandro Duque Amusco, Madrid, Visor, 2002.

Alemán = Alemán, Mateo, *Guzmán I* = *Primera parte de Guzmán de Alfarache* [1599], ed. de José María Micó, Madrid, Cátedra, 1987. [CORDE]. ▶ *Guzmán II* = *Segunda parte de la vida de Guzmán de Alfarache* [1604], ed. de José María Micó, Madrid, Cátedra, 1987. [CORDE].

Alfonso X = Alfonso X, *General Estoria* I = *General Estoria*. Primera parte [c1275], ed. de Pedro Sánchez-Prieto, Alcalá de Henares, Universidad de Alcalá de Henares, 2002. [CORDE]. ▶ *General Estoria* II = *General Estoria*. Segunda parte [c1275], ed. de Pedro Sánchez-Prieto, Alcalá de Henares, Universidad de Alcalá de Henares, 2003. [CORDE].

Allende = Allende, Isabel, *Casa* = *La casa de los espíritus* [1982], Barcelona, Plaza & Janés, 1995. [CREA]. ▶ *Ciudad* = *La ciudad de las bestias*, Barcelona, Montena, 2002. [CREA]. ▶ *Eva* = *Eva Luna*, Barcelona, Plaza & Janés, 1987. [CREA].

Alonso, A. = Alonso, Amado, *Estudios* = *Estudios lingüísticos. Temas hispanoamericanos* [1953], Madrid, Gredos, 1976.

Alonso, D. = Alonso, Dámaso, *Poesía* = *Poesía española. Ensayo de métodos y límites estilísticos. Garcilaso, fray Luis de León, San Juan de la Cruz, Góngora, Lope de Vega, Quevedo* [1950], Madrid, Gredos, 1993. [CORDE].

Alonso Millán = Alonso Millán, Juan José, *Raya* = *Pasarse de la raya* [1991], Madrid, SGAE, 1993. [CREA].

Alonso Santos = Alonso de Santos, José Luis, *Estanquera* = *La estanquera de Vallecas* [1981], Madrid, Antonio Machado, 1990. [CREA].

Alsius = Alsius, Salvador, *Dudas* = *Catorce dudas sobre el periodismo en televisión*, Barcelona, CIMS 97, 1997. [CREA].

Altamirano = Altamirano, Ignacio Manuel, *Zarco* = *El Zarco: episodio de la vida mexicana en 1861-63* [c1886-1888], Madrid, Espasa Calpe, 1943. [BVC].

Alvarado = Alvarado, fray Francisco, *Cartas I* = *Cartas críticas del Filósofo Rancio*, I [1811], Madrid, Impr. E. Aguado, 1824. [CORDE].

Ambrogi = Ambrogi, Arturo, *Trópico* = *El segundo libro del Trópico*, San Salvador, Imprenta Nacional, 1916. [CORDE].

Ameztoy = Ameztoy, Begoña, *Escuela* = *Escuela de mujeres*, Madrid, Oberon, 2001. [CREA].

Andahazi = Andahazi, Federico, *Piadosas* = *Las piadosas*, Barcelona, Plaza & Janés, 1999. [CREA].

▶ *Secreto* = *El secreto de los flamencos*, Barcelona, Destino, 2002.

Anderson = Anderson Imbert, Enrique, *Estafador* = *El estafador se jubila* [1969], en *Obras completas*, Buenos Aires, Corregidor, 1999. [CORDE].

Andrade = Andrade, Jorge, *Dios* = *Un solo dios verdadero*, Madrid, Anaya & Mario Muchnik, 1993. [CREA].

Ángeles = Ángeles, fray Juan de los, *Consideraciones* = *Consideraciones sobre el Cantar de los Cantares* [1607], ed. de Gregorio Fuentes, Madrid, Bailly-Baillière, 1917. [CORDE].

Anson = Anson, Luis María, *Don Juan* = *Don Juan* [1994], Barcelona, Plaza & Janés, 1996. [CREA].

Aparicio = Aparicio, Juan Pedro, *César* = *Lo que es del César* [1981], Madrid, Alfaguara, 1990. [CREA].

▶ *Retratos* = *Retratos de ambigú*, Barcelona, Destino, 1989. [CREA].

Araya = Araya, Enrique, *Luna* = *La luna era mi tierra* [1948], Santiago de Chile, Andrés Bello, 1982. [CREA].

Arcipreste Hita = Ruiz, Juan (Arcipreste de Hita), *Buen Amor* = *Libro de buen amor* [1330-1343], ed. de Alberto Blecua, Madrid, Cátedra, 1992. [CORDE].

Arenal = Arenal, Concepción, *Visitador* = *El visitador del pobre* [1860], ed. de Carmen Díaz Castañón, Madrid, Atlas, 1993. [CORDE].

Arguedas = Arguedas, Alcides, *Raza* = *Raza de bronce* [1919], ed. de Antonio Lorente Medina, Madrid, Archivos, 1988.

Arguedas, J. M. = Arguedas, José María, *Zorro* = *El zorro de arriba y el zorro de abajo* [a1969], ed. de Eve-Marie Fell, Madrid, CSIC, 1990. [CORDE].

Aridjis = Aridjis, Homero, *Mil* = *Mil cuatrocientos noventa y dos: vida y tiempos de Juan Cabezón de Castilla*, México D. F., Fondo de Cultura Económica, 1998. ▶ *Moctezuma* = *Moctezuma* [1980], México D. F., Fondo de Cultura Económica, 1994. [CREA].

Arlt = Arlt, Roberto, *Aguafuertes* = *Aguafuertes porteñas*, Buenos Aires, Victoria, 1933. ▶ *Juguete* = *El juguete rabioso* [1926], ed. de Rita Gnutzmann, Madrid, Cátedra, 1985.

Armas Marcelo = Armas Marcelo, Juan José, *Madrid* = *Madrid, distrito federal*, Barcelona, Seix Barral, 1994. [CREA].

Arrabal = Arrabal, Fernando, *Arquitecto* = *El Arquitecto y el Emperador de Asiria* [1975], ed. de Diana Taylor, Madrid, Cátedra, 1993. [CREA].

▶ *Cementerio* = *El cementerio de automóviles* [1979], ed. de Diana Taylor, Madrid, Cátedra, 1993. [CREA]. ▶ *Torre* = *La torre herida por el rayo* [1982], Barcelona, Destino, 1983. [CREA].

Arrom = Arrom, José Juan, *Certidumbre* = *Certidumbre de América* [1959], Madrid, Gredos, 1971.

Ascasubi = Ascasubi, Hilario, *Aniceto* = *Aniceto el gallo* [1872], ed. de Jorge Luis Borges y Adolfo

Bioy Casares, México D. F., Fondo de Cultura Económica, 1984. [CORDE]. ▶ *Santos* = *Santos Vega, el payador* [1872], ed. de Jorge Luis Borges y Adolfo Bioy Casares, México D. F., Fondo de Cultura Económica, 1984. [CORDE].

Asturias = Asturias, Miguel Ángel, *Papa* = *El Papa Verde* [1954], Madrid/Buenos Aires, Alianza/Losada, 1982. [CORDE]. ▶ *Presidente* = *El Señor Presidente* [1933-1946], ed. de Gerald Martin, Barcelona, Galaxia Gutenberg/Círculo de Lectores, 2000. [CORDE].

Atxaga = Atxaga, Bernardo, *Obabakoak* = *Obabakoak*, Barcelona, Ediciones B, 1989.

Aub = Aub, Max, *Calle* = *La calle de Valverde* [1961], ed. de José Antonio Pérez Bowie, Madrid, Cátedra, 1985. [CORDE]. ▶ *Gallina* = *La gallina ciega: diario español* [1969], Madrid, Visor, 2009.

Avellaneda = Fernández de Avellaneda, Alonso, *Quijote* = *Don Quijote de la Mancha* [1614], ed. de Luis María Gómez Canseco, Madrid, Biblioteca Nueva, 2000. [CDH].

Ayala = Ayala, Francisco, *Cabeza* = *La cabeza del cordero* [1949], ed. de Rosario Hiriart, Madrid, Cátedra, 1993. [CORDE]. ▶ *Muertes* = *Muertes de perro* [1958], ed. de Nelson R. Orringer, Madrid, Cátedra, 1996. [CORDE]. ▶ *Usurpadores* = *Los usurpadores* [1949-1950], ed. de Carolyn Richmond, Madrid, Cátedra, 1992. [CORDE].

Ayala/González/Florescano = Ayala, José, González Casanova, Pablo y Florescano, Enrique (coords.), *México* = *México, hoy*, México D. F., Siglo XXI, 1979.

Ayerra = Ayerra, Ramón, *Lucha* = *La lucha inútil*, Madrid, Debate, 1984. [CREA].

Azancot = Azancot, Leopoldo, *Amores* = *Los amores prohibidos* [1980], Barcelona, Tusquets, 1988. [CREA].

Azaña = Azaña, Manuel, *Carta* = *Carta* [1926], en *Cartas de Manuel Azaña y Cipriano de Rivas Cherif*, ed. de Enrique de Rivas, Valencia, Pre-Textos, 1991. [CORDE].

Azorín = Azorín (José Martínez Ruiz), *Antonio Azorín* = *Antonio Azorín: pequeño libro en que se habla de la vida de este peregrino señor* [1903], ed. de Inman Fox, Madrid, Castalia, 1992. ▶ *Pueblo* = *Pueblo: (Novela de los que trabajan y sufren)*, Madrid, Espasa Calpe, 1930. ▶ *Voluntad* = *La voluntad* [1902], ed. de Inman Fox, Madrid, Castalia, 1989. [CORDE].

Azúa = Azúa, Félix de, *Diario* = *Diario de un hombre humillado* [1987], Barcelona, Anagrama, 1991. [CREA].

Azuela = Azuela, Mariano, *Abajo* = *Los de abajo* [1916], ed. de Arturo Azuela, Caracas, Biblioteca Ayacucho, 1991. [CORDE].

Azuela, A. = Azuela, Arturo, *Casa* = *La casa de las mil vírgenes*, Barcelona, Argos Vergara, 1983. [CREA].

Bain = Bain, Cristina, *Dolor* = *El dolor de la Ceiba. Novela latinoamericana* [1993], México D. F., Edamex, 1995. [CREA].

Balbuena = Balbuena, Bernardo de, *Bernardo* = *El Bernardo* [1624], ed. de Cayetano Rosell, Madrid, Rivadeneira, 1851. [CORDE].

Barea = Barea, Arturo, *Forja* = *La forja de un rebelde* [1951], Buenos Aires, Losada, 1958. [CORDE].

Barnet = Barnet, Miguel, *Gallego* = *Gallego*, Madrid, Alfaguara, 1981. [CREA].

Baroja = Baroja, Pío, *Árbol* = *El árbol de la ciencia* [1911], ed. de Pío Caro Baroja, Madrid, Cátedra, 1996. [CORDE]. ▶ *Aurora* = *Aurora Roja* [1904], en *Obras completas*, ed. de José Carlos Mainer, Madrid, Círculo de Lectores, 1997-1999. ▶ *Busca* = *La busca* [1904], en *Obras completas*, ed. de José Carlos Mainer, Madrid, Círculo de Lectores, 1997-1999. ▶ *Hierba* = *Mala hierba* [1904], en *Obras completas*, ed. de José Carlos Mainer, Madrid, Círculo de Lectores, 1997-1999. ▶ *Inquietudes* = *Las inquietudes de Shanti Andía* [1911], ed. de Julio Caro Baroja, Madrid, Cátedra, 1994. [CORDE]. ▶ *Susana* = *Susana y los cazadores de moscas* [1938], Madrid, Biblioteca Nueva, 1978. [CORDE]. ▶ *Vuelta* = *Desde la última vuelta del camino. Memorias* [1944-1949], Madrid, Biblioteca Nueva, 1978. [CORDE].

Barrantes Castro = Barrantes Castro, Pedro, *Cumbrera* = *Cumbrera del mundo*, Lima, Perú Actual, 1935.

Bayly = Bayly, Jaime, *Días* = *Los últimos días de 'La Prensa'*, Barcelona, Seix Barral, 1996. [CREA].

Bécquer = Bécquer, Gustavo Adolfo, *Leyendas* = *Leyendas* [1858-1864], ed. de Joan Estruch, Barcelona, Crítica, 1993. [CORDE].

Belbel = Belbel, Sergi, *Caricias* = *Caricias. Diez escenas y un epílogo*, Madrid, Centro de Documentación Teatral, 1991. [CREA].

Belli = Belli, Gioconda, *Mujer* = *La mujer habitada* [1992], Tafalla, Txalaparta, 1995. [CREA].

Beltrán, R. = Beltrán, Rosa, *Corte* = *La corte de los ilusos. Un retrato esperpéntico de una corte de opereta* [1995], Barcelona, Planeta, 1998.

Benavente = Benavente, Jacinto, *Intereses* = *Los intereses creados* [1907], ed. de Fernando Lázaro Carreter, Madrid, Cátedra, 1995. [CORDE]. ▶ *Malquerida* = *La Malquerida* [1913], ed. de Mariano de Paco, Madrid, Espasa Calpe, 1996. [CORDE].

Benedetti = Benedetti, Mario, *Orilla* = *La vecina orilla*, Madrid, Alianza, 1994. ▶ *Porvenir* = *El porvenir de mi pasado*, Madrid, Alfaguara, 2003. ▶ *Primavera* = *Primavera con una esquina rota* [1982], Madrid, Alfaguara, 1994. [CREA]. ▶ *Tregua* = *La tregua* [1960], ed. de Eduardo Nogareda, Madrid, Cátedra, 2001. [CORDE].

Beneke = Beneke, Walter, *Funeral* = *Funeral Home* [1956], ed. de Carlos Solórzano, México D. F., Fondo de Cultura Económica, 1993. [CORDE].

Benet = Benet, Juan, *Región* = *Volverás a Región* [1967], Barcelona, Destino, 1996. [CORDE]. ▶ *Saúl* = *Saúl ante Samuel* [1980], ed. de John B. Margenot, Madrid, Cátedra, 1994.

Benítez = Benítez, Juan José, *Caballo* = *Caballo de Troya 1* [1984], Barcelona, Planeta, 1994. [CREA].

Benítez Reyes = Benítez Reyes, Felipe, *Luna* = *La misma luna*, Madrid, Visor, 2006.

Berceo = Berceo, Gonzalo de, *Loores* = *Loores de Nuestra Señora* [p1236-1246], ed. de Nicasio Salvador Miguel, Madrid, Espasa Calpe, 1992. [CORDE]. ▶ *Milagros* = *Los milagros de Nuestra Señora* [1246-1252], ed. de Claudio García Turza, Madrid, Espasa Calpe, 1992. [CORDE].

Berlanga = Berlanga, Andrés, *Gaznápira* = *La gaznápira* [1984], Barcelona, Noguer, 1990. [CREA].

Betanzos = Betanzos Palacios, Odón, *Diosdado* = *Diosdado de lo Alto (con la guerra civil en el costado y los ojos)*, Madrid / Nueva York, Mensaje, 1980.

Biblia Reina-Valera = *Biblia Reina-Valera* [1602], Roma, Intra Text Digital Library, 2002.

Bioy Casares = Bioy Casares, Adolfo, *Diario* = *Diario de la guerra del cerdo*, Buenos Aires, Emecé, 1969. ▶ *Historias* = *Historias desaforadas*, Buenos Aires, Emecé, 1986. ▶ *Invención* = *La invención de Morel* [1940], ed. de Trinidad Barrera, Madrid, Cátedra, 1984. [CORDE]. ▶ *Sueño* = *El sueño de los héroes*, Buenos Aires, Losada, 1954. ▶ *Trama* = *La trama celeste* [1948], ed. de Pedro Luis Barcia, Madrid, Castalia, 1990. [CORDE].

Blasco Ibáñez = Blasco Ibáñez, Vicente, *Barraca* = *La barraca* [1898], Barcelona, Plaza & Janés, 1997. [CORDE]. ▶ *Cañas* = *Cañas y barro*, Valencia, Prometeo, 1902. [CORDE]. ▶ *Naranjos* = *Entre naranjos* [1900], ed. de José Mas y María Teresa Mateu, Madrid, Cátedra, 1997. [CORDE].

Blest = Blest Gana, Alberto, *Martín Rivas* = *Martín Rivas. Novela de costumbres político-sociales* [1862-1875], ed. de Guillermo Araya, Madrid, Cátedra, 1983. [CORDE].

Boadella = Boadella, Albert, *Memorias* = *Memorias de un bufón*, Madrid, Espasa Calpe, 2001. [CREA].

Bolaño = Bolaño, Roberto, *2666* = *2666* [a2003], Barcelona, Anagrama, 2004. ▶ *Detectives* = *Los detectives salvajes*, Barcelona, Anagrama, 1998. [CREA]. ▶ *Pista* = *La pista de hielo*, Alcalá de Henares, Fundación Colegio del Rey, 1993.

Bonilla = Bonilla, Juan, *Luz* = *El que apaga la luz* [1994], Valencia, Pre-Textos, 1995. [CREA].

Borges = Borges, Jorge Luis, *Aleph* = *El Aleph* [1949-1952], ed. de Daniel Martino, Caracas, Biblioteca Ayacucho, 1986. [CORDE]. ▶ *Brodie* = *El informe de Brodie* [1970], ed. de Daniel Martino, Caracas, Biblioteca Ayacucho, 1986. [CORDE]. ▶ *Ficciones* = *Ficciones* [1944-1956], ed. de Daniel Martino, Caracas, Biblioteca Ayacucho, 1986. [CORDE]. ▶ *Historia* = *Historia de la eternidad*, Buenos Aires, Viau y Zona, 1936. ▶ *Libro* = *El libro de arena* [1975], Madrid, Alianza, 1995. [CREA].

Boullosa = Boullosa, Carmen, *Duerme* = *Duerme*, Madrid, Alfaguara, 1994. [CREA].

Britton = Britton, Rosa María, *Siglo* = *No pertenezco a este siglo* [1991], San José, Editorial Costa Rica, 1995. [CREA].

Bryce Echenique = Bryce Echenique, Alfredo, ***Huerto*** = *El huerto de mi amada*, Barcelona, Planeta, 2002. [CREA]. ▶ ***Julius*** = *Un mundo para Julius* [1970], ed. de Julio Ortega, Madrid, Cátedra, 1996. [CORDE]. ▶ ***Magdalena*** = *Magdalena peruana y otros cuentos*, Barcelona, Plaza & Janés, 1986. [CREA]. ▶ ***Martín Romaña*** = *La vida exagerada de Martín Romaña* [1981], Barcelona, Anagrama, 1995. [CREA].

Bucay = Bucay, Jorge, ***Recuentos*** = *Recuentos para Demián: los cuentos que contaba mi analista*, Buenos Aires, Nuevo Extremo, 1994.

Buero = Buero Vallejo, Antonio, ***Caimán*** = *Caimán* [1981], en *Obra completa*, ed. de Luis Iglesias Feijoo y Mariano de Paco, Madrid, Espasa Calpe, 1984. [CREA]. ▶ ***Escalera*** = *Historia de una escalera. Drama en tres actos* [1949], en *Obra completa*, ed. de Luis Iglesias Feijoo y Mariano de Paco, Madrid, Espasa Calpe, 1994. [CORDE]. ▶ ***Tragaluz*** = *El tragaluz. Experimento en dos partes* [1967], en *Obra completa*, ed. de Luis Iglesias Feijoo y Mariano de Paco, Madrid, Espasa Calpe, 1994. [CORDE].

Buitrago, J. = Buitrago, Jaime, ***Pescadores*** = *Pescadores del Magdalena*, Bogotá, Minerva, 1938. [CORDE].

Cabal = Cabal, Fermín, ***Briones*** = *Tú estás loco, Briones* [1978], Madrid, Fundamentos, 1987. [CREA].

Caballero Bonald = Caballero Bonald, José Manuel, ***Días*** = *Dos días de setiembre*, Barcelona, Seix Barral, 1962. [CORDE]. ▶ ***Pájaros*** = *Toda la noche oyeron pasar pájaros* [1981], Barcelona, Planeta, 1988. [CREA].

Cabrera Córdoba = Cabrera de Córdoba, Luis, ***Historia*** = *Historia de Felipe II, rey de España* [c1619], ed. de José Martínez Millán y Carlos Javier de Carlos Morales, Salamanca, Junta de Castilla y León, 1998. [CORDE].

Cabrera Infante = Cabrera Infante, Guillermo, ***Delito*** = *Delito por bailar el chachachá*, Madrid, Alfaguara, 1995. [CREA]. ▶ ***Habana*** = *La Habana para un infante difunto*, Barcelona, Seix Barral, 1979. ▶ ***Tigres*** = *Tres tristes tigres* [1964-1967], Barcelona, Seix Barral, 1967. [CORDE]. ▶ ***Vidas*** = *Vidas para leerlas*, Madrid, Alfaguara, 1998.

Cabrujas = Cabrujas, José Ignacio, ***Día*** = *El día que me quieras*, Madrid, Vox, 1979. [CREA].

Cáceres = Cáceres Lara, Víctor, ***Humus*** = *Humus* [1952], en *Cuentos completos*, ed. de Óscar Acosta, Tegucigalpa, Editorial Iberoamericana, 1995. [CORDE].

Calderón = Calderón de la Barca, Pedro, ***Agua*** = *Guárdate del agua mansa* [1649], ed. de Ignacio Arellano y Víctor García Ruiz, Kassel, Reichenberger, 1989. ▶ ***Alcalde*** = *El alcalde de Zalamea* [1640-1644], ed. de Juan M. Escudero Baztán, Madrid/Frankfurt am Main, Universidad de Navarra/Iberoamericana-Vervuert, 1998. [CDH]. ▶ ***Médico*** = *El médico de su honra* [1635], ed. de Santiago Fernández Mosquera, Madrid, Fundación José

Antonio Castro, 2007. ▶ ***Vida*** = *La vida es sueño* [c1631-1632], ed. de José M. Ruano de la Haza, Madrid, Castalia, 2003. [CDH].

Calila e Dimna = *Calila e Dimna* [1251], ed. de Juan Manuel Cacho Blecua y María Jesús Lacarra, Madrid, Castalia, 1993. [CORDE].

Calvo Serraller = Calvo Serraller, Francisco, ***Paisajes*** = *Paisajes de luz y muerte. La pintura española del 98*, Barcelona, Tusquets, 1998. [CREA].

Calvo Sotelo = Calvo Sotelo, Joaquín, ***Muchachita*** = *Una muchachita de Valladolid* [1957], Madrid, Grupo Libro, 1993. [CORDE].

Cambaceres = Cambaceres, Eugenio, ***Música*** = *Música sentimental: silbidos de un vago*, París, Librería española y americana E. Denné, 1884. [BVC]. ▶ ***Rumbo*** = *Sin rumbo*, Buenos Aires, Félix Lajouane, 1885. [BVC].

Campoamor = Campoamor, Ramón de, ***Poemas*** = *Los pequeños poemas* [1879], ed. de Salustiano Masó, Madrid, Taurus, 1968.

Cano Gaviria = Cano Gaviria, Ricardo, ***Abismo*** = *Una lección de abismo*, Barcelona, Versal, 1991. [CREA].

Cánovas = Cánovas del Castillo, Antonio, ***Campana*** = *La campana de Huesca. Crónica del s. XII* [1852], Buenos Aires/México, Espasa Calpe, 1950. [BVC].

Cañas = Cañas, Alberto, ***Tarantela*** = *Tarantela* [1976], San José de Costa Rica, Editorial Costa Rica, 1999.

Cardenal = Cardenal, Ernesto, ***Pluriverso*** = *Versos del pluriverso*, Madrid, Trotta, 2005.

Caro Baroja = Caro Baroja, Julio, ***Brujas*** = *Las brujas y su mundo* [1961], Madrid, Alianza, 1995. [CORDE]. ▶ ***Pueblos*** = *Los pueblos de España* [1946], Madrid, Itsmo, 1981. [CORDE].

Carpentier = Carpentier, Alejo, ***Pasos*** = *Los pasos perdidos*, Barcelona, Compañía General de Ediciones, 1959. ▶ ***Reino*** = *El reino de este mundo*, México D. F., EDIAPSA, 1949. ▶ ***Siglo*** = *El siglo de las luces* [1962], ed. de Carlos Fuentes y Araceli García Carranza, Caracas, Biblioteca Ayacucho, 1988. [CORDE].

Carrasquilla = Carrasquilla, Tomás, ***Frutos*** = *Frutos de mi tierra* [1896], Madrid, EPESA, 1952. [CORDE]. ▶ ***Marquesa*** = *La marquesa de Yolombó* [1928], ed. de Kurt L. Levy, Caracas, Biblioteca Ayacucho, 1984. [CORDE]. ▶ ***Tiempos*** = *Hace tiempos* [1935-1936], Madrid, EPESA, 1951. [CORDE].

Carrión, I. = Carrión, Ignacio, ***Danubio*** = *Cruzar el Danubio*, Barcelona, Destino, 1995. [CREA].

Casaccia = Casaccia, Gabriel, ***Babosa*** = *La Babosa* [1952], ed. de Hugo Rodríguez-Alcalá, Madrid, Cultura Hispánica, 1991. [CORDE].

Casares = Casares, Carlos, ***Dios*** = *Dios sentado en un sillón azul*, Madrid, Alfaguara, 1996. [CREA].

Casas = Casas, fray Bartolomé de las, ***Destrucción*** = *Brevísima relación de la destrucción de las Indias* [1552], ed. de José María Reyes Cano, Barcelona, Planeta, 1994. [CORDE].

Caso = Caso, Ángeles, **Peso** = *El peso de las sombras* [1994], Barcelona, Planeta, 1996. [CREA].

Casona = Casona, Alejandro, **Dama** = *La dama del alba* [1944], ed. de José R. Rodríguez Richart, Madrid, Cátedra, 1996. [CORDE].

Castellanos, R. = Castellanos, Rosario, **Eterno** = *El eterno femenino* [1975], México D. F., Fondo de Cultura Económica, 1986. [CREA].

Castilla = Castilla del Pino, Carlos, **Psiquiatría 1** = *Introducción a la psiquiatría, 1. Principios generales. Psico(pato)logía*, Madrid, Alianza, 1993. [CREA]. ▶ **Psiquiatría 2** = *Introducción a la psiquiatría, 2. Psiquiatría general. Psiquiatría clínica* [1980], Madrid, Alianza, 1992. [CREA].

Castro, R. = Castro, Rosalía de, **Flavio** = *Flavio* [1861], ed. de Marina Mayoral, Madrid, Fundación José Antonio Castro, 1993. [CORDE].

Cela = Cela, Camilo José, **Colmena** = *La colmena* [1951-1969], ed. de Darío Villanueva, Barcelona/Madrid, Noguer, 1986. [CORDE]. ▶ **Cristo** = *Cristo versus Arizona* [1988], Barcelona, Plaza & Janés, 1993. [CREA]. ▶ **Cruz** = *La cruz de San Andrés*, Barcelona, Planeta, 1994. ▶ **Pascual Duarte** = *La familia de Pascual Duarte* [1942], Barcelona, Destino, 1995. [CORDE]. ▶ **San Camilo** = *Vísperas, festividad y octava de San Camilo del año 1936 en Madrid*, Madrid, Alfaguara, 1969.

Celorio = Celorio, Gonzalo, **Contraconquista** = *Ensayo de contraconquista*, México D. F., Tusquets, 2001. [CREA].

Cercas = Cercas, Javier, **Soldados** = *Soldados de Salamina* [2001], Barcelona, Tusquets, 2002. [CREA]. ▶ **Velocidad** = *La velocidad de la luz*, Barcelona, Tusquets, 2005.

Cerezales = Cerezales, Agustín, **Escaleras** = *Escaleras en el limbo*, Barcelona, Lumen, 1991. [CREA].

Cervantes = Cervantes Saavedra, Miguel de, **Amante** = *El amante liberal* [1613], en *Novelas ejemplares*, ed. de Jorge García López, Barcelona, Círculo de Lectores/Galaxia Gutenberg, 2005. [CDH]. ▶ **Coloquio** = *El coloquio de los perros* [1613], en *Novelas ejemplares*, ed. de Jorge García López, Barcelona, Círculo de Lectores/Galaxia Gutenberg, 2005. [CDH]. ▶ **Entretenida** = *La entretenida* [1615], en *Ocho comedias y ocho entremeses nuevos nunca representados*, ed. de Florencio Sevilla Arroyo y Antonio Rey Hazas, Alcalá de Henares, Centro de Estudios Cervantinos, 1995. [CORDE]. ▶ **Galatea** = *La Galatea* [1585], ed. de Florencio Sevilla Arroyo y Antonio Rey Hazas, Alcalá de Henares, Centro de Estudios Cervantinos, 1994. [CORDE]. ▶ **Persiles** = *Los trabajos de Persiles y Sigismunda* [1616], ed. de Carlos Romero Muñoz, Madrid, Cátedra, 2004. [CDH]. ▶ **Quijote I** = *El ingenioso hidalgo don Quijote de la Mancha* [1605], ed. de Francisco Rico, Madrid, Real Academia Española, 2004. [CDH]. ▶ **Quijote II** = *Segunda parte del ingenioso caballero don Quijote de la Mancha* [1615], ed. de Francisco Rico, Madrid, Real Academia Española, 2004. [CDH].

Céspedes = Céspedes y Meneses, Gonzalo de, **Píndaro** = *Varia fortuna del soldado Píndaro* [1626], ed. de Arsenio Pacheco, Madrid, Espasa Calpe, 1975. [CORDE].

Chacel = Chacel, Rosa, **Barrio** = *Barrio de Maravillas* [1976], Barcelona, Seix Barral, 1991. [CREA].

Chacón = Chacón, Dulce, **Voz** = *La voz dormida*, Madrid, Alfaguara, 2002. [CREA].

Chamorro, E. = Chamorro, Eduardo, **Cruz** = *La cruz de Santiago*, Barcelona, Planeta, 1992. [CREA].

Chase = Chase Brenes, Alfonso, **Pavo** = *El pavo real y la mariposa*, San José de Costa Rica, Editorial Costa Rica, 1996. [CREA].

Chavarría = Chavarría, Daniel, **Pica** = *Una pica en Flandes*, La Habana, Letras Cubanas, 2004. ▶ **Rojo** = *El rojo en la pluma del loro*, Barcelona, Random House Mondadori, 2002. [CREA].

Chávez = Chávez Jr., Gilberto, **Batallador** = *El batallador*, México D. F., Joaquín Mortiz, 1986. [CREA].

Chirbes = Chirbes, Rafael, **Letra** = *La buena letra* [1992], Madrid, Debate, 1995. [CREA].

Chueca Goitia = Chueca Goitia, Fernando, **Arquitectura** = *Historia de la arquitectura española. Edad Antigua y Edad Media*, Madrid, Dossat, 1965. [CORDE].

Cid = *Poema de Mio Cid* [c1200], ed. de Alberto Montaner, Barcelona, Crítica, 1993. [CDH].

Cieza = Cieza de León, Pedro, **Guerras** = *Las guerras civiles peruanas* [c1553-a1584], ed. de Carmelo Sáenz de Santamaría, Madrid, CSIC, 1985. [CORDE].

Cifuentes = Cifuentes, Edwin, **Esmeralda** = *La nueva Esmeralda*, México D. F., Joaquín Mortiz, 1987. [CREA].

Clarín = Clarín (Leopoldo Alas), **Pipá** = *Pipá* [1886], ed. de Marisa Sotelo Vázquez, Madrid, Cátedra, 1995. [CORDE]. ▶ **Regenta** = *La Regenta* [1884-1885], ed. de Gonzalo Sobejano, Madrid, Castalia, 1990. [CORDE]. ▶ **Señor** = *El señor y lo demás son cuentos* [1893], ed. de Gonzalo Sobejano, Madrid, Espasa Calpe, 1997. [CORDE].

Colinas = Colinas, Antonio, **Año** = *Un año en el sur* [1985], Barcelona, Seix Barral, 1990. [CREA]. ▶ **Carta** = *Larga carta a Francesca*, Barcelona, Seix Barral, 1986.

Coloma = Coloma, Luis, **Jeromín** = *Jeromín* [1905-1907], Miami, Omega Internacional, 2003. [CORDE].

Collyer = Collyer, Jaime, **Habitante** = *El habitante del cielo*, Barcelona, Seix Barral, 2002. [CREA]. ▶ **Pájaros** = *Cien pájaros volando*, Barcelona, Seix Barral, 1995. [CREA].

Corrales = Corrales, Juan Apapucio, **Crónicas** = *Crónicas político-doméstico-taurinas* [1908-1930], Lima, Compañía de Impresiones y Publicidad, 1938. [CORDE].

Cortázar = Cortázar, Julio, **Armas** = *Las armas secretas*, Buenos Aires, Editorial Sudamericana, 1959. ▶ **Bestiario** = *Bestiario*, Buenos Aires, Editorial Sudamericana, 1951. ▶ **Cronopios** = *Historias* *de cronopios y de famas* [1962], Madrid, Suma, 2003. [CORDE]. ▶ *Fuegos* = *Todos los fuegos, el fuego*, Buenos Aires, Editorial Sudamericana, 1966. ▶ *Glenda* = *Queremos tanto a Glenda y otros relatos* [1980], Madrid, Alfaguara, 1988. [CREA]. ▶ *Rayuela* = *Rayuela* [1963], ed. de Julio Ortega y Saúl Yurkievich, Madrid, CSIC, 1991. [CORDE]. ▶ *Reunión* = *Reunión y otros relatos*, Barcelona, Seix Barral, 1983. [CREA].

Cortés = Cortés, Hernán, *Cartas* = *Cartas de relación* [1519-1526], ed. de Mario Hernández, Madrid, Historia 16, 1988. [CORDE].

Cossa = Cossa, Roberto, *Criado* = *El viejo criado*, Madrid, Primer Acto, 1986. [CREA].

CREA oral = Documentos orales en el *Corpus de referencia del español actual* comprendidos entre los años 1972-2000. En el cuerpo de la obra se hace referencia al país de procedencia de cada documento. [CREA].

Cruz = Cruz, Ramón de la, *Castañeras* = *Las castañeras picadas* [1787], ed. de Francisco Lafarga, Madrid, Cátedra, 1990. [CORDE].

Cunqueiro = Cunqueiro, Álvaro, *Merlín* = *Merlín y familia* [1957], Barcelona, Destino, 1969. [CORDE].

Délano = Délano, Poli, *Cuentos* = *Cuentos* [1963-1996], Santiago de Chile, Fondo de Cultura Económica, 1996.

Delgado = G. Delgado, Fernando, *Mirada* = *La mirada del otro* [1995], Barcelona, Planeta, 1996. [CREA].

Delgado Senior = Delgado Senior, Igor, *Sub-América* = *Sub-América*, Caracas, Monte Ávila, 1992. [CREA].

Delibes = Delibes, Miguel, *Camino* = *El camino*, Barcelona, Destino, 1950. ▶ *Diario* = *Diario de un emigrante*, Barcelona, Destino, 1958. [CORDE]. ▶ *Madera* = *Madera de héroe* [1987], Barcelona, Destino, 1994. [CREA]. ▶ *Mario* = *Cinco horas con Mario* [1966], Barcelona, Destino, 1996. [CORDE]. ▶ *Partida* = *La partida (relatos)*, Barcelona, Luis de Caralt, 1954. ▶ *Ratas* = *Las ratas*, Barcelona, Destino, 1962.

Delicado = Delicado, Francisco, *Lozana* = *La Lozana andaluza* [1528], ed. de Jacques Joset y Folke Gernert, Madrid, Círculo de Lectores / Galaxia Gutenberg, 2007. [CDH].

Díaz = Díaz, Jorge, *Ayer* = *Ayer, sin ir más lejos*, Madrid, Antonio Machado, 1988. ▶ *Neruda* = *Pablo Neruda viene volando*, Madrid, Primer Acto, 1991. [CREA].

Díaz-Cañabate = Díaz-Cañabate, Antonio, *Paseíllo* = *Paseíllo por el planeta de los toros*, Madrid, Salvat / Alianza, 1970. [CORDE].

Díaz Castillo = Díaz del Castillo, Bernal, *Historia* = *Historia verdadera de la conquista de la Nueva España* [c1568-1575], ed. de Carmelo Sáenz de Santa María, Madrid, CSIC, 1982. [CORDE].

Díaz Martínez = Díaz Martínez, Jesús, *Piel* = *La piel y la máscara*, Barcelona, Anagrama, 1996. [CREA].

Díez = Díez, Luis Mateo, *Expediente* = *El expediente del náufrago*, Barcelona, Alfaguara, 1992. [CREA].

▶ *Fantasmas* = *Fantasmas del invierno*, Madrid, Alfaguara, 2004. ▶ *Fuente* = *La fuente de la edad* [1986], Madrid, Alfaguara, 1993. [CREA]. ▶ *Oscurecer* = *El oscurecer (Un encuentro)*, Madrid, Ollero & Ramos, 2002. [CREA].

Diosdado = Diosdado, Ana, *Ochenta* = *Los ochenta son nuestros* [1988], Madrid, Antonio Machado, 1990. [CREA].

Dolina = Dolina, Alejandro, *Ángel* = *El ángel gris*, Vitoria, Ikusager, 1993. [CREA].

Domínguez Ortiz = Domínguez Ortiz, Antonio, *Clases* = *Las clases privilegiadas en el Antiguo Régimen* [1973], Madrid, Istmo, 1985. [CORDE].

Donoso = Donoso, José, *Casa* = *Casa de campo* [1978], Barcelona, Seix Barral, 1989. [CREA]. ▶ *Elefantes* = *Donde van a morir los elefantes*, Madrid, Alfaguara, 1995. [CREA]. ▶ *Pájaro* = *El obsceno pájaro de la noche* [1970], ed. de Hugo Achugar, Caracas, Biblioteca Ayacucho, 1990. [CORDE].

Dorfman = Dorfman, Ariel, *Muerte* = *La muerte y la doncella*, Madrid, Ollero & Ramos, 1995. [CREA]. ▶ *Nana* = *La Nana y el iceberg*, Barcelona, Seix Barral, 2000.

Dou = Dou, Benigno, *Luna* = *Luna rota*, Barcelona, Planeta, 2002. [CREA].

Draghi = Draghi Lucero, Juan, *Hachador* = *El hachador de Altos Limpios*, Buenos Aires, Eudeba, 1966. ▶ *Noches* = *Las mil y una noches argentinas*, Buenos Aires, Guillermo Kraft Limitada, 1953. [CORDE].

Echegaray = Echegaray, José, *Ciencia* = *Ciencia popular* [c1870-1905], Madrid, Impr. Hijos J. A. García, 1905. [CORDE].

Edwards = Edwards, Jorge, *Anfitrión* = *El anfitrión*, Barcelona, Plaza & Janés, 1987. [CREA]. ▶ *Whisky* = *El whisky de los poetas* [1994], Madrid, Alfaguara, 1997.

Egido = Egido, Luciano G., *Corazón* = *El corazón inmóvil*, Barcelona, Tusquets, 1995. [CREA].

Enríquez Gómez = Enríquez Gómez, Antonio, *Gregorio Guadaña* = *El siglo pitagórico y Vida de don Gregorio Guadaña* [1644], ed. de Teresa de Santos, Madrid, Cátedra, 1991. [CORDE].

Escohotado = Escohotado, Antonio, *Cáñamo* = *La cuestión del cáñamo*, Barcelona, Anagrama, 1997.

Espido = Espido Freire, Laura, *Melocotones* = *Melocotones helados*, Barcelona, Planeta, 1999. [CREA].

Espinel = Espinel, Vicente, *Marcos de Obregón* = *Vida del escudero Marcos de Obregón* [1618], ed. de María Soledad Carrasco Urgoiti, Madrid, Castalia, 1972. [CORDE].

Espronceda = Espronceda, José de, *Obra poética* = *Obra poética* [c1830-1842], ed. de Robert Marrast, Madrid, Biblioteca Nueva, 2001. [CORDE].

Esquivel = Esquivel, Laura, *Agua* = *Como agua para chocolate* [1989], Barcelona, Grijalbo / Mondadori, 1995. [CREA]. ▶ *Deseo* = *Tan veloz como el deseo*, Barcelona, Plaza & Janés, 2001. [CREA].

Estébanez Calderón = Estébanez Calderón, Serafín, *Escenas* = *Escenas andaluzas* [1847], ed. de

Alberto González Troyano, Madrid, Cátedra, 1985. [CORDE].

Etxebarria = Etxebarria, Lucía, *Beatriz* = *Beatriz y los cuerpos celestes*, Barcelona, Destino, 1998.

Fernán Caballero = Fernán Caballero (Cecilia Böhl de Faber), *Gaviota* = *La gaviota* [1849], ed. de Carmen Bravo-Villasante, Madrid, Castalia, 1990. [CORDE].

Fernán Gómez = Fernán Gómez, Fernando, *Bicicletas* = *Las bicicletas son para el verano* [1982], ed. de Manuel Aznar Soler y J. Ramón López García, Barcelona, Vicens Vives, 1996. [CDH]. ▶ *Viaje* = *El viaje a ninguna parte* [1985], Madrid, Debate, 1995. [CREA].

Fernández Cubas = Fernández Cubas, Cristina, *Altillos* = *Los altillos de Brumal*, Barcelona, Tusquets, 1983. [CREA].

Fernández Lizardi = Fernández de Lizardi, José Joaquín, *Periquillo* = *El Periquillo Sarniento* [1816-1827], ed. de Carmen Ruiz Barrionuevo, Madrid, Cátedra, 1997. [CORDE]. ▶ *Quijotita* = *La Quijotita y su prima* [c1818], ed. de María del Carmen Ruiz Castañeda, México D. F., Porrúa, 1967. [CORDE].

Fernández Oviedo = Fernández de Oviedo, Gonzalo, *Indias* = *Historia general y natural de las Indias* [1535-1557], ed. de Juan Pérez de Tudela Bueso, Madrid, Atlas, 1992. [CORDE].

Fernández Santos = Fernández Santos, Jesús, *Extramuros* = *Extramuros* [1978], Barcelona, Seix Barral, 1994. [CREA].

Ferrero = Ferrero, Jesús, *Bélver* = *Bélver Yin* [1981], Barcelona, Plaza & Janés, 1993. [CREA].

Flores = Flores, Marco Antonio, *Siguamonta* = *La siguamonta*, México D. F., Siglo XXI, 1993. [CREA].

Fontanarrosa = Fontanarrosa, Roberto, *Nada* = *Nada del otro mundo y otros cuentos*, Buenos Aires, Ediciones de la Flor, 1987.

Fraile = Fraile, Medardo, *Cuentos* = *Cuentos con algún amor* [1954], Madrid, Alianza, 1991. [CORDE].

Freidel = Freidel, José Manuel, *Árbol* = *El árbol de la casa de las muchachas flor*, Medellín, Lealon, 1988. [CREA].

Fuentes = Fuentes, Carlos, *Artemio* = *La muerte de Artemio Cruz* [1962], ed. de Francisco J. Ordiz Vázquez, Madrid, Anaya & Mario Muchnik, 1994. [CORDE]. ▶ *Cristóbal* = *Cristóbal Nonato* [1987], Madrid, Fondo de Cultura Económica, 1988. [CREA]. ▶ *Diana* = *Diana o la cazadora solitaria*, Madrid, Alfaguara, 1994. ▶ *Días* = *Los días enmascarados* [1954], México D. F., Novaro, 1966. ▶ *Esto* = *En esto creo*, Barcelona, Seix Barral, 2002. [CREA]. ▶ *Frontera* = *La frontera de cristal: una novela en nueve cuentos*, México D. F., Alfaguara, 1995. ▶ *Gringo* = *Gringo viejo*, México D. F., Fondo de Cultura Económica, 1985. ▶ *Naranjo* = *El naranjo*, Madrid, Alfaguara, 1993. [CREA]. ▶ *Región* = *La región más transparente* [1958], Madrid, Real Academia Española, 2008. [CDH].

Gabriel Galán = Gabriel y Galán, José María, *Castellanas* = *Castellanas* [1902], en *Obras completas*, Badajoz, Universitas, 1996. [CORDE].

Gala = Gala, Antonio, *Durmientes* = *Los bellos durmientes* [1994], Madrid, SGAE, 1995. [CREA]. ▶ *Invitados* = *Los invitados al jardín*, Barcelona, Planeta, 2002. [CREA]. ▶ *Petra* = *Petra Regalada* [1980], ed. de Phyllis Zatlin Boring, Madrid, Cátedra, 1983. [CREA]. ▶ *Torturadores* = «Torturadores», *El Mundo* 10/5, Madrid , 1995. [CREA].

Galdós = Pérez Galdós, Benito, *Episodios* = *Episodios nacionales* [1873-1912], en *Obras completas*, ed. de Federico Carlos Sainz de Robles, Madrid, Aguilar, 1986. [CORDE]. ▶ *Fortunata* = *Fortunata y Jacinta* [1885-1887], ed. de Domingo Ynduráin, Madrid, Fundación José Antonio Castro, 1993. [CORDE]. ▶ *León Roch* = *La familia de León Roch* [1878], ed. de Íñigo Sánchez Llama, Madrid, Cátedra, 2003. ▶ *Miau* = *Miau* [1888], ed. de Ricardo Gullón, Madrid, Revista de Occidente, 1957. ▶ *Prohibido* = *Lo prohibido* [1885], ed. de James Whiston, Madrid, Cátedra, 2001.

Galeano = Galeano, Eduardo, *Bocas* = *Bocas del tiempo*, Madrid, Siglo XXI, 2004. [CREA]. ▶ *Días* = *Días y noches de amor y de guerra* [1978], Barcelona, Laia, 1979. [CREA]. ▶ *Venas* = *Las venas abiertas de América Latina*, México D. F., Siglo XXI, 1971.

Galich = Galich, Manuel, *Guatemala* = *Guatemala*, La Habana, Casa de las Américas, 1968.

Gallegos = Gallegos, Rómulo, *Bárbara* = *Doña Bárbara* [1929], ed. de Domingo Miliani, Madrid, Cátedra, 1997. [CORDE]. ▶ *Canaima* = *Canaima* [1935], ed. de Charles Minguet, Madrid, Archivos, 1996. [CORDE].

Gambaro = Gambaro, Griselda, *Malasangre* = *La malasangre* [1982], Buenos Aires, Ediciones de la Flor, 1992. [CREA].

Gamboa = Gamboa, Santiago, *Páginas* = *Páginas de vuelta* [1995], Barcelona, Mondadori, 1998. [CREA].

Gándara = Gándara, Alejandro, *Distancia* = *La media distancia* [1984], Madrid, Alfaguara, 1990. [CREA].

Ganivet = Ganivet, Ángel, *Trabajos* = *Los trabajos del infatigable creador Pío Cid* [1898], ed. de Laura Rivkin, Madrid, Cátedra, 1983. [CORDE].

García, A. = García, Alan, *Mundo* = *El mundo de Maquiavelo*, Santafé de Bogotá, Tercer Mundo, 1994. [CREA].

García Enterría/Tizzano/Alonso = García de Enterría, Eduardo, Tizzano, Eduardo y Alonso García, Ricardo, *Código* = *Código de la Unión Europea*, Madrid, Civitas, 1996. [CREA].

García Hortelano = García Hortelano, Juan, *Mary Tribune* = *El gran momento de Mary Tribune* [1972], Barcelona, Grupo Zeta, 1999. [CORDE].

García Márquez = García Márquez, Gabriel, *Amor* = *El amor en los tiempos del cólera* [1985], Madrid, Mondadori, 1987. [CREA]. ▶ *Cien años* = *Cien años de soledad* [1967], Madrid, Real Academia Española, 2007. [CORDE]. ▶ *Coronel* = *El coronel no tiene quien le escriba* [1958], ed. de Agustín Cueva y Patricia Rubio, Caracas, Biblioteca Ayacucho, 1982. [CORDE]. ▶ *Crónica* = *Crónica de una* *muerte anunciada,* Barcelona, Bruguera, 1981. [CREA]. ▶ *Doce cuentos* = *Doce cuentos peregrinos,* Bogotá, Oveja Negra, 1992. ▶ *Hora* = *La mala hora* [1962], México D. F., Era, 1966. ▶ *Náufrago* = *Relato de un náufrago* [1955], Barcelona, Tusquets, 1992. ▶ *Otoño* = *El otoño del patriarca,* Barcelona, Plaza & Janés, 1975.

García Morales = García Morales, Adelaida, *Lógica* = *La lógica del vampiro,* Barcelona, Anagrama, 1990. [CREA]. ▶ *Sur* = *El sur seguido de Bene* [1985], Barcelona, Anagrama, 1994. [CREA].

García Pavón = García Pavón, Francisco, *Reinado* = *El reinado de Witiza,* Barcelona, Destino, 1968. [CORDE].

García-Badell = García-Badell, Gabriel, *Funeral* = *Funeral por Francia,* Barcelona, Destino, 1975. [CREA].

Garciadiego = Garciadiego Dantan, Javier, *Rudos* = *Rudos contra científicos. La Universidad Nacional durante la Revolución Mexicana* [1996], México D. F., El Colegio de México, 2000.

Garcilaso = Vega, Garcilaso de la, *Poesías* = *Poesías castellanas completas* [1526-1536], ed. de Bienvenido Morros, Barcelona, Crítica, 1995. [CDH].

Gasulla = Gasulla, Luis, *Culminación* = *Culminación de Montoya* [1975], Barcelona, Destino, 1979. [CREA].

Giardinelli = Giardinelli, Mempo, *Oficio* = *Santo oficio de la memoria,* Barcelona, Norma, 1991.

Gil Carrasco = Gil y Carrasco, Enrique, *Bembibre* = *El Señor de Bembibre* [1844], ed. de Jean-Louis Picoche, Madrid, Castalia, 1989. [CORDE].

Gil Vicente = Vicente, Gil, *Duardos* = *Tragicomedia de don Duardos* [c1525], ed. de Dámaso Alonso, Madrid, CSIC, 1942. [CORDE].

Giménez Bartlett = Giménez Bartlett, Alicia, *Serpientes* = *Serpientes en el paraíso. El nuevo caso de Petra Delicado,* Barcelona, Planeta, 2002. [CREA].

Girondo = Girondo, Oliverio, *Poemas* = *Veinte poemas para ser leídos en el tranvía,* Argenteuil, Impr. Coulouma, 1922.

Gironella = Gironella, José María, *Hombres* = *Los hombres lloran solos* [1986], Barcelona, Planeta, 1987. [CREA]. ▶ *Millón* = *Un millón de muertos* [1961], Barcelona, Planeta, 1989. [CORDE].

Glantz = Glantz, Margo, *Rastro* = *El rastro,* Barcelona, Anagrama, 2002. [CREA].

Gómez Avellaneda = Gómez de Avellaneda, Gertrudis, *Autobiografía* = *Autobiografía y cartas (hasta ahora inéditas)* [1839-1854], ed. de Lorenzo Cruz de Fuentes, Madrid, Imprenta Helénica, 1914. ▶ *Sab* = *Sab* [1838-1841], ed. de José Servera, Madrid, Cátedra, 1997. [CORDE].

Gómez-Moreno = Gómez-Moreno, Manuel, *Águilas* = *Las águilas del Renacimiento español: Bartolomé Ordóñez, Diego Siloé, Pedro Machuca, Alonso Berruguete* [1941], Madrid, Xarait, 1983. [CORDE].

Gómez Serna = Gómez de la Serna, Ramón, *Automoribundia* = *Automoribundia,* Buenos Aires, Editorial Sudamericana, 1948. [CORDE].

Góngora = Góngora y Argote, Luis de, *Epistolario* = *Epistolario* [1613-1626], ed. de Antonio Carreira, Lausanne, Sociedad Suiza de Estudios Hispánicos, 1999. [CORDE]. ▶ *Polifemo* = *Fábula de Polifemo y Galatea* [1612], ed. de Antonio Carreira, Madrid, Fundación José Antonio Castro, 2000. [CORDE].

González, E. = González, Eladia, *Dios* = *Quién como Dios,* Madrid, Espasa Calpe, 1999. [CREA].

Gopegui = Gopegui, Belén, *Real* = *Lo real,* Barcelona, Anagrama, 2001. [CREA].

Gorodischer = Gorodischer, Angélica, *Jubeas* = *Bajo las jubeas en flor,* Buenos Aires, Ediciones de la Flor, 1973. [CORDE].

Goytisolo = Goytisolo, Luis, *Diario* = *Diario de 360°,* Barcelona, Seix Barral, 2000. ▶ *Estela* = *Estela del fuego que se aleja,* Barcelona, Anagrama, 1984. [CREA].

Goytisolo, J. = Goytisolo, Juan, *Reivindicación* = *Reivindicación del conde don Julián* [1970], México D. F., Joaquín Mortiz, 1973. [CORDE].

Gracián = Gracián, Baltasar, *Criticón I* = *El Criticón, primera parte* [1651], ed. de Miguel Romera Navarro, Philadelphia, University of Pennsylvania Press, 1938. [CDH]. ▶ *Criticón III* = *El Criticón, tercera parte* [1657], ed. de Miguel Romera Navarro, Philadelphia, University of Pennsylvania Press, 1940. [CDH].

Granada = Granada, fray Luis de, *Epistolario* = *Epistolario* [1538-1589], ed. de Álvaro Huerga, Madrid, Fundación Universitaria Española / Dominicos de Andalucía, 1998. [CORDE]. ▶ *Símbolo II* = *Segunda parte de la Introducción del Símbolo de la Fe* [1583], ed. de José María Balcells, Madrid, Cátedra, 1989. [CORDE].

Grandes = Grandes, Almudena, *Aires* = *Los aires difíciles,* Barcelona, Tusquets, 2002. [CREA]. ▶ *Edades* = *Las edades de Lulú* [1989], Barcelona, Tusquets, 1995. [CREA]. ▶ *Malena* = *Malena es un nombre de tango,* Barcelona, Tusquets, 1994.

Guelbenzu = Guelbenzu, José María, *Río* = *El río de la luna* [1981], Madrid, Alianza, 1989. [CREA].

Guevara = Guevara, fray Antonio de, *Epístolas* = *Epístolas familiares* [1521-1543], ed. de José María de Cossío, Madrid, Real Academia Española, 1950. [CORDE]. ▶ *Reloj* = *Reloj de príncipes* [1529-1531], ed. de Emilio Blanco, Madrid, Fundación José Antonio Castro, 1994. [CORDE].

Guillén = Guillén, Jorge, *Correspondencia* = *Correspondencia (1923-1951) / Jorge Guillén, Pedro Salinas* [1923-1951], ed. de Andrés Soria Olmedo, Barcelona, Tusquets, 1992.

Güiraldes = Güiraldes, Ricardo, *Segundo* = *Don Segundo Sombra* [1926], ed. de Alberto Blasi y Luis Harss, Madrid, Biblioteca Ayacucho, 1983. [CORDE].

Gurrea = Gurrea, Adelina, *Cuentos* = *Cuentos de Juana,* Madrid, Impr. Prensa Española, 1943.

Gutiérrez, E. = Gutiérrez, Eduardo, *Juan Moreira* = *Juan Moreira,* Buenos Aires, Centro Editor de América Latina, 1980. [CORDE].

Guzmán = Guzmán, Martín Luis, *Águila* = *El águila y la serpiente* [1926-1928], México D. F., Ediciones de Cultura Hispánica, 1994.

Hayen = Hayen, Jenny E., *Calle* = *Por la calle de los anhelos*, México D. F., Edamex, 1993. [CREA].

Henríquez Ureña = Henríquez Ureña, Pedro, *Ensayos* = *Ensayos críticos* [1904], en *Ensayos críticos*, La Habana, Impr. Esteban Fernández, 1905. [CORDE].

Hernández = Hernández, Miguel, *Rayo* = *El rayo que no cesa* [1936], ed. de Agustín Sánchez Vidal, José Carlos Rovira y Carmen Alemany, Madrid, Espasa Calpe, 1993. [CORDE].

Hernández, F. = Hernández, Felisberto, *Nadie* = *Nadie encendía las lámparas* [1947], ed. de Enriqueta Morillas, Madrid, Cátedra, 1993. [CORDE].

Hernández, J. = Hernández, José, *Martín Fierro* = *El gaucho Martín Fierro* [1872], ed. de Ángel J. Battistessa, Madrid, Castalia, 1994. ▶ *Vuelta* = *La vuelta de Martín Fierro* [1879], ed. de Ángel J. Battistessa, Madrid, Castalia, 1994. [CORDE].

Herrera = Herrera, Fernando de, *Comentarios* = *Comentarios a Garcilaso* [1580], ed. de Antonio Gallego Morell, Madrid, Gredos, 1972. [CORDE].

Herrera Luque = Herrera Luque, Francisco, *Casa* = *En la casa del pez que escupe el agua*, Caracas, Pomaire, 1985. [CREA].

Herrera Reissig = Herrera y Reissig, Julio, *Pascuas* = *Las pascuas del tiempo* [1900], ed. de Ángeles Estévez, Madrid, Galaxia Gutenberg / Círculo de Lectores, 1999. [CORDE].

Herrero Mayor = Herrero Mayor, Avelino, *Diálogo* = *Diálogo argentino de la lengua* [1954-1967], Buenos Aires, Secretaría de Estado de Cultura y Educación, 1967. [CORDE].

Huidobro = Huidobro, Vicente, *Altazor* = *Altazor* [1931], ed. de René de Costa, Madrid, Cátedra, 1992. [CORDE].

Ibarbourou = Ibarbourou, Juana de, *Raíz* = *Raíz salvaje* [1922], ed. de Jorge Rodríguez Padrón, Madrid, Cátedra, 1998. [CORDE].

Ibargüengoitia = Ibargüengoitia, Jorge, *Atentado* = *El atentado* [1963], México D. F., Joaquín Mortiz, 1975. [CREA]. ▶ *Crímenes* = *Dos crímenes* [1979], Barcelona, Grijalbo / Mondadori, 1995. [CREA]. ▶ *Relámpagos* = *Los relámpagos de agosto* [1965], Barcelona, Argos Vergara, 1982.

Icaza = Icaza, Jorge, *Huasipungo* = *Huasipungo* [1934-1961], ed. de Teodosio Fernández, Madrid, Cátedra, 1994. [CORDE].

Inca Garcilaso = Inca Garcilaso (Garcilaso de la Vega, el Inca), *Comentarios* = *Comentarios Reales de los Incas* [1609], ed. de Aurelio Miro Quesada, Caracas, Biblioteca Ayacucho, 1985. [CORDE].

Insúa = Insúa, Alberto, *Negro* = *El negro que tenía el alma blanca* [1922], ed. de Santiago Fortuño Llorens, Madrid, Castalia, 1998. [CORDE].

Isaacs = Isaacs, Jorge, *María* = *María* [1867], ed. de Donald McGrady, Madrid, Cátedra, 1995. [CORDE].

Isla = Isla, José Francisco de, *Fray Gerundio* = *Historia del famoso predicador fray Gerundio de Campazas alias Zotes* [1758], ed. de José Jurado, Madrid, Gredos, 1992. [CORDE].

Jardiel = Jardiel Poncela, Enrique, *Angelina* = *Angelina o el honor de un brigadier* [1934], ed. de Antonio A. Gómez Yebra, Madrid, Castalia, 1995 [CORDE]. ▶ *Eloísa* = *Eloísa está debajo del almendro* [1940], ed. de María José Conde Guerri, Madrid, Espasa Calpe, 1997. [CORDE].

Jiménez = Jiménez, Juan Ramón, *Eternidades* = *Eternidades* [1918], ed. de Víctor García de la Concha, Madrid, Taurus, 1982. [CORDE]. ▶ *Platero* = *Platero y yo* [1916], ed. de Richard A. Cardwell, Madrid, Espasa Calpe, 1987. [CORDE].

Jodorowsky = Jodorowsky, Alejandro, *Danza* = *La danza de la realidad. Chamanismo y psicochamanismo*, Madrid, Siruela, 2001. [CREA]. ▶ *Pájaro* = *Donde mejor canta un pájaro* [1992], Barcelona, Seix Barral, 1994. [CREA].

Jovellanos = Jovellanos, Gaspar Melchor de, *Diarios* = *Diarios* [1791], ed. de Julián Marías, Madrid, Alianza, 1967.

Juan Manuel = Don Juan Manuel, *Lucanor* = *El Conde Lucanor* [1325-1335], ed. de Guillermo Serés, Barcelona, Crítica, 1994. [CORDE].

Labarca = Labarca, Eduardo, *Butamalón* = *Butamalón*, Madrid, Anaya & Mario Muchnik, 1994. [CREA].

Laforet = Laforet, Carmen, *Nada* = *Nada* [1945], Barcelona, Destino, 1997. [CORDE].

Laín Entralgo = Laín Entralgo, Pedro, *Espera* = *La espera y la esperanza. Historia y teoría del esperar humano* [1957], Madrid, Alianza, 1984. [CORDE].

Landero = Landero, Luis, *Juegos* = *Juegos de la edad tardía* [1989], Barcelona, Tusquets, 1993. [CREA].

Landriscina = Landriscina, Luis, *Galpón* = *De todo como en galpón* [1994], Buenos Aires, Imaginador, 2007.

Lapesa = Lapesa Melgar, Rafael, *Lengua* = *Historia de la lengua española*, Madrid, Escelicer, 1942. [CORDE].

Larra = Larra, Mariano José de, *Doncel* = *El doncel de don Enrique el Doliente* [1834], ed. de José Luis Varela, Madrid, Cátedra, 2003. ▶ *Fígaro* = *Fígaro. Colección de artículos dramáticos, literarios, políticos y de costumbres* [1828-1836], ed. de Alejandro Pérez Vidal, Barcelona, Crítica, 2000. [CORDE].

Larreta = Larreta, Antonio, *Volavérunt* = *Volavérunt* [1980], Barcelona, Planeta, 1995. [CREA].

Lazarillo = *Lazarillo de Tormes* [a1554], ed. de Francisco Rico, Madrid, Cátedra, 1994. [CORDE].

Lázaro = Lázaro, Maribel, *Humo* = *Humo de beleño*, Madrid, Primer acto, 1986. [CREA].

Lázaro Carreter = Lázaro Carreter, Fernando, *Crónica* = *Crónica del Diccionario de Autoridades. Discurso de ingreso en la Real Academia Española*, Madrid, Real Academia Española, 1972.

Leguina = Leguina, Joaquín, *Nombre* = *Tu nombre envenena mis sueños*, Barcelona, Plaza & Janés, 1992. [CREA].

Leguineche = Leguineche, Manuel, *Camino* = *El camino más corto. Una trepidante vuelta al mundo* *en automóvil* [1995], Barcelona, Plaza & Janés, 1996. [CREA].

Leñero = Leñero, Vicente, *Noche* = *La noche de Hernán Cortés*, Madrid, Centro de Documentación Teatral, 1992. [CREA].

León = León, fray Luis de, *Casada* = *La perfecta casada* [1583-1587], ed. de Félix García, Madrid, Biblioteca de Autores Cristianos, 1991. [CORDE]. ▶ *Nombres* = *De los nombres de Cristo, libros I-III* [1583], ed. de Cristóbal Cuevas, Madrid, Cátedra, 1984. [CDH]. ▶ *Poesía* = *Poesía original* [c1558-1580], en *Poesía*, ed. de José Manuel Blecua, Madrid, Gredos, 1990. [CORDE].

León-Portilla = León-Portilla, Miguel, *Pensamiento* = *El pensamiento náhuatl*, en *Filosofía iberoamericana en la época del Encuentro*, Madrid, CSIC / Trotta, 1992. [CREA].

Leyva = Leyva, Daniel, *Piñata* = *Una piñata llena de memoria*, México D. F., Joaquín Mortiz, 1984. [CREA].

Lezama = Lezama Lima, José, *Oppiano* = *Oppiano Licario* [1977], ed. de César López, Madrid, Cátedra, 1989. [CREA]. ▶ *Paradiso* = *Paradiso* [1966], ed. de Cintio Vitier, Madrid, CSIC, 1988. [CORDE].

Llamazares = Llamazares, Julio, *Lluvia* = *La lluvia amarilla* [1988], Barcelona, Seix Barral, 1994. [CREA]. ▶ *Río* = *El río del olvido* [1990], Barcelona, Seix Barral, 1995. [CREA].

Lledó = Lledó Íñigo, Emilio, *Días* = *Días y libros* [1994], Salamanca, Junta de Castilla y León, 1995. [CREA].

Loaeza = Loaeza, Guadalupe, *Mujeres* = *Mujeres maravillosas*, México D. F., Océano, 1997.

Longares = Longares, Manuel, *Romanticismo* = *Romanticismo* [2001], Madrid, Alfaguara, 2002. [CREA].

Lope Rueda = Rueda, Lope de, *Engañados* = *Comedia llamada de 'Los engañados'* [1545-1565], ed. de Alfredo Hermenegildo, Madrid, Cátedra, 2001. [CORDE].

Lope Vega = Vega Carpio, Lope de, *Castigo* = *El castigo sin venganza* [c1604-1612], ed. de Antonio Carreño, Madrid, Cátedra, 2010. ▶ *Peregrino* = *El peregrino en su patria* [1604], ed. de Juan Bautista Avalle-Arce, Madrid, Castalia, 1973. [CORDE]. ▶ *Peribáñez* = *Peribáñez y el comendador de Ocaña* [c1610], ed. de Donald McGrady, Barcelona, Crítica, 1997. [CDH]. ▶ *Perro* = *El perro del hortelano* [1613], ed. de Mauro Armiño, Madrid, Cátedra, 1996. [CORDE].

López Ayala = López de Ayala, Pero, *Rimado* = *Rimado de palacio* [c1378-1406], ed. de Germán Orduna, Madrid, Castalia, 1987. [CORDE].

López Páez = López Páez, Jorge, *Herlinda* = *Doña Herlinda y su hijo y otros hijos*, México D. F., Fondo de Cultura Económica, 1993. [CREA].

Lorandi = Lorandi, Ana María, *Ley* = *Ni ley, ni rey, ni hombre virtuoso. Guerra y sociedad en el virreinato del Perú. Siglos XVI y XVII*, Barcelona, Gedisa, 2002. [CREA].

Lorca = García Lorca, Federico, *Yerma* = *Yerma. Poema trágico en tres actos y seis cuadros* [1934],

ed. de Miguel García-Posada, Madrid, Espasa Calpe, 1997. [CORDE]. ▶ *Zapatera* = *La zapatera prodigiosa. Farsa violenta en dos actos* [1930], ed. de Joaquín Forradellas, Madrid, Espasa Calpe, 1996. [CORDE].

Loynaz = Loynaz, Dulce María, *Jardín* = *Jardín. Novela lírica* [1935], Barcelona, Seix Barral, 1992. [CORDE].

Luca Tena = Luca de Tena, Torcuato, *Renglones* = *Los renglones torcidos de Dios* [1979], Barcelona, Planeta, 1994. [CREA].

Lussich = Lussich, Antonio Dionisio, *Cantalicio* = *Cantalicio Quirós y Miterio Castro* [1883], ed. de Jorge Luis Borges y Adolfo Bioy Casares, México D. F., Fondo de Cultura Económica, 1955. [CORDE].

Luzán = Luzán, Ignacio de, *Poética* = *La Poética o reglas de la poesía en general y de sus principales especies* [1737-1789], ed. de Russell P. Sebold, Barcelona, Labor, 1977. [CDH].

Machado = Machado, Antonio, *Campos* = *Campos de Castilla* [1907-1917], ed. de Oreste Macrì y Gaetano Chiappini, Madrid, Espasa Calpe, 1988. [CORDE]. ▶ *Soledades* = *Soledades, Galerías y otros poemas* [1898-1907], ed. de Oreste Macrì y Gaetano Chiappini, Madrid, Espasa Calpe, 1988. [CORDE].

Madariaga = Madariaga, Salvador de, *Corazón* = *El corazón de piedra verde* [1942], Madrid, Espasa Calpe, 1975. ▶ *Viva* = *¡Viva la muerte! Tragedia moderna en tres actos* [a1974], Madrid, Espasa Calpe, 1983. [CORDE].

Madero = Madero, Francisco Ignacio, *Sucesión* = *La sucesión presidencial en 1910* [1908], México D. F., Colofón, 2006.

Maeztu = Maeztu, Ramiro de, *Quijote* = *Don Quijote, don Juan y la Celestina. Ensayos en simpatía* [1926], Madrid, Espasa Calpe, 1981. [CORDE].

Mallea = Mallea, Eduardo, *Bahía* = *La bahía de silencio*, Buenos Aires, Editorial Sudamericana, 1940.

Manrique = Manrique, Jorge, *Coplas* = *Coplas por la muerte de su padre* [1477], ed. de Vicente Beltrán, Barcelona, Crítica, 1993. [CORDE].

Marechal = Marechal, Leopoldo, *Buenosayres* = *Adán Buenosayres* [1948], ed. de Pedro Luis Barcia, Madrid, Castalia, 1995.

Marías = Marías, Julián, *Historia* = *Historia de la Filosofía* [1941-1970], Madrid, Alianza, 1993. [CORDE].

Marías, J. = Marías, Javier, *Corazón* = *Corazón tan blanco* [1992], Barcelona, Anagrama, 1994. [CREA].

Mariátegui = Mariátegui, José Carlos, *Artículos* = *Artículos (1923-1930)* [1923-1930], ed. de Sandro Mariátegui Chiappe, Siegfried Mariátegui Chiappe, José Carlos Mariátegui Chiappe y Javier Mariátegui, Lima, Amauta, 1988. [CORDE].

Mármol = Mármol, José, *Amalia* = *Amalia* [1851-1855], ed. de Teodosio Fernández, Madrid, Cátedra, 2000. [CORDE].

Márquez, J. = Márquez, Jorge, *Hernán Cortés* = *Hernán Cortés*, Madrid, Fundamentos, 1990. [CREA].

Marsé = Marsé, Juan, **Embrujo** = *El embrujo de Shangai* [1993], Barcelona, Plaza & Janés, 1996. [CREA]. ▶ **Montse** = *La oscura historia de la prima Montse*, Barcelona, Seix Barral, 1970. ▶ **Muchacha** = *La muchacha de las bragas de oro* [1978], Barcelona, Planeta, 1993. [CREA]. ▶ **Rabos** = *Rabos de lagartija*, Barcelona, Lumen, 2000. [CREA]. ▶ **Teresa** = *Últimas tardes con Teresa* [1966], Barcelona, Seix Barral, 1996. [CORDE].

Martí = Martí, José, **América** = *Nuestra América* [1891], ed. de Héctor Velarde, México D. F., Edición electrónica, 1996. [CORDE].

Martín Gaite = Martín Gaite, Carmen, **Balneario** = *El balneario*, Madrid, Clavileño, 1955. ▶ **Fragmentos** = *Fragmentos de interior* [1976], Barcelona, Destino, 1994. [CREA]. ▶ **Nubosidad** = *Nubosidad variable* [1992], Barcelona, Anagrama, 1994. [CREA]. ▶ **Usos** = *Usos amorosos de la posguerra española* [1987], Barcelona, Anagrama, 1994. [CREA]. ▶ **Visillos** = *Entre visillos*, Barcelona, Destino, 1958. [CORDE].

Martín Recuerda = Martín Recuerda, José, **Arrecogías** = *Las arrecogías del beaterio de Santa María Egipcíaca* [1980], ed. de Francisco Ruiz Ramón, Madrid, Cátedra, 1991. [CREA]. ▶ **Engañao** = *El engañao*, ed. de Martha Halsey y Ángel Cobo, Madrid, Cátedra, 1981. [CREA].

Martín-Santos = Martín-Santos, Luis, **Tiempo** = *Tiempo de silencio* [1961], Barcelona, Seix Barral, 1996. [CORDE].

Martín Vigil = Martín Vigil, José Luis, **Curas** = *Los curas comunistas*, Barcelona, Círculo de Lectores, 1968. [CORDE].

Martínez = Martínez, Tomás Eloy, **Cantor** = *El cantor de tango*, Buenos Aires, Planeta, 2004. ▶ **Evita** = *Santa Evita*, Barcelona, Seix Barral, 1995. [CREA]. ▶ **Vuelo** = *El vuelo de la reina*, Madrid, Alfaguara, 2002. [CREA].

Martínez Estrada = Martínez Estrada, Ezequiel, **Cabeza** = *La cabeza de Goliat*, Madrid, Revista de Occidente, 1970.

Martínez Mediero = Martínez Mediero, Manuel, **Juana** = *Juana del amor hermoso*, Madrid, Fundamentos, 1982. [CREA]. ▶ **Vacaciones** = *Las largas vacaciones de Oliveira Salazar*, Madrid, Centro de Documentación Teatral, 1991. [CREA].

Martínez Reverte = Martínez Reverte, Jorge, **Gálvez** = *Demasiado para Gálvez* [1979], Barcelona, Anagrama, 1999. [CREA].

Mastretta = Mastretta, Ángeles, **Mal** = *Mal de amores*, Madrid, Alfaguara, 1996. ▶ **Mujeres** = *Mujeres de ojos grandes*, Barcelona, Seix Barral, 1990. ▶ **Vida** = *Arráncame la vida* [1990], Barcelona, Seix Barral, 1995. [CREA].

Matto = Matto de Turner, Clorinda, **Aves** = *Aves sin nido* [1889], Madrid, Cupsa, 1982. [BVC].

Matute = Matute, Ana María, **Gudú** = *Olvidado rey Gudú*, Madrid, Espasa Calpe, 1996.

Medina = Medina, José Toribio, **Chile** = *Historia del Tribunal del Santo Oficio de la Inquisición en Chile* [1890], Santiago de Chile, Fondo Histórico y Bibliográfico José Toribio Medina, 1952. [BVC].

Mena = Mena, Juan de, **Homero** = *Homero romanzado* [1442], ed. de Miguel Ángel Pérez Priego, Barcelona, Planeta, 1989. [CORDE].

Mendicutti = Mendicutti, Eduardo, **Fuego** = *Fuego de marzo*, Barcelona, Tusquets, 1995. [CREA]. ▶ **Palomo** = *El palomo cojo* [1991], Barcelona, Tusquets, 1995. [CREA].

Mendizábal = Mendizábal, Rafael, **Cumpleaños** = *Feliz cumpleaños, Sr. Ministro* [1992], Madrid, SGAE, 1995. [CREA].

Mendoza = Mendoza, Eduardo, **Ciudad** = *La ciudad de los prodigios* [1986], Barcelona, Seix Barral, 1993. [CREA]. ▶ **Laberinto** = *El laberinto de las aceitunas*, Barcelona, Seix Barral, 1982. ▶ **Misterio** = *El misterio de la cripta embrujada* [1978], Barcelona, Seix Barral, 1979. ▶ **Verdad** = *La verdad sobre el caso Savolta* [1975], Barcelona, Seix Barral, 1994. [CREA].

Menéndez Pelayo = Menéndez Pelayo, Marcelino, **Heterodoxos** = *Historia de los heterodoxos españoles* [1880-1881], ed. de Enrique Sánchez Reyes, Madrid, CSIC, 1946. [CORDE]. ▶ **Historia** = *Historia de las ideas estéticas* [1883-1891], Madrid, CSIC, 1974.

Menéndez Pidal = Menéndez Pidal, Ramón, **Poesía** = *Poesía juglaresca y juglares. Orígenes de las literaturas románicas* [1924-1957], Madrid, Espasa Calpe, 1991. [CORDE].

Mera = Mera, Juan León, **Cumandá** = *Cumandá o un drama entre salvajes* [1879], ed. de Ángel Esteban, Madrid, Cátedra, 1998. [CORDE].

Merino = Merino, José María, **Orilla** = *La orilla oscura* [1985], Madrid, Alfaguara, 1995. [CREA].

Mihura = Mihura, Miguel, **Sombreros** = *Tres sombreros de copa* [1952], ed. de Miguel Mihura actualizada por Juan A. Ríos Carratalá, Madrid, Castalia, 1993. [CORDE].

Millás = Millás, Juan José, **Articuentos** = *Articuentos*, Barcelona, Alba Editorial, 2001. [CREA]. ▶ **Desorden** = *El desorden de tu nombre* [1988], Madrid, Alfaguara, 1994. [CREA]. ▶ **Mujeres** = *Dos mujeres en Praga*, Madrid, Espasa Calpe, 2002. [CREA].

Miras = Miras, Domingo, **Brujas** = *Las brujas de Barahona* [1978], Madrid, Espasa Calpe, 1992. [CREA].

Miró = Miró, Gabriel, **Obispo** = *El obispo leproso* [1926], en *Obras completas*, ed. de Miguel Ángel Lozano, Madrid, Fundación José Antonio Castro, 2006. ▶ **San Daniel** = *Nuestro Padre San Daniel. Novela de capellanes y devotos* [1921], ed. de Manuel Ruiz-Funes, Madrid, Cátedra, 1988. [CORDE]. ▶ **Sigüenza** = *El libro de Sigüenza* [1917], en *Obras completas*, ed. de Miguel Ángel Lozano, Madrid, Fundación José Antonio Castro, 2006.

Mistral = Gabriela Mistral (Lucila Godoy Alcayaga), **Desolación** = *Desolación* [1922], México D. F., Porrúa, 1966. [CORDE].

Moix = Moix, Terenci, **Arpista** = *El arpista ciego. Una fantasía del reinado de Tutankamón*, Barcelona, Planeta, 2002. [CREA]. ▶ **Sueño** = *No digas* *que fue un sueño* [1986], Barcelona, Planeta, 1993. [CREA].

Moix, A. M. = Moix, Ana María, **Vals** = *Vals negro*, Barcelona, Lumen, 1994. [CREA].

Molina Foix = Molina Foix, Vicente, **Don Juan** = *Don Juan último* [1992], Madrid, SGAE, 1994. [CREA].

Montalvo = Montalvo, Juan, **Tratados** = *Siete tratados*, Besanzón, Impr. José Jacquin, 1882. [CORDE].

Monteforte = Monteforte Toledo, Mario, **Desencontrados** = *Los desencontrados*, México D. F., Joaquín Mortiz, 1976.

Montemayor = Montemayor, Jorge de, **Diana** = *Los siete libros de La Diana* [1559], ed. de Asunción Rallo, Madrid, Cátedra, 1991. [CORDE].

Montero = Montero, Rosa, **Amado** = *Amado amo*, Madrid, Debate, 1988. [CREA].

Montero, M. = Montero, Mayra, **Capitán** = *El capitán de los dormidos*, Barcelona, Tusquets, 2002. [CREA]. ▸ **Trenza** = *La trenza de la hermosa luna* [1987], Barcelona, Anagrama, 1993. [CREA].

Monterroso = Monterroso, Augusto, **Letra** = *La letra E: Fragmentos de un diario*, Madrid, Alianza, 1987. ▸ **Literatura** = *Literatura y vida*, Madrid, Alfaguara, 2004. [CREA]. ▸ **Palabra** = *La palabra mágica* [1983], México D. F., Plaza y Valdés, 1994.

Moratín = Fernández de Moratín, Leandro, **Epistolario** = *Epistolario* [1782-1828], Madrid, Castalia, 1973. [CORDE]. ▸ **Sí** = *El sí de las niñas* [1805], ed. de René Andioc, Madrid, Castalia, 1993. [CORDE].

Moreno-Durán = Moreno-Durán, R. Humberto, **Diana** = *El toque de Diana* [1981], Bogotá, Tercer Mundo, 1988. [CREA].

Morón = Morón, Guillermo, **Gallo** = *El gallo de las espuelas de oro* [1986], Caracas, Monte Ávila, 1993. [CREA]. ▸ **Historia** = *Breve historia contemporánea de Venezuela*, México D. F., Fondo de Cultura Económica, 1994. [CREA].

Mujica Lainez = Mujica Lainez, Manuel, **Bomarzo** = *Bomarzo* [1962], Barcelona, Seix Barral, 1996. [CORDE]. ▸ **Escarabajo** = *El escarabajo* [1982], Barcelona, Plaza & Janés, 1993. [CREA]. ▸ **Ídolos** = *Los ídolos*, Buenos Aires, Editorial Sudamericana, 1953. ▸ **Unicornio** = *El unicornio*, Buenos Aires, Editorial Sudamericana, 1965.

Municipalidades Chiloé = Asociación Provincial de Municipalidades de Chiloé, **Comunas** = *Comunas*, www.chiloeweb.com/chwb/chiloeisland/tem_gen_costumbres.html, 2009.

Muñoz Molina = Muñoz Molina, Antonio, **Beltenebros** = *Beltenebros*, Barcelona, Seix Barral, 1989. ▸ **Invierno** = *El invierno en Lisboa* [1987], Barcelona, Seix Barral, 1995. [CREA]. ▸ **Jinete** = *El jinete polaco*, Barcelona, Planeta, 1991. ▸ **Sefarad** = *Sefarad. Una novela de novelas*, Madrid, Alfaguara, 2001. [CREA]. ▸ **Viento** = *El viento de la luna*, Barcelona, Seix Barral, 2006.

Muñoz Seca = Muñoz Seca, Pedro, **Venganza** = *La venganza de don Mendo* [1918], ed. de Salvador García Castañeda, Madrid, Cátedra, 1997. [CORDE].

Mutis = Mutis, Álvaro, **Maqroll** = *Empresas y tribulaciones de Maqroll el gaviero* [1986-1993], Madrid, Alfaguara, 2001.

Nácher = Nácher, Enrique, **Guanche** = *Guanche*, Barcelona, Destino, 1957. [CORDE].

Naranjo = Naranjo, Carmen, **Caso** = *El caso 117.720*, San José de Costa Rica, Editorial Costa Rica, 1987. [CREA].

Navales = Navales, Ana María, **Cuentos** = *Cuentos de Bloomsbury*, Barcelona, Edhasa, 1991. [CREA].

Navarro Villoslada = Navarro Villoslada, Francisco, **Urraca** = *Doña Urraca de Castilla* [1849], en *Obras completas*, Tomo IV, Pamplona, Mintzoa, 1992. [BVC].

Neruda = Neruda, Pablo, **Canto** = *Canto general* [1950], ed. de Fernando Alegría, Caracas, Biblioteca Ayacucho, 1981. [CORDE]. ▸ **Confieso** = *Confieso que he vivido. Memorias* [a1973], Barcelona, Seix Barral, 1993. [CORDE]. ▸ **Residencia** = *Residencia en la tierra* [1925-1935], ed. de Hernán Loyola, Madrid, Cátedra, 1987. [CORDE].

Nervo = Nervo, Amado, **Serenidad** = *Serenidad* [1914], Buenos Aires, Espasa Calpe, 1949.

Nieva = Nieva, Francisco, **Carroza** = *La carroza de plomo candente. Ceremonia negra de un acto* [1976], en *Obra completa*, ed. de Juan Francisco Peña, Madrid, Espasa Calpe, 2007. ▸ **Señora** = *La señora tártara* [1980], en *Obra completa*, ed. de Juan Francisco Peña, Madrid, Espasa Calpe, 2007. ▸ **Zorra** = *Te quiero, zorra* [1988], en *Obra completa*, ed. de Juan Francisco Peña, Madrid, Espasa Calpe, 2007.

Noel = Noel, Eugenio, **Cucas** = *Las siete cucas* [1927], ed. de José Esteban, Madrid, Cátedra, 1992. [CORDE].

Nogales = Nogales Méndez, Rafael, **Memorias** = *Memorias* [a1936], ed. de Ana Mercedes Pérez, Caracas, Ayacucho, 1991. [CORDE].

Novás = Novás Calvo, Lino, **Negrero** = *El negrero: vida novelada de Pedro Blanco Fernández de Trava* [1933], Barcelona, Tusquets, 1999.

Núñez, E. = Núñez, Enrique Bernardo, **Insurgente** = *La insurgente y otros relatos* [a1964], ed. de Pedro Beroes y Néstor Tablante y Garrido, Caracas, Monte Ávila, 1993.

Obligado = Obligado, Pastor Servando, **Tradiciones** = *Tradiciones argentinas*, Barcelona, Montaner y Simón, 1903. [CORDE].

Obligado, C. = Obligado, Clara, **Salsa** = *Salsa*, Barcelona, Plaza & Janés, 2002. [CREA].

Ocampo = Ocampo, Silvina, **Cornelia** = *Cornelia frente al espejo*, Barcelona, Tusquets, 1988. [CREA].

Ocampo, V. = Ocampo, Victoria, **Testimonios** = *Testimonios. Décima Serie. 1975-1977*, Buenos Aires, Sur, 1977. [CREA].

O'Donnell = O'Donnell, Pacho, **Vincent** = *Vincent y los cuervos*, Buenos Aires, Galerna, 1982. [CREA].

Olmedo = Olmedo, José Joaquín, **Epistolario** = *Epistolario* [1797-1826], ed. de Aurelio Espinosa, Puebla, J. M. Cajica Jr., 1960. [CORDE].

Olmo = Olmo, Lauro, *Pablo Iglesias* = *Pablo Iglesias* [1984], Madrid, Antonio Machado, 1986. [CREA].

Onetti = Onetti, Juan Carlos, *Astillero* = *El astillero* [1961], ed. de Juan Manuel García Ramos, Madrid, Cátedra, 1995. [CORDE]. ▶ *Novia* = *La novia robada*, Montevideo, Centro Editor de América Latina, 1968. ▶ *Reflexiones* = «*Reflexiones de un supersticioso*», ABC 24/12, Madrid, 1983. ▶ *Viento* = *Dejemos hablar al viento* [1979], Madrid, Mondadori, 1991. [CREA].

Ortega Gasset = Ortega y Gasset, José, *Historia* = *Historia como sistema*, Madrid, Revista de Occidente, 1941. ▶ *Rebelión* = *La rebelión de las masas* [1930], ed. de Paulino Garagorri, Madrid, Alianza / Revista de Occidente, 1983-1987.

Ortega Munilla = Ortega Munilla, José, *Cleopatra* = *Cleopatra Pérez* [1884], ed. de Juan Ignacio Ferreras, Madrid, Cátedra, 1993. [CORDE].

Ortiz = Ortiz, Fernando, *Contrapunteo* = *Contrapunteo cubano del tabaco y el azúcar* [1940-1963], ed. de Julio Le Riverend, Caracas, Biblioteca Ayacucho, 1987. [CORDE].

Ortiz-Armengol = Ortiz-Armengol, Pedro, *Aviraneta* = *Aviraneta o la intriga,* Madrid, Espasa Calpe, 1994. [CREA].

Pacheco = Pacheco, José Emilio, *Batallas* = *Las batallas en el desierto* [1981], México D. F., Era, 1992.

Palacio Valdés = Palacio Valdés, Armando, *Novelista* = *La novela de un novelista* [1921], Madrid, Victoriano Suárez, 1922. [CORDE].

Palma = Palma, Ricardo, *Tradiciones* = *Tradiciones peruanas.* Serie I [1874], III [1875], IV [1877], V [1883], VI [1883], VII [1889] y VIII [1891], ed. de Julio Ortega y Flor María Rodríguez-Arenas, Madrid, Archivos, 1997. [CORDE].

Palou = Palou, Inés, *Carne* = *Carne apaleada,* Barcelona, Círculo de Lectores, 1975. [CREA].

Panero = Panero, Leopoldo María, *Lugar* = *El lugar del hijo* [1976], Barcelona, Tusquets, 1985. [CREA].

Pardo Bazán = Pardo Bazán, Emilia, *Cocina* = *La cocina española antigua y moderna* [1913], La Coruña, Academia Galega da Gastronomía, 1996. ▶ *Pazos* = *Los pazos de Ulloa* [1886], ed. de Nelly Clémessy, Madrid, Espasa Calpe, 1987. [CORDE].

Pavlovsky = Pavlovsky, Eduardo, *Galíndez* = *El señor Galíndez,* Madrid, Primer Acto, 1975. [CREA].

Paz = Paz, Octavio, *Arco* = *El arco y la lira* [1956], México D. F., Fondo de Cultura Económica, 2003. [CORDE]. ▶ *Sombras* = *Sombras de obras. Arte y literatura* [1983], Barcelona, Seix Barral, 1996. [CREA]. ▶ *Tiempo* = *Tiempo nublado,* Barcelona, Seix Barral, 1983.

Pemán = Pemán, José María, *Almuerzos* = *Mis almuerzos con gente importante,* Barcelona, Dopesa, 1970. [CORDE].

Pereda = Pereda, José María de, *Sotileza* = *Sotileza* [1885-1888], ed. de Germán Gullón, Madrid, Espasa Calpe, 1991. [CORDE].

Pérez Ayala = Pérez de Ayala, Ramón, *Belarmino* = *Belarmino y Apolonio* [1921], ed. de Andrés

Amorós, Madrid, Cátedra, 1996. [CORDE]. ▶ *Troteras* = *Troteras y danzaderas* [1912], en *Obras completas,* ed. de Javier Serrano Alonso, Madrid, Fundación José Antonio Castro, 1998.

Pérez-Reverte = Pérez-Reverte, Arturo, *Alatriste* = *El capitán Alatriste,* Madrid, Alfaguara, 1996. ▶ *Maestro* = *El maestro de esgrima* [1988], Madrid, Alfaguara, 1995. [CREA]. ▶ *Patente* = *Patente de corso,* Madrid, Alfaguara, 1998. ▶ *Trafalgar* = *Cabo Trafalgar,* Madrid, Alfaguara, 2004.

Peri Rossi = Peri Rossi, Cristina, *Solitario* = *Solitario de amor,* Barcelona, Grijalbo, 1988. [CREA].

Perucho = Perucho, Juan, *Dietario* = *Dietario apócrifo de Octavio de Romeu,* Barcelona, Destino, 1985. [CREA].

Piglia = Piglia, Ricardo, *Respiración* = *Respiración artificial,* Buenos Aires, Pomaire, 1980. [CREA].

Pineda = Pineda, Juan de, *Diálogos* = *Diálogos familiares de la agricultura cristiana* [1589], ed. de Juan Meseguer Fernández, Madrid, Atlas, 1963. [CORDE].

Pinillos = Pinillos, José Luis, *Psicología* = *Principios de psicología* [1975], Madrid, Alianza, 1995. [CREA].

Piñera = Piñera, Virgilio, *Niñita* = *Niñita querida,* La Habana, Consejo Nacional de las Artes Escénicas, 1992. [CREA]. ▶ *Ring* = *El Ring,* La Habana, Unión, 1990. [CREA].

Pitol = Pitol, Sergio, *Juegos* = *Juegos florales* [1982], Barcelona, Anagrama, 1985. [CREA].

Pombo = Pombo, Álvaro, *Héroe* = *El héroe de las mansardas de Mansard* [1983], Barcelona, Anagrama, 1990. [CREA]. ▶ *Metro* = *El metro de platino iridiado* [1990], Barcelona, Anagrama, 1993. [CREA].

Poniatowska = Poniatowska, Elena, *Diego* = *Querido Diego, te abraza Quiela* [1978], México D. F., Era, 1992. [CREA]. ▶ *México* = *Todo México* [1991], México D. F., Diana, 1992.

Posse = Posse, Abel, *Pasión* = *La pasión según Eva,* Barcelona, Planeta, 1995. [CREA].

Prada = Prada, Juan Manuel de, *Animales* = *Animales de compañía,* Madrid, Sial, 2000.

Prada Oropeza = Prada Oropeza, Renato, *Hora* = *Larga hora: la vigilia,* México D. F., Premia, 1979. [CREA].

Puértolas = Puértolas, Soledad, *Burdeos* = *Burdeos,* Barcelona, Anagrama, 1986. ▶ *Noche* = *Queda la noche* [1989], Barcelona, Planeta, 1993. [CREA].

Puig = Puig, Manuel, *Beso* = *El beso de la mujer araña* [1976], Barcelona, Seix Barral, 1993. [CREA]. ▶ *Boquitas* = *Boquitas pintadas* [1972], Barcelona, Seix Barral, 1994. [CORDE].

Quesada = Quesada, Roberto, *Banana* = *Big Banana,* Barcelona, Seix Barral, 2000. [CREA].

Quevedo = Quevedo y Villegas, Francisco de, *Buscón* = *La vida del Buscón llamado don Pablos* [1626], ed. de Fernando Lázaro Carreter, Salamanca, Universidad de Salamanca, 1980. [CORDE]. ▶ *Heráclito* = *Un Heráclito cristiano; Canta sola a Lisi y otros poemas* [1613], ed. de Lía Schwartz e Ignacio Arellano, Barcelona,

Crítica, 1998. [CORDE]. ▸ *Poesías* = *Poesías* [1597-1645], ed. de José Manuel Blecua, Madrid, Castalia, 1969-1971. [CORDE]. ▸ *Política* = *Política de Dios, gobierno de Cristo* [1626-1635], ed. de James O. Crosby, Madrid, Castalia, 1996. [CDH].

Quintero = Quintero, Héctor, *Esperando* = *Te sigo esperando (Una crónica cubana de los noventa)* [1996], Madrid, Asociación de Directores de Escena de España, 1998. [CREA].

Quintero, E. = Quintero, Ednodio, *Danza* = *La danza del jaguar*, Caracas, Monte Ávila, 1991. [CREA].

Quiñones, F. = Quiñones, Fernando, *Hortensia* = *Las mil noches de Hortensia Romero*, Barcelona, Planeta, 1979. [CREA].

Quiroga = Quiroga, Elena, *Nombre* = *Escribo tu nombre* [1965], ed. de Phyllis Zatlin, Madrid, Espasa Calpe, 1993. [CORDE].

Quiroga, H. = Quiroga, Horacio, *Amor* = *Cuentos de amor, de locura y de muerte* [1917], ed. de Napoleón Baccino Ponce de León, Madrid, CSIC, 1993. [CORDE]. ▸ *Selva* = *Cuentos de la selva* [1918], ed. de Napoleón Baccino Ponce de León, Madrid, CSIC, 1993. [CORDE].

Ramírez = Ramírez, Sergio, *Alba* = *El Alba de Oro. La historia viva de Nicaragua*, México D. F., Siglo XXI, 1985. [CREA]. ▸ *Baile* = *Un baile de máscaras*, México D. F., Alfaguara, 1995. [CREA].

Regàs = Regàs, Rosa, *Azul* = *Azul*, Barcelona, Destino, 1994. [CREA].

Relaciones = *Relaciones histórico-geográficas-estadísticas de los pueblos de España. Reino de Toledo* [1575-1580], ed. de Carmelo Viñas y Ramón Paz, Madrid, CSIC, 1951. [CORDE].

Reyes = Reyes, Alfonso, *Última* = *Última Tule y otros ensayos* [1942], Caracas, Biblioteca Ayacucho, 1991.

Riaza = Riaza, Luis, *Palacio* = *El palacio de los monos*, ed. de Alberto Castilla, Madrid, Cátedra, 1982. [CREA].

Ribera = Ribera, Jaume, *Sangre* = *La sangre de mi hermano*, Barcelona, Timun Mas, 1988. [CREA].

Ribeyro = Ribeyro, Julio Ramón, *Santiago* = *Santiago, el pajarero*, Lima, INC, 1995. [CREA].

Riera = Riera, Carmen, *Azul* = *En el último azul* [1995], Madrid, Alfaguara, 1996.

Riquer = Riquer, Martín de, *Cantares* = *Los cantares de gesta franceses (Sus problemas, su relación con España)*, Madrid, Gredos, 1952. [CORDE].

Rivarola = Rivarola Matto, Juan Bautista, *Yvypóra* = *Yvypóra*, Buenos Aires, Santiago Rueda, 1970. [CORDE].

Rivas, M. = Rivas, Manuel, *Compañía* = *En salvaje compañía*, Madrid, Alfaguara, 1994. [CREA].

Rivera = Rivera, José Eustasio, *Vorágine* = *La vorágine* [1924], ed. de Montserrat Ordóñez, Madrid, Cátedra, 1995. [CREA].

Rizal = Rizal, José, *Noli* = *Noli me tangere* [1887], ed. de Márgara Russotto, Caracas, Ayacucho, 1976.

Roa Bastos = Roa Bastos, Augusto, *Contravida* = *Contravida*, Madrid, Alfaguara, 1995. ▸ *Hijo*

= *Hijo de hombre* [1960], Madrid, Alfaguara, 1977. [CORDE]. ▸ *Supremo* = *Yo el supremo*, Buenos Aires, Siglo XXI, 1974. ▸ *Vigilia* = *Vigilia del Almirante*, Madrid, Alfaguara, 1992. [CREA].

Rodó = Rodó, José Enrique, *Motivos* = *Motivos de Proteo* [1910], ed. de Ángel Rama, Caracas, Biblioteca Ayacucho, 1985. [CORDE].

Rodríguez Montalvo = Rodríguez de Montalvo, Garci, *Amadís* = *Amadís de Gaula, libros I y II* [1482-1492], ed. de Juan Manuel Cacho Blecua, Madrid, Cátedra, 1991. [CORDE].

Rodríguez Padrón = Rodríguez del Padrón, Juan, *Bursario* = *Bursario* [1425-1450], ed. de Pilar Saquero Suárez-Somonte y Tomás González Rolán, Madrid, Universidad Complutense de Madrid, 1984. [CORDE].

Rojas = Rojas, Fernando de, *Celestina* = *La Celestina. Tragicomedia de Calisto y Melibea* [c1499-1502], ed. de Francisco J. Lobera, Guillermo Serés, Paloma Díaz-Mas, Carlos Mota, Íñigo Ruiz Arzálluz y Francisco Rico, Barcelona, Crítica, 2000. [CORDE].

Rojas, C. = Rojas, Carlos, *Hidalgo* = *El ingenioso hidalgo y poeta Federico García Lorca asciende a los infiernos* [1980], Barcelona, Destino, 1982. [CREA].

Rojas, R. = Rojas, Rafael, *Tumbas* = *Tumbas sin sosiego*, Barcelona, Anagrama, 2006.

Rolla = Rolla, Edgardo H., *Familia* = *Familia y personalidad*, Buenos Aires, Paidós, 1976. [CREA].

Roncagliolo = Roncagliolo, Santiago, *Jet Lag* = *Jet Lag*, Madrid, Alfaguara, 2007.

Rosales = Rosales, Luis, *Cervantes* = *Cervantes y la libertad*, I, Madrid, Sociedad de Estudios y Publicaciones, 1960. [CORDE].

Rubén Darío = Rubén Darío (Félix Rubén García Sarmiento), *Azul* = *Azul* [1888], ed. de José María Martínez, Madrid, Cátedra, 2006. [CORDE].

Ruiz Alarcón = Ruiz de Alarcón, Juan, *Verdad* = *La verdad sospechosa* [c1619-1620], ed. de José Montero Reguera, Madrid, Castalia, 1999. [CDH].

Ruiz Zafón = Ruiz Zafón, Carlos, *Sombra* = *La sombra del viento* [2001], Barcelona, Planeta, 2003. [CREA].

Rulfo = Rulfo, Juan, *Llano* = *El llano en llamas* [1953], ed. de Claude Fell, Madrid, CSIC, 1992. [CORDE]. ▸ *Pedro Páramo* = *Pedro Páramo* [1955], ed. de Sergio López Mena y Claude Fell, Madrid, CSIC, 1992. [CORDE].

Sábato = Sábato, Ernesto, *Abaddón* = *Abaddón el exterminador* [1974], Barcelona, Seix Barral, 1983. [CORDE]. ▸ *Héroes* = *Sobre héroes y tumbas* [1961], ed. de A. M. Vázquez Bigi y Horacio Jorge Becco, Caracas, Biblioteca Ayacucho, 1986. [CORDE]. ▸ *Túnel* = *El túnel* [1948], ed. de Ángel Leiva, Madrid, Cátedra, 1986. [CORDE].

Saer = Saer, Juan José, *Entenado* = *El entenado*, Barcelona, Destino, 1988. [CREA]. ▸ *Lugar* = *Lugar*, Buenos Aires, Seix Barral, 2000. ▸ *Ocasión* = *La ocasión* [1988], Barcelona, Destino, 1989. [CREA].

Saguier = Saguier, Raquel, *Zanja* = *Esta zanja está ocupada*, Asunción, Aguilar y Céspedes, 1994.

Salazar = Salazar, Boris, *Selva* = *La otra selva*, Bogotá, Tercer Mundo, 1991. [CREA].

Salinas = Salinas, Pedro, *Correspondencia* = *Correspondencia (1923-1951) / Pedro Salinas, Jorge Guillén* , ed. de Andrés Soria Olmedo, Barcelona, Tusquets, 1992. [CORDE].

Salvador Caja = Salvador Caja, Gregorio, *Eje* = *El eje del compás*, Barcelona, Planeta, 2002. [CREA].

Sampedro = Sampedro, José Luis, *Sirena* = *La vieja sirena*, Barcelona, Destino, 1990. ▶ *Sonrisa* = *La sonrisa etrusca* [1985], Madrid, Alfaguara, 1995. [CREA].

San Juan de la Cruz = San Juan de la Cruz (Juan de Yepes), *Cántico* = *Cántico espiritual. Segunda redacción* [1578-1584], ed. de Eulogio Pacho, Burgos, Monte Carmelo, 1998. [CORDE].

Sánchez, F. = Sánchez, Florencio, *Gringa* = *La gringa* [1904], en *Teatro hispanoamericano* II, s. XIX, ed. de Carlos Ripoll y Andrés Valdespino, Nueva York, Anaya Book, 1973. [CORDE].

Sánchez, H. = Sánchez, Héctor, *Héroe* = *El héroe de la familia*, Bogotá, Tercer Mundo, 1988. [CREA].

Sánchez Ferlosio = Sánchez Ferlosio, Rafael, *Homilía* = *La homilía del ratón*, Madrid, Ediciones El País, 1986. ▶ *Jarama* = *El Jarama* [1956], Barcelona, Destino, 1994. [CORDE].

Sánchez Ron = Sánchez Ron, José Manuel, *Ciencia* = *La ciencia, su estructura y su futuro* [1993], Madrid, Debate, 1995. [CREA].

Sanchis = Sanchis Sinisterra, José, *Aguirre* = *Lope de Aguirre, traidor* [1986], Madrid, Centro de Documentación Teatral, 1992. [CREA]. ▶ *Retablo* = *El retablo de Eldorado* [1985], Madrid, Centro de Documentación Teatral, 1992. [CREA].

Santa Cruz Espejo = Santa Cruz y Espejo, Eugenio de, *Luciano* = *El nuevo Luciano de Quito* [1779], ed. de Aurelio Espinosa Polit, Quito, Comisión de Propaganda Cultural de Ecuador, 1943.

Santa Teresa = Santa Teresa de Jesús (Teresa de Cepeda y Ahumada), *Camino* = *Camino de perfección* [1562-1564], ed. de M.ª Jesús Mancho Duque, Madrid, Espasa Calpe, 1996. ▶ *Moradas* = *Las moradas del castillo interior* [1577], ed. de Dámaso Chicharro, Madrid, Biblioteca Nueva, 1999. [CORDE].

Santander = Santander, Felipe, *Corrido* = *El corrido de los dos hermanos* [1982], México D. F., Consejo Nacional de Recursos para la Atención de la Juventud, 1988. [CREA].

Santiago = Santiago, Esmeralda, *Sueño* = *El sueño de América*, Barcelona, Mondadori, 1996. [CREA].

Santillana = Marqués de Santillana (Íñigo López de Mendoza), *Comedieta* = *Comedieta de Ponza* [1436], en *Poesías completas*, ed. de Maxim P. A. M. Kerkhof y Ángel Gómez Moreno, Madrid, Castalia, 2003. [CDH]. ▶ *Triumphete* = *Triunfete de amor* [c1430], en *Poesías completas*, ed. de Maxim P. A. M. Kerkhof y Ángel Gómez Moreno, Madrid, Castalia, 2003. [CORDE].

Sarduy = Sarduy, Severo, *Cantantes* = *De dónde son los cantantes*, México D. F., Joaquín Mortiz, 1967.

Sarmiento = Sarmiento, Domingo Faustino, *Facundo* = *Facundo. Civilización y barbarie* [1845-1874], ed. de Pedro Cerezo-Galán, Madrid, Cátedra, 1993. [CORDE].

Sastre = Sastre, Alfonso, *Revelaciones* = *Revelaciones inesperadas sobre Moisés. A propósito de algunos aspectos de su vida privada*, Hondarribia, Hiru Argitaletxea, 1991. [CREA]. ▶ *Viaje* = *El viaje infinito de Sancho Panza* [1984], Hondarribia, Hiru Argitaletxea, 1991. [CREA].

Satué = Satué, Francisco Javier, *Carne* = *La carne*, Madrid, Alfaguara, 1991. [CREA]. ▶ *Desierto* = *El desierto de los ojos* [1985], Barcelona, Laia, 1986. [CREA].

Savater = Savater, Fernando, *Caronte* = *Caronte aguarda*, Madrid, Cátedra, 1981. [CREA]. ▶ *Ética* = *Ética para Amador* [1991], Barcelona, Círculo de Lectores, 1992.

Sawa = Sawa, Alejandro, *Iluminaciones* = *Iluminaciones en la sombra* , ed. de Rubén Darío, Madrid, V. Prieto y Compañia, 1910. [BVC].

Semprún = Semprún, Jorge, *Federico Sánchez* = *Autobiografía de Federico Sánchez* [1977], Barcelona, Planeta, 1995. [CREA].

Sender = Sender, Ramón J., *Nancy* = *Los cinco libros de Nancy* [1962-1979], Barcelona, Destino, 1984. ▶ *Witt* = *Mister Witt en el cantón* [1936], ed. de José María Jover, Madrid, Castalia, 1987.

Sepúlveda, L. = Sepúlveda, Luis, *Viejo* = *Un viejo que leía novelas de amor* [1989], Barcelona, Tusquets, 1996. [CREA].

Serrano, E. = Serrano, Enrique, *Dios* = *De parte de Dios* [2000], Barcelona, Destino, 2002. [CREA].

Serrano, M. = Serrano, Marcela, *Corazón* = *Lo que está en mi corazón*, Barcelona, Planeta, 2001. [CREA]. ▶ *Vida* = *Antigua vida mía*, Madrid, Alfaguara, 1995. [CREA].

Shand = Shand, William, *Antón* = *Antón Delmonte*, Buenos Aires, Grupo Editor Latinoamericano, 1989. [CREA].

Sierra Fabra = Sierra i Fabra, Jordi, *Regreso* = *El regreso de Johnny Pickup*, Madrid, Espasa Calpe, 1995. [CREA].

Sigüenza = Sigüenza, fray José, *San Jerónimo* = *Tercera parte de la Historia de la orden de San Jerónimo* [1605], ed. de Juan Catalina García, Madrid, Bailly-Baillière, 1909. [CORDE].

Silva = Silva, José Asunción, *Sobremesa* = *De sobremesa* [a1896], ed. de Héctor H. Orjuela, Madrid, Archivos, 1990. [CORDE].

Silva, F. = Silva, Feliciano de, *Lisuarte* = *Lisuarte de Grecia* [1514], ed. de Emilio J. Sales Dasí, Alcalá de Henares, Centro de Estudios Cervantinos, 2002. [CORDE].

Silva, L. = Silva, Lorenzo, *Alquimista* = *El alquimista impaciente*, Barcelona, Destino, 2000. [CREA].

Skármeta = Skármeta, Antonio, *Cartero* = *El cartero de Neruda (Ardiente paciencia)* [1986], Barcelona, Plaza & Janés, 1996. [CREA].

Somoza = Somoza, José Carlos, *Caverna* = *La caverna de las ideas* [2000], Madrid, Alfaguara, 2001. [CREA].

Sor Juana = Sor Juana Inés de la Cruz, *Inundación* = *Inundación Castálida* [1689], ed. de Georgina Sabat de Rivers, Madrid, Castalia, 1982. [CORDE].

Soriano = Soriano, Osvaldo, *León* = *A sus plantas rendido un león* [1986], Madrid, Mondadori, 1987. [CREA].

Suárez = Suárez, Marco Fidel, *Sueños* = *Sueños de Luciano Pulgar, III* [1923], ed. de José J. Ortega Torres, Bogotá, Librería Voluntad, S. A, 1941. [CORDE].

Tagarano = Tagarano, R., *San Bernardo* = *El San Bernardo*, Buenos Aires, Albatros, 1987. [CREA].

Timoneda = Timoneda, Juan de, *Patrañuelo* = *El Patrañuelo* [1566], ed. de M.ª Pilar Cuartero Sancho, Madrid, Espasa Calpe, 1990. [CORDE].

Tirso Molina = Tirso de Molina (fray Gabriel Téllez), *Arcadia* = *La fingida Arcadia* [1634], ed. de Fiorigio Minelli, Madrid, Revista Estudios, 1980. ▶ *Cigarrales* = *Cigarrales de Toledo* [1624], ed. de Luis Vázquez Fernández, Madrid, Castalia, 1996. [CORDE].

Torrente Ballester = Torrente Ballester, Gonzalo, *Filomeno* = *Filomeno, a mi pesar. Memorias de un señorito descolocado* [1988], Barcelona, Planeta, 1993. [CREA]. ▶ *Gozos* = *Los gozos y las sombras*, Madrid, Arión, 1962. ▶ *Saga* = *La saga/fuga de J. B.* [1972], Barcelona, Destino, 1995. [CORDE].

Torres Naharro = Torres Naharro, Bartolomé de, *Tinellaria* = *Comedia Tinellaria* [1517], en *Propalladia*, ed. de Miguel Ángel Pérez Priego, Madrid, Fundación José Antonio Castro, 1994. [CORDE].

Trapiello = Trapiello, Andrés, *Amigos* = *Los amigos del crimen perfecto*, Barcelona, Destino, 2003. ▶ *Días* = *Días y noches*, Madrid, Espasa Calpe, 2000.

Trigo = Trigo, Felipe, *Honor* = *A todo honor* [1909], *El cuento Semanal, año III, núm. 146*, Madrid, Imprenta de José Blass y Cía, 1909. [BVC]. ▶ *Jarrapellejos* = *Jarrapellejos* [1914], ed. de Ángel Martínez San Martín, Madrid, Espasa Calpe, 1991. [CORDE].

Tusell = Tusell, Javier, *Historia* = *Historia de España en el siglo XX*, Madrid, Taurus, 1998-1999.

Tusquets = Tusquets, Esther, *Mar* = *El mismo mar de todos los veranos* [1978], Barcelona, Anagrama, 1990. [CREA].

Umbral = Umbral, Francisco, *Leyenda* = *Leyenda del César visionario* [1991], Barcelona, Seix Barral, 1995. [CREA]. ▶ *Mortal* = *Mortal y rosa* [1975], Barcelona, Destino, 1995. [CREA].

Unamuno = Unamuno, Miguel de, *Abel* = *Abel Sánchez. Una historia de pasión* [1917], ed. de Ricardo Senabre, Madrid, Fundación José Antonio Castro, 1995. [CORDE]. ▶ *Niebla* = *Niebla* [1914], ed. de Armando F. Zubizarreta, Madrid, Castalia, 1995. [CORDE]. ▶ *San Manuel* = *San Manuel Bueno, mártir* [1931-1933], ed. de Víctor García de la Concha, Madrid, Espasa Calpe, 1991. [CORDE]. ▶ *Sentimiento* = *Del sentimiento trágico de la vida* [1913], ed. de Pedro Cerezo-Galán, Madrid, Espasa Calpe, 1996. [CORDE]. ▶ *Tula* = *La tía Tula*

[1921], ed. de Ricardo Senabre, Madrid, Fundación José Antonio Castro, 1995. [CORDE].

Usigli = Usigli, Rodolfo, *Gesticulador* = *El gesticulador* [1938], ed. de Daniel Meyran, Madrid, Cátedra, 2004.

Uslar Pietri = Uslar Pietri, Arturo, *Lanzas* = *Las lanzas coloradas* [1931], ed. de Domingo Miliani, Madrid, Cátedra, 1993. [CORDE]. ▶ *Oficio* = *Oficio de difuntos*, Barcelona, Seix Barral, 1976. [CREA]. ▶ *Visita* = *La visita en el tiempo* [1990], Barcelona, Círculo de Lectores, 1993. [CREA].

Valdés, J. = Valdés, Juan de, *Comentario* = *Comentario o declaración familiar y compendiosa sobre la primera epístola de san Pablo apóstol* [1557], Madrid, [s. e.], 1856. [CORDE].

Valente = Valente, José Ángel, *Palabras* = *Las palabras de la tribu*, Madrid, Siglo XXI, 1971.

Valera = Valera, Juan, *Juanita* = *Juanita la Larga* [1895], ed. de Enrique Rubio, Madrid, Castalia, 1985. [CORDE]. ▶ *Pepita Jiménez* = *Pepita Jiménez* [1874], ed. de Leonardo Romero, Madrid, Cátedra, 1997. [CORDE].

Valle-Inclán = Valle-Inclán, Ramón María del, *Corte* = *Corte de amor: florilegio de honestas y nobles damas* [1903], en *Obras completas*, ed. de Joaquín del Valle-Inclán, Madrid, Espasa Calpe, 2002. ▶ *Gerifaltes* = *Gerifaltes de antaño* [1909], en *Obras completas*, ed. de Joaquín del Valle-Inclán, Madrid, Espasa Calpe, 2002. ▶ *Luces* = *Luces de Bohemia. Esperpento* [1920-1924], ed. de Alonso Zamora Vicente, Madrid, Espasa Calpe, 1995. [CORDE]. ▶ *Sonata* = *Sonata de otoño. Memorias del Marqués de Bradomín* [1902], ed. de Leda Schiavo, Madrid, Espasa Calpe, 1996. [CORDE]. ▶ *Tirano* = *Tirano Banderas* [1927], ed. de Alonso Zamora Vicente, Madrid, Espasa Calpe, 1993. [CORDE].

Vallejo = Vallejo, César, *Poemas* = *Poemas humanos* [1939], en *Poesías completas*, ed. de Ricardo Silva-Santiesteban, Madrid, Visor, 2008. ▶ *Trilce* = *Trilce* [1922], ed. de Julio Ortega, Madrid, Cátedra, 1993. [CORDE].

Vallejo, F. = Vallejo, Fernando, *Fuego* = *El fuego secreto*, Bogotá, Alfaguara, 2004. ▶ *Virgen* = *La virgen de los sicarios* [1994], Santafé de Bogotá, Alfaguara, 1999. [CREA].

Vallejo-Nágera = Vallejo-Nágera, Juan Antonio, *Yo* = *Yo, el rey* [1985], Barcelona, Planeta, 1994. [CREA].

Vargas Llosa = Vargas Llosa, Mario, *Casa* = *La casa verde* [1966], Barcelona, Seix Barral, 1991. [CORDE]. ▶ *Ciudad* = *La ciudad y los perros* [1962], Barcelona, Seix Barral, 1997. [CORDE]. ▶ *Conversación* = *Conversación en la catedral* [1969], Barcelona, Seix Barral, 1996. [CORDE]. ▶ *Fiesta* = *La Fiesta del Chivo*, Madrid, Alfaguara, 2000. [CREA]. ▶ *Pantaleón* = *Pantaleón y las visitadoras*, Barcelona, Seix Barral, 1973. ▶ *Tía* = *La tía Julia y el escribidor* [1977], Barcelona, Seix Barral, 1996. [CREA].

Vázquez, Á. = Vázquez, Ángel, *Juanita Narboni* = *La vida perra de Juanita Narboni* [1976], Barcelona, Planeta, 1990. [CREA].

Vázquez-Figueroa = Vázquez-Figueroa, Alberto, **Tuareg** = *Tuareg* [1981], Barcelona, Plaza & Janés, 1993. [CREA]. ▶ **Xaraguá** = *Xaraguá,* Barcelona, Plaza & Janés, 1992.

Vázquez Montalbán = Vázquez Montalbán, Manuel, **Galíndez** = *Galíndez* [1990], Barcelona, Seix Barral, 1993. [CREA].

Vázquez Rial = Vázquez Rial, Horacio, **Enigma** = *El enigma argentino (descifrado para españoles),* Barcelona, Ediciones B, 2002. [CREA].

Vega, A. H. = Vega, Aura Hilda de la, **Marcelina** = *Marcelina Culebro,* México D. F., Edamex, 1993. [CREA].

Vega, A. L. = Vega, Ana Lydia, **Crónicas** = *Falsas crónicas del sur* [1991], San Juan, Universidad de Puerto Rico, 1997. [CREA].

Vélez Guevara = Vélez de Guevara, Luis, **Diablo** = *El diablo cojuelo* [1641], ed. de Ramón Valdés, Barcelona, Crítica, 1999. [CDH].

Vértiz = Vértiz, Elsa, **Orilla** = *En la orilla oscura,* Lima, Universidad Nacional Mayor de San Marcos , 2005.

Viezzer = Viezzer, Moema, **Hablar** = *Si me permiten hablar..* [1977], México D. F., Siglo XXI, 1980. [CREA].

Vilalta = Vilalta, Maruxa, **Mujer** = *Una mujer, dos hombres y un balazo* [1981], México D. F., Fondo de Cultura Económica, 1989. [CREA].

Vila-Matas = Vila-Matas, Enrique, **Suicidios** = *Suicidios ejemplares* [1991], Barcelona, Anagrama, 1995. [CREA].

Villalonga = Villalonga, Lorenzo, **Bearn** = *Bearn, o la sala de las muñecas* [1956], ed. de Jaime Vidal Alcover, Madrid, Cátedra, 1985. [CORDE].

Villaverde = Villaverde, Cirilo, **Cecilia Valdés** = *Cecilia Valdés o La loma del ángel* [1839-1882], ed. de Jean Lamore, Madrid, Cátedra, 1992. [CORDE].

Villena = Villena, Enrique de, **Eneida** = *Traducción y glosas de la Eneida.* Libros I-III [1427-1428], ed. de Pedro M. Cátedra, Madrid, Fundación José Antonio Castro, 1994. [CORDE].

Villena, L. A. = Villena, Luis Antonio de, **Burdel** = *El burdel de Lord Byron,* Barcelona, Planeta, 1995. [CREA].

Viñas = Viñas, David, **Lisandro** = *Lisandro* [1971], Buenos Aires, Galerna, 1985. [CREA].

Vitier = Vitier, Cintio, **Sol** = *Ese sol del mundo moral. Para una historia de la eticidad cubana,* México D. F., Siglo XXI, 1975. [CREA].

Volpi = Volpi, Jorge, **Días** = *Días de ira,* México D. F., Siglo XXI, 1994. [CREA]. ▶ **Klingsor** = *En busca de Klingsor,* Barcelona, Seix Barral, 1999. [CREA].

Walsh = Walsh, Rodolfo, **Oficios** = *Los oficios terrestres,* Buenos Aires, Jorge Álvarez, 1965.

Wolff = Wolff, Egon, **Álamos** = *Álamos en la azotea* [1986], Boulder, Society of Spanish and Spanish-American Studies, 1990. [CREA]. ▶ **Kindergarten** = *Kindergarten* [1977], Boulder, Society of Spanish and Spanish-American Studies, 1990. [CREA].

Yáñez = Yáñez, Agustín, **Filo** = *Al filo del agua* [1947], ed. de Arturo Azuela, Madrid, CSIC, 1992.

Ynduráin = Ynduráin, Domingo, **Clasicismo** = *Del clasicismo al 98,* Madrid, Biblioteca Nueva, 2000. [CREA].

Zabaleta = Zabaleta, Juan de, **Día** = *El día de fiesta por la tarde* [1660], ed. de Cristóbal Cuevas, Madrid, Castalia, 1983. [CORDE].

Zambrano = Zambrano, María, **Pensamiento** = *Pensamiento y poesía en la vida española,* México D. F. , La Casa de España en México, 1939.

Zamora Vicente = Zamora Vicente, Alonso, **Traque** = *A traque barraque,* Madrid, Alfaguara, 1972. [CORDE].

Zeno = Zeno Gandía, Manuel, **Charca** = *La charca* [1894], San Juan, Instituto de Cultura Puertorriqueño, 1979.

Zorrilla = Zorrilla, José, **Tenorio** = *Don Juan Tenorio* [1844-1852], ed. de Luis Fernández Cifuentes, Barcelona, Crítica, 1993. [CORDE].

Zum = Zum Felde, Alberto, **Narrativa** = *La narrativa hispanoamericana,* Madrid, Aguilar, 1964.

Zúñiga, J. E. = Zúñiga, Juan Eduardo, **Noviembre** = *Largo noviembre de Madrid* [1980], Madrid, Alfaguara, 1990. [CREA].

Prensa y otras publicaciones periódicas

ABC = *ABC*. España.
ABC Color = *ABC Color*. Paraguay.
ABC Cultural = *ABC Cultural*. España.
Agenciaperú = *Agenciaperú*. Perú.
Alfa y Omega = *Alfa y Omega*. España.
Américas = *Diario de las Américas*. Estados Unidos.
Babelia = *Babelia. Suplemento de El País*. España.
Blanco y Negro = *Blanco y Negro*. Ecuador.
Cambio 16 = *Cambio 16*. España.
Canarias = *Canarias 7*. España.
Caras = *Caras*. Chile.
Caretas = *Caretas*. Perú.
Ciberpaís = *Ciberpaís*. España.
Ciudadano = *El Ciudadano*. Chile.
Clarín = *Clarín*. Argentina.
Dedom = *Dedom*. República Dominicana.
Democracia = *Diario Democracia*. Argentina.
Diario Crónica = *Diario Crónica*. Paraguay.
Diario Vasco = *El Diario Vasco*. España.
Diario Yucatán = *Diario de Yucatán*. México.
Economista = *El Economista*. España.
Época = *La Época*. Chile.
Espectador = *El Espectador*. Colombia.
Excélsior = *Excélsior*. México.
Expreso [Ec.] = *El Expreso de Guayaquil*. Ecuador.
Expreso [Perú] = *Expreso*. Perú.
Faro Vigo = *Faro de Vigo*. España.
Granma = *Granma*. Cuba.
Granma Internacional = *Granma Internacional*. Cuba.
Hora = *La Hora*. Guatemala.
Hoy [Chile] = *Revista Hoy*. Chile.
Hoy [Ec.] = *Diario Hoy*. Ecuador.
Mercurio = *El Mercurio*. Chile.
Mundo = *El Mundo*. España.
Nación [Arg.] = *La Nación*. Argentina.

Nación [C. Rica] = *La Nación*. Costa Rica.
Nacional = *El Nacional*. Venezuela.
Nueva Provincia = *La Nueva Provincia*. Argentina.
Nuevo Día = *El Nuevo Día*. Puerto Rico.
Nuevo Diario = *El Nuevo Diario*. Nicaragua.
Nuevo Herald = *El Nuevo Herald*. Estados Unidos.
Página = *Página/12*. Argentina.
País [Col.] = *El País*. Colombia.
País [Esp.] = *El País*. España.
País [Ur.] = *El País*. Uruguay.
Panorama = *Diario Panorama*. Argentina.
Periódico = *El Periódico*. España.
Prensa [Arg.] = *La Prensa*. Argentina.
Prensa [Hond.] = *La Prensa*. Honduras.
Prensa [Nic.] = *La Prensa*. Nicaragua.
Proceso [Hond.] = *Proceso Digital*. Honduras.
Proceso [Méx.] = *Proceso*. México.
Razón [Esp.] = *La Razón*. España.
Razón [Ven.] = *La Razón*. Venezuela.
República [Ur.] = *La República*. Uruguay.
Salvador Hoy = *El Salvador Hoy*. El Salvador.
Senado [Chile] = *Diario de sesiones. Senado*. República de Chile.
Siglo = *El Siglo*. Panamá.
Siglo Veintiuno = *Siglo Veintiuno*. Guatemala.
Tiempo = *El Tiempo*. Colombia.
Tiempos = *Los Tiempos*. Bolivia.
Tribuna = *La Tribuna*. Honduras.
Triunfo = *Triunfo*. España.
Universal [Méx.] = *El Universal*. México.
Universal [Ven.] = *El Universal*. Venezuela.
Vanguardia [Esp.] = *La Vanguardia*. España.
Vanguardia [Méx.] = *La Vanguardia*. México.
Vistazo = *Vistazo*. Ecuador.
Voz Galicia = *La Voz de Galicia*. España.

Apéndices

Índice de materias y voces

- El índice de materias y voces remite a los capítulos (37), secciones (§ 37.2), subsecciones (§ 37.2.1) o apartados (§ 13.2.4b, § 5.2.7a-c) en que se estructura este *Manual*. Se organiza en dos niveles: entradas y subentradas. Las entradas aparecen en negrita cuando se trata de materias (**adjetivo, complemento del nombre**), y en negrita cursiva si refieren a voces (***adelante, hacer***).

- Los números y letras que figuran tras las entradas y subentradas constituyen las referencias correspondientes. Cuando aparecen en el nivel de las entradas remiten a los lugares específicamente dedicados a desarrollar la materia. El segundo nivel, formado por las subentradas, amplía la información relativa a la entrada.

- Se completa la información de las entradas con remisiones a aquellas entradas que ofrecen contenidos relacionados con la que se está consultando. Tales remisiones van entre paréntesis precedidas de una flecha oblicua (↘) al final de la entrada:

parasíntesis
(↘ derivación verbal)
plural
(↘ sustantivo: no contable)

Así, en la entrada de *parasíntesis* se remite a *derivación verbal*, mientras que en la de *plural* se reenvía a una subentrada, *no contable,* de la entrada *sustantivo.*

- Los reenvíos pueden ser también directos. En tal caso, la flecha es horizontal (→):

nombre (→ sustantivo)
lo / la / los / las (→ pronombre átono: de acusativo)

De esta forma, en la entrada de *nombre* se reenvía a la de *sustantivo,* y en la de *lo / la / los / las* se hace una remisión a la subentrada *de acusativo* de *pronombre átono.*

- En cuanto a las voces, se da cabida a aquellas que forman parte de clases cerradas: preposiciones, adverbios (salvo los que son resultado de procesos productivos de formación, como los adverbios en -*mente* y los adjetivos adverbializados), conjunciones, artículos, pronombres, demostrativos, posesivos, cuantificadores, así como a las principales locuciones. También se recogen voces pertenecientes a clases abiertas que, en todas o en algunas de sus acepciones, forman parte de paradigmas cerrados, como los verbos auxiliares, copulativos, semicopulativos, los de apoyo, o ciertos adjetivos y sustantivos que comparten propiedades con los determinantes, cuantificadores y pronombres.

- Entre los afijos se recogen los prefijos y sufijos.